D1747358

Walther Ludwig - Miscella Neolatina 2

# Noctes Neolatinae
# Neo-Latin Texts and Studies

Herausgegeben von
Marc Laureys und Karl August Neuhausen

Band 2.2

Walther Ludwig

Miscella Neolatina

2004
Georg Olms Verlag
Hildesheim · Zürich · New York

Walther Ludwig

# Miscella Neolatina

Ausgewählte Aufsätze
1989-2003

vol. 2

edenda curavit
Astrid Steiner-Weber

2004
Georg Olms Verlag
Hildesheim · Zürich · New York

Gedruckt mit freundlicher Unterstützung der
Stiftung Pegasus Limited for the Promotion of Neo-Latin Studies.

*

Das Werk ist urheberrechtlich geschützt.
Jede Verwertung außerhalb der engen Grenzen
des Urheberrechtsgesetzes ist ohne Zustimmung
des Verlages unzulässig und strafbar.
Das gilt insbesondere für Vervielfältigungen,
Übersetzungen, Mikroverfilmungen
und die Einspeicherung und Verarbeitung
in elektronischen Systemen.

*

**Bibliografische Information Der Deutschen Bibliothek**
Die Deutsche Bibliothek verzeichnet diese Publikation
in der Deutschen Nationalbibliografie; detaillierte bibliografische Daten
sind im Internet über *http://dnb.ddb.de* abrufbar.

**Bibliographic information published by Die Deutsche Bibliothek**
Die Deutsche Bibliothek lists this publication in the
Deutsche Nationalbibliografie; detailed bibliographic data are available
in the Internet at *http://dnb.ddb.de*.

∞ ISO 9706
© Georg Olms Verlag AG, Hildesheim 2004
www.olms.de
Alle Rechte vorbehalten
Printed in Germany
Gedruckt auf säurefreiem und alterungsbeständigem Papier
Herstellung: Druck Partner Rübelmann, Hemsbach
ISSN 1617-478X
ISBN 3-487-12535-8

# Inhaltsverzeichnis

## Vol. 1

| | |
|---|---|
| Dedicatio | V |
| Vorwort | VII |
| Inhaltsverzeichnis | IX |

### I. Neulateinische Literatur und humanistische Kultur

1. Latein im Leben — Funktionen der lateinischen Sprache in der frühen Neuzeit ... 1
2. Klassische Mythologie in Druckersigneten und Dichterwappen .. 36
3. *Leges convivales* bei Nathan Chytraeus und Paulus Collinus und andere Trinksitten des 16. Jahrhunderts ... 77

### II. Humanismus und Christentum

1. Matern Hatten, Adam Werner, Sebastian Brant und das Problem der religiösen Toleranz ... 97
2. Philosophische und medizinische Aufklärung gegen evangelischen Biblizismus und Teufelsglauben. Der Arzt Wolfgang Reichart im Konflikt mit dem Theologen Ambrosius Blarer ... 129
3. Der Ulmer Humanist Rychardus und sein totes Kind. Humanismus und Luthertum im Konflikt ... 199
4. Eobanus Hessus in Erfurt. Ein Beitrag zum Verhältnis von Humanismus und Protestantismus ... 231
5. Musenkult und Gottesdienst — Evangelischer Humanismus der Reformationszeit ... 249

### III. Humanismus und das Studium des Griechischen

1. Das Geschenkexemplar der *Germanograecia* des Martin Crusius für Herzog Ludwig von Württemberg ... 295
2. Martin Crusius und das Studium des Griechischen in Nordeuropa ... 320
3. Paideia bei Johannes Caselius und die Rezeption des Isokrates .... 333

### IV. Studenten und Universitäten

1. Eine Tübinger Magisterprüfung im Jahr 1509 ... 357
2. Universitätslob — oder wie der Humanist Jakob Locher Philomusus für die Universität Ingolstadt warb ... 378
3. Die Kosten eines Universitätsstudiums im frühen 16. Jahrhundert, illustriert an Zeno Reichart aus Ulm ... 401
4. *Galli*. Syphilis unter deutschen Studenten des 16. Jahrhunderts .. 434

5. Bacchus hatte den Vorsitz. Über den Autor einer Dissertation über das Zechrecht ......................................................................... 456

**V. Epik und Lehrdichtung**

1. Die humanistische Bildung der Jungfrau Maria in der *Parthenice Mariana* des Baptista Mantuanus ............................................... 463
2. Strozzi und Giraldi — Panegyrik am Hof der Este [und die Sprachenfrage] .................................................................................. 486
3. *Opuscula aliquot elegantissima* des Joachim Camerarius und die Tradition des Arat .................................................................... 508
4. Frischlins Epos über die württembergisch-badische Hochzeit von 1575 und zwei neue Briefe Frischlins .......................................... 541

## Vol. 2

Inhaltsverzeichnis ........................................................................ V

**VI. Epigrammatik, Elegie, Heroidenbrief und Lyrik**

1. Horazrezeption in der Renaissance oder die Renaissance des Horaz ................................................................................................ 1
2. Platons Kuß und seine Folgen ............................................... 48
3. Der dreiteilige Chor der Lakedämonier über die Lebensalter bei Plutarch und Petrus Crinitus .......................................................... 63
4. Castiglione, seine Frau Hippolyta und Ovid ........................ 72
5. Giovanni Pontano und das *Pervigilium Veneris* des Jean Bonnefons ......................................................................................... 134
6. Eine unbekannte Variante der *Varia Carmina* Sebastian Brants und die Prophezeiungen des Ps.–Methodius .................................. 151
7. Das bessere Bildnis des Gelehrten ........................................ 183
8. Zur Verbreitung und Bedeutung der Epigramme des Simon Lemnius ............................................................................................ 229
9. Die Epikedien des Lotichius für Stibar, Micyllus und Melanchthon ..................................................................................... 235
10. Georg Fabricius — der zweite Rektor der Fürstenschule St. Afra in Meißen ......................................................................................... 268
11. Das Studium der holsteinischen Prinzen in Straßburg (1583/84) und Nicolaus Reusners Abschiedsgedichte ....................... 293
12. Ficino in Württemberg — ein Gedicht von Nicolaus Reusner ... 333
13. Joachim Münsinger von Frundeck im Album amicorum des David Ulrich ................................................................................... 337

14. Der Humanist und das Buch: Heinrich Rantzaus Liebeserklärung an seine Bücher .................................................................. 349

## VII. Drama und Dialog
1. Ein Epitaphium als Comoedia ..................................................... 367
2. Formen und Bezüge frühneuzeitlicher lateinischer Dialoge .......... 381

## VIII. Reise–, Stadt– und Landbeschreibung
1. Die Darstellung südwestdeutscher Städte in der lateinischen Literatur des 15. bis 17. Jahrhunderts .............................................. 425
2. Eine unbekannte Beschreibung Stuttgarts von Christoph Bidembach (1585) ................................................................................. 470

## IX. Epistolographie, Historiographie und Rhetorik
1. Erasmus und Schöfferlin — vom Nutzen der Historie bei den Humanisten ...................................................................................... 489
2. Literatur und Geschichte. Ortwin Gratius, die 'Dunkelmännerbriefe' und 'Das Testament des Philipp Melanchthon' von Walter Jens ...................................................................................... 523
3. Der Humanist Ortwin Gratius, Heinrich Bebel und der Stil der Dunkelmännerbriefe ....................................................................... 572
4. Der Ritter und der Tyrann. Die humanistischen Invektiven des Ulrich von Hutten gegen Herzog Ulrich von Württemberg ............ 609

## Vol. 3

Inhaltsverzeichnis

## X. Humanismus in Süddeutschland
1. Graf Eberhard im Bart, Reuchlin, Bebel und Johannes Casselius
2. Nachlese zur Biographie und Genealogie von Johannes Reuchlin
3. Joachim Münsinger und der Humanismus in Stuttgart
4. Vom Jordan zur Donau — die Rezeption Sannazaros durch Joachim Münsinger von Frundeck
5. Die Sammlung der *Epistolae ac Epigrammata* des Ulmer Stadtarztes Wolfgang Reichart von 1534 als Dokument humanistischer Selbstdarstellung
6. Eine Humanistenfreundschaft. Der Briefwechsel zwischen dem Pforzheimer Nikolaus Schmierer und dem Ulmer Wolfgang Reichart (1516–1543)

7. Die Interessen eines Ulmer Apothekers: eine deutsch–griechisch–lateinische und astronomisch–astrologisch–medizinisch–magische Sammelhandschrift des 16. Jahrhunderts
8. *Pontani amatores*: Joachim Camerarius und Eobanus Hessus in Nürnberg
9. *Non cedit umbra soli*: Joachim Graf zu Ortenburg als Humanist und Leser von Justus Lipsius
10. Die humanistische Bibliothek des "Ernvesten" Wolfgang Schertlin in Esslingen
11. Der Doppelpokal der Tübinger Universität von 1575 und zwei neue Epigramme des Nikodemus Frischlin
12. J. P. Ludwigs Lobrede auf die Reichsstadt Schwäbisch Hall und die Schulrhetorik des siebzehnten Jahrhunderts
13. Rudolf Lohbauers Bild 'Hyperions Fahrt nach Kalaurea'

## XI. Humanismus in Nord– und Ostdeutschland sowie in den Niederlanden

1. Der Humanist Heinrich Rantzau und die deutschen Humanisten
2. Des Martin Opitz Epicedium auf Erzherzog Karl von Österreich
3. Martin Opitz und seine *Vita Seyfridi Promnicii* — eine humanistische Biographie
4. Arnoldus a Boecop und ein Band mit Gedenkschriften an Justus Lipsius

## XII. Wissenschaft der Gegenwart

1. Über die Folgen der Lateinarmut in den Geisteswissenschaften
2. Risiken und Chancen bei der Erforschung der neuzeitlichen Latinität
3. Die neulateinische Revolution
4. Ein Porträt des Erasmus
5. Der Caspar Peucer–Porträtholzschnitt von 1573 im Caspar Peucer–Ausstellungskatalog von 2002 und ein Bildnisepigramm des Martinus Henricus Saganensis
6. Zum Gedenken an Paul Oskar Kristeller
7. Zum Gedenken an Jozef IJsewijn

Veröffentlichungen seit 1944
Editorische Tätigkeiten bei Zeitschriften und Serien seit 1965
Betreute Dissertationen seit 1968
Register

## VI. Epigrammatik, Elegie, Heroidenbrief und Lyrik

[Vgl. dazu auch Nr. 68, 85, 125, 134, 268, 284, 299.]

### 1. Horazrezeption in der Renaissance oder die Renaissance des Horaz

> [...] *simul atque sum Horatio factus familiarior, prae hoc omnes ceteri putere coeperunt, alioqui per se mirabiles. Quid existimas in causa fuisse, nisi geniorum arcanam quamdam affinitatem, quae in mutis literis agnoscitur?*
> Erasmus, Ciceronianus

Das zwanzigste Jahrhundert ist unter anderem das Jahrhundert der Zweitausendjahrfeiern für Vergil und Horaz. Da ihre Geburts- und Todesjahre im ersten vorchristlichen Jahrhundert liegen, fielen bzw. fallen alle ihre Jubiläen in unser seinem Ende zueilendes Saeculum. Sie wurden 1931, 1936 und 1982 gefeiert, dazu kommt nun die 2000. Wiederkehr von Horazens Todestag am 27. November 1993. Wieder sind Festvorträge und Colloquien, Sammelbände und vielleicht auch Monographien und Ausstellungen zu erwarten. Das wird sich nicht mit der Resonanz vergleichen lassen, wie sie etwa Mozart aus Anlaß der 200. Wiederkehr seines Todesjahres hatte, aber in Anbetracht des Umstandes, daß es sich um einen seit 2000 Jahren toten Römer handelt, dessen schmaler Gedichtband nur noch von äußerst wenigen Menschen gelesen wird und dessen Name nur wenigen Menschen darüber hinaus bekannt ist, ist auch das Ausmaß des Gedenkens, das Horaz aus Anlaß seines 2000. Todesjahres voraussichtlich zuteil werden wird, beachtlich.[1] Es wäre gewiß nicht möglich, wenn Horaz ausschließlich ein Gegenstand der Forschung wäre. Aber er ist vor und nach aller Forschung auch ein Dichter, der von manchen heute lebenden Menschen mit großem Vergnügen und dem Gefühl inneren Gewinnes tatsächlich noch gelesen und deshalb nicht nur geschätzt, sondern geradezu geliebt wird. Seine Gedichte können, ungeachtet aller historischen Distanz und aller Verschiedenheit der Voraussetzungen, auch einen Menschen des zwanzigsten Jahrhunderts sozusagen unmittelbar ansprechen, sein ästhetisches Gefühl beeindrucken und auf seine Gedanken und Überlegungen, ja sogar sein allgemeines Verhalten Einfluß nehmen.[2]

---

[1] Zur Zeit der Entretiens wurde bekannt, daß das italienische Comitato Nazionale per le Celebrazioni del Bimillenario della Morte di Q. Orazio Flacco Kongresse am 8.–15.11. 1992, 18.–21.4. und 27.11. 1993 in Venosa, Licenza und Rom plant.

[2] Die psychologischen Gründe für dieses Phänomen sind vielfältig; vgl. dazu die in Anm. 9 genannten Arbeiten.

Der Rückblick auf das Jubiläum des 2000. Geburtsjahres von Horaz fordert einen Vergleich des damaligen und des gegenwärtigen Forschungsstandes heraus. In der Zwischenzeit ist bewußt geworden, daß der Rezeptionsgeschichte der antiken Literatur keine geringere Bedeutung zukommt als ihrer Produktionsgeschichte. Welche Fortschritte sind auf diesem Gebiet für Horaz zu verzeichnen? Es ist nicht der Fall, daß man 1936 der Sache keine Aufmerksamkeit geschenkt hätte, nur weil der Begriff nicht benützt wurde. Damals fanden mindestens zwei Tagungen mit rezeptionsgeschichtlicher Thematik statt. In den 'Conferenze Oraziane', die die Università Cattolica del Sacro Cuore in Mailand veranstaltete, hatten zwei von sieben Vorträgen die Titel 'Orazio e il Medio Evo' und 'Orazio nella Poesia Latina moderna',[3] und am Istituto di Studi Romani in Rom war ein Vortragszyklus zu dem Rahmenthema 'Orazio nella letteratura mondiale' zu hören, in dem dreizehn Gelehrte aus dreizehn Nationen auftraten, die jeweils über Horaz in der Literatur ihres Landes sprachen.[4] Die U.S.A., Österreich, Dänemark, Frankreich, Deutschland, England, Italien, Holland, Polen, Rumänien, Spanien, Schweden und Ungarn kamen auf diese Weise zu Wort. Das alphabetisch geordnete Panorama zeigt, daß man sich an eine gewichtende Darstellung nicht wagte. Die im Druck 7 bis 27 Seiten umfassenden Beiträge geben in der Regel eine chronologische Liste von vielen Horaz benützenden Nationalautoren und einige illustrierende Beispiele, selten weiterführende Literaturhinweise. Neulateinisches wird zu den einzelnen Ländern sporadisch erwähnt. Es kommt auch in den Mailänder 'Conferenze Oraziane' nicht besser zur Geltung. Dort reicht der Beitrag über 'Orazio e il Medio Evo' bis Petrarca, von dem aber fast nur gesagt wird, daß er ein Horazmanuskript besaß und diesen Autor sehr oft zitierte, und der Beitrag 'Orazio nella Poesia Latina moderna' behandelt dann anschließend — wieder vor allem in auflistender Form — horazisierende bzw. sich auf Horaz beziehende neulateinische Dichter des neunzehnten und zwanzigsten Jahrhunderts. Dieses Bild ist symptomatisch für die damaligen Forschungen im Bereich der Rezeptionsgeschichte: es werden vor allem durch Zitate illustrierte Listen von unter Horazeinfluß stehenden Autoren oder Stellen gegeben. Dies trifft auch auf die beiden schon 1906 bzw. 1921 veröffentlichten Monographien von Eduard Stemplinger, betitelt 'Das Fortleben der

---

[3] A. Gemelli, Hrsg., Conferenze Oraziane, tenute alla Università Cattolica del Sacro Cuore in commemorazione del bimillenario oraziano, Mailand 1936, mit den Beiträgen von L. Sorrento, Orazio e il Medio Evo (S. 87–130) und G. B. Pighi, Orazio nella poesia Latina moderna (S. 131–146).
[4] Orazio nella letteratura mondiale, scritti di E. Castle, A. Forsström, N. J. Herescu, J. Huszti, J. Marouzeau, R. Newald, W. Norvin, L. Pietrobono, C. Riba, L. Sternbach, A. W. Van Buren, H. Wagenvoort, H. M. O. Withe, Rom 1936.

## 1. HORAZREZEPTION IN DER RENAISSANCE

horazischen Lyrik seit der Renaissance'[5] und 'Horaz im Urteil der Jahrhunderte'[6] zu, die sich jedoch durch die Fülle ihrer Zitate auszeichnen, die neuzeitliche lateinische Dichtung dabei aber so gut wie ganz übergehen. Die zweite dieser Monographien ordnet die Fülle der Äußerungen in die Kategorien einer positiven oder negativen moralischen oder ästhetischen Wertung, so daß diese Arbeit von Stemplinger noch heute als die materialreichste Darstellung der sich wandelnden Reputation des Horaz gelten kann.

In der Folgezeit war die Rezeptionsgeschichte nie ein Schwerpunkt der Horazforschung. Einen neuen, die europäischen Hauptsprachen musternden, aufschlußreichen und in der Regel verständnisvollen Gesamtüberblick gab Carol Maddison 1960 in 'Apollo and the Nine, A History of the Ode'.[7] Aber ihr Versuch der Synthese wurde durch die noch fehlenden Detailuntersuchungen beeinträchtigt. Vor allem in den letzten Jahrzehnten erschienen dann einige Arbeiten zu Teilaspekten der Rezeptionsgeschichte, die methodisch einen neuen Charakter haben und von denen ich zwei nennen will: Eckart Schäfers Buch von 1976 hat den Titel 'Deutscher Horaz' und den Untertitel 'Conrad Celtis, Georg Fabricius, Paul Melissus, Jacob Balde, Die Nachwirkung des Horaz in der neulateinischen Dichtung Deutschlands',[8] und Wolfgang J. Pietsch veröffentlichte 1988 eine Monographie 'Friedrich von Hagedorn und Horaz — Untersuchungen zur Horaz–Rezeption in der deutschen Literatur des 18. Jahrhunderts'.[9] Gemeinsam ist diesen Arbeiten auf verschiedenen Ge-

---

[5] E. Stemplinger, Das Fortleben der horazischen Lyrik seit der Renaissance, Leipzig 1906, Nachdruck Hildesheim 1976.
[6] E. Stemplinger, Horaz im Urteil der Jahrhunderte, Leipzig 1921.
[7] C. Maddison (später Kidwell), Apollo and the Nine, A History of the Ode, London 1960. Ein Vorgänger für den deutschen Bereich war K. Vietor, Geschichte der deutschen Ode, München 1923. — Jüngst versuchte P. F. Grendler, Schooling in Renaissance Italy, Literacy and Learning 1300–1600, Baltimore–London 1989, S. 253f., einen Überblick über die Horaz–Rezeption in der Renaissance zu geben, stützte sich aber vor allem auf die ergänzungsbedürftigen Angaben von G. Curcio, Q. Orazio Flacco studiato in Italia dal secolo XIII al XVIII, Catania 1913. Sein Bild ist deshalb lückenhaft und hinsichtlich der horazisierenden Dichtung unzureichend.
[8] E. Schäfer, Deutscher Horaz, Conrad Celtis, Georg Fabricius, Paul Melissus, Jacob Balde, Die Nachwirkung des Horaz in der neulateinischen Dichtung Deutschlands, Wiesbaden 1976.
[9] W. J. Pietsch, Friedrich von Hagedorn und Horaz — Untersuchungen zur Horaz–Rezeption in der deutschen Literatur des 18. Jahrhunderts, Hildesheim 1988. Vgl. dazu die Rezension von B. Kytzler, Arcadia 26, 1991, S. 83ff; B. Kytzler, Horaz, Eine Einführung, München und Zürich 1985, S. 122–125 und 135, gab auch einen verständnisvollen Überblick über die Wirkungsgeschichte insgesamt mit Bibliographie. Vgl. zusätzlich Christoph Martin Wieland, Übersetzung des Horaz, herausgegeben von M. Fuhrmann, Frankfurt/Main 1986 (mit einem ausführlichen Nachwort zur Horazrezeption im achtzehnten Jahrhundert).

bieten, daß hier ganze Gedichte in ihrer Beziehung zu Horaz eingehend interpretiert und nicht nur einzelne Zitatstellen herausgepickt werden, daß diese Interpretationen in den Kontext der zeitgenössischen Horazkenntnis und -beurteilung eingebettet sind und daß Motivation und Funktion der Horazaufnahme bei den jeweiligen Autoren zu klären versucht werden. Die Arbeit von Schäfer demonstriert, daß solche Untersuchungen nun nicht nur nationalsprachigen, sondern auch neuzeitlichen lateinischen Autoren zu Teil werden. In diesen Fragehorizonten sollten die Forschungen fortgesetzt werden. Sie versprechen viele neue Erkenntnisse. In sehr wenigen Bereichen ist die neuzeitliche Horazrezeption bis jetzt zureichend beleuchtet.

Dies betrifft auch die horazisierende lateinische Dichtung. Es fehlt eine genauere, latinistisch befriedigende Untersuchung ihrer Anfänge im vierzehnten und fünfzehnten Jahrhundert[10] ebenso wie ihrer Ausbreitung im sechzehnten[11] und ihrer Verbreitung in späteren Jahrhunderten. Abschreckend wirkten Urteile wie die des feinfühligen Horazinterpreten L. P. Wilkinson, der 1951 schrieb:[12] "Most of the poems of these Neo–Latinists that I have read are metrically correct, but almost all, save a few by Celtis, have the stiffness of prize compositions. They are generally too long, the language is not musically attuned, and the periodising is clumsy: in fact, they could not have been written by Horace." Der Kontext, in dem dieser Satz steht, zeigt, daß Wilkinson sein Urteil ohne ausreichende Autorenkenntnis fällte. Er hätte sonst viele andere Neulateiner ebenso wie oder eher als Celtis von seinem negativen Urteil ausnehmen müssen, wie eine Interpretation von einzelnen Oden z.B. von Pontano oder Salmonius Macrinus oder auch nur eine Lektüre von Sparrow–Perosas Anthologie leicht zeigen könnte.[13] Aber es gibt natürlich auch Neulateiner,

---

[10] C. Maddison, wie Anm. 7, S. 39, bespricht in ihrem Kapitel 'The Humanist Ode' die horazisierende neulateinische Odendichtung des 15. und 16. Jahrhunderts in Italien, beginnend mit den *Odae* von Francesco Filelfo, die, um die Mitte des Jahrhunderts verfaßt, 1497 in Brescia zuerst gedruckt wurden. Skizzenhaft sind die Bemerkungen von K. Vietor, wie Anm. 7, S. 12ff., zur Frühgeschichte der humanistischen Ode.
[11] Eine Arbeit wie die von E. Schäfer, wie Anm. 8, existiert für die neulateinische horazisierende Dichtung in anderen Ländern nicht. Am besten ist J. Salmonius Macrinus durch mehrere Veröffentlichungen von G. Soubeille behandelt, vgl. insbesondere seine kommentierte Ausgabe: Le Livre des épithalames (1528–1531); Les Odes de 1530 (livres 1 & 2), éd. critique avec introduction et notes par G. Soubeille, Toulouse 1978, die in R. A. Brooks, A Critical Bibliography of French Literature, Bd. 2, Syracuse 1985, Nr. 1132A als "a model for future editions of Neo–Latin texts" gepriesen wird; s. dazu jedoch auch unten Anm. 121.
[12] L. P. Wilkinson, Horace and his Lyric Poetry, Cambridge 1951, S. 169.
[13] A. Perosa–J. Sparrow, Renaissance Latin Verse, An Anthology, Chapel Hill 1979, vgl. dazu die Rezension von W. Ludwig in Renaissance Quarterly 33, 1980, S. 238ff. (= Litte-

deren Oden in der Tat unhorazisch lang und deren Perioden unbeholfen sind. Wen solche Texte deshalb nicht interessieren, der beschränke sich auf Horaz oder lasse sich von anderen die Perlen aus der neulateinischen Lyrik heraussuchen. Ein historisch–literarisch gerichtetes Interesse wird die Qualität, Entwicklung und Wirkung der neulateinischen Odendichtung insgesamt als Teil der sich verändernden Horazrezeption, als Teil der europäischen Geistes– und Kulturgeschichte betrachten und erkennen wollen.

In einer ähnlich gelagerten Situation habe ich vor einigen Jahren die Anfänge und die erste Entwicklung des catullisierenden lateinischen Dichtens in der Renaissance untersucht.[14] Die entsprechenden Fragen für Horaz zu beantworten, wäre ein umfangreicheres Unternehmen, da wegen der größeren Verbreitung und dem höheren Ansehen des Horaztextes mehr Personen in die Entwicklung eines horazisierenden Dichtens vom vierzehnten bis sechzehnten Jahrhundert involviert waren. Im Augenblick möchte ich mich nur einer kleinen Gruppe von horazisierenden Gedichten zuwenden, die für die Horazrezeption jedoch von besonderer Bedeutung sind, da in ihnen jeweils in einer direkten Ansprache an Horaz das horazische Werk nach dem Verständnis des Autors gewürdigt und seine stilistische Eigenart nach Kenntnis und Vermögen des Autors zu reproduzieren versucht wird. Darüber hinaus wird sich zeigen, daß diese Gedichte jeweils entscheidende Phasen der humanistischen Horazrezeption markieren. Es handelt sich um einen poetischen Brief Petrarcas (1304–1374) an Horaz aus der Mitte des vierzehnten Jahrhunderts, um eine Ode Polizians (1454–1494) an Horaz aus Anlaß von Landinos Horazkommentar von 1482, um eine Ode des Petrus Crinitus (1474–1507) an Horaz vom Ende des fünfzehnten Jahrhunderts und um eine Ode des Salmonius Macrinus (1490–1557) an Horaz in seiner Carmina–Ausgabe von 1530.[15] Diese vier in der Forschung bisher nie zusammengesehenen und auch einzeln bisher nicht oder nicht hinreichend interpretierten Gedichte mit etwas über 300 lyrischen Versen stehen auch dadurch miteinander in Zusammenhang, daß die drei letzteren alle in Kenntnis und unter dem Einfluß von Petrarcas Brief an Horaz geschrieben wurden, so daß es sich bei ihnen nicht nur um Dokumente für die Horaz–, sondern auch für die Petrarcarezeption handelt. Im Anschluß an die Ode Polizians wird außerdem eine Elegie Jakob Lochers (1471–1528) kurz besprochen, die augenscheinlich von Polizian angeregt ist, nun aber umgekehrt Horaz selbst sprechen läßt.

---

rae Neolatinae. Schriften zur neulateinischen Literatur, hrsg. von L. Braun u.a., München 1989, S. 200ff.).
[14] S. W. Ludwig, wie Anm. 13, 1989, S. 162ff., und dens., The Origin and Development of the Catullan Style in Neo–Latin Poetry, in: P. Godman–O. Murray, Hrsg., Latin Poetry and the Classical Tradition, Oxford 1990, S. 183ff.
[15] Vgl. die vollständigen Texte dieser Gedichte im Anhang zu diesem Beitrag.

## VI. Epigrammatik, Elegie, Heroidenbrief und Lyrik

Es ist bekannt, daß Petrarca den horazischen Oden seine volle Aufmerksamkeit zuwandte (nach dem Vortrag von Herrn Friis–Jensen, The Medieval Horace and his Lyrics [in: Horace. L'œuvre et les imitations. Un siècle d'interprétation, Entretiens sur l'Antiquité Classique 39, Vandœuvres–Genève 1992/93, S. 257–298], ist die Frage neu zu stellen, wo und wie er dabei an mittelalterliche Vorgänger anknüpfte), daß *Horatius presertim in odis* zu seinen Lieblingsbüchern gehörte, daß er oft aus ihm zitierte und daß er unter den Briefen, die er zwischen 1345 und 1366 als *nugae* für seine Freunde an acht antike römische Autoren schrieb, auch einen an Horaz verfaßte, der damit neben Vergil der einzige Dichter war, dem eine solche Aufmerksamkeit zuteil wurde.[16] Die Anrede an den toten Autor ist eine aus dem Gefühl seelischer Nähe erwachsene Sprechweise, die in der Nachfolge Petrarcas mehrfach aufgenommen wurde, so auch in den genannten drei Oden von Polizian, Crinitus und Macrin. Man machte öfters darauf aufmerksam, daß Petrarcas Brief an Horaz sehr viele Anspielungen auf horazische Gedichte und ihre Themen enthält,[17] eine literarische Interpretation, die die Gestaltung dieses Briefes erhellt und zu der Art von Petrarcas Horazrezeption in Beziehung setzt, blieb jedoch aus.

---

[16] Petrarcas Briefe an antike Autoren nahmen ihren Ausgang von seinem ersten Brief an Cicero (zu ihm vgl. P. L. Schmidt, Petrarcas Korrespondenz mit Cicero, Der altsprachliche Unterricht 21,1, 1978, S. 30ff.). G. Billanovich, Petrarca letterato I, Rom 1947, S. 40, zufolge wurde der Brief an Horaz als letzter erst 1366 geschrieben. Der im 15. und 16. Jahrhundert nur handschriftlich verbreitete Brief Petrarcas an Horaz wurde erst 1601 gedruckt. Der im Anhang Nr. 1 gegebene Text folgt — abgesehen von der Interpunktion und von zwei von mir vermutungsweise geänderten Stellen in V. 23 (*obrutum* statt *obrutos*, vgl. Anm. 24) und V. 54 (*obvius* statt *obviis*, so auch die Ausgabe von V. Ussani, wie Anm. 17) — der kritischen Ausgabe von U. Bosco in: Francesco Petrarca, Le Familiari, Edizione critica per cura di V. Rossi, Bd. 4 hrsg. v. U. Bosco, Florenz 1942, S. 247ff. Zur Horazkenntnis Petrarcas s. jetzt mit Verweisen auf frühere Literatur M. Feo, Codici Latini del Petrarca nelle biblioteche Fiorentine, Florenz 1991, S. 3–9. Zu der andersartigen Horazrezeption vor Petrarca vgl. M.–B. Quint, Untersuchungen zur mittelalterlichen Horaz–Rezeption, Frankfurt/Main 1988.

[17] V. Ussani, Le Liriche de Orazio, commentate, vol. I, sec. ed. con la Lettera del Petrarca e l'Ode del Poliziano ad Orazio [...], Turin 1922 (von mir benützt das Exemplar der Cornell University, Ithaca/N.Y., Coll. Petrarch PA 6393, C2, 1922a; in Deutschland in keiner dem Leihverkehr angeschlossenen Bibliothek nachweisbar) und R. Argenio, Orazio cantato dal Petrarca e dal Poliziano, Rivista di Studi Classici 44, 1967, S. 331ff. liefern zahlreiche Hinweise auf einzelne von Petrarca benützte Stellen, verzichten aber auf jede interpretatorische Analyse (Argenio gibt eine Übersetzung). Im wesentlichen auf eine Nacherzählung des Inhalts beschränkt sich die Behandlung durch E. Carrara, Le 'Antiquis illustrioribus', Studi Petrarceschi 1, 1948, S. 63ff. (= ders., Studi Petrarceschi ed altri scritti, Turin 1959, S. 135ff., hier S. 163–166).

# 1. Horazrezeption in der Renaissance 7

Petrarca schrieb seine Briefe an Horaz und Vergil in Versen und wählte für den an Horaz den Asclepiadeus, den Horaz für die Rahmengedichte seiner ersten und für das Mittelgedicht seiner zweiten Odensammlung benützt hatte. Petrarca stand vermutlich auch unter dem Einfluß einer Exposition der horazischen Metrik, wie sie in der Abhandlung des Servius *De metris Horatianis* vorliegt, wo dieser Vers als erste der neunzehn horazischen Odenformen aufgeführt, erklärt und mit den Anfangsversen aus jenen drei Gedichten belegt ist.[18] Er wählte den horazischen Vers, aber nicht die horazische Gedichtlänge: sein Brief reiht 138 Asklepiadeen hintereinander.

Seine erste Periode mit ihren 32 Versen entspricht im Umfang allein schon einem horazischen Gedicht. Sie bildet zusammen mit der zweiten Satzperiode in V. 33–40 strukturell den ersten von vier Abschnitten seines Briefes. In ihm hat er inhaltlich und strukturell die Horazgedichte C. III 30 sowie I 12 und IV 8 zu poetischen Mustern genommen. C. III 30 steht hinter dem panegyrischen Eingang in V. 1–6, mit dessen Wortverschränkungen Petrarca auch eine charakteristische horazische Stileigentümlichkeit reproduzieren wollte. In den von ihm gelesenen pseudakronischen Scholien[19] fand er immer wieder die Bemerkung *Ordo est* und anschließend als Konstruktionsanleitung eine Auflösung der poetisch verschränkten Wortfolge in Form eines Satzes in sozusagen normaler Wortstellung und unter Ergänzung elliptischer Ausdrücke.[20] Dementsprechend sind seine V. 1–6 so aufzulösen: *Te, quem Italus orbis memorat regem lyrici carminis et cui Musa tribuit plectra Lesbia nervis sonantibus* (*et*) *quem Thirrenum* (*mare*) (*ab*) *Adriaco* (*mari*) *et Tuscus Tybris ab Apulo Aufido proprium sumpsit et* (*cuius*) *fuscam atque humilem originem* (*Tybris*) *non sprevit*, [...]. Gedanklich steht hinter diesem prädizierenden Relativsatz insbesondere V. 10–16 von C. III 30, wobei die Sequenz der Gedanken durch die pseudakronische *Ordo*–Erklärung mitbestimmt ist: *ego potens ex humili princeps dicar deduxisse Aeolium carmen ad Italos modos, qua obstrepit violens Aufidus et qua*

---

[18] Vgl. Grammatici Latini, ed. H. Keil, Leipzig 1855ff., Nachdruck Hildesheim 1961, Bd. 4, S. 468f., und zur späteren Verbreitung dieser Schrift und ihrer Nachfolger J. Leonhardt, Dimensio syllabarum, Studien zur lateinischen Prosodie– und Verslehre von der Spätantike bis zur frühen Renaissance, Göttingen 1989 (insbesondere S. 160ff., wo die prinzipielle Abhängigkeit der metrischen Traktate Perottis von den Traktaten des Servius nachgewiesen wird).
[19] Im Laurentianus plut. 34, I (vgl. M. Feo, wie Anm. 16, S. 3ff.) ist der Horaztext von den pseudakronischen Scholien begleitet (vgl. G. Noske, Quaestiones Pseudacroneae, Diss. München 1969, S. XXVIIff.).
[20] Vgl. die Erörterung und Beschreibung der *Ordo*–Scholien bei G. Noske, wie Anm. 19, S. 213ff.

*Daunus pauper aquae regnavit agrestium populorum.*[21] Mehrere Ausdrücke sind teils durch synonyme — oft auch horazische — Ausdrücke ausgetauscht, teils — unter anderem mit Hilfe des Scholienmaterials — erweitert worden.[22]
Der volltönende Anruf geht dem in V. 7 folgenden Hauptsatz voraus: *nunc dulce* (*est*) *te sequi.*[23] Danach wird in V. 7–10 zunächst ein dem Dichter gemäßer *locus amoenus* gezeichnet. Dann werden in einer langen Reihe von *seu*–Sätzen verschiedene Gottheiten aufgeführt, die Horaz bedichtet hat (zuerst sieben Naturgottheiten bzw. Gruppen von solchen: Faunus, Bacchus, Ceres, Venus, die Nymphen, die Satyrn und die Grazien, dann acht Kinder Juppiters: Herkules, Mars, Pallas, die Dioskuren, Merkur, Apollo und Diana). Im einzelnen wird dadurch punktuell eine Reihe von Horazgedichten evoziert.[24] Insgesamt erscheinen so alle Gottheiten aus C. I 12. Petrarca folgte dem Aufbau dieser sapphischen Ode im übrigen dadurch, daß der Götterreihe die Beschreibung eines dichterischen Ortes vorausgeht[25] und daß er anschließend an

---

[21] E. Fraenkel, Horace, Oxford 1957, S. 304 (vgl. dazu auch G. Noske, wie Anm. 19, S. 216) machte darauf aufmerksam, daß diese *Ordo*–Erklärung moderne Horazübersetzer oft irregeführt hat.

[22] So steht *regem* für *potens princeps* (!), *lyrici* für *Aeolii* (vgl. C. I 1, 35 *lyricis vatibus*), *Musa* für *Melpomene*, *plectra Lesbia* nach C. I 26, 11 *Lesbio plectro*, *nervis sonantibus* nach C. III 11, 4 *testudo resonare septem callida nervis*. Der *Aufidus* ist nach dem Scholion der Fluß Apuliens, wozu dort auch noch der Vergilvers (Aen. XI 405) *Adriacas retro fert Aufidus undas* zitiert wird, in dem sich das von Petrarca hier benützte Adjektiv findet. *Tuscus* ist der Tiber nach C. III 7, 28 und Verg. Georg. 1499, das *Tyrrhenum mare* stammt aus C. III 24, 4; *ex humili* ist zu *fuscam atque humilem originem* erweitert.

[23] Formulierung nach C. III 25, 19 *dulce periculum est* [...] *sequi deum* und E. II 2, 69 *sequi vestigia vatum*. Die von J.–J. Iso Echegoyen zusammengestellte Concordantia Horatiana, Hildesheim–Zürich–New York 1990, macht heute das vollständige Registrieren von horazischen Parallelen leicht. Bei den in dieser Abhandlung angeführten Horazstellen ist nicht Vollständigkeit, sondern eine Auswahl des Bezeichnenden erstrebt.

[24] V. 11 zielt auf C. I 17 und III 18; V. 12 auf C. II 19 und III 25 (vgl. auch Ov. Met. IV 11 zu *Bromium*); V. 13f. auf C. I 12, 22 und III 2, 26 *Cereris sacrum* [...] *arcanae*; V. 15 besonders auf C. I 19, I 30 und IV 1 (*amborum* [...] *indigam* nach Ter. Eun. 732); V. 16 auf C. I 1, 31 *Nympharumque leves cum Satyris chori* und II 19, 3f.; V. 17 auf C. I 4, 6, I 30, 6 und IV 7, 5f. *Gratia cum Nymphis geminisque sororibus audet ducere nuda choros*; V. 18 auf C. I 12, 25, III 3, 9 und IV 8, 30 *impiger Hercules* (synonym hier *improbus* nach Verg. Georg. I 146); V. 19f. auf C. I 6, 13; V. 20f. auf C. I 12, 20, I 15, 11f. *galeam Pallas et aegida* [...] *parat*, und III 4, 57 (*late Gorgoneis crinibus horridam* nach Ov. Met. IV 799ff.); V. 22f. auf C. I 3, 2 *fratres Helenae, lucida sidera* und I 12, 25ff. *puerosque Ledae* [...] und IV 8, 31 *clarum Tyndaridae sidus ab infimis quassas eripiunt aequoribus rates* (in V. 23 hat Petrarca vermutlich *obrutum* im Sinne eines poetischen Gen. plur. für *obrutarum* geschrieben); V. 24 auf C. I 10 *Mercuri* [...] *lyrae parentem*, und III 11; V. 25f. auf C. I 12, 23f., I 31 und IV 6, 26 *Phoebe, qui Xantho lavis amne crines*; V. 27 auf C. I 12, 22f. *saevis inimica virgo beluis*, I 21 und III 22.

[25] Vgl. C. I 12, 5ff.

1. HORAZREZEPTION IN DER RENAISSANCE 9

die Gottheiten mehrere *heroas*, d.h. *semidei duces* nennt,[26] Helden Roms, an deren Ende das Caesarische Geschlecht steht.[27]

In den Schluß dieses Abschnittes sind ab V. 28 außerdem Kerngedanken und Ausdrücke von C. IV 8 integriert. Die Verse sind in ihrem *Ordo* so zu verstehen: *aut (canis) sacras choreas Pieridum, quae sculpunt heroas veteres et novos, si forent, durius rigido marmore. ne qua dies premat aeternam et memorem notam calamo affixam meritis (eorum). Sic virtus sola (nonnisi) faventibus studiis vatum linquit perpetuas imagines, quarum praesidio cernimus semideos duces vivere, Drusum (scilicet) et Scipiadam nec non et reliquos (duces), per quos inclita Roma dedit iugum edomitis gentibus* [...]. In C. IV 8 übertrifft das Lob der *Pierides* die Leistung des Skopas (Ps.–Acro: *signorum sculptor* !) und der Marmorinschrift (13 *marmora;* vgl. auch Ps.–Acro zu III 30, 1 *durabilius metallo*). Die Attribute *aeternam* und *memorem* wählte Petrarca nach Ps.–Acro zu IV 8, 20 *facta, inquit, clarorum virorum, nisi carminibus illustrentur. aetatis suae memoriam non excedunt,* zu 25 *reddit carminibus memorabilem* und zu III 30, 1 *per aeternitatem carminis auctori dat laudem.* Deutlich ist außerdem seine Abhängigkeit von C. IV 8, 26f. *virtus et favor et lingua potentium vatum* [...].[28]

Der erste Abschnitt des Briefes (V. 1–40) enthält so nicht nur viele einzelne Anspielungen auf bestimmte Horazgedichte und übernahm aus diesen spezifische einzelne Ausdrücke. Seine gedankliche Struktur ist insgesamt durch die Anlehnung an Gedanken bzw. Struktur von drei Horazgedichten konstituiert. Trotzdem ist dieser Abschnitt natürlich alles andere als im Stil horazisch. Ähnliche Phänomene zeigen die folgenden Abschnitte, zunächst der zweite Briefabschnitt V. 41–65. Syntaktisch geht Petrarca hier ähnlich vor wie in V. 7–40. An kurze Vordersätze sind jeweils mit gleichen Worten eingeführte Satzketten angeschlossen: *Hec dum tu modulans me cupidum preis, duc* [...] *duc* [...] *duc* [...] *duc* [...]. *Ibo pari impetu, vel dum* [...] *vel dum* [...] *vel dum* [...] *vel dum* [...] *visurus veniam* [...] *visurus* [...] *visurus* [...]. Nach den Personen (Göttern und Helden) erscheinen nun Hinweise auf horazische Orte und Zeiten (V. 56f. *temporis aut loci* [...] *facies*), und zwar zuerst auf allgemeine und spezielle italische Orte (Meer, Berge, Tiber, Anio, (Tibur), Wälder, Algidus, Baiae,

---

[26] Der Ausdruck in V. 30 und 35 nach Ps.–Acro zu C. I 12, 1 *quem heroa: de mortuis iam semideis.*
[27] Das Bild in V. 39f. nach C. I 12, 45ff. *micat inter omnis Iulium sidus velut inter ignis luna minores,* wozu das Scholion: *pulchra comparatio.*
[28] In V. 31 folgt der Ausdruck *memorem notam* C. I 13, 12. *Drusum et Scipiadam* beziehen sich auf C. IV 4, 8 und IV 14 einerseits und auf C. IV 8, 15ff. (inhaltlich) und S. II 1, 20 (formal) andererseits.

Sabinum, Soracte, Brindisi);[29] dann auf die Folge der vier Jahreszeiten[30] und schließlich auf vier Orte weit außerhalb Italiens (Kykladen, Bosporus, Libyen, Kaukasus).[31] Überall und zu allen Zeiten will Petrarca, nie müde werdend, Horaz folgen. Das übergreifende horazische Gedankenmuster ist in diesem Abschnitt C. II 6, wo Septimius Horaz anfangs zu zwei Orten weit außerhalb Italiens begleiten will, Horaz aber ihn auffordert, zu zwei Orten Italiens, Tibur oder Tarent, mitzukommen, wo er sich müde niederlassen möchte und wo er sich auch die Folge der Jahreszeiten vorstellt. Der andersartige Gesamtstil, die Ausweitung und Umkehrung der Elemente und die einseitige Übernahme lassen diesen gedanklichen Bezug leicht übersehen.

Innerhalb dieses Abschnitts hat Petrarca die namentliche Anrede an Horaz gesetzt (V. 47f.): *hec, te meditans, nunc tibi texui, nostrum, Flacce, decus* — sozusagen verzögert, wie dies auch bei Horaz manchmal geschieht (z.B. in C. II 7), und unter Benützung von und Anspielung auf C. I 1, 1f. *Maecenas [...] decus meum* und III 25, 4f. *Caesaris [...] meditans decus*, wodurch Petrarcas Verhältnis zu Horaz dem von Horaz zu Mäzen und Augustus parallelisiert wird.

Im umfangreichen dritten Briefabschnitt (V. 66–117) wendet Petrarca sich horazischen Themen und Emotionen zu und benützt zu ihrer Auflistung wieder dreimal die an einen Vordersatz angehängte Satzkette: *Quo te cunque moves,*[32] *quidquid agis, iuvat, seu [...] seu [...] seu [...] sive [...]. Quis non preterea dulciter audiat, dum [...] dum [...] dum [...] dum [...] dum [...]. Letus, solicitus, denique mestior iratusque places, dum [...] dum [...] dum [...].* Abgesehen davon, daß auch für Horaz anaphorische Reihen von *seu*–Sätzen charakte-

---

[29] V. 42 *remivolo* ist unklassisch, vielleicht eine kontaminierende Neubildung nach Verg. Aen. I 224 *mare velivolum* und C. I 37, 16f. *volantem remis*; zu V. 44 vgl. C. III 7, 28 *Tusco [...] alveo*, zu V. 45 C. I 7, 13 *praeceps Anio*; *rura olim grata* (V. 45f., zum Ausdruck vgl. C. III 11, 5 *olim neque grata*) beziehen sich auf das von Horaz geschätzte Tibur (*dum superos colis* umschreibt 'zu deinen Lebzeiten'; *superos* meint die Götter, nicht, wie R. Argenio, wie Anm. 17, S. 336, annimmt, Mäzen und Augustus); zu V. 48f. vgl. C. I 22, 6ff. *per inhospitalem Caucasum [...] silva*, zu V. 49 C. I 21, 6 *gelido [...] Algido*, zu V. 50 C. III 4, 23–24 *seu Tibur supinum seu liquidae placuere Baiae* und S. II 4, 32 *Baianus*; zu V. 52 s. C. 19, zu V. 53 s. S. I 5.

[30] Ablauf der Jahreszeiten vom Frühling bis Winter in C. IV 7, 9–12 (dort *pomifer autumnus* und *bruma iners*); Frühling, Winter und Herbst auch C. II 6, 17ff. (s. oben), vgl. auch die Beschreibungen des Frühlings in I 4 und des Sommers in III 29, 16–24.

[31] V. 62 bezieht sich auf C. I 14, 20 *Cycladas* und III 28, 14, V. 63 auf II 13, 14, II 20, 14 *gementis [...] Bosphori* und C. III 4, 30, V. 64 auf C. II 2, 10 *Libyam*, V. 65 auf C. I 22, 7 (s. oben Anm. 1).

[32] Die Tmesis mit dazwischen gestelltem Personalpronomen empfand Petrarca als horazisch, vgl. C. I 7, 25 *quo nos cumque*, C. I 27, 14 *quae te cumque*, E. I 1, 15 *quo me cumque rapit tempestas, deferor hospes*.

## 1. HORAZREZEPTION IN DER RENAISSANCE 11

ristisch sind, ist dieses Satzschema natürlich völlig unhorazisch. Eine gewisse Verwandtschaft zu einem in Juvenals erster Satire mehrfach benützten Satzschema besteht.[33] Petrarca hat in diesem Abschnitt 24 allgemeine und spezielle horazische Themen angesprochen. Die erste Periode (V. 66–81) bezieht sich auf vier meist allgemeinere horazische Themenpaare. Das Lob der *virtus* als Impuls für seine Freunde und die Verfolgung des *vitium* werden als wichtigste allgemeine Zielrichtung der horazischen Gedichte zuerst genannt; *Carmina* und Epoden, Satiren und Episteln sind dabei im Blick (bei der Formulierung von V. 69f. dachte Petrarca an Persius: Sat. I 116f. *omne vafer vitium ridenti Flaccus amico tangit*). Es folgen die Liebesgedichte und — mit nicht geringerer Bedeutung — die Invektiven gegen den Liebeshunger alter Frauen,[34] die Invektiven gegen den Bürgerkrieg der Römer,[35] der immer wieder besungene Mäzen[36] und schließlich die beiden Literaturbriefe an Augustus und Florus.[37] Die Ratschläge, die Horaz seinen Freunden für ein richtiges Leben gibt, sind so wichtig, daß Petrarca eine Reihe von Einzelgedichten beispielhaft anführt, so die Epistel, in der Aristius Fuscus über die Vorzüge des Lebens auf dem Land und in Freiheit belehrt wird,[38] die Ode an Sallustius Crispus über die richtige Verwendung von Reichtum,[39] der Trost des trauernden Vergil[40] und die Aufforderung an ihn, den Frühling und das Leben zu genießen,[41] sowie schließlich die an Quinctius Hirpinus, Torquatus und Postumus ausgesprochenen Erinnerungen an die Vergänglichkeit des Menschen.[42] In einer weiteren Periode (V. 94–108) folgt die Evokation von zeitgenössisch–politischen und von mythischen Themen. Augustus–Panegyrik,[43] Kriegsthematik,[44] den Triumph über Kleopatra[45] und die moralisch ausgedeuteten Mythen von Pa-

---

[33] Vgl. dort V. 22ff. *Cum [...] cum [...] difficile est saturam non scribere. nam quis [...] tam ferreus, ut teneat se, cum [...] cum [...]. quid referam quanta [...] iecur ardeat ira, cum hic [...] et hic [...]. haec ego non agitem [...], cum [...] cum [...].* Zu der Adjektivhäufung in V. 109f. vgl. z.B. E. I 1, 38 und A. P. 172f.
[34] Vgl. C. I 25, 4 und 13, Ep. 8; *luxuriem* in V. 73 im Sinne von *libido*.
[35] Vgl. Ep. 7, 1ff. *scelesti [...] enses [...] acerba fata Romanos agunt scelusque*, C. III 24, 24f. *inpias caedis et rabiem [...] civicam*.
[36] Zu V. 76f. vgl. E. I 1, 1ff. *Prima dicte mihi, summa dicende Camena, Maecenas*.
[37] Vgl. außer E. II 1–2 auch A. P. 291 *limae labor*.
[38] E. I 10, 1ff. und 34f.
[39] C. II 2, 1ff. *Nullus argento color est avaris [...]*.
[40] C. I 24.
[41] C. IV 12, 1ff. und 27.
[42] C. II 11; IV 7; II 14 und vgl. I 4, 13 *Mors aequo pulsat pede*.
[43] Vgl. C. I 2, 45 und III 25, 4f.
[44] Vgl. C. I 6, 13 *quis Martem tunica tectum adamantina digne scripserit?*
[45] Vgl. C. IV 2, 35 *per sacrum clivum*, Ep. 7, 8 *sacra catenatus via*, Ep. 9, 21f. *aureos currus* und C. I 37.

ris, Danae und Europa⁴⁶ hebt Petrarca hervor. Die letzte dieser Perioden (V. 109–117), die die immer geglückte Affektdarstellung rühmen, lassen an die verschiedenen Rivalen, an Canidia, die verhaßte Volksmasse, Lalage, den Baumsturz und das Schiff in Seenot denken.

Nach dieser ausgedehnten thematischen Musterung führt der vierte und letzte Abschnitt (V. 118–138) zum Abschluß. *Ordo est: Ut vidi te [...], subito vaga mens (meus) concepit nobilem invidiam (id est aemulationem)*⁴⁷ *nec peperit (id est pepulit conceptam) prius, quam te [...] sequens vidi [...] equos Solis surgere ab Indico (aequore) et serum mergi (in) ultimo Oceano (id est extremum orientem et occidentem orbis terrarum);*⁴⁸ *tecum trans Boream et trans Notum vagus insequor (te) totis gressibus ingenii, seu [...] seu [...] seu [...]*. Wie in V. 7–10 sieht Petrarca Horaz wieder als Dichter in der Abgeschiedenheit eines *locus amoenus* (V. 118–124); lieblich soll wohl auch die gleichartige Satz- und Klangstruktur der sechs Verse wirken, von denen drei den Ort schildern, drei den die Leier spielenden und singenden Dichter darstellen, auch wenn die anaphorische Reihe der an die Versanfänge gestellten Partizipien dem horazischen Stil gar nicht entspricht. Dieses idyllische Bild erregt in Petrarca den durch das Oxymoron der *nobilis invidia* ausgedrückten Wunsch, in der gleichen Situation zu sein wie Horaz, ein Wunsch, von dem er sich nicht anders befreien kann, als daß er Horaz auf allen seinen Wegen, d.h. in allen seinen Gedichten, durch Länder und Meere, nach Ost, West, Nord und Süd folgt und mit ihm ist, sei es daß er — wie in Epode 16 — zu den Inseln der Seligen führt⁴⁹ oder wie in Ode 1, 35 nach Antium oder — wie in C. III 30, 8f. — auf das römische Capitol. Petrarca greift damit auf seine Weise wie in V. 41–65 gedanklich wieder

---

⁴⁶ Vgl. C. I 15; III 16 und III 37.
⁴⁷ Das Oxymoron *nobilis invidia* scheint neu zu sein. Petrarca selbst hat in De rem. utr. Fort. 2, 35 und 106 nur die negative *invidia* besprochen. Cicero Tusc. IV 8 unterscheidet zwischen einer zweifachen *aemulatio*, positiv als *imitatio virtutis*, negativ als eine *aegritudo*, die der *invidia* entspricht, und spricht Tusc. III 9 (allerdings in anderem Sinn) vom *ambiguum nomen invidiae*. Petrarca scheint, vielleicht unter dem Einfluß dieser Stellen, die Junktur *nobilis invidia* im Sinne einer positiven *aemulatio* zu gebrauchen.
⁴⁸ *Peperit* scheint hier im Sinne eines Herausbringens der empfangenen *invidia*, also einer Befreiung von ihr, zu verstehen zu sein. R. Argenio, wie Anm. 17, S. 340 supplierte zu *peperit* ein elliptisches *carmen* und meinte, Petrarca sage, er habe dieses erst verfassen können, nachdem er einen ganzen Tag "da matina a sera" Horaz in seinem Werk gefolgt sei. Der Nachsatz scheint mir keine zeitliche Bedeutung in diesem Sinne zu haben. sondern den fernen Osten und den fernen Westen zu meinen, bis zu dem Petrarca Horaz folgen will.
⁴⁹ *Fortuitas* ist im Sinne Petrarcas ein Synonym zu *fortunatas* (so richtig G. Rotondi, Studi Petrarcheschi 1, 1948, S. 282, Anm. 5) und nicht, wie R. Argenio, wie Anm. 17, S. 338, annimmt, eine scherzhafte Benennung der Inseln, "perché nate dalla fantasia dei poeti e collacate a caso ora qua ora là". Zur Prosodie und anderen irregulären Quantitäten in V. 44, 80 und 130 vgl. V. Fera, La revisione Petrarchesca dell'Africa, Messina 1984, S. 117f.

C. II 6 auf und wird zu einem Septimius, der Horaz überallhin begleiten will. Das in C. II 6, 1 betont gesetzte *mecum* wird jetzt durch das reziproke *tecum* in V. 131 erwidert und dem Gedanken an die fernsten Orte folgt nun umgekehrt am Ende die Konzentration auf das römische Zentrum. Die letzten beiden Verse (mit *sic* eingeleitet wie der Schluß des ersten Briefabschnitts in V. 33) ziehen die knapp formulierte Konsequenz. Petrarcas Entschluß, Horaz mit allen Geisteskräften zu folgen, ist danach verursacht durch die Anmut seiner Oden und das Herbe seiner Satiren, deren Wirkung auf den Leser das den Brief schließende Oxymoron *dulcis acerbitas* zum Ausdruck bringt.[50]

Eine große Begeisterung für, ja Liebe zu Horaz spricht aus diesem Briefgedicht.[51] Petrarca wollte ein Panorama der von ihm geschätzten Gedichte bieten und ausdrücken, daß er Horaz auf allen seinen Wegen, d.h. durch Lektüre aller seiner Gedichte folgen will. In expliziten Nennungen und impliziten Anspielungen steht das lyrische Werk weit im Vordergrund. Die meisten Oden und Epoden werden so erfaßt. Auf die Satiren und Episteln bezieht Petrarca sich, abgesehen von S. I 5, E. I 10 und den Literaturepisteln, nur generell. Horaz wird in seiner dichterischen Einsamkeit in der Natur und getrennt vom Volk gesehen.[52] *Virtus* und *vitium* sind die Leitbegriffe, unter denen seine Gedichte stehen. Ihre motivische, thematische und emotionale Vielfalt wird betont. Herausgehoben werden seine Gedichte über heidnische Götter und römische Helden, Orte in und außerhalb Italiens und Jahreszeiten, seine Gedichte zur Lebensweisheit (besonders über die Stadt, den Reichtum, die Vergänglichkeit und den kurzen Genuß des Lebens), zu zeitgenössischen Kriegen und Siegen und zu moralisch bedeutsamen Mythen sowie seine Gedichte an Augustus, Mäzen und seine verschiedenen Freunde, unter denen sich Vergil befindet. Nur eine kurze allgemeine Erwähnung finden die erotischen Gedichte (sie wird konterkariert durch die anschließende Erwähnung seiner Invektiven gegen die Liebesleidenschaft alter Frauen); nahezu völlig fehlt das nur

---

[50] Auch für das Oxymoron *dulcis acerbitas* scheint Petrarca keine klassische Vorlage gehabt zu haben. Quintilian Inst. X 1, 94ff., wo die *acerbitas* der Satiren des Lucilius und der Jamben des Horaz betont wird, war Petrarca noch nicht bekannt, ebensowenig eine lateinische Nachbildung des Sapphischen *glykýpikron* (L–P 130). Petrarca waren aber horazische Oxymora wie E. I 12, 19 und A. P. 374 vertraut und ebenso die horazische Forderung nach einer *callida iunctura* (A. P. 48), so daß anzunehmen ist, daß er mit seinen Oxymora ein horazisches Stilelement erstrebte.

[51] Übrigens scheint Gerolamo Vida, als er seine *Poeticorum libri III* mit einem Anruf an Vergil schloß, in seiner Formulierung auch von Petrarcas Gedicht an Horaz angeregt worden zu sein.

[52] Entsprechend beschreibt Petrarca Horazens (und seine eigenen) Vorlieben in De vita sol. 2, 7, 2.

implizit in der Aufforderung zur *stultitia brevis* enthaltene sympotische Element.

Petrarca wollte dieses Bild der horazischen Dichtung in horazischer Weise geben. Mehrere metrische, sprachliche und stilistische Züge sind von ihm offensichtlich als Reproduktion des Horazischen beabsichtigt, so zunächst der asklepiadeische Vers als das in seinem Verständnis erste lyrische Versmaß, das er wählte, obwohl ihm der Hexameter für eine Epistel näher gelegen hätte und auch im Sinne von Horaz selbst angemessener gewesen wäre, sodann der mit verschränkenden Wortstellungen arbeitende Satzbau, dem allerdings das spannungsreiche Beziehungsgefüge des horazischen fehlt. Horazisch waren für Petrarca weiter viele einzelne Worte und manche Ausdrücke, die er unter Umständen durch Synonyme variierte und erweiterte, die Tmesis beim indefiniten Relativpronomen, das Oxymoron als *callida iunctura*, die von ihm unhorazisch lang verwendeten *seu*–Satzketten und der gleichfalls überzogene anaphorische Versbeginn, die verzögerte Anrede mit dem Eigennamen, einzelne Vergleichsbilder, einzelne Gedanken, die längere Äußerungen in C. III 30 und IV 8 nachbilden, sowie die Struktur einzelner Abschnitte, die sich an gedanklichen Elementen von C. I 12 und II 6 und ihrer dortigen Abfolge orientieren.

Es ist schwer zu sagen, wie weit Petrarca glaubte, dadurch insgesamt den horazischen Stil getroffen zu haben. Ausdrücklich nimmt er nicht in Anspruch, wie Horaz zu dichten oder dichten zu wollen. Die beobachteten Imitationen machen jedoch seine Absicht deutlich, und er nahm vermutlich in höherem Maße als wir an, sie erfüllt zu haben. Uns fällt der in wesentlichen Zügen unhorazische Charakter seiner Versepistel stärker auf, ein Eindruck, der allerdings auch wieder durch den Umstand relativiert wird, daß Petrarca sozusagen aus dem Stand und ohne Vorgänger in seiner lyrischen Horazimitation so weit kam und daß die von ihm erreichte Horaznähe erst etwa hundert Jahre später übertroffen wird.

An Horaz scheint nach Petrarca erst wieder Polizian geschrieben zu haben. 1482 erschien in Florenz der erste humanistische Horazkommentar.[53] Landino erklärte in seinem Widmungsbrief an Guido Montefeltre, den Sohn des Herzogs Friedrich von Urbino,[54] daß er sich vorgenommen habe, Vergil, Horaz und Dante zu interpretieren. Bei Horaz wolle er *sapientiam huius poete in rebus ipsis inveniendis et mirificum consilium atque artificium in singulis disponendis atque ornandis* und schließlich *verborum vim atque varias notiones* deutlich machen, was *Acro Porphyrioque* zwar gut hätten leisten können, aber doch ande-

---

[53] Florenz: per Antonium Miscominum Non. Aug. 1482 (Hain 8881). Eingesehen wurde das Exemplar der Biblioteca Medicea Laurenziana, Florenz, Inc. 4, 6 (nach diesem Exemplar der — neu interpungierte — Text im Anhang Nr. 2).
[54] Bl. 2.

ren überlassen hätten. Horazens *lyricum carmen*, wozu er auch die Epoden und das *Carmen saeculare* rechnet, könnte außerordentlich helfen *ad iuvenile ingenium excitandum et ad linguam expoliendam atque ornandam*, seine Sermonen und Episteln seien ebenso geeignet *ad mentes humanas omni labe purgandas et optimis moribus informandas*, so daß sie an Lehrgehalt vielen Büchern von Philosophen gleichkämen. Es folgen nach einem Index der kommentierten Wörter[55] auf 265 Folioblättern der Text des Horaz mit den ihn umgebenden *interpretationes* Landinos.[56] Eine eigentliche Titelseite hat dieser Band nicht. Seine erste Seite ist leer, aber auf ihrer Rückseite stehen gewissermaßen zur Eröffnung und zur Einstimmung des Lesers sieben aus je drei Asklepiadeen und einem Glykoneus bestehende Strophen[57] unter der Überschrift *Ad Horarium Flaccum Ode dicolos tetrastrophos Angeli Politiani*.[58] Polizian hat diese Ode an Horaz sicher in Kenntnis seines Vorgängers verfaßt, da Petrarcas Briefe *Ad quosdam ex veteribus illustriores* zu jener Zeit in Florenz handschriftlich bekannt waren.[59]

Der ins Auge springende Unterschied ist, daß Polizian ein Gedicht aus vierzeiligen Strophen und in horazischer Länge verfaßt hat. Daß auch in anderer Hinsicht eine neue Stufe produktiver Horazrezeption erreicht ist, können Lektüre und Interpretation des Gedichts zeigen.[60]

---

[55] Bl. 3–6.
[56] Bl. I–CCLXV, es folgen noch 2 S. *Errata et Emendata*. Der Kommentar Landinos wurde mit dem Horaztext bis 1500 noch zwölfmal gedruckt, bis 1520 dann noch viermal, davon enthielten die Ausgaben Venedig 1483, 1486, 1490 und 1491 nur den Kommentar Landinos, die späteren Ausgaben auch andere Kommentare.
[57] Die Wahl dieser damals ungewöhnlichen Strophenform war vielleicht dadurch motiviert, daß Polizian die stichischen Asklepiadeen Petrarcas mit der geringsten Änderung in vierzeilige Strophen überführen wollte. Die Bezeichnung der Ode als *dicolos tetrastrophos* entspricht der Systematik bei Servius, wie Anm. 18, S. 469, und Perotti.
[58] Diese Ode wurde auch in die Ausgaben Venedig 1483 (Hain 8883) und 1486 (Hain 8884, eingesehen Bibl. Med. Laur., Florenz, Inc. 4, 2) aufgenommen. Sie erscheint nicht in der Ausgabe der *Opera* Polizians, Basel 1553, wurde aber von J. A. Fabricius, Bibliothecae Latinae volumen alterum, Hamburg 1721, S. 328f., nachgedruckt. S. auch A. Politianus, Opera omnia a cura di I. Maier, T. II, Turin 1970, S. 261f.
[59] Vgl. M. Feo, wie Anm. 16. Welche spezielle Petrarcahandschrift, die den Brief an Horaz enthielt, Polizian kannte, läßt sich nicht mit Sicherheit sagen; in Frage kommen die heute in der Biblioteca Medicea Laurenziana befindlichen Handschriften XXVI sin. 10 (= L bei Rossi, Nr. 80 bei Feo), LIII 4 (= Lz. bei Rossi, Nr. 81 bei Feo) oder XC inf. 17 (= Lrz. bei Rossi, Nr. 85 bei Feo).
[60] Die einzigen früheren Behandlungen des Gedichts durch V. Ussani und R. Argenio, wie Anm. 17, beschränken sich auf die Angabe einzelner von Polizian benützter Stellen bei Horaz und Vergil. Argenio gibt dazu außer seiner Übersetzung noch die allgemeine Würdigung, daß Polizian im Gegensatz zu Petrarca "la nota giusta, la piú armoniosa e gaia della

16   VI. Epigrammatik, Elegie, Heroidenbrief und Lyrik

Für den Überblick zunächst eine inhaltliche Zusammenfassung: 'Horaz, der du lieblicher als Orpheus singst (Str. 1) und das äolische Lied nach Italien brachtest und beißende Satiren schriebst (Str. 2), wer hat dich wiederhergestellt (Str. 3)? Wie warst du jüngst noch neblig trüb, wie strahlst du jetzt (Str. 4)! Der Frühling pflegt eine Schlange, die ihre Haut nach dem Winter ablegt, so zu verjüngen (Str. 5). Landino hat deine Lyrik so zurückgegeben, wie du sie bei Tibur dichtetest (Str. 6). Jetzt kannst du dich mit deiner Leier wieder den Spielen und Scherzen zwischen Knaben und Mädchen hingeben (Str. 7).'

Die erste Periode umfaßt Str. 1–3 und enthält, mit anaphorischem Anruf in Str. 1 und 2 beginnend,[61] den Vergleich mit Orpheus, die Charakterisierung des Werkes und die Frage nach dem Wiederhersteller. Str. 1 beginnt centohaft: vgl. C. II 20, 3 | *vates* und I 24, 13 *Threicio blandius Orpheo* |. Die metrische Struktur von V. 1 stimmt mit C. I 6, 2 *victor, Maeonii carminis alite* überein. Es folgt die horazische Alternative (nach C. III 24, 57f. *seu* [...] | *seu malis* [...]), ohne daß Polizian wie Petrarca die *seu*–Kette überstrapaziert. Das orphische Wunder hatte Horaz zweimal gezeichnet.[62] Polizian schildert es mit synonymen Ausdrücken: (i) *sistere lubricos amnes* ersetzt den horazischen Ausdruck *rapidos morantem fluminum lapsus* bzw. *rivos celeres morari* mit Hilfe von Ep. 13, 14 *lubricus et Simois* und Verg. Aen. IV 489 *sistere aquam fluviis*; (ii) *ducere ipsis cum latebris feras* ersetzt *tigris comitesque silvas ducere* mit Hilfe von E. I 16, 15 *latebrae*. Das Bild des Leierspielers erscheint in beiden Bildern.[63] Der Vergleich mit Orpheus ist hier nicht nur superlativisch. Er war für Polizian sachlich berechtigt und nachvollziehbar, da er wie seine Zeitgenossen die Orphischen Hymnen für ein Werk des vorhomerischen Orpheus hielt und im Vergleich mit ihnen die horazische Lyrik gewiß lieblicher wirkt.

Inhaltlich charakterisiert Polizian Horazens Werk in Str. 2 nur durch das Doppel von Oden und Satiren, auf das Petrarca sich in seinen beiden Schlußversen bezogen hatte. Für die Oden greift er wieder C. III 30, 13 *princeps Aeo-*

---

lira oraziana" fand: "La bella forma che rifletteva la grazia, la voluttà, il sentimento paganeggiante del mondo umanistico trovò nell' Ambrogini il modello perfetto".
[61] Zu der anaphorischen Bindung zweier Strophen durch das gleiche Wort am Strophenanfang vgl. C. III 4, 37ff., IV 2, 32ff., IV 4, 1ff. und IV 6, 9ff.
[62] In C. I 12, 7ff. und III 11, 13ff.
[63] V. 2 *fidibus* nach C. I 12, 11f. *blandum et auritis fidibus canoris ducere quercus*, V. 3 *tremulo* [...] *pollice* nach C. IV 6, 35f. *meique pollicis ictum* (vgl. dazu auch Petrarca V. 122 *tenui pollice*); *tremulo* ist aus C. IV 13, 5 *cantu tremulo* entnommen, die Bedeutung zielt hier aber auf den schnell sich bewegenden Daumen.

## 1. HORAZREZEPTION IN DER RENAISSANCE

*lium carmen ad Italos* auf,[64] für die Satiren verwendet er einen Ausdruck aus E. II 2, 60 *Bioneis sermonibus et sale nigro*.[65]

Horaz lag bisher in barbarischen Fesseln,[66] war von Nebeln verhüllt und staubbedeckt.[67] Jetzt ist der Nebel verjagt, der Staub abgewischt,[68] und Horaz als gepflegter junger Mann seinen heiteren und freizügigen Reigentänzen wiedergegeben (das Bild nach E. I 4, 15f. *me pinguem et nitidum bene curata cute vises* und C. I 1, 31 *Nympharumque leves cum Satyris chori*).[69]

In Str. 4 wird der Gegensatz zwischen dem gerade vergangenen und dem jetzigen Zustand in einem doppelten Ausruf noch einmal bewundernd hervorgehoben.[70] Eben noch altersgrau,[71] strahlt Horazens Antlitz jetzt,[72] bekränzt von duftendem Laub.[73] Der Dichterkranz ist Zeichen des *poeta doctus*, an den Polizian mit seinem Ausdruck erinnert.[74]

In Str. 5 wird die erfolgte Verjüngung zusätzlich durch ein Gleichnis aus der Natur illustriert. Die Schlangenhäutung stellte Vergil Georg. III 437f. erstmals poetisch dar: *positis novus exuviis nitidusque iuventa volvitur*; er selbst in Aen. II 471ff. und Ovid in Met. IX 266ff. hatten sie bereits für ein Vergleichsbild benützt. Polizian bezog sich bei seiner Formulierung auf diese Stellen[75] und bildete überdies den Satz in überaus verschlungener Wortstellung — sozusagen schlangenmäßig — , selbst auf diese Weise ein Beispiel für gelehrte Poesie gebend.[76]

Die Antwort auf die in Str. 3 gestellte und durch Str. 4–5 dringlicher gewordene Frage gibt Str. 6, die den Anfang von Str. 5 anaphorisch wiederholt (zu beachten ist allgemein die Ausdrucksentsprechung zwischen V. 17 und V. 21).

---

[64] Zu *pectinis* vgl. Verg. Aen. VI 647, zu *chelyn* Ov. Her. 15, 181.
[65] Vgl. auch S. I 4, 3ff.
[66] Bei Horaz nur C. I 33, 14 *grata compede* !
[67] Vgl. E. II 2, 118 *situs*.
[68] Vgl. Liv. XXII 6, 9 *dispulsa nebula*, Quint. Inst. II 5, 23 *deterso [...] squalore*, C. I 7, 15 *deterget nubila caelo*.
[69] Vgl. zum Verb C. IV 7, 24 *restituet*, zur Wortstellung C. I 2, 41 *mutata iuvenem figura*.
[70] Vgl. zu *O* am Strophenanfang C. I 14, 1 und III 26, 9, zum Zeitgegensatz I 14, 17f. *nuper [...] nunc* und III 26, 1ff.
[71] Vgl. Ep. 13, 5 *obducta solvatur fronte senectus* und E. I 18, 47 *senium depone*.
[72] Vgl. C. I 4, 9 *nitidum caput* und IV 5, 1ff.
[73] Vgl. C. I 7, 22ff.; III 25, 20; IV 8, 31; und Catull. 61, 6.
[74] Nach C. I 1, 29f. *me doctarum hederae praemia frontium dis miscent superis*.
[75] Vgl. außerdem Ciris 37 *purpureos inter soles*, C. I 25, 17 *laeta quod pubes*, III 24, 39 *durataeque solo nives*, E. I 16, 8 *temperiem*, A. P. 302 *sub verni temporis horam*.
[76] Die Schlangenhäutung als Symbol der Verjüngung erscheint später auch bei Palingenius (Zodiacus Vitae 12, 403ff.) und dringt in die Emblematik ein (vgl. J. Pierius Valerianus, Hieroglyphica 14, 3).

*Landinus veterum laudibus aemulus* erinnert in der Versstruktur an C. I 1, 1 *Maecenas atavis edite regibus*.[77] Landino gab Horaz so seiner Dichtung wieder[78] bzw. stellte seine Dichtung so wieder her, wie er sie bei Tibur zu komponieren pflegte. Die Entsprechungen zu horazischen Wendungen werden hier wieder besonders eng.[79]

Die Konsequenz der Wiederherstellung ist das jubelnde *Nunc* [...], *nunc decet* [...], *nunc* [...] in der Schlußstrophe.[80] Jetzt kann Horaz (und sein Leser mit ihm) wieder *deliciae* und *ioci* genießen,[81] darf *lascivire*,[82] sich wieder einreihen in die Schwärme der jungen Leute und mit seiner Leier zwischen den Mädchen spielen. Der Gedichtschluß ist identisch mit C. III 15, 5 *inter ludere virgines*. Wie bereits zuvor ist hier vor allem an Horaz als den Dichter jugendlicher *amores* und freier Lebensfreude gedacht, der bei Petrarca sehr im Hintergrund stand.

Polizian wollte hier nicht wie Petrarca alle Gedichte und Themen nennen, die er schätzte, aber er wollte seine Begeisterung über die durch Landino hergestellte bessere Verständlichkeit des Dichters als *poeta doctus* in einem in horazischem Stil verfaßten Gedicht ausdrücken, und letzteres ist ihm auch ungleich besser gelungen als Petrarca. Mit Hilfe eines sehr viel dichteren Gebrauchs horazischer Wendungen, die er oft wörtlich, oft in synonymer Variation aufnahm, aber auch auf Grund genauer Beobachtungen zum Verhältnis von Satz zu Vers und Strophe, zu der nicht chaotisch willkürlichen, sondern beziehungsreichen Wortverschränkung, zu der poetischen Syntax, zu den Bildern und Vergleichen, zu der auf Kürze und Konzentration bedachten Gestaltung, zu den bevorzugten Stimmungsabläufen und zu der teils blockartigen, teils spannungsvoll sich zusammenfügenden Gesamtstruktur der Horazgedichte hat er seine Vorstellungen in einem in vielen stilistischen Bezügen tatsächlich an Horaz erinnernden Gedicht ausgedrückt. Unhorazische Stilelemente in ihm aufzudecken fällt hier nicht so leicht. Am ehesten sind sie wohl in der Häufigkeit der anaphorischen Geminationen zu finden, von denen jede für sich bei

---

[77] Zu *aemulus* mit Dativ vgl. A. P. 205 und Tac. Ann. XIII 3 *Caesar summis oratoribus aemulus*.
[78] Vgl. C. II 19, 25 *choreis* und III 3, 69 *lyrae*.
[79] Vgl. C. IV 2, 30f. *circa nemus uvidique Tiburis ripas operosa parvus carmina fingo*, IV 3, 10 *quae Tibur aquae fertile praefluunt*, C. I 1, 34 *Lesboum refugit tendere barbiton* (femininer Gebrauch Ov. Her. 15, 8) und auch Petrarca V. 45 *qua ripis Anio rura secans ruit olim grata tibi* sowie V. 122 *tendentem tenui pollice barbiton*.
[80] Nach C. I 4, 9ff. und C. I 37, 1ff.
[81] Vgl. E. I 6, 31 *deliciis*, C. II 19, 25 und II 12, 17 zu *iocus*.
[82] Vgl. C. III 19, 18 *insanire iuvat*, II 7, 28 *dulce mihi furere est amico*, I 19, 3 *lasciva licentia*, II 11, 7 *lascivos amores* und II 5, 21.

Horaz hätte vorkommen können, die aber insgesamt bei Polizian eine rhetorisch bedingte unhorazische Frequenz erreichen.

Im Anschluß an Polizians Ode soll kurz ein merkwürdiges Gedicht des sich Philomusus nennenden Jakob Locher in neun elegischen Distichen erwähnt werden, das dieser im Vorspann zu seiner Straßburger Horazausgabe von 1498 veröffentlichte und in dem er — Polizians Anrede an Horaz zum Lob Landinos übertrumpfend — nun Horaz selbst aus dem Elysium zu sich sprechen und sich von ihm versichern läßt, daß er mit dieser Ausgabe größere Verdienste um ihn erworben habe als alle Griechen und Italiener zusammen genommen. Jetzt sei er endlich dem Kerker der Vergessenheit entrissen, jetzt kehre er an die Oberwelt zurück — lebendig gemacht durch Philomusus. Nun habe er eine *clara cutis* (vgl. Pol. V. 12 *curata iuvenem cute*), *candida pectora* (vgl. Pol. V. 14 *nitidos vultus*), eine *frons levis* (vgl. Pol. V. 10 *frontis nebulam dispulit*) und sei *tersus et albus* (vgl. Pol. V. 10f. *situ deterso*). Horaz verspricht Locher, daß er künftig an seinem Ruhm teilhaben werde. Das ist ein noch höheres Lob, als Polizian Landino zollte. Die Verwendung von Polizians Idee des wiederhergestellten Horaz ist so offenkundig wie die Steigerung der Anrede an Horaz zur Rede des Horaz. Aus Lochers Eigenlob spricht der Stolz des humanistischen Entwicklungslandes, das seine Unterlegenheit zu kompensieren sucht. Lochers Ausgabe war die erste kommentierte Horazausgabe und die zweite Horazausgabe überhaupt im deutschsprachigen Raum nach über 40 in Italien gedruckten, oft auch kommentierten Horazausgaben. Für seinen gegenüber jenen Ausgaben kürzeren, einfacheren, aber didaktisch übersichtlicher dargebotenen Kommentar hatte er die Ausgaben mit Landinos Kommentar (1482, 1486), die Ausgabe des Ioannes Franciscus Philomusus Perusinus (1490) mit den Kommentaren des Acro, Porphyrio und Landino und die Ausgabe des Antonius Mancinellus (1492, 1494) mit dessen zusätzlichem Kommentar benützt und auch Wendungen und Gedanken des Widmungsgedichtes und des Widmungsbriefes des Io. Franciscus Philomusus an den Herzog von Mailand Johann Galeazzo II. Maria Sforza für seine verschiedenen einführenden Gedichte und seinen Widmungsbrief an Markgraf Jakob II. von Baden aufgegriffen. Sein 'Horaz'–Gedicht ist an Eleganz und Horaznähe dem Polizians nicht nur unterlegen, es charakterisiert auch das poetische Vermögen Lochers, daß er anstelle eines in diesem Fall doch wohl näher liegenden lyrischen Maßes das elegische Distichon wählte. Freilich konnte Locher auch eine sapphische Ode schreiben. Seinem 'Horaz'–Gedicht geht eine solche mit dem Titel *Philomusus cum Apolline loquitur et contra poeticos hostes exacuit* voraus. Locher ist hier im Dialog mit dem Dichtergott — im wieder übertrumpfenden Anschluß an die Ode an Apollo, die Conrad Celtis 1486 ans Ende seiner *Ars versificandi et carminum* gestellt hatte.[83]

Kehren wir nach diesem 'deutschen Horaz' wieder nach Italien zurück: Pietro del Riccio Baldi, der den Humanistennamen Petrus Crinitus führte,[84] kannte sowohl Petrarcas poetischen Brief als auch Polizians Ode an Horaz. Er besaß eine Handschrift, die Petrarcas Briefe an antike Autoren enthielt,[85] und war 1491–1494 siebzehn– bis zwanzigjährig ein Lieblingsschüler Polizians in Florenz, dessen Manuskripte er nach dessen Tod erhielt.[86] In seinen *Poemata*, die um 1508 nach seinem Tod gedruckt und danach im sechzehnten Jahrhundert noch zehnmal aufgelegt wurden,[87] finden sich überdies eindeutige Reminiszenzen an Polizians Gedicht an Horaz.[88] In den neunziger Jahren des fünf-

---

[83] Die Ausgabe Horatii Flacci Venusini poete lirici opera cum quibusdam annotationibus imaginibusque pulcherrimis aptisque ad Odarum concentus et sententias, Straßburg 1498, wurde von mir benützt in den Exemplaren der Houghton Library, Harvard University, Cambridge/Mass., Inc 485 aus der Kartause von Buxheim bei Memmingen und Typ Inc 485 mit Blaubeurer Einband; danach, von Bl. 4 r, der im Anhang Nr. 3 wiedergegebene Text, wo im Titel jedoch *Philomusum* statt *Philomusi* und in V. 1 *defuncti* statt *defunctus* gegeben wurde. Zu Lochers Ausgabe vgl. auch E. Schäfer, wie Anm. 8, S. 13f., zu der Ausgabe des Io. Franciscus Philomusus Pisaurensis, Venedig 1490 (benützt Houghton Library Inc 4917), auch unten Anm. 111, und zu der Ode von Celtis E. Schäfer, S. 3ff. [Nachtrag 2003: Zeitgleich mit der vorliegenden Veröffentlichung hat Eckard Lefèvre, Horaz der Individualist. Rede zu seinem 2000. Todestag. Freiburg 1993, S. 16–19, das Gedicht Lochers besprochen. Ebenso wie Hermann Tränkle in der Diskussion in Vandœuvres dachte er zur Begründung der 'horazischen' Distichen Lochers an Sueton, Vita Horati, *venerunt in manus meas et elegi sub titulo eius* [...], *sed utraque falsa puto*. Es ist möglich, daß Locher an diese Stelle dachte, jedoch war das elegische Distichon für einen Humanisten ohnehin das nächstliegende Versmaß. — Von dem Locherschen Gedicht ließ sich Heinrich Meibom (1555–1625) zu einem elegischen Brief anregen, den er den Abt Albert von Stade († 1257/61) aus dem Elysium an Heinrich Rantzau schreiben ließ, weil letzterer dafür gesorgt hatte, daß dessen *Chronicon* 1587 in Helmstedt gedruckt wurde; s. die Edition des Gedichts mit Übersetzung und Interpretation in "Der Humanist Heinrich Rantzau und die deutschen Humanisten" (= Nr. 235), S. 11–18.]

[84] Vgl. R. Ricciardi in: Dizionario Biografico degli Italiani 38, 1990, S. 265ff.

[85] S. M. Feo, wie Anm. 16, S. 131ff.

[86] S. R. Ricciardi, wie Anm. 84, und I. Maier, Les manuscrits d'Ange Politien, Genf 1965, S. 8f.

[87] Die erste Auflage seiner *Poematum libri II* erschien nach seinem frühen Tod (5. Juli 1507) ohne typographische Angaben. R. Ricciardi, wie Anm. 84, S. 268, weist sie mit Sicherheit den Erben des F. Giunta in Florenz und der Zeit zwischen 1507 und 1509 zu. Von 1510 bis 1598 erschienen sie als Anhang zu den zahlreichen Auflagen von Crinitus' Werken *De honesta disciplina* und *De poetis Latinis*. Die *Poemata* werden hier zitiert nach Petri Criniti [...] Honesta disciplina libri XXV. De poetis Latinis eiusdem libri V. Poematum quoque illius libri II [...], Basel 1532.

[88] Mit Sicherheit gehen Crin. Poem. 2, 11, 3f. *tu, Paule, tuis blandiloquens modis | doctam sollicitas chelyn |* und 2, 16, 1f. *nunc puerilibus annis | lascivire iuvat* auf Polizians V. 6

# 1. HORAZREZEPTION IN DER RENAISSANCE 21

zehnten Jahrhunderts schrieb Crinitus eine *Monodia de laude Horatii Flacci poetae* in elf sapphischen Strophen,[89] die er wie Petrarca und Polizian an Horaz richtete und in der er wie Petrarca die gesamte horazische Lyrik (allerdings auch nur die Lyrik) würdigen wollte, aber wie Polizian in einer dem horazischen Stil voll entsprechenden Weise.

Crinitus hat den Petrarca noch nicht bekannten Satz, mit dem Quintilian die Qualität der horazischen Lyrik beschrieb und der bis Herder der wichtigste Beurteilungsmaßstab für sie werden sollte,[90] seiner poetischen Würdigung

---

*sollicitas chelyn* (wohl auch auf Petrarcas V. 71 *blandiloquens carmen*) und V. 25ff. *nunc decet* [...] *lascivire* [...], *nunc puerilibus* [...] *thyasis* zurück.

[89] Die Ode steht in der in Anm. 87 zitierten Ausgabe auf S. 540f. Der Text im Anhang Nr. 4 ist übereinstimmend mit der Textform in Carmina illustrium poetarum Italorum, 3. Bd., Florenz 1719, S. 505f., verbessert worden (V. 4 *carmina* statt *camina*, V. 10 *per amica* statt *peramica*, V. 23 *teneroque* statt *tenerosque*, V. 29 *mavis* statt *maius*); außerdem schrieb ich in V. 20 *Campi* statt *campi*, s. dazu Anm. 108. — Als äußerste termini post und ante quem für die Ode an Horaz (Poem. 1, 23) können 1491 und 1507 betrachtet werden. Wahrscheinlich ist das Gedicht um die Mitte der neunziger Jahre entstanden. Ein Ausdruck in V. 13 *Martis clypeum potentis* zeigt Ähnlichkeit mit einem in Poem. I 16 (V. 22: *Gradivus. olim clypeo gravi*), einer horazisierenden Ode *De laude Fr. Gonzagae principis illustrissimi Mantuani cum ad Tarrum contra Gallos dimicavit*, deren Abfassung auf 1495/96 zu datieren ist.

[90] Quintilians Äußerung zu Horaz wird stets in den den älteren Ausgaben vorangestellten *Testimonia* zitiert. Bereits Sicco Polenton stellt Quintilians Urteil an die Spitze seiner Behandlung des Horaz (Scriptorum illustrium Latinae linguae libri XVIII, hrsg. v. B. L. Ullman, Rom 1928, S. 90). Erasmus nimmt 1528 im *Ciceronianus* implizit auf Quintilians Urteil Bezug (Op., LB 1, Sp. 1021). L. Gregorius Gyraldus zitierte es in seinem literarhistorischen Dialog Historia poetarum tam Graecorum quam Latinorum, Basel 1545, S. 1062, ebenso G. J. Vossius in seinen Poeticarum Institutionum libri tres, Amsterdam 1657, lb. 3, S. 84. J. C. Scaliger ging bei seiner Behandlung der *Carmina* von Quintilians Urteil aus (Poetices lb. 6, 7), ebenso später C. A. Klotz (Libellus de felici audacia Horatii, in: ders., Opuscula varii argumenti, Altenburg 1766, S. 114–173) und J. G. (v.) Herder (Briefe über das Lesen des Horaz an einen jungen Freund, in: ders., Sämmtliche Werke, 11. Teil. Stuttgart–Tübingen 1829, S. 71–101). Klotz bekennt zuerst seine Liebe zu Horaz: *ab ineunte aetate me huius inprimis poetae suavitas mirifice cepit et delectavit et, si viris doctis [...] fides habenda, non infeliciter imitatus sum* (S. 115; seine Carmina, Altenburg 1766, verzeichnet F. T. Friedemann, Praktische Anleitung zur Kenntniß und Verfertigung lateinischer Verse [...], 2. Abt., Braunschweig 1828, S. 47, noch in seinem "Verzeichniß der vorzüglichsten neulateinischen Dichter"). Er rühmt dann das Urteil Quintilians über Horazens Lyrik, interpretiert es und gestützt auf Verarbeitung früherer Interpretationen von C. v. Barth (1664) und P. Burman (1720) und erläutert die *felix audacia* dann mit vielen Beispielen unter den Kategorien (i) *audacia in ipsis carminibus lyricis* (1. *abrupta carminum initia*, 2. *longae digressiones*, 3. *saltus in carmine ab alia re ad aliam*, 4. *turbatus verborum ordo*, 5. *sensus per plures strophas extensus*). (ii) *audacissimae sententiae et imagines*, (iii) *audacia in elocutione* (1. *audaces figurae*, 2. *rara vetera et nova verba*, 3. *Graecae constructiones*). Herder, der auf diese Schrift eingangs positiv Bezug nimmt, will nach der "glücklichen Kühnheit des

## VI. EPIGRAMMATIK, ELEGIE, HEROIDENBRIEF UND LYRIK

zugrunde gelegt und dessen Begriffe und Aussagen passend auf die verschiedenen Strophen verteilt. Die Stelle lautete bis 1816:[91] *Lyricorum Horatius fere solus legi dignus. Nam et insurgit aliquando et plenus est iucunditatis et gratiae et variis figuris et verbis felicissime audax.* Crinitus selbst zitierte diesen Satz, als er Horaz in seinem Werk *De poetis latinis* behandelte.[92] In Str. 1 erinnert gleich der dem Anruf folgende prädizierende Relativsatz *qui cantu nimium beato*[93] *surgis et molles teneris labellis dulce perfundis numeros*[94] an die von Quintilian herausgestellte Fähigkeit des Horaz, sich einerseits zu einem hohen Stil zu 'erheben' und andererseits auch voll von angenehmer Lieblichkeit zu sein, was Crinitus im Sinne des Gegensatzes zwischen hoher politischer und religiöser und der (niederen) lieblichen erotischen Dichtung verstand. Horazens *gratia* wird in Str. 3 durch das griechische Synonym in seiner personifizierten Form (*Charitas*) wiedergegeben. Von Horazens Verschiedenartigkeit handelt die große mittlere Satzperiode mit ihrer Aufzählung verschiedener horazischer Themen in vier *sive*–Sätzen (Str. 4–8). Str. 9–11 kommen dann wieder auf den Gegensatz der auf Götter bezogenen hohen und der niederen erotischen Thematik zu sprechen und deuten in V. 33 *Blanda felicem levat aura vatem* und in V. 42 *audaci recreas Thalia cuncta* auf die Stichworte *felicissime* und *audax.* Die Begriffe und Gedanken Quintilians sind so symmetrisch auf die Ode verteilt.

Die Ode hat insgesamt einen völlig symmetrischen Aufbau. Am Anfang und am Ende steht jeweils ein Block von drei Strophen, der dem Sinne nach eine Einheit bildet und syntaktisch in 2 + 1 bzw. umgekehrt in 1 + 2 Strophen gegliedert ist. Die nur eine einzige Satzperiode enthaltenden fünf mittleren Strophen sind ihrerseits syntaktisch so gegliedert, daß je zwei Strophen mit je zwei *sive*–Sätzen dem Hauptsatz in der zentralen Strophe vorausgehen und folgen.[95]

---

Horaz" auf den "Hauptcharakter, den Quintilian mit den Worten 'voll Anmuth und Grazie' treffend bezeichnet" habe, ergänzend eingehen. Teilweise kritisch setzt sich Herder mit Klotz auseinander in seiner Schrift "Über Horaz und über einige Horazische Rettungen und Erläuterungen", a.a.O., S. 102-131.

[91] Seit G. L. Spalding 1816 in Bd. 4, S. 83, seiner Quintilianausgabe in Inst. X 1, 96 *varius* für *variis* vorschlug, wird der Text in den neueren Ausgaben in dieser Form geschrieben.

[92] De poet. Lat. III 38 mit folgender Textform: *Inter lyricos (inquit) solus fere dignus est legi Horatius, quoniam et insurgit aliquando, et plenus est iucunditatis et gratiae, variisque verbis et figuris felicissime audax.*

[93] Die Junktur *cantu beato* ist unklassisch, gemeint ist hier wohl ein reiches, volltönendes Gedicht, so auch in Poem. I 16, 1 *O quis beato carmine tam potens* zu Beginn der panegyrischen Ode auf den Markgrafen von Mantua (s. Anm. 88); *nimium* steht hier im Sinn von 'sehr' ohne den Gedanken an ein Zuviel.

[94] Vgl. C. II 12, 3f. *mollibus aptari citharae modis.*

[95] Die ungewöhnliche Satzkonstruktion *sive* [...], || *sive* [...], || *liber exultas modulante plectro, Daulias qualis* [...], || *sive* [...], || *sive* [...] || ist unumgänglich, da ein Anschluß der bei-

# 1. HORAZREZEPTION IN DER RENAISSANCE 23

Diese Strophe zeigt Horaz mit seinem Vergleichsbild, der singenden Nachtigall.[96]

Nach dem Anruf und dem besprochenen prädizierenden Relativsatz in Str. 1 bittet Crinitus Horaz in Str. 2, ihm die *cythara* auszuhändigen, die ihm selbst der Dichtergott Apollo anvertraut hat.[97] Crinitus ist der erste Humanist, der ausdrücklich beansprucht, Horazens dichterischer Nachfolger zu sein, und er betont dies mit *primum* in V. 5.[98] Denselben Anspruch erhob im Blick auf Catull Pontano.[99] Crinitus war nicht der erste, der horazisierend dichten wollte, aber er fühlte sich als der erste, dem dies in angemessenem Grade und Umfang gelang. Petrarca hatte nur den einen asklepiadeischen Brief geschrieben, der den horazischen Stil auch in den Augen des Crinitus und seiner Zeitgenossen nur unvollkommen traf, Francesco Filelfo hatte um die Mitte des fünf-

---

den ersten *sive*–Sätze an den in V. 12 schließenden Hauptsatz inhaltlich unsinnig wäre und ein Anschluß der beiden letzten *sive*–Sätze an den Hauptsatz in V. 33 gleichfalls vom Sinn her ausscheidet (und hier zudem zu der gleichen syntaktischen Merkwürdigkeit führen würde, da in V. 33 wieder zwei *sive*–Sätze folgen). Horaz läßt die *sive*– oder *seu*–Sätze dem Hauptsatz jeweils entweder vorausgehen oder folgen.

[96] V. 21 stellt Horaz vor, wie er mit den Liedern zu seiner Leier (vgl. C. I 32, 4f. *barbite* [...] *modulate*, E. II 2, 143 *verba* [...] *fidibus modulanda* und für *plectro* am Versende C. I 26, 11; II 1, 40 und IV 2, 33) seiner Dichtkunst freien Lauf läßt (*liber* hier synonym zu *audax*; zu *exultare* in diesem Sinn vgl. Cic. De or. III 36, Or. 26, Acad. II 112). Das Vergleichsbild im Ausdruck teilweise nach Catull. 65, 12ff. *carmina* [...] *canam,* | *qualia sub densis ramorum cecinit umbris* | *Daulias.* (P. Lotichius Secundus vergleicht 1558 Tibull mit der *Daulias* genannten Nachtigall, s. Carm. III 36, 29f. Burm.) Crinitus' Ausdruck *teneroque mulcet* | *aethera cantu* ist vermutlich angeregt durch Petrarcas V. 124 *mulcentem vario carmine sidera* (danach auch später L. G. Giraldus, Herculis vita, Basel 1539, S.81: *Musae, quae vario mulcetis sidera cantu*; bei Horaz nur C. III 11, 24 *puellas carmine mulces*). Crinitus hat den Ausdruck in einem anderen Gedicht auf sich selbst bezogen wiederverwendet (Poem. II 33, 15f.): *dulcesque cantus et tenerum melos demulcent liquidum aethera*. Der Name der Nachtigall, *luscinia*, wurde zeitgenössisch etymologisiert: *quia lugendo canat* (so N. Perottus, Cornucopiae [...], Basel 1526, Sp. 513). Crinitus hat das Motiv der Klage jedoch in keiner Weise erwähnt und seine Worte *conspicit Phoebum* [...] *mulcet aethera cantu* lassen es möglich erscheinen, daß er damit eine andere Etymologie (*quia ad lucem canat*!) andeuten wollte.

[97] Zu V. 6 *sacravit* vgl. Verg. Aen. XII 141. Man könnte in V. 7 eine Änderung von *vates* in *vati* erwägen (Ep. 16, 65: *vate*), jedoch ist wohl zu konstruieren: *vates et soluto crine decorus filius summi Iovis* (vgl. Verg. Aen. VI 12 *Delius* [...] *vates*, Val. Flacc. IV 445 *vates* [...] *Apollo*, auch C. I 32, 13f. *o decus Phoebi dapibus supremi grara testudo Iovis*, II 5, 23–24 *solutis crinibus*, I 32, 12 | *crine decorum* | und Petrarca V. 25 *auricomum* [...] *Apollinem*, dazu oben Anm. 24). In Poem. I 1 ist es Apollo selbst, der Crinitus dichten lehrt (V. 11f.): *insignis cithara deus* | *me carmen tenerum docet*.

[98] Vgl. C. I 32, 4f. *barbite* [...] *Lesbio primum modulate civi*.

[99] In Am. I 28, vgl. dazu W. Ludwig, wie Anm. 14, 1989, S. 178.

zehnten Jahrhunderts fünfzig *Odae* verfaßt, die erst 1497 gedruckt wurden.[100] Wenn Crinitus sie kannte, so konnte er mit Recht feststellen, daß Filelfo metrisch und stilistisch und auch, was die thematische Spannweite betraf, von Horaz noch weit entfernt war.[101] Einzelne lyrische und horazisierende Gedichte gab es von Landino, Pontano, Sannazaro, Marullo und Polizian.[102] In ihnen war der horazische Ton und Stil besser erreicht. Aber keiner der genannten Humanisten hatte versucht, ganze Gedichtbücher zu verfassen, die auch in der Vielfalt der Metrik und Thematik in Horazens Nachfolge standen (die insgesamt erst 1513 gedruckten vier Bücher *Carmina* des Konrad Celtis blieben Crinitus wohl unbekannt). In den 58 *Poemata* des Crinitus erscheinen als Themen unter anderem Dichtung und Lebensweisheit, Totenklage und Panegyrik, Politik und Krieg, Liebe und Natur, ferner eine ganze Reihe von Horazens äolischen und epodischen Versmaßen,[103] zugleich zeigen sie einen Stil, der nach den Ansprüchen am Ende des fünfzehnten Jahrhunderts als horazisch gelten konnte, so daß der Autor sich berechtigt fühlte, sich als Nachfolger des Horaz zu betrachten, was er nicht nur in dem zur Interpretation stehenden Gedicht, sondern auch in Poem. I 1 und noch stärker in II 33 artikulierte (dort V. 9ff.):

> *Securus antrum Pieridum vagor*
> 10 *et Phoebo amicus leniter arduas*
> *perlustro ripas, dum Glycere vocat*
> *et Nymphae saliunt leves.*
> *Non me caduci sanguinis extulit*
> *proles parentum; vertor in alitem*
> 15 *dulcesque cantus et tenerum melos*
> *demulcent liquidum aethera.*
> *Terras relinquo, me iuvat arduo*
> *caelo receptum per superum choros*

---

[100] Aus der Jahrhundertmitte stammt Filelfos Autograph im Laur. 33, 34. Die Bayerische Staatsbibliothek München besitzt die *Odae Francisci Philelfi* (Brescia 1497) in einem Exemplar aus der Bibliothek Hartmann Schedels (4° Inc. c. a. 1723).
[101] Zur Interpretation bisher nur C. Maddison, wie Anm. 7, S. 39ff., und G. Albanese, "Le raccolte poetiche latine di Francesco Filelfo", in: Francesco Filelfo nel quinto centenario della morte, Atti del XVII Convegno di studi Maceratesi (Tolentino, 27–30 Settembre 1981), Padua 1986, S. 389ff., hier S. 422ff.
[102] Genauere Interpretationen zu diesen Gedichten sind bis jetzt nicht veröffentlicht. — Die in den neunziger Jahren entstehenden Oden von Celtis konnte Crinitus nicht kennen. Vor 1513 waren nur einige wenige Leipzig 1486 und Nürnberg 1487 gedruckt worden, Veröffentlichungen, die Crinitus vermutlich unbekannt geblieben waren.
[103] Einzelne der Gedichte stehen metrisch bzw. thematisch in der Nachfolge Catulls; auch hat Crinitus die Besonderheit, über die horazischen Strophenformen hinaus durch Kombination horazischer Verse neue Strophenformen zu bilden.

# 1. HORAZREZEPTION IN DER RENAISSANCE 25

*sensim vagari, iam volito altius,*
20   *dum Phoebus celebrem gradum*
     *affectus almo carmine contrahit.*

Aus dem Anschluß an Horazens C. II 20 und an das ihm aus Cicero bekannte *volito* des Ennius (Tusc. I 117) spricht das Selbstbewußtsein des neuen Dichters,[104] der nun die in seinem Gedicht an Horaz ausgesprochene Bitte als erfüllt betrachtet.

Eine erste Begründung dieser Bitte gibt Str. 3 dieses Gedichts: er möchte wie Horaz dichten können, denn Horaz verband Anmut mit gelehrter Bildung und schrieb schöne Liebesgedichte.[105] Dann breitet er in Str. 4–8 die Fülle der Themen aus, die Horaz besang: Mars, Kriege und den Sieg des Augustus,[106] Orte wie die Landschaft um Delphi,[107] Tibur und das römische Marsfeld,[108] und auch Themen wie den Wein,[109] die Mädchen und Knaben[110], die Satyrn, die Nymphen und Venus.[111] Mars und Venus stehen absichtlich betont am

---

[104] Etwa zur gleichen Zeit stellte auch Celtis sich in und mit einer Imitation von C. II 20 als Horaznachfolger vor (Ode 3, 6 *Ad Musam suam*, gedruckt 1513, aber schon 1494 handschriftlich bezeugt, s. E. Schäfer, wie Anm. 8, S. 19 und 33).

[105] Zu V. 9f. vgl. C. S. 62 *novem Camoenis*, C. I 1, 29; III 19, 16–7 *Gratia nudis iuncta sororibus* und Mart. I 70, 15 *doctaeque sorores*; zu V. 10ff. vgl. C. I 5, 4 *flavam [...] comam*, Ov. Met. III 101 *delapsa per auras*, Verg. Aen. V 43 *usque ad sidera notus*, Calp. Ecl. 3, 42.

[106] Zu V. 13–16 vgl. C. I 6, 13 (s. oben Anm. 24), Crin. Poem. I 16, 22 (s. oben Anm. 89); C. IV 2, 34ff. *feroces [...] Sygambros*, IV 14, 51, Crin. Poem. II 33, 22f. *nunc ad Sicambros seu libeat Scythas spectare saevos*; C. II 9, 23 *Gelonos*, II 20, 19; III 4, 25, Crin. Poem. I 2, 25 *visam Gelonos et iaculo leves Dacos*; C. III 14, 16 | *Caesare terras* |.

[107] Zu V. 17f. vgl. *Cirrhaeus* im Sinne von apollinisch in OLD s.v. 2; die verschränkte Stellung der Apposition geht über antike Vorbilder hinaus, wo sich m.W. nur die rahmende Stellung findet. Die musische Landschaft beschreibt Crinitus ausführlicher in Poem. II 24.

[108] Zu *Tibur* vgl. oben Anm. 79. Die horazischen Parallelen zu *virentis gramina campi* (C. III 7, 26 *gramine Martio*, IV 1, 39f. *per gramina Martii | Campi* und A. P. 162 *aprici gramina Campi*) lassen an die spezifische Lokalität denken, deshalb im Text *Campi*.

[109] Zu V. 25f. vgl. C. III 18, 6 *Veneris sodali vina craterae*, III 8, 13 *sume [...] cyathos*, III 19, 13f. *qui Musas amat imparis, ternos ter Cyathos petet*; III 21, 16 *Lyaeo* |.

[110] Zu V. 26ff. vgl. bei Polizian V. 28 *inter ludere virgines* nach C. III 15, 5 (später auch in Crin. Poem. II 31, 20), C. IV 11, 10 *puellae* |, C. I 25, 2 *iuvenes protervi* |, C. I 9, 22 *gratus puellae risus*, C. II 16, 27 *lento temperet risu*, Crin. Poem. II 21, 17ff. *olim te volucris commonuit decor | et dulcis Glyceres improbitas bonae, | quantum conveniat ludere, dum vacat*, II 22, 10ff. *et in virenti gramine | inter iocos et gratias | aura favente ludere, | nunc in reductis vallibus | duros amores insequi.*

[111] Zu V. 29–32 vgl. C. III 4, 3f. *seu [...] mavis [...] seu [...]* (s. auch oben S. 346f. zu Polizian V. 2f.), Petrarca V. 16 und Anm. 24, Crin. Poem. II 27, 4 *Nymphae cum Satyris leves*. *Furta* steht hier im Sinn von heimlicher Liebe — Crinitus folgt mit diesem Ausdruck einem Horaz charakterisierenden Gedicht des Poeta laureatus Ioannes Franciscus Philomusus Pisaurensis (genannt 1489–1513) in der von diesem besorgten Horazausgabe (Venedig

Anfang und Ende dieser Aufzählung. Zugleich umfassen diese sozusagen metonymischen Gottheiten den Kreis der hier skizzierten irdischen Themen.

In Str. 9 sieht Crinitus Horaz als vom Glück begünstigten Dichter bei seinen hohen, dem Göttlichen zugewandten Dichtungen[112] ebenso zur Berühmtheit erhoben wie bei seinen erdnahen Themen.[113] Von jenen werden in Str. 10 Horazens Darstellung des triumphierenden Juppiter (in C. III 4, 42ff.) und sein Merkurhymnus besonders gepriesen. Es sind Beispiele für seinen Flug durch die Bezirke des Himmels[114] und für die beglückende Kühnheit seiner Muse.[115] In seiner Gedanken- und Stimmungsbewegung, die Crinitus Horaz selbst abgesehen hat, endet er aber dann wieder bei der leichten und irdischen erotischen Thematik[116] und wählt als Schlußvers wie Polizian einen Vers des Horaz (C. III 11, 24: *carmine mulces*).

Wie bei Polizian steht hier der Dichter der *amores* im Vordergrund. Crinitus läßt die drei Abschnitte seines Gedichts jeweils am Ende zu diesem Bild gelangen. Aber er will zugleich den ganzen Horaz zeigen, anders als Petrarca nur in horazisch konzentrierter Form durch Anspielung auf einige ausgewählte Beispiele, unter denen nur die von Petrarca besonders geschätzten moralischen Reflexionen fehlen. Wie bei Polizian ist auch das Netz der Imitationen horazischer Wendungen außerordentlich eng. In der Beobachtung und Verarbeitung einzelner stilistischer Eigentümlichkeiten des Horaz scheint Crinitus über Polizian nicht hinausgekommen zu sein. Im Gegenteil ist sein Horazisieren schematischer, abstrakter und weniger bildkräftig als das Polizians. Aber er sah es sicher als seine besondere Leistung an, daß er seine auf das Quintilianurteil gegründete Würdigung des Horaz in einer symmetrischen Ode gab, für die er die Pindarode des Horaz als Muster und Folie genommen hatte. Hierin findet

---

1490), Bl. 4 v, V. 15f.: *seu dulcia furta puellae cantat* (Crinitus zitiert — ohne Autorenangabe — in De poet. Lat. III 38 die Verse 14–17 aus diesem Gedicht als *illud pervulgatum*). Zu V. 32 vgl. C. IV 13, 19 *spirabat amores* und Crin. Poem. II 15, 5 *ut spiras Veneres et Charitas simul*.

[112] In V. 34 steht *Phaethonta magnum* für die Sonne (vgl. Verg. Aen. V 105; auch Io. Franciscus Philomusus benützte das Wort in diesem Sinn in V. 30f. seines in Anm. 111 zitierten Gedichts: *saevosque per aestus | sub galea Phaetonta pati*). Zum Sinn des Satzes vgl. Crin. Poem. I 2, 29ff. *Livore maior raptus in aethera | lustrabo celsas caelicolum plagas: | et qua refulgens Hesperium decus | incandet alma lampade*.

[113] Zur Form von V. 33 vgl. C. IV 2, 25 *Multa Dircaeum levat aura cygnum* | und zum Sinn Prop. III 9 *qua me Fama levat terra sublimis*, zur Ausdrucksweise in V. 35 C. IV 5, 19 *volitant per mare navitae*.

[114] Zu V. 41 vgl. Enn. Ann. 49 *caeli caerula templa* (zitiert bei Cic. De div. I 20, 40), Lucr. I 1014 und II 1039.

[115] Zu V. 42 vgl. C. IV 6, 25 *argutae fidicen Thaliae* und IV 3.

[116] Zu V. 43 vgl. C. III 21, 3 *insanos amores*, IV 9, 11 *calores* |, Crin. Poem. I 14, 12 *vesanis ignibus ardeam*, I 21, 13 *Veneris calor*, II 22, 22 *calores mutuos*.

auch seine Wahl der sapphischen Odenform ihre tiefere Begründung. Wie Horaz in C. IV 2 den dort im ersten Wort genannten Pindar zuerst allgemein charakterisiert (Str. 1–2 *Pindarum* [...], | *Iulle*, [...]), so Crinitus den Horaz (Str. 1–3 *Flacce*, [...]), und wie Horaz anschließend in einer durch | *seu* [...], || *seu* [...], || *sive* [...] eingeleiteten Satzreihe die verschiedenen dichterischen Themen bzw. Formen Pindars aufführt (Str. 3–6), so stellt auch Crinitus in Str. 4–5 und 7–8 die des Horaz vor. Und wenn Horaz Pindar sich als Schwan in die Lüfte erheben sieht (V. 25: *Multa Dircaeum levat aura cycnum*), so bildete Crinitus nach eben diesem Vers seinen V. 33: *Blanda felicem levat aura vatem*.[117] Die Bilder des Schwans für Pindar und der ihm entgegengesetzten Biene für Horaz selbst (V. 27ff.), die in C. IV 2 etwa in der Mitte des ganzen Gedichts stehen (in Str. 7–8 von 15), gaben für Crinitus Anlaß, sein Vergleichsbild für Horaz genau in die Gedichtmitte zu setzen (in Str. 6 von 11) und das Bild der Nachtigall als Variation zu den Bildern von Schwan und Biene und als eigenes Vergleichsbild für den von ihm gefeierten Dichter zu wählen. Die Str. 9–15 des Horaz haben dann thematisch keine Entsprechung mehr bei Crinitus.[118] Der in V. 5 von ihm ausgesprochene Gedanke der eigenen Horaznachfolge dient nur als Auslöser für das ausgeführte Lob des Horaz. Die Beschränkung auf dieses Thema trug zu dem statischen Charakter seines Gedichtes bei. [Nachtrag 2003: Vgl. zu Crinitus jetzt allgemein die Dissertation meiner Schülerin Anna Mastrogianni, Die *Poemata* des Petrus Crinitus und ihre Horazimitation. Einleitung, Text, Übersetzung und Kommentar, Münster–Hamburg–London 2000.]

Salmonius Macrinus[119] galt seinen Zeitgenossen als der erste und zugleich als der beste horazisierende lateinische Dichter in Frankreich und wurde entsprechend gefeiert.[120] Sein Ruhm gründete sich auf seine 1528 bis 1550 erschiene-

---

[117] Vgl. dazu auch C. IV 2, 47f. *canam recepto | Caesare felix*.
[118] Aus C. IV 2 jedoch auch die Einzelwendungen aus V. 31, 34ff., 47f.
[119] Vgl. die sehr verständnisvolle Würdigung durch I. D. McFarlane, Jean Salmon Macrin (1490–1557), Bibliothèque d'Humanisme et Renaissance 21, 1959, S. 55ff., 311ff., und 22, 1960, S. 73ff., und G. Soubeille, wie Anm. 11, S. 19–131 (Introduction; dort auch treffende Beobachtungen zu Macrins Sprachstil).
[120] Vgl. I. D. McFarlaine, wie Anm. 119, S. 55f. und 82. Nicolaus Borbonius, Nugae, Paris 1533, Bl. e v rühmt bereits *mellitas cithara Macrinus odas | Flacci personat instar*, und in die Ausgabe Macrins, Hymnorum libri sex, Paris 1537, S. 237f., sind Gedichte des Petrus Galandius († 1559), des Cornelius Musius (1503–1572) und des Bartholomaeus Latomus (1485–1570) aufgenommen, nach denen Macrin die pindarisch–horazische Lyrik zuerst nach Frankreich gebracht hat: er ist der einzige Lyriker neben Horaz, und dieser hat ihm unter Zustimmung von Apoll und den Musen seine *lyra* hinterlassen. Keiner der französischen Vorgänger, die die moderne Forschung ermittelt hat (s. G. Soubeille, wie Anm. 11, S. 68) ist in der Tat nach Umfang und Qualität seines Horazisierens mit Macrin vergleichbar. Macrin selbst erklärte 1530: *Dicar Latino pectine principem Flaccum secutus, quo potui*

# VI. EPIGRAMMATIK, ELEGIE, HEROIDENBRIEF UND LYRIK

nen Gedichtbücher, vor allem auf seine 1530 in Paris gedruckten *Carminum libri quatuor*, in denen sich auch eine sapphische Ode *De Q. Horatii Flacci laudibus* befindet,[121] die sowohl an Petrarcas Briefgedichte an Horaz und Vergil als auch an die Ode des Crinitus an Horaz anknüpft und die den Höhepunkt der an Horaz gerichteten lyrischen Gedichte darstellt. Im Umfang reicht sie mit 28 Strophen an Petrarcas Gedicht heran. Es ist das bei weitem längste Gedicht innerhalb der *Carmina* Macrins, die in ihrer großen Mehrheit nicht über 10 Strophen umfassen.[122] Die exzessive Länge ist Ausdruck der besonderen Bedeutung dieses Gedichts als einer Huldigung für den von Macrin am höchsten geschätzten und als Vorbild gewählten Dichter. Wie Petrarca würdigt er neben dem im Vordergrund stehenden lyrischen Werk auch Horazens andere Dichtungen, und zwar in einem Stil, der sich dem horazischen Stil noch mehr genähert hat als der seiner humanistischen Vorgänger in Italien. Überraschenderweise hat Macrin, wie die Interpretation zeigen wird, außerdem ein wichtiges Motiv aus Petrarcas hexametrischem Brief an Vergil übernommen.[123]

---

*modo, | quo Phoebus externaeque Musae | ingenium voluere parvum* und machte den von ihm erwarteten Rang im Vergleich zu den antiken Dichtern danach noch deutlicher: *sat si [...] vatum sacratum extremus in ordinem adscribor* (wie Anm. 121, Bl. 20, vgl. ähnlich auch Bl. 37 und 58). 1540 urteilte er ebenso zurückhaltend gegenüber dem ihm erteilten Lob: *Et sunt, qui Flaccum vocitent me temporis huius, | cum ferio argutae fila Latina lyrae | [...] non tamen assumo tantum mihi aniliter amens* (Hymn. sel. lb. III, Paris 1540, S. 115, zitiert von A. Perosa–J. Sparrow, Renaissance Latin Verse, Chapel Hill 1979, S. 358).
[121] Salmonii Macrini Iuliodunensis Carminum libri quatuor ad Hilermum Bellaium cognomento Langium, Paris, Apud Simoneum Colinaeum 1530, Bl. 22–24, danach der — neu interpungierte — Text im Anhang Nr. 5. In V. 1 wurde mit G. Soubeille, wie Anm. 11, S. 376 mit S. 448, das überlieferte *Magnae* in *Magne* geändert (s. dazu Anm. 124). Zu diesem Gedicht liegt bisher nur die Kommentierung durch G. Soubeille, S. 448–451, vor, auf die hier insgesamt verwiesen sei. Sie führt zahlreiche antike Parallelstellen an und bespricht ihre Verwendung durch Macrin. Zu einer Interpretation der poetischen Struktur des Gedichts dringt Soubeille jedoch nicht vor, auch hat er seine Beziehung zu den hier besprochenen Gedichten vernachlässigt.
[122] Von den 116 Gedichten der vier *Carmina*–Bücher sind 20 im catullischen Elfsilbler verfaßt (zu Macrins bewußter Catull–Nachfolge vgl. ebd., Bl. 8f., *Ad Calliopen* (V. 9ff.): *Huc ades dea, spiritus et illos | nobis suffice, quos tuo Catullo* [...]), 96 in horazischen Versen (90 in vierzeiligen, 6 in zweizeiligen Strophen); davon haben 12 Gedichte 8–20 Verse, 42 Gedichte 24–40, 21 Gedichte 44–60, 3 Gedichte 64–80 und je eines 88 bzw. — im vorliegenden Fall — 112. Die Gewichte sind also etwas nach oben verschoben (bei Horaz lauten die entsprechenden Gedichtzahlen 45, 49, 11, 10, dazu ein Gedicht mit 102 Versen), jedoch läßt sich nicht allgemein im Vergleich zu Horaz von überlangen Gedichten sprechen.
[123] Macrin muß daher die beiden erst 1601 gedruckten Briefgedichte Petrarcas handschriftlich gekannt haben. Auch die Ode Polizians an Horaz scheint ihm bekannt gewesen zu sein, jedoch finden sich in seiner Ode an Horaz keine spezifischen Anklänge an sie; dagegen dürften Bl. 19, *Huius minuti pectinis arbiter* | und Bl. 37, *Divusque blandi pectinis arbiter* |

# 1. Horazrezeption in der Renaissance

Die Bitte des Crinitus, Horaz möge ihn zu seinem dichterischen Nachfolger machen, hat Macrin verstärkt und in Str. 1 einerseits und den Str. 27–28 andererseits zum rahmenden Motiv des ganzen Gedichts erhoben. Dem majestätisch wirkenden Anruf *Magne Iulaeae lyricen Camoenae* in V. 1[124] schloß er sogleich die Bitte an, in Horazens Musenhain gehen und von ihm das lyrische Lied lernen zu dürfen.[125] Die gedankliche Struktur und die bildliche Einkleidung bot hier Properz (III 1, 1f.): *Callimachi manes et Coi sacra Philetae, | in vestrum, quaeso, me sinite ire nemus.*[126] Am Ende des Gedichts ist Anruf und Bitte auf zwei Strophen verteilt: Der Anruf *Laudis o felix* in V. 105 greift wieder Quintilians *felicissime* auf, während die Schwingen der *Fama*, die Horaz für immer über die Sterne erheben, eine steigernde Periphrase eines properzischen Bildes aus der in Str. 1 benützten Elegie darstellen (III 1, 9 *quo me Fama levat terra sublimis*).[127] Dies bereitet die wie an einen Gott gerichtete Bitte *prosper inceptis ades* vor.[128] Die Rollen sind nun im Vergleich zu Horazens C.

---

auf Polizians V. 5 und wohl auch Bl. 46, *veris temperies* auf V. 20 und Bl. 31, *inter ludere virgines* (in der Schlußzeile einer Ode) auf V. 28 zurückgehen. Macrin hat vermutlich auch bereits die *Poeticorum libri III* Vidas (ed. pr. Rom 1527) gekannt, die mit einem — von Petrarca beeinflußten — Anruf Vergils schließen, der dort in *Elysiis* [...] *campis* (III 568) vorgestellt und am Ende hymnisch gebeten wird: *animis tete insere nostris* (III 592).

[124] Das nachklassische Wort *lyricen* ist nach *fidicen* gebildet (vgl. C. IV 3, 23 *Romanae fidicen lyrae*, IV 6, 25 *argutae fidicen Thaliae*, Stat. Silv. IV 7, 19). Der Ersatz von *Romanae* durch *Iulaeae* betont die Panegyrik für Augustus entsprechend Petrarcas V. 40 *ut sol emicuit Cesareum genus* (das unhorazische Wort *Iuleus* u.a. Ov. Pont. II 5, 49). — *Magne* statt des überlieferten *Magnae* wird gestützt durch Anfangszeilen von Oden wie Bl. 29 *Dulcium arbitrae fidium puellae*, Bl. 59 *Maximum magni decus o senatus* und Bl. 61 *Rure gaudentes viridi Camoenae*.

[125] Einen Musenhain beschreibt Macrin, wie Anm. 121, Bl. 15, s. auch Bl. 53 *Castalium nemus*. Horazens Hain (C. I 1, 30) wird von Macrin V. 111f. bei seinem Geburtsort lokalisiert. Zu *fidibus* in V. 3 s. Anm. 63. Der Adoneus in V. 4 nach C. S. 8.

[126] G. Soubeille, wie Anm. 11, S. 448, bezeichnet die Properzimitation am Anfang der *laudes Horatii* als paradox. Eine Beschränkung der Imitationen Macrins auf Horaz ist jedoch weder zu erwarten noch sonst der Fall.

[127] Macrin gebraucht ein solches Bild der *Fama* öfters; Epith. 17, 41 bei G. Soubeille, wie Anm. 11, S. 186, *Candidis nunc o vaga Fama pennis*, Carm., wie Anm. 121, Bl. 8 *fac ut lux mea Lesbiam sequatur, | Famae candidulis perennis alis* und auch Bl. 24 *Famae niveis vehi quadrigis* sowie Bl. 42 *Fama sublimem rapuitque bigis | concolor albis* (beides nach Stat. Silv. II 7, 108 *Famae curribus arduis levatus*). Horaz wird hier von den Flügeln der *Fama* getragen und nicht selbst in einen Vogel verwandelt wie in C. II 20.

[128] Zu dem in dieser Funktion häufigen *ades* vgl. Ov. F. I 6 und 67 *dexter ades*, 71 *prospera lux oritur* und Bömer zur Stelle, auch Macrin, wie Anm. 122.

30  VI. Epigrammatik, Elegie, Heroidenbrief und Lyrik

IV 2, 25ff. vertauscht: Macrin sieht sich — gegenüber Horaz — als *apis Matina*.[129]

Innerhalb dieser drei rahmenden Strophen ist die Ode in drei Abschnitte zu 7, 11 und 7 Strophen gegliedert, die erstens den Aufenthalt des Horaz nach seinem Tode (Str. 2–8), zweitens sein dichterisches Werk (Str. 9–19) und drittens sein von den Göttern gefördertes Leben sowie seine Leistung (Str. 20–26) behandeln. Damit hat das Gedicht wie das des Crinitus eine symmetrische, tektonisch jedoch noch komplexere Struktur erhalten. Wie die beiden mittleren Strophen zusätzlich betont und herausgehoben werden, wird die Interpretation gleich zeigen. Bei Horaz finden sich keine derart ausgeführten Symmetrien im Gedichtaufbau.

Der erste Abschnitt läßt sich kurz so paraphrasieren: 'Sei es,[130] daß du dich auf den Inseln der Seligen[131] oder in Elysium[132] oder — das ist wahrscheinlicher

---

[129] Der Kontrast zu dem in der Höhe fliegenden Horaz nun auch wie der zwischen Schwan und Biene in C. IV 2, 25ff. Macrin wählte das Bild der sammelnden Biene für sich im Anschluß an Horaz auch an anderer Stelle (wie Anm. 121, Bl. 37): *Illum receptum me quoque in ordinem, | pigri sit impar vis licet ingenii, | fingamque deductum, legentis | instar apis thyma grata, carmen* (vgl. auch Seneca Ep. 84, 5 *apes debemus imitari* [...] zitiert z.B. von G. J. Vossius, De imitatione [...], Amsterdam 1647, S. 15). Zu den Ortsangaben in V. 111f. vgl. u.a. Crinitus De poet. Lat. III 38: *Q. Horatius Flaccus in Venusio Apuliae oppido natus est.* Zu V. 112 verweist Soubeille auf Lucr. IV 1 (Macrin beschreibt sich in solchen *avia* in Epith. 7, 45ff., G. Soubeille, S. 154).

[130] Wie Petrarca, Polizian und Crinitus wählt auch Macrin eine 'horazische' durch *seu* [...] *seu* [...] *sive* [...] gegliederte Satzkette.

[131] *Colis* in V. 5 nach Verg. Aen. V 735. Zur Vorstellung der *Insulae Fortunatae* vgl. auch Plin. Nat. VI 202ff.; sie ist hier vermischt mit der vom Goldenen Zeitalter und mit Zügen des Elysium. Die *Divites insulae* (Pseudacro: *quas in oceano constitutas Fortunatas appellant sive insulas beatorum*) als Totenort auch C. IV 8, 27. Zum Ausdruck in V. 5–12 vgl. Hor. Ep. 16, 42ff. *petamus arva, divites et insulas, | reddit ubi Cererem tellus inarata quotannis | et imputata floret usque vinea,* Verg. Ecl. 4, 28f. *molli paulatim flavescet campus arista, | incultisque rubens pendebit sentibus uva, | et durae quercus sudabunt roscida mella,* 41 *robustus quoque iam tauris iuga solvet arator,* Hor. Ep. 2, 20 *certantem et uva purpurae,* die Wiederholung von *ubi* in C. II 6, 14, Verg. Aen. I 404 *comae odorem spiravere,* Aen. VI 658 *odoratum lauri nemus*; generatim bei Lukrez, *ubertim* bei Catull 66, 17, ferner Prop. II 20f., *volucris* [...] *Cecropiis obstrepit in foliis,* Ov. Met. I 111f., *flumina iam lactis iam flumina nectaris ibant, | flavaque de viridi stillabant ilice mella* und Claud. Stil. 1, 85 *mellisque lacus et | flumina lactis.*

[132] *Te habet* in V. 13f. nach Verg. Aen. V 733. Der schattige Hain im elysischen Tal nach Aen. VI 703f. *in valle reducta | seclusum nemus* und 673 *lucis habitamus opacis* (vgl. auch Stat. Silv. II 7, 111, zitiert im Text). Zum Ausdruck in V. 13–16 vgl. ferner C. I 1, 22f. *sub arbuto stratus* |, I 32, 1 *sub umbra* | *lusimus,* C. I 31, 8 *taciturnus amnis,* S. I 1, 35 *haud ignara,* E. II 2, 128 *haud ignobilis,* C. III 25, 5 *meditans decus,* Verg. Aen. VI 647 *pectine pulsat eburno,* den Adoneus *publica cura* in C. II 8, 8, und zum Sinn von *curas* in V. 16 A. P. 83ff. *Musa dedit fidibus* [...] *iuvenum curas* [...] *referre.* Eine poetische Vorstufe dieser

1. HORAZREZEPTION IN DER RENAISSANCE 31

— in der Mondsphäre unter den Heroen befindest,[133] sag, an welchem Ort du dich aufhältst,[134] denn in der Unterwelt bist du gewiß nicht !'[135] Was Macrin hier über Horaz aussagt, könnte mit Horazens Worten über Pindars dichterische Tätigkeit beschrieben werden: (*Horatium*) *educit in astra nigroque invidet Orco*; und Macrin konnte sich durch jene Stelle auch poetisch für legitimiert halten, den jenseitigen Aufenthaltsort des Horaz in seinem Gedicht zu bestimmen. Gedankliche Vorbilder für Macrins Vorstellungen finden sich bei Servius zu Aen. V 733, bei Statius in Hinsicht auf Lucan (Silv. II 7) und im Brief Petrarcas an Vergil. Zu der Äußerung des toten Anchises *non me impia namque | Tartara habent, tristes umbrae, sed amoena piorum | concilia Elysiumque colo* führt Servius aus: *Elysium est, ubi piorum animae habitant post corporis animaeque discretionem, [...] quod secundum poetas in medio inferorum est suis felicitatibus plenum, [...] secundum philosophos Elysium est Insulae Fortunatae, [...] secundum theologos circa lunarem circulum [...]*. Offensichtlich hat Macrin von hier die Grundstruktur seiner Einteilung und insbesondere den Mondkreis übernommen. Statius spricht in seinem erst durch Poggio wiederentdeckten Gedicht an die Witwe Lucans den toten Dichter so an (V. 107ff.): *At tu, seu rapidum poli per axem | Famae curribus arduis levatus, | qua surgunt a- nimae potentiores | terras despicis* (vgl. Macrin V. 19f.!) *et sepulcra rides, | seu pacis merito nemus reclusi | felix Elysii tenes in oris, | [...] nescis Tartaron [...]*. Die Ausdrucksparallele und der Anschluß des Tartarus am Ende beweisen, daß Macrin auch diese Stelle im Blick hatte, in der Statius sich wohl seinerseits von der eben zitierten Vergilstelle hatte anregen lassen. Den Anlaß, die

---

Beschreibung des Elysiums bei Macrin stellt Epith. 17, 45ff. (bei G. Soubeille S. 186) dar, wo er über den 1525 gefallenen René von Savoyen schrieb: *Inter heroas* (!) *licet ille magnos | nunc agat quiete* (!), *| qua pigra Lethes taciturnus amnis | labitur unda | quaque diversi violarum odores* (!) *| Elysi instrepit* (!) *arbor*. Sprachliche Elemente dieser Beschreibung sind im Gedicht an Horaz auf die drei jetzt zur Wahl gestellten jenseitigen Aufenthaltsorte verteilt worden.
[133] *Vera propius* nach Ov. F. IV 801. Den *circulus lunaris* erwähnt Servius zu Aen. V 733 (s. Zitat im Text), VI 640 und 887 (vgl. dazu E. Norden, P. Vergilius Maro, Aeneis Buch VI, Darmstadt 1957, S. 23ff.). Zu den dortigen *veteres heroes* (der Ausdruck nach Petrarca V. 30 *heroas veteres*, vgl. auch Aen. VI 649 *magnanimi heroes*) zählen Anchises nach Servius, Lucan nach Statius, die Scipionen und beiden Cato nach Seneca Consol. ad Marc.; vgl. außerdem Lucan Phars. IX 5ff. zum Aufenthaltsort der *semidei manes*. Zum Ausdruck in V. 16f. auch Aen. II 255 *tacitae per amica silentia lunae* und Stat. Silv. II 7, 110 (zitiert im Text).
[134] Auffordendes *dic*, häufig bei Horaz, wird von Macrin auch sonst verwendet (wie Anm. 121, Bl. 15 *Virgo* [...] *dic*, 17 anaphorisch wie hier). Zur 'horazischen' Tmesis s. Anm. 32.
[135] *Incolis* nach Verg. Aen. VI 675. Vgl. zu V. 23f. (mit absichtlicher Alliteration) C. IV 7, 25 *infernis* [...] *tenebris*, III 2, 7 und III 3, 3 *tyranni |*. Macrin bevölkert den Tartarus mit Tantalus, den Danaiden, Sisyphus und Tityus nach Lukrez (III 978ff.), Vergil (Aen. VI 595ff.) und Horaz (C. II 13 und 14).

Vorstellung des Servius und den Ausdruck und Gedankengang des Statius aufzugreifen, aber hatte Petrarca geboten, der nach seiner ersten preisenden Anrede an Vergil diesen fragt (V. 4ff.): *Quis te terrarum tractus, quotus arcet Averni | circulus? An raucam citharam tibi fuscus Apollo | percutit et nigre contexunt verba sorores? | An pius Elysiam permulces carmine silvam | Tartareumque Elicona colis, pulcherrime vatum? [...] Qui tibi nunc igitur comites, que vita, libenter | audierim [...] | An potius celi regio tranquilla beatos | excipit, ingeniisque arrident astra serenis | post Stygios raptus spoliataque Tartara summi | regis ad adventum [...] Hec ego nosse velim.* War Vergil in einem Höllenkreis oder in einem Elysium der Unterwelt oder war er von Christus bei dessen Besuch der Hölle auch in den Himmel entrückt worden? Macrin hat Petrarcas Frage auf Horaz übertragen und eine positive Antwort nahegelegt: Horaz ist wahrscheinlich in den Kreis des Mondes, den ersten Himmelskreis aufgenommen. Die Humanisten, und Macrin noch mehr als Petrarca, konnten sich nicht mit dem danteschen Limbus als Aufenthaltsort von Vergil und Horaz zufriedengeben.[136] Die Strophen 2–8, in denen Macrin seinem — hier unorthodoxen — christlichen Bedürfnis entsprechend Horaz als *heros* und *divus* in den Himmel versetzt, bieten gleichzeitig selbst ein Beispiel für horazisierendes Dichten, denn Horaz war gerade auch für seine Schilderungen jenseitiger Orte wie der Unterwelt oder der Inseln der Seligen berühmt.

Die Würdigung des horazischen Werkes setzt dann mit einem anaphorischen *Dic* ein, stellt den Dichter nach C. III 25, 2ff. in einer Waldeshöhle meditierend vor und mustert in Str. 9–13 thematisch die Oden einschließlich des *Carmen Saeculare*, wie Crinitus von hohen zu niederen Themen fortschreitend (zuerst die Götterhymnen und die Augustuslieder, dann die erotischen und schließlich die sympotischen Gedichte).[137] In Str. 16–19 werden von Macrin die übrigen poetischen Bücher in der Reihenfolge seiner Horazausgabe differenziert charakterisiert (die Epoden, die Satiren, das erste und zuletzt das zwei-

---

[136] Vida sah Vergil im Elysium, s. Anm. 123. Orthodox christlich urteilt dagegen trotz aller humanistischen Sympathien in einem vergleichbaren Fall Erasmus im Hinblick auf Cicero (Ciceronianus, Op. LB 1, Sp. 1023): *Dicendi artifex optimus atque etiam ut inter Ethnicos vir bonus, quem arbitror, si Christianam philosophiam didicisset, in eorum numero censendum fuisse, qui nunc ob vitam innocenter pieque transactam pro divis honorantur.*
[137] Die Höhle als Ort des Dichters (nach C. III 25, 3) auch bei Macrin, wie Anm. 121, Bl. 37. Die Anordnung der verschiedenen lyrischen Themen und teilweise auch der Ausdruck folgt A. P. 83–85. Die horazischen Gedichte identifiziert Soubeille zur Stelle. Zum Adoneus in V. 36 vgl. Crin. V. 16 *Caesaris arma* und dazu Anm. 106; zu *assa voce* vgl. Soubeille ebd.; zu *furta* vgl. Crin. V. 30 (dazu Anm. 111) und Macrin, wie Anm. 121, Bl. 21 *nec furta nec longas amanti | iam meminisse iuvat querelas*. Die erotischen und sympotischen Szenen sind konkreter und charakteristischer als die entsprechenden bei Crinitus.

te Epistelbuch einschließlich der Ars Poetica erhalten je eine Strophe).[138] Wie bei Petrarca und Crinitus gilt die thematische *varietas* als besonderes Kennzeichen der horazischen Dichtung. Macrin hat in diesen Strophen durch konkrete Bildvorstellungen lebhafter die beispielhafte Erinnerung an horazische Gedichte evoziert als Crinitus in den Strophen 4–5 und 7–8, die allerdings nur Macrins Str. 9–13 entsprechen, da Crinitus sich ausschließlich den Oden zuwandte.

In das Zentrum seines Gedichts — in Str. 6 — hatte Crinitus den Vergleich von Horaz mit der Nachtigall gesetzt.[139] An die strukturell analoge Stelle setzte Macrin — Str. 14–15 stehen genau im Zentrum seines Gedichts[140] — eine allgemeine Charakterisierung der dichterischen Kunst des Horaz mit Hilfe einer Reihe von sechs Vergleichsbildern. (i) Seine *carmina* fließen wie ein *illimis amnis*, ein schlammloser, reiner Fluß.[141] Das Gegenteil bot Lucilius: *cum flueret lutulentus, erat quod tollere velles* (S. I 4, 11). Ein guter Dichter aber war nach Horaz *liquidus puroque simillimus amni* (E. II 2, 120). Möglicherweise kannte Macrin auch den Ursprung des Bildes bei Kallimachos (Hymn. Apoll. 108ff.). (ii) *Charis* hat ihn inspiriert und seinen Gedichten ihre wunderbare Anmut gegeben.[142] Macrin hat damit Quintilians *gratia* wie Crinitus in der griechischen Personifikation eingeführt. (iii) Auf dem lieblichen Mund des Dichters sitzt die wirkungsvolle *Suada*. Diese Personifikation zusammen mit dem Bild gewann Macrin aus Ciceros Brutus 59: *Peitho quam vocant Graeci, cuius effector est orator, hanc Suadam appellavit Ennius [...] quam deam in Peri-*

---

[138] Zu V. 61–76 vgl. die Erklärungen von Soubeille zur Stelle, zu V. 65f. auch Pers. 1, 117f. (*Flaccus*) *ludit. callidus excusso populum suspendere naso*, und zu V. 75f. (*poetam [...] ad altum [...] deducens Helicona summo in vertice sistis*) Macrin, wie Anm. 121, Bl. 61 *tollite a terrae gravitate vatem | ei super Pindi iuga summa dulci in | sede locate.*

[139] Macrin dachte wohl an diesen Vergleich, wenn er, wie Anm. 121, Bl. 37, von Pindar schrieb: *Huic ora fari nescia parvulo et | cunis iacenti luscinia insidet.*

[140] Gegenüber der einfacheren, genauen und starren Symmetrie des Gedichtaufbaus bei Crinitus — 3 + (2 + 1 + 2) + 3 Strophen — hat Macrin eine kompliziertere, bewegtere und erst im Ausgleich der Strophengruppen regelmäßige Symmetrie für sein Gedicht gewählt: 1 + ((7 + (5 + 2 + 4) + 7)) + 2 Strophen.

[141] Zum Wortgebrauch: Ov. Met. III 407 *fons erat illimis. nitidis argenteus undis* (von *limus* "verschmutztes Wasser" S. I 1, 59). Die Fluß–Metapher (*velut amnis*) gebrauchte Horaz in anderer Weise für Pindar (C. IV 2, 5). Der Sinn ist hier nicht so sehr der einer "impression de facilité fluide" (so Soubeille), sondern der einer Reinheit, der keine besser abwesenden Bestandteile beigemischt sind.

[142] Zu V. 54 vgl. Verg. Aen. I 591 (*Venus*) *et laetos oculis afflarat honores*. Gabe der *Charis* ist *lepor*, s. Macrin, wie Anm. 121, Bl. 10 *versibus divino Charitum lepore tinctis*. Bei Horaz ist *almae* ein Beiwort der Musen (C. III 4, 42), und Macrin konnte nach Seneca De benef. I 3, 10 *Thalia apud Hesiodum Charis* (hier erstmals im Singular) *est, apud Homerum Musa* auch eine Gleichung *Charis = Thalia* (s. C. IV 6, 25!) = *Musa* herstellen.

*cli labris scripsit Eupolis sessitavisse.*[143] (iv) Bienen haben auf Horazens Schriften Honig geträufelt — ein Bild ihrer *suavitas*.[144] (v/vi) *Venus* bzw. *Voluptas*, ihr philosophisches Äquivalent, sparen nicht mit ihren Frühlingsveilchen.[145] Die Blumen wählte Macrin nach Sidonius Apollinaris, der in Ep. 9, 13 von Horaz sagt, er sei *vernans per varii carminis eglogas | verborum violis multicoloribus*. Venus, im homerischen Hymnus Ven. 18, mit einem Veilchenkranz versehen, sind die Frühlingsblumen eigen. Die beiden anaphorisch durch *tunc* [...] *tunc* [...] verbundenen Strophen folgen der gleichen Struktur, indem ein Naturbild jeweils von zwei mythischen bzw. Abstrakta personifizierenden Figuren gefolgt wird — die steigernde Kombination natürlicher und mythischer Vergleichsbilder liebte auch Horaz.

Der Beschreibung und Charakterisierung von Horazens Werk folgt in Str. 20–26 die Vergegenwärtigung seiner dichterischen Existenz, ihrer Förderung durch die Götter und ihrer einmaligen Leistung. Die Parze schenkte den unter glücklichen Vogelzeichen geborenen Horaz den Römern, damit er die griechische lyrische Dichtung imitierte.[146] Die Musen, Bacchus und Apollo haben ihn inspiriert und zum einzigen anerkannten lyrischen Dichter Roms gemacht.[147] Ebenso wie Horaz selbst in C. IV 2 erklärte, daß niemand dem von ihm mit einem Wildbach verglichenen Pindar gleichkomme, so hat auch Ho-

---

[143] Die griechische Personifikation aus der Cicerostelle verwendete Macrin, wie Anm. 121, Bl. 47: *mirus arguto lepor ore manat, | et favens dulci tibi melle vocem | temperat Peitho*. Sein Freund Germanus Brixius (Germain de Brie, 1490–1538) wendete die Bilder von V. 54–56 in einem Gedicht an Macrin auf diesen selbst an (Delit. Poet. Gall. 1, 1609, S. 738): *Suada tanta | istis insidet hinc et inde labris | e cestoque suo Venus loquenti | fundit tot Charites, tot et Lepores*.

[144] Das Bild bei Macrin, wie Anm. 121, auch Bl. 58 *Musae et mella poetica* (nach Hor. E. I 9, 44), Bl. 70 *melle perfusis [...] verbis* und Bl. 74 *docto ex ore favus stillat Hymettius ac linguae lepor insidet*.

[145] In V. 58 darf *violisque vernis* nicht mit *melle flavo* koordiniert werden, wie Soubeille es in seiner Übersetzung tat. Bienen streuen keine Veilchen. Dann aber ergibt sich ein zu akzeptierender ungewöhnlicher Partikelgebrauch: *violisque parcit nec Venus aut Voluptas*. Vergleichbar ist der Gebrauch von *–que nec*, [...] *nec* [...] bzw. *et nec* [...] *nec* [...] und der Ersatz von *nec* [...] *nec* [...] durch *nec* [...] *aut* [...] (s. R. Kühner–C. Stegmann, Ausführliche Grammatik der lateinischen Sprache, 3. Auflage, 1955, 2. Bd., S. 47); *suis* [...] *prodiga donis* ist sowohl auf *Venus* als auch auf *Voluptas* zu beziehen, da beide letztlich identisch sind (vgl. Lucr. I 1 ).

[146] Zu V. 77f. Prop. III 10, 11 *felicibus edita pennis*, C. I 2, 46 und II 16, 38 sowie Soubeille zur Stelle; *lyrica illice* nach Apul. Apol. 76 *illices oculos*.

[147] Die Gunst der Musen nach C. III 4; einziger Lyriker (V. 83) nach Quint. Inst. X 1, 96 *lyricorum [...] solus fere legi dignus*; die Initiation durch Bacchus nach C. II 19 und III 25; die Bekränzung mit Efeu nach C. I 1, 29; die apollinische Inspiration nach C. I 31, 18 und 32, 13. Vgl. zu V. 85–88 auch Macrin, wie Anm. 121, Bl. 12: *iam foeta largo numine pectora | Thyrsosque Iacchi sentio frondeos*.

razens von Macrin jetzt mit Quintilians Begriffen erfaßte dichterische Kunst in allen seither vergangenen Jahrhunderten von niemand wieder erreicht werden können.[148] Merkur hat ihn aus der Schlacht von Philippi errettet; nicht Waffen, sondern die Insignien des Dichters beim Symposion paßten zu ihm.[149] Mit der Abweisung des Martialischen setzte Macrin einen anderen Akzent als Crinitus, der das Kriegsthema an den Anfang seines thematischen Überblicks gestellt hatte. Wenn Macrin die Musen, Bacchus, Apoll und Merkur in diesen Strophen als Schutzgötter des Horaz vorstellte, knüpfte er damit nicht nur an Beziehungen an, die Horaz selbst in seinen Carmina erwähnt; die Sammlung der Götter in diesem Abschnitt folgte auch Statius, der in dem Gedicht auf Lucans Geburtstag, dessen V. 107ff. vorher für den ersten Abschnitt herangezogen werden mußten, in V. 5ff. eben diese Götter zur Feier von Lucan beschwört:

*ipsi, quos penes est honor canendi,*
*vocalis citharae repertor Arcas,*
*et tu Bassaridum rotator Euhan,*
*et Paean, et Hyantiae sorores,*
*laetae purpureas novate vittas,*
*crinem comite, candidamque vestem*
*perfundant hederae recentiores.*

Macrin hat das von Crinitus aufgegriffene Urteil Quintilians und das von Crinitus als Strukturmuster herangezogene Pindargedicht des Horaz vor allem, aber nicht nur in den Str. 23–24 herangezogen. Sein Gedicht ist durch die Fülle der intertextuellen Bezüge insgesamt weit gelehrter als das seines Vorgängers.

Aber es übertraf auch durch seine souveräne horazische Stilisierung, seine melodische und spannungsreiche Wortfügung, die Anschaulichkeit seiner bildlichen Ausdrucksweise und seine ausgewogene Charakterisierung des ganzen horazischen Werkes das Gedicht des Crinitus. Humanistische Gelehrsamkeit und persönliche Emotion sind in dem horazisierenden lyrischen Ausdruck Macrins eine enge Verbindung eingegangen. Er war in der Tat der beste bis

---

[148] Auf Quintilian beziehen sich in V. 93–96 *leporem* (für *gratiam*) und *nexa* [...] *audacter* [...] *verba figuris* (hierher gehören auch V. 54 *Charis*, V. 83 *unum melicum probarit*, V. 105 *Laudis o felix*). Das Attibut *transmarinis* ersetzt *Graecis* oder *Aeoliis* (Wortgebrauch nach Cic. De orat. III 135, das Wort auch bei Pseudacro zu C. IV 5).
[149] Zu V. 97–104 s. Soubeille. *Noricus ensis* nach C. I 16, 9 und Ep. 17, 71. Die Junktur *Assyrius odor* (nach C. II 11, 16 *Assyrioque nardo*) bei Macrin öfters (wie Anm. 121, Bl. 19 und 21, ähnlich 24). Daß der Dichter und so er selbst für den Frieden, nicht den Krieg bestimmt sind, sagt Macrin ebd. Bl. 31 und 36. G. Soubeille, wie Anm. 11, S. 79, stellt mit Recht fest, daß Macrin seine eigene pazifistische Tendenz auch in Horaz sieht.

dahin aufgetretene horazisierende Dichter,[150] was sich an seinen Liebesgedichten leicht bestätigen ließe, die dem heutigen Geschmack besser zugänglich sind als dieses gelehrte Lobgedicht des Horaz, dessen Verständnis durch die andersartige heutige Vorstellung von einem lyrischen Gedicht erschwert wird. Crinitus und Macrin haben ihre Oden als *laus* bzw. *laudes* des Horaz bezeichnet. Das Loben von Göttern, Heroen und Menschen galt nach Horaz den Humanisten als rangerste Aufgabe eines lyrischen Gedichts. Petrarca betonte im Anschluß an C. I 12 und IV 8 die Aufgabe des Dichters, den Verdiensten zu immerwährendem Ruhm zu verhelfen (V. 28ff.), erkannte in diesem Loben eine wesentliche Eigenschaft der horazischen Lyrik (V. 68) und schrieb selbst eine lyrische *epistula laudatoria* über und in der Fiktion an Horaz. Bei ihrem ersten Druck 1601 wurde sie vom Herausgeber mit den Worten *Laudat Horatium* überschrieben. Polizian griff die Anrede an Horaz auf und lobte seinerseits in seiner Ode Horaz und zugleich dessen Herausgeber und Kommentator Landino als *veterum laudibus emulus* (V. 22). Crinitus verband mit der Anrede erstmals die Bitte um eine sozusagen apostolische Succession als horazischer Dichter und führte in sein Lobgedicht hymnische Züge ein. Er wollte Horaz *laude perenni* darstellen, so wie Horaz selbst es mit Merkur gemacht hatte (V. 40). Bei Macrin ist das Lobgedicht vollends zu einem Hymnus auf einen *heros* und *divus* geworden. Horaz wird im Himmel mit der Bitte angerufen, als dichterischer Lehrmeister beizustehen. Macrin lobt ihn im ganzen Gedicht, zuerst *a loco post mortem adepto,* dann *ab operibus* und schließlich *a donis deorum, a meritis, a comparatione* und *a vita.* Horaz ist *laudis o felix meritaeque famae* und wird auf immer in der *memoria* bewahrt werden (V. 105ff.).

Die hier interpretierten Gedichte, deren Zusammengehörigkeit deutlich geworden ist,[151] sind alle in Bewunderung, Verehrung und Liebe für diesen Dichter verfaßt worden. Gemeinsam ist ihnen auch, daß hier nicht wie z.B.

---

[150] Dieses Urteil gilt m.E. auch im Blick auf C. Celtis, der in der Literatur des zwanzigsten Jahrhunderts gerne als wichtigster Horaznachfolger herausgestellt wird, dessen Qualität als horazisierender Dichter aber bisher nie im Vergleich mit Macrin betrachtet wurde (E. Schäfer, wie Anm. 8, S. 38, bezeichnet die Lyrik von Celtis immerhin als eine "holzschnittmäßige Vorstufe" der französischen, von Macrin "eingeleiteten" Horaznachfolge, ohne aber näher auf einen Qualitätsvergleich einzugehen). Vgl. jetzt auch W. Wenk, Flaccus crebrius nobis volvendus, Horaz im Frühwerk des Konrad Celtis, Wiener Studien 104, 1991, S. 237ff.

[151] In der gleichen von Petrarca ausgehenden Traditionslinie stehen noch eine 1901 veröffentlichte sapphische Ode *Ad Q. Horatium Flaccum* in: The Book of the Horace Club 1898–1901, Oxford 1901, S. XI (der Horace Club, gegründet am 15. März 1898, umfaßte damals 20 Mitglieder aus Oxford) sowie eine sapphische mit der Anrede *Horati* endende Ode mit dem Titel *Festa natalicia* zur 2000. Wiederkehr von Horazens Geburtsjahr, die 1936 J. M. F. Borovskij (damals Professor für Klassische Philologie an der Universität Leningrad) verfaßte (in: J. Eberle, Hrsg., Viva Camena, Zürich–Stuttgart 1961, S. 23).

vorher bei Metellus von Tegernsee und nachher bei den jesuitischen Lyrikern horazische Formen auf einen christlichen Gehalt angewandt werden, wodurch die horazische Lyrik sozusagen konterkariert wird, sondern daß die Autoren mit Ausnahme von Jakob Locher jeweils das Horazische in Form und Gehalt sich anzueignen suchen und dadurch zu erkennen geben, daß sie es als verwandt empfinden. Was in diesen Gedichten explizit an Horaz hervorgehoben wird, zeigt, was man an ihm wahrnahm und besonders schätzte. Die Liebe zu Horaz führte auch zu einer *imitatio* seines Stils, die *in praxi* zeigt, wie weit er in seiner Eigenart begriffen wurde und welche Fortschritte man in diesem Rezeptionsprozeß zwischen 1350 und 1530 erzielte. Heutzutage werden Erkenntnisse zur horazischen Dichtkunst meist in der Form wissenschaftlicher Abhandlungen vorgetragen. In ihnen werden die Eigenheiten ihres Stils theoretisch erfaßt, und es gilt da als unwissenschaftlich, von persönlichen Gefühlen gegenüber diesem Dichter zu sprechen. Und wenn heute doch noch der eine oder andere auch horazisierende Oden verfaßt — Michael von Albrecht ist einer dieser seltenen *alites*[152] — würde er es doch als allzu vermessen und hochtrabend empfinden, von Horaz selbst dessen *cithara* zu erbitten. Trotzdem ist wissenschaftliche Arbeit an Horaz auch heute in der Regel durch eine persönliche Schätzung des Dichters motiviert, und wer gar noch Oden schreibt, möchte sich vermutlich, wie Macrin es ausdrückte, *vatum sacratum extremus in ordinem*[153] einreihen. Es ist die Liebe zu Horaz, das Angerührtsein von Form und Gehalt seiner Dichtung, die damals wie heute Folge und Ursache der Beschäftigung mit ihm ist und der auch diese Betrachtungen und unsere Entretiens in der Chandoleine der Fondation Hardt insgesamt ihren Ursprung verdanken.

---

[152] S. M. v. Albrecht, *Scripta Latina, accedunt variarum Carmina Heidelbergensia, dissertatiunculae colloquia,* Frankfurt/Main 1989, S. 125ff.
[153] S. oben Anm. 120.

## VI. Epigrammatik, Elegie, Heroidenbrief und Lyrik

Anhang

Vier Gedichte an und ein Gedicht von 'Horaz'.
Alle Texte wurden sinngemäß neu interpungiert.

1. Franciscus Petrarca (1366):

*Ad Horatium Flaccum Lyricum poetam*

*Regem, te, lyrici carminis Italus*
*orbis quem memorat plectraque Lesbia*
*nervis cui tribuit Musa sonantibus,*
*Thirrenum Adriaco Tuscus et Apulo*
5 *quem sumpsit proprium Tybris ab Aufido*
*nec fuscam atque humilem sprevit originem,*
*te nunc dulce sequi saltibus abditis*
*umbras et scatebras cernere vallium,*
*colles purpureos, prata virentia*
10 *algentesque lacus antraque roscida,*
*seu Faunum gregibus concilias vagis,*
*seu pergis Bromium visere fervidum,*
*fulvam pampineo sive deam deo*
*affinem tacitis concelebras sacris,*
15 *amborum Venerem seu canis indigam,*
*seu Nimphas querulas, seu Satyros leves*
*et nudas roseo corpore Gratias,*
*seu famam et titulos Herculis improbi*
*incestique aliam progeniem Iovis,*
20 *Martem, sub galea Palladis egida*
*late Gorgoneis crinibus horridam,*
*Ledeos iuvenes, mitia sidera,*
*tutelam ratium fluctibus obrutum,*
*argutum cithare Mercurium patrem*
25 *verbis auricomum pectis Apollinem*
*et Xantho nitidam cesariem lavis,*
*germanam pharetra conspicuam et feris*
*infestam aut choreas pyeridum sacras,*
*sculpunt que rigido marmore durius*
30 *heroas veteres, si que forent, novos,*
*eternam meritis et memorem notam*
*affixam calamo ne qua premat dies.*
*Sic vatum studiis sola faventibus*
*virtus perpetuas linquit imagines,*

35 *quarum presidio semideos duces,*
*Drusum et Scipiadam, vivere cernimus*
*nec non et reliquos, inclita gentibus*
*per quos edomitis Roma iugum dedit,*
*in quis preradians lumine vivido*
40 *ut sol emicuit Cesareum genus.*
   *Hec dum tu modulans me cupidum preis,*
*duc aut remivolo, si libet, equore,*
*aut, vis, aerio vertice montium,*
*duc et per liquidi Tyberis alveos,*
45 *qua ripis Anio rura secans ruit*
*olim grata tibi, dum superos colis,*
*unde hec te meditans nunc tibi texui,*
*nostrum, Flacce, decus, duc per inhospitas*
*silvarum latebras et gelidum Algidum*
50 *Baianique sinus stagna tepentia*
*Sabinumque latus ruraque florea*
*Soractisque iugum, dum nivibus riget,*
*duc me Brundisium tramite devio.*
*Lassabor minime et vatibus obvius*
55 *congressus placidos aspiciam libens.*
*Non me proposito temporis aut loci*
*deflectet facies. Ibo pari impetu,*
*vel dum feta uterum magna parens tumet,*
*vel dum ros nimiis solibus aruit,*
60 *vel dum pomifero fasce gemunt trabes,*
*vel dum terra gelu segnis inhorruit.*
*Visurus veniam litora Cycladum,*
*visurus Trachii murmura Bosphori,*
*visurus Lybies avia torride*
65 *nimbosique procul frigora Caucasi.*
   *Quo te cunque moves, quicquid agis, iuvat,*
*seu fidos comites sedulus excitas*
*virtutem meritis laudibus efferens,*
*seu dignis vitium morsibus impetis*
70 *ridens stultitiam dente vafer levi,*
*seu tu blandiloquens carmen amoribus*
*dum comples teneris, sive acie stili*
*obiectas vetule luxuriem gravi,*
*sive urbem et populum dum scelerum reos*

75 *culpas et gladios et rabiem trucem*
*Mecenasque tibi dum canitur tuus*
*per partes operum primus et ultimus,*
*dum calcas veteres et studium recens*
*vatum magnanimi Cesaris auribus*
80 *infers dumque Floro carminis hispidi*
*limam seu tumidi carmine conficis.*
*Fuscum ruris opes et mala turbide*
*urbis, curve homini servit equus ferox,*
*Crispum, divitiis quis color, edoces;*
85 *longis Virgilium luctibus abstrahis*
*atque ad letitiam, ver ubi panditur,*
*hortaris placide et stultitiam brevem;*
*Hirpinum profugi temporis admones,*
*Torquatum et parili carmine Postumum,*
90 *dum noctes celeres et volucres dies,*
*obrepens tacito dum senium gradu*
*aut vite brevitas ad calamum redit*
*aut mors, precipiti que celerat pede.*
*Quis non preterea dulciter audiat,*
95 *dum tu siderea sede superstitem*
*Augustum statuis, dum tunicam suis*
*Marti nec satis est texere ferream*
*acceditque adamas, dum cuneos ducum*
*vinclis implicitos curribus aureis*
100 *per clivum atque Sacram victor agis Viam*
*(quam pompam mulier dum cavet insolens,*
*haudquaquam rigidas horruit aspidas),*
*ius fractum hospitii dum memoras dolis*
*pastoris Frigii nil Nerei minis*
105 *pacatum Paridi vaticinantibus,*
*dum Dane pluvia fallitur aurea,*
*dum virgo egregiis regia fletibus*
*tergo cornigeri fertur adulteri?*
*Letus, solicitus, denique mestior*
110 *iratusque places, dum dubium premis*
*rivalem variis suspitionibus*
*aut dum vipereas iure veneficas*
*execraris anus vulgus et inscium,*
*dum cantas Lalagen nudus et asperum*

|     | |
| --- | --- |
| 115 | *et solus tacita fronte fugas lupum* |
|     | *infaustamque humeris effugis arborem* |
|     | *fluctusque Eolio turbine concitos.* |
|     | *Pronum te viridi cespite fontium* |
|     | *captantem strepitus et volucrum modos,* |
| 120 | *carpentem riguo gramine flosculos,* |
|     | *nectentem facili vimine palmites,* |
|     | *tendentem tenui pollice barbiton,* |
|     | *miscentem numeros pectine candido,* |
|     | *mulcentem vario carmine sidera* |
| 125 | *ut vidi, invidiam mens vaga nobilem* |
|     | *concepit subito nec peperit prius,* |
|     | *quam te per pelagi stagna reciproci* |
|     | *perque omnes scopulos monstraque fluctuum* |
|     | *terrarumque sequens limite ab Indico* |
| 130 | *vidi Solis equos surgere nitidos* |
|     | *et serum Occeano mergier ultimo.* |
|     | *Tecum trans Boream transque Notum vagus* |
|     | *iam, seu Fortuitas ducis ad Insulas,* |
|     | *seu me fluctisonum retrahis Antium,* |
| 135 | *seu me Romuleis arcibus invehis,* |
|     | *totis ingenii gressibus insequor.* |
|     | *Sic me grata lyre fila trahunt tue,* |
|     | *sic mulcet calami dulcis acerbitas.* |

Zum Text vgl. oben Anm. 16 und 24, zur Interpretation S. 6ff.

## 2. Angelus Politianus (1482):

*Ad Horatium Flaccum Ode dicolos tetrastrophos*

|     | |
| --- | --- |
|     | *Vates Threicio blandior Orpheo,* |
|     | *seu malis fidibus sistere lubricos* |
|     | *amnes, seu tremulo ducere pollice* |
|     | *ipsis cum latebris feras,* |
| 5   | *vates, Aeolii pectinis arbiter,* |
|     | *qui princeps Latiam sollicitas chelyn* |
|     | *nec segnis titulos addere noxiis* |
|     | *nigro carmine frontibus,* |
|     | *quis te a barbarica compede vindicat,* |
| 10  | *quis frontis nebulam dispulit et situ* |
|     | *deterso levibus restituit choris* |
|     | *curata iuvenem cute?* |

## VI. Epigrammatik, Elegie, Heroidenbrief und Lyrik

>         *O quam nuper eras nubilus et malo*
>             *obductus senio! Quam nitidos ades*
> 15      *nunc vultus referens docta fragrantibus*
>             *cinctus tempora frondibus!*
>
>         *Talem purpureis reddere solibus*
>             *laetum pube nova post gelidas nives*
>         *serpentem positis exuviis solet*
> 20          *verni temperies poli.*
>
>         *Talem te choreis reddidit et lyrae*
>             *Landinus, veterum laudibus emulus,*
>         *qualis tu solitus Tibur ad uvidum*
>             *blandam tendere barbiton.*
>
> 25      *Nunc te deliciis, nunc decet et levi*
>             *lascivire ioco, nunc puerilibus*
>         *insertum thyasis aut fide garrula*
>             *inter ludere virgines.*

Zum Text vgl. oben Anm. 53 und 58, zur Interpretation S. 14ff.

### 3. Jacobus Locher Philomusus (1498):

> *Horatius ex Elisiis Philomusum alloquitur*
>
>     *Heu, longo fuimus defuncti tempore! Carcer*
>         *Elisius tenuit membra sepulta diu,*
>     *nominis et titulos nostri comsumpserat evum*
>         *tardius, et fuerat gloria rapta mihi.*
> 5   *Sed modo cervicem videor monstrare decoram*
>         *et caput ad superos iam relevare deos.*
>     *Nam mihi clara cutis formatur, pectora dantur*
>         *candida, frons levis ingenueque manus.*
>     *Ad superos redeo vates bene tersus et albus.*
> 10      *Me vivum, dulcis o Philomuse, facis.*
>     *Non Danai tantos in me posuere labores,*
>         *Itala nec pubes nec Venusina cohors.*
>     *Te iuvenem promptum pugnax Germania misit,*
>         *qui fidibus modulos et mihi membra dares.*
> 15  *Vive bonis avibus, dulcis Philomuse, Camenas*
>         *illustraque meas eloquiumque fove!*
>     *Participem mecum famam nomenque tenebis*
>         *tu, gratus Phoebo Castaliisque deis.*

Zum Text vgl. oben Anm. 83, zur Interpretation S. 19ff.

4. Petrus Crinitus (ca. 1495):
Monodia de laude Horatii Flacci poetae
>Flacce, qui cantu nimium beato
surgis et molles teneris labellis
dulce perfundis numeros et apte
    carmina nectis,

5   trade nunc primum cytharam petenti,
quam tibi vates merito sacravit
filius summi Iovis et soluto
    crine decorus!

Namque tu doctis Charitas Camoenis
10  iungis et flavos per amica crineis
colla delapsos Glyceres in alta
    sidera tollis.

Sive tu Martis clypeum potentis
versibus saevos referens Sicambros
15  dicis et claras acies Gelonum et
    Caesaris arma,

sive Cyraeos, nemorosa, saltus,
rura, perlustras tenueisque lymphas
Tiburis captas simul et virentis
20      gramina Campi,

liber exultas modulante plectro,
Daulias qualis viridi sub antro
conspicit Phoebum teneroque mulcet
    aethere cantu,

25  sive crateras veteri Lyaeo
impari sumis numero et puellas
inter et poscis iuvenes protervo
    ludere risu,

sive tu mavis Satyros procaces
30  furta cum laetis agitare Nymphis,
dum Venus dulci superante ludo
    spirat amores.

Blanda felicem levat aura vatem,
sive perlustrat Phaethonta magnum,
35  sive depressum volitat per orbem

> *praepete lapsu:*
>
> *nunc Iovis claros memoras triumphos*
> *et vagum Maia genitum per astra*
> *rite labentem statuis decorum*
> 40 *laude perenni —*
>
> *sic per immensi cava templa caeli*
> *vectus audaci recreas Thalia*
> *cuncta — et insanos Veneris calores*
> *carmine mulces.*

Zum Text vgl. oben Anm. 87, 89 und 108, zur Interpretation S. 20ff.

5. Salmonius Macrinus (1530):

> *De Q. Horatii Flacci laudibus*
>
> *Magne Iulaeae lyricen Camoenae,*
> *in tuum fas sit nemus ire nobis*
> *teque iungendum fidibus magistro*
> *discere carmen.*
>
> 5 *Divitum seu tu colis Insularum*
> *arva robustis inarata tauris,*
> *multa ubi flavet seges, uva toto*
> *purpurat anno,*
>
> *multi ubi spirant generatim odores,*
> 10 *obstrepunt densis volucres frutetis,*
> *mellis ubertim niveique currunt*
> *flumina lactis,*
>
> *Elysii seu te taciturna vallis*
> *stratum habet leni nemorum sub umbra*
> 15 *haud inassuetas meditantem eburno*
> *pectine curas,*
>
> *sive — quod vero propius — silentis*
> *circulo lunae veteres quietus*
> *inter heroas sola terrae et ipsum*
> 20 *despicis aequor,*
>
> *dic, habent quae te loca cunque divum*
> *nectare et sacra ambrosia fruentem!*
> *Non enim inferni tenebras tyranni*
> *incolis imas*

>  25  *aridum pleno neque cernis amni*
>      *Tantalum linguae nimium loquacis*
>      *nec lacu incassum Stygio replentes*
>          *Belides urnam*
>
>      *saxave urgentem iuga in alta montis*
>  30  *Sisyphum frustra, Tityum noveno*
>      *iugere extentum et iecur exedentes*
>          *triste volucres.*
>
>      *Dic, quibus quondam meditatus antris*
>      *sacra solennesque choros deorum*
>  35  *et triumphales redeunte ad urbem*
>          *Caesare plausus*
>
>      *quove Paeanas pede seculares*
>      *laurea pressus viridi capillos*
>      *scripseris coetus puerilis assa*
>  40      *voce canendos!*
>
>      *Furta te interdum iuvenumque curas*
>      *et iuvat duras meminisse noctes*
>      *utque ventoso patiare tristes*
>          *sub Iove brumas,*
>
>  45  *ut Venus, si quos in amore motus*
>      *sentias, caesa faveat columba,*
>      *ut dia aversae gravis ira flecti*
>          *possit amicae.*
>
>      *Liberos, quid, cum revocas ad haustus*
>  50  *rore perfusos Arabo sodales*
>      *et iubes largo superare dura*
>          *taedia Baccho?*
>
>      *Tunc tibi illimi fluit amne carmen,*
>      *afflat et miros Charis alma honores,*
>  55  *efficax blando modulantis ore*
>          *Suada quiescit;*
>
>      *melle certatim tua scripta flavo*
>      *tunc apes spargunt violisque vernis*
>      *nec suis parcit Venus aut Voluptas*
>  60      *prodiga donis.*

*Vatis exemplo Parii nocentes
interim vexans oneransque diris
ad Lycambeum laqueum minaci
       cogis iambo.*

65 *Interim ludens satyra procaci
nare suspendis populum retorta
nec tamen parcis proavis amico
       regibus orto.*

*Quin stylo textis humili tabellis*
70 *suggeris vitae documenta honestae et
formulam recti placidis sophorum
       fontibus haustam.*

*Mollibus formas tenerum poetam
inde praeceptis facilique ad altum*
75 *calle deducens Helicona summo in
       vertice sistis.*

*Editum pennis nisi te secundis
Parca donasset populo Quirini,
quis lyra Graios imitatus esset*
80 *   illice cantus?*

*Quippe tu, seclis tot ab urbe primum
condita prono Aonidum favore
quem potens unum melicum probarit
       Roma poetam,*

85 *quem suis Lenaeus inaugurarit
orgiis crines hedera coercens,
cui sacro pectus gravidum replerit
       numine Paean.*

*Ut parem nullum Tyrio fateris*
90 *Pindaro, cuius violente torrens
impetu fertur rapidoque praeceps
       volvitur alveo,*

*sic tuum nemo potuit leporem
assequi exactis tot ab usque seclis*
95 *nexa et audacter tibi transmarinis
       verba figuris.*

## 1. HORAZREZEPTION IN DER RENAISSANCE

*Marte te servat Tegeaeus ales*
*Thessalo, cum tu regeres tribunis*
*militum turmas malefausta Bruti*
100     *castra secutus.*

*Has comas serta Assyriique odores,*
*has manus plectra et cytharae decebant,*
*non truci cassis radiata cono aut*
    *Noricus ensis.*

105  *Laudis o felix meritaeque Famae,*
*candidis quae te super astra pennis*
*arduum vexit memoremque fido*
    *tradidit aevo,*

*prosper inceptis ades et legentem*
110  *more apis flores varios Matinae*
*Appulum in saltum et Venusina deduc*
    *avia vatem!*

Zum Text vgl. oben Anm. 121 und 124, zur Interpretation S. 27ff.

[Erstveröffentlichung: Nr. 157, revidiert. Auf die in der Erstveröffentlichung folgende Diskussion mit Beiträgen von Virginio Cremona, Karsten Friis–Jensen, Manfred Fuhrmann, Stephen Harrison, P. H. Schrijvers, Hans Peter Syndikus, Andrée Thill und Hermann Tränkle sei hingewiesen.]

## 2. Platons Kuß und seine Folgen

" ... when instantly Phoebe grew more composed, after two or three sighs, and heart–fetched Oh's! and giving me a kiss that seemed to exhale her soul through her lips, she replaced the bed–cloaths over us." John Cleland (1709–1789) läßt in seinen "Memoirs of a Woman of Pleasure" (zuerst gedruckt London 1749) Fanny Hill diese Erinnerungen aussprechen.[1] Nur wenigen Lesern des populären Romans wird aufgefallen sein, daß die Vorstellung der Seele, die während eines Kusses durch die Lippen zum Partner überzugehen scheint, natürlich direkt oder indirekt auf ein berühmtes, bis ins 20. Jahrhundert Platon zugeschriebenes Epigramm zurückgeht, vielleicht direkt, da John Clelands Bildung durchaus ausreiche, um dieses Epigramm in seiner griechischen Originalform oder in einer seiner lateinischen Übersetzungen zu kennen (er hatte ab 1722 die humanistisch orientierte Westminster School in London besucht und schrieb 1755 das Drama "Titus Vespasian" über den römischen Kaiser), und sicher indirekt, da das Motiv längst in die neulateinische und nationalsprachliche Liebesdichtung eingegangen war. Grundsätzlich ist das Motiv dort auch den Literaturwissenschaftlern bekannt. Der Germanist H. Pyritz schrieb 1963 in seinem Buch über den deutschen Lyriker Paul Fleming (1609–1640): " [...] lange fortwirkend in Flemings Dichtung ist ein [...] Motiv, das [...] zum eisernen Bestand der neulateinischen Poesie und aller ihrer volkssprachlichen Ableger gehört: der Gedanke von Seelenraub und Seelentausch im Kuß."[2] Jedoch ist Pyritz das Platon–Epigramm als Quelle unbekannt; er zitiert keine Belege für das Motiv vor dem Niederländer Joannes Secundus (1511–1536) und sieht anscheinend in ihm seinen Urheber.

Da die Literaturwissenschaftler der Gegenwart das Motiv, sofern sie es kennen, also zumindest nicht immer als antikes Motiv erkennen und da insgesamt unbekannt zu sein scheint, auf welchem Weg dieses Motiv in die neuzeitliche europäische Liebeslyrik gekommen ist, dürfte es nicht unnütz sein, das "Platonische" Epigramm als wichtigste Quelle zu erweisen und den Weg, den diese Vorstellung nahm, nachzuzeichnen. Darüber hinaus stellen sich die Fragen, wie die Vorstellung von der im Kuß zum Partner übergehenden Seele überhaupt aufkam, wie weit sie in der Antike verbreitet war und ob und in wie

---

[1] S. John Cleland's Memoirs of a Woman of Pleasure, With an introduction for modern readers by P. Quennell, New York 1963, S. 16. Vgl. auch die für 1989 angekündigte Neuausgabe dieses "Klassikers der erotischen Weltliteratur" in deutscher Übersetzung durch P. Wagner im Artemis & Winkler–Verlag, Zürich und München. [Nachtrag: Fanny Hill: Roman von John Cleland, hrsg. von Peter Wagner, München: Winkler 1989.]
[2] S. H. Pyritz, Paul Flemings Liebeslyrik, Zur Geschichte des Petrarkismus, 2. Aufl. Göttingen 1963, S. 53 und vgl. S. 33ff. (1. Aufl. bereits 1936).

weit andere antike Zeugnisse für diese Vorstellung bei ihrer Aufnahme und Verwendung in der Moderne eine Rolle spielten.

Auszugehen ist von Homer. In der Ilias findet sich der früheste Beleg für die Vorstellung, daß die Seele (ψυχή) als etwas Hauchartiges im und mit dem letzten Atem den Menschen durch den Mund verläßt (9, 408f.): ἀνδρὸς δὲ ψυχὴν πάλιν ἐλθεῖν οὔτε λειστὴ | οὔθ' ἑλετή, ἐπεὶ ἄρ κεν ἀμείψεται ἕρκος ὀδόντων.³ Zuletzt befindet sie sich auf den Lippen des Sterbenden. Die Vorstellung erhielt sich durch die ganze Antike. Beispiele dafür bieten unter anderem Herondas Mim. 3, 3f. ἄχρις ἡ ψυχὴ | αὐτοῦ ἐπὶ χειλέων μοῦνον ἡ κακὴ λειφθῇ und Seneca Nat. Quaest. 3 *praef.* 16 *quid est praecipuum? in primis labris animam habere. haec res efficit non iure Quiritium liberum, sed e iure naturae.*⁴ Daraus ergab sich auch die griechische Sitte, daß Angehörige den letzten Hauch aus dem Mund des Sterbenden mit ihrem eigenen Mund aufzufangen suchten, vgl. Cicero In Verr. 2, 5, 118 *matresque miserae pernoctabant ad ostium carceris ab extremo conspectu liberum exclusae; quae nihil aliud orabant nisi ut filiorum suorum postremum spiritum ore excipere liceret.*⁵ Schon in der Ilias wurde die Vorstellung der durch den Mund entweichenden Seele jedoch nicht nur mit dem Tod verbunden, sondern auch für eine zeitweilige Ohnmacht benützt (22, 466–75): τὴν δὲ (Andromache, als sie den toten Hektor sieht) κατ' ὀφθαλμῶν ἐρεβεννὴ νὺξ ἐκάλυψεν, | ἤριπε δ' ἐξοπίσω, ἀπὸ δὲ ψυχὴν ἐκάπυσσε (vom Scholiasten erklärt: ὑπερβολικῶς ἐξέπνευσεν) | [...] ἡ δ' ἐπεὶ οὖν ἔμπνυτο καὶ ἐς φρένα θυμὸς ἀγέρθη | [...]⁶

Auf dem Hintergrund dieser Vorstellungen und Bräuche entstand in hellenistischer Zeit der wohl zunächst witzig gemeinte Gedanke, daß auch ein leidenschaftlicher Kuß die Seele gewissermaßen als Atemhauch aus dem Innern heraufholen und über die Lippen in den Partner hinüberführen kann, wodurch die Seelen der Liebenden sich vermischen und austauschen, ein Gedanke, der wohl von Anfang an als epigrammatische Pointe das Licht der Welt erblickte. Seine erste, wohl dem dritten vorchristlichen Jahrhundert angehö-

---

³ Vgl. E. Rohde, Psyche, Seelenkult und Unsterblichkeitsglaube der Griechen, Freiburg/Leipzig 1894, S. 3, I. Böhme, Die Seele und das Ich im homerischen Epos, Leipzig 1929, W. Burkert, Griechische Religion der archaischen und klassischen Epoche, Stuttgart 1977, S. 301ff.
⁴ Vgl. weitere Belege bei W. Headlam, Herodas, The Mimes and Fragments, ed. by A. D. Knox, Cambridge 1922, S. 119f.
⁵ Vgl. auch Verg. Aen. 4, 684 und A. St. Pease, Cambridge, Mass. 1935, zur Stelle.
⁶ S. H. Erbse, Scholia Graeca in Homeri Iliadem, Bd. 5, Berlin 1977, S. 350.

rende Prägung ist nicht überliefert. Die ersten bekannten Belege stammen von Meleager (A. P. 5, 171 = Pl. 7, 15):[7]

Τὸ σκύφος, ἁδὺ γέγηθε· λέγει δ', ὅτι τᾶς φιλέρωτος
Ζηνοφίλας ψαύει τοῦ λαλιοῦ στόματος.
ὄλβιον· εἴθ' ὑπ' ἐμοῖς νῦν χείλεσι χείλεα θεῖσα
ἀπνευστὶ ψυχὰν τὰν ἐν ἐμοὶ προπίοι.

Und — gleichfalls vom Ende des zweiten vorchristlichen Jahrhunderts — aus Bions Epitaphios auf Adonis (V. 46ff.):

Τοσοῦτόν με φίλησον, ὅσον ζώει τὸ φίλημα,
ἄχρις ἀπὸ ψυχᾶς ἐς ἐμὸν στόμα κεὶς ἐμὸν ἧπαρ
πνεῦμα τεὸν ῥεύσῃ [...]

Entsprechend sagt Properz (El. 1, 13, 15ff.):

*Vidi ego te toto vinctum languescere collo*
    *et flere iniectis, Galle, diu manibus,*
*et cupere optatis animam deponere labris,*
    *et quae deinde meus celat, amice, pudor.*

Petron ist das Motiv geläufig (Sat. 79, 8 [...] *haesimus calentes | et transfudimus hinc et illinc labellis | errantes animas*, 132, 1 *iam alligata mutuo ambitu corpora animarum quoque mixturam fecerant*), ebenso Claudian (Fesc. 4, 23 *et labris animum conciliantibus*, Epith. Pall. 132 *labra ligent animas*) [und Apuleius (Met 2, 17 *simul ambo corruimus inter mutuos amplexus animas anhelantes*)]. Es drang auch in den griechischen Liebesroman ein (Xen. Eph. 1, 9; Achill. Tat. 2, 37) und wird in einem der Liebesbriefe des Aristainetos im fünften Jahrhundert folgendermaßen beschrieben und ausgedeutet (Ep. 2, 19): ἀλλήλων συναπέλαυον ἄμφω οὐ μόνον στέρνῳ στέρνον ἁρμόζοντες, ἀλλὰ καὶ φιλήμασιν ἐπισυνάπτοντες τὰς ψυχάς· τοῦτο γὰρ φίλημα δύναται, καὶ τοῦτο ἐστιν ὃ βούλεται· σπεύδουσιν αἱ ψυχαὶ διὰ τῶν στομάτων πρὸς ἀλλήλας καὶ περὶ τὰ χείλη συναντῶσιν, καὶ ἡ μῖξις αὕτη γλυκεῖα γίνεται τῶν ψυχῶν.

---

[7] Ein weiteres einschlägiges Epigramm stammt von Rufinus aus dem zweiten nachchristlichen Jahrhundert (A. P. 5, 14 = Pl. 7, 144):

Εὐρώπης τὸ φίλημα, καὶ ἢν ἄχρι χείλεος ἔλθῃ,
    ἡδύ γε, κἂν ψαύσῃ μοῦνον ἄκρου στόματος·
ψαύει δ' οὐκ ἄκροις τοῖς χείλεσιν, ἀλλ' ἐρίσασα
    τὸ στόμα τὴν ψυχὴν ἐξ ὀνύχων ἀνάγει.

W. Kroll, s.v. Kuß, Paulys Realencyclopädie, Suppl.–Bd. 5, 1931, Sp. 511ff., hat die antiken Stellen zusammengestellt. Vorausgegangen waren die Kommentatoren des siebzehnten bis frühen neunzehnten Jahrhunderts, z.B. N. Heinsius, Claudiani Poemata, Leiden 1650, S. 535, P. Burmannus Secundus, Anthologia veterum Latinorum Epigrammatum et Poematum, Bd. 1, Amsterdam 1759, S. 653, J. F. Boissonade, Aristaeneti Epistulae, Paris 1822, S. 669, 719.

## 2. Platons Kuß und seine Folgen

Eine leichte Abwandlung hatte das Motiv in dem Epigramm eines Unbekannten erfahren, das in der späthellenistischen Schrift Ἀρίστιππος περὶ παλαιᾶς τρυφῆς Platon zugeschrieben wurde:[8]

> Τὴν ψυχὴν Ἀγάθωνα φιλῶν ἐπὶ χείλεσιν ἔσχον·
> ἦλθε γὰρ ἡ τλήμων ὡς διαβησομένη.

Hier läßt der Autor seiner ψυχή nicht freien Lauf, sondern hält die verwegene im letzten Augenblick scherzhaft zurück, um sie nicht zu verlieren — eine Pointe, die in der Überlieferung, die teilweise in V. 2 εἶχον bietet, nicht immer beachtet und bewahrt wurde.[9] Das Gedicht galt in der Antike und der Neuzeit bis ins zwanzigste Jahrhundert hinein als ein Werk Platons. Daß es nicht von dem Philosophen stammen kann, ist jetzt jedoch gesichert und anerkannt.[10] Die entscheidenden Argumente gegen die Echtheit sind der Umstand, daß eine erotische Epigrammatik in diesem Stil erst seit dem dritten vorchristlichen Jahrhundert gepflegt wurde, ferner daß der Tragödiendichter Agathon, auf den das Gedicht bezogen wurde, zwanzig Jahre älter als Platon war (und sonst der ältere Liebhaber Liebesgedichte auf den jüngeren Geliebten schrieb) und schließlich, daß die Quelle des Epigramms, die Platon in die verschiedensten Liebesaffären verwickeln will, nachweislich auch ein Epigramm des Asklepiades von Samos vom Beginn des dritten vorchristlichen Jahrhunderts in veränderter Form Platon zuschrieb. Die verzweifelte Hypothese, Platon habe hier Sokrates sprechen lassen wollen und ihm dieses Epigramm in den Mund gelegt, ist kein Ausweg, und der Einwand, hier handele es sich gar nicht um einen Kuß, sondern um eine rein geistige Seelenfreundschaft, vollends lächerlich. Auch mit spezifisch platonischer Philosophie hat das Epigramm nichts zu tun. Wahrscheinlich hat der Verfasser der Schrift περὶ παλαιᾶς τρυφῆς hier einfach ein ihm bekanntes Epigramm, das den nicht seltenen Eigennamen Agathon enthielt, Platon untergeschoben, um diesem eine Liebesaffäre mit dem Tragödiendichter anzudichten, den Platon in seinem *Symposion* über die Natur des Eros sprechen ließ und der dort von Sokrates mit den Worten ὦ φιλούμενε Ἀγάθων angeredet wird. Entstanden ist die Schrift περὶ παλαιᾶς τρυφῆς frühestens im zweiten, vermutlich erst nach der Sammlung des

---

[8] A. P. 5, 77, nicht Pl.: neueste Ausgabe bei D. L. Page, Further Greek Epigrams, Cambridge 1981, S. 162f.
[9] Hierauf machte mit Recht R. Reitzenstein, Platos Epigramme, Nachrichten von der königlichen Gesellschaft der Wissenschaften zu Göttingen, Phil.–hist. Klasse, 1921, S. 53ff., hier S. 58, aufmerksam.
[10] Vgl. W. Ludwig, Plato's Love Epigrams, Greek Roman and Byzantine Studies 4, 1963, S. 59ff. und D. L. Page, wie Anm. 8, S. 125ff. und 161ff.

Meleager im ersten vorchristlichen Jahrhundert.[11] Meleager hätte die von "Aristippos" gebotenen Liebesepigramme Platons gewiß in seine Anthologie aufgenommen, wenn er sie gekannt hätte. In der Sammlung vermeintlich Platonischer Epigramme, die Meleager für seine Anthologie benützte, standen diese Epigramme nicht. Sie wurden später in der Literatur zur Biographie der Philosophen tradiert. Diogenes Laertius entnahm sie wohl über eine Zwischenquelle der Schrift des "Aristippos."[12]

Erster Zeuge für das "Platonische" Epigramm auf Agathon (und damit für die Wirkung der Sammlung des "Aristippos") ist Gellius, der *veteres scriptores* kennt, die behaupteten, Platon habe den Zweizeiler als junger Mann verfaßt, als er sich selbst auch mit dem Dichten von Tragödien beschäftigte. Ein junger Freund des Gellius hat den Zweizeiler "frei und freimütig" in 17 iambischen Dimetern ins Lateinische übertragen, die für die spätere Dichtung äußerst folgenreich werden sollten (N. A. 19, 11):[13]

> *Dum semihiulco savio*
> *meum puellum savior*
> *dulcemque florem spiritus*
> *duco ex aperto tramite,*
> 5 † *anima aegra et saucia* †
> *cucurrit ad labeas mihi,*
> *rictumque in oris pervium*
> *et labra pueri mollia,*
> *rimata itineri transitus,*
> 10 *ut transiliret, nititur.*
> *tum si morae quid plusculae*
> *fuisset in coetu osculi,*
> *Amoris igni percita*
> *transisset et me linqueret,*

---

[11] Zur Datierung vgl. nach U. v. Wilamowitz–Moellendorff, Antigonos von Karystos, Berlin 1886 (Philologische Untersuchungen 9), S. 48ff., und R. Reitzenstein, wie Anm. 9, S. 53, D. L. Page, wie Anm. 8, S. 127.

[12] Aus dem Werk des Diogenes Laertius gelangten sie in die Anthologia Palatina.

[13] Der Text wird nach der Ausgabe von C. Hosius, Leipzig 1903, Nachdruck Stuttgart 1959, gegeben. In der Renaissance wurde nach der handschriftlichen Überlieferung in V. 1 *semihulco suavio*, in V. 2 *suavior*, in dem metrisch nicht korrekten V. 5 meist derselbe Wortlaut, in V. 6 teilweise *currit*, in V. 16 *ad me essem* oder *fierem* gelesen; in V. 17 fügte J. J. Scaliger *ut* ein. Diese Textform ist für die Nachahmungen zu berücksichtigen. W.–W. Ehlers (mündlich) vermutet in V. 5 den Ausfall von *excita* nach *anima*.

## 2. Platons Kuß und seine Folgen

15  *et mira prorsum res foret,*
    *ut fierem ad me mortuus,*
    *ad puerum ut intus viverem.*

Aus Gellius gelangten der "Platonische" Zweizeiler und die lateinische Nachdichtung in die Saturnalien des Macrobius (Sat. 2, 2, 15ff.).

Für die humanistische Dichtung der Renaissance ist nun von großer Bedeutung, daß Antonio Beccadelli genannt Panormita (1394–1471) um 1425 in einem Brief, den er an Poggio schreibt, um die Obszönitäten seines *Hermaphroditus* zu verteidigen, unter anderem Platon anführt, der, obwohl er *philosophorum princeps* gewesen sei, doch auch freche und charmante Liebesgedichte verfaßt habe, und als Beleg dafür die lateinische Übersetzung des Agathon–Epigramms aus Gellius zitiert.[14] Panormita hat das Gedicht in seinen eigenen Gedichten nicht verwertet, aber sein Zitat zeugt dafür, daß er es schätzte und andere Humanisten darauf aufmerksam machte. Die Verbindung des Gedichts mit dem Namen des großen Platon konnte der späteren Verwertung des Motivs der Seelenwanderung im Kuß, das hier den Humanisten zuerst in expliziter Darstellung begegnete, nur förderlich sein.

Produktiv verwertet hat Giovanni Pontano (1429–1503), ein Freund Panormitas, das Motiv bereits in seinem ersten von Panormita angeregten und 1449/51 entstandenen Gedichtbuch *Pruritus sive de lascivia*, und zwar in dem *Hymnus ad Noctem*, dessen fünfte Strophe so lautet:[15]

*dum micant linguis animaeque florem*
*ore deducunt querulo parique*
*concidunt motu, resoluta postquam*
    *grata libido est.*

Die Ausdrucksweise in den beiden ersten Zeilen geht deutlich auf das von Gellius überlieferte Gedicht zurück (vgl. dort V. 3–7). Pontano hat das Motiv später in seinem 1485/93 entstandenen Gedicht *Ad Alfonsum ducem Calabri-*

---

[14] S. F. C. Forberg, Antonii Panormitae Hermaphroditus, Koburg 1824, S. 7f., und vgl. dazu W. Ludwig, Litterae Neolatinae, Schriften zur neulateinischen Literatur, hrsg. von Ludwig Braun u.a., München 1989 (Humanistische Bibliothek I 35), S. 168ff.

[15] S. B. Soldazi, Ioannis Ioviani Pontani carmina, Florenz 1902, Bd. 2, S. 65f. Der *Hymnus ad Noctem* wurde aus der Sammlung *Pruritus* (zu ihrer Rekonstruktion s. W. Ludwig, wie Anm. 14, S. 172ff.) 1457 in den *Liber Parthenopaeus* übernommen und ab 1505 als Am. 1, 7 gedruckt; zu seiner Interpretation vgl. W. Ludwig, Humanistische Gedichte als Schullektüre, Der Altsprachliche Unterricht 29,1, 1986, S. 53ff., hier S. 69ff., jetzt in: Litterae Neolatinae, wie Anm. 14, S. 263ff.

*ae*, das er seiner Sammlung *Hendecasyllabi* einreihte (1, 16), erneut und zwar noch extensiver aufgegriffen (V. 1ff. und 23ff.):[16]

> *Carae mollia Drusulae labella*
> *cum, dux magne, tuis premis labellis,*
> *uno cum geminas in ore linguas*
> *includis simul et simul recludis*
> 5 *educisque animae beatus auram,*
> *quam flat Drusula pectore ex anhelo*
> [...]
> *ignorasque tuone Drusulaene*
> *tuus pectore spiritus pererret,*
> 25 *tuo an spiritus illius recurset*
> *uterque an simul erret hic et illic*
> [...]

Der Übergang der *anima* bzw. des *spiritus* in den Körper des anderen geschieht hier jeweils unmittelbar vor bzw. im Zusammenhang mit dem Liebeshöhepunkt.

Von Pontano wie in anderen Gedichten[17] sicherlich angeregt, verband Michele Marullo (1453–1500) in einem spätestens 1489 entstandenen Epigramm *Ad Neaeram* das Motiv des "Platonischen" Epigramms mit dem Motiv, daß der Liebhaber die ihm entflohene Seele suchen läßt:[18]

> *Suaviolum invitae rapio dum, casta Neaera,*
> *imprudens vestris liqui animam in labiis.*
> *Exanimusque diu, cum nec per se ipsa rediret*
> *et mora letalis quantulacumque foret,*
> *misi cor quaesitum animam, sed cor quoque blandis*
> *captum oculis, numquam deinde mihi rediit* [...]

Das zusätzliche Motiv stammt aus dem bei Gellius N. A. 19, 9 kurz vor dem "Platonischen" Epigramm überlieferten Epigramm des Q. (Lutatius) Catulus (*Aufugit mi animus; credo, ut solet, ad Theotimum | devenit. sic est: perfugium illud habet.* | [...] | *ibimus quaesitum* [...]). Pontano hatte es bereits in einem der Gedichte seines 1457 entstandenen *Liber Parthenopaeus* verwendet, und zwar in Verbindung mit dem catullischen Motiv der *mille basia*.[19] Weder Pon-

---

[16] Zur Interpretation des ganzen Gedichts vgl. W. Ludwig, wie Anm. 14, S. 184ff.
[17] Zum Einfluß Pontanos auf die Dichtung Marullos vgl. W. Ludwig, wie Anm. 14, S. 180f.
[18] S. A. Perosa, Michaelis Marulli Carmina, Zürich 1951, Ep. 2, 4, 1ff.
[19] S. Pont. Am. 1, 14 und dazu W. Ludwig, wie Anm. 14, S. 180f. — A. Sainati, La lirica latina del Rinascimento, Pisa 1919, S. 88f., schrieb zu Marullos Ep. 2, 4 "Platone, Catullo,

tano noch Marullo wußten, daß es seinerseits auf ein Epigramm des Kallimachus zurückgeht (A. P. 12, 73 = Callim. Ep. 41 Pf.).

Es hat also den Anschein, daß die Verwendung des durch Gellius überlieferten "Platonischen" Epigramms in den lasziven, stark Catull verpflichteten erotischen Dichtungen Pontanos den Ausgangspunkt für die später häufige Verwendung des Motivs vom Seelentausch im Kuß darstellt. Sicher hatte Pontanos Verwendung des Motivs in zwei später berühmten Gedichten und seine große poetische Reputation im sechzehnten Jahrhundert eine erhebliche Wirkung auf die Folgezeit.[20] Ob er allerdings der erste war, der das "Platonische" Epigramm bei Gellius produktiv rezipierte, hängt von der leider bis jetzt unsicheren Datierung des rhythmischen (nicht in quantitierender Metrik verfaßten) Gedichts *Lydia, bella puella, candida* ab, das erstmals in einem auf Grund der Schrift auf etwa 1450/60 datierten Manuskript mit der Subscriptio *per Galum poet* auftaucht und später unter dem Namen des antiken Dichters Cornelius Gallus tradiert wurde.[21] R. Sabbadini zählte das Gedicht zu den angeblich 1372 von Jacopo Allegretti († 1394) aus Forli gefundenen oder ge-

---

il Petrarca hanno fornito ciascuno qualche cosa al Marullo per questa composizione delicata, ma alquanto artificiosa nel fondo." Mit "Platone" ist wohl das für echt platonisch gehaltene Agathon–Epigramm gemeint, wenngleich die Vermittlung durch Gellius und seinen *amicus* unberücksichtigt bleibt; entgangen ist Sainati die zusätzliche Verwendung des von Q. Catulus gelieferten Motivs, die soeben nachgewiesen wurde, und damit der Kern der Erfindung des Epigramms, der eben in der Verbindung der beiden Motive besteht, die Marullo nach dem Vorgang von Pontano in zwei durch Gellius überlieferten Gedichten fand. D. Stone Jr., Ronsard's sonnet cycles, A study in tone and vision, New Haven/London 1966, S. 61f., zitiert zustimmend die Aussage Sainatis ("revealing as well as exact") und erläutert "His spirit has fled his body to live within the lady — a basic Platonic idea". Hierbei hat es den Anschein, daß der Romanist, Sainati mißverstehend, als "Platonic idea" die Trennung der Seele vom Körper betrachtet, ohne speziell an das Agathon–Epigramm zu denken. Die Interpretation wird so immer weniger "exact".

[20] Pontanos *Hymnus ad Noctem* war nicht nur das Vorbild für den lateinischen Nacht–Hymnus des Camillus Capilupus (s. Capiluporum Carmina, Rom 1590, S. 253f.) und den französischen von P. de Ronsard (s. P. de Nolhac, Ronsard et l'humanisme, Paris 1921, Nachdruck 1966, S. 14), sondern hat auch die humanistischen Hymnen auf antike Gottheiten und Naturphänomene des fünfzehnten und sechzehnten Jahrhunderts allgemein angeregt. Zu der starken Nachwirkung des hendekasyllabischen Gedichts *Ad Alfonsum ducem Calabriae* vgl. die Beobachtungen bei W. Ludwig, wie Anm. 14, S. 188ff. Zur allgemeinen Reputation Pontanos im sechzehnten Jahrhundert, der als einer der besten lateinischen Dichter galt, vgl. E. Percopo, Vita di Giovanni Pontano, Neapel 1938, S. 302ff., I. Reineke, Julius Caesar Scaligers Kritik der neulateinischen Dichter, München 1988, S. 274ff., und W. Ludwig, wie Anm. 14, S. 187.

[21] Vgl. H. Walther, Initia Carminum ac Versuum Medii Aevi Posterioris Latinorum, 2. Aufl. Göttingen 1969, S. 536, Nr. 10534, und Sc. Mariotti, Cornelii Galli Hendecasyllabi, in: Tra Latino e Volgare per Carlo Dionisotti, Bd. 2, Padua 1974, S. 545ff.

fälschten *Hendecasyllabi* des Cornelius Gallus,[22] F. Skutsch schrieb es einem homonymen Gallus,[23] L. Frati dem Urbinaten Angelo Gallo († 1459) zu,[24] während Sc. Mariotti, ohne die Frage zu entscheiden, die Zuschreibung an Allegretti wieder in Erwägung zog.[25] Mariotti hat jedoch mit Sicherheit nachweisen können, daß das in quantitierenden Hendekasylben verfaßte Gedicht *O mei, procul ite nunc, amores*, das in einer Handschrift aus der zweiten Hälfte des fünfzehnten Jahrhunderts dem Gedicht auf Lydia folgt und dort gleichfalls Cornelius Gallus zugeschrieben wird, nicht vor 1450 entstanden sein kann. In dem Lydia–Gedicht finden sich folgende Zeilen (V. 13ff.):

> *Porrige labra, labra corallina,*
> *da columbatim mitia basia.*
> *Sugis amentis partem animi;*
> *cor mihi penetrant haec tua basia.*
> *Quid mihi sugis vivum sanguinem?*

Diese Verse enthalten mit *da* [...] *basia* ein catullisches Motiv, das Panormita einmal und nach ihm Pontano oft aufgegriffen hat;[26] außerdem greifen sie deutlich das "Platonische" Epigramm bei Gellius auf, wie schon P. Burmannus Secundus im Kommentar zu seiner *Anthologia veterum Latinorum epigrammatum et poematum* von 1759 feststellte[27] (von diesem Epigramm sind vielleicht auch V. 22 *papillas, quae me sauciant* und am Ende V. 25 *sic me destituis iam semimortuum* beeinflußt, vgl. bei Gellius V. 5 und 16). Die Verse haben mit Pontano nicht nur die Verwendung von Catull und von Versen bei Gellius gemein (auch *columbatim* stammt aus Gellius; vgl. Cn. Matius: *columbatim* bzw. *columbulatim labra conserens labris*, zitiert N. A. 20, 9), sie weisen auch eine Reihe von Übereinstimmungen mit anderen Motiven und Ausdrücken bei Pontano auf, vgl. zu den taubenartigen Küssen auch Pontanos Am. 1, 14, 14f. *in numerum et modum columbae | coeli sydera vince basiando* und die Schilderung der Küsse, die eine (allegorische) *columba* und seine *puella* austauschen (Am. 1, 5), ferner mit *porrige labra* auch Am. 1, 14, 11 *consere labra* und mit *sugis* Am. 1, 25, 17 *linguam querulo cum suxerit ore trementem*. Die Nähe zum frühen Pontano, die sich in Hinsicht auf das ganze Lydia–Gedicht noch verdeutlichen ließe, macht es trotz der rhythmischen Form schwer, das Gedicht einem Autor des vierzehnten Jahrhunderts zuzuschreiben, der dann sei-

---

[22] S. R. Sabbadini, Le scoperte dei codici latini e greci ne' secoli XIV e XV, Florenz 1914, S. 179, 225.
[23] S. F. Skutsch in: Paulys Realencyclopädie, Bd. 4,1, 1900, Sp. 1349.
[24] S. L. Frati, Giornale stor. di lett. ital. 50, 1907, S. 88ff.
[25] S. Anm. 21.
[26] Vgl. W. Ludwig, wie Anm. 14, S. 170, 181.
[27] S. P. Burmannus Secundus, wie Anm. 7.

nerseits Pontano vermutlich starke Anregungen gegeben hätte. Wahrscheinlicher wirkt, daß das Gedicht um die Mitte des fünfzehnten Jahrhunderts entstanden ist und der Autor sich eine Reihe der neuen poetischen Entdeckungen des Panormita und Pontano zu eigen machte. Ein abschließendes Urteil ist jedoch erst nach einer umfassenden Untersuchung der poetischen und metrischen Gestaltung des Gedichts und einem Vergleich aller auffindbaren Parallelen möglich.

Unter dem Namen des Cornelius Gallus wirkte das 1515 zuerst gedruckte Lydia–Gedicht auch auf die Liebesdichtung des sechzehnten Jahrhunderts. Deutlich von ihm abhängig ist der Niederländer Joannes Secundus (1511–1536), der in seinem Elegienbuch *Iulia* in El. 5, 23ff. schreibt:[28]

> *Labra columbatim committe corallina labris*
> *nec vacet officio linguave densve suo.*
> *Et mihi da centum, da mitia basia mille.*

In der gleichen Elegie vereint er später Ausdrucksweisen aus Properz (El. 1, 13, 15ff., oben zitiert), Pontano (Hend. 1, 16, oben zitiert) und dem Lydia–Gedicht (El. 5, 85ff.):

> *Te iuvet in nostris positam languere lacertis,*
> *me iuvet in gremio, vita, cubare tuo*
> *et cum suaviolis animam deponere nostris*
> *eque tuis animam sugere suaviolis*
> *sive meam, lux, sive tuam, sed sit tua malim,*
> *ipse tuo ut spirem pectore tuque meo.*

Joannes Secundus trug viel dazu bei, daß sich das Motiv des Seelentauschs im Kuß im sechzehnten Jahrhundert über Italien hinaus in den Ländern jenseits der Alpen verbreitete. Er verwendete es mehrfach mit verschiedenen Abwandlungen in seinem Basia–Zyklus (in Bas. 4, 5, 10 und 13) und gestaltete es ausführlich in dem deutlich von Pontanos Hend. 1, 16 beeinflußten *Basium* 5, wo das Motiv durch die Verbindung mit dem Gedanken an den Gegensatz von Hitze und Kühlung noch eine petrarkistische Pointe erhält (V. 7ff.):[29]

> *et linguam tremulam hinc et inde vibras*
> *et linguam querulam hinc et inde sugis*
> *aspirans animae suavis auram,*

---
[28] S. Joannes Secundus, Opera nunc primum in lucem edita, Utrecht 1541, Nachdruck Nieuwkoop 1969, A vi[r]. Das heute relativ unbekannte Lydia–Gedicht wird noch in der Ausgabe der Societas Bipontina, betitelt Catullus, Tibullus, Propertius cum Galli fragmentis, Zweibrücken 1783, S. 340f., abgedruckt, *quia a plerisque C. Gallo attribuitur.*
[29] Vgl. die Interpretation des ganzen Gedichts bei W. Ludwig, wie Anm. 14, S. 188ff.

*mollem, dulcisonam, humidam meaeque*
*altricem miserae, Neaera, vitae,*
*hauriens animam meam caducam,*
*flagrantem, nimio vapore coctam,*
*coctam pectoris impotentis aestu,*
*eludisque meas, Neaera, flammas*
*flabro pectoris haurientis aestum —*
*o iucunda mei caloris aura! — ,*

Secundus fand in Janus Dousa dem Älteren (1545–1604) einen Gefolgsmann. In dessen 1576 veröffentlichten sechzehn *Carmina quaedam selectiora ex Saviorum libro*,[30] in denen er mehrfach die *Basia* des Secundus als Vorbild erwähnt, findet sich auch das Motiv des Seelenwechsels in neuen Ausführungen (vgl. c. 4, 9, 10 und 12), wobei die Ausdrücke *flore animae flagrantis afflans* (c. 4, 95), *partem a me animae fugientis aufers* (c. 9, 11f.), *os divellere, sic ut evagandi | fiat spiritus foras potestas* (c. 10, 19f.) und *animae reddam te tibi flore meae | [...] | surpuerit tacito tramite basiolum* (c. 12, 15ff.) auch an Gellius, Pontano und das Lydia–Gedicht erinnern. Dousa übersetzte außerdem die einschlägigen Epigramme des Meleager und Rufinus.[31]

Etwas später greift wieder ein Niederländer, Janus Lernutius (1545–1619), in seinen *Basia genio geniali Castae Veneris sacra* (1614)[32] das gleiche Motiv noch häufiger auf: vgl. B. 3, 21 *animam foras vocate, | animam meam intus aegram*, 4, 2ff. *misi cor dominae [...] nunc animam mitto* (nach Mar. Ep. 2, 4), 6, 42ff. *immittam exanimatam illius ori animam | [...] | miscebo binas iuncta per ora animas*, 8, 3ff. *e medio, mihi crede, animam rapuere labella | [...] | quare animam, sodes, actutum redde [...]*, 12, 3f. *isto cum ore tuo [...] possis | sistere iam labris profugientem animam*, 18, 7ff., 19, 19f. *geminae modo basio ab uno | animae conflentur in unam* und 24, 15ff. Lernutius hat außerdem in seinen *Basia Graecorum ex septimo libro* Ἀνθολογίας *versa Latine* (1614)[33] neue lateinische Übersetzungen der einschlägigen Epigramme des Meleager und Rufinus

---

[30] S. Iani Duzae Nordovicis novorum Poematum secunda Lugdunensis editio, Leiden 1576, Ii ii$^v$ff.

[31] S. oben mit Anm. 7 und J. Dousa, wie Anm. 30, X ii$^r$ ([...] *ebibat illa meae quod superest animae*) und X vi$^r$ (*Attigerit summo leviter te Europa labello | sic etiam Europae suave suaviolum est. | At non mos illi hic, sed et os usque ipsaque transit | ossa, trahens usque ex unguiculis animam.*).

[32] S. Iani Lernutii Initia, Basia, Ocelli et alia Poemata, Leiden 1614, S. 301ff. Die *Basia* sind in den *Carmina* des Lernutius, Antwerpen 1579, noch nicht enthalten.

[33] S. Lernutius, wie Anm. 32, S. 330 ([...] *atque animam quanta est ebibat illa meam*) und S. 327 (*Suave est suaviolum dominae, summo tenus ore | iunxerit hoc quamvis leniter et leviter, | sed non sic solet illa, subit penetratque etiam ossa | atque animam ipsam imis eximit unguiculis.*)

veröffentlicht und außerdem vor das Zitat der Umdichtung des "Platonischen" Epigramms durch den *Amicus Gellii* folgende eigene, die Lesart ἔσχον beachtende Übersetzung dieses Epigramms gesetzt:[34]

> *Attinui in labiis animam, oscula dans Agathoni;*
> *venerat huc, tam iam progreditura foras.*

Obgleich zur Zeit des Lernutius auch alle anderen antiken Stellen für dieses Motiv bekannt waren (die Briefe des Aristainetos waren z.B. zuerst 1566 im Druck erschienen), behielt die über Gellius führende "Platonische" Tradition das größte Ansehen.

In Frankreich knüpfte Joachim du Bellay (Bellaius, 1522–1560) in seinem *Basia Faustinae* betitelten Gedicht, das er 1558 in seinen *Amores* veröffentlichte,[35] an Gellius und an Pontanos Formung des Motivs in Hend. 1, 16 an. Jean Bonnefons (Bonefonius, 1554–1614) verwertete das Motiv mehrfach in seiner zuerst 1587 gedruckten Gedichtsammlung *Pancharis*.[36] Es erscheint wie bei Pontano und seinen Nachfolgern in lasziven erotischen Gedichten catullischen Stils, wobei die verschiedensten einschlägigen antiken Stellen Benützung fanden: c. 3, 10 *sed mi suge animam halitu suavi, | dum nil quicquam animae mihi supersit*, vgl. "Gallus" Lydia 17; c. 7, 1 *Quo mi sic animus repente fugit*; c. 18, 1ff. *Donec pressius incubo labellis | et diduco avidus tuae, puella, | flosculos animae suaveolentes*; c. 32, 4 *e labiis animam mi tua labra trahunt*; c. 33, 25 *postremo in nostris animam depone labellis*, vgl. Prop. 1, 13, 17; c. 35, 63f. *stricto corpora colligata nexu | confundunt animas*, vgl. Petron. 132, 1; c. 35, 100f. *et transfudimus ore semihulco | errantes animas et hinc et inde*, vgl. Petron. 79, 8 und Gellius V. 1. Aus dem deutschsprachigen Raum bieten die lateinischen Dichtungen des Petrus Lotichius Secundus (El. 5, 10)[37] und des Paul Fleming (Suavium 8)[38] weitere Beispiele für die Verwendung des Motivs.

Schon im sechzehnten Jahrhundert drang es auch in nationalsprachliche Dichtungen ein. Im Französischen taucht es 1552 im ersten Buch der *Amours* des

---

[34] S. Lernutius, wie Anm. 32, S. 334.
[35] S. E. Courbet, Poésies françaises et latines du Joachim du Bellay, Paris 1918, S. 497f., und dazu die Interpretation des Gedichts bei W. Ludwig, wie Anm. 14, S. 190ff.
[36] Die Originalausgabe war mir nicht zugänglich. Die 35 Gedichte der *Pancharis* werden im folgenden zitiert nach der Ausgabe von R. Gherus (= J. Gruter), Delitiae C. poetarum Gallorum huius superiorisque aevi illustrium, Frankfurt am Main 1609, P. 1, S. 636ff. In der Ausgabe Io. Bonefonii Arverni Pancharis, Helmstedt 1620, finden sich die Gedichte zum Teil in anderer Reihenfolge. [Vgl. jetzt in dem vorliegenden Band VI 5.]
[37] S. P. Burmannus Secundus, Petri Lotichii Secundi Solitariensis Poemata omnia, T. 1, Amsterdam 1754, S. 340ff., mit Kommentar.
[38] S. J. M. Lappenberg, Paul Flemings lateinische Gedichte, Stuttgart 1863, Nachdruck Amsterdam 1965, S. 114f., dazu W. Ludwig, wie Anm. 14, S. 193.

Pierre de Ronsard auf:[39] "Si je trespasse entre tes bras, Madame, | je suis content: aussi ne veux–je avoir | plus grand honneur au monde, que me voir | en te baisant, dans ton sein rendre l'âme". Im zuerst 1560 erschienenen zweiten Buch beginnt ein Chanson mit den Versen:[40] "Hyer au soir que ie pris maugré toy | un doux baiser, acoudé sur ta couche | sans y penser, ie laissai dans ta bouche | mon ame helas! qui s'enfuit de moy [...]". Zu diesem Gedicht schreibt der zeitgenössische Kommentator Remy Belleau:[41] "Il dit qu'en dérobant un baiser de sa dame, il laissa son âme prisonnière entre ses lèvres: puis pour la retirer, il feist un messager de son cœur, lequel trouva la demeure si gratieuse, qu'il ne feist conte de revenir au service de son maître [...]". Er nennt diese Erfindung göttlich ("cette invention est divine") und führt sie — mit Recht — auf das oben besprochene Epigramm des "gentil Marulle" zurück, dem Ronsard auch sonst oft gefolgt ist.[42]

Auf die weitere Verbreitung des Motivs im nationalsprachlichen Bereich kann hier nicht eingegangen werden.[43] Jedoch sei diese motivgeschichtliche Untersuchung, die mit einem Zitat aus einem englischen Roman begann, mit einem Beleg aus der englischen Lyrik geschlossen. Robert Herricks Gedicht "To Anthea" in seinem 1648 veröffentlichten Gedichtbuch "Hesperides" lautet so:[44]

> Come Anthea, know thou this,
> Love at no time idle is:

---

[39] S. H. Vaganay, Œuvres complètes de Ronsard, Texte de 1578 publié avec compléments [...] avec une introduction par P. de Nolhac, T. 1, Paris 1923, S. XLff. und S. 95 (Sonet 79).

[40] S. M.–M. Fontaine, F. Lecercle, Remy Belleau, Commentaire au second livre des Amours de Ronsard, Genf 1986, mit Faksimile–Nachdruck der Ausgabe von 1560, Bl. 84ʳ, und für den leicht veränderten Text von 1578 H. Vaganay, wie Anm. 39, T. 2, Paris 1923, S. 124f. Ein weiterer Beleg für das Motiv dort auch S. 145ff. in der "Elegie à Marie" (V. 84ff.).

[41] S. M.–M. Fontaine, F. Lecercle, wie Anm. 40, Bl. 84v, und H. Vaganay, wie Anm. 40, S. 125.

[42] Vgl. oben mit Anm. 18 und 19. Zur Benützung der Gedichte Marullos durch Ronsard vgl. allgemein P. de Nolhac, wie Anm. 20, Index s.v., und A. Gendre, Ronsard poète de la conquête amoureuse, Neuchatel 1970, Index s.v [Nachtrag 2002: Von den romanistischen Ronsard–Interpreten wurde bisher nicht bemerkt, daß Ronsard in seinem Sonett "Les Amours" (1552/53) Nr. 155 "Or que Iuppin [...]" in der Schilderung des Frühlings in V. 1–11 die vier letzten *Hymni naturales* Marullos aufgriff, die, an *Juppiter fulgerator, Juno, Oceanus* und *Terra* gerichtet, die vier Elemente Feuer, Luft, Wasser und Erde symbolisieren.]

[43] Zu dem Vorkommen des Motivs in den deutschen Gedichten von Paul Fleming s. oben Anm. 1 und W. Ludwig, wie Anm. 14, S. 193.

[44] S. L. C. Martin, The Poems of Robert Herrick, London/Oxford/New York/Toronto 1965, S. 235.

> Let's be doing, though we play
> But at push–pin (half the day):
> 5 Chains of sweet bents let us make,
> Captive one, or both, to take;
> In which bondage we will lie,
> Soules transfusing thus, and die.

Im letzten Vers ist nicht nur in verkürzter Form das Seelentausch–Motiv zu erkennen, es läßt sich auch eine bestimmte antike Quelle nachweisen, deren Benützung natürlich im Wissen um die allgemeine Übernahme des Motivs in die Dichtung der Renaissance erfolgt ist. Petron hat in seinen Prosatext folgendes Gedicht eingelegt, auf dessen direkte Benützung durch Bonnefons soeben hingewiesen wurde und das hier vollständig zitiert sei (Sat. 79, 8):

> *Qualis nox fuit illa, di deaeque!*
> *Quam mollis torus! haesimus calentes*
> *et transfudimus hinc et hinc labellis*
> *errantes animas. Valete, curae*
> 5 *mortales! ego sic perire coepi.*

Herrick hat in seiner letzten Zeile gewiß die drei letzten Zeilen Petrons konzentriert und pointiert verwertet. Die drei wesentlichen Begriffe *transfudimus* [...] *animas* und *perire* sind erhalten (und das Verb *transfundere* kommt in diesem Zusammenhang antik nur bei Petron vor; Bonnefons hat den folgenden Todesgedanken nicht mitübernommen).[45] Während im übrigen die Bedeutung des Hauch– und Atemartigen, die in *anima* wie in ψυχή steckt, dem geschilderten Vorgang in den antiken Sprachen noch einen realen und konkreten Bezug beläßt, ist dieser beim englischen Begriff 'soul' (wie dem deutschen 'Seele') weggefallen, wodurch das Bild an Abstraktheit und scheinbar tieferer Spiritualität gewinnt, wozu auch beiträgt, daß Herrick die durch den Ausdruck *hinc et hinc labellis errantes* bewirkte Anschaulichkeit des Vorgangs aufgehoben hat. Herricks Anschluß an Petron in V. 8 legt es nahe, daß bereits V. 5–7 in einer gewissen Beziehung zu Petrons V. 2 stehen. Der *mollis torus* ist durch die "sweet bents" ersetzt, *haesimus* zu dem gleichfalls topischen Bild der "bondage" gesteigert.

---

[45] Diese Vorlage Herricks wurde bisher anscheinend nicht bemerkt. L. C. Martin, The poetical works of Robert Herrick, Oxford 1956, zitiert in seinem grundlegenden und auch antike Quellen berücksichtigenden Kommentar auf S. 549 zu diesem Gedicht nur zu V. 2 Ov. Am. 1, 9, 46 *Qui nolet fieri desidiosus, amet.* Bei G. W. Scott, Robert Herrick 1591–1674, London 1974, befindet sich unter den aufgewiesenen antiken Quellen der Dichtung Herricks nie Petron.

Das in der Renaissance durch die Autorität Platons geförderte und in der Mitte des fünfzehnten Jahrhunderts produktiv rezipierte Motiv des Seelenwechsels bzw. –tauschs im Kuß war so vom fünfzehnten bis achtzehnten Jahrhundert ein beliebtes Mittel, um die Leidenschaftlichkeit zweier Liebender auszudrücken. Der Übergang der Seele in den Körper des anderen konnte sowohl für den Gedanken des Sterbens des Individuums in der Liebe als auch für den der völligen Vereinigung verwendet werden. Den Gelehrten des achtzehnten Jahrhunderts war die antike Herkunft des Motivs noch bewußt. Bei Lesern mit geringerer humanistischer Bildung geriet sie allmählich in Vergessenheit.

[Nachtrag 2002: Die Häufigkeit des durch Küsse verursachten Seelentauschs in der frühneuzeitlichen Literatur überrascht immer wieder (vgl. z.B. Tasso, Gerusaleme liberata 16, 19 und 19, 108f.). Oft wird jedoch nicht wahrgenommen, daß dieses Motiv zur Vergegenwärtigung eines äußerst sinnlichen Kusses gehört und an sich keine (platonische) Spiritualisierung darstellt; vgl. Wolfgang G. Müller, 'Kiss me, Kate'. Zur Semantik und Ästhetik des Kusses in der englischen Literatur, Literaturwissenschaftliches Jahrbuch 36, 1995, S. 315–337, hier S. 330.]

[Erstveröffentlichung: Nr. 126, revidiert.]

## 3. Der dreiteilige Chor der Lakedämonier über die Lebensalter bei Plutarch, Polizian und Petrus Crinitus

Winfried Bühler
Zenobii Athoi editori incomparabili
amicoque firmo ac vetustissimo d. d.

In seinem Kommentar zu dem in der *Recensio Athoa* des Zenobius überlieferten Sprichwort ἁμές ποθ' ἡμες (Zen. vulg. ἄμμες ποθ' ἡμες)[1] führt Bühler nach dem Vorgang von Heinimann[2] aus, daß Angelo Poliziano in seiner zuerst in Florenz 1489 gedruckten *Miscellaneorum centuria prima* 88[3] den *loquendi color* von Vergils *fuimus Troes* auf den dreiteiligen Chor der Lakedämonier zurückgeführt habe, über den Poliziano aus Plutarchs Schrift *Quo pacto laudare se quispiam citra invidiam valeat* (= *De laude ipsius* 544)[4] unter Hinweis auf eine identische Überlieferung in den *Collectanea* Diogenians[5] referierte: *Chorus erat Lacedaemoniorum trifarius, senum, puerorum, iuvenum. Canebant autem senes ita* ἄμμες ποτ' ἦμεν ἄλκιμοι νεανίαι. *Quo significabant fuisse quondam se robustos iuvenes. Pueri vero sic* ἄμμες δέ γ' ἐσόμεσθα πολλῷ κάρρονες. *Ex quo se futuros longe his meliores profitebantur. Iuvenum autem cantio haec* ἄμμες δέ γ' εἰμέν. ἀι δὲ λῆς αὐγάσδεο. *Indicans ipsos iam id esse, quod vel illi fuissent, vel hi futuros sperarent, eiusque rei paratos facere periculum.*

Heinimann und Bühler vermerken darüber hinaus, daß das sprichwörtlich gewordene *fuimus Troes* im Anschluß an den nicht genannten Polizian in dem Sprichwortbuch von Polydorus Vergilius (1498) und in den *Collectanea* des Erasmus (1500) aufgeführt ist. Letzterer gibt in den *Collectanea* und später in seinen *Adagia* (1508) die gleiche Schrift Plutarchs und auch Diogenians Sprichwortsammlung als Quellen an.[6]

---

[1] Winfried Bühler, Zenobii Athoi proverbia vulgari ceteraque memoria aucta edidit et enarravit, Vol. V, Göttingen 1999, S. 479–487, Nr. 92 (Zen. vulg. 1, 82), hier S. 486.
[2] Felix Heinimann, Zu den Anfängen der humanistischen Paroemiologie, in: Catalepton, Festschrift für Bernhard Wyss, Basel 1985, S. 158–182, hier S. 175.
[3] Im folgenden zitiert nach Angelus Politianus, Opera, quae quidem extitere hactenus omnia, longe emendatius quam usquam antehac expressa [...], Basel 1553, S. 299 (Liber Miscellaneorum cap. LXXXVIII). Diese beste und letzte Ausgabe der gesammelten Werke Polizians war bis ins 20. Jahrhundert maßgebend (Nachdruck 1970, hrsg. von Ida Maier).
[4] Bühler, S. 482.
[5] Bühler, S. 479.
[6] Außer der Behandlung des Sprichworts in seinen *Collectanea* bzw. *Adagia* (1, 9, 50) gibt Erasmus auch eine Übersetzung des plutarchischen Berichts über den dreiteiligen Chor der Lakedämonier in seiner Übersetzung der *Apophthegmata Laconica* in den Büchern 1–2 seiner *Apophthegmata* (1531), s. Desiderius Erasmus, Opera omnia, t. IV, Leiden 1703, Sp. 145.

VI. Epigrammatik, Elegie, Heroidenbrief und Lyrik

Der Bericht Polizians über den dreiteiligen Chor der Lakedämonier dürfte auch Petrus Crinitus (Pietro del Riccio Baldi, 1474–1507), der in den Jahren 1491–1494 Polizians Schüler war,[7] angeregt oder beeinflußt haben, ein lateinisches Gedicht zu verfassen, das den dreiteiligen Chor der Lakedämonier imitiert. Ich zitiere das postum in seinen *Poematum libri II* zuerst 1508 in Florenz veröffentlichte Gedicht:[8]

> *De choro Laconico per pueros, iuvenes et senes ex Graeco*
>   *Pueri*
>
> *Vivemus pueri, sed nunc puerilibus annis*
> *Lascivire iuvat tenerosque admittere lusus,*
> *Dum vacat, et molles agitare hos possumus artus.*
> *Mox veniet tempus, nobis cum crescere vires*
> 5   *Incipient longeque gravi torquere lacerto*
> *Spicula et audaci fortes confligere bello.*
> *Ergo agite, o pueri, melius sperare licebit,*
> *Si modo ad optatam dabitur crevisse iuventam.*
>
>   *Iuvenes*
>
> *Vivimus, o iuvenes. iuvat his florentibus annis*
> 10   *Vivere et in cunctis animos praebere vigentes.*
> *Nunc licet egregios vitae decerpere fructus*

---

[7] Vgl. zu Crinitus Walther Ludwig, Horazrezeption in der Renaissance oder die Renaissance des Horaz, in: Olivier Reverdin–Bernard Grange, Hrsg., Horace. L'œuvre et les imitations. Un siècle d'interprétation. Entretiens sur l'antiquité classique 39, Vandœuvres–Genève 1992/1993, S. 305–371, hier S. 333–343, und ders., Der Ritt des Dichters auf dem Pegasus und der Kuß der Muse — zwei neuzeitliche Mythologeme, Nachrichten der Akademie der Wissenschaften in Göttingen, I. Phil.–Hist. Kl., Jahrgang 1996, Nr. 3, Göttingen 1996, S.73–76.

[8] Mit verbesserter Interpunktion zitiert nach Petrus Crinitus, De honesta disciplina libri XXV, De poetis Latinis eiusdem libri V, Poematum quoque illius libri II [...], Basel 1532, S. 554 (statt 556)–557. Eine Edition des Gedichts mit einer deutschen Übersetzung und kommentierenden Erläuterungen wird in der demnächst abgeschlossenen Dissertation meiner Schülerin Anna Mastrogianni über die Horazimitation in den *Poemata* des Petrus Crinitus enthalten sein. Sie machte mich darauf aufmerksam, daß das Gedicht auch in die Anthologie von Johannes Soter, Epigrammata Graeca veterum elegantissima eademque Latina ab utriusque linguae viris doctissimis versa, atque in rem studiosorum e diversis autoribus collecta, Freiburg im Breisgau 1544, S. 36–37, aufgenommen wurde. Soter gab folgende Vorbemerkung: *Est apud Petrum Crinitum chorus Laconicus carmine heroico: qui quum diversarum aetatum studia pulchre ponat ob oculos, dignus mihi quem huc adscriberem, visus est.* [Nachtrag 2002: die erwähnte Dissertation von Anna Mastrogianni erschien in revidierter Form unter dem Titel: Die Poemata des Petrus Crinitus und ihre Horazimitation. Einleitung, Text, Übersetzung und Kommentar, Hamburg 2002 (Hamburger Beiträge zur Neulateinischen Philologie 3).]

## 3. Der dreiteilige Chor der Lakedämonier

> *Et pariter claris virtutem extendere gestis.*[9]
> *Mox dabitur tempus, cum iam languescere vires*
> *Incipient tremulisque cadent membra omnia nervis.*[10]
> 15 *Ergo agite, o iuvenes, praesentia carpite vitae*
> *Munera et aetatem penitus servate virilem.*
>
> *Senes*
>
> *Viximus insignes olim, dum tempora robur*
> *Auxerunt simul atque animi viguere potentes.*
> *Nunc senio affecti vix languida membra movemus,*
> 20 *Nec licet infirmos quicquam sperare per annos.*
> *Non procul a miseris senibus mors imminet atra;*
> *Haec*[11] *etenim cunctos aequatis viribus urget.*
> *Ergo agite, interea funestas pellite curas*
> *Et senium aprica foveamus molliter aura.*

Da die auf Grund zeitgenössischer Ereignisse datierbaren Gedichte der *Poemata* des Crinitus zwischen 1492 und 1506 verfaßt wurden,[12] wird man auch dieses Gedicht etwa auf das Jahrzehnt um 1500 datieren dürfen.

Crinitus kannte natürlich Polizians *Miscellanea*. Seine Bezeichnung der Sänger als *pueri*, *iuvenes* und *senes* stimmt mit der Formulierung in den *Miscellanea* überein und könnte direkt aus ihnen entnommen sein. Er konnte daraus auch entnehmen, daß Plutarchs Schrift *De laude ipsius* eine Quelle für den dreiteiligen lakedämonischen Chor ist. Aber auch wenn das Referat Polizians ihn vermutlich zu seinem Gedicht anregte oder doch zumindest seine Aufmerksamkeit auf diese Plutarchische Überlieferung lenkte, ist anzunehmen, daß er die beiden anderen Schriften, in denen Plutarch auch von diesem Chor spricht, oder zumindest eine der beiden seiner Komposition direkt zugrunde legte. Denn während in *De laude ipsius* dem Chor der Greise der der Knaben und dann der der jungen Männer folgt, beginnt in [Ps.–]Plutarchs *Apophthegmata Laconica* 238 und in Plutarchs *Vita Lycurgi* 21, wo inhaltlich etwa das Gleiche in Bezug auf die Chöre, unmittelbar zuvor aber auch allgemein über die lakedämonischen Gesänge und Dichtungen berichtet wird, der Chor der Greise; ihm antwortet dort aber nicht der Chor der Knaben, sondern der der

---

[9] Nach Verg. Aen. 6, 806: *virtutem extendere factis*.
[10] *nervis* Soter: *nervi* ed. 1532 und 1508 (so Mastrogianni). Der Ablativ *nervis* ist notwendig. *nervi* ist ein in den Crinitus–Ausgaben tradierter Druckfehler der Erstausgabe, den Soter 1544 für seine Anthologie verbesserte.
[11] *Haec* ed. 1508 (so Mastrogianni), Soter: *Nec* ed. 1532. Das Metrum und der gedankliche Zusammenhang sprechen für das *Haec* der Erstausgabe. Das *Nec* aus V. 20 scheint von dem Drucker der Ausgabe von 1532 in V. 22 versehentlich wiederholt worden zu sein.
[12] So Mastrogianni.

jungen Männer, und der Chor der Knaben ist der dritte.[13] Crinitus drehte diese hierarchisch von alt zu jung gehende Reihe einfach um und erreichte so den ihm sinnvolleren Fortschritt zum höheren Alter hin. Außerdem hatte auch die vorherige Charakterisierung der lakedämonischen Dichtung in diesen Schriften, wie sich zeigen wird, Einfluß auf die Gestaltung des lateinischen Gedichts.

Crinitus kannte sicher alle drei Schriften des plutarchischen Corpus, in denen von dem dreiteiligen lakedämonischen Chor die Rede ist. Die *Moralia* las er intensiv, wie aus seinen Büchern *De honesta disciplina*[14] hervorgeht, in denen er oft auf seine umfangreiche Lektüre griechischer Autoren der klassischen,[15] christlich–spätantiken[16] und byzantinischen[17] Zeit Bezug nimmt und mehrfach auch griechische Worte, Sätze und Verse im Original zitiert. Weitaus häufiger als jeden anderen griechischen Autor zitiert er Plutarch, den er außerordentlich schätzte (*vir iudicio et Graeca eloquentia summus, homo in omni disciplinarum genere diligentissimus*).[18] Das in seinen *Poemata* übernächste Gedicht nach dem dreiteiligen Chor hat ein griechisches Epigramm zur Grundlage, das in [Ps.–]Plut. Apophth. Lac. 235 (also kurz vor der Erwähnung der drei lakedämonischen Chöre) und in der *Anthologia Planudea* (= A. P. 7, 229) überliefert ist und das Crinitus aus diesen beiden Quellen gekannt

---

[13] Vgl. Bühler, S. 481, und Theodor Bergk, Poetae Lyrici Graeci, Vol. 3, 4. Aufl., Leipzig 1882, S. 661 (Carmina Popularia 18), D. L. Page, Poetae Melici Graeci, Oxford 1962, S. 461 Nr. 870 (Carmina Popularia 24), David A. Campbell, Greek Lyric V, Cambridge/Mass. 1993, S. 252–255 Nr. 870.

[14] Vgl. Crinitus, wie Anm. 8, und Carlo Angeleri, Hrsg., Pietro Crinito, De honesta disciplina, Rom 1955 (Edizione nazionale dei classici del pensiero italiano II 2).

[15] Anacreon, Appianus, Aristophanes, Aristoteles, Athenaeus, Diogenes Laertius, Dio Prusieus, Dionysius Halicarnasseus, Galenus, Herodotus, Hippocrates, Iosephus, Lucianus, Pausanias, Philo, Plato, Plutarchus, Pollux, Strabo, Theophrastus, Thucydides.

[16] Basilius, Clemens, Iohannes Chrysostomus, Epiphanius, Eusebius, Gregorius Nazianzenus, Iustinus, Numenius, Origines.

[17] Procopius, Michael Psellus, Suda, Tzetzes, Zosimus.

[18] De hon. disc. 1, 4; 2, 11; 4, 6 *Plutarchus autem Cheroneus in commentario Hesiodeo*; 5, 12; 7, 2; 8, 4 *liber a Plutarcho philosopho de falsitate oraculorum*; 10, 10; 14, 1 unter Erwähnung der für authentisch gehaltenen ps.–plutarchischen *Institutio Traiani*, s. dazu Hans Kloft–Maximilian Kerner, Die Institutio Traiani. Ein pseudo–plutarchischer Text im Mittelalter, Text, Kommentar, Zeitgenössischer Hintergrund, Stuttgart 1992 (Beiträge zur Altertumswissenschaft 14); 14, 3 *Librum fecit Cheroneus Plutarchus hoc titulo, quod oracula veterum defecerint, vir iudicio et Graeca eloquentia summus*; 14, 13; 15, 1; 15, 11; 16, 1; 20, 5 *Plutarchus, homo in omni disciplinarum genere diligentissimus, egregie exponit in Romanis quaestionibus*; 21, 6; 21, 10; 21, 12 *Plutarchus autem in Romanis quaestionibus*; 23, 1 *Librum fecit Plutarchus Cheroneus de Romanorum Fortuna*; 23, 9. Eine Liste der in Italien im 15. Jahrhundert bekannten Plutarchhandschriften gibt R. R. Bolgar, The Classical Heritage and its Beneficiaries, Cambridge 1963, S. 485–487.

## 3. Der dreiteilige Chor der Lakedämonier 67

haben dürfte.[19] Weil er auch für ein weiteres Epigramm auf die *Apophthegmata Laconica* zurückgriff[20] und ferner die in den *Moralia*–Handschriften kurz hinter den *Apophthegmata Laconica* stehenden *Quaestiones Romanae* mehrfach zitierte, ist anzunehmen, daß ihm auf jeden Fall die Stelle in den *Apophthegmata* und vermutlich zusätzlich auch die in der *Vita Lycurgi* als Grundlage für sein Gedicht über den dreiteiligen lakedämonischen Chor diente. Da Crinitus außerdem das *Onomasticon* des Pollux bekannt war,[21] ist es möglich, daß er auch die dortige Erklärung zu den drei Chören[22] kannte und danach Tyrtaios für den Verfasser dieser Lieder hielt.

Er hat für die lateinische Imitation statt des iambischen Trimeters den Hexameter — vielleicht wegen seines höheren Alters und seines poetologischen Ranges — gewählt,[23] obwohl er in mehreren anderen Gedichten — besonders für invektivische Inhalte — auch den iambischen Trimeter stichisch verwendete. Wichtiger als die Umkehrung der Reihenfolge und die Änderung des Metrums ist jedoch, daß er in den drei überlieferten griechischen Versen nicht das gesamte Lied der Chöre sah, wie es die (ohne Auslassungszeichen gedruckte) Satzform der modernen Ausgaben nahelegt und wie es anscheinend auch moderne Erklärer annahmen, die die bewundernswerte Kürze und Kraft des Liedes rühmten,[24] sondern nur die jeweils ersten Verse der Chorlieder. Ihren

---

[19] So Mastrogianni.

[20] Crinitus, wie Anm. 8, S. 537 *De Lacone saucio ex Graeco*, ist angeregt durch [Ps.–]Plut. Apophth. Lac. 217 (Androkleidas) und 234 (so Mastrogianni).

[21] Vgl. De hon. disc. 17, 6 *Neque est aliud lychnuchos, quam laterna, quae Graece* φανός *aut* λύχνος, *etsi facem vel lucem quidam interpretantur. De quibus permulta sunt in Suidae collectaneis, sed et Pollux ad Commodum et Athenaeus in dipnosophistis meminit.*

[22] Pollux 4, 107, Bühler, S. 484.

[23] Es ist das einzige Mal, daß Crinitus den Hexameter in seinen *Poemata* stichisch anwendet. Vielleicht spielte bei der Wahl des Hexameters auch eine Rolle, daß in Plut. Vita Lycurg. 21 (Cl. Lindskog–K. Ziegler, Plutarchi Vitae Parallelae Vol. 3,2, 2. Aufl., Leipzig 1973, S. 34) nach dem Referat über den dreiteiligen Chor ein Hexameter des Terpander zitiert wird, der nach dem Urteil Plutarchs Tapferkeit und Musenkunst verbindet: ὅλως δ' ἄν τις ἐπιστήσας τοῖς Λακωνικοῖς ποιήμασιν, ὧν ἔτι καθ' ἡμᾶς ἔνια διεσῴζετο, [...] οὐ κακῶς ἡγήσαιτο καὶ τὸν Τέρπανδρον καὶ τὸν Πίνδαρον τὴν ἀνδρείαν τῇ μουσικῇ συνάπτειν. ὁ μὲν γὰρ οὕτως πεποίηκε περὶ τῶν Λακεδαιμονίων·"Ἔνθ' αἰχμά τε νέων θάλλει καὶ Μοῦσα λιγεία | καὶ Δίκα εὐρυάγυια ..." Nach einem Zitat Pindars (frg. 199 Snell) schließt das Kapitel dann mit dem Satz: Μουσικωτάτους γὰρ ἅμα καὶ πολεμικωτάτους ἀποφαίνουσιν αὐτούς. Gedichte in Hexametern hatte im übrigen auch schon Franciscus Philelphus in seinen um 1450 entstandenen vier Carmina–Büchern unter Gedichte in lyrischen Maßen gemischt, s. Biblioteca Medicea Laurentiana Plut. 33 Cod. 34.

[24] Vgl. die in Anm. 13 zitierten Ausgaben und Bühler, S. 484: *canticum ipsum laudanda brevitate, admirando vigore in vetustissimis poesis Laconicae reliquiis numerandum est* (v. A. Sauer, D. Lyrik in Sparta u. deren Hauptvertreter, progr. Vienn. 1896, 12, W. Schmid, GrL 1 [1929], 453 ["drei kraftvolle Trimeter eines Wechselgesangs zwischen Greisen–, Männer– und Knabenchor sind erhalten"], *al.*).

übrigen Teil, den Plutarch Crinitus' Ansicht nach — und wohl in der Tat — absichtlich nicht zitiert hatte, rekonstituierte Crinitus nun gewissermaßen in seiner imitierenden lateinischen Fassung. Er billigte sich zu, diese Anfangsverse sinngemäß und frei zu ergänzen und so ein neues dreiteiliges Chorlied zu schaffen, das er immer noch mit *ex Graeco* bezeichnete, so wie er auch seiner freien Nachdichtung eines griechischen Epigramms im übernächsten Gedicht den Titel *De Lacone in bello occiso ex Graeco* gab.

Die Anfänge der ersten Verse seiner drei Strophen wiederholen, intensivieren und explizieren bis zur Penthemimeres die Aussagen der entsprechenden iambischen griechischen Versteile: *Vivemus, pueri* — ἄμμες δέ γ'ἐσσόμεσθα, *Vivimus, o iuvenes* — ἄμμες δέ γ' εἰμέν, *Viximus insignes*[25] — ἄμμες ποτ' ἦμεν, und bestimmen so die durch Futur, Gegenwart und Vergangenheit definierten Situationen.

Mit seinen drei jeweils acht Verse umfassenden Strophen wollte Crinitus vermutlich zugleich an ein griechisches aus Strophe, Antistrophe und Epode bestehendes Chorlied erinnern. Er erwähnt Pindar zwar nie, aber zahlreiche Pindarhandschriften befanden sich gegen Ende des 15. Jahrhunderts in Italien, mehrere davon in Florenz.[26] Die in ihnen enthaltenen Scholien versäumten nie, schon zur 1. Olympischen Ode auf die triadische Kompositionsweise Pindars bzw. der griechischen Lyriker überhaupt hinzuweisen.[27] Crinitus dürfte davon, da er sich für die antike Lyrik interessierte und Griechisch konnte, entweder direkt oder indirekt über andere Humanisten erfahren haben.

Die Strophen selbst suchte Crinitus nach dem Sinn und in dem Stil der lakedämonischen Lieder zu formulieren, die Plutarch in den *Apophthegmata Laconica* und der *Vita Lycurgi* unmittelbar vor seinem Bericht über den dreiteiligen Chor im ganzen übereinstimmend schildert:[28] Die Lieder sollten einen Stachel

---

[25] Crinitus übernahm *viximus insignes* von Prop. 4, 11, 46 (Mastrogianni).

[26] Für eine Liste der im 15. Jahrhundert zwischen 1423 und 1492 nach Italien gelangten Pindarhandschriften s. Bolgar, wie Anm. 18, S. 503, für eine Liste der heute in italienischen Bibliotheken befindlichen Pindarhandschriften s. Jean Irigoin–Guichaudut, Histoire du Texte de Pindare, Paris 1952, S. 436–441.

[27] S. A. B. Drachmann, Scholia Vetera in Pindari Carmina, Vol. 1, Leipzig 1903, S. 12 (u.a. aus Laur. plut. 32, cod. 33, 35 und 37), Andrea Tessier, Scholia Metrica Vetera in Pindari Carmina, Leipzig 1989, S. 1, Eugen Abel, Scholia Recentia in Pindari Epinicia, Vol. 1, Budapest–Berlin 1891, S. 44 (Schol. Demetrii Triclinii zu O. 1, 1) Ἰστέον ὅτι οἱ λυρικοὶ ἐν τοῖς ποιήμασι αὐτῶν ἐχρῶντο στροφῇ, ἀντιστροφῇ καὶ ἐπῳδῷ [...]

[28] Apophth. Lac. 238 (W. Nachstädt–W. Sieveking–J. B. Titchener, Plutarchi Moralia, Vol. 2, Leipzig 1971, S. 208; ähnlich Vit. Lyc. 21): Ἐσπούδαζον δὲ καὶ περὶ τὰ μέλη καὶ τὰς ᾠδὰς οὐδὲν ἧττον. κέντρον δ' εἶχε ταῦτα ἐγερτικὸν θυμοῦ καὶ φρονήματος, καὶ παραστατικὸν ὁρμῆς ἐνθουσιώδους καὶ πρακτικῆς. καὶ ἡ λέξις ἦν ἀφελὴς καὶ ἄθρυπτος [Vit. Lyc. 21 zusätzlich: ἐπὶ πράγμασι σεμνοῖς καὶ ἠθοποιοῖς]. οὐδὲν δ' ἕτερον εἶχεν ἢ ἐπαίνους τῶν γερικῶς ζησάντων καὶ ὑπὲρ τῆς Σπάρτης ἀποθανόντων καὶ εὐδαιμονιζομένων καὶ ψόγους

## 3. Der dreiteilige Chor der Lakedämonier

haben, der Mut und Geist aufweckt und zu einem begeisterten Handeln antreibt. Ihr Stil sollte schlicht und kräftig, ihre Themen sollten wichtig und charakterbildend sein. Sie sollten vorbildliches Leben und die für Sparta Gestorbenen loben, die feige Zagenden tadeln und in einer zu den verschiedenen Altern passenden Weise zur ἀρετή aufrufen. Wenn Plutarch anschließend als Beispiel für ein derartiges Lied über den dreiteiligen Chor berichtet, so liegt auch daher der Gedanke nahe, daß er hier nur die Anfangsverse von Liedern zitiert, die im übrigen der vorausgegangenen Charakterisierung entsprachen.

Ihr entsprechen auch die lateinischen Verse des Crinitus, abgesehen davon, daß Sparta nicht genannt, keine Gefallenen gelobt und keine Zagenden getadelt werden. Diese offenbar allzu spezifisch spartanischen Vorstellungen sind zugunsten einer allgemeiner anwendbaren Aussage weggelassen. Der Mut und Geist anfeuernde Charakter ist jedoch vorhanden (V. 9f.: *iuvat* [...] *animos praebere vigentes*), und wenn Crinitus seine Knaben das Lanzenwerfen und kriegerisches Kämpfen freudig erwarten (V. 5f.) und seine jungen Männer ihre *virtus* in Taten bewähren ließ (V. 12), entsprach dies immer noch dem überlieferten spartanischen Geist, konnte aber auch in Florenz gebilligt werden. Der Wert kämpferischer Tapferkeit wird von Crinitus auch in anderen Gedichten betont.[29] Sie wird auch sonst mit dem Begriff der *virtus* erfaßt, den Crinitus hier mit Bedacht in die Mitte der mittleren Strophe bzw. in den letzten Vers der ersten Gedichthälfte (V. 12) gestellt hat; mehrfach hat das alte Rom oder — wie hier — das alte Sparta bei ihm in dieser Beziehung Vorbildfunktion.

Entsprechend der plutarchischen Angabe, daß die verschiedenen Altersstufen in passender Weise zur ἀρετή/*virtus* aufgefordert wurden, stellt Crinitus den drei Altersstufen ihre Lebensziele vor und läßt die jeweiligen Gruppen zugleich durch ihre imperativischen, deskriptiven und reflektierenden Aussagen ein für ihn typisches Bild der jeweiligen Lebenssituation geben. Dabei ist der strophische Aufbau so gestaltet, daß in der ersten Strophe die Gegenwart der Knaben und ein Ausblick auf die Zeit des jungen Mannesalters gegeben wird, das in der ersten Hälfte der zweiten zur Gegenwart geworden ist, während der Blick auf das Alter im ersten Vers der zweiten Hälfte der zweiten Strophe — zugleich dem ersten Vers der zweiten Gedichthälfte — beginnt (V. 13f.) und

---

τῶν τρεσάντων ὡς ἀλγεινὸν καὶ κακοδαίμονα βιούντων βίον· ἐπαγγελία τε καὶ μεγαλαυχία πρὸς ἀρετὴν πρέπουσα ταῖς ἡλικίαις. Hieran schließt sich unter Fortführung des Gedankens an: τριῶν οὖν χορῶν κατὰ τὰς τρεῖς ἡλικίας καὶ συνισταμένων ἐν ταῖς ἑορταῖς ὁ μὲν τῶν γερόντων ἀρχόμενος ᾖδεν [...].

[29] Vgl. z.B. Crinitus, wie Anm. 8, S. 530f. *Ad Faustum de Carolo rege Francorum, cum ad urbem tenderet cum exercitu*, S. 531f. *De Morando Hetrusco luctore cum Gallo*, S. 533f. *De laude Fr. Gonzagae principis illustrissimi Mantuani, cum ad Tarrum contra Gallos dimicavit*, S. 537 *De Lacone saucio ex Graeco*.

in der dritten Strophe dann das Alter mit Blick auf den Tod vorgestellt wird. Die primäre Dreiteilung des Gedichts wird also von einer strukturellen Gliederung in zwei Halbteile zu je 12 Versen überlagert.

Auch im Stil folgt Crinitus dem von Plutarch erklärten lakedämonischen Muster. Dazu gehört die eindringliche Schlichtheit der fast durchweg eigentlichen Aussage. Nur die Ausdrücke *florentibus annis* (V. 9), *decerpere fructus* (V. 11) und *carpite vitae munera* (V. 15f.) sowie *mors imminet atra [...] aequatis viribus urget* (V. 20f.) schmücken die mittlere und die letzte Strophe mit passenden, Horaz entlehnten Bildern.[30]

Der schlichte Stil manifestiert sich auch in der — besonders gegenüber den horazisierenden Gedichten des Crinitus — auffälligen relativ einfachen Wortstellung. Die einzige Abweichung von der grammatisch normalen Wortstellung sind die häufigen, leicht zu erfassenden und meist gleichartig gestalteten Hyperbata, in denen in der Regel ein Attribut vor oder hinter der Zäsur auf ein Substantiv am Versende zu beziehen ist (11 Fälle). Seltener wird ein Substantiv durch ein Attribut am Versende ergänzt (4 Fälle), nur einmal überschreitet das Hyperbaton das Versende (V. 15f. *praesentia carpite vitae | munera*).

Zu der schlichten Eindringlichkeit des Stils tragen schließlich auch die zahlreichen — teilweise antithetischen — Ausdruckswiederholungen bei, die sich in dieser Häufigkeit bei Crinitus sonst nicht finden und die das strukturelle Skelett der Strophen artikulieren und die Lebenssituationen zueinander in Beziehung setzen. Dazu gehören einerseits die Strophenanfänge mit den temporal variierten Formen von *vivere* und die jeweils durch das auffordernde *ergo agite* abgesetzten beiden Schlußzeilen und andererseits die Bezüge von *puerilibus annis* zu *florentibus annis* mit den gleichartigen Konstruktionen *lascivire iuvat [...] -que admittere* und *iuvat [...] vivere et [...] praebere* in V. 1f. und 9f. sowie die Entsprechungen von *mox veniet tempus, [...] cum crescere vires | incipient* und *mox dabitur tempus, cum [...] languescere vires | incipient* in V. 4f. und 13f., von *animos praebere potentes* und *animi viguere potentes* in V. 10 und 18, von *licebit, nunc licet* und *nec licet* in V. 7, 11 und 20, von *languescere [...] membra* und *languida membra* in V. 13f. und 19 und von *praesentia carpite vitae | munera* und *funestas pellite curas* sowie von *aetatem [...] virilem* und *senium* in V. 15f. und 23f. Ob diese Responsionen zwischen den drei Strophen etwas mit Vorstellungen des Crinitus von der triadischen Kompositionsweise der antiken griechischen Chorlyrik zu tun haben, muß offen bleiben.

---

[30] Der Versschluß *decerpere fructus* folgt Hor. Sat. 1, 2, 79, das Bild der *atra mors* Carm. 1, 28, 13 (Mastrogianni).

Crinitus wollte insgesamt anscheinend die durch Plutarch angegebenen stilistischen Kriterien eines lakedämonischen Liedes erfüllen. Die nicht fehlenden gelegentlichen Übernahmen von Wendungen der klassischen lateinischen Dichtung, insbesondere aus Horaz, Properz und Vergil, wirken dagegen nur wie einzelne Tupfer. Eine wohl von Horaz erlernte strukturelle Eigenart, die Crinitus auch in anderen Gedichten anwendet, weist jedoch das Gedichtende auf, wenn es nach der düsteren Vergegenwärtigung des andrängenden schwarzen Todes in aufhellender Stimmung mit den Worten *senium aprica foveamus molliter aura* schließt.

Crinitus war offensichtlich wie andere seiner humanistischen Zeitgenossen[31] von den *Apophthegmata Laconica*, denen er die Anregung zu zwei Epigrammen (*De Lacone saucio ex Graeco, De Lacone bello occiso ex Graeco*) und zu dem dreiteiligen Chor entnahm, stark beeindruckt. Plutarch vermittelte ihm ein Bild Spartas, von dem er Ausschnitte in drei Gedichten wiedergab. Während die beiden Epigramme die extreme Todesverachtung der Lakedämonier im Kampf für ihr Vaterland beispielhaft demonstrierten, sollte der dreiteilige Chor ein Bild der alten lakedämonischen Poesie geben, sie in lateinischer Form neu kreieren und zugleich ein Bild der als typisch angesehenen menschlichen Lebenssituationen und ihrer Ziele bieten. Das Gedicht des Crinitus über den dreiteiligen Chor der Lakedämonier ist so einerseits eine humanistische lateinische Dichtung; andererseits gehört es aber auch in gewisser Weise in die Geschichte der klassischen Philologie.[32]

[Erstveröffentlichung: Nr. 251, revidiert.]

---

[31] Erasmus rühmt in der *Epistola nuncupatoria* zu seinen *Apophthegmata* (1531) Plutarchs *Apophthegmata* über alles (wie Anm. 6, S. 87: *Plutarchus omnes implevit numeros [...] Nullus enim exstitit inter Graecos scriptores Plutarcho, praesertim quod ad mores attinet, sanctior aut lectu dignior*) und erwähnt als frühere Übersetzer des plutarchischen Werks Franciscus Philelphus (seine Übersetzung wurde zuerst Venedig 1471 gedruckt) und Raphael Regius (Paris 1523 u.ö.).

[32] Crinitus wird in Rudolf Pfeiffer, Die Klassische Philologie von Petrarca bis Mommsen, München 1982, leider nicht erwähnt, auch nicht für seine lateinische Literaturgeschichte in *De poetis Latinis libri V*. Er hätte ein gutes Beispiel für die Einheit von Dichtung und Philologie im frühen Humanismus gegeben, auf die Pfeiffer mehrfach hinwies.

## VI. Epigrammatik, Elegie, Heroidenbrief und Lyrik

### 4. Castiglione, seine Frau Hippolyta und Ovid

Im Sommer des Jahres 1519 befand sich Graf Baldassar Castiglione (1478–1529) als Gesandter des Herzogs von Mantua am Hof Leos X. in Rom, während seine Frau Hippolyta Taurella (1501–1520) mit ihrem zweijährigen Sohn Camillo und ihrer einjährigen Tochter Anna in Mantua zurückgeblieben war.[1] In der lebhaften, überaus herzlichen und liebevollen Korrespondenz der beiden seit 1516 verheirateten Ehepartner kommt ihre starke gegenseitige Liebe und öfters auch ihr Wunsch zum Ausdruck, wieder zusammen zu sein.[2] Anscheinend in dieser Zeit verfaßte Castiglione eine lateinische, 104 Verse umfassende Elegie, die als Brief seiner Frau an ihn selbst fingiert ist und in der

---

[1] Zur Biographie und zum historischen Hintergrund vgl. J. Cartwright, Baldassare Castiglione, The perfect courtier, His life and letters 1478–1529, 2 Bde., New York 1908; V. Cian, Un illustre nunzio pontificio del Rinascimento, Baldassar Castiglione, Città del Vaticano 1951, B. Maier, Baldassar Castiglione, in: Letteratura Italiana, I Minori, Bd. 2, Mailand 1961, S. 891ff., und G. la Rocca, Il contributo di Baldassar Castiglione alla formazione della politica estera Gonzaghesca negli ultimi anni del Papato di Leone X: 1519–1521, Ricerche per una nuova prospettiva biografia, in: Mantova e i Gonzaga nella civiltà del Rinascimento, Atti del convegno Mantova 6–8 Ottobre 1974, S. 57ff. — Zur Namensform von Castigliones Ehefrau: Sie selbst gebrauchte die italienische Schreibweise (Ippolita), die sich öfters in der modernen Literatur für sie findet, nicht, sondern unterschrieb ihre vier erhaltenen Briefe von 1516, s. Anm. 2, mit "Hypp(oli)ta Taurella da Castilleone" (Vat. Lat. 8211, Bl. 241r, 242r, 243v, 245r); in der Adresse der beiden Briefe Castigliones, vgl. Anm. 2, lautet ihr Name der Edition von G. la Rocca zufolge "Hypp(oli)ta Torella da Castiglione". In dem lateinischen Ehekontrakt von 1516 wird sie als "Hyppolita" und "Hippolita Taurella" bezeichnet (G. la Rocca, s. Anm. 2, S. 809f.), in Castigliones genealogischen Aufzeichnungen lateinisch als "Hyppolita Taurella" (V. Cian, Nel mondo di Baldassare Castiglioni, Documenti illustrati, Archivio storico Lombardo 69, 1942, S. 3ff., hier S. 5). Die poetische Namensform "Hippolyte" in Castigliones Briefelegie ist Prop. 4, 3, 43 entnommen. In der folgenden Abhandlung wird die sprachlich korrekte seit Mitte des sechzehnten Jahrhunderts für sie gebrauchte Namensform Hippolyta Taurella durchgehend verwendet.

[2] Ediert sind nur zwei Briefe Castigliones an seine Frau aus Rom, datiert 28.6. 1519 und 11.8. 1519 (s. die Edition durch G. la Rocca, Baldassar Castiglione, Le Lettere, T. 1, 1497—marzo 1521, Mailand 1978, S. 426f. und S. 484 mit Erläuterungen S. 1141 "A questo tempo risale la composizione dell' Elegia latina del C. [...]" und S. 1176). Sieben autographische Briefe Hippolytas an ihren Mann sind im Vat. Lat. 8211, Bl. 241r–248r, erhalten, datiert 18.8. 1516, Modena 18.9. 1516, Modena 18.(19.)9. 1516, 4 Uhr nachts, Modena 22.9. 1516, Mantua 3.8. 1520, Mantua 10.8. 1520 und Mantua 20.8. 1520, die drei letzten nach Rom, wo Castiglione sich seit dem 17. Juli wieder aufhielt. Diese drei Briefe werden als Beispiele für ihren Briefstil erstmals nach Orthographie und Interpunktion unverändert zusammen mit einer deutschen Übersetzung im Anhang ediert. Ich danke P. G. Schmidt für die Besorgung der Photokopien aus der Vatikanischen Bibliothek. Die Briefe vom 3. und 10.8. 1520 wurden bereits von J. Cartwright, s. Anm. 1, Bd. 2, S. 456f., ediert, der vom 20.8. 1520 bereits von P. A. Serassi, s. Anm. 9, Bd. 2, S. 342, jedoch nicht mit diplomatischer Genauigkeit.

## 4. CASTIGLIONE, SEINE FRAU HIPPOLYTA UND OVID

seine Frau sich seine Situation in Rom vorstellt, die ihrige in Mantua schildert und ihn bittet, beim Papst Urlaub zu erwirken und möglichst rasch zu ihr nach Mantua zu kommen.[3] Im Druck erschien diese Elegie zuerst 1533 in Venedig *in aedibus haeredum Aldi et Andreae Soceri* — vier Jahre nach Castigliones Tod und dreizehn Jahre nach dem Tod seiner Frau —, und zwar im Anhang einer Ausgabe von Sannazaros Epos *De partu virginis* und unter der Überschrift *Bald. Castilionis Elegia qua fingit Hippolyten suam ad se scribentem*.[4] Der Herausgeber vermerkte, daß er dem Epos Sannazaros verschiedene neuere Gedichte beigegeben habe, *quae videbantur lectu non indigna, immo summopere laudanda*, daß ihm aber die Manuskripte so spät und teilweise auch *tumultarie*, das heißt wohl eilig zusammengeschrieben, gebracht worden seien, daß er bei ihrer Drucklegung nicht die Sorgfalt auf sie verwenden konnte, die der Leser von ihm erwarte, daß er aber nach dem Druck noch teilweise auf Grund von zusätzlichen Manuskripten am Ende des Bandes die nötigen Korrekturen bzw. Verbesserungsvorschläge hinzugefügt habe.[5] Castigliones Elegie wird dort an fünf Stellen korrigiert.[6] Ihr nächster Druck erschien innerhalb der übrigen etwa 800 lateinische Verse umfassenden *Carmina* Castigliones in der in Venedig und Florenz zwischen 1548 und 1558 insgesamt viermal aufgelegten Sammlung der *Carmnina quinque illustrium poetarum* unter der Überschrift *Hippolyte Balthasari Castilioni coniugi*, und zwar in einer gegenüber der Aldina an 18 Stellen veränderten Fassung.[7] Die Herkunft dieser Änderungen ist unbekannt. Sie könnten auf eine Handschrift zurückgehen. Die aus dem 16. Jahrhundert erhaltenen Handschriften mit lateinischen Gedichten Castigliones — mindestens neun solche Handschriften sind bekannt — wurden noch nicht kollationiert; von einem Autograph ist in den Katalogen

---

[3] Castiglione befand sich zu Lebzeiten seiner Frau (gestorben 25. August 1520) und seines in der Elegie erwähnten Sohnes Camillo (geboren 3. August 1517) vom 27. Mai bis 8. November 1519 und ab 17. Juli 1520 in Rom. Man hat deshalb angenommen, daß die Briefelegie, die ein etwas längeres Getrenntsein der Ehepartner voraussetzt, im Sommer 1519 geschrieben worden ist. Nicht völlig auszuschließen ist jedoch, daß die fiktive Zeit der Niederschrift durch Hippolyta und die reale Zeit der Abfassung durch Castiglione nicht identisch sind. In diesem Fall muß Castiglione die Briefelegie spätestens kurze Zeit nach Hippolytas Tod verfaßt haben. Vgl. dazu unten S. 119.

[4] Actii Synceri Sannazarii De partu virginis libri III. Eiusdem de morte Christi lamentatio. Et quae in sequenti pagina continentur, Venedig 1533 (Bayer. Staatsbibliothek München 8° P. o. lat. 1321), Bl. 86ᵛ–88ʳ.

[5] Wie Anm. 4, Bl. ii (*Lectori S.*), Bl. 99ᵛ (*Lectori*).

[6] Wie Anm. 4, Bl. 100ʳ. Die Verbesserungen werden im Apparat unten S. 113 mit Aᶜ angegeben.

[7] Carmina quinque illustrium poetarum, zuerst Venedig 1548, danach erweiterte Ausgaben Florenz 1549, 1552, Venedig 1558. Verglichen wurde die Ausgabe Florenz: *apud Laurentium Torrentinum* 1552, die Briefelegie dort S. 78–82.

## VI. EPIGRAMMATIK, ELEGIE, HEROIDENBRIEF UND LYRIK

allerdings nirgends die Rede.[8] Die Änderungen gegenüber der Aldina können mindestens teilweise aber auch von einem verbessernden Herausgeber stammen. Es war jedenfalls diese Fassung, die in den späteren Ausgaben des 16. bis 20. Jahrhunderts mindestens zehnmal nachgedruckt wurde.[9]

Die Elegie war wegen ihrer poetischen Qualität äußerst geschätzt. Julius Caesar Scaliger urteilte über sie: *Nihil dulcius Elegia, nihil elegantius, tersius, lepidius. Profecto eam mihi unam malim quam magnum numerum Propertianarum.*[10] Für die moderne Forschung ist Bruno Maier repräsentativ, der sie in der Einleitung zu seiner Castiglione–Ausgabe zu den "liriche latine più belle e commosse del nostro Rinascimento" zählte. Sie sei in der Anlage ähnlich wie die Arethusa–Elegie des Properz und nicht ohne die bei einem

---

[8] Nach P. O. Kristeller, Iter Italicum, Bd. 2, Leiden 1967, S. 168 (Siena, Bibl. Com K V 30), 174 (Suzzara/Mantua, Marchesi Capilupi 68), 339 (Vatikan, Bibl. Apost., 6250), 353 (ebd., Vat. Lat. 2836), 373 (ebd., Vat. Lat. 5226), 374 (ebd., Vat. Lat. 5227), 375 (ebd., Vat. Lat. 5383), 403 (ebd., Reg. Lat. 1593), 450 (ebd., Barb. Lat. X, 2163), 554 (Parma, Bibl. Pal., Parm. 1198). Durchgesehen wurden ohne Ergebnis die Inventari dei Manoscritti delle Bibliotheche d' Italia, Bd. 1–104, und die gedruckten deutschen Handschriftenkataloge.

[9] Bekannt sind spätere Ausgaben der Briefelegie aus den Jahren 1567 (Aegidius Periander, Horti tres amoris, Frankfurt, P. 1, Bl. 277f., eingesehen, dazu unten S. 78f.), 1576 *(*Carmina illustrium poetarum Italorum, ed. I. M. Toscanus, Paris), 1606 *(*Balthazaris Castillionei [...] poematum liber, Paris; eingesehen), 1608 (Deliciae cc. Italorum poetarum 1, ed. R. Gherus, Frankfurt; eingesehen), 1719 *(*Carmina illustrium poetarum Italorum, Florenz; eingesehen), 1733 (Opere volgari e latine, ed. G. A. und Gaetano Volpi, Padua), 1753 (Carmina quinque illustrium poetarum Italorum, Bergamo), 1760 (P. A. Serassi, Poesie volgari e latine del Conte Baldassar Castiglione, Rom), 1771 (P. A. Serassi, Lettere del Conte Baldessar Castiglione, Bd. 2, Padua, S. 287ff. *Carmina aucta et illustrata*, mit ein paar erklärenden Anmerkungen; eingesehen), 1773 (Opera latina, ed. P. A. Serassi, Bergamo), 1955 (B. Maier, Il Libro del Cortegiano con una scelta delle opere minori, Turin, 2. Aufl. 1964, 3. Aufl. 1981, mit ein paar erklärenden Anmerkungen; eingesehen), 1979 (A. Perosa—J. Sparrow, Renaissance Latin Verse, An Anthology, Chapel Hill, S. 196ff.; eingesehen). Die Anthologien von P. Laurens—C. Balavoine, Musae Reduces, Leiden 1975, und F. J. Nichols, An Anthology of Neo–Latin poetry, New Haven 1979, enthalten die Briefelegie nicht. Die genannten Ausgaben folgen, soweit ich sie überprüfen konnte, sämtlich — teilweise mit geringfügigen Änderungen — der Textfassung der *Carmina quinque illustrium poetarum* von 1549–1558, auch Perosa—Sparrow, die angeblich die Aldina verglichen haben, aber die Abweichungen nur zum kleinsten Teil anführen, auch nicht das in der Aldina vorhandene und in den *Carmina quinque illustrium poetarum* weggelassene Distichon (im Text unten V. 63f.), weshalb die Elegie in dieser Fassung nur 102 Verse umfaßt.

[10] Siehe I. Reineke, Julius Caesar Scaligers Kritik der neulateinischen Dichter, München 1988, S. 190f. Dort wird S. 393ff. der Ausdruck "Elegia" von Reineke mit Recht auf die Briefelegie bezogen; leider gibt die Verfasserin in diesem Zusammenhang eine irrtümliche Zusammenfassung ihres Inhalts, die sie nicht aufrechterhält und die bei der Durchsicht des Druckmanuskripts bedauerlicherweise nicht bemerkt wurde.

## 4. CASTIGLIONE, SEINE FRAU HIPPOLYTA UND OVID

Humanisten zu erwartenden klassischen Reminiszenzen, aber "tutto nuovo e moderno l' affetto de Castiglione per la moglie lontana, onde l' elegia è pervasa".[11] Trotz dieses Ansehens des Gedichts hat die Castiglione–Forschung, die sich vorwiegend mit dem viel erörterten *Cortegiano*, daneben vor allem mit Castigliones Briefen beschäftigte, es nur wenig beachtet. Von den etwa 150 Veröffentlichungen, die in den letzten 25 Jahren zu Castiglione erschienen sind, wendet sich keine einzige speziell diesem Gedicht zu, das nur gelegentlich eine kurze, wenngleich meist ausdrücklich lobende Erwähnung erfährt.

Das Gedicht hatte jedoch außer der soeben betrachteten Druckgeschichte im 16. bis 18. Jahrhundert noch eine merkwürdige besondere Tradition. Der aus dem Piemontesischen stammende und seit 1546 in Basel als Professor tätige Coelius Secundus Curio veröffentlichte 1558 eine Sammlung der lateinischen und griechischen Schriften der 1555 verstorbenen Humanistin Olympia Fulvia Morata, die er in der zweiten von insgesamt vier Auflagen 1562 Königin Elisabeth von England widmete.[12] Im Widmungsbrief stellt er einen durch die Geschichte gehenden Katalog berühmter Frauen zusammen. In allen Auflagen erscheint als Anhang zu dieser Sammlung *Hippolytae Taurellae Elegia elegantissima*.[13] Curio schreibt dazu: *Ne et haec clara et erudita foemina suo honore careret, huc eius elegantem elegiam apponere libuit, etsi in dispari argumento atque nostra Olympia versetur. Sed prudens lector temporis et personarum et loci, quibus scripta est, ratione habita, quicquid illud est, in bonam partem accipiet.*[14] Das Gedicht erscheint unter der Überschrift: *Hippolytae Taurellae Mantuanae Epistola ad maritum suum Balthasarem Castilionem apud Leonem X. Pontific. Rom. Oratorem.*

---

[11] Siehe B. Maier, s. Anm. 9, 1981, S. 606ff., vgl. auch denselben, s. Anm. 1, S. 911.
[12] Siehe C. S. Curio, Olympiae Fulviae Moratae mulieris omnium eruditissimae Latina et Graeca quae haberi potuerunt monumenta [...], Basel 1558 (eingesehen), und teilweise mit etwas verändertem Titel und vergrößertem Umfang 1562 (eingesehen), 1570 (eingesehen) und 1580 (eingesehen). Vgl. zu diesen Ausgaben auch N. Holzberg, Olympia Morata († 1555), Fränkische Lebensbilder 10, 1982, S. 141ff., und dens., Olympia Morata und die Anfänge des Griechischen an der Universität Heidelberg, Heidelberger Jahrbücher 31, 1987, S. 77ff.
[13] So die Bezeichnung auf der Titelseite der Ausgaben von 1558, 1562 und 1570.
[14] Dies der Vorspruch zur Edition der Elegie, 1558, S. 111, 1562, S. 273, 1570, S. 266, 1580, S. 266. — Nach der Lektüre dieses Vorspruchs und der Elegie in der Curio–Ausgabe von 1562 beabsichtigte ich zunächst eine Erklärung dieses Textes als Beitrag für das Arbeitsgespräch "Die Frau in der Renaissance" [Wolfenbüttel 16.–17. Oktober 1990] zu liefern in der Annahme, hier die lateinische Dichtung einer Frau zu interpretieren. Als ich im Verlauf meiner Arbeiten zu der Gewißheit gelangt war, daß der Text der Elegie nicht von Hippolyta selbst, sondern von ihrem Mann verfaßt worden ist, schien mir seine Interpretation doch so viel zur Situation der Frau in der Renaissance zu bieten, daß auch eine solche Interpretation ein Beitrag zu dem Rahmenthema sein kann.

Wie kam Curio dazu, die poetische Epistel Hippolyta selbst zuzuschreiben? Hatte er dafür einen Anhalt in der Überlieferung? Ein Vergleich der Textgestalt bei Curio einerseits und in der *Aldina* (= A) und in den *Carmina quinque illustrium poetarum* (= Q) andererseits führt zu einem überraschenden Ergebnis: Curios Text stimmt an 9 Stellen mit A gegen Q, an neun anderen Stellen mit Q gegen A überein und ist andererseits an 22 Stellen anders als A und Q, die an 20 dieser Stellen identisch sind.[15] Die wahrscheinlichste Erklärung dieses Befundes ist, daß Curio beide früheren Druckfassungen kannte, womit er auch genau wußte, daß die Elegie bisher als Werk Castigliones betrachtet worden war, daß er beide Fassungen mischte und durch zusätzliche Änderungen eine neue Textfassung herstellte, die er für das Werk der Hippolyta Taurella erklärte, wogegen jetzt die Fassungen in A und Q, die sich als Werk Castigliones ausgeben, als wenn auch geringfügige Änderungen der ursprünglichen Fassung erscheinen.[16] Curio liebte unkonventionelle Handlungen: als zwanzigjähriger Lutheranhänger entwendete er die Reliquien eines italienischen Klosters und legte an ihre Stelle in das verschlossene Fach über dem Altar eine Bibel mit der Aufschrift, daß in ihr die wahren Reliquien der Heiligen zu finden seien.[17] Er gab nun — ohne es im übrigen als seine Vermutung zu bezeichnen — Hippolyta sozusagen ihr Werk zurück. Als Philologe war ihm das Problem der falschen Autorzuschreibungen vertraut. Er selbst diskutierte in einem Brief *An libri qui Aristotelis nomine circumferuntur, sint Aristotelis necne* und erklärte in einem anderen *Libros Rhetoricorum ad Herennium non Ciceronis esse, sed Cornificii*.[18] Im Fall der Elegie hielt er offenbar die Zuschreibung an Castiglione für falsch und stellte dann sozusagen divinatorisch den Zustand her, den die Epistel wohl in ihrer ursprünglichen Form gehabt haben mochte — gleich im ersten Vers ersetzte er die sich an Properz anschließende Fassung Castigliones *Hippolyte mittit mandata haec Castilioni* durch *Hippolyta εὐ πράττειν iam dicit Castilioni* und deutet damit an, daß Hippolyta ebenso wie die mit ihm befreundete Olympia auch des Griechischen mächtig war.[19]

---

[15] Vgl. die Angaben im Apparat unten S. 84–87.
[16] Unwahrscheinlich ist, daß Curio eine Handschrift kannte, die die von ihm wiedergegebene Textfassung bot.
[17] Siehe J. W. Herzog, Athenae Rauricae sive Catalogus Professorum Academiae Basiliensis [...], Bd. 1, Basel 1778, 5. 284ff., und allgemein M. Kutter, Celio Secondo Curione, Sein Leben und sein Werk (1503–1569), Basel und Stuttgart 1955, der jedoch die *Elegia Hippolytae Taurellae* nicht erwähnt; dazu für seine Nachkommen M. Stromeyer, Merian-Ahnen aus dreizehn Jahrhunderten, Konstanz 1963, Bd. 2, S. 565ff.
[18] Siehe C. S. Curio, Olympiae Fulviae Moratae foeminae doctissimae ac plane divinae opera omnia [...], Basel 1570, (enthält Selectae Epistolae et Orationes Curios), S. 345ff. und 362ff.
[19] Eine konventionelle griechische Grußformel zur Brieferöffnung ist N. (Nom.) N. (Dat.) εὐ πράττειν (z.B. in den Briefen Platons, wo Marsilius Ficinus sie mit *bene agere* übersetzt).

## 4. Castiglione, seine Frau Hippolyta und Ovid

Motiviert ist die Zuschreibung der Epistel an Hippolyta selbst wohl durch Curios hohe Einschätzung der weiblichen Bildungsfähigkeit, zu der ihn verschiedene Erfahrungen, auch solche mit seinen eigenen Töchtern, gebracht hatten. In einem Brief an Basilius Amerbach nannte er seine Töchter Angela (1543–1564), Celia (1545–1564) und Felice (1546–1564) seine *Charites*. Besonders bei Angela schlug seine humanistische Erziehung an. Mit knapp zwanzig Jahren beherrschte sie die deutsche, lateinische, italienische und französische Sprache und half ihrem Vater bei seiner philologischen Arbeit durch Vorlesen und Kollationieren von Handschriften.[20] Seine Vorstellungen über die weibliche Bildungsfähigkeit gehen jedoch weiter zurück. In einem 1544 in Basel gedruckten Brief an Olympia Moratas Vater hatte er sogar geschrieben: *Puellas [...] a literis et doctrinis non arcemus, quippe quae plerumque* (!) *magis habiles ad eas sequendas quam mares sint.*[21] Als Beweis für die hier — vielleicht aus Höflichkeit gegenüber dem Adressaten — behauptete bessere Bildungsfähigkeit der Mädchen gegenüber den Knaben führt er drei Frauen an: Anna, die Tochter des Herzogs Ercole II. von Ferrara, die lateinisch und griechisch sprechen könne, ihre Mutter, die Herzogin Renata, und die *eruditissima clarissimaque Pontana*, unter welcher Bezeichnung sich Renatas französische Hofdame Anna de Parthenay, die Frau des Antonio de Pons, verbirgt, die Cinthio Giraldi bereits 1535 als Dichterin gefeiert hatte, *cui doctae assurgunt modulanti carmina Musae.*[22] Olympia Morata — so Curio — werde nun bald die gleiche

---

[20] Siehe H. W. Herzog, wie Anm 17, S. 291, und C. A. Curio, De quatuor Caelii Secundi filiarum vita atque obitu pio et memorabili epistolae aliquot una cum diversarum Epitaphiis, Basel 1565.

[21] Siehe C. S. Curio, De liberis pie christianeque educandis, in: ders., Araneus seu de providentia dei libellus vere aureus cum aliis nonnullis eiusdem opusculis lectu dignissimis, Basel 1544, S. 129ff., hier S. 153f. Ich verdanke die Einsichtnahme in das Exemplar der Nationalbibliothek Paris Frau H. Roscher. Diese Stelle Curios wird von J. Thomasius (praes.) / J. Sauerbrei (resp.), Diatribe Academica de foeminarum eruditione prior, Leipzig 1671 und 1676, zitiert mit der kritischen Bemerkung, die von Curio gemachte Behauptung sei übertrieben und werde durch Curios dafür angeführte drei Beispiele nicht bewiesen. E. Gössmann, Rezeptionszusammenhänge und Rezeptionsweisen deutscher Schriften zur Frauengelehrsamkeit, in: S. Neumeister und C. Wiedemann, Hrsg., Res Publica Litteraria, Die Institutionen der Gelehrsamkeit in der frühen Neuzeit, Wiesbaden 1987, S. 589ff., hier S. 592, bezeichnet in tendenzieller Bewertung deshalb J. Thomasius und J. Sauerbrei als "selbsternannte 'gemäßigte' Frauenfreunde", während Curio der Rang einer "europäischen Autorität" in Fragen der Mädchenerziehung zuerkannt wird.

[22] Vgl. W. Ludwig, Strozzi und Giraldi, Panegyrik am Hof der Este, in: M. Pade– L. Waage Petersen–D. Quarta, La Corte di Ferrara e il suo mecenatismo 1441–1598, Kopenhagen und Modena 1990, S. 33ff., hier S. 41 mit Anm. 87. — Für die gelehrte Bildung von Frauen in der italienischen Renaissance aufschlußreich ist auch der Brief von Antonius de Ferrariis Galateus an Bona Sforza, die Tochter des Herzogs Galeazzo von Mailand und der Isabella von Aragon, aus dem Jahr 1507, in dem der neapolitanische Humanist die junge

Berühmtheit erlangen. Curios Bekanntschaft mit mehreren humanistisch gebildeten Frauen sowie sein daraus erwachsenes Interesse an der gelehrten Bildung von Frauen führte ihn wohl zu seiner von ihm als Tatsache ausgegebenen Vermutung, daß Hippolyta selbst und nicht Castiglione die berühmte elegische Epistel geschrieben habe. Ein antiker Fall konnte ihn in seinen Gedanken, die überlieferte Autorschaft in Zweifel zu ziehen, bestärken: Der jüngere Plinius schreibt in einem Brief, er habe kürzlich den als Redner, Geschichtsschreiber und Dichter bekannten Pompeius Saturninus gehört. Dieser habe ihm Briefe vorgelesen und erklärt, sie stammten von seiner eigenen Frau. Dem Stil nach hätte man sie für einen in Prosa umgesetzten Plautus oder Terenz halten können. Ob sie nun wirklich seine Frau verfaßt habe, wie er behaupte, oder er selbst, was er leugne, er sei jedenfalls gleichermaßen rühmenswert, da er die Briefe entweder verfaßt oder aber seine Frau so gelehrt und gebildet gemacht habe.[23] Plinius neigt hier offenbar zu der Annahme, daß Saturninus die Briefe im Namen seiner Frau selbst geschrieben habe, kann sich aber nicht eindeutig entscheiden, da er die von Saturninus behauptete Verfasserschaft der Frau nicht ausschließen kann. Curio, dem diese Plinius–Stelle natürlich wohl bekannt war, entschied sich in dem für ihn wohl ähnlich gelagerten Fall des Hippolytabriefes, der sich unter den Gedichten ihres Mannes befand, aus seinen Überlegungen heraus nun eindeutig für die Verfasserschaft der Frau.

Seine Zuschreibung fand viele Nachfolger. Er war ein berühmter und angesehener Philologe, der sich durch zahlreiche Veröffentlichungen zu antiken Autoren einen Namen gemacht hatte. Nach seinem Tod (1569) wurde ein Porträtstich von ihm verbreitet mit dem Distichon *Coelius hic coelum triplici sibi vendicat usu: | corde pius, lingua purus et arte bonus.* Man erwartete von ihm keine fragwürdige Behauptung oder gar Täuschung.

Schon 1567 nahm Aegidius Periander die Briefelegie als von Hippolyta verfaßt in seine in Frankfurt gedruckten *Horti tres amoris* auf. Er stellte der Elegie ein vierzeiliges Lobgedicht auf die Dichterin "Hippolyta" voran und nannte sie die *viola poetriarum*. Der Text der Elegie stimmt bei ihm allerdings nicht mit der von Curio edierten Fassung überein, sondern ist im wesentlichen mit der Fassung in den *Carmina quinque illustrium poetarum* identisch, so daß Pe-

---

Herzogstochter zu humanistischen Studien auffordert: *tu [...] Virgilium Ciceronemque amplectere, veteres et novas scripturas perscrutare, divum Hieronymum, Augustinum, Chrysostomum illum graecum et istum tuum latinum sanctissime cole* — weil sie zum Herrschen geboren sei und sich deshalb nicht wie ihre Mägde mit Spinnen und Weben beschäftigen solle. *Incipe aliquid de viro sapere, quoniam ad imperandum viris nata es!* S. A. Altamura, Antonio de Ferrariis Galateo, Epistole, Edizione critica, Lecce 1959, S. 136ff., 313.
[23] Siehe Plin. Ep. 1, 16, 6.

## 4. CASTIGLIONE, SEINE FRAU HIPPOLYTA UND OVID

riander auch unabhängig von Curio Hippolyta für die Verfasserin gehalten haben könnte, obgleich die zeitliche und räumliche Nähe zu Curios Ausgaben von 1558 und 1562 einen Einfluß seiner Auffassung vermuten lassen. Später stellte man Hippolyta Taurella — immer im Anschluß an Curio — in die Listen der gelehrten Frauen. Der hochgelehrte niederländische Philologe Gerardus Joannes Vossius schrieb 1601, daß auch Frauen zu den Studien zuzulassen seien und führte als Beispiele weiblicher Erudition nach Olympia Morata die ihr gleichwertige Hippolyta Taurella an, *ut elucet ex illis quae scripsit Moratae adjuncta.*[24] Eine 1638 in Leiden veröffentlichte anonyme *Dissertatio de literati matrimonio* aus der Zeit der Königin Elisabeth nennt unter den modernen gelehrten Frauen wieder nach Olympia Morata die Hippolyta Taurella, *cuius artificiosum affectuosumque carmen, cum legimus, amplexari exoscularique compellimur.*[25] Der Franzose Paulus Colomesius (Colomiès) veröffentlichte in Paris 1668 unter seinen κειμήλια *literaria* die elegische Epistel in Curios Textfassung und schreibt unter ihr gleichfalls Curio entnommenes Epitaph *His lectis si fletum teneas, Marpesia caute durior es.*[26] Der Leipziger Magister Johannes Sauerbrei führt 1671 in der *Diatribe academica de foeminarum eruditione* Hippolyta Taurella wegen ihrer *Epistola elegiaca* an, die in der Ausgabe der Olympia Morata, aber auch unter den Gedichten Castigliones zu finden sei.[27] A. Baillet rühmt 1686 in Paris die "belle poésie" der "Hippolyte Taurelle",[28] Chr. Juncker in Dresden 1692 ihre Epistel,[29] J. C. Eberti 1706 im 'Cabinet des gelehrten Frauenzimmers' ihren "zierlichen Vers",[30] G. S. Corvinus schreibt 1715 in seinem 'Nutzbaren, galanten und curiösen Frauenzimmer-Lexicon', daß sie ein "gelehrtes Eheweib" und eine "perfecte Poetin" war, wie "die schöne lateinische Epistel" ausweise,[31] und 1744 steht danach noch in

---

[24] Siehe G. I. Vossius, De Philologia liber, Amsterdam 1601, S. 14.
[25] Siehe Anonymi Dissertatio de literati matrimonio, in: D. Baudius, Amores, ed. P. Scriverius, Leiden 1638, S. 347ff., dort S. 372, wo auch Königin Elisabeth von England als regierende Monarchin erwähnt wird.
[26] Siehe P. Colomesius, κειμήλια literaria, Paris 1668, S. 79ff., 2. Aufl. Utrecht 1669.
[27] Siehe J. Sauerbrei (praes.) und J. Smalcius (resp.), Diatribe Academica de foeminarum eruditione posterior, Leipzig 1671, Bl. D4ʳ und E1ᵛ, 2. Aufl. Leipzig 1676, Bl. E3ʳ und F1ʳ.
[28] Siehe A. Baillet, Jugemens des savans sur les principaux ouvrages des auteurs, T. 5, Paris 1686, S. 448, mit Verweis auf P. Colomesius.
[29] Siehe Chr. Juncker, Schediasma historicum de ephemeridibus sive diariis eruditorum [...] in appendice exhibetur centuria foeminarum eruditione et scriptis illustrium, Leipzig 1692, S. 128, mit Verweis auf P. Colomesius und A. Baillet.
[30] Siehe J. C. Eberti, Eröffnetes Cabinet deß gelehrten Frauen-Zimmers, darinnen die berühmtesten dieses Geschlechts umbständlich vorgestellt werden, Frankfurt und Leipzig 1706, S. 349f., mit Verweis auf P. Scriverius, P. Colomesius, G. I. Vossius und Chr. Juncker.
[31] Siehe (G. S. Corvinus) Amaranthus, Nutzbares, galantes und curiöses Frauenzimmer-Lexicon, Leipzig 1715, Sp. 1992, mit Verweis auf C. S. Curio und Chr. Juncker.

Zedlers 'Universallexikon', daß sie ein "gelehrtes Frauenzimmer und vollkommene Poetin" war, die "eine artige Epistel" an ihren Mann geschrieben habe,[32] obwohl in den *Menagiana*, den gelehrten Bemerkungen von Gilles Ménage, schon 1715 darauf hingewiesen worden war, daß diese Elegie nicht von Hippolyta stammen könne: Ménage verwies darauf, daß der Titel in einer Venediger Ausgabe von 1534 (wohl irrtümlich statt 1533) *Bald. Castilioni Elegia, qua fingit Hippolyten suam ad se ipsum scribentem* laute, was keine Zweifel an der Autorschaft Castigliones lasse.[33] Curio, der, wie zu erschließen war, die Ausgabe von 1533 kannte, hätte das nicht befriedigt, da er entgegen diesem — erst nach Castigliones Tod erschienenen — Titel angenommen hatte, daß der Brief Hippolytas auch in Wirklichkeit von ihr stamme. Curio hätte wohl auch das zusätzliche, von Bernard de La Monnoye 1725 vorgebrachte an sich gute Argument nicht umgestimmt, daß das von Curio selbst veröffentlichte Prosa–Epitaph Castigliones auf Hippolyta nicht gefragt hätte, ob sie *pulchrior an castior* gewesen sei, sondern ihre *eruditio* gerühmt hätte, wenn sie tatsächlich das Talent gehabt hätte, solche Verse zu machen.[34] Wer wollte aber, hätte Curio erwidern können, dem Gatten vorschreiben, was er für die erwähnenswertesten Qualitäten seiner Frau hielt?

Seit der zweiten Hälte des 18. Jahrhunderts hat man im allgemeinen jedoch nur Castiglione für den Verfasser der Elegie gehalten, und Hippolyta Taurella fand nur noch ausnahmsweise — allerdings selbst in unserem Jahrhundert, namentlich in der Frauenforschung — Aufnahme in Listen von Dichterinnen der Renaissance.[35] Die Verfasserschaft Castigliones ist auf Grund von Analo-

---

[32] Siehe Zedlers Universal–Lexicon, Bd. 42, Halle 1744, Sp. 399, mit Verweis auf C. S. Curio, Chr. Juncker und J. Sauerbrei.

[33] Siehe (G. Ménage), Menagiana ou les bons mots et remarques critiques, historiques, morales et d' érudition de Monsieur Menage recueillies par ses amis, 3. ed., T. 2, Paris 1715, S. 96.

[34] Siehe A. Baillet, Jugemens des savans […] revus, corrigez et augmentez par Mr. (B.) de la Monnoye, nouv. éd., T. 4, Amsterdam 1725, S. 394f. — Die Verbindung von *pulchritudo* und *castitas* war ein Topos der neulateinischen Epitaphien, vgl. F. Sweertius, Selectae Deliciae orbis Christiani, Köln 1625, S. 51, und I. Kajanto, Classical and Christian, Studies in the Latin epitaphs of Medieval and Renaissance Rome, Helsinki 1980, S. 132ff. Das von Curio im Anschluß an den Hippolyta–Brief veröffentlichte *Epitaphium* lautet (s. Anm. 12, 1562, S. 278): *Hippolytae Taurellae, uxori dulcissimae, quae in ambiguo reliquit, utrum pulchrior an castior fuerit, primos iuventae annos vix ingressae Balthassar Castilionius incredibiliter moerens p(osuit). MDXXV.* (Die Jahreszahl ist entweder eine falsche Angabe des Todesjahres MDXX oder das Jahr der Aufstellung des Grabmonuments; außerdem sind zwei lateinische Epigramme Castigliones auf den Tod Hippolytas überliefert, s. dazu unten S. 119 mit Anm. 99).

[35] So führt E. Rodocanachi, La femme Italienne avant, pendant et après la Renaissance, sa vie privée et mondaine, son influence sociale, Paris 1922, S. 42f. "Torella Castiglione" in einer Liste der italienischen Dichterinnen der Renaissance auf, weil sie an den Verfasser des

## 4. Castiglione, seine Frau Hippolyta und Ovid

gien zu seinen anderen lateinischen Gedichten und auf Grund des Bildungsstandes seiner Frau, der sich aus ihren sieben autographisch erhaltenen italienischen Briefen erschließen läßt, nicht zweifelhaft.[36]

Daß Hippolyta aber zweihundert Jahre von vielen als die Verfasserin angesehen werden konnte, zeigt nicht nur, daß man die bildungsmäßigen Voraussetzungen für eine solche Dichtung für gegeben und realisierbar ansah, sondern stellt auch die Frage, was denn die Motivation Castigliones war, eine derartige Epistel im Namen seiner Frau an sich selbst zu schreiben und ob sich auch aus dieser Motivation die Autorschaft Castigliones erklären und bestätigen läßt. Eine Interpretation oder genauere Kommentierung hat das Gedicht trotz seines Ruhmes nie erhalten. Es wurde seit J. Broukhusius (1702) nur mehrmals auf die Anlehnung an Properz El. 4, 3 im ersten und letzten Distichon hingewiesen.[37] Die auf der Hand liegende Beziehung zu den Heroidenbriefen Ovids wurde nie näher untersucht; 1983 machte R. W. Hanning nur auf eine spezielle Entlehnung aufmerksam, die bereits 1780 vermerkt, aber vergessen worden war: die berühmte Passage, in der Hippolyta erklärt, nur in Raffaels Bild ihres Ehemannes Trost zu finden, hat ihr literarisches Vorbild in Ovids Brief der Laodamia, die sich mit einem Wachsbild ihres Protesilaus tröstet.[38] Im

---

Cortegiano eine Aufsehen erregende Elegie geschickt habe, während er Botschafter in Rom war "car l'amour conjugal fut le grand inspirateur des poésies féminines cette époque". Damit nicht genug: E. Gössmann, Archiv für Philosophie– und Theologiegeschichtliche Frauenforschung, Bd. 1, München 1984, S. 115, führt in ihrer komprimierenden deutschen Übersetzung von J. Sauerbrei, s. Anm. 27, die Dichterin "Hippolyta Taurella" ohne die nötige aufklärende Fußnote auf und bringt so Curios Irrtum in die moderne Frauenforschung ein.

[36] Vgl. die im Anhang edierten drei Briefe Hippolytas.

[37] Vgl. Prop. 4, 3, 1f. *Haec Arethusa suo mittit mandata Lycotae,* | *cum totiens absis, si potes esse meus* und 71f. *armaque cum tulero portae votiva Capenae* | *subscribam* SALVO GRATA PUELLA VIRO. Auf die elegante Imitation der Properzelegie verweist nach dem Properzkommentar von J. Broukhusius P. A. Serassi, s. Anm. 9, S. 337; ohne eine solche Wertung z.B. H. Dörrie, s. Anm. 41, S. 209, "Dieser Brief steht dem Arethusa–Brief des Properz nahe", B. Maier, s. Anm. 9, S. 606, "è simile per impostazione ad una (elegia) di Properzio". Mit Äußerungen dieser Art ist die Betrachtung der intertextuellen Beziehungen von Castigliones Briefelegie in der Regel erschöpft. An den Ausdruck von Prop. 4, 3, 1 hatte sich übrigens bereits Michael Marullus in seiner Castiglione sicher bekannten Briefelegie *Ad Neaeram* angeschlossen: *Haec mandata tibi mitto, formosa Neaera* (Ep. 2, 32, 1).

[38] R. W. Hanning, Castigliones Verbal Portrait, Structures and Strategies, in: R. W. Hanning und D. Rosand, Castiglione, The ideal and the real in Renaissance culture, New Haven und London 1983, S. 131ff., hier S. 133, nannte Ov. Her. 13, 151–158 (*quae referat vultus est mihi cera tuos:* | *illi blanditias, illi tibi debita verba* | *dicimus, amplexus accipit illa meos.* | *crede mihi, plus est, quam quod videatur imago:* | *adde sonum cerae, Protesilaus erit.* | *hanc specto teneoque sinu pro coniuge vero,* | *tamquam possit verba referre, queror.*) Castigliones "source" für V. 27–34 und verwies dafür auf ein Referat von H. P. Weissman auf der Jah-

übrigen betonte man in einem manchmal etwas entschuldigend klingenden Ton das nur Äußerliche und Phraseologische der — nicht näher bestimmten — klassischen Anleihen und die Spontaneität, Modernität und Wahrhaftigkeit der zum Ausdruck gebrachten Gefühle. Wegen der Übereinstimmung in gewissen Umständen sei es für Castiglione nur natürlich gewesen, sich etwas an das Beispiel, das Properz gegeben hatte, anzulehnen.[39] Warum er aber überhaupt, um seine "modernen" Gefühle auszudrücken, die doch erstaunliche Form eines Briefes seiner Frau an sich selbst wählte, blieb dabei völlig unberücksichtigt. J. Guidi deutete 1980 den Text in einer kurzen Bemerkung anachronistisch als Ausdruck einer gewissen narzißtischen Selbstgefälligkeit Castigliones, der seine Frau als völlig unterwürfig, gutgläubig und grenzenlos nachsichtig darstelle.[40] H. Dörrie hat die Epistel zwar in seiner Gattungsge-

---

restagung 1978 der Modern Language Association. Eindeutige Ausdrucksparallelen beweisen die ovidische Herkunft des analogen Motivs bei Castiglione. Allerdings hatte bereits L. Santenius in P. Burmannus Secundus, Sex. Aurelii Propertii Elegiarum libri IV cum commentario perpetuo [...], Utrecht 1780, S. 915, auf diese Beziehung aufmerksam gemacht. B. Maier hatte 1955 in der Einleitung zu seiner Ausgabe, s. Anm. 9, und in seiner Darstellung in Letteratura Italiana, 1961, s. Anm. 1, noch allgemein von nur vielleicht vorhandenen ovidischen Reminiszenzen gesprochen. Hanning nimmt für eine weitere Einzelheit Ovid in Anspruch. Er vermutet, Castigliones Ausdruck in V. 45 *Romae etiam fama est cultas habitare puellas* | enthalte einen Bezug auf Ovids Ars amatoria, weil *culta puella* dort ein wichtiger Begriff sei. Castiglione kannte gewiß die Diskussion des *cultus* in A. a. 3, 101ff., und V. 45 dürfte auch — allerdings nur phraseologisch und im Hinblick auf die Wortstellung — von A. a. 3, 51 *cultas ne laede puellas* | beeinflußt sein (der Begriff *culta puella* auch Prop. 1, 2, 26 und Tib. 1, 9, 74). Gemeint sind die "curiales" bzw. "cortigiane", deren Zahl in Rom viele Tausende betrug, vgl. zu ihnen G. Gnoli, La Lozana Andalusa e le cortigiane nella Roma di Leon X, in: ders., La Roma di Leon X, Quadri e studi, Mailand 1938, S. 185ff., wo S. 197 aus Pontius Cosentinus, Romitypion, Rom 1524, zitiert wird: *Lupanar est ibi* (sc. *Romae*), *et earum quae curiales dicuntur, tamquam curiae inservientes*. "Le cortigiane o curiales erano l'aristocrazia delle meretrici".

[39] Vgl. z.B. O. Antognoni, Appunti e Memorie, Imola 1889, S. 30f., "se v'è qualche ricordo classico, è nella frase; se l'intonazione e la chiusa son prese da una delle più celebri elegie di Properzio, ciò non significa altro se non che, esendovi corrispondenza di circostanze, era ben naturale, in chi non aspirava infine alla fama di poeta, togliere esempio da un antico" und — nicht viel anders — V. Cian, s. Anm. 1, S. 221, "forse non si dato mai in tal caso che la poesia latina della Rinascità attingesse ispirazione e materia con tale immediatezza spontanea e sincera dalla realtà vissuta e che l'educazione umanistica potesse offrirle agevolmente lo strumento espressivo più adatto e quindi più efficace. Certo il Castiglione fu bene ispirato quando pensò di trarre partito dalla finzione poetica suggeritagli da Properzio con la elegia (IV, iii) [...]".

[40] Siehe J. Guidi, De l'amour courtois à l'amour sacré : la condition de la femme dans l'œuvre de B. Castiglione, in: J. Guidi–M. F. Piejus–A. Ch. Fiorato, Images de la femme dans la littérature Italienne de la Renaissance, Préjugés misogynes et aspirations nouvelles, Paris 1980, S. 19ff., hier S. 54; ähnlich schon ders., Thyrsis ou la cour transfigure, in: D. Boillet–A. Godard–E. Mouriot, Ville et Campagne dans la littérature Italienne de la Re-

schichte des heroischen Briefes kurz erwähnt, ihren Inhalt jedoch etwas mißverstanden ("Castiglione mußte eine Reise nach Rom unternehmen. Er faßt nun den Abschiedskummer und die guten Ermahnungen seiner Frau Hippolyte halb scherzhaft, halb ernst in diesem Brief zusammen.") und ist auf Bedeutung und Stellung des Gedichts innerhalb der Geschichte des poetischen Briefes nicht näher eingegangen.[41] L. V. Ryan hat das Gedicht zuletzt (1985/88) im Rahmen eines kurzen Überblicks über die lateinische Dichtung Castigliones wieder sehr positiv gewürdigt ("he ingeniously imitates, and at times surpasses in sensitivity to the emotional concerns of woman, such classical forbears as Propertius and Ovid"), ohne in der Interpretation des Einzelnen über die bekannten Parallelen zu Properz 4, 3 und Ovid Ep. 13, 151ff. hinauszuführen.[42]

Als Grundlage für die weiteren Beobachtungen und Überlegungen sei nun zunächst der Text des poetischen Briefes gegeben, und zwar in der Fassung der Aldina, die nur an unerläßlich erscheinenden Stellen und in ihrer Interpunktion verbessert wurde. Die Abweichungen der anderen Druckfassungen sind aus dem Apparat ersichtlich. Damit werden erstmals anstelle des sonst nur wiederholten Textes der Q–Fassung die Veränderungen, die der Text in den Drucken des 16. Jahrhunderts erfuhr, einbezogen. In einer künftigen kritischen Ausgabe wäre auch die bislang unbekannte handschriftliche Überlieferung zu berücksichtigen.[43]

---

naissance, II. Le Courtisan travesti, Paris 1977, S. 141ff., hier S. 184. Zu Guidis Beurteilung s. unten S. 130.
[41] Vgl. H. Dörrie, Der heroische Brief, Bestandsaufnahme, Geschichte, Kritik einer humanistisch–barocken Literaturgattung, Berlin 1968, S. 209f., wo die Briefelegie ungenau auf "um 1515" datiert wird.
[42] Siehe L. V. Ryan, Baldassare Castiglione as a Latin Poet, in: Acta Conventus Neo–Latini Guelpherbytani, Proceedings of the Sixth International Congress of Neo–Latin Studies Wolfenbüttel 12–16 August 1985, ed. by St. R. Revard, F. Rädle, M. A. Di Cesare, Binghamton 1988, S. 299ff., hier S. 301f.
[43] Vgl. für die Drucke Anm. 4, 9, 12.

*Hippolyte mittit mandata haec Castilioni —*
  *Addideram imprudens, hei mihi, pene suo.*
*Te tua Roma tenet, mihi quam narrare solebas*
  *Unam delicias esse hominum atque deum,*
5 *Hoc quoque nunc maior, quod magno est aucta Leone,*
  *Tam bene pacati qui imperium orbis habet.*
*Hic tibi nec desunt, celeberrima turba, sodales;*
  *Apta oculos etiam multa tenere tuos.*
*Nam modo tot priscae spectas miracula gentis*
10  *Heroum et titulis clara trophaea suis,*
*Nunc Vaticani surgentia marmore templa*
  *Et quae porticibus aurea tecta nitent,*
*Irriguos fontes hortosque et amoena vireta*
  *Plurima, quae umbroso margine Tybris habet;*
15 *Utque ferunt, coetu convivia laeta frequentas*
  *Et celebras lentis ocia mista iocis*
*Aut cithara aestivum attenuas cantuque calorem —*
  *Hei mihi, quam dispar nunc mea vita tuae est.*
*Nec mihi displiceant, quae sunt tibi grata, sed ipsa est*
20  *Te sine lux oculis pene inimica meis.*
*Non auro aut gemma caput exornare nitenti*
  *Me iuvat aut Arabo spargere odore comas,*
*Non celebres ludos festis spectare diebus,*
  *Cum populi complet densa caterva forum*
25 *Et ferus in media exultat gladiator arena*
  *Hasta concurrit vel cataphractus eques.*
*Sola tuos vultus referens Raphaelis imago*
  *Picta manu curas allevat usque meas.*
*Huic ego delicias facio arrideoque iocorque,*

---

1 Hippolyte mitti mandata haec A(ldina), (Carmina) Q(uinque Illustrium Poetarum): Hippolyta εὐπράττειν iam dicit C(urio)
6 Tam A, Q: Iam C
12 quae Q, C: quà A
15 coetu A, Q: laetus C  frequentas A, C: frequenti Q
16 ocia A: otia Q, C
18 tuae est A, Q: tuae C
24 caterva A, C: corona Q
25 Et Q: At A, Aut C
29 delicias A, Q: delitias C  iocorque Q, C: iocosque A

30    *Alloquor et, tanquam reddere verba queat,*
      *Assensu nutuque mihi saepe illa videtur*
         *Dicere velle aliquid et tua verba loqui;*
      *Agnoscit balboque patrem puer ore salutat —*
         *Hoc solor longas decipioque dies.*
35    *At, quicunque istinc ad nos accesserit hospes,*
         *Hunc ego, quid dicas quid faciasve, rogo.*
      *Cuncta mihi de te incutiunt audita timorem —*
         *Vano etiam absentes saepe timore pavent.*
      *Sed mihi nescio quis narravit saepe tumultus*
40        *Miscerique neces per fora perque vias,*
      *Cum populi pars haec Ursum, pars illa Columnam*
         *Invocat et trepida corripit arma manu.*
      *Ne tu, ne, quaeso, tantis te immitte periclis!*
         *Sat tibi sit tuto posse redire domum.*
45    *Romae etiam fama est cultas habitare puellas,*
         *Sed quae lascivo turpiter igne calent.*
      *Illis venalis forma est corpusque pudorque.*
         *His tu blanditiis ne capiare, cave!*
      *Sed nisi te captum blanda haec iam vincla tenerent,*
50        *Tam longas absens non paterere moras.*
      *Nam memini, cum te vivum iurare solebas*
         *Non anima nec me posse carere diu.*
      *Vivis, Castilion, vivasque beatius opto;*
         *Nec tibi iam durum est me caruisse diu.*
55    *Cur tua mutata est igitur mens? cur prior ille,*
         *Ille tuo nostri corde refrixit amor?*
      *Cur tibi nunc videor vilis nec, ut ante solebam,*
         *Digna, tori sociam quam patiare tui?*
      *Scilicet in ventos promissa abiere fidesque,*

---

31   Assensu Q, C: Assentit A, Adsentit A$^{c(orrecta)}$
32   velle A$^c$, Q, C: vel A
34   longas A: longos Q, C
41   haec Q, C: hac A  Ursum A, Q: Ursam C
45   cultas A, Q: cunctas C
49   te A, C: iam Q  iam A, C: te Q
50   Tam A, Q: Iam C
52   anima nec me A, C: me, si cupias, Q
53   Vivis A, Q: Vivas C
58   sociam quam patiare A, Q: socia quam paterere C

60 *A nostris simul ac vestri abiere oculi.*
*Hic tibi nunc forsan subeunt fastidia nostri,*
  *Atque tua Hippolytes nomen in aure grave est.*
*Me tibi teque mihi sors et deus ipse dedere —*
  *Quodnam igitur nobis dissidium esse potest?*
65 *Verum, ut me fugias, patriam fugis, improbe? nec te*
  *Cara parens nati nec pia cura tenet?*
*Quid queror? en tua mi scribenti epistola venit,*
  *Grata quidem, dictis si modo certa fides,*
*Te nostri desiderio languere pedemque*
70   *Quam primum ad patrios velle referre Lares*
*Torquerique mora, sed magni iussa Leonis*
  *Iamdudum reditus detinuisse tuos.*
*His ego perlectis sic ad tua verba revixi,*
  *Surgere ut aestivis imbribus herba solet.*
75 *Quae licet ex toto non ausim vera fateri,*
  *Qualiacunque tamen credulitate iuvant.*
*Credam ego, quod fieri cupio, votisque favebo*
  *Ipsa meis; vera haec quis neget esse tamen?*
*Nec tibi sunt praecordia ferrea nec tibi dura*
80   *Ubera in Alpinis cautibus ursa dedit.*
*Nec culpanda viae est mora; nam praecepta deorum*
  *Non fas nec tutum est spernere velle homini.*
*Esse tamen fertur clementia tanta Leonis,*
  *Ut facili humanas audiat aure preces.*

---

60 nostris A, Q: nobis C
62 Atque tua W. L. (cf. v. 84): Atque tuo A, Et grave iam Q, Et grave C Hippolytes A, Q: Hippolytae C aure Q: ore A, C grave est A$^c$: est grave A, tua est Q, tuo est C
63–64 A, C: *omisit* Q
67 mi scribenti A, C: mi scribentis A$^c$, scribenti mihi Q
71 Torquerique A, Q: Torquerisque C
72 detinuisse A, Q: retinuisse C
73 verba A, Q: vota C
78 neget A, C: vetet Q
81 viae A: tua Q, C
84 facili A: facile Q, C aure Q (cf. Prop. 1, 1, 31): ore A, ille C

85  *Tu modo et illius numen veneratus adora*
        *Pronaque sacratis oscula da pedibus,*
    *Cumque tua attuleris supplex vota, adiice nostra*
        *Atque meo largas nomine funde preces!*
    *Aut iubeat te iam properare ad moenia Mantus*
90      *Aut me Romanas tecum habitare domos.*
    *Namque ego sum sine te veluti spoliata magistro*
        *Cymba, procellosi quam rapit unda maris;*
    *Et, data cum tibi sim orba utroque puella parente,*
        *Solus tu mihi vir, solus uterque parens.*
95  *Nunc nimis ingrata est vita, hei, mihi; namque ego tantum*
        *Tecum vivere amem, tecum obeamque libens.*
    *Praestabit veniam mitis deus ille roganti*
        *"Auspiciisque bonis et bene" dicet "eas".*
    *Ocyus huc celeres mannos conscende viator*
100     *Atque moras omneis rumpe viamque vora!*
    *Te laeta excipiet festis ornata coronis*
        *Et domini adventum sentiet ipsa domus.*
    *Vota ego persolvam templo inscribamque tabellae:*
        HIPPOLYTE SALVI CONIUGIS OB REDITUM.

---

86   da A, Q: fer C
88   largas A, Q: longas C
89   Mantus Q, C: * A
91   Namque A, Q: Nanque C   veluti A, Q: velut C
95   Nunc nimis A, Q: Nec minus C   hei A, C: haec Q
96   obeamque Q, C: obire A, et obire A$^c$   libens A, Q: lubens C
98   bene A, Q: tibi C
100  moras omneis A: moras omnes Q, moram statim C
101  festis A, C: festisque Q
104  Hippolyte A, Q: Hippolyta C.

Die folgende prosaische Übersetzung ist in die Absätze gegliedert, die die anschließende strukturelle Analyse erläutern wird:

Hippolyta schickt diese Bitten Castiglione — 'ihrem' hätte ich unklug, ach, beinah hinzugefügt.

Dich hält dein Rom fest, das, wie du mir oft erzähltest, allein der Lieblingsaufenthalt der Menschen und der Götter ist, jetzt noch größer dadurch, daß Leo der Große es vergrößerte, er, der die Herrschaft über den so gut befriedeten Erdkreis innehat. Da fehlt dir nicht die hochgerühmte Schar deiner Freunde; auch ist vieles geeignet, deine Augen festzuhalten. Denn bald betrachtest du die vielen Wunderwerke des alten Geschlechts und die durch ihre Inschriften berühmten Siegesmahle der alten Helden, bald die sich in Marmor erhebende Kirche des Vatikan und die golden glänzenden Paläste mit ihren Säulenhallen, die wasserreichen Brunnen und die Gärten und die vielen lieblichen grünen Anlagen, die den schattigen Rand des Tiber säumen. Und wie man berichtet, besuchst du häufig Gastmahle, die durch den Kreis ihrer Gäste erfreuen, und vergnügst dich an mit harmlosen Scherzen gemischten Mußestunden oder machst die sommerliche Hitze mit deiner Laute und deinem Gesang erträglicher — ach, wie verschieden ist jetzt mein Leben von deinem. Keineswegs soll mir mißfallen, was dir willkommen ist, aber ohne dich ist selbst das Tageslicht meinen Augen fast verhaßt. Es macht mir keinen Spaß, meinen Kopf mit Gold und blitzenden Edelsteinen zu schmücken oder meine Haare mit arabischem Duft zu besprengen oder an den Festtagen die gefeierten Turniere zu betrachten, wenn das Volk in dichter Schar den Marktplatz füllt und der Fechter mitten in der Arena wild frohlockt oder die gepanzerten Reiter mit ihren Lanzen aufeinander stürmen. Nur dein von Raffaels Hand gemaltes Porträt, das deine Züge mir zurückbringt, vermag, meinen Kummer immer zu lindern. Ich liebkose es, lache es an und scherze mit ihm, rede zu ihm und, als ob es antworten könnte, scheint es mir oft mit zustimmendem Nicken etwas sagen und deine Worte sprechen zu wollen. Dein kleiner Sohn erkennt seinen Vater und begrüßt ihn mit noch lallendem Mund. Das tröstet und täuscht mich über die langen Tage.

Doch welcher Freund auch immer von Rom zu uns kommt, ich frage ihn, was du sagst und was du tust. Alles, was ich über dich höre, jagt mir Angst ein — die Abwesenden ängstigt oft auch grundlose Furcht. Aber irgendeiner erzählte mir, daß bei Tumulten auf Plätzen und Straßen oft Menschen zu Tode kommen, wenn ein Teil des Volkes "Orsini", der andere "Colonna" ruft und mit erregter Hand nach Waffen greift. Bitte begib dich nicht in solche Gefahren! Laß es dir genug sein, sicher nach Hause zurückkehren zu können! Auch geht das Gerücht, daß in Rom

elegante Mädchen wohnen, doch solche, die schändlich heiß von sittenlosem Feuer sind. Schönheit, Leib und Schamgefühl verkaufen sie. Sieh dich vor, daß du dich durch ihre Lockungen nicht fangen läßt! Aber wenn dich solche angenehmen Fesseln nicht schon gefangen hielten, würdest du den langen Aufschub gar nicht ertragen. Denn ich erinnere mich, wie du mir schworst, du könntest in deinem Leben nicht lange ohne Atem und ohne mich sein. Doch du lebst, Castiglione, und ich möchte, daß du noch glücklicher lebst. Aber für dich ist es jetzt nicht mehr hart, lange ohne mich zu sein. Warum hat sich denn dein Sinn gewandelt? Warum ist deine einstige Liebe zu mir in deinem Herzen erkaltet? Warum bin ich dir jetzt gleichgültig und nicht mehr wie früher wert, Genossin deines Bettes sein zu dürfen? Natürlich, in den Wind verschwunden sind deine Versprechen und deine Treue, sobald deine Augen sich von meinen abwandten. Vielleicht bist du jetzt sogar meiner überdrüssig, und es ist dir lästig, den Namen Hippolyta zu hören. Gottes Fügung selbst gab mich dir und dich mir — was für eine Scheidung kann es also eigentlich zwischen uns geben? Doch um vor mir zu fliehen, fliehst du, Schurke, auch aus deinem Heimatland? Und hält dich weder deine liebe Mutter noch die gehörige Sorge um deinen Sohn zurück?
Aber was klage ich? Gerade, während ich dies schreibe, kommt dein Brief, ein erfreulicher Brief, wenn ich nur deinen Worten sicher vertrauen kann. Danach bist du matt vor Sehnsucht nach mir und willst deinen Fuß so rasch wie möglich zum heimatlichen Herd zurücklenken und leidest Folterqualen wegen des Aufschubs, und nur die Befehle Leos des Großen haben deine Rückkehr schon so lange verhindert. Als ich dies durchgelesen hatte, lebte ich auf deine Worte hin so auf, wie nach sommerlichen Regengüssen das Gras sich wieder zu erheben pflegt. Und wenn ich auch nicht wagen kann, deine Worte für ganz wahr zu halten, sie machen mir, wie auch immer sie gemeint sein mögen, auf Grund meiner Leichtgläubigkeit Freude. Ich will glauben, was ich wünsche, daß es geschieht, und werde gerne aufnehmen, was meinen Wünschen entspricht. Aber wer will auch leugnen, daß deine Worte wahr sind? Du hast kein eisernes Herz, und keine harten Euter gab dir in den Felsen der Alpen eine Bärin. Auch ist dir der Aufschub der Reise nicht vorzuwerfen. Denn die Befehle von Göttern mißachten zu wollen, ist für einen Menschen nicht rechtens und gefährlich. Des Leo Gnade soll jedoch so groß sein, daß er menschliche Bitten mit geneigtem Ohre hört. Verehre nur sein göttliches Wesen und bete es an, küsse gebeugt seine heiligen Füße und, wenn du flehentlich deine Wünsche vorbringst, füge meine hinzu und gieße die Bitten auch in meinem Namen reichlich aus! Er möge entweder dir befehlen, jetzt zu Mantos Mauern zu eilen, oder mir, in

Rom bei dir zu wohnen. Denn ich bin ohne dich wie ein Boot, das seinen Steuermann verloren hat und das die Wogen des stürmischen Meeres mit sich fortreißen. Und da ich dir gegeben wurde als ein Mädchen, das Vater und Mutter verloren hatte, bist du allein mir Mann, allein mir Vater und Mutter. Jetzt ist mir, ach, mein Leben nur zuwider. Denn nur mit dir möchte ich leben und mit dir will ich gerne sterben. Jener gnädige Gott aber wird dir, wenn du ihn bittest, Urlaub geben und wird sagen: "Geh mit guten Vorzeichen und reise wohl!"
Rasch besteige dann die schnellen Pferde für die Reise hierher, zögere keinen Augenblick und verschlinge deinen Weg! Dich wird dein Haus, geschmückt mit festlichen Girlanden, froh empfangen, und es wird die Ankunft seines Herrn selber spüren. Ich aber werde mein Gelübde in der Kirche erfüllen und auf die Tafel schreiben: "Hippolyta (weiht dies) wegen ihres gesunden Gatten Heimkehr".

Die Gedanken– und Stimmungsentwicklung läßt sich in Kürze folgendermaßen erfassen: Sie weist eine deutliche und auch umfangsmäßig absichtsvolle Gliederung des Textes in drei Abschnitte zu je 32 Versen auf, denen 2 einführende Verse vorausgehen und 6 abschließende folgen. Der eine Satz des ersten Distichon informiert im Hexameter über Absender, Adressat und Funktion des Briefes (*mandata*) und exponiert im Pentameter die die ersten zwei Drittel der Elegie beherrschende Stimmung der Klage. Es folgen die drei gedanklichen Einheiten gleichen Umfangs. Im ersten dieser Abschnitte (V. 3–34) stellt Hippolyta sich zunächst Castigliones angenehme Situation in Rom vor und vergegenwärtigt danach ihre unglückliche Einsamkeit ohne ihn. Die Beschreibung der vielfältigen Attraktionen und Vergnügungen, die er im Kreis seiner Freunde in Rom erlebt, schlägt in die Darstellung ihrer freudlosen Existenz um, in der das einzige, was sie noch trösten kann, sein so lebensecht von Raffael gemaltes Porträt ist, mit dem sie und ihr kleiner Sohn Zwiesprache halten. Im zweiten dieser Abschnitte (V. 35–66) stürzt sie sich in ständig schlimmere Befürchtungen über das Dasein ihres Mannes in Rom und seine Gefühle ihr gegenüber. Der Abschnitt setzt ein mit den Befragungen der aus Rom nach Mantua kommenden Freunde, deren Erzählungen sie in immer größere Sorgen geraten lassen, obwohl sie sich zunächst ihrer allzu großen Ängstlichkeit bewußt ist. Sie denkt an die äußeren Gefahren, die ihm bei Tumulten auf den Straßen drohen, dann aber noch mehr an die römischen Kurtisanen, deren Verführungskünsten ihr Mann zum Opfer fallen könnte — ein Gedanke, in den sie sich immer mehr hineinsteigert, bis sie zum Schluß verzweifelt an ihn appelliert, wenn nicht ihrer, so doch seiner Mutter und seines kleinen Sohnes zu gedenken. Im dritten dieser Abschnitte (V. 67–98) entwickelt sich die Stimmung gegenläufig. Der Abschnitt setzt wieder mit einer Nachricht aus Rom ein. Während des Schreibens erhielt sie gerade einen Brief ihres Mannes,

### 4. CASTIGLIONE, SEINE FRAU HIPPOLYTA UND OVID

der sie seiner Liebe versichert und darüber unterrichtet, daß er unfreiwillig auf Geheiß des Papstes in Rom weile und sich danach sehne, zu ihr zu kommen. Auch wenn sie zunächst noch schwankt, ob sie der guten Botschaft glauben darf, so besiegt doch bald der Wunsch ihre Zweifel, sie lebt wieder auf, spricht ihn von Schuld frei und bittet ihn, den Papst anzuflehen, ihn nach Mantua oder sie nach Rom kommen zu lassen. Ihre zur Unterstützung der Bitte vorgebrachten Argumente zeichnen ihre Hilflosigkeit ohne ihn und ihre uneingeschränkte Liebe zu ihm. Sie gewinnt durch die Darlegung ihrer Argumente die Gewißheit, daß der Papst die Bitte gnädig gewähren und ihren Mann nach Mantua entlassen wird. In den letzten drei Distichen (V. 99–104) bittet sie ihren Mann, daraufhin rasch zu ihr zu kommen. Er wird in seinem Haus freudig empfangen werden, und sie wird ihre Gelübde für seine Heimkehr in der Kirche erfüllen.

Nach der anfänglichen Klage, von der sich Hippolyta in V. 67 zu Anfang des dritten Abschnitts ausdrücklich wegruft (*Quid queror?*), ist die Elegie am Ende zu einer Inschrift gelangt, die die Erfüllung ihrer *vota* (V. 103) dokumentieren soll — so hat Castiglione es vermutlich gesehen und gemeint, damit die bekannte Aussage des Horaz (A. P. 75f. *versibus inpariter iunctis querimonia primum, | Post etiam inclusa est voti sententia compos*), die er als Regel für eine Elegie auffaßte, erfüllt zu haben. Diese Auffassung entsprach einer im 16. Jahrhundert verbreiteten Interpretation der Horazstelle in Hinsicht auf die für eine Elegie geforderte Thematik.[44]

Innerhalb dieser Gattung steht der Text natürlich in der Tradition der Epistel, und zwar der von einem männlichen Dichter fingierten elegischen Epistel einer Frau an ihren abwesenden geliebten Mann, einer poetischen Form, die Properz im dritten Gedicht seines vierten Elegienbuches für die lateinische Literatur begründet hatte, wo Arethusa in Rom ihrem an der Grenze des römischen Reiches Kriegsdienst leistenden Lycotas schreibt. Die griechischen

---

[44] Vgl. W. Ludwig, Petrus Lotichius Secundus and the Roman elegists: prolegomena to a study of Neo–Latin elegy, in: R. R. Bolgar, Hrsg., Classical influences on European culture A. D. 1500–1700, Cambridge 1976, S. 171ff., jetzt in: W. Ludwig, Litterae Neolatinae, hrsg. von L. Braun u.a., München 1989, S. 202ff. Die Gliederung der Briefelegie läßt sich bis zu einem gewissen Grade auch durch die rhetorischen Begriffe zur Disposition der Rede beschreiben: *exordium* (1–2), *narratio* bzw. *descriptio* (3–34), *argumentatio* (35–98); unterteilt in die Abschnitte 35–66 und 67–98), *peroratio* (99–104). Castigliones rhetorische Ausbildung kann zu dieser klaren Durchformung beigetragen haben. Durch die Tradition der Elegie ist jedoch die Stimmungsbewegung geprägt, die von der sich zunächst steigernden Klage durch den Umschlag in V. 67ff. zu der Aussicht auf die Erfüllung der Wünsche gelangt. Zu der den Umschlag ermöglichenden neuen Nachricht s. unten S. 96f.

Eigennamen sind hier offensichtlich Pseudonyme für ein römisches Ehepaar.[45] Man hat zu Recht festgestellt, daß Castiglione im ersten und letzten Distichon mit der Adresse bzw. der Votivinschrift sich besonders eng an das erste und letzte Distichon dieser Properzelegie angeschlossen hat,[46] aber auch im Innern der beiden Elegien bestehen motivische Beziehungen: in der Vorstellung des fernen Aufenthaltsorts des Mannes, die gleichfalls mit *te* [...] einsetzt,[47] im folgenden Umschlag der Blickrichtung auf die eigene Situation, in der Erinnerung an die einstige Hochzeit und die versprochene eheliche Treue, im Gedanken an die dem Mann von außen drohenden Gefahren, im darauf folgenden Übergang zu erotisch eifersüchtigen Befürchtungen und schließlich in der Vision der Rückkehr.

Ovid hatte die poetische Erfindung des Properz als Anregung aufgegriffen, in die mythische Szene transponiert und in die Sammlung seiner *Epistulae heroidum* entfaltet. Castiglione hat Ausdrücke und Wendungen, aber auch Gedanken, Motive und strukturierende Elemente aus diesen in einem überaus großen und bisher nicht beachteten Umfang übernommen Die Mehrzahl der 18 ovidischen Frauenbriefe ist davon betroffen. Besonders zahlreich und wichtig sind die Übernahmen aus den Briefen der Penelope,[48] der Hypsipyle,[49] der

---

[45] Dies wurde früh bemerkt, und man suchte teilweise die realen Personen hinter den Pseudonymen zu identifizieren. J. Passeratius (1608) tippte auf Postumus und Galla aus der situationsverwandten Elegie 3, 12, was P. Burmannus Secundus (1780) übernahm. — Zur im allgemeinen anerkannten zeitlichen Priorität von Prop. 4, 3 gegenüber Ovids Epistulae Heroidum — die Controverse reicht vom siebzehnten bis ins zwanzigste Jahrhundert — vgl. W. Kraus, RE 18, 1942, Sp. 1926f., und H. Jacobson, Ovid's Heroides, Princeton 1974, S. 10, 318, 347.

[46] Vgl. oben Anm. 37.

[47] Siehe Prop. 4, 3, 7ff. mit anaphorisch wiederholtem *te*. Zu V. 3 *Te tua Roma tenet* vgl. außerdem Tib. 1, 3, 3 *Me tenet ignotis aegrum Phaeacia terris*, Ov. Am. 2, 16, 1 *Pars me Sulmo tenet Paeligni tertia ruris* und Trist. 3, 4, 47 *Proxima sideribus tellus Erymanthidos Ursae | me tenet*.

[48] Vgl. Ov. Ep. 1, 59f. *Quisquis ad haec vertit peregrinam litora puppim, | ille mihi de te multa rogatus abit* mit V. 35f. (dazu siehe unten); 1, 11f. *Quando ego non timui graviora pericula veris? | res est solliciti plena timoris amor. | In te fingebam violentos Troas ituros* und 71f.; *Quid timeam ignoro: timeo tamen omnia demens, | et patet in curas area lata meas* mit V. 37f. (dazu siehe unten); 1, 15 *Si quis* (!) *Antilochum narrabat* (!) *ab Hectore victum* mit V. 39; 1, 73ff. *quaecumque aequor habet, quaecumque pericula* (!) *tellus | tam longae* (!) *causas suspicor esse morae* (!). | *haec ego dum stulte meditor, quae vestra libido est, | esse peregrino captus* (!) *amore potes* mit V. 43-50 (dazu siehe unten); 1, 97ff. — in Erinnerung an Laertes und Telemach — mit V. 65f. (dazu siehe unten); 1, 27 *grata ferunt nymphae pro salvis dona maritis* mit V. 104.

[49] Vgl. Ov. Ep. 6, 23ff. *Nuper ab Haemoniis hospes* (!) *mihi Thessalus oris | venerat et tactum vix bene limen erat: | Aesonides dixi, quid agit meus?* [...] *tua facta requirere coepi* mit V. 35f. (dazu s. unten); 6, 79ff. *semper verebar* [...] *timui* mit V. 37f. (dazu s. unten); 6, 32ff. *narrat*

## 4. Castiglione, seine Frau Hippolyta und Ovid

Deianira,[50] der Laodamia[51] und der Sappho,[52] im weiteren sind Stellen aus den Briefen der Phyllis,[53] der Briseis,[54] der Dido,[55] der Hermione,[56] der Ariadne,[57] der Canace,[58] der Medea[59] und der Hero[60] benützt. Hierbei handelt es sich meist nicht um phraseologische Äußerlichkeiten, sondern um Ausdrucksweisen für übereinstimmende Gedanken und Gefühle. Auch ist Castiglione dem Prinzip Ovids gefolgt, während des Briefes die subjektive Perspektive der Schreiberin zu wahren und dadurch ihren Charakter indirekt darzustellen. Die Art der Übernahme soll an ausgewählten Beispielen näher illustriert werden. Es ist hier nicht der Raum, in diesen ersten Beobachtungen zur Ovid–Rezeption in Castigliones Briefelegie eine eingehende und detaillierte Interpretation aller Beziehungen zu liefern.

---

[...] | *subito natos arma tulisse viros* | *terrigenos populos civili Marte peremptos* mit V. 39ff.; 6, 39ff. *singula dum narrat, studio cursuque loquendi* | *detegit ingenio vulnera facta suo.* | *heu, ubi pacta fides? ubi connubalia iura?* mit V. 45ff.; 6, 43f. *non ego sum furto tibi cognita, pronuba Juno* | *adfuit et sertis tempora vinctus Hymen* mit V. 63; 6, 119ff. — Erinnerung an die Jason geborenen Kinder — mit V. 66; 6, 62 *uterque parens* | mit V. 94; 6, 74ff. *nunc quoque te salvo persolvenda mihi.* | *vota ego persolvam? dona feram templis* mit V. 103f.

[50] Vgl. Ov. Ep. 9, 36 *torqueor, infesto ne vir ab hoste cadat* mit V. 37ff.; 9, 47f. *haec mihi ferre parum est: peregrinos addis amores,* | *et mater de te quaelibet esse potest* mit V. 45ff. (dazu s. unten); 9, 143f. mit V. 67 (s. unten).

[51] Vgl. Ov. Ep. 13, 23 *lux quoque tecum abiit* mit V. 20; 13, 151ff. mit V. 27ff., s. Anm. 38; 13, 149f. *nos sumus incertae* | *nos anxius omnia cogit,* | *quae possunt fieri, facta putare timor* mit V. 37f.; 13, 77f. *tu tantum vivere pugna* | *inque pios dominae posse redire sinus* mit V. 44.

[52] Vgl. Ov. Ep. 15, 204 mit V. 2 (s. unten; vgl. auch Ov. Ex P. 3, 6, 1); 15, 73ff. mit V. 21ff. (s. unten); 15, 213f. *solve ratem [...] tu modo solve ratem* mit V. 99f.

[53] Vgl. Ov. Ep. 2, 15 *timui* mit V. 37; 2, 103ff. *te iam tenet altera coniunx* | *forsitan et, nobis qui male favit, amor:* | *utque tibi excidimus, nullam, puto Phyllida nosti.* | *heu mihi, si, quae sim Phyllis et unde, rogas!* mit V. 49f., 61f.; 2, 25 *ventis et verba et vela dedisti* mit V. 59.

[54] Vgl. Ov. Ep. 3, 51f. *tot tamen amissis te conpensavimus unum:* | *tu dominus, tu vir, tu mihi frater eras* mit V. 94. Möglich ist hier auch eine Einwirkung von Andromaches Worten in Ilias 6, 413 und 429f.

[55] Vgl. Ov. Ep. 7, 10 *idem venti vela fidemque ferent* mit V. 59 (jedoch ist das Motiv, daß Schwüre von den Winden verweht werden, ein in der antiken Dichtung häufiger Topos, vgl. bes. auch Ov. Am. 2, 16, 43ff.).

[56] Vgl. Ov. Ep. 8, 76 *omnia solliciti plena timoris erant* mit V. 37.

[57] Vgl. Ov. Ep. 10, 73ff. mit V. 51ff. (s. unten); 105 *praecordia ferrea* mit V. 79.

[58] Vgl. Ov. Ep. 11, 63 *ad tua verba revixi* mit V. 73.

[59] Vgl. Ov. Ep. 12, 9ff. *cur [...]? | cur [...]? | cur [...]?* | mit V. 55ff. (s. dazu unten); 12, 189 *si tibi sum vilis, communis respice natos* mit V. 57 (*vilis* in diesem Sinn auch z.B. Ep. 3, 41) und 66; 12, 185 *praecordia ferrea* mit V. 79.

[60] Vgl. Ov. Ep. 19, 69ff. *cur [...]? | cur [...]? | cur [...]? | cur [...]?* | mit V. 55ff. Aus Ov. Ep. 16 (Paris) sind zwei spezifische Wendungen entnommen und kontrastiv variiert: vgl. 97 *sed mihi cunctarum subeunt fastidia* mit V. 61 und 317 *te mihi meque tibi communia gaudia iungant* mit V. 63.

## VI. EPIGRAMMATIK, ELEGIE, HEROIDENBRIEF UND LYRIK

In Castigliones erstes Distichon ist nicht nur Prop. 4, 3, 1f. eingegangen, vielmehr hat der für seine Spontaneität gerühmte Pentameter[61] seine entscheidende Anregung von Ov. Ep. 15 (Sappho), 203f. *abstulit omne Phaon, quod vobis ante placebat — | me miseram, dixi quam* (in Ausgaben der Zeit auch *quem*) *modo pene 'meus' |* empfangen, wobei Castiglione das pathetische *me miseram*[62] durch das synonyme und gleichfalls ovidische *hei mihi* ersetzte. Die Wirkung der Spontaneität wird durch ihre bedachte Herstellung nicht geschmälert.

In V. 21f. hat Castiglione eine konzentrierte Variation der vier Verse gegeben, in denen Sappho sich in ihrem Kummer ohne Edelsteine, Gold und arabischen Myrrhenduft beschreibt (Ep. 15, 73ff. *Ecce iacent collo sparsi sine lege capilli | nec premit articulos lucida gemma meos, | veste tegor vili, nullum est in crinibus aurum, | non Arabo noster rore capillus olet |*).[63] Polizian hat in seinem Kommentar zum Sappho–Brief in Anwendung von Cic. Inv. 1, 107ff. diese Stelle als *Pathos ab habitu et quintus locus conquestionis, per quem omnia ante oculos singulatim incommoda ponuntur, ut videatur is, qui audiat, videre et re quoque ipsa, quasi adsit, non verbis solum ad misericordiam ducatur* bezeichnet.[64] Castiglione fügt das Bild der Spiele und Turniere in Mantua hinzu, auf deren Anblick Hippolyta verzichtet.

Daß die Verse über Raffaels Bild (V. 27–34) in Konzeption und Ausdruck Ovid Ep. 13 (Laodamia), 152ff. verpflichtet sind, hat man, wie oben erwähnt, kürzlich wieder beobachtet.[65] Es ist jedoch nicht aufgefallen, daß bereits Pontano in seiner elegischen *Philippi ad Faustinam Epistola* (Am. 1, 10), in der Faustina mit — ovidischen — *veteres heroides* verglichen wird (Am. 1, 10, 11ff.; Hermione, Helena, Hero und Laodamia, später auch Cydippe werden genannt), die Briefstelle aufgegriffen hat, in der Laodamia ihren Umgang mit der *cerea imago* des Protesilaus beschreibt (Am. 1, 10, 47ff.). Ein Vergleich der drei Stellen zeigt, daß Pontano die erotische Deutlichkeit Ovids verstärkt, Ca-

---

[61] Vgl. V. Cian, s. Anm. 1, S. 223, "Efficace nella sua spontaneità è [...] il tocco, nel secondo verso [...], quasi a dire, sospirando, che egli, il suo Castiglione, era tanto lontano e da così lungo tempo assente, da non poterlo dire più suo, da considerarlo ormai perduto".

[62] Vgl. E. Lazzeri, A. Poliziano, Commento inedito all' Epistola Ovidiana di Saffo a Faone, Florenz 1971, S. 73, zur Stelle *me miseram: pathetice*.

[63] Dasselbe Motiv erscheint in Ov. Ep. 13 (Laod.), 31ff., eine Stelle, die Pontano verwertete, s. De amore coniugali 1, 6, 31ff. (zitiert unten S. 112).

[64] Siehe E. Lazzeri, s. Anm. 62, S. 61.

[65] Siehe oben Anm. 38. Das in den Louvre gelangte Bild ist oft abgebildet worden; zu seiner Entstehung 1514/16 vgl. J. Pope–Hennessy, The portrait in the Renaissance, London und New York 1966, S. 114, 316. Laodamia galt in der Antike und Renaissance immer als vorbildhafte Ehefrau (vgl. auch Anm. 87). Der Ersatz des fernen Ehemanns durch eine Wachsplastik wird m.W. nie kritisch oder komisch gesehen.

## 4. Castiglione, seine Frau Hippolyta und Ovid

stiglione sie mildert und zusätzlich die familiäre Szene mit dem das Bild ansprechenden kleinen Sohn hineinbringt.

Der nach Nachrichten über den Mann ausgefragte Ankömmling (V. 35ff.), das strukturierende Element für den Beginn des zweiten Hauptabschnitts, hat seine Vorbilder in Ov. Ep. 1 (Penelope), 59f. und 6 (Hypsipyle), 23ff.; Castiglione verwertet beide Stellen auch im Ausdruck. Die die Gefahren des abwesenden Geliebten vergrößernden Befürchtungen der Frauen sind ein bei Ovid immer wieder artikuliertes Motiv: Ep. 1 (Penelope), 11f.; 71f.; 2 (Phyllis), 15; 6 (Hypsipyle), 79; 8 (Hermione), 76; 9 (Deianira), 36; 13 (Laodamia), 149f. Von den Befürchtungen für Leib und Leben ihres fernen Geliebten zu eifersüchtigen Vorstellungen gelangen gleichermaßen Penelope (Ep. 1, 73ff.), Phyllis (Ep. 2, 103ff.), Hypsipyle (Ep. 6, 39ff.) und Deianira (Ep. 9, 47f.).

Auch die Erinnerung an einen einstigen Schwur ist in den Heroidenbriefen häufig. Castiglione hat bei seiner Erfindung in V. 51–54 sich speziell von Ov. Ep. 10 (Ariadne), 73ff. helfen lassen, wo gleichfalls dem einstigen Schwur auf eine lebenslängliche Bindung das jetzige getrennte Leben gegenübergestellt wird:

*Cum mihi dicebas, per ego ipsa pericula iuro*
 *Te fore, dum nostrum vivet uterque, meam.*
*Vivimus, et non sum, Theseu, tua; si modo vivis,*
 *Femina periuri fraude sepulta viri!*

Die Paronomasie der beiden Formen von *vivere* im dritten Vers mit dazwischengestelltem Vokativ hat Castiglione mit veränderter Pointierung übernommen. Zu dieser Stelle (V. 53) findet sich in einem Exemplar der Curio-Ausgabe von 1570 die handschriftliche Marginalbemerkung *elegans anaphora*.[66]

Dieselbe Hand schrieb dort neben V. 55 *elegans exemplum anadiplosis*. Das bezieht sich auf *ille, | ille*. Die Wirkung dieser Wiederholung läßt sich gut durch die Rhetorik ad Herennium 4, 28, 38 erfassen: *conduplicatio est cum ratione amplificationis aut commiserationis eiusdem unius aut plurium verborum iteratio [...] vehementer auditorem commovet [...]*. Vermutlich hatte Castiglione bei der Anwendung dieser Figur auch im Sinn, was Georgius Merula in seinen 1481 und oft danach gedruckten Annotationes zum Sapphobrief schrieb, als er Ov. Ep. 15, 40 (*nulla futura tua est, nulla futura tua est!*) so erklärte: *Hic ego aliquid subiungam ex occultis Graecorum commentariis sumptum, conduplicatio-*

---

[66] Siehe C. S. Curio, s. Anm. 18, S. 267–270, Exemplar der Herzog August Bibliothek Wolfenbüttel, P. 2052. 8° Helmst. Zu V. 102 dort: *elegans exemplum metonymiae et metaphorae*.

*nem istam non tam ad emphasim esse factam ab Ovidio quam ut geminando eadem verba characterem Sapphus demonstraret, quae, ut Demetrius Phalereus author est* (gemeint ist Dem. Περὶ ἑρμ. 140) *gratiam suis carminibus ἐκ τῆς ἀναδιπλώσεως quaesivit. Nam ubi περὶ χάριτος λόγου praecepta tradit de charactere Sapphus haec scribit: sermonis gratiae, quae per figuras fiunt, manifestae et plurimae sunt apud Sappho: quemamodum anadiplosis, ubi nympha ad Partheniam ait:* παρθενία, παρθενία, τοὶ μέλιπους ἀοίχη (frg. 114, 1 LP), *quae respondet ad eam per eandem figuram* οὐκέτι ἥξω πρὸς σέ, οὐκέτι ἥξω (frg. 114, 2 LP). *Major enim gratia apparet quam si semel esset dictum et sine figura* (zitiert nach Ovid, Heroides Epistolae cum omnibus commentariis [...], Venedig 1543, S. 165). Georgius Merula war der Lehrer des jungen Castiglione in dessen Mailänder Jahren 1492–1499 und hat bei ihm vielleicht zuerst das Interesse an den *Heroidum Epistulae* geweckt Die Erläuterung zeigt, mit welcher Aufmerksamkeit für Wirkung und Imitationsabsicht einzelne Stellen der Briefe interpretiert wurden und wie eine emotional so spontan wirkende Stelle wie das wiederholte *ille* mit Bedacht und mit einer bis auf Sappho zurückgehenden Imitationsabsicht formuliert sein dürfte. Eine ovidische Stilimitation stellen auch die mehrfachen *cur*–Fragen in V. 55–58 dar, vgl. Ep. 12, 9ff., Ep. 19, 69ff., Trist. 4, 7, 5ff. Sie sollen spontan wirken und dem Gefühlsausbruch entsprechen, aber zugleich will Castiglione sozusagen *characterem Ovidii demonstrare*. "La facilità, il bell'ordine, l'abundanza, le belle sentenzie, le clausule numerose", die Castiglione in seinem Cortegiano (Buch 1, Kap. 36) in jeder Sprache für erstrebenswert erklärt, machen beides möglich: die angemessene Darstellung der Emotionen und zugleich die stilistische Imitation der antiken Dichter.

Zurück zu motivischen Entsprechungen: An ihre reguläre Hochzeit bzw. ihre feste eheliche Bindung erinnern auch Hypsipyle (Ep. 6, 43f.) und Penelope (Ep. 1, 83f.), auf die Hilfsbedürftigkeit ihrer Kinder weisen Hypsipyle (Ep. 6, 119ff.) und Medea (Ep. 12, 187), und wenn Hippolyta ihren Mann Castiglione am Ende des zweiten Hauptabschnitts an seine Verpflichtungen gegenüber seiner Mutter und seinem Sohn erinnert (V. 65f.), ist dies zwar der realen Situation nach passend, an dieser Stelle aber wohl mitbedingt durch die Mahnung der Penelope am Ende ihres Briefes an Odysseus, er möge auch wegen Laertes und Telemachus nach Hause kommen (Ep. 1, 97ff.); seine Tochter Anna erwähnt Castiglione hier nicht.

Castiglione läßt den Brief hier jedoch noch nicht enden, sondern beginnt den dritten Hauptabschnitt mit der Erfindung, daß die Schreibende während der Niederschrift ihres Briefes eine neue Nachricht, ein erfreulicher Brief ihres Mannes, erreicht. Dieses strukturierende Element ist mit bezeichnenden Teilen seiner Formulierung dem Brief der Deianira entnommen, die, während sie ihren Brief schreibt, umgekehrt die Nachricht vom Tod des Herkules erhält (Ep. 9, 143f.):

*Sed quid ego haec refero? scribenti nuntia venit*
*fama virum tunicae tabe perire meae.*

Zu vergleichen sind hiermit Ausdrücke und Syntax in V. 67–72: *Quid queror? en tua mi scribenti epistola venit,* | *grata quidem* [...] | *te nostri desiderio languere* [...]. Ovid hat den Regietrick der während des Schreibens eintreffenden Nachricht nur im Deianira–Brief angewendet. Er macht, wie bereits J. Badius Ascensius in seinem Kommentar (1500 und öfter) bemerkte, ihren Brief überhaupt erst möglich, da sie bei einem früheren Eintreffen der Nachricht sich umgebracht und keinen Brief geschrieben hätte, in dem sie sich über ihre Nebenbuhlerin beklagte. Auch Hippolyta hätte nicht ihre schlimmen Befürchtungen über die Erfolge ihrer vermeintlichen Konkurrentinnen in Rom äußern können, wenn sie den Brief ihres Mannes bereits vorher gehabt hätte. Hätte sie den Brief aber während des Schreibens nicht mehr erhalten, hätte ihr Brief in ihrer verzweifelten Stimmung enden müssen. Der Brief im Brief macht die Liebeserklärung beider Ehepartner in einem einzigen Gedicht möglich, er erlaubt, den Stimmungsumschwung und die nun einsetzende positive Gedankenentwicklung darzustellen. Ein derartiger Stimmungswechsel hat in keinem der ovidischen Heroiden–Briefe ein Vorbild, die im Gegenteil fast alle von der *querimonia* beherrscht sind, die sich öfters — wie bei Deianira — noch verstärkt.[67] Die gegensätzliche Stimmungsentwicklung entsprach für Castiglione jedoch den vollen Möglichkeiten der elegischen Form, wie er sie theoretisch durch die Ausführungen in Horazens *Ars poetica* und praktisch durch die Stimmungsbewegungen in manchen Elegien des Tibull und Properz kannte.

Vereinzelt finden sich Bezüge zu den verschiedensten anderen antiken Werken, besonders zu Ovids *Tristia* und *Epistulae ex Ponto*,[68] daneben unter ande-

---

[67] Wie ein Leitwort erscheinen Formen von *queri* in Ep. 1, 8; 2, 2; 3, 5f.; 5, 6; 6, 17 | *quid queror* [...] ? (vgl. V. 67!); 7, 30; 8, 88; 9, 3; 10, 6; 13, 108, 152; vgl. auch 15, 7 *elegi quoque flebile carmen.*
[68] Es sind hier hauptsächlich phraseologische Parallelen zu verzeichnen: zu V. 7 *sodales* | — Begriff und Stellung im Vers — Trist., auch Ex P. öfters; zu V. 9 *aurea tecta* bes. Ex P. 2, 1, 41f.; zu V. 25 *gladiator arena* | Trist. 2, 17, Ex P. 2, 8, 53 (*cataphractus eques* | in V. 26 nach Prop. 3, 12, 12); zu V. 45 oben Anm. 38; zu V. 47 *corpusque pudorque* Ep. 3, 141, Met. 7, 72 und 8, 327; zu V. 58 *tori socia* Ex. P. 2, 8, 29; zu V. 68 *grata quidem* Ex P. 4, 8, 1f.; zu V. 85, der Vergöttlichung Leos X., s. unten S. 141f.; zu V. 91, der geläufigen Schiffsmetapher, zu der B. Maier, wie Anm. 9, mit Recht Castiglione Canzone 1, 27ff. und Petrarca Son. 177, 7f. verglich, ihre gerade in Trist. (5, 2, 42; 5, 6, 7; 5, 9, 17) und Ex P. (1, 4, 35ff.; 2, 9, 9; 3, 2, 5f.; 4, 3, 5f.; 4, 4, 7; 4, 8, 28; 4, 12, 42) sehr häufige Verwendung (Castiglione gebrauchte sie auch in einem Brief an seine Mutter vom 31.7. 1505 in bezug

rem zu Vergil,[69] Horaz und Catull, aber auch zu Plinius dem Älteren und dem Jüngeren[70] und zur *Historia Augusta*. Es kann sich dabei um so auffallende Reminiszenzen handeln wie in V. 96, wo die Schlußzeile von Hor. carm 3, 9 nahezu völlig aufgenommen wird,[71] oder um solche, die stilistische Feinhörigkeit verlangen wie die Metaphorik von *viam vorare* in V. 100, die sich antik nur bei Catull (carm. 35, 7) findet, oder — in V. 83f. — um eine nur vom Kenner wahrzunehmende scherzhafte Anspielung auf eine Angabe in der *Naturalis Historia* des Plinius (vgl. N. H. 8, 42ff., bes. 48 *Leoni tantum ex feris clementia in supplices: prostratis parcit [...] credit Libya intellectum pervenire ad eos precum*)[72] oder um die vermutliche Quelle von Hippolytas Gedanken über ihre *credulitas* in V. 75–78 (über Ov. Ep. 6, 21 *credula res amor est* hinaus vgl. Hist. Aug. 17, 2, 3 *ut sese habent vota hominum ad credulitatem festinantium, cum, quod optant, verum esse desiderant* — die Vita des Heliogabalus wurde von Humanisten gerne gelesen!).[73] Eingebettet in solche Bezüge zu vielen

---

auf seinen Bruder, s. J. Cartwright, wie Anm. 1, Bd. 1, S. 142). Zu der prinzipiell wichtigen Bedeutung der Tristien für das Aufkommen humanistischer Dichtung über die eigene Ehefrau s. unten S. 125ff.

[69] Es handelt sich um die übliche phraseologische und gelegentlich motivische Verwertung. Vgl. z.B. zu V. 3 A. 1, 229, s. Anm. 89, zu V. 13 G. 4, 32 *irriguum fontem*, A. 6, 638 *et amoena vireta*, zu V. 42 A. 6, 290 *corripit hic [...] trepidus formidine ferrum*, 11, 453 *arma manu trepidi poscunt*, 12, 901 *manu trepida*, zu V. 63 A. 4, 651 *Dulces exuviae dum fata deusque sinebant* (danach bereits die vollständige Übernahme dieses Verses in Castiglione: *De Elisabetha Gonzaga canente*, 1; *fata deusque* können im Sinne von *fata Iovis*, A. 4, 614, verstanden werden; im Gegensatz zu Dido und Aeneas wurden Hippolyta und Castiglione durch des christlichen Gottes Fügung zusammengeführt, weshalb es auch ein *dissidium* für sie nicht geben kann — der Ausdruck erinnert an Ov. Met. 14, 79 über Dido: *non bene dissidium* — so die alten Ausgaben statt *discidium* — *Phrygii latura mariti*), zu V. 74, dem Bild des sommerlichen Regens und der *herbae* G. 1, 107ff., 4, 312f., 427 (die Übertragung der Pflanze auf die liebende Frau jedoch nach Cat. 11, 22ff.), zu V. 80 A. 4, 366 *duris genuit te cautibus horrens | Caucasus, Hyrcanaeque admorunt ubera tigres* (zitiert von B. Maier, wie Anm. 9), zu V. 89 A. 10, 199 *Mantus* mit Servius z. St. (B. Maier, wie Anm. 9, verweist für Manto auf Dante Inf. 20, 52ff.), zu V. 97 E. 1, 7 (s. S. 118 mit Anm. 98), zu V. 100 A. 9, 13 *rumpe moras omnes*.

[70] Siehe unten Anm. 89.

[71] Die horazische Ode *Donec gratus eram* war besonders beliebt; vgl. später das exzessive Lob J. C. Scaligers in Poetices libri VII, Lyon 1561 und öfter, Buch 6, Kap 7, und die zehn Parodien dieser Ode von verschiedenen Verfassern in C. Cunradus, Parodiarum ad Horati Flacci Melpomenen variorum autorum et argumenti varii Centuria [...], Öls/Schlesien 1606.

[72] *Libya* haben die älteren Ausgaben statt *Iuba*. Vgl. zur *clementia* Leos X. auch Castiglione, Brief an Leo X., wie Anm. 92, S. 533 "E questo è lo essere veramente Pastore clementissimo, anzi Padre ottimo di tutto il mondo".

[73] Poggio erinnert in seinem berühmten Brief über Baden an die *contio Heliogabali* in Hist. Aug. 17, 26 (s. Poggio Bracciolini, Lettere, ed. H. Harth, Bd. 1, Florenz 1984, S. 46, Z.

Werken der antiken Literatur, ist der Text jedoch deutlich auf die Gattungstradition der Elegie und des Heroidenbriefes ausgerichtet.

Die ovidischen Briefe waren in der zweiten Hälfte des 15. Jahrhunderts bei ihren Lesern sehr beliebt.[74] Dies äußert sich unter anderem in ihrer damals einsetzenden lateinischen und volkssprachlichen produktiven Rezeption, die einerseits zur Komposition von drei Antwortbriefen im Namen der ange-

---

33, wo die Anspielung im Kommentar nicht vermerkt wird). Leonardo Bruni verfaßte im Anschluß an diese *contio Heliogabali* die *Oratio Heliogabali, Romanorum imperatoris, habita in concione ad meretrices*. Für ihre Verbreitung vgl. L. Bertalot, Initia Humanistica Latina, bearbeitet von U. Jaitner–Hahner, Bd. II/1, Tübingen 1990, Nr. 9587. Ihr Text wurde bis ins 18. Jahrhundert nachgedruckt, z.B. noch in (N. Chorier), Johannis Meursii Elegantiae Latini sermonis seu Aloisia Sigaea Toletana [...], London 1781, Bd. 2, S. 192ff.

[74] Für eine Darstellung der Rezeptionsgeschichte der ovidischen Heroides im fünfzehnten und sechzehnten Jahrhundert fehlen noch die Vorarbeiten. H. Dörrie geht weder in seiner Ausgabe der Epistulae Heroidum, Berlin 1971, noch in seiner Monographie über den heroischen Brief auf sie ein. (Zur Rezeption des Sapphobriefes vgl. jedoch dens., Publius Ovidius Naso, Der Brief der Sappho an Phaon, München 1975, S. 1ff., 61ff.). Es sind etwa 100 Humanisten–Handschriften in Katalogen erfaßt (H. Dörrie, Gnomon 32 [1960], S. 520); mindestens 16 Drucke sind zwischen 1471 und 1520 bekannt; in der gleichen Zeit entstanden eine ganze Reihe von Kommentaren, von denen die des Domitius Calderinus, des Antonius Volscius und des Georgius Merula zuerst — seit 1476 bzw. 1481 — gedruckt wurden (vgl. vorerst J. A. Fabricius, Bibliotheca Latina, Bd. 2, Hamburg 1721, S. 358f., und P. Ovidius Naso, Opera, Zweibrücken 1783, S. XLVff.). Die ovidischen Heroidenbriefe wurden in der Renaissance nicht nur Gattungsvorbild für neue lateinische und volkssprachliche Schöpfungen (für die letzteren vgl. die um 1470 entstandene Pistole di Luca de Pulci al Magnifico Lorenzo de' Medici, s. H. Dörrie, wie Anm. 41, S. 141ff.), sondern wirkten in einem noch nicht näher festgestellten Maße auch auf andere neulateinische Dichtungen ein. Dabei konnten, wie oben gezeigt, Penelope und Laodamia wie bei Pontano als Beispiele ehelicher *fides* oder Hermione und Helena als Beispiele weiblicher Schönheit angeführt werden. Umgekehrt wurden ovidische Heroinen von Christen strenger Observanz als Beispiele für Frauen genannt, die ihre *voluptas* zur Hölle verdammte, so bei Baptista Mantuanus, der die heilige Catharina erklären läßt: *Briseis, Elisa, | Phyllis et Oenone, Sappho, Chrysis et Helle, | Tyndaris et mater, Medaeaque Pasiphaeque, | atque meae, Cleopatra, domus grave dedecus, omnes | ut duxere breves foedis in sordibus annos, | ad Stygios venere lacus terraeque sub umbras* (Parthenice secunda, lb. 2, 452ff., zuerst Bologna 1489, zitiert nach Ausgabe Straßburg 1518, Bl. dd vi). Diese Ablehnung der ovidischen *Heroides* gab Anlaß zu der christlichen Kontrafaktur der *Heroides sacrae*, wie sie zuerst Jacobus Magdalius Gaudensis 1501 (s. J. IJsewijn, wie Anm. 79), dann Eobanus Hessus 1514 verfaßten. *Nam nullas Veneres, non ulla Cupidinis arma, | non quicquam prae se, quod sit inane, ferunt. |* So rühmt dieser später den antiovidischen Charakter seiner neuen *Heroides* (*Dedicatio Heroidum Christianarum*, V. 127f., in: H. Eobanus Hessus, Operum farragines duae, Schwäb. Hall 1539, hier Frankfurt 1564, S. 106). Castiglione war von einer solchen negativen Einschätzung der ovidischen Heroides weit entfernt.

## VI. Epigrammatik, Elegie, Heroidenbrief und Lyrik

schriebenen mythischen Männer durch A. Sabinus führte,[75] andererseits aber auch Humanisten poetische Briefe im Namen zeitgenössischer Frauen schreiben ließ. Freilich handelte es sich dabei immer um fremde adlige Frauen oder um Geliebte von Adligen, deren fingierte Briefe an ihre Gatten bzw. Geliebten die schreibenden Humanisten diesen widmeten. So schrieb um 1450 Basinio da Parma lateinische Briefgedichte, in denen sich Isotta degli Atti an ihren Geliebten Sigismondo Malatesta, den Herrscher von Rimini, wendet und dieser ihr antwortet.[76] H. Dörrie schreibt zu ihrer Beurteilung treffend "Sowie die Gedichte ihr Lesepublikum haben, erwecken sie den Anspruch, Sigismondo und Isotta seien Heroen. Und schließlich muß eine fernere Zukunft diesen Briefwechsel, weil er formgerecht ist, als wahrhaft heroisch anerkennen und ihn neben den ovidischen Briefwechsel stellen."[77] In der gleichen Zeit verfaßte auch Titus Vespasianus Strozzi im Namen Sigismondos eine lateinische Briefelegie an Isotta, in der er ihr zum Tode ihres Vaters kondoliert (Erot. 3, 3). Um 1475 verfaßte Giovanni Michele Carrara in Bergamo eine lateinische Briefelegie an den venezianischen Juristen und Staatsmann Francesco Diedo im Namen seiner Frau, in dem sie ihn bittet, von seinen politischen Missionen, die ihn schon drei Monate von ihr ferngehalten haben, zu ihr zurückzukehren. Mario Filelfo übersandte 1479 dem Markgrafen von Mantua Federico Gonzaga einen — anscheinend nicht überlieferten, wohl lateinischen — poetischen Brief, den er im Namen von dessen Gattin fingierte, und schrieb dazu in dem — erhaltenen — italienischen Begleitbrief: "Mandarvi al presente una epistola Heroida, qual fingho mandarvesi a nome de la Ill.ma vostra consorte, la quale, havendogliela lecta et dichiarata, molto gli piacque et chredo gli devesse piacere ragionavolmente, perchè se ella havesse facto questi versi non so quanto più a suo proposito."[78] 1481 und 1482 wurde die volkssprachliche

---

[75] Siehe H. Dörrie, wie Anm. 41, S. 104. Vgl. auch A. Sabinus, Ep. 2 (Demophoon an Phyllis), 106 *Est animus reditus, sed pia causa tenet* mit den motivgleichen V. 71f. des Hippolytabriefes. [Nachtrag 2003: Vgl. zu den Sabinus-Briefen jetzt auch Christina Meckelnborg–Bernd Schneider, Odyssea. Responsio Ulixis ad Penelopen. Die humanistische Odyssea decurtata der Berliner Handschrift Diez. B Sant. 41. Eingeleitet, herausgegeben, übersetzt und kommentiert, München–Leipzig 2002 (Beiträge zur Altertumskunde 166).]
[76] Siehe Dörrie, wie Anm. 41, S. 133ff.
[77] Siehe Dörrie, wie Anm. 41, S. 136.
[78] Carraras Elegie *Ad Franciscum Diedum ex persona uxoris eius in die carnisprivii* edierte erstmals G. Tournoy, Francesco Diedo, Venetian humanist and politician of the Quattrocento, in: Humanistica Lovaniensia 19, 1970, S. 201ff., hier S. 221ff. (ein Vergleich dieses 'Heroidenbriefes' mit dem Hippolyta–Brief könnte leicht die erheblich höheren poetischen Qualitäten und zugleich die wesentlich umfangreichere und tiefere Ovid–Rezeption auf Seiten Castigliones zeigen; im übrigen s. dazu den Beitrag von D. Sacré, Die Frau in den Werken des italienischen Humanisten Giovanni M. A. Carrara, in: P. G. Schmidt, Hrsg., Die Frau in der Renaissance, Wiesbaden 1994 [Wolfenbütteler Abhandlungen zur Renaissanceforschung 14], S. 81–98). Zu der Briefelegie von Mario Filelfo s. A. Luzio und R.

Sammlung der Heroidenbriefe Luca Pulcis gedruckt, an deren Spitze ein Brief *Lucretia a Lauro* steht, wobei diese Pseudonyme auf eine Geliebte des Lorenzo Magnifico und diesen selbst deuten, dem Pulci sein Werk gewidmet hatte. P. Faustus Andrelinus verfaßte 1509 eine *Epistola, in qua Anna gloriosissima Francorum regina exhortatur maritum potentissimum atque invictissimum Francorum regem Ludovicum XII., ut expectatum in Galliam adventum maturet, posteaquam de prostratis a se Venetianis triumphavit.*[79] Die Beispiele zeigen die höfische Ebene, für die diese Kompositionen bestimmt waren.

So schrieb auch der ferraresische Dichter Antonius Tebaldeus (1463–1537), der sich später am Hof Leos X. in Rom aufhielt,[80] im Frühjahr 1483 ein elegisches Briefpaar für Niccolò da Correggio (1450–1508), der im November 1482 als Condottiere im Dienst seines Onkels Herzog Ercole I. von Ferrara in venezianische Kriegsgefangenschaft geraten war, aus der er erst im September 1483 freikam.[81] Seine Geliebte "Beatrix" (nicht seine gleichnamige Mutter Beatrice d'Este!) schreibt ihm in Tebaldeos Fiktion einen Liebesbrief,[82] der mehrere ovidische Motive aus den *Amores* und den *Epistulae Heroidum* enthält. Ihre Befürchtungen wegen des Kriegsdienstes hätten sich bewahrheitet, besser und gefahrloser hätte er bei ihr die *arma Cupidinis* zum Sieg geführt. Sie wollte ihm schon lange schreiben und ist bereit, ihn überall aufzusuchen, im Orient oder wo auch immer (dies bezieht sich darauf, daß Niccolò im Frühjahr 1483 von den Venezianern freigelassen zu werden hoffte, um eine Reise ins Heilige Land und nach Damaskus unternehmen zu können — das Vorhaben, das sich nicht realisierte, war im März 1483 am Hof von Ferrara

---

Renier, Il Filelfo e l'umanismo alla corte dei Gonzaga, in: Giornale Storico della Letteratura Italiana 16, 1890, S. 119ff., hier S. 202.

[79] Siehe Dörrie, wie Anm. 41, S. 140. J. IJsewijn, in: Leuvense Bijdragen 59, 1970, S. 66ff., konnte in seiner Besprechung des Buches von H. Dörrie einige weitere Fälle anführen, die sich dem gesteckten Rahmen einfügen.

[80] Vgl. zu A. T(h)ebaldeus M. E. Cosenza, Biographical and bibliographical dictionary of the Humanists and of the world of Classical scholarship in Italy 1300–1800, Boston 1962–1967, Bd. 4, Sp. 3389ff., Bd. 5, Sp. 1746.

[81] Vgl. zu seiner Biographie A. Arata, Niccolò da Correggio nella vita letteraria e politica del tempo suo (1450–1508), Bologna 1934, und P. Farenga, in: Dizionario biografico degli Italiani, Bd. 29, Rom 1983, Sp. 466ff.

[82] Die fiktive Briefschreiberin "Beatrix" ist als historische Figur noch nicht identifiziert. Sie wird bei A. Arata und P. Farenga nicht erwähnt. L. Pasquazi, s. Anm. 83, macht keinen Versuch, sie zu identifizieren. Niccolò da Correggio hatte 1472/3 Cassandra Colleoni (1459–1519) geheiratet, von der er 1474–1492 vier Kinder bekam. A. Arata, s. Anm. 81, S. 30: "Dalla lettura delle lettere di Niccolò e di Cassandra si rileva una continua concordia d'animi fra i due sposi." Die Briefschreiberin "Beatrix" ist dem Inhalt der beiden Briefe zufolge jedoch sicherlich als eine Geliebte Niccolòs aufzufassen (vgl. besonders auch im Brief des "D. Nicolaus" V. 39ff.). Vielleicht hat Tebaldeo das Briefelegienpaar im Auftrag einer realen Geliebten Niccolòs verfaßt.

bekannt, weshalb sich die Briefsituation genau datieren läßt). "Beatrix" bittet "Nicolaus" um seine Antwort, fürchtet, solange er sich in Venedig aufhält, die erotische Konkurrenz der Venezianerinnen (V. 51 *centum Helenas habet ille locus* [...]), betont die beständige Furcht der Liebenden um ihre Geliebten und hofft auf seine Rückkehr. In seiner Antwortelegie schreibt der in Venedig eingekerkte "Nicolaus" unter anderem, Amor selbst habe ihr die Feder geführt und Penelope, Phaedra, Dido, Medea, Oenone, Sappho, Ariadne und Phyllis hätten, wenn sie so geschrieben hätten, bei ihren Adressaten sicher ihre Ziele erreicht. Damit erklärt Tebaldeo das Briefpaar ausdrücklich als *aemulatio* der ovidischen Briefelegien.[83] Sein gegenüber der Erstausgabe von L. Pasquazi (1966) an mehreren Stellen korrigierter Text lautet:[84]

*Beatrix D[omino] Nicolao de Corrigia*

*Ecce ferunt veros nocturna insomnia visus;*
   *Accepit firmam cornea porta fidem.*
*Te captum quotiens adversis vidimus armis,*
   *Irriguus premeret cum mea membra sopor!*
5 *Ah, quotiens scripsi, ne sic temerarius ires*
   *Inter sanguinei bella cruenta dei!*
*Dicebas, memini, timidas nimis esse puellas;*
   *Hei mihi, quam verus nunc timor ille fuit!*
*Signa animus non falsa dabat, praesagia cordis*
10   *Vera fuere mei, vera monebat Amor.*

---

[83] J. IJsewijn wies in seiner Rezension, s. Anm. 79, auf das Briefpaar "Beatrix D. Nicolao de Corrigia/D. Nicolaus Beatrici" in der Edition der Carmina Tebaldeos durch L. Pasquazi, Poeti Estensi nel Rinascimento, 2. Aufl., Florenz 1966, S. 42ff., hin. Das von ihm im gleichen Zusammenhang angeführte Gedicht Tebaldeos *Catharina Paulo Antonio Trotto marito suo carissimo* (ebd., S. 54ff.) ist jedoch kein Heroidenbrief, sondern eine Rede der verstorbenen Catharina an ihren verwitweten Gatten und als solche im Typ der Cornelia–Elegie (Prop. 4, 11) nachgebildet, worauf gleich die mottohafte Übernahme von Teilen des Anfangsverses in V. 1f., *Desine iam totas lacrimis consumere noctes | et manes vexare meos* [...], aufmerksam macht. Paolo Antonio Trotti gehörte einer sehr mächtigen ferraresischen Adelsfamilie an und war Erster Sekretär Herzog Ercoles I.

[84] Der im folgenden zitierte Text des Beatrix–Nicolaus–Briefpaares folgt im allgemeinen Pasquazi, der es aus dem Vat. lat. 3389, c. 38–41, herausgegeben hat, ohne es näher zu erläutern. Jedoch ist die Interpunktion vielfach verbessert (sinnentstellend bei Pasquazi z.B. das Komma hinter V. 79 und der Punkt nach V. 80), auch sind einige Textstellen von mir korrigiert. So steht hier im Beatrix–Brief V. 2 *fidem* statt bei Pasquazi *Fidem*, in V. 19 *fide perarare* statt des unmetrischen und teilweise unsinnigen *fidei parare* (Tebaldeus folgt dem Wortgebrauch in Ov. Am. 1, 11, 7 *peraratas mane tabellas*, ebenso Marullus in Ep. 2, 32, 5 *peraratur littera*), sowie im Nicolaus–Brief in V. 23 adjektivisch *solis* statt *Solis*, V. 55 *servantem* statt *servitiem*, das Pasquazi selbst als korrupt bezeichnete, ohne einen Vorschlag zu bieten, in V. 81 *Philomelae* statt *Philomenae* und in V. 82 *Amor* statt *amor*.

*Quanto erat, o, melius tractare Cupidinis arma!*
    *Capta tibi nullo sanguine praeda foret.*
*Hic sine militibus victoria parta fuisset,*
    *Hic pedes et nudo corpore victor eras.*
15 *Ipse Cupidineas fugisti, perfide, pugnas,*
    *Ut peteres celeri Martia castra pede.*
*Nec mora, crudeli caperis circumdatus hoste:*
    *Nunc de te merito, perfide, ridet Amor.*
*Saepe tibi volui fide perarare tabellas,*
20     *Martia sunt mentem bella morata meam.*
*Sic maria et terras Venetae cinxere cohortes,*
    *Ut male securum littera carpat iter.*
*Adde, quod ignoro, quales sis missus ad oras,*
    *Sis quibus in terris, qua regione poli.*
25 *Sis ubicumque, tamen mens est mihi scribere; cum te*
    *Perdiderim, cur non perdere verba queam?*
*Scribam ad thurilegas populos, ad flumina Nili;*
    *Ibit ad hibernos nostra querela Getas.*
*Me Maurus, me mollis Arabs viridisque Britannus*
30     *Audiet et, si qua est, terra remota magis.*
*Si te non poterunt nostrae reperire tabellae,*
    *Invenient nostri te, Nicolae, pedes,*
*Utque Ceres totum peragravit cursibus orbem,*
    *Invento donec pignore certa fuit,*
35 *Sic stimulis agitata ferar nec nocte quiescam,*
    *Dum detur vultus cernere posse tuos.*
*Ibo ego per flammas, per saxa, per arma, per hostes;*
    *Trans mare, trans terras ulteriora petam.*
*Frigus erit, patiar gelidos Aquilonis hiatus,*
40     *Perpetiar pluvias perpetiarque nives.*
*Aestus erit, magnos Cancri tolerabo vapores,*
    *Et via nulla meum longa tenebit iter.*
*Interea, si forte tibi, Nicolae, legentur,*
    *Quae nunc Fortunae verba ferenda damus,*
45 *Scribe, precor, certamque tuo me carmine redde,*
    *Assiduus cruciet ne mea corda metus!*
*Dumque procul patria te sors tenet improba terra,*
    *Per magnos serva foedera pacta deos.*
*Quod metuo, Venetis vitam si ducis in undis,*
50     *Alterius ne te flamma propinqua trahat.*

*Centum Helenas habet ille locus, quae robora possint*
    *Marmoraque illecebris dura movere suis;*
*Quaeque tuum cupidis collum vincire catenis*
    *Optabit, tenerum iungere quaeque latus.*
55 *Omnia pertimeo; timuerunt omnia amantes —*
    *Non ardet, pavido si qua timore caret.*
*Discedens hinc noster eras; nosterque revertens*
    *Sis, precor — hoc, videor si tibi digna, peto.*
*Si brevior solito nunc est mea littera, parce!*
60     *Plura vetat magnus scribere verba dolor.*

D[ominus] Nicolaus Beatrici

*Adriaci veniens spumosa per aequora ponti*
    *Appulsa est Venetis littera litoribus.*
*Dum titulum inspicimus, dum vincula solvimus, uda est*
    *Facta manus, liquida charta madebat aqua.*
5 *Tunc ego: "Quid sibi vult umor, quem, littera, servas?"*
    *Sic ego; sic tristes reddidit illa sonos:*
*"Ora Beatricis fletu manantia partem,*
    *Adriaci partem praebuit unda maris.*
*Namque ego dum miti veherer super aequora vento,*
10     *Detinuit madido me Venus alma sinu.*
*Vix potui virides pelagi fugisse puellas;*
    *Iniecere avidas in mea membra manus."*
*Hic tacuit questusque tuos mihi maesta legendos*
    *Obtulit et tenera verba notata manu.*
15 *Non semel haec, non bis, sed terque quaterque cucurri,*
    *Inque meo semper pagina clausa sinu est.*
*Hanc me clara dies, me nox videt atra legentem,*
    *Hancque puto comites iam didicisse meos.*
*Quis tibi, quis divum tam dulcia carmina dictat?*
20     *Quis tua mellifluis temperat ora modis?*
*Talia non sumpto modulatur pectine Phoebus*
    *Carmina, nec Phoebi Calliopea soror.*
*Talia non Orpheus solis cantabat in antris,*
    *Cum traxit stupidas ad sua fila feras.*
25 *Dat calamum tibi doctus Amor, tibi verba ministrat,*
    *Scribentemque regit sedulus ille manum.*
*Talia Penelope si scripta dedisset Ulixi,*
    *Liquisset celeri Dorica castra fuga.*
*Si Phaedrae quondam facundia tanta fuisset,*

30     *Hippolyti poterat vincere duriciem.*
*His Dido Aeneam verbis, mentemque mariti*
    *Flexisset natis Colchis acerba suis,*
*Oenone Pariden, durum movisset amantem*
    *Quae sua Leucadia corpora mersit aqua,*
35     *Gnosis et infidi revocasset carbasa Thesei,*
    *Cum stetit ignotis sola relicta locis.*
*Nec vitam laqueo finisset in arbore Phyllis,*
    *Tam dulci scribens si foret usa sono.*
*En ego, qui fueram miseros oblitus amores,*
40     *Carminibus rursus cogor amare tuis.*
*Extinctas iterum potuisti accendere flammas;*
    *Saeva recrudescunt vulnera, crescit amor.*
*Captasti verbis captum in certamine Martis;*
    *Hei mihi, quam capto plus tua vincla nocent!*
45     *Nunc mihi longa dies, nunc nox mihi longior; unam*
    *Te loquor, unam ardens visere te cupio.*
*Tu facis, ut gravius fiat mihi carceris antrum;*
    *Ut studeam portae rumpere claustra, facis.*
*Tu facis, ut tergo pennas annectere quaeram*
50     *Daedaleoque altas carpere more vias*
*Custodisque manus auro corrumpere tentem,*
    *Ut demat clausis postibus ille seram.*
*Omnia tentamus, sed frustra haec omnia surda*
    *Neglegit aure preces ianitor et pretium.*
55     *Inferni citius servantem squallida Ditis*
    *Limina sperarim flectere posse canem.*
*Quare, age, ne pigeat, quotiens pia templa salutas,*
    *Aeternos pro me curva rogare deos!*
*Tu potes has precibus solis infringere portas;*
60     *Iuppiter oranti nil tibi, vita, neget.*
*Interea tenero de pectore pone dolorem!*
    *Dedecet immitis mollia membra dolor.*
*Me sine, qui duros Martis sequor usque labores,*
    *Solliciti totum ferre doloris onus.*
65     *Quid lacrimas? Non sum tanti, mea cara Beatrix,*
    *Ut tua sole magis lumina clara fleant.*
*Effice, formosam veniens te cernere possim!*
    *Me miserum, lacrimis candida forma perit.*
*Non est cur doleas, caeco si carcere claudor —*

> 70　*Membra tenet, mentem non tenet ille meam.*
> 　　*Haec fugit tecumque manet secura, nec hostis*
> 　　*Saevus in hac quicquam iuris habere potest.*
> 　　*Scribere plura velim, calamo sed deficit umor,*
> 　　*Scriptaque sunt lacrimis ultima verba mihi.*
> 75　*Urget et ad finem niveae penuria chartae.*
> 　　*Haec mihi suspecto barbara turba negat.*
> 　　*Quin et, ne lacerent, quae sunt tibi scripta, pavesco,*
> 　　*Inque tuas nequeant illa venire manus.*
> 　　*Sed mihi cuncta negent quamvis, non dextra quiescet.*
> 80　*Si mihi nec lacrimae nec liquor ater erit,*
> 　　*Ipse tibi tristis Philomelae more rescribam,*
> 　　*Dum, quam fecit Amor, plaga cruore fluet.*

In die strukturierte Übersetzung sind einige Hinweise auf phraseologische bzw. motivische Quellen eingefügt.

> Beatrice an den Herrn Niccolò da Correggio:
> Siehe, es bringen die nächtlichen Träume wahre Gesichte; die Pforte aus Horn hat sich als verläßlich erwiesen (vgl. Verg. Aen. 6, 894). Wie oft sah ich dich gefangen von feindlichen Waffen, als der rieselnde Schlaf (Pers. Sat. 5, 56!) meine Glieder drückte! Ach, wie oft schrieb ich, du solltest nicht so unbedacht zu den blutigen Kriegen des blutgierigen Gottes gehen! Du sagtest, ich erinnere mich, die Mädchen seien allzu ängstlich. Weh mir, wie begründet war jetzt jene Angst. Mein Geist gab mir keine falschen Zeichen, die Vorahnungen meines Herzens waren wahr, Wahres mahnte Amor.
> Oh, wie viel besser wäre gewesen, die Waffen Amors zu benützen (vgl. Ov. Am. 1, 9 und allgemein den elegischen Gegensatz zwischen *arma* und *amor*)! Du hättest deine Beute ohne Blutvergießen gefangen. Hier hättest du ohne Soldaten den Sieg errungen, hier wärest du als einfacher Soldat und mit nacktem Körper Sieger gewesen. Du selbst, Verräter, bist vor Cupidos Schlachten geflohen, um mit schnellem Fuß in das Lager des Mars zu kommen. Und sofort wirst du vom grausamen Feind umzingelt und gefangen: Jetzt lacht über dich, Verräter, verdientermaßen Amor.
> Oft wollte ich dir treu einen Brief schreiben (Ov. Am. 1, 11, 7!). Der Krieg des Mars verzögerte meine Absicht. Die venezianischen Truppen blockierten Land und Meer, so daß ein Brief kaum einen sicheren Weg findet. Ferner weiß ich nicht, in welche Gegend man dich schickte, in welchem Land du bist, unter welchem Himmel. Aber wo du auch immer bist, ich möchte dir dennoch schreiben. Nachdem ich dich verlor, war-

um kann ich dann nicht auch Worte verlieren? Ich will an die Weihrauch sammelnden Völker (die Araber, Ov. Fast. 4, 569!) schreiben und an den Nil; meine Klage wird zu den wintergewohnten Geten (Prop. 4, 3, 9!) gehen. Mich werden die Mauren, mich die verweichlichten Araber (Cat. 11, 5!) und die kräftigen Britannier (Prop. 4, 3, 9; Ov. Am. 2, 16, 39!) hören und ein noch ferneres Land, falls es ein solches gibt.
Wenn dich aber mein Brief nicht wird finden können, werden meine Füße Dich finden, Niccolò, und wie Ceres den ganzen Erdkreis durchwanderte, bis sie schließlich ihr Kind gefunden hatte, so werde ich von den Sporen der Liebe getrieben dahineilen und nachts nicht ruhen, bis ich dein Antlitz sehen kann. Ich werde durch Feuer, über Felsen, durch Waffen, durch Feinde gehen; übers Meer und über Länder will ich in entfernte Gegenden eilen. Wenn es kalt ist, werde ich das eisige Blasen des Nordwinds ertragen, werde Regen und Schnee bestehen. Wenn es heiß ist, werde ich die großen Gluten des Krebses erdulden, und kein noch so langer Weg wird meine Reise aufhalten.
Unterdessen, falls du, Niccolò, etwa die Worte lesen wirst, die ich jetzt Fortuna zur Beförderung anvertraue, schreib mir, bitte, und mache mich durch ein Gedicht von dir sicher, damit nicht beständig Furcht mein Herz martert. Und solange dich das böse Geschick fern vom heimatlichen Boden hält, bewahre den bei den großen Göttern geschlossenen Vertrag. Was ich fürchte, wenn du dich in venezianischen Gewässern aufhältst, ist, daß dich die nahe Leidenschaft einer anderen Frau mit sich zieht. Hundert Helenen hat dieser Ort. Sie können hartes Holz und Marmor mit ihren Verlockungen erweichen. Eine jede wird wünschen, deinen Hals mit gierigen Ketten zu fesseln und ihre zarten Lenden mit deinen zu verbinden. Ich fürchte alles. Alles fürchten die Liebenden (Ov. Ep. 1, 12, 71). Es liebt nicht wirklich, wer keine ängstliche Furcht hat. Du warst der meinige, als du von hier weggingst. Bitte, sei auch bei deiner Rückkehr der meinige, wenn ich es dir wert erscheine.
Vergib, wenn mein Brief jetzt kürzer als gewöhnlich ist. Mein großer Schmerz macht es mir unmöglich, weitere Worte zu schreiben.

Herr Niccolò an Beatrice:
Durch das schaumige Meer der Adria kommend, ist der Brief am venezianischen Ufer gelandet. Während ich die Adresse las, während ich ihn öffnete, wurde meine Hand naß; das Papier war feucht von Wasser. Da sagte ich: "Was soll die Nässe, die du, Brief, bewahrst?" So ich; der Brief antwortete traurig so: "Beatrices Gesicht, von dem die Tränen fließen, ist Ursache für einen Teil (vgl. Ov. Ep. 3, 3!), für den anderen sind es die Wogen der adriatischen See. Denn während ich bei sanftem Wind übers Meer fuhr, hielt Venus mich in ihrem feuchten Schoße fest. Kaum konn-

te ich den grünen Meeresnymphen entgehen, sie warfen ihre gierigen Hände auf meine Glieder." Hier schwieg er und brachte mir traurig deine Klage und deine mit zarter Hand geschriebenen Worte zum Lesen. Ich habe sie nicht nur einmal, nicht nur zweimal, sondern drei– und viermal durchflogen, und das Blatt ist immer an meinem Busen. Der helle Tag, die dunkle Nacht sieht mich beim Lesen dieses Briefes. Ich glaube, meine Gefährten kennen ihn schon auswendig (vorausgesetzt wird hier lautes Lesen!). Welcher der Götter diktierte dir so süße Worte? Wer gab deinem Mund so honigsüße Weisen ein? Solche Gedichte singt Apollo nicht mit seiner Leier, auch nicht Calliope, seine Schwester. Solche sang nicht Orpheus in einsamer Höhle, als er die stumpfen Tiere zu seinen Saiten zog. Dir gab der gelehrte Amor seine Feder, er stellte Dir seine Worte zur Verfügung, und die schreibende Hand lenkte er in seinem Eifer. Wenn Penelope solche Worte Odysseus geschrieben hätte, hätte er das griechische Lager in schneller Flucht verlassen (Ov. Ep. 1). Wenn Phaedra einst eine so große Redegabe gehabt hätte, hätte sie den Widerstand des Hippolytus besiegen können (Ov. Ep. 4). Mit diesen Worten hätte Dido Aeneas (Ov. Ep. 7) und die gegen ihre Kinder grausame Kolcherin (Ov. Ep. 12) den Sinn ihres Mannes gebeugt, Oenone hätte Paris (Ov. Ep. 5), ihren harten Geliebten hätte die bewegt, die ihren Leib im Wasser bei Leukas versenkte (Ov. Ep. 15). Und die Kreterin hätte mit solchen Worten die Segel des untreuen Theseus zurückgerufen, als sie allein gelassen an einem unbekannten Ort stand (Ov. Ep. 10). Und Phyllis hätte ihr Leben nicht mit einem Strick an einem Baum beendet, wenn sie beim Schreiben so süße Laute verwendet hätte (Ov. Ep. 2).

Ja ich, der ich die elende Liebe vergessen hatte, werde durch dein Gedicht wieder zu lieben gezwungen. Du hast die ausgelöschte Leidenschaft wieder entflammen können, die grausamen Wunden brachen wieder auf, es wächst die Liebe in mir. Du hast mit deinen Worten den im Kampf des Mars Gefangenen gefangen. Weh mir, wie deine Fesseln mir als Gefangenem noch mehr schaden. Jetzt ist der Tag mir lang, jetzt ist die Nacht mir noch länger. Ich spreche nur noch mit dir, will nur noch dich sehen. Du machst, daß meine Kerkerhöhle mir noch schwerer wird; du machst, daß ich den Verschluß der Tür zu sprengen suche; du machst, daß ich meinem Rücken Flügel anheften und nach Art des Daedalus fliegen möchte und daß ich die Hände des Wächters mit Gold zu bestechen versuche, damit er den Riegel von der verschlossenen Tür nimmt. Ich versuche alles, aber alles bleibt vergeblich. Mit taubem Ohr achtet der Wächter weder auf Bitten noch auf die Belohnung. Ich könnte hoffen, schneller den Hund, der die schmutzige Schwelle des Höllengottes be-

wacht, mir gefügig zu machen. Deshalb soll dich's nicht verdrießen, so oft du zu einer Kirche kommst, kniefällig die ewigen Götter für mich zu bitten. Nur mit solchen Bitten kannst du die Tür aufbrechen. Jupiter wird dir, mein Leben, wenn du ihn bittest, nichts versagen.
Inzwischen nimm aus deinem zarten Herzen den Schmerz. Zu deinen weichen Gliedern paßt der harte Schmerz nicht. Laß mich, der ich immer den harten Strapazen des Mars folge, die ganze Last des erregten Schmerzes tragen. Was weinst du? Ich bin nicht so viel wert, meine liebe Beatrice, daß deine Augen, die heller als die Sonne leuchten, weinen. Mach, daß ich, wenn ich komme, dich schön sehen kann. Ach, deine Schönheit wird durch deine Tränen zerstört (vgl. T. V. Strozzi Erot. 3, 3 *Ad Isottam*, 93ff. *Desine sidereos lachrymis corrumpere ocellos* | [...] | *Parce, precor, formae*). Es gibt keinen Grund, daß du Schmerz empfindest, wenn ich in fensterlosem Kerker eingeschlossen werde. Er hält nur meinen Körper; meinen Geist kann er nicht festhalten. Dieser flieht und bleibt bei dir in Sicherheit, und der grausame Feind kann keine Rechte über ihn haben. Ich wollte noch mehr schreiben, aber die Tinte geht meiner Feder aus, und die letzten Worte schreibe ich mit meinen Tränen. Zum Ende drängt auch die Knappheit des weißen Papiers. Diese Dinge verweigert mir die barbarische Schar in ihrem Argwohn gegen mich. Ja, ich habe sogar Angst, daß sie meinen Brief an dich zerreißen und nicht in deine Hände kommen lassen. Aber auch wenn sie mir alles verweigern, meine Rechte wird nicht ruhen. Wenn ich weder Tinte noch Tränen habe, werde ich dir nach Art der traurigen Philomela zurückschreiben, solange Blut aus der Wunde, die Amor schlug, fließen wird.

Castiglione schließt sich an solche Texte an und hebt sich zugleich von ihnen ab. Mit Sicherheit kannte er Tebaldeos Briefelegienpaar, da er mit diesem lange Jahre gut befreundet war und Niccolò da Correggio überdies eine berühmte Persönlichkeit war, die geradezu als Prototyp des idealen Hofmanns gelten konnte, wie ihn Castiglione in seinem Cortegiano schilderte. Möglicherweise hat Tebaldeos Vorstellung der hundert Helenen in Venedig, deren Feuer "Nicolaus" erfassen konnte und die ihn in Fesseln schlagen könnten, anregend auf Castigliones Formulierungen in V. 45–49 der Hippolyta–Elegie gewirkt. Tebaldeo ist in seinem Elegienpaar eine durchaus eindringliche Darstellung der leidenschaftlichen "Beatrix" und des eingekerkerten "Nicolaus" gelungen. Vergleicht man das Briefpaar jedoch mit Castigliones Brief der Hippolyta, so fällt gegenüber der pathetischeren und zugleich rhetorisch glatteren Art Tebaldeos bei Castiglione der lebensechtere und nuanciertere Gefühlsausdruck auf, gleichzeitig aber auch die genauere und häufigere Ovid–Imitation. Hippolytas Brief ist thematisch reicher. Die beiden Charaktere werden in ihm differenzierter porträtiert. Der Brief des "Nicolaus" macht ferner bewußt, wie nahe es für Castiglione gelegen hätte, zu Hippolytas Brief einen Antwortbrief von seiner Seite zu dichten. Er verzichtete bewußt darauf und wählte statt dessen die poetisch ergiebigere Fiktion seines, während Hippolyta noch schreibt, eintreffenden Briefes. Diese Fiktion machte es möglich, die Reaktion Hippolytas auf die neue Situation darzustellen und damit die beobachtete Stimmungsbewegung in die Elegie zu bringen. Zudem zeigt der Vergleich mit Tebaldeos Briefpaar, daß Castiglione seine Gelehrsamkeit eher verhüllt, während Tebaldeo vor allem seine mythologischen Kenntnisse ausbreitet, und daß Castiglione die rhetorische Kunst eher verbirgt, statt sie wie Tebaldeo etwas schulmäßig zur Schau zu stellen. Vor allem aber war es in der Hippolyta–Elegie nun, soweit wir wissen, das erste Mal, daß die Frau des Dichters selbst und nicht die Frau oder Geliebte eines anderen durch eine Briefelegie den antiken Heroinen gleichgestellt wurde und für die Zukunft neben die durch Ovids Heroidenbriefe ausgezeichneten Frauen zu stehen kam.

Es ist anzunehmen, daß Castiglione bei der Komposition seiner Briefelegie auch Gedanken aufgriff, die seine Frau in ihren volkssprachlichen Briefen zum Ausdruck gebracht hatte, ja daß diese schlichten, voll Liebe geschriebenen Briefe mitwirkten bei der Entstehung des Gedankens, seiner Frau durch einen sie überhöhenden poetischen Brief in lateinischer Sprache ein unvergängliches Denkmal zu setzen. Aus dem Jahr 1519 sind keine Briefe von Castigliones Frau erhalten, aber man darf sie sich im Stil wie die drei Briefe vorstellen, die aus dem Jahr 1520 überliefert sind, und dort erinnert z.B. die folgende Stelle aus dem am 10. August an ihren Mann nach Rom geschriebenen Brief durchaus an die von Castiglione ihr zugeschriebenen Gefühle: "se e uero quello che mescriuite che se io fuso aroma forsi non arrestiue tanti fastidii io geuoria esere perche desidro destar con uoi piu che cosa del mondo e tuti le mei contenti adeso sono auer Vostre litre e pensar di uoi e star con Camillo ricordandime de Voi" "Wenn es wahr ist, was Ihr mir schreibt, daß, wenn ich in Rom wäre, Ihr vielleicht nicht so bekümmert wärt, so wollte ich schon dort sein, weil ich mehr als irgend etwas in der Welt bei Euch zu sein verlange und alle meine Freude jetzt ist, Eure Briefe zu haben und an Euch zu denken und mit Camillo zu sein und mich an Euch zu erinnern."[85]

---

[85] Vgl. im übrigen den Anhang unten S. 130ff. — Eine teilweise Berücksichtigung der in Hippolytas Briefen ausgedrückten Vorstellungen und Empfindungen durch Castiglione würde der Arbeitsweise Ovids bei der Abfassung seines Sapphobriefes, wie man sie sich damals vorstellte, entsprechen. Domitius Chalderinus hatte in seinem Kommentar zum Sapphobrief (seit 1476 mehrfach gedruckt) erklärt: *Haec autem Epistola ab Ovidio composita affectus, qui mitiores sunt, copiosius exprimit quam ulla alia: nam eam locupletavit poeta ex poematis Sapphus, quae mollissima sunt, ut etiam de Homero multa transtulit et ex Odyssea in Penelope et ex Iliade in Briseide* (P. Ovidii Nasonis [...], Heroides Epistolae cum omnibus commentariis, Venedig 1543, S. 153).

## 4. Castiglione, seine Frau Hippolyta und Ovid

Der Sprung vom Heroidenbrief der Fürstin bzw. der vornehmen fremden Frau zum Heroidenbrief der eigenen Frau wäre von Castiglione aber vielleicht doch nicht getan worden, wenn er nicht auf einem benachbarten Feld in Giovanni Pontano einen Vorgänger gehabt hätte. Dieser war der erste, der in seinen drei Büchern *De amore coniugali* (sie erschienen 1518 *Venetiis in aedibus Aldi et Andreae Soceri* im Druck!) seine Ehefrau — und nicht eine Geliebte — zum Gegenstand einer Elegiensammlung machte.[86] Er war, wie oben bemerkt, auch ein Leser der ovidischen Heroidenbriefe, die er in seinen Gedichten mehrfach verwertete, aber er ging nicht so weit, selbst einen Heroidenbrief im Namen seiner Frau zu schreiben. Dagegen schrieb er umgekehrt eine Briefelegie *Ad uxorem*, als er fern von Neapel Kriegsdienst tat (De a. c. 1, 6), in der viele Motive von Castigliones Brief aus der entgegengesetzten Perspektive erscheinen. Pontano ermahnt seine Frau, ihm treu zu bleiben; er fordert sie auf, ein Gelübde für seine Rückkehr zu tun; als Frauen von exemplarischer Treue stellt er ihr Penelope, Laodamia und Euadne vor Augen (die Kombination vor allem nach Ov. Trist. 5, 5, 51ff.);[87] er fordert sie auf, sich seine Anstrengungen und Gefahren vorzustellen, versichert sie seiner Treue und malt am Ende sich eine leidenschaftliche Wiedersehensszene aus. Der Text sei hier wieder ganz zitiert, um einen Vergleich zu ermöglichen:[88]

>  *Parce meum, coniux, absens temerare cubile*
>  *Castaque legitimi fallere iura tori,*
>  *Neve alii compone leves imitata puellas,*
>  *Neu mihi sint fidei pignora vana tuae.*
> 5 *Qui primus lateri ferrum crudele revinxit*
>  *Movit et audaci ferrea bella manu,*
>  *Illi sint tristes dirae, cineremque revellat*
>  *Ianitor et rabida deterat ossa fame.*

---

[86] Vgl. dazu P. Nespoulous, Giovanni Pontano, Poète de l'amour conjugal, in: Acta Conventus Neo–Latini Lovaniensis, hrsg. von J. IJsewijn und E. Keßler, München 1973, S. 437ff., hier S. 442 "Pontano qui est, notre connaissance, le premier chanter en vers sa propre épouse." Hierbei ist jedoch die wichtige Vorläuferfunktion der ovidischen Tristien nicht berücksichtigt, s. dazu S. 125ff [Nachtrag 2003: Vgl. jetzt auch Widu–Wolfgang Ehlers, Liebes–, Lebens–, Ehepartner. Pontanos 'Amores coniugales', Mittellateinisches Jahrbuch 35, 2000, S. 81–99.]

[87] Auch in A. a. 3, 11ff., Trist. 5, 14, 35ff. und Ex P. 3, 1, 106ff. werden die drei Heroinen als Beispiele angeführt, allerdings neben anderen und teilweise metonymisch umschrieben. Vgl. auch analog Claudian Laus Serenae 25, 150f.

[88] Der Text ist der von Castiglione vermutlich benützten Aldina entnommen (Ioannis Ioviani Pontani amorum libri II, De amore coniugali III [...], Venedig 1518, Bl. 41ᵛ–43ʳ) und sinngemäß modern interpungiert. Nur in V. 70 wurde *iniicies* in *iniiciet* verändert. B. Soldati, Ioannis Ioviani Pontani Carmina, Florenz 1902, Bd. 2, S. 128, schrieb *iniicies vincula, castus Hymen*.

*Ille mihi caros iuveni detraxit amores*
10   *Durus et a domina iussit abesse mea.*
*Ferrum hosti, cupido noceat cur ensis amanti?*
   *Tela absint; felix me mea teda iuvet.*
*Tu tamen interea cari memor usque mariti*
   *Pro reditu, coniux, plurima vota dabis;*
15 *Assistatque tibi soror et sanctissima mater,*
   *Absentis curas quae levet usque viri.*
*Et tela noctes et acu traducere lucem*
   *Exemplum fidei Penelopea docet.*
*Illam non longi mutarunt tempora cursus,*
20   *Non simili ad Troiam proelia gesta mora.*
*Casta mane, neu te lusus, neu munera vincant.*
   *Coniugii dotes vita pudica facit.*
*Sive domi tristeis fuso solabere curas,*
   *Sive foris festae tempora lucis agent,*
25 *Coniugis occurrant animo tibi mille labores,*
   *Me coeli pluvias, sydera iniqua pati.*
*Forsitan et lateri saevum quis dirigat ensem,*
   *Et, quae praeterea mille timenda, time.*
*Dum vir abest, neglecta sinus, incompta capillum,*
30   *Moesta sedet vidua Laodameia domo.*
*Saepe illam Aemoniae blandis adiere puellae*
   *Alloquiis: 'Cultus indue, dia, tuos,*
*Neglectas dispone comas! quid lucida fronti*
   *Gemma, quid a digitis anulus omnis abest?'*
35 *Non cultus capit illa suos, non lucida fronti*
   *Gemma micat, digitis anulus omnis abest.*
*Quid, non Euadne Thebas urgente marito,*
   *Impia cum fratres traxit ad arma furor?*
*Ah, quam difficiles egit nocteisque diesque,*
40   *Ah, quam omnis miserae pectore sensus abit.*
*Non choreae cantusque iuvant, non porticus illam,*
   *Publica non templis vota sacerve dies.*
*Euadne, quid sola domi, quid pensa columque*
   *Usque trahis lacrimis humidaque ora rigas?*
45 *'Me miseram, cui laeter, abest, cui dextera cesset,*
   *Cui colar et formae debita cura meae est.'*
*Ergo inter famulas lanaeque addicta trahendae*
   *Squalida neglecto delitet in thalamo.*

```
     Utraque laudata est, exemplumque utraque fidae
50      Coniugis et casti certa fides thalami.
     Sed neque sic te exempla movent, ut non magis ipsa
        Coniugis officio sponte fruare bono.
     Quodque decet castas, sola virtute magistra
        Exequere et per te, quid decet, ipsa sapis
55   In partemque venis nostrorum sponte laborum
        Remque domi et natos, qua licet, arte iuvas.
     Forsitan et, nobis quae sit mens, ipsa requiris,
        Neve tui mihi sit mutua cura, times.
     Non ita nos facili iunxit concordia nexu,
60      Ut sine te, coniux, ulla sit hora mihi.
     Nec sic nostra levi firmata est pignore dextra,
        Non sit ut in nostro pectore prima fides.
     Ut praesens mihi sola quies, sic pectoris absens
        Una tenes curas, tu regis una virum.
65   Sed dabitur, cum laeta feret pax otia nobis,
        Reddere tam caro munera coniugio.
     Tum liceat thalamoque frui socioque cubili
        Mutuaque in tacito gaudia ferre sinu.
     Tum nova suscipient vires incendia rursus,
70      Rursus et iniiciet vincula castus Hymen.
     Interea memor ipsa tori sanctique pudoris
        Spe modo venturi tempora falle viri!
     Nec spes destituet; namque ultima ducitur aestas,
        Candida cum celeri sub pede musta fluunt.
75   Frigidus Illyricis Aquilo demissus ab oris
        Admonet hybernas haud procul esse nives.
     Defunctusque dari sibi postulat otia miles
        Et parat ad patrios arma referre Lares.
     Ipse mihi videor iam primae ad limina portae,
80      Iam thalami cupidas victor adesse fores,
     Teque meos inter collapsam, vita, lacertos
        De desiderio languida facta mei
     Atque, ubi mens redit, longo sermone referre,
        Quantum difficile est coniuge abesse suo,
85   Implicitumque humeris atque oscula grata ferentem
        Vix redisse tibi credere posse virum.
     Quod tu, sancte, toros celebras qui, Hymenaee, maritos,
        Annue et his precibus, candide dive, veni!
```

Die folgende prosaische Übersetzung ist wieder in strukturierende Abschnitte gegliedert:

> Hüte dich, Gattin, fern von mir mein Lager zu entehren und die Rechte des unbefleckten Ehebettes zu verletzen! Lasse dich nicht, leichtsinnigen Mädchen folgend, mit einem anderen ein! Nicht umsonst sollst du mir deine Treue versprochen haben. Wer zuerst das grausame Schwert an seine Seite gürtete und zuerst mit kühner Hand eisenharte Kriege begann, ihn mögen schlimme Flüche treffen, seine Asche soll der Höllenhund herausreißen und seine Knochen in rasendem Hunger verschlingen. Hart hat er mir in meinen jungen Jahren meine Liebe genommen und mir befohlen, meiner geliebten Herrin fern zu sein. Das Schwert soll dem Feind schaden, warum dem Wunsch des Liebenden? Fern seien die Waffen — meine glückverheißende Hochzeitsfackel soll mich erfreuen. Du, meine Gattin, wirst unterdessen jedoch immer im Gedanken an deinen lieben Gatten für seine Rückkehr viele Gelübde ablegen. Die Schwester und die ehrwürdigste Mutter mögen dir dabei beistehen. Sie möge den Kummer um deinen abwesenden Mann lindern.
> 
> Und mit Weben die Nächte, mit der Nadel die Tage zu verbringen, lehrt das Vorbild für eheliche Treue, Penelope. Die Zeiten einer langen Irrfahrt haben sie nicht verändert, auch nicht die ähnlich lange dauernden Kämpfe um Troja.
> 
> Lebe keusch, und keine Spiele, keine Geschenke mögen dich besiegen. Ein keusches Leben ist die wahre Mitgift für die Ehe. Sei es, daß du zu Hause dich mit der Spindel über deine schlimmen Sorgen tröstest, sei es, daß draußen ein Festtag stattfindet, im Geist mögen dir die tausend Mühen deines Gatten vor Augen treten: wie ich unter Regenstürmen, unter bösen Sternen leide, und vielleicht richtet gerade jemand sein grausames Schwert gegen meine Seite, und fürchte auch die tausend anderen Dinge, die zu fürchten sind!
> 
> Während ihr Mann abwesend ist, sitzt Laodamia traurig im verwaisten Haus; nicht achtet sie auf ihre Kleidung, nicht kämmt sie ihr Haar. Oft kamen die thessalischen Mädchen zu ihr und redeten ihr lieb zu: 'Zieh deine schönen Kleider an, du Göttliche! Ordne deine vernachlässigten Haare! Warum fehlt der leuchtende Edelstein auf deiner Stirn, warum jeder Ring an deinen Fingern?' Sie zieht ihre schönen Kleider nicht an, kein leuchtender Edelstein strahlt auf ihrer Stirn, an ihren Fingern ist kein Ring. Was, ist da nicht auch Euadne zu nennen, als ihr Ehemann Theben bestürmte, damals, als wilde Wut die beiden Brüder zu ihren ruchlosen Waffen trieb? Was für schwierige Tage und Nächte machte sie durch! Wie wich alles freudige Empfinden aus der Brust der Armen! Keine Tänze, keine Gesänge machten ihr mehr Freude, kein Wandeln in

den Säulenhallen, kein öffentlicher Gottesdienst in den Tempeln, kein Feiertag. Warum bist du, Euadne, allein zu Hause? Warum bist du immer beim Spinnen? Warum sind deine Wangen feucht von Tränen? 'Oh ich Arme, fern ist der, für den ich mich freue, für den meine Hand ausruht, für den ich mich schön anziehe und dem ich die Sorge um meine Schönheit schulde.' Deshalb verbirgt sie sich zwischen ihren Mägden, mit Spinnen beschäftigt, ungepflegt in ihrem leeren ehelichen Zimmer. Beide Frauen werden gerühmt, beide sind ein Vorbild für eine treue Gattin und Garantinnen für ein reines Ehebett.

Aber du brauchst diese Vorbilder gar nicht als Ermahnung, vielmehr vollbringst du selbst die Pflichten einer guten Gattin von dir aus. Was den keuschen Ehefrauen ziemt, das führst du aus — allein mit der Tugend als Lehrmeisterin, und du weißt selbst, was sich für dich schickt, und aus freien Stücken übernimmst du einen Teil unserer Arbeiten und hilfst auf jede mögliche Weise uns zu Hause und unseren Kindern.

Vielleicht willst du auch wissen, wie ich jetzt gesinnt bin, und fürchtest um meine Gefühle für dich. Die Eintracht verband uns nicht mit so losem Band, daß irgend eine meiner Stunden ohne den Gedanken an dich, meine Gattin, ist. Noch hat meine Hand ein so leichtes Versprechen bekräftigt, daß in meiner Brust nicht noch dieselbe Treue wie am ersten Tag ist. Wie du mir anwesend allein Ruhe bietest, so hältst du abwesend allein die Gefühle meiner Brust fest und regierst mich, deinen Mann, allein.

Aber wenn der frohe Frieden uns wieder Mußestunden bringt, wird unser lieber Ehebund wieder seine Erfüllung finden. Dann wird es wieder möglich sein, unser eheliches Zimmer und unser gemeinsames Bett zu genießen und wechselseitige Freuden still im Busen zu tragen. Dann werden unsere Kräfte von neuem brennen, und der Hochzeitsgott wird seine Fesseln wieder auf uns werfen. Unterdessen denk an unser Ehebett und an unsere heilige Treue und täusche dich über die lange Zeit hinweg durch die Hoffnung auf die baldige Ankunft deines Mannes. Diese Hoffnung wird dich nicht trügen, denn es ist gerade die letzte Sommerzeit, in der schnelle Füße den hellen Traubenmost ausfließen lassen. Der kalte Nordost aus Illyrien erinnert daran, daß winterlicher Schnee nicht mehr fern ist. Der Soldat hat seine Aufgabe erfüllt und fordert Mußestunden für sich und schickt sich an, seine Waffen zum heimatlichen Herd zurückzubringen.

Es kommt mir so vor, als ob ich schon vor der Schwelle der ersten Tür, als ob ich schon als Sieger vor der gierigen (bzw. gierig machenden) Tür des ehelichen Zimmers stünde (vielleicht ist *cupidus* zu schreiben) und als ob du, mein Leben, in meinen Armen ohnmächtig geworden wärst, matt geworden aus Sehnsucht nach mir, und als ob du, nachdem du wieder zu dir gekommen bist, mir in langer Rede berichtetest, wie schwirig es ist, von seinem Gatten fern zu sein, und als ob du, an meine Schultern geschmiegt und willkommene Küsse küssend, kaum glauben könntest, daß dein Mann zu dir zurückgekommen ist. Gewähre dies, heiliger Hymenaeus, der du Patron der ehelichen Betten bist, und komm, strahlender Gott, herbei auf diese Bitten!

Pontanos Gedicht hat viele Motive mit der Briefelegie Castigliones gemein, ist stilistisch und strukturell aber weniger durchgearbeitet als diese. In der Wiedersehensszene gibt Pontano seinen erotischen Vorstellungen unverhüllter Ausdruck, als Castiglione seine Frau sich äußern lassen will. Im übrigen zeigt sich Pontano in seinen Forderungen an seine Frau weniger zart empfindend als Castiglione, auch wenn er nachträglich erklärt, sie bedürfe der Ermahnungen gar nicht. Die Umsetzung der Perspektive vom Brief des Mannes zum Brief der Frau machte es Castiglione möglich, die treu liebende und um ihren Mann besorgte Ehefrau, die Pontano fordert und zu haben glaubt, als existente Realität darzustellen. Die fiktive Selbstaussage der Frau bewirkt eine verläßlichere positive Darstellung, als wenn die Frau aus der Perspektive des Mannes direkt beschrieben worden wäre. Pontanos Wünsche sind sozusagen in Castigliones Frau erfüllt. Hippolyta entspricht ganz den Anforderungen und Erwartungen, die an eine Ehefrau zu stellen waren. Daß Castiglione tatsächlich das Gedicht Pontanos kannte und mit seinem Frauenbrief verglichen sehen wollte, beweist der Umstand, daß er ihm mehrere Wendungen entnahm: (a) Vgl. Pont. V. 16 (sc. *mater*) *absentis curas quae levet usque viri* | mit Cast. V. 27f. *Raphaelis imago | picta manu curas allevat usque meas* |; (b) Pont. V. 78 *et parat ad patrios arma referre Lares* | mit Cast. V. 69f. *pedemque | quam primum ad patrios velle referre Lares* | (beides nach Tib. 1, 10, 15 *patrii [...] Lares*); (c) Pont. V. 82 *de desiderio languida facta mei* | mit Cast. V. 69 *te nostri desiderio languere*.

Hippolytas Lob ist die erste, aber nicht die einzige Funktion von Castigliones Gedicht, die zweite ist das Lob Roms, des Papstes und seiner Freunde, von denen Raffael namentlich genannt wird. Für Rom ist gleich das zweite, für Leo das dritte Distichon reserviert. Durch beide zieht sich ein steigernder und den Gedanken in immer größere Bereiche wendender Ton der Bewunderung. Die Stadt, zunächst mit dem liebevollen und im Munde der Frau auch etwas vorwurfsvollen Possessivpronomen verbunden, wird von Castiglione als *deliciae hominum atque deum* bezeichnet (in Aufnahme und Steigerung von Plin. Ep. 1, 3, 1 *Comum, tuae meaeque deliciae*),[89] worauf der Gedanke zu Roms

---

[89] *deliciae* findet sich antik nur bei Plinius als Bewertung eines Ortes, dort auch mit anschließender lobender Beschreibung desselben. Das doppelte Possessivpronomen *tuae*

Größe und Vergrößerung durch Leo "den Großen" aufsteigt (vgl. auch V. 71 und Castiglione Cleopatra 36ff. *At tu, magne Leo, divum genus*), bis dieser schließlich als Herrscher des Erdkreises gesehen wird. Leo X. ließ sich gerne als Friedensfürst feiern.[90] Es folgt eine preisende Beschreibung von Roms Vorzügen und Schönheiten, zu denen der Kreis seiner Freunde[91] und die bekannten Sehenswürdigkeiten gehören (in V. 7 ist Ov. Trist. 4, 6, 45 *urbis abest facies, absunt, mea cura, sodales* | benutzt). Sie werden in drei Distichen aufgeführt: V. 9–10 beziehen sich auf das antike Rom, die wunderbaren Bauten der Antike einerseits (der Ausdruck *miracula* letztlich aus der Stadtbeschreibung Roms bei Plinius N. H. 36, 101ff.), die Raffael zu jener Zeit mit Castigliones Hilfe aufnahm,[92] und die an die Helden der antiken Geschichte erinnernden Inschriften andererseits, von denen damals gerade erste Sammlungen im Druck veröffentlicht wurden;[93] V. 11–14 beschreiben das moderne Rom und nennen zuerst den im Bau befindlichen Dom von St. Peter und die Adelspaläste, dann die Schönheiten der kultivierten Natur, Brunnen, Gärten und Parkanlagen am Tiber, die Castiglione mit einem Ausdruck aus der Beschreibung des vergilischen Elysium erwähnt (vgl. Aen. 6, 638 *devenere locos laetos et amoena vireta | fortunatorum nemorum*).[94] Der Nennung dieser Örtlichkeiten folgt die Darstellung des angenehmen Lebens von Castiglione im Kreis seiner *sodales* (V. 15–17): die *convivia* erfreuen durch den Kreis der Gäste (die Bewertung der

---

*meaeque* ist durch zwei umfassende Genitivattribute ersetzt (nach Vergil Aen. 1, 229 *hominumque deumque*), wobei die zunächst offene Bedeutung von *deum* sich nach der metaphorischen Bezeichnung des Papstes Leo X. als *deus* (V. 81, 97) im nachhinein im Blick auf die Päpste verstehen läßt.

[90] 1516 war der Friedensschluß mit König Franz I. v. Frankreich erfolgt. 1515, nach dem Friedensschluß mit König Ludwig XII., hatte Erasmus bereits Leo X. wegen der *pax orbi restituta* als Friedensfürst gefeiert, vgl. D. Erasmus, Opera, T. 3,1, Leiden 1703, Sp. 149ff. (Brief an Leo X. v. 28. April 1515, ein ausführlicher Panegyrikus), sowie Sp. 142 E (Brief an Dominicus Card. Grymanus v. 31. März) und Sp. 145A (Brief an Raphael, Card. Sancti Georgii v. 31. März).

[91] Vgl. zu seinen *sodales* V. Cian, s. Anm. 1, S. 70ff., und jetzt auch J. IJsewijn, Poetry in a Roman garden: the *Coryciana*, in: Latin poetry and the Classical tradition, hrsg. von P. Godman und O. Murray, Oxford 1990, S. 211ff.

[92] Vgl. Castigliones Brief an Leo X., Rom 1519, bei G. La Rocca, s. Anm. 2, S. 531ff. — Die Beschreibung des antiken Rom in V. 9f. hat nicht die wehmütige Stimmung des etwa zur gleichen Zeit entstandenen berühmten Sonetts *Superbi colli et voi sacre ruine* [...], da Hippolyta Rom als *deliciae* Castigliones im Kontrast zu ihrem Dasein in Mantua beschreibt. Zu dem Sonett vgl. H. Gaston Hall, Castiglione's 'Superbi colli' [...], in: Kentukky Romance Quarterly 21, 1974, S. 159ff.

[93] Vgl. R. Weiss, The Renaissance discovery of Classical antiquity, Oxford 1969, S. 158ff., und die Praefatio zu CIL VI, 1876.

[94] Vgl. zu den Gärten V. Cian, s. Anm. 1, S. 74ff., und D. Gnoli, Orti letterari nella Roma di Leon X, in ders., s. Anm. 38, S. 136ff., sowie J. IJsewijn, s. Anm. 91.

*convivia* schließt sich an Cicero Cato m. 45 an: *neque enim ipsorum conviviorum delectationem voluptatibus corporis magis quam coetu amicorum et sermonibus metiebar*); *lenti ioci* kennzeichnen den harmonischen Charakter seiner Mußestunden (vgl. Cic. De or. 2, 279 *huic generi quasi contrarium est ridiculi genus patientis ac lenti*); Musik und Gesang charakterisieren seine glückliche Welt,[95] deren Beschreibung nun in V. 18 mit dem pathetischen *hei mihi* abgebrochen wird.

Gegen Ende des Gedichts wird Leo in Übernahme von Wendungen, die Ovid in Hinsicht auf Augustus benützt hatte, zum gnädigen Gott hochstilisiert. War in der auf menschliche Bitten hörenden *clementia Leonis* in V. 83f. noch eine scherzhafte Anspielung auf des Plinius' Nachrichten über den Löwen herauszuhören,[96] so verbinden die V. 85f. den zeremoniellen Akt des Kusses der päpstlichen Füße[97] mit der Aufforderung *illius numen veneratus adora* |, einer Formulierung, die den ovidischen Imperativen in Trist. 3, 8, 13 *Augusti numen adora | et, quem sensisti, rite precare deum* | und in Ex P. 3, 1, 163 *ante omnis Augustum numen adora* | nachgebildet ist, wo Ovid das göttliche Wesen des Augustus angebetet und um seine Rückkehr aus der Verbannung angefleht sehen will. Bei der prophezeiten Gewährung von Castigliones (und Hippolytas) Bitte wird Leo dann in V. 97 explizit *mitis deus ille* genannt, was sowohl an die berühmte vergilische Eklogenstelle (1, 6f.) erinnert als auch speziell den Vorstellungen Ovids entspricht (etwa in Trist. 5, 2, 35ff. *ille deus, bene quo Romana potentia nixa est, | saepe suo victor lenis in hoste fuit. | quid dubitas et tuta times? accede rogaque: | Caesare nil ingens mitius orbis habet*).[98] Die Reverenz vor dem mit Augustus und wie Augustus mit einem Gott gleichgesetzten Leo akzentuiert die Eröffnung und das Ende des Gedichts.

Die fiktive Schreiberin ist Hippolyta, der fiktive Adressat Castiglione, der reale Schreiber ist Castiglione, die realen Adressaten sind zunächst der Papst und Castigliones *sodales* in Rom, im weiteren die humanistische Mit– und Nachwelt. Die Stellung des Papstes in dem Gedicht läßt es als möglich erscheinen,

---

[95] Castigliones Tätigkeiten in seinen Mußestunden erinnern natürlich an die Beschreibung der höfischen Welt in seinem Cortegiano, wo er im zweiten Buch von den "facezie" und dem Gesang zur Viola (V. 17: *cithara*) spricht.
[96] S. oben S. 98 mit Anm. 72.
[97] Vgl. im Brief Castigliones an Leo X. die Schlußformel, wie Anm 92, S. 542: "bacio umilissimamente li santissimi piedi".
[98] Vgl. auch Trist. 5, 11, 20 *Caesareum numen sic mihi mite fuit*, Ex P. 2, 8, 9f. *est aliquid spectare deos et adesse putare | et quasi cum vero numine posse loqui*. Die Erhöhung zum Gott geschieht bei Castiglione, wohl gemerkt, aus der Perspektive Hippolytas, die hier eine ähnliche Funktion hat wie bei Vergil die Sicht des Hirten, der in Ecl. 1, 6f. Octavian zum Gott erklärt. In Hinsicht auf Leo X. kann selbst Erasmus, s. Anm. 90, Sp. 152E, von *divina facinora* sprechen.

daß es auch die aktuelle Funktion hatte, ein tatsächliches Urlaubsgesuch Castigliones zu unterstützen. Ob dies so war, ließe sich nur durch zusätzliche historische Informationen entscheiden. Es würde nichts an der den Augenblick überdauernden Funktion des Gedichts ändern, Hippolyta zu der hehren Gruppe der Heroinen zu gesellen, die in der Fiktion als Schreiberinnen von Briefen an ihren fernen Geliebten berühmt waren, und sie speziell den treuen und liebenden Gattinnen in dieser Schar (Penelope und Laodamia) an die Seite zu setzen.

Diese für die humanistischen Leser insgesamt geltende Funktion des Gedichts erlaubt sogar die Erwägung, ob Castiglione nicht vielleicht das Gedicht erst nach dem überraschend am 25. August 1520 erfolgten Tod Hippolytas geschrieben hat, um ihr auf diese Weise ein bleibendes Denkmal zu setzen. Es wäre dann in der Fiktion in die Zeit der räumlichen Trennung der Ehepartner dramatisch rückdatiert. Ein von Castiglione verfaßtes epigrammatisches *Hyppolytae Taurellae coniugis Epitaphium* nimmt deutlich auf das Briefgedicht Bezug, und zwar auf die Stelle, wo in V. 51ff. von Castigliones Schwur die Rede ist, ohne Hippolyta nicht leben zu können:[99]

> *Non ego nunc vivo, coniux dulcissima: vitam*
>     *Corpore namque tuo fata meam abstulerunt;*
> *Sed vivam, tumulo cum tecum condar in isto*
>     *Iungenturque tuis ossibus ossa mea.*

Das Briefgedicht muß spätestens um diese Zeit geschrieben worden sein. Eine derartige Spätdatierung wirkt psychologisch nicht sehr wahrscheinlich, zumal Raffael um diese Zeit auch bereits tot war. Um sie definitiv auszuschließen, wären wieder zusätzliche historische Informationen willkommen. Über die Aufnahme des Gedichts unmittelbar nach seiner Abfassung ist bisher leider nichts bekannt. Eine Stelle in einem Brief, mit dem Matteo Bandello seine Novelle von der tragischen Liebe Ugos, des Sohns des Markgrafen Niccolò III. d'Este, zu seiner Stiefmutter Castiglione widmete, nimmt zwar wohl auf die

---

[99] Vgl. dazu oben S. 95. Das *Epitaphium* hat P. A. Serassi, s. Anm. 9, veröffentlicht (Carm. 14). Serassi veröffentlichte zudem als weiteres 'Grabgedicht' (*Tumulus*) angeblich aus einem Autograph Castigliones ein Epigramm, das für Hippolytas Tod in Folge der Geburt ihres dritten Kindes ein mythologisches Gedankenspiel erfindet (Carm. 15; Interpunktion modernisiert): *Alma (nec immerito) dum Cypria diceris et te | credit Acidaliam Iuno vel ipsa deam, | tempus nacta graves Veneris ulciscier iras | Lucina in partu te rapit, Hippolyte.* Nach dem in Epigrammen und Elegien geläufigen Vergleich der schönen Frau mit Aphrodite/Venus ist der Konflikt zwischen Juno und Venus der Aeneis entnommen (von dort auch *Acidaliam*, vgl. Aen. 1, 720). Die Namensform *Hippolyte* folgt der Briefelegie (vgl. oben Anm. 1).

Briefelegie bald nach ihrem Entstehen Bezug, ist aber nicht genau datiert:[100] "[...] Parmi anco avendomi voi mandata quella vostra bellissima elegia, che io alcuna cosetta de la mie vi debbia mandare, non per scambio, perché la mie ciancie non sono da esser parangonate a le vostre coltissime muse, ma perchè conosca ciascuno che io sono e sempre sarò di voi ricordevole." Am wahrscheinlichsten bleibt die Abfassung der Briefelegie im Sommer 1519.

Nachdem unsere Interpretation gezeigt hat, daß die Briefelegie nicht nur einige äußerliche, nur die Phraseologie betreffende antike Reminiszenzen enthält, und daß die Wirkung der Spontaneität nicht auf einer spontanen Produktion beruht, stellt sich erneut die Frage, worin denn nun die viel berufene Modernität dieses Gedichts besteht. Ist es richtig, das Gefühl für die ferne Ehefrau, das die Elegie durchdringe, für vollkommen neu und modern zu erklären, wie dies von romanistischer Seite geschehen ist?[101] Und ebenso wichtig ist in diesem Zusammenhang die andere Frage: War sich Castiglione bewußt, einem modernen Gefühl Ausdruck zu geben?

Hier ist zunächst daran zu erinnern, daß die Schilderung von Liebesbeziehungen in der römischen Elegie in der Regel außereheliche Beziehungen betraf. Die ehelichen Beziehungen standen meist unter dem Schutz einer Diskretion, die dazu führte, daß sie poetisch nur allgemein und ohne individuellen Bezug oder unter Pseudonymen oder in mythischer Transposition behandelt wurden. Es ist jedoch grundsätzlich kein Beweis gegen das Vorhandensein wechselseitiger ehelicher Liebe, wenn sie wenig publik wird und der Umstand, daß die römischen Ehen in der Regel von Dritten arrangiert wurden, zumindest wenn es sich um die erste Ehe handelte, schließt eine solche Liebe ebensowenig aus, wie eine nicht von Dritten arrangierte Ehe sie garantiert.

Für die römische Norm eines ehelichen *amor mutuus* und sein reales Vorkommen lassen sich eine Reihe von Erscheinungen anführen, die Castiglione und seinen humanistischen Zeitgenossen bekannt waren.

In den kaiserzeitlichen römischen Grabinschriften ist oft von einer *uxor carissima* oder *dulcissima* die Rede. Das sind zwar stereotype Ausdrucksweisen, aber doch auch Beweise für eine vorhandene Normvorstellung.[102] Castigliones In-

---

[100] Siehe G. Brognoligo, Matteo Bandello, Le Novelle, Bd. 2, Bari 1928, S. 138. J. Cartwright, s. Anm. 1, Bd. 2, S. 62f., gibt an, Castiglione habe die Briefelegie im Winter 1519 an Bandello geschickt. Dies ist möglich, jedoch nur eine Folgerung aus der angenommenen Entstehungszeit der Elegie im Sommer 1519.
[101] Vgl. B. Maier oben S. 74f. mit Anm. 11.
[102] Vgl. B. v. Hesberg–Tonn, Coniunx carissima, Untersuchungen zum Normcharakter im Erscheinungsbild der römischen Frau, Diss. Stuttgart 1983, S. 212ff. Entsprechende Inschriften waren bereits in den frühesten handschriftlichen und gedruckten Inschriftensammlungen enthalten. Die Normvorstellung der ehelichen Liebe kommt in einer geradezu

## 4. CASTIGLIONE, SEINE FRAU HIPPOLYTA UND OVID 121

teresse an Inschriften dokumentiert die Briefelegie selbst in V. 40. Es ist anzunehmen, daß ihm auch solche Grabinschriften bekannt waren, da sie sowohl in Rom sichtbar waren als auch in den frühen handschriftlichen Sammlungen erscheinen. In der Ausgabe des P. Apianus, Inscriptiones sacrosanctae vetustatis [...], Ingolstadt 1534, die in ihrem römische Inschriften betreffenden Teil (S. CXCII–CCCXXI) in starkem Umfang auf die 1521 bei J. Mazochius in Rom gedruckte Sammlung zurückgeht, finden sich unter den römischen Grabinschriften fünfzehn, die einer *coniugi benemeritae* oder *benemerenti*, fünf, die einer *carissimae*, je drei, die einer *dulcissimae* bzw. *incomparabili*, und je zwei, die einer *gratissimae, fidelissimae, optimae, piae* bzw. *piissimae* und *sanctissimae* gewidmet sind. Einzelne dieser Inschriften waren neuzeitliche Fälschungen, wie die des Tarquinius Collatinus auf seine Gattin Lucretia: *D. M. S. Collatinus cariss. dulciss. meae coniugi incomparabili Lucretiae pudicitiae decori et mulierum gloriae quae vix. an. XXII. mens. V. d. XVI.* Zusätzlich zu den Prosa–Inschriften werden auch einige diesen gelegentlich folgende oder vorausgehende Epigramme mitgeteilt, in denen Ehemänner von den Qualitäten ihrer Ehefrauen und ihrer Liebe zu ihnen sprechen.[103] Am berühmtesten wurde der epigrammatische Dialog zwischen Atimetus und Claudia Homonoea aus dem ersten nachchristlichen Jahrhundert, in dem die verstorbene Homonoea unter anderem erklärt, daß die Trauer des Atimetus sie noch mehr betrübe als ihr eigener Tod, und Atimetus ihr von seiner eigenen Lebenszeit abgeben oder so rasch wie möglich selbst sterben möchte.[104]

---

frappierenden Weise auch darin zum Ausdruck, daß ein kaiserzeitlicher Deklamator sich sogar wie auf eine Selbstverständlichkeit darauf berufen konnte, daß die eheliche Liebe ihrer Natur nach stärker sei als ein illegitimes Liebesverhältnis (Ps.–Quint. Declam. min. 286 *acrius incalescunt ignes legitimi*, 291 *maiores habet vires ignis qui legitimis facibus accenditur*, vgl. dazu D. R. Shackleton Bailey, Propertiana, Cambridge 1956, S. 232). Vgl. zu diesem Fragenkomplex auch F. Zucker, Socia unanimans, Rhein. Museum für Philologie 92, 1944, S. 193ff., und jetzt K. Thraede, Zwischen Eva und Maria: das Bild der Frau bei Ambrosius und Augustin auf dem Hintergrund der Zeit, in: W. Affeldt, Hrsg., Frauen in Spätantike und Frühmittelalter, Sigmaringen 1990, S. 129ff., hier S. 130f.
[103] Siehe P. Apian, wie oben, S. CCXXXIIIf. = G. Fabricius, wie Anm. 104, Nr. 1, CCXXXVI = Fabricius Nr. 5, CCXLI = Fabricius Nr. 6, CCLXII = Fabricius Nr. 8.
[104] Die Atimetus–Homonoea–Epigramme (J. Mazochius, S. 164, P. Apian, S. CCXXXIIIf., CIL VI 12652, W. Peek, Griechische Vers–Inschriften, Bd. 1, Berlin 1955, Nr. 2008) wurden von G. Fabricius an die Spitze seiner Sammlung der römischen Grabepigramme von Ehemännern auf ihre Frauen gesetzt, die er 1550 in Basel in seinem Werk Roma, Antiquitatum libri duo ex aere, marmoribus membranisve veteribus collecti [...] veröffentlichte, dort Bd. 2, S. 69ff., mehrere Auflagen). Vgl. für die spätere Verbreitung die Angaben bei F. Jacobs, Anthologia Graeca, Bd. 12, Leipzig 1803, S. 317ff.; für die Benützung dieser Epigramme in einer Inschrift der Renaissance s. I. Kajanto, s. Anm. 34, S. 80.

Solche Grabinschriften und -epigramme hatten schon im 15. Jahrhundert zu humanistischen Neuschöpfungen geführt,[105] wie zu der, die Pontano 1495 für seine Frau verfaßte und in eine Grabplatte einmeißeln ließ.[106] Sie besteht aus vier Teilen, die inschriftlich durch Leerzeilen voneinander abgesetzt sind:

> *Illa tori bene fida comes custosque pudici,*
>   *Cuique et acus placuit cui placuere coli,*
> *Quaeque focum castosque lares servavit et arae*
>   *Et thura et lachrimas et pia vota dedit,*
> *In prolem studiosa parens et amabilis uni*
>   *Quae studuit caro casta placere viro,*
> *Hic posita est. Ariadna, rosae violaeque nitescant,*
>   *Qua posita es, Syrio spiret odore locus,*
> *Urna crocum dominae fundat, distillet amomum*
>   *Ad tumulum, et cineri spica cilissa fluat.*

*Quinquennio postquam, uxor, abisti, dedicata prius aedicula monumentum hoc tibi statui, tecum quotidianus ut loquerer; nec, si mihi non respondes, non respondebit desiderium tui, per quod ipsa mecum semper es; aut obmutescet memoria, per quam ipsa tecum nunc loquor. Have igitur, mea Hadriana! ubi enim mea ossa tuis miscuero, uterque simul bene valebimus. Vivens tecum vixi annos XXIX, dies XXIX, victurus post mortuus aeternitatem aeternam.*
*Ioannes Iovianus Pontanus Hadrianae Saxonae uxori optimae ac benemerentissimae posuit, quae vixit ann. XXXXVI, mens. VI.*
*Obiit Kal. Martii ann. MCCCCLXXX.*

(1) Jene treuliche Begleiterin und Wächterin des züchtigen Bettes, der die Nadel gefiel und der die Spinnrocken gefielen und die den Herd und die keuschen Laren bewahrte und dem Altar Weihrauch und Tränen und fromme Gelübde gab, für ihre Kinder eine eifrige Mutter und liebenswert für ihren lieben einzigen Mann, dem sie durch ihre Treue zu gefallen strebte, ist hier begraben. Ariadne, Rosen und Veilchen mögen leuchten, wo du begraben bist, von syrischen Myrrhen dufte der Ort; der Krug gieße Safran für die Herrin aus, Amomum träufle auf das Grab und Safranöl fließe auf deine Asche.

---

[105] Vgl. dazu insgesamt I. Kajanto, s. Anm. 34.
[106] Siehe (T. Fendt), Monumenta illustrium virorum et elogia (1. Aufl., Breslau 1574) cura et studio M. Z. Boxhornii, Amsterdam 1638, S. 83, mit einem Kupferstich der Grabplatte aus der Capella del Pontano in der Via dei Tribunali in Neapel. Die Inschrift wurde viel beachtet und ist auch in mehreren anderen Inschriftensammlungen enthalten, so bei P. Apian, S. CXIX, N. Chytraeus, Variorum in Europa itinerum Deliciae, 3. Aufl., Herborn 1606, S. 67f., F. Sweertius, s. Anm. 34, S. 142f. Sie hat im Original keine Interpunktion.

(2) Fünf Jahre nachdem du, Gattin, weggingst, habe ich nach Weihung der Kapelle dieses Denkmal dir errichtet, damit ich mit dir sprechen kann, wenn ich jeden Tag komme; und auch, wenn du mir nicht antwortest, wird meine Sehnsucht nach dir antworten, durch die du selbst immer bei mir bist; oder es wird meine Erinnerungskraft verstummen, durch die ich jetzt mit dir selbst spreche. Sei also gegrüßt, Hadriana! Denn sobald ich meine Knochen mit den deinen vermischt haben werde, wird es jedem von uns gut gehen. Im Leben habe ich 29 Jahre und 29 Tage mit dir gelebt, tot werde ich später mit dir die ewige Ewigkeit leben.
(3) Giovanni Gioviano Pontano setzte dies der Hadriana Saxona, seiner besten und sehr verdienten Gattin, die 46 Jahre und 6 Monate lebte.
(4) Sie starb am 1. März im Jahr 1490.

Die Teile 1 und 3 entsprechen prinzipiell den Möglichkeiten antiker Epigramme und Grabinschriften und würden für einen antiken Zweck ausreichen.[107] Modern ist natürlich die mit einer antiken Tagesangabe verbundene christliche Jahreszählung in Teil 4. Im Vergleich zu antiken Analogien zusätzlich ist auch Teil 2, der antike, christliche und moderne Elemente enthält. Antiken Grabinschriften entspricht die Jahresangabe der gemeinsamen Ehezeit, bei der nur die Tagesangabe ungewöhnlich ist. Dazu kommen die christlich bedingten Vorstellungen über das ewige Leben (dabei ist der Gebrauch von *have* und *ossa* wieder klassizistisch).[108] Der auffälligste Satz ist, daß Pontano täglich mit seiner verstorbenen Frau sprechen will, die in seiner Sehnsucht und seiner Erinnerung immer bei ihm sein wird. Dieser Ausdruck der den Tod überdauernden Liebe knüpft zwar an verschiedene antike Vorstellungen an, geht aber über die Äußerungen in antiken Grabepigrammen hinaus. Auch antike Grabepigramme können von nicht aufhörender Trauer sprechen, sie können Dialoge zwischen dem Toten und seinem Ehepartner fingieren. In Prop. 4, 11, 81ff. spricht die tote Cornelia zudem von der Möglichkeit, daß ihr verwitweter Mann sich in den Nächten um sie härmt, sie in seinen Träu-

---

[107] Eine längere Fassung des Epigramms findet sich bei Pontano (s. Anm. 88), Tum. 2, 19, der den Tod seiner Frau auch in der Ekloge *Meliseus* beklagt. — Zu den herausgestellten 'typischen' weiblichen Tugenden vgl. die treffende Bemerkung von I. Kajanto, s. Anm. 34, S. 132: "These virtues were not specifically Christian. On the contrary, they were equally common in ancient pagan epitaphy, and remained so afterwards. One could call them the virtues of 'eternal women' (bzw. the 'eternal' virtues of women), at least up to the modern age, when emancipation and partly also new morality have revolutionized women's social position and way of life. The most important of these virtues is chastity." Zu *uxori optimae ac benemerentissimae* s. dens., S. 94ff.
[108] Zu dem Gebrauch von *ossa* vgl. I. Kajanto, s. Anm. 34, S. 65, zu Vorstellungen des ewigen Lebens in humanistischen Inschriften ebd., S. 67ff.

men sieht und im geheimen zu ihrem Bild spricht, als ob sie antworten könnte. Vielleicht werde er wieder heiraten, vielleicht aber in Erinnerung an sie mit ihrem Schatten weiterleben und noch ihre Asche so hoch schätzen. Pontano machte diese Potentialität zur Selbstaussage, kündigt sogar ein tägliches Sprechen mit der Toten an (ähnlich spricht Ovid täglich mit seiner fernen Gattin, s. Ov. Trist. 3, 3, 17f. *te loquor absentem, te vox mea nominat unam | nulla venit sine te nox mihi, nulla dies*) und reflektiert über den Charakter ihrer Antworten, indem er sie auf seine Sehnsucht und Erinnerung zurückführt. Das Gefühl einer den Tod überdauernden Verbundenheit der Ehepartner ist antik vorhanden, Pontano hat es zu seinem eigenen erklärt, psychologisiert und, an antike Muster anknüpfend und diese zugleich überholend, ausgedrückt.

Außer durch Epigraphik und Grabdichtung waren den Humanisten antike Zeugnisse für den ehelichen *amor mutuus* vor allem aus Catull und der Elegie bekannt. In Catulls Hochzeitslied auf die Ehe von Manlius Torquatus mit Vinia Aurunculeia (carm. 61) werden die Neuvermählten zu gegenseitiger Liebe ermahnt, was zu den traditionellen Elementen gehört. Die dortige Betonung des leidenschaftlichen Charakters auch der ehelichen Liebe wurde jüngst als Übertragung eines Motivs der außerehelichen Liebesdichtung gedeutet, "aber das entsprach offenbar dem Zeitgeschmack."[109] Horaz bedichtet in diesem Sinn das *bene mutuis fidum pectus amoribus* der Licymnia genannten Gattin des Maecenas (carm. 2, 12, 15f.). Tibull spricht zum Geburtstag eines Cornutus von dessen Wunsch nach *uxoris fidos [...] amores* (2, 2, 11). Properz spricht von der Liebe der mit Penelope verglichenen Aelia Galla zu dem fernen Postumus (3, 12) und auch im Arethusa–Brief von ehelicher Liebe in Rom — auch wenn er hier griechische Pseudonyme für sein Paar wählt — und Ovid bringt in den Heroidenbriefen unter anderem und natürlich aus seiner Perspektive die Gefühle zeitgenössischer Ehefrauen zu ihren fernen Gatten zum Ausdruck, auch wenn er die mythische Einkleidung gewählt hat. (Teilweise im Anschluß an Ovid hat Claudian das Motiv der sich um ihren fernen Mann sorgenden und durch seine Rückkehr beglückten Ehefrau in seinen hexametrischen Panegyrikus Laus Serenae V. 212ff. aufgenommen.) In den Elegien 1–6 des dritten Tibullbuchs, die erst Ende des achtzehnten Jahrhunderts Tibull abgesprochen und einem unter dem Pseudonym Lygdamus schreibenden jüngeren — jetzt in die Zeit nach Ovid datierten — Dichter zugeschrieben wurden, ist der Sprecher von seiner geliebten Neaera getrennt, die bis in unsere Zeit als seine frühere rechtmäßige Ehefrau, die ihn verlassen hat, aufgefaßt wurde und wird, meines Erachtens mit Unrecht — eheliche Ausdrücke werden dort wohl in metaphorischer Bedeutung verwen-

---

[109] S. H. P. Syndikus, Catull, Eine Interpretation, Zweiter Teil, Die großen Gedichte (61–68), Darmstadt 1990, S. 11f.

## 4. CASTIGLIONE, SEINE FRAU HIPPOLYTA UND OVID

det.[110] Die Renaissance konnte hier jedoch auf jeden Fall die Gefühle eines Dichters gegenüber seiner von ihm getrennten Ehefrau ausgedrückt finden.

Der einzige römische Elegiker, der mit Sicherheit Gedichte an seine eigene Ehefrau richtete, war Ovid. In den Tristien finden sich sechs, in den *Epistulae ex Ponto* zwei solcher Briefelegien.[111] Der erste dieser Briefe (Trist. 1, 6) beginnt mit einer Liebeserklärung, die Ovids Frau mit Lyde und Bittis vergleicht, zwei Frauen, die in verlorenen hellenistischen Elegienzyklen von Antimachos[112] und Philetas besungen wurden (V. 1–4):

---

[110] Vgl. W. Erath, Die Dichtung des Lygdamus, Diss. Erlangen–Nürnberg 1971, S. 304ff., für die metaphorische Erklärung der Begriffe *coniunx* und *coniugium*. Dagegen vertritt H. Tränkle, Appendix Tibulliana, Berlin und New York 1990, S. 56ff., besonders unter Hinweis auf Tib. 3, 3, 33ff. sowie 3, 4, 60 und 92ff., wieder die Auffassung, daß der Leser sich Neaera als Ehefrau des Lygdamus vorstellen soll. "Was dem Leser vor Augen gestellt wird, ist die in die Brüche gegangene Ehe eines Paares von gehobenem Stand". Es ist hier nicht der Platz, dieses für die Tibullrezeption der Renaissance nicht aktuelle Problem in der gebührenden Ausführlichkeit zu diskutieren. Für die Mentalität der römischen Oberschicht im ersten nachchristlichen Jahrhundert ist die Frage von erheblicher Bedeutung, ob hier ein Ehemann zu seiner untreuen Ehefrau oder ein Liebhaber zu seiner Geliebten, die ihn verlassen hat, spricht. Wenn hier ein Ehemann versuchen sollte, seine Frau, die ihn verlassen hat, zurückzugewinnen, bis er schließlich das Vergebliche seiner Bemühungen erkennt und seinen Kummer in Wein ertränkt, so würden diese Elegien ein für die Antike einzigartiges Bild eines sentimentalen, seine ungetreue Ehefrau trotz allem weiter liebenden Ehemannes bieten. In diesem Fall müßte der eheliche Status der "Neaera" dem Leser von Anfang an deutlich gemacht werden, und dies ist nicht der Fall. Als Liebhaber, der sich in seinem festen und beständigen Verhältnis zu "Neaera" glaubte und von der *perfida puella* verlassen worden ist, paßt "Lygdamus" in die Welt der römischen Elegie, der sich der Lygdamus-Dichter auch sonst epigonal anschließt. Eine solche Gesamtsituation kann der Leser Tib. 3, 1–6 entnehmen. Daß "Lygdamus" sein früheres und sein erwünschtes Verhältnis zu "Neaera" mit einigen ehelichen Farben malt, wird auf diesem Hintergrund verständlich. Die Enge seiner Bindung und die Bitterkeit der Trennung werden so betont. [Nachtrag 2003: Hermann Tränkle verteidigte dem Verfasser gegenüber brieflich am 5.10. 1994 noch einmal seine Auffassung u.a. unter Hinweis auf Tib. 3, 1, 23–26 und 2, 29f. und führte aus, daß infolge der möglichen Formlosigkeit der Eheschließung zwischen ehelichen und nichtehelichen Lebensgemeinschaften manchmal schwer zu unterscheiden war, daß der Schritt von der Schilderung eines Zerwürfnisses unter Eheleuten deshalb nicht so groß ist und daß, wenn die liebende Beziehung zu einer Ehefrau einmal Thema der subjektiven 'Lyrik' geworden war, auch eheliche Untreue Thema werden konnte. Ich halte danach an meiner Ablehnung, Neaera als Ehefrau des Lygdamus zu betrachten, nicht mehr fest.]

[111] Trist. 1, 6; 3, 3; 4, 3; 5, 2; 5, 11; 5, 14; Ex P. 1, 4; 3, 1.

[112] Castiglione las in V. 2 mit den alten Ausgaben "Battis" und erfuhr aus (B. Merula), Ovidius de Tristibus cum commento, Venedig 1499, Bl. XI<sup>r</sup>, über Lyde und Battis: *Lyde amica fuit Callimachi, quam ardentissime amavit; de qua etiam elegias scripsit [...] Battida amavit Philetas Cous.* Vielleicht war Ov. Rem. am. 759f. und Prop. 3, 1, 1 Anlaß für diese teilweise falsche Erklärung.

> *Nec tantum Clario est Lyde dilecta poetae,*
> *Nec tantum Coo Bittis amata suo est,*
> *Pectoribus quantum tu nostris, uxor, inhaeres,*
> *Digna minus misero, non meliore viro.*

Ovid rühmt die Unterstützung, die er in seiner unglücklichen Situation bei seiner Frau findet, vergleicht ihre *probitas* mit Andromache, Laodamia und Penelope, erklärt, daß seine *carmina* schwächer sind als ihre *merita* und endet mit dem Versprechen, ihr durch seine Gedichte einen Platz unter den ehrwürdigen Heroinen zu geben (V. 33–36):

> *Prima locum sanctas heroidas inter haberes,*
> *Prima bonis animi conspicerere tui.*
> *Quantumcumque tamen praeconia nostra valebunt,*
> *Carminibus vives tempus in omne meis.*

Die Castiglione in unserer Interpretation unterstellte Absicht, Hippolyta durch die Briefelegie den antiken Heroinen zuzugesellen, wird hier analog von Ovid in Hinsicht auf seine Frau ausgesprochen. Ovids Gefühl für seine ferne Frau artikuliert sich dann im Laufe der Tristien mehrfach, teilweise auch außerhalb der an sie gerichteten Briefe. Vgl. z.B. 3, 3, 17f. *Te loquor absentem, te vox mea nominat unam; | nulla venit sine te nox mihi, nulla dies*; 3, 4, 53f. *At longe patria est, longe carissima coniunx, | quicquid et haec nobis post duo dulce fuit*; 3, 8, 8ff. *aspicerem patriae dulce repente solum, | desertaeque domus vultus, memoresque sodales, | caraque praecipue coniugis ora meae*; 4, 3, wo er sich Gedanken über ihre schwierige Situation und ihre Gefühle ihm gegenüber macht und an die glückliche Zeit ihres Zusammenseins zurückdenkt; 4, 6, 45f. *urbis abest facies, absunt mea cura, sodales, | et, qua nulla mihi carior, uxor abest*; 5, 5 anläßlich des Geburtstages seiner Frau, wo er ihre guten Eigenschaften lobt und sie mit Penelope, Euadne und Laodamia vergleicht, eine Stelle, die, wie oben bemerkt wurde, Pontano in seinem Gedicht *Ad uxorem* aufgriff; und 5, 11, wo er auf die Klage seiner Frau, Frau eines Verbannten zu heißen, eingeht. Er definiert die Beziehung zu ihr als *socialis amor* (5, 14, 73; so auch Ex P. 3, 1, 73). Das letzte Tristiengedicht greift abschließend den Gedanken von Trist. 1, 6 auf, daß sie in seinen Gedichten weiterleben soll. Er will ihr in seinen Gedichten ein Denkmal setzen, und sie wird bekannt sein, solange er gelesen wird (5, 14, 1–6):

> *Quanta tibi dederim nostris monumenta libellis,*
> *O mihi me coniunx carior, ipsa vides.*
> *Detrahat auctori multum fortuna licebit,*
> *Tu tamen ingenio clara ferere meo;*

*Dumque legar, mecum pariter tua fama legetur,*
*Nec potes in maestos omnis abire rogos;*

Bartholomaeus Merula aus Mantua (!) faßt in seinem 1489, 1499 und 1510 erschienenen Tristienkommentar den Inhalt dieser Elegie wie folgt zusammen:[113] *In hac ultima elegia uxori immortalitatem pollicetur poeta dicitque multas fore, quae, quamvis eam miseram esse existiment, illi tamen invideant et foelicem appellent, simulque ostendit nihil ab eo maius praestari potuisse. Quod quum ita sit, eam hortatur, ut in fide permaneat, ne a quoquam iure accusari queat, exemplisque etiam probat eiusmodi fidem erga maritos nullo umquam aevo taceri solitam. Demum, ne videatur uxori diffidere, dicit se ea scribere, ut monendo magis uxorem laudet, quam hortatu suo sit opus erga uxorem optimam, et quae ea faciat, quae sanctissimae uxori conveniant.* Die Situation der Verbannung hat Ovid zu einem neuen und für seine Zeit ungewöhnlichen Thema der Elegiendichtung, zum Preis der Ehefrau, geführt, einem Thema, das er durch die abschließende Widmung der fünf Tristienbücher an seine Frau noch besonders betonte.[114]

Statius knüpfte daran an, wenn er in Silv. 3, 5 ein hexametrisches Gedicht an seine *carissima coniunx* (V. 110) richtete, aus dem gleichfalls ein Gefühl herzlicher Zuneigung und Verbundenheit spricht; er bittet seine noch widerstrebende Frau, mit ihm Rom zu verlassen und nach Neapel zu ziehen.[115] Pontano hat dieses Gedicht sehr geschätzt. Es hat nicht nur auf sein sapphisches Lobgedicht auf Neapel (Lyr. 6) gewirkt, sondern auch den Ausdruck in seiner *Epistola Philippi ad Faustinam* (Am. 1, 10) bei einem an sich ovidischen Gedanken mitgeprägt (vgl. dort V. 11 *quamvis et facie veteres heroidas aequas* mit Silv. 3, 5, 44f. *fides [...] qua veteres Latias Graias heroidas aequas*).

Weder ist also die Vorstellung der wechselseitigen Liebe zwischen Ehepartnern der römischen Antike fremd, noch fehlen Bezeugungen für das Gefühl des Mannes für seine ferne Ehefrau oder der Versuch, sich in deren Situation hineinzuversetzen, in der römischen Literatur. Es ist offensichtlich, daß Casti-

---

[113] Siehe B. Merula, wie Anm. 112, Bl. LXVIII$^v$.
[114] Die Tristien sind als erstes (und einziges) elegisches Werk der antiken lateinischen Literatur, in dem der Autor seine eigene Ehefrau thematisiert und sozusagen an die Stelle der — pseudonymen — Geliebten setzt, noch wenig gewürdigt worden, Ansätze bei U. Staffhorst, Publius Ovidius Naso, Epistulae ex Ponto III 1–3 (Kommentar), Diss. Würzburg 1965, S. 1ff.; wichtige Feststellungen zu Ovids Übertragung von charakteristischen Motiven der außerehelichen elegischen Liebesdichtung auf seine Ehefrau bei B. R. Nagle, The poetics of exile, program and polemic in the Tristia and Epistulae ex Ponto of Ovid, Brüssel 1980, S. 43ff., vgl. hierzu auch S. Lilja, The Roman elegists' attitude to women, Helsinki 1965, S. 226ff.
[115] Vgl. zu Stat. Silv. 3, 5 E. Burck, Wiener Studien 99, 1986, S. 215ff. und Wiener Studien 100, 1987, S. 137ff.

glione ebenso wie vorher Pontano sich bei ihren Dichtungen über ihre eigenen Frauen vor allem von dem durch Ovids Tristien gegebenen Vorbild anregen ließen. Weder Pontanos Schritt von seinen polymetrischen *Amores* zu seinen elegischen *Libri de amore coniugali* noch Castigliones Briefelegie seiner Frau ist ohne die humanistische Tristienrezeption zustande gekommen.[116] Der Vorsatz Ovids, seine Frau durch eine Dichtung den berühmten Frauen des Mythos gleichzusetzen, hat sicher erheblich zu Castigliones Entschluß beigetragen, seine Frau durch einen regelrechten 'Heroidenbrief' zu verewigen. Es war sozusagen ein ovidischer Entschluß, auch wenn Ovid selbst noch nicht so weit gegangen war. Immerhin fand Castiglione in den Tristien auch schon poetisch stilisierte Worte von Ovids Frau: In Trist. 1, 3, 81–86 zitiert dieser ihre Worte in der Abschiedsnacht, in denen sie erklärte, die Verbannung mit ihm teilen zu wollen.

Darüber hinaus haben speziell die in V. 69–71 referierten Gefühle Castigliones für seine Frau inhaltlich und ausdrucksmäßig Analogien im Bereich der antiken römischen Elegien. Die Möglichkeit eines *desiderium* des Mannes nach seiner fernen Ehefrau, das ihn abmagern und bleich werden läßt, setzt Prop. 4, 3, 27f. voraus: *diceris et macie vultum tenuasse; sed opto | e desiderio sit color iste meo*. Das Verb *languere* bezeichnet bei Castiglione eben die durch das *desiderium* bewirkte krankhafte Mattigkeit, die sich in solchen Symptomen manifestieren kann (vgl. auch Ov. Ep. 21, 217 *concidimus macie, color est sine*

---

[116] Für die Bedeutung der Tristien für die späteren Dichtungen von Humanisten über ihre Ehefrauen zeugt der an Trist. 5, 14 anknüpfende Schluß der Trauerelegie des J. Micyllus über seine 1548 verstorbene Gattin; s. dazu W. Kühlmann, Die verstorbene Gattin — die verstorbene Geliebte: Zum Bild der Frau in der elegischen Dichtung des deutschen Humanismus (Jacob Micyllus und Petrus Lotichius Secundus), in: P. G. Schmidt, Hrsg., Die Frau in der Renaissance, Wiesbaden 1994 (Wolfenbütteler Abhandlungen zur Renaissanceforschung 14), S. 21–54. Das durch die Beiträge von Herrn Kühlmann und mir deutlicher als bisher sichtbar gemachte, aber lange nicht ausgeschöpfte Thema der eigenen ehelichen Liebe und der eigenen Ehefrau in der neulateinischen Dichtung verdient literatur– und mentalitätsgeschichtlich eine umfassende Behandlung. Seine Gestaltung, Entwicklung und Verbreitung liegen noch weithin im Dunkeln. Die entscheidenden literarischen Impulse für diese 'Ehedichtungen' scheinen zunächst Ovids Tristien und Pontanos *De coniugali amore* gegeben zu haben. Zu den in diesem Zusammenhang zu betrachtenden humanistischen Dichtern gehören untereinander so verschiedene wie der französische Jean Salmon (1490–1557) mit seinen catullisierenden und horazisierenden Gedichten an seine 1528 geehelichte Frau Guillonne Boursault (in: J. Salmonius Macrinus, Carminum libri quatuor, Paris 1530; dazu I. D. McFarlane, Jean Salmon Macrin, Bibliothèque d'Humanisme et Renaissance 21, 1959, S. 55ff., hier S. 74ff., und G. Soubeille, Jean Salmon Macrin; Le livre des Epithalames (1528–1531), les Odes de 1530 (livres I & II), Toulouse 1978, S. 53ff.) und der deutsche Protestant Adam Siber (1516–1584) mit seinen Elegien *In obitum Annae Heinemanae, coniugis dulcissimae* und *De secundo suo coniugio* (in: A. Siber, Poematum sacrorum pars prima*, Basel (1565), S. 408ff. und S. 416ff.).

*sanguine,* 229 *aspiceres sponsae languida membra tuae*). Oder es kann für die Mattigkeit des Mannes nach einer aus Liebeskummer durchwachten Nacht gebraucht werden, wie bei Lygdamus, der erst nach Sonnenaufgang Schlaf finden kann (Tib. 3, 4, 21f. *tandem [...] pressit languentis lumina sera quies*). Die Junktur *desiderio languere* selbst ist antik anscheinend nicht belegt, sondern, wie oben bemerkt, von Castiglione aus Pontanos Gedicht *Ad uxorem* V. 82 *de desiderio languida facta mei* entwickelt worden, wo Pontano sie für die (erhoffte) Situation seiner Frau aus den beiden antiken Worten und Vorstellungselementen gebildet hatte. Die Folter durch Liebesqualen ist ebenfalls ein bekanntes antikes Bild. Properz hatte sie für sich in Anspruch genommen (3, 6, 39 *me quoque consimili impositum torquerier igni*). Castiglione sieht sich durch die Verzögerung seiner Heimreise entsprechend gefoltert.

Seine Gefühle für seine Frau sind also in keiner Weise 'ganz und gar modern', und es ist sicher, daß Castiglione sich mit seinen Gefühlen und Absichten durchaus in antiken Bahnen sah. Er erfüllte mit diesem Gedicht für sich die Forderung, die er in seinem Cortegiano für die literarische Bildung des höfischen Mannes gestellt hatte (Buch 1, Kap. 44): "Il qual voglio che nelle lettre sia più che mediocremente erudito, almeno in questi studii che chiamano d'humanità; e non solamente della lingua latina, ma ancor della Greca abbia cognazioné per le molte e varie cose che in quella divinamente scritti sono. Sia versato nei poeti, e non meno negli oratori ed istorici, ed ancor esercitato nel scriver versi e prosa, massimamente (aber eben nicht ausschließlich) in questa nostra lingua vulgare."[117]

Das viel gerühmte Gedicht wird durch den Aufweis dieser Hintergründe und Voraussetzungen nicht schlechter. Es ist ein aufschlußreiches Dokument für das Lebensgefühl und die dichterischen Möglichkeiten in Rom um 1520. Neu ist eben die ausgefeilte literarische Produktion eines neuartigen Heroidenbriefs, in dem viele antike Elemente so verwertet sind, daß das Ganze spontan zustande gekommen wirkt und als wahrhaftiger Ausdruck von Hippolytas Gefühlen und Vorstellungen erscheint. Neu ist insbesondere der gewagte und meines Wissens nie wiederholte Schritt, die eigene Frau zur Schreiberin eines Heroidenbriefs an sich selbst zu machen. Castiglione porträtiert gewissermaßen seine Frau im Medium ihres Briefes. Hierbei dürfte neben den betrachteten antiken Antezedentien auch eine wohl modern zu nennende Disponiertheit, Persönliches und Privates in der Literatur zu zeigen, eine Rolle gespielt haben. Er hat die seelische Beziehung zwischen ihm und seiner Frau in grundsätzlicher Übereinstimmung mit antiken Vorstellungen, Denkgewohnheiten und Ausdrucksformen, aber offener, als dies in der Antike bei

---

[117] Vgl. hierzu A. Buck, Baldassare Castigliones 'Libro del Cortegiano', in: Höfischer Humanismus, hrsg. von A. Buck, Weinheim 1989, S. 5ff., hier S. 9.

Aussagen über die eigene Ehe üblich war, dargestellt. Es handelt sich im persönlichen Bereich und abgesehen von der christlichen Vorstellung der Unauflöslichkeit der Ehe nicht so sehr um neue Gefühle, als vielmehr um neue bzw. wiedergewonnene Ausdrucksmöglichkeiten und vor allem einen neuen Ausdruckswillen. Aus heutiger Sicht kann Castigliones Entschluß, einen Brief seiner Frau an ihn zu schreiben, als Ausdruck einer zeittypischen männlichen Arroganz und besonderer Selbstgefälligkeit erscheinen, die soweit geht, daß der Frau ihre Worte, ja ihre Liebeserklärung an ihren Mann von ihm in den Mund gelegt bzw. buchstäblich vorgeschrieben werden. Eine solche Einschätzung war jedoch den Zeitgenossen Castigliones völlig fremd. Aus damaliger Sicht verdankte Hippolyta ihrem Porträt in der Form einer Briefelegie ein sehr hohes Gut: die literarische Unsterblichkeit als *exemplum* ehelicher Liebe und Treue.[118]

Anhang

Drei autographische im Vat. Lat. 82111 erhaltene Briefe der Hippolyta Taurella († 25. August 1520) an ihren Ehemann aus dem Jahr 1520 werden im folgenden nach Orthographie und Interpunktion diplomatisch präzis ediert und übersetzt (s. dazu oben Anm. 2). [ ] bezeichnen durch Beschädigungen unleserliche, ergänzte Stellen, ( ) aufgelöste Abkürzungen der Schreiberin. Ich danke Herrn Dr. Giuseppe De Gregorio, Rom, für seine Hilfe bei der Transkription und Übersetzung der Briefe.

1. f. 246$^v$
Al mio Charo et Amato Consorto ei Conto Baldesaro C[astigli]ono, In Roma

f. 246$^r$
Consorte mio caro: io ho riceuuto doe V(ost)re una de vinte quatre elaltra de vinte 8: uoi sete tanto dabene ch(e) mifate parere dapocha mano(n) resta gia

---

[118] Die Vorträge und Diskussionen während des Arbeitsgespräches in Wolfenbüttel gaben mir einige zusätzliche Anregungen. Eine frühere Fassung dieser Abhandlung wurde am 23. Juni 1990 bei einem Treffen norddeutscher Philologen in Hamburg vorgetragen und diskutiert. Auch diesem Gespräch verdanke ich Anregungen. Außerdem danke ich meinem Freund W.–W. Ehlers für seine aufmerksame kritische Durchsicht des Manuskripts. Es sei gestattet, hier einen Nachtrag zu meinem Aufsatz "Platons Kuß und seine Folgen", Illinois Classical Studies 14, 1989, S. 435ff., anzufügen. In Tassos Gerusalemme liberata, C. 16, 19 und C. 19, 108f., finden sich zwei schöne und wichtige Beispiele für den 'platonischen', einen Ortswechsel der Seele bewirkenden Kuß (Rinaldo gibt ihn Armida, Erminia dem Tancredo). — Die Frist zwischen dem Abschluß dieser Abhandlung (November 1990) und ihrer Drucklegung (1994) erlaubt es, auf einen in der Zeitschrift für Württembergische Landesgeschichte 52, 1993, S. 91ff., erschienenen Aufsatz "Joachim Münsinger und der Humanismus in Stuttgart" hinzuweisen, in dem eine 1532 in Padua verfaßte elegische Epistel J. Münsingers (von Frundeck) interpretiert wird, die allem Anschein nach Formelemente und Motive der Hippolyta–Elegie Castigliones rezipiert hat.

chel bono animo no(n)sia descriuerue piu speso ch(e) no(n) facio ma no(n) ho meso: mepiaze ch(e) siato sano atendeteue anchora aconseruarue e state dibona uoglia: io sto asai bene [nela mi]a grauideza credo ch(e) sia intrata inoue mese pregate al [nostr]o signor dio che mifatia dischargare in bene seauese auto gratia che fuseuo ue[n]uto qua(n)do parturiro sio certo ch(e) no(n) aueria auto lam[entarmi del] malo ch(e) auero: De la Cosa d(e)l Conte marco–antonio et no[s]tra cu(m) su(m)mo desiderio aspeto se h(au)e(r)a la uotiua expeditione: uimando certe litre de zanmaria dala porta uiprego ch(e) gifaciate quelo apiacer cheluidoma(n)da: li n(ost)ri putini son sani et inpareno alegiere tuti doi macamillo e unmal puto seluno ch(e) giuoglia insignar chel no(n) dize bene esege uol insegnare alui laputina dize tuto labe tanto bene del mo(n)do e dize ta(n)te zancete ch(e) lasecha hognuno: marincresse bene del pouero Grillo ch(e) sesia perso digr(a)tia fate ogni dilige(n)tia peritrouarlo: no(n) besognaua darme racordo de lepelle liofate metere fora e gele faro ancora metere: mistro lazaro uadrete lauorando elsta inpenser de far uncerto camarino che no(n) uenescriuero altro perch(e) credo ch(e) mado(n)na uenedebia scriu[ere]: Io me Viraco(man)do contuto il Cor digr(a)cia aricordatiue qualche uolta [di] me ch(e) io mericordo sempre de uoi e mai no(n) ho altro contento seno(n)alpensare d(e) uoi: sore laura seracomanda a Voi: in Mantoua alli iii d(e) agusto: M.D.XX.
la V(ost)ra Consorte ch(e) uiama piu ch(e) lei st[essa]

An meinen lieben und geliebten Gemahl, den Grafen Baldesaro Castigliono, in Rom

Mein lieber Gemahl! Ich habe zwei Briefe von Euch erhalten, einen vom 24. und den anderen vom 28. Ihr seid so gut (im Schreiben), daß ihr mich ganz armselig aussehen macht. Aber es ist nicht der Fall, daß ich nicht die gute Absicht habe, Euch öfter zu schreiben, als ich es mache, aber ich habe es nicht geschafft. Es freut mich, daß Ihr gesund seid. Paßt weiter auf Euch auf, daß ihr gesund bleibt, und bleibt wohlgemut! Mir geht es recht gut in meiner Schwangerschaft. Ich glaube, daß ich in den neunten Monat gekommen bin. Bittet unseren Herrn Gott, daß er mich gut entbinden läßt. Wenn er die Gnade gehabt hätte, daß Ihr gekommen wärt, wann ich gebären werde, bin ich sicher, daß ich nicht das Übel zu beklagen gehabt hätte, das ich haben werde. In der Sache des Grafen Marc–Antonio warte ich mit größter Sehnsucht, ob sie die gewünschte Entwicklung hat. Ich sende Euch gewisse Briefe des Gianmaria della Porta. Ich bitte Euch, daß Ihr ihm den Gefallen tut, um den er bittet. Unsere Kleinen sind gesund und lernen beide zu lesen. Aber Camillo ist ein böser Bube. Wenn einer ihn unterrichten will, sagt er ihm, was er nicht gut sagt und ob er von ihm Unterricht will. Die Kleine sagt das ganze ABC allerbestens und sagt so viel dummes Zeug, daß sie jeden erledigt. Es tut mir sehr leid um den armen Grillo, daß er verloren ist. Bitte wendet alle Sorgfalt an, um ihn wiederzufinden. Es war nicht nötig, mich an die Pelze zu erinnern. Ich habe sie nach draußen bringen lassen und werde sie auch weiter nach draußen bringen lassen. Meister Lazaro macht weiter mit seinen Arbeiten. Er denkt daran, eine gewisse kleine Kammer zu machen, von der ich Euch nichts anderes schreiben werde, weil ich glaube, daß Madonna (d.h. ihre Schwiegermutter) Euch davon schreiben sollte. Ich empfehle mich Euch mit ganzem Herzen. Ich erinnere mich immer an Euch und habe keine andere Freude als an Euch zu denken. Schwester Laura empfiehlt sich Euch. In Mantua, am 3. August 1520.

Eure Gemahlin, die Euch mehr liebt als sich selbst.

2. f. 247$^v$
Al mio Caro et amato Consorto el Conto Baldesaro [Castigli]ono in Roma

f. 247$^r$
Consorte mio Caro: merincrese asai ch(e) abiate tante dispiacer come mescriuite e digracia sforzatiue de no(n) uipigliare fastidio se e [uero] quello ch(e) mescriuite ch(e) se io fuso aroma forsi no(n) a[resti]ue tanti fastidii io geuoria esere perch(e) desidro destar con uoi piu ch(e) cosa del mondo e tuti li mei conte(n)ti adeso sone auer Vostre litre e pensar di uoi e star con Camillo ricordandime de Voi: midole ch(e) li Vostri servitor sesiano amalati digr(a)cia sforzatiue distarsano e dibona uoglia ericordarue qualch(e) uolta quando no(n) auete ch(e) far di me: serite contento d(i) racordarui delaseta negra dapelo ch(e) meprometestiue e mandarmela quando poterite: no(n) diro altro seno(n) ch(e) auoi contento el cor meuiraoma(n)do el medemo fa li nostri putini: In Mantoua alle x d(e) Agosto: M.D.XX.

la V(ost)ra Consorte ch(e) altro no(n) desidra seno(n) ch(e) uoi lamate

An meinen lieben und geliebten Gemahl, den Grafen Baldesaro Castigliono in Rom
Mein lieber Gemahl! Es tut mir sehr leid, daß ihr so große Unannehmlichkeiten habt, wie ihr mir schreibt, und bitte gebt Euch alle Mühe, nicht allzu bekümmert zu sein. Wenn es wahr ist, was Ihr mir schreibt, daß, wenn ich in Rom wäre, Ihr vielleicht nicht so bekümmert wärt, so wollte ich schon dort sein, weil ich mehr als irgend etwas in der Welt bei Euch zu sein verlange und alle meine Freude jetzt ist, Eure Briefe zu haben und an Euch zu denken und mit Camillo zu sein und mich an Euch zu erinnern. Es tut mir leid, daß Eure Diener krank sind. Bitte gebt Euch alle Mühe, Euch zu zerstreuen und aus Wohlwollen Euch manchmal an mich zu erinnern, wenn Ihr nichts zu tun habt. Seid so nett, Euch an die schwarze Seide von dem Pelz zu erinnern, die Ihr mir versprochen habt, und schickt sie mir, wann Ihr könnt. Ich will nichts anderes mehr sagen, als daß ihr mein Herz erfreut und ich mich Euch anempfehle. Dasselbe machen Eure Kleinen. In Mantua, am 10. August 1520.

## 4. Castiglione, seine Frau Hippolyta und Ovid

Eure Gemahlin, die nichts anderes begehrt, als daß Ihr sie liebt.

3. f. 248ᵛ
[Al] mio: Caro et amato Consorte et Conte Baldessar Castiglio(n)e in Roma
f. 248ʳ
Consorte mio Caro: ho partorito una putina: no(n) credo gia ch(e) ui disco(n)te(n)tarete: Io lo auta cu(m) piu gra(n) male chio no(n) habbe laltra: el me uenuto a uero q(ue)llo chio uiscrisse: et ho hauto tre termini de febra ben gra(n)di: al pr(esen)te pur mi ritrouo astar meglio: et spero chio no(n) auero piu male no(n) mi faro scriuere altro. p(er) no(n) essere troppo ben galiarda: cu(m) tuto el core me racom(anda) alla S.V. In ma(n)tua alli 20. de agosto 1520
la Consorte ch(e) unpocho starocha damalo

An meinen lieben und geliebten Gemahl, den Grafen Baldessar Castiglione in Rom
Mein lieber Gemahl! Ich habe eine kleine Tochter geboren. Ich glaube nicht, daß Ihr damit unzufrieden seid. Ich habe sie mit größeren Schmerzen gehabt, die ich früher nicht gehabt habe. Es ist wahr geworden, was ich Euch geschrieben habe. Und ich habe drei Anfälle von recht hohem Fieber gehabt. Gegenwärtig jedoch befinde ich mich in besserem Zustand. Und ich hoffe, daß ich keine Schmerzen mehr haben werde. Ich will nicht versuchen, noch etwas zu schreiben. Denn ich bin nicht allzu gut aufgelegt. Mit dem ganzen Herzen empfehle ich mich Euch. In Mantua, am 20. August 1520.
Die Gemahlin, die von den Schmerzen ein wenig erschöpft ist.

[Erstveröffentlichung: Nr. 175, revidiert; vgl. dazu Nr. 164.]

## 5. Giovanni Pontano und das *Pervigilium Veneris* des Jean Bonnefons

Die hübscheste, sinnlichste und ausführlichste Darstellung einer glücklichen Liebesnacht in der lateinischen Dichtung bietet das *Pervigilium Veneris*, ein aus 148 catullischen Hendekasyllaben bestehendes Gedicht, das Joannes Bonefonius (1554–1614), ein aus der Auvergne gebürtiger höherer Beamter König Heinrichs III. von Frankreich,[1] zuerst 1587 in Paris mit seiner *Pancharis* betitelten Gedichtsammlung in kleiner Auflage veröffentlichte[2] und das bei Kennern dann rasch so beliebt wurde, daß es im 16. Jahrhundert noch dreimal[3] und im 17. und 18. Jahrhundert mindestens 16mal in Frankreich, Deutschland, den Niederlanden und England nachgedruckt und auch in französischen und englischen Fassungen nachgedichtet wurde.[4] Nach dem Urteil von Daniel Georg Morhof war Bonefonius der beste neuzeitliche Dichter catullischer Hendekasyllaben.[5] Im 19. und 20. Jahrhundert war es stiller um ihn,[6] aber während des Zweiten Weltkriegs erschien 1944 in Paris sogar noch

---

[1] Zu seiner Biographie s. M. Prevost in: Dictionnaire de Biographie Française, Bd. 6, Paris 1954, Sp. 1001f. Er studierte bei dem Philologen Jacques Cujas/Cujacius in Bourges, wurde in Paris Advokat und war seit 1584 königlicher Statthalter in Bar–sur–Seine.

[2] PANCHARIS | IO. BONEFONII | AVERNI. | [Vignette] | LVTETIAE, | Ex officina Abelis l'Angelier, in pri–| ma columna magnae aulae | Palatij. | M. D. LXXXVII. | CVM PRIVILEGIO REGIS, 12°, 68, [2] S. (mit 7 Geleitgedichten verschiedener Autoren, u.a. von Joseph Scaliger), hier S. 30–35. Die Seltenheit des Erstdrucks beweist eine kleine Auflage: vorhanden in Paris (BNC 15, 1000), nicht im BLC; in Deutschland in öffentlichen Bibliotheken nur in der HAB Wolfenbüttel und der BSB München nachgewiesen, in den USA nur in der Harvard University Library (NUC 66, 49). Im Handel in den letzten Jahrzehnten nur bei Paul Jammes, Les Humanistes, Catalogue 236, Paris 1983, Nr. 35.

[3] Paris 1588 (mit den häufig zusammengedruckten "Imitations" von Bonnefons' Freund Gilles Durant), Tours 1592, Lyon 1593.

[4] Frankfurt am Main 1609 (in: Janus Gruter, *Deliciae Poetarum Gallorum*, vol. I), Paris 1610, Leeuwarden 1613, Helmstedt 1620, Leiden 1655, 1659, Altenburg 1669, London 1720, London 1721, 1721 (Titel der englischen Fassung "The pleasures of coition or the nightly sports of Venus"), Amsterdam 1725, 1727, 1767, o.O. 1758, Leiden 1779 (in: *Amoenitates Poeticae*), London 1797.

[5] Daniel Georgius Morhofius, Polyhistor in tres tomos, Literarium, Philosophicum et Practicum nunc demum editos primoque adjunctos divisus, Opus posthumum, Lübeck 1708, t. I, lb. VI, 3, S. 381: *Inter eos, qui Phaleucos scripserunt, nitidissimus delicatissimusque est Joh. Bonefonius, Gallus, cuius Carmina merito aurea vocat Scaliger* [vgl. dazu unten mit Anm. 39]; *eius Basia omni melle suaviora*.

[6] 1878 erschien in Paris bei I. Liseux eine von P. Blanchemain (1816–1879) besorgte Ausgabe der *Pancharis* mit neuer französicher Übersetzung. Prévost, wie Anm. 1, stellte Bonnefons "au premier rang parmi les poètes de l'amour". Er wird jedoch nicht erwähnt in: M. Morrison, Catullus and the poetry of the Renaissance in France, Bibliothèque d' Humanisme et Renaissance 25, 1963, S. 25ff., und ist nicht aufgenommen in: Alessandro Perosa–

eine Ausgabe des lateinischen Textes mit einer französischen Übersetzung.[7] Eine eingehendere literarische Interpretation scheint diesem in der Nachfolge Giovanni Pontanos stehenden Gedicht bisher nicht zuteil geworden zu sein.[8]

Das Gedicht ist das einzige seiner Pancharis–Gedichte, dem Bonnefons einen Sondertitel gegeben hat. Er nahm ihn von dem antiken *Pervigilium Veneris*, das Petrus Pithoeus (Pithou, 1539–1596) nur wenige Jahre zuvor, 1578, in Paris zum ersten Mal veröffentlicht[9] hatte und das 1587 im Anhang zu seiner Petronausgabe wieder erschienen war.[10] Bonnefons' Gedicht ist damit das erste Zeugnis einer poetischen Rezeption jenes aus 93 trochäischen Langversen bestehenden und von dem Refrainvers *cras amet, qui nunquam amavit, quique amavit, cras amet* durchsetzten Gedichts. Der dortigen Nachtfeier der Venus entspricht bei Bonnefons die glückliche Liebesnacht, die metaphorisch als ein Opfer für Venus bezeichnet wird (V. 7: *blandae Veneri licet litare*). Im übrigen ist das antike Gedicht weder inhaltlich noch metrisch oder stilistisch ein Vor-

---

John Sparrow, Renaissance Latin Verse. An Anthology, Chapell Hill 1979, und in Fred J. Nichols, An Anthology of Neo–Latin Poetry, New Haven–London 1979. Bonnefons erscheint in: Paul Laurens–C. Balavoine, *Musae Reduces*, Anthologie de la poésie latine dans l'Europe de la Renaissance, Leiden 1975, Bd. II, S. 381–393, mit 7 Gedichten, jedoch nicht mit seinem *Pervigilium Veneris*. Keine Arbeit über Bonnefons wird nachgewiesen in der Bibliographie Internationale de l'Humanisme et de la Renaissance von 1964–1994 und, abgesehen von der in Anm. 7 erwähnten Ausgabe von Wilson, im *Instrumentum Bibliographicum* der Humanistica Lovaniensia bis 1999.

[7] Jean Bonnefons, Pancharis, publiée et traduite d'après le texte de 1587 par André Berry & Edgar Valès, Paris 1944. Jozef IJsewijn–Dirk Sacré, Companion to Neo–Latin Studies, Part II, Leuven 1998, S. 97, nennt außerdem: Jean Bonnefons, Pancharis, with English translations in both prose and verse by A. M. Wilson, Cheadle Hulme, Cheadle, Cheshire 1997, Private edition.

[8] Auch in: Ian De Smet–Philip Ford, Hrsg., Eros et Priapus, Erotisme et obscénité dans la littérature néo–latine, Genf 1997, sucht man vergeblich nach einem Beitrag über ihn. Kurz darauf hingewiesen wurde in: W. Ludwig, Litterae Neolatinae, hrsg. von Ludwig Braun u.a., München 1989 (Humanistische Bibliothek I 35), S. 192, Anm. 110, ohne daß dort näher darauf eingegangen werden konnte.

[9] Zur Editio princeps des antiken *Pervigilium Veneris* s. H. Omont, Sur le Pervigilium Veneris, I. Conjectures de Joseph Scaliger, Revue de Philologie 9, 1885, S. 124–126. Pierre Pithou datierte sein Vorwort zu den zwei Quartblättern auf den 1. Januar 1578 (die häufige Angabe, die Editio princeps sei 1577 erschienen, ist irrig) und schrieb, daß es sich um ein antikes Gedicht, das vielleicht von Catull stamme, handle (*poematis, sane antiqui, sive id Catulli ist, sive alterius*). Er versandte Exemplare des Erstdrucks unter anderem an Joseph Scaliger, der in seiner Antwort erklärte: *Poeta iste floruit post Antoninorum tempora, quod facile ex charactere deprehenditur, et, si verum auguror, post Constantinum.* Pithou veröffentlichte im folgenden Jahr: Notae in Pervigilium Veneris, Paris 1579.

[10] Petronii Arbitri Satyricon. Adjecta sunt veterum quorundam poetarum carmina non dissimilis argumenti, ex quibus nonnulla emendatius, alia nunc primum eduntur, Paris 1587. Eine erste Petronausgabe Pithous war 1577 in Paris erschienen.

bild, und der Ausdruck *pervigilium* im Sinne einer "Nachtwache" zum Zwecke sexueller Betätigung war auch aus der von Valerius Maximus erzählten Geschichte über die Hetäre Phryne und den Akademiker Xenokrates bekannt,[11] und gerade Petron hatte dem kultischen Begriff des *pervigilium* auch schon eine scherzhaft metaphorische Anwendung gegeben (Sat. 21, 7):[12] '*Itane est?*' *inquit Quartilla* '*etiam dormire vobis in mente est, cum sciatis Priapi genio pervigilium deberi?*'

Der Text des Gedichts, dem eine prosaische deutsche Übersetzung folgt, lautet so:[13]

> *O Nox suauicula ô bonae tenebrae,*
> *Tenebrae mihi luce clariores,*
> *Quae meam Venerem & suauitatem,*
> *cor vitámque meam attulistis.*
> 5   *Nunc te poßideo alma Pancharilla,*
> *Turturilla mea & columbulilla:*
> *Nunc blandae Veneri licet litare,*
> *Longae praemia nunc morae referre,*
> *Amplexúque mihi frui cupito.*
> 10  *Ferox, improba, dura quid moraris*
> *Sic me languidulum? quid illa linguae*
> *Mella sugere, quid suauis auram*
> *Oris colligere et tenaciora*
> *Vetas conserere invicem labella?*
> 15  *Quod voto tacito unicè requiris,*
> *Cur id dura mihi negas roganti?*
> *At prior cupias licet, pudica*
> *Et frontis tetricae cupis videri,*
> *Spernens (credere si licebit unquam)*
> 20  *Molles nequitias libidinésque.*
>   *At te per faculas tuas micantes*

---

[11] Val. Max. 4, 3, Ext. 3: *Phryne nobile Athenis scortum iuxta eum vino gravem in pervigilio accubuit pignore cum quibusdam iuvenibus posito, an temperantiam eius corrumpere posset.*

[12] Wie genau Bonnefons Petrons *Satyricon* las, geht aus dem übereinstimmenden Ausdruck und der analogen erotischen Situation in V. 125f. *et subsultibus hinc et inde crebris | spissat officium* mit Sat. 140, 9 hervor: *Cum ergo res ad effectum spectaret, clara Eumolpus voce exhortabatur Coraca, ut spissaret officium.* S. zu Bonnefons' Petron–Rezeption auch unten mit Anm. 18.

[13] Die Edition folgt — auch in Orthographie, Interpunktion und Absatzgliederung — der in Anm. 2 genannten Erstausgabe von 1587. Dieser Weg wurde gewählt wegen der Seltenheit der Erstausgabe und, da sich eine modernisierte Interpunktion aus der deutschen Übersetzung ergibt.

*Et haec aemula purpurae labella*
*Oro pérque genas & hunc capillum,*
*Qui formosa vagus flagellat ora,*
25 *Oro, pérque sinus & has papillas*
*Primulùm tibi iam sororiantes.*
*Has gemmas geminas pari decore*
*Surgentes geminis pares pyropis,*
*Ne Cupidine iamdiu aestuantem*
30 *Eneca. Ah perij miser quid? Imò*
*Iamdudum perij, nisi benigna*
*Faves ocyus ocyúsque cordis*
*Tot incendia Pancharilla sedas.*
*Me Venus bona, me Cupido serva,*
35 *Mî mens insolitum furit furorem,*
*Neque hunc ferre potest furoris aestum.*
    *Haec suspiria & has preces trahebam*
*Imo à pectore iam neci propinquus,*
*Quum uictae subito ira detumescit,*
40 *Et mox virgineo pudore leves*
*Interfusa genas, & ore casto*
*Spargens molliter imbre lacrymarum,*
*Tota, inquit, tua Pancharilla tota est*
*Mutuo tibi mancipata nexu.*
45 *Cum dicto simul osculum propinat,*
*Vltro se admovet, & pudenter audax*
*Sese in brachia nexuosa dedit.*
    *Ego compositam aureo cubili*
*Totum verto in eam furoris ignem:*
50 *Quae mî incendia tanta suscitavit,*
*Toto corpore pronus in suaues*
*Amplexus ruo, cruribúsque crura*
*Pes pedi, femori femur recumbit:*
*Haerent oribus ora, labra labris*
55 *Firmo pectora glutino cohaerent.*
*Iamque Cypridis aureae vireta*
*Iam Cupidinis hortulos pererro,*
*Verè perpetuo hortulos uirentes,*
*Hinc rosas teneras legens, & inde*
60 *Narcissum, violas, amaracumque.*
*Mellitis nimis atque delicatis*

*Vsque ad inuidiam osculis fruiscor.*
*Stricto corpora colligata nexu*
*Confundunt animas: duellum utrinque*
65  *Commiscent tremulae per ora linguae.*
   *O quot lectulus & lucerna pernox*
*Molles delicias utrinque uidit!*
*Dum strictim appliciti arctiore uinclo*
*Haeremus calidi, Venúsque uenis*
70  *Diffusa interioribus, tepente*
*Artus languidulos liquore rorat,*
*Alternantibus osculis utrinque,*
*Occursantibus hinc & inde linguis,*
*Conniventibus hinc & inde ocellis.*
75   *Tum dico, Superi tenete coelum,*
*Vestram Numina poſsidete sortem.*
*Dum te te teneam alma Pancharilla,*
*Dum te poſsideam, nec ipse coelum*
*Nec uestram Superi invidebo sortem.*
80  *Et nunc roscida labra suauiari,*
*Et nunc mollibus immori lacertis,*
*Nunc patrantibus innatare ocellis,*
*Nunc & brachia tortili capillo*
*impedire iuvat, modò osculari*
85  *Anhelas tremulo sinu papillas,*
*Papillis Veneris pares papillas,*
*Altrices animae meae papillas.*
*Nunc saltu uolucri insilire collo,*
*Nunc candente genas notare dente,*
90  *Nunc errare manu licentiore*
*Illa per femina, illa perpolita*
*Illa marmoreo superba luxu,*
*Quibus ianitor excubat Cupido*
*Et sacram Veneris tuetur arcem.*
95  *Mille ludimus osculis protervi,*
*Vt colludere turturíque turtur,*
*Columbaeque suae solet columbus:*
*Certatímque damus notas amoris,*
*Certatímque damus notas furoris,*
100 *Et transfundimus ore semihulco*
*Errantes animas & hinc & inde.*

*Haec nos praelia militamus inter*
*Sudores uarios anhelitúsque,*
*Dum fessa Venere artubúsque tritis,*
105 *Et iam deficientibus medullis,*
*Et iam deficiente corde anhelo,*
*Cogor languidulos inire somnos:*
*Mox & succiduum recondo collum*
*In meae tenero sinu puellae.*
110 *Illa, interposita minus vel hora,*
*Pungit saepiculè, atque dormientis*
*Aurem uellicat, & subinde tractat,*
*Et me uerberat osculis subinde,*
*Et parcente petit labella morsu.*
115 *Tum me blanda iterum vocans ad arma,*
*Sic ignave iaces sopore victus,*
*Sic cessas, ait? Hic repente lento*
*Sopore excutior, iuvátque gnauum*
*Ad Cupidinis arma prosilire,*
120 *Iuvat cominus, eminus ferire,*
*Et caesim iuvat & ferire punctim.*
*Iamque uulnere dulce saeuienti*
*Hostis transadigo intimas medullas.*
*Reddit multiplices uices uterque*
125 *Et subsultibus hinc & inde crebris*
*Spissat officium: nouas uterque*
*Serit delicias, serit lepores*
*Vterque improbulos iocos, uterque*
*Fingit blandicias proteruiores,*
130 *Facit nequitias salaciores,*
*Omnes Cypridis induit figuras,*
*Donec corpora miscuo furore*
*In unum coëunt amica corpus.*
   *Millies mihi milliésque salue*
135 *Nox felicibus inuidenda Diuis,*
*Qua nec Iuno mihi beatiorem,*
*Nec poßit Venus ipsa polliceri.*
   *Salvete ô mihi candidae tenebrae,*
*Tot inter Veneres, Salaciásque,*
140 *Et tot blandicias fauentiásque,*
*Et tot illecebras lubentiásque,*

*Et suspiria, murmura, & susurros;*
*Et convitia mutuósque questus,*
*Lusus, oscula, tinnulos cachinnos,*
145 *Rixas, praelia, morsicationes,*
*Iras, uulnera, lingulationes,*
*Vitas atque neces reciprocantes,*
*Et tot nequitias mihi peractae.*

"O süße Nacht, o gute Finsternis, Finsternis, für mich heller als Licht, die du mir meine süße Venus, mein Herz und mein Leben gebracht hast! [5] Jetzt besitze ich dich, liebe Pancharilla, mein Vögelchen, mein Turteltäubchen. Jetzt ist es mir erlaubt, der kosenden Venus zu opfern und den Lohn für langes Warten zu bekommen und die ersehnte Umarmung zu genießen. [10] Du Brutale, Böse, Harte, was läßt du mich so warten, mich, der ich schon ganz matt bin? Was verbietest du, jenen Honigsaft der Zunge zu saugen, den Hauch des süßen Mundes einzusammeln und die aneinander haftenden Lippen aufeinander zu drücken? [15] Was du mit verschwiegenem Wunsch einzig verlangst, warum verweigerst du mir das hart, wenn ich darum bitte? Doch obwohl du vielleicht schon vor mir begehrtest, begehrst du schamvoll und mit finsterer Stirne zu erscheinen und verschmähst, wenn das je glaubhaft sein kann, [20] die angenehmen unanständigen Liebesspiele. Doch ich bitte dich bei den strahlenden Fackeln deiner Augen und bei diesen purpurgleichen Lippen und bei diesen Wangen und diesem Haar, das aufgelöst dein schönes Gesicht schlägt, [25] ich bitte dich bei diesem Schoß und diesen Brüsten, diesem erstmals schwellenden Paar der Brüste, bei diesen doppelten sich mit gleicher Schönheit wie Zwillingspyramiden erhebenden Edelsteinen, bringe dem schon längst glühenden Cupido [30] nicht den Tod! Ach ich Armer, ich sterbe! Was sage ich? Ich bin schon längst gestorben, wenn du, Pancharilla, mir nicht ganz schnell gnädig gesonnen bist und ganz schnell die vielen Brände meines Herzens löschst. Gute Venus und du, Cupido, rettet mich! [35] Mein Geist rast in nicht gewohntem Rasen und kann diesen Sturm des Rasens nicht ertragen." Diese Seufzer und Bitten zog ich aus meinem tiefsten Herzen, schon dem Tode nah, als sich plötzlich das Zürnen der Besiegten legte [40] und sie bald — ihre glatten Wangen waren von jungfräulicher Scham übergossen, und ihr Gesicht besprühte sie zart mit einem keuschen Tränenregen — sagte: "Ganz ist Pancharilla die deine, ganz in wechselseitiger Umarmung dir unterworfen." [45] Zugleich mit diesem Wort gab sie mir einen Kuß, näherte sich mir von sich aus und gab sich mir in verschämter Kühnheit in meine sie umarmenden Arme. Ich aber wende auf sie, die auf dem goldenen Lager liegt, das ganze Feuer meines Rasens. [50] Was für große Brände erregte sie mir! Mit meinem ganzen Körper stürze ich mich sogleich in ihre süße Umarmung, und die Waden legen sich zu den Waden, der Fuß zum Fuß, der Schenkel zum Schenkel. Es hängen Gesicht an Gesicht, Lippen an Lippen, [55] und wie mit einem festem Leim haften unsere Brüste aneinander. Und schon streife ich durch die grünen Beete der goldenen Kypris, schon durch die Gärten des Cupido, die in immerwährendem Frühling grünenden Gärten. Von da lese ich zarte Rosen und von dort eine Narzisse, [60] Veilchen und Majoran und genieße die ganz honigsüßen, ergötzenden, neiderregenden Küsse. Die in fester Umarmung verbundenen Körper vermengen ihre Seelen, die durch die Münder zitternden Zungen führen auf beiden Seiten Krieg. [65] Oh wie viele angenehme Vergnügungen sah da das Bett bei uns beiden und die die ganze Nacht leuchtende Lampe! Während wir in engstem Band fest verschlungen heiß aneinander hängen und Venus durch die inneren [70] Adern ergossen mit warmem Naß die erschlafften Glieder betaut und wir auf beiden Seiten Küsse wechseln und unsere Zungen hin und her gehen und unsere Augen hier und dort sich schließen, [75] da sagte ich "Himmlische, behaltet euren Himmel, besitzet, Götter, euer Los! Während ich dich halte, liebe Pancharilla, während ich dich besitze, neide ich euch, ihr Himmlischen, weder euren Himmel noch euer Los." [80] Und jetzt macht es uns Freude, die betauten Lippen zu küssen, jetzt, in den weichen Armen zu verweilen, jetzt, mit gebrochenen Augen zu verschwimmen, jetzt, die Arme mit gewundenem Haar zu fesseln, jetzt, zu küssen [85] die in zitternder Bewegung keuchenden Brüste, die den Brüsten der Venus gleichen Brüste, die meine Seele erquickenden Brüste, jetzt, mit schnellem Sprung an den Hals zu springen, jetzt, den Wangen mit weißem Zahn eine Marke zuzufügen, [90] jetzt, mit ganz freizügiger Hand zu streifen über jene Schenkel, jene glänzend glatten, jene in marmorner Pracht stolzen Schenkel, bei denen Cupido als Türhüter wacht und die heilige Burg der Venus beschützt. [95] Hemmungslos spielten wir mit tausend Küssen, wie mit der Turteltaube die Turteltaube, wie mit seiner Taube der Täuberich zu spielen pflegt. Und im Wettstreit geben wir Marken der Liebe und im Wettstreit geben wir Marken des Rasens [100] und gießen mit halbgeöffnetem Mund die herumirrenden Seelen von hier und von dort hinüber. Diese Kämpfe kämpfen wir zwischen vielem Schweiß und vielem Keuchen, bis, als die Venus müde geworden und die Glieder [105] aufgerieben und das Mark schon versagt und das keuchende Herz schon versagt, ich gezwungen bin, mich in schlaffen Schlummer zu begeben, und bald meinen herabsinkenden Hals im zarten Schoß meines Mädchens berge. [110] Nachdem aber weniger als eine Stunde vergangen war, berührt sie mich oft und zieht am Ohr des Schlafenden und legt danach Hand an mich und überfällt hernach mich mit Küssen und sucht meine Lippen mit vorsichtigem Biß. [115] Dann ruft sie mich liebkosend erneut zu den Waffen und sagt: "So liegst du da besiegt vom Schlaf, so gibst du auf, du Taugenichts?" Da werde ich gleich aus dem trägen Schlaf herausgerissen, und es macht Spaß, tapfer zu den Waffen des Cupido zu eilen, [120] es macht Spaß, im Nahkampf und aus der Ferne zuzustoßen, und es macht Spaß, mit Hieb und Stich zu treffen. Und schon durchbohre ich, der Feind, mit süß wütender Verwundung ihr Innerstes. Wir beide geben dem anderen vielfache Wechsel zurück, [125] und mit häufigen Sprüngen von dieser und jener Seite tut jeder immer wieder seine Pflicht, und wir beide reihen immer neue Vergnügen, immer neue Lüste und immer neue unanständige Scherze aneinander, beide ersinnen immer hemmungslosere Liebkosungen, [130] machen immer geilere Unanständigkeiten, und nehmen alle Stellungen der Kypris ein, bis die liebenden Körper in vermischtem Rasen in einen einzigen Körper verschmelzen. [135] Tausendfach und tausendfach sei mir gegrüßt, oh du Nacht, um die mich die glücklichen Götter beneiden müssen, und im Vergleich zu der weder Juno noch selbst Venus mir eine glückseligere versprechen könnte! Sei gegrüßt, oh du für mich helle Finsternis, [140] die unter so vielen geilen Liebesspielen und unter so vielen freundlichen Liebkosungen und unter so vielen gefälligen Verlockungen und unter Stöhnen, Murmeln und Flüstern und unter wechselseitigen Streit– und Klageworten [145] und unter Spielen, Küssen, schallendem Gelächter, unter Streiten, Kämpfen, Beißen, unter Zürnen, Wunden, Züngeleien, die abwechselnd Leben und Tode gaben, und unter so vielen Unanständigkeiten von mir verbracht wurde.

Der Leser nimmt zunächst die Anfangsverse *O nox suavicula, o bonae tenebrae* [...] so auf, als wenn der Sprecher auf die Nacht zurücksehe (*quae* [...] *attulistis*), erkennt dann aber bei der veränderten Anrede in V. 5 *Nunc te possideo, alma Pancharilla,*[ ..], daß er auf die Liebesszene selbst blickt, und in V. 37 *Haec suspiria et has preces trahebam* [...], daß der Sprecher bis V. 36 seine Worte aus der letzten Nacht in direkter Rede wiedergab und selbst als Erzähler vorzustellen ist, der im folgenden selten das Praeteritum (V. 47 *dedit*, V. 50 *suscitavit*, V. 67 *vidit*), meist zur anschaulichen Vergegenwärtigung das historische Praesens benützt. Die lebhaft–detaillierte Darstellung entspricht der rhetorischen Figur der *evidentia*.[14] Gesprochene Worte werden nur noch dreimal in kurzer direkter Rede referiert: Pancharis gibt gegen Ende der ersten Handlungseinheit dem werbenden Liebenden nach (V. 43f.) und weckt gegen An-

---

[14] Vgl. H. Lausberg, Handbuch der literarischen Rhetorik, München 1960, § 810.

fang der letzten Handlungseinheit den schlafenden Liebenden auf (V. 116f.), und der Liebende spricht auf dem Gipfel seines Glücks — numerisch genau zu Beginn der zweiten Hälfte des Gedichts — in V. 75–79 die Götter (*Superi, Numina*) und "seine" *Pancharilla* an. Der, wie sich erwies, noch in einer zunächst trügerischen Erwartung gesprochene Satz von V. 5 *nunc te possideo, alma Pancharilla* ist jetzt berechtigt und wird deshalb in V. 77f. wieder aufgenommen: *Dum tete teneo, alma Pancharilla, | dum te possideam [...]*. Nach dem Ende der Schilderung richtet sich der Sprecher — nun in seiner Situation — wieder an Nacht und Finsternis (V. 134 *Millies mihi milliesque salve, | Nox* [...], V. 138 *Salvete o mihi, candidae tenebrae* [...]), schaut nun wirklich auf die Geschehnisse dieser Nacht zurück und schließt in V. 148 mit dem feststellenden praeteritalen, auf *tenebrae* (V. 138) bezogenen Partizip *peractae*.

Der Text ist insgesamt so strukturiert, daß der Anruf an die Nacht und die für den Liebenden "helle" Finsternis[15] seinen poetischen Rahmen bilden ([1.] V. 1–4, [7.] 134–148). Der Anruf, der am Anfang auf der referierten Ebene gesprochen wird, ist im Schlußteil — auf der referierenden Ebene — durch das Motiv des das Glück der Götter übersteigenden Glücks der Liebesvereinigung und eine zusammenfassende Rückschau erweitert. Der Vergleich des Glücks der Vereinigung mit dem Glück der Götter wird vorher in einem Makarismos ausgesprochen, der zusammen mit dem Anruf des Bettes und der Lampe, die die *deliciae* sahen, den zentralen Abschnitt der gesamten Komposition bildet ([4.] V. 66–79). Dieser Abschnitt ist Teil der Vergegenwärtigung des Vorgangs, die in [2.–6.] V. 5–133 gegeben wird. Sie setzt mit Jubel ein über die lange ersehnte Gelegenheit, mit Pancharis — ihr Name wird in den Hendekasyllaben in der kosenden Deminutivform *Pancharilla* verwendet — allein zu sein, und zeigt zunächst die Überwindung des schamhaften letzten Zögerns der Geliebten bis zum ersten Kuß und zur ersten Umarmung ([2.] V. 5–47), wobei innerhalb der Bitten des Liebenden die Gelegenheit zu einer ersten körperlichen Beschreibung der Geliebten wahrgenommen wird. Gewissermaßen in einem zweiten Akt wird unter Fortsetzung der Körperbeschreibung der Hergang der Liebesvereinigung und die im Küssen erfolgende Vereinigung der beiden Seelen dargestellt ([3.] V. 48–65), worauf nach dem Anruf des Bettes und der Lampe ein Höhepunkt geschildert und der schon erwähnte Makarismos in [4.] V. 66–79 referiert wird. Danach wird die Fortsetzung und Steigerung der glutvollen Liebesspiele und -kämpfe unter erneuter Erwähnung des Seelenaustauschs im Kuß geschildert, bis der ermattete Liebende im Schoß der Geliebten einschlummert ([5.] V. 80–109). Es folgt der letzte Akt: nach einer knappen Stunde des Schlafs beginnen neue Aktivitäten, die jetzt von Pancha-

---

[15] Der anfängliche Vergleich (V. 2 *tenebrae mihi luce clariores*) ist am Ende zu einem Oxymoron verdichtet (V. 139 *o mihi candidae tenebrae*). Vgl. dazu unten.

ris ausgehen und zu immer neuen Liebesstellungen und –vereinigungen führen, bis die beiden Körper schließlich zu einem einzigen verschmelzen ([6.] V. 110–133).

Die antike lateinische Dichtung bot trotz mancher Erwähnungen sexueller Aktivitäten nur wenige Vorbilder für das gewagte Thema einer detaillierten Schilderung des Verlaufs einer glücklichen Liebesnacht. Anregungen gab die Elegie II, 15 des Properz, die mit dem Jubel über eine glückliche Nacht beginnt. Der dortige V. 1 *O me felicem, o nox mihi candida!* erweist sich als Muster für V. 139 *o mihi candidae tenebrae!* Und die Properzische Fortsetzung in V. 1f. *et o tu | lectule deliciis facte beate meis!* läßt Bonnefons in V. 67f. *o quot lectulus et lucerna pernox | molles delicias utrinque vidit!* anklingen. Die 'Properz' beglückenden nächtlichen Vorgänge werden von ihm nur kurz angedeutet.[16] Aber die Situation des eingeschlafenen und von der Geliebten mit vorwurfsvollen Worten wieder geweckten und dann auch wieder entsprechend aktiven Liebenden bei Bonnefons (V. 110–119) hat ihr Properzisches Vorbild in V. 7–10. Das Properzische *Sicine, lente, iaces?* ist zu *Sic, ignave, iaces sopore victus, | sic cessas?* erweitert worden. In der Elegie des Properz finden sich auch die allerdings nicht singulären Motive des Taubenpaares als Beispiel für Liebende (V. 27: *exemplo iunctae tibi sint in amore columbae*, vgl. oben V. 2, 97)[17] und des Vergleichs des glücklich Liebenden mit den Göttern (V. 40: *nocte una quivis vel deus esse potest*, vgl. oben V. 75–79, 135). Diese Elegie lieferte wichtige Anregungen, jedoch kein Vorbild für die Vorgangserzählung insgesamt.

Dasselbe gilt von einem fünf Verse umfassenden und eine Liebesnacht preisenden Gedicht aus dem *Satyricon* Petrons (79, 8: *Qualis nox fuit illa, di deaeque, | quam mollis torus!* [...] ). Vgl. dort V. 3f. *et transfudimus hinc et hinc*

---

[16] S. El. 2, 15, 3–10. Tito Vespasiano Strozzi und sein Sohn Ercole, die beide im Anschluß an diese Elegie eine Elegie über eine glückliche Liebesnacht schrieben, bezeichnen die Liebesaktivitäten auch nur andeutend und in wenigen Versen. S. Strozii Poetae, Pater et Filius, Aldus, Venedig 1513 (Raubdruck Basel um 1537), Bl. 108v–110r (Titus: *Amica potitus gloriatur*): *Di superi, Venus alma, puer venerande Cupido, | nox hesterna mihi gaudia quanta dedit!* | [...] *Mollia quis variis amplexibus oscula mista | narret et in teneris dulcia verba iocis? | Ah quoties esset cum iam lassata voluptas | mutua, blanditiis est revocata Venus!* [...]; Bl. 76r–78r (Hercules: *Amica tandem potitus exultat*): *Ite Dioneae circum mea tempora myrti* | [...] *Nox erat* [...] *ambas | iniicio collo corde micante manus. | Atque adeo implicitis iteravimus oscula linguis, | nullus ut invidiae restet obesse locus. | Cogitet et lusus et mutua gaudia, si quis | arsit inabrupta per duo lustra fide.* | [...].

[17] Die *turtures* als Vergleichsbild für Liebende stellt Giovanni Pontano ausführlich vor (Ioannes Iovianus Pontanus, Opera. Vrania, seu de Stellis libri quinq. Meteororum liber unus. De Hortis hesperidum libri duo. Lepidina siue postorales [!] pompae septem. Item Meliseus. Maeon. Acon. Hendecasyllaborum libri duo. Tumulorum liber unus. Neniae duodecim. Epigrammata duodecim, Aldus, Venedig zuerst 1505, hier Venedig 1513, Bl. 196v–197r [*Turtures alloquitur sciscitans eas de amoris natura*]).

*labellis | errantes animas* mit V. 100f. oben.[18] Allgemein dürfte Petron Bonnefons eine antike Legitimation für die freimütige Darstellung des Sexuellen gegeben haben.

Die ovidischen Liebesstellungen[19] und Kampfmetaphern[20] haben natürlich ihre Spuren hinterlassen, ebenso wie andere Ausdrücke und Motive der römischen Elegie und Catulls, in dessen hendekasyllabischer Tradition das Gedicht durch sein Metrum und stilistische Merkmale ohnehin steht.

Die umfassendsten und für die Abfassung des Gedichts wichtigsten Anregungen lieferten jedoch zweifellos Gedichte Giovanni Pontanos, und zwar vor allem dessen *Hendecasyllaborum libri duo*.[21] Letztere waren insgesamt das Gattungsvorbild für die hendekasyllabischen Gedichte der *Pancharis*–Sammlung. Auch das *Pervigilium Veneris* folgt ihrem Stil. Das catullisierende Dichten wurde von Bonnefons wie im 16. Jahrhundert generell in der durch Pontano geprägten Form rezipiert.[22] Darüber hinaus gab Pontano auch speziell für das Gesamtthema und die poetischen Motive des *Pervigilium Veneris* maßgebliche Muster, so daß die Formierung dieses Gedichts nur auf dem Hintergrund, den Pontano bot, zu verstehen ist.

Den Verlauf einer Liebesvereinigung hat Pontano am ausführlichsten in seinem Gedicht *Ad Alfonsum ducem Calabriae* (Hend. 1, 16) geschildert.[23] Der Herzog und Drusula werden beschrieben, wie sie sich küssen, umarmen und lieben, bis sie nach dem Orgasmus ermüdet beisammen liegen und der Herzog in Drusulas Schoß einschläft und im Traum Venus und die Grazien sieht, die er beim Aufwachen in Drusula wiedererkennt. Der Vorgang wird in Anrede an den Herzog und in drei Abschnitten dargestellt, die jeweils durch drei refrainartige Verse abgeschlossen werden, in denen der *beatus amator* als den Göttern gleich und sogar von ihnen beneidet erscheint. Dieser Ablauf entspricht etwa dem in V. 48–109 bei Bonnefons, der das anfängliche Sträuben der Pancharis vorausgeschickt und — unter Auslassung des Traumes — die erneuten Liebesvereinigungen nach dem Aufwachen angehängt hat. Das Motiv des Götterglücks und des sogar von den Göttern beneideten Liebenden

---

[18] Vgl. dazu und zum Seelenaustausch im Kuß allgemein W. Ludwig, Platons Kuß und seine Folgen, Illinois Classical Studies 14, 1989, S. 435–447.
[19] Vgl. Ov. A. a. 3, 772 (Dione:) *non omnes una figura decet* und oben V. 131.
[20] Vgl. Ov. Am. 1, 9, 1 *Militat omnis amans*, oben V. 102 und dazu auch Anm. 30.
[21] Im folgenden zitiert nach: Pontano, wie Anm. 17. Bonnefons benützte wohl selbst diese verbreitete Ausgabe.
[22] Vgl. dazu die grundsätzliche Erörterung durch Ludwig, wie Anm. 8, S. 163–194 (Catullus renatus).
[23] Vgl. die Edition, Übersetzung und Interpretation dieses Gedichts bei Ludwig, S. 183–186.

erscheint bei ihm im Zentrum und am Ende des Gedichts. Die Übereinstimmung der Handlung und Motivik hat auch Übereinstimmungen, Variationen und Erweiterungen des Ausdrucks zur Folge, in denen die Nähe der beiden Gedichte manifest wird. Vgl. nur z.B. V. 15–16 *recumbis | componisque genas genis manusque | haeret* mit oben V. 52–54, V. 30–31 *lacteolo sinu quiescens | fessus languidulum capis soporem* mit oben V. 107–109[24] und V. 50 *atque uni tibi invidere divos* mit oben V. 135.

Die Nacht, die in dem Gedicht an Alfonso nicht erwähnt wird, hatte Pontano in einem frühen sapphischen *Hymnus in Noctem*[25] angerufen (V. 1f.): *Nox amoris conscia, quae furenti | ducis optatam iuveni puellam*. Diesen Gedichtanfang bildete Bonnefons erweiternd und variierend um (V. 1–4): *O nox suavicula, [...] , | [...], | quae meam Venerem [...], | [...] attulistis.*[26] Im selben Gedicht hat Pontano in zwei sapphischen Strophen auch eine Liebesvereinigung von den Umarmungen und Küssen — unter Übergehung des Höhepunktes — bis zu dem Zeitpunkt beschrieben, da die Körper "in gleicher Bewegung niederfallen" *resoluta postquam | grata libido est*.[27] In dieser kürzeren Darstellung sind bereits die Elemente der eingehenderen Schilderung, die Pontano in dem Gedicht an Alfonso gibt, vorgebildet.

Ausführlicher wurde Pontano noch einmal in einem Gedicht, das unter der Überschrift *Invitantur pueri et puellae ad audiendum Charitas* steht und in dem er den *praeceptor amoris* spielt:[28] *[...] At dum nox silet et tegunt tenebrae, | in molli thalamo movete rixas, | amplexu in cupido ciete pugnas. | nullus sit lateri modus pudorve, | certent oscula morsiunculaeque. | [...].* Hier erscheint nun das auch bei Bonnefons verbundene Paar von *nox* und *tenebrae*, von dem Pontano auch an anderer Stelle spricht (*optat nox Venerem, Venus tenebras*),[29] und das auch sonst bei Pontano verbreitete und gleichfalls von Bonnefons wieder aufgenommene Bild des Liebeskampfes, der von beiden auch mit metaphorischen

---

[24] Ähnlich auch Pontano, wie Anm. 17, Bl. 198v (*De amoribus Francisci Caracioli*): *in quarum tenero sinu recumbas, | optatos capiens simul sopores.*

[25] Der Hymnus an die Nacht ist in den Ausgaben des Pontano sowohl als Gedicht des *Amorum Lib. I* (Ioannes Iovianus Pontanus, Amorum libri II, De amore coniugali III, Tumulorum II [...] Lyrici I, Eridanorum II [...], Venedig 1518, Bl. 8v–pr) als auch unter dem Titel *Deprecatio ad Deam noctis* in den *Epigrammata* (Pontano, wie Anm. 17, Bl. 230v–231r) gedruckt worden. Zu seiner Interpretation vgl. Ludwig, wie Anm. 8, S. 263–268.

[26] Zum Ersatz von *optatam puellam* durch *meam Venerem* vgl. Verg. Ecl. 3, 68 und Ludwig, S. 184.

[27] Ähnlich auch Pontano, wie Anm. 17, Bl. 198v (*De amoribus Francisci Caracioli*): *post gratam Venerem levesque rixas | cum sese improbulus remisit ardor, | languent corpora, succidunt ocelli | e colloque graves cadunt lacerti.*

[28] S. Pontano, Bl. 209r–210v.

[29] S. Pontano, Bl. 196r: *Loquitur puella fuscula* (mit weiteren Belegen für die Verbindung).

Ausdrücken wie *duellum* oder *arma* bezeichnet werden kann.[30] Pontano spricht als Liebeslehrer dann zunächst noch einmal von Küssen und beschreibt den Höhepunkt der Vereinigung darauf metaphorisch: *Vos, o vos alios item liquores | haurite atque alios puellae odores, | novas ambrosias novumque nectar, | afflatusque animae fragrantiores, | hos flores legite, has rosas parabit | vobis lectulus,* [...]. Bonnefons hat später diese Blumenmetapher aufgegriffen und sie über die Rosen hinaus auf Narzissen, Veilchen und Majoran ausgedehnt (V. 56–60).[31]

Die drei herangezogenen Gedichte Pontanos waren für Konzeption und Formulierung des *Pervigilium Veneris* von entscheidender Bedeutung. Viele einzelne von Bonnefons übernommene Begriffe, Ausdrücke und Vergleichsbilder aus erotischen Hendekasyllaben Pontanos ließen sich noch nennen. Aber auch so ist schon deutlich geworden, daß Pontano für Bonnefons' *Pervigilium Veneris* mehr bedeutet als irgendein anderer antiker oder humanistischer Autor. Er bot Muster für poetische Strukturen und Themen, für Stil und Metrum, für Ausdrücke und Motive, und war Bonnefons' Vorbild für die Atmosphäre, die Stimmung und das Wagnis seiner erotischen Darstellung.

Natürlich kann Bonnefons' auch von anderen humanistischen erotischen Dichtungen Anregungen empfangen haben (und in Hinsicht auf Salmonius Macrinus war dies sicher der Fall),[32] und er kannte sie gewiß weit besser als ein heutiger Philologe. An der entscheidenden Bedeutung von Pontano für sein *Pervigilium Veneris* dürfte dies aber nichts ändern. Man wird in diesem Zusammenhang auch an Janus Secundus denken, dessen *Basia*–Sammlung insgesamt ein Vorbild für Bonnefons' *Pancharis*–Sammlung war,[33] und sich fragen, ob sie auch speziell für sein *Pervigilium Veneris* Bedeutung hatte. Die Darstel-

---

[30] S. Pontano, Bl. 186v (*Musam Catulli invocat*): *enumerabitis duella* (vgl. Bonnefons V. 64), 195v (*De nuptiis Ioannis Branchati et Maritellae*): *Ne statim venias ad arma dico | [...] tunc signum cane, tunc licebit arma | totis expedias, amice, castris, | telum comminus [!] hinc et inde vibrans, | dum vulnus [!] ferus inferas amatum* (vgl. V. 115, 119–123), 202v (*Ad Elysium Gallucium*): *nudis corporibus cienda pugna* (vgl. V. 102).

[31] Mit den Blumen ist die erotische *hortu(lu)s*–Metapher verbunden wie bei dem hierin als Vorbild dienenden Jean Salmon Macrin (Salmonius Macrinus), Carminum libri quatuor, Paris 1536, Bl. 29r (lb. 2, 11 *Ad Gelonidem*, 32f.): *Ille cinnama fert beatus hortus, | et florum genus omne suaviorum*. S. dazu Philip Ford, Jean Salmon Macrin's Epithalamiorum Liber and the Joys of Conjugal Love, in: De Smet–Ford, wie Anm. 8, S. 65–84, hier S. 80.

[32] Dazu gehört das in Anm. 31 zitierte Gedicht, in dem Macrin über die Küsse hinaus auch eine Liebesvereinigung andeutet. Die dortigen V. 26f. = 30f.: *[...] sinum tuasque mammas | nunc primum tenere sororientes |* haben z.B. sicher V. 25f. oben (*[...] sinus et has papillas | primulum tibi iam sororiantes|*) beeinflußt. Macrin ging von Plinius H. n. 31, 66 *mammas sororientes* aus, Bonnefons griff auch auf Festus p. 297 M. *sororiare mammae dicuntur puellarum* zurück.

[33] S. IJsewijn–Sacré, wie Anm. 7, S. 95, und Ludwig, wie Anm. 8, S. 192f.

lung der Umarmungen und Küsse in dem hendekasyllabischen *Basium* 5, das seinerseits Pontanos Gedicht an Alfonso imitiert,[34] enthält in der Tat vergleichbare Wendungen, konnte aber für das, worauf es Bonnefons hier in erster Linie ankam, keine Hilfe bieten — ebensowenig wie andere Gedichte von Secundus. Denn es gehört eben zu der Eigenart dieses *Basium,* daß es sein Pontanisches Muster — offenbar aus Gründen des Anstandes — in der produktiven Rezeption auf Umarmungen und Küsse verkürzt, und generell heißt es in *Basium* 12: *Quid vultus removetis hinc pudicos,* | *matronaeque puellulaeque castae?* | [...] *Nulla hic carmina mentulata* [...] | [...] *inermes cano basiationes.* Secundus hat sich an dieses Prinzip gehalten und nie eine Liebesnacht wie Bonnefons dargestellt. Zu den Vorbildern für das Thema seines *Pervigilium Veneris* zählt Secundus also nicht. Wie sehr Bonnefons' Darstellung der Liebesnacht im *Pervigilium Veneris* selbst unter den Humanisten, die der erotischen Dichtung aufgeschlossen gegenüber standen,[35] im 16. Jahrhundert noch ein Wagnis war, zeigt der Umstand, daß der Niederländer Damasus Blijenburg (1558–1616), der Bonnefons an sich schätzte und in seine Anthologie erotischer Dichtungen, die *Veneres Blyenburgicae,* siebzehn kleinere Gedichte Bonnefons' aufnahm,[36] das *Pervigilium Veneris* nur in einer auf 75 Verse verstümmelten Form seinen Lesern vorzulegen wagte.[37] Er ließ V. 1–47, 75–87 und 134–148 hintereinander und ohne eine Andeutung, daß er etwas ausgelassen hatte, als ein zusammenhängendes Gedicht drucken. Dabei handelte es sich nicht um eine Verkürzung aus Raumgründen. Genau die Abschnitte, deren Inhalt über Umarmungen und Küsse hinausging, wurden herausgeschnitten.

Wodurch zeichnet sich das Gedicht von Bonnefons jenseits dessen, was es Pontano und anderen Dichtern verdankt, aus? Was machte Bonnefons aus den verschiedenen poetischen Anregungen und Mustern?

Am auffälligsten ist natürlich der schiere Umfang des Gedichts. Hendekasyllabische Gedichte waren bei Catull und Martial immer verhältnismäßig kurz, und auch Pontano, der sie schon etwas verlängerte, ging selten über 30–40 Verse hinaus. Seine Gedichte an Alfonso mit 51 und *Invitantur* [...] mit 85

---

[34] Vgl. dazu Ludwig, S. 188f.
[35] Wie etwa zur gleichen Zeit erotische Darstellungen von protestantischen humanistischen Dichtern noch prinzipiell verdammt und verbannt wurden, zeigt W. Ludwig, Musenkult und Gottesdienst — Evangelischer Humanismus der Reformationszeit, in: ders., Hrsg., Die Musen im Reformationszeitalter, Leipzig 2001 (Schriften der Stiftung Luthergedenkstätten in Sachsen-Anhalt 1), S. 9–51, hier S. 35–39.
[36] Damasus Blyenburgius, Veneres Blyenburgicae sive Amorum Hortus in quinque Areolas divisus, Dordrecht 1600, S. 7f., 50f., 77f., 212, 344f., 373, 458f., 481f., 490–492, 640, 694f., 706f., 708f., 731f., 756f., 767f., 777f.
[37] Blyenburgius, S. 857–860.

Versen gehören zu den längsten. Das *Pervigilium Veneris* reicht mit 148 Versen an das Maß eines Epyllion heran, dem es auch durch seine Vorgangserzählung verwandt ist, wenngleich auch hendekasyllabische Gedichte schon — kleinere — Erzählstücke geboten hatten.

Das Thema der Liebesnacht war nirgends in der lateinischen Poesie so ausführlich dargestellt worden. Bonnefons hat der detaillierten Darstellung eine anschauliche Lebendigkeit gegeben. Er zeichnete einen typisch gemeinten Ablauf nach und nahm dafür viele Motive und Ausdrücke — eigentliche und metaphorische — aus früheren erotischen Dichtungen auf, die er in bedachtem Einsatz variierte und erweiterte. Es gelang ihm, nach dem ersten Höhepunkt, den der Makarismos des Liebenden markiert, und noch einmal nach dem Schlaf des Liebenden die Darstellung überraschend zu steigern. Er wahrte dabei stets den catullisierenden Stil pontanischer Prägung mit seinen perlenden Deminutiven, der gelegentliche Wiederholungen des Ausdrucks nicht nur nicht scheut, sondern als besonderen Klangreiz und zur Intensivierung sogar begrüßt, nie jedoch bei Bonnefons in bloßes Wortgeklingel und litaneihafte Wiederholungen verfällt.[38]

Zur Einheit und Geschlossenheit des Gedichts trug seine tektonische Strukturierung und die aktmäßige Gliederung der Vorgangserzählung wesentlich bei, die ihre Vorbilder am ehesten in Catullischen Epyllien wie dessen Carmen 68 haben. Der durch das *nox/tenebrae*–Motiv gebildete Rahmen kann andererseits auch daran erinnern, daß in kleineren hendekasyllabischen Gedichten die Wiederholung des Anfangsverses am Schluß in gleicher oder leicht abgewandelter Form (*epanalepsis*) ein beliebtes Schmuckelement war.

Im Gegensatz zu Pontano, der das Thema der Liebesvereingung nie auf sich selbst bezogen dargestellt hatte, griff Bonnefons auf den Ich–Stil des glücklichen Liebenden zurück, den er in Properzens Elegie II 15 fand, und konnte dadurch die jubelnde Stimmung des Liebenden direkt wiedergeben und emotionale Beteiligung vermitteln. Von Properz abweichend konzentrierte er das Gedicht auf das eine Thema und die eine Stimmung. Der Leser sieht das ganze Geschehen aus der Perspektive des männlichen Liebenden. Bonnefons stellt es dramatisch wie auf einer Bühne vor Augen und überrascht den Leser kompositionell am Ende dadurch, daß er den Sprecher, der mit seinem referierten nächtlichen Anruf der Nacht begonnen hatte, nach seiner Schilderung des nächtlichen Vorgangs rückblickend mit einem erneuten Anruf der Nacht enden läßt.

---

[38] Dieser Gefahr entgeht Friedrich Taubmann nicht immer, dessen Epithalamion für Paul Schede Melissus sogar 396 Hendekasyllaben umfaßt, die er mit einer Überfülle von Wiederholungen erreichte, s. F. Taubmann, Columbae poeticae, Wittenberg 1594, S. 237–252, = ders., Melodaesia, Leipzig 1604, S. 128–142.

Das *Pervigilium Veneris* erfüllte durch diese geschickte Komposition und natürlich durch seinen catullisierenden Stil alle Voraussetzungen, um von Josephus Scaliger als ein *carmen perelegans* bezeichnet zu werden, mit dem der Franzose Bonnefons alle humanistischen Dichter Italiens zum Wettstreit herausfordere.[39]

[Erstveröffentlichung: Nr. 269, revidiert.]

---

[39] S. oben Anm. 2. Das Gedicht Scaligers wurde abgedruckt in: Petrus Scriverius, Hrsg., Iosephi Scaligeri Iul. Caes. F. Poemata propria, Latina et Graeca, Antwerpen 1615, S. 48 (*In Io. Bonnefonii Poemata*): [...] *Tu contra Ausonios pereleganti | doctos carmine provocas poetas* | [...]. — Eine inhaltlich gleichartige Fassung dieses Aufsatzes soll in der für einen anderen Leserkreis bestimmten Festschrift zum 70. Geburtstag von Francesco Tateo erscheinen (Confini dell' Umanesimo letterario, hrsg. von Mauro de Nichilo, Grazia Distaso und Antonio Iurilli), deren Veröffentlichung ursprünglich 2001 erfolgen sollte [sie erschien Rom 2003; der Aufsatz dort S. 817–834].

## 6. Eine unbekannte Variante der *Varia Carmina* Sebastian Brants und die Prophezeiungen des Ps.–Methodius. Ein Beitrag zur Türkenkriegspropaganda um 1500

Im Jahr 1996 tauchte im süddeutschen Handel ein jetzt in Privatbesitz befindliches Exemplar der Ausgabe der *Varia Carmina* Sebastian Brants, Basel 1498, auf, das sich durch die textliche Besonderheit auszeichnet, daß eine Seite gegenüber den bisher beschriebenen Exemplaren im Drucksatz ausgewechselt ist und ein sonst unbekanntes Gedicht Brants enthält.[1]

Der 22,5 x 16,5 cm große Band ist in blindgeprägtes Schweinsleder auf Holzdeckeln gebunden, hat außen abgeschrägte Kanten, erhabene Bünde und zwei Metallschließen mit Lederansatz und gespaltenen Füßen. Mit Stricheisen sind auf Vorder– und Hinterdeckel vier Rahmen gezogen. In dem von einem leeren Rahmen umgebenen Mittelfeld wurde ein Rollenstempel mit Blattwerk und Rautengerank appliziert. Zwischen dem inneren und dem äußeren leeren Rahmen wurde ein Rahmen mit anderem Blattwerk und Rautengerank gefüllt. Auf die vier Ecken des Vorderdeckels ist je ein tropfenförmiger 3 x 1,8 cm großer Stempel gesetzt, der eine Art Erdbeerpflanze mit tropfenförmiger Frucht, Blättern und Wurzel zeigt, auf die vier Ecken des Hinterdeckels ein 2 cm großer Rundstempel mit Lamm Gottes und Kirchenfahne. Der Einband hat eine gewisse Ähnlichkeit mit den Einbänden, die für Jakob Spindler nachgewiesen sind, der als Buchbinder in Basel 1485–1508 tätig gewesen ist.[2] Der Band scheint bald nach seinem Erscheinen und vielleicht noch in Basel gebunden worden zu sein. Etwas später gelangte er in eine unbekannte größere Bibliothek. In der Mitte des Spiegels findet sich eine alte handschriftliche Signatur mit brauner Tinte: XXX. D b 37. Lesespuren, Unterstreichungen oder andere Eintragungen sind nicht vorhanden.

Das Exemplar ist wie manche andere seiner Art nicht ganz, wie es vom Drukker vorgesehen war, zusammengebunden worden. Den Lagen A–K4 folgen schon die Lagen l–n4, und danach stehen erst die Lagen a–k8, denen die 4 unbezeichneten Schlußblätter mit dem Schlußgedicht des Johann Bergmann von Olpe, dem auf den 1. Mai 1498 datierten Kolophon, dem Wappensignet

---

[1] Zu GW Nr. 5068 und bei Thomas Wilhelmi, Sebastian Brant Bibliographie, Bern u.a. 1990, Nr. 76, wird diese Variante nicht erwähnt. Nach mündlicher Auskunft von Herrn Dr. Wilhelmi, Basel, findet sich die Variante nicht unter den von ihm eingesehenen Exemplaren. (Vgl. jedoch den Nachtrag.) Eingesehen wurde von mir als Vergleichsexemplar Signatur Li 825 der Herzog–August–Bibliothek Wolfenbüttel.
[2] S. Manfred von Arnim, Europäische Einbandkunst aus sechs Jahrhunderten aus der Bibliothek Otto Schäfer, Schweinfurt 1992, S. 16 (mit Abbildung), und Ernst Kyriß, Verzierte gotische Einbände im deutschen Sprachgebiet, Bd. 1, Stuttgart 1951, S. 53; Bd. 2, Stuttgart 1953, T. 131, 132.

Bergmanns und dem die Lagen A–K, a–m aufführenden Register angeschlossen sind.

Die textliche Besonderheit des Exemplars findet sich in der nachträglich gedruckten Lage n. Wie immer zeigt sie auf der Vorderseite des ersten Blattes unter der Überschrift *Thurcorum terror et potentia* einen halbseitigen Holzschnitt. Auf ihm ist ein nach rechts galoppierender Türke mit Turban und Krummschwert zu sehen, der vor den vom linken Bildrand her herangaloppierenden durch eine Fahne mit einem Adler gekennzeichneten kaiserlichen Truppen flieht und nach ihnen zurückschaut, nachdem am rechten Bildrand die türkischen Truppen zu Fuß bereits nahezu ganz entschwunden sind. Am oberen Bildrand hat der Holzschnitt die Jahreszahl 1498. Aus dem kurzen unter dem Holzschnitt stehenden und auf den 1. September 1498 datierten Text geht hervor, daß nun eine Antwort des ottomanischen, d.h. von Ottoman abstammenden Sultans (*Sultat* [sic] *Othomanidae*) auf eine Invektive eines gewissen Leonhardus Clemens (*cuiusdam Leonhardi Clementis*) gegen die Türken folgt, die Sebastian Brant zu Ehren Kaiser Maximilians und, um ihn zu einem Krieg gegen die Türken aufzufordern, erdichtet habe.

Bei Leonhardus Clemens handelt es sich um einen aus der Ulmer Zunftfamilie Clement stammenden Priester, der sich 1482 in Erfurt und 1504, als er Pfarrer in Zwiefaltendorf an der Schwäbischen Alb war, in Tübingen immatrikulierte und 1505 dort Magister wurde.[3] Er war ein guter Freund des Tübinger Professors Heinrich Bebel und des Geislinger Priesters und Kaplans Johann Kessler (um 1463–1517), der sich als Humanist Casselius nannte. Clemens tauschte mit Bebel scherzhafte Anekdoten aus. Bebel nahm sie später in seine *Facetiae* auf. Clemens richtete auch verschiedene Gedichte an Casselius[4] und arbeitete mit Bebel zusammen an der 1512 in Augsburg gedruckten *Historia horarum canonicarum de S. Hieronymo*.[5] Von Jakob Wimpfeling und Thomas Wolf wird Clemens in ihrer 1506 in Straßburg gedruckten Liste der *poetae et oratores Suevi* aufgeführt.[6] Seine durch Brant bezeugte *Invectiva in Thurcum* ist anscheinend verloren. Sie wurde vermutlich nie gedruckt, sondern von Clemens handschriftlich an Brant geschickt. Vielleicht hat Casselius die Bezie-

---

[3] Vgl. zu ihm Walther Ludwig, Graf Eberhard im Bart, Reuchlin, Bebel und Johannes Casselius, Zeitschrift für Württembergische Landesgeschichte 54, 1995, S. 33–60, hier S. 36f., 47.
[4] Erhalten in der Österreichischen Nationalbibliothek Wien, Handschrift Nr. 9889, Bl. 13ff.; zu dieser Handschrift vgl. Ludwig, wie Anm. 3, S. 42ff.
[5] S. Klaus Graf, Heinrich Bebel (1472–1518), Wider barbarisches Latein, in: Humanismus im deutschen Südwesten, hrsg. von Paul Gerhard Schmidt, Sigmaringen 1993, S. 179–194, hier S. 189.
[6] S. Otto Herding–Dieter Mertens, Jakob Wimpfeling, Briefwechsel, München 1990, S. 534.

hung zwischen Clemens und Brant vermittelt, denn Brant stand auch mit Casselius in Verbindung und tauschte Gedichte mit ihm aus. Handschriftlich überliefert ist ein nach der Veröffentlichung des Narrenschiffes (1494) geschriebenes Gedicht von Brant an Casselius und ein Antwortgedicht von Casselius an Brant.[7] Die beiden Gedichte illustrieren die Beziehungen Brants zu dem im schwäbischen Geislingen an der Steige im Territorium der Reichsstadt Ulm wohnenden nur wenig jüngeren Humanisten. Brant hat sein Gedicht aber nicht in die *Varia Carmina* aufgenommen. Beide Gedichte werden deshalb hier zusammen mit einer Übersetzung ediert:[8]

> *Sebastianus brant Johanni Casselio musarum d[icit] salu[tem]. Clarissimo bonarum artium Litterarumque disciplinae peritissimo Viro d[omi]no Johanni Casselio Gislingensi sibi uti fratri Longe amando.*
>
> *Carmina quae nuper lusit tua dextera vidi*
>     *Vidi inquam in mirum quae placuere modum*
> *Inde etiam superis grator. divaeque Minervae*
>     *Quod vultu aspiciunt nos modo largifluo*
> 5 *Credere quis posset Rhetos modo Vindelicosque*
>     *Fundere tam passim nectar Appollineum?*
> *Ignaros quondam nostrates Itala tellus*
>     *Dixerat: obiecit barbariemque rudem.*
> *Vervecum in patria crassoque sub aere natos*
> 10    *Nos fore. non verita est dicere docta cohors.*
> *At modo pegasidum nos limpida flumina (.quamvis*
>     *Invideat.) latium percolere usque videt.*
> *Nempe lares tenues nostros Germanaque rura*
>     *Cum Choreis habitat Caliopea suis.*
> 15 *Educat Iuvenes Germania nostra latinos*
>     *Et docet hos docto Cum Cicerone loqui*
> *De numero quorum tua te fore scripta loquuntur.*
>     *(Namque audes Cyrhae tangere sacra manu.)*
> *Carmina depromis musique et appolline digna*
> 20    *Est nichil unde michi Carior esse queas.*
> *Hoc uno tamen es merito culpabilis a me*
>     *Cum potis es. scribas quod nichil usque michi*

---

[7] Österreichische Nationalbibliothek Wien, wie Anm. 4, Bl. 18f.
[8] Die Edition geschieht mit freundlicher Genehmigung des Direktors der Österreichischen Nationalbibliothek. Hier wie bei den folgenden Editionen der Gedichte aus den *Varia Carmina* Brants wurde die Orthographie, abgesehen von der Ersetzung von e caudata durch ae, und die originale Interpunktion beibehalten, da sich das sinngemäße Verständnis aus den beigefügten Übersetzungen ergibt.

*Vis tibi quod scribam nec me dignaris honore*
   *Consilii. ut saltem scipseris ipse prius.*
25 *Attamen (ut soleo) morem tibi docte Ioannes*
   *His modicis ludens versibus ipse geram:*
   *Doque libens veniam. dum me modo visere scriptis*
   *Haud asperneris postea sepe: Vale.*
   *Nam quod musarum veneranda cubilia lustras.*
30    *Iure igitur Vates inter habendus eris*

Sebastian Brant gibt dem Johannes Casselius den Gruß der Musen, dem sehr berühmten und in den schönen Künsten und Wissenschaften sehr erfahrenen Mann, Herrn Johannes Casselius aus Geislingen, ihm wie ein Bruder lange zu lieben. — Ich habe die Gedichte gesehen, die deine Rechte jüngst zum Spiele schrieb, ich hab gesehen, sag ich, was mir ganz wunderbar gefallen hat. Daher danke ich auch den Himmlischen und der göttlichen Minerva, daß sie uns jetzt mit reichströmendem Antlitz anschauen. Wer könnte glauben, daß die Raeter und Vindelicer jetzt apollinischen Nektar so weithin ergießen? Unwissend nannte einst die Unseren das italische Land und warf rohe Barbarei uns vor. Die gelehrte Schar scheute sich nicht zu sagen, daß wir im Vaterland der Hämmel und unter dicker Luft geboren seien. Doch jetzt sieht Latium, wenn auch neiderfüllt, uns immer die hellen Flüsse der pegasischen Musen verehren. Denn Kalliope bewohnt ja mit ihren Chören unsere zarten Laren und die germanischen Lande. Unser Germanien zieht lateinische Jünglinge auf und lehrt sie, mit dem gelehrten Cicero zu sprechen. Deine Schriften sagen, daß du von diesen einer sein wirst, denn du wagst es, das Heiligtum von Kirrha mit deiner Hand zu berühren. Gedichte bringst du hervor, die der Musen und Apollons würdig sind. Es gibt nichts, wodurch du mir lieber sein könntest. In diesem einen Punkt aber kannst du mit Recht von mir beschuldigt werden, daß du mir nichts schreibst, obwohl du es kannst. Du willst, daß ich dir schreibe, und achtest mich nicht der Ehre deines Rates wert, so daß du wenigstens selbst vorher geschrieben hättest. Aber ich bin dir, gelehrter Johannes, wie es meine Art ist, mit diesen von mir verfaßten mäßigen Versen willfährig, und ich verzeihe dir gern, wenn du jetzt nur nicht ablehnst, mich mit deinen Schriften später oft zu besuchen. Leb wohl! Denn da du die verehrungswürdigen Lagerstätten der Musen aufsuchst, wirst du mit Recht unter die Dichter zu rechnen sein.

*Iohannes Casselius S[ebastiano] brant gemini Iuris Interpreti poetae clarissimo s[alutem] p[lurimam] d[icit].*

*Quod mea tam laudas brant o Celeberrime Vatum.*
   *Scripta: facit candor, qui tua pectora habet*
*Non ea sunt tanti. nec in arce locanda Minervae*
   *Ut phidiae fateor. sed iuvat iste favor*
5 *Me iuvat iste favor. tanto placuisse poetae,*
   *Cuius ab ingenio flumina larga cadunt.*
*Utque probo, quod multa alias epigrammata promis*
   *Sic michi stultorum perplacet ipsa ratis.*
*Quae vulgare sonans quiddam mirabile prefert*
10 *De quo inter doctos fit michi lyra frequens*
*Unde tuum nomen nostra haec bene suevia novit.*
   *Diceris et gemini vatis habere decus:*
*Est illud sane magni mihi muneris instar*
   *Ad me iter huc numeros arripuisse tuos:*
15 *Quis (simul ad nostros fessi venere penates.)*
   *Nomine in auctoris basia mille dedi.*
*Atque illos inter mea chara Iocalia pono.*
   *Et sociis relegens sum memor usque tui*
*Estque pergratum quod me dignaris honore*
20 *Fratris: et hortaris scribere sepe tibi.*
*Id fit iudicio quo sint tibi carmina cordi*
   *Et qua laurigeros tu pietate colas.*
*Non michi fons Helicon bibitur bifidive Aganippe*
   *Parnasi: aut clarii visito templa dei.*
25 *Nec tetigi viridis nemorosa. cacumina. Cyrhae*
   *Ut tulerim ex aditis quae cano metra sacris.*
*Me tamen inde adeo tibi charum scribis. amice*
   *Ferreus ergo ego sim. ni tibi reddo vicem.*
*Ferreus haud ego sum: nostra haec dum vita manebit,*
30 *more patris. nobis semper amandus eris:*
*Hec lege que tenuis lusit tibi nostra camena*
   *Et quae displiceant corrige. sicque vale.*

Johannes Casselius grüßt Sebastian Brant, den Dolmetscher des doppelten Rechts und den sehr berühmten Dichter vielmals. — Daß du meine Schriften so lobst, Brant, o gefeiertester der Dichter, macht die Liebenswürdigkeit, die du im Herzen trägst. Sie sind nicht so viel wert, noch sind sie in die Burg der Minerva zu setzen wie die des Phidias, gestehe ich. Aber deine Gunst erfreut. Mich erfreut deine Gunst, erfreut, einem so großen Dichter gefallen zu haben, aus dessen Geist sich weite Ströme ergießen. Und wie ich schätze, daß du sonst viele Epigramme hervorbringst, so gefällt mir auch das Narrenschiff selbst, das in der Volkssprache tönend etwas Wunderbares vorbringt, worüber ich unter Gelehrten häufig preisend singe. Daher kennt dieses unser Schwabenland deinen Namen gut, und man sagt von dir, daß du die Zier eines doppelten Dichters besitzst. Das ist für mich wahrhaftig gleich einem großen Geschenk, daß deine Verse zu mir hierher den Weg genommen haben, deine Verse, denen ich, sobald sie ermüdet zu unseren Penaten gekommen waren, anstelle ihres Verfassers tausend Küsse gegeben habe. Und ich lege sie zu meinen lieben Spielsachen, und, sie meinen Freunden wieder vorlesend, denke ich immer an dich. Auch ist es hochwillkommen, daß du mich der Ehre eines Bruders würdigst und aufforderst, dir häufig zu schreiben. Dies geschieht mit dem Urteil, mit dem dir Gedichte am Herzen liegen, und mit der Frömmigkeit, mit der du die Lorbeerträger verehrst. Ich trinke nicht die Helikon–Quelle oder die Aganippe des zweigespaltenen Parnaß und besuche auch nicht die Tempel des Gottes von Klaros noch habe ich die waldreichen Gipfel des grünenden Kirrha berührt, um aus dem Innern des Heiligtums die Metren, die ich singe, zu bringen. Dennoch bin ich dir durch sie sehr lieb, wie du schreibst, mein Freund. Eisenhart wäre ich also, wenn ich dir nicht wieder schriebe. Und ich bin nicht eisenhart. Solange dieses mein Leben bleiben wird, wirst du immer von mir nach Art eines Vaters zu lieben sein. Lies das, was unsere zarte Camoene für dich erdichtete, und verbessere, was dir nicht gefällt, und so lebe wohl!

Aus diesem Gedichtpaar geht hervor, daß Casselius Brant nach 1494 einige seiner Gedichte — allerdings ohne ein an Brant selbst gerichtetes Gedicht — hatte zukommen lassen, vielleicht über Wimpfeling, der in Heidelberg sein Lehrer gewesen war. Brant, der Casselius offenbar damals noch nicht gesehen hatte, hielt ihn wohl für erheblich jünger, machte ihm freundliche Komplimente und bezog ihn in die Gruppe der deutschen Humanisten ein, die die italienische Kritik an der angeblichen deutschen Barbarei widerlegen. Casselius war über diese Anerkennung sehr glücklich und revanchierte sich mit einem Lob des "Narrenschiffs" und der sich auf die lateinische und deutsche Sprache erstreckenden dichterischen Tätigkeit Brants, der deshalb in Anspielung auf seine in der Adresse erwähnte Kompetenz in beiden Rechten ein *geminus vates* genannt wird. Vielleicht ermutigte dieser Gedichtaustausch Clemens, nun auch seinerseits Brant ein Gedicht zu schicken, nämlich seine *Invectiva in Thurcum*.

Brant knüpfte an dieses Gedicht an, wenn er am Anfang des auf Bl. n4 folgenden in elegischen Distichen verfaßten Gedichts den türkischen Sultan mit der Frage beginnen läßt:

*Quid mihi, quod rigido fuerim sub sidere natus.*
  *Et bone vir Scythicas obiicis (oro) nives?*
*Quod vicio dare conaris mihi/ gloria summa est*
  *Ex nihilo/ in tantum proripuisse gradum.*

Was wirfst du mir vor, guter Mann, daß ich unter einem kalten Stern geboren bin und den skythischen Schnee, ich bitte dich? Was du mir als Fehler zu geben versuchst, ist größter Ruhm, nämlich aus nichts zu einem so großen Schritt hervorgebrochen zu sein.

Das die Prosopopoiie des Türken[9] fassende Gedicht reicht von der Rückseite des ersten bis zum Ende der Vorderseite des vierten Blattes der Lage n. Es ist in dem neuen Exemplar identisch mit der aus den sonstigen Exemplaren bekannten Fassung. Nur die Blätter, die nach n ii sonst nicht bezeichnet sind, sind in ihm unten mit n iii und auf dem vierten Blatt mit dem Stern * gekennzeichnet.

Der türkische Sultan berichtet in diesem Gedicht, wie die Türken einst aus der felsigen und unwirtlichen Gegend des Kaspischen Meers aufgebrochen seien und sich erobernd immer mehr ausgedehnt hätten. Unterstützt worden sei ihr Vordringen durch die Sorglosigkeit und Feigheit der Herren Roms, durch die von den Himmlischen bestraften Frevel und die verderbte Religion ihrer Gegner sowie durch die innere Zwietracht der Christen. So sei es den Türken überall, in Asien, in Afrika und in Europa, gelungen, ihre Eroberungen zu machen. Der Vater des Sprechers habe Byzanz erobert und das dortige Reich beseitigt. Der Sprecher wird dadurch als der zur Zeit regierende türkische Sultan, also Bajasid II., gekennzeichnet.[10] Nun droht der Sprecher, das restliche Europa an sich zu bringen. Nur einen fürchte er: den römischen Kö-

---

[9] Zur rhetorischen Form der Prosopopoiie vgl. Heinrich Lausberg, Handbuch der literarischen Rhetorik, München 1960, § 822f. Es ist möglich, daß Brant bei der Wahl dieser Form für sein Gedicht angeregt war von früheren humanistischen Kompositionen wie der seit 1475 mehrfach gedruckten *Epistola Morbisani Magni Turcae ad Pium Papam II.*, die sich als Antwort des türkischen Sultans auf die *Epistola ad Mahometum* des Papstes Pius II. gibt, oder der poetischen *Responsio Magni Turci ad Pium summum pontificem*, die vor 1474 einmal in Padua gedruckt wurde; vgl. zu diesen Texten James Hankins, Renaissance Crusaders: Humanist Crusade Literature in the Age of Mehmed II, Dumbarton Oaks Papers 49, 1995, S. 111–207, hier S. 140 und S. 206ff.
[10] Edwin H[ermann] Zeydel, Sebastian Brant, New York 1967, S. 113, verkannte diese personelle Identifizierung, wenn er nur schreibt, daß das Gedicht "the remarks of a Turkish grandee" enthalte.

nig Maximilian. Wenn dieser die europaischen Reiche zum Frieden untereinander bringe und mit ihrer vereinten Macht gegen ihn ziehe, sei es um ihn geschehen. Nur Maximilian könne die Türken besiegen. Maximilian sei dieser Sieg von den Himmlischen vorbehalten worden. Ihm selbst sei es bestimmt, von ihm gefangen genommen zu werden. Doch dann wolle er lieber zuvor noch den christlichen Glauben annehmen. Maximilian sei kein früherer und kein künftiger König gleich.

Diesem Gedicht folgt in den bisher bekannten Exemplaren auf der Rückseite des vierten Blattes der Lage n der den kniend betenden Brant und sein Wappen zeigende Holzschnitt, der sich bereits auf dem Titelblatt dieser Ausgabe der *Varia Carmina* findet. Darunter steht groß und fett gedruckt: *Sebastianus Brant ad lectorem carminum suorum*, und dann folgt dieses Epigramm:

> *Carmina nostra prement multi (scio) lector ab illis*
> *Posco cave quae non vidimus ante satis.*
> *Et quaecunque carent nostra hac lima/ atque litura.*
> *Quae* [W. L.: *Quam* ed.] *tibi cum thurcis pressimus (oro) legas.*
> 5  *Haec etenim excellit bonitate characteris omnis* [W. L.: *omnes* ed.].
> *Et fuit a nobis saepe revisa prius.*
> *Quae licet invenies aliquando errare/ reatu*
> *Pressoris: nostrum crimen abesse scias.*
> *Vidi ego non semel haec: mendam tamen esse fatebor*
> 10  *Multiplicem: quid si: non mihi visa leges?*
> *Respue cuncta velim quae non Basilea revisit:*
> *Quaeque carent Olpes nomine/ nullus emat. Vale lector.*

Unsere Gedichte werden viele drucken, ich weiß es. Leser, vor jenen, fordere ich, hüte dich, die wir nicht vorher genügend durchgesehen haben und die alle diese unsere Feile und Streichung entbehren. Was wir dir mit den Türken gedruckt haben, mögest du, bitte, lesen. Dies nämlich ragt hervor durch die Güte jedes gedruckten Buchstabens, und es wurde von uns früher oft geprüft. Was du vielleicht einmal fehlerhaft finden wirst durch das Versagen des Druckers, da sollst du wissen, daß es nicht unsere Schuld ist. Ich habe dies nicht nur einmal durchgesehen, aber ich werde dennoch zugestehen, daß es in vielem fehlerhaft ist. Was aber ist, wenn du das nicht von mir Durchgesehene lesen wirst? [Es ist noch viel fehlerhafter!] Weise alles zurück, so möchte ich es, was Basel nicht geprüft hat, und was den Namen Olpe entbehrt, soll keiner kaufen. Leb wohl, Leser!

Der Holzschnitt und der Text dieser Seite ist in dem nun aufgetauchten Exemplar ersetzt durch die folgende Überschrift und dieses Gedicht:

*Ad divum Maximilianum regem etc. Exhortatio S[ebastiani] B[rant]*

    *Adspice quanta tuis rex invictissime/ Thurci*
        *Sacrilegi faciant iam mala christicolis:*
    *Haec tibi carminibus praescripsimus optime Caesar*
        *Nomine sub Thurci quae prius edidimus.*
5  *Decretum a Superis est felicissime Caesar*
        *Res fidei lapsas te reparare sacrae:*
    *Adque Theodosii/ Constantinique beata*
        *Tempora/ romanum te revocare statum.*
    *Relliquias regni rex Clementissime solus*
10    *Colligere: et solus tu retinere potes.*
    *Tu potes imperium: populum quoque morte redemptum*
        *Conservare dei: te sine nemo potest.*
    *Quid nam agitare putas gentem populumque nefandum*
        *Barbaricum: adventum quam timuisse tuum?*
15 *Namque his increbuit si quando Maxmiliani*
        *Nomen: et adventus si tuus intonuit:*
    *Continuo cuncti metuunt: trepidantque/ timentque:*
        *Atque suis rebus consulere incipiunt.*
    *Nempe sciunt: fuerit quis Karolus: et Gothofredus*
20    *Quis Constantinus: Iustinianus item.*
    *Se quoque cognoscunt christi patrimonia: praeter*
        *Ius retinere: mala continuata fide.*
    *Vaticinantur item scriptis: multum nec abesse*
        *Ab Mahumaetani nominis interitu:*
25 *Id quod nostri etiam vates: sacraeque Brigittae: et*
        *Methodii: atque alia scripta probata canunt.*
    *Vade igitur Cesar: hostesque evince superbos:*
        *Ne dubites turbam colligere innumeram.*
    *Et tibi fortunam tribuat deus optimus illam.*
30    *Traiano dederat: quam prius atque Tito.*
        *Vale rex saeculi decus.*

Aufforderung des Sebastian Brant an den göttlichen König Maximilian u.s.w. Sieh dir an, wieviel Übel, unbesieglichster König, die gottlosen Türken schon deinen Christusverehrern bereiten! Das haben wir dir, bester Kaiser, in dem Gedicht vorher beschrieben, das wir zuvor unter dem Namen des Türken herausgegeben haben. Von den Himmlischen ist es beschlossen, glücklichster Kaiser, daß du die gefallene Sache des heiligen Glaubens wiederherstellst und den römischen Staat zu den glücklichen Zeiten des Theodosius und Konstantin zurückrufst. Du allein, gnädigster

König, kannst die Reste des Reichs sammeln, und du allein kannst sie festhalten. Du kannst das Reich und auch das durch den Tod Christi errettete Volk Gottes bewahren. Ohne dich kann es niemand. Was glaubst du denn, was das ruchlose und barbarische Volk tut, als deine Ankunft zu fürchten? Denn wenn einmal der Name Maximilian bei ihnen verbreitet und deine Ankunft sich donnernd vernehmen ließ, geraten sie alle sofort in Furcht und Zittern und beginnen, sich um ihre Dinge zu sorgen. Denn sie wissen ja, wer Karl, wer Gottfried, wer Konstantin und ebenso, wer Justinian gewesen ist. Auch wissen sie, daß sie das Erbe Christi gegen das Recht zurückhalten und es in schlechtem Glauben fortführen. Ebenso weissagen sie aus ihren Schriften, daß nicht viel bis zum Untergang des Namens von Mohammed fehlt. Dies singen auch unsere Propheten und die Schriften der Heiligen Brigitta und des Heiligen Methodius und andere bewährte Schriften. Geh also, Kaiser, und besiege die anmaßenden Feinde! Zögere nicht, eine zahllose Schar zu sammeln. Und unser bester Gott möge dir jenes Glück schenken, das er früher Trajan und Titus gegeben hatte. Leb wohl, König, Zier unseres Jahrhunderts.

Von diesem Gedicht war bisher nur das abschließende Distichon mit dem Vergleich Maximilians mit Trajan und Titus[11] bekannt, da Brant es nach einem Bericht seines Sohnes Onophrius aus dem Jahr 1520 zusammen mit einer deutschen Übersetzung in vier Versen 1502 in Innsbruck Maximilian vorgetragen hat, der Brant dafür mit Geld und Kleidung fürstlich belohnt und mit einem Gehalt von jährlich 50 Gulden zu seinem [Rat und] Diener bestellt habe.[12] Obwohl Onophrius ausdrücklich nur von "ein cleines zedele mit zweien Versen" schreibt, das sein Vater damals bei sich gehabt habe, ist es angesichts der Tatsache, daß es sich dabei um die beiden letzten Verse eines nicht allzu großen Gedichts handelte, wahrscheinlich, daß Brant 1502 in Wirklichkeit eben dieses Gedicht Maximilian vorgetragen hat.

---

[11] Brant gebraucht den Vergleich Maximilians mit Trajan und Titus später auch in: In laudem Divi Maximiliani Caesaris Invict. ex Panegyricis Sebastiani Brant, Straßburg o.J. (1519), Bl. b ii^v, zu Beginn des Gedichts mit dem Titel: *Idem Brant de Cesaris Maximiliani virtutibus* (abgedruckt von Friedrich Zarncke, Hrsg., Sebastian Brants Narrenschiff, Leipzig 1854, S. 197): *Felicem Augustum quisque legit et meliorem | Traianum mundi delicitasque Titum, | senserit haud ab re, modo cunctis Maxmilianum | Caesaribus divum protenus anteferat.*
[12] Die beiden Verse *Fortunam, Cesar, tibi det deus optimus illam, | Traiano dederat quam prius atque Tyto.* werden zusammen mit dem Kontext ihrer Überlieferung zuerst mitgeteilt von Zarncke, wie Anm. 11, S. 173, und zuletzt von Joachim Knape, Dichtung, Recht und Freiheit, Studien zu Leben und Werk Sebastian Brants 1457–1521, Baden–Baden 1992, S. 185f.

Eine bisher nicht erkannte Spur eines Exemplares der *Varia Carmina* mit der *Ad divum Maximilianum* [...] *Exhortatio* findet sich in der gelehrten Literatur. Joseph Knepper benützte ein solches Exemplar für sein 1898 erschienenes Buch 'Nationaler Gedanke und Kaiseridee bei den elsässischen Humanisten', denn nach einem Referat über das erste Gedicht in Lage n fährt er so fort:[13]

> In dem folgenden Schlußgedicht [Anm.: "L. c. fol. n. 4 "] entwickelt dann Brant im Hinblick auf die vorausgegangenen Verse den Gedanken, daß Maximilian in diesem Kampf Gottes Werkzeug sei, weiter. Nochmals feuert er den Kaiser zu frischer Tat an, weist ihn hin auf den günstigen Augenblick und auf glückverheißende Weissagungen, um dann begeistert zu schließen:
> Auf denn, Cäsar, zum Kampf, vernichte die höhnenden Feinde.
>     Sammle ohne Verzug deine gewaltige Schar!
> Möge der mächtige Gott im Himmel das Glück dir verleihen,
>     Das er so reichlichst einst Titus und Trajan geschenkt.

Da Knepper, der anschließend dieses Gedicht bereits mit dem eben erwähnten Gedichtvortrag Brants in Innsbruck in Verbindung brachte, kein anderes Exemplar der *Varia Carmina* benützte, wurde ihm die Besonderheit seines Textes nicht bewußt. Umgekehrt bemerkte Joachim Knape, der diese Stelle zitierte, nicht, daß sich Knepper auf einen anderen Text der *Varia Carmina* bezog, als er Knape zur Verfügung stand, und kritisierte:[14] "Mißverständlich ist der Hinweis Kneppers auf die genannten Verse [sc. über Trajan und Titus]. Seiner Meinung nach sind sie Teil eines von Brant dann vorgetragenen Panegyricus [...] gedruckt bereits in den Varia carmina (fol. n4)."

Den in der ersten Fassung der Lage n auf ihrer Schlußseite vom Titelblatt her wiederholte Holzschnitt und das Epigramm über die möglichen Druckfehler mit der Aufforderung, nur das von Johannes Bergmann von Olpe verlegte Buch und keinen Nachdruck zu kaufen, sah Brant offenbar bei einem späteren, nach dem 1. September, aber wohl auch noch 1498 erfolgten Ausdruck seiner *Varia Carmina* als entbehrlich an. Wichtiger war ihm jedenfalls nun dieses Gedicht, in dem er im Anschluß an die Prosopopoiie des türkischen Sultans das gleiche Thema in direkter Ansprache an Maximilian aufgreift und dadurch ebenso wie durch seinen Wortlaut die Aufforderung an Maximilian, gegen die Türken zu ziehen, verstärkt.

---

[13] Joseph Knepper, Nationaler Gedanke und Kaiseridee bei den elsässischen Humanisten. Ein Beitrag zur Geschichte des Deutschtums und der politischen Ideen im Reichslande, Freiburg i. Br. 1898, S. 104f.
[14] Knape, wie Anm, 12, S. 186, Anm. 269.

Zur Bestätigung des Maximilian von Brant prophezeiten Sieges über die Türken beruft er sich in V. 25f. auf die Schriften der Heiligen Brigitta und des [Heiligen] Methodius. Diese Aussage gibt den Schlüssel zum vollen Verständnis sowohl dieses Gedichts als auch der vorausgehenden Prosopopoiie des türkischen Sultans.

Brant selbst hatte die zuerst in Handschriften des achten Jahrhunderts überlieferten Offenbarungen des Methodius[15] in einer am 7. Januar 1498 in Basel gedruckten Ausgabe veröffentlicht, die wegen der Bedeutung für die Türkengedichte Brants in Lage n hier zunächst etwas näher charakterisiert werden muß.[16] Auf die Titelseite ließ er drucken:

> *Methodius primum Olympiade: et postea Tyri civitatum episcopus. sub diocleciano Imperatore In Calcide civitate (que nigro pontum appellatur ut divus scribit hieronimus martyrio)* [sic] *coronatur: qui cum eruditissimus esset vir: multa edidit documenta et presertim de mundi creatione eidem in carcere revelata. passus fuit quarta decima Kalendas octobris.*

Methodius, zuerst von der Stadt Olympias und danach von der Stadt Tyrus Bischof, unter dem Kaiser Diokletian in der Stadt Chalcis, die heute Negroponte genannt wird, wie Hieronymus schreibt, mit dem Martyrium gekrönt, der, da er ein sehr gelehrter Mann war, viele Lehren, und zwar besonders über die Schöpfung der Welt herausgab, die ihm im Gefängnis offenbart worden waren. Seine Passion war am 18. September.

Darunter steht als Überschrift für den nachstehenden Holzschnitt: *De revelatione facta Ab angelo beato methodio in carcere detento*. Der fast ganzseitige Holzschnitt zeigt im Vordergrund das aus dem Fenster seines Gefängnisses blickende Gesicht des Methodius. Ein vor dem Fenster stehender Engel liest ihm aus einem Buch vor. Im Hintergrund ist eine Stadt auf einer Insel, zu der eine Brücke vom Festland führt (der Künstler sollte damit wohl Chalcis auf der Insel Euböa darstellen). Das Kolophon des Buches lautet (Bl. i6ʳ): *Finit Basilee per Michaelem Furter opera et vigilantia Sebastiani Brant Anno 1.4.9.8. Nonis Januariis.*

---

[15] Vgl. zu ihnen E. Heyse, Methodius, Pseudo–Methodius, in: Lexikon des Mittelalters Bd. 6, 1993, S. 581, J. Rohr, Die Prophetie im letzten Jahrhundert vor der Reformation als Geschichtsquelle und Geschichtsfaktor, Historisches Jahrbuch im Auftrag der Görresgesellschaft 19, 1898, S. 29–56, Ernst Sakur, Sibyllinische Texte und Forschungen, Pseudomethodius, Adso und die Tiburtinische Sibylle, Halle 1898, Michael Kmosko, Das Rätsel des Pseudomethodius, Byzantion 6, 1931, S. 273–296, Franz Brunhölzl, Geschichte der lateinischen Literatur des Mittelalters, Bd. I, München 1975, S. 144ff., 527.

[16] 68 Bl.: Hain 11121. Benützt wurde das Exemplar der Herzog–August–Bibliothek Wolfenbüttel: 30.4. Poet.

Nach Brants Widmungsbrief und einem *Incipit prefatio in opusculum divinarum revelationum Sancti Methodii Martyris et episcopi Partinensis ecclesie provintie Grecorum, quas a sanctis angelis, cum erat mancipatus propter fidem Christi recepisse fertur scribens de principio et consummatione seculi* (Bl. a iii$^r$) betitelten Vorwort[17] folgen die *Revelationes* des Methodius auf Bl. a5$^v$–d5$^r$, angekündigt durch die Überschrift: *Incipit divinarum revelationum sancti Methodii episcopi Martyris incliti de regnis gentium et novissimis temporibus certa demonstratio christiana ab Adam usque ad extremum diem iudicii procedens* und beginnend mit *Sciendum namque est* [...]

Brant hat die Vorrede und die Fassung der *Revelationes* einer 1496 in Augsburg gedruckten Bearbeitung verwendet, die folgenden Titel hat:[18]

*Titulus in libellum sancti Methodii martyris et episcopi Partinensis ecclesie provincie grecorum continens in se revelationes divinas a sanctis angelis factas de principio mundi et eradicatione variorum regnorum atque ultimi regis romanorum gestis et futuro triumpho in turcos atque de liberatione* [ed. : deliberatione] *christianorum ac oppressione sarracenorum, de restauratione ecclesie et universali pace cum autenticis concordantiis prophetiarum deque consumatione seculi hic annotat*[is].

Titel für das Buch des Heiligen Methodius, des Märtyrers und Bischofs der Kirche von Partina in der Provinz der Griechen, enthaltend in sich die göttlichen von heiligen Engeln gemachten Offenbarungen über den Anfang der Welt und die Auslöschung verschiedener Königreiche und die Taten des letzten Königs der Römer und den künftigen Triumph

---

[17] Dieses Vorwort stammt von Wolfgang Aytinger und ist identisch mit dem in seiner anschließend zitierten Ausgabe von 1496 auf Bl. a1$^v$–a2$^r$ stehenden Text. Die von Sakur, wie Anm. 15, S. 59f. edierte *Praefaciuncula Petri monachi* fehlt in den Ausgaben Aytingers und Brants.

[18] 45 Bl.: Hain–Copinger 11120, hier Bl. a 1r. Benützt wurde ein Exemplar in Privatbesitz, das auf dem Titelblatt eine Besitzereintragung des oberbayrischen Benediktinerklosters Scheyern (säkularisiert 1803), mehrere rubrizierte Stellen und zeitgenössische Randbemerkungen hat. Diese Ausgabe enthält einen Text der *Revelationes Methodii*, der von der durch Sakur, wie Anm 15, S. 59ff., nach Handschriften des 8. Jahrhunderts edierten Fassung sowohl in stilitischen Einzelheiten abweicht (das merovingische Latein ist etwas geglättet) als auch dadurch, daß verschiedene mehrzeilige Passagen einen völlig anderen Wortlaut haben. Sakur S. 58 gibt an, daß die Textfassung des Cod. Vinob. 1609, s. X, nach Auskunft von A. Göldlin von Tiefenau "im großen ganzen sich den Baseler Drucken von 1498, 1516 etc. nähern soll". Aytinger hat demnach eine andere handschriftliche Tradition benützt als der Herausgeber der Erstausgabe des Methodius (ohne Ort und Jahr, vermutlich Köln 1475), dessen Text nach Sakur S. 57f. "Verwandtschaft" mit dem Cod. Bern. 611, s. VIII, zeigt. Wahrscheinlich hat Aytinger seinen Text zudem noch redigiert, als er ihn mit marginalen Erklärungen versah.

über die Türken und über die Befreiung der Christen und die Unterdrückung der Sarazenen, über die Wiederherstellung der Kirche und den universalen Frieden mit originalen hier zu den betreffenden Stellen angefügten Bemerkungen[19] über die Prophezeiungen und über die Vollendung des irdischen Saeculum.

Der Augsburger Geistliche Wolfgang Aytinger bzw. Aitinger[20] hat diese Ausgabe der *Revelationes* besorgt und mit einem Vorwort, mit Randerklärungen und einem abschließenden Traktat versehen und von Johann Froschauer 1496 in Augsburg drucken lassen.[21] Er hat sich selbst am Ende dieser Ausgabe als Kleriker, Einwohner von Augsburg, Magister artium und als in beiden Rechten promoviert bezeichnet.[22] Wolfgang Aytinger war der um 1465 geborene Sohn des Augsburger Schmieds Jakob Aytinger und immatrikulierte sich 1481 an der Universität Köln als *Wolffgangus Fabri de Augusta*.[23] 1482 wurde er dort Baccalaureus, 1485 Magister artium. Wo er dann die Rechte studierte, ist unbekannt. Vermutlich hat er sein juristisches Studium mit der Promotion zu einem Baccalaureus der Rechte abgeschlossen. 1497 erscheint er im Augsburger Steuerbuch als Erbe eines beim Roten Tor gelegenen Hauses seines 1496 verstorbenen Vaters und seiner 1496/97 verstorbenen Mutter als "Maister Wolffgang schmid". Er steuerte von diesem Haus bis 1499. Vor 1496 war er zum Priester geweiht worden und gehörte vermutlich dem niederen weltlichen Klerus an.[24] Eine Pfründe in Augsburg konnte für ihn bisher nicht nachgewie-

---

[19] Mit den *autenticis concordantiis* [...] *annotatis* sind die von Aytinger selbst verfaßten Bemerkungen gemeint, die im Druck dem Text des Methodius am Rand zu den entsprechenden Stellen hinzugefügt wurden. Brant hat sie ebenfalls als Randbemerkungen wieder abdrucken lassen. Der gleiche Wortgebrauch von *concordantiae* erscheint in Baptista Mantuanus, Prima Parthenice, que Mariana inscribitur, Straßburg 1518, wo unten auf der Titelseite der Satz gedruckt ist: *Novae adiunctae sunt in marginibus concordantiae ex Sebastiani Murrhonis commentariis selectae ac prius textu nudo numquam impressae.*
[20] Zu Wolfgang Aytingers Leben und Werk grundlegend Friedrich Zoepfl, Wolfgang Aytinger — Ein deutscher Zeit- und Gesinnungsgenosse Savonarolas, Zeitschrift für deutsche Geistesgeschichte 1, 1935, S. 177–187, danach kurze Bemerkungen bei Dietrich Kurze, Prophecy and History. Lichtenberger's forecasts of the events to come (from the 15th to the 20th cent.); their reception and diffusion, Journal of the Warburg and Courtauld Institutes 21, 1958, S. 63–85, hier S. 66f., und bei Marjorie Reeves, The influence of prophecy in the later Middle Ages. A Study in Joachimism, Oxford 1969, S. 352ff.
[21] Kolophon: *Impressum per sagacem virum Johannem Froschauer concivem urbis prefate. Anno salutis nostre M.cccc.xcvi, kalendas Septembris.*
[22] Ausgabe 1496, Bl. h iii$^v$, hier zitiert unten S. 280.
[23] Die Identifizierung gelang Zoepfl, wie Anm. 20, S. 178.
[24] Eine gewisse Parteilichkeit zugunsten dieses Standes ist in seinem *Tractatus super Methodium* zu beobachten, vgl. Zoepfl, wie Anm. 20, S. 185, in seinem Inhaltsreferat: "Wie das Bild des Bischofs wird auch das der Kanoniker an Kathedral- und Kollegiatkirchen vorwie-

sen werden. 1500 erwarb er eine 1499 gedruckte Ausgabe der *Prognosticatio* Johann Lichtenbergers.[25] Er war, wie schon die Formulierung des Titels seiner Methodius–Ausgabe zeigt, anschließend aber noch deutlicher wird, sehr mit den Prophezeiungen beschäftigt, die einen Sieg über die Türken voraussagten. Es ist deshalb zu vermuten, daß die beiden anonymen Schriften, die der Drukker von Aytingers Methodius–Ausgabe Johann Froschauer in Augsburg 1498 und 1499 zu diesem Thema druckte, nämlich die *Destructio Turciae* und der Traktat *De futuris Christianorum triumphis in Turcos et Saracenos*,[26] auch von Aytinger besorgt und herausgegeben worden sind. Letztere Schrift ist ein redigierter Auszug aus dem Traktat *De futuris Christianorum triumphis in Saracenos* des Johannes Annius von Viterbo, der seit 1480 mehrfach, zuletzt in Köln 1497, gedruckt worden war. Herausgeberisch war Aytinger auch später tätig: im Jahr 1508 besorgte er die Herausgabe des *Dyalogus Johannis Stamler Augstensis de diversarum gencium sectis ac mundi regionibus*, den damals Erhard Oeglin und Georg Nadler in Augsburg druckten, und wurde dabei *venerabilis dominus Wolfgangus Aittinger prespiter Augustensis* genannt.[27] Ein jüngerer Verwandter Wolfgang Aytingers war vermutlich der Ulmer Stadtschreiber und Notar Konrad Aitinger/Aytinger, welcher 1524 von Kaiser Karl V. einen Wappenbrief erhielt.[28]

Brant übernahm den Text des Methodius in der Ausstattung, die Aytinger ihm gegeben hatte. Auf Bl. d5$^r$ kündigt er dann Aytingers Traktat (Bl. d5$^r$–i6$^r$) und das erste Kapitel desselben mit folgenden Worten an: *Incipit tractatus super Methodium qui in se continebit quinque capitula quorum primum est de possessione terre sancte*. Das *secundum capitulum* handelt *de termino durationis istius ultime possessionis terre sancte per infideles ac destructione Turcie et oppressione saracenorum per Christianos* (Bl. e i$^v$), das dritte *de secundo et ultimo termino, quo termino finito complebuntur octo septimane et est de ablatione publici sacrificii et de pauperatione cleri ante destructionem Turcie* (Bl. E7$^v$), das vierte

---

gend vom Standpunkt des ungerecht behandelten, übervorteilten niederen Klerus aus gesehen und gezeichnet."

[25] Kurze, wie Anm. 20, weist einen handschriftlichen Besitzereintrag in einem der British Library gehörenden Exemplar von Johann Lichtenberger, Prognosticatio, Straßburg 1499, nach. Er hat folgenden Wortlaut: *Wolfgang Aytinger anno domini 1500*. Im gleichen Exemplar befindet sich eine Liste prophetischer Autoren von Aytingers Hand. Aytinger kannte den Text von Lichtenbergers *Prognosticatio* jedoch schon 1496.

[26] Vera Sack, Die Inkunabeln der Universitätsbibliothek und anderer öffentlicher Sammlungen in Freiburg im Breisgau und Umgebung, Wiesbaden 1985, Nr. 3529 und 3532.

[27] S. Zoepfl, wie Anm. 20, S. 179.

[28] Vgl. zu Konrad Aitinger Friedrich Wilhelm Strieder, Grundlage zu einer Hessischen Gelehrten– und Schriftsteller–Geschichte, Bd. 1, Göttingen 1781, S. 15ff., und Walther Ludwig, Burgermeister und Schöfferlin, Esslinger Studien Zeitschrift 25, 1986, S. 69–131, hier S. 91.

*de futuro triumpho Christianorum in Turcos et Saracenos ac omnimoda destructione imperii eorundem per prophet[i]as predictas* (Bl. G5ᵛ) und das fünfte *de principio calculationis quinquaginta sex annorum per octo septimanas beati Methodii intellectas et dicitur quod novissime incipit ab excidione Constantinopolis et imperii Grecorum* (Bl. h5ʳ).[29]

Im Anschluß an den Traktat fügte Brant vor dem Kolophon folgende ebenfalls aus Aytingers Ausgabe stammende, syntaktisch nicht leicht zu verstehende Erklärung hinzu (Bl. i6ʳ, Aytinger Bl. h iiiᵛ):

*Tractatus continens in se quinque capitula de fine quinti flagelli ecclesie super textum divinarum revelationum beati Methodii martyris cum prefatione ac concordantiis autenticis notabilibusque diversis textui conformiter applicatis. Hic completur laboriosa cura et ingenio Wolfgangi Aytinger clerici ac incole Augusten[sis] Vindelicorum Artium magistri nec non Juris utriusque promoti* [Aytinger: *promotum*]. *Qui motu compassionis orthodoxe fidelium modo mancipatorum in altera secundaque Babylonia videlicet Turcia, qui in sanguine agni nobiscum redempti sunt. Ac pro speciali consolamine de liberatione* [edd.: *deliberationis*] *eorundem per magnum triumphum regis Romanorum et catholicos in proximo conflictu habendum* [Aytinger: *habendo*] *cum Ismaheliticis. sicut libellus presentis opusculi vere delucidat. pro quo fideliter orate.*

Traktat, der in sich fünf Kapitel enthält über das Ende der fünften Heimsuchung der Kirche, über den Text der göttlichen Offenbarungen des seligen Märtyrers Methodius mit einem Vorwort und mit verschiedenen dem Text beigefügten Erklärungen. Er wird vollendet durch die mühevolle Besorgung und den Geist des Wolfgang Aytinger, Klerikers und Einwohners von Augsburg, Magister Artium und in beiden Rechten promoviert, der [ihn geschrieben hat bzw. geschrieben wurde] aus der Bewegung eines orthodoxen Mitleidens heraus mit den jetzt in einem anderen und zweiten Babylon, das heißt in der Türkei, unterdrückten Gläubigen, die im Blut des Lammes mit uns errettet sind, und für die spezielle Tröstung im Hinblick auf die Befreiung derselben durch den großen Triumph des Königs der Römer und die Katholiken in dem bevorstehenden nächsten Krieg mit den Ismaheliten, wie es das kleine Buch des vorstehenden Werkes wahrhaft erhellt, wofür ihr gläubig beten sollt.[30]

---

[29] In der Ausgabe Aytingers von 1496 finden sich die entsprechenden Kapitelüberschriften seines Traktats auf Bl. d iʳ, d ivʳ, e iiʳ, f5ʳ, g ivᵛ.

[30] Da auf der Titelseite von Aytingers Ausgabe *deliberatione Christianorum ac oppressione sarracenorum* sicher als *de liberatione* [...] zu verstehen ist, wurde auch in diesem Abschnitt

## 6. Eine unbekannte Variante der *Varia carmina*

Das Neue war nun, daß Brant diese beiden Texte mit 61 durch Überschriften erläuterten nahezu ganzseitigen Holzschnitten versah. Er begründet diese Art der Edition in der brieflichen auf den 1. November 1497 datierten und an den Baseler Franziskanerprediger Johann Meder[31] gerichteten Vorrede[32] damit, daß Meder ihn gebeten habe, die *Revelationes* des Heiligen Methodius und der Heiligen Hildegard von Bingen bebildert herauszugeben, und er komme dieser Bitte nun für Methodius nach. Die Illustrierung diene jenen, die den lateinischen Text nicht lesen könnten (*quod legentibus scriptura, hoc et idiotis praestat pictura cernentibus*). Und es war offenbar sowohl Meder als auch Brant wichtig, die Schrift *legentibus* und *idiotis* bekannt zu machen. Vielleicht war Meder mehr an den in der Schrift enthaltenen Prophezeiungen über die Reformation der Kirche interessiert. Brant spricht den Grund, der ihn leitete, gleich in der Vorrede aus: *Fecique id eo libentius, quo gloriosum rei publicae christianae contra infideles Thurcasque inibi repromissum propius existimo fore triumphum* "Und ich habe die Offenbarungen des Methodius auch um so lieber bebildert herausgegeben, weil ich glaube, daß in ihnen der ruhmvolle Triumph des Christentums über die Ungläubigen und speziell die Türken als nahe bevorstehend versprochen worden ist." Brant hält an diesen Offenbarungen gegen die Einwände von Kritikern fest, die sie für ein Altweibergeschwätz und Hirngespinste (*anile deliramentum aut fabulam* [...] *inanem*) halten. Denn es sei zwar ungewiß, wann der jüngste Tag komme, aber gewiß, daß sich die christliche Kirche zuvor über die ganze Erde ausdehne. Und eben auf diese Ausdehnung der christlichen Kirche, nicht auf den jüngsten Tag, zielen seine Überlegungen.

*Nemo igitur doctus negare ausit gloriosum hunc ecclesie catholice triumphum gentiumque subversionem* [...] *non modo divinis praedici revelationibus sed et astrologicis prefiniri posse calculationibus. Ego itaque neque detrahere sanctorum assertionibus tutum esse arbitror neque cuncta taliter tradita per necessariis accipere evangeliive loco dignum esse iudico. Cum autem multa per eos pronunciata effectu iam dudum completa esse praevideam, dubium*

---

am Ende in *deliberationis eorundem* [sc. der unterdrückten Christen] *de liberatione* [...] gelesen. Im letzten Satzteil ist ungewiß, ob sich *Qui* auf den Tractat oder auf Aytinger bezieht. Das dazugehörige Verbum ist auf jeden Fall zu ergänzen.

[31] Brant hatte bereits 1495 eine Sammlung von 50 Fastenpredigten von Johann Meder, gleichfalls mit Holzschnitten illustriert, ebenso in einem Druck von Michael Furter unter dem Titel *Quadragesimale* herausgegeben (Hain–Copinger 13628).

[32] Ausgabe 1498, Bl. a i^v: *Ad venerandum religiosumque fratrem Johannem meder ordinis sancti francisci minorum de observantia in Basilea publicum concionatorem: Sebastiani Brant in beau methodii revelationem prefacio.* Zu dem Interesse der observanten Franziskaner an joachimitischen Prophezeiungen vgl. Reeves, wie Anm. 20, S. 229ff. Johann Meder kann hier hinzugefügt werden.

*non statuo, quod iam* [*statim quoniam* ed.] *sequantur et pauca, quae restant, quia sequentium rerum, ut Gregorius inquit, certitudo est praeteritarum exhibitio. Proderit itaque hec nostri effigiati operis promulgatio, ut saltem ad cautele studium mentes evigilent humane, ne securitate torpeant aut ignorantia languescant.*

Kein Gelehrter dürfte also zu leugnen wagen, daß dieser ruhmreiche Triumph der katholischen Kirche und die Unterwerfung der Heiden [...] nicht nur durch göttliche Offenbarungen vorhergesagt wird, sondern sich auch durch astrologische Berechnungen im voraus festlegen läßt. Ich halte es deshalb weder für sicher, die Behauptungen der Heiligen in Abrede zu stellen, noch für richtig, alles, was so überliefert ist, mit Notwendigkeit zu akzeptieren und ihm den Rang des Evangeliums zu geben. Da ich aber vieles, was sie verkündigt haben, schon lange verwirklicht sehe, habe ich keinen Zweifel, daß auch das Wenige, was noch aussteht, folgen wird, da ja, wie Gregor sagt, die Gewißheit der folgenden Dinge auf dem Stattgefundenhaben der vorhergehenden beruht. Es wird deshalb diese Veröffentlichung unseres bebilderten Werkes nützlich sein, wenigstens damit die menschlichen Geister zu einem sorgfältigen Studium erwachen und nicht in Sicherheit oder Unwissenheit erschlaffen.

Nach dieser Verteidigung der Vertrauenswürdigkeit der Offenbarungen des Methodius schließt Brant seine Vorrede mit einem Hinweis auf Maximilian, von dem er den Sieg über die Ungläubigen erhofft und erwartet:

*Maturet deus optimus maximus hanc sanctissimi sui nominis credentium plenitudinem, presertim invictissimi christianissimi regis nostri Maximiliani ductu et auspicio felicissimo, cuius regnum et imperium vitamque et fortunam divina adaugeat tueaturque clementia.*

Es möge der beste größte Gott diese Vollständigkeit der Gläubigen seines heiligsten Namens beschleunigen, besonders durch die Führung und glücklichste Initiative unseres unbesieglichsten und christlichsten Königs Maximilian, dessen Königreich und Herrschaft und Leben und Glück die göttliche Gnade vermehren und schützen möge.

Für Brant sind die Offenbarungen des Methodius vor allem deshalb willkommen, weil aus ihnen zu entnehmen ist, daß Maximilian der prophezeite letzte römische Kaiser sein kann, der die Ungläubigen, und das heißt die Türken, besiegt und Jerusalem erobert.

In diese Richtung zielen auch bereits der Methodius–Text und der Traktat Aytingers.³³ Die Söhne Ismaels, die nach Methodius aus der Wüste (*de deserto*) kommen und den Erdkreis erobern, werden von Aytinger mit den Türken identifiziert, und als Methodius ihre Eroberungen beschreibt, notiert Aytinger am Rand: *Hic beatus Methodius spiritu prophetico predixit secundum exitum filiorum Ismahel super Christianos. Terminus regnorum subiiciendorum Turcis hic ponitur a Methodio Albania et Ponticum mare.*³⁴ Im Traktat präzisiert er, daß die Türken nach Methodius also nicht nach Italien und Deutschland kommen werden.³⁵

Von entscheidender Bedeutung sowohl für Aytinger als auch für Brant ist, daß bei Methodius in Aytingers Fassung für die Dauer der Herrschaft der Söhne Ismaels, während der sich die unterworfenen Völker nicht befreien können, die Dauer von "acht Wochen Jahren" angegeben wird:

> *Et in duplum erit iugum illorum super colla universarum gentium. et non erit gens aut regnum sub celo, quod possit cum eis in prelio confligendo superare eos usque ad numerum temporis octo septimanarum* [ed. 1498: *septianarum*] *annorum.*³⁶

---

³³ Insofern irrt Willy Andreas, Deutschland vor der Reformation, 7. Aufl. Berlin 1972, S. 181, wenn er Aytinger nur als einen Kleriker anführt, der "Wehe über die verkommene Zeit" gerufen habe. Er scheint sich dabei nur auf Rohr, wie Anm. 15, S. 44 zu stützen, der am Anfang seiner kurzen Inhaltsübersicht über den Traktat Aytingers erklärt, dieser sage "Wehe [...] über die Kirche des hl. Petrus", nachher aber doch auch die prophezeite Rückeroberung Konstantinopels erwähnt. Aytingers *Tractatus* enthält kirchenreformerische und endzeitliche Vorstellungen. Ein gutes Referat über seinen gesamten Inhalt, insbesondere über die von Aytinger erhoffte und erwartete *purgatio et reformatio ecclesiae*, auf die hier nicht näher eingegangen wird, gibt Zoepfl, wie Anm. 20, S. 182ff., der jedoch den Umstand, daß der Zielpunkt von Aytingers Erörterungen der Sieg eines *rex Romanorum* über die Türken ist, nicht genügend betont.

³⁴ Ausgabe 1498, Bl. b ii$^r$, und Ausgabe 1496, Bl. a5$^v$. Der Methodius–Text entspricht hier zwar prinzipiell Sakur, wie Anm. 15, S. 80–82, weicht im Wortlaut und auch in den geographischen Bestimmungen jedoch oft von ihm ab.

³⁵ Ausgabe 1498, Bl. e iii.

³⁶ Ausgabe 1498, Bl. b ii, und Ausgabe 1496, Bl. a6. In dem Text bei Sakur findet sich das Zahlwort *octo* nicht, jedoch an entsprechender Stelle die Zahl 7; S. 69: *Et erit iugum eorum duplex super cervices omnium gencium. et non erit gens aut regnum sub caelo, qui possent eos expugnare usque ad numerum temporum ebdomadarum VII* (so nach Cod. Paris. lat. nr. 13348, s. VIII; der Cod. S. Galli nr. 225, s. VIII, hat *obdomadarum* anstelle von *ebdomadarum*, die Ed. pr. von 1475 *septimanarum*). Aytinger lag hier entweder eine kontaminierte handschriftliche Fassung vor, in der aus *obdo–* das Zahlwort *octo* geworden und *ebdomadarum* zu *septimanarum* latinisiert worden war, oder er hat selbst in den Text eingegriffen. Kmosko, wie Anm. 15, S. 281, berichtet, daß in dem syrischen Text des Methodius in Cod. Vat. Syr. 58 (A. D. 1584), der nach seiner Auffassung eine ältere Textfassung als die lateinischen Handschriften und Drucke wiedergibt, "die Herrschaft der Araber [...] zehn

Aytinger deutet dies als eine Prophezeiung der Dauer der Herrschaft der Türken und errechnet für sie 8 x 7 = 56 Jahre.[37] Aytinger weist in diesem Zusammenhang nicht darauf hin, daß die Zahlen 8 und 7, wie Macrobius nach Cicero in einer ausführlichen Erörterung ausführte,[38] aus verschiedenen Gründen zwei beziehungsreiche 'volle' Zahlen sind, deren Multiplikation eine Zahl mit schicksalhafter Bedeutung ergibt (56 Jahre bestimmen nach Macrobius die Lebensspanne eines tapferen Mannes).[39] Aber es ist anzunehmen, daß sowohl er als auch seine Leser sich bewußt waren, daß er hier von besonderen Zahlen sprach, die mystische Geheimnisse bargen. Er führt zuletzt im fünften Kapitel seines Traktats aus, daß der Beginn des prophezeiten Zeitraums von 56 Jahren mit dem Jahr der Eroberung Konstantinopels und des griechischen Reiches durch die Türken anzusetzen sei, wobei er allerdings auffälligerweise dieses Jahr nicht mit 1453, sondern mit 1454 angibt.[40] Dadurch kann der kommende Sieg über die Türken mit der Rückeroberung Konstantinopels und Jerusalems für das Jahr 1510 erschlossen werden.[41] Aytinger schreibt diese Zahl

---

Jahrwochen (also 70 Jahre, wahrscheinlich gemäß der 70 Jahre des babylonischen Exils)" dauert. Wenn dies die älteste Fassung ist, so wurden aus 10 x 7 zunächst 7 x 7 und dann 8 x 7 Jahre als Dauer der Herrschaft der Ungläubigen.

[37] Aytingers Randbemerkung zur eben zitierten Stelle lautet: *Turci, qui et Ismaheliti dicuntur, regnis Christianorum debent dominare prout divinitus sancto Methodio ibi revelatum est per quinquagintasex annos, propterea dicit usque ad numerum octo septimanarum, qui dicuntur octo ebdomade secundum calculationem Hebreorum, qui accipiunt diem pro anno in suis numeris* [...] Er kommt noch mehrfach im Laufe seines Traktats auf diese prophezeite Zahl von 56 Jahren zurück.

[38] Vgl. Macrobius Comm. in Somnium Ciceronis 1, 5–6 zu Cicero De rep, 6, 12 (über die Lebenszeit des Scipio Africanus minor): *cum aetas tua septenos octiens solis anfractus reditusque converterit, duoque hi numeri, quorum uterque plenus alter de altera causa habetur, circuitu naturali summam tibi fatalem confecerint.*

[39] Macrobius, wie Anm. 38, 1, 6: *duo numeri, qui in se multiplicati vitale spatium viri fortis includerentur.* Eine umfangreiche Liste von Personen, die mit 56 Jahren starben, findet sich bei Heinrich Rantzau, Exempla, quibus astrologicae scientiae certitudo [...] comprobatur, Köln 1585, S. 216–224.

[40] Ausgabe 1496, Bl. h i$^r$: *Unus autem de istis* [sc. der Sultan Mechmet II.] *pre ceteris in triumphis nequissimus, qui cepit anno dominice incarnationis M.ccc.liiii. Constantinopolim et omnia regna et provincias imperio orientis subiecta nullo audente resistere.* Das Datum schien zeitgenössischen Lesern des in Anm. 18 genannten Exemplars so wichtig, daß *M.ccc.liiii* mit roter Tinte unterstrichen und am Rand notiert wurde *m.cccc.liiii Constantinopolis*. Die Ausgabe 1498, Bl. i iii$^v$, hat ebenso 1454.

[41] In der modernen Literatur haben nur Rohr, wie Anm. 15, S. 44, und Zoepfl, wie Anm. 20, S. 182, das bei Aytinger prophezeite Datum des Sieges über die Türken beachtet, kommen aber auf das Jahr 1509, da sie fälschlich annehmen, daß Aytinger das Jahr 1453 als Ausgangspunkt für seine Kalkulation verwendet.

Zahl indes nicht nieder, sondern überläßt die Kalkulation dem interessierten Leser.[42]

Im Blick auf dieses Ereignis wird von Aytinger einerseits an die früheren *recuperationes* Jerusalems durch Karl den Großen und Gottfried von Bouillon erinnert.[43] Die ursprünglich in der Karlssage aufgekommene Vorstellung von der Eroberung Jerusalems durch Karl den Großen war teilweise bis in die zeitgenössische Geschichtsschreibung eingedrungen.[44]

Zum anderen wird die Reihe der türkischen Herrscher vergegenwärtigt. Aytinger sieht in den sieben Häuptern des Tieres in der Offenbarung Johannis, Kap. 17, die Häupter von sieben türkischen Herrschern (*significat septem imperatores Thurcorum, qui sibi invicem in regendo successerunt*). Die Herrscher der Türken seien 1. *Ottoman* gewesen, 2. sein Sohn *Bayazit*, 3. dessen namentlich unbekannter Sohn, der einen ersten vergeblichen Angriff gegen Konstantinopel unternommen habe, 4. dessen Sohn *Ildrin*, der *Tamerlanus* gefangen genommen und in einem eisernen Käfig mit sich herumgeführt habe,[45] 5. des-

---

[42] Es muß offen bleiben, ob *M.cccc.liiii* ein Druckfehler für *M.cccc.liii* ist oder ob das Jahr 1454 Aytinger durch eine historische Tradition gegeben war oder ob er etwa aus numerologischen Gründen als Endpunkt der Addition das Jahr 1510 erreichen wollte.

[43] Ausgabe 1498, Bl. d8ʳ: *Tertia recuperatio hierusalem et terrae sanctae facta per Christianos, et fuit tertia possessio christianorum que facta est tempore Leonis papae iii per Karolum magnum regem Francie* [...], Bl. D8ᵛ *quarum possessio* [...] *principes fuere plures Gotfridus Bulion dux Lutringie. adeo robustus fuit, quod leonem interfecit, et fratres Eustachius et Balduinus, Bohemundus dux apulie, Hugo frater regis francie et plures alii, qui pro fide se discrimini dantes gloriose vicerunt et nomen sibi eternum acquisiverunt* [...] *Gotfridus vero factus Hierosolymitanus rex* [...], Bl. h iii: *Karolus magnus vel Gotfridus de quibus superius dictum est, quomodo recuperaverunt terram sanctam et sepulchrum domini iterum subiugaverunt Christianis.*

[44] Zur Eroberung Jerusalems in der Karlssage vgl. Nikolaus Thurn, Hrsg., Ugolino Verino: Carlias, München 1995, S. 155ff., ders., Kommentar zur Carlias des Ugolino Verino, München 2002, S. 185–211, zur Aufnahme dieser Vorstellung in die Geschichtsschreibung des 15. Jahrhunderts Donatus Acciaiolus, Caroli Magni Vita (in: Plutarchi [...] Vitae, Basel 1535, Bl. 387–401, hier Bl. 400): *His rebus tam egregie a Carolo gestis addunt scriptores nonnulli rem maxime memoratu dignam, quam ego* [nec] *ut certam affirmare, quia nulla apud alios autores eius rei mentio est, nec ut incertam relinquere ausim. Tradunt enim cum Hierosolyma gravi barbarorum dominatu oppressa teneretur, Carolum Constantini imperatoris precibus evocatum simul et rei indignitate commotum ad liberandum sanctissimum locum* [...] *cum ingenti exercitu accessisse profligatisque barbaris ac ex omni provincia pulsis Christianos in urbem restituisse firmisque praesidiis munitam reliquisse* [...] *Haec si ita sunt, hanc expeditionem factam esse oportet, antequam Carolus ad restituendum Leonem pontificem in Italiam veniret.*

[45] Ausgabe 1498, Bl. i iʳ: *Ildrin* [...] *quam Tamberlanus captum secum duxit in ferreo ergastulo inclusum*. Ioannes Cuspinianus, De Caesaribus atque Imperatoribus Romanis opus insigne, (Straßburg) 1540, S. 654f., erzählt die Geschichte über die Gefangenschaft des 4. Türkenherrschers, der bei ihm *Basaites* bzw. *Baiaseles* heißt, so: *Tamberlanus* [...] *Baiaselen proelio* [...] *vicit* [...] *vivum in potestatem suam redegit. Dehinc more ferarum aureis vinctum cathenis*

sen Sohn *Musulmam*, 6. dessen Sohn *Cirischiogolii*, der Griechenland, die skythische Küste, Serbien und Makedonien erobert habe, 7. dessen Sohn *Morat*, 8. dessen Sohn *Machmeth*, der Konstantinopel und alle übrigen Reiche mit wunderbarer Geschwindigkeit erobert habe, 1481 gestorben sei und unter dessen jetzt regierendem Sohn das türkische Reich zugrunde gehen werde (*sub cuius filio, qui iam regnat, cessabit imperium*). Die ersten beiden Herrscher der Türken seien für die Deutung von Johannes' Apoc. 17, 9 (*septem capita [...] et reges septem sunt*) bei den sieben Königen nicht mitzuzählen, da sie Konstantinopel noch nicht angegriffen hätten. Dadurch werde der jetzt regierende Herrscher zum siebten, zugleich sei er — vielleicht als Nachkomme des Ottoman in der achten Generation — die von Apoc. 17, 11 (*Et bestia que erat et nondum est et ipsa octava est et de septem et vadit ad interitum*) gemeinte achte Bestie.

Vor diesen Abschnitt hat Brant einen Holzschnitt gesetzt, den er mit den Worten *De stirpe et origine Thurcorum per septem ramos et quomodo octavus qui potentissimus reputatur per regem Romanorum amputatur* überschrieb.[46] Der Holzschnitt zeigt einen auf dem Boden liegenden durch eine Krone als König gekennzeichneten Mann, aus dem ein Baum mit mehreren beblätterten Ästen wächst. Einen besonders kräftigen dieser Äste hat ein stehender gleichfalls durch eine Krone als König gekennzeichneter Mann mit einer Hand ergriffen, während er gerade mit einem Schwert in der anderen Hand ausholt, um ihn abzuhauen. Der liegende König des Holzschnitts stellt Ottoman dar, aus dem der Baum seiner Nachkommen wächst, von denen der *rex Romanorum* den achten Ast, womit hier der Sohn des Eroberers von Konstantinopel gemeint ist, abhaut.[47]

Aytinger bietet später noch eine andere Deutung, wenn er in der Bestie der Apokalypse Johannis auch Mohammed selbst sieht,[48] der nach sieben Königen zugrunde geht.[49] Hierzu hat Brant einen Holzschnitt mit einem siebenköpfi-

---

*in cavea [...] prae se egit ac circumduxit [...]* Cuspinian kennt gleichfalls neun durch familiäre Sukzession verbundene Türkenherrscher von *Othomannus* bis zu dem Sohn des Eroberers von Konstantinopel, aber mit teilweise anderen Namen.

[46] Ausgabe 1498, Bl. h6ʳ.
[47] Daß man insgesamt neun Äste auf dem Holzschnitt zählen kann, wenn man einen fast ganz verdeckten mitrechnet, könnte der Unbedachtsamkeit des unbekannten Künstlers anzulasten sein.
[48] Ausgabe 1498, Bl. i iiiʳ: *bestia igitur quam vidisti persona Machometi est.*
[49] Ebd.: *Hec bestia post septimum regem vadit ad interitum, quia Christiani eam omnino et totaliter delebunt sive extinguent.*

gen Ungetier herstellen lassen, das unter Anwesenheit des Gotteslammes von einem König geteilt wird.⁵⁰

Sowohl die Person des türkischen Herrschers, der die endgültige Niederlage erleiden wird, nämlich der seit 1481 regierende Sultan Bajasid II., als auch das Jahr seiner Niederlage, 1510 — oder 1509, wenn man die 56 Jahre von 1453 an rechnete — stehen also fest. Methodius spricht sich bei Aytinger und Brant über den siegreichen Gegner so aus:

> *Tunc subito insurgent super eos rex grecorum sive romanorum in furore magno et expergiscitur tamquam homo a somno vini, quem existimabant homines tamquam mortuum esse et mittet gladium et desolationem.*⁵¹

Dann erheben sich plötzlich über die Ismaeliten der König der Griechen oder der König der Römer in großer Wut, und er steht auf wie ein Mensch vom Schlaf, der Wein getrunken hat und den die Menschen für tot hielten, und er wird sein Schwert schicken und Verwüstung.

Danach wird geweissagt, daß von einem *filius regis Romanorum* große Dinge zu erwarten sind. Er wird die Ismaheliten mit ihren Frauen und Kindern gefangen nehmen.

In seinem Traktat steht dann für Aytinger fest, daß der siegreiche König ein *rex Romanorum* und zugleich ein *filius regis Romanorum* ist. Daß er 1496 unter den Lebenden weile, sei sicher. Aytinger will sich jedoch nicht auf eine Identifizierung für ihn festlegen, sondern stellt im letzten Abschnitt seines Traktats⁵² drei Personen zur Wahl. Erstens: *Videtur ex verbis Beati Methodii, quod sit quidam rex Almannus, cum Romanum imperium stat iam in Almania, cuius rex Romanorum est caput* "Es scheint nach den Worten des Seligen Methodius, daß es ein gewisser deutscher König ist, da das römische Reich jetzt in Deutschland steht, dessen Oberhaupt der 'römische König' ist". Damit ist der hier ungenannt bleibende Maximilian gemeint, der Sohn Kaiser Friedrichs III.

---

⁵⁰ Dieser Holzschnitt steht auf Bl. i iiiʳ unter der Überschrift: *Quomodo quidam rex Romanorum bestiam cum septem capitibus et decem cornibus subpeditabit adiutus celesti presidio.*

⁵¹ Ausgabe 1498, Bl. c7ᵛ. Dem entspricht bei Sakur, wie Anm. 15, S. 89 eine ausführlichere Version: *Tunc subito insurgent super eos tribulatio et angustia et exiliet super eos rex Gregorum* [*grecorum* Cod S. Galli nr. 225, saec. VIII und Ed. pr.] *sive Romanorum in furore magna* [*magno* Cod. Gall. und Ed pr.] *et expergiscitur tamquam homo a somno vini, quem existimabant homimes tamquam mortuum esse et in nihilo utilem profecisse. Hic exiet super eos a mare Aethiopiae et mittit glaudium et desolationem in Ethribum.* Vgl. zur Formulierung Ps. 77, 65f. *Et excitatus est tamquam dormiens dominus tamquam potens crapulatus a vino et percussit inimicos suos.*

⁵² Ausgabe 1496, Bl. h i iʳ, und Ausgabe 1498, Bl. i5ʳ *Questio cuius provincie rex fiet iste, qui modo vivit et triumphabit contra Turcos.*

Zweitens:

> *Secundo videtur, quod sit quidam rex Francie, quia legitur in legenda Karoli magni regis Francie, quod de stirpe eius suscitabitur quidam in novissimis temporibus nomine P, qui erit princeps et monarcha totius Europe, qui terram promissionis recuperabit et ecclesiam atque clerum reformabit.*

Zweitens scheint es, daß er ein gewisser König Frankreichs ist, da in der Geschichte von dem König Frankreichs Karl dem Großen zu lesen ist, daß aus seinem Stamm einer in den letzten Zeiten mit Namen P erstehen wird, der der Fürst und Alleinherrscher von ganz Europa sein, das Land der Verheißung wiedergewinnen und Kirche und Geistlichkeit reformieren wird.[53]

Dies läßt an Maximilians Sohn Philipp denken, der durch seine Mutter Maria von Burgund von französischen Königen abstammte.

Die dritte schon früher erwähnte Möglichkeit sei, daß ein König von Ungarn die Ostkirche wieder erobern werde.[54] Aytinger identifiziert ihn mit Ladislaus, dem Sohn König Casimirs von Polen, der als König von Polen, Böhmen und Ungarn dreifach König und somit der *lapis triangularis* sei, dessen Kommen geweissagt werde. Aytinger ist sich sicher, daß die Prophezeiungen und Schriften auf einen von diesen drei Königen weisen, kann sich aber nicht entscheiden, obwohl alle des Lobes voll seien über den derzeitigen König der Deutschen und der Römer, also über den hier namentlich ungenannt bleibenden Maximilian. Die gleichen Tugenden würden aber auch bei dessen Sohn gepriesen, dessen Name mit P beginne und der von Mutterseite her vom französischen Königshaus abstamme, womit noch deutlicher als vorher auf Maximilians Sohn Philipp gewiesen wird. Vielleicht aber sei mit dem prophezeiten *rex Romanorum* gar kein König der Römer, sondern ein dem Ritus der römischen Kirche folgender König gemeint. Und auch über Ladislaus, den derzeitigen König der Ungarn, sei man des Lobes voll. Gewiß sei jedoch, daß dieser *rex Romanorum*, über den Methodius spreche, die Kirche reformieren, das Land der Ungläubigen unterwerfen, die verstreute Geistlichkeit befreien, die

---

[53] Reeves, wie Anm. 20, S. 353f. hat festgestellt, daß Aytinger hier eine Prophezeiung aus der *Prognosticatio* Johann Lichtenbergers von 1488 aufgreift, der damit bereits auf Maximilians Sohn Philipp hinwies. In dem in Anm. 18 genannten Exemplar der Ausgabe von 1496 hat der zeitgenössische Leser diese Stelle und die anschließende nochmalige Nennung des Königs P auf Bl. h iii[r] durch ein handschriftliches *P.* am Rand hervorgehoben.

[54] Diese von Lichtenberger abgelehnte Hypothese hatte ein 1474 verfaßter *Tractatus de Turcis* aufgestellt, der sie auf König Mathias Corvinus bezog. Vgl. Reeves, wie Anm. 20, S. 335ff. In dem in Anm. 18 genannten Exemplar der Ausgabe von 1496 hat der zeitgenössische Leser den Satz *Item scribitur etiam de quodam rege Ungarie [...]* auf Bl. iii[r] unterstrichen und durch ein an den Rand gesetztes *no[ta]* hervorgehoben.

abgefallenen Christen bestrafen und neue Prediger des Evangeliums erwählen werde. Darüber berichteten auch die *Revelationes* der Heiligen Brigitte und der Heiligen Hildegard (*Et de illis reperitur in relevationibus sancte Brigite et Hildegardis*).

Die acht Bücher der Offenbarungen der Brigitte von Schweden waren erstmals 1492 in Lübeck in einem dicken Folioband gedruckt worden. Das achte Buch enthält Offenbarungen für die Könige, ohne freilich etwas über den letzten siegreichen König der Römer oder den Untergang der Mohammedaner zu sagen. Jedoch wird dann mehrfach davon gesprochen, daß Könige und Soldaten, die gegen die Ungläubigen zu Felde ziehen, diesen zuerst den Frieden und christlichen Glauben anbieten und erst danach Gewalt anwenden sollen, und in Kapitel 46 dieses Buches wird ausdrücklich gesagt, dass ein Bischof, der mit einem König gegen die Ungläubigen zieht, wenn Länder der Heiden durch die Christen erobert worden sind, zuerst eine Kathedralkirche an angemessenem Ort errichten soll. Auf derartige allgemeine Anweisungen und Aufforderungen zur Reformation der Kirche und des Klerus scheint Aytinger bei seiner Berufung auf die Offenbarungen der beiden heiligen Frauen Bezug zu nehmen.

Der *Tractatus* Aytingers bestätigt die Offenbarungen des Methodius außerdem durch Bücher des Alten Testaments (Psalmen, Ecclesiasticus, Jesaja, Jeremias, Ezechiel und Daniel)[55] und beruft sich noch auf mittelalterliche Quellen wie die pseudo–joachimische Schrift *Super Hieremiam Prophetam*.[56] Der Zielpunkt seiner Überlegungen liegt auf dem *rex Romanorum*, dem es von Gott bestimmt ist, den Sultan der ungläubigen Türken zu besiegen, das Heilige Land zu befreien und die vereinte christliche Kirche zu reformieren. Brant verstärkte diese Ausrichtung durch die von ihm hinzugefügten Holzschnitte, von denen sich die ersten beiden und die letzten sieben zu dem *Tractatus* alle in irgendeiner Weise auf den letzten Sieg des *rex Romanorum* über die Ungläubigen beziehen.[57] Auch wenn dazwischen vierzehn andere Holzschnitte stehen, werden

---

[55] Ausgabe 1498, Bl. g6–i i.
[56] Zu seinen mittelalterlichen Quellen vgl. Rohr, wie Anm. 15, S. 43, Zoepfl, wie Anm. 20, S. 180 und Reeves, wie Anm. 20, S. 353.
[57] Die Überschriften lauten Bl. d5ʳ *De civitate hierosolyma et a gentibus occupatione*, Bl. d7ʳ *Quomodo rex romanorum recuperabit hierosolymam*, sowie Bl. g6ʳ *Quomodo post victoriam thurcorum rex quidam romanus eosdem letantes* [ed. *letatates*] *et convivantes occidet*, Bl. g7ʳ *Quomodo ascensor asini, hoc est rex, qui tardus reputabatur, aliquando camelum ascendet et nimium festinabit*, Bl. h iiʳ *Quomodo mons seyr hoc est turcia fiet deserta et thurci cadent in ore gladii*, Bl. h iiiᵛ *Quomodo rex quidam romanus hierosolymam recuperabit et saracenos interficiet*, Bl. h5ʳ *Quomodo Constantinopolis a thurcis capitur et imperator ipsorum illuc sedem suam locat*, Bl. b6ᵛ *De stirpe et origine thurcorum per septem ramos et quomodo octavus, qui potentissimus reputatur, per regem romanorum amputabitur*, Bl. i iᵛ *De destructione magne meretricis*

die auf den Endsieg des römischen Königs bezogenen Bilder durch ihre Stellung für den Betrachter doch hervorgehoben.

Brant hatte Maximiliam seit seiner Thronbesteigung in Gedichten immer wieder als künftigen Weltherrscher gefeiert und ihn aufgefordert, die Türken zu vertreiben und das Heilige Land zurückzugewinnen — wohl nur teilweise in Reaktion auf die bei Maximilian seit 1490 bezeugten Pläne, einen Feldzug gegen die Türken zu unternehmen, teilweise sicher auch aufgrund eigener Hoffnungen und Überzeugungen, die durch frühere Türkenkriegspropaganda genährt worden waren.[58] Brant war dazu auch gerne als Prophet aufgetreten, der wunderbare Naturerscheinungen zu deuten verstand.[59] Auch von den wohl handschriftlich verbreiteten und zuerst in Köln um 1475 gedruckten Prophezeiungen des Methodius scheint Brant mindestens seit 1495 beeinflußt gewesen zu sein, als er seine Dichtung *De origine et conversatione bonorum Regum et laude civitatis Hierosolymae cum exhortatione eiusdem recuperando* erscheinen ließ. In ihr forderte er Maximilian auf, dem Willen Gottes entsprechend das Heilige Land zu erobern, und fügte ein Frontispiz hinzu, das, so die Aufschrift, *Maximilianus Romanorum rex* vor *Jherusalem* zeigt.[60] Dieser Holzschnitt wurde mit den gleichen Dichtungen in den *Varia Carmina* wiederholt.[61] Äußerst wichtig und willkommen mußte Brant also sein, daß seine Hoffnungen und Erwartungen durch die von Gott eingegebenen Prophezeiungen des Heiligen Methodius und nun auch durch Aytingers Auslegung autoritativ bestätigt und durch die zeitliche Fixierung des nahe bevorstehenden Sieges über die Türken sogar noch präzisiert wurden. Wenn

---

*babylonis que est Thurcia*, Bl. i iii[r] *Quomodo rex romanorum bestiam cum septem capitibus et decem cornibus subpeditabit adiutus celesti presidio.*

[58] Vgl. z.B. die Angaben bei Knepper, wie Anm. 13, S. 155ff. und kurz Franz Josef Worstbrock, Sebastian Brant, in: Deutsche Dichter. Leben und Werk deutschsprachiger Autoren, Bd. 2, hrsg. von Gunter E. Grimm–Frank Rainer Max, Stuttgart 1988, S. 9–20, hier S. 14.

[59] Vgl. dazu Dieter Wuttke, Sebastian Brant und Maximilian I. Eine Studie zu Brants Donnerstein–Flugblatt des Jahres 1492, in: Die Humanisten in ihrer politischen und sozialen Umwelt, hrsg. von Otto Herding–Robert Stupperich, Boppard 1976 (Kommission für Humanismusforschung der DFG. Mitteilungen 3), S. 141–176, und Jan–Dirk Müller, Poet, Prophet, Politiker, Sebastian Brant als Publizist und die Rolle der laikalen Intelligenz um 1500, Zeitschrift für Literaturwissenschaft und Linguistik 10, 1980, S. 102–127 (mit weiterer Literatur).

[60] Reeves, wie Anm. 20, S. 352 und zuvor dies., Joachimist Influences on the Idea of a last World Emperor, Traditio 17, 1961, S. 323–370 (abgedruckt in: Joachim of Fiore in Christian Thought, ed. Delno C. West, New York 1975, S. 511ff.), hier S. 344f., sah hier mit Recht einen Einfluß des Pseudo–Methodius auf Brant, ohne jedoch einen näheren Textvergleich vorzunehmen. Wuttke, wie Anm. 59, S. 160, Anm. 36, erkannte an, daß Reeves einen "möglichen Einfluß" nachgewiesen habe.

[61] Bl. d i[r]–e iiii[r].

Aytinger Maximilian als die erste von drei möglichen Personen für diese Aufgabe bezeichnete, so zweifelte Brant nicht daran, daß dieser in der Tat der prophezeite *rex Romanorum* war. Auch verschoben Brants eigene auf Maximilian weisende Äußerungen am Anfang und Ende des von ihm herausgegebenen Textes die Gewichte noch stärker in diese Richtung.

Das Vertrauen, das Brant in diese beiden Schriften setzte, erklärt nun jedenfalls, was er meinte, wenn er sich in der neuen *Exhortatio* an Maximilian in V. 26 für die Aussage *multum nec abesse | ab Mahumaetani nominis interitu* (V. 23f.) auf Methodius berief: Aus Aytingers Traktat zu Methodius hatte er entnommen, daß der Untergang der Ungläubigen im Jahr 1510 (oder — bei Rechnung von 1453 an — 1509) geschehen werde. Der Begriff *interitus* greift die von Aytinger herangezogene Stelle der Offenbarung des Johannes (17, 11) auf, wo die von Aytinger als *persona Machometi* gedeutete Bestie *ad interitum* geht. Bei den von Brant V. 25f. mit Methodius genannten Schriften der Heiligen Brigitte dürfte er auf den vorher erwähnten Hinweis Aytingers, daß darüber auch bei Brigitte und Hildegard Bestätigendes zu finden sei, Bezug nehmen. Aytinger führt Brigitte auch sonst als Autorität an. Es ist nicht nötig, daß Brant die Offenbarungen der Brigitte etwa in der umfangreichen Erstausgabe von 1492 selbst gelesen hat, zumal da sie eben über den baldigen Untergang der Ungläubigen und den Endsieg des römischen Königs nichts Spezielles aussagen.

Darüber hinaus wird deutlich, daß die ganze *Exhortatio* vom Geist des Aytingerschen Methodius geprägt ist. Zu Beginn beziehen sich V. 5ff. *Decretum a Superis est, felicissime Caesar, | res fidei lapsas te reparare sacrae | adque Theodosii Constantinique beata | tempora Romanum te revocare statum* auf die Prophezeiung des Methodius, daß ein *rex Romanorum* zuletzt die Kirche reformieren und den Osten und das Heilige Land zurückerobern werde, und auf Aytingers Deutung dieser Prophezeiung auf Maximilian (die zwei von Aytinger gebotenen Alternativen schob Brant hier stillschweigend beiseite). Und wie Aytinger erklärte: *beatus ille vir omni laude famosus qui paria merita habet Karoli magni, Constantini primi, Ottonis primi, secundi, tertii, et aliorum beatorum*,[62] so wird Maximilian den glücklichen Zustand des römischen Reiches unter Konstantin dem Großen wiederherstellen (V. 7f.). Wie der *filius regis* nach Methodius und Aytinger bei den Ismaeliten bzw. Türken *timor et tremor* verbreiten wird,[63] so fürchten und zittern die Türken vor Maximilian, wenn sein Kommen bei ihnen bekannt wird (V. 17: *trepidantque timentque*). Karl der Große und Gottfried von Bouillon sind den Türken bekannt (V. 19), nämlich als die letzten Eroberer Jerusalems, wie Aytinger es ausführte.

---

[62] Ausgabe 1498, Bl. f ii.
[63] Ausgabe 1498, Bl. c7ᵛ; vgl. Sakur, wie Anm. 15, S. 90, Z. 5.

Die *Exhortatio* Maximilians zum Türkenkrieg bezieht ihre Begründung und ihre Sicherheit also aus den von Aytinger gedeuteten Prophezeiungen des Methodius. Sie ist eine Aufforderung an Maximilian, diese zu verwirklichen, und Brant glaubte fest daran, daß Gott ihm dies ermöglichen wird.

Schon die vorausgegangene Prosopopoiie des Türken ist in diesem Geist geschrieben. Der Gesamttitel *Thurcorum terror et potentia* knüpft mit *potentia* an einen wichtigen Begriff des Methodius an, der damit die Herrschaft der Ungläubigen bezeichnet. Brant läßt den Sohn des Eroberers von Konstantinopel sprechen,[64] eben jenen Sultan, dessen Niederlage Aytinger im Anschluß an Methodius prophezeit, und dieser Sultan ist sich auch bewußt, daß er als Nachkomme des Ottoman jener achte Ast ist, den der römische König Maximilian abschneiden wird. Bei den Versen:

*Ille ego sum ramus dignus resecarier: olim*
   *Quem vidit / factus rex fera / gramina edens.*
*Palma haec a superis servata est Maxmiliano:*
   *Cui soli thurcos vincere posse datur:*[65]

Ich bin jener Ast, der abgeschnitten werden soll, den einst der König gewordene wilde Gräser essend sah. Diese Siegespalme ist von den Himmlischen für Maximilian vorbehalten worden, dem es allein gegeben wird, die Türken besiegen zu können.

soll der Leser an jenen Holzschnitt in Brants Ausgabe des Aytingerschen Traktats denken, der den ersten türkischen Herrscher Ottoman auf dem Boden liegend mit dem aus ihm wachsenden Baum darstellt, von dem der römische König einen üppig grünenden Ast abzuschlagen im Begriffe ist. Aus Aytingers Traktat stammt sicher auch der dieser Stelle unmittelbar vorausgegangene Hinweis des Sultans auf Tamerlan (Timur), der seinen Vorfahren gefangen in einem Käfig mit sich geführt habe:[66]

*Heu timeo ne nos Germana per oppida / circum*
   *Maxmilianus eo more modoque ferat:*
*Quo quondam Thamberlanes proavum quoque nostrum:*
   *In cavea inclusum: duxit ad instar avis.*
*Impendent quia nam mihi fata novissima: certe*
   *Contigit extremum Thurcia nostra gradum.*

---

[64] Vgl. Varia Carmina, Bl. n ii: *At noster genitor* [...] *Graecorum sedem Bizantia aperto | Marte capit regna et sustulit imperium | [...] Nil pater optavit, quod non meus aggrederetur | nil fuit aggressus, quin superaret idem* [...]
[65] Varia Carmina, Bl. n4ʳ bzw. (in dem hier besprochenen Exemplar) * [r].
[66] Vgl. oben Anm. 45.

Weh, ich fürchte, daß uns durch die deutschen Städte Maximilian in der Art und Weise herumzieht, wie einst Tamerlan unseren Urahn eingeschlossen in einen Käfig wie einen Vogel mit sich zog, da mir ja das letzte Schicksal nahe bevorsteht — unsere Türkei hat sicherlich ihren letzten Schritt getan.

Brants Konzeption, den jetzt regierenden und nach Aytingers Deutung der Prophezeiungen des Methodius letzten ottomanischen Sultan sprechen und seinen eigenen Untergang durch den römischen König Maximilian vorhersagen zu lassen, ist also angeregt durch die Rolle, die beide Personen in Aytingers *Tractatus super revelationes Methodii* spielen.

Für Brants Maximilianpanegyrik und Türkenkriegspropaganda brachten die Prophezeiungen des Methodius eine wichtige neue Dimension, die in der Forschung bisher in der Regel übersehen wurde.[67] Brants politische Überzeugungen sind nicht nur pragmatisch und nicht nur durch eine säkulare Habsburgerverehrung und einen Reichspatriotismus geprägt. Er war bekanntermaßen ein "Dichter, der überall Vorzeichen und geheimnisvolle Wunderdinge sieht".[68] Dazu paßt seine Rezeption der von Aytinger interpretierten Prophezeiungen des Methodius. Er machte sich diese auf eine Endzeit gerichteten religiösen Vorstellungen zu eigen. Sie bestimmten dann vor allem auch seine politischen Überzeugungen und legitimierten in seiner Sicht seine Worte an Maximilian. Auch frühere Humanisten hatten in ihre Schriften über die Türken bereits Endzeitvorstellungen integriert.[69] Papst Nikolaus V. hatte in Mehmet II., dem Eroberer von Konstantinopel, den zweiten Mohammed gesehen und ihn mit der Bestie der Johannes–Apokalypse identifiziert. Marsilio Ficino erklärte 1478 vor Sixtus IV., daß nach zwei Jahren von Heimsuchungen die Türken mit Hilfe Gottes besiegt würden und der Papst dann der über den ganzen Erdkreis verbreiteten christlichen Religion vorsitzen werde. Andere Prophezeiungen standen auch unter dem Einfluß der Prophezeiungen des Pseudo–Methodius. Durch Aytingers Methodius–Interpretation sah sich Brant aber nun in die Lage versetzt, alle seine auf Maximilian I. gesetzten Hoffnungen als Gottes Plan zu erklären und wie ein Prophet den römischen König auf seine Bestimmung zu weisen. Brant wollte hier nicht über diesen

---

[67] Die Bedeutung, die die Methodius–Ausgabe Brants von 1498 für das Türkengedicht in Lage n der *Varia Cannina* hat, wurde bis jetzt nicht wahrgenommen. Sie kann allerdings auch erst nach der Hinzuziehung des neuen Gedichts voll gesehen und gesichert werden.

[68] Knepper, wie Anm. 13, S. 89; vgl. besonders die einschlägigen Arbeiten von Wuttke (s. Anm. 59). Diese Einstellung war verbunden mit einem in Glaubensfragen fanatisch zu nennenden Eifer, s. dazu Walther Ludwig, Matern Hatten, Adam Werner, Sebastian Brant und das Problem der religiösen Toleranz, Zeitschrift für die Geschichte des Oberrheins 144, 1996, S. 271–299.

[69] Vgl. zum folgenden Hankins, wie Anm. 9, S. 142f.

Sieg Maximilians hinausblicken. Unglückspropheten für die Endzeit und das Kommen des Antichristen gab es damals viele.[70] Aber was Methodius für die Zeit nach dem Sieg des römischen Königs über die Ungläubigen prophezeite, stand weder für Aytinger noch für Brant im Vordergrund ihres Interesses. Beide hofften und erwarteten in erster Linie, daß die Türken um 1510 von einem römischen König, der möglichst Maximilian sein sollte, besiegt wurden. Die naheliegende Frage, ob dieser für 1510 prophezeite Sieg über die Türken auch anderswo als Geschichtsfaktor eine Rolle spielte, kann hier nicht beantwortet werden.

Brant wurde "ein streitbarer Publizist an der Schwelle der Neuzeit" genannt.[71] Mit einem Fuß stand er aber gewiß noch tief im Mittelalter, wenigstens wenn man das Pseudo–Methodius, Aytinger und Brant prinzipiell verbindende Geschichtsverständnis sowie den Glauben an endzeitliche Prophezeiungen und ihre Verwendung für politische Handlungsanweisungen als mittelalterlich bezeichnen darf. Der Glaube an dererlei Prophezeiungen ist zwar kein Spezifikum des Mittelalters, Vergleichbares existiert auch in der Neuzeit, ja in der Gegenwart, aber nicht mehr in den intellektuell maßgeblichen Schichten.[72] Brant wird deshalb niemand den Titel eines Humanisten aberkennen wollen. Aber die damals modernen Ideen des Humanismus konnten sich auch mit durchaus noch mittelalterlichen Vorstellungen verbinden.[73] Der Umstand, daß Brant die Prophezeihungen des Methodius gegen den Einwand, sie seien nichts als *anile deliramentum* und *inanis fabula* verteidigte, beweist andererseits, daß es schon zu seiner Zeit gelehrte Leute gab, die sie nicht ernst nahmen.

---

[70] Vgl. Will–Erich Peuckert, Die große Wende — Das apokalyptische Saeculum und Luther, Hamburg 1948, S. 152ff.

[71] Hermann Wiegand, Sebastian Brant (1457–1521), Ein streitbarer Publizist an der Schwelle der Neuzeit, in: Schmidt, wie Anm. 5, S. 77–105.

[72] Vgl dazu die treffenden Bemerkungen von Reeves, wie Anm. 20, S. 508 "prophecy has now ceased to be of importance, except on the fringes of modern civilization. When did this change take place? Certainly not at the time when scholars began to apply modern, so–called scientific, methods in their scholarship, for, as we have seen, sixteenth–century thinkers could hold together new concepts of knowledge and belief in the efficacy of ancient oracles. When did these two begin to reveal themselves as impossible bedfellows? In seeking to answer this question we may be able to illuminate an important aspect of the whole problem of transition from the medieval to the modern world [...] Perhaps we might say that only when intelligent and educated men ceased to take prophecy seriously were the Middle Ages truly at an end."

[73] Vergleichbar ist der humanistisch dichtende Baptista Mantuanus, der der mittelalterlichen Ovidallegorese des Petrus Berchorius folgt, s. dazu Walther Ludwig, Die humanistische Bildung der Jungfrau Maria in der Parthenice Mariana des Baptista Mantuanus, in: Ovid — Werk und Wirkung, Festgabe für Michael von Albrecht, hrsg. von Werner Schubert, Bern u.a. 1999, S. 921–942.

## 6. Eine unbekannte Variante der *Varia Carmina*

Die Frage, ob die *Revelationes* tatsächlich von dem antiken Märtyrer Methodius stammen, hat Brant sich anscheinend überhaupt noch nicht gestellt. Seine kritische humanistische Gelehrsamkeit verwendete er in diesem Falle ausschließlich dazu, Aytingers Identifikation des Märtyrers Methodius zu verbessern. Auf Aytingers Titelseite waren die Prophezeiungen 1496 als die *sancti Methodii martyris et episcopi Partinensis ecclesie provincie Graecorum* bezeichnet worden. Dies geschah im Anschluß an die handschriftliche Tradition. Die Handschriften des achten Jahrhunderts haben entsprechend *sancti Methodii episcopi Paterensis*,[74] womit ursprünglich die Stadt Patara im anatolischen Lykien gemeint war. Brant zog die Schrift *De viris illustribus* des Heiligen Hieronymus hinzu und setzte danach berichtigend in den Titel seiner Ausgabe von 1498, daß Methodius zuerst Bischof von Olympias (Olympus in Lykien) und später von Tyrus gewesen und in Chalkis, für das er den zeitgenössischen Namen Negroponte angab, unter Diokletian den Märtyrertod erlitten habe. Die historische Identifizierung des antiken Märtyrers weckte in Brant nicht die kritische Frage, ob die *Revelationes* wirklich von diesem Heiligen des dritten nachchristlichen Jahrhunderts stammen konnten, sondern halfen ihm, den genauen Zeitpunkt zu bestimmen, wann Methodius seine Offenbarungen zuteil wurden: er musste sie, während er im Gefängnis auf seine Hinrichtung wartete, von einem Engel Gottes erhalten haben. Der Holzschnitt auf der Titelseite stellte dem Leser und Beschauer diese Situation anschaulich vor Augen.

Noch während der Belagerung von Wien durch die Türken im Jahr 1683 sollen die auf den Römischen König bezogenen Weissagungen des Methodius in Flugblättern unter der Bevölkerung verbreitet worden sein, um in ihr Zuversicht auf einen Sieg des Kaisers zu wecken.[75] Für den Autor, der den Artikel "Methodius" in Zedlers Universallexikon schrieb, stand jedoch die fehlende Authentizität der Prophezeiungen des Methodius außer Frage.[76]

Nachtrag [teilweise von 2003]: Nach Fertigstellung des Drucksatzes machte mich Professor Dieter Wuttke, Bamberg, dankenswerterweise darauf aufmerksam, daß bereits Curt F. Bühler (The Publication of Sebastian Brant's 'Varia Carmina', Gutenberg Jahrbuch 1962, S. 179–182) auf die hier vorgestellte

---

[74] S. Sakur, wie Anm. 15, S. 60.
[75] Vgl. Kmosko, wie Anm. 15, S. 274. Das Interesse des 17. Jhs. an den Prophezeiungen wird bestätigt durch das in Anm. 18 genannte Exemplar der Ausgabe von 1496, das neben zeitgenössischen Randbemerkungen auch mehrere solche von einer Hand des 17. Jhs. enthält.
[76] S. Zedlers Universallexikon, Bd. 20, Halle 1739, Sp. 1345 "Es werden ihm aber auch noch andere Schriften beigelegt, die aber unstreitig nicht von ihm sind. Zu Basel hat man unter seinem Namen ein Werk de divinis revelationibus in 4° gedruckt und ebenda 1504 in 4° wiederaufgelegt."

und interpretierte Variante der *Varia Carmina* hingewiesen hat. Bühler gab dort eine Faksimile–Abbildung der Lage n 4ᵛ mit dem Incipit *Ad divum Maximilianum* [...] *Exhortatio* nach einem in seinem Besitz befindlichen Exemplar, vermerkte, daß er unter 33 verglichenen Exemplaren der *Varia Carmina* ein gleichartiges Exemplar nur in Straßburg, Bibliothèque Nationale et Universitaire, unter der Signatur K 929.3 fand, und vermutete, daß die Fassung der Lage n mit dem Epigramm *Ad lectorem* als Reaktion auf den Straßburger Nachdruck der *Varia Carmina* erst nach der Fassung der Lage n mit der *Ad divum Maximilianum* [...] *Exhortatio* gedruckt worden ist. Bühler verzichtete im übrigen auf eine Interpretation des Gedichts. Meine vorstehende Darstellung ist nur in einem Punkt zu modifizieren. Außer dem hier vorgestellten Druck sind zwei andere Exemplare der *Varia Carmina* mit der *Exhortatio* bekannt. Die von Bühler vermutete zeitliche Reihenfolge des Drucks der beiden Fassungen der Lage n ist meines Erachtens nicht zutreffend. Zunächst wurde eine letzte Lage n hinzugefügt, die nur die Prosopoiie des türkischen Sultans enthielt; auf die leer gebliebene letzte Seite setzte man noch einmal den Holzschnitt von der Titelseite und dazu das Epigramm, mit dem Brant Reklame für seinen Drucker machte. Diese Seitenfüllung konnte geopfert werden, als Brant die neue *Exhortatio* noch dazu setzen wollte, die aufgrund ihrer politischen Bedeutung nicht umgekehrt der Holzschnittwiederholung und der Druckerreklame geopfert worden wäre. Dazu kommt, daß Bl. n 4r in der ersten Fassung der Lage, wie es normal war, keine eigene Bezeichnung erhielt, in der zweiten Fassung aber durch ein * unten rechts auf der Seite gekennzeichnet wurde, um auf die neue Fassung hinzuweisen. Der Band schloß jetzt auf Bl. n 4v mit der Extrazeile *Vale rex sęculi decus*.

[Erstveröffentlichung: Nr. 206, revidiert; ich danke Wilfried Stroh für einige Verbesserungen der ersten Druckfassung.]

## 7. Das bessere Bildnis des Gelehrten

Im sechzehnten Jahrhundert wurden Bildnisse von Gelehrten erstmals nicht nur vereinzelt in einmaligen Kunstwerken (auf Grabsteinen,[1] in den Initialen illuminierter Handschriften und auf Tafelbildern) festgehalten, sondern auch durch geprägte Medaillen und noch mehr durch Holzschnitt- und Kupferstiche in Büchern und auf einzelnen Blättern verbreitet. Damit wurde es erstmals möglich, daß das Aussehen eines Gelehrten einer größeren Gruppe von Interessierten, die mit dem Gelehrten selbst nie zusammengekommen waren, bekannt wurde. Es bürgerte sich ein, daß ein hinzugefügtes lateinisches Epigramm das Gelehrtenporträt benannte und kommentierte.[2] Die Kunsthistoriker haben diesen Vorgang innerhalb ihrer Forschungen zur Porträtkunst beachtet.[3] In den neueren Philologien ist das in den Nationalsprachen sich

---

[1] Gelehrte ließen sich auf ihren Grabsteinen natürlich gerne mit einem Buch in der Hand abbilden. Besondere Erwähnung verdient Poggio, der auf seiner Grabplatte in der römischen Kirche S. Gregorii als liegende Skulptur im Vollrelief so abgebildet ist, daß sein Kopf auf einem Folianten liegt, der sich seinerseits auf einem ein wenig größeren Kissen befindet; Poggios Körper ist mit einer Art Bettdecke zugedeckt, die eine ihn würdigende Inschrift trägt (Abbildung in: Marcus Zuerius Boxhornius, Monumenta illustrium virorum et elogia, Amsterdam 1638, S. 105). Der ungewöhnliche Ort des Buches kann durch eine Anekdote erklärt werden, die von Plato erzählt wird. Unter seinem Kopf sollen, als er starb, Buchrollen mit den Mimen Sophrons gelegen haben. Nach Quintilian Inst. or. 1, 10, 17 liebte er sie so, *ut suppositos capiti libros eius, cum moreretur, habuisse credatur*. Bei Valerius Maximus 8, 7 ext. 3 illustriert dies Platos Liebe zum Bücherstudium: *sic ne extrema quidem eius hora agitatione studii vacua fuit*. Vgl. Alice Swift Riginos, Platonica, The Anecdotes concerning the Life and Writings of Plato, Leiden 1976 (Columbia Studies in the Classical Tradition 3), S. 174ff. Poggios Bücherliebe wird also in seinem Grabrelief mit der Platons gleichgesetzt. Eine kunsthistorische Behandlung der Grabreliefs, in denen der Verstorbene mit einem Buch gezeigt wird, ist mir nicht bekannt geworden.
[2] Einen Eindruck geben die Porträtkataloge. Vgl. besonders Herzog August Bibliothek Wolfenbüttel, Hrsg., Die Porträtsammlung der Herzog August Bibliothek Wolfenbüttel, bearbeitet von Peter Mortzfeld, München u.a. 1986–1996, 29 Bde., und John Roger Paas, Effigies et Poesis, An Illustrated Catalogue of Printed Portraits with Laudatory Verses by German Baroque Poets, Wiesbaden 1988. Beide Werke geben Abbildungen der Porträts und ihrer Textaufschriften. Da bisher vor allem auf Einzelblättern überlieferte Porträts registriert wurden, sind die nur in Büchern enthaltenen Porträts jedoch noch nicht in ausreichendem Maß erfaßt.
[3] Aus der zahlreichen Literatur zu Porträtkunst der frühen Neuzeit seien folgende neuere Werke genannt: Gottfried Böhm, Bildnis und Individuum, Über den Ursprung der Porträtkunst in der italienischen Renaissance, München 1985, Angelica Dülberg, Privatporträts, Geschichte und Ikonologie einer Gattung im 15. und 16. Jahrhundert, Berlin 1990, Lorne Campbell, Renaissance Portraits, European Portrait-Painting in the 14th, 15th and 16th centuries, New Haven-London 1990, Werner Hofmann, Hrsg., Köpfe der Lutherzeit, Hamburger Kunsthalle 4. März bis 24. April 1983, München 1983 (darin auf S. 18–23: Peter-Klaus Schuster, Überleben im Bild, Bemerkungen zum humanistischen Bildnis

entwickelnde und auch andere Bildgattungen betreffende Bildgedicht Gegenstand einer gerade in den letzten Jahrzehnten lebhaften Forschung geworden.[4] Latinisten haben sich mit der hier erscheinenden lateinischen Epigrammatik kaum beschäftigt, so daß in den anderen Disziplinen, die die Interpretation dieser lateinischen Epigramme zum Teil selbst übernahmen, der Eindruck entstehen konnte, daß die Latinistik hierzu kaum etwas beitragen könne. Dieser Eindruck trügt. Latinistische Forschung, die sich diesem Feld zuwendet und die Untersuchungen der genannten Disziplinen zur Kenntnis nimmt, gelangt nicht nur zu wichtigen Ergänzungen und Korrekturen bisheriger Auffassungen, sondern kann durch in diesem Bereich noch nicht verfolgte Fragestellungen auch unerwartete Perspektiven eröffnen. Einen Beitrag in diesem Sinne und zugleich eine Anregung zu weiteren Forschungen auf diesem Gebiet sollen die folgenden Seiten bieten, die vor allem dem epigrammatischen Motiv gewidmet sind, daß die Schriften eines Gelehrten ein besseres Bild von ihm geben als ein ihn porträtierender Maler.

In Kapitel I wird zunächst die Aufschrift auf der Medaille des Erasmus von 1519, in der auf seine Schriften als auf sein besseres Bild verwiesen wird, in ihrer Bedeutung und im Blick auf die in ihr aufgenommenen Anregungen aus der antiken lateinischen und griechischen Literatur interpretiert. Dabei wird auch der Sinn des neulateinischen Ausdrucks *ad vivum* neu bestimmt. Im Zusammenhang finden andere Porträtepigramme wie das im folgenden Eobanus Hessus zugewiesene Epigramm auf dem Melanchthonporträt Holbeins, das Epigramm unter dem "Erasmus im Gehäus" von Holbein und die Epigramme Spalatins auf den Kupferstichen Luthers von Lucas Cranach d. Ä. neue Erklä-

---

der Lutherzeit), Martin Warnke, Cranachs Luther, Entwürfe für ein Image, Frankfurt am Main 1984, Roland Kanz, Dichter und Denker im Porträt, Spurengänge zur deutschen Porträtkultur des 18. Jahrhunderts, München 1993. Die Dissertation von Franz Bächtiger, Vanitas, Schicksalsdeutung in der deutschen Renaissancegraphik, Zürich 1970, enthält auf S. 151–183 ein Kapitel "Das Bildnis des Gelehrten", in dem Burgkmaiers sogenanntes Sterbebild des Celtis, Cranachs Kupferstich von Luther aus dem Jahr 1521, Dürers Kupferstich von Erasmus und der "Erasmus im Gehäus" nach Holbein behandelt werden. Zu den Kupferstichporträts Dürers s. auch unten Anm. 34.

[4] Vgl. unter anderem Gisbert Kranz, Das Bildgedicht in Europa, Zur Theorie und Geschichte einer literarischen Gattung, Paderborn 1973, S. 23ff., ders., Das Bildgedicht, Theorie, Lexikon, Bibliographie, Köln–Wien 1981 (Literatur und Leben NF 23, 1–2), Marianne Albrecht–Bott, Die Bildende Kunst in der italienischen Lyrik der Renaissance und des Barock, Studie zur Beschreibung von Porträts und anderen Bildwerken unter besonderer Berücksichtigung von G. B. Marinos Galleria, Wiesbaden 1976 (Mainzer Romanistische Arbeiten 11) und Margot Kruse, Autorporträt und Selbstdarstellung bei Luigi Grotto, in: Klaus Willy Hempfer–Gerhard Regn, Hrsg., Interpretation, Das Paradigma der europäischen Renaissance–Literatur, Festschrift für Alfred Noyer–Weidner, Wiesbaden 1983, S. 170–190, sowie dies., Aretinos Sonette auf Tizian–Porträts, Romanistisches Jahrbuch 38, 1987, S. 78–98.

rungen. In Kapitel II wird das Epigramm auf Dürers Kupferstich des Melanchthon von 1526 mit der Aussage, die Darstellung des Geistes des Porträtierten sei dem Künstler nicht möglich gewesen, nach seinem Sinn und seinen antiken Vorläufern besprochen und die Frage nach seinem Verfasser gestellt. Eobanus Hessus und Joachim Camerarius ergeben sich als die wahrscheinlichsten Autoren dieses Monodistichon. In Kapitel III beginnt die Untersuchung der Rezeptionsgeschichte des Textes der Erasmusmedaille und des Epigramms auf Dürers Kupferstich von Melanchthon zunächst in auf Melanchthon oder Luther bezogenen Porträtepigrammen aus ihrem Schülerkreis (unter anderem von Johann Stigel und Henricus Moller). Das Melanchthon mit einem zum Betrachter gewandten Buch zeigende Ölgemälde des Lucas Cranach d. J. von 1559 erweist sich als eine vermutliche Reaktion auf das epigrammatische Motiv, daß die Porträts den Geist des Porträtierten nicht wiedergeben können. Kapitel IV verfolgt die Rezeption der beiden Leittexte im 16. Jahrhundert im protestantischen und calvinistischen Raum allgemein. Dazu werden beispielhaft Porträtepigramme für Holzschnitte, Kupferstiche und Medaillen unter anderem von Joseph Justus Scaliger, Carolus Utenhovius und Andreas Mergiletus für Paul Schede Melissus, von Johann Lauterbach für Nicolaus Reusner, von Peter Lindeberg für Heinrich Rantzau und andere sowie von Theodore de Bèze und Friedrich Taubmann vorgestellt und interpretiert. Kapitel V schließlich gibt einen Ausblick auf die Rezeption im 17. und 18. Jahrhundert mit Belegen aus dem protestantischen Deutschland und dem katholischen Italien.

I.

Die 1519 in Antwerpen von Quentin Metsijs geprägte Medaille mit dem Bildnis des Erasmus ist eines der frühesten Beispiele für das durch mehrere identische Exemplare verbreitete Gelehrtenporträt.[5] Doch Erasmus schätzte Bücher mehr als Bilder. Deshalb wollte er jeden, der seine Medaille betrachtete,[6] zugleich auch darauf hinweisen, daß er Erasmus damit noch lange nicht

---

[5] Vgl. zu ihr Alois Gerlo, Erasme et ses portraitistes, Nieuwkoop 1969, S. 9ff. (Abbildung nach 8) und zuletzt Kurt Löcher, Humanistenbildnisse — Reformatorenbildnisse, Unterschiede und Gemeinsamkeiten, in: Hartmut Boockmann u.a., Hrsg., Literatur, Musik und Kunst im Übergang vom Mittelalter zur Neuzeit, Göttingen 1995 (Abhandlungen der Akademie der Wissenschaften in Göttingen, Phil.–Hist. Kl., 3. F., Nr. 208), S. 352–390, hier 358f.

[6] Der auf der Rückseite der Medaille abgebildete Gott Terminus (dort mit den Beischriften **CONCEDO NVLLI** und **ΟΡΑ ΤΕΛΟΣ ΜΑΚΡΟΥ ΒΙΟΥ MORS VLTIMA LINEA RERVM**) wurde leider jüngst als Symbol erneut völlig falsch gedeutet von Udo Wennemuth in: Stefan Rhein u.a., Hrsg., Philipp Melanchthon in Südwestdeutschland, Bildungsstationen eines Reformators, Karlsruhe 1977, S. 215 ("Als Symbol des Verstandes, der die Gedanken voneinander scheidet, erscheint der römische Grenzgott Terminus"). Diese Deutung wurde bereits von Bächtiger, wie Anm. 3, S. 178f. mit Recht zurückgewiesen. Erasmus schreibt 1528 in einem Brief (P. S. Allen u.a., Hrsg., Opus Epistolarum Desiderii

kannte, sondern nur durch die Lektüre seiner Schriften wirklich kennenlernen konnte. Metsijs mußte darum das durch den abgekürzten Namen ER. ROT. identifizierte Porträt auf der Medaille mit dieser kreisförmigen und im Uhrzeigersinn zu lesenden Umschrift versehen:

IMAGO AD VIVAM EFFIGIEM EXPRESSA 1519 ΤΗΝ ΚΡΕΙΤΤΩ ΤΑ ΣΥΓΓΡΑΜΜΑΤΑ ΔΕΙΞΕΙ:

Der erste Satz erkennt die Leistung des Künstlers an: "Zu einem lebendigen Bildnis gestaltetes Bild". Das Verbum *exprimere* wird sowohl im Sinne des "Prägens" benützt als auch im Sinne des "Darstellens" eines Gegenstandes durch ein Gemälde, eine Zeichnung oder eine Skulptur.[7] Im vorliegenden Fall scheinen beide Bedeutungen mitzuspielen. Mit *ad vivam effigiem* wird nicht gesagt, daß das Bildnis nach dem lebenden Modell geschaffen wurde,[8] sondern daß es ein lebensecht wirkendes Bild geworden ist. Über das Ergebnis, nicht über die Arbeitsmethode wird etwas ausgesagt. Da die Stelle oft anders aufgefaßt wurde, sind einige Erläuterungen angebracht.

Wenn betont hätte werden sollen, daß Erasmus Modell gesessen hatte, wäre *imago ex vivo expressa* eine passende Ausdrucksweise gewesen (vgl. Lucr. 4, 739 *ex vivo Centauri non fit imago* "das Bild eines Kentauren entsteht nicht nach

---

Erasmi Roterodami, Oxford 1906ff., Bd. 7, S. 431, Nr. 2018), daß er das Bild des Gottes in dem Sinn interpretierte, daß das Ende des menschlichen Lebens nicht fern sei: *Itaque ex profano deo feci mihi symbolum, adhortans ad vitae correctionem: Mors enim vere Terminus est, qui nulli cedere novit* "Deshalb habe ich mir aus dem heidnischen Gott ein Symbol gemacht, das zur Verbesserung des Lebens auffordert: denn der Terminus, der niemandem weichen kann, ist in Wahrheit der Tod". Näheres zu diesem Symbol demnächst auch bei Walther Ludwig, Klassische Mythologie in Druckersigneten und Dichterwappen, in: Bodo Guthmüller und Wilhelm Kühlmann, Hrsg., Renaissance–Kultur und antike Mythologie, Tübingen 1999, S. 113–148, hier S. 121ff..

[7] Vgl. P. G. W. Glare, Hrsg., Oxford Latin Dictionary, Oxford 1982, S. 652f. s.v. *exprimo* 5 "to stamp (a design on a surface)", z.B. Plautus Pseud. 56 *expressam in cera ex anulo suam imaginem* "sein von dem Siegelring in Wachs geprägtes Bild" und 6 b "to portray, depict in sculpture, painting etc." (z.B. Mart. Ep. 1, 109, 17ff. *Hanc [...] picta Publius exprimit tabella* "Dieses Hündchen [...] stellt Publius in einem Gemälde dar".

[8] Diese übliche Fehlübersetzung findet sich zum Beispiel bei Gerlo, wie Anm. 5, S. 17 ("L'effigie a été frappée d'après le modèle vivant"), Schuster, wie Anm. 3, S. 19 ("So besagt die lateinische Inschrift [...], daß Dürer dieses Bild des Erasmus nach dem Leben gezeichnet habe") und noch bei Löcher, wie Anm. 5, S. 359 ("Nach der Natur gestaltet"). Auf die richtige Übersetzung wurde kurz hingewiesen bei Walther Ludwig, Ein außergewöhnliches Porträt des Johann Adam Osiander, Georg Andreas Wolfgangs Kupferstich, Dürers Porträt des Erasmus und der Stuttgarter Hofpoet Johann Ulrich Erhard, Schriftenreihe der Stadt Vaihingen an der Enz 8, 1993, S. 63–70, hier 68.

dem Leben").⁹ Aber es war gar nicht wesentlich, wie das Bildnis hergestellt wurde, sondern daß es Erasmus wie lebend wiedergab. Eine solche realistische Wiedergabe war, wie Buch 35 der *Naturalis historia* des Plinius durch verschiedene Anekdoten und die *Anthologia Planudea* durch viele Epigramme zeigen, das Ziel und Ideal der antiken Maler und Bildhauer. Dieser Beurteilungsmaßstab wurde von den Humanisten übernommen. Dafür war der Begriff der *viva effigies* bzw. *imago*, des "lebendigen Bildes", geprägt worden, eigentlich ein Oxymoron, da die Bilder ja nie wirklich lebendig sein konnten, weshalb auch abmildernd und sachgetreuer von "beinahe lebenden Bildern" gesprochen werden konnte.

In der Renaissance konnte man auf der Titelseite der Paris 1523 gedruckten Ausgabe der *Exempla* des Valerius Maximus betonen *Necnon pene vivis imaginibus quae priscorum gesta referre videntur* ("Mit beinahe lebenden Bildern, die die Taten der Alten wiederzubringen scheinen"), auch wenn es sich dort um ziemlich einfache Holzschnitte handelte.

Eine ähnliche Bedeutung hat der Ausdruck *tantum non viva ora* in dem Epigramm, das auf die Rückseite des 1531/32 von Holbein gemalten Melanchthonbildnisses geschrieben wurde:[10]

QVI CERNIS TANTVM NON, VIVA MELANTHONIS ORA.
HOLBINVS RARA DEXTERITATE DEDIT.

[Du], der du die beinahe lebendigen Züge Melanchthons siehst: Holbein gab sie mit seiner seltenen Geschicklichkeit.

Hier ist entsprechend einem alten Formtyp für Künstlerinschriften eine Betrachteranrede im Relativsatz mit einer rühmenden Namensnennung des Künstlers im Hauptsatz verbunden.[11] Synonym zu *paene* wurde die bei Nepos,

---

⁹ S. Glare, wie Anm. 7, S. 2082 s.v. *vivus* 1 c "*ex vivo* (with reference to works of art), from life".

¹⁰ Abbildung bei Heinz Scheible, Philipp Melanchthon, Eine Gestalt der Reformationszeit, Karlsruhe 1995, äußere Umschlagseiten vorne und hinten, und Löcher, wie Anm. 5, S. 388. Die folgende Interpunktion entspricht dem Original.

¹¹ Albert Dietl, In arte peritus, Zur Topik mittelalterlicher Künstlerinschriften in Italien bis zur Zeit Giovanni Pisanos, Römische historische Mitteilungen 29, 1987, S. 75–125, hier 121, nennt folgende im Typus ähnliche Künstlerinschriften: *Hoc opus, quod cernis, Biduinus docte peregit* (von 1180), *Qui me videtis, Uvo me fecit* (von 1200), *O vos cunctes* [pro: *cunctos*], *qui portam cernitis [...], Magister Rogerius de Fregenis fecit hoc opus*. Die Traditionslinie ist zwar unbekannt, aber es darf vermutet werden, daß der Relativsatz *Qui cernis [...]* und der folgende Hauptsatz *Holbinus [...] dedit* prinzipiell an diesen Formtyp anknüpfen. In: Walther Ludwig, Humanismus und Christentum im 16. Jahrhundert, Pforzheimer Hefte 6, Pforzheim 1997, S. 28, Anm. 32, verstand ich *Qui* im Sinne der alten Ablativform *qui* und gab die Übersetzung: "Wie du die beinahe lebendigen Züge Melanchtons siehst, gab

Livius und Sueton im Sinne von "beinahe" benützte Verbindung *tantum non* verwendet.[12] Der antik in keiner Dichtung sich findende Ausdruck wurde 1528 gleichartig von Eobanus Hessus in seinem *Epicedion* auf Albrecht Dürer gebraucht (V. 74):[13]

> *Imprimis tamen Aonides lugete puellae,*
> *ad vos praecipue pertinet iste dolor.*
> *Nam quae vos celebri facitis pulcherrima cantu,*
> *ille manu tantum non meliora dedit.*
> 75 *Astra, polos, terras, ventos, mare, nubila, flammas,*
> *carmine vos canitis, pinxerat ille manu.*

Besonders aber müßt ihr trauern, ihr Musen; euch geht dieser Schmerz vor allem an. Denn das Schönste, das ihr durch euren gefeierten Gesang macht, gab er mit seiner Hand beinahe noch besser. Sterne, Himmel, Länder, Winde, Meer, Wolken und Feuer besingt ihr im Gesang, malte er mit seiner Hand.

Hessus blickt hier vergleichend auf die Leistungen der Dichtkunst und der Malerei und erklärt, daß Dürer als Maler "beinahe" noch eine bessere Darstellung der Welt gelang als der durch die Musen verkörperten besten Dichtkunst. Die übereinstimmende Verwendung des poetisch überaus seltenen Ausdrucks *tantum non* erlaubt, als Verfasser des Epigramms auf dem Holbeinporträt nun Hessus zu vermuten (vgl. in diesem Sinne auch die Ähnlichkeiten

---

Holbein sie mit seiner seltenen Geschicklichkeit". Jedoch ist die alte Ablativform *qui* in dieser Funktion ungewöhnlich (man erwartete *Quae* [...] *ora* [...]). *Qui cernis* versteht sich auch im Blick auf die früheren Künstlerinschriften leichter als "Der du siehst"; in den späteren Epigrammen finden sich Wendungen wie *quicunque vides* oder *aspicis* [...], *quicunque es*, oder *si quis* [...] *cupis* [...] *cernere*. Allerdings fehlt in dem folgenden Hauptsatz ein expliziter Bezug auf einen solchen Relativsatz. Ein ungenannter Betrachter wird angeredet. Dem Sinne nach ist anfangs ein *tu* oder später ein *tibi* zu ergänzen. Es scheint, daß diese syntaktische Unebenheit besonders im Blick auf den alten Typus solcher Aufschriften hingenommen werden kann.

[12] Zum klassischen Gebrauch vgl. Glare, wie Anm. 7, S. 1906 s.v. *tantum* 11 "almost". Das Distichon wurde bisher nicht richtig verstanden, da man vor allem die Bedeutung von *tantum non* regelmäßig verkannte. Zum Beispiel übersetzte Löcher, wie Anm. 5, S. 373 zuletzt das Distichon irrtümlich so: "Wenn du die lebendigen Züge Melanchthons siehst, siehst du nicht soviel, wie Holbein mit seltenem Geschick gezeigt hat". Er kam dadurch zu der unzutreffenden Meinung, hier werde "auf die Fähigkeit der Malerei, das Leben an täuschender Wahrheit zu übertreffen", hingewiesen. Dr. Heinz Scheible, Heidelberg, hat seine in Philipp Melanchthon, wie Anm. 10, innere Umschlagseite vorne, gegebene Übersetzung ("Wie du siehst, hat Holbein mit seltener Kunstfertigkeit nicht nur [wie Dürer] Melanchthons Gesicht nach dem Leben wiedergegeben, [sondern auch seinen Geist].") gegenüber dem Verfasser brieflich zurückgezogen.

[13] Zitiert nach Helius Eobanus Hessus, Farragines, Frankfurt 1564, S. 283.

in V. 86 des *Epicedion*: *Ingenii mira dexteritate fuit* zu dem dortigen V. 2 *Holbinus rara dexteritate dedit*).

Unter einem um 1535 von Holbein hergestellten und 1540 auf dem Titelblatt der Baseler Gesamtausgabe der Werke des Erasmus gedruckten Holzschnitt des als ganze Figur dargestellten Erasmus in einem Torbogen ("Erasmus im Gehäus") steht in ähnlichem Sinne das Distichon:[14]

> *Corporis effigiem si quis non vidit Erasmi,*
> *hanc scite ad vivum picta tabella dabit.*

Wer die Gestalt von Erasmus nicht gesehen hat, dem gibt sie die geschickt lebensecht gemalte Tafel.

Der adverbielle Ausdruck *ad vivum* wurde in der Renaissance eine Formel zur Bezeichnung einer Porträtierung, die ihr Ziel erreicht hatte: das Bild des Gesichts sah wie das lebende Gesicht aus; es war ein Bild "zum Lebendigen hin".[15] Zum Beispiel stehen auf der Titelseite des 1540 in Straßburg gedruckten *Chronicum Abbatis Urspergensis* [...] die Worte *cum iconibus imperatorum et principum ad vivum expressis*, weil dem Text "lebensecht gestaltete" Porträtmedaillen von Julius Caesar bis Kaiser Heinrich IV. beigegeben sind (es wird nicht der unsinnige Anspruch erhoben, die Bildnisse seien nach den lebenden

---

[14] Abbildung bei Gerlo, wie Anm. 5, neben S. 41 und bei Stefan Rhein, wie Anm. 6, S. 214; vgl. zu dem Bild insgesamt Bächtinger, wie Anm. 3, S. 174ff.

[15] Antik findet sich diese auf die Kunst bezogene Verwendung nicht; *ad vivum* wird dort anatomisch im Sinne von "bis zum (lebenden) Blut" gebraucht, vgl. Charlton T. Lewis–Charles Short, A Latin Dictionary [...], Oxford 1879, Nachdruck 1969, S. 2002 s.v. *vivus* B 1 "*ad vivum resecare* to cut to the quick, cut very deep. *extrema pars ipsius unguis ad vivum resecatur* Col. 6, 12, 3". Ähnlich zeichnet nach der Vorstellung der Humanisten der gute Künstler, bis er in seiner Wiedergabe sozusagen das atmende Gesicht, das lebende Blut erreicht hat. Später wurde bemerkt, daß *ad vivum exprimere* klassisch nicht belegt und zu vermeiden ist (Franciscus Vavassor, Antibarbarus et observationes de vi et usu quorundam verborum Latinorum, Leipzig 1722, S. 470). Dieses auf die Kunst bezogene und als neulateinisch verurteilte *ad vivum* wird zumindest seit Beginn des 19. Jahrhunderts mit "nach dem Leben" übersetzt. So bemerkt Johann Philipp Krebs, Antibarbarus der lateinischen Sprache, 2. Auflage, Frankfurt am Main 1837, S. 512, daß "die Redensart *aliquem* oder *aliquid ad vivum exprimere* 'einen' oder 'etwas nach dem Leben ausdrücken, darstellen'" wegen mangelnder klassischer Bezeugung nicht verwendet werden sollte, und Ludwig Herbold, Lateinischer Wort- und Gedankenschatz, Hannover 1887, S. 9, erklärt: "*Ad vivum pinxit* — Nach dem Leben gemalt" (Hinweis von Prof. Winfried Bühler); ähnlich J. Ph. Krebs–J. H. Schmalz, Antibarbarus, 7. Auflage, Basel 1907, 2. Bd., S. 749 "Im N[eu] L[atein] braucht man *ad vivum* in der Bedeutung 'nach dem Leben'". Wenn jedoch "nach dem Leben" nicht nur im Blick auf das Ergebnis "realitätsgetreu, lebensecht", sondern auch im Blick auf die Malmethode "nach dem lebenden Modell" meinen soll, so entspricht diese Bedeutung, wie hier gezeigt wird, nicht dem Sinn von *ad vivum* im 16. und 17. Jahrhundert.

Modellen gezeichnet worden), und auf der Titelseite der *Elogia virorum literis illustrium* des Paulus Iovius (Giovio) ist zu lesen (Basel 1575): *Ex eiusdem Musaeo [...] ad vivum expressis imaginibus exornata* ("Aus seinem Museum mit lebensecht gestalteten Bildnissen geschmückt"). In dem anschließenden Vorwort ist dann von *veluti spirantes imagines* ("wie atmende Bilder") die Rede, und unter dem Kupferstich des Gerardus Ioannes Vossius, der das Frontispiz zu dessen *Commentariorum Rhetoricorum sive Oratoriarum Institutionum Libri sex* (Leiden 1643) bildet, steht im gleichen Sinn *Crispinus Passeus ad Vivum delin*[*eavit*] *et Sculp*[*sit*] ("[...] zeichnete und stach [ihn] lebensecht" [das heißt: so wie er im Leben aussah]). Nicolaus Reusner, der in seinen *Icones sive imagines virorum illustrium* (Straßburg 1587, 1590) nach dem Vorbild des Iovius ein analoges Werk über deutsche Gelehrte schuf, nannte in seiner *Praefatio* die Bildnisse bei Iovius "lebendig und wahr" (*vivae veraeque imagines*) und sagte über den Drucker seines eigenen Werkes, Bernhard Jobin, daß dieser mit Hilfe des Malers Tobias Stimmer "wahre und lebensecht gestaltete Bildnisse" (*verae et ad vivum expressae imagines*) geben und diese atmenden, an sich jedoch noch stummen Bildnisse der Verstorbenen durch Reusners Worte gewissermaßen beseelen und sprechen lassen wollte (*spirantes hasce mortuorum hominum effigies per se tamen adhuc mutas, per me quasi animari et mea potissimum voce loquaces eas reddi voluit*). Tobias Stimmer hat seine Bildnisse nach Vorlagen gezeichnet.

Mit den Ausdrücken *viva*, *vera*, *spirans effigies* bzw. *imago*, *ad vivam effigiem* oder kürzer *ad vivum* wurde so immer wieder die realitätsgetreue "lebendige" Darstellung betont, wobei es immer um das Ergebnis, nicht aber um die Frage ging, wie und auf welchem Weg dieses Ergebnis erreicht wurde. Ob der Porträtierte dem Künstler Modell gesessen hatte oder ob der Künstler auf andere Weise ein lebensechtes Porträt geschaffen hatte, war durch diese Ausdrücke nicht festgelegt, und oft ist es auch gar nicht möglich, daß die Porträtierten den Künstlern Modell saßen. In einzelnen Fällen wie beim Melanchthonporträt Holbeins oder beim Kupferstich Dürers von Erasmus ist auch historisch gesichert, daß der Künstler die porträtierte Person überhaupt nicht selbst gesehen hat bzw. auf eine Skizze zurückgreifen mußte, die bei einer längere Zeit zurückliegenden Begegnung entstand. Bei einer Porträtierung nach dem lebendigen Modell war im übrigen noch nicht gewährleistet, daß wirklich ein Bild entstand, das den Porträtierten lebensecht wiedergab, wie umgekehrt auch eine Porträtierung aus dem Gedächtnis oder an Hand von anderen Bildern ein lebensechtes Bildnis ergeben konnte. Das Lob des Künstlers bezog sich auf sein Produkt, nicht auf seine Methode.[16]

Auf der Medaille des Erasmus wurde das Lob der realitätsgetreuen Darstellung nun aber gleichzeitig eingeschränkt durch den angeschlossenen griechischen Satz, der kein Zitat aus einem antiken Autor ist, sondern von Erasmus griechisch formuliert wurde, um die ihm wesentliche Zweisprachigkeit auch auf der Medaille zu verewigen: "Das bessere [sc. Bild] werden die Schriften zeigen".[17] Wie wichtig ihm dieser zweite Satz inhaltlich war, wird dadurch deutlich, daß er beim Versenden der Medaille immer eigens im Briefe noch auf ihn hinwies.[18] So schrieb er am 28. Mai 1519 an Caspar Schalbe: *Quantulum autem Erasmi tecum aufers, si huius corpusculi imaginem pictam aut expressam ad tuos retuleris? Optimam Erasmi partem in libris videre licet, quoties libet* ("Wie wenig von Erasmus aber trägst du mit dir fort, wenn du ein gemaltes oder geprägtes Bild seines unwichtigen kleinen Körpers zu den Deinen zurückbringst? Den besten Teil von Erasmus kann man in seinen Büchern sehen, und zwar sooft man will"), und gegenüber dem Erzbischof von Mainz, Albrecht von Brandenburg, betont er am 15. Mai 1520: *Potiorem imaginem mei [...] habes in libris expressam* ("das bessere Bildnis von mir besitzst du eingeprägt in meinen Büchern"), womit er den griechischen Satz sogar wörtlich übersetzt.[19]

Die Vorstellung, daß seine Schriften ein "Bild" seiner selbst geben, war sicher angeregt von dem zuerst 1508 gedruckten griechischen Text von Demetrius' *De elocutione*, wo in § 227 gesagt wird, daß alle Schriften eines Autors, besonders aber seine Briefe, ein "Bild seiner eigenen Seele" (εἰκόνα τῆς ἑαυτοῦ ψυχῆς) geben.[20] Erasmus kannte wohl auch die Äußerung Petrarcas im Vor-

---

[16] Die Klärung dieser Begriffe ist für viele Textstellen relevant. Als zum Beispiel Heinrich Aldegrever 1537 ein Selbstbildnis von sich herstellte — s. Hofmann, wie Anm. 3, Kat.–Nr. 3 — schrieb er in Anlehnung an den Text auf Dürers Erasmuskupferstich unter sein Porträt: *Imago Hinrici Aldegrevers Suzatiensis ab ipso autore ad vivam effigiem deliniata*. Er betont damit nicht die Selbstverständlichkeit, daß er sich selbst Modell gesessen habe, sondern weist auf die Qualität des Bildes, das ihn lebensgetreu wiedergebe. Vgl. auch unten Anm. 56. Der Ausdruck *ad vivum* allein rechtfertigt in Zukunft nicht mehr die Annahme, daß der Porträtierte dem Künstler Modell gesessen hat.
[17] Die Übersetzung von Löcher, wie Anm. 5, S. 359 ("Besser zeigen ihn seine Bücher") läßt den zu ergänzenden Begriff des Bildes weg und beseitigt damit die Pointe.
[18] Nicht zutreffend urteilte deshalb Löcher, wie Anm. 5, S. 359, daß Erasmus den griechischen Satz "wohl eher als rhetorische Kunstfigur denn als persönliches Bekenntnis" auf die Medaille habe setzen lassen.
[19] Die Briefe werden zitiert von Gerlo, wie Anm. 5, S. 19, Anm. 33.
[20] Daneben gab es in der Antike auch das Bild von den Schriften als "Spiegel der Seele", vgl. besonders Sidonius Apollinaris Epist. 7, 18, 2: *minime ignarus, quod ita mens pateat in libro, veluti vultus in speculo* und die Kommentare zur Stelle, dazu auch unten mit Anm. 52. Die Tradition beider Bilder behandelt Wolfgang G. Müller, Der Brief als Spiegel der Seele, Zur

wort zu seinen *Epistulae familiares*, der dort seine Briefe als "mit großem Eifer herausgearbeitetes Bild seines Geistes" (*animi mei effigiem atque ingenii simulacrum multo mihi studio dedolatum*) bezeichnet hatte. Übrigens war das Bild des Demetrios zwar auch von spätantiken christlichen Schriftstellern, die Petrarca bekannt waren, aufgenommen und abgewandelt worden,[21] aber keine jener Stellen steht dem Ausdruck bei Petrarca so nahe wie die Formulierung des Demetrius, so daß sich die Frage ergibt, ob Petrarca die Stelle aus der Schrift des Demetrius in einer lateinischen Übersetzung bekannt geworden war. Eine mittelalterliche lateinische Übersetzung der Schrift des Demetrius ist in einer in Norditalien Anfang des 14. Jahrhunderts geschriebenen und in der University of Illinois at Urbana aufbewahrten Handschrift sogar bekannt (nicht unter dem Namen des Demetrius Phalereus, sondern als Anhang an die für aristotelisch geltende Rhetorik *Ad Alexandrum*),[22] so daß die meines Wissens noch nicht beachtete Möglichkeit besteht, daß auch andere Handschriften dieser Übersetzung existierten, die Petrarca direkt oder indirekt die Kenntnis dieser Stelle vermittelten.

Wesentlich für die Formulierungen auf der Medaille des Erasmus ist nun aber auch der Gegensatz, der hier zwischen dem Bild des Körpers, das der bildende Künstler herstellt, und dem Bild des Geistes, das die Schriften des porträtierten Gelehrten geben, gemacht wird, und zugleich die Betonung des höheren Wertes des zweiten Bildes. Sowohl aus der platonischen Philosophie als auch vor allem aus der christlichen Religion war für ihn der unvergleichlich höhere Wert des Geistes gegenüber dem Körper natürlich selbstverständlich.

Speziell im Hinblick auf die "Bildnisse" des Körpers und des Geistes fand Erasmus vergleichbare Gedanken in Ciceros Rede *Pro Archia poeta*, einer Rede, die von den Humanisten besonders beachtet wurde, da sie den Begriff der

---

Geschichte eines Topos der Epistolartheorie von der Antike bis zu Samuel Richardson, Antike und Abendland 26, 1980, S. 138–157.
[21] Vgl. hierzu Klaus Thraede, Grundzüge griechisch–römischer Briefoptik, München 1970, passim.
[22] Vgl. Bernice Virginia Wall, A Medieval Latin Version of Demetrius' De Elocutione: Edited for the first time from a fourteenth century Manuscript at the University of lIIinois, with an Introduction and critical Notes, Washington D.C. 1937, S. 100 (§ 227: *Habeat autem plurimum moralitatis epistula. fere enim unusquisque ymaginem anime sue scribit epistulam. et licet et de aliis sit videre morem scribentis, de nullo vero alio sic, sicut de epistula demonstratur*), Bernhard Weinberg, Demetrius Phalereus, in: Paul Oskar Kristeller und Eduard Cranz, Hrsg., Catalogus Translationum et Commentariorum 2, 1971, S. 27–42, hier 28, und Pierre Chiron, Demetrios, Du Style, Texte établie et traduit, Paris 1993, S. CXXIXff.

dort gepriesenen *studia humanitatis* enthält.[23] Dort hatte Cicero in § 14 betont: *Quam multas nobis imagines non solum ad intuendum, verum etiam ad imitandum fortissimorum virorum expressas scriptores et Graeci et Latini reliquerunt!* ("Wie viele Bilder der tapfersten Männer haben uns die griechischen und römischen Historiker nicht nur zum Anschauen, sondern auch zum Nachahmen hinterlassen!") und am Ende in § 30 ausgeführt: *An statuas et imagines, non animorum simulacra, sed corporum, studiose multi summi homines reliquerunt; consiliorum relinquere ac virtutum nostrarum effigiem nonne multo malle debemus summis ingeniis expressam et politam?* ("Viele hervorragende Menschen bemühten sich, Statuen und Bilder, Bildnisse nicht ihres Geistes, sondern ihres Körpers zu hinterlassen; müssen wir da nicht noch viel lieber ein Bild unserer Pläne und Leistungen hinterlassen wollen, das von den besten Geistern aufs schönste dargestellt worden ist?"). Das schriftliche "Bild", das Historiker von einem großen Mann geben, ist hier wichtiger als das Bild, das ein bildender Künstler von ihm geben kann, weil der Historiker auch die Fähigkeiten und Leistungen des Menschen darstellt. Erasmus wendete den Gedanken an das Bild, das ein Schriftsteller in seinen Schriften von einem anderen Menschen gibt, auf das Bild, das der Schriftsteller durch seine Schriften von sich selbst gibt.

Genau einen solchen Gedanken fand er in den Tristien Ovids, der in der Verbannung an einen Freund in Rom schrieb. Dieser besaß eine Ovid–Büste und einen goldenen Ring mit einer Gemme, die das Bildnis Ovids zeigte. Sein Freund betrachtete, so stellte Ovid es sich vor, Ovids Bildnis (*imago, effigies*) oft und dachte voll Sehnsucht an ihn, aber Ovid äußert: *Grata tua pietas, sed carmina maior imago | sunt mea, quae mando qualiacumque legas, | carmina mutatas hominum dicentia formas, | infelix domini quod fuga rupit opus* (Trist. 1, 7, 11–14) "Deine Loyalität ist mir willkommen, aber meine Gedichte geben ein größeres Bild von mir, die ich, wie immer sie seien, zu lesen bitte, die Gedichte, die von den verwandelten Gestalten der Menschen erzählen, das unglückselige Werk, das die Flucht seines Herrn unterbrach". Bartholomaeus Merula schrieb dazu in seinem in Venedig 1499 zuerst gedruckten Kommentar: *poeta [...] mandat [...], ut sculptae imaginis loco legatur opus met[amorphoseon] in xv libellos digestum [...] carminibus me magis poteris intueri quam ulla sculptura*. Was Ovid im Epilog zu seinen Metamorphosen noch seinen unvergänglichen *pars melior* genannt hatte, ist hier zu seiner *imago maior* geworden. Hier bietet die Dichtung eines Dichters ein größeres, das heißt besseres Bildnis von ihm als sein leibliches Porträt. Erasmus konnte diesen Ge-

---

[23] Zum Beispiel rezipierte Heinrich Rantzau § 16 in dem Gedicht über seine Bibliothek, s. Walther Ludwig, Der Humanist und das Buch: Heinrich Rantzaus Liebeserklärung an seine Bücher, Illinois Classical Studies 19, 1994, S. 265–281, hier 276.

danken übernehmen und schrieb nur statt der auf den Dichter bezogenen *carmina* das allgemeinere ΤΑ ΣΥΓΓΡΑΜΜΑΤΑ für seine prosaischen und poetischen Schriften insgesamt.

Den Gegensatz zwischen dem Bild des Körpers und des Geistes fand er außerdem bei Plinius ausgedrückt, der über den Niedergang der römischen Porträtkunst schrieb: *quoniam animorum imagines non sunt, negleguntur etiam corporum* (Nat. hist. 35,5 "weil es keine Bilder des Geistes gibt, vernachlässigen sie auch die des Körpers") und vor allem bei Tacitus, der am Ende seiner Biographie des Agricola erklärte (46): *formamque ac figuram animi magis quam corporis complectamur, non quia intercedendum putem imaginibus, quae marmore aut aere finguntur, sed ut vultus hominum ita simulacra vultus imbecilla ac mortalia sunt, forma mentis aeterna, quam tenere et exprimere non per alienam materiam et artem, sed tuis ipse moribus possis* ("die Form und Figur des Geistes ist uns wichtiger als die des Körpers, nicht weil ich meine, man sollte gegen die Bildnisse, die in Marmor oder Erz hergestellt werden, einschreiten, sondern ebenso wie das Gesicht eines Menschen, so ist auch dessen Abbildung hinfällig und vergänglich, die Form des Geistes aber ist ewig. Denn du kannst sie abbilden und bewahren nicht durch eine fremde Materie und mit Hilfe der bildenden Kunst, sondern durch dein eigenes Verhalten"). Auch hier hat das Bild des Geistes einen höheren Wert als eherne Bilder des Körpers, bei denen Erasmus auch an seine Medaille denken konnte, und er brauchte nur anstelle des von Tacitus erwähnten Begriffes *moribus* das Wort *scriptis* einzusetzen, um den Satz in seinem Sinne umzuschreiben. Dies sind die antiken Ursprünge der sogenannten humanistischen "Zweibilderlehre", über deren Herkunft verschiedene Vermutungen angestellt wurden.[24] Die Metapher des Bildes der Seele geht literarisch letztlich auf Platon zurück, der im Staat "in Gedanken ein Bildnis der Seele bilden" läßt (εἰκόνα πλάσαντες τῆς ψυχῆς λόγῳ) [p. 588b] — *imaginem animae verbis figuremus* in der Übersetzung des Marsilio Ficino). Aber dieser Ursprung braucht für die Prägung der erasmischen Formulierung keine Rolle gespielt zu haben.

Formal anregend waren für Erasmus jedoch vermutlich auch zwei anonyme und wohl vom selben Autor stammende zweizeilige Epigramme der *Anthologia*

---

[24] Der Ausdruck "Zweibilderlehre" nach Schuster, wie Anm. 3, S. 19f., der sie in einer Auseinandersetzung mit Äußerungen Warnkes (s. dazu unten Anm. 33) von Erasmus herleitete und ihren Ursprung "in der Dichotomie von Körper und Seele bei Platon, im Dualismus von Gott und Welt im Johannes–Evangelium und bei Paulus und schließlich in der Lehre von den zwei civitates bei Augustin" suchte. Diese Vorstellungen beziehen sich jedoch nur, wie oben bemerkt wurde, auf den unvergleichlich höheren Wert des Geistes gegenüber dem Körper, sie bieten aber kein Vorbild für die literarische Form, die Metapher des Bildes des Geistes und den Wertevergleich zwischen dem eigentlichen und dem uneigentlichen Bild.

*Planudea*, die dort Lukillios bzw. Ioannes Barbukallos zugeschrieben werden (2, 19, 4 = A. P. 11, 433 [Lukianos]; 4, 35, 4 = A. P. 9, 594 [Anon.]). Sie stellen beide die Grenzen der bildenden Kunst dadurch heraus, daß sie erklären, ein Maler bzw. Wachsbildner habe zwar die äußere Gestalt, aber nicht die Stimme bzw. den Geist des Porträtierten, der im zweiten Fall als Sokrates bezeichnet ist, darstellen können:[25]

Ζωγράφε, τὰς μορφὰς κλέπτεις μόνον, οὐ δύνασαι δὲ
φωνὴν συλῆσαι χρώματι πειθομένην [A. P.: πειθόμενος]
Ζωγράφε, τὰν μορφὰν ἀπομάξας αἴθ' ἐνὶ κηρῷ
καὶ ψυχὰν ἐδάης Σωκρατικὰν βαλέειν.

Künstler, du stiehlst nur die äußere Gestalt, aber du kannst keine der Farbe gehorchende Stimme rauben [A. P.: nicht der Farbe gehorchend die Stimme rauben]. — Künstler, der du seine äußere Gestalt nachgebildet hast, könntest du doch in Wachs auch den Geist des Sokrates werfen.

Hier ist zwar nur gesagt, daß des Sokrates Geist nicht von dem Künstler eingefangen werden konnte, aber es wird impliziert, was später bei Erasmus artikuliert ist, daß der Künstler den wichtigeren Teil des Philosophen nicht wiedergeben konnte. Daß Erasmus tatsächlich diese Epigramme gut kannte, wird durch einen Satz in dem von Erasmus 1528 in seinen *Dialogus de recta Latini Graecique sermonis pronunciatione* eingefügten Nachruf auf Dürer bewiesen, wo er schreibt: *Quin ille pingit et quae pingi non possunt, ignem, radios, tonitrua, fulgetra, fulgura vel nebulas, ut aiunt, in pariete, sensus, affectus omnes, denique totum hominis animum in habitu corporis relucentem ac pene vocem ipsam* ("Er malt sogar auch das, was nicht gemalt werden kann, Feuer, Strahlen, Donner, Wetterleuchten, Blitze oder die sogenannten Nebel an der Wand, die Gefühle, alle Affekte und schließlich auch den ganzen Geist des Menschen, der in der Gestalt des Körpers zum Vorschein kommt, und beinahe selbst die Stimme").[26] Der pointiert ans Ende gesetzte Hinweis auf die

---

[25] Marion Lausberg, Das Einzeldistichon, Studien zum antiken Epigramm, München 1982, geht auf diese Epigramme nicht ein. Einordnen ließen sie sich in ihre Kategorie "Bildepigramme" unter "Beschreibung und Kommentierung" (S. 200ff.), wo jedoch nichts Ähnliches behandelt wird.

[26] Desiderius Erasmus, Opera omnia, Leiden 1703–1706, Bd. l, S. 928, ders., Opera omnia, Bd. 1–4, De recta Latini Graecique sermonis pronuntiatione dialogus ed. M. Cytowska, Amsterdam 1973, S. 1–104, hier 40f. Erwin Panofsky, Nebulae in pariete, Notes on Erasmus' eulogy on Dürer, Journal of the Warburg and Counauld Institutes 14, 1951, S. 34–41, machte auf die in diesem Satz verwerteten zwei Pliniusstellen (Nat. hist. 35, 96 *pinxit et quae pingi non possunt, tonitrua, fulgetra, fulguraque*, 98 *animum pinxit et sensus hominum expressit [...] item perturbationes)* und auf das Ausonius entnommene Adagium 2. 3. 38 *Nebulae in pariete* aufmerksam, auf das hier angespielt wird.

Stimme erklärt sich aus dem Epigramm der *Anthologia Planudea*, das gerade die Wiedergabe der Stimme als dem Maler verwehrt bezeichnet hatte.[27]

So kamen Anregungen aus verschiedenen Richtungen zusammen, als Erasmus für seine Medaille diese Vorstellung auf eine neue und einzigartige Weise formulierte. Die als geistiger Hintergrund der Inschrift angeführten antiken Textstellen und vermutlich auch die Medaille selbst waren dem Verfasser des Epigramms bekannt, das unter den Kupferstich gesetzt wurde, in dem Lucas Cranach d. Ä. 1520 Martin Luther porträtierte:[28]

AETHERNA IPSE SVAE MENTIS SIMVLACHRA LVTHERUS
EXPRIMIT. AT VVLTVS CERA LVCAE OCCIDVOS

Das unvergängliche Abbild seines Geistes drückt Luther selbst aus, doch seine vergänglichen Gesichtszüge das Wachs des Lucas.[29]

Merkwürdigerweise spricht der Verfasser nicht wie spätere Epigrammatiker vom Stichel (*caelum, scalprum*) des Kupferstechers, sondern von seinem Wachs, als ob Cranach das Porträt als Wachsbildnis geschaffen hätte. Dieses Problem wird sogleich eine überraschende Lösung finden. Das Epigramm wurde, als Cranach 1521 ein neues Kupferstichporträt Luthers fertigstellte, dafür variiert, und zwar nur in einem solchen Maße, daß derselbe Verfasser wahrscheinlich bleibt. Aus einem Brief Luthers hat man erschlossen, daß Georg Spalatin der Autor dieses Epigrammes war.[30] Die beiden Elemente, das Bild des Geistes und des Gesichts, sind im Distichon umgestellt; auf die Nen-

---

[27] Diese Beziehung von *vocem* wurde auch von M. Cytowska, wie Anm. 26, nicht bemerkt, ebensowenig die Beziehung von *ignem, radios* auf A. Plan. 4, 1, 1 (= A. P. 16, 32). Erst wenn auch die beiden griechischen Epigramme als Bezugspunkte erkannt sind, wird deutlich, daß der gesamte Satz des Erasmus ein Cento aus Plinius, Ausonius und der *Anthologia Planudea* ist. Von dem Epigramm A. Plan. 2, 19, 4 (= A. P. 11, 433) und seinem Hinweis auf die fehlende Stimme erweist sich auch die Formulierung des Epigramms angeregt, das sich auf einem auf 1507 datierten Entwurf zu einer Porträtmedaille des Konrad Celtis befindet und das von Nikolaus Henkel, Bücher des Konrad Celtis, in: Werner Arnold, Hrsg., Bibliotheken und Bücher im Zeitalter der Renaissance, Wiesbaden 1997 (Wolfenbütteler Abhandlungen zur Renaissanceforschung 16), S. 129–166, hier 136, soeben wieder veröffentlicht worden ist: *Adde sonum vocis, Celtis is alter erit* ("Füge den Ton der Stimme hinzu, und er wird ein zweiter Celtis sein").
[28] Vgl. die Abbildung des Kupferstichs bei Hofmann, wie Anm. 3, Kat.–Nr. 40 (mit Erläuterungen von Eckhard Schaar) und Löcher, wie Anm. 5, S. 384.
[29] Löcher, wie Anm. 5, S. 366 umgeht mit seiner Übersetzung ("Das unvergängliche Abbild seines Geistes drückt Luther selbst aus. Lucas dagegen zeichnet die sterbliche Gestalt") das Problem, das in der Verwendung des Wortes *cera* liegt, ebenso Schaar, wie Anm. 28, der darüber hinaus noch die Metapher des "Bildes" fallen läßt: "Luther selbst hat die Zeugnisse seines Geistes verewigt, wogegen Lucas [Cranachs] Darstellung vergänglich ist".
[30] Vgl. Bächtinger, wie Anm. 3, S. 161f. nach Eduard Flechsig, Cranachstudien, 1. Teil, Leipzig 1900, S. 55f.

nung des Wachses wird jetzt verzichtet und allgemein vom *opus* Cranachs gesprochen:[31]

LVCAE OPVS EFFIGIES HAEC EST MORITVRA LVTHERI
AETHERNAM MENTIS EXPRIMIT IPSE SVAE

Lucas' Werk ist dieses sterbliche Bild Luthers, das unvergängliche Abbild seines Geistes drückt er selbst aus.

Wenn Luther ein unvergängliches Bild seines Geistes gab, kann nur gemeint sein, daß er es wie Erasmus durch seine Schriften gab oder auch, wie Tacitus es im *Agricola* fordert, durch seine *mores* darstellte, und wenn Gesichtszüge und Geist in dieser Weise in einem epigrammatischen Monodistichon einander gegenübergestellt wurden, so hat sehr wahrscheinlich das eben zitierte Monodistichon aus der *Anthologia Planudea* (4, 35, 4) mit seiner Antithese von μορφάν und ψυχάν Pate gestanden. Diese Vermutung wird dadurch bestätigt, daß dieses griechische Epigramm auch die Erklärung für den Begriff *cera* in dem ersten der beiden Monodistichen bietet, denn in ihm hat ja tatsächlich ein Künstler "in Wachs" (ἐνὶ κηρῷ) die äußere Gestalt des Sokrates festgehalten. Das "Wachs" des Cranach ist also eine durch das antike Muster begründete Metapher für seinen Kupferstich, die in der Variation des Epigramms wohl wegen ihrer Kühnheit durch den neutralen Begriff *opus* ersetzt wurde.[32] Ferner beweist die Opposition zwischen den *aeterna simulacra mentis* und den "vergänglichen Gesichtszügen" bzw. ihrem "sterblichen Bild", daß der Verfasser Tacitus' Agricola 46 im Sinne hatte (die Parallele ist im Ausdruck zu eng, als daß sie sich allein auf die allgemeinere Vorstellung von den weiterlebenden Schriften des sterblichen Autors zurückführen ließe). Der Verfasser des Epigramms sprach mit diesen Attributen eine Bewertung aus, die durchaus im Sinne des Erasmus war. Die beiden Epigramme auf den Kupferstichen von 1520 und 1521 nehmen in keiner Weise auf spezifisch christliche oder gar lutherische Theologie Bezug und könnten unter die Porträts eines jeden Gelehrten gesetzt worden sein, dessen Schriften als unvergänglich gepriesen werden sollten.[33] Wenn die beiden Distichen dergestalt mit dem Sinn

---

[31] Vgl. die Abbildung bei Löcher, wie Anm. 5, S. 384 und bei Warnke, wie Anm. 3, S. 40.
[32] Warnke, wie Anm. 3, S. 37f., der den Bezug zu dem griechischen Epigramm nicht kannte, versucht, eine Erklärung des ihm "kryptisch" erscheinenden Ausdrucks *cera Lucae* und dachte an die Redewise, daß eine Sache oder ein Mensch "wie Wachs" geformt werden kann: "So könnte in der eigentümlicher Formulierung mitschwingen, daß Luthers äußerliche, sterbliche Züge in den Händen des Lucas Cranach wie Wachs gestaltbar sind." Er baut darauf sehr weitreichende Folgerungen auf, die der Text nicht hergibt.
[33] Warnke, wie Anm. 3, S. 37ff. meinte in Unkenntnis des Bezugs zu Tacitus Agr. 46, daß das Epigramm "einen Akzent, der so vorher nicht nachweisbar ist", habe, nämlich daß "das Abbild der Seele, dank Luthers eigener Leistung, Ewigkeitswert gewonnen" habe. Er gelangt von hier zu der Behauptung, daß "dieser Rückzug des Subjekts in ein inneres Reich,

der Inschrift auf der Medaille des Erasmus übereinstimmen, so ist auch zu berücksichtigen, daß der Verfasser sie zu einer Zeit komponierte, in der man in Wittenberg Erasmus noch als Verbündeten erhoffte. Luthers Porträt wurde durch die Distichen gewissermaßen dem des Erasmus auf seiner Medaille an die Seite gestellt.

II.
Als Dürer dann 1526 in einem Kupferstich Erasmus porträtierte, wiederholte er die Inschrift auf dessen berühmt gewordener Medaille unter Zufügung der beiden Namen nahezu identisch:[34]

IMAGO.ERASMI.ROTERODA‖MI.AB.ALBERTO.DVRERO.AD.‖
VIVAM.EFFIGIEM.DELINIATA‖THN.KPEITTΩ.TA.ΣΥΓΓΡΑΜ‖
ΜΑΤΑ.ΔΕΙΞΕΙ‖

Bild des Erasmus von Rotterdam, von Albrecht Dürer als lebendiges Bildnis gezeichnet. Das bessere Bild werden seine Schriften zeigen.[35]

Diese Beischrift hatte zur Folge, daß der im gleichen Jahr von Dürer hergestellte Kupferstich Melanchthons auch wieder mit einem Text ausgestattet wurde, der gleichfalls das Lob des Künstlers mit einem Hinweis auf seine Grenzen verband. Es ist das berühmte Distichon:

VIVENTIS.POTVIT.DVRERIVS.ORA.PHILIPPI.
MENTEM.NON.POTVIT.PINGERE.DOCTA.MANVS.

Dürer konnte das Gesicht des lebenden Melanchthon [d.h. das Gesicht Melanchtons lebensgetreu] malen, nicht aber konnte seine gelehrte Hand seinen Geist malen.

Am Ende gibt der Ausdruck *docta manus* eine Junktur, mit der der humanistische Verfasser wohl bewußt Ovid Fast. 3, 831f. aufgriff. Dort werden die Künstler als Schützlinge Minervas so umschrieben: *quique moves caelum tabulamque coloribus uris, | quique facis docta mollia saxa manu*. Das Adjektiv *doctus*

---

der das äußere Reich seiner Gesetzmäßigkeit überlässt", "eine individualpsychologische Konsequenz der Zwei–Regimenter–Lehre" Luthers genannt werden könne.

[34] Vgl. zu allen Porträtkupferstichen Dürers demnächst ausführlich von historischer Seite Wolfgang Schmid, Denkmäler auf Papier, Zu Dürers sechs Kupferstichporträts der Jahre 1519–1526, in: Klaus Arnold–Sabine Schmolinsky–Urs Martin Zahnd, Hrsg., Das dargestellte Ich. Studien zu Selbstzeugnissen des späteren Mittelalters und der frühen Neuzeit, Bochum 1999, S. 223–260. Ich erhielt Kenntnis von diesem Vortrag als Teilnehmer an dem Wolfenbütteler Arbeitsgespräch und durch die Freundlichkeit des Verfassers, dem ich auch für bibliographische Hinweise danke, Einsicht in sein Manuskript.

[35] Die Übersetzung von Löcher, wie Anm. 5, S. 363 ("Bildnis des Erasmus von Rotterdam gezeichnet von Albrecht Dürer nach dem Leben — besser zeigen ihn seine Bücher") ist entsprechend dem zu Anm. 8 und 17 Bemerkten unzutreffend.

war in der Antike Attribut des *artifex*, und sowohl diese Verbindung als auch die betonte Nennung der Hand des Künstlers wurde in den Künstlerinschriften des Mittelalters aufgenommen.[36] Um 1526 dürfte sich bei *docta manus* aber auch die Assoziation eingestellt haben, daß das Attribut damals meist den in den Wissenschaften Gelehrten bezeichnete. Die Hand des großen Malers erhielt dadurch eine besondere Auszeichnung.[37] Seine Malkunst wurde gewissermaßen dem Rang der *artes liberales* gleichgestellt.[38] Aber selbst diese Hand konnte Melanchthons Geist natürlich nicht malen. Die Junktur *docta manus* wird in mehreren späteren Imitationen dieses Distichon wieder erscheinen.[39]

Der ungenannte Verfasser des Distichon hatte nun gewiß die beiden vorher zitierten Epigramme aus der *Anthologia Planudea* als Muster genommen. Dies wird dadurch bewiesen, daß der Gegensatz zwischen dem Äußeren (*ora*, μορφάν), das der Künstler abbilden konnte, und dem Geist (*mentem*, ψυχάν) des porträtierten Philosophen (Melanchthon, Sokrates), den der Künstler "nicht" abbilden "konnte" (*non potuit*, οὐ δύνασαι), ähnlich wie dort auf den Hexameter und den Pentameter des Monodistichon aufgeteilt ist. Ein weiterer Einfluß von seiten der *Anthologia Planudea* kommt hinzu: Während das zweite griechische Epigramm in der Gruppe der Epigramme auf Bilder von Philosophen steht, gehört das erste zu einer Gruppe von Spottepigrammen auf Maler. Diese Gruppe beginnt mit einem Monodistichon, dessen Hexameter

---

[36] Vgl. Dietl, wie Anm. 11, S. 84ff., 94ff.
[37] Der Ausdruck *docta manus* impliziert allerdings nicht schon von sich aus, wie Schuster, wie Anm. 3, S. 20 annimmt, daß damit ein dem literarischen Werk entsprechender Ewigkeitsanspruch für das Kunstwerk erhoben werde. Er konnte allerdings explizit ausgesprochen werden; s. Dietl, wie Anm. 11, S. 104ff. mit weiterer Literatur. Aber die Vergänglichkeit der Bilder und die Ewigkeit der literarischen Werke war eine den Humanisten wichtige Vorstellung; vgl. dazu auch unten mit Anm. 71.
[38] Zum Rang der Malerei bei den Humanisten vgl. August Buck, Die humanistische Tradition in der Romania, Bad Homburg vor der Höhe u.a. 1968, S. 243–252, und zur Diskussion über das Verhältnis von Malerei und Dichtung Kranz 1973, wie Anm. 4, S. 23ff. und Margot Kruse 1987, wie Anm. 4, S. 78f., beide mit weiterer Literatur.
[39] Vgl. *docta manus* in den eindeutig in dieser Tradition stehenden unten interpretierten Gedichten von Eobanus Hessus, Joseph Scaliger, Theodor Beza und in dem anonymen Epigramm auf Melchior Lorcks Kupferstich. Auch im katholischen Raum ist der Ausdruck *docta manus* in einem derartigen Kontext belegt. Gulielmus Modicius (Modizio) aus Monteferrato, der 1575 in Perugia *Epigrammata* veröffentlichte (vgl. James Hutton, The Greek Anthology in Italy to the Year 1800, Ithaca 1935 [Cornell Studies in English 23], S. 272), schrieb drei Epigramme *In imaginem Annae Austriae Hispaniarum Reginae* (s. Carmina illustrium poetarum Italorum, Bd. 6, Florenz 1720, S. 334), von denen das letzte an dem schönen Bild das fehlende göttliche Strahlen der Augen beanstandet und mit dem Vers schließt: *Pictoris caruit lumine docta manus*. Es ist zu vermuten, daß auch dieses Epigramm — wohl eher indirekt — unter dem Einfluß des Epigramms auf das Melanchthonporträt steht.

(Pl. 2, 19, 1, 1 = A. P. 11, 213, 1) Εἰκόνα Μηνοδότου γράψας Διόδωρος ἔθηκεν | lautet. Der Hexameter des Epigramms auf das Porträt Melanchthons von Dürer erinnert insoweit an diesen Vers, als auch hier der sogar auch lautlich anklingende Name des Malers im Nominativ (*Durerius*, Διόδωρος) und der Name des Porträtierten im Genitiv (*Philippi*, Μηνοδότου) neben dem Akkusativobjekt und dem praeteritalen Praedikatsverbum erscheinen.

Der Verfasser dieses Epigramms hat damit bewußt antike Epigramme aufgegriffen, die bei der Abfassung des Textes für die Medaille des Erasmus und bei den Epigrammen auf die Lutherporträts teilweise schon eine Rolle spielten. Er hat es jedoch verstanden, mit einer dichteren Imitatio, die Elemente aus drei Epigrammen verwertet, eine den Künstler stärker ehrende neue Pointe zu verbinden. Das neue Epigramm kann im Vergleich mit den Epigrammen auf die Lutherporträts im Sinne humanistischer Stilkritik sicher als das kunstvollere gelten, was sich auch darin ausdrückt, daß dieses Epigramm später von Humanisten häufig imitiert wurde, und nicht so sehr die Epigramme auf Cranachs Lutherporträts.

Da 1526, als Dürer die Kupferstiche des Erasmus und des Melanchthon herstellte, sowohl Joachim Camerarius als auch Eobanus Hessus in Nürnberg waren (sie waren als Lehrer für die St. Aegidien–Schule von Melanchthon gewonnen worden) und beide sowohl mit Melanchthon als auch mit Dürer befreundet waren, kann man in beiden den Verfasser vermuten.[40] In den erhaltenen Briefen von und an Melanchthon wird der Text zu Dürers Kupferstich nie erwähnt.[41] Eine zuerst von Stefan Rhein herangezogene Stelle in einem auf das Jahr 1526 datierbaren Brief des Johannes Alexander Brassica-

---

[40] Schuster, wie Anm. 3, S. 19f. geht irrtümlich davon aus, daß die Epigramme auf Dürers Kupferstichen von ihm selbst verfaßt worden seien ("Dürer hat demgegenüber in der lateinischen Bescheidenheitsformeln seines Humanistenporträts stets auf sein Unvermögen im Hinblick auf die Darstellung des Unsichtbaren hingewiesen. So heißt es auf seinem Bildnis Philipp Melanchthons [...] Dürers Inschrift zu seinem Pirckheimer–Porträt [...] worauf ja von Dürer in der Formulierung *docta manus* ausdrücklich hingewiesen ist"). Er überschätzt damit die humanistischen Kenntnisse des Künstlers und unterschätzt die literarische Kunst der Epigramme.

[41] Melanchthon schreibt zwar am 7. September 1526 an Camerarius: *Eobano gratias age amplissimis verbis, qui me suo carmine ornarit, ad quem per ocium et ipse scribam* ("Danke Hessus ausgiebigst für das Gedicht, mit dem er mich schmückte. Ich werde ihm, sobald ich Zeit habe, auch selbst schreiben"). S. Joachimus Camerarius, Hrsg., Liber continens continua serie epistolas Philippi Melanchthonis scriptas annis XXXVIII. ad Ioach. Camerar. [...], Leipzig 1569, S. 58. Aber es ist — nach der Erklärung in: Melanchthons Briefwechsel, hrsg. von Heinz Scheible, Band 1 Regesten, Stuttgart 1977, S. 227 zu Nr. 494, und Band Texte 2, Stuttgart 1995, S. 485 — anzunehmen, daß Melanchthon sich hier auf einen ihm von Hessus am 1. August 1526 gewidmeten Gedichtband bezieht, der ein *Idyllion ad Philippum Melanchthonem* enthält.

nus[42] an Hessus könnte nun jedoch für die schon früher vermutete Verfasserschaft von Hessus sprechen.[43] Brassicanus, der zu einem Bildnis von Hessus Verse verfaßt hatte, schreibt dort: *Audio Durerum et Erasmum et Philippum Melanchthonem expressisse. Quas imagines si cum literis tuis ad me dederis, est quod accipiam gratissime* ("Ich höre, daß Dürer Erasmus und Philipp Melanchthon gezeichnet hat. Wenn du mir diese Bilder mit deinen Texten [oder: mit deinem Brief] geben wirst, werde ich sie mit größter Dankbarkeit entgegennehmen"). Wenn der Ausdruck *cum literis tuis* nur im Sinne von "mit deinen Texten" zu verstehen wäre, bewiese dies die Verfasserschaft des Hessus. Die andere Bedeutung "mit deinem Brief" läßt sich jedoch nicht nur nicht ausschließen, sondern ist sogar wahrscheinlicher (*epistola* und *litterae* werden synonym gebraucht), weshalb die Briefstelle leider keinen Beweis für seine Verfasserschaft bietet. An Hessus und Camerarius wird man als Verfasser aber sicher am ehesten denken dürfen. Nun war Hessus als Dichter sehr viel angesehener und besser ausgewiesen als Camerarius. Aber Camerarius war der kompetentere Gräzist, bei dem Hessus selbst gerade in ihrer gemeinsamen Nürnberger Zeit Griechisch lernte.[44] Wenn also nicht Camerarius, sondern Hessus das Epigramm verfasst hat, hat Camerarius ihn vermutlich auf die genannten Epigramme der *Anthologia Planudea* aufmerksam gemacht und so das Epigramm gewissermaßen erst möglich gemacht.[45] Hessus und Camerarius

---

[42] S. Stefan Rhein, Philipp Melanchthon und Eobanus Hessus, Wittenberger Reformation und Erfurter "Poetenburg", in: Ulman Weiß, Hrsg., Erfurt, Geschichte und Gegenwart, Weimar 1995, S. 283–295, hier 293, mit dem Zitat aus Helius Eobanus Hessus, Epistolarum familiarium libri XII, Marburg 1543, Bl. G5r.
[43] Vermutet wurde Hessus als Autor von Bernhard Saran, Eobanus Hesse, Melanchthon und Dürer, Unbefangene Fragen zu den "Vier Aposteln", Oberbayerisches Archiv 105, 1980, S. 183–210, hier 185. Löcher, wie Anm. 5, S. 372 übersieht die oben aufgezeigte poetische Qualität und den Beziehungsreichtum des Epigramms, wenn er bemerkt: "Es bedurfte wohl nicht des Eobanus Hessus [...], um das Epigramm zu formulieren".
[44] S. Carl Krause, Helius Eobanus Hessus, Sein Leben und seine Werke, Ein Beitrag zur Cultur– und Gelehrtengeschichte des 16. Jahrhunderts, Gotha 1876, ND Nieuwkoop 1963, 2. Bd., S. 34f.
[45] Ähnlich urteilt Krause, wie Anm. 44, 2. Bd., S. 35 über die späteren poetischen Übersetzungen von Hessus aus dem Griechischen: "Die großen Übersetzungsarbeiten, die den Ruhm unseres Dichters erst auf seine volle Höhe führten, können zum großen Teil als ein Verdienst Camerars betrachtet werden; derselbe machte sie [...] durch seine wissenschaftliche Beihilfe erst möglich". Auch später, um 1540, griff Hessus noch den Gedanken des Epigramms der *Anthologia Planudea* und ebenso die Formulierung des Epigramms auf das Melanchthonporträt Dürers in einem seiner Epigramme auf Dr. med. Johannes Meckbach in Marburg auf (zitiert von Krause, Bd. 1, S. 278, nach Helii Eobani Hessi, poetae excellentissimi et amicorum ipsius Epistolarum familiarium libri XII [...], Marburg 1543, S. 67; zu Meckbach Krause, Bd. 1, S. 234f.): *Si manus artificis potuisset pingere mentem, | vivus in hac tabula nunc, Megobache, fores* ("Wenn die Hand des Künstlers den Geist hätte malen

bleiben — eventuell in solcher Zusammenarbeit — auf jeden Fall die wahrscheinlichsten Verfasser.

Nach Dürers Tod rühmte Hessus in seinem an Camerarius gerichteten *Epicedion* auf Dürer die "lebendigen Bilder" des Malers (V. 33ff.):[46]

> *Dii, quales vultus, dii, qualia lumina fecit,*
>   *spirabat vivo factus in ore color!*
> *Quascunque effigies hominum divumque peregit,*
>   *in tabula credas currere, stare, loqui.*

Götter, welche Gesichtszüge, Götter, welche Augen malte er! Es atmete die in dem lebenden Gesicht verwendete Farbe. Was für Bilder er auch von Menschen und Göttlichen machte, man glaubte, sie liefen, ständen und sprächen auf den Bildern.

Auch sprach er von seiner "gelehrten Hand" (V. 47f.):[47]

> *Interitum natura tuum lugere videtur,*
>   *quam poteras docta pene referre manu.*

Deinen Tod scheint die Natur zu betrauern, die du mit gelehrter Hand beinahe wiedergeben konntest.

Der Ausdruck *docta* [...] *manu* weist mit Sicherheit auf das Epigramm zu dem Melanchthonporträt Dürers. Wenn es tatsächlich von Hessus stammt, ist die Junktur gewissermaßen ein Selbstzitat. Im weiteren Verlauf des Gedichts vergleicht Hessus in der bereits früher zitierten Stelle die Malkunst Dürers mit der Dichtkunst der Musen, was auch an die in dem Ausdruck *docta manus* implizierte Auffassung erinnert. An jener Stelle fährt er dann aber fort (V. 77–80):

> *Et quae difficile est vestro quoque dicere cantu,*
>   *affectus animi pingere doctus erat.*
> *Quid loquor affectus? Animos quoque pinxit et illis*
>   *vultus et formam quamlibet ipse dedit.*

Und, was auch in eurem Gesang zu sagen schwierig ist, er war gelehrt, die Leidenschaften des Geistes zu malen. Was spreche ich von Leidenschaften? Er malte auch den Geist und gab ihm die Gesichtszüge und die entsprechende Form.

---

können, wärst du, Meckbach, jetzt auf dieser Tafel lebendig"). Daß das Bild das Äußere lebendig wiedergibt, wird nun impliziert.
[46] Hessus, wie Anm. 13, S. 281.
[47] Hessus, wie Anm. 13, S. 282.

# 7. Das bessere Bildnis des Gelehrten 203

Damit näherte sich Hessus der in dem Monodistichon auf das Dürersche Melanchthonporträt negativ beantworteten Frage, ob der Maler Dürer auch den Geist seiner Porträtierten darzustellen fähig war. Daß ein hervorragender Maler die Affekte eines Menschen darstellen konnte, war eine verbreitete Vorstellung.[48] Hessus geht hier jedoch noch darüber hinaus und schreibt Dürer die Fähigkeit zu, auch die *animi* zu malen, indem er ihnen die zu ihnen passenden *vultus* gab.[49] Damit korrigiert er, um die Malkunst des toten Dürer auf außer-

---

[48] Schon Leon–Battista Alberti erklärte in seinem um 1435 verfaßten Traktat *De Pictura*, daß der Maler Giotto die Emotionen seiner Personen auf ihren Gesichtern zeigen konnte, s. François Lecercle, La Chimère de Zeuxis, Portrait poétique et portrait peint en France et en Italie à la Renaissance, Tübingen 1987, S. 28. Später schrieb Benedetto Varchi in seiner 1547 zuerst veröffentlichten 'Lezione nella quale si disputa della maggioranza delle arti' [...]: "Ben è vero che, come i poeti discrivono ancora il di fuori, cosi i pittori mostrano quanto più possono il di dentro, cioè gli affetti" (zitiert von Lecercle, S. 35).

[49] Ein ähnliches hohes Lob wird wenig später auch Tizian durch Pietro Aretino zuteil, der 1537 zu dessen Bildnis des Francesco Maria della Rovere und 1548 zu dessen Bildnis des Kaisers Karl V. in Sonetten betont, daß Tizian nicht nur die Darstellung des Äußeren gelungen sei, sondern daß er es auch vermochte, "die geistigen und moralischen Qualitäten des Dargestellten sichtbar zu machen". S. Kruse 1987, wie Anm. 4, S. 85ff. und dazu unten Anm. 70. Die Fähigkeit herausragender Maler, auch die Affekte und den Geist zur Darstellung zu bringen, wird zu einem Topos, den C. A. Dufresnoy in der zweiten Hälfte des 18. Jahrhunderts in seinem Lehrgedicht *De arte graphica* so ausdrückt (Joseph d'Olivet und François Oudin, Hrsg., Poemata didascalica [...], Paris 1813, Bd. 3, S. 16f.):

*Haec praeter motus animorum et corde repostos*
*exprimere affectus paucisque coloribus ipsam*
*pingere posse animam atque oculis praebere videndam,*
*hoc opus, hic labor est: pauci, quos aequus amavit*
*Juppiter aut ardens evexit ad aethera virtus*
*dis similes, potuere manu miracula tanta.*

"Außerdem noch die Bewegungen des Geistes und die im Herz befindlichen Affekte auszudrücken und mit wenigen Farben die Seele selbst zu malen und die Augen sie sehen zu lassen, das ist die Aufgabe, das ist die Arbeit: wenige, die der gerechte Jupiter liebte oder die flammende Tüchtigkeit zum Himmel erhob, so daß sie den Göttern ähnlich waren, vermochten mit ihrer Hand solche Wunderwerke". Ob ein Porträtist die Geistesart des Porträtierten zum Ausdruck bringen kann, ist auch im 20. Jahrhundert noch kunstwissenschaftlicher Diskussionsgegenstand. Ernst H. Gombrich, The mask and the face: the perception of physiognomic likeness in life and in art, in: Ernst H. Gombrich u.a., Hrsg., Art, Perception and Reality, Baltimore–London 1972, S. 1–46, hier 42, berichtet von einem prominenten zeitgenössischen Maler, der ihm sagte "that he never knew what people meant when they talked about the painter revealing the character of the sitter. He could not paint a character, he could only paint a face." Gombrich kommentiert, daß er diese Äußerung des Meisters höher schätze als "sentimental talk about artists painting souls", daß ein gutes Porträt aber doch die Illusion gebe, das Gesicht hinter der Maske zu sehen. Vgl. die essayistische Behandlung des Themas durch Eddy de Jongh, Reticent informants: seventeenth century portraits and the limits of intelligibility, in: Karl–Ludwig

gewöhnliche Weise zu preisen, im Grunde die Aussage in jenem Monodistichon, denn der dort gebrauchte Begriff *mens* ist ja nichts als ein Synonym zu *animus*. Hessus schrieb damit Dürer eine Fähigkeit zu, die der antike Maler Aristides von Theben nach dem Urteil des Plinius besaß (Nat. hist. 35, 98: *is omnium primus animum pinxit et sensus hominis expressit, quae vocant Graeci ἤθη, item perturbationes*" "er malte als erster von allen den Geist und die Gefühle des Menschen, die die Griechen ἤθη nennen, ebenso die Affekte", und formulierte sein Lob im Blick auf eben diese Aussage,[50] die auch sonst in den Diskussionen über die Leistungen der Malerei gegenüber der Dichtung beachtet wurde.

Als Camerarius jedoch 1569 das Vorwort zu seiner Ausgabe der Briefe Melanchthons an ihn verfaßte, schrieb er wie im Gedanken an das Monodistichon unter dem Kupferstich Dürers und in Übereinstimmung mit ihm:[51] *In epistolis huius imprimis conspicitur illustris effigies et expressa imago. Quam contemplantes non agrestes neque inhumani maiore afficiuntur voluptate, quam ullius picturae venustatem atque artificium attendentes*"In seinen Briefen sieht man besonders sein leuchtendes Bild ausgedrückt. Wer es betrachtet und nicht ganz bäurisch und inhuman ist, wird von einer größeren Lust ergriffen, als wenn er die Lieblichkeit und Kunst irgendeines Gemäldes betrachtet".

Auf die Briefe des Eobanus Hessus hatte 1543 bereits Jacobus Micyllus den Gedanken bezogen, daß die Briefe ein besseres Bild des Autors bieten als das Porträt des besten Malers und selbst ein Spiegel. Auf der Titelseite der von Johannes Drach herausgegebenen Briefausgabe stehen die jambischen Senare:[52]

> *Hessi poetae si quis effigiem cupis*
> *veraeque vitae cernere aliquam imaginem,*
> *has illius licet legas epistolas,*
> *quietis et secretiorum interpretes.*
> 5 *Nam nullius ita faciem Apelles pinxerit*
> *aut ora speculum obversa sic certo refert,*
> *ut certa mentis est imago oratio.*

---

Selig, Hrsg., Polyanthea, Essays on Art and Literature in Honor of William Sebastian Heckscher, Den Haag 1993, S. 57–73.
[50] Etwa zur gleichen Zeit wandte auch Erasmus diese Pliniusstelle auf die Malkunst Dürers an, vgl. oben Anm. 26.
[51] Camerarius, wie Anm. 41, Bl. a4.
[52] S. die Briefausgabe Helii Eobani Hessi [...], wie Anm. 45, und dazu Krause, wie Anm. 44, 1. Bd., S. 260; 2. Bd., S. 263f. Das Epigramm wurde unter der Überschrift *In epistolas Eobani Hessi poetae* aufgenommen in Jacobus Micyllus, Sylvarum libri quinque [...], Frankfurt am Main 1564, S. 282, und hier daraus zitiert.

> Wenn du etwa das Bildnis des Dichters Hessus und ein Bild seines wahren Lebens zu sehen begehrst, so kannst du diese seine Briefe, Dolmetscher seiner Stille und seiner Geheimnisse, lesen. Denn Apelles dürfte das Gesicht von keinem so gemalt haben, und ein Spiegel gibt kein ihm entgegengewandtes Antlitz so sicher wieder, wie die Rede ein sicheres Bild des Geistes ist.

Micyllus spricht von Apelles, aber den meisten Freunden des Hessus dürfte bekannt gewesen sein, daß der Apelles Dürer eine vorzügliche, auch als Holzschnitt verbreitete Zeichnung von Hessus hergestellt hatte, an die man hier denken sollte. Die besondere und durch den vokalischen Klangring in den letzten beiden Worten betonte Pointe ist hier, daß der beste Maler und selbst ein Spiegel kein so verläßliches und authentisches Bild des Äußeren geben können, wie die Schriften eines des Geistes bieten.

III.

Der lateinisch–griechische Text zu der Eramusmedaille und zu Dürers Erasmusporträt mit seinem Gegensatz von Bild und Buch und das Monodistichon auf Dürers Melanchthonporträt mit seinem Gegensatz von Gesicht und Geist übten beide eine starke Wirkung auf die folgende neulateinische Epigrammdichtung bis ins 18. Jahrhundert aus. Meist gehörten die betreffenden Epigramme zu dem Epigrammtyp des *In* oder *Sub effigiem N.* betitelten Bildnisepigramms, in dem Porträts beschrieben und kommentiert wurden, gelegentlich wurden Motive dieser Tradition auch in Grabepigrammen rezipiert. Dabei kann oft beobachtet werden, daß solche Epigramme auf die beiden autoritativen Texte zugleich Bezug nehmen. Der Begriff des Bildes des Geistes wird dann meist in dem Sinn verstanden, daß nur die Schriften des porträtierten Gelehrten dieses Bild zu geben vermögen. Das Monodistichon auf Dürers Melanchthonporträt wird hier also im Licht der Aussage des Erasmus, daß seine Schriften ein besseres Bild geben, interpretiert. In besonderen Fällen werden jedoch sogar die beiden an sich gegensätzlichen Auffassungen — der Verweis auf das Bild in den Schriften und die Vorstellung der Kunst des außergewöhnlichen, sogar den Geist darstellenden Malers — gegeneinander ausgespielt oder auch harmonisiert. Im folgenden soll, um diese Epigrammtradition erstmals ins Licht zu rücken, eine repräsentative Reihe solcher Epigramme vorgestellt, interpretiert und auf ihre Funktion und ihre Stellung in dieser Tradition untersucht werden. Die moderne Forschung zu den Bildgedichten ist auf diesen Typ bisher noch nicht näher eingegangen.[53]

---

[53] Kranz 1973, wie Anm. 4, S. 16, klammerte die Epigramme zu Porträts aus seinen Untersuchungen ausdrücklich aus ("die unübersehbar vielen Verse, die im 16., 17. und 18. Jahrhundert auf Titelkupfern zu Porträts […] erschienen […] habe ich bewußt hier

Im Anschluß an das Monodistichon auf Dürers Melanchthonporträt wurden von Schülern Melanchthons weitere Epigramme auf Melanchthons Bildnis verfaßt, wobei aus diesen Epigrammen nicht hervorgeht, ob an das Bild eines bestimmten Malers gedacht ist. Von dem 1562 in Gotha verstorbenen Johann Stigel veröffentlichte sein Freund Adam Siber in der von ihm herausgegebenen Ausgabe seiner *Poemata* (Jena 1577, Bd. 1, Bl. 278) unter der Überschrift *Sub effigiem Philippi Melanchthonis* folgenden Text:

> *Daedaleis manibus facies tua pingitur, Heros.*
>    *Mentem qui poterit pingere, nullus erit.*
> *Si qua manus sanctam posset quoque fingere mentem*
>    *pingere vel mores, docte Philippe, tuos,*
> 5  *non ego te verear magnis componere, summa*
>    *qui virtute valent, qui pietate, viris.*

Dein Gesicht, Held, wird von den Händen eines Dädalus[54] gemalt. Es wird niemanden geben, der deinen Geist malen kann. Wenn aber irgendeine Hand auch deinen verehrungswürdigen Geist oder deinen Charakter, gelehrter Melanchthon, abbilden könnte, dürfte ich mich nicht scheuen, dich mit den großen Männern zu vergleichen, die sich durch höchste Tugend und Frömmigkeit auszeichnen.

Da das dritte Distichon ziemlich schwach wirkt, wurde es für die Aufnahme des Epigramms in Nicolaus Reusners *Icones sive Imagines virorum litteris illustrium* [...] (Straßburg 1587 und 1590, S. 230) — wohl durch Reusner selbst — verändert. Dort erscheinen unter der Überschrift *Ioan. Stigelii* die ersten zwei vorigen Distichen, denen als drittes folgt:

---

fortgelassen") und konnte deshalb auch nicht zu diesem besonderen Typ von Porträtepigrammen gelangen. Auch in seinem umfassenden Werk von 1981 (s. Anm. 4) ist Kranz auf diesen Epigrammtyp nicht eingegangen. In der Bibliographie der Dichter werden zwar einige Epigramme des Typs *In effigiem N.* angeführt, aber ohne Differenzierung und Kommentierung. Die Texte auf Dürers Kupferstichen von Erasmus und Melanchthon werden nicht erwähnt. Albrecht–Bott, wie Anm. 4, S. 117 erwähnt zwar, daß Gedichte für Porträts von Dichtern und Gelehrten "auf das Werk des Dargestellten, das ihn umfassender, lebendiger und dauerhafter charakterisiere als das Bildnis", vorkämen, bespricht sie aber nicht und zitiert dafür nur ein lateinisches Epigramm des Italieners Benedictus Averanus (Averani, vgl. unten mit Anm. 78). Löcher, wie Anm. 5, der unter anderem die Darstellungen von Erasmus, Luther und Melanchthon mit ihren Beschriftungen behandelt, und Schmid, wie Anm. 34, der die Bilder und Texte auf Dürers Kupferstichen bespricht, verfolgen insgesamt eine andere Thematik.

[54] Dädalus findet sich auch in mittelalterlichen Künstlerinschriften als Paradigmafigur eines Künstlers, s. Dietl, wie Anm. 11, S. 114ff.

> 5 *pulchrius aspiceres toto vix numen in orbe.*
> *Nam divum te mens diva sub orbe facit.*

würde man kaum ein schöneres göttliches Wesen im Kreis der Welt sehen können. Denn dein göttlicher Geist macht dich unter dem Himmelsgewölbe göttlich.

Dieses Epigramm hängt von dem Monodistichon auf Melanchthon ab, ohne die Aussage des Erasmus damit zu verbinden. Am nächsten steht dem Monodistichon V. 2, während sein V. 1 im entsprechenden Vers durch Synonyme variiert wurde. Das Monodistichon wurde sodann aber erweitert durch die utopische Erwägung, was geschehen würde, wenn ein Maler doch auch den Geist malen könnte. Sie erinnert — besonders in der Reusnerschen Formulierung von V. 5f. — an die utopische Vorstellung Senecas, der sich einmal ausmalt, wie schön der Geist eines guten Mannes aussehen würde, wenn wir ihn sehen könnten (Ep. ad Luc. 116, 3–4): *Si nobis animum boni viri liceret inspicere, o quam pulchram faciem, quam sanctam, quam ex magnifico placidoque fulgentem videremus [...] Si quis viderit hanc faciem altiorem fulgentioremque quam cerni inter humana consuevit, nonne velut numinis occursu obstupefactus resistat [...]*"Wenn es uns erlaubt wäre, den Geist eines guten Mannes anzusehen, welch schönes Gesicht, welch heiliges Gesicht, was für ein in Größe und Gnädigkeit leuchtendes Gesicht würden wir dann sehen [...]. Wenn einer dieses Gesicht, das größer und leuchtender ist, als es sonst bei den Menschen gesehen wird, gesehen haben wird, wird er dann nicht wie bei der Begegnung mit einem göttlichen Wesen innehalten [...]". Es scheint, daß Stigel und verstärkt Reusner sich durch diese Senecastelle leiten ließen, wenn sie den Versen 1–2 des Epigramms, die dem vorliegenden Monodistichon entsprachen, in V. 3–6 den *Si*–Satz folgen ließen, in dem Stigel sich wie Seneca den Anblick des geistig vollkommenen Menschen ausmalte und Reusner erklärte, daß dann kein *pulchrius numen* in unserer Welt zu sehen wäre. Gerade dieser letzte etwas unevangelische, aber sehr humanistische Gedanke findet seine Erklärung in den zitierten Worten Senecas.

Erheblich umfangreicher ist das Epigramm des Henricus Mollerus Hessus, der damals Gymnasialprofessor in Culm an der Weichsel war. Von ihm wird in den von Wittenberger Professoren 1561 in Wittenberg herausgegebenen *Orationes, Epitaphia et Scripta, quae edita sunt de morte Philippi Melanthonis omnia,* [...] *edita a Professoribus Academiae Vvitebergensis* [...] unter der Überschrift *In imaginem eiusdem* folgendes Gedicht veröffentlicht (Bl. 23):

> *Si tibi non licuit coram spectare Philippum*
> *et quae fluxerunt dulcibus ora favis,*
> *praesentisque dei templum, venerabile pectus,*

ingenuique oculis splendida signa viri
5  idque caput, quod virtutum thesaurus abundans
    et doctrinarum fertilis arca fuit,
hoc pictoris opus circumspice! Namque Philippi
    non procul a vivis vultibus illud abest.
Proxime ad externos habitus accedit; ocellos
10   et frontem et nares osque genasque refert.
Sed quod mentis opes aut repraesentet acumen,
    nullus Apellaeo stamine ducet opus.
Scilicet ingenii specimen mirabile et alti
    pectoris in scriptis edidit ipse suis.
15 Solus enim potuit proprias depingere dotes.
    Has igitur notas quisquis habere cupis,
perlege, concinno quos condidit ordine, libros!
    Autoris referunt hi simulacra sui.
Ex his non tantum, quae sit doctrina Philippi
20   et mens, de sancta relligione patet,
sed quoque qui fuerint mores illius et acta
    et quae dexteritas, totaque vita liquet.

Wenn dir nicht vergönnt war, Melanchthon von Angesicht zu sehen, und seinen Mund, aus dem süßer Honig [der Beredsamkeit] floß, und den Tempel des gegenwärtigen Gottes, seine verehrungswürdige Brust und die durch seine Augen leuchtenden Zeichen eines edlen Mannes und diesen Kopf, der ein übervolles Schatzhaus der Tugenden und eine fruchtbare Lade der Lehren war, dann betrachte dieses Werk des Malers. Denn es ist nicht weit entfernt von den lebenden Zügen Melanchthons. Es kommt vielmehr ganz nahe an sein äußeres Aussehen heran. Seine Augen und seine Stirn und seine Nase, seinen Mund und seine Wangen gibt es wieder. Aber ein Werk, das auch die Schätze und die Schärfe seines Geistes darstellt, wird niemand mit dem Pinsel des Apelles herstellen können. Eine bewundernswürdige Probe seines Geistes und seines großen Sinnes gab er freilich selbst in seinen Schriften. Denn nur er konnte seine eigenen Gaben darstellen. Wer immer sie also zu kennen begehrt, lese seine Bücher, die er in sinnvoller Folge verfaßte! Sie geben das Bild ihres Autors wieder. Aus ihnen wird nicht nur in Hinsicht auf die heilige Religion offenbar, was Lehre und Geist Melanchthons war, sondern es werden auch sein Charakter und seine Taten und seine Geschicklichkeit und sein ganzes Leben deutlich.

Hier ist V. 1 des Monodistichon auf Melanchthon zu V. 1–10 erweitert. *Philippum* bzw. *Philippi* an den Versenden von V. 1 und V. 7, *ora* in V. 2 und *vivis vultibus* in V. 8 sind zitierende Anspielungen. Im übrigen hat Moller V. 1 des Monodistichon periphrastisch und panegyrisch erweitert. Seinem V. 2 entsprechen dann V. 11–12 bei Moller mit ihrer Nennung des Geistes (*mentis*) und der Verneinung der Möglichkeit, daß ein Maler ihn darstellt. V. 13–22 schließen darauf den erasmischen Gedanken ΤΗΝ ΚΡΕΙΤΘ ΤΑ ΣΥΓΓΡΑΜΜΑΤΑ ΔΕΙΞΕΙ in erweiternder Periphrase an. Leitworte sind die Schriften (V. 14 *scriptis*, in V. 17 variiert durch *libros*), die das Bild des Autors geben (V. 18 *autoris referunt hi simulacra sui*). Möglicherweise hat Moller in seinem Epigramm auch auf das Epigramm auf Holbeins Melanchthon–Bildnis Bezug genommen. Seinem Inhalt entsprechen V. 7–8, insbesondere der Hinweis auf den Anblick der von dem Maler geschaffenen beinahe lebenden Gesichtszüge Melanchthons. Anstelle des seltenen Ausdrucks *tantum non*, der bei Moller durch *non procul* [...] *abest, proxime* [...] *accedit* umschrieben ist, erscheint bei ihm in V. 19 das übliche *non tantum* und im letzten Vers *dexteritas*, diesmal als Eigenschaft nicht des Malers, sondern von Melanchthon selbst.

Eine erheblich einfachere Variation des Monodistichon auf Melanchthon bietet das auf Martin Luther bezogene Epigramm, das neben dem 1548 von Melchior Lorck gezeichneten Lutherbildnis steht:[55]

*Imprimit haec formam viventis imago Lutheri,*
*mentem nulla potest pingere docta manus.*
*At quanta fueris pietate, labore, fideque,*
*cernitur ex scriptis, sancte Luthere, tuis.*

Dieses Bild gibt die Gestalt des lebenden Luther wieder, seinen Geist [aber] kann keine gelehrte Hand malen. Doch wie groß die Frömmigkeit, die Arbeitskraft und der Glauben war, den du hattest, wird aus deinen Schriften, heiliger Luther, gesehen.

V. 1–2 wenden das Monodistichon mit geringsten Modifikationen auf Luther an, worauf V. 3–4 den erasmischen Gedanken aufnehmen und Luthers Bild in seinen Schriften durch die drei Begriffe *pietas*, *labor* und *fides* charakterisieren und sich gleichzeitig in einer Apostrophe an den verstorbenen und nun zum Heiligen erklärten Luther wenden.[56]

---

[55] Abbildung bei Hofmann, wie Anm. 3, Kat.–Nr. 99 mit Erläuterungen von Eckhard Schaar. Schuster, wie Anm. 3, S. 19 wies auf die enge Beziehung der beiden Epigramme hin.
[56] Schaar, wie Anm. 55, schreibt, daß Lorck "entgegen seiner Versicherung, ein [sic] *imago viventis Lutheri* zu schaffen," eine Zeichnung von Lukas Cranach, den 1546 hergestellten Titelholzschnitt zu Luthers Epitaphium, zur Vorlage für das Lutherporträt genommen habe. Abgesehen davon, daß *viventis Lutheri* in dem Epigramm nicht Attribut zu *imago*, sondern zu *formam* ist, würde *imago viventis Lutheri* nach dem oben Gesagten nicht als ein

Der Nachdruck, den die Epigrammatiker darauf zu legen pflegten, daß der Maler zwar das Aussehen, aber nicht den Geist des Porträtierten wiedergeben konnte, provozierte eine besondere maltechnische Reaktion. Melanchthon scheint bei dem Bildnis, das Lukas Cranach d. J. 1559 von ihm malte,[57] eine Gestaltung angeregt zu haben, die in dem Bild des Malers nun auch eine Probe seines Geistes geben sollte: Er ließ sich jetzt mit einem dem Betrachter zugewendeten aufgeschlagenen Buch malen. Das Buch macht den Betrachter auch zum Leser. Auf der linken Seite kann der Betrachter nun einen griechischen Text, Predigtworte Basilius' des Großen über 1. Kor. 1, 30f. und die Rechtfertigung durch den Glauben, lesen, auf der rechten ein lateinisches Gedicht Melanchthons an Christus, in dem dieser seinen Glauben aussprach. Melanchthon scheint hier den mit der reformatorischen Theologie zu einer unauflöslichen Einheit verbundenen Humanismus bewußt als Charakteristikum seines Geistes demonstrieren zu wollen.[58] Das Gemälde wurde auch als Vorlage für Holzschnitte und Kupferstiche in Büchern verwertet und dort teilweise in der Art vereinfacht, daß der Text in dem Buch auf eine Devise reduziert wurde. So wurde für das Frontispiz einer neuen Auflage der Melanchthon–Biographie von Camerarius 1696 das Bild Cranachs im ganzen übernommen, auf den Seiten des Buches ist aber nur links: ΕΙ Ο ΘΕΟΣ ΥΠΕΡ || ΗΜΩΝ || ΤΙΣ ΚΑΘ ΗΜΩΝ || ROM. und rechts: SI DEVS PRO NOBIS || QVIS || CONTRA NOS || IIX.31. zu lesen.[59]

Lukas Cranach d. J. hat mit dem Gemälde, das Melanchthon mit einem dem Betrachter zugewandten Buch zeigt, einen neuen Typus des Gelehrten– und speziell Reformatorenbildnisses geschaffen.[60] Gelehrte wurden immer gerne mit einem sie als Gelehrte charakterisierenden Buch abgebildet, und zwar hatte es vorher vor allem drei solcher Bildnistypen gegeben, die auch weiterhin verwendet wurden. Der einfachste und bei weitem häufigste Typus ist der Ge-

---

nach dem lebenden Luther gezeichnetes Bild zu verstehen sein, sondern als ein Bild, das Luther lebensgetreu wiedergibt und das natürlich auch nach einer Vorlage gezeichnet sein kann. Lorck hat also auf jeden Fall keine Malmethode vorgetäuscht, die er in Wirklichkeit gar nicht befolgt hatte.

[57] S. die Abbildung und Erläuterung bei Scheible, wie Anm. 10, S. 103ff.
[58] Vgl. Ludwig, wie Anm. 11, S. 17f.
[59] Joachimus Camerarius, De Philippi Melanchthonis ortu, totius vitae curriculo et morte [...], Leipzig 1696, Frontispiz.
[60] Vgl. dazu Löcher, wie Anm. 5, S. 375: "Der Typus des Predigers mit dem aufgeschlagenen Buch wird eine gebräuchliche Bildform für die Darstellung der Reformatoren und des protestantischen Pfarrers überhaupt" und die dort von ihm gegebenen Beispiele. Dabei kann man zwischen dem Typ des dem Leser zugewandten Buches (so bei Luther und Melanchthon S. 389) und dem Typ des dem Porträtierten zugewandten Buches, das aber auch für den Betrachter lesbar ist (so bei Ulrich Zwingli und Heinrich Bollinger S. 390), unterscheiden.

lehrte, der ein geschlossenes Buch mit beiden Händen umfaßt oder eines in einer Hand hält. Er findet sich auf Grabsteinen[61] und illuminierten Handschriften des 15. Jahrhunderts,[62] ist die gebräuchlichste Form des Professorenbildnisses im 16. Jahrhundert[63] und wird noch im 19. Jahrhundert in vielen Lithographien und frühen Photographien verwendet, gelegentlich in der schon im 16. Jahrhundert belegten Variante, daß der Porträtierte einen Finger zwischen zwei Seiten des Buches gesteckt hat, so als ob er gerade seine Lektüre unterbrochen hätte. Bei diesem Typus bleibt oft offen, ob das Buch von dem Porträtierten selbst geschrieben wurde, also ein Hinweis auf seine Schriften sein soll, oder ob durch das Buch nur seine bevorzugte Beschäftigung, das studierende Lesen, angedeutet wird. Die Unklarheit kann dadurch beseitigt werden, daß der Betrachter den Titel des Buches lesen kann. Eine erweiterte Sonderform ist die Darstellung des Gelehrten mit mehreren von ihm geschriebenen Büchern, die dann etwa vor ihm liegen wie in dem berühmten Holzschnitt Hans Burgkmairs für Conrad Celtis[64] oder auch im Rahmen seiner Bibliothek hinter ihm stehen können. Ein zweiter Typus ist der des in einem Buch oder auf Blättern schreibenden Gelehrten, wie ihn Dürers Erasmus zeigt und wie er dann auch in Professorenbildnissen gelegentlich wieder erscheint.[65] Hier ist eindeutig der Gelehrte als Autor gemeint, auf dessen Schrif-

---

[61] Zum Beispiel zeigt Boxhornius, wie Anm. 1, S. 45 das Grabdenkmal für Marsilius Ficinus in der florentinischen Kirche S. Mariae reparatae, auf dem dieser in Vollfigur einen Folioband mit beiden Händen auf seiner Brust hält. Da die unten stehende Inschrift seine wissenschaftlichen Arbeiten erwähnt, ist das Buch als von ihm geschrieben vorzustellen.
[62] Wenn Autoren in Initialen von Handschriften ihrer Werke mit einem Buch abgebildet sind, handelt es sich wohl in der Regel um ihre eigene Schrift. Mehrere Beispiele enthält Paola Pirolo, Hrsg., Lorenzo dopo Lorenzo, La Fortuna storica di Lorenzo il Magnifico, Florenz 1992, so S. 35 Ugolinus Verinus auf dem ersten Blatt seiner Carlias (Florenz, Ricc. 838) oder S. 83 Marsilius Ficinus auf dem ersten Blatt seiner Platonübersetzung und –kommentierung (Florenz, Banco Rari 87).
[63] Zum Beispiel enthält Erhard Cellius, Imagines Professorum Tubingensium, Tübingen 1596 (Faksimile, Kommentar und Übersetzung herausgegeben von Hansmartin Decker–Hauff und Wilfried Setzler, Sigmaringen 1981) 35 Porträtholzschnitte von Professoren, 22 davon mit einem geschlossenen Buch (dazu Wilhelm Fleischauer, Die Imagines Professorum Tubingensium, Entstehungsgeschichte und Bildnisse, ebenda Bd. 2, S. 21–32). Auch in Nicolaus Reusner, Icones sive Imagines virorum literis illustrium, Straßburg 1587 und 1590, mit seinen 100 Gelehrtenporträts sind die mit geschlossenen Büchern bei weitem am zahlreichsten (darunter auch Erasmus und Melanchthon).
[64] Vgl. zu ihm Franz Josef Worstbrock, Konrad Celtis, Zur Konstitution des humanistischen Dichtens in Deutschland, in: Boockmann, wie Anm. 5, S. 9–35, hier 16ff., und demnächst Schmid, wie Anm. 34.
[65] Zum Beispiel wird in der Ausgabe der *Annales Boiorum* des Johannes Aventinus (Basel 1580) der Autor in einem Buch schreibend abgebildet, bei Cellius, wie Anm. 63, finden sich drei Porträts von schreibenden Professoren, bei Reusner, wie Anm. 63, zwei. Vgl. auch unten zu Johann Adam Osiander mit Anm. 76.

ten so auch durch das bloße Bild und ohne zusätzliche Worte hingewiesen werden kann. Ein dritter Typus zeigt den lesenden oder von einem geöffneten Buch aufschauenden Gelehrten, der in der Regel als in einem nicht von ihm selbst geschriebenen Buch lesend vorgestellt werden soll.[66] Bei den Bildnissen einiger reformatorischer Theologen wird dann auch dem Betrachter mitzulesen erlaubt.[67] Der kurze Überblick genügt, um die Neuartigkeit und Besonderheit des Bildnisses von Melanchthon mit dem dem Leser zugewandten und gewissermaßen aus der Bildfiktion heraustretenden Buch zu erkennen.[68] Wenn die hier gegebene Erklärung richtig ist, ist es in Reaktion auf den Epigrammtopos geschaffen worden, daß der Maler nicht das in den Schriften des Porträtierten zur Darstellung kommende Bild seines Geistes wiedergeben kann. Dieses Bildnis wurde dann seinerseits zum Muster und gab den Anstoß für die Bildnisse von reformatorischen Theologen, die ihre Bücher zwar nicht dem Betrachter zuwenden, sondern realistischer als lesende Gelehrte dargestellt werden, aber deren Bücher auch für den Betrachter lesbar sind.

IV.

Das Monodistichon auf das Melanchthonporträt Dürers wurde im 16. Jahrhundert nicht nur im unmittelbaren Umkreis Melanchthons rezipiert. Dabei versuchten die Autoren, seine Aussage oft durch eine überraschende Pointe zu variieren. Als Paul Schede Melissus in Heidelberg, damals der vielleicht angesehenste deutsche Dichter, befreundete Humanisten um Gedichte auf sein Wappen und sein Bildnis für sein *Lilietum* bat, eine Gedichtsammlung, die er in Frankfurt am Main 1575 zusammen mit Kupferstichen seines Bildnisses und seines Wappens in seinen *Schediasmatum Reliquiae* veröffentlichte, schickte ihm Josephus Scaliger, Julius Caesar Scaligers Sohn, drei Gedichte, darunter folgendes *In imaginem P. Melissi* betiteltes Epigramm (S. 287f.):

> *Caetera membra mei spirantiaque ora poetae*
> *artificis potuit pingere docta manus.*
> *Sed verum et vivum vatem totumque Melissum*
> *expressum in nostro pectore sculpsit amor.*

Die übrigen Glieder und das atmende Gesicht meines Dichters konnte die gelehrte Hand des Künstlers malen. Aber den in unser Herz eingeprägten wahren und lebenden Dichter und ganzen Melissus prägte dort Amor.

---

[66] Reusner, wie Anm. 63, enthält sechs Bilder von lesenden Gelehrten (darunter Luther).
[67] Vgl. oben Anm. 60.
[68] Eine ausführlichere und anders orientierte Typologie des Gelehrten- und Dichterporträts gibt Kanz, wie Anm. 3, S. 25ff.

Das erste Distichon ist eine Wiederholung des Sinnes von V. 1 des Monodistichon unter Aufnahme spezifischer Worte aus dessen V. 2 (*potuit* [...] *docta manus*). Im zweiten Distichon ist von dem wahren und lebendigen Dichter die Rede, aber nun nicht in dem Sinne, daß dieser nicht vom Künstler dargestellt werden kann, sondern mit der überraschenden positiven Wendung, daß ihn die Liebe bzw. der Liebesgott wie ein Kupferstecher in unser Herz eingegraben hat. Wir tragen die von uns gelesenen Gedichte des Melissus in unserem Herzen. Dorthin hat sie unsere Liebe zu ihm getragen. Durch diese Pointe hat Scaliger die petrarkistische Motivkombination vom Porträt der Geliebten und dem *Amor pictor*, der durch seinen Pfeilschuß ein besseres und dauerhafteres Bild der Geliebten in das Herz des Liebenden einprägt, aus der Liebeslyrik, in der Ronsard von ihr Gebrauch macht, auf das Dichterlob übertragen.[69]

Eine noch künstlichere Wendung gab der Niederländer Carolus Utenhovius seinem Epigramm *In effigiem Melissi* (S. 291):

> *Si velut in tabula referunt animata venustam*
>    *corporis effigiem caela, Melisse, tui,*
> *pingere sic animum tuus hunc valuisset Apelles,*
>    *esset olori animus concolor hic niveo.*
> 5  *Mentior, haud niveo foret assimilandus olori,*
>    *candidus huic animo concolor esset olor;*
>    *praeque animo hoc nix atra foret, rosa liliaque atra;*
>    *candidiusque animo hoc nil oculi adspicerent.*

Wenn, Melissus, dein Apelles deinen Geist so hätte malen können, wie sein beseelter Stichel das liebliche Bild deines Körpers auf der Tafel wiedergibt, hätte dein Geist die gleiche Farbe wie der weiße Schwan. Nein, ich täusche mich, nicht dein Geist wäre dann der Farbe des weißen Schwans zu vergleichen, sondern der weiße Schwan hätte die gleiche Farbe wie dein Geist, und neben deinem Geist wäre der Schnee schwarz, wären Rosen und Lilien schwarz, und die Augen würden nichts weißeres als deinen Geist erblicken.

Im ersten Distichon ist zwar wieder von der lebensechten Wiedergabe des Körpers durch den Künstler die Rede, aber hier setzt die von Stigels Gedicht her bekannte utopische Vorstellung, was denn wäre, wenn der Künstler auch

---

[69] Vgl. zu diesem Motiv Margot Kruse, Das Porträt der Geliebten und "Amor pictor", Tradition und Abwandlung einer petrarkistischen Motivkombination in Ronsards Amours de Cassandre, in: Andreas Kablitz – Ulrich Schulz-Buschhaus, Literaturhistorische Begegnungen, Festschrift zum sechzigsten Geburtstag von Bernhard König, Tübingen 1993, S. 197–212. Ich danke meiner Kollegin Frau Professor Kruse für diesen und andere Hinweise.

den Geist hätte wiedergeben können, schon am Anfang ein (*Si* [...]). Sie wird unter Anspielung auf den Doppelsinn des Wortes *candidus* durchgespielt, indem die Farbe von Melissus' Wappentier, dem Schwan, zur Farbe seines Geistes erklärt und anschließend hyperbolisch betont wird, daß sein Geist diese weiße Farbe am reinsten repräsentiere, das heißt ganz und gar redlich und anständig sei.

Das Epigramm *In eiusdem effigiem* des Franzosen Clement Vizelisian lautet (S. 297):

> *Sculpta tabella refert oculos vultumque Melissi,*
> *at vires animi scripta tabella refert.*
> *Effigiem sculptor, sed mentis scriptor acumen*
> *et scalpro et calamo doctus uterque dedit.*

Die gestochene Tafel zeigt die Augen und das Gesicht des Melissus, doch die Kräfte seines Geistes zeigt die beschriebene Tafel. Das Bildnis gab der Künstler mit seinem Stichel, die Schärfe seines Geistes gab der Autor mit seiner Feder, beide sind in ihrem Felde gelehrt.

Hier nimmt V. 1 den Sinn von V. 1 des Monodistichon auf, nach dem ersten Hemiepes von V. 2 *at vires animi* erwartet der Leser die Fortsetzung, daß die Kräfte des Geistes nicht dargestellt werden konnten; doch überraschend wird in dem zweiten Hemiepes an die Schriften des Porträtierten und damit an das erasmische Motiv erinnert. Im zweiten Distichon werden dann *sculptor* und *scriptor*, *scalprum* und *calamus*, *effigies* und *mens* zueinander in Opposition gesetzt, um am Ende Künstler und Autor als *doctus* zu bezeichnen und damit beide zu rühmen.

Der Pfarrer und gekrönte kaiserliche Dichter Andreas Mergiletus schließlich formulierte sein Epigramm *In effigiem Melissi* so (S. 300):

> *Ingenuum quicunque vides in imagine vultum,*
> *e vultu mentem coniicito ingenuam.*
> *Cernitur effigies, at mens latet abdita; dicis.*
> *Sat scio, mens quod habet, monstrat id effigies.*
> 5 *Explicat hic vultus mentem, mens ipsa serenat*
> *vultum. Ita in hoc extra est, illa quod intus habet.*

Wer immer du bist, der in dem Bildnis sein edles Gesicht sieht, aus dem Gesicht sollst du auf seinen edlen Geist schließen. 'Man sieht das Bild, aber sein Geist bleibt verborgen', sagst du. Ich weiß es genau: das, was sein Geist hat, zeigt das Bild. Dieses Gesicht erschließt seinen Geist, sein Geist selbst erleuchtet sein Gesicht. So ist in ihm draußen, was jener drinnen hat.

Hier wird die Aussage des Monodistichon auf den Kopf gestellt. V. 1 beginnt noch konventionell, aber in V. 2 wird der Leser überraschend aufgefordert, den Geist (*mentem*) aus den Gesichtszügen (*e vultu*) zu vermuten. Dagegen wehrt sich der mit dem Monodistichon vertraute Leser. Der Epigrammatiker läßt ihn in direkter Rede zu Wort kommen und im Sinne der Konvention, daß der Maler den Geist nicht wiedergeben kann, Einspruch erheben. Doch der Epigrammatiker weist den Einspruch zurück. Er weiß genau, daß das Bildnis des Gesichts die Qualität von Melissus' Geist offenbart. Es ist die Erlauchtheit (*serenitas*) seines Geistes, die sich in seinem Gesicht zeigt. Hier liegt die Pointe wieder in einer unerwarteten Abweichung vom Sinn des epigrammatischen Musters, dem die oben besprochene und auf Plinius Nat. hist. 35, 98 zurückgehende Auffassung entgegengesetzt wird, daß ein hervorragender Maler im Äußeren auch die Qualität des Inneren zur Darstellung zu bringen vermag.

Konventioneller arbeitet der gekrönte Dichter und Heilbronner Lateinschulmeister Johann Lauterbach, der in einem Epigramm auf ein Bildnis des damaligen Professors der Rechte und herzoglich sächsischen Rates in Jena Nicolaus Reusner ebenfalls Elemente des Monodistichon auf das Bildnis Melanchthons mit dem erasmischen Thema verbindet. In *Operum Nicolai Reusneri* [...] *Pars tertia continens Epigrammatum libros XXIV* [...] (Jena 1593) steht unter Reusners Porträtholzschnitt dieses Monodistichon Lauterbachs (Bl. 6( ) v):

*Corporis effigiem Reusneri coela diserti,*
　*exculti mentis dant monumenta libri.*

Der Stichel gibt das Bildnis des Körpers des beredten Reusner, Denkmäler seines Geistes geben seine gebildeten Bücher.

Benützt hat Lauterbach offensichtlich auch das anonyme Epigramm, das unter dem Holzschnitt des "Erasmus im Gehäus" auf der Titelseite der Baseler Erasmusausgabe von 1540 steht und das oben zitiert wurde (vgl. dort *corporis effigiem* [...] *Erasmi* [...] *dabit*).

Mehrere Beispiele bietet der auf der Breitenburg Heinrich Rantzaus bei Itzehoe lebende und durch Melissus zum Dichter gekrönte Peter Lindeberg in seiner *Iuvenilium partes tres* betitelten Gedichtsammlung (Frankfurt am Main 1595) Er veröffentlichte seine Epigramme ohne die dazu gehörenden Bilder, die der Leser sich vorstellen darf. Zu einem Bildnis des Johann Georg Godelmann, I.U.D., der Professor der Rechte in Rostock war, schrieb er *In effigiem eiusdem* (S. 151):

*Aspicis effigiem, quicunque es, candide lector,*
　*docti, facundi magnanimique viri,*

*cui nihil fraudis inest, nil fuci nilque veneni,*
    *sed verus candor, mens pia, firma fides.*
5  *Quale sit ingenium, illius scripta aurea dicent,*
    *et facies certis indicat ipsa notis.*

Du siehst das Bildnis, freundlicher Leser, wer immer du bist, eines gelehrten, beredten und großherzigen Mannes, in dem keine Arglist, keine Verstellung und kein Gift ist, sondern wahrer Anstand, frommen Sinn und fester Glauben. Wie sein Geist ist, werden seine goldenen Schriften dir sagen, und auch sein Gesicht selbst deutet es durch gewisse Zeichen an.

Lindeberg hängt in V. 1–4 an den Blick auf das Bildnis eine Charakteristik von Godelmanns Eigenschaften, schließt in V. 5 den erasmischen Hinweis auf die die Geistesart des Verfassers verratenden Schriften an und mildert in V. 6 wieder die Antithese durch den Hinweis, daß das Bildnis bereits seine Geistesart durch gewisse Indizien anzeige. In seinem Epigramm *In effigiem Friderici Danorum regis* überträgt Lindeberg das Motiv des Monodistichon, das im Sinn erhalten bleibt und an das auch der Wortlaut erinnert, auf einen Herrscher (S. 142):

*Talis erat Danaum generosi regis imago,*
    *cui nomen iunctum est pacis, honoris, opum,*
*lustris cum denis iam quatuor adderet annos*
    *et moriens gelido traderet ossa solo.*
5  *Ex vultus habitu maiestas regia spirat,*
    *ex oculis virtus ignea et ore decor .*
*Caetera non potuit caelo producere sculptor.*
    *Enthea enim sculpi mens animusque nequit.*

So war das Bild des edelmütigen Königs der Dänen, dem der Name des Friedens, der Ehre und des Reichtums verbunden ist [Fried–er–rich!], als er zehn Lustren schon vier Jahre hinzufügte und sterbend seine Gebeine dem kalten Boden überlieferte. Aus dem Aussehen des Gesichts atmet seine königliche Majestät, aus den Augen seine feurige Kraft und aus dem Mund seine Schönheit. Das Übrige konnte der Stecher mit seinem Stichel nicht hervorbringen. Denn sein gottbeseelter Geist und Sinn kann nicht gestochen werden.

Hier konnte der Maler gewisse moralische Qualitäten zum Ausdruck bringen, aber eben nicht das eigentlich Wichtigste, den Geist selbst.[70] Lindebergs Gön-

---

[70] Lindebergs Beschreibung der in dem Bildnis zum Ausdruck kommenden inneren Eigenschaften des Königs hat gewisse Analogien zu Aretinos Erwähnung der geistigen und moralischen Qualitäten, die angeblich in Tizians Bildnissen sichtbar werden. Die betreffenden

ner Heinrich Rantzau, der Statthalter des Königs von Dänemark in Schleswig–Holstein, ein Staatsmann, der auch ein gelehrter humanistischer Autor war, erhielt von ihm folgendes Epigramm *In effigiem eiusdem* [sc. *Henrici Ranzovii, regis Daniae producis*], in dem er gleichfalls den Sinn des Monodistichon auf das Melanchthonporträt übernimmt (S. 160):

> *Haec est Henrici effigies verissima Ranzou,*
> *qui Danaum in patria munera regis obit,*
> *Cum pede felici iam quinta accederet aestas*
> *post bis sex vitae lustra peracta suae.*
> 5 *Ex oculis gravitas, virtus ex fronte relucet.*
> *Mentem qui posset sculpere, nemo fuit,*
> *nec fuit artis opus. Namque est ars cognita divis.*
> *Exteriora patent, interiora latent.*

Dies ist das ganz wahrheitsgetreue Bildnis des Heinrich Rantzau, der in seinem Vaterland die Aufgaben des Königs der Dänen erfüllt, als mit glücklichem Fuß schon der fünfte Sommer nach zweimal sechs Lustren vollbrachten Lebens herankam. Aus den Augen leuchtet seine Würde, aus seiner Stirn seine Kraft. Niemand gab es, der seinen Geist abbilden konnte, und dies war auch nicht Aufgabe der Kunst. Denn diese Kunst ist nur den Göttern bekannt. Das Äußere ist offenbar, das Innere verborgen.

Wie bei König Friedrich gibt das Gesicht gewisse moralische Qualitäten wieder, doch nicht den Geist selbst. Von Lindeberg ist danach sicher auch das anonyme Epigramm, das in den von Heinrich Rantzau veröffentlichten *Epitaphia* (Leipzig 1584) unter seinem Porträt auf der Rückseite der Titelseite

---

Stellen in Aretinos Sonetten lauten in der Übersetzung von Kruse 1987, wie Anm. 4, S. 88ff., zum Bildnis des Feldherrn della Rovere: "Das Schreckenerregende wird zwischen den Augenbrauen sichtbar, | Die Kühnheit in den Augen und der edle Stolz auf der Stirn, | Auf der auch das Ehrgefühl seinen Ort hat und die Besonnenheit. | In der gepanzerten Brust und in den kampfbereiten Armen | Glüht der Heldenmut [...]" und zum Bildnis Kaiser Karls V.: "Deshalb zeigt es (das Bildnis) in schweigender Gestalt, | Wie die Tapferkeit beschaffen ist und wie die Geisteskraft [l'ingegno], | Welche Wesensart in sich die Kaiserwürde und die Herrschaft faßt | Und das, was bei anderen Hoffnung und Furcht hervorruft. | In den Augen kommt die Gerechtigkeit und die Milde zum Ausdruck, | Zwischen den Augenbrauen die männliche Kraft und das Kriegsglück; | Der edle Stolz und die kaiserliche Gnade in der Erscheinung. | Es scheint seine Stirn, ohne jede Wolke, | Wo die ihm eigene Hochherzigkeit ihre Wohnstatt hat [...]". Eine direkte Beziehung Lindebergs zu diesen Texten ist nicht anzunehmen. Das Bindeglied dürften die Traktate über die Kunst gewesen sein, die die Unterschiede und Gemeinsamkeiten zwischen Malerei und Dichtung hervorhoben.

steht und das identische Hemiepes *nec fuit artis opus* (oben V. 7, unten V. 4) enthält:

> *Nobilis expressit sculptoris dextera vivos*
>   *Hinrici vultus sedula Ranzovii.*
> *At quae rara latent sub pectore dona Minervae,*
>   *exprimere haud potuit, nec fuit artis opus.*

Die Rechte des Künstlers brachte mit Eifer die lebendigen Züge des edlen Heinrich Rantzau zum Ausdruck. Aber die seltenen Gaben der Minerva, die in seiner Brust verborgen sind, konnte sie nicht ausdrücken, und das war auch nicht Aufgabe der Kunst.

Auch hier hat Lindeberg sich auf eine sinngemäße Erweiterung des Monodistichon auf Melanchthon beschränkt.

Die 1597 in Genf gedruckten *Varia Poemata* des Theodorus Beza enthalten — in der Gruppe der *Icones* — mehrere Epigramme, in denen die erasmische Aussage und das Monodistichon über Dürers Melanchthon–Porträt auf neue Weisen produktiv rezipiert wurde. Eines trägt die Überschrift *Aristoteles, Michaelis Xenii, Galliarum Cancelarii, vultum penitus referens* und lautet (S. 216):

> *Talis, Aristoteles, vultumque habitumque ferebas,*
>   *sculptoris docta nunc redivive manu.*
> *Pars autem illa tui melior melioribus olim*
>   *expressa in tabulis nec peritura manet.*
> 5 *Sed quid opus sculptisve fuit scriptisve tabellis?*
>   *Eh vivo in Xenio vivit Aristoteles.*

Durch die gelehrte Hand des Künstlers jetzt wieder lebendiger Aristoteles, so ein Gesicht, so ein Aussehen hattest du. Jener bessere Teil von dir aber ist einst auf besseren Tafeln ausgedrückt worden und bleibt dort, ohne jemals zugrunde zu gehen. Doch was brauchte man gestochene oder beschriebene Tafeln. Seht, in dem lebenden Xenius lebt jetzt Aristoteles.

V. 1–2 bewahren den in die Form einer Anrede an den Porträtierten umgesetzten Sinn von V. 1 des Monodistichon auf das Melanchthonporträt und haben aus dessen V. 2 den Ausdruck *docta* [...] *manu* sozusagen als Erkennungszeichen aufgenommen. V. 3–4 fügen unter Anspielung auf Ovid Met. 15, 875 *parte tamen meliore mei* statt der negativen Aussage in V. 2 des Monodistichon die positive im Sinne des Erasmus hinzu. Überraschenderweise ist das Epigramm jetzt aber noch nicht zu Ende, sondern V. 1–4 werden zur Grundlage eines in V. 5–6 ausgesprochenen Kompliments an den französischen Kanzler Michael Xenius.

## 7. Das bessere Bildnis des Gelehrten

In zwei Grabepigramme ist das erasmische Motiv in stärker veränderter und vielleicht nicht sofort wiedererkennbarer Form eingegangen. Für den 1564 verstorbenen Calvin schrieb Beza dieses Epitaphium (S. 219):

> *Hoc vultu, hoc habitu Calvinum sacra docentem*
>    *Geneva felix audiit,*
> *cuius scripta pii toto mirantur in orbe*
>    *ringentibus frustra impiis.*

Dieses Gesicht, dieses Aussehen hatte Calvin, als er den Glauben lehrte und das glückliche Genf ihn hörte. Seine Schriften aber bewundern die Frommen auf der ganzen Welt, und vergeblich murren die Gottlosen.

Geblieben ist der Gegensatz zwischen dem hier offenbar in Form eines Grabreliefs dargestellten Aussehen Calvins und seinen nicht ortsgebundenen Schriften. Auf den schon 1541 verstorbenen Theologen Simon Grynaeus schrieb Beza folgendes Epitaph (S. 219):

> *Te quicunque, Simon Grynaee, aspexit, amavit —*
>    *splenduit in vultu gratia tanta tuo.*
> *Te quicunque, Simon Grynaee, aspexit, amavit —*
>    *Facundo fluxit tantus ab ore lepos.*
> *Amplius at cur non audire et cernere fas est?*
>    *Scilicet hoc fati vis inopina vetat.*
> *Immo fallor ego. Nam sint paucissima quanvis*
>    *ingenii nobis scripta relicta tui,*
> *te spectamus adhuc, te nos miramur in illis,*
>    *aeternoque manes dignus honore, Simon.*

Wer immer dich sah, Simon Grynaeus, liebte dich — so große Freundlichkeit strahlte in deinem Antlitz. Wer immer dich sah, Simon Grynaeus, liebte dich — so große Anmut floß aus deinem beredten Mund. Doch warum ist es nicht mehr erlaubt, dich zu hören und zu sehen? Die unerwartete Gewalt des Schicksals verbietet es. Nein, ich täusche mich. Denn obwohl nur sehr wenige Schriften deines Geistes uns hinterlassen worden sind, sehen und bewundern wir dich doch noch jetzt in ihnen, und du bleibst, Simon, immerwährender Ehre würdig.

Hier zeigt kein Kunstwerk ein Porträt, sondern es wird nur an den jetzt nicht mehr möglichen Anblick des Verstorbenen erinnern. Unvergänglich aber sind die Schriften, die Grynaeus hinterlassen hat und in denen er immer gesehen werden kann.

Vertrautere Formen der variierenden Reproduktion finden sich dagegen in dem Gedicht des Wittenberger Professors für Poesie Friedrich Taubmann auf das Porträt seines juristischen Kollegen Johann Zanger. Es ist in seiner *Melodaesia sive Epulum Musaeum* (Leipzig 1604) veröffentlicht (S. 331, *Ad effigiem Ioh. Zangeri, IC., Collegae*):

> *Peniculo quondam multos animavit Apelles.*
> *Artifici multos duxit in aere Myro.*
> *Hos sed longa dies anima privavit et usu.*
> *Solum hodie superat nominis indicium.*
> 5 *At qui se calami pinxere coloribus intus,*
> *durare aeternos hi potuere dies.*
> *Sic et in hac tabula Zangeri vivit imago,*
> *sed vultus tantum vivit imago foris.*
> *Hoc pictoris opus. Tabula qui posset eadem*
> 10 *effigiem mentis pingere, nullus erat.*
> *In scriptis tamen ipse suis hanc pinxit ad unguem.*
> *Nec minus haec animos pascit ut illa oculos.*
> *Pectoris o facies pingi si possit ut oris!*
> *Pulchrior hac forsan nulla tabula foret.*

Mit seinem Pinsel beseelte einst viele [Menschen] Apelles, Myro trieb viele ins kunstvolle Erz. Aber sie sind schon lange tot, und ihre Kunst ist schon lange vergangen. Allein ihr Name überlebt heute noch. Aber die, die ihr Inneres mit den Farben der Feder malten, konnten ewige Zeiten überdauern. So lebt zwar auch auf dieser Tafel das Bild Zangers, aber draußen lebt nur das Bild seines Gesichts. Das ist das Werk des Malers. Es gab keinen, der auf derselben Tafel auch das Bild seines Geistes malen konnte. Doch in seinen eigenen Schriften hat er selbst es ganz genau gemalt. Und dieses Bild erfreut nicht weniger unseren Geist, wie jenes unsere Augen erfreut. Oh wenn das Bild des Herzens ebenso gemalt werden könnte wie das des Gesichts! Dann gäbe es wohl kein schöneres Gemälde.

Taubmann schickt in V. 1–6 zunächst einen mit humanistischer Gelehrsamkeit (*Apelles, Myro*) angereicherten Vergleich zwischen der Vergänglichkeit der Werke der bildenden Kunst und der Dauerhaftigkeit der geschriebenen Werke des Geistes voraus. Hier könnte ein Nachklang der Epigramme auf den Lutherporträts von Lucas Cranach d. Ä. hereinspielen (vgl. das Attribut *aeternus*), aber der Gedanke war auch ein Topos geworden.[71] Dann kommt er in V. 7–8 inhaltlich zu V. 1 des Monodistichon auf Melanchthons Porträt (*vivit imago*)

---

[71] Vgl. Kranz 1981, wie Anm. 4, S. 187: "Daß Dichtung ein Kunstwerk überdauert, war der Renaissance ein geläufiger Gedanke. Henning Cunradinus drückt ihn in der Dedikationsepistel seiner lateinischen Bildgedichtsammlung von 1581 aus."

und setzt diesem Gedanken in V. 9–10 den Inhalt von V. 2 des Monodistichon entgegen (*effigiem mentis pingere* [...]). Als erneuter Gegensatz schließt sich in V. 11–12 der erasmische Verweis auf die *scripta* an. Taubmann endet — im Grunde auf die Position am Ende von V. 10 zurückfallend — in V. 13–14 mit dem utopischen Wunsch, daß auch der Geist gemalt werden könnte, und der Vorstellung, was für ein schönes Bild dies im Falle seines juristischen Kollegen Zanger gäbe. Taubmann hat sich für sein Epigramm auch noch anderer Vorlagen aus dem hier betrachteten Traditionsstrom bedient. Er benützte augenscheinlich Stigels oben zitiertes Gedicht auf das Bildnis Melanchthons in der Ausgabe von Reusners *Icones*. Vgl. dort V. 2 *mentem qui poterit pingere nullus erit* | mit Taubmanns V. 9f. *qui posset* [...] | *effigiem mentis pingere nullus erat* | und Stigels Vorstellung und Reusners Formulierung in V. 3–6 *Si qua manus sanctam quoque posset fingere mentem* | [...] | *Pulcrius aspiceres toto vix numen in orbe* | [...] mit Taubmanns Vorstellung und Formulierung in V. 13–14 *Pectoris o facies pingi sic possit ut oris!* | *Pulchrior hac forsan nulla tabella foret*. Außerdem hat das ebenfalls zitierte Gedicht des Henricus Mollerus auf das Bildnis Melanchthons aus den *Orationes, Epitaphia* [...] *de morte Philippi Melanthonis* [...] bei Taubmann seine Spuren hinterlassen. Vgl. dort V. 7 | *hoc pictoris opus circumspice!* mit Taubmanns V. 9 | *hoc pictoris opus* und V. 14 [...] *in scriptis edidit ipse suis* | mit V. 11 | *in scriptis tamen ipse suis* [...]. Taubmann zeichnet sich hier offenkundig nicht so sehr durch neue epigrammatische Pointen als vielmehr durch große Traditionskompetenz aus.

Es ist verständlich, daß das Erasmus/Melanchthon–Motiv auch für Medaillen verwendet wurde. So erhielt der Tübinger Professor der Theologie und Universitätskanzler D. theol. Jakob Andreae im Jahr seines Todes 1590 eine Medaille, auf deren Vorderseite sein Brustbild zu sehen und auf deren Rückseite folgende Inschrift zu lesen ist:[72] CORPORIS | HIC SCVLPTA | EST ANDREAE FO | RMA IACOBI DEPIN | GVNT MENTEM SCR | IPTA DISERTA VI | RI ANNO MDL | XXXX. Der Leser soll den Text vor der Jahresangabe als Wiedergabe des folgenden elegischen Distichon verstehen:

*Corporis hic sculpta est Andreae forma Iacobi,*
 *depingunt mentem scripta diserta viri.*

Hier ist als Skulptur die Form des Körpers des Jakob Andreae gegeben, seinen Geist malen die beredten Schriften dieses Mannes.

Mit der Opposition zwischen Körper und Geist ist wieder der erasmische Hinweis auf das durch die Schriften gegebene Bild vereint. Lauterbachs 1593

---

[72] Nach der ohne Erklärung gegebenen Transkription in: Landesmuseum Karlsruhe, Hrsg., Die Renaissance im Südwesten zwischen Reformation und Dreißigjährigem Krieg. Eine Ausstellung des Landes Baden–Württemberg [...], Karlsruhe 1986, S. 596.

veröffentlichtes und oben zitiertes Monodistichon auf Reusners Porträt steht der hier gewählten Formulierung am nächsten (vgl. die engen Übereinstimmungen in: *Corporis effigiem Reusneri coela diserti,* | [...] *mentis dant monumenta libri*), so daß sogar eine Beziehung zwischen den beiden Monodistichen nicht auszuschließen ist: Lauterbach in Heilbronn dürfte die Tübinger Medaille mit dem wohl auch in Tübingen verfaßten Distichon gekannt haben.

Mit Sicherheit dachte der Tübinger Professor der Rechte Johann Harpprecht, Iuris utriusque Doctor, an die Medaille seines Schwiegervaters Jakob Andreae, als er 1610 gleichfalls eine Medaille für sich selbst herstellen ließ, die wieder auf der Vorderseite sein Brustbild und auf der Rückseite eine Inschrift zeigt. Diese lautet so:[73] NOBILIS | HARPRECH | TI | FACIES EST I | LLA. IOHANES | DONA. SED ING | ENY. PUBLICA | SCRIPTA | PROBANT A. | CHI. 1610. Der als Monogrammist IS bezeichnete Stempelschneider hat den ihm wohl von Harpprecht selbst gegebenen Text offenbar nicht verstanden und das Wort IOHANNIS verschrieben (das y in INGENY steht nach einer Schreibgewohnheit der Zeit für II). Gemeint waren die Worte vor der Jahresangabe wieder als elegisches Distichon:

*Nobilis Harpprechti facies est illa Johannis,*
  *dona sed ingenii publica scripta probant.*

Jenes edle Gesicht [auf der Vorderseite] ist das des Johann Harpprecht, aber die Gaben seines Geistes beweisen seine veröffentlichten Schriften.

Hier ist die Anregung durch das Distichon auf der Medaille Andreaes und dessen Variation evident.

Die Beispiele zeigen insgesamt, daß im ganzen 16. Jahrhundert sowohl im protestantischen als auch im calvinistischen Raum die erasmische Aussage über das bessere Bild, das seine Schriften bieten, und das Monodistichon zu Dürers Melanchthon–Porträt über das Unvermögen des bildenden Künstlers, den Geist zur Darstellung zu bringen, vielfach produktiv rezipiert wurden, einzeln oder zusammen, in Übernahme der wesentlichen Vorstellungen und mit Wiederholung einzelner symptomatischer Worte, oft in variierender Erweiterung, teilweise in neuer Pointierung und für neue Funktionen. In erster Linie dienten die Motive für die Abfassung von Epigrammen zu Bildnissen von Gelehrten. Diese Epigramme konnten sowohl mit den Porträts als auch getrennt von ihnen veröffentlicht werden. Neben dem Rückgriff auf Vorstellungen und Formulierungen in den Texten auf den beiden Dürerschen Kupferstichen, die den Verfassern in der Regel offenbar bekannt waren, wurden manchmal auch Formulierungen aufgegriffen, die sich in Epigrammen fan-

---

[73] Nach der ohne Erklärung gegebenen Transkription in: Landesmuseum Karlsruhe, wie Anm. 72, S. 601.

den, die ihrerseits in dieser Tradition standen. Immer kam es den humanistischen Verfassern darauf an, über der Bewunderung für das Porträt die ihnen und dem Porträtierten wichtigeren Schriften desselben nicht vergessen zu lassen, sondern sie in das gebührende Licht zu setzen. Das bessere Bildnis des Gelehrten bieten immer seine Schriften. Insofern sind diese Epigramme auch ein Teil einer Auseinandersetzung über den Vorrang der Wissenschaften gegenüber den bildenden Künsten.[74]

V.

Die produktive Rezeption der erasmischen Aussage und des Monodistichon zu Melanchthon setzt sich durch das 17. Jahrhundert hindurch bis weit ins 18. fort. Die Gedanken, daß der bildende Künstler den Geist nicht oder nicht völlig darstellen kann und daß die Schriften des Gelehrten ein besseres Bild seines Geistes bieten, sind zu Topoi geworden, deren Ursprünge den Dichtern und ihren Lesern nicht immer, aber doch oft bekannt gewesen sein dürften. Es ist hier nicht der Raum, die vielfältige Verwendung dieser Topoi in der Porträtdichtung im einzelnen zu verfolgen.[75] Nur noch wenige Beispiele können hier gegeben werden.

---

[74] Diese Auseinandersetzung ist verwandt, aber nicht identisch mit der zwischen Dichtung und Malerei.

[75] Paas, wie Anm. 2, bietet zahlreiche Beispiele einschlägiger lateinischer Porträtepigrammatik aus dem 17. Jahrhundert, in der sowohl die Leitmotive als auch die Leitworte in immer neuen Variationen auftauchen. Hingewiesen sei auf die Verse von Christian Weisse über den Leipziger Professor der Theologie Valentin Alberti (Nr. 3, 1692), von Philipp Jakob Spener über den Berliner Pfarrer Johann Paulus Astmann (Nr. 9, 1699), von Johann Michael Moscherosch über den Leidener Professor und Dichter Gaspar Barlaeus (Nr. 20, 1625), von Johann Freinsheim zu dem Straßburger Professor und Mathematiker Mathias Bernegger (Nr. 28, 1640), von Sigmund von Birken über den Bayreuther Pfarrer Stephan Böner (Nr. 32, 1662), von Johann Peter Titz über den Wittenberger Professor der Theologie Johann Botsack (Nr. 35), von Hermann Gonring über den Helmstädter Professor der Theologie Georg Galixt (Nr. 39), von Heinrich Mühlpfort über den Glogauer Syndicus und Dichter Andreas Gryphius (Nr. 164, 1616), von Johann Michael Moscherosch über den Regensburger Syndicus Georg Gumpelzhaimer (Nr. 165), von Michael Dilherr über den sächsischen Rat Friedrich Hortleder (Nr. 213), von Adam Olearius über den schleswig–holsteinischen Kanzler Johann Adolph Kielmann von Kielmannsegg (Nr. 252), von Daniel Georg Morhof über den Kieler Professor der Theologie Christian Kortholt (Nr. 266, 1633), von Christian Thomasius über den Leipziger Professor der Medizin Christian Johann Lange (Nr. 276, 1701), von August Buchner über den Wittenberger Professor der Theologie Polycarp Leyser (Nr. 281, 1610), von Sigmund von Birken über den Bayreuther Hofprediger Caspar von Lilien (Nr. 291, 1663), von August Buchner über den Wittenberger Professor der Theologie Jacob Martini (Nr. 319, 1647), von Johann Lauremberg über den Altdorfer, später Soröer Professor der Theologie Christian Matthiae (Nr. 326, 1637), von Christian Gueintz über den Superintendenten in Halle Arnold Mengering (Nr. 334, 1644), von Michael Dilherr über den Nürnberger Ratsherrn Georg Paul Nützel (Nr. 346,

Der Tübinger Professor der Theologie D. theol. Johann Adam Osiander veröffentlichte 1676 in Tübingen einen umfangreichen Kommentar zu den fünf Büchern Moses (*Commentarius in Pentateuchum* [...]), dessen Frontispiz einen Kupferstich des Georg Andreas Wolfgang nach einem Bilde von Georg Thomas Hopfer zeigt, in dem Osiander vor seinen Büchern und vor seinem Schreibtisch steht, auf dem sich ein aufgeschlagenes handschriftliches Buch und ein Tintenfaß befinden. Er selbst hat eine Feder in seiner Hand und ist im Begriff, etwas in das Buch zu schreiben. Dieser Kupferstich weist in seiner Bildkomposition charakteristische Parallelen zu Dürers Kupferstich von Erasmus auf, so daß zu vermuten ist, daß der Künstler Osiander wohl auf dessen eigenen Wunsch nach Art des Dürerschen Erasmus beim Schreiben eines Buches in seiner Bibliothek dargestellt hat. In einer Inschrifttafel unter dem Kupferstich ist ein Epigramm von Mag. Johann Ulrich Erhard zu lesen, der später *Poeta laureatus* und Professor am Stuttgarter Obergymnasium wurde.[76] Das Epigramm ist unterschrieben mit den Worten *Paucis his effigiem D. Patroni venerari voluit M. Ioh. U. Erhardus* und lautet:

> *Si quis forte tuum, sculptor, spectando laborem*
> *quaerat: "Quid facis hic?", "Hic Osiander erit."*
> *continuo dices. Facis hoc miracula saeclo.*
> *Artifices inter tu mihi summus eris.*
> 5 *Nulla tibi dignas persolvent secula grates,*
> *si poteris nobis hunc renovare virum.*
> *Fama insculpta viri magnis viget inclyta scriptis.*
> *Vix caelum calamo pressius ora refert.*

Wenn jemand etwa, Stecher, deine Arbeit sieht und fragt: "Was machst du hier?", wirst du sofort sagen: "Der da wird Osiander sein." Du machst in unserem Jahrhundert ein Wunderwerk. Unter den Künstlern wirst du für mich der größte sein. Die Jahrhunderte werden dir keinen angemessenen Dank abstatten können, wenn du uns diesen Mann neu schaffen kannst. Der leuchtende Ruhm dieses Mannes lebt, eingegraben seinen großen Schriften. Der Stichel gibt seine Gesichtszüge kaum deutlicher wieder als seine Feder.

---

1643), von Andreas Tscherning über den Rostocker Professor der Theologie Johann Quistorp (Nr. 360, 1648), von Michael Dilherr über den Nürnberger Lateinschulmeister Johann Riedner (Nr. 365), von Adam Olearius über den Leipziger Professor der Medizin Andreas Rivinus (Nr. 367, 1658) und von Sigmund von Birken über den Nürnberger Pfarrer Daniel Wülfer (Nr. 460, 1656).

[76] Vgl. zu dem Kupferstich und dem Epigramm für Osiander, die von Paas, wie Anm. 2, nicht verzeichnet werden, Ludwig, wie Anm. 8, S. 62ff., wo jedoch der Ausdruck *pressius* in V. 8 noch anders verstanden wurde (vgl. dazu Anm. 77).

## 7. Das bessere Bildnis des Gelehrten

Erhard wollte zunächst das Bildnis preisen. Er stellt sich in V. 1–6 vor, in die Werkstätte des Kupferstechers zu kommen und ihn bei der Arbeit an diesem Bildnis anzutreffen, das er geradezu als ein künftiges Weltwunder bezeichnet (vgl. Mart. Ep. 1, 1 *Barbara pyramidum sileat miracula Memphis*), für das auch künftige Jahrhunderte ihm kaum genug danken könnten. Darauf wendet sich das letzte Distichon den Schriften des Porträtierten zu. Es betont in V. 7, daß Osianders Ruhm auf seinen Schriften beruht, und fügt an den erasmischen Gedanken anknüpfend in V. 8 hinzu, daß der Kupferstich seine Gesichtszüge kaum deutlicher zeige als diese Schriften.[77] Oder anders ausgedrückt: Kupferstich und Schriften geben beide auf ihre Weise ein gleichermaßen deutliches Porträt Osianders.

Daß das Motiv von den Büchern als dem besseren Bild des Gelehrten auch im Bereich des katholischen Humanismus aufgenommen wurde, beweisen zwei Epigramme des Benedictus Averanus (Averani, 1645–1707), der 1676–1707 Professor des Griechischen, später der *litterae humaniores* in Pisa war.[78] Von ihm sind die beiden folgenden Porträtgedichte bekannt:[79]

> *Ars potuit Redii solers effingere vultus*
> *muta, sed eloquium dulce referre nequit.*
> *Quod si nosse cupis, doctos evolve libellos,*
> *edidit ingenii quos monumenta sui!*
> 5 *Hinc animo mores candorem et concipe magni*
> *pectoris! Haec species nam decet una virum.*
> *Ne sperne effigiem, quae magnum ingentis Olympi*
> *mensorem, quamvis parva sit illa, refert!*
> *Nec tamen hac metire virum, qui quantus haberi*
> *debeat, hic monstrat major imago liber.*

Die geschickte Kunst konnte die Gesichtszüge des Redius abbilden — stumm, doch seine erfreuende Beredtsamkeit konnte sie nicht wiedergeben. Wenn du sie kennen lernen willst, schlage seine gelehrten Bücher auf, die er als Denkmal seines Geistes herausgab. Von da her stelle dir

---

[77] Das Adverb *pressius* ist hier im Sinne von "deutlicher, genauer, bestimmter" verstanden; s. Glare, wie Anm. 7, S. 1453 s.v. *presse* 2. Diese Bedeutung war durch Stellen wie Cicero Tusc. 4, 7, 14 *eas* [sc. *perturbationes*] *definiunt pressius* und Gellius N. A. 1, 3, 21 *Theophrastus* [...] *inquisitius quidem super hac ipsa re et exactius pressiusque quam Cicero disserit* geläufig. Ich gebe deshalb meine frühere — eine bessere Pointe ergebende — Annahme auf, *pressius* bedeute hier in Anlehnung an Plin. N. h. 35, 32 "dunkler".
[78] Vgl. zu ihm Hutton, wie Anm. 39, S. 377ff.
[79] Zitiert nach Carmina illustrium poetarum Italorum, Bd. 3, Florenz 1719, S. 403 *In effigiem Redii* (auch bei Albrecht–Bott, wie Anm. 3, S. 117) und 407 *In effigiem D. Guidonis Grandii, Geometrae celeberrimi*.

seinen Charakter und den Anstand seines großen Herzens vor. Denn diese Schönheit ziemt als einzige dem Mann. — Verachte nicht das Bild, auch wenn es noch so klein ist, das den großen Vermesser des riesigen Himmels wiedergibt. Aber miß den Mann dennoch nicht nach ihm. Für wie groß er gehalten werden sollte, zeigt als größeres Bild dieses Buch.

Das erste Epigramm knüpft anfangs an Anth. Plan. 2, 19, 4 (= A. P. 11, 433) an, das am Porträt die fehlende Stimme monierte, und schließt den erasmischen Hinweis auf die Bücher an, die als *ingenii monumenta* bezeichnet werden. Aus ihnen läßt sich sein Charakter erkennen. Das zweite Epigramm gehört zu einem Frontispiz. Zuerst wird die Kleinheit des Bildnisses gegen die Größe seiner wissenschaftlichen Tätigkeit ausgespielt, um dann seine wahre Größe in dem von ihm verfaßten Buch erkennen zu lassen, das nun nicht als das bessere, sondern als das größere Bild bezeichnet wird. Beide Epigramme stehen in der auf die Medaille des Erasmus zurückführenden Tradition. Die Verbreitung dieses Epigrammtyps im Bereich des katholischen Humanismus ist jedoch noch zu sehr ungeklärt, um beurteilen zu können, auf welche Vorbilder Averanus unmittelbar zurückgriff.

Ins protestantische Deutschland des 18. Jahrhunderts führt ein Epigramm des ehemaligen königlich dänischen Kanzleisekretärs Heinrich Ludwig Gude aus dem Jahr 1705, das sich auf einem zwischen 1705 und 1730 mehrfach als Einzelblatt gedruckten Kupferstich befindet, den Martin Bernigeroth nach einem Gemälde des Georg Balthasar von Sand hergestellt hatte. Der Stich zeigt ein Porträt des Professors für Geschichte und Recht an der Universität Halle Iohannes Petrus Ludewig.[80] Das Epigramm befindet sich unter dem Porträt auf einer Inschrifttafel und lautet:

> *Hos quicunque vides vultus docti Ludovici*
> *pro meritis grata ter venerare manu!*
> *Ingenii penitus si quaeris noscere dotes,*
> *quas nemo aequarit, perlege scripta viri!*

Wer du auch immer bist, der du diese Gesichtszüge des gelehrten Ludewig siehst, verehre sie entsprechend seinen Verdiensten dreimal mit dankbarer Hand! Wenn du die Gaben seines Geistes, denen wohl niemand gleichkommt, genau kennenlernen willst, so lies die Schriften des Mannes durch!

Das Epigramm huldigt barocker Übersteigerung. Der Gegensatz zwischen den *vultus* und den *scripta* ist offensichtlich in der Tradition der Aussage des Eras-

---

[80] Vgl. Walther Ludwig, Der zweite Hallesche Universitätskanzler Johann Peter von Ludewig, Ein Beispiel für soziale Mobilität im achtzehnten Jahrhundert, Halle 1995 (Hallesche Kustodievorträge 3).

mus. Am Ende des ersten Pentameters steht wie im Melanchthonepigramm eine Form von *manus*, hier aber mit anderem Bezug und anderem Epitheton, während das Attribut *doctus* hier auf den Porträtierten bezogen ist. Vielleicht hatte Gude vor seiner Komposition noch das Epigramm des Henricus Moller in *Orationes, Epitaphia* [...] *de morte Philippi Melanthonis* gelesen. Vgl. dort V. 15ff. *Solus enim potuit proprias depingere dotes.* | *Has igitur notas quisquis habere cupis,* | *perlege* [...] *libros.*[81]

An den Satz ΤΗΝ ΚΡΕΙΤΤΩ ΤΑ ΣΥΓΓΡΑΜΜΑΤΑ ΔΕΙΞΕΙ knüpft schließlich die Aufschrift auf einer Medaille an, die der eben genannte nun geadelte Johann Peter von Ludewig als Kanzler der Universität Halle 1731 von dem Gothaischen Hofmedailleur Christian Wermuth schneiden und prägen ließ. Sie zeigt auf der Vorderseite seine Porträtbüste mit Namensumschrift, auf der Rückseite eine Bibliothek, in der sich im Vordergrund ein Tisch befindet, auf dem Bücher und Manuskripte liegen. Am oberen Rand stehen die Worte:

HIS TVA VIVIT IMAGO

In diesen [sc. Schriften und Büchern] lebt dein Bild.

Diese Worte bilden metrisch die zweite Hälfte eines Hexameters (auch Taubmanns oben zitiertes Epigramm hat in V. 7 als Hexameterschluß *vivit imago*). Der Text scheint in bewußtem Anschluß an die Worte auf der Erasmus–Medaille formuliert zu sein. Dafür spricht, daß er ebenfalls eine Nominalellipse enthält. Anstelle des Wortes für Bild fehlt nun das für die Schriften, während umgekehrt das Wort *imago* vorhanden ist, das seinerseits mit dem ersten lateinischen Wort der Erasmus–Medaille übereinstimmt. Das durch die Sperrung betonte *vivit* drückt aus, worum es bei dem Gedanken an die Schriften als dem besseren Bild des Gelehrten häufig auch ging, nämlich um die Hoffnung, daß sie die Zeiten überdauern werden.

Es gibt sicher noch viele andere Beispiele für diese Tradition in der neuzeitlichen lateinischen Dichtung, und vermutlich ist sie auch in nationalsprachliche Literaturen eingedrungen, obwohl die Sprache für Gelehrtenepigramme ja eigentlich die lateinische war. Ziel der vorliegenden Seiten war nicht die zur Zeit wohl ohnehin unmögliche vollständige Präsentation dieser Tradition, sondern der Aufweis ihrer Existenz und eine Vergegenwärtigung der großen und bis ins 18. Jahrhundert andauernden Beliebtheit dieses vielfältig variierten Typs des Epigramms auf Gelehrtenporträts. Denn so berühmt die Medaille des Erasmus und die Kupferstiche Dürers von Erasmus und Melanchthon

---

[81] V. 1 *Hos quicunque vides vultus* erinnert außerdem an Mergiletus' V. 1 *Ingenuum quicunque vides in imagine vultum* (über Melissus), aber es dürfte sich hier um gängige Ausdrucksformen in diesem Epigrammtyp handeln.

sind, so wenig beachtet sind die literarischen Vor– und Nachläufer ihrer Inschriften bisher in der modernen Forschung geblieben.[82]

[Erstveröffentlichung: Nr. 215, revidiert; vgl. dazu Nr. 159, 280.]

---

[82] Ich danke Winfried Bühler, Widu–Wolfgang Ehlers und Bernd Seidensticker für wertvolle Hinweise. Eine kürzere Fassung dieses Aufsatzes wurde am 15. November 1997 auf dem "Norddeutschen Philologentreffen zur Klassischen Philologie und zur Wirkungsgeschichte der Antike" in der Warburgbibliothek, Hamburg, vorgetragen. Auch der dortigen Diskussion verdanke ich wichtige Hinweise. Nachträglich entdeckte ich noch ein postumes Epigramm auf ein Bildnis des Erasmus, das einen Hinweis verdient, da es alle hier behandelten Motive vereint. Es trägt die Überschrift *In effigiem D. Erasmi Rot. per Alardum Aemstelredamum* und steht unter einem Holzschnittporträt des Erasmus in: Desiderius Erasmus, De vitando pernitiosoque aspectu carmen bucolicum [...], Leiden 1538, Bl. Aiii: *Sic Leydana manus* [!] *graphice depinxit* [!] *Erasmum,* | *ut praeter vocem* [!] *viva* [!] *sit effigies. Dulcia cygneae quae sint modulamina vocis,* | [...] | *plus satis e scriptis sunt manifesta libris* [!]. | *In quibus audire est mentem* [!] *cum voce sonantem* | *et specimen* [!] *dantem, quo fuit ingenio,* | [...].

## 8. Zur Verbreitung und Bedeutung der Epigramme des Simon Lemnius

Lotbar Mundt hat in seiner sorgfältigen und umfangreichen Dissertation 'Lemnius und Luther — Studien und Texte zur Geschichte und Nachwirkung ihres Konflikts' (1538/39) (TU Berlin 1982, gedruckt Bern 1983) ein verläßliches Bild jener aufsehenerregenden Vorgänge gegeben und durch seine Edition, Übersetzung und Kommentierung der Epigramme des Lemnius den Zugang zu ihnen ebenso wie ihr Verständnis erleichtert. Es ist in der äußerst geringen Zahl der erhaltenen Exemplare sowohl der ersten kurz nach ihrem Erscheinen eingezogenen und verbrannten als auch der zweiten erweiterten Auflage vom September 1538 begründet, daß kaum etwas über die damalige Verbreitung der Epigramme bekannt ist.

Hier kann ein soeben im Auktionshandel bekannt gewordenes Exemplar der zweiten Auflage neue Aufschlüsse geben. Das auf der Auktion 302 von Hartung & Hartung am 24. November 1993 in München versteigerte Exemplar zeigt auf der im Auktionskatalog S. 45, Nr. 168, abgebildeten Titelseite unten folgende handschriftliche Eintragung: *C[onradus] Lagus M[agistro] Erasmo Floccio N[oribergensi] d[ono] d[at]*. Mit Ausnahme des ersten Buchstabens, der als S gelesen werden könnte, sind alle Buchstaben und damit auch die hinzugefügten Ergänzungen eindeutig.

Bei dem Beschenkten handelt es sich, wie bereits der Auktionskatalog auf S. 44 angab, unzweifelhaft um Erasmus Flock aus Nürnberg. Er war 1514 dort geboren worden und hatte sich im Sommersemester 1533 in Wittenberg als *Erasmus floccus Noribergensis* immatrikuliert. Im Januar 1538 hatte er ebenda den Magistergrad erworben. 1540 begann er an der Artistenfakultät Vorlesungen zu halten. Auf Melanchthons Empfehlung wurde er 1543 Professor der Mathematik. Nach seiner Promotion zum Doktor der Medizin am 10. September 1545 zog er zurück nach Nürnberg, wo er auch mathematische und poetische Werke herausgab und 1568 starb. Er muß Lemnius, der 1534 in Wittenberg immatrikuliert und am 4. Juli 1538 unter dem Rektorat von Melanchthon relegiert wurde, persönlich gekannt haben, auch wenn bislang keine Beziehungen zwischen beiden bekannt sind.

Bei dem Geber mit Namen Lagus kann es sich um niemanden anderen handeln als um Conradus Lagus, der sich 1519 noch als *Conradus Häss de Crutzbergk Mogun[tinae] dioc[esis]* in Wittenberg immatrikuliert hatte, später aber den gräzisierten Namen Lagus annahm, 1528 den Magistergrad erwarb, juristischen Privatunterricht gab und im Sommersemester 1538 Dekan der Artistenfakultät war. Im gleichen Jahr wurde ihm der juristische Unterricht untersagt, weil er kein reguläres juristisches Studium absolviert hatte, worauf er 1539 eine Bestallung als Syndikus von Danzig annahm, die auf Empfehlung Melanchthons zustande gekommen war. 1540 wurde er noch in Wittenberg zum Doktor der Rechte promoviert und publizierte auch später mehrere juristische Werke. Er starb 1546 durch einen Unfall auf einer Gesandtschaftsreise nach Krakau.[1] Ein Lagus mit einem mit S beginnenden Vornamen kann nicht nachgewiesen werden. Der erste Buchstabe der Eintragung muß deshalb als ein C mit einem unteren kurz wieder nach links geführten Haken aufgefaßt werden, der vielleicht durch den Aufstrich zum L bedingt ist. Daß Lagus Lemnius nicht nur kannte, sondern mit ihm befreundet war, bezeugt Lemnius selbst in seiner *Apologia*, wo er die ihm befreundeten Wittenberger Gelehrten aufzählt. Er schreibt dort:

*Doctissimorum quoque hominum nullus est, qui non aut Lemnium ante laudaverit aut non eius consuetudine sit delectatus. Familiaritatem mecum habuit [...] praeterea multi alii docti viri et professores, ut est [...] Lagus iureconsultus [...] qui omnes mei fautores fuerunt.*[2]

Der Umstand, daß Lagus Flock eine Ausgabe der zweiten Fassung der Epigramme schenkte, beweist, daß er seine Freundschaft mit Lemnius trotz Luthers wütenden Angriffen gegen diesen und trotz der zur Zeit seines eigenen Dekanats erfolgten Relegation aufrecht erhielt und daß seine Sympathie für Lemnius offenbar so groß war, daß er die erweiterte Neuauflage an Wittenberger Freunde auch verschenkte. Er sah in Flock offenbar einen Gesinnungsfreund. Die Eintragung ist ein Dokument dafür, daß sich selbst in Wittenberg mit Lemnius sympathisierende Leser der Epigramme fanden, die gegen den Willen Luthers für ihre Verbreitung sorgten. Das Epigrammbuch war trotz seiner Verbrennung in die Stadt seines Ursprungs zurückgekehrt.

Dies hatte Lemnius erhofft und erwartet, als er in der Weise Martials sein Buch anredend folgendes Epigramm schrieb, das im *Epigrammaton liber tertius* an sechster Stelle eingeordnet wurde:

*Qui procul es tumido nuper compulsus ab Albi,*
    *I liber absentis pignus amicitiae.*
*Invenies aliquem qui te venisse probabit,*
    *Et quod sis salvus carmine laetus erit.*

---

[1] Zur Biographie von Flock und Lagus vgl. Allgemeine Deutsche Biographie 8, 1878, S. 280 (Bruhns); 17, 1883, S. 522ff. (Stintzing); J. Chr. Adelung, Fortsetzung und Ergänzungen zu Christian Gottlieb Jöchers allgemeinem Gelehrten-Lexicon, Bd. 2, Leipzig 1787, S. 1132, W. Friedensburg, Geschichte der Universität Wittenberg, Halle 1917, S. 230f.; Album Academiae Viteberngensis, Ältere Reihe, Bd. 1, hrsg. von K. E. Förstemann, O. Hartwig, K. Gerhard, Leipzig 1841, ND Aalen 1976, S. 87, 149, 152.
[2] Nach der Edition der Apologia, Köln o.J. (1539), durch L. Mundt, wie oben, Bd. 2, S. 188.

## 8. Die Epigramme des Simon Lemnius

*Te periisse statim primis natalibus ille*
  *Nunc veluti Persam te rediisse putet.*
*Expositus fueras ne tu legerere libelle,*
  *Mirentur liceat nempe renatus eris.*[3]

Mundt hat dieses Epigramm folgendermaßen übersetzt:

> Von der geschwollenen Elbe bist du kürzlich weit in die Ferne vertrieben worden. Geh, mein Buch, du Unterpfand ferner Freundschaft! Irgendwen wirst du schon finden, dem du willkommen bist und der sich an meiner Dichtung erfreut, nachdem du gerettet bist. Mag er glauben, du seist gleich nach der Geburt untergegangen und jetzt wie Persa zurückgekehrt. Du wurdest der Vernichtung anheimgegeben, damit niemand dich lesen konnte, Büchlein. Sollen sie sich nur wundern: du wirst tatsächlich wiedergeboren sein.[4]

Erläuternd machte Mundt darauf aufmerksam, daß V. 2 identisch ist mit Mart. 9, 99, 6 und erklärte V. 6 so:

> *Persam.* Vermutlich meint L. Persephone, die Hades, der Gott der Unterwelt, von der Erde raubte und zu seiner Frau machte. Persephone durfte jedes Jahr für eine bestimmte Zeit auf die Erde zurückkehren. Der Name Persa wohl von Perse, dem Beinamen der zuweilen mit Persephone gleichgesetzten Unterweltgöttin Hekate.[5]

Damit ist jedoch der Sinn des Epigramms nicht ganz verstanden worden, insbesondere ist die Bedeutung des Vergleichs verkannt.

Lemnius nennt die Elbe, die sein Buch von Wittenberg wegtrieb, *tumidus*, weil sie von einem Sturm aufgewühlt wurde, der Luthers Angriff verbildlicht. Entsprechend schrieb Lemnius in Ep. 3, 67 *Ad lectores*: *Dum nos Albiacis laeti modulamur arenis, | Mota est adverso saeva procella noto. | Nosque per immensos rapuit cum carmine fluctus, | Nosque per incertas flumine traxit aquas.* "Während wir fröhlich auf dem Sandstrand der Elbe Verse sangen, erhob sich durch widrigen Südwind ein wütender Sturm und riß uns mit unseren Gedichten durch die unermeßlichen Fluten und zog uns im Strom durch unbekannte Wasser [...]". Diese Schilderung des mit seinen Gedichten von den sturmbewegten Wogen der Elbe von Wittenberg weggerissenen Lemnius ist allegorisch als Bild für seine durch Luthers Wüten erzwungene Flucht zu nehmen, die dadurch nicht als eine Handlung, für die er selbst die Verantwortung trägt, erscheint, wodurch der ihm gemachte Vorwurf, er habe sich durch seine

---
[3] Text in originaler Interpunktion nach Epigrammaton Libri III, o.O. 1538, Bl. F7ʳ.
[4] L. Mundt, wie oben, Bd. 2, S. 111.
[5] L. Mund, wie oben, Bd. 1, S. 248f.

Flucht eidbrüchig der Verantwortung entzogen, in sich zusammenfällt. Real floh er nicht auf dem Wasserweg. In der der zweiten Auflage der Epigramme beigefügten elegischen *Querela* wird der historische Vorgang geschildert. Er floh danach, um der drohenden Verhaftung zu entgehen, von Wittenberg auf dem Landweg über Zahna, Jüterbog und Zinna in das brandenburgische Kloster Lehnin.[6] Die bildliche Darstellung stimmt nur insoweit mit dem realen Ablauf überein, als erstens Lemnius bei einem Spaziergang am sandigen Elbstrand von der ihm drohenden Gefahr unterrichtet wurde (vgl. die auch im Wortlaut teilweise übereinstimmende Formulierung in *Querela* 103ff.: *Dum* [!] *nos* [!] *extra urbem sicca spatiamur* [!] *arena* [!], [...] *Nuntius* [...] *venit* [...]) und als zweitens die Fluchtrichtung ebenso wie die Flußrichtung der Elbe im allgemeinsten Sinn von Süden nach Norden führt. Ebenso ist die Aussage in Ep. 3, 6, 1 über das von der angeschwollenen Elbe weggetriebene Buch ein allegorisches Bild für die Verbannung des Buches aus Wittenberg. Durch eine am Ende des Gedichts geweckte Vorstellung wird das Bild des im Elbwasser weggetriebenen Buches noch eine zusätzliche Bedeutung erhalten.

Das damals vertriebene Buch wird jetzt von Lemnius zu seinen fernen Freunden, d.h. zu seinen Freunden in Wittenberg, zurückgeschickt als Beweis und Unterpfand für ihre fortdauernde Freundschaftsbeziehung (V. 2). Das Buch wird jemand — wie Lagus und Flock — finden, der gutheißen wird, daß es gekommen ist (V. 3) und der sich freuen wird, daß es mit seinen Gedichten gerettet ist (in V. 4 liegt eine syntaktische Kontamination vor, da von *laetus erit* einerseits *quod salvus sis*, andererseits auch *carmine* abhängig ist). So jemand hat vielleicht zuerst geglaubt, daß das Buch kurze Zeit nach seiner ersten Veröffentlichung für immer zerstört worden ist (V. 5). Aber es ist nun trotz seiner Verbrennung in Wittenberg wiederauferstanden. Lemnius hat als Bild für diesen Vorgang zuvor mehrfach die Phoenixsage benützt (so in Ep. 3, 2 und 4). Er verwendet jetzt einen anderen Mythos als Vergleich.

Mit *veluti Persam* (V. 6) will er allerdings nicht, wie Mundt vermutet, den Gedanken an die griechische Persephone evozieren, deren lateinischer Name Proserpina ist und die nie Persa heißt. Auch Hekate heißt nicht Persa oder Perse, sondern gelegentlich Perseis. Und der Mythos von der jährlich aus der Unterwelt nur für eine bestimmte Zeit zur Erde zurückkehrenden Gattin des Hades ist als Bild für das wieder nach Wittenberg kommende Buch ohnehin nicht sehr passend. Mundt war wohl zu seiner Vermutung gekommen, weil die einzige mythologische Figur, die den Namen Persa wirklich führt, als Vergleichsbild nicht in Frage kommt. Es ist die so benannte Tochter des Okeanos, von der nichts anderes bekannt ist, als daß sie als Gattin des Helios

---

[6] Vgl. L. Mundt, wie oben, Bd. 1, S. 26ff., 265ff. und die Edition der *Querela* in Bd. 2, S. 158ff.

Mutter von vier Kindern war (vgl. Hygin Fabulae praef. 36: *Ex Sole et Persa, Circe, Pasiphae, Aeeta, Perses*).

Lemnius hat jedoch *Persam* als Akkusativ zu Perseus verstanden. Für den mythischen Heros Perseus ist diese Form zwar nicht belegt (sein Akkusativ lautet *Perseum* und *Persea*), aber der gleichnamige makedonische König Perseus tritt auch als *Perses* bzw. *Persa* mit der Akkusativform *Persam* auf. So benützt Velleius Paterculus, als er über den König Perseus schreibt (Hist. 1, 9), die Akkusativform *Persam*, neben der Beatus Rhenanus in der Erstausgabe 1520 am Rand *alias Perseum* notierte,[7] und kurz danach die Genitivform *Persei*. Dieser Deklinationswechsel dürfte Lemnius die Rechtfertigung gegeben haben, in seinem Epigramm aus metrischen Gründen die Alternativform *Persam* auch im Falle des mythischen Heros zu wählen. Ob sie in zeitgenössischer humanistischer Dichtung auch sonst belegt ist, muß hier offen bleiben. Daß Lemnius aber an dieser Stelle mit Sicherheit an den mythischen Perseus dachte, bestätigt der dadurch hergestellte Sinn des Gedichts. Perseus war bekanntlich bald nach seiner Geburt zusammen mit seiner Mutter Danae von seinem Großvater, dem König Akrisios von Argos, in einer Kiste im Meer ausgesetzt worden. Die Kiste war auf der Insel Seriphos gelandet, wo Danae und ihr Sohn gerettet wurden. Perseus wuchs dort auf und kehrte später erwachsen nach Argos zurück, was Akrisios in solche Angst versetzte, daß er nach Larissa in Thessalien floh. Es war ihm prophezeit worden, daß er von seinem Enkel getötet werde, was dann auch unabsichtlich geschah. Diese Sage konnte Lemnius unter anderem durch Hygins *Fabulae* (63f.) und den Kommentar des Raphael Regius zu Ovids Metamorphosen kennen.[8]

Der in V. 3f. vorgestellte mit Lemnius sympathisierende Leser konnte nach der Verbrennung des Buches, wie gesagt, geglaubt haben, daß es kurz nach seinem Druck für immer zugrunde gegangen war. Aber jetzt konnte er es wie einen nach Argos/Wittenberg zurückgekehrten Perseus betrachten. Wie Perseus war es nun groß geworden und bewaffnet (durch das zusätzliche dritte Buch mit den scharf invektivischen Epigrammen), und auch der Umstand, daß Argos und Wittenberg etymologisch die Bedeutung "weiß" teilten, wurde

---

[7] P. Vellei Paterculi Historiae Romanae duo volumina [...] per Beatum Rhenanum Selestadiensem ab interitu utcunque vindicata, Basel 1520, S. 6. Nach F. Neue, Formenlehre der lateinischen Sprache, Bd. 1, Leipzig 1902, S. 517ff., ist die Akkusativform *Persam* nur an dieser Velleiusstelle belegt.

[8] Der Kommentar des Raphael Regius wurde mit dem Text der Metamorphosen seit 1493 in den ersten Jahrzehnten des sechzehnten Jahrhunderts häufig gedruckt. Die angegebene Stelle befindet sich in der Ausgabe Venedig 1509 auf Bl. 48$^r$ im Kommentar zu Met. 4, 606. Regius referiert hier den Inhalt des Scholion zu Apollonios Rhodios Argonautica 4, 1091. Da diese Scholien erst in der Erstausgabe der Argonautica, Florenz 1496, gedruckt wurden, muß er eine handschriftliche Quelle gehabt haben.

dabei wohl als zusätzliche Koinzidenz registriert.⁹ Das Buch war, damit es nicht gelesen werden konnte, wie Perseus "ausgesetzt" worden (V. 7). Seine jetzige Wiedergeburt wird mit Recht Staunen auslösen (V. 8). Für die Aussetzung eines Kindes wird *exponere* seit Plautus benützt. Der bisher verkannte bildliche Sinn von *expositus fueras* wird in dem Vergleich mit Perseus erst deutlich. Das Anfangsbild des auf der Elbe weggetriebenen Buches gewinnt nun rückwirkend eine Beziehung zu dem einst mit Danae im Meer treibenden kleinen Perseus. Es ist erlaubt, auch an die übrigen Figuren der Sage zu denken. Sie werden nicht angesprochen, aber es bleibt dem Leser überlassen, sich z.B. vorzustellen, was das Buch als zurückgekehrter Perseus in Wittenberg bewirken mag und welchen Schrecken es dem Wittenberger Akrisios einjagen wird. Das folgende Epigramm trägt die Überschrift *In Mart. Lutherum* und stellt ihn als kläffenden Hund dar. Das Bild des zurückgekehrten Perseus ist jedenfalls ein aggressiverer Vergleich für das Buch als das zuvor gebrauchte Bild des aus seiner Asche wiedererstandenen Phoenix.

Das Epigramm erwartet verständnisvolle Leser in Wittenberg, und wir wissen nun, daß Konrad Lagus und Erasmus Flock zwei von ihnen waren.

[Erstveröffentlichung: Nr. 177.]

---

⁹ Die lateinischen Namen von Wittenberg waren *Leucorea* und *Albiorium*, die Seekarte des Andrea Benincasa von 1508 (Biblioteca Apostolica Vaticana, Belser Faksimile Edition) zeigt den Namen "Argenmond".

## 9. Die Epikedien des Lotichius für Stibar, Micyllus und Melanchthon

In seinem Epicedion auf Lotichius stellte sich Johannes Posthius[1] vor, daß Gott Lotichius in den Himmel aufgenommen hat, und schrieb:[2]

*Et liquido resonant Iovis aurea templa,*
 *Angelicique movent tinnula plectra chori.*
*Hos inter cithara praestans et voce Secundus*
 *concinit aeterno carmina laeta Deo.*
*Ille canit, cantus iterant et verba frequentes*
 *Caelicolae, Vatem suspiciuntque novum.*
*Suspicit ipse parens Vatum, laudatque Micyllus,*
 *discipulo gaudes, magne Philippe, tuo.*
*Ille velut sanctos coluit vos usque parentes,*
 *et tumulis solvit debita iusta piis.*
*Nec tantum sparsit violisque rosisque sepulcra*
 *et tristes sedit flebilis ante rogos,*
*vestra sed et doctis celebravit busta libellis,*
 *quos poterunt nulli post abolere dies.*

Von klarem Gesang schallen des Jupiter goldene Tempel wider, und die Engelschöre bewegen die Citharagriffel mit hellem Klang. Unter ihnen singt Lotichius, mit seiner Cithara und seiner Stimme sich auszeichnend, frohe Lieder dem ewigen Gott. Er singt, und die zahlreichen Himmelsbewohner wiederholen seine Gesänge und Worte und bewundern den neuen Dichter. Es bewundert ihn selbst der Vater der Dichter [d.h. Gott], und es lobt ihn Micyllus und du, großer Philipp, freust dich über deinen Schüler. Er verehrte euch immer wie heilige Väter und gab euren fromm errichteten Gräbern, was er ihnen schuldete. Nicht nur mit Veilchen und Rosen bestreute er die Grabstätten und saß weinend vor den traurigen Gräbern, sondern er feierte auch eure Grabhügel mit gelehrten kleinen Büchern, die keine späteren Tage werden vernichten können.

---

[1] Zuerst gedruckt in: In funere clarissimi viri D. Petri Lotichii Secundi, philosophiae ac medicinae doctoris et poetae per Germaniam elegantissimi, amicorum et gratorum discipulorum lachrymae, Heidelberg (1560), Bl. 10v–12v, s. Klaus Karrer, Johannes Posthius (1537–1597), Verzeichnis der Briefe und Werke mit Regesten und Posthius–Biographie, Wiesbaden 1993, S. 353, danach aufgenommen in: Petrus Lotichius Secundus, Opera omnia, Leipzig 1586, S. 321–329 (zu späteren Auflagen dieser Ausgabe vgl. Karrer, S. 473, und Bernhard Coppel, Bericht über Vorarbeiten zu einer neuen Lotichius–Edition, Daphnis 7, 1978, S. 55–106, hier S. 84), und in: Johannes Posthius, Parerga, (Heidelberg), 1595 (s. Karrer, S. 355f. und 443ff.).
[2] Lotichius, wie Anm. 1, S. 327.

Damit spielte Posthius auf die als Einzelschriften gedruckten Epikedien des Lotichius zum Tode des Micyllus[3] und des Melanchthon[4] an und hob sie damit als einzige Einzelgedichte hervor, nachdem er zuvor von seinen hexametrischen, elegischen und lyrischen Gedichten allgemein gesprochen und bedauert hatte, daß sie bisher nur in verschiedenen Gedichtbüchern veröffentlicht waren, Lotichius aber nicht vergönnt gewesen war, sie revidiert in einer Gesamtausgabe zusammenzustellen.[5]

Epikedien waren im 16. Jahrhundert nicht nur ein etablierter und häufig gebrauchter, sondern, wie dieses Beispiel wieder zeigt, auch ein viel beachteter Gedichttyp. Ihre metrische Form war meistens nach Ovids berühmter Elegie auf den Tod Tibulls durch das elegische Distichon bestimmt (und Lotichius, der auch die elegischen Epikedien auf Drusus und Mäzenas als Muster beachtete und verwertete, hielt sich nahezu immer an diese Form).[6] Es wurden aber auch nach den Epikedien des Statius, der den Terminus *epicedion* in unserer Überlieferung erstmals gebrauchte, der Hexameter[7] oder nach der horazischen Ode auf den Tod des Quintilius Varus die zweite asklepiadeische Strophe[8]

---

[3] Petrus Lotichius Secundus, De obitu clarissimi viri D. Iacobi Micylli ad D. Philippum Melanthonem [...] Elegia, Heidelberg 31. Januar 1558, nachgedruckt Wittenberg 1558 und in Lotichius, wie Anm. 1, S. 99–104, sowie in allen Werkausgaben als El. IV 2.

[4] Petrus Lotichius Secundus, In obitum clarissimi viri D. Philippi Melanthonis ad D. Georgium Cracovium [...] Elegia, Wittenberg 1560, nachgedruckt in: Orationes, epitaphia et scripta, quae edita sunt de morte Philippi Melanthonis omnia, Wittenberg 1561, Bl. Tii5r–V2r, und in Lotichius, wie Anm. 1, S. 111–119, sowie in allen Werkausgaben als El. IV 4 (Petrus Burmannus Secundus, Hrsg., Petri Lotichii Secundi Solitariensis Poemata omnia, Amsterdam 1754, Tom. I, S. 279–294, s. auch Tom. II, S. 36–37).

[5] Lotichius, wie Anm. 1, S. 323f. (= Burmannus, wie Anm. 4, T. II, S. 214).

[6] Literarisch steht Ov. El. 3, 9 im Hintergrund des Epicedion auf Micyllus, s. unten. Lotichius las die *Consolatio ad Liviam* unter den Werken des Ovid und die — noch als Einheit edierte und aufgefaßte — Elegie *Incerti Authoris in Mecoenatis obitum* (so in der Vergilausgabe Venedig 1541, Bl. 468) in den Gesamtausgaben des Vergil. Er entnahm aus beiden Epikedien einzelne Motive für seine späteren Epikedien auf Stibar, Micyllus und Melanchthon, s. unten mit Anm. 26, 33, 37, 44, 67.

[7] Vgl. Walther Ludwig, Des Martin Opitz Epicedium auf Erzherzog Karl von Österreich, Daphnis 29, 2000, S. 177–196.

[8] Vgl. z.B. Petrus Crinitus, Poem. 2, 13 (*Naenia de obitu Ioannis Pici Mirandulae viri clarissimi* von 1494, zuerst gedruckt Florenz 1508) mit 8 Zweiten asklepiadeischen Strophen, die teilweise auch im Ausdruck Hor. Carm. 1, 24 folgen, in: Petrus Crinitus, De honesta disciplina libri XXV [...] Poematum quoque illius libri II, Basel 1532, S. 554f., und Lambertus Ludolfus Pithopoeus, Lacrimae in obitum praematurum, funus luctuosissimum, memoriam sempiternam, honorem meritissimum Iohannis Casimiri, Tutoris et Palatini Electoratus Administratoris [...], Heidelberg 1592, S. 4–24 und zu dieser Ausgabe Reinhard Düchting in: Elmar Mittler u.a., Hrsg., Bibliotheca Palatina, Heidelberg 1986, Textband S. 255. Dieses Epikedion hat 163 Zweite asklepiadeische Strophen. Pithopoeus läßt am Anfang an das Epikedion auf Pico della Mirandola denken und hat in den ersten fünf Strophen Ge-

## 9. Die Epikedien des Lotichius

und gelegentlich auch über die klassischen Muster für Epikedien hinaus andere Versmaße gewählt[9]. Die Beobachtung der Vorbilder und die Erfordernisse der Situation machten drei Themen für Epikedien obligat: *luctus*, *laus* und *consolatio*[10]. Seit Scaliger erinnerten auch die Poetiken an diese Themen.[11] Ihre Gestaltung ließ der Qualität der Epikedien einen weiten Spielraum.[12]

---

danken und Wendungen aus der ersten Strophe des Horazgedichts Carm. 1, 24 in variierender Erweiterung übernommen (V. 1ff.): *Eheu*, quis *lacrimis ponere terminum,* | *alto* quis *gemitus claudere pectore* | *rumpentes violenter velit hos meos?* | *Quis suspiria fervida* || [5] *ausit comprimere? eheu,* modus et pudor *|* quis desiderio *luctifico queat |* tam cari capitis *constitui meo et |* vere Christicolae *ullius?* || [9] *Vos, o vos, placidi qui colitis Nicri* | *montes aerios Panorii et sacri* | *vallem vitiferam sub Duce Maximo,* | *vates, candida pectora,* || [13] *non Diis, sed canitis carmina qui Deo* | *pergrata, Aeolii seu numeri magis* | *seu vobis Lyrici iam moduli placent* | *seu quodvis aliud melos,* || [17] *coniunctis animis, viribus omnibus,* | *heu threnos querulos gutture* lugubri *|* docti praecipere *et sufficere impigri |* ploranti abnuite haud mihi! || [21] *Iohannes Casimire,* occidis, occidis, *|* [...]

[9] Z.B. wurden für Epikedien auf den Tod Melanchthons in der in Anm. 4 zitierten Sammelausgabe und für Epikedien auf Johannes Sturm (Manes Sturmiani sive Epicedia [...] a diversis amicis sive discipulis, Straßburg 1590) auch catullische Hendekasyllaben oder aus jambischen Trimetern und Dimetern bzw. aus Hexametern und jambischen Dimetern bestehende Distichen sowie alkäische Strophen benützt. Catullische Hendekasyllaben und jambische Distichen finden sich auch unter den Epikedien zum Tod des Johannes Brenz (Oratio funebris de vita et morte [...] Ioannis Brentii [...] a Iacobo Heerbrando [...] Accesserunt Epicedia quaedam virorum doctissimorum, Tübingen 1570); vgl. zu letzteren: Wulf Segebrecht, Hrsg., Tübinger Epicedien zum Tod des Reformators Johannes Brenz (1570). Kommentiert von Juliane Fuchs und Veronika Marschall unter Mitwirkung von Guido Wojaczek, Frankfurt am Main u.a. 1999 (Beiträge zur deutschen Literatur 24), dazu die Besprechung von Walther Ludwig, Zeitschrift für Württembergische Landesgeschichte 59, 2000, S. 555–557. Martin Opitz wählte für sein Epicedium auf die Herzogin Dorothea Sibylla von Schlesien zu Liegnitz und Brieg von 1625 den Hinkiambus (George Schulz–Behrend, Martin Opitz, Gesammelte Werke, Bd. 2, 2. T., Stuttgart 1979, S. 417f., Nr. 67).
[10] Vgl. auch Hans–Henrik Krummacher, Das barocke Epicedium, Rhetorische Tradition und deutsche Gelegenheitsdichtung im 17. Jahrhundert, Jahrbuch der deutschen Schillergesellschaft 18, 1974, S. 89–147.
[11] S. Iulius Caesar Scaliger, Poetices libri septem, zuerst 1561, hier Heidelberg 1607, S. 385f. (lb. 3, cap. 121) oder Luc Deitz, Hrsg., Iulius Caesar Scaliger, Poetices libri septem, Sieben Bücher über die Dichtkunst. Bd. 3, Stuttgart 1995, S. 191–195, und als Beispiel für eine spätere von Scaliger beeinflußte Poetik (Christophorus Helvicus und Conradus Bachmannus), Poetica, praeceptis, commentariis, observationibus, exemplis, ex veteribus et recentibus poetis studiose conscripta per Academiae Gissenae nonnullos Professores, zuerst 1608, hier Gießen 1617, S. 300f.
[12] Eine moderne literaturgeschichtliche Darstellung des frühneuzeitlichen lateinischen Epicedion oder ein Register der sehr zahlreichen Gedichte dieser poetischen Gattung ist mir nicht bekannt. Die umfangreichste Präsentation humanistischer Epikedien bietet meines Wissens immer noch die von Hans Rupprich betreute unveröffentlichte Dissertation von Elisabeth Springer, Studien zur humanistischen Epicediendichtung, Diss. Wien 1955, die

Lotichius hat 19 überlieferte Trauergedichte verfaßt, eines davon ist eine Elegie auf ein totes Tier, einen Delphin.[13] Von den übrigen 18 sind 10 kürzere Gedichte von etwa 10–20 Versen, die *Epitaphium* oder *Inferiae*[14] heißen,[15] und 8 längere von etwa 60–200 Versen, die *Elegia* oder synonym *Epicedion* genannt werden.[16] Als Versmaß ist, abgesehen von den iambischen Trimetern

---

mir durch eine freundlicherweise durch Dr. Elisabeth Klecker übersandte Kopie des Exemplars der UB Wien zugänglich wurde. Nach einem Überblick über die Geschichte der Trauergedichte von der Antike bis zum 15. Jahrhundert (S. 1–108) werden 47 humanistische Epikedien auf 12 Gelehrte und Künstler des 16. Jahrhunderts (Strub, Celtis, Mutianus, v. Hutten, Hessus, Micyllus, Melanchthon, Dürer, Reuchlin, Nesen, Pirckheimer und Erasmus) in ausgewählten Abschnitten ediert, von einigen — im folgenden in der Regel übergangenen — bedauerlichen Fehlleistungen abgesehen gut übersetzt und mit interpretierenden Bemerkungen versehen, die sich in erster Linie auf die Art richten, wie die Verstorbenen charakterisiert wurden (S. 109–511). Auch wenn Springer auf die Poetologie der Epikedien nicht eingeht (z.B. wird die *consolatio* als Zusatz zu Epikedien und nicht als konstitutiver Bestandteil derselben betrachtet), die Struktur der Gedichte nicht genau analysiert und intertextuelle Bezüge zur antiken Literatur kaum beachtet, verdient die Arbeit doch als forschungsgeschichtlich früher Versuch einer anschaulichen Vorstellung dieser humanistischen Textform Beachtung und wurde deshalb hier besprochen.

[13] Burmannus, wie Anm. 4, Tom. 1, S. 124–127: El. 2, 7 *Ad deos maris in funere Delphini* (46 V.).

[14] *Inferiae* "Totenopfer" kann Lotichius im Text jedoch auch ein langes Epicedion nennen, so das für Melanchthon (Burmannus, wie Anm. 4, Tom. I, S. 282 = El. 4, 4, 45): *Has tamen inferias quocumque sub aethere ferrem*.

[15] S. Petrus Lotichius Secundus, Elegiarum liber, Eiusdem Carminum libellus ad D. Danielum Stibarum Equitem Francum, Paris 1551, Bl. 27 *Inferiae ad tumulum Materni Steindorfer in urbe Hierae* = Burmannus, wie Anm. 4, Tom. I, S. 475f., dazu S. 408f.: *Ad tumulum L. Materni militis fortissimi*; Bl. 32 *Inferiae ad Georgii Lotichii fratris tumulum* = Burmannus, S. 419f.; Bl. 35 *Inferiae ad tumulum Ulrici Hutteni, Eq. Fr.* = Burmannus, S. 483f.; Lotichius, wie Anm. 1, S. 152: *Epitaphium Adolphi A Glauburg Jureconsulti Francofurd.* = Burmannus, S. 440f.; S. 189: *Epitaphium Henrici Stibari, Eq. Fr.* = Burmannus, S. 489f.; Burmannus, S. 455: *Epitaphium Gertrudis conjugis Jacobi Micylli*; S. 488: *D[eis] M[anibus] Jacobi Marii, Germani, pietatis et ingenii laudibus insignis, amici incomparabilis*; S. 563: *Optimo ac ornatissimo viro Sebastiano Hagelio J.U.D.* (zum Tod seines Sohnes); S. 563f.: *Inferiae ad tumulum Modesti Marchalc ab Ostheim, Eq. Fr.*

[16] Lotichius 1551, wie Anm. 15, Bl. 10–12: *Ad Christianum Lotichium fratrem. Elegia V* (andere Fassung in: Lotichius 1586, wie Anm. 1, S. 9–12: *Ad Christianum Lotichium fratrem. De obitu patris* = El. 1, 4, Burmannus, wie Anm. 4, Tom. I, S. 24–31); Lotichius, wie Anm. 1, S. 76–78: *In obitum Callirhoes, puellae formosissimae* = El. 3, 3, Burmannus, S. 188ff. (andere Fassung S. 302–305: *Ad Guilielmum Rondoletum medicum illustrem de obitu puellae a se adamatae Tunicatae in Montepessulano Elegia* = Burmannus, S. 551–555); S. 86–90: *In obitum Danielis Stibari* = El. 3, 7, Burmannus, S. 213–221; S. 99–104: *Ad Philippum Melanthonem de obitu clarissimi viri Iacobi Micylli* = El. 4, 2, Burmannus, S. 247–258; S. 111–119: *Ad Georgium Cracovium Iureconsultum in obitum Philippi Melanthonis* = El. 4, 4, Burmannus, S. 279–294; S. 119–125: *In obitum Mangoldi ab Hutten Eq. Fr.* = El. 4, 5, Burmannus, S. 295–307; S. 242–248: *Epicedium in obitum D. Casparis Crucigeri* = Bur-

eines Epitaphiums, durchgehend das elegische Distichon benützt. Zwei der Gedichte sind an weibliche Personen gerichtet, das Epitaphium auf Gertrud, die Gemahlin von Micyllus, und die in zwei Fassungen überlieferte Elegie auf den Tod eines von Lotichius geliebten Mädchens, deren Namen nicht oder nur durch das Pseudonym Callirhoe angegeben wird. 16 Trauergedichte gehen auf kürzlich verstorbene männliche Verwandte, Freunde und Lehrer, eines gedenkt unter dem Titel *Inferiae* Ulrich von Huttens. Chronologisch erstrecken sich diese Gedichte von der 1548 in der ersten Fassung verfaßten Elegie auf den Tod seines Vaters bis zu der 1560 ein halbes Jahr vor seinem eigenen Tod verfaßten Elegie auf den Tod Melanchthons.

Von diesen Gedichten seien hier die drei artistisch bedeutendsten, für das Leben des Lotichius wichtigsten und zugleich berühmtesten für eine nähere Betrachtung ausgewählt, es sind die 1555, 1558 und 1560 verfaßten Elegien bzw. Epikedien auf Stibar, Micyllus und Melanchthon.[17] Diese Epikedien zeichnen sich, abgesehen von einer eleganten Verwertung klassischer Muster,[18] durch den emotionalen Ausdruck der persönlichen Beteiligung, durch spezifische Aussagen über den Toten, durch maßvolle und nicht ausfernde Stoffdarbietungen, durch immer neue gestalterische Ideen für die Gesamtkomposition, durch eindringliche aus Natur und Mythos genommene Bildvorstellungen und durch tektonische Strukturierungen aus, die sie zu kunstvollen und die Leser fesselnden Texten machten.

Die Kombination dieser Kriterien läßt das Epicedion des Lotichius für Melanchthon aus den zahlreichen damals für diesen verfaßten Trauergedichten[19] herausragen, und es ist gewiß auch die beste Schöpfung, die Lotichius innerhalb dieser poetischen Gattung gelungen ist. Die Kombination der soeben genannten Kriterien machen auch schon das Epicedion des Lotichius auf den Tod seines *Maecenas*, des adligen Würzburger Kanonikus Daniel Stibar (1505–1555), zu einem besonders gelungenen Trauergedicht.[20]

---

mannus, S. 381–393; S. 249–251: *Epicedion in mortem sanctissimi viri D. Egidii Mechleri* = Burmannus, S. 393–396.

[17] Da von diesen Gedichten bisher keine Übersetzung vorliegt, findet sich eine mit strukturierenden Angaben versehene Übersetzung im Anhang zu diesem Beitrag. Auf die Übersetzung einzelner Textstellen wird deshalb hier verzichtet.

[18] Auf die von Burmannus (wie Anm. 4) beigebrachten antiken und neulateinischen Parallelstellen zu bestimmten Ausdrücken sei hier nur pauschal hingewiesen.

[19] Sie sind gesammelt in: Orationes, epitaphia, scripta, wie Anm. 4, Bl. T5r–m3r.

[20] Vgl. hierzu Walther Ludwig, Petrus Lotichius Secundus and the Roman Elegists: Prolegomena to a study of Neo-Latin Elegy, in: R. R. Bolgar, Hrsg., Classical Influences on European Culture A. D. 1500–1700, Cambridge 1976, S. 171–190, hier S. 185, Anm. 4, und Stephen Zon, Petrus Lotichius Secundus, Neo-Latin Poet, Bern u.a. 1983, S. 288ff. Zur Biographie Stibars vgl. auch Frank Baron, Camerarius and the historical Doctor Fau-

Stibar hatte Lotichius zunächst als Tutor seiner Neffen zum Studium nach Paris geschickt und später trotz eigener Vermögensverluste im Markgräflerkrieg sein Studium in Italien finanziert,[21] was Lotichius in seinem Epicedion voll Dankbarkeit betont. Daß Stibar beim alten Glauben geblieben war, bringt er weder explizit noch implizit zum Ausdruck.

Die gestalterische Idee war hier, die Vorstellung des vom Morgen bis zum Abend unaufhörlich einsam am Ufer Klagenden zur strukturellen Grundlage des Gedichts zu machen. Damit ließ er an das mythische Vorbild des vergilischen Orpheus denken (Georg. 4, 465f.): *te, dulcis coniunx, te solo in litore secum, | te veniente die, te decedente canebat.*[22] Lotichius kannte auch den Kommentar des Servius zu Georg. 1, 288, der ein Verspaar aus der *Smyrna* Cinnas (*te matutinus flentem conspexit Eous | et flentem paulo vidit post Hesperus idem*) zitierte und erklärend *Eous* mit *Lucifer* identifizierte. Danach begann Lotichius sein Gedicht mit dem Aufgang des *Lucifer*. Im Unterschied zu den antiken

---

stus, in: ders., Hrsg., Joachim Camerarius (1500–1574), Beiträge zur Geschichte des Humanismus im Zeitalter der Reformation, München 1978 (Humanistische Bibliothek 1, 24), S. 200–222, hier S. 204f.

[21] Zur Beziehung des Lotichius zu Daniel Stibar vgl. Zon (wie Anm. 20), S. 160f. und 255ff.

[22] So bereits Ludwig, wie Anm. 20, S. 185 "The classical motif of grieving from morning to night (cf., e.g., Virg. Georg. IV, 465f.) provided the structural skeleton for the whole elegy". Zum antiken Vorkommen dieses Motivs vgl. Will Richter, Vergil, Georgica, herausgegeben und erklärt, München 1957, S. 394. Unzutreffend ist die Kritik von Zon, wie Anm. 20, S. 308, der behauptet "Ludwig's reference to Virgil is not relevant, [...], since the passage [...] relates Orpheus' continous mourning (day and night) for Eurydice." Der vergilische Satz *te veniente die, te decedente canebat* (Badius Ascensius erklärte richtig: [...] *et canebat te die decedente, id est occidente sole*) kann zwar, wie das Beispiel Zons beweist, auch im Sinne eines unaufhörlichen Gesangs eines schlaflosen Sängers verstanden werden, wurde aber in der Regel und sicher auch von Lotichius als ein vom frühen Morgen bis zum Abend währender Gesang, also synonym zu einem Gesang *ab ortu ad occasum solis*, verstanden. Dem Leser der Klage des Lotichius soll auf jeden Fall der den ganzen Tag klagende vergilische Orpheus in Erinnerung kommen. Speziell für den Ausdruck von V. 10 *solis ad occasum dum flemus solis ab ortu* variierte Lotichius, worauf Zon mit Recht hinwies, Ov. Met. 5, 445 *solis ab occasu solis quaerebat ad ortus*, wo beim Suchen der Ceres nach ihrer Tochter Proserpina jedoch nicht nur ein zeitlicher, sondern vor allem auch ein örtlicher Aspekt gemeint ist. Lotichius hatte das Motiv der schon mit dem Morgen beginnenden Klage bereits in der Urfassung seines Gedichts zum Tod seines Vaters benützt: *Primus et aspiciam tollentem lampada Phoebum | et dicam, lachrymas advehit iste meas* (Lotichius 1551, wie Anm. 15, Bl. 12v , El. 5, 91f.). In seinem Epicedion auf Melanchthon, V. 141f., wird er den Gesang vom Morgen bis zum Abend dann in einer beabsichtigten Steigerung auf einen Gesang bis um Mitternacht ausdehnen, und sein Schüler Adam Siber wird später dem Psalmisten David gar einen Gesang vom Abend bis zum Morgen und in den Stunden des folgenden Tages zuschreiben, womit tatsächlich der schlaflose Sänger erreicht ist (s. unten mit Anm. 53 und 54).

Gedichten, in denen die Klage vom Morgen zum Abend in ein oder zwei parallel gebauten Versen komprimiert wird, läßt Lotichius sie sich nun über die 94 Verse des ganzen Gedichts erstrecken und gliederte es durch die mit Naturbildern verbundenen Zeitbeschreibungen des Aufgangs des Morgensterns (V. 1ff.), des Aufgangs der Sonne (V. 21f.), des mittäglichen Sonnenstands (V. 47ff.) und des Abends (V. 91f.).

Diese Zeitbeschreibungen wurden auch zu einschlägigen Reflexionen genutzt. Vom Aufgang der Sonne her konnte Lotichius in einer unverdeckten Kontamination von Catulls Carmen 5, 4f. (*soles occidere et redire possunt, | nobis cum semel occidit brevis lux, | nox est perpetua una dormienda*) mit Horazens Carmen 4, 7, 13 ff. (*damna tamen celeres reparant caelestia lunae. | nos ubi decidimus,[...], pulvis et umbra sumus*) die Formulierung finden (V. 23ff.): *Ergo ubi permensus caelum sol occidit, idem | purpureo vestit lumine rursus humum. | Nos ubi decidimus defuncti munere vitae, | urget perpetua lumina nocte sopor.*[23]

Zu der Zeit– tritt eine anschauliche Ortsangabe, eine Spezifizierung des vergilischen *solo in litore*. Lotichius, der die Nachricht von Stibars Tod wohl in Bologna erhielt, sitzt in der Fiktion an der Mündung des Po in die Adria und gewinnt dadurch zwei weitere mythologische Vergleiche, den klagenden Gesang der *Halcyones*, der Eisvögel am Meer, an deren Mythos sogleich V. 3f. erinnern,[24] und die Trauer der Heliaden um Phaethon, die während ihrer Klage in Pappeln am Po verwandelt werden.[25] Mit der Klage der Heliaden vergleicht Lotichius seine eigene Klage in V. 5ff. und in V. 69ff. Die Anregung für die beiden mythischen Vergleiche hatte Lotichius der *Consolatio ad Liviam* entnommen.[26]

Zwischen den fünf so gebildeten, die Natur nach Zeit und Ort darstellenden Abschnitten, in denen mit Vergleichen aus dem Mythos und der Natur zugleich das Thema des *luctus* und gegen Ende das der *consolatio* ihren Ausdruck finden (V. 1–12, 19–28, 37–52, 67–76, 91–94), stehen drei dem Lob Stibars und der Darstellung seines Lebens gewidmete Partien (V. 13–18, 29–36, 53–

---

[23] Zon, wie Anm. 20, S. 289 bemerkt hier nur die "variation of a Catullan conceit". Für Lotichius ist jedoch gerade die Kontamination der beiden Vorbilder bezeichnend.

[24] Vgl. Ov. Met. 11, 650–750. Lotichius übernimmt in V. 3 *Halcyonumque sonant moestis freta mane querelis* Wort– und Klangmaterial aus Met. 11, 734 *Dumque volat moesto similem plenumque querelae* und 749 [...] *freta lata volantes* |.

[25] Ov. Met. 2, 333–366.

[26] Vgl. mit V. 3 (s. Anm. 24) Cons. ad Liv. 107f.: *Halcyonum tales ventosa per aequora questus | ad surdas tenui voce sonantur aquas* (es folgt in V. 5 der Gedanke an Phaethon ebenso wie in der Cons. ad Liv. 111f.) und mit V. 69 ff.: *Ipsa etiam natum Clymene Iovis ignibus ictum | hic olim celsis flevit in aggeribus. | Flevit Lampetie, flevit Phaethusa iacentem* Cons. ad Liv. 111f.: *Sic flevit Clymene, sic et Clymeneides, alte | cum iuvenis patriis excidit ictus equis.*

66) und gegen Ende ein Abschnitt mit zwei Trostgründen (V. 77–82, 83–90). Der so geschaffene mehrfache Blickwechsel von der immer wieder vergegenwärtigten augenblicklichen Situation an der Mündung des Po zu dem unruhigen, Kriegsgefahren ausgesetzten Leben Stibars in Deutschland gibt dem Gedicht einen besonderen Reiz. Und der Leser genießt es auch, wie alles Dunkle gegen Ende des Gedichts in dem Aufblick zum Licht des Himmels verschwindet.

Das Epicedion für Stibar ist ganz als einsame Klage und Anrede an die anfangs (V. 12) beschworene *umbra* Stibars gehalten, von der bzw. von dessen *manes* er sich am Ende (V. 94) verabschiedet. Für die um 52 bzw. 110 Verse umfangreicheren Epikedien auf seine ihm wichtigsten und liebsten Lehrer, seinen Frankfurter Lehrer Micyllus (1503–1558)[27] und seinen Wittenberger Lehrer Melanchthon (1497–1560),[28] wählte Lotichius dagegen die Form des elegischen Briefes, den er im ersten Fall an Melanchthon, im zweiten an den ihm befreundeten Juristen Georg Cracow richtete.

Das Epicedion für Micyllus[29] konnte sich als der Brief geben, durch den Lotichius Melanchthon über dessen Tod unterrichtet. Im Exordium (V. 1–6) schickt Lotichius seine weinende Muse mit den ungleichen Füßen, die sich so als *Elegia* zu erkennen gibt, vom Neckar an die Elbe, und zwar mit aufgelösten Haaren und in schwarzem Gewand, und läßt dadurch das berühmteste klassische Muster einer Trauerelegie, Ovids Elegie auf den Tod des Tibull, anklingen, in der *Elegia* gleichfalls anfangs mit aufgelösten Haaren erscheint.[30]

Eine Narratio (V. 7–30) schließt sich an, beginnend mit einem Rückblick auf den nur zwei Monate zurückliegenden Besuch Melanchthons und zunächst einmal die Todesnachricht summarisch nennend (und dabei im Ausdruck an Ovids Nachricht vom Tod Tibulls erinnernd),[31] um danach eine eingehende Beschreibung der auch datierten Krankheit, gegen die die Ärzte machtlos waren, zu geben.

---

[27] Zur Beziehung des Lotichius zu Jacob Micyllus vgl. Zon, wie Anm. 20, S. 52ff.
[28] Zur Beziehung des Lotichius zu Philipp Melanchthon vgl. Walther Ludwig, Musenkult und Gottesdienst — Evangelischer Humanismus der Reformationszeit, in: ders., Hrsg., Die Musen im Reformationszeitalter, Wittenberg 2001, S. 9–51, hier S. 39–40.
[29] Von Springer, wie Anm.12, S. 254–272 besprochen.
[30] Vgl. die wörtlichen Anklänge von (V. 1–4) *Flebilis [...] | cur veniat passis Musa, [...], comis | [...] | vestis inaequales sed tegat atra pedes* zu Ov. Am. 3, 9, 3: *Flebilis indignos, Elegia, solve capillos.*
[31] Vgl. V. 15f.: *Ille, decus Phoebi, Musarum cura, Micyllus | occidit* mit Ov. Am. 3, 9, 5: *Ille tui vates operis, tua fama, Tibullus | ardet in extructo, corpus inane, rogo.*

Die Vorstellung des toten Micyllus, die wieder im Anklang an den toten Tibull Ovids formuliert ist,[32] veranlaßt seine apostrophierende Anrede, und in dieser Form wird nun sein Lob als elegischer, epischer und lyrischer Dichter (er übertrifft in seiner Vielfalt sogar Tibull!) und als Lehrer des Lotichius besungen und des Lotichius untilgbare Dankbarkeit betont (V. 31–50). Dies führt in Fortsetzung der Anrede an Micyllus zum Ausdruck seines Schmerzes, also zum Thema des *luctus* (V. 51f.). Ihm dient die Vorstellung des vom Frühling an stets geschmückten Grabes, bei dem jeder Vorbeigehende — mit teilweise ovidischen Worten — sagen wird: *Sit requies cineri paxque, Micylle, tuo* (V. 60),[33] und aller seinen Tod beweinen werdenden deutschen Dichter (V. 53–78). Die namentliche Nennung von Stigel, Sabinus und Camerarius will ebenso wie die Aufforderung an die in Padua und Bologna studierenden deutschen Freunde des Lotichius eine Fülle von Epikedien für Micyllus provozieren. Die Nennung der drei lebenden deutschen Dichter ist zugleich eine Analogie zu den im Epicedion für Tibull genannten toten zeitgenössischen Dichtern Calvus, Catull und Gallus.

Das Besondere des folgenden Abschnitts (V. 79–96) ist, daß in ihm gewissermaßen eine Peripetie vom *luctus* zur *consolatio* stattfindet. Besonders beklagenswert ist für Lotichius, daß die humanistischen Arbeiten des Micyllus durch seinen Tod jäh und unvorbereitet unterbrochen wurden.[34] Seine dichterischen Arbeiten sind, da er für sie noch keine Sammelausgabe besorgt hatte, damit beinahe ebenso wie er selbst begraben. Der Anruf an die Musen, dieses Unglück zu verhindern, wirkt wie die metaphorische Vorwegnahme des unmittelbar darauf folgenden Appells an Melanchthon, es nicht zuzulassen, daß die Schriften des Micyllus in ewige Nacht fallen. Diesen Appell verstärkt die Erinnerung an den letzten Besuch Melanchthons, an die Geistesgemeinschaft der beiden und den Umstand, daß eben diese letzten Gespräche mit Melanchthon für Micyllus *durae solatia mortis* waren, die dieser mit sich ins Elysium nahm, in dem sich nach Ovid auch Tibull befindet.[35] Danach wird im folgenden von der Voraussetzung ausgegangen, daß Melanchthon sich um eine Veröffentlichung der gesammelten Schriften des Micyllus kümmern wird.[36] Der

---

[32] Vgl. V. 31: *Ergo iaces* mit Ov. Am. 3, 9, 39: *iacet, ecce, Tibullus*.
[33] Dieser Vers enthält Anklänge an das letzte Distichon in Ov. El. 3, 9, 67f. : *Ossa quieta, precor, tuta requiescite in urna, | et sit humus cineri non onerosa tuo.*
[34] Die Formulierung von V. 81f. *Quid prodest totas hiberno sidere noctes, | quid studiis longos continuasse dies?* imitiert wieder die Consolatio ad Liviam (41ff.: *Quid tibi nunc mores prosunt actumque pudice | omne aevum et tanto tam placuisse viro? | Quidque [...]*).
[35] In V. 96 *adtulit ad manes Elysiumque nemus* wird Micyllus am gleichen Ort wie Tibull vorgestellt (Ov. El. 3, 9, 60): *in Elysia valle Tibullus erit*.
[36] Da Melanchthon und Lotichius schon 1560 starben, kam es nicht mehr dazu, und erst Jakob Micyllus' Sohn Julius Micyllus, der ein Freund von Lotichius gewesen war, gab 1564

Abschnitt hat mit seiner erneuten Wendung an Melanchthon den Charakter des Briefes an ihn wieder aufgegriffen und mit der Bitte an Melanchthon die *petitio* des Briefes gegeben.

Nachdem der Umschlag zu *consolatio* erfolgt ist, macht das Distichon V. 97f. (*Nec decet aut fas est nos illum flere sepultum | amplius et lacrymis ponere nolle modum*) die Beendigung des Themas des *luctus* innerhalb des Gedichts bewußt. Der erste Trostgrund ist, daß der durch musische Künste erworbene Ruhm des verstorbenen Micyllus weiterleben wird (V. 99–104), der zweite, daß sein christlicher Glaube, der mit den Tugenden der Bescheidenheit, Genügsamkeit, Demut, Klugheit und Redlichkeit gepaart war,[37] ihn selbst in den Himmel versetzt hat (V. 105–110). Als Beweis dafür und zugleich als *solamen nostris dulce piumque malis* (V. 111f.) erzählt Lotichius nun die Todesstunde des Micyllus, gibt dessen letzte Worte — nach dem Vorbild der *Elegia in Maecenatem* — in direkter Rede[38] und setzt damit den gegen Anfang des Gedichts gegebenen Bericht über dessen Erkrankung und Tod fort. Die Stunde des Todes wird chronologisch datiert durch den symbolisch ausgedeuteten gleichzeitigen nächtlichen Untergang des Pegasus (V. 113–116).[39] Tatsächlich geht das Sternbild des Pegasus Ende Januar etwa um 23 Uhr im Westen unter. Die gläubigen letzten Worte des Micyllus werden in 4 Distichen referiert (V. 117–128) — daß sie fiktiv ausgestaltet sind, ist dem Leser bewußt. Sie sollen jeden Zweifel daran beseitigen, daß Micyllus nun in den Himmel aufgenommen ist, wo er anschließend bei der Betrachtung der Sterne, in der Umarmung seiner ersten Frau und in himmlischer Lust und Liebe vorgestellt wird (V.

---

in Frankfurt am Main die poetischen Arbeiten seines Vaters gesammelt heraus: Iacobi Micylli Argentoratensis Sylvarum libri quinque, quibus accessit Appelles Aegyptius seu Calumnia antehac ut et caetera pleraque nondum edita.

[37] Im protestantischen Sinn war sein Glaube, der in V. 105 *pietasque fidesque |* und in V. 110 *innocua cum pietate fides |* am Anfang und Ende des Abschnitts herausgestellt wird, Ursache für seine Aufnahme in den Himmel. Dazwischen finden aber auch seine christlichen Tugenden Erwähnung, von denen *modestia, liberalitas, parsimonia* und *humilitas* durch ihre Negation Ausdruck finden (*Non levis ambitio, non impius ardor habendi, | nullus in elato pectore fastus erat,|* ), *prudentia* und *candor* sodann in positiver und teilweise periphrastischer Form genannt werden (*provida sed virtus et flore nitentior omni | candor*). Zur Bedeutung von *modestia, liberalitas, parsimonia, superbia, humilitas* und *candor* vgl. Philipp Melanchthon, Loci communes theologici [...] accesserunt Definitiones Theologicae, quarum in Ecclesia usus est eodem autore, Basel 1558, S. 142ff., 722ff.

[38] Vgl. Eleg. in Maec. 145ff. Die Lotichius zur Verfügung stehenden Ausgaben trennten diesen Text noch nicht in zwei Elegien, wie es seit Joseph Iustus Scaliger geschieht.

[39] Zum Pegasus bei Lotichius vgl. Walther Ludwig, Der Ritt des Dichters auf dem Pegasus und der Kuß der Muse — zwei neuzeitliche Mythologeme, Nachrichten der Akademie der Wissenschaften in Göttingen, I. Phil.–Hist. Klasse, 1996, Nr. 3, Göttingen: Vandenhoeck & Ruprecht, S. 80–82.

129–138). Damit erinnert Lotichius implizit einerseits an das zehn Jahre zuvor von Micyllus verfaßte Epicedion auf seine Gemahlin Gertrud,[40] in dem er sich gegen Ende selbst gewünscht hatte, bald im Himmel mit ihr wieder vereint und den irdischen Übeln entrissen zu sein,[41] und andererseits auf das Ende von Ovids Gedicht auf Tibull, der dort — mit einer in Ovids fehlendem christlichen Glauben begründeten Ungewißheit — im Elysium bei seinen Dichterkollegen gedacht wird.[42] V. 97–138 des Lotichius dienen so geschlossen der *consolatio* und stehen zugleich durch die ergänzende Erzählung der Todesstunde in Bezug zu dem anfänglichen erzählenden Abschnitt.

Die Conclusio (V. 139–146), die das Gedicht zusammen mit dem Exordium (V. 1–6) rahmt, bilden ein letzter Anruf des neuen Himmelsbewohners Micyllus, eine anschließende Wendung zu Melanchthon als dem Adressaten der Briefelegie und eine Valedictio an Micyllus, der in Steigerung des ovidischen *culte Tibulle* (V. 66) nun als *cultissime vates [...] Micylle* angeredet und *in beatorum pace* gewußt wird.

Das Gedicht ist, wie sich zeigte, in ständigem Bezug zu Ovids Elegie auf den toten Tibull geschrieben.[43] Lotichius setzte zu Anfang durch Übernahme des Motivs der mit aufgelösten Haaren erscheinenden elegischen Muse und durch einige Übereinstimmungen im Ausdruck deutliche Markierungen, nach denen der Leser auch im weiteren Verlauf auf Übereinstimmungen und Unterschiede achten und sie bemerken kann. Die eigentümliche poetische Struktur des Gedichtes des Lotichius, das im Umfang fast genau doppelt so groß wie das Ovids ist, ist im übrigen dadurch bestimmt, daß es zugleich ein Brief und ein Epicedion ist bzw. daß das Epicedion in den Brief eingebettet ist. Der Briefempfänger wird in den Rahmenstücken in V. 2 und in V. 144 als *Philippe* und

---

[40] Vgl. die literaturwissenschaftliche Interpretation dieses Gedichts durch Wilhelm Kühlmann, Die verstorbene Gattin — die verstorbene Geliebte: Zum Bild der Frau in der elegischen Dichtung des deutschen Humanismus (Jacob Micyllus und Petrus Lotichius Secundus), in: Paul Gerhard Schmidt, Hrsg., Die Frau in der Renaissance, Wiesbaden 1994 (Wolfenbütteler Abhandlungen zur Renaissanceforschung 14), S. 21–54.
[41] Lotichius (*Aut cupido primae complexu coniugis haerens | fata senectutis narrat acerba suae. | Seque tot aerumnis gaudet curisque solutum | amplius haud ullas posse timere vices*) bringt die Erfüllung des Wunsches von Micyllus in dessen V. 301–304 (*Atque utinam nostros videas quoque post breve vultus | et sedeam lateri iunctus, ut ante, tuo! | Quique hominum casus genitor dispensat et ortus, | his aliqua eripiat me quoque sorte malis*). Auf diesen Bezug macht Springer, wie Anm. 12, S. 266 aufmerksam.
[42] Der christliche Lotichius steht natürlich in offenem Gegensatz zu dem unsicheren heidnischen Ovid (El. 3, 9, 59f., 65f.): *Si tamen e nobis aliquid nisi nomen et umbra | restat, in Elysia valle Tibullus erit. [...] siqua est modo corporis umbra, | auxisti numeros, culte Tibulle, pios.*
[43] Der zentrale Bezug auf diese Elegie wird von Springer, wie Anm. 12, an keiner Stelle ihrer Interpretation beachtet.

in dem die Perpetie vom *luctus* zur *consolatio* vollziehenden Abschnitt als *Melanchthon* (V. 87) und *Philippe* (V. 90) angeredet, so daß der Charakter des Briefes im ganzen gewahrt bleibt, dessen konventionelle Bestandteile sich auch beobachten lassen. Andererseits wird mehrfach in der für ein Epicedion typischen Weise apostrophisch Micyllus angesprochen (in V. 31–70, 103, 139–142, 145–146). Das Gedicht ist von der für ein Epicedion typischen vom *luctus* zur *consolatio* führenden und mit einer Himmelsvorstellung endenden Stimmungskurve durchzogen und gleichzeitig auch bewußt so komponiert, daß die Krankheit und Tod erzählenden Partien am Anfang und vor dem Ende des Gedichts dadurch, daß sie einander ergänzen, aufeinander bezogen sind.

Insgesamt ist also ein vielschichtiges, ziemlich komplexes und bedacht komponiertes Gebilde entstanden, obwohl es von Lotichius unmittelbar nach dem Tod des Micyllus sehr rasch verfaßt worden war. Nur drei Tage nach dessen Tod war es schon gedruckt. Lotichius schickte das Gedicht noch am gleichen Tag, dem 31. Januar 1558, an Melanchthon. Es fand bei diesem großen Beifall. Melanchthon ließ es in Wittenberg erneut drucken und schickte am 6. April ein Exemplar mit Micyllus und Lotichius lobenden Worten an Stigel.[44] Aber weder dieser noch Sabinus noch Camerarius scheinen der an sie gerichteten Aufforderung, Micyllus gleichfalls Trauergedichte zu widmen, entsprochen zu haben. Camerarius entschuldigt sich am 11. April 1558 dafür bei Lotichius ausdrücklich.[45]

Die poetische Leistung des Lotichius erfährt in seinem Epicedion auf Melanchthon[46] zweifellos noch eine Steigerung. Lotichius sandte das Gedicht am 7. Mai 1560 mit einem Brief an den kurfürstlich sächsischen Rat und Wittenberger Professor des römischen Rechts Georg Cracow/Cracovius, der ihm den Tod Melanchthons durch einen Brief vom 27. April 1560 mitgeteilt hatte.[47]

---

[44] Vgl. Melanchthons Briefwechsel, hrsg. von Heinz Scheible, Stuttgart 1977ff., Nr. 8509 und Nr. 8580.

[45] Camerarius (in Burmannus, wie Anm. 4, II, S. 16): *Vidi autem his diebus versus elegantissimi Epicedii tui, in quo, cum eam mentionem mei fecisti, quam, si optio daretur, fieri maxime voluissem, ago gratias tibi. Me quidem et aliae curae et tristitia ipsa nondum passa est aliquid commentari atque describere, quo celebraretur memoria amici mortui.* In den Ausgaben des Johannes Stigelius, Poemata, hrsg. von Adam Siber, Jena 1577, und des Georgius Sabinus, Poemata, Leipzig 1589, finden sich keine Epicedia oder Epitaphia auf Micyllus. Julius Micyllus gab 1564 die Gedichte seines Vaters (s. Anm. 36) ohne Gedichte anderer auf ihn heraus.

[46] Von Springer, wie Anm. 12, S. 275–294 besprochen.

[47] Lotichius war mit Cracow (1525–1575, ADB 4, S. 540–543) seit langem freundschaftlich verbunden. Seine erste Gedichtveröffentlichung war die *Elegia gratulatoria in nuptiis M. Georgii Cracovii Pomerani et Sarae filiae D. Bugenhagii Pomerani*, Wittenberg 1549,

## 9. Die Epikedien des Lotichius

Es war wohl dieser selbst, der beide Texte des Lotichius zuerst 1560 in Wittenberg hatte drucken lassen, danach wurden sie in den Wittenberger Sammelband für Melanchthon aufgenommen, der 1561 mit vielen Gedenkschriften und -gedichten gedruckt wurde.[48]

Den Hauptteil der Elegie (V. 1–164) bilden zwei sich steigernde und die gesamte Natur einbeziehende Klagen (V. 1–46 und V. 119–164) und zwischen ihnen die Würdigung von Melanchthons Leben und Leistung (V. 47–118); diesem Hauptteil folgen abschließend mit einer positiven Wendung der Stimmung Trost und Gebet (V. 165–204).

Lotichius zeichnet zunächst einen *Locus amoenus* am Neckar (V. 1–10, V. 5: *errabam Nicri secessus inter amoenos*), in den die Todesnachricht (V. 11f.) um so schrecklicher einbricht. Neckar (*Nicer*) und Elbe (*Albis*), die Lotichius im ersten Vers des Micyllus–Epicedion zusammen genannt hatte, durchziehen nun sowohl als natürliche Flüsse und als auch als mittrauernde männliche Naturgottheiten das Gedicht, wobei Lotichius die Flußbilder bewußt an strukturell aufeinander bezogene Stellen gesetzt hat. Das Bild des Neckars ist am Anfang und am Ende des Hauptteils der Elegie, gewissermaßen als motivischer Rahmen, eingesetzt. Zu Anfang befindet sich Lotichius am Neckar. Am Ende, in V. 151ff., erscheint der Fluß als mythische Figur und äußert seine Trauer: *Ipse etiam veteris Nicer haud oblitus alumni | coeruleas largis fletibus auget aquas: | [...] | Talia dum recolit, lacrimarum gurgite flumen | crescit, et undosis fluctibus antra fremunt* (die Anregung zu dem weinenden Fluß hat die *Consolatio ad Liviam* gegeben).[49] 'Vater' Elbe aber erscheint im Inneren des Hauptteils dreimal, und zwar sowohl zu Beginn der beiden Klageteile, die die Würdigung von Leben und Leistung Melanchthons rahmen, in V. 15f.: *tumulumque recentem | adtonitus muta praeterit Albis aqua* und in V. 119f.: *Albi pater, pater Albi, leves abiere per auras | omnia, quae propter vivere dulce fuit* als auch innerhalb des Preises von Melanchthons Verdiensten (V. 69f.: *Tum pater, ignotum prius atque ignobile flumen, | cornua limosa sustulit Albis aqua*) und dann abermals im Schlußteil des Gedichts (V. 188 *semper ad Albiacas vox tua vivat aquas*). Damit sind die beiden trauernden und in ihrer Trauer verbunde-

---

gewesen (Burmannus, wie Anm. 4, I, S. 537–546). Auch der Pariser Druck seiner *Carmina*, wie Anm. 15, Bl. 33, enthält ein Freundschaftsgedicht an Cracovius (Burmannus, S. 429–432), ein weiteres in Burmannus, I, S. 159–163. Zur Überlieferung über Melanchthons Tod vgl. N. Müller, Melanchthon, Letzte Lebenstage, Heimgang, Bestattung, Leipzig 1910.

[48] Vgl. Anm. 4.

[49] Cons. ad. Liv. 221ff.: *Ipse pater flavis Tiberinus inhorruit undis, | sustulit et medio nubilus amne caput. | Tum salice implexum, muscoque et arundine crinem | caeruleo* [V. 152!] *magna legit ab ore manu | uberibusque oculis lacrimarum flumina* [V. 157!] *misit, | vix capit adiectas alveus altus aquas.* Die Anrede *pater* verwendet Lotichius dann für *Albis*.

nen, von einander weit entfernten Flüsse ein Leitmotiv des Epicedion geworden.

Die in Cracows Brief enthaltene Nachricht vom Tode Melanchthons löst bei Lotichius eine erste Klage aus (V. 13–26), die mit der singulären Apostrophe *o divine Melanchthon* einsetzend ihn mit dem Steuermann vergleicht, der sein Schiff mitten im stürmischen Meer verlassen hat,[50] ein Motiv, das abermals zu Anfang des zweiten Klageteiles auftaucht.[51] Aber Lotichius trauert nicht allein um die der Welt entrissenen *deliciae mundi*,[52] die ganze Natur, Himmel und Erde trauern mit ihm. Dieses Motiv der Mittrauer der Natur und speziell der Erde (V. 24: *terraque vix natas maesta recondit opes*) wird im zweiten Klageteil verstärkt wieder aufgegriffen (V. 149f.: *Alma parens tellus, cuius cognomen habebas, | deficit et foetus neglegit aegra suos*). Um Melan–chthon trauert χθών! Und auch die Hirten auf den Feldern spielen nur noch Trauerlieder (V. 25). Das bukolische Motiv soll allegorisch verstanden werden. Die Hirten der Menschen sind die evangelischen Pfarrer. Christus selbst wird in V. 196 als *optime pastor* angesprochen werden.

Lotichius will mit einem Trauerlied nicht fehlen (V. 27–46), auch wenn er nie genügend das Melanchthon zukommende Lob ausdrücken könne (V. 35). Den seine Liebe bezeugenden Schmerz will er bekunden (V. 39), wo er auch immer in der Welt sei. Wiederholt und verstärkt wird dieser Vorsatz (V. 32 *carmina lugubri concino moesta lyra*) innerhalb des zweiten Klageteils (V. 141f. *Quod possum, tibi mane novo, tibi vespere sero, | moesta tibi media carmina nocte canam*). Lotichius läßt hier wieder an den die verlorene Eurydice besingenden Orpheus denken,[53] steigert aber die Dauer des Gesanges sowohl des vergilischen Orpheus als auch seine eigene im Epicedion für Stibar über den Abend hinaus nun bis um Mitternacht.[54]

---

[50] V. 19: *Deseris insanis puppim, bone rector, in undis* im Ausdruck nach Ov. Trist. 5, 6, 7.
[51] V. 125f.: *Volvimur huc illuc, veluti spoliata magistro | cymba per Aegaeas naufraga fertur aquas*; im Ausdruck nach Baldassar Castiglione, Epistola Hippolytes 91f., vgl. Walther Ludwig, Castiglione, seine Frau Hippolyta und Ovid, in: Schmidt, wie Anm. 40, S. 99–156, hier S. 113.
[52] Der auf Melanchthon angewandte Ausdruck steigert den bekannten Ausspruch des Sueton über Kaiser Titus (Tit. 1: *deliciae generis humani*) vom Menschlichen ins Kosmische.
[53] Vgl. oben Anm. 22.
[54] Lotichius drückte sich so auch in einem Gebet an Christus (*Jesu Christo S.*) aus, das zeitlich in der Nähe des Epicedion auf Melanchthon verfaßt worden sein dürfte (Burmannus, wie Anm. 4, I, S. 427): *Interea tibi mane novo, tibi vespere sero, | grata tibi media carmina nocte canam*. Adam Siber (wie Anm. 45, Bl. *3r, *Praefatio*) wird später diese Vorstellung noch zu einem Gesang sozusagen rund um die Uhr erweitern und auf den Psalmendichter David übertragen: *Ille dei laudes et cum ruit Oceano Nox | et veniente die cecinit horisque diurnis, | carminibus ditavit et omnia secla piorum*.

## 9. Die Epikedien des Lotichius

Die beiden Teile, die den *luctus* thematisieren (V. 1–46 und V. 119–164), sind so ihrerseits durch zahlreiche im zweiten Teil variierte oder verstärkte Motive miteinander verbunden. Sie umschließen Melanchthons *laus*, die Würdigung seines Lebens und seiner Leistung (V. 47–118). Diese ist ihrerseits in drei Teile gegliedert, und wieder umgeben zwei thematisch prinzipiell gleichartige, nämlich biographische Teile (V. 47–78 und V. 91–118) einen andersartigen Mittelteil, nämlich die Darstellung von Melanchthons Geburtshoroskop (V. 79–90).

V. 47–60 stellen Melanchthons Biographie von seiner Kindheit, in der ihn schon die Musen mit ihren Gaben beschenkten, bis zur Professur in Wittenberg dar. Sie schließt ein Lob Reuchlins durch Tiber und Arno ein, so daß diese Rom und Florenz bezeichnenden Flüsse hier ein Analogon zu den beiden deutschen Heidelberg und Wittenberg bezeichnenden Flüssen bilden. Der Abschnitt endet mit einem Vergleich Melanchthons mit einem zuerst kleinen und dann immer größer werdenden Fluß.[55] V. 61–78 bringen darauf eine Seligpreisung des Landes Sachsen,[56] weil Melanchthon ihm die humanistischen Wissenschaften brachte — die Musen folgten Melanchthon überallhin.[57]

Darauf springt der Gedanke chronologisch zurück zum Augenblick von Melanchthons Geburt. V. 79–90 enthalten sein günstiges Geburtshoroskop, eingeführt durch den Gedanken, daß die in V. 47–78 geschilderte Entwicklung Melanchthon wohl schon in der Wiege durch die Sterne angekündigt war. Dieser Teil ist das strukturelle Zentrum des Melanchthonlobes und offenbar mit Bedacht in seine Mitte gesetzt.[58] Die zentrale Stellung dieser Horoskopbeschreibung entspricht der großen Bedeutung, die die Astrologie für Melanch-

---

[55] Den Vergleich eines Menschen mit strömendem Wasser kannte Lotichius aus Horaz Carm. 4, 2, 5ff. und Quintilian Inst. or. 10, 1, 46.
[56] V. 61f. *sub sidere Moenalis ursae | terra* und V. 68. *Moenalia [...] sub axe* werden von Springer, wie Anm. 12, S. 281 und 283 groteskerweise mit "Land am Main unter dem Gestirn der Bärin" und "an den Gestaden des Main" übersetzt, wonach sie "den Namen des stolzeren Stromes", sie meint den Main, als Ersatz des "weniger imposanten Neckar" bei Tübingen interpretiert und meint, damit wolle Lotichius auf ganz Süddeutschland als Einflußgebiet Melanchthons hinweisen. Lotichius hatte übrigens bereits in El. 1, 1, 1 (2. Fassung) mit der Bezeichnung *sub sidere Maenalis ursae* Wittenberg an der Elbe bezeichnet (im Ausdruck nach Ov. Trist. 3, 11, 8), vgl. dazu K. A. O'Rourke Fraiman, Petrus Lotichius Secundus, Elegiarum liber primus, Edited with an Introduction, Translation, and Commentary, Diss. Columbia University, New York 1973, S. 234.
[57] Zur Bedeutung der Musen für Melanchthon und seinen Kreis vgl. Ludwig, wie Anm. 28.
[58] Springer, wie Anm. 12, S. 287 sieht in der Horoskopbeschreibung dagegen nur eine "kurze Abschweifung" von den "eigenen Eindrücken und Erinnerungen" des Lotichius, die dieser wegen des astrologischen "Steckenpferds" Melanchthons in sein Epicedion aufgenommen habe, und kommentiert das Horoskop daher nicht weiter.

thon hatte.[59] Da das von Lotichius beschriebenen Horoskop von den Astrologiehistorikern bisher nicht bemerkt wurde, sind einige Bemerkungen zu seiner Erklärung notwendig.

Daß Lotichius den Glauben Melanchthons an die zukunftsdeutende Aussagekraft des Horoskops teilte, wird durch den Umstand bewiesen, daß er sich nicht nur selbst ein Horoskop stellen ließ,[60] sondern sich sogar in seiner Elegie *De natali suo* sein eigenes Horoskop von den Musen hat beschreiben lassen. Seine dortige Darstellung beginnt mit den an die Musen gerichteten Worten:[61] *Lapsaque sub terras — nam vos meministis — et orta | tempore natalis signa referte mei!*[62] Danach befand sich zur Zeit seiner Geburt der Skorpion mit Sonne, Merkur und Venus im Aszendenten, d.h. am oberen Ende des 1. Hauses (*Scorpius Eoo ducebat ab orbe recentes | [...] Solis equos*); die Sonne war im Begriff aufzugehen, ihr voraus war Merkur (*matutinos Cyllenius ante iugales*), und Venus erhob sich als beider Begleiter gerade über den Horizont (*his comes e pelagi surgens natalibus undis*). Darauf werden die unter dem Horizont befindlichen Zodiakalzeichen des Schützen, des Steinbocks (*qui iacet ante fores*),[63] des Wassermanns, der Fische und des Widders — zwischen mythologischer Periphrase und eigentlicher Benennung wechselnd — durchschritten, bis mit dem Stier der Deszendent und damit das 7. Haus erreicht ist, in dem Saturn stand (*occiduo stabat in orbe*). Die Zwillinge darauf waren im "Sitz des Todes", das heißt entsprechend der konventionellen Häuserbezeichnung im 8. Haus (*ubi sedes mors habet atra suas*). Der Krebs bleibt ungenannt. Jupiter im Löwen war günstig im Medium Caelum, dem 10., die

---

[59] Vgl. dazu insgesamt Baron, wie Anm. 20, S. 201ff., Jürgen G. H. Hoppmann, Hrsg., Melanchthons Astrologie. Der Weg der Sternenwissenschaft zur Zeit von Humanismus und Reformation. Katalog zur Ausstellung vom 15. September bis 15. Dezember 1997 im Reformationsgeschichtlichen Museum der Lutherhalle Wittenberg, Wittenberg 1997, und Wolf–Dieter Müller–Jahncke, Melanchthon und die Astrologie — Theoretisches und Mantisches, in: Günther Frank und Stefan Rhein, Hrsg., Melanchthon und die Naturwissenschaften seiner Zeit, Sigmaringen 1998 (Melanchthon–Schriften der Stadt Bretten 4), S. 123–135. Daß astrologische Gedanken Melanchthon auch in seinen letzten Lebenswochen beschäftigen, zeigt Scheible, Melanchthons Abschiedsbrief an seinen Schüler Jakob Runge, Eine Neuerwerbung der Badischen Landesbibliothek, Bibliothek und Wissenschaft 23, 1989, S. 268–290, hier S. 269f., 285. [Nachtrag 2004: Über die Bedeutung der Astrologie im Kreis des Melanchthon handeln mehrere Beiträge in: Klaus Bergdolt–Walther Ludwig, Hrsg., Zukunftsvoraussagen in der Renaissance, Wiesbaden voraussichtlich 2005 (Wolfenbütteler Abhandlungen zur Renaissanceforschung).]
[60] Müller–Jahncke, S. 130.
[61] Burmannus, wie Anm. 4, I, S. 129–132 = El. 2, 8, 11–34.
[62] Im Ausdruck nach Ov. Fast. 1, 2.
[63] Lotichius nimmt auf die von Macrobius In Somn. 1, 12 vertretene Lehre Bezug, wonach sich im Zeichen des Krebses und des Steinbocks die sogenannten *Solis portae* befinden: *per has portas animae de coelo in terras meare et de terris in coelum remeare creduntur*.

*Honores* betreffenden Haus (*in medio laetus honore polo*). Die Jungfrau wird übergangen. Mars war — angeblich damit er nichts Böses anstellen konnte — im "Kerker" (*saevaque ne rigidus tentaret praelia Mavors | ultimus et duro carcere clausus erat*), das heißt im 12. Haus, das über Feinde und Gefangenschaft Auskunft gab, hier also in der Waage.[64] Daß Mars durch seine "Gefangenschaft" im Kerker in seiner Wirksamkeit eingeschränkt sei, ist eine das Horoskop beschönigende, astrologisch unkorrekte Behauptung. Im allgemeinen hatte Mars im 12. Haus eine ungünstige Bedeutung.[65] Lotichius lag anscheinend daran, sich ein günstiges Horoskop von den Musen verkünden zu lassen. Die Mondstellung ist als einzige Planetenstellung nicht vermerkt. Im übrigen läßt sich das Horoskop in seinen Grundzügen aus den Angaben rekonstruieren. Die angegebenen und angedeuteten Begriffe verraten, daß Lotichius astrologische Kenntnisse besaß, auch wenn er sich die Freiheit nahm, sie um gewisser Darstellungstendenzen wegen auch einmal zu vergessen.

Auch das von Lotichius in V. 79–90 des Epicedion dargestellte Horoskop Melanchthons läßt sich aus seinen Angaben rekonstruieren: Im Aszendenten (*primo [...] in ortu*) steht eine Konjunktion von Jupiter und Mars (*cum Iove Mars*) im Schützen (*Thessalus senex* = Chiron). Merkur (*inventor lyrae*) steht im Wassermann (*humida qua liquidas urna refundit aquas*). Im 5. Haus (*in quinta [...] sede*) sind Saturn und Venus in Konjunktion (*falciferum senem [...] molliit [...] candida [...] Venus*). Im Medium Caelum (*in culmine*) steht der Mond (*Cynthia* = Diana) in der Jungfrau und blickt von dort (*per felix [...] virginis astrum*) auf die in Opposition, also im Imum Caelum, stehende Sonne (*oppositos fratris currere vidit equos*).

Dieses Horoskop stimmt, was die allgemeine Konstellation der hier vollständig aufgeführten sieben Planeten im Himmelsbild angeht (Mars/Jupiter–Konjuktion im Schützen, Merkur im Wassermann, Venus/Saturn–Konjuktion, Mond in der Jungfrau, Mond/Sonne–Opposition), mit den Horoskopen Melanchthons überein, die von den zeitgenössischen Astrologen Lucas Gauricus und Erasmus Reinhold mit genauen Gradangaben identisch überliefert sind,[66] jedoch stehen bei Gauricus und Reinhold der Schütze im Imum Caelum, die Jungfrau im Aszendenten, bei Lotichius der Schütze im Aszendenten und die Jungfrau im Medium Caelum. Der Zeitpunkt der Geburt ist bei Lotichius also bei gleichem geographischem Ort etwa 6 Stunden später angesetzt. Gauricus hatte den Saturn im Deszendenten entsprechend

---

[64] Die Bezeichnung des 8. und des 12. Hauses erinnert an den die Bedeutung der Häuser nennenden, von Müller–Jahncke, wie Anm. 59, S. 128 zitierten astrologischen Merkvers *Vita, lucrum, fratres, genitor, nati, valetudo | uxor, mors, pietas, regnum, benefactaque, carcer.*
[65] Nach Firmicus Math. 3, 4, 34 bringt er dort schlimme Krankheiten und andere Übel.
[66] S. Hoppmann, wie Anm. 59, S. 20 und S. 95.

der astrologischen Theorie[67] als krankheitserregend bewertet. Lotichius betont dagegen ausdrücklich, daß Saturn im 5. Haus in der Konjunktion mit Venus stand und so nicht nachteilig war (V. 85f.): *Falciferumque senem, quamvis nil triste minantem, | molliit in quinta candida sede Venus.* Saturn war im 5. Haus in der Tat günstiger als im 7., und auch Venus hatte in diesem Haus eine günstige Bedeutung, allerdings galt die Saturn/Venus–Konjunktion an sich als ungünstig.[68] Lotichius hat dies aber in seiner Bewertung nicht berücksichtigt, sondern sich anscheinend an Pontano De reb. coel. 6, 4 gehalten (Venedig 1519, Bl. 202v): *Saturnus suam in genituris cum Venere potestatem commiscens communicatis invicem viribus non nihil de tristitia sua demit. Siquidem Saturnina ariditas Veneris liquore humectata redditur temperantior [...] quaeque antea dura et rigens erat, emollescit lenitate quasi quadam superinducta. Arida enim humescunt humore adhibito.* Vielleicht wollte er die Ungunst des Saturn im Deszendenten durch die um etwa 6 Stunden spätere Geburtszeit mildern. Die ungünstige Bedeutung der Saturn/Venus–Konjunktion hat er dann ebenso unterschlagen wie in seinem eigenen Horoskop die ungünstige Bedeutung von Mars im 12. Haus. Er wollte offenbar ein durchgehend günstige Gaben anzeigendes Horoskop beschreiben, und er betont deshalb auch mehrfach die Gunst der Konstellationen. Auch sonst wurden vermutlich gelegentlich ungünstige Aspekte eines Horoskops unterdrückt, und die bekannte astrologisch bedingte Verschiebung von Luthers Geburtstag illustriert, wie die Bestimmung einer Geburtszeit im 16. Jahrhundert von astrologischen Spekulationen über das zu einem bestimmten Lebenslauf passende Horoskop beeinflußt sein konnte.[69] Unter der für Lotichius wohl gegebenen Voraussetzung, daß die Sterne nicht lügen, blieb ihm nur der Ausweg, das möglicherweise nicht genau überlieferte Geburtsdatum etwas zu korrigieren. Ob diese Vermutung wirklich der Grund für die Drehung des Melanchthonhoroskops bei Lotichius war oder ob andere Gründe sie verursachten, ob die Drehung von Lotichius selbst herrührt oder ob er ein ihm schon vorliegendes Horoskop beschrieb, muß hier offen bleiben.

Die zentrale kurze Horoskopbeschreibung will jedenfalls das Geheimnis seiner begnadeten Veranlagung aufdecken. Der Gedanke, daß die Gestirnstellung zur Geburtsstunde für Melanchthons geistige Gaben verantwortlich ist (V.

---

[67] Vgl. Firmicus Math. 3, 2, 15.
[68] Vgl. Firmicus Math. 3, 2, 11; 3, 6, 10, 15 und Ptolemaeus Apotel. 3, 14, 16 sowie Wolfgang Hübner in seiner Ausgabe (Leipzig: Teubner 1998) zur Stelle. Ich danke ihm für eine briefliche Erörterung der Probleme der beiden Horoskope. Die *Apotelesmatica* des Ptolemaios waren nach der griechischen durch Joachim Camerarius besorgten Erstausgabe (Nürnberg 1535) 1553 in Basel mit einer Übersetzung des 3. und 4. Buches durch Melanchthon erschienen.
[69] S. Müller–Jahncke, wie Anm. 59, S. 133.

89f.), leitet zum zweiten Teil der biographischen Darstellung über, die sein Wirken in seiner Wittenberger Zeit im einzelnen ausführt, beginnend mit V. 91–104, in denen sich Lotichius dankbar als Schüler Melanchthons in den humanistischen Künsten und Wissenschaften bekennt[70] und seine Einzigartigkeit im Vergleich mit allen anderen akademischen Lehrern betont,[71] fortfahrend mit Melanchthons Tätigkeit als theologischer Lehrer und einem Hinweis auf die Rechtfertigung durch den Glauben (V. 105f.)[72] und schließend mit einem Preis seines Einsatzes als theologischer Verhandlungsführer und dem Versprechen, alle Angriffe auf ihn von seiten seiner — protestantischen — theologischen Gegner auf das entschiedenste abzuwehren (V. 107–118).[73]

Wie danach die Klage erneut aufgenommen und noch ausgeweitet wird (V. 119–164), wurde vorher schon angedeutet.[74] Nach dem axialsymmetrisch im Sinne von A + B (= b+c+b') + A' strukturierten Hauptteil mit den Themen des *luctus* und der *laus* setzt die zu Ende des Epicedion notwendige Hebung der Stimmung zum Ziel der *consolatio* ein: Nach Einsicht in die Unveränderlichkeit des göttlichen Willens beschreibt Lotichius die Situation Melanchthons in der Himmelsregion, in der er sich nun befindet, wendet sich mit einem Gruß an ihn (sein Beginn variiert seinen Gruß an Micyllus am Ende von dessen Epicedion leicht, aber bezeichnend; El. 4, 2, 139: *Salve care parens, alti novus incola coeli!* El. 4, 4, 181: *Salve magne parens, alti nunc aetheris haeres*), spricht

---

[70] Das Bild, daß Melanchthon dem siebzehnjährigen Lotichius die Höhen des Parnaß, des zweigipfeligen Musenbergs, zeigte und ihn an der Hand dorthin führte (V. 99f.), bezieht sich nicht nur auf die Dichtkunst, sondern auch allgemein auf die von den Musen repräsentierten Wissenschaften; vgl. dazu Ludwig, wie Anm. 28.

[71] Lotichius bezeichnet sein Studium in Paris wieder durch den entsprechenden Fluß (V. 102).

[72] Lotichius erinnert in V. 106 an die protestantische Lehre der Rechtfertigung durch den Glauben. Dazu hat er das erste Distichon von [Ps.–]Cato (1,1) *Si deus est animus, nobis ut carmina dicunt, | hic tibi praecipue sit pura mente colendus* in V. 106 durch *gaudeat ut pura mente fideque coli* imitiert und den ablativischen Ausdruck *pura mente* durch den entscheidenden Begriff *fideque* korrigierend erweitert. Die beiden gleichen Begriffe verwendete er bereits in *Ad Iulium Micyllum* nach der Aufforderung, ein Gedicht auf Christi Geburt zu verfassen (bei Burmannus, wie Anm. 4, I, S. 329): *Haec, facunde, pio tu carmine concine, Iuli, | et pura sanctas concipe mente preces. | Nec dubitare decet, voces gemitusque precantum | fert supra nubes et super astra fides.* Die Syntax in V. 105f. *docebas, ut gaudeat* ist von Lotichius wohl nicht falsch im Sinn von *docebas eum gaudere* gesetzt, obwohl eine derartige Übersetzung des *ut* naheliegt.

[73] Lotichius denkt hier wohl an Gnesiolutheraner wie Flaccus Illyricus. Wie die gnesiolutherischen Gegner Melanchthon in seinen letzten Lebenswochen beschäftigten, zeigt Scheible, wie Anm. 59, S. 269f., 285ff.

[74] Der an sich naheliegende Gedanke, daß es Lotichius leider nicht vergönnt war, in den letzten Stunden Melanchthons bei ihm zu sein (V. 127–138), hatte sein poetisches Vorbild oder sozusagen seine poetische Legitimation in der Cons. ad Liv. 89–98.

von der Zukunft seines Grabes und endet mit einem Gebet an Christus (V. 165–204). Anders als im Epicedion für Micyllus kehrt Lotichius also am Ende nicht mehr auf den Boden des Briefes zurück, sondern wählt den Ausklang durch den feierlichen und höheren Gebetsstil, in dem Lotichius bis zu dem nahe bevorstehend geglaubten Tag des jüngsten Gerichts vorausblickt, unterdessen Christus in seinen Gedichten zu loben verspricht und um ein ruhiges Leben bittet[75].

Dieses Epicedion ist zweifellos nicht nur das kunstvollste des Lotichius, sondern auch eines der im Sinne des damaligen Kunsturteils qualitativ besten des 16. Jahrhunderts. Die vergleichende Interpretation der Epikedien läßt nicht nur die wiederkehrenden Motive erkennen, sondern auch ihre jeweilige Gestaltung besser würdigen. Jedes der hier betrachteten Epikedien hat nicht nur die obligaten Themen *luctus*, *laus* und *consolatio* in spezifischer Weise behandelt, jedes der Epikedien hat auch durch eine jeweils eigene gestalterische Idee seine unverwechselbare individuelle Formung erfahren. Im Epicedion für Stibar ist das Besondere der Gesang des Lotichius vom Morgen bis zum Abend an der Mündung des Po in die Adria auf dem Hintergrund der Klage des vergilischen Orpheus um Eurydice. Im Epicedion für Micyllus ist es der Brief an Melanchthon auf dem Hintergrund der ovidischen Elegie auf den Tod Tibulls. Im Epicedion für Melanchthon ist es in erster Linie die kunstvolle axialsymmetrische Struktur des *luctus* und *laus* enthaltenden Hauptteils, in dessen Zentrum Melanchthons Geburtshoroskop steht. Lotichius hat in diesen drei Epikedien das Element der Klage in jeweils besonderer Weise verstärkt. Über Stibars Tod klagt der einsame Lotichius, über des Micyllus Tod werden über Lotichius hinaus die deutschen Dichter klagen, über des Melanchthon Tod trauern über Lotichius hinaus die Hirten, der Himmel, die Erde, die mythisch personifizierten Flüsse und die gesamte Natur.

Welche poetischen Fortschritte Lotichius in den zwölf Jahren seit 1548 gemacht hatte, führt exemplarisch ein Vergleich des Melanchthon–Epicedion mit dem Epicedion auf Caspar Cruciger,[76] das Lotichius 1548 im Auftrag Melanchthons verfaßte,[77] vor Augen: Eine gestaltende Idee für die Gesamtkomposition hatte Lotichius auch schon in diesem Epicedion. Er gestaltete es insgesamt oder doch an seinem Anfang und Ende als ein Gebet an Gott.

Der Gebetscharakter ist am Anfang in der Anrufung der heiligen Dreieinigkeit (V. 1–4) und der Bitte um verschonende Gnade angesichts der Verwüstungen

---

[75] Burmannus, wie Anm. 4, I, S. 293 wies darauf hin, daß sich eine sehr ähnliche Fassung dieses Gebets in dem wohl auch damals entstandenen Gedicht *Jesu Christo S.* (ebenda S. 425–427) findet (vgl. zu carm. 1, 14 Anm. 54).

[76] S. Burmannus, wie Anm. 4, I, S. 381–393 (El. 5, 19 mit 174 Versen).

[77] S. Melanchthons Briefwechsel, wie Anm. 44, Nr. 5362 und Nr. 5256.

des Schmalkaldischen Krieges (V. 5–20) und des Todes von Caspar Cruciger (V. 21–26) und am Ende in der Bitte an Gottvater um ein Erbarmen für seine Kirche (V. 167–174) deutlich, während er im Innern des Gedichts zwar nicht ausdrücklich aufgehoben, aber doch während der Klage, dem Lob und der Tröstung verschwunden ist. Zwei kürzere klagende Abschnitte (V. 27–30 und V. 123–130) rahmen dort das ausführliche — stofflich allzu ausführliche — Lob der Gaben und Taten Crucigers (V. 31–122). Es ist an sich vielleicht noch nicht zu ausführlich, wenn dort seine Kenntnis der drei alten Sprachen, seine naturphilosophische, medizinische, astronomisch–astrologische und theologische Kompetenz, seine Tätigkeit als Pastor und als Helfer bei Luthers Bibelübersetzung, seine moralischen Qualitäten und sein Glaube gerühmt werden, aber dieses Lob ist nicht nur insgesamt schon sehr breit, sondern wirkt auch besonders dadurch unnötig aufgeschwemmt, daß Lotichius ausführlich auf die verschiedenen in der Naturphilosophie und in der Astronomie behandelten Probleme und Themen eingeht. Die *consolatio* findet Lotichius anschließend in zwei damals schon bewährten Gründen. Die Nachwelt wird immer Crucigers theologische Schriften lesen, und er selbst ist in den Himmel aufgenommen, wie er es immer wünschte (V. 131–164). Eine Valedictio und ein Wunsch für die Ruhe seiner Gebeine (V. 165–166) geben vor dem Schlußgebet eine Zäsur.

Eine stärkere persönliche Beteiligung und der Ausdruck einer persönlichen Beziehung zu Cruciger fehlen. Die unnötige Stoffaufhäufung wirkt anfängerhaft. Eindrucksvolle Bilder aus Natur und Mythos finden sich noch nicht. Trotz des nur wenig geringeren Umfangs ist die tektonische Struktur wesentlich simpler, und Lotichius macht noch nicht von zeitlichen Rückgriffen oder der Möglichkeit zerteilter Erzählungen Gebrauch.

Bei der beginnenden Erforschung der quantitativ noch unüberschaubaren Epikedien der frühen Neuzeit sollte nicht nur der historische Hintergrund erhellt und die literarische Formung der einzelnen Gedichte erfaßt, sondern möglichst auch versucht werden, durch Vergleich verschiedener Gedichte ein Verständnis für die Möglichkeiten, eine Kenntnis der Entwicklung und ein auf den zeitgenössischen Kriterien basierendes Urteil über ihre Qualität zu erlangen.

Anhang

1. El. 3, 7: *In obitum Danielis Stibari* (94 V.), Übersetzung mit Gliederung:

[V.1–12; *Exordium, luctus* I und Naturbild I] Während der aufsteigende Morgenstern die feuchten Schatten vertreibt und die Wasser bei Venedig mit zitterndem Licht besprengt und die Fluten frühmorgens von den traurigen Klagen der Eisvögel widerhallen (auch jetzt berührt der Schmerz diese Vögel vor den anderen), will ich da, wo der Fluß des Phaethon ins Meer fließt, deines Todes wegen, Stibarus, ein paar Lieder singen, wie sie die Heliaden unter dichten Zweigen an eben diesem Ufer für ihren Bruder sangen. Sei also, oh du edler Schatten, magst du den klaren Äther oder die ruhevollen Sitze der Helden und den Elysischen Hain bewohnen, hier bei deinem Sänger, während ich dich vom Aufgang der Sonne an bis zu ihrem Untergang beweine!

[V. 13–18; *laus* I als *Praeteritio*] Ich will nicht die Taten und den Ruhm deiner Vorfahren durchgehen und auch nicht die von dir erworbenen Morgen bebauten Bodens, noch will ich über die in deiner Jugend überstandenen Mühen sprechen, als ein bitteres Geschick dich unverdientermaßen plagte. Das werden mir dereinst die göttlichen Musen besser über Länder und weite Meere tragen.

[V. 19–28; *luctus* II und Naturbild II] Jetzt schnürt der Schmerz meine Stimme ein, und nichts Liebliches bietet die angerufene Muse meinem Geist. Und schon erhebt die Sonne ihren Strahl aus dem sich rötenden Meer, und der aufsteigende Tag sendet seine Strahlen auf den Boden. Wenn also die Sonne, die den Himmel durchmessen hat, untergeht, so bekleidet dieselbe wiederum den Boden mit ihrem purpurnen Licht; jedoch wenn wir einmal das Geschenk unseres Lebens genossen haben und hinabsinken, so wird in dauernder Nacht auf unserem Augenlicht der Schlaf nur lasten. Oh ihr trügerischen Hoffnungen! So verläßt du, großer Stibar, mich, den so viele Fluten herumtreiben, mitten in so großen Übeln?

[V. 29–36; *laus* II] Unter deiner Führung ging ich durch die Höhen des zweigipfeligen Berges und wurde von dir geheißen, unter deinem Schutz die Muße zu lieben. Und ich erinnere mich, daß du, obwohl du in dem grausamen Krieg sehr viel Bitteres auf deinen eigenen Gütern erlitten hattest und von Kummer durchfressen eine kranke Seite mit dir zogst und darüber hinaus auch das Feuer deinen Besitz zerstört hatte, mir dennoch befahlst, während dessen in Sicherheit mit meinem Geist Apollo, den Musen und der Redekunst zu folgen.

[V. 37–52: *luctus* III und Naturbild III] Jetzt verschwanden mit dir meine Wünsche in den leichten Lüften, jetzt ist alle meine Hoffnung durch dein Begräbnis zerbrochen, und nachdem das geistige Vergnügen aus meinem ganzen Geist vertrieben ist, bin ich gezwungen, nur noch in äußerstem Trübsinn zu leben, so wie der weiße Schwan am Fluß des Po trauert, wenn er die Kälte der Wintersonnenwende spürt. Aus meinen Augen fließen reichlichste Tränen, so wie dereinst der aufgelöste Schnee auf den Jochen der Alpen zerfließt. So wird die feuchte Weide oder die Rebe im wärmenden Frühling naß, wenn aus einem gespaltenem Zweig klares Wasser fließt. Und die Augenlichter hören nicht auf, in Tränen zu vergehen, obgleich die Sonne am Mittag die trockenen Felder dörrt. Fahret fort, ihr Musen, während Phoebus die zarten Schatten zusammenzieht und beide Meere aus gleicher Distanz mustert. Ich will jetzt ein wenig Größeres singen, während das wilde Meer ruht und die Luft nicht den klagenden Weisen entgegenweht.

[V. 53–66; *laus* III] Wir sahen die bis auf die untersten Mauern zerstörten Städte, wir sahen weite Felder mit Leichen bedeckt. Zeuge werden der Main sein, Zeuge die Wasser der Pegnitz und Zeuge auch die verschilftes Wasser führende Aisch. Durch welche risikoreichen Wechselfälle wagtest du, Stibar, dort zu den großen Fürsten zu gehen, als du dein hohes Haupt allen Gefahren entgegenwarfst bei dem Versuch, ob du wohl mit festen Verträgen nach Hause zurückkehren könntest! Und wenn der Sinn der Fürsten damals nicht durch Zwietracht verblendet gewesen wäre, wäre durch deinen Einsatz der Frieden hergestellt worden, und die hohen Städte stünden nun mit unversehrten Mauern, und die glückliche Erde blühte mit ihren Schätzen. Doch welcher deiner Mühen würdige Lohn wird dir nach deinem Tod noch werden können, welche genügend große Belohnung für deinen Ruhm?

[V. 67–76; *consolatio* I und Naturbild IV] Doch das Weinen nützt nichts, selbst dann nicht, wenn der ins Meer gleitende Po durch meine Tränen anwachsen würde. Selbst Clymene hat einst ihren vom Blitz des Jupiter erschlagenen Sohn hier auf diesen hohen Dämmen beweint. Es beweinten ihn, wie er dalag, Lampetie und Phaethusa, und ihre Mutter sah, wie sie beide von Rinde bedeckt wurden, und dennoch wurde Phaethon nicht zu den oberen Lüften zurückgerufen, obgleich er aus himmlischem Stamm geschaffen war.[78]

[V. 77–82; *consolatio* II] Verstreue, Knabe, grüne Lorbeerblätter, die Zeichen der Helden, und sag: "Diese Blätter streue ich für deine Asche, Stibar. Wie der Lorbeer ewige Ehren wegen seines schönen Blattschmucks trägt und hoch seine schattigen Zweige ausbreitet, so grünt dein Ruhm und macht dich durch sein Lob dem Himmel gleich, dein Ruhm, der vor deiner Asche Wache hält."

---

[78] Die Verse waren, wie die erste Leipziger Ausgabe von 1561 zeigt, zunächst offenbar so verfaßt worden, bis Lotichius in einer in den späteren Ausgaben berücksichtigten Niederschrift noch etwas änderte und anzeigte, daß er zwischen den jetzigen Versen 72 und 75 noch ein Distichon hinzufügen wollte. S. Burmannus, wie Anm. 4 I, S. 220.

[V. 83–90; *consolatio* III] Dein aus der Finsternis in die Gefilde der Frommen übertragener Geist lebt und hat das Geschenk des ewigen Lichts. Dort läßt sich der von Schönheit volle Sohn des höchsten Vaters vom hellen Licht berühren, der wahre Sohn des Vaters, jene Quelle unseres Heils, deren Gnade unausschöpfliche Wasser ergießt. Er tröstet die selige Seele mit seiner süßen Liebe, oh er, der unsere Verbrechen mit seinem Tau abwäscht.

[V. 91–94 *Conclusio*; Naturbild V] Erheben wir uns, das Licht flieht rasch, die Wärme hat nachgelassen, und der Mond zwingt uns, auch gegen unseren Willen nach Haus zurückzukehren. Dir sei stille Ruhe und eine Hoffnung, die von Trauer nichts weiß! Lebe nun wohl! Ich werde deinem Geiste dereinst folgen.

2. El. 4, 2 *Ad Philippum Melanthonem de obitu clarissimi viri Jacobi Micylli*, Übersetzung mit Gliederung:

[V. 1–6: *Exordium*, eine Trauerbotschaft kommt] Du wunderst dich, Philipp, warum weinend vom Neckar zur kalten Elbe die Muse mit aufgelösten Haaren kommt und nicht die Schläfen umkränzt mit grünendem Lorbeer trägt, sondern ein schwarzes Gewand ihre ungleichen Füße bedeckt. Diese Farbe paßt zu Tränen und Trauer. Diese Erscheinung verrät ein trauriges Herz.

[V. 7–30: *Narratio*, der Tod des Micyllus] Der Mond füllte mit seinen Hörnern zweimal den wachsenden Kreis, zweimal verbarg er seine Strahlen in dem abgewandten Kreis, seitdem du von der kultivierten Region der Vangionen [von Worms] dich entferntest und das deiner Heimat nahe Land verlassen hast. Unterdessen ermüdet uns die harte Lachesis mit düsteren Unglücksfällen und läßt die Tage nicht fröhlich vergehen. Um andere zu verschweigen, die die Parze nach Ende ihres Lebens mit strenger Hand hinwegtrug, — jener Micyllus, die Zierde Apolls und der Liebling der Musen, starb. Weh, wie ist das Leben ein trügerisches und kurzes Gut! Ist das das letzte Ziel unserer Mühen? In dieser Lage sind wir armen Dichter? Es kam das dritte Licht nach den Iden des Janus, welches der Morgenstern mit dunklen Rossen sich erhebend gebracht hatte [der 16. Januar], als er, wie wenn er geheime Sorgen im Herzen wälzte, seine erschlafften Glieder auf sein trauriges Lager legte. Es dauert nicht lange, da erschüttert die keuchende Brust ein trockener Husten, und keine Becher erleichtern den entbrannten Durst. Anfangs erbrach er jedoch alle Säfte aus Widerwillen gegen die ungewohnte Hilfe der medizinischen Kunst. Bald darauf fühlte er, daß seine Glieder im Innern von reißenden Fiebern ausgedörrt wurden und seine Kehle sich verengte. Weh mir, nichts halfen die zu späten Künste der Heiler, nichts vermochten die gelehrten Hände der Ärzte!

[V. 31–50: *laus* des Micyllus und Dankbarkeit des Lotichius] Da liegst du nun also, du Zierde des Vaterlandes, oh du hochberühmter Dichter und du höchster Ruhm der griechischen und der lateinischen Lyrik, und ich konnte dir nicht in einem späteren Alter deine Verdienste entsprechend lohnen. Du hast mir als erster, als ich die heiligen Musen suchte, den Weg durch die unwirtlichen Gegenden zu den anmutigen Höhen gezeigt. Denn sei es, daß du ein leichtes Lied in elegischen Distichen abfassen oder daß du eher im heroischen Hexameter höher gehen oder die Leier mit den Fingern durchlaufen wolltest, deine beredten Worte flossen wie von selbst in deine Metren. Daß ich an den geheimen Wellen der aonischen Quelle als Knabe volle von Apollo gegebene Becher trinken und nach längerem Verweilen in den kultivierten Gärten der Sophia blühende Kränze von grünem Lorbeer tragen durfte, bekenne ich dir zu schulden, und ich will deiner Asche alles, wozu Pietät und Liebe raten, geben. Eher wird sich der Neckar mit der Loire, mit der Rhone wird sich eher die Donau vermischen, und eher wird der reißende Rhein keine flüssigen Wasser mehr haben, als daß der Tag kommen oder irgend eine Zeit behaupten wird, daß so viele Wohltaten meinem Geist entfallen seien.

[V. 51–78: die Zeichen des *luctus*] Jetzt, lieber Vater, nimm bitte nur diese Tränen und diese Seufzer als Zeichen meines echten Schmerzes an! Bald, wenn der Zephyr die befruchtenden Lüfte zu streicheln beginnt und der fette Boden seinen Schoß öffnen wird, dann wirst du an deinem Grab neue Blumen und frische Veilchen, die immer duftenden Schätze des Frühlings, haben. Dann wird, sooft der dem Grab nächste Weg einen vorbeiführen wird, sei es nun, daß ein Einheimischer oder ein fremder Wanderer diesen Weg geht, es wohl keinen geben, der nicht die Seufzer wiederholend sagt: "Ruhe sei deiner Asche und Frieden, Micyllus!" Ja sogar, wie weit auch Deutschland sich erstreckt, die Dichter werden überall wegen deines Todes traurige Lieder singen, wie sie unter dem dichten Schatten der Äste die Nachtigall singt oder traurig der sterbende Schwan. Deinen Tod wird ferne am Ufer der Oder Sabinus, der erste Ruhm des kastalischen Wassers, beklagen, und Stigelius wird, die berühmten Monumente deiner Werke durchmusternd, süße Weisen aus seinem Mund ergießen, und Camerarius, ein Greis in seinen Studien ebenso wie an Jahren, wird Weniges, aber zu deinem Lob Passendes singen. Auch ihr meine Landsleute, meine Kameraden, die die italienische Region in ihrem Schoße wärmt, an deren Schläfen gewundene Myrten laufen und an deren Seite immer der glänzend weiße Amor hängt, sei es, daß ihr das Tal des Bacchiglione [d.h. Padua] bewohnt oder die Mutter Bologna euch in den Höhen der Emilia willkommene Muße gewährt, werdet, sobald die Kunde durch die luftigen Alpen gekommen sein wird, beklagen, daß die Lieder der klangreichen Leier [über den Tod des Micyllus] schweigen.

[V. 79–96: Peripetie von *luctus* zu *consolatio* — die Gefahr, daß mit Micyllus' Tod auch seine hinterlassenen Schriften untergehen, die Hoffnung und Erwartung, daß die Musen bzw. Melanchthon dies verhindern werden, und die Freude, die Micyllus dessen letzter Besuch bereitete] Weh, ihr trügerischen Hoffnungen und du nicht vorausblickender Geist der Dichter, die ihr glaubt, das Leben verweile auf Dauer! Was hilft es, mit Studien ganze Nächte bei winterlichen Sternen und lange Tage zu verbringen, wenn die Werke dennoch unterbrochen im Dunkeln liegen werden und die Muse mit ihrem Herrn beinahe begraben ist? Es geht um eure Ehre, ihr gnädigen Kinder des Helikon: Verhindert, daß den heiligen Dichtern dieses Übel geschieht! Auch du, Melanchthon, wirst zweifellos niemals dulden, daß so viele Schriften in ewiger Nacht und in Moder versinken. Vor meinen Augen und tief in meinem Innern haftet die letzte Stunde, Philipp, bevor du weggingst. Wie viele Freuden, ich erinnere mich, beglückten das fromme Herz, ein wie großer Eifer war in beider Geist! Glücklich ist, wem das Schicksal wenigstens vor seinem Tod vergönnte, sich an deinem Anblick und deinem Gespräch zu erfreuen. Diesen Trost des harten Todes trug er gewiß zu den Geistern und zum elysischen Hain.

[V. 97–141: *consolatio*, Micyllus lebt weiter in seinen Schriften und im Himmel] Und es ziemt sich auch nicht und ist auch nicht recht, daß wir ihn weiter als begraben beweinen und den Tränen kein Maß anlegen wollen. Er verließ zwar, begraben unter dem kalten Boden, die süßen Lüfte und das geliebte Licht, aber sein in der ganzen Welt bekannter Ruhm, den die kastalischen Göttinnen erzeugten, lebt weiter, und deine Schriften, Micyllus, wird auch die lange Zeit nicht zerstören können. Der schwarze Tod hat kein Recht über deinen Geist. Dazu kommt, daß den der Erde Entrissenen Frömmigkeit und Glaube in den Himmel und die Gestirne vor Gott versetzen. In seinem erhabenen Herzen war kein Ehrgeiz um leichtgewichtige Dinge, keine unfromme Besitzgier, keine Anmaßung, sondern eine vorausschauende Tugend, ein alle Blüten überstrahlender Glanz und Glauben, verbunden mit schuldloser Frömmigkeit. Ich will berichten, was ich selbst gesehen und mit meinen Ohren selbst gehört habe, es ist ein süßer und frommer Trost für unser Unglück. Die Zeit des Todes war schon nahe, und der beflügelte Pegasus ging in der schweigenden Nacht im westlichen Wasser unter, Pegasus, von dem die heiligen Wasser der aganippischen Quelle stammen: der Untergang des Dichters und des Gestirns geschahen gleichzeitig. Als er also gefühlt hatte, daß der Tod durch seine Eingeweide glitt, gab er diese letzten Worte auf seinem traurigen Lager: "Das Schicksal ruft, und ich sterbe gerne. Lebt wohl, ihr Freunde! Die hohe Königsburg des bestirnten Himmels ruft mich. Doch du, Christus, der du uns die Freuden eines neuen Lebens gibst und uns in der überirdischen Region einen Platz gibst, spende dieser scheidenden Seele sanfte Ruhe, damit der Preis deines Todes nicht für mich umsonst war. Möge mich jene Flüssigkeit, die aus deiner heiligen Wunde tropft, abwaschen, möge sie diese Glut, diesen Durst löschen." So sprach er, und sein Geist wanderte in die dünnen Lüfte, und sanfter Schlaf schloß die besiegten Augen. Und wer wird noch zweifeln, daß er im himmlischen Sitz aufgenommen wurde, um unter seinen Füßen die hohen Gestirne zu sehen? Dort betrachtet er entweder die Unter– und Aufgänge der Sterne und wo Phoebus auf seinem Wege läuft, oder er erzählt in der begehrten Umarmung seiner ersten Gemahlin die herben Schicksale seines Alters, und er freut sich, daß er von so vielen Kümmernissen und Sorgen befreit ist und weiter keinerlei Wechsel mehr zu fürchten braucht. Oh, wo die volle Lust aus heiligem Strome fließt und wo die wahre Liebe aus voller Quelle überfließt! Sei gegrüßt, lieber Vater, neuer Bewohner des hohen Himmels, mir nicht weniger lieb als der Vater, der mich erzeugte! Mit dir hast du unser Vergnügen und unsere Freuden genommen, die keine Zeit wiederherstellen kann.

[V. 143–146: *Conclusio* mit *Valedictio*] Dies wenige habe ich, Philipp, während wir weinenden Freunde das Begräbnis begleiteten, mit klagenden Weisen gesungen. Mehr zu sagen verbietet mein Schmerz. Sei gegrüßt, Micyllus, du hochgebildeter Dichter, und lebe im Frieden der Seligen wohl.

3. El. 4, 4 *Ad Georgium Cracovium in obitum clarissimi viri D. Philippi Melanchthonis* (204 V.) mit Begleitbrief, Übersetzung mit Gliederung:

[*Superscriptio*] Petrus Lotichius Secundus an Georg Cracovius, Rat des Kurfürsten August von Sachsen:

[*Exordium*] Verehrtester Cracovius, deinen vom 27. April datierten, mit Trauer und Tränen gefüllten Brief habe ich am Tag danach erhalten, als ich morgens, um mich zu erfrischen, in den Gärten vor der Stadt spazieren ging. Er hat mich mit einem so großem Schmerz erfüllt, daß ich es mit Worten gar nicht ausdrücken kann. Auch wenn uns selbst hier ein Gerücht erreicht hatte, daß Philipp Melanchthon an einem in die Lunge sickernden Schleim und außerdem an einem Fieber leide, und mir die Schwäche seines Körpers und seiner Kräfte einige Furcht bereitete, hoffte ich dennoch und hatte es mir auch eingeredet, daß er mit der Sorgfalt und Beherrschung, die er früher darauf verwendet hatte, seine Krankheiten zu vertreiben, und auch mit Hilfe des zur Zeit guten Wetters seine alte Gesundheit wiedererlangen würde, und dies besonders auch, weil jenes Gerücht sich schnell gelegt hatte und bald ganz und gar verflogen war. Als mich diese Hoffnung ein wenig aufrichtete, da war plötzlich dieser neue, viel bestürzendere Brief da, der die Gewißheit brachte, daß er an jenem Fieber, von dem ich glaubte, daß es schon schwächer geworden oder ganz weggegangen war, am 19. April gestorben ist.

[*Narratio*] Was soll ich dir hier von der schrecklichen Trauer aller Gutgesinnten berichten? Was soll ich dir sagen, mein lieber Cracovius? Daß wir den

Mann verloren haben, der durch höchste Tugend und stärksten Glauben hervorragte, der Frieden und Eintracht über alles liebte, den alle Auswärtigen und alle Besucher als ihren gemeinsamen Vater in den Wissenschaften liebten, verehrten und bewunderten und den die ganze Nachwelt, wenn jede Mißgunst erstorben ist, noch weit mehr lieben und preisen wird. Denn es passiert irgendwie, daß wir der Güter, die wir besitzen und täglich sehen, allmählich überdrüssig werden, aber wenn wir sie verloren haben, uns umso mehr nach ihnen sehnen, was ebenso richtig wie elegant unser Horaz [Carm. 3, 24, 31–32] ausdrückt, wenn er schreibt: "Die Tugend, die bei uns ist, hassen wir; ist sie unserem Blick entrissen, suchen wir sie voll Neid." Aber darum sollen die sich kümmern, denen in den gegenwärtigen religiösen Konflikten und in der allgemeinen Verwirrung Gott die Sorge um die Verbreitung der Theologie und der Wissenschaften, ohne die jene weder bestehen noch ihre Würde bewahren kann, anvertraut hat.

Die Elegie, die du mich zu schreiben batest, habe ich verfaßt, auch wenn ich wegen meines augenblicklichen Gesundheitszustandes nicht genügend darüber meditieren konnte und die frische und bittere Trauer es auch verhinderte, daß ich mich so, wie es nötig gewesen wäre, auf die Reinheit der lateinischen Sprache und die Eleganz der Rhythmen konzentrierte. Ich habe sie dennoch verfaßt, da ich anders weder deinem Willen noch meinem Schmerz Genüge tun konnte, und schicke sie, verehrtester Cracovius, an dich, jedoch so, daß du demnächst etwas, das ich in Muße ausgearbeitet habe und das deinem feinen Urteil teilweise entsprechen wird, erwarten kannst. Denn dieses einzige Heilmittel, mit dem ich meine Sehnsucht nach dem Verstorbenen mildern und trösten kann, bleibt mir noch übrig.

[*Valedictio*] Leb wohl und grüße die hochberühmten Herren Joachim Camerarius und Caspar Peucer vielmals von mir! Heidelberg, den 7. Mai 1560.

[I. Hauptteil der Elegie: *luctus* und *laus* (V. 1–164). — 1. V. 1–46: *luctus* I, Todesnachricht und erste Klage. — 1.1. V. 1–12: Idylle am Neckar bis zur Nachricht vom Tode Melanchthons] Während die sonnige Luft im Wehen des Zephyrs sich wärmt und die liebliche Zeit des [durch die Veilchen] purpurnen Frühlings kommt und sich die nährende Erde mit sprießendem Grase bekleidet und der hohe Baum schattenspendende Blätter anzieht, schlenderte ich in den lieblichen Neckarauen, wo der weiche Boden noch vom wässrigen Tau feucht ist. Ich beschaute die Wiesen ringsum und bewunderte die Schönheit der Blüten, während von den grasigen Höhen eine milde Luft wehte. Das willkommene Licht der aufgehenden Sonne, das den Wanderer morgens erquickt, begrüßten die Vögel, als dein Brief, Craco, als Bote der Trauer kam. Oh wie oft haben meine Tränen ihn befeuchtet!

[1.2. V. 13–26: Erste Klage des Lotichius und die Trauer der Natur] So also zerstörst du sterbend, göttlicher Melanchthon, durch dein Begräbnis unsere Freuden. Du bist entrissen, weh, es ist wahr, und an deinem frischen Grabhügel eilt die erschrockene Elbe mit stummem Wasser vorüber. Dieser letzte Schicksalsschlag fehlte unserem Unglück noch. Das ist der Gipfel unserer Übel. Du verläßt unser Schiff, guter Führer, in den Wogen des Wahnsinns. Es schwankt hin und her inmitten des Meeres. Ohne dich haben wir keine Freude, nichts Liebliches. Ein Tag hat das Vergnügen der Welt weggenommen. Durch deinen Tod ist das heitere Antlitz des Himmels verändert, und die traurige Erde kann die von ihr geborenen Schätze kaum bewahren, und die Hirten tönen traurig durch die leeren Felder, und unter veränderten Gestirnen starrt der schwarze Winter.

[1.3. V. 27–46: Lotichius' Vorsatz, ein Trauerlied zu dichten] Ich selbst, der ich, die Schläfen bekränzt von grünender Myrte, mich über die Zeit des duftenden Frühlings freute und etwas erdichtete, was dir zu Gehör und vor dein gelehrtes Urteil gebracht werden konnte, hasse nun alles Studium und alle Musen [d.h. hier 'Wissenschaften'] und das Licht und singe traurige Lieder mit klagender Leier. Das seien die letzten Geschenke für deine Asche, auch wenn mein Dank deinen Verdiensten nicht gleichkommen kann. Und ich habe auch nicht die Hoffnung, deinen Ruhm gebührend zu preisen. Das wäre auch für ein großes Talent eine schwere Aufgabe. Wer will, der zähle Libyens Sand, während die Regen bringenden Pleiaden das reißende Meer aufwühlen. Mir ist es genug, wenn unser Schmerz hier unsere Liebe bezeugt und daß ich bei deinem Tod meine Klagen nicht bei mir halten konnte. Denn wenn ich auch mein Leben ferne im Westen verbrächte, wo die Sonne am Abend ihre ermüdeten Pferde ausspannt, oder unter den Völkern, die das Feuer der Sonne verbrennt und die außerhalb unserer Gestirne liegen sollen, dieses Totenopfer würde ich dennoch unter jedem Himmel darbringen, und auf unbekannter Erde stände dann ein Stein, der an dich erinnerte.

[2. V. 47–118: *laus*, Würdigung von Melanchthons Leben und Leistung. — 2.1. V. 47–78: Biographie I. — 2.1.1. V. 47–60: Melanchthons Biographie von seiner Kindheit bis zur Professur in Wittenberg, endend mit Flußgleichnis] Dich haben als Knaben, der kaum die Wiege verlassen, die Musen wetteifernd mit ihren Gaben beschenkt. Und der dir durch mütterliche Verwandtschaft nahe Reuchlin zeigte dir den Weg des wahren Ruhms, Reuchlin, den der Tiber und den des Tibers Bruder, der Arno, nicht für einen Mann von deutscher Herkunft halten. Auf sein Geheiß hin gingst du in nördliche Gefilde und begannst dort die Geschenke deines Geistes zu verstreuen. Und wie zuerst ein schmaler, namenloser Bach mit zartem Murmeln durch den grünen Boden kriecht, und dann bald, mehr und mehr durch sein Gleiten an

Kräften gemehrt, den Völkern reichlich Wasser gewährt, so wuchsen auch deine Wissenschaften, so wuchs dein Ruhm, und jeder Tag fügte noch etwas hinzu.

[2.1.2. V. 61–78: Seligpreisung des Landes Sachsen, weil Melanchthon ihm die humanistischen Wissenschaften brachte; die Musen folgten Melanchthon überallhin] Du glückseliges Land unter dem Gestirn des großen Bären, wie roh warst du früher! Er befahl, daß die Musen in deinen Städten herrschten und mit neuem Anschlag die Saiten der Leier schlugen. Damals kehrte die berühmte zweisprachige Redefähigkeit [in Latein und Griechisch] zurück und die Barbarei, zu weichen geheißen, wandte sich zur Flucht. Calliope, von ihren Schwestern begleitet, ließ sich aus freien Stücken im Norden nieder. Da erhob Vater Elbe, zuvor ein unbekannter und unedler Fluß, seine Hörner aus dem schlammigen Wasser. Und die Erde goß gnädig aus ihrem duftenden Schoß Blumen, die man zuvor nie gesehen hatte. Aus ihnen machten sich neue ruhmvolle Dichter frische Kränze. Sei es, daß du, geliebter Greis, die Untiefen der Syrte bewohnt hättest oder die unwegsamen Felsen unter den thrakischen Bergen, dorthin wären die kastalischen Schwestern freiwillig gewandert, und dort wäre ein neuer Musenquell entsprungen.

[2.2. V. 79–90: Melanchthons Geburtshoroskop] Täusche ich mich oder mahnten die Himmlischen und die deiner Geburt dienstbaren Sterne, daß die Erde dies erwarten könne? Mit Jupiter strahlte Mars dir milde im ersten Aufgang, der thessalische Greis hatte beide zu Gast. Und der Erfinder der Leier gewährte dir günstiges Licht, da wo der feuchte Krug helles Wasser vergießt. Und den sicheltragenden Greis machte die helle Venus im fünften Haus milde, obwohl er nichts Düsteres drohte. Diana sah im Scheitel durch das glückbringende Gestirn der Jungfrau gegenüber die Pferde ihres Bruders laufen. Daher hatte sein gebildetes Herz so viele ausgezeichnete Gaben, so viele Gaben, die das rohe Volk nicht kennt.

[2.3. V. 91–118: Biographie II. — 2.3.1. V. 91–104: Melanchthon als einzigartiger Lehrer des Lotichius in den humanistischen Künsten und Wissenschaften] Ich danke den Göttern, daß mir ein gutes Geschick vergönnte, zu deiner Zeit auf die Welt zu kommen und deine Lehren zu genießen. Ich erinnere mich, es ist schon siebzehn Jahre her — so rasch vergingen so viele frohe Tage —, daß ich, von der Liebe zu den Musen ergriffen, dir als Knabe zur Erziehung in den schönen Wissenschaften übergeben wurde. Lieber wollte ich nicht alles Gold, das der Tejo bringt oder das der reiche Sand des Roten Meeres hat. Du zeigtest mir die belaubten Höhen des zweigipfligen Berges, indem du mich wie ein Vater mit sicherer Hand führtest. Ich habe in Italien, in so vielen berühmten Städten, und auch wo die Seine mit starkem Flusse fließt,

keinen dir gleichen gesehen. In Europa und in Asien bist du berühmt, und auch das verbrannte Libyen weiß um deinen Ruhm.
[2.3.2. V. 105–106: Melanchthon als Theologe] Du offenbartest und lehrtest die verborgenen Lehren Gottes, so daß es ihn freut, mit reinem Herzen und Glauben verehrt zu werden.
[2.3.3. V. 107–118: Melanchthon als theologischer Verhandlungsführer und Lotichius' Eintreten für seine theologische Richtung gegen seine gnesiolutheranischen Gegner] In frommer Liebe zur Theologie erträgst du tausend wechselvolle Reisen und als Greis tausend Schwierigkeiten. Du warst gegenüber keiner Seite ein strengerer Richter, sondern wie eine gerechte Waage mit gleichen Gewichten belastet. Und selbst freche Schimpfworte konnten dich nicht provozieren. Ich will jetzt niemand mit bissigen Versen nennen, kein Haß soll jemals in meinem Herzen sein. Aber wenn die, die die schwarze Erinnye Tisiphone mit ihren Rasen umtreibt, es je wagen sollten, dich als Toten zu schmähen, werden wir, Verehrungswürdiger, deine Asche nicht ungerächt lassen. Für dein Grab wird die Liebe Waffen ergreifen.
[3. V. 119–164: *luctus* II, Zweite Klage des Lotichius. — 3.1. V. 119–126: Erneute Klage, die nun drohende Kriegsgefahr] Vater Elbe, alles ist durch die leichten Lüfte entschwunden, was das Leben schön machte. Wenn die Vorahnungen eines furchtsamen Sinnes etwas Wahres an sich haben, so kommt die späte Strafe mit langsamem, aber großem Fuß. Ich sehe schon die durch das Gesetz des Schicksals drohenden Ruinen und die Kämpfe und den von vergossenem Blut fetten Boden. Wir werden hierhin und dorthin getrieben, wie ein seines Lenkers beraubtes Schiff als Wrack durch das Ägäische Meer getrieben wird.
[3.2. V. 127–140: Melanchthon starb fern von Lotichius] Es war mir also nicht einmal vergönnt, Liebster, dich wenigstens vor deinem letzten Tag zu sprechen. Als dir ein schrecklicher Durst deine keuchende Brust austrocknete und ein starkes Fieber deine arme Leber verbrannte, hätte ich dir selbst heilende Kräuter und Säfte gegeben, die andere Hände zu mischen nicht gelernt haben. Ich hätte selbst kniefällig Gott mit Gelübden und Gebeten angerufen und hätte die ganze Nacht an deinem Bett gewacht. Denn fromme Gebete und Gelübde pflegen bleiche Krankheiten besser zu vertreiben als die ärztliche Kunst. Es war mir nicht vergönnt, wenigstens deine letzten Worte zu vernehmen und, als dir dein Atem ausging, mit dir zu sprechen. Ich habe deinen verehrungswürdigen Leib, als er da lag, nicht mit meinen Tränen benetzen können und deiner Asche keine Blütenkränze und Rosen gegeben.
[3.3. V. 141–146: Trauer und Trauerlieder des Lotichius (Aufnahme von Motiven aus 1.3.)] Was ich noch kann, das ist, dir am frühen Morgen und am

späten Abend und mitten in der Nacht Trauerlieder zu singen. Und mein kurzes Leben wird mir kein Ende meines Schmerzes bringen, wenn die Götter mir denn noch etwas Leben schenken wollen. Meinen Geist wird die Milde des Frühlingshimmels nicht besänftigen, mich erfreut auch nicht der zarte Lufthauch mit seinem Wehen.

[3.4. V. 147–164: Weitung und Erhöhung der Trauer — die Trauer der Natur, der Blütenpflanzen, des Neckar und der Vögel (Aufnahme von Motiven aus 1.2)] Und in fruchtbaren Gärten sieht man Rosen und Lorbeer und Lilien mit grünendem Rosmarin sterben. Die nährende Mutter Erde, deren Namen du [im Namen Melanchthon] trugst, läßt nach und vernachlässigt krank ihre eigenen Kinder. Selbst der Neckar, der seinen alten Zögling nicht vergaß, mehrt seine blaugrünen Fluten mit Tränenströmen: "Hier war er, hier studierte er, auf diesem Rasen spielte der Knabe. Hier wohnte sein Vater, hier seine Mutter, hier sein Ahn. Am Fuß dieses Hügels blies er auf zartem Rohr sein Lied. Hier war die Schönheit, hier die Anmut seiner Stimme." Während der Fluß sich solches ins Gedächtnis ruft, wächst er durch den Strudel seiner Tränen, und in den Höhlen rauschen seine wogenden Fluten. Und unter dem nahen Schattendach sitzt die traurige Nachtigall und singt ihr weinendes Lied unter den trauernden Vögeln, sie, die als Vogel mit dem beredten Melanchthon konkurriert. Beide haben den gleichen Ruhm, die gleiche Schönheit der Zunge. Alles, was die Erde, was das Meer und was die Luft hervorbringt, trauert, großer Philipp, wegen deines Todes.

[II. Schlußteil der Elegie: *consolatio* (V. 165–204). — 1. V. 165–184: Tröstung — der Wille Gottes; Melanchthon im Himmel] Wenn jedoch dies der gute Wille Gottes war, wie er in der Tat es war, können unsere Gebete es nicht ungeschehen machen. Ich beglückwünsche dich, daß du aus den Banden des Körpers gelöst und vom Gesetz des Todes befreit nun die Region des hohen Himmels genießt und daß nach so vielen schlimmen Wogen des rastlosen Meeres alle Wolken nun schon unter deinen Füßen sind. Jetzt besingst du schon den eingeborenen Sohn und den Vater der Welt im schönen Grün des glücklichen Bodens. Dort sind alle die, die den Lehren Gottes folgten und uns den richtigen Weg der Gerechtigkeit lehrten. Dort bedrücken keine Krankheiten, kein sorgenvolles Alter, keine bittere Armut. Sondern Lauten und Gesänge tönen, und die Seelen der Frommen trinken aus der ewigen Quelle des Lebens. Und der Geist und die Weisheit des ewigen Vaters, Christus, tränkt die glühenden Herzen mit göttlichem Licht. Heil dir, mein großer Vater, jetzt bist du Erbe des hohen Himmels. Genieße die ewigen Güter, die du erwarbst, und erkenne die letzten Worte deines Schülers, und auch meine liebende Trauer sei deiner Asche nicht schwer!

[2. V. 185–204: Lotichius' letzte Wünsche für Melanchthons Grab und sein abschließendes Gebet] Die Erde möge dein Grab mit Veilchen und Lorbeer schmücken, um deine selige Urne mögen ewig Rosen blühen. Und deine Gebeine mögen immer an ruhiger Stätte ruhen, immer möge deine Stimme an den Wassern der Elbe leben. Dies erbitte ich, dieses Gebet erfülle, Schöpfer der Welt, mir wenigstens! Christus, übernimm du selbst die Sorge für deine irrende Herde! Bei deinem Namen, du Verehrungswürdiger, und bei unserem Heil, das durch dein Blut uns Armen wiedergegeben ist, und bei den Leiden deines sterblichen Körpers und bei der Majestät deiner Göttlichkeit bitte ich dich. Bitte, bester Hirte, hilf deiner verlassenen Herde in der schrecklichen Stunde des Todes, hilf uns, wenn sich unser Geist in die Lüfte erheben wird, wenn jener jüngste Tag der Erde strahlen wird, wenn die schreckliche Trompete durch die zitternden Wolken tönen wird und dieses Werk der Welt eine dreifache Flamme auflösen wird! Und es ist gut. Denn, süßester Vater, ich ahne, daß die Zeit bis zu deiner Ankunft nicht mehr lange ist. Unterdessen wollen wir dein Lob und deinen Namen singen. Laß du uns nur, Christus, süße friedliche Ruhe genießen!
[Erstveröffentlichung: Nr. 248, revidiert; vgl. dazu Nr. 245, 255.]

## 10. Georg Fabricius — der zweite Rektor der Fürstenschule St. Afra in Meißen

Georg Fabricius (1516–1571) wurde dreißigjährig 1546 zum Rektor der Schule St. Afra ernannt und blieb 25 Jahre bis zu seinem Tod 1571 in diesem Amt. Er war einer der bekanntesten protestantischen Humanisten des 16. Jahrhunderts und hat die Schule in ihren Anfängen maßgeblich geprägt. Es erscheint deshalb angebracht, sich auch an ihn zu erinnern, wenn die Schule St. Afra in einer neuen Form wieder eröffnet wird. Eine solche Erinnerung wird allerdings weit mehr Unterschiede als Gemeinsamkeiten zur heutigen Form dieser Schule und zu den Tätigkeiten eines heutigen Rektors zu Tage fördern. Es wird dem interessierten Leser nicht schwerfallen, sie zu registrieren und zu bewerten. Im folgenden soll vor allem versucht werden, das Bild dieses Mannes mit Anschauung zu füllen und die Ziele und Leistungen seines Lebens zu beleuchten.

Auch in modernen Lexika und Enzyklopädien erhielt er manchmal noch einen kurzen Artikel. Aber was verbirgt sich unter Bezeichnungen wie "klassischer Philolog und lateinischer Dichter" oder "deutscher Schulmann, neulateinischer Schriftsteller", unter die ihn zum Beispiel "Der Große Brockhaus" von 1930 (die "Brockhaus Enzyklopädie" von 1986 und 1996 verzichtete auf ihn!) und "Meyers Enzyklopädisches Lexikon" von 1971 (danach ebenso der "Der Literatur–Brockhaus" von 1988) gestellt haben? Der heutige Leser meint es etwa zu wissen, aber eine näheres Hinsehen wird ihn immer wieder überraschen. Versenken wir uns also einmal in eine heute ferne, andere Welt.

Georg Fabricius und danach seine gleichfalls humanistisch gebildeten jüngeren Brüder Andreas, Blasius und Jakob wollten nicht wie ihr Vater Goldschmied heißen, sondern latinisierten ihren Namen schon während ihrer Lateinschulzeit zu Fabricius. "Faber" war der Schmied, "Fabricius" einer, der zu einem Schmied gehörte oder von ihm abstammte. Sie hätten in diesem Sinne auch den Genitiv "Fabri" oder "Aurifabri" als Zunamen wählen können, aber der Name "Fabricius" erinnerte zugleich an einen alten Römer, C. Fabricius Luscinus, einen zum Konsulat aufgestiegenen armen Plebejer des 3. vorchristlichen Jahrhunderts, der schon zu Ciceros Zeiten sprichwörtlich für seine Sittenstrenge, seinen Gerechtigkeitssinn und seine Genügsamkeit war. Es hieß, daß die Sonne sich eher von ihrer Bahn abbringen ließ als Fabricius von seiner Rechtschaffenheit. Dieser Namensvetter gab vielleicht den Ausschlag bei der Namenwahl, die ähnlich auch schon andere Humanisten mit dem deutschen Familiennamen "Schmied" getroffen hatten. Im 16. Jahrhundert nahmen viele Deutsche auf der Lateinschule oder der Universität einen lateinischen Zunamen als Bekenntnis zum Humanismus an.

# 10. Georg Fabricius

Georg Fabricius besuchte die städtische Lateinschule seiner Geburtsstadt Chemnitz bis 1534 und danach kurz die des nahe gelegenen Annaberg, bevor er sich 1535 neunzehnjährig — für jene Zeit relativ spät — in Leipzig immatrikulierte. Das späte und kurze Studium (1536 immatrikulierte er sich noch an der Universität Wittenberg, wo er aber bestenfalls auch nur sehr kurze Zeit studiert haben kann) und der Umstand, daß er schon 1535 in Leipzig von seinem Lehrer Caspar Borner, der an der Universität und der Thomasschule unterrichtete, als Hilfslehrer an der Thomasschule angestellt wurde und schon 1536 als Lehrer nach Chemnitz ging, lassen neben einer pädagogischen Begabung eine recht schwierige finanzielle Situation erahnen. Schon 1539 wurde er dann als Konrektor nach Freiberg berufen, wo Johannes Rivius, der sein Rektor in Annaberg gewesen war, nun als Rektor amtierte.

Eine sorglose Studentenzeit und einen Universitätsabschluß hatte der dreiundzwanzigjährige Konrektor der Freiberger Lateinschule also nicht gehabt. Lutherisch muß er spätestens seit 1536 gesinnt gewesen sein, also bereits vor der 1539 erfolgten kirchlichen Reformation des Herzogtums Sachsen durch Herzog Heinrich. Ein überzeugtes und strenges lutherisches Christentum war die maßgebliche und bleibende Konstante seines Lebens. Er betrachtete es nicht als einen neuen Glauben. Vielmehr sah er sich in Übereinstimmung mit den Christen der Antike und als Glied der katholischen und orthodoxen Kirche, von der die römische Papstkirche nach seiner Überzeugung seit dem Mittelalter bis zur Gegenwart in steigendem Maße abgeirrt war.

Die zweite Konstante seines Lebens bildete der Humanismus. Entscheidende Impulse hatte er von Borner in Leipzig empfangen, der ihn durch seine Vorlesungen für den heidnischen Lyriker Horaz und den spätantiken christlichen Dichter Prudentius begeistert hatte. Borner hatte die 12 Tageshymnen des Prudentius (*Liber kathemerinon*) erläutert. Fabricius schätzte ihn als ersten Dichter, der die metrischen Formen der heidnischen Lyrik für christliche Dichtung verwendet habe, immer in besonderem Maße. Vermutlich lernte er damals auch schon dessen 14 Märtyrergedichte (*Liber peristephanon*) kennen. Fabricius verehrte die Märtyrer gleichfalls als heilige Männer und sah in den Gedichten des Prudentius ihre würdige Darstellung, da Prudentius ihre "Siege" ohne Schmälerung Gottes in heiliger Schlichtheit überliefert und die Heiligen nicht wie die spätere römische Kirche zwischen die Menschen und Gott gestellt habe. Prudentius war für ihn auch ein Glied der katholischen und orthodoxen Kirche. Die Gedichte des Prudentius wurden damals in Leipzig auch gesungen: Nicolaus Faber hatte dort 1533 Melodien für sie veröffentlicht "zum Nutzen der frommen Jugend" (*in usum piae iuventutis*).

Fabricius wurde so schon früh von einer besonderen Liebe zur christlichen Hymnendichtung erfaßt. Insbesondere schätzte er die auf die Hymnen des

Ambrosius zurückgehende und auch von Prudentius mehrfach verwendete vierzeilige Strophe aus jambischen Dimetern wegen ihres Klanges und ihrem raschen Fluß, wegen ihrer durch Reime erzeugten Geschlossenheit und ihrer konzentrierten Glaubensaussage. Das brachte ihn dazu, sich schon seit 1536 im eigenen Verfassen solcher Hymnen zu üben, die damals zwar noch nicht veröffentlicht wurden, aber in seine späteren Hymnensammlungen eingingen. Mit dieser Vorliebe für die jambische christliche Hymnenstrophe unterschied Fabricius sich von den meisten anderen Humanisten, die sich den Metren der heidnischen antiken Dichtung zuwandten. Der Humanismus des Fabricius war von Anfang an stark christlich geprägt.

Bald nach seiner Berufung an die Lateinschule von Freiberg, noch im Jahr 1539, erreichte ihn das Angebot, den jungen Freiherrn Wolfgang von Werthern, dessen Familie auf der etwa halbwegs zwischen Erfurt und Sangerhausen gelegenen Burg Beichlingen wohnte und die dortige Herrschaft besaß, als Präzeptor auf dessen Studienreise in Italien zu begleiten. Ein Adliger nahm auf solchen Reisen in der Regel einen Hofmeister und einen Privatlehrer mit. Fabricius nahm die für ihn einmalige Gelegenheit wahr. Nach einem mehrjährigen Studienaufenthalt in Padua, während dessen Fabricius in ein Schülerverhältnis zu dem italienischen Humanisten Lazarus Bonamicus trat, reiste er mit dem jungen Freiherrn 1542 von Padua über Venedig, Ravenna, Urbino, Ancona, Perugia, Assisi und Spoleto nach Rom, wo sie sich mehrere Monate aufhielten und besonders die antiken Monumente genau studierten. Im Frühjahr1543 setzten sie ihre Reise über Gaeta nach Neapel fort. Nach Besichtigung der Stadt und ihrer Umgebung kehrten sie nach Rom und über Viterbo, Orvieto, Siena, Pisa, Lucca, Florenz, Bologna und Ferrara im Sommer 1543 nach Padua zurück, von wo sie wieder nach Deutschland aufbrachen und über Trient, Bozen, Brixen, Innsbruck, Mittenwald, Partenkirchen, Schongau, Landsberg, Augsburg, Donauwörth, Weißenburg, Nürnberg, Bamberg, Coburg und Erfurt im Herbst dieses Jahres die Burg Beichlingen erreichten, von wo Fabricius mit Freunden über Leipzig nach Chemnitz gelangte. Fabricius stellte diese Reisen auf Wunsch des Freiherrn Wolfgang von Werthern in längeren hexametrischen Gedichten ausführlich dar, in denen er detailliert die Reiseroute beschrieb, die besichtigten Sehenswürdigkeiten erwähnte und auch einige Urteile über ihre Aufnahme und ihre Gastgeber einfließen ließ. Die Gedichte wurden erst 1547 im Druck veröffentlicht, aber im wesentlichen unmittelbar im Zusammenhang mit den Reisen verfaßt. Hermann Wiegand hat diese Gedichte in seinem Buch "Hodoeporica, Studien zur neulateinischen Reisedichtung" (Baden–Baden 1984) eingehend im Zusammenhang mit der damals beliebten Form der hexametrischen Reisedichtung interpretiert.

Das bestehende gute Verhältnis zu dem Freiherrn Wolfgang von Werthern führte zu dem Auftrag, daß Fabricius dessen jüngere Brüder Philipp und Anton in Beichlingen etwa ein Jahr als Hauslehrer betreute und sie dann im Herbst 1544 auch als Präzeptor nach Straßburg begleitete, wo sie an dem von Johann Sturm geleiteten Gymnasium studierten. Fabricius hat die Reise dorthin, die über Eisenach, Fulda, Frankfurt, Mainz, Worms, Speyer und Rastatt führte, in ähnlicher Weise wie seine Reisen mit Wolfgang von Werthern in einem Reisegedicht beschrieben und sich dann bis 1546 in Straßburg als Privatlehrer seiner Schützlinge aufgehalten. Adlige Studenten pflegten von ihren privaten Präzeptoren in ihre Vorlesungen begleitet zu werden, mit ihnen zu repetieren und von ihnen ergänzend unterrichtet zu werden. Fabricius verhalf seine Präzeptortätigkeit bei den drei Brüdern von Werthern zu einem umfangreichen Studium, das er sich aus seinen eigenen finanziellen Mitteln nicht hätte leisten können.

Noch aus seiner Beichlinger Zeit stammt seine erste Veröffentlichung. 1544 erschienen in Leipzig im Druck *Elegantiarum puerilium ex M. Tullii Ciceronis epistolis libri tres* (Drei Bücher eleganter Redewendungen für Knaben aus den Briefen Ciceros). Das Buch hatte einen unerhörten buchhändlerischen Erfolg. Bis 1610 erschienen — oft in jährlicher Folge — 22 weitere Auflagen. Eines der wichtigsten Ziele des damaligen Lateinunterrichts war es, die Schüler in die Lage zu versetzen, lateinische Briefe zu schreiben. Epistolographisches Vorbild waren die Briefe Ciceros. Aus ihnen hatte Fabricius eine große Zahl von Ausdrücken und Wendungen ausgezogen, die beim Briefeschreiben wiederverwendet werden konnten, sie sachlich geordnet und damit offenbar einem Bedürfnis vieler Lateinlehrer und -schüler abgeholfen.

Im Jahr darauf, 1545, erschien in Wittenberg *Ad Deum omnipotentem odarum liber unus* (Ein Buch mit Oden an Gott den allmächtigen). Fabricius trat damit in die Spuren von Horaz und Prudentius zugleich und hatte ein Gedichtbuch verfaßt, für das es noch keine humanistische Parallele gab. Horaz hatte in den Gedichten seiner vier Odenbücher und seines einen Epodenbuchs insgesamt 19 verschiedene metrische Strophenformen verwendet. Fabricius verfaßte 19 Oden in diesen 19 Strophenformen, gab ihnen allen einen christlichen Inhalt und setzte als Einleitungsgedicht (*Praefatio*) eine Ode voran, die er in einer von Catull verwendeten Strophenform verfaßt hatte. Zeitgenössische protestantische Humanisten bedienten sich meist des elegischen Distichons und griffen vereinzelt auch horazische Strophenformen wie die sapphische Strophe auf. Eine solche, artistisch den höchsten Ansprüchen genügende Parade aller horazischen Strophenformen war noch nicht vorgekommen. Wie einst Prudentius verschiedene metrische Formen der antiken Lyrik einem christlichen Gebrauch zugeführt hatte, so hatte nun Fabricius sozusagen alles, was Horaz bot, zum Lob Gottes verwendet. Er rückte damit in die erste Reihe der christlichen Dichter des protestantischen Humanismus.

Zwei Strophen, die erste der *Praefatio* (wie die Strophe von Cat. 61 aus vier Glykoneen und einem Pherekrateus bestehend) und die erste der ersten Ode (wie Hor. C. 1, 4 in der Dritten Archilochischen Strophe verfaßt) seien beispielshalber zusammen mit einer Prosaübersetzung zitiert:

> *A Deo incipiens opus*
> *Omne, desinat in Deum:*
> *Nostra quo sine cernitur*
> *Vis inanis et irrita.*
> *Unus omnia Christus.*

Bei Gott beginnend ende alles Werk bei Gott, ohne den unsere Kraft eitel und vergeblich erscheint. Alles [gibt] der einzige Christus.

Fabricius wendet hier eine aus der antiken Dichtung bekannte Formel des Gedichtanfangs ins Christliche. Mit Gott will er anfangen und enden.

> *Praevia sideribus pandens iter arduum salutis,*
> *Lux vera mentis, tristium levamen,*
> *Alma fides, hominem quae sola beas, facisque iustum,*
> *Choros et inter coelitum reponis,*

Vor den Gestirnen den steilen Weg des Heils öffnend, wahres Licht des Geistes, Trost der Traurigen, nährender Glaube, der du allein den Menschen selig machst und rechtfertigst und unter die Chöre der Himmlischen versetzest,

Nicht von ungefähr setzt die erste Ode mit einem Anruf des allein seligmachenden Glaubens ein und macht dadurch von Anfang an die lutherische Ausrichtung der folgenden Oden deutlich.

1546, im Jahr danach, wurde dann in Straßburg bei Rihel ein *De syntaxi partium orationis apud Graecos liber* (Buch über die Syntax der Redeteile bei den Griechen) von Fabricius gedruckt. Die griechischen Schulgrammatiken konzentrierten sich meist auf die Formenlehre. Fabricius wollte deshalb den Unterricht in der Syntax erleichtern und demonstrierte zugleich, worauf der protestantische Humanismus seit Melanchthon großen Wert legte, daß er auch in der zweiten klassischen Sprache kompetent war.

Diese drei Veröffentlichungen, die griechische Syntax, das Hilfsmittel für lateinisches Briefschreiben und das Beispiel einer christlichen Lyrik in klassischen Formen gaben neben seinen in Sachsen bekannten pädagogischen Fähigkeiten vermutlich den Ausschlag, daß Fabricius noch 1546 zum Rektor der erst vor wenigen Jahren gegründeten Internatsschule St. Afra in Meißen berufen wurde. Er hatte damit das Wirkungsfeld gefunden, das ihn seine weiteren 25 Jahre festhielt und von dem ihn auch Rufe an die Universität Wittenberg nicht abziehen konnten.

Er hatte eine sehr anspruchsvolle Auffassung von dem Wesen und den Aufgaben einer christlichen Schule. Später schreibt er einmal, daß die Schulen ein Bild der himmlischen und ewigen Gemeinschaft seien. In ihnen werde die Lehre des wahren Glaubens und des anständigen Lebens zusammen mit den Wissenschaften verbreitet (*doctrina verae pietatis et honestae vitae cum artibus liberalibus propagatur*). Die Lehre des Heils werde in diesem Leben mittelmäßig begonnen, in den Schulen überliefert und aufgenommen und dann erleuchtet und vollendet, wenn die Menschen, in jene erhabenste Versammlung aufgenommen, auf Gott als die Quelle der Weisheit schauen und eine wechselseitige ewige Gemeinschaft mit allen Erwählten Gottes genießen werden. Deshalb müßten die, die sich in den Schulen befinden, ihre Aufmerksamkeit und ihren Eifer vor allem darauf richten, daß sie sich durch die Erkenntnis des Sohns Gottes und durch seine heilige Anrufung und durch ständige Bemühungen auf jene himmlische Gemeinschaft vorbereiteten. Die Kinder seien zu beglückwünschen, daß in ihrer Zeit die himmlische Lehre vom Heil der Menschen nach der mittelalterlichen Verfinsterung wieder deutlich geworden sei.

Fabricius hatte nicht nur eine anspruchsvolle, sondern auch eine schwierige und zeitraubende Aufgabe, da die Klosterschule noch nicht lange eingerichtet, die Besitzverhältnisse noch nicht alle festgeschrieben waren, die ihm untergeordneten Lehrer angestellt und beaufsichtigt, die Schüler unterrichtet, betreut und erzogen werden mußten und Kriegsgeschehen (1547) und Seuchen (1552) noch zusätzliche Probleme verursachten. Seine Zeit war dadurch so sehr in Anspruch genommen, daß er, wie er einmal schrieb, in der Regel nur an Sonn– und Feiertagen und einem Halbtag vor Feiertagen zu seiner ihm daneben wichtig bleibenden und ununterbrochen fortgeführten schriftstellerischen Arbeit kam. Bekannt ist auch seine gutachterliche Tätigkeit für die Gründung neuer Schulen in Schwerin und Roßleben. Seine immense Arbeitsleistung als philologisch–historischer und poetischer Autor wird dadurch um so erstaunlicher.

Sie erstreckte sich auf folgende Gebiete: erstens auf die Ergebnisse seiner italienischen Reise, zweitens auf die Edition antiker Grammatiker, drittens auf die Edition und Erklärung antiker Autoren für den Schulunterricht, viertens auf die Bereitstellung von Hilfsmitteln für das lateinische Sprechen, fünftens auf die Bereitstellung von Hilfsmitteln für das lateinische Dichten, sechstens auf Gelegenheitsgedichte bei Hochzeiten und Begräbnissen, siebtens auf historiographische Arbeiten, achtens auf die Kommentierung und schulische Aufbereitung biblischer Bücher, neuntens auf die Edition und Erklärung antiker christlicher Dichtungen und zehntens auf das eigene Verfassen christlicher Dichtungen in lateinischer Sprache. Der letzte Punkt hätte dem Range nach an erste Stelle gesetzt werden müssen, denn er gewinnt ständig an Bedeutung. Sein persönlichstes und ihm selbst wichtigstes Werk schuf Fabricius als christlicher Dichter. Bevor aber darauf weiter eingegangen werden wird, sollen die übrigen Bereiche seiner Arbeit als humanistischer Autor wenigstens kurz und ohne Anspruch auf Vollständigkeit gemustert werden, nicht zuletzt, da er auch als christlicher Dichter auf diesem Hintergrund betrachtet werden muß.

1547 veröffentlichte Fabricius seine schon erwähnten sechs Reisegedichte als *Itinerum liber unus* zusammen mit einem ausführlichen Index der lateinischen antiken und zeitgenössischen Ortsnamen. Das Werk wurde ab 1550 meist zusammen mit der *Roma* und den *Antiquitatum libri duo* aufgelegt, einem von Fabricius aus zahlreichen antiken Autoren sorgfältig erarbeiteten Romführer und einer Sammlung römischer Testamente, Inschriften und Grabgedichte. Die drei in Oktav gedruckten zusammengebundenen Werke konnten einen Romreisenden begleiten und wurden deshalb bis ins 18. Jahrhundert oft gedruckt.

Ein großes spätantikes Werk zur lateinischen Grammatik, die *Artis grammaticae libri quinque* des Charisius, gab Fabricius 1551 bei Froben in Basel heraus. Kleinere grammatische Schriften, z.B. die *Libri III partitionum grammaticarum*, folgten.

Schulausgaben antiker Autoren mit teilweise oft nachgedruckten Einführungen und Erklärungen veröffentlichte Fabricius zu Terenz (seit 1548), Vergil (seit 1551), Horaz (seit 1555), Publilius Syrus (*Sententiae* seit 1554), Plautus (1558), Cato (*Disticha* 1558), Seneca (*Tragoediae* seit 1565) und Ovid (*Epistulae ex Ponto*).

Die *Elegantiarum e Plauto et Terentio libri duo*, die seit 1554 oft gedruckt wurden, boten Ausdrücke und Redewendungen aus Plautus und Terenz in sachlicher Anordnung und konnten der Flüssigkeit des mündlichen Ausdrucks im Lateinischen, das ja Schulsprache war, dienen.

Für das lateinische Dichten stellten die seit 1549 oft gedruckten *Elegantiae poeticae ex Ovidio, Tibullo, Propertio collectae* Sprachmaterial zur Verfügung. Wieder sind synonyme Wendungen, die hier meist Ovid entnommen sind, sachlich geordnet. Ein *Libellus de prosodia*, der die für das Komponieren von Versen wichtigen Quantitäten der lateinischen Wortsilben behandelt, erschien gleichfalls schon 1549. Beide Arbeiten gingen später in die *De re poetica libri* ein, einer zuerst 1556 in vier Büchern gedruckten Lehre des Verseschreibens, die später auf sieben Bücher erweitert und immer wieder aufgelegt wurde. Allen diesen Werken ist ihre schulische Zweckbestimmung und ihr deshalb leicht faßlicher Charakter eigen.

Natürlich schrieb jeder Humanist im 16. Jahrhundert für seine Freunde Hochzeits- und Trauergedichte, Epithalamien und Epikedien bzw. Epitaphien, und so auch in umfangreichem Maße Fabricius. Die meisten dieser Gedichte wurden zunächst nicht gedruckt und erst später in seinen Sammelausgaben zusammengestellt. Ausnahmen in beiden Gattungen finden sich besonders in der frühen Meißener Zeit von 1549–1551, aus der einige Drucke von Hochzeits- und Trauergedichten überliefert sind. Fabricius selbst heiratete erst 1557, und zwar die Tochter des Administrators der Schule St. Afra, die ihm elf Kinder gebar. Eine Sammlung von Epithalamien, darunter ein umfangreiches von seinem Schüler Christoph Schellenberg, der später Lehrer in Grimma wurde, erschien im Jahr seiner Eheschließung.

Auftragsarbeiten waren die meisten seiner umfangreichen historiographischen Arbeiten, die zum großen Teil erst postum veröffentlicht wurden. Zu seinen Lebzeiten erschienen noch die *Freibergi descriptio atque annales* (1554) und die öfter aufgelegten *Res Misnicae* (1569), später die *Origines stirpis Saxonicae* (1597), die *Saxonia illustrata* (1606) und die *Rerum Germaniae magnae et Saxoniae universae memorabilium [...] volumina duo* (1609). Das Interesse an den Forschungen seines Landsmanns Georg Agricola hatte schon 1565 die dann auch mehrfach gedruckte Schrift *De metallicis rebus ac nominibus observationes* hervorgerufen.

Seine Kommentare zu den Psalmen, zu Jesaias und zur Genesis, die er offenbar zunächst zu persönlichem Gebrauch geschrieben hatte, erschienen gleichfalls postum (1572, 1584). Ein unglaublicher Erfolg war seinen zuerst 1564 und dann bis 1720 immer wieder aufgelegten und 1595 auch ins Deutsche übersetzten *Virorum illustrium seu Historiae sacrae libri decem* beschieden. Es ist eine Nacherzählung von Personalgeschichten der Bibel, die offenbar lange als Schulbuch benützt wurde.

Eine philologische Leistung hohen Ranges stellt folgendes 1564 in Basel von Oporinus gedruckte Werk dar: *Poetarum veterum ecclesiasticorum opera Christiana et operum reliquiae atque fragmenta. Thesaurus catholicae et orthodoxae ecclesiae et antiquitatis religiosae ad utilitatem iuventutis scholasticae. Collectus, emendatus, digestus et Commentario quoque expositus* (Die christlichen Werke der alten kirchlichen Dichter und die Reste und Fragmente ihrer Werke. Ein Schatz der katholischen und orthodoxen Kirche und des frommen Altertums zum Nutzen der studierenden Jugend gesammelt, verbessert, bearbeitet und auch durch einen Kommentar erklärt). Dem Titel nach zum Nutzen der studierenden Jugend bestimmt, richtete sich dieses Werk in erster Linie an Universitätsstudenten und akademisch Gebildete. In keinem anderen Werk konnte man eine Zusammenstellung der gesamten spätantiken christlichen Dichtung lesen. Fabricius stellte Prudentius an den Anfang und versah das im Quartformat gedruckte Werk mit einer umfangreichen programmatischen Einleitung, einem alphabetisch geordneten Kommentar und einem ausführlichen Sachregister. Der Protestantismus eignete sich damit gewissermaßen die antike christliche Dichtung an. Der "orthodoxe Katholik" Fabricius schlug die Brücke zurück zu den rechtgläubigen Christen der Antike und bestätigte damit seinen Anspruch, im Gegensatz zur gleichzeitigen römischen Papstkirche der wahren Kirche Christi anzugehören. Die Arbeit an diesem Werk stand im Zusammenhang mit seiner eigenen christlichen Dichtung und zeigt seine Vorläufer und Vorbilder, in deren Spuren er selbst in seiner Gegenwart eine neue wahrhaft christliche Dichtung in lateinischer Sprache kreieren will. Speziell für den Gebrauch der Schüler veröffentlichte er im folgenden Jahr (1565) eine nach Themen geordnete Sammlung von Exzerpten aus den spätantiken christlichen Dichtern.

Seine eigene christliche Dichtung, die mit dem Komponieren jambischer Hymnen um 1536 ihren Anfang genommen und von der ein erstes Specimen mit dem Odenbuch von 1545 der Öffentlichkeit vorgestellt worden war, beschäftigte Fabricius bis 1567 kontinuierlich und in ständig stärkerem Maße. Schon 1559 zählte ihn Melanchthon zu den sechs nach seiner Überzeugung besten deutschen Dichtern (Melanchthon achtete dabei in erster Linie auf die lateinischen Dichtungen protestantischer Autoren zum Lobe Gottes). 1560 erschien in Basel die erste Sammelausgabe des Fabricius (*Poematum sacrorum libri XV*). Das Endresultat war die 1567 in Basel gedruckte Sammelausgabe, die *Sacrorum poematum libri XXV*, die er durch einen Widmungsbrief unter den Schutz des Kurfürsten August von Sachsen stellte. Sie ist das ambitionierteste und bedeutendste Werk geistlicher Dichtung, das von einem protestantischen Humanisten des 16. Jahrhunderts geschaffen wurde. Dieses Urteil berücksichtigt die wichtigsten anderen Autoren lateinischer geistlicher Dichtung in dieser Zeit, Philipp Melanchthon, Johannes Stigel und Adam Siber, die wie Fabricius so gut wie ausschließlich geistliche Gedichte verfaßten, ebenso wie Eobanus Hessus und Jakob Micyllus, die vor und neben ihren geistlichen auch weltliche Gedichte schrieben (bei Georg Sabinus und Petrus Lotichius überwogen die weltlichen Gedichte ohnehin).

Die Bedeutung der geistlichen Dichtung für frühere Epochen wird in unserer Zeit leicht unterschätzt. Auch die Literaturwissenschaft hat sie deshalb relativ wenig beachtet. Für Melanchthon und seine Freunde aber war sie die wichtigste Dichtungsart überhaupt. Das Lob Gottes galt ihnen als die ursprüngliche Bestimmung und als die würdigste Funktion der Poesie.

Erst Wilhelm Kühlmann, Robert Seidel und Hermann Wiegand haben als Herausgeber einer Anthologie humanistischer Dichtungen eine Auswahl einzelner Gedichte des Fabricius vor wenigen Jahren neu ediert, übersetzt und sowohl einzeln als auch innerhalb ihrer Gedichtbücher erläutert ("Humanistische Lyrik des 16. Jahrhunderts, Lateinisch und Deutsch", Frankfurt am Main 1997, S. 608–651, 1311–1335). In Ergänzung und Fortführung solcher Bemühungen versuchte der Verfasser dieser Seiten soeben in einer Monographie das Gesamtwerk zu interpretieren und literarhistorisch einzuordnen (Christliche Dichtung des 16. Jahrhunderts — Die *Poemata sacra* des Georg Fabricius, Göttingen 2001). Es soll danach im folgenden in seinem Entstehen umrissen, in seinem Sinn charakterisiert und durch ein paar Beispiele illustriert werden.

Fabricius verfaßte, von seinen Epithalamien und Epitaphien abgesehen, keine profane Dichtung, und auch sie bekamen, wie gezeigt werden wird, bei ihm bald eine geistliche Funktion. Seine zweite gedruckte geistliche Dichtung, die 1549 in Marburg erschien, war von geringerer Bedeutung: er versifizierte und erläuterte in ihr die zehn Gebote in elegischen Distichen, die wohl auch von Schülern memoriert werden sollten. 1552 erschienen dann aber in Basel seine um zwei Odenbücher erweiterten *Odarum libri III ad Deum omnipotentem*, mit denen er die Konzeption seiner ersten Odensammlung fortsetzte und ausweitete. Hatte er dort alle 19 lyrischen Strophenformen des Horaz in den Dienst des christlichen Gotteslobs gestellt, so fügte er nun diesem Buch ein zweites mit 17 Oden an, in dem alle Catull und Prudentius eigentümlichen lyrischen Strophenformen zum gleichen Ziel gebraucht werden, und ließ danach ein drittes mit 24 Oden folgen, in denen er alle übrigen ihm aus der lateinischen Literatur, z.B. aus Boethius und Claudian, oder auch nur der metrischen Theorie bekannten lyrischen Strophenformen jeweils mit einem Beispiel zum Lobe Gottes verwendete. In diesen 60 durchgehend metrisch von einander verschiedenen Oden hat Fabricius die ganze Mannigfaltigkeit der lyrischen Möglichkeiten der antiken lateinischen Literatur in den Dienst Gottes gestellt. Er hat darin Prudentius, der in dieser Richtung vorangegangen war, quantitativ bei weitem übertroffen, und es gibt kein anderes bekanntes Werk eines Humanisten, das in so umfassender Weise alle lyrischen Formen der lateinischen Literatur repräsentiert. Als er 1560 und 1567 Sammelausgaben seiner geistlichen Dichtung herausgab, stellte er die drei Odenbücher "an Gott, den allmächtigen" an den Anfang.

Gleichfalls 1552 war bereits sein erstes Hymnenbuch erschienen: *De historia et meditatione Christi, quae in noctis dieique tempus distributa est, Hymni XXIIII* (24 Hymnen über die Geschichte Christi und die Meditation über sie, eingeteilt in die Zeiten der Nacht und des Tages). 1553 ließ er zusätzlich ein weiteres Hymnenbuch drucken: *De historia et meditatione Christi et de usitatis Ecclesiae Christianae festis et temporibus Hymnorum libri II* (Zwei Hymnenbücher über die Geschichte Christi und die Meditation über sie und über die üblichen Feste und Zeiten der christlichen Kirche). In der Sammelausgabe von 1560 fügte er zwei weitere Hymnenbücher, in der von 1567 noch eines dazu. Der Parade der metrisch verschiedenen Gedichtformen in den drei Odenbüchern folgen nun gegensätzlich in fünf Hymnenbüchern etwa 120 Gedichte in durchweg der gleichen metrischen Form: Es ist die des durch Ambrosius begründeten kirchlichen Hymnus, in dem vier oft reimende jambische Dimeter jeweils eine Strophe bilden. Fabricius liebte sie, wie bereits erwähnt, seit früher Jugend. Er wollte nun diese traditionelle altkirchliche Hymnenform auch wieder in den Gebrauch der protestantischen Kirche einführen und berichtet, daß seine Hymnen von zahlreichen sächsischen Kantoren mit Melodien versehen wurden (er nennt in diesem Sinn den Magdeburger Kantor Martin Agricola, den Torgauer Kantor Johann Walther, den Dresdner Hofkantor Antonio Scandello, den Dresdner Hofkapellmeister Mattheus Le Maistre, die Meißener Kantoren Johann Reusch und Wolfgang Figulus und andere). Dies gab ihm auch einen zusätzlichen Impuls, solche Hymnen zu verfassen.

Zur Veranschaulichung dieser 'ambrosianischen' Hymnen des Fabricius, ihrer Sprachform und ihres Sinngehalts sei hier sein Pfingsthymnus auf den Heiligen Geist (Hymn. 4, 13) zitiert und übersetzt:

> *Beate Patris Spiritus,*
> *De luce lux altissima,*
> *Piis rogamus ignibus*
> *Incende nostra pectora!*
>
> 5 *Errore lapsos corrige*
> *Ac inscientes instrue!*
> *Te non docente plena sunt*
> *Densis tenebris omnia.*
>
> *Da nos amemus intimis*
> 10 *Ut invicem praecordiis!*
> *Sancto quod a te dissidet*
> *Coniuge nexus vinculo!*
>
> *Periclitantibus sacro*
> *Adsis patronus numine*
> 15 *Nec non propinques aspero*
> *Solator in certamine!*

> *Auge fidem, coelestia*
> *Infunde largus munera!*
> *Immitte fortes gloriam*
> 20 *Tuam fateri spiritus!*
>
> *Attolle nostra lumina*
> *Coeli videre praemia!*
> *Non torpeat terrestribus*
> *Mens implicata sordibus.*
>
> 25 *Legens tibi credentium*
> *Sedem perennem pectorum*
> *Tuere dona, quae tuae*
> *Inserviunt Ecclesiae!*
>
> *Deus precum, preces pias*
> 30 *Esse efficaces perfice!*
> *Cum Patre te, cum filio*
> *Omni canamus saeculo.*

Seliger Geist des Vaters, vom Licht höchstes Licht, entzünde unsere Herzen, so bitten wir, mit frommen Feuern! [5] Die durch Irrtum Gefallenen verbessere und die Unwissenden unterrichte! Wenn du nicht lehrst, ist alles voll von dichter Finsternis. Gib, daß wir uns gegenseitig mit innerstem Herzen lieben! [10] Was von dir getrennt ist, verbinde mit dir mit heiligem Band! Den Gefährdeten stehe als Schutzherr mit deinem heiligen Wesen bei und [15] nähere dich auch im harten Kampf als Tröster! Mehre den Glauben, gieße großzügig himmlische Geschenke in uns hinein! Sende tapferen Geist in uns hinein, [20] deinen Ruhm zu bekennen! Erhebe unser Augenlicht, des Himmels Lohn zu sehen! Nicht soll unser Geist in irdischen Schmutz gehüllt erschlaffen. [25] Für dich auf immer erwählend den Sitz der gläubigen Herzen, beschütze die Gaben, die deiner Kirche dienen! Gott der Gebete, laß fromme Gebete [30] wirksam sein! Mit dem Vater, mit dem Sohn wollen wir dich immerdar besingen.

Einzelne der Hymnen waren offensichtlich für spezielle Situationen der Schule St. Afra komponiert worden, so der folgende Hymnus *Pro custodia coetus scholastici in publicis calamitatibus* (Für die Bewahrung der Schulangehörigen in öffentlichem Unglück), in dem die Schule als kleine Arche erscheint und der von den Schulkindern sicher gesungen werden sollte (Hymn. 5, 10):

> *Grates agamus omnibus*
> *Deo parenti seculis,*

Qui liberavit tristibus
Suam malis Ecclesiam.

5　Qui dira belli vulnera
Et saeva pestis funera
Foedaeque pallorem famis
Ab hac fugavit arcula.

In quam parentum ex aedibus
10　Nos legit annis floridis
Vere Deum cognoscere
Moresque sanctos discere.

Non lingua, non mens sufficit
Efferre laudes debitas
15　Deo nec ullis possumus
Seclis referre gratias.

Deus pater sancte ac bone,
Defende nos in posterum
Nostramque confundi sine
20　Non aspero spem tempore.

Sit usque tuta haec arcula,
Patres, magistri, principes.
His pareamus, ut tuae
Vim sentiamus gratiae.

25　Qui liberavit, condidit,
Sacravit haec corpuscula,
Sit laus, honor patri Deo
Cum Filio et Flatu sacro.

Dank bringen wir Gottvater immerdar, der seine Kirche aus traurigen Übeln befreite, [5] der die schlimmen Wunden des Krieges und die gräßlichen Begräbnisse der Pest und die häßliche Blässe des Hungers von dieser kleinen Arche vertrieb, in die er aus den Häusern der Eltern [10] uns in der Blüte der Jahre erwählte, um wahrhaft Gott zu erkennen und heilige Sitten zu lernen. Nicht genügt die Zunge, nicht der Geist, um die ihm geschuldeten Lobpreisungen vorzubringen, [15] und wir können Gott nicht in irgendeiner Zeit unseren Dank abstatten. Heiliger und guter Gottvater, verteidige uns weiterhin und laß nicht zu, [20] daß unsere Hoffnung durch eine rauhe Zeit zerstört wird. Möge diese kleine Arche immer sicher sein, ihr Väter, Lehrer, Fürsten! Diesen wollen wir gehorchen, damit wir die Kraft deiner Gnade finden. [25] Lob und Ehre sei

Gottvater, der diese kleinen Körper befreite, sie schuf und heiligte, zusammen mit seinem Sohn und dem Heiligen Geist.

Die Gebete in den Oden "an den allmächtigen Gott" richteten sich vor allem an Gott im Himmel; die Hymnen, die den Tod von Christus zum Heil der Menschen behandeln und die christlichen Festtage begleiten, wenden sich an den Fleisch gewordenen Christus. Als Gedichte an Gottvater, Gottsohn und den Heiligen Geist bilden die acht Oden– und Hymnenbücher eine thematische Einheit.

In der Sammelausgabe von 1567 folgen ihr *Paeanum Angelicorum libri III* (Drei Bücher Paeane auf Engel), die erstmals 1563/65 gedruckt worden waren. Mit diesen Paeanen wollte Fabricius eine antike poetische Gattung neu in die geistliche Dichtung seiner Zeit einführen. So etwas als erster getan zu haben verschaffte Humanisten ein besonderes Ansehen. Aus der antiken Literatur war bekannt, daß Paeane eine Sonderform von Hymnen waren. Es war überliefert, daß Pindar Paeane auf Götter und auf Könige aus göttlichem Blut verfaßt habe. Im Wortlaut überliefert waren nur wenige antike Paeane. Zwei auf Hygieia (Gesundheit) und Arete (Tugend) zitierte der griechische Schriftsteller Athenaios. Der italienische Humanist Julius Caesar Scaliger hatte in seiner 1561 postum erschienenen Poetik ausgiebig über Paeane gehandelt. Danach unterschieden sie sich nicht stofflich, aber in ihrer Ausdrucksform von den Hymnen. Sie glichen den Dithyramben und hätten sich anfangs durch den wiederholten an Apoll gerichteten Anruf "ié Paián" ausgezeichnet. Fabricius bestimmte danach ein Gedicht des Prudentius, Kath. 9, als christlichen Paean, da in ihm ein Knabe aufgefordert werde, eine Leier zu bringen, und sich in ihm häufig Ausrufe, Aufforderungen und Wortwiederholungen fänden. Fabricius suchte danach seine Paeane von seinen Hymnen zu differenzieren. Er schrieb sie wie jene im Versmaß des jambischen Dimeter, aber nun nicht in abgesetzten vierzeiligen Strophen oder anderen regelmäßigen Strophenformen, sondern in unregelmäßig großen Versgruppen und zugleich in einem affektischen, klangreichen und ornamentierten Stil mit vielen Ausrufen, Beifallsbezeugungen, Aufforderungen und Ausdrucksvariationen, sozusagen "enthusiastisch". Thema aller 54 Paeane sind die Engel, die in ihren verschiedenen Funktionen dargestellt werden. Für Fabricius sind sie himmlische Kräfte, die Gottes Befehle im Himmel und auf Erden erfüllen und auf Geheiß Gottes den Guten Gutes, den Bösen Böses tun. Die dritte große Gedichtgruppe in der Sammelausgabe von 1567 ist dadurch von den ersten beiden, den Oden und Hymnen, thematisch getrennt, aber zugleich auch mit ihnen verbunden.

Der in der Sammelausgabe von 1567 folgende *Heroicon liber* (Das Buch über Heroisches; *Heroicon* ist ein griechischer Genitiv zu *Heroica*) wurde hier erstmals gedruckt. Es enthält 16 als *Hymni* bezeichnete Gedichte, die wieder in vierzeilig strophischen jambischen Dimetern verfaßt sind. Fabricius sieht in herausragenden Menschen des Alten und Neuen Testaments die christlichen Heroen. Er behandelt sie in chronologischer Folge von Adam über die Patriarchen und Propheten bis zu den Aposteln und Evangelisten. An sie werden — lutherisch korrekt — keine Bitten gerichtet. Die Gedichte enden jeweils mit einer Gebetsstrophe an eine Person der heiligen Dreieinigkeit. Fabricius wollte den antiken Heroenhymnen ein christliches Äquivalent gegenüberstellen, aber es sollten eben keine Bittgedichte an Heilige der römische Kirche sein. Er gab gewissermaßen ein lyrisches Resumee des Alten und Neuen Testaments. Nach den in der Sammelausgabe von 1567 vorausgehenden Büchern soll der *Heroicon liber* den Leser thematisch von den himmlischen Mächten auf die Erde zu den großen Menschen der Vergangenheit führen.

Mit den Menschen der Gegenwart beschäftigen sich dann die folgenden *Carminum libri II* (Zwei Bücher Gedichte), in denen Fabricius seine lyrischen Epithalamien (Hochzeitslieder) — es sind etwa 80 — zusammengestellt hat. Er hatte sie schon in der Sammelausgabe von 1560 zusammen veröffentlicht. Gegenüber dem damaligen Druck und den Erstveröffentlichungen hat er diese Epithalamien jedoch bewußt im Sinne einer strenger christlichen Aussage revidiert. Hatte er anfangs, wie es in humanistischen Kreisen üblich war, in solchen Gedichten auch heidnische antike Gottheiten wie Apollo, Minerva, Amor, Venus oder die Chariten erwähnt, so ist er jetzt zu der Überzeugung gekommen, daß auch die allegorische Verwendung dieser Gottheiten ihre Verwendung in einem christlichen Gedicht nicht rechtfertigen könne. Er wollte nun zeigen, wie auch die Hochzeitsdichtung eine rein christliche Dichtung sein kann. Mit der Absage an jede allegorische Verwendung heidnischer Gottheiten entschied sich Fabricius gegen eine poetische, lange von ihm selbst geteilte Gewohnheit vieler Humanisten, auch von Melanchthon und seinen Freunden. Die hier zu Tage tretende christliche Radikalisierung entwickelte sich bei Fabricius erst zwischen 1560 und 1567.

Die Oden, Hymnen und Paeane, die Gedichte auf die christlichen Heroen und die Hochzeitsgedichte für Menschen der Gegenwart bilden in der Sammelausgabe von 1567 einen ersten Teil, den *Tomus primus*. Es sind durchweg lyrische Gedichte, die von Gottvater und Christus stufenweise über die Engel und die Heroen des Alten und Neuen Testaments zu den Christenmenschen seiner Zeit herabführen. Die Zusammenstellung der einzelnen Gedichtbücher hat so eine sinnvolle Gesamtstruktur ergeben. Es gab in der gesamten humanistischen Dichtung der Zeit kein nach Umfang, Mannigfaltigkeit und Bedeutung vergleichbares Werk. Der anschließende *Tomus secundus* bietet dann nach der Lyrik die Elegie in christlicher Funktion. Den 14 lyrischen folgen 11 elegische Bücher.

Schon nach dem Erscheinen seines ersten horazischen Odenbuchs (1545) war Fabricius von seinem Freund Johannes Stigel in einer Elegie aufgefordert worden, in Zukunft das eingängigere elegische Distichon Ovids für die christliche Dichtung einzusetzen. Die Kombination von Hexameter und Pentameter war das unter den damaligen Humanisten verbreitetste Versmaß. Das elegische Distichon stand im Ruf, leichter produzierbar und für den Leser leichter verständlich zu sein als die komplizierteren horazischen Strophenformen. Fabricius' erste Liebe galt der Lyrik, der des kirchlichen Hymnus und der der horazischen Oden, und er ließ sich davon auch nicht abbringen. Aber seit den frühen fünfziger Jahren verfaßte er auch zahlreiche geistliche Dichtungen in elegischen Distichen, die er im Laufe der Jahre gleichfalls drucken ließ und die er 1567 im *Tomus secundus* seiner Sammelausgabe mit Bedacht zu einer neuen Gesamtstruktur zusammenstellte. In diesem Zusammenhang sollen sie hier nun auch gemustert werden.

Am Anfang stehen die *Militiae sacrae libri II* (Die zwei Bücher des heiligen Kriegsdienstes), die um 1555/57 entstanden waren. Als "heiligen Kriegsdienst" hatte der Christ nach der Überzeugung von Fabricius sein Leben im Kampf gegen den Teufel aufzufassen. Das Bild des Lebens als Kriegsdienstes hatte seinen biblischen Ursprung im siebten Kapitel des Buches Hiob, und Erasmus hatte in diesem Sinn ein *Enchiridion militis Christiani* (Handbuch für den christlichen Krieger) verfaßt. Fabricius stellte in seinen *Militiae sacrae libri II* als Beispiele für den Kampf gegen den *diabolus* Geschichten aus der Genesis von Adam bis Joseph vor, bettete sie in Gebete an Gott ein und gab Meditationen über die Vorgänge, in denen er diese Geschichten allegorisch für den christlichen Leser seiner Gegenwart interpretierte. Dem väterlichen *amor* Gottes sollte ein glühender *amor* der Menschen zu Gott entsprechen. Von Gott stamme die keusche eheliche Liebe, alles andere aber seien vom Teufel geförderte unreine Begierden. Ovid hatte in einer berühmten Liebeselegie geschrieben (Am. 1, 9, 1f.): *Militat omnis amans et habet sua castra Cupido, | Attice, crede mihi, militat omnis amans* "Im Kriegdienst ist jeder Liebende, und es hat seine Kriegslager Amor, Atticus, glaube es mir, im Kriegsdienst ist jeder Liebende". Der Leser sollte in dieser *militia amantis* den diametralen Gegensatz zu der *militia sacra* des Christen erkennen.

Von den folgenden *Victoriarum coelestium libri III* (Drei Bücher von himmlischen Siegen) war eines schon 1553 im Druck erschienen. Diese Elegienbücher sind als thematisches Analogon zu den Märtyrergedichten des Prudentius im *Liber peristephanon* gemeint. Prudentius hatte die Glaubenssiege der heiligen Märtyrer der frühen christlichen Kirche geschildert. Fabricius gibt nun

Beispiele für die Triumphe der Heiligen aus den Geschichtsbüchern des Alten Testaments, indem er solche Geschichten paraphrasierend nacherzählt und jeweils eine predigtartige Meditation anhängt, um die Nutzanwendung für die Gegenwart zu verdeutlichen. Im Zentrum der Bücher steht die Geschichte von David und Goliath (Vict. 2, 7), an die sich überraschend in der Meditation eine Kontrafaktur der eben erwähnten Elegie Ovids anschließt. Sie erinnert gleich mit ihrem Anfang an die Elegie Ovids und widerspricht ihr:

> *Militat omnis homo, qui dat sua nomina Christo*
> *Quique Deo vero corde placere cupit.*
> *Hunc ipsum castris perversus circuit orbis,*
> *Horribilis praefert cui sua signa Satan.*
> 5 *Ille pios omnes fastuque minisque lacessit,*
> *Quem contra fragilis non movet arma caro.*
> *Sed trepidans proprias dum respicit improba vires,*
> *Mussat et abiecta mente pudenda iacet*
> *Praemia nec curat coelestia. nam nimis, eheu,*
> 10 *Turba pusilla sumus, perdita turba sumus.*
> *Ecce autem sumens animum pro laude virilem*
> *Inque Dei ponens voce salutis opem,*
> *Excedit castris pavidis suaque expedit arma*
> *Suscipit et sola bella gerenda fide.*
> 15 *Indomitus sternit Satanam, fugat omnia mundi*
> *Castra, redit carnis victor et ipse suae.*
> *Intorque fundam fidei, verbi arripe saxum*
> *Goliathumque trucem non trepidanter adi!*
> *Ipse Deus per se, non foedo militis ausu*
> 20 *Vincit et omne sui destruit hostis opus.*
> *Ille suis proprios extorquet ab hostibus enses*
> *Vertit et in nostrum quae nocuere bonum.*
> *Ergo Deo confide, Dei victoria sola est,*
> *Qui frangit molli maxima quaeque manu.*

Im Kriegsdienst ist jeder Mensch, der seinen Namen Christus gibt und der dem wahren Gott mit seinem Herzen zu gefallen begehrt. Ihn umgibt mit ihren Kriegslagern die verderbte Welt, der der schreckliche Satan seine Feldzeichen voranträgt [Ovid Am. 2, 9, 3f. hatte positiv von dem Kriegslager und den Feldzeichen Amors gesprochen]. Er reizt alle Frommen mit seiner Überheblichkeit und seinen Drohungen; gegen ihn richtet das gebrechliche Fleisch keine Waffen [umgekehrt war in Ovid Am. 1, 9, 26 von den gegen ihre Feinde gerichteten Waffen des Liebenden die Rede gewesen]. Sondern während das untüchtige Fleisch ängstlich auf seine Kräfte blickt, schweigt es stumm und liegt mit dem entmutigten Geist schimpflich am Boden und kümmert sich nicht um die himmlischen Belohnungen. Denn wir sind, ach, eine allzu kleinmütige Schar, eine verdorbene Schar sind wir. Doch siehe da, sich einen männlichen lobenswerten Mut fassend und in das Wort Gottes die Hilfe des Heils setzend tritt er aus dem furchtsamen Kriegslager heraus, macht seine Waffen kampfbereit und unternimmt die allein mit dem Glauben zu führenden Kriege. Unbezwungen wirft er Satan nieder, verjagt alle Kriegslager der Welt und kehrt selbst als Sieger über sein eigenes Fleisch zurück. Spanne die Schleuder des Glaubens, nimm den Stein des Wortes und greife den wilden Goliath furchtlos an! Gott selbst siegt durch sich, nicht durch gräßliches Wagen des Kriegers und zerstört das ganze Werk seines Feindes. Er windet aus den Händen seiner Feinde ihre Schwerter und wendet das, was schadete, zu unserem Guten. Vertraue deshalb Gott, allein Gottes ist der Sieg. Er bricht mit sanfter Hand gerade das Größte.

Der Christ überwindet hier die Schwäche seines Fleisches, bekämpft Satan "allein mit dem Glauben" und besiegt ihn mit Gottes Hilfe wie David den Goliath. Der christliche Leser sieht im Hintergrund die ovidische Gegenwelt der *militia Cupidinis* als eine *militia Satanis*. Wenn er so an die thematisch und tendenziell gegensätzlichen *Amores* Ovids erinnert wird, kann ihm auch bewußt werden, daß ein dort mehrfach vorkommendes eindringliches Bildmotiv eben der Triumph Amors ist. Die *Victoriarum coelestium libri III* bringen im Kontrast dazu heilige Triumphe, die Triumphe Gottes.

Der anschließende *Amorum filii Dei liber* (Buch der Liebe zum Gottessohn bzw. des Gottessohnes) enthält sieben längere Weihnachtselegien, die seit 1550 im Lauf der Jahre entstanden waren. Der gewählte Titel sollte nun kontrastiv direkt an Ovids Liebeselegien, die *Amorum libri III*, erinnern. Leitmotiv bei Fabricius ist der Psalmvers 2, 12, der in der lateinischen Vulgata–Übersetzung *Adprehendite disciplinam* (seid [Gott] gehorsam) lautete, von Luther aber in Aufnahme einer auch von Erasmus erwähnten kommentierenden Äußerung des Hieronymus und im Anschluß an die mittelalterlichen Bibelglossatoren Paulus von Burgos und Nicolaus von Lyra mit *Osculamini filium*, "kusset den son" wiedergegeben worden war. Das Küssen des Sohnes, zu dem nach dieser Interpretation hier prophetisch aufgefordert wurde, wurde als eine Allegorie für die Liebe der Christen gedeutet, die diese Christus schuldeten und die sich im Glauben an Christus und im Gehorsam gegenüber seinen Geboten manifestieren sollte. Wenn die Hirten in den Weihnachtselegien des Fabricius das neugeborene Christuskind küssen, steht diese Allegorese von Psalm 2, 12 im Hintergrund. Eine wechselseitige Liebe verbindet Christus mit den Menschen. Sie steht im Gegensatz zu der irdischen Liebe in den *Amores* Ovids.

Die *Amorum libri III* Ovids bilden metrisch und in manchem auch sprachlich ein Vorbild, thematisch und in ihren Wertvorstellungen aber ein Gegenbild zu den soeben vorgestellten sechs Elegienbüchern des Fabricius. Insgesamt wollen sie die drei Bücher Ovids christlich ersetzen. Positiv stellen sie dadurch eine Einheit dar, daß sie den Leser zuerst in Gebet, Erzählung und Meditation durch die Genesis und die Geschichtsbücher des Alten Testaments führen und dann zuletzt die Botschaft des Neuen Testaments verkünden.

Die in der Sammelausgabe von 1567 folgenden Elegienbücher des Fabricius wenden sich ganz den Menschen der Gegenwart und darunter vor allem den Schulkindern zu. Die *Pietatis puerilis libri III* (Drei Bücher der kindlichen Frömmigkeit), deren Gedichte zum Teil schon 1553 erschienen, und der daran anschließende *Precationum variarum liber* (Buch mit verschiedenen Gebeten) bilden insofern eine Einheit, als Fabricius hier den christlichen Glauben in den Aussagen des Katechismus und dann das christliche Leben von Schulkindern und Erwachsenen in Gebeten darstellt. Nach den sechs ersten Elegienbüchern, die das Alte und Neue Testament thematisierten, stellen diese vier Bücher nun das konkrete christliche Leben in der Gegenwart und im Umfeld von Fabricius vor Augen.

Zuerst werden die fünf Hauptteile des Lutherschen Katechismus, die zehn Gebote, das apostolische Glaubensbekenntnis, das Vaterunser, die Einsetzung der Taufe und des Abendmahls, in elegische Distichen umgesetzt und im Anschluß daran jeweils durch eine abermals in elegischen Distichen gehaltene Meditation gedeutet. Derartige Katechismusgedichte waren für den schulischen Unterricht und zum Memorieren bestimmt. Die elegische *Oratio Dominica* sei zur Illustrierung des leicht faßlichen Stils dieser Gedichte und der Art ihrer Paraphrasierung der autoritativen Texte hier angeführt:

> *O Pater omnipotens, cui nostrae cura salutis*
>    *Maxima, qui coeli lucida regna premis.*
> *Utque tenes altum, sic nos quoque respicis imis*
>    *Terris: sit sanctum nomen ubique tuum.*
> 5  *In terra, ut coelo, fiat tua magna voluntas:*
>    *Et regnum adveniat, Rex venerande, tuum.*
> *Et panem et vitae nobis alimenta caducae*
>    *Atque suas animae da, Pater alme, dapes.*
> *Fratribus ut nostris peccata remittimus, et sic*
> 10  *Debita propitius nostra remitte, Deus.*
> *Ac ne crudeli nimium tentemur ab hoste,*

> *Istum da contra fortia corda malum.*
> *Nempe tuum regnum, tua magna potentia sola*
>   *Gloriaque aeternos firma futura dies.*

O allmächtiger Vater, dem größte Sorge ist für unser Heil, der du die lichten Reiche des Himmels beherrschst! Und wie du die Höhe innehast, so siehst du auch zurück auf uns ganz unten auf der Erde: geheiligt sei dein Name überall. [5] Auf Erden, wie im Himmel, geschehe dein großer Wille: und dein Reich komme, zu verehrender König. Und Brot und die Nahrungsmittel unseres hinfälligen Lebens gib uns und unserer Seele ihre Speise, nährender Vater. Wie wir unseren Brüdern ihre Sünden vergeben, [10] so vergib auch gnädig unsere Schulden, Gott. Und damit wir nicht von dem grausamen Feind versucht werden, gib uns gegen diesen Bösen tapfere Herzen. Denn dein ist das Reich, dein ist die große Macht allein und der Ruhm, der fest steht auf ewige Tage.

Es folgen — in je einem elegischen Distichon — die Themen der Epistel- und der Evangelientexte des Kirchenjahrs vom Ersten Advent bis zum 26. Sonntag nach dem Dreieinigkeitsfest. Auch hier liegt eine unmittelbare schulische Verwendung nahe.

Die weiteren Gedichte begleiten den Tageslauf der Knaben einer Internatsschule — und es ist natürlich speziell an die Schule St. Afra zu denken — vom Aufstehen am Morgen bis zum Schlafengehen zur Nacht. Fabricius formulierte ihre Gebete und Reden beim Aufstehen, bei Schul- und Kirchgang, bei Essen und Spiel und vor dem Einschlafen, und zwar meist wieder in elegischen Distichen. Er schrieb dazu, daß er hier Gebete zusammenstelle, die die Schüler an ihre Pflichten erinnerten und daran gewöhnten, alles von Gott zu erbitten und zu erwarten. Er habe deshalb auch gelegentlich seinen Schülern solche Gebete diktiert. Es versteht sich, daß sie sie auswendig zu lernen hatten. Ein Beispiel eines solchen Gedichts sei gegeben. Es ist die Rede des Knaben, der seine Mitschüler zum Schulgang zu rufen hat (*Puer in ludum vocans*):

> *Iam vocat ad ludum nos hora, ite frequentes,*
>   *O pueri, studii mutua cura mei.*
> *Sint nitidae vestes, facies sit lota manusque,*
>   *Et facite arma libros ut sua quisque ferat.*
> 5 *Nemo tamen properet, qui non perlegerit ante,*
>   *Quae discenda isto computat esse die.*
> *Inprimis alacres ad vestros ferte magistros*
>   *Mentes et studii continuate vices.*
> *Assiduis praesto Deus est, idem odit inertes:*
> 10  *Et sua dat nullis absque labore bona.*

> *In ludo linguis animisque favete modesti,*
> *Praesentemque illic esse putate Deum.*
> *Qui secum angelicas deducit mille catervas,*
> *Custodes teneri praesidiumque gregis.*
> 15 *Haec nunc ante oculos vobis proponite vestros,*
> *Impleat officii munera quisque sui.*

Schon ruft uns die Stunde zur Schule, geht in großer Zahl, ihr Knaben, um die ich mich mit meinen Bemühungen sorge, ebenso wie ihr es umgekehrt tut. Die Kleider seien sauber, Gesicht und Hände seien gewaschen, und seht, daß jeder seine Waffen, die Bücher, trägt. [5] Niemand soll jedoch eilen, der nicht vorher durchgelesen hat, was an diesem Tag zu lernen war. Besonders aber bringt zu euren Lehrern einen lebhaften Geist und setzt den Gang eures Studiums fort. [10] Den Fleißigen ist Gott gegenwärtig und zugleich haßt er die Faulen, und er gibt seine Güter niemand ohne Arbeit und Mühe. In der Schule bewahrt bescheiden Zunge und Sinn und glaubt, daß Gott dort ist. Er führt mit sich tausend Engelsscharen herab als Wächter und Schutz der zarten Herde. Das stellt euch jetzt vor eure Augen, damit ein jeder die Aufgaben seiner Pflicht erfülle.

Die Atmosphäre dieser streng kirchlich bestimmten Schule und die Disziplinierung der Schüler durch die Religion tritt in solchen Reden und Gebeten eindringlich vor Augen. In dem *Precationum variarum liber* stehen dann auch Mustergebete für Erwachsene, insbesondere für Familienväter, Pfarrer und Lehrer, die sich in Fabricius vertrauten Situationen befinden. Sie schließen am Ende auch den Gedanken an den künftigen Tod und an die Wiederkunft Christi ein.

Der elegische *Tomus secundus* wird von dem *Tristium liber*, dem Buch der Trauer, beschlossen. Es enthält über 130 Epitaphien, einige für sächsische Fürsten, die meisten aber für Personen aus dem sozialen Umfeld des Fabricius. Sie wurden für die Ausgabe von 1567 erstmals zusammengestellt. Fabricius gab ihnen als Überschrift nicht wie üblich den Namen der Verstorbenen, sondern eine Bezeichnung ihres Typs, ihres Berufs, ihrer familiären Beziehung oder der besonderen Umstände ihres Lebens oder Todes. Er wollte damit die Gedichte bis zu einem gewissen Grad entpersonalisieren und ihre Zusammenstellung zu einem exemplarischen Todesbuch machen. Würdigungen erhielten unter anderen Melanchthon und prominente protestantische Theologen, aber auch protestantische Dichter (Eobanus Hessus, Jakob Micyllus, Georg Sabinus, Johannes Stigel und Petrus Lotichius), von denen Fabricius seinen Freund Johannes Stigel in Jena wegen seiner geistlichen Dichtungen am höchsten schätzte.

Mit dem Titel *Tristium liber*, der für eine Epitaphiensammlung nicht üblich war, wollte Fabricius an die *Tristium libri V* erinnern, in denen Ovid seine Verbannung beklagte. Fabricius kritisierte diese Titelwahl Ovids. Nicht die eigene Verbannung, sondern der Tod der Nächsten sei das Traurigste. Das Buch soll insofern ein wahrer *Tristium liber* sein. Der Tod führe andererseits jedoch den Christen zum Heil und zu den Freuden des ewigen Lebens, auf die die Epitaphien auch immer wieder hinweisen, so daß die irdischen *Tristia* am Ende durch himmlische *gaudia* aufgehoben werden. Offenbar wollte Fabricius den Leser am Schluß seines elegischen *Tomus secundus* noch einmal an Ovid denken lassen. Den profanen und ich–bezogenen *Amores* und *Tristia* Ovids wollte er am Anfang und am Ende des elegischen Teils christliche *Amores* und *Tristia* entgegenstellen.

Der elegische *Tomus secundus* gliedert sich in die sechs biblischen und die fünf Elegienbücher, die christliches Leben und Sterben in Fabricius' Gegenwart vorstellen. Eine Verbindung von Lyrik und Elegie in christlicher Funktion konnte man in der von Fabricius gebotenen Vielfalt und in dem von ihm gelieferten Umfang weder in der Antike noch in der Gegenwart finden. Fabricius hat die großen lyrischen und elegischen Teile seiner *Sacrorum poematum libri XXV* sehr absichtsvoll komponiert und ein Gesamtbild christlichen Lebens in diesem Werk eingefangen, das biblische Geschichte und die Gegenwart der Kirche, Himmel und Erde, den dreieinigen Gott und seine Engel ebenso wie die Christenmenschen und diese als Kinder, bei ihrer Hochzeit und in ihrem Tod vor Augen stellte. Das Werk war vor allem ein Buch des Gebets und der Meditation, das seine Leser zu einem christlichen Leben anleiten sollte. Es war auch innerhalb der damals oft verfaßten geistlichen Dichtungen durch seinen materialen und formalen Reichtum etwas Besonderes und wurde von befreundeten protestantischen Humanisten entsprechend geschätzt. Zwei hohe Auszeichnungen wurden ihm noch in seinem letzten Lebensjahr von ganz anderer Seite zuteil: Kaiser Maximilian II. krönte ihn zum *Poeta laureatus* und erhob ihn in den Adelsstand.

Der Humanist Gregor Bersmann, den Fabricius in der Schule St. Afra unterrichtet hatte und der später Amtsnachfolger von Joachim Camerarius als Professor in Leipzig wurde, veröffentlichte 1571 nach seinem Tod ein längeres elegisches Trauergedicht mit dem Titel *Querela de obitu Georgii Fabricii Chemnicensis* (Klage über den Tod des Georg Fabricius aus Chemnitz),[1] in dem er Fabricius als denjenigen bezeichnete, der ihm die Schule in Meißen lieb und teuer gemacht habe (*O meritis mihi cara tuis schola Misnidos urbis*),

---

[1] Gregor Bersmann, Querela de obitu doctrina, eruditione, pietate ac virtute eximia praediti Georgii Fabricii […], Leipzig 1571, [8] Bl., und ders., Poematum Pars prior, Leipzig 1591, S. 221–229.

und bekannte: *Tu mihi Phoebus eras, sed erat tibi Phoebus Iesus, | qui tua celigenis ora rigabat aquis* "Du warst mir Apoll, aber dein Apoll war Jesus, der deinen Mund mit himmlischen Wassern benetzte". Bersmann pries Fabricius dort mit warmen und auszeichnenden Worten als Lehrer, als Gelehrten und Autor poetischer, philologischer und historischer Werke. Einzelne Buchtitel nannte er aber nur einmal, nämlich dort, wo er die Erinnerung an die geistlichen Gedichte des Fabricius evozierte. Er fingierte dazu, daß alle von Fabricius gepflegten poetischen Gattungen infolge des Todes von Fabricius nun verstummt seien. Bersmann erinnert dabei an die einzelnen Gedichtbücher der *Sacrorum poematum libri XXV* dadurch, daß er sie — fast durchgehend in der dort gegebenen Reihenfolge — mit ihren verkürzten Titeln nennt. Am Schluß dieser Reihe läßt er dann an der Stelle des in der Sammelausgabe zuletzt stehenden und hier nur inhaltlich angedeuteten *Tristium liber* die römische Todesgöttin Libitina selbst ein Epitaphium für Fabricius schreiben. Nachdem so die *Sacrorum poematum libri XXV* im einzelnen ins Gedächtnis gerufen worden waren, erinnert Bersmann allgemein an alle Gebiete, auf denen Fabricius nach seiner Überzeugung eine besondere dichterische oder wissenschaftliche Kompetenz gezeigt hatte. Er bedient sich dazu der Fiktion, daß die personifizierten Vertreter dieser Gebiete Fabricius betrauern (einen Autor durch seine personifizierten Werke betrauern zu lassen, war ein aus der antiken Epigrammatik vertrautes Motiv):

> *Oda silet, reticent turmae Paeana canentes,*
>   *Nil audent Hymni, Carmina torpor habet,*
> *Heroum mussat sanctorum exercitus omnis,*
>   *Armaque militiae deposuere sacrae.*
> 55 *Signa dat ingentis victoria celica luctus,*
>   *Nuda triumphali tempora fronde gerens.*
> *Et sine luce faces soboles pia portat Amorum,*
>   *Iam sua vota bonae dedidicere Preces.*
> *Dat fletus tumulo Pietas, Libitinaque versu*
> 60   *Inscribit vatis marmora caesa sui:*
> *"Hic situs est, Latiae nitor et facundiae linguae,*
>   *Fabricius, scripti dexter in omne genus."*
> *Parva loquor: luget Musarum turba piarum*
>   *Nunc omnis, passis turba videnda comis.*
> 65 *Ingenuae lugent artes et copia fandi,*
>   *Ingenio posthac vix habitura parem.*

*Lugent historiae, luget Romana vetustas,*
    *Quae se cuncta uno pectore condiderat.*
    *Et sceptrum ponit regale Tragoedia, passu*
70  *sublimique minus pulpita soccus adit.*

Die Ode ist still [vgl. *Odarum lb. III*], es schweigen die den Paean singenden Scharen [vgl. *Paeanum angelicorum lb. III*], nichts wagen die Hymnen [vgl. *Hymnorum lb. V*], die Carmina sind erstarrt [vgl. *Carminum lb. II*], stumm ist das ganze Heer der heiligen Heroen [vgl. *Heroicon lb.*], und der heilige Kriegsdienst legte seine Waffen nieder [vgl. *Militiae sacrae lb. II*]. Die himmlische Victoria gibt Zeichen ungeheurer Trauer, ihre Schläfen sind von ihren triumphalen Blättern entblößt [vgl. *Victoriarum coelestium lb. III*]. Und die Fackeln der [christlichen] Amores [vgl. *Amorum filii Dei lb.*] trägt ohne Licht der fromme Nachwuchs [*Pietatis puerilis lb. III*], und schon haben die Preces ihre guten Gebete verlernt [vgl. *Precationum variarum lb.*]. Pietas gibt Tränen seinem Grab, und Libitina beschreibt mit diesem Vers den behauenen Marmor ihres göttlich inspirierten Dichters [vgl. *Tristium lb.*]: "Hier liegt begraben die strahlende Beredsamkeit der lateinischen Sprache, Fabricius, der in allen schriftlichen Gattungen gewandt war." Doch ich sage noch zu wenig: es trauert jetzt die ganze Schar der frommen Musen, eine mit aufgelösten Haaren zu sehende Schar [vgl. die *Poemata sacra* allgemein und die Ausgabe der *Poetarum veterum ecclesiasticorum opera*]. Es trauern die *Artes liberales* und die Fülle der Rede, die nun kaum mehr einen haben wird, der ihm an Geist gleich ist [vgl. die Arbeiten zur Grammatik, Poetik und Rhetorik]. Es trauert die Geschichtsschreibung [vgl. die Werke zur sächsischen Geschichte], es trauert das römische Altertum, das sich in einer einzigen Brust ganz versammelt hatte [vgl. *Roma* und *Antiquitatum lb. II*]. Und es legt Tragoedia ihr königliches Szepter nieder [vgl. die Ausgabe der Seneca–Tragödien], und mit weniger hohem Schritt betritt der Komödienschuh die Bühne [vgl. *Elegantiarum e Plauto et Terentio lb. II*].

Die Ponderierung dieser Aufzählung bestätigt, daß die *Sacrorum poematum libri XXV* als das bedeutendste einzelne Werk des enzyklopädischen Gelehrten betrachtet wurden. Der panegyrische Überblick, den Bersmann über die Werke und Arbeitsfelder von Georg Fabricius insgesamt gibt, ist zudem geeignet, zusammenfassend noch einmal an alle Bereiche zu erinnern, die auf den vorstehenden Seiten erörtert worden sind.

Damit ist erkennbar geworden, was hinter den allgemeinen Ausdrücken "deutscher Schulmann", "klassischer Philologe", "neulateinischer Schriftsteller" und "lateinischer Dichter", mit denen Fabricius in Lexiken des 20. Jahrhunderts bezeichnet wurde, konkret steckt, auch wenn die Verfasser der Artikel das selbst nicht so genau wußten. Leistungen und Eigenart des Georg Fabricius erscheinen in neuem Licht. In seiner spezifischen Verbindung von Christentum und Humanismus hatte das Christentum entschieden die erste Rolle. In einer so ausgerichteten christlich–humanistischen Erziehung der ihm anvertrauten Kinder sah er die wichtigste Aufgabe seines Lebens, in seiner christlich–humanistischen Dichtung sein größtes Werk. Es war allerdings zeitgebundener, als er ahnte. Wie weit es nach dem 16. Jahrhundert noch Leser fand und wie lange seine Hymnen in Kirchen und Schulen gesungen wurden, ist bisher unbekannt. Im Gegensatz zu seinen oft und lange aufgelegten philologisch–historischen Werken wurden die *Sacrorum poematum libri XXV* nach 1567 nicht mehr gedruckt. Nur ausgewählte Hymnen erschienen noch 1600. Die lateinische Dichtung der protestantischen Humanisten war gegen Ende des 16. Jahrhunderts im allgemeinen weltlicher geworden. Die große Zeit der geistlichen Dichtung protestantischer Humanisten in lateinischer Sprache war damals vorbei. Wie lange das Wirken von Fabricius in der Schule St. Afra Spuren hinterließ, kann hier nicht beurteilt werden. Seine Schüler werden sich bis in die ersten Jahrzehnte des 17. Jahrhunderts an seinen Unterricht und seine Autorität erinnert haben, und es war wohl mancher dabei, der wie Bersmann sagen konnte: *Tu mihi numen eras.*[2]

[Erstveröffentlichung: Nr. 249, revidiert; vgl. dazu Nr. 246.]

---

[2] Es sei gestattet, in der oben genannten ausführlicheren Veröffentlichung zu Fabricius (Walther Ludwig, Christliche Dichtung des 16. Jahrhunderts. Die Poemata sacra des Georg Fabricius, Nachrichten der Akademie der Wissenschaften in Göttingen, I. Philologisch–Historische Klasse, Jahrgang 2001, Nr. 4, 78 S.) zwei störende Druckfehler zu korrigieren. Auf S. 47, Z. 8 von unten, ist dort *morbis* statt *moribus,* auf S. 50, Z. 10, *aut* statt *auf* zu lesen.

## 11. Das Studium der holsteinischen Prinzen in Straßburg (1583/84) und Nicolaus Reusners Abschiedsgedichte

Die folgenden Seiten sollen einen Beitrag zu vier einander überschneidenden Problembereichen in der Geschichte des sechzehnten Jahrhunderts geben, zur schleswig–holsteinischen Landesgeschichte, zur deutschen Universitätsgeschichte, insbesondere der der Akademie in Straßburg, zur Form der Prinzenerziehung und zur Rolle des Humanismus und der lateinischen Dichtung in ihr. [Besprochen werden Formen des *Apobaterion*, des *Paideuterion*, des *Propempticon*, der *Parodia* und andere Imitationsarten.] Die archivalisch ermittelte historische Situation der auf ihrer *peregrinatio academica* befindlichen holsteinischen Prinzen und die Interpretation der hier erstmals rekonstruierten Sammlung von Reusners Abschiedsgedichten in Straßburg werden sich wechselseitig erhellen.

Die beiden Prinzen von Holstein–Gottorf, Friedrich (1568–1587; Herzog 1586–1587) und Philipp (1570–1590; Herzog 1587–1590), Söhne Herzog Adolfs zu Gottorf (1526–1586; Herzog seit 1544), waren im Oktober 1583 fünfzehn– bzw. dreizehnjährig zum Studium nach Straßburg gekommen.[1]

Ihr Vater hatte ihnen seit 1575 auf Schloß Gottorf durch den Präzeptor Antonius Caucius, der 1570 in Heidelberg studiert hatte,[2] privaten Unterricht erteilen lassen[3] und sie dann 1582 mit diesem, einem Hofmeister, elf etwa

---

[1] Vgl. zu Herzog Adolf und seinen Söhnen Friedrich (21.4. 1568–15.6. 1587), benannt nach seinem Großvater väterlicherseits, König Friedrich I. von Dänemark, und Philipp (10.8. 1570–18.10. 1590), benannt nach seinem Großvater mütterlicherseits, Landgraf Philipp I. von Hessen, allgemein Georg Waitz, Schleswig-Holsteins Geschichte, Bd. 2, Göttingen–Leipzig 1852, und Gottfried Ernst Hoffmann–Klaus Reumann–Hermann Kellenbenz, Die Herzogtümer von der Landesteilung 1544 bis zur Wiedervereinigung Schleswigs 1721, Neumünster 1986. Das Studium der Prinzen Friedrich und Philipp scheint bis jetzt keine Darstellung erfahren zu haben. Zur Straßburger Akademie in dieser Zeit vgl. Anton Schindling, Humanistische Hochschule und freie Reichsstadt, Gymnasium und Akademie in Straßburg 1536–1621, Wiesbaden 1977, zum Adelsstudium dort S. 383. Zu dem frühen Tod der Prinzen vgl. auch unten S. 330 mit Anm. 87.

[2] Antonius Caucius oder Cautius war kein "französischer Edelmann" (so Christian Gottlieb Jöcher, Allgemeines Gelehrten–Lexikon, Bd. 1, Leipzig 1750, Sp. 1786), sondern bürgerlichen Standes. Geboren um 1553, wurde er am 30.5. 1570 in Heidelberg als *Antonius Cautius Oesianus* immatrikuliert, stammte also wohl aus Öse bei Bremervörde.

[3] Caucius veröffentlichte nach Jöcher, wie Anm. 2, eine *Grammatica Latina* und *Gallica* in Antwerpen 1577 bzw. 1581. Er unterrichtete die Prinzen Friedrich und Philipp sieben Jahre in Gottorf, ehe er mit ihnen auf die *peregrinatio academica* ging (vgl. dazu auch K. Hector und W. Prange, wie Anm. 14, Nr. 809). Danach steht er 1586 auf Herzog Adolfs Besoldungsliste, wurde 1590 Rat am Hof Herzog Philipps und starb 1605/06 (s. Ludwig Andresen, Studien und Quellen zur Geschichte der Verwaltung und Wirtschaft in Gottorf von 1544–1659, 2. Teil, Kiel 1928, S. 10, 19, 45, 174, und Walther Stephan, Gottorfer

gleichaltrigen Edelknaben und "anderem Gesinde" auf eine *peregrinatio academica* geschickt,[4] zunächst an die Universität Heidelberg, wo sich am 20. August 1582 *Fridericus et Philippus fratres, haeredes Norvagiae, duces Slesvvici, Holsatiae, Stormarniae et Ditmarsiae etc., comites in Oldenburg et Delmenhorst etc.* immatrikulierten.[5] Die restliche Seite des Matrikelbuchs wurde mit ihrem bunt gemalten Wappen gefüllt. Auf der vorigen Seite waren hintereinander eingetragen worden ihr Präzeptor *Antonius Caucius Oesianus* und die sie begleitenden Edelknaben, nämlich neun *nobiles Holsati* (Nicolaus von Hagen,[6] die Brüder Otto und Benedict von Qualen,[7] Heinrich von der Wisch,[8] Heinrich Pogwisch,[9] Kay und Wolfgang Rantzau,[10] Joachim von Ahlefeldt, Kay Rumohr) und ein *nobilis Misnensis* (Hans von Wolframsdorf)[11] sowie zwei gleichfalls der Gruppe zugehörende Studenten bürgerlichen Standes (Jonas Mathiae aus Holstein und Bernhard Lourtmann aus Hamburg). Neun dieser

---

Beamte und Hofgesinde 1544–1658, Kiel 1928, S. 318). Nicolaus Reusner hat außer dem unten S. 314ff. besprochenen Gedicht (Nr. 7) noch zwei andere an Caucius gerichtet: erstens ein elegisches *Epithalamium* auf die Hochzeit von Caucius mit Anna, der Tochter des *Praefectus* von Segeberg Christoph *Auceps* (= Vogler), s. Nicolaus Reusner, Operum Nicolai Reusneri Leorini Silesii Iurisconsulti et Consiliarii Saxonici pars prima [...]— tertia, Jena 1593, quarta, Jena 1594, hier Op. p. I, S. 219f., und zweitens ein choliambisches Gedicht *Ex Platone*, das nach Erasmus zwei Sprichwörter behandelt, die Erasmus Plato entnommen hatte (*In Care periculum* nach Euthyd. 285c und *In dolio figularem artem discere* nach Lach. 187b, s. Desiderius Erasmus, Opera, Leiden 1703, Bd. 2, Sp. 226f., Adag. 1. 6. 14 und 15), s. Reusner, Op. p. III, S. 360.

[4] Vgl. zur Prinzenerziehung auf Universitäten allgemein Laetitia Boehm, Konservativismus und Modernität in der Regentenerziehung an deutschen Höfen im 15. und 16. Jahrhundert, in: Wolfgang Reinhard, Hrsg., Humanismus im Bildungswesen des 15. und 16. Jahrhunderts, Weinheim 1984, S. 61ff., bes. S. 74ff., hier S. 82f. über den adligen Hofmeister und den bürgerlichen Präzeptor als übliche Bestandteile des kleinen Hofstaats der zu jener Zeit studierenden Prinzen.

[5] S. Gustav Toepke, Die Matrikel der Universität Heidelberg von 1386–1662, 2. Teil, Heidelberg 1886, S. 102f.

[6] Vermutlich identisch mit dem Claus von Hagen, der in einem Prozeß 1600 belegt ist, s. Andresen, wie Anm. 3, T. 1, S. 296.

[7] Sie waren Söhne des Gottorfer Amtmanns und Rats Josias von Qualen. Otto, geboren 1566, war mit den Prinzen Friedrich und Philipp von Caucius unterrichtet worden, 1595 Amtmann Kiel, gestorben 1620, vgl. Andresen, wie Anm. 3, T. 2, S. 45.

[8] Vermutlich identisch mit dem 1590 zu Gottorf belegten Hofjunker Heinrich von der Wisch, vgl. Andresen, wie Anm. 3, T. 2, S. 18f., 22, 33, Stephan, wie Anm. 3, S. 301.

[9] Vielleicht identisch mit dem Heinrich Pogwisch, der 1586 Besoldung und Gnadengeld erhält, vgl. Andresen, wie Anm. 3, T. 2, S. 15.

[10] Vermutlich der Kay Rantzau, der seit 1589 Amtmann in Apenrade ist, s. Stephan, wie Anm. 3, S. 354.

[11] Hans von Wolframsdorf wird 1586 Stallmeister in Gottorf, 1590 auch Hofmarschall, gestorben um 1625, s. Andresen, wie Anm. 3, T. 1, S. 75, Stephan, wie Anm. 3, S. 296.

zwölf jungen Leute waren noch nicht siebzehnjährig und deshalb vom Schwur auf die Universitätsstatuten befreit.[12] Im Matrikelbuch folgte auf der Seite nach der, die den Prinzen gewidmet war, noch die Immatrikulation von Johann Rantzau, des noch minderjährigen Sohns des königlich–dänischen Statthalters in den Herzogtümern Schleswig und Holstein Heinrich Rantzau.[13] Seine Eintragung war wohl wegen der Stellung seines Vaters nicht bei den übrigen *nobiles Holsati*, sondern nach den jungen Herzögen vollzogen worden. Die Gruppe hatte schon am 17. Oktober den Tod Johann Rantzaus zu beklagen, der der Pest zum Opfer gefallen war, die damals in Heidelberg "weinich heuser" befallen hatte.[14] Dies hatte die Evakuierung der holsteinischen Studenten für die Dauer von einigen Wochen zur Folge; sie wurden vom pfälzischen Kurfürsten Ludwig VI. in benachbarte Orte, teils nach Dilsberg, teils nach Schönau geschickt, kehrten aber bald zurück: am 20. Dezember 1582 wurde Prinz Friedrich für ein Jahr zum *Rector* der Universität Heidelberg ge-

---

[12] Als volljährig galten nur Nicolaus von Hagen, Heinrich von der Wisch und Heinrich Pogwisch.
[13] Zu Heinrich Rantzau vgl. zuletzt Wiebke Steinmetz, Heinrich Rantzau (1526–1598), Ein Vertreter des Humanismus in Nordeuropa und seine Wirkungen als Förderer der Künste, Frankfurt am Main 1991, und demnächst Walther Ludwig, Der Humanist und das Buch — Heinrich Rantzaus Liebeserklärung an seine Bücher, Illinois Classical Studies 19, 1994, S. 265–281. Heinrich Rantzaus zehntes Kind Johannes wurde am 14.11. 1566 geboren, vgl. die Genealogie der Rantzau in Elias Reusner, Basilikon [graece] Operis genealogici catholici Auctarium, Frankfurt am Main 1592, S. 164ff., hier S. 168.
[14] Vgl. K. Hector und W. Prange, Schleswig–Holsteinische Urkunden Bd. 9, Herrschaft Breitenburg 1256–1598, Neumünster 1988, Nr. 807, 808, 809, 819, 821, 1108. Das von Heinrich Rantzau in der St. Laurentius–Kirche in Itzehoe aufgestellte Kenotaph für seinen Sohn Johann ist u.a. ediert bei Nathan Chytraeus, Variorum in Europa itinerum deliciae, 3. Aufl., Herborn 1606, S. 522, wo Rantzau über seinen Sohn schreibt: [...] *Heidelbergae, dum literis operam navaret ac Principibus Holsatiae D. Friderico et Philippo adesset, in ipso aetatis flore peste exstincto* [...]. Johann wurde begraben in Heidelberg "bey S. Peters Kirch unter einem Marmelsteinen Monument" (Andreas Angulus, Holsteinische Chronica [...], Wittenberg 1596, S. 168, zitiert bei Steinmetz, wie Anm. 13, S. 548). Melchior Adamus, Apographum monumentorum Haidelbergensium, Heidelberg 1612, S. 65 (zitiert bei Steinmetz, S. 557), ediert die Grabinschrift: [...] *in hanc urbem literarum gratia cum ducibus Holsatiae D. Friderico et Philippo missus peste correptus* [...] *Hanc me pertraxit studiorum fervor ad urbem, | Principibusque comes nobilibusque fui. | His licuit cunctis ad patria rura reverti* [...] (woraus unter anderem hervorgeht, daß alle übrigen Mitglieder der holsteinischen Gruppe wohlbehalten zurückkamen). Vgl. auch die Kupferstiche des Grabmonuments für Johann Rantzau von Hieronymus Henninges und Johannes Greve bei Steinmetz, S. 696f. mit Abb. 190/191.

wählt. Es war ein Ehrenrektorat, unter dem der Prorektor Dr. theol. Timotheus Kirchner die Geschäfte wahrnahm.[15]

IMAGO NICOLAI REVSNERI IVRISC.

*Aliis eram lapsa post sex octennia vitæ:*
*Quod superest, avum tu rege, CHRISTE, meum.*

Abb. 1 Nicolaus Reusner im Alter von 48 Jahren (1593), vgl. Anm. 32.

---

[15] Zur Evakuierung s. K. Hector und W. Prange, wie Anm. 14, Nr. 808, zur Rektorwahl s. Toepke, wie Anm. 5, S. 620; zu Timotheus Kirchner s. Elmar Mittler, Hrsg., Bibliotheca Palatina, Heidelberg 1986, Bd. 1, S. 248, mit Verweis auf L. Häusser, Geschichte der Rheinpfalz nach ihren politischen, kirchlichen und literarischen Verhältnissen, 2. Aufl., Heidelberg 1856, Bd. 2, S. 90ff.

## 11. Das Studium der holsteinischen Prinzen

Spätestens im Sommer 1583 hatte Herzog Adolf nach einem anderen Studienort Ausschau gehalten, anscheinend außer durch die gesundheitliche Situation in Heidelberg veranlaßt durch "Bedenken" gegenüber der zur Zeit des Kurfürsten Ludwig VI. in Heidelberg in der Abendmahlslehre vertretenen streng lutherischen ubiquitistischen Dogmatik,[16] und zunächst an die Universität Marburg gedacht, da dort sein Schwager, der Mutterbruder der Prinzen Friedrich und Philipp, Landgraf Ludwig III. von Hessen regierte. Auf briefliche Anfragen, die er am 19. Juli an Landgraf Ludwig[17] und dessen Bruder Landgraf Wilhelm IV. von Hessen zu Kassel richtete,[18] hatten Adolfs Schwäger am 8. August von Biedenkopf bzw. am 17. von Homburg aus jedoch entschieden von Marburg als Studienort für die Prinzen abgeraten.[19] Erstens seien die kriegerischen Unruhen im Erzstift Köln zu nahe; zweitens habe sich jetzt in den Dörfern um Marburg eine "ansteckende Seuch der Pestilenz" ausgebreitet, die schon zu vielen Todesfällen geführt habe, weshalb Ludwig auch sein "Hoflager" von Marburg nach Biedenkopf verlegt hatte; drittens seien in Marburg kaum genug Lebensmittel für gewöhnliche Studenten vorhanden, geschweige denn für fürstliche Personen; viertens sei in der ganzen Stadt keine geeignete Wohnung für die Prinzen und ihr Gefolge zu finden — die Bürger hätten ihre Häuser mit kleinen, für die Prinzen ungeeigneten Zimmern für Studenten ausgestattet, von denen sie oft acht bis zehn in einem Haus beherbergten; und fünftens seien überhaupt an Orten, wo sich eine Hofhaltung und zugleich eine Universität befinde, "wenig gute *mores* zu sehen noch zu lernen". Die Landgrafen Ludwig und Wilhelm empfahlen dagegen Straßburg, wohin sie selbst von ihrem Vater, Landgraf Philipp, geschickt worden seien. Diese Stadt sei ein sicherer und "wohlverwahrter" Ort, wo Friedrich und Philipp ihre Studien "auf einer vor junge Fürsten und anderen Herren sonders berümbten Schuell" erfolgreich "continuiren" könnten.

---

[16] LAS, Abt. 7, Nr. 23 (vgl. dazu Kurt Hector, Herzöge von Schleswig–Holstein–Gottorf 1544–1713, Bd. 1, Schleswig 1977, S. 3), Bl. 148–149: Originalbrief von Landgraf Wilhelm zu Hessen an Herzog Adolf, dat. Homberg in Hessen 17.8. 1583, "[...] sofern nun E. L. Bedenken haben der ubiquistischen *dogmatis* halben deroselben gelipte Söhne länger zu Heidelberg zu lassen. [...] Dann da sie gleich E. L. nacher Tübingen verschicken wollten, so wissen E. L., das derselbig Ort *quasi mater dogmatis ubiquistici* ist, inmaßen es denn zu Marburgk deßwegen auch nicht durchaus rein ist [...]."
[17] LAS, wie Anm. 16, Bl. 145–147: Originalbrief von Landgraf Ludwig zu Hessen an Herzog Adolf, dat. Biedenkopf 8.8. 1583; Ludwig erklärt, Adolfs — nicht überlieferten — Brief vom 19. Juli erhalten zu haben.
[18] LAS, wie Anm. 16; Wilhelm erklärt dort, Adolfs — nicht überlieferten — Brief vom 19. Juli erhalten zu haben.
[19] Die folgenden Argumente sind aus den tendenziell gleichlautenden Briefen zusammengestellt.

Tafel: Übersicht über den *Libellus Xeniorum* Nicolaus Reusners (1584)

| Soziologische Struktur | Adressat | fiktiver Sprecher | Nr. | Gedichttyp | Verszahl | Metrum | Poetologische Struktur |
|---|---|---|---|---|---|---|---|
| 5 | Hg. Friedrich & Hg. Philipp |  | 1 | Epigramm | 16 | eleg. Dist. | 3 |
|  | Hg. Friedrich & Hg. Philipp |  | 2 | Epigramm | 16 | eleg. Dist. |  |
|  | Hg. Friedrich & Hg. Philipp |  | 3 | Elegie | 24 | eleg. Dist. |  |
|  | Hg. Friedrich | Schleswig-Holstein | 4 | horazische Ode | 40 | askl.-glyk. Strophe |  |
| 2 |  | Straßburg & Hg. Philipp | 5 | horazische Ode | 24 | glyk.-askl. Strophe | 5 |
|  | Hofmeister Johann v. Minnigerode |  | 6 | horazische Ode | 20 | glyk.-askl. Dist. |  |
|  | Präzeptor Antonius Caucius |  | 7 | horazische Epode | 30 | iamb. Dist. |  |
|  | Edelknaben insgesamt |  | 8 | catullisches Phaleucium | 25 | Hendekasyllaben |  |
| 4 | Nicolaus v. Hagen |  | 9 | Elegie | 20 | eleg. Dist. | 3 |
|  | Christoph v. Hünecke |  | 10 | Epigramm | 8 | eleg. Dist. |  |
|  | Otto & Benedict v. Qualen |  | 11 | Epigramm | 8 | eleg. Dist. |  |

## 11. Das Studium der holsteinischen Prinzen 299

Herzog Adolf war dieser Anregung gefolgt[20] und hatte zunächst am 29. August seinen Diener Gothard Sopher nach Straßburg geschickt, damit er nach einem geeigneten Haus für die Prinzen und ihr Gefolge Ausschau halte, es miete und mit der notwendigen Einrichtung für den Winter sowie dem erforderlichen Personal ausstatte. Er erhielt Briefe an den Straßburger Dompropst, den Stättmeister und den Ammeister, die ihm helfen sollten, einen geeigneten Domherrenhof oder das Haus eines Edelmanns oder notfalls ein Bürgerhaus zu finden.[21] Außerdem hatte er unterschiedliche Briefe an den Bischof von Straßburg, das Domkapitel, den Rat der Stadt, "ingleichen auch an Joannem Sturmium" mitbekommen, die die Ankunft der Prinzen ankündigten.[22] Herzog Adolf sandte dann am 6. September zwei seiner Räte, Josias von Qualen, den Amtmann von Gottorf,[23] und Paul Rantzau, des verstorbenen Claus' Sohn,[24] über Kassel, Marburg und Darmstadt, wo sie seine Schwäger, die Landgrafen Wilhelm, Ludwig und Georg besuchen sollten, nach Heidelberg, um dort alles Nötige für den Wegzug der Prinzen zu regeln, anstehende Schulden zu bezahlen, sich bei den zuständigen Personen in Heidelberg — "den Räten des kurfürstlichen Pfalzgrafen, besonders dem Kanzler D. Gerhart Pastorn, dem Superintendenten Doctori Kirchnero, Doctori Valentino For-

---

[20] LAS, wie Anm. 16, Bl. 151–154, Konzept des Briefes Herzog Adolfs an Landgraf Ludwig, datiert Gottorf 28.8. 1583, Antwort auf dessen Brief vom 8.8.
[21] LAS, wie Anm. 16, ab Bl. 159–166 Konzept der Empfehlungsschreiben, die Herzog Adolf Sopher an den Straßburger Dompropst Graf Christoph Ladisla, den Domdekan Graf zu Nellingen (= Nellenburg) und Herrn zu Dingen (= Tengen), den Stättmeister und den Ammeister mitgibt, sowie auf Bl. 155–158 seine Reiseinstruktionen für ihn, beide dat. 28./29.8. 1583. Sopher soll über Kassel, Marburg, Frankfurt, Mainz, Oppenheim, Worms, Speyer, Rheinzabern, Weißenburg und Hagenau nach Straßburg reisen, das geeignete Haus suchen (am liebsten den Hof des Dompropstes oder das Haus eines Grafen mieten) und Herzog Adolfs dann in Heidelberg befindlichen Räten Bericht erstatten. Sophers Abfertigung nach Straßburg durch den Kanzler Herzog Adolfs, Bl. 167–169, ist datiert Schleswig 30.8. 1583. Nach Bl. 170–173, einem Konzept mit weiteren Instruktionen Herzog Adolfs an Sopher, dat. 6.9. 1583, soll Sopher, nachdem er das Haus gemietet und es mit Haushaltgerät versehen hat, einen Koch, einen Feuerböter und ein "Alt Weib" zum Waschen, Kehren, Einkaufen in Dienst stellen. Zusätzliche Instruktionen an Sopher werden referiert in dem Konzept für die Aufträge Herzog Adolfs an seine Räte Josias von Qualen und Paul Rantzau, dat. Gottorf 6.9. 1583, Bl. 174–189: Danach hat Sopher Holz, Kohlen, Schmalz, Wein, Gewürz "und was mehr zur Haushaltung vonnöten" einzukaufen, sowie Betten "vor der Edlen Knaben und das ander Gesinde", Bettlaken, Tafellaken, Leinenzeug und Küchengeräte zu besorgen.
[22] LAS, wie Anm. 21, Bl. 174–189.
[23] S. zu ihm Andresen, wie Anm. 3, T. 2, S. 8, und oben Anm. 7.
[24] Vgl. zu diesem Paul Rantzau (geboren am 29.3. 1551), Sohn des 1571 verstorbenen Claus und der Magdalena Rantzau, E. Reusner, wie Anm. 13, S. 168, Andresen, wie Anm. 3, T. 2, S. 9, der seine Bestallung zum Rat erst für 1593 verzeichnet, und Stephan, wie Anm. 3, S. 382 (Amtmann zu Tremsbüttel 1579).

stern, Magistro Flatungo und anderen fuernemen Professoren in der Universität zu Heidelberg" — zu bedanken und die Prinzen mit ihrem Gefolge mit Wagen und Pferden nach Straßburg zu bringen.[25] Am 5. Oktober trat Prinz Friedrich auf Wunsch seines Vaters vorzeitig von seinem Rektorat in Heidelberg, das erst am 20. Dezember ausgelaufen wäre, zurück,[26] und der kleine Hofstaat machte sich auf den Weg nach Straßburg. Die Prinzen fuhren in einem "Kammerwagen". Der Herzog hatte seinen Räten auch eine Liste der Edelknaben mitgegeben, die die Prinzen weiter begleiten sollten.[27]

Ein besonderes Problem war noch der Hofmeister, der aus unbekannten Gründen anläßlich des Wegzugs von Heidelberg ausgewechselt werden sollte.[28] Herzog Adolf hatte sich schon seit dem Sommer nach einer geeigneten Person umgesehen und seine hessischen Schwäger um Empfehlungen gebeten. Eine Zeitlang hatte er gehofft, Friedrich von Zersen, der sich am Hof in Kassel befand, zu gewinnen. Er hatte über ihn erfahren, daß er "in Italia studirt, fremder Sprachen kundlich, auch in Kriegsläufen etwas geübt und erfahren sein soll".[29] Aber seine Bestallung kam dann nicht zustande. Herzog Adolf hatte Paul Rantzau angewiesen, in Straßburg so lange zu bleiben und das Hof-

---

[25] LAS, wie Anm. 21, Bl. 174–189; außerdem auf Bl. 190–191 die Konzepte der Creditive Herzog Adolfs für seine Räte an die Landgrafen Wilhelm, Ludwig und Georg zu Hessen und den Kurfürsten Pfalzgraf Ludwig VI.
[26] S. Toepke, wie Anm. 5, S. 105.
[27] LAS, wie Anm. 25 (die Namen werden in dem überlieferten Auftragskonzept an von Qualen und Rantzau jedoch nicht genannt). Bei der holsteinischen Gruppe in Heidelberg befand sich auch der dort nicht immatrikulierte Christoph von Hünecke (vgl. K. Hector und W. Prange, wie Anm. 14, Nr. 808 "dem Honichenn"), dessen Anwesenheit in Straßburg durch N. Reusners Gedicht bezeugt ist (s. dazu unten S. 317, Nr. 10 — das erhaltene Matrikelbuch von Straßburg beginnt erst 1621) und der 1590 Hofjunker zu Gottorf war, s. Stephan, wie Anm. 3, S. 301. Außerdem sind durch N. Reusners Gedichte auch Nicolaus von Hagen und Otto und Benedict von Qualen in Straßburg bezeugt (s. unten S. 316ff., Nr. 9 und 11). Vermutlich kamen die meisten Edelknaben von Heidelberg mit nach Straßburg.
[28] LAS, wie Anm. 25. Er wird ohne Namen bei der holsteinischen Gruppe genannt, die der Pest wegen nach Dilsberg geschickt wurde, vgl. K. Hector und W. Prange, wie Anm. 14, Nr. 808.
[29] LAS, wie Anm. 25, und Bl. 151–154, wo Herzog Adolf nach seinem Briefkonzept vom 28.8.1583 Landgraf Ludwig um Auskunft über Friedrich von Zersen bittet und auch, sich zu erkundigen, ob er bereit ist, die Hofmeisterstelle anzutreten. Landgraf Wilhelm erklärt in seinem Brief vom 17.8.1583 (Bl. 148–149) auf die Anfrage seines Schwagers, er könne keinen Hofmeister aus Hessen empfehlen, fügt dann aber in einem Nachtrag (Bl. 150) hinzu, daß bei Graf Johann zu Nassau ein "Grunradt" sei, "ein feiner und geschickter gesell, *quasi natus* Junge Herrn zu erziehen; ich hätte ihn zu unserem Sohn, Landgraf Moritz getan, wenn er nicht des Calvinismus bezichtigt worden wäre." Wenn Herzog Adolf das nicht störe, so könne er sich an ihn wenden. Ein Jahreslohn von 300 fl. sei nötig. Herzog Adolf hatte kein Interesse.

meisteramt zu verwalten, bis er einen "ordentlichen Hofmeister" bestellt habe. Er fand ihn in Johann von Minnigerode, einem Sohn des herzoglich braunschweigischen Rates Jobst von Minnegerode.[30] Vielleicht waren Herzog Adolfs Räte, die auf ihrer Reise Braunschweig passieren mußten, dort auf ihn aufmerksam geworden. Er konnte vermutlich bald nach der Ankunft der Prinzen in Straßburg als ihr Hofmeister angestellt werden. Bevor Josias von Qualen und Paul Rantzau ihre Rückreise nach Gottorf antraten, hatten sie, wie Herzog Adolf ihnen befohlen hatte, dem Hofmeister und dem Präzeptor noch ihre unterschiedlichen Instruktionen gegeben und Herzog Adolfs "Söhnen, den Edlen Knaben und anderm ihrem beihabenden Gesinde ernstlich auferleg(t) und berede(t), [...] dem Hofmeister und dem Praeceptori gehorsam und gewartig zu sein, Gehör zu geben und zu folgen", und zwar "bei Vermeidung" Herzog Adolfs "väterlicher Unhult und Ungenade".[31]

Eine der ersten feierlichen Veranstaltungen der Straßburger Akademie, an der die Prinzen mit ihrem engeren Gefolge teilnahmen, war vermutlich die öffentliche Antrittsvorlesung des Dr. iur. utr. Nicolaus Reusner[32] am 21. Oktober 1583, eine *Oratio de juris arte Justinianea, in qua de fructu et utilitate Institutionum juris civilis imperialium earumque methodo et praeceptione artificiosa dis-*

---

[30] Daß ein Johann von Minnigerode Hofmeister der beiden Prinzen in Straßburg war, ergibt sich aus N. Reusners unten besprochenem Gedicht (S. 130ff., Nr. 6), wo das lateinische *Mingerrhoda* so gedeutet werden muß. N. Reusner hat außerdem zwei weitere kurze Gedichte an diesen Hofmeister J. von Minnigerode gerichtet (Op. p. III, wie Anm. 3, S. 87 und 490). Er ist identisch mit dem am 10.8. 1556 auf Gut Bokkelnhagen (Kr. Worbis) als Sohn des herzoglich braunschweigischen Rats Jobst von Minnigerode geborenen Johann (dem Jüngeren), der später königlich dänischer Rat und Gesandter wurde. Seit 1604 verheiratet mit Dorothea von Hanstein, starb er am 7.4. 1611 auf seinem Gut in Wollershausen (Kr. Osterode). Sein Epitaph befindet sich dort in der Kirche St. Marien. Vgl. Genealogisches Handbuch des Adels, freiherrliche Häuser A Bd. IV, Limburg 1962, S. 185ff., Handbuch der Historischen Stätten Deutschlands, Thüringen, hrsg. von Hans Patze, Stuttgart 1968, S. 2f., Niedersachsen und Bremen, hrsg. von Kurt Brüning–Heinrich Schmidt, Stuttgart 1976, S. 509.
[31] LAS, wie Anm. 25.
[32] Zu Nicolaus Reusner aus Löwenberg in Schlesien (daher *Leorinus Silesius*, 1545–1602) vgl. Schindling, wie Anm. 1, S. 311ff., und Walther Ludwig, Litterae Neolatinae, Schriften zur neulateinischen Literatur, hrsg. von Ludwig Braun u.a., München 1989, S. 144ff., und ders., Ficino in Württemberg — ein Gedicht von Nicolaus Reusner, Humanistica Lovaniensia 41, 1992, S. 332ff. Abb. 1 — Reusner im Alter von 48 Jahren — ist Op. p. I wie Anm. 3, Bl. )( 4v (Originalgröße des Porträtholzschnitts 10, 5x7, 4, der Seite 16x9 cm) entnommen. Der Holzschnitt stammt vermutlich von Christoph Murer (1558–1614), einem Schüler von Tobias Stimmer (vgl. Tobias Stimmer Ausstellung, Katalog Basel 1984, Nrn. 117–120).

*seritur.*³³ Er war achtunddreißigjährig auf eine der drei juristischen Professuren in Straßburg berufen worden und speziell für die Institutionen des *Corpus juris civilis* zuständig,³⁴ in die er die Prinzen einzuführen die Ehre hatte.³⁵ Im übrigen haben sie Vorlesungen in den *Artes* gehört und humanistische Autoren einschließlich der klassischen lateinischen Dichter gelesen und auch Griechisch gelernt.³⁶ Reusner, der zuvor Rektor des Gymnasiums in Lauingen an der Donau gewesen war und dort Rhetorik und Dialektik unterrichtet hatte, war über die sich hier ihm bietende persönliche Beziehung zu einem bedeutenden Fürstenhaus sehr erfreut und richtete deshalb bald einige kleinere Gedichte an die Prinzen und Personen ihres Gefolges.³⁷ Ebenso hatte er gleich nach seiner Ankunft in Straßburg auch Johann Sturm geehrt;³⁸ im Laufe sei-

---

³³ S. Schindling, wie Anm. 1, S. 311f. An die Straßburger Rechtsstudenten richtete Reusner seine Elegie *Ad Studiosos Argentoratenses* (Op. p. I, wie Anm. 3, S. 119f.), in der er sie aufforderte, die *principia* und *fundamina* des Rechts, d.h. die Institutionen Justinians, die er *Caesaris ars Iusti* [...] *parva* nennt, gründlich zu lernen. Dies stimmt in der Tendenz mit seiner Antrittsvorlesung überein.
³⁴ Er war erst 1583 in Basel zum Dr. iur. utr. promoviert worden und hatte 1583–1588 die Institutionenprofessur in Straßburg inne. Neben ihm bekleideten Dr. Laurentius Tuppius die Pandekten–, Dr. Georg Obrecht die Codexprofessur, vgl. Schindling, wie Anm. 1, S. 289ff.
³⁵ Dies beweist das unten S. 308ff. besprochene Gedicht (Nr. 2).
³⁶ Entsprechend wird Prinz Friedrich in dem Gedicht Nr. 4, 19f. (unten S. 310) *Carus Pieridum fontibus et choris et carus Themidi sacrae* genannt. Hiermit werden metaphorisch die beiden Schwerpunkte seiner Ausbildung in Straßburg, die *studia humanitatis* und die Jurisprudenz, bezeichnet. In Nr. 5, 6 bekennt Prinz Philipp, daß er in Straßburg *Musarum choros candidos* besucht hat. Nicolaus von Hagen wird in Nr. 9, 7ff. als *alumnus Musarum* bezeichnet. In Gedicht Nr. 7, 15f. wird die Instruktion der Prinzen in den *Artes* und in den *linguae bonae*, d.h. in Latein und Griechisch, ausdrücklich erwähnt. Auch in dem Gedicht an die Edelknaben wird ihr Studium der *Artes* gerühmt (Nr. 8, 15 *ars* ist hier poetischer und kollektiver Singular). Es ist zu bemerken, daß auch der Hofmeister humanistisch gebildet war. Reusner nennt ihn in Nr. 6, 6 *Musai decus et columen chori*. Dafür spricht auch der Umstand, daß Reusner auch andere lateinische Gedichte an ihn richtete (s. Anm. 30). Aus der oben S. 300 zitierten Äußerung Herzog Adolfs über den potentiellen Hofmeister Friedrich von Zersen geht hervor, daß man auch beim Hofmeister (und nicht nur beim Präzeptor der Prinzen) eine gelehrte Bildung für wichtig hielt.
³⁷ S. Reusner, Op. p. II, wie Anm. 3, S. 127, *Ad Philippum, Adolphi F., Principem Norvegiae, Ducem Holsatiae* (eine Versifizierung der zehn Gebote in Hendekasyllaben); in der Form im Anschluß an Martial Ep. X 47, vgl. zu diesem Epigramm Ludwig 1992, wie Anm. 32, Op. p. III, S. 13, *Ad Philippum Principem Norvegiae, Ducem Holsatiae* (Empfehlung von *fides* und *caritas* für Regenten in elegischen Distichen); zu den Gedichten an J. von Minnigerode und A. Caucius s. Anm. 30 und 3.
³⁸ J. Sturm war trotz seiner offiziellen Absetzung als Rektor 1581 (s. Schindling, wie Anm. 1, S. 141ff.) die erste Autorität der Straßburger Schule geblieben. Reusner, Op. p. II, wie Anm. 3, S. 310, *Ad Ioannem Sturmium*, ist ein Gedicht aus 31 Hendekasyllaben, beginnend und endend mit dem Vers: *Disertissime Tullii nepotum* in Aufnahme von Catulls C.

ner Straßburger Zeit folgten auch kurze Gedichte an die wichtigsten seiner Kollegen.³⁹

Als die Prinzen mit ihrem Hofmeister Johann von Minnigerode, ihrem Präzeptor Antonius Caucius und den sie begleitenden Edelknaben Ende des Jahres 1584 nach Gottorf zurückgerufen wurden und sich im Dezember zum Aufbruch rüsteten, um die Rückreise über Frankreich anzutreten,⁴⁰ sah Reusner die Gelegenheit, durch eine Anzahl teilweise längerer und anspruchsvollerer Abschiedsgedichte seine guten Beziehungen zu den Prinzen und ihrem Hofstaat zu bekräftigen und sich damit indirekt auch Herzog Adolf zu empfehlen. Es ist anzunehmen, daß er diese Gedichte nicht nur zum Lesen in einer kalligraphischen Niederschrift [vielleicht sogar im Druck] übersandte oder überreichte, sondern daß sie bei einer akademischen Abschiedsfeier auch in

---

49, 1 (an Cicero) *Disertissime Romuli nepotum*, wobei dessen Ironie jedoch nicht rezipiert ist, sondern die Anrede als Eröffnung einer ernsthaften Huldigung für Sturm als den *linguarum reparator artiumque* benützt wird, in deren Verlauf Reusner Sturm bittet, ihn als seinen *cliens* anzunehmen. Ein weiteres Gedicht an Sturm findet sich Op. p. III, S. 355: es ist ein invektivisches Spottgedicht in 11 Hendekasyllaben auf einen ungenannt bleibenden *paedagogus* und *magister* einer Gruppe von adligen Knaben (*nobilium puellulorum*), der mit seinen Schülern zecht, während er sie unterrichtet. Wenn sich das Gedicht auf die Holsteiner und A. Caucius bezieht — und eine Alternative ist nicht sichtbar —, hat sich Reusners Beziehung zu letzterem im Laufe seines Straßburger Aufenthalts verbessert.

³⁹ Insgesamt richtete N. Reusner folgende Epigramme an Straßburger Professoren und Präzeptoren, deren obere Hierarchie er vollständig abdeckte (zu ihrer Biographie vgl. Schindling, wie Anm. 1, passim: die Seitenzahlen beziehen sich durchweg auf Reusners Op. p. III, wie Anm. 3): (i) Mag. Melchior Junius, Professor der Rhetorik seit 1575, Rektor seit 1581: S. 92, 336, 496, 541. (ii) Dr. theol. Johann Pappus, Professor der Theologie seit 1576: S. 504 und S. 167 ein *Propempticon* von Pappus für Reusner nach seiner Berufung an die Universität Jena. (iii) Dr. iur. utr. Georg Obrecht, Professor für den Codex seit 1575: S. 136 (mit Antwort–Epigramm von Obrecht), 531. (iv) Dr. iur. utr. Laurentius Tuppius, Professor für die Pandekten seit 1573, Dekan 1584/85: S. 308. (v) Dr. iur. utr. Dionysius Gothofredus, 2. Professor für die Pandekten seit 1591: S. 93 (vermutlich nicht mehr aus Reusners Straßburger Zeit). (vi) Dr. med. Melchior Sebiz, Stadtarzt und Professor der Medizin seit 1586: S. 414. (vii) Dr. med. Johann Ludwig Hauvenreuter, unterrichtet Logik seit 1573, Professor 1585, medizinischer Lehrauftrag 1585: S. 412f., wo auch sein Vater Dr. med. Sebald Hauvenreuter erwähnt wird. (viii) Mag. Philipp Glaser, Präzeptor bis 1591, dann Professor der Historie: S. 358. Außerdem: (ix) Johann Michael Beuther, Sohn des Professors der Historie Michael Beuther, selbst Dr. iur. 1591: S. 91. (x) Johann Karl Lorcher, Scholarch von seiten des Straßburger Magistrats 1572–1588: S. 91.

⁴⁰ Die Zeit der Abreise ergibt sich daraus, daß im Gedicht Nr. 3 (unten S. 309), V. 3, die Zeit der *bruma* (Wintersonnenwende, allgemein Winteranfang) als Abreisezeit genannt wird und in Gedicht Nr. 5, V. 15, von einem "beinahe zweijährigen" Aufenthalt in Straßburg die Rede ist. Angesichts der Ankunft im Oktober 1583 scheidet damit Dezember 1585 aus. Für die Rückreise über Frankreich s. Andresen, wie Anm. 3, T. 2, S. 45.

angemessenem festlichen Rahmen vor dieser Personengruppe und geladenen Gästen aus der Akademie und der Stadt rezitiert wurden.[41]

In der Ausgabe seiner poetischen Werke, die Reusner 1593 und 1594 in Jena drucken ließ, sind die Gedichte nach ihren Gattungsformen auseinander gerissen worden. Vermutlich waren sie von Reusner zunächst in einem handschriftlichen [bzw. gedruckten] *libellus* zusammengestellt worden. Es handelt sich um folgende in der Forschung bisher unbeachtet gebliebene Texte:

1. Ein Epigramm aus 8 elegischen Distichen an die jungen Herzöge Friedrich und Philipp, in dem er als *Xenia* — Gastgeschenke zum Abschied — einige *carmina* zu schicken erklärt und um günstige Aufnahme bittet (dieses Epigramm beweist, daß eine Sammlung der Abschiedsgedichte existiert hat),[42]

2. ein Epigramm aus 8 elegischen Distichen an Friedrich und Philipp, in dem er erklärt, sie in die *prima elementa* des Rechts eingeführt zu haben, ihren angeblichen Wunsch, nach den Institutionen auch die Pandekten und den Codex kennenzulernen, gutheißt und rechtskundige Regenten rühmt,[43]

3. eine Elegie aus 12 elegischen Distichen an Friedrich und Philipp, in der sich im Anschluß an die erste Nachricht über die bevorstehende Abreise ein *Propempticon* für die Heimreise entwickelt,[44]

4. eine Ode aus 10 vierzeiligen Strophen mit je drei asklepiadeischen Versen und einem vierten glykoneischen Vers an Friedrich, in der dieser von seiner personifizierten *Patria*, also dem personifizierten Schleswig–Holstein, gerufen wird zurückzukehren,[45]

5. eine Ode aus 6 vierzeiligen Strophen mit abwechselnden glykoneischen und asklepiadeischen Versen, in der Philipp und die Stadt Straßburg zum Abschied miteinander sprechen,[46]

---

[41] Für derartige Gedichtrezitationen in Universitäten vgl. den Titel von Nathan Chytraeus, Hodoeporicon, continens itinera Parisiense, Anglicum, Venetum, Romanum, Neapolitanum etc. recitatum Rostochii, cum ad usitatas in Academia operas rediret anno MDLXVII, Idib. Octob., Rostock 1568. [Nachtrag 2004: Die Rezitation fand vermutlich anläßlich eines festlichen Abschiedsessens statt; vgl. zu einer solchen *coena profectitia* Martin Crusius, Germanograecia libri sex, Basel 1585, S. 183. Die dabei zum Vortrag gekommenen Gedichte wurden nicht selten in besonderen Drucken veröffentlicht.]
[42] Op. p. III, wie Anm. 3, S. 159 (verdruckt für 149), 150.
[43] Op. p. III, S. 27.
[44] Op. p. I, S. 233f. — Der Begriff *Propempticon* wurde in zeitgenössischen Poetiken verwendet, um ein Gedicht zu bezeichnen, in dem ein Zurückbleibender einem Abreisenden eine gute Reise wünscht.
[45] Op. p. II, S. 171f.
[46] Op. p. II, S. 172f.

6. eine Ode aus 10 glykoneisch–asklepiadeischen Doppelversen an den Hofmeister Johann von Minnigerode — ein *Propempticon*,[47]

7. eine Ode (bzw. Epode) aus 15 iambischen Doppelversen (Trimetern und Dimetern) an den Präzeptor Antonius Caucius — ein *Propempticon*,[48]

8. ein *Carmen Phaleucium* aus 25 hendekasyllabischen Versen als *Propempticon* an die holsteinischen Edelknaben insgesamt,[49] danach noch speziell:

9. ein Epigramm (bzw. eine Elegie) aus 10 elegischen Distichen an Nicolaus von Hagen,[50]

10. ein Epigramm aus 4 elegischen Distichen an Christoph von Hünecke,[51]

11. ein Epigramm aus 4 elegischen Distichen an die Brüder Otto und Benedict von Qualen.[52]

In der Anordnung dieser Texte mit insgesamt 231 Versen fällt erstens das Prinzip der sozialen Hierarchie auf (voran die Prinzen, dann Hofmeister und Präzeptor, schließlich die Edelknaben und innerhalb dieser Gruppen die Gruppe vor den Einzelnen und der Ältere vor den Jüngeren), zweitens eine durch die Gedichttypen gegebene Strukturierung, nämlich die Rahmung der fünf der Metrik zufolge lyrischen Gedichte Nr. 4–8 durch die je drei Gedichte Nr. 1–3 und Nr. 9–11 in elegischen Distichen, wobei hier in symmetrischer Entsprechung die beiden kleineren epigrammatischen Gedichte dem etwas größeren elegischen Gedicht Nr. 3 bzw. Nr. 9 jeweils vorausgehen bzw. folgen. In den lyrischen Gedichten sind Nr. 4–7 horazisierend, drei Oden und eine Epode, und zwar, wie die spätere Interpretation noch näher zeigen wird, in einer systematisch verschiedene Imitationsformen vorstellenden Weise, beginnend mit dem sich Horaz am engsten anschließenden Text Nr. 4 bis zu dem von Horaz relativ am stärksten abweichenden Text Nr. 7, worauf das catullisierende Gedicht Nr. 8 diese Tendenz noch fortsetzt. Da die lyrischen Gedichte Nr. 4–8 in der Stilauffassung der Zeit einer höheren Stilebene angehören als die epigrammatischen und elegischen Gedichte in elegischen Distichen, ist der Mittelteil dieses Buches durch sein Gewicht deutlich über die beiden tektonisch rahmenden Gedichtgruppen herausgehoben.

---

[47] Op. p. II, S. 173f.
[48] Op. p. II, S. 174f. — Zum Begriff Epode s. unten mit Anm. 53.
[49] Op. p. II, S. 320f. — Der Begriff *Carmen Phaleucium* wurde in zeitgenössischen Poetiken verwendet, da das Gedicht sich aus phaleukeischen Versen, wie die catullischen Hendekasyllaben auch genannt werden, zusammensetzt.
[50] Op. p. III, S. 150f. — Zum elegischen Charakter dieses von Reusner wegen seines Themas bei den beiden folgenden Epigrammen belassenen Gedicht s. unten S. 327.
[51] Op. p. III, S. 151.
[52] Op. p. III, S. 151.

Daß die Gedichte hiermit nicht nachträglich in eine derartige doppelte — soziologisch und poetologisch begründete — Ordnung gebracht wurden, sondern die ursprüngliche Gestalt von Reusners *libellus* wiederhergestellt worden ist, wird durch den Überlieferungsbefund gestützt. Daß Text Nr. 1 — in Reusners *Opera* steht er bei den Epigrammen und unmittelbar vor den Texten Nr. 9–11 — wegen seiner Ankündigung der Gedichte am Anfang zu stehen hat, ist offensichtlich. Die Texte Nr. 1–3 — und nur sie — richten sich an die beiden Prinzen zugleich. Dabei muß Text Nr. 3 — bei Reusner *Elegiarum lb.* VI 2 — auch deshalb in die Anfangsgruppe der Gedichte gehören, weil hier die Nachricht von der bevorstehenden Abreise in V. 1 ausdrücklich als *nova fama* und *novus rumor* eingeführt wird. Text Nr. 2 — in den *Opera* in das Epigrammbuch *Dice* eingeordnet — sieht auf das juristische Studium der Prinzen, blickt zurück auf den Lehrgang in den Institutionen und voraus auf das angeblich beabsichtigte (aber nicht mehr zustande gekommene) Studium der Pandekten und des Codex, fingiert also ein noch andauerndes (und durch keine Abreise unterbrochenes) Studium. Diese Situation geht passend dem Text Nr. 3 mit der überraschenden Nachricht von der bevorstehenden Abreise voraus. Außerdem identifiziert Text Nr. 2 den Institutionenprofessor Reusner als den Verfasser der Gedichte und klärt seine bisherige Beziehung zu den Prinzen. Reusners Selbstidentifikation wird passend unmittelbar nach Text Nr. 1 gegeben. Die Texte Nr. 4–7 erscheinen in den *Opera* in dieser Reihenfolge unmittelbar nacheinander in *Odarum lb.* II. Da Nr. 4 und 5 sich mit Prinz Friedrich bzw. Prinz Philipp beschäftigen, stehen sie passend hinter den an beide Prinzen zugleich adressierten Gedichten. Auch dadurch, daß im einen die *Patria* Schleswig–Holstein, im anderen die *Urbs* Straßburg fiktive Sprecher sind, rücken diese Gedichte als Paar zusammen. Daß die Oden Nr. 4–7 in einer poetologisch sinnvollen Reihe stehen, wurde schon angedeutet und wird später ausgeführt (Reusner hat auch den Text Nr. 7 in den Maßen einer horazischen Epode unter seine Oden gestellt).[53] In der Hierarchie folgen den Prinzen die Häupter des Hofstaats, der Hofmeister und der Präzeptor. Text Nr. 8 steht in den *Opera* in einer Sammlung hendekasyllabischer Gedichte.[54] Da Horaz und Catull — in dieser Rangfolge — die lateinischen Modelle der Lyrik sind, folgt den horazisierenden Gedichten passend das catullisierende. Und den Epigrammen an einzelne Edelknaben geht andererseits passend ein Gedicht an sie alle voraus. Es wurde schon erwähnt, daß die

---

[53] Er stellte in Epodon lb. I und II (op. p. II, S. 202ff.) von ihm verfaßte griechische pindarisierende Gedichte, die sich aus Strophen, Antistrophen und einer *Epodos* zusammensetzten, benützte den Begriff Epode also nicht für Gedichte, die die Epoden des Horaz imitierten.
[54] Reusher bezeichnete sie als *Philotesiorum lb. I–III* (Op. p. II, S. 262ff.) im Sinne von 'Freundschaftsgedichten'.

Epigramme Nr. 9–11, von denen Nr. 9 eigentlich als Elegie anzusprechen ist, in den *Opera* einander unmittelbar folgen und Text Nr. 1 ihnen dort unmittelbar vorausgeht. Hier sind noch das Anfangsgedicht und die drei letzten Gedichte des *libellus* der Abschiedsgedichte zusammen überliefert. Die Gedichte dazwischen hat Reusner bei der Zusammenstellung seiner *Opera* herausgenommen und bei ihren Gattungsgenossen (Elegie, Oden, Hendekasyllaben) bzw. nach einem thematischen Gesichtspunkt (Recht) eingeordnet.

Ohne daß wir die Titelseite der Sammlung der Abschiedsgedichte kennen (sie könnte *Libellus Xeniorum* genannt worden sein und wird hier künftig so genannt werden), können wir also davon ausgehen, mit den Texten Nr. 1–11 die Sammlung nach Inhalt und Anordnung zutreffend wiedergewonnen zu haben. Die auf S. 298 beigegebene Tafel ist zur Übersicht über ihre Struktur bestimmt. Für die weitere Betrachtung seien diese Texte mit einer jeweils anschließenden Übersetzung hier ediert. Die Übersetzung erlaubt, die Interpunktion der Erstausgabe zu bewahren; ebenso entsprechen die Großbuchstaben ihrer Druckweise:

1 *Ad Fridericum et Philippum Principes Norvegiae, Duces Holsatiae.*

   *Dum procul Alsatica iuvat hinc regione profectos,*
      *Rursus ad Holsaticos vos remeare lares:*
   *Inclyte Dux FRIDERICE, et tu Dux clare PHILIPPE:*
      *Quos ego, ceu terrae numina magna, colo:*
5  *Pro Xeniis magni non offero ponderis aurum,*
      *Aut gemmam, Eoi quam maris unda parit.*
   *Aurea sunt regum, vel gemmea munera: nec fas*
      *Principibus tenues est ea dona dare.*
   *Paucula sed vobis pro munere carmina mitto:*
10    *Mixtaque cum lacrymis haec pia vota piis.*
   *Caetera cum desint, haud vota fidelia desunt:*
      *Et reor eventus sic habitura suos.*
   *Accipite o animis laetis, et fronte serena*
      *Perlegite haec animi tam pia sensa mei.*
15  *Sic quo fata vocant, pariter vos sidere dextro*
      *Ducant, atque regant fata benigna viam.*

Da ihr nun die elsässische Region verlassen und wieder in die ferne holsteinische Heimat zurückkehren wollt, ihr berühmten Herzöge Friedrich und Philipp, die ich wie große irdische Gottheiten verehre, biete ich als Abschiedsgeschenke nicht schwergewichtiges Gold oder Perlen, die die Woge des morgenländischen Meeres hervorbringt (Gold und Perlen sind Geschenke von Königen, und es wäre nicht recht, wenn Niedrige den

Fürsten solche Geschenke gäben), sondern ich schicke euch als Geschenk einige wenige Gedichte und diese ergebenen mit ergebenen Tränen vermischten Wünsche. Auch wenn das Andere fehlt, fehlen doch nicht treue Wünsche, und ich glaube auch, daß sie erfüllt werden. Nehmt sie bitte mit frohem Sinn an und lest diese so ergebenen Gedanken meines Geistes mit heiterer Miene durch! Möge euch dann das Schicksal mit günstigem Stern auch dorthin führen, wohin es euch ruft, und möge es eure Reise wohlwollend lenken.

2  *Ad Fridericum et Philippum Duces Holsatiae.*

*Si pater est legum Princeps: si conditor idem*
   *Iuris, et est auctor maximus ipse sacri:*
*Ipse magistratus si lex est viva loquensque;*
   *Saepius ut iuris pagina sacra notat:*
5 *Principe quid melius iuris legumque perito?*
   *Aut Deus, aut certe proximus ille Deo est.*
*Quo maior meliorque, DUCES, laus vestra futura est,*
   *Quos legum et iuris tantus honestat amor.*
*Sufficit haud vobis, me prima elementa magistro,*
10 *Quamlibet indigno, vos didicisse prius:*
*Pandectas didicisse placet quoque: praeter et illas*
   *Codicis hic vobis lectio sacra placet.*
*Sic quae principium, finem vox addit et ipsa*
   *Principis, et tanto gaudet honore coli.*
15 *Felix o regio tantis dominata dynastis;*
   *Quos legum et iuris dixeris esse patres!*

Wenn der Fürst der Vater der Gesetze und wenn derselbe der Schöpfer und größte Urheber des heiligen Rechts ist, wenn der Magistrat das lebende und sprechende Gesetz ist, wie es die heiligen Seiten des Rechts oft feststellen, was gibt es dann besseres als einen rechts– und gesetzeskundigen Fürsten? Er ist entweder ein Gott oder gewiß Gott am nächsten. Umso größer und besser, Herzöge, wird euer Lobpreis sein, denen eine so große Liebe zu den Gesetzen und zum Recht Ehre bringt. Es genügt auch nicht, seine ersten Elemente durch meinen Unterricht, auch wenn ich seiner nicht würdig war, gelernt zu haben; ihr möchtet auch die Pandekten lernen und außer ihnen den Codex andächtig lesen. So fügt die Stimme des Fürsten, die (in den Institutionen) den Anfang machte, auch das Ende (den Codex) hinzu und freut sich, in so großen Ehren gehalten zu werden. Glücklich die Region, die von so großen Dynasten regiert wird, die man die Väter der Gesetze und des Rechts nennen kann.

## 11. Das Studium der holsteinischen Prinzen 309

3 *Ad Fridericum et Philippum Norvegiae haeredes, Duces Slesvici et Holsatiae.*

*Quae nova fama? novus quis rumor? et unde subortus?*
*In patriam celsos velle redire Duces:*
*Sidere sub Brumae, cum tristior ingruit annus:*
*Ac riget immodico terra perusta gelu?*
5 *Sic est: non hoc ambiguus iam nunciat auctor:*
*Fama nec a veri dissidet illa fide.*
*Quam metuo caro capiti (libet hercle fateri)*
*Seu FRIDERICE tuo, sive PHILIPPE tuo.*
*Sed metuisse parum nocet: omina laeta supersunt:*
10 *Tantae Dux Deus est ipse, comesque viae.*
*Ille vias solus tempestatesque serenat:*
*Proque suis constans in statione manet.*
*Ille equidem (frustra quid multa timere laboro?)*
*Pro sanctis noctes excubat, atque dies.*
15 *Pervigil ille die Phoebeos mitigat aestus:*
*Et Lunae nebulas nocte, geluque levat.*
*Ipse facit, faciatque precor, ne frigora Brumae*
*Impediant coeptas per loca mille vias.*
*Annuat optatis praesenti numine vestris*
20 *Comprecor: et vestrum dirigat aequus iter.*
*Dum loquor, aura viam suadens se mitior infert:*
*Firmat et ominibus sic pia vota bonis.*
*Ite (quid obstat?) et o avibus felicibus ite:*
*Serviat ac longae ventus et unda viae.*

Was ist das für ein neues Gerücht? Was ist das für ein Gerede? Und woher stammt es? Die hohen Herzöge wollen in ihr Vaterland zurückkehren? Und dies zur Zeit des Winteranfangs, wenn die düstere Jahreszeit herandrängt und die Erde von unmäßigem Eis gefroren starrt? So ist es. Kein zweifelhafter Autor meldet es. Das Gerücht entspricht der Wahrheit. Wie sehr fürchte ich für dein liebes Haupt — ich will es nicht verheimlichen —, Friedrich, und ebenso für deines, Philipp. Doch mein Fürchten schadet nicht. Die guten Zeichen überwiegen. Gott selbst ist Führer und Begleiter auf eurer großen Reise. Er allein heitert Wege und Wetter auf und bleibt für die Seinen ständig auf der Wacht. Er — was ängstige ich mich ohne Grund so viel? — wacht für die Seinen ständig Tag und Nacht. Tagsüber mildert er die Glut der Sonne, und nachts behebt er die Nebel und die Eiseskälte des Mondes. Er selbst bewirkt und möge bewirken, so bitte ich, daß die Kälte des Winteranfangs die Reise durch die tausend Orte nicht behindert. Er möge, so bitte ich, durch seine heilige Gegenwart das für euch Gewünschte gewähren und eure Reise gerecht lenken. Während ich spreche, weht eine mildere Luft zur Reise beredend heran und bekräftigt so unsere ergebenen Wünsche durch ein gutes Zeichen. Geht — was hindert euch noch? — und geht mit guten Vorzeichen! Wind und Wogen mögen dieser langen Reise dienstbar sein.

4 *Ad Fridericum Holsatiae et Slesvigi Ducem, Norvegiae haeredem. Votum Patriae.* Παρῳδικὸν.

   *Divis orte bonis, optime patriae*
   *Princeps gentis, abes iam nimis ah diu:*
   *Maturum reditum pollicita est sibi*
      *Iampridem Patria, ah redi:*
5  *Lucem redde tuae, Dux bone, patriae.*
   *Nam vultus ubi lux clara micat tui*
   *Instar veris, et hic sol melius nitet:*
      *Cunctis gratior it dies.*
   *Non sic aegra parens filiolum unicum*
10  *Deserta ac viduo sola iacens toro*
   *Absentem patria longius a domo*
      *Momentis vocat omnibus:*
   *Quam desideriis icta fidelibus,*
   *Votis ominibusque et precibus vocat:*
15  *Cunctantemque nimis iam nimis ah diu*
      *Quaerit Patria Principem.*
   *Tu custos patriae, tu pater optimus,*
   *Prudens consilii, pacis amans piae:*
   *Carus Pieridum fontibus, et choris,*
20     *Et carus Themidi sacrae.*
   *Tecum sancta Fides, Iustitiae soror,*
   *Tecum Relligio, nudaque Veritas,*
   *Et Virtus redit huc, et sapientia*
      *Et Pax, almaque Faustitas.*
25  *Quis Moscum paveat? quis gelidum Scythen,*
   *Quis Oenotria quos factio parturit*
   *Foetus, incolumi hoc Principe? quis ferae*
      *Bellum curet Iberiae?*
   *Condit quisque diem moenibus in suis:*
30  *Et securus agros quisque colit suos:*
   *Hinc ad templa redit laetus, et altera*
      *Pro te vota facit Duce.*

*Te multa prece, te prosequitur frequens*
*Iam votis populus: quin laribus tuum*
35 *Miscet numen, uti Graecia Castoris*
*Et magni memor Herculis.*
*Longas o utinam, Dux bone, ferias*
*Praestes Holsatiae: clamitat integro*
*Coetus mane die: clamitat et magis,*
40 *Cum sol Oceano subest.*

Du, der du von guten Göttern hervorgebracht bist, bester Prinz deines väterlichen Volkes, fern bist du ach schon allzu lange; deine baldige Rückkehr hat dein Vaterland schon längst erwartet, ach kehr doch zurück! | Licht gib wieder, guter Herzog, deinem Vaterland! Denn sobald deines Antlitzes helles Licht wie der Frühling strahlt, leuchtet auch hier die Sonne besser; allen vergeht dann froher der Tag. | Eine kranke Mutter, die verlassen und allein auf ihrem verwitweten Bett liegt, ruft ihren einzigen lieben kleinen Sohn, der schon allzu lange dem väterlichen Hause fern ist, zu allen Zeiten[55] nicht so, | wie das Vaterland, von treuer Sehnsucht erfaßt, mit Wünschen, Zeichen und Bitten den zu lange, ach zu lange schon zögernden Prinzen ruft und verlangt. | Du bist des Vaterlands Hüter, du sein bester Vater; klug in deinem Ratschluß, liebst du den guten Frieden und bist Freund den Quellen und Chören der pierischen Musen und Freund der heiligen Thernis. | Mit dir kehren die heilige Treue, der Gerechtigkeit Schwester, mit dir die Religion und die nackte Wahrheit und die Tapferkeit und die Weisheit und der Frieden und die beglückende Fruchtbarkeit hierher zurück. | Wer wollte den Moskauer noch fürchten, wer den eisigen Skythen, wer die Brut, die das unruhige Italien hervorbringt, wenn dieser Prinz wohlbehalten ist? Wer sorgt sich dann um den Krieg des wilden Spaniens? | Es verbringt ein jeder den Tag in seinen Mauern, und in Sicherheit bestellt ein jeder seine Felder; von da kehrt er froh zu den Kirchen zurück und legt neue Gelübde für dich, den Herzog, ab. | Auf dich richtet das Volk viele Bitten, für dich macht es häufig schon Gelübde; ja es stellt dich sogar unter seine häuslichen Götter, wie einst Griechenland Kastors und des großen Herkules gedachte. | "O daß du doch lange Festtage, guter Herzog, Holstein brächtest!" so ruft die Menge morgens, wenn der Tag beginnt, und so ruft sie noch mehr, wenn die Sonne unter dem Ozean ist.

---

[55] Unklassisch ist *momentis omnibus* im Sinne von *omni tempore*.

5 *Dialogus D[omini] Philippi Holsatiae Ducis, et Argentinae urbis Imperialis.*

    Arg.  *Hospes donec eras mihi*
          *Tu cum fratre, meae lux Academiae:*
      *Multi tunc schola nominis,*
          *Et Stoa vigui clarior Attica.*
5  Phil.  *Donec te licuit frui,*
          *Musarumque choros visere candidos:*
      *Phoebo gratus Apollini,*
          *Persarum vigui rege beatior.*
    Arg.  *O si multa tibi Schola, et*
10         *Fratri praestiterit, ceu decet, inclyto:*
      *Pro facto fuerit tibi*
          *Mens, et prompta fides, firmaque gratia.*
    Phil.  *Sat comperta mihi fides,*
          *Sat mens prompta, sat est cognita gratia*
15      *Totum pene biennium:*
          *Pro quo semper erit gratia mutua.*
    Arg.  *Nunc quando reduces Duces*
          *Cum votis patria his excipit inclyta:*
      *Qui dux, ille redux viae*
20         *Sit IEHOVA Deus Maximus Optimus.*
    Phil.  *Tuque o nobilis urbs precor*
          *ARGENTINA vale, te Deus, inclytam et*
      *Pro iure hospitii Scholam*
          *Longa perpetuo sospitat hic ope.*

18 his: hic 1593

Straßburg: Solange du mein Gast warst, du mit deinem Bruder, du Licht meiner Akademie, da war ihr Name weithin bekannt, und ich war berühmter als die Stoa von Athen. Philipp: Solange ich dich genießen und die hellen Chöre der Musen besuchen durfte, da war ich, gesegnet von Phoebus Apoll, glücklicher als der Perserkönig. Straßburg: O wenn dir und deinem berühmten Bruder die Schule, wie es sein soll, viel gegeben hat, so war dir ebenso Geist, offenkundige Treue und beständige Dankbarkeit eigen. Philipp: Beinahe zwei Jahre lang habe ich genügend deine Treue und deinen Geist erfahren, genügend deinen Dank kennengelernt, wofür ich umgekehrt immer dankbar sein werde. Straßburg: Jetzt, wo dein berühmtes Vaterland die zurückziehenden Herzöge mit diesen

Wünschen[56] zu sich zieht, möge Jehova, der größte beste Gott, der die Herzöge hierher führte, sie auch wieder ihren Weg zurückführen. Philipp: Und du, o edle Stadt Straßburg, leb, bitte, wohl! Möge Gott dich und deine berühmte Schule hier deiner Gastlichkeit gemäß ständig mit seinem Segen fördern.

6 *Ad Ioannem a Mingerrhoda Equ[item], Aulae Holsatiae Praefectum.*

*Sic te Diva Trias, Duces*
    *Sic fratres geminos, sidera Patriae,*
*Coelorum regat arbiter;*
    *Ut te diligo, te, IANE, lubens colo,*
5 *Ac dotes veneror tuas:*
    *Musai decus o, et columen chori.*
*Magnum te merito facit*
    *Virtus, et pietas, ars simul et fides*
*Passim cognita: et hinc feris*
10     *Sublimi celebris sidera vertice.*
*Nunc quando hinc abitum paras;*
    *Tecum vivere amem, tecum obeam lubens*
*Quamvis: ut tibi creditos*
    *Illustres geminos diis patriis Duces,*
15 *Et coelo simul Holsato,*
    *Et Patri Patriae, et fratribus inclytis*
*Reddas incolumes, precor:*
    *Ac serves animae dimidium meae.*
*Sic vos Diva Trias regat*
20     *Fortunetque vias agmine caelico.*

16 Patri Patriae: patri, et patriae 1593

So möge dich die göttliche Dreiheit führen, so die Herzöge, die beiden Brüder, die Sterne ihres Vaterlandes, der Herrscher der Himmel, wie ich dich liebe, dich, Johann, gerne verehre und deine Gaben bewundere, o du Zierde der Muse und Säule ihres Chores. Verdientermaßen machen dich groß deine Tapferkeit und deine Frömmigkeit und zugleich deine Kenntnisse in den Wissenschaften und deine überall bekannte Treue, und gefeiert stößt du von hier mit deinem hohen Scheitel an die Sterne. Jetzt so du die Abreise von hier vorbereitest, bitte ich, obgleich ich mit dir leben möchte und mit dir gerne sterben würde, daß du die dir anver-

---

[56] Es wird m.E. in V. 18 auf die im Gedicht Nr. 4 ausgesprochenen Wünsche verwiesen. In Nr. 1, 10 waren *Haec pia vota* vorausweisend angekündigt worden. Das *hic* der Erstausgabe in V. 18 ist deshalb vermutlich Druckfehler für *his*.

trauten berühmten beiden Herzöge den heimischen Göttern und zugleich dem holsteinischen Himmel und dem Vater des Vaterlandes[57] und ihren berühmten Brüdern wohlbehalten zurückgibst und so die Hälfte meiner Seele bewahrst. So möge euch die göttliche Dreiheit führen und eure Wege mit der himmlischen Schar beglücken.

7  *Ad Antonium Caucium.*

> *Sic ergo, CAUCI, magne doctor Principum,*
>     *Sic ibis? ac nos deseres*
> *Tui aestuantes hic amore maximo,*
>     *Aeque ac tuorum Principum?*
> 5  *Sic ibis ergo? nec vos hybernae minae*
>     *Morantur, aut coelum minax,*
> *Aut aquilo saevus, aut rotata mole nix,*
>     *Quae nunc ab Arcto candicat?*
> *Frustra (heu) queror: frustra requiro te nimis,*
> 10  *CAUCI, sodalis optime.*
> *In patriam redire stat sententia:*
>     *Et patrio rursus Lari,*
> *Patrique Patriae suos iam Principes*
>     *Matri et redonare inclytae:*
> 15  *Tot artibus doctis, tot et virtutibus,*
>     *Linguis tot instructos bonis:*
> *Magnae futuros magna columina patriae:*
>     *Gentis decus magnum suae.*
> *O quanta patriae suspiria! o piis*
> 20  *Quae vota cerno lacrymis*
> *Permixta, per vicos passim, per oppida,*
>     *Cunctas per urbes civium*
> *Equitumque passim, et optimatium omnium.*
>     *At vos DEUS, viae comes,*
> 25  *Et dux, amico sistat in portu precor*
>     *Salvos: simulque sospitet*
> *Longos in annos. Caeterum fidem tibi*

---

[57] Unpassend wäre in V. 16 am Anfang die schlichte Nennung des regierenden Herzogs mit *patri* und am Versende die der 'berühmten' Brüder (gemeint sind Johann Adolf, 1575–1616, und Johann Friedrich, 1579–1634), dazwischen aber des Vaterlandes, das bereits in *diis patriis* und *caelo Holsato* in V. 14f. impliziert war. In Gedicht Nr. 7, 13f. werden die *Principes* (Friedrich und Philipp) von ihrem Vater, dem *Pater Patriae*, und ihrer 'berühmten' Mutter gewissermaßen umschlossen. Dies führt zu der Verbesserung des Druckfehlers in V. 16.

> *Commendo CAUCI iam meam.*
> *Tu redde votivam fidem: ac semper mei*
> 30  *Sis quaeso, quoad sumus, memor.*

So also, Caucius, großer Lehrer der Prinzen, so wirst du weggehen und uns verlassen, die wir hier von größter Liebe zu dir und zu deinen Prinzen glühen? So wirst du also weggehen, und euch halten nicht auf die Drohungen des Winters oder der drohende Himmel oder der wilde Nordwind oder der in Masse gewirbelte Schnee,[58] der jetzt den Norden weiß macht? Ach ich klage vergeblich; vergeblich verlange ich dich allzu sehr zurück, Caucius, bester Freund. Der Entschluß steht fest, ins Vaterland zurückzukehren und dem väterlichen Haus und dem Vater des Vaterlandes und der berühmten Mutter nun ihre Prinzen zurückzugeben, die so viele Wissenschaften, so viele Tugenden und so viele gute Sprachen sich angeeignet haben, sie, die künftigen großen Säulen des großen Vaterlandes, sie, die große Zierde ihres Volkes. O was für große Seufzer des Vaterlandes, o welche mit treuergebenen Tränen durchmischten Wünsche und Gelübde der Bürger und aller Ritter und Adligen erblicke ich überall in den Dörfern, den festen Plätzen und in allen Städten! Doch euch möge Gott, der Begleiter und Führer auf eurem Weg, bitte, in einen freundlichen Hafen bringen und euch zugleich für lange Jahre wohl beschützen. Dir aber empfehle ich, Caucius, jetzt meine Treue. Erwidere sie mit der deinen, wie du es gelobt hast, und vergiß mich, bitte, solange ich lebe, nicht!

8   *Ad Sodalitium Aulae Holsaticae nobile Argentinense.*

> *Si lex sancta vetus cuique habenda est.*
> *Quae honeste iubet hospites honestos*
> *A se mittere patrias ad oras:*
> *Praesentes habitos amice amicos,*
> 5   *Quoad fit copia amice habendi amicos:*
> *Quo vos obsecro honore, quove amore,*
> *Vos inquam simul hospites honestos,*
> *Ac magnos pariter meos amicos,*
> *Ista iam domuitione vestra,*
> 10  *Digne persequar, aque me remittam,*
> *Dilecta ad patriae arva commigrantes?*
> *Maior vester honos (fatebor) umquam*

---

[58] V. 7 *rotata mole nix* folgt phraseologisch Ovid Met. IX 221 *nivibus quoque mole rotatis* (so alle Handschriften und einige frühe Ausgaben, während Raphael Regius, dem alle modernen Ausgaben folgen, bereits in seiner kommentierten Metamorphosenausgabe, Venedig 1509, Bl. 97, *molle* schrieb, was er so erklärte: *molliter in rotundum coactis*).

> *Quam ut possim facere hic honestiorem*
> *Quenquam (credite) vestrum honore, digno*
> 15 *Quamvis. Nam genus arsque vos, et alta*
> *Virtus, et pietas honestat ultro, et*
> *Rebus qui comes his honos adhaeret.*
> *Quod possum, quia non frui licebit*
> *Tam magnis, et honore magno honestis*
> 20 *Coram hic amplius (heu) dein amicis;*
> *Saltem vos memori fide (fides si*
> *Forsan hospita non sat hic tributa est)*
> *Et sancto recolant omne amore in aevum,*
> *Extremo licet orbe vos remotos.*
> 25 *Quid honestius est, amiciusve?*

Wenn jeder das alte heilige Gesetz beachten soll, das ehrenvolle Gastfreunde ehrerbietig von sich in die vaterländische Region zu senden heißt, mit welcher Ehrung, bitte, und mit welcher Liebesbezeugung soll ich dann euch, meine hier anwesenden und, soweit es überhaupt möglich ist, freundschaftlich gehaltenen Freunde, euch, sage ich, die ihr sowohl ehrenvolle Gäste als auch zugleich meine großen Freunde seid, angemessen versehen und von mir als Reisende in das geliebte Gebiet eures Vaterlandes zurücksenden? Eure Ehre ist, das muß ich bekennen, größer, als daß ich hier jemals einen von euch, glaubt es mir, durch eine wenn auch noch so angemessene Ehrerweisung noch ehrenvoller machen könnte. Denn euch ehren ohnehin schon euer Geschlecht und eure Wissenschaft, eure hohe Tapferkeit und eure Ergebenheit und auch die Ehre, die diesen Eigenschaften als Begleiterin anhängt. Soweit ich kann, werde ich wenigstens, da es leider nicht möglich sein wird, die Gegenwart so großer und durch große Ehren so ehrenvoller Freunde jetzt weiter zu genießen, euch mit nicht vergessender Treue — falls vielleicht die einem Gastfreund zu erweisende Treue hier noch nicht genügend gezollt wurde — und mit heiliger Liebe für alle Zeit verehren. Was ist ehrerbietiger und freundschaftlicher?

9 *Ad Nicolaum Hagium Equ[item] Holsatum.*

> *Tu quoque cum patriae ducibus (sic addecet) HAGI*
> *In patriam cupidus docte redire paras?*
> *Ire paras, febris mala aggravat artus:*
> *Febris onus longae grande futura viae.*
> 5 *O factum male! Sed pietas patriaeque ducumque*
> *Urget amor: febris torquet at ipsa magis.*
> *Quid tibi cum Musis et alumnis, pessima Febris.*

> *Musarum? procul hinc o procul ipsa fuge.*
> *Quin age Febris abi nimis eheu corpore lasso:*
> 10  *Quarta tribus furiis addita nempe soror.*
> *Et tu, Phoebe pater vatum, sis dexter, et aegro*
> *Sis opifer: medicae quippe repertor opis.*
> *Et vos o Musae, vos si medicamina nostis,*
> *Ferte salutari pocula mixta manu.*
> 15 *Pocula Pegasei miscete salubria fontis:*
> *Hoc decet, et fas est: vester alumnus hic est.*
> *Scilicet his votis ego iam te persequor HAGI:*
> *Pignora quae fidei sint tibi certa meae.*
> *Ipse viae Deus esto comes, medicusque: quid optem*
> 20 *Amplius? hoc medico, hoc et duce sospes eris.*

Auch du schickst dich begierig an, mit den Herzögen deines Vaterlandes, wie es sich ziemt, in dein Vaterland zurückzukehren, gelehrter Hagius? Du schickst dich an zurückzukehren, obwohl ein übles Fieber deine Glieder beschwert? Das Fieber wird eine schwere Last auf deiner großen Reise sein. O welches Unglück! Aber Ergebenheit und Liebe zum Vaterland und zu den Herzögen drängen euch. Doch das Fieber selbst foltert euch noch mehr. Was hat du, schlimmstes Fieber, mit den Musen und ihren Zöglingen zu tun? Flieh weit weg von hier! Ja, geh weg, Fieber, von dem allzu erschlafften Körper! Du bist die vierte Schwester der drei Furien! Und du, Phoebus, Vater der Dichter, sei gnädig und hilfreich dem Kranken, da du ja auch der Erfinder der medizinischen Hilfe bist, und ihr, oh ihr Musen, bringt, wenn ihr Heilmittel kennt, Becher, die eure heilbringende Hand gemischt hat! Mischt heilsame Becher von der Quelle des Pegasus! Das ziemt sich so und ist rechtens, denn er ist euer Zögling. Mit diesen Wünschen begleite ich dich, Hagius. Sie sind ein sicheres Unterpfand meiner treuen Ergebenheit. Gott selbst sei dein Begleiter und Arzt auf deiner Reise. Was soll ich noch mehr wünschen? Wenn er Arzt und Führer ist, wirst du wohlbehalten sein.

10 *Ad Christophorum ab Hunicke Equ[item] Hols[atum].*

> *Dum patrias comitaris ad oras fidus Achates,*
> *CHRISTOPHORE, Holsaticos, pignora cara, Duces:*
> *Te tot ego votis abeuntem prosequor ultro:*
> *(Sim quamvis abitu tristis, Amice, tuo)*
> 5 *Quot ver habet, quot aristas fertilis aestas:*

> *Poma quot autumnus roscida, Bruma nives.*
> *I sospes, variosque viae circumspice casus:*
>   *Sis memor oro mei, sum memor ipse tui.*

Während du, Christoph, als treuer Achates deine geliebten holsteinischen Herzöge zu den heimatlichen Gefilden begleitest, begleite ich von mir aus dich bei deiner Abreise mit so vielen Wünschen — obgleich ich durch deine Abreise, mein Freund, noch so traurig bin —, wie der Frühling Blumen, der fruchtbare Sommer Ähren, der Herbst tauige Äpfel und der Winter Schnee hat. Geh wohlbehalten und achte auf die verschiedenen Wechselfälle der Reise! Denke bitte an mich! Ich werde an dich denken.

11 *Ad Othonem et Benedictum Qualios Eq[uites] Hols[atos].*
> *Communis ceu terra parens est omnibus una:*
>   *Unus sic pater est omnium ipse Deus.*
> *Cur non una fides, et amor nos copulet unus?*
>   *Namque parens nobis terra, pater Deus est.*
> 5 *At quamvis nos dissociat iam terra Deusque:*
>   *Associat rursus nos amor atque fides.*
> *Sic fidei servate precor constanter amorem:*
>   *Quodque amo vos, grata me redamate vice.*

Wie die eine Mutter Erde für alle gemeinsam ist, so ist der eine Gottvater für alle derselbe. Warum verbindet uns dann nicht eine einzige treue Liebe? Denn die Erde ist unsere Mutter und Gott unser Vater. Doch auch wenn uns die Erde und Gott noch so sehr trennen, so verbindet uns doch wieder unsere Liebe und Treue. So bewahrt bitte beständig eure treue Liebe, und liebt, weil ich euch liebe, mich umgekehrt auch wieder!

Bereits die erste Lektüre dieses *Libellus Xeniorum* läßt viel von der Atmosphäre und Vorstellungswelt erkennen, in der sich Nicolaus Reusner und die schleswig–holsteinische Gruppe der Prinzen mit ihrem Gefolge bewegten. Höfische Panegyrik und Reverenz herrschen vor; aber auch freundliche Zuwendung ist erkennbar. Die folgende Interpretation der Gedichte soll vor allem ihre Eigenart verdeutlichen und klären, welche Kenntnisse sie bei ihren Hörern bzw. Lesern voraussetzen, welche Vorstellungen sie erwecken wollen und welchen Absichten sowohl ihre erste Komposition als auch ihre spätere Veröffentlichung im Druck dienten.

Die sehr bewußte Setzung aller leitmotivisch wichtigen Begriffe ist für alle diese Gedichte kennzeichnend. So sind in Text Nr. 1 die kontrastierenden, wie in einer prästabilierten Harmonie aneinander anklingenden Ortsbezeichnungen *Alsatica* und *Holsaticos* in die Mitte von V. 1 und 2 gesetzt (aus metrischen und euphonischen Gründen wird in den poetischen Texten als *pars pro toto* immer nur Holstein, nie Schleswig genannt), wonach in V. 3 die Namen der beiden Prinzen parallelisierend zusammengestellt erscheinen (dies wird sich in Nr. 3, 8 wiederholen, während in Nr. 2, 7 statt dessen die zusammenfassende Anrede *DUCES* in die Versmitte gesetzt ist). Nr. 1 endet mit einem ersten Wunsch für die Reise in V. 15f. — natürlich einem Leitmotiv der folgenden Abschiedsgedichte — und dem betont gesetzten Wort *viam* am Versschluß. Als eröffnendes Epigramm ist Nr. 1 zwei Epigrammen Martials verpflichtet. Aus Mart. Ep. XIII stammt zunächst der Begriff *Xenia*, sodann auch der Gedanke, daß anstelle von anderen Geschenken an die scheidenden Gäste Gedichte gegeben werden: auch im Wortlaut ist V. 9 *Paucula sed vobis pro munere carmina mitto* im Blick auf Mart. Ep. XIII 3, 5 *Haec licet hospitibus pro munere disticha mitto* formuliert. Und schließlich ist die Folge des Sendens, Annehmens und Lesens der Gedichte (*mittere, accipere, legere*, V. 9, 13, 14) aus Einleitungsgedichten Martials vertraut, z.B. aus Ep. V 1 *Ad Caesarem*. Der der Ankündigung der Gedichte vorausgegangene Hinweis auf Geschenke fürstlicher Art (Gold und Perlen, die aus dem Roten Meer stammen, sind zwar eine antike Zusammenstellung, aber aktualisierbar)[59] wirkt etwas wie eine versteckte Aufforderung an die Adressaten, ein angemessenes Gegengeschenk nicht zu vergessen.

Text Nr. 2, in dem Reusner seine eigene Beziehung zu den Prinzen vorstellt, beginnt mit mehreren, ausdrücklich als solche gekennzeichneten Anspielungen auf den Text der Institutionen: Vgl. zu V. 1–4 Inst. I 2, 3 *scriptum ius est [...] principum placita, magistratuum edicta [...], 6 quod principi placuit, legis habet vigorem, 7 praetorum quoque edicta non modicam iuris obtinent auctoritatem [...] magistratus auctoritatem huic iuri dederunt*. *Ius* und *lex* sind — insgesamt zehnmal erscheinend — Leitworte des Epigramms. Mit dem Weg von den *prima elementa* der Institutionen über die Pandekten zum Codex wird das ganze juristische Studium vergegenwärtigt. Dies und der Preis der rechtskundigen Fürsten ist eine Empfehlung nicht nur des Institutionenprofessors Reusner, sondern der juristischen Fakultät insgesamt.

Dann folgt in Text Nr. 3 das erste *Propempticon*. Leitworte sind hier *iter* und *via* (insgesamt sechsmal, wie in Nr. 1 auch als letztes Wort gesetzt). Mit dem Gerücht der bevorstehenden Abreise und den befürchteten winterlichen Schwierigkeiten[60] einsetzend, gelangt die Elegie zum auch künftig immer wie-

---

[59] Vgl. z.B. Vergil Aen. X 134 *gemma micat fulvum quae dividit aurum*, Martial Ep. VIII 28, 14 *cedet Erythraeis eruta gemma vadis*, Properz El. I 14, 12 *legitur Rubris gemma sub aequoribus*.
[60] V. 4 *riget immodico terra perusta gelu* folgt im Ausdruck Ovid Trist. III 4b, 48 *adstricto terra subusta gelu*.

der verwendeten Gedanken an Gott als *dux* und *comes viae*, woraus ein Gebet an ihn erwächst, dessen Erfüllung die sich ankündigenden guten Zeichen erwarten lassen, so daß am Ende die Aufforderung zu reisen stehen kann. Reusner ist hier den Lehren gefolgt, die Julius Caesar Scaliger in seinen *Poetices libri septem*, die 1581 gerade in zweiter Auflage erschienen waren, für das *Propempticon* gegeben hat.[61] Er schrieb: *prosequimur abeuntes vel votis vel bonis ominibus*; vgl. V. 22: *Firmat et ominibus sic pia vota bonis*. Er empfahl das *argumentum a tempore: hyemis incommoda deprecabimur*, was Reusner in V. 3ff. befolgt, als er die Gefahren des Winters vorstellt. Scaliger gab als Beispiel: *Aurae tibi praesto sunt*, und Reusner erfindet entsprechend (V. 21): *aura viam suadens se mitior infert*. Augenscheinlich hat Reusner Scaligers *Propempticon*–Kapitel um Rat gefragt, bevor er sich an seine selbstgesetzte Aufgabe machte.

Den drei epigrammatischen bzw. elegischen Gedichten an beide Prinzen folgen die vier horazisierenden Gedichte Nr. 4–7, die je einzeln den beiden Prinzen, ihrem Hofmeister und ihrem Präzeptor gewidmet sind und absichtsvoll Beispiele für vier verschiedene Formen der Horazimitation liefern, die sich durch eine unterschiedliche Nähe bzw. Distanz zum horazischen Wortlaut voneinander abheben.

An erster Stelle (Nr. 4) steht die strenge *Parodia*, wie sie in der Poetik Julius Caesar Scaligers und dann vor allem in der 1575 gedruckten Schrift von Henricus Stephanus über die *Parodia* theoretisch und praktisch entwickelt und demonstriert worden war. Stephanus hatte damals bereits auch einige beispielhafte *Parodiae* anderer Autoren, von Julius Caesar und Josephus Justus Scaliger, von Paulus Melissus Schede, der mit Reusner befreundet war, und von Lucas Fruterius, einem Freund Janus Dousas des Älteren, veröffentlicht. Ekkart Schäfer hat in seinem Buch 'Deutscher Horaz' erhellende Seiten der Entstehung und dem Verfahren der *Parodia* von Horazoden gewidmet, auf die hier verwiesen sei.[62] Reusner hat in seiner Ode an den Prinzen Friedrich, die er

---

[61] In Iulius Caesar Scaliger, Poetices lb. VII, Lyon 1561 und öfter, lb. III, cap. 103, in Ed. quarta (Heidelberg) 1607, S. 360f.
[62] Eckart Schäfer, Deutscher Horaz, Conrad Celtis, Georg Fabricius, Paul Melissus, Jacob Balde, Wiesbaden 1976, S. 92ff. Da der im Deutschen bei Parodie mitschwingende scherzhafte Sinn der Kunstform der *Parodia* nur manchmal, aber keineswegs grundsätzlich und wohl auch nicht mehrheitlich zu eigen ist, wird hier für sie immer der Begriff *Parodia*, nicht Parodie benützt. Schäfer hat den ernsthaften — und nicht komischen — Charakter vieler neulateinischer *Parodiae* im weltlichen und christlichen Bereich mit Recht betont. Er wird in manchen Artikeln und Darstellungen zur Geschichte der Parodie übersehen. — Gute zweisprachige Ausgaben für die im folgenden verglichenen Catull– und Horazgedichte bieten: Catull, Sämtliche Gedichte, Lateinisch und deutsch, hrsg., eingeleitet und übersetzt von Otto Weinreich, Zürich und Stuttgart 1969, Quintus Horatius Flaccus, Sämtliche

der personifizierten *Patria* des Prinzen in den Mund gelegt hat und die gleich in der Überschrift als *Parodia* gekennzeichnet ist, nach allen Regeln der Kunst ein Beispiel für eine weltliche *parodia seria* gegeben, indem er Carmen IV 5 des Horaz mit den behutsamsten Änderungen unter möglichst weitgehender Beibehaltung des Wortlauts auf die neue Situation übertrug. Die Analogie fand Reusner in dem unterstellten Wunsch des Landes, der Herrscher bzw. hier der Kronprinz möge zurückkehren. Daß der sechzehneinhalbjährige — nach damaligen Begriffen nahezu volljährige — Prinz hier mit den einst für Augustus formulierten Worten geehrt oder mit Kastor und Herkules verglichen wird, wurde von Reusner und seinem Publikum nicht als unangemessen oder gar lächerlich empfunden, sondern als Teil der dem Prinzen gewidmeten panegyrischen Ehrung, sozusagen als eine höfische Reverenz betrachtet. Vergleichbar sind die Darstellungen römischer Kaiser und die Herkuleszyklen in den Bildprogrammen zeitgenössischer fürstlicher Residenzen.[63] Das bewunderte Kunststück bestand eben darin, wie aus dem weitestgehenden Anschluß an das horazische Gedicht ein neues entstanden war. Bei der *Parodia* ist das sonst weithin geltende imitative Prinzip, daß immer nur Vers– und Satzteile, nie ganze Verse und Sätze übernommen werden sollten, aufgehoben (von den Versen Reusners sind 6 mit Versen in C. IV 5 identisch, d.h. 15%). Von den 211 Worten in Nr. 4 wurden 98 identisch und an der gleichen Stelle im Vers aus Horaz' C. IV 5 übernommen; bei 6 weiteren gleichfalls identischen Worten ist nur die Endung anders; dazu kommen noch 25 phonologisch, morphologisch, syntaktisch und/oder semantisch äquivalente Worte,[64] so daß die Zahl der identischen und äquivalenten Worte zusammen 141 oder um 65% der Gesamtzahl beträgt. Dazu kommt, daß die Struktur des Gedichts mit seinen zehn Strophen der horazischen genau folgt. Dabei sollte freilich auch gesehen werden, daß der Anschluß an Horaz insbesondere im Wortlaut in den ersten und in den letzten Strophen am engsten ist und daß sich Reusner in den beiden Mittelstrophen, die den hymnischen Preis der Qualitäten des Prinzen enthalten (*Tu* [...], *tu* [...], *Tecum* [...], *tecum* [...]), relativ am weitesten von dem horazischen Modell entfernt, wobei er aber hier in V. 21f. eine Ausdrucksweise aus einem anderen Horazgedicht eingefügt hat; vgl. C. I 24, 6f. (über Vergil) *cui Pudor et, Iustitiae soror, | incorrupta Fides nudaque Veritas |*. Als Reusner diese *Parodia* von C. IV 5 verfaßte, waren die später zum Teil in speziellen Sammlungen veröffentlichten Horazparodien zum großen Teil noch

---

Gedichte, Lateinisch/deutsch, Mit den Holzschnitten der Straßburger Ausgabe von 1498, Mit einem Nachwort hrsg. von Bernhard Kytzler, Stuttgart 1992.
[63] Vgl. Annegrit Schmitt, Der Einfluß des Humanismus auf die Bildprogramme fürstlicher Residenzen, in: August Buck, Hrsg., Höfischer Humanismus, Weinheim 1989, S. 215ff.
[64] Vgl. die Erläuterung der vorstehenden Begriffe durch Schäfer, wie Anm. 62, S. 98.

nicht geschrieben.⁶⁵ Was Melissus von seinen 1595 gedruckten Horazparodien schon fertig hatte und was Reusner davon kannte, ist unbekannt.⁶⁶ Gekannt hat er aber wohl die Ode des Janus Lernutius *Ad Bonam Valetudinem*, die dieser als *Parodia* zu der Fortuna–Ode des Horaz (C. 135) geschrieben hatte und in der die Bitte um den Schutz des Augustus durch eine Bitte um die Genesung des kranken Justus Lipsius ersetzt worden war. Diese Ode war 1579 in Antwerpen in der ersten Carmina–Ausgabe des Lernutius gedruckt worden.⁶⁷ Lernutius glaubte nicht, die Göttin Gesundheit dadurch zur Intervention bewegen zu können, sondern sich bei Lipsius durch seine guten Wünsche und durch seine poetische Kunst zu empfehlen. Die besondere Kunst ist es, dem alten Wortlaut mit wenigen spezifischen Änderungen einen neuen Sinn abzugewinnen. Diese Art der *Parodia* ist eine extreme Form der Imitation.⁶⁸

---

⁶⁵ Ein Beispiel bietet Caspar Cunradus, Parodiarum ad Horati Flacci Melpomenen variorum Auctorum et argumenti varii Centuria integra cum Appendice Parodiarum ad Od. IX. Lib. III. Carm. Horat. [...], Öls/Schlesien 1606, 2. Aufl. Leipzig 1614. Dort sind 100 *Parodiae* zu C. IV 3 und 9 zu C. III 9 von 57 zumeist schlesischen Verfassern zusammengestellt. Absichtlich gewählt wurden als Modelle die beiden Oden, die J. C. Scaliger besonders gelobt hatte (s. Anm. 70). Caspar Cunradus (1571–1633), D. Med., war Arzt in Breslau und widmete die Sammlung dem Breslauer Patrizier Daniel Rindfleisch genannt Bucretius. Neben Sammlungen mit mehrfachen *Parodiae* einer einzelnen Horazode gab es später auch solche mit einzelnen *Parodiae* zu jeder Horazode, so in David Hoppius, Parodiae in Libros Odarum et Epodon Quinti Horatii Flacci rebus sacris maximam partem accomodatae, zuerst Königsberg 1634 (zu C. I allein 1623), spätere Auflagen bis 1690. Mag. David Hopf aus Köslin in Pommern war Con– und Prorektor in Königsberg/Preußen. Vgl. dazu auch Schäfer, wie Anm. 62, S. 99ff., der irrtümlich die Namenform Hoppe benützt.
⁶⁶ Obwohl Henricus Stephanus, Parodiae morales, (Genf) 1575, 2. Teil, S. 175, bereits eine Catullparodie von Paulus Schede Melissus veröffentlichte, gab dieser selbst seine Horazparodien erst Frankfurt 1595 heraus (Melissi Meletematum piorum libri VIII, Paraeneticorum 11, Parodiarum II, Psalmi aliquot). Darunter ist eine auf C. III 9 und eine auf C. IV 5 (konstrastierend mit einer Verwünschung Herzog Albas in den Niederlanden), keine auf die Horazgedichte C. I 3 oder Ep. 1, die Reusner anschließend imitiert.
⁶⁷ Janus Lernutius, Carmina, Antwerpen 1579, S. 55f. Es ist die einzige *Oda* in dieser Ausgabe; sie wird nur mit dieser Gattungsbezeichnung, nicht mit dem Begriff *Parodia* gekennzeichnet, was die zeitgenössische hohe Bewertung solcher Dichtungen beleuchtet.
⁶⁸ Als Form der Imitation wird sie auch in späteren im Unterricht verwendeten Poetiken definiert, vgl. z.B. — eingeleitet mit einer Empfehlung von Friedrich Taubmann — (Christophorus Helvicus–Conradus Bachmann), Poetica, praeceptis, commentariis, observationibus, exemplis ex veteribus et recentibus poetis studiose conscripta per Academiae Gissenae nonnullos Professores, Gießen 1608, 1612, 1617, 1657, hier zitiert nach der 3. Aufl., S. 198: *Parodia est imitatio, quae carmen poetae inversum mutatis quibusdam vocibus ad alium sensum retrahit*. Es wird dort zwischen der *Parodia* eines ganzen Gedichts und der einzelner — aus einem Gedicht herausgelöster — Verse unterschieden. Kennzeichnend für die *Parodiae* ist jedoch immer, daß sie den gleichen Versumfang wie das parodierte Original haben. Neuzeitliche Musterautoren, darunter N. Reusner, werden S. 199 genannt: *Labora-*

Reusners Gedicht Nr. 5 ist noch einmal eine *Parodia*, aber eine wesentlich freiere. Julius Caesar Scaliger hatte das Dialoggedicht C. III 9[69] neben C. IV 3 für Horazens schönste Ode erklärt.[70] Henricus Stephanus hatte 1575 als einzige Horazparodie eine Parodie des Niederländers Fruterius zu C. III 9 veröffentlicht, und dieses Gedicht wird auch später ein besonders beliebtes Parodienmodell sein. Reusner veränderte das horazische erotische Thema, das Gespräch zwischen zwei Liebenden, nachdem das Gedicht von Fruterius bereits zur Darstellung einer Freundschaftsbeziehung verwendet worden war, und übertrug es auf die Beziehung des Studenten zu seiner Schule, indem er das personifizierte Straßburg mit dem Prinzen Philipp — gewissermaßen als Liebespaar — im Dialog erscheinen läßt. Der Dialog vereint hier — nach Scaligers Terminologie — die Funktionen eines *Apobaterion*, eines *Paideuterion* und eines *Propempticon*, eines Gedichtes bei der Abreise, eines Dankgedichts für die Lehrer und eines Geleitgedichts.[71] Es ist ein geschickter Schachzug Reusners, auf diese Weise dem Prinzen Worte des Lobs auf die Straßburger Akademie in den Mund legen zu können. Die Strophenzahl ist wieder die gleiche wie die des horazischen Modells, ebenso die Dialoggliederung, und die Vorstellung bewegt sich wie dort von der Vergangenheit am Anfang zur Zukunft am Ende. Aber da die Beziehung der Dialogpartner nicht wie bei Horaz von der Einigkeit über die Getrenntheit zur Wiedervereinigung verläuft, sondern vom zeitweiligen Beisammensein zum künftigen Getrenntsein, kann eine Übereinstimmung der gedanklichen Struktur nur begrenzt realisiert und ein wörtlicher Anschluß nur in relativ geringem Maße erreicht werden. Ein Vers,

---

runt quoque in iis scribendis non infeliciter Scaliger, Melissus, Stephanus, Maibomius, Taubmannus, Egenolphus, duo Reusneri, Trebatius, Exnerus, Adamus etc. Multa quoque eaque praeclara videantur in Oratione N. Frischlini De Exercitiis Oratoriis et Poeticis.

[69] Der Begriff *dialogus* erscheint für C. III 9 bei den Kommentatoren der Renaissance. Antonius Mancinellus schrieb: *Scribitur haec Ode tanquam dialogus, Jodocus Badius Ascensius: Dialogo quodam festivo* [...] (zitiert nach Q. Horatii Flacci poetae Venusini omnia poemata [...], Venedig 1567, Bl. 69). Reusner wählte danach seine Überschrift für Nr. 5.

[70] S. Scaliger, wie Anm. 61, S. 812 (lb. VI 7) schreibt über Horaz' C. III 9 und IV 3: *duas* (sc. *odas*) *animadverti, quibus ne ambrosiam quidem aut nectar dulciora putem* [...] *Quarum similes malim a me compositas quam Pythionicarum multas Pindari et Nemeonicarum, quarum similes malim composuisse quam esse totius Tarraconensis rex*. Dieses besondere Lob folgt dem Horaz allgemein preisenden Satz: *Carminum igitur libri vel iucunda inventione vel puritate sermonis vel figurarum tum novitate tum varietate maiores sunt omni non solum vituperatione, sed etiam laude*. Zur Hochschätzung der Lyrik des Horaz in der Renaissance und den daraus erwachsenen Horazimitationen allgemein vgl. zuletzt Walther Ludwig, Horazrezeption in der Renaissance oder die Renaissance des Horaz, in: Oliver Reverdin und Bernard Grange, Hrsg., Horace (Entretiens sur l'Antiquité Classique 39), Genf–Vandœuvres 1993, S. 305ff.

[71] Scaliger hatte diese Begriffe für Gedichttypen in seiner Poetik erfolgreich eingeführt; auch die Gießener Poetik, s. Anm. 68, kennt sie.

V. 8, wurde identisch aus C. III 9 übernommen. Von 117 Worten wurden nur 12 identisch und an der gleichen Stelle im Vers übernommen (dabei aber meist nicht an der gleichen Stelle des Gedichts); ein weiteres Wort erscheint identisch und an anderer Versstelle; ein identisches Wort mit anderer Endung und 4 äquivalente Worte finden sich, so daß die identischen und äquivalenten Worte zusammen 18 oder um die 15% der Gesamtzahl betragen. Daß das Gedicht trotzdem noch als *Parodia* aufgefaßt werden muß, liegt an der Übernahme des sechsstrophigen dialogischen Aufbaus und der signifikativen Verwendung einiger Schlüsselworte aus C. III 9. In V. 24 hat Reusner sein Gedicht bewußt mit einer Ausdrucksentlehnung aus dem Ende von Catulls C. 34 (*bona | sospites ope gentem*) geschlossen (er hat an anderer Stelle den catullischen Diana–Hymnus parodisch in einen Christus–Hymnus transformiert).[72] Die Gedichte für den älteren und jüngeren Prinzen demonstrieren die Spannweite der parodischen Form.

In hierarchischem Abstieg folgt im Text Nr. 6 ein *Propempticon* an den adligen Hofmeister. Der mottohafte Beginn erinnert den Hörer und Leser an Horazens *Propempticon* für Vergil (C. I 3).[73] Aber es wird dann keine *Parodia*. Von C. I 3 sind nur die beiden ersten Strophen verwertet, deren Thematik hier jedoch fünf Strophen füllt. Distanziert sich das Gedicht in dieser Weise von seinem Modell, so unterscheidet es sich außerdem dadurch von seinen beiden Reusnerschen Vorgängern Nr. 4 und 5, daß in ihm deutlich auch Stellen aus mehreren anderen Horazoden aufgegriffen sind, die als solche erkannt werden sollen. In V. 6 klingen sowohl C. I 1, 2 als auch C. II 17, 4 an; in V. 9f. hört man die Endzeile von C. I 1; in V. 12 erscheint der berühmte Schlußvers von C. III 9, der in der *Parodia* dieser Ode soeben nicht verwendet worden war; und in V. 14f. erinnert der Ausdruck an C. II 7, 4. Diese Evozierungen sekundärer Horazmodelle sind zwischen die wörtlichen Übernahmen aus dem primären Modell in V. 1–3, 13 und 17f. eingefügt, bevor in

---

[72] Vgl. Anm. 73.
[73] Einen mottohaften Anfangsbezug auf eine horazische Ode oder ein catullisches Gedicht liebt Reusner. Vgl. Op. p. II, wie Anm. 3, S. 125ff.: Od. I 1 *Laudabunt alii nymphas* [...] (vgl. Hor. C. I 7), 6 *Odi profanum carmen et improbo* [...](vgl. Hor. C. III 1), 7 *Iesu nos sumus in fide* [...] (vgl. Cat. C. 34), 8 *Festo quid potius die | natali faciam* [...] (vgl. Hor. C. III 28), 11 *Et thure et auro nos iuvet* [...] (vgl. Hor. C. I 36), 15 *Vides ut alto sidus in aethere* [...] (vgl. Hor. C. I 9), 17 *Quem tu, Diva Salus, semel* [...] (vgl. Hor. C. IV 3), Od. II 2 *O diva, coeli quae regis orbita* [...] (vgl. Hor. C. I 35), 3 *Quis pudor tandem, quis lacrimis modus* [...] (vgl. Hor. C. 124). Davon sind strenge *Parodiae* nur Od. I 7 und I 17, wobei der Leser nur bei der letzteren durch den Untertitel *Parodia Horatiana* gleich zu Anfang darauf aufmerksam gemacht wird. Auch dies bestätigt die gleichrangige Stellung der *Parodiae* mit den nicht–parodischen Oden.

V. 19f. — in catullischer Weise[74] — der Anfangsgedanke aus C. 13 am Ende wieder aufgegriffen wird (die heilige Dreieinigkeit und die himmlische Engelsschar bilden die christliche Korrektur für Venus und die Dioskuren bei Horaz). Da das Gedicht ein sehr nahes Primärmodell hat, ohne *Parodia* zu sein, und in musivischer Technik mehrere andere Horazstellen eingefügt sind, ist in dieser Imitationsform der wörtliche Horazanteil wieder verhältnismäßig hoch. Zwei Horazverse sind identisch übernommen (V. 12 aus C. III 9, 24, V. 18 aus C. I 3, 8), was bei 20 Verszeilen immerhin 10% ausmacht. Von 98 Worten wurden 25 identisch und an der gleichen Versstelle übernommen, 8 weitere identisch an anderer Versstelle; bei 3 weiteren Worten ist nur die Endung anders, und 12 Worte sind in der vorher beschriebenen Weise äquivalent, so daß die Zahl der identischen und äquivalenten Worte 48 oder um die 50% der Gesamtwortzahl beträgt. Das Gedicht ist so ein Beispiel für eine nicht–parodische, aber sich trotzdem relativ eng an Horaz anschließende Imitationsart.

Das vierte horazisierende Gedicht (Nr. 7), in dem Reusner mit dem Präzeptor Antonius Caucius die Person anspricht, die seiner eigenen gesellschaftlichen Stellung am nächsten stand, folgt dem Metrum der in den Horazausgaben hinter den Oden stehenden Epoden 1–10. Dieses Gedicht ist abermals ein *Propempticon*, dieses Mal aber in einer etwas niederen Stilart, insofern als zuvor der feierlich vorgetragene Wunsch an die heilige Dreieinigkeit das Gedicht rahmte, jetzt die freundschaftlich–gefühlvolle Anrede an Caucius. Während die drei ersten horazisierenden Gedichte immer sofort und dauernd deutlich auf ein bestimmtes horazisches Modell verwiesen, erinnert das letzte nur allgemein an die Eingangssituation von Epode 1, insofern ein in deren Metrum angesprochener Freund abreisen will und das Anfangswort dieser Epode (*ibis*) bei Reusner in V. 2 und 5 wiedererscheint. Im übrigen werden die Vorstellungen aus dieser Situation heraus unabhängig entwickelt, ohne daß das Gedicht mit Epode 1 weiter mehr als den ungefähren Umfang gemein hätte. Auch wird auf Stellen anderer Horazgedichte nur vereinzelt und auf wenig auffällige Weise Bezug genommen, so wenn sich in V. 14 *redonare* (aus dem schon im vorigen Gedicht verwendeten C. II 7) und in V. 17f. *columina* und *decus* (wieder nach C. II 17, 4) finden lassen.

Die Anrede an den scheidenden Caucius erinnert teilweise auch an Situationen der römischen Elegie (vgl. z.B. Properz El. 18), ohne verbal direkt anzuschließen. Es werden auch einige Motive variierend wiederholt, die Reusner

---

[74] Die catullisierende Dichtung der Renaissance hatte die etwas abgewandelte Wiederholung des Gedichtanfangs am Gedichtende als catullisches Stilmerkmal aufgegriffen; vgl. dazu Ludwig, wie Anm. 32, 1989, S. 162ff. und besonders S. 260f., und dens., wie Anm. 13.

bereits in seiner die Abreise der Prinzen behandelnden Elegie (Nr. 3) verwendet hatte. Mit Horaz identische Worte an gleicher Versstelle, die im Leser die Erinnerung an bestimmte Stellen wachrufen sollen, gibt es keine, an anderen Versstellen nur 4, eines mit veränderter Endung. Bei insgesamt 156 Worten sind das nur um 4% (daß allgemein klassisches poetisches Wortmaterial verwendet wird, kann in diese Rechnung nicht eingehen). Hier liegt die freieste Form der Horazimitation innerhalb dieser Gedichte Reusners vor: horazische Themen (Freundschaft, Herrscherlob, Reise und Gebet) finden in einem horazischen Metrum ihre Behandlung, und nur gelegentlich schimmert der Wortlaut bestimmter horazischer Gedichte durch.

Die vier Gedichte, Nr. 4–7, sind also sowohl entsprechend der gesellschaftlichen Hierarchie als auch entsprechend der poetischen Imitationsmethode geordnet. Sie repräsentieren die strenge und die freiere Form der Horaz–*Parodia* und die engere und selbständigere Form der nicht–parodischen horazischen Imitation.

Die vier letzten Gedichte, Nr. 8–11, die sich alle an die die Prinzen begleitenden Edelknaben richten, setzen mit dem sich an diese Gruppe insgesamt wendenden Gedicht Nr. 8 ein, in dem Reusner nicht nur den im Stil als niedriger geltenden zweiten überlieferten römischen Lyriker, Catull, imitiert, sondern auch eine fünfte Imitationsart wählt, die sich von den vier zuvor in den horazisierenden Gedichten durchexerzierten Imitationsformen unterscheidet.

Catullisch ist in diesem *Propempticon* nicht nur das kennzeichnende Metrum des catullischen Elfsilblers. Als ganzes steht das Gedicht in einem gewissen konstrastiven Analogiebezug zu dem Willkommensgedicht Catulls für den nach Hause gekommenen Freund Veranius (C. 9). Das bei Catull an das Ende des ersten Verses gestellte Wort *amicis* ist bei Reusner an gleicher Versstelle eines der Leitworte (V. 4, 5, 8, 20). Der catullische Ausdruck für die Heimkehr (C. 9, 3 *venistine domum*) ist bei Reusner durch das in stilistischer Hinsicht catullische Wort *domuitione* ersetzt (vgl. für gleichfalls vielsilbige, auf –*itione* u.ä. endende Nomina C. 7, 1; 21, 1; 38, 3; 48, 6), wobei das Wort selbst aber aus seinem singulären Vorkommen in klassischer Zeit in einem Verszitat bei (Ps.–)Cicero Rhet. ad Her. III 21, *iam* (!) *domuitionem reges Atridae parant*, entnommen ist.[75] Die abschließende Frage Catulls in C. 9, 11 *quid me laetius est beatiusve?* imitiert und variiert dann Reusner durch *Quid honestius est amiciusve?* (V. 25). Im übrigen finden sich weitere allgemein catullische Stilzüge wie z.B. der Komparativ am Versende, eingeschobene Parenthesen

---

[75] Die zuerst in der Ausgabe von Petrus Victorius 1537 auftauchende Lesart *domuitionem* findet sich danach in Ausgaben und Kommentaren des sechzehnten Jahrhunderts öfter. In den modernen Ausgaben wird die Worttrennung in *domum itionem* bevorzugt.

wie *inquam*, Wortwiederholungen und –verdoppelungen, Relativpronomina mit enklitischem *–ve* oder verkürztes *sat* für *satis*. Noch mehr fällt aber dem Kenner Catulls der inhaltliche Kontrast zur catullischen Atmosphäre und zu catullischen Leitbegriffen auf. Catulls Dichtung war in der Renaissance besonders als leichte, scherzhafte und auch frivole erotische Dichtung rezipiert und nachgeahmt worden.[76] Catulls Leitbegriffe waren *lepidus, elegans, venustus*. Reusner schrieb wie Catull ein Freundschaftsgedicht, aber das seine gibt sich ernst, feierlich und würdevoll; seine Leitworte sind neben dem catullischen *amicus* (siebenmal) *honor, honestus* und *honestat* (insgesamt elfmal). Die in der catullisierenden Dichtung sonst so beliebten leichten und vertraulichen Deminutiva fehlen. Auch in diesen Hinsichten stellt sein Gedicht eine Kontrastimitation Catulls dar. Es beginnt mit dem Hinweis auf eine *lex sancta vetus* des Gastrechts, worin vielleicht eine Anspielung auf die Ausführungen des Tacitus über die hohe Geltung der Gastfreundschaft bei den Germanen und den Austausch von Gastgeschenken bei ihnen liegt.[77]

Von den drei folgenden Gedichten an einzelne Edelknaben, die sich alle als *Propemptica* verstehen lassen, hat das erste (Nr. 9), das Nicolaus von Hagen als der älteste unter ihnen[78] erhielt, elegischen Charakter. Es beginnt mit der *querimonia* über seine fiebrige Erkrankung, führt das personifizierte Fieber, dessen antiker Kult bekannt war,[79] im Kampf mit den Musen und Apollo ein und gelangt über die *vota* zu der Versicherung ihrer glücklichen Erfüllung, ein Vorstellungsablauf, wie er für eine Elegie als charakteristisch galt.[80] Nach Gattungstyp und Umfang steht das Gedicht Nr. 9 dem Gedicht Nr. 3 am nächsten, mit dem es auch durch leitmotivische Ausdrücke verbunden ist, vgl. Nr. 3, 2 *in patriam celsos velle redire duces* und Nr. 9, 2 *in patriam cupidus, docte, redire paras* sowie Nr. 3, 10 *Tantae dux Deus est ipse comesque viae* und Nr. 9, 19f. *ipse viae Deus esto comes [...] hoc et duce sospes eris*.

---

[76] Vgl. Ludwig, wie Anm. 32, 1989, S. 162ff.

[77] Tacitus' Äußerungen über die Gastfreundschaft bei den Germanen in Germ. 21, 2 wurden von den deutschen Humanisten oft rezipiert, vgl. dazu zuletzt Walther Ludwig, Apollo in Esslingen — das Esselingae Encomion des Johannes Miller von 1522, Esslinger Studien Zeitschrift 32, 1993, S. 41 mit Anm. 80.

[78] Er war bei der Immatrikulation in Heidelberg volljährig und wird dort als erster der *nobiles Holsati* genannt, s. Anm. 5 und 6. Zu seiner Rückkehr nach Holstein vgl. auch Anm. 14.

[79] S. Georg Wissowa, Febris, in: Paulys Realencyclopädie der classischen Altertumswissenschaft, Bd. VI 2, 1909, Sp. 2095f. [Nachtrag 2004: Geläufig waren Reusner sicher auch die Auftritte der personifizierten Febris in den Dialogen *Febris prima* und *Febris secunda* des Ulrich von Hutten (Mainz 1520).]

[80] Vgl. dazu Ludwig, wie Anm. 32, 1989, S. 202ff.

Von den beiden kurzen Epigrammen am Ende, die als solche den beiden Epigrammen am Anfang symmetrisch entsprechen, ist das letzte, Nr. 11, an die jungen Brüder von Qualen gerichtet, deren Vater die gesamte Gruppe mit Paul Rantzau von Heidelberg nach Straßburg gebracht hatte. Christoph von Hünecke wird in Nr. 10 in Anspielung auf die Aeneis *fidus Achates* der Prinzen bezeichnet, dürfte ihnen also besonders nahe gestanden haben. Beide Epigramme, Nr. 10 und 11, enden mit der strukturell und inhaltlich gleichartigen Aufforderung, Reusner ebenso sehr aus der Ferne zu lieben, wie er die Angesprochenen liebe: Nr. 10, 8 *sis memor, oro, mei, sum memor ipse tui*, Nr. 11, 8 *quodque amo vos, grata me redamate vice*. In beiden Pentametern sind die beiden Aktionen gleichmäßig auf seine beiden Hälften verteilt. Erasmus hatte in seiner viel studierten *Copia verborum et rerum* gezeigt, wie man den Satz *Semper, dum vivam, tui meminero* auf zahllose Weisen variieren kann.[81] Reusner hat zwei Ausdrucksformen für einen ähnlichen Gedanken gefunden und durch sie die abschließenden beiden Epigramme parallelisiert, von denen das erste durch das die vier Jahreszeiten umfassende Vergleichsbild für die Zahl der *vota* geschmückt ist und das zweite durch die Reflexion über *terra* und *Deus* für den Abschluß schwerer gewichtet sein sollte.

Der interpretatorische Durchgang hat die Machart und die Bezüge der Gedichte in vielen Hinsichten erhellen können. Der Gedichtzyklus wirkt wie ein *Exercitium* über die Kunst, ein *Propempticon* in den verschiedensten poetischen Stilen zu komponieren, oder auch wie eine Demonstration der verschiedenen poetisch möglichen Imitationstypen. Wie weit die Prinzen und ihr Gefolge über das zu erwartende Verständnis des lateinischen Wortlauts hinaus die Bezüge zur klassischen lateinischen Dichtung wahrnahmen, bleibt natürlich unsicher. Sie selbst hatten etwa neun Jahre lateinischen Unterricht gehabt, in Gottorf, Heidelberg und Straßburg. Zu ihrem Unterrichtsprogramm hatte auch die Lektüre der meisten hier als Imitationsmodell benützten klassischen Texte gehört.[82] Insofern kann eigentlich davon ausgegangen werden, daß zumindest die wichtigsten klassischen Muster wie die Horazgedichte erkannt wurden. Auch hatten sie ihren Präzeptor Caucius bei sich, der ihnen notfalls erklären konnte, was ihnen zunächst an klassischen Bezügen entgangen war. Die Gedichtfolge ist ein Dokument zumindest für die humanistischen Ansprüche, die man an die Prinzenerziehung in dieser Zeit stellen konnte.

Gewiß wollte Reusner hier auch seine Imitationspalette allgemein vorführen, die weit mehr Abstufungen kennt als die zeitgenössischen theoretischen Äußerungen zum Problem und Phänomen der Imitation. G. W. Pigmann III hat

---

[81] Erasmus, wie Anm. 3, Bd. 1, Sp. 25ff.
[82] Vgl. oben S. 302 mit Anm. 36.

gezeigt, daß dort eine Zwei– oder eine Dreiteilung üblich war.[83] Man konnte, wie z.B. der Straßburger Rektor Johann Sturm es in *De imitatione oratoria* (1574) tat, eine enge, auch sklavisch genannte, und eine freie und selbständige Imitationsart unterscheiden oder auf drei Wege — *sequi, imitari, aemulari* — hinweisen wie Bartolomeo Ricci in *De imitatione libri tres* (1541). Bei Reusner ist die enge Form der Imitation, wie er sie in der Horaz–*Parodia* (Nr. 4) übte, deshalb nicht minderwertig — er hätte sie sonst nicht gerade für das Gedicht an Prinz Friedrich benützt. Auch sie konnte mit großer Kunst gefertigt sein (sie konnte aber auch einen Einstieg zum poetischen Komponieren darstellen und wurde in diesem Sinn im Schulunterricht des siebzehnten Jahrhunderts verwendet). Und von ihr führte bei Reusner dann stufenweise ein Weg zu immer freieren — sogar kontrastiven — Imitationsformen. Ob damit die Intention eines *aemulari* im Sinne eines Versuchs, das Vorbild zu übertreffen, verbunden war, ist fraglich. Viel eher scheint Reusner innerhalb des Rahmens der Imitation seine Zwecke — für die Gelegenheit passende Gedichte zu verfassen — erreichen zu wollen. Die Straßburger Akademie billigte dies und zollte Beifall. Daß ihr Konvent 1585 Reusner bat, zusätzlich zu seinem Institutionenlehrstuhl die Poetikprofessur zu übernehmen,[84] war sicher auch durch die Demonstration seiner poetischen Kompetenz beim Abschied der holsteinischen Prinzen motiviert, durch die die Akademie sich auch geehrt fühlen konnte. Er lehnte das Angebot ab, wahrscheinlich sowohl wegen der relativ geringen Bezahlung als auch weil sein beruflicher Ehrgeiz auf dem angeseheneren juristischen Feld lag und er die lateinische Poesie als humanistisches Parergon betreiben wollte.[85]

Den Vorrang vor einer möglichen didaktischen Funktion seiner Gedichte hatte für Reusner ihr gesellschaftlicher Zweck. Durch den Studienaufenthalt der Prinzen Friedrich und Philipp in Straßburg hatte er eine persönliche Beziehung zu dem Thronfolger in Gottorf und künftigen Herzog von Schleswig und Holstein, einem Vetter des regierenden dänischen Königs Friedrich II.,[86]

---

[83] G. W. Pigman III, Versions of imitation in the Renaissance, Renaissance Quarterly 33, 1980, S. 1ff., hier besonders S. 3 und 26.

[84] S. Schindling, wie Anm. 1, S. 270.

[85] Zur hohen späteren Schätzung der Dichtungen Reusners bei Janus Gruter, Delitiae poetarum Germanorum huius superiorisque aevi illustrium, Frankfurt am Main 1612, vgl. Andor Tarnai, Deutschland als Zentrum der internationalen lateinischen Dichtung im Späthumanismus, in: August Buck und Tibor Klaniczay, Hrsg., Das Ende der Renaissance — Europäische Kultur um 1600, Wiesbaden 1987, S. 155ff., hier S. 158.

[86] Diesem dem Humanismus freundlich gesonnenen König hat Reusner seine beiden ersten Elegienbücher gewidmet, das erste bereits vor 1583 noch in Lauingen (Op. p. I, wie Anm. 3, S. 1ff. und 55ff.). Als er den zweiten Band seiner *Opera* dessen Sohn König Christian IV. widmete, erinnerte er daran und an die Tatsache, daß Friedrich II. *Musarum studia* durch einzigartige Belohnungen und Ehrungen auszeichnete (Op. p. II, Bl. 4v).

knüpfen können, eine Beziehung, die er für die Zukunft gerne bewahren und festigen wollte. Vielleicht hätte sie seinem beruflichen Ehrgeiz ohne den überraschend frühen Tod der beiden Prinzen später noch genützt. Das Bedauern über Herzog Friedrichs und Herzog Philipps Tod spricht noch aus den Worten, die Nicolaus Reusners Bruder Elias in seinem 1592 gedruckten und von Nicolaus eingeleiteten *Opus genealogicum catholicum* über die Prinzen schrieb:[87] *Fridericum [...] principem eruditum et pium [...] florente aetate omnium suorum desiderio ereptum A. C. 1587. 5. Iunii: Slesvvici humatum. Philippum [...] principem paternarum virtutum aemulum [...] Gottorfiae phthisi immature mortuum A. C. 1590. 15. Kal. Novembris.*

Als Nicolaus Reusner die Gedichte seines *Libellus Xeniorum* 1592 dann auf die verschiedenen Bücher seiner poetischen *Opera* verteilte,[88] widmete er den zweiten Teil, der unter anderem sein Kernstück, die horazisierenden Oden (Nr. 4–7) und das catullisierende Gedicht (Nr. 8), enthielt, König Christian IV. von Dänemark und Norwegen, dem Sohn Friedrichs II.[89] Über die gedruckten Widmungen hinaus versandte er seine Bände mit handschriftlichen Widmungen an andere fürstliche Personen. So ist seine handschriftliche Widmung des ersten und zweiten Teils seiner *Opera* an Landgraf Ludwig III. von Hessen, den Mutterbruder der Herzöge Friedrich und Philipp von Schleswig und Holstein, aus Privatbesitz bekannt.[90] Diese Gedichte hatten im Augenblick ihres Entstehens und später im Druck die Funktion, für den Autor vorteilhafte Beziehungen zu regierenden Häusern herzustellen. Und sie

---

[87] Elias Reusner, Basilikon [graece] Opus genealogicum catholicum de praecipuis familiis imperatorum, regum, principum aliorumque procerum orbis Christiani, Frankfurt am Main 1592, S. 363. Die Könige von Dänemark und Norwegen und Herzöge von Schleswig und Holstein aus dem Haus Oldenburg werden dort S. 353ff. als Nachfahren Widukinds von Sachsen behandelt.
[88] Die Widmungsbriefe der Partes I–III der *Opera* sind auf den 1.10. und den 7.10. 1592 und den 1.1. 1593 datiert.
[89] Vgl. Anm. 86.
[90] Abb. 2 zeigt Reusners kalligraphische Widmung auf dem Vorsatzblatt (Originalgröße 16x9 cm) zu einem Op. p. I und II, wie Anm. 3, enthaltenden, in Pergament gebundenen Band; unter Auflösung der Abkürzungen lautet der Text: *Illustrissimo Celsissimoq[ue] Principi ac Domino D[omino] Ludovico Landgravio Hassiae Principi Clementissimo Obsequii Fidelis ergo D[ono] D[edit] N[icolaus] Reusnerus D[octor]*.

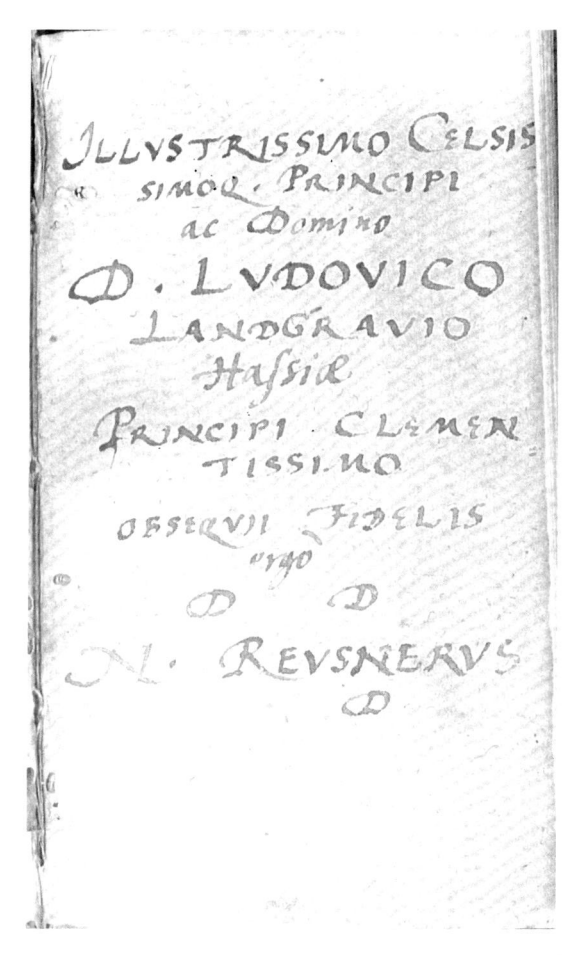

Abb. 2  Nicolaus Reusners autographische Widmung seiner *Opera* an Landgraf Ludwig III. von Hessen (1593), vgl. Anm. 90.

konnten und sollten natürlich gleichzeitig nichtfürstlichen humanistischen Lesern sowohl die gesellschaftliche Bedeutung des Autors zeigen als auch Lehrstücke erfolgreicher humanistischer Poesie vermitteln.

Die humanistischen lateinischen Universitäts– und Hofdichtungen jener Zeit — und die Straßburger Abschiedsgedichte für die Prinzen stehen auf der Schnittfläche beider Bereiche — sind bisher kaum erforscht worden.[91] Ihre Interpretation hilft historische Vorgänge rekonstruieren, die manchmal nur durch die Gedichte überliefert sind, und sie erschließt vergessene kulturelle Formen des damaligen Lebens.

[Erstveröffentlichung: Nr. 178, revidiert.]

---

[91] Vgl. Reinhard, Hrsg., wie Anm. 4, Gundolf Keil, Bernd Moeller und Winfried Trusen, Hrsg., Der Humanismus und die oberen Fakultäten, Weinheim 1987, und Buck, Hrsg., wie Anm. 63.

## 12. Ficino in Württemberg — Ein Gedicht von Nicolaus Reusner

Paul Oskar Kristeller in Dankbarkeit

Der Humanist Nicolaus Reusner (1545–1602) schrieb an den herzoglich württembergischen Rat Melchior Jäger von Gärtringen (1544–1611, geadelt von Kaiser Rudolf II. 1582)[1] folgendes Gedicht in catullischen Hendekasyllaben:[2]

> *Quid sit vivere, Melchior, beate,*
> *pulcre Marsilius docet Ficinus.*
> *Primum noscere vera sit; secundum*
> *consultare bene; atque tertium sit*
> 5 *semper velle bonum; bonumque quartum,*
> *quod vis, hoc agere. Absoluta virtus*
> *constat quattuor hisce rebus omnis,*
> *prudens ut sapiensque sis et una*
> *iustus perpetuoque perseverans.*
> 10 *Qui sic vivit, homo beatus ille*
> *vivit; qui secus, ille non homo, sed*
> *turpis bestia iure nominatur.*

Reusner schrieb dies nach 1583, als Jäger von Gärtringen zum herzoglichen Rat ernannt wurde, vermutlich nach dem 2. Februar 1586, als er Geheimer Rat von Adel und Direktor der Hofkanzlei und damit einer der beiden höchsten württembergischen Landesbeamten wurde, und vor Ende 1588, als Reusner selbst einen Ruf auf eine Professur in Jena bekam, dem er folgte.[3] Er hatte 1583 in Basel den juristischen Doktorgrad erworben und war dann bis 1588 Professor in Straßburg. In dieser Zeit pflegte er gute Beziehungen zum württembergischen Herzog und zu einigen seiner leitenden Beamten und schickte

---

[1] Vgl. zu diesen beiden Personen und ihrem Verhältnis zueinander W. Ludwig, Die poetischen Beschreibungen des Herzogtums Wirtemberg durch Hugo Favolinus und Nikolaus Reusner, Zeitschrift für Württembergische Landesgeschichte 36 (1977), 1979, S. 96–113 (= ders., Litterae Neolatinae, herausgegeben von L. Braun u.a., München 1989, S. 145–159); zu Melchior Jäger von Gärtringen s. W. Bernhardt, Die Zentralbehörden des Herzogtums Württemberg und ihre Beamten 1520–1629, Stuttgart 1972, Bd. 1, S. 402–405, und F. F. Faber, Württembergische Familienstiftungen, Neudruck mit Berichtigungen und Ergänzungen von A. Rentschler, Stuttgart 1940ff., Nr. 69 C § 16.

[2] N. Reusner, Operum pars tertia continens epigrammatum libros XXIV [...] quibus accessit epigrammatum Graecorum liber singularis, Jena 1593, S. 37, *Ad Melchiorem Iaegerum a Graetingen* [sic!], *consil*[*iarium*] *Wirteberg*[*ensem*]. Die Interpunktion des Gedichts wurde modernisiert.

[3] Näheres s. W. Ludwig, wie Anm. 1.

ihnen mehrere lateinische Gedichte, wohl in der Hoffnung, sich für ein attraktives Amt im Herzogtum Württemberg zu empfehlen.

Das zitierte Gedicht ist eine poetische Paraphrase eines Briefes von Ficino, den Reusner aus der im Jahr 1576 in Basel gedruckten Ausgabe von dessen *Opera* kannte:[4]

> Quid est bene vivere. *Marsilius Ficinus Hieronymo Pasqualino suo S. d. Quaeris, quid sit bene vivere. Utilius quaeri nihil potest. Est autem bene vivere verum intelligere, consultare bene, velle bonum, agere bona. Primum sapientiae est, secundum prudentiae, tertium iustitiae, quartum perseverantiae. Primum a Deo est, secundum a primo, tertium a Deo simul atque homine, quartum est a tertio. Qui ita vivunt, vivunt homines; qui vivunt aliter, animalia vivunt. Vale ac vive homo!*

Einen Prosatext poetisch zu paraphrasieren, war allgemein eine legitime poetische Bemühung. In diesem Fall hatte Reusner darüber hinaus ein bestimmtes poetisches Modell vor Augen, dem er in der Form folgte, um sich im Inhalt von ihm abzusetzen. Unter Martials Epigrammen findet sich ein hendekasyllabisches, in dem er aufzählt, was für ihn eine *vita beata* ausmacht und zu dem Domitius Calderinus in einem im fünf- und sechzehnten Jahrhundert mehrfach gedruckten Kommentar bemerkte: *ex sententia Epicuri haec scribit.*[5] Es lautet:[6]

> *Vitam quae faciant beatiorem,*
> *iucundissime Martialis, haec sunt:*
> *res non parta labore, sed relicta;*
> *non ingratus ager, focus perennis;*
> 5 *lis numquam, toga rara, mens quieta;*
> *vires ingenuae, salubre corpus;*
> *prudens simplicitas, pares amici;*
> *convictus facilis, sine arte mensa;*
> *nox non ebria, sed soluta curis;*

---

[4] Marsilii Ficini Florentini, insignis philosophi Platonici, medici atque theologi clarissimi Opera [...], Basel 1576, Nachdruck Turin 1962, S. 644. Die Interpunktion wurde modernisiert.
[5] Hier zitiert nach der Ausgabe Martialis cum duobus commentis, Venedig 1503, Bl. C XI.
[6] Mart. Epigr. X 47. Der Wortlaut des Textes in der Ausgabe von W. M. Lindsay, Oxford 1929, und in der in Anm. 5 zitierten Ausgabe ist identisch.

10   *non tristis torus et tamen pudicus;*
*somnus, qui faciat breves tenebras;*
*quod sis, esse velis nihilque malis;*
*summum nec metuas diem nec optes.*

Dies war ein beliebtes und oft zitiertes Epigramm.[7] Reusner kontrastiert Martials als Epikuräismus verstandene Güterlehre mit dem durch Ficino vermittelten Platonismus innerhalb der überkommenen Form, zu der nicht nur das Versmaß gehört, sondern auch Elemente des Aufbaus (jeweils dienen V. 1–2 der mit der Anrede verbundenen Themenangabe; in V. 3ff. beginnt die Aufzählung) und der wohl absichtlich beinahe gleiche Umfang zählen (Reusner zog die geheiligte Zwölfzahl den 13 Versen Martials vor). Unter dem Einfluß von Martials *beatiorem* am Ende von V. 1 scheint Reusner an analoger Stelle *beate* gewählt zu haben statt des von Ficino in seinem Brief verwendeten *bene*, das er an anderer Versstelle auch hätte verwenden können. Den Martial gefallenden Annehmlichkeiten stellt Reusner, den auch die protestantische Ethik bestimmt, die Bemühung um die "vollkommene" *virtus* gegenüber (er hat den Begriff absichtlich betont in die Mitte des Gedichts, ans Ende von V. 6, gesetzt). Die vier Einzeltugenden sind hier in leichter Variation zu den gewohnten platonischen *sapientia, prudentia, iustitia* und *perseverantia*. Letztere wird in den von Ficino übersetzten pseudoplatonischen *Definitiones* als *affectio, quae perficit, quodcumque elegerit, id est tolerantia voluntaria, adversus labores inconcussus habitus* definiert.[8]

Ob und wie viel Jäger von Gärtringen, der 1560 in Tübingen studiert hatte, in den *Opera* Ficinos gelesen hat, ist unbekannt. Der Name und das Ansehen

---

[7] Zwei unbekannte Beispiele: (1.) Ein in Privatbesitz befindliches Exemplar der in Anm. 5 zitierten Ausgabe, das aus dem süddeutschen Raum stammt (auf der Titelseite handschriftlich eingetragen: *Ex bibliotheca Melchioris Gschwind Friburgensis domus sapientiae alumni. qui peste obiit Non. Novemb. anno Dni. 1526*; Melchior Gschwind de Friburgo immatrikuliert Freiburg im Breisgau 1521, Bacc. art. 1525), zeigt neben dem angestrichenen Epigramm X 47 die handschriftliche Marginalnotiz *Que faciunt vitam beatam* (vermutlich vom gleichen Schreiber). (2.) Eine gleichfalls in Privatbesitz befindliche Ausgabe der Opera omnia des Petrus Lotichius Secundus, Leipzig 1586, die auf dem Einband die geprägten Initialen P C W und die Jahreszahl 1590 zeigt (Paulus Collinus Weyerensis aus Oberösterreich, immatrikuliert Wittenberg 1591), enthält auf einem der am Ende beigebundenen leeren Blätter eine handschriftliche Eintragung des sich von Paulus Collinus (Higgl) aus Weier verabschiedenden Melchior Chunius (Kuhn) aus Neuburg an der Donau (immatrikuliert Wittenberg 1589) mit folgendem Wortlaut: *Doctrina et moribus exculto adolescenti d[omi]no Paulo Collino Austriaco hoc sui mnemosynon Witeberga abituriens reliquit Melchior Chunius Neoburg[ensis] Palatinus. A[nn]o 1593. Calendis Iulii.* Über und unter diesen Text schrieb Chunius drei klassische Dichterzitate: Hor. Carm. II 10, 13–18 (*erit*), Mart. Epigr. X 47, 12 (!), und Tib. El. III 5, 31f.

[8] *Opera,* wie Anm. 4, S. 1963.

dieses Philosophen mussen ihm zumindest vertraut gewesen sein, und Reusner, dessen Ficino–Lektüre ausgedehnter gewesen sein dürfte, konnte erwarten, ihn mit dieser auf den Platoniker gegründeten ernsten Lebensregel zu erfreuen und zugleich für seine Person einen guten Eindruck bei ihm zu machen. Es ist nicht ausgeschlossen, daß Jäger von Gärtringen auch die Folie wahrnahm, das bekannte Epigramm Martials, und daß er so die von Reusner vertretene Lebenseinstellung auf dem Hintergrund der von Martial gezeichneten würdigen konnte. Auf diese Weise wurde ein Gedankengang der platonistischen Ethik Ficinos einem hohen württembergischen Regierungsbeamten gegen Ende des sechzehnten Jahrhunderts nahegebracht. Das ihm zunächst handschriftlich übersandte Gedicht wurde natürlich auch von Freunden und Bekannten des Adressaten in Stuttgart gelesen. Daß er die humanistische Bildung schätzte, beweisen im übrigen nicht nur die relativ zahlreichen Gedichte, die Reusner ihm widmete, dafür spricht auch der Umstand, daß er seinen gleichnamigen Sohn Melchior Jäger von Gärtringen zum Studium nach Italien schickte (immatrikuliert in Siena 1594; er starb schon 1603 in Speyer).[9]

Durch die Aufnahme des Epigramms in Reusners 1593 in Jena gedruckte *Opera* gelangte das Gedicht dann zur Kenntnis eines weiteren Leserkreises und fand, wie Unterstreichungen beweisen, wegen seines sentenziösen moralphilosophischen Inhalts anscheinend öfters Beachtung.[10] In Martials Epigramm und Reusners Gegengedicht hatte man zwei unterschiedliche Antworten zu der die Menschen immer wieder beschäftigenden Frage, *quid sit bene beateque vivere.*

[Erstveröffentlichung: Nr. 150, revidiert.]

---

[9] S. W. Pfeilsticker, Neues Württembergisches Dienerbuch, Stuttgart 1957–1974, 3. Bd., S. 393 § 1207, und F. F. Faber, wie Anm. 1.

[10] Ein in Privatbesitz befindliches Exemplar von N. Reusner, Operum pars tertia, wie Anm. 2, das laut Jahreszahl auf dem Einband 1626 gebunden wurde (Initialen: *I B  G V*) und laut Eintragung auf der Titelseite 1633 den Besitzer wechselte (*Ex Bibliotheca Caspari Krätschmaris possidet me Johannes Brendel Anno 1633*), zeigt die Verse dieses Epigramms mit Tinte unterstrichen. Falls Reusner das Epigramm schon in seine Ausgabe Epigrammatum libri XXV, Straßburg 1588, aufgenommen hat, ergäbe sich eine schon frühere Publizität (die nicht eingesehene Ausgabe wird in Zedlers Universallexikon Bd. 31, Sp. 965, zitiert).

## 13. Joachim Münsinger von Frundeck im Album amicorum des David Ulrich

Die Herausgabe und Kommentierung des Album amicorum von Abraham und David Ulrich unter dem Titel "Wittenberger Gelehrtenstammbuch" durch Wolfgang Klose und verschiedene Mitarbeiter und Berater war sehr verdienstvoll.[1] Die Ausgabe gibt durch das Faksimile konkrete Anschauung von einem umfangreichen Gelehrtenstammbuch aus dem protestantischen Raum des 16.–17. Jahrhunderts, sie bietet durch die nachgewiesenen Zitate aus Bibel und aus paganen und christlichen Autoren der Antike und des Humanismus viele Aufschlüsse zum Literaturgebrauch im Leben, und sie ist eine Fundgrube personalbiographischer Informationen, wofür das Werk in Zukunft sicher auch oft zitiert werden wird. Umso bedauerlicher ist, daß der Eintrag Joachim Münsingers von Frundeck aus dem Jahre 1585 auf S. 62f. durch eine veraltete und ergänzungsbedürftige Biographie erläutert wurde, was bei stärkerer Berücksichtigung der neueren Literatur vermeidbar gewesen wäre.[2]

Es seien deshalb hier einige Corrigenda und Addenda zu der genannten von Klose verfaßten Biographie und seiner Kommentierung des Stammbuchein-

---

[1] Wittenberger Gelehrtenstammbuch. Das Stammbuch von Abraham und David Ulrich. Benutzt von 1549–1577 sowie 1580–1623. Herausgegeben durch das Deutsche Historische Museum Berlin. Bearbeitet von Wolfgang Klose, Karlsruhe, unter Mitwirkung von Wolfgang Harms, München, Chris L. Heesakkers, Leiden, Rolf Max Kully, Solothurn. Mit einem Nachwort von Wolfgang Harms und Christine Harzer, Halle: Mitteldeutscher Verlag 1999, 1. Auflage. Zu einem soeben publizierten einzelnen "Stammbucheintrag" aus dieser Zeit vgl. Walther Ludwig, Leges convivales bei Nathan Chytraeus und Paulus Collinus und andere Trinksitten des 16. Jahrhunderts, in: Boris Körkel u.a., Hrsg., Mentis amore ligati, Lateinische Freundschaftsdichtung und Dichterfreundschaft in Mittelalter und Neuzeit, Festgabe für Reinhard Düchting zum 65. Geburtstag, Heidelberg 2001, S. 275–291, hier S. 275–277.

[2] Das Schwergewicht der beiden Arbeiten von Sabine Schumann, Joachim Mynsinger von Frundeck: Humanist — Rechtsgelehrter — Politiker (1514–1588), Grundzüge einer historischen Biographie, Archiv für Kulturgeschichte 62/63, 1980/81, S. 159–193, und: Joachim Mynsinger von Frundeck (1514–1588), Herzoglicher Kanzler in Wolfenbüttel — Rechtsgelehrter — Humanist, Zur Biographie eines Juristen im 16. Jahrhundert, Wiesbaden 1983, liegt auf Münsingers norddeutscher Zeit. Seine frühe Biographie, seine Herkunft und seine Beziehungen zu Stuttgart sowie seine Bedeutung als humanistischer Dichter wurden weniger beachtet bzw. nicht neu erforscht — auf diese Fragen konzentrierten sich dann meine Aufsätze: Joachim Münsinger und der Humanismus in Stuttgart, Zeitschrift für Württembergische Landesgeschichte 52, 1993, S. 91–135, und: Vom Jordan zur Donau — Die Rezeption Sannazaros durch Joachim Münsinger von Frundeck, Humanistica Lovaniensia, Journal of Neo–Latin Studies 42, 1993, S. 252–258. Eine neuere Biographie Münsingers mit Literaturverzeichnis geben Christian v. Bar und H. Peter Dopffel, Deutsches Internationales Privatrecht im 16. und 17. Jahrhundert, Materialien, Übersetzungen, Anmerkungen, Bd. 1, Tübingen 1995, S. 49–51.

338    VI. Epigrammatik, Elegie, Heroidenbrief und Lyrik

trags angeführt, zumal der Eintrag Münsingers in diesem Album amicorum dadurch einen bisher unbemerkten Bezug auf sein Lebensschicksal und seine Lebenserfahrungen erhält. Kloses Text von S. 62f. wird jeweils am Anfang der Punkte in Anführungszeichen zitiert.

1. Name: "Mynsinger von Frundeck, Joachim". Die lateinische Namensform ist Minsinger, Minsingerus, Mynsinger und Mynsingerus, die deutsche Münsinger, Munsinger, Minsinger, Mynsinger (auch mit –nn–, –ss– oder –tz– geschrieben). Da sich der Name höchstwahrscheinlich auf die Stadt Münsingen auf der Schwäbischen Alb bezieht, ist Münsinger heute die angemessene deutsche Form. Den Namenszusatz "von Frundeck" legte er sich erst 1537/40 zu (s. unten).

2. Geburtsjahr: "*13.8. 1517 (nach Jugler)". Er wurde am 13.8. 1514 geboren, vgl. meine Diskussion der Frage in der Zeitschrift für Württembergische Landesgeschichte, wie Anm. 2, S. 103, Anm. 32.

3. Familie: "Sehr alte Adelsfamilie aus dem Gebiet der heutigen Schweiz, aus dem sie nach der Schlacht bei Sempach 1386 wegzog." Das ist eine etwas kompliziertere Angelegenheit. Joachim Münsinger und seine Familie galten nicht als adelig und beanspruchten keinen Adel, solange sie im Herzogtum Württemberg ansäßig waren, d.h. bis 1534. Sie gehörten dort zum oberen Bürgertum, zu der sogenannten "Ehrbarkeit". Bewiesen wird dies erstens dadurch, daß kein Münsinger vor 1534 den Namenszusatz "von Frundeck" führte[3] und alle bei Universitätsimmatrikulationen und anderen urkundlichen

---

[3] Wenn in späteren Dokumenten oder in der modernen Literatur Münsingern vor 1534 der Namenszusatz beigelegt wird, so ist dies anachronistisch. Z.B. führt Martin Crusius, Annalium Svevicorum Dodecas tertia, Frankfurt am Main 1596, S. 425, unter den Teilnehmern der Pilgerfahrt Graf Eberhards im Bart in das Heilige Land im Jahr 1468 *Joannes Mynsinger a Frundeck, Med. Doctor, Ulmensibus iuratus* auf. Die Bezeichnung *a Frundeck* ist jedoch eine Zutat von Crusius, wie aus der erhaltenen Kopialhandschrift des Reiseberichts von Johannes Münsinger hervorgeht, die Gerhard Faix und Folker Reichert, Eberhard im Bart und die Wallfahrt nach Jerusalem im späten Mittelalter, Stuttgart 1998, S. 142–164, erstmals edierten. Crusius selbst hat den deutschen Reisebericht Münsingers abgeschrieben und dabei teilweise ins Lateinische übersetzt, teilweise auch ergänzt und gekürzt. In der lateinisch gegebenen Liste der Begleiter des Grafen erscheinen in Münsingers Reisebericht am Ende nach den Adligen (unter ihnen zuletzt *Dominus Anselmus de Eib*): *Dominus Christophorus Ris, eius capellanus, Dominus Hans Mynsinger, medicus eius, Raur sartor, Conrad Schott, eius coquus*. Der bürgerliche Kaplan und der bürgerliche Arzt erhielten noch den Titel "Herr", der dem Schneider und dem Koch nicht mehr zustand. Münsinger hat an dieser Stelle nicht den Zusatz *a Frundeck*, was mit Sicherheit auf das Original zurückgeht. Crusius fügte nach seiner Abschrift anschließend selbst hinzu [...] *Descripsit manu sua (ut videtur) Ioannes Minsinger (medicinae doctor) a Frundeck iuratus medicus Ulme* [...]. Hier gebrauchte Crusius die erweiterte Namensform der Familie, wie sie ihm aus seiner Zeit bekannt war. In seinen *Annales* hat er dann diese Namensform auch in die Teilnehmerliste

### 13. JOACHIM MÜNSINGER VON FRUNDECK 339

Namensnennungen immer als bürgerliche Nichtadelige behandelt wurden,[4] zweitens durch die typisch bürgerliche Schreiberkarriere des Vaters von Joachim, des Mag. Joseph Münsinger (1485–1560), der 1508 als Kanzleischreiber in der Rentkammer in Stuttgart begann und unter der österreichischen Herrschaft im Herzogtum Württemberg 1520 Taxator in der Rentkammer, 1521 Rentkammersekretär, 1527 Verwalter der Rentkammerkanzlei, 1528 Vizekanzler und 1533 Kanzler wurde, drittens durch Josephs Eheschließung mit der bürgerlichen Agnes Breuning, der Tochter eines Stuttgarter Goldschmieds, und viertens durch Joachims eigene bürgerliche Eheschließung mit der Tochter eines württembergischen Kastkellers, d.h. einem für herrschaftliche Einnahmen und Ausgaben zuständigen Beamten (s. unten).

Als Joseph Münsinger und seine Söhne als altgläubige Anhänger und Diener des Hauses Österreich 1534 aus Angst vor der Rache des lutherisch gewordenen und damals das Herzogtum Württemberg rasch zurückerobernden Herzogs Ulrich in das österreichische Ehingen am Neckar (heute Rottenburg–Ehingen) flohen, wo Joseph Münsinger von König Ferdinand 1536/37 gnadenhalber mit dem sogenannten Bochinger Haus belehnt wurde,[5] erfanden sie in einer auffälligen und verräterischen Spiegelung ihres jetzigen Schicksals den Ursprung ihrer Familie in der Schweiz (in einem Dorf Münsingen im Kanton Bern) und behaupteten, daß sie — schon damals also treue Anhänger der Habsburger! — nach der für Österreich unglücklichen Schlacht bei Sempach

---

versetzt. — In unserer Zeit schrieb Schumann 1983, wie Anm. 2, S. 26: "Am 13. August 1514 wurde Joachim Mynsinger in Stuttgart als Sohn des kaiserlichen Kanzlers Dr. Joseph Mynsinger von Frundeck geboren", doch Joseph Münsinger hatte nur den Magistergrad, war 1514 württembergischer Kanzleischreiber und nie kaiserlicher Kanzler und hieß auch nicht "von Frundeck", sondern noch 1528 im herrschaftlichen Lagerbuch der Stadt Stuttgart "Maister Joseph Minsinger" (Kurt Leipner, Altwürttembergische Lagerbücher aus der österreichischen Zeit: 1520–1534, 3: Stuttgart Stadt, Stuttgart 1972 [Veröffentlichungen der Kommission für geschichtliche Landeskunde in Baden–Württemberg A 8], s. Register unter: Minsinger, Minßinger, Joseph, Meister).
[4] Vgl. z.B. *Joseph Minsinger ex Ulma* (Wien 1498), *M. Joseph Münsinger ex Ulma* (Tübingen 7.3. 1503), *Joachimus Minsinger de Stuggardia* (Tübingen 7.5. 1533), *Joachimus Minsingerus Studgardianus* (Freiburg 28.10. 1534).
[5] Es soll seinen Namen von dem österreichischen Landvogt Benz von Bochingen erhalten haben, der das Haus Ende des 14. Jahrhunderts bewohnte. Am 14.6. 1536 schrieb König Ferdinand in Innsbruck an den Landschreiber der Herrschaft Hohenberg Hans Kurtz und an Statthalter, Regenten und Camerräte der oberösterreichischen Lande: "unnser getrewer lieber Joseph Minsinger, unnser Rat, hat uns gehorsamlich zu erkennen gegeben", daß er sein Haus in Stuttgart gewaltsam verloren habe und um Zuweisung des Bochinger Hauses "bis er sich ferner in ander Weg mit einer Wohnung versehen möge" bitte, was Ferdinand "in ansehung seiner getanen alässigen Dienst und aus Gnaden bewilligt". Die Belehnung des "Josephen Minsinger" mit dem stattlichen Hofgut fand 1537 statt (HStA Stuttgart, B 40, 293).

1386 die Schweiz verlassen hätten. Gleichzeitig legten sie sich den Namenszusatz "von Frundeck" bei (zuerst belegt 1537 und 1538 bei Joachims älterem Bruder Johann,[6] 1540 bei Joachim im Buchtitel seiner damals in Basel veröffentlichten *Austrias*)[7] und behaupteten, ihre Familie hätte nach der Schlacht bei Sempach die etwa 10 km oberhalb von Rottenburg über dem Neckar gelegene Burg Frundeck, die im 16. Jahrhundert bereits eine Ruine war, von Österreich zu Lehen erhalten. Sie wollten damit sowohl belegen, daß sie immer als treue Diener des Hauses Österreich von diesem protegiert wurden, als auch beanspruchen, adelig zu sein, wobei dieser Begriff allerdings damals im österreichischen Rottenburg weiter als in Stuttgart gefaßt wurde und neben dem alten Niederadel alle vornehmen und ehrbaren Familien Rottenburgs einschloß.[8] Der Namenszusatz setzte sich in offiziellen Schreiben rasch durch, auch wenn der angeblich von König Ferdinand 1538 erteilte Adelsbrief mit diesem Prädikat, von dem in älterer Literatur gelegentlich gesprochen wird,[9] nicht nachweisbar ist. Die Münsinger besaßen Frundeck im übrigen weder im 14. noch im 16. Jahrhundert. Dort hatten seit dem 13. Jahrhundert die Kröwel von Frundeck gesessen, die ihre Burg 1382 Österreich als Lehen antrugen und 1389 an Konrad von Weitingen veräußerten, der sie 1414 an Hans von Ow verkaufte, bei dessen Nachkommen, den Freiherrn von Ow, Frundeck, von dem gegenwärtig nur noch eine Schildmauer und ein paar niedrige Mauerreste im Wald zu sehen sind, bis heute blieb.[10]

---

[6] Am 30.11. 1537 erwirbt der "edle und veste Johann Minsinger von Fraindeck zu Schadenweiler" eine jährliche Weingülte für 10 Gulden (StA Rottenburg SpU 345). Am 15.1. 1538 wird "dem Ernvesten Johann Minsinger vonn Fraindeckh zum Schadenwyler" eine Wiese verkauft (StA Rottenburg SpU 348/1).
[7] Im Druck des Epyllion *Neccharides* (Tübingen 1533) lautet sein Name *Ioachimi Mynsingeri Dentati Stuggardiani* (in seinem eigenen Exemplar von ihm handschriftlich verbessert zu *Stutgardiani*, HAB Wolfenbüttel 37.10 Poet. [5]), im Druck der *Austriados libri duo* (Basel 1540) *Ioachimi Mynsingeri Dentati a Frundeck, Iureconsulti*. Der Zuname *Dentatus* — wohl eine Frucht seines Aufenthalts in Padua (vgl. Plin. N. H. 7, 68) — taucht erstmals in der im Juli 1532 gedruckten *Exhortatio ad bellum contra Turcas suscipiendum* auf.
[8] S. Karl Kempf, Die Chronik des Christoph Lutz von Lutzenhardt aus Rottenburg am Neckar. Forschungen zu Werk und Lebensgeschichte eines schwäbischen Chronisten am Ausgang des humanistischen Zeitalters und Edition des Textes, Vaihingen/Enz 1986, S. 166f.
[9] S. Otto von Alberti, Württembergisches Adels- und Wappenbuch, Stuttgart 1889–1898, S. 529.
[10] Vgl. Franz Manz, Die Kröwel von Frundeck als Vorfahren der Münsinger von Frundeck, Der Sülchgau 18, 1974, S. 64–69, hier S. 64f. und auch seine anschließenden weiteren materialreichen Münsinger–Aufsätze: Die Münsinger von Frundeck / Josef als Kanzler a.D. im Bochingerhaus / Der Erwerb von Schadenweiler / Rätsel um Agnes Breuning gelöst, ebd., S. 69–76, Die vierzehn Kinder des Kanzlers Josef Münsinger und deren Nachfahren, ebd. S. 77–88.

Wie die Münsinger gerade auf Frundeck als einem ihrer früheren Sitze kamen, ist ungewiß, und die Forschung hat dazu verschiedene Hypothesen entwickelt. Manz vermutete, daß die Kröwel von Frundeck nach dem Verkauf ihrer Burg in die Stadt Münsingen auf der Schwäbischen Alb zogen, dort den Namenszusatz ablegten, verbürgerten, und als sie Münsingen wieder verließen, den Namen Kröwel mit Münsinger vertauschten. In der Tat gibt es einen bekannten Arzt (um 1399–um1476), der als *Henricus Kräuwel de Munsingen* 1413 in Heidelberg immatrikuliert und später Münsinger genannt wurde[11] und den man als Sohn des 1389 beim Verkauf von Frundeck genannten Heinrich Kröwel von Frundeck vermuten könnte. Damals wurde auch dessen Bruder Hans Kröwel von Frundeck genannt, und an ihn ließe sich dann über ein unbekanntes Zwischenglied der Ulmer Arzt Johann Münsinger (1423–nach 1502) anschließen, für den der Name Kröwel oder Kröll allerdings nie überliefert ist. Er war Joachim Münsingers Großvater, er ist sein ältester sicherer Vorfahre.[12] Diese Konstruktion erscheint — auch im Hinblick auf die sozialen Veränderungen des niederen Adels im Spätmittelalter — insgesamt möglich, sie ist jedoch leider auf mehrere hypothetische Brücken angewiesen, worauf Auge mit Recht hinwies. Störend ist besonders, daß das Wappen, das die Münsinger von Frundeck führten, mit dem der Kröwel von Frundeck nichts zu tun hat. Ob die Münsinger sich also wirklich auf alte Familienerinnerungen bezogen, als sie sich den Namenszusatz "von Frundeck" beilegten, bleibt ungesichert. Vielleicht haben sie sich auch nur eine in der Nähe ihres neuen Wohnsitzes gelegene Burgruine ausgesucht und daran ihre Erfindungen geknüpft. Keine der Alternativen läßt sich ausschließen, und damit weder widerlegen noch bestätigen, daß die Münsinger auf ein zwischenzeitlich verbürgertes Adelsgeschlecht zurückgingen. Gewiß ist nur, daß sie, als sie ihre Basis in Württemberg verloren hatten, mit Hilfe des nun beanspruchten Adels ihre Stellung zu festigen und zu bessern suchten und daß ihr Adel bald überall anerkannt wurde. Zuvor hießen sie einfach Minsinger nach der schwäbischen Aussprache der Ulm nahe gelegenen Stadt Münsingen auf der Alb.

---

[11] Vgl. Oliver Auge, Der Leibarzt der Pfalzgrafen bei Rhein Heinrich Münsinger, in: Arzt und Patient im Mittelalter — Zum 600. Geburtstag von Dr. Heinrich Münsinger, herausgegeben von der Stadt Münsingen, Redaktion Roland Deigendesch, Münsingen 1997 (Schriftenreihe des Stadtarchivs Münsingen 5), S. 52–61.

[12] Zu seiner Biographie s. Faix und Reichert, wie Anm. 3, S. 137f. Er begleitete als Leibarzt den Grafen Eberhard im Bart von Württemberg 1468 auf seiner Pilgerfahrt ins Heilige Land. Sein deutsch geschriebener Bericht darüber ist, wie oben vermerkt, in einer teilweise ins Lateinische umgesetzten Abschrift von Martin Crusius erhalten, die vor wenigen Jahren aus einer Handschrift der Universitätsbibliothek Tübingen erstmals ediert wurde (ebd., S. 142-164, Übersetzung S. 165–172).

4. Unterricht und Studium: "Studium in Stuttgart (bei Alexander Marcoleon (Märklin), dem ersten Vorsteher der evangelischen Schulen), 1530 in Dôle, im Mai 1531 in Tübingen und 1532 in Padua." Joachim wurde mit 7 Jahren 1521 auf die Lateinschule in Stuttgart geschickt. Der Chorherr an der Stuttgarter Stiftskirche Michael Kreber/Creberius und ab 1524 Mag. Alexander Marcoleon unterrichteten ihn. Der Ausdruck "Studium" ist dafür zu hochgegriffen. Alexander Marcoleon war damals auch nicht "Vorsteher der evangelischen Schulen", sondern 1524–1533 Schulmeister im altgläubigen Stuttgart unter österreichischer Herrschaft. Wegen seiner evangelischen Neigungen emigrierte er 1533 in das soeben lutherisch gewordene Esslingen am Neckar, von wo er 1535 in das nun gleichfalls lutherische Württemberg unter Herzog Ulrich zurückkehrte und Pädagogarch wurde. An der Universität Dôle studierte Joachim zusammen mit den jungen Truchsessen Otto und Wilhelm von Waldburg 1527–1530, Herbst 1530 bis Frühjahr 1531 war er wieder in Stuttgart, 1531–1533 dann an der Universität Padua, im Februar 1533 in Stuttgart, im Mai 1533 (!) immatrikulierte er sich in Tübingen.

5. Heirat: "Er heiratete in Stuttgart Barbara Cellarius." Er heiratete 1533/34 in Stuttgart nicht eine Barbara Cellarius, sondern Barbara Keller, die Tochter des herzoglich württembergischen Kastkellers, d.h. Finanzdirektors, Johann Keller d. Ä. und seiner Ehefrau Ursula Enker. Die Bezeichnung Cellarius in der älteren Literatur stammt aus einem lateinischen Gedicht von Heinrich Meibom, der sie dort *dives Cellaria censu* nennt, und aus Münsingers Epitaph auf seine erste Frau in Wolfenbüttel, wo sie als *ex vetusta Cellariorum familia* stammend bezeichnet wird (die Keller stellten den Grafen von Württemberg seit dem 15. Jahrhundert Verwaltungsbeamte und Richter). Daraus bildete man, da man nicht mehr über sie wußte, den Familiennamen Cellarius. Richtig ist, daß ein Keller latinisiert Cellarius genannt werden konnte. Das kam auch bei einem Vetter Johann Kellers, bei dem herzoglichen Sekretär Simon Keller vor, an den Heinrich Bebel 1506 einen Brief mit der Anschrift *Ad Simonem Cellarium illustris principis nostri Udalrici Secretarium virum spectatae eruditionis atque integritatis amicumque singularem* richtete.[13] Daß Barbara Kellers Vater dieser Johann Keller († 1528/29) in Stuttgart war, konnte ich an Hand eines Testaments nachweisen.[14] Nachdem Barbara Keller 1556 in Wolfenbüttel gestorben war, heiratete der nun adelige Joachim Münsinger von Frundeck 1557 Agnes von Oldershausen (1535–1603).

---

[13] Jakob Henrichmann, Grammatice institutiones [...] Ars condendorum carminum Henrici Bebelii [...] Syllabarum quantitates: Racemationes [...], Straßburg 1509, Bl. CVIv.
[14] Vgl. dazu auch Walther Ludwig, Des braunschweig–wolfenbüttelschen Kanzlers Joachim Münsinger von Frundeck (1514–1588) Gattin Barbara Keller und ihr Verwandtenkreis, Genealogie, Deutsche Zeitschrift für Familienkunde, 21 (41), 1992, S. 40–55.

6. Flucht aus Württemberg: "1536 neben Ulrich Zasius [...] *Professor institutionum* in Freiburg." Übergangen hat Klose das wichtigste und traumatische Ereignis im Leben des jungen Joachim, seine, seines Vaters und seiner Brüder Flucht aus Württemberg vor Herzog Ulrichs Rache im Jahr 1534. Nach der Verwurzelung der Familie in Württemberg war es nichts weniger als ein Gang ins Exil. Herzog Ulrich hatte am 11.12. 1516 und am 27.9. 1517 die Großonkel von Joachim, die herzoglichen Vögte von Tübingen und Weinsberg, Konrad und Sebastian Breuning, wegen angeblichem Hochverrat foltern und hinrichten lassen.[15] Der Justizmord hatte Joseph Münsinger schon 1519 veranlaßt, nach Esslingen zu flüchten, als der vom Schwäbischen Bund vertriebene Herzog Württemberg zum ersten Mal zurückzuerobern suchte. Unter der österreichischen Herrschaft war Joseph im württembergischen Verwaltungsdienst zum ranghöchsten bürgerlichen Beamten aufgestiegen. Umso mehr fürchtete die Familie nun die Rache des für seinen Jähzorn bekannten Fürsten. Sie flüchtete deshalb zunächst über die Grenze in das nahe österreichische Ehingen, und Joachim nahm in der österreichischen Universität Freiburg seine erste Stellung an. Als *Professor Institutionum* erhielt er 1536 dort das bescheidene Jahresgehalt von 40 Gulden.

7. Reichskammergericht: "Der Schwäbische Kreis schlug ihn 1541 als Assessor am kaiserlichen Kammergericht in Speyer vor, er wurde seiner Religionszugehörigkeit wegen aber abgelehnt. Kaiser Karl V. selbst ernannte ihn dann aber 1548 sogar zum Beisitzer für den Oberrheinischen Kreis am Reichskammergericht." Daß Münsinger 1541 (oder 1542) vom Schwäbischen Kreis für das Reichskammergericht präsentiert, aber nicht aufgenommen worden sei, und zwar mit zwei anderen "wegen verdächtiger Religion", stützt sich nach Schumann[16] nicht auf Primärquellen, sondern auf eine so lautende Bemerkung von Johann Heinrich Freiherr von Harpprecht in seinem Werk: Geschichte des Kaiserlichen Kammergerichts [...], Frankfurt am Main 1767. Von "Religionszugehörigkeit" ist selbst da nicht die Rede. Joachim Münsinger war nicht evangelisch. Aber auch ein Verdacht evangelischer Neigungen gegenüber Münsinger wirkt im Jahr 1541 nur wenige Jahre nach seiner Vertreibung aus Württemberg und ein Jahr nach Veröffentlichung seiner *Austrias* mit ihrem Lob Kaiser Karls und König Ferdinands sehr unwahrscheinlich. Sein Vater und alle seine Geschwister standen damals und später altgläubig auf der Seite Österreichs. Viel eher konnte Herzog Ulrich von Württemberg eigentlich ein

---

[15] Das geschah nach dem sogenannten Blaubeurer Vertrag innerhalb der Auseinandersetzungen, die auf Herzog Ulrichs Ermordung des Hans von Hutten folgten, vgl. dazu Walther Ludwig, Der Ritter und der Tyrann — die humanistischen Invektiven des Ulrich von Hutten gegen Herzog Ulrich von Württemberg, Neulateinisches Jahrbuch 3, 2001, S. 103–116, hier S. 106.

[16] Schumann 1983, wie Anm. 2, S. 43, Anm. 40.

Interesse daran haben, den Anhänger Österreichs, der wie sein Vater vor ihm aus Württemberg geflohen war, als Reichskammergerichtsassessor zu verhindern. Kaiser Karls V. Protektion im Jahr 1548 ist dann nicht verwunderlich.[17] Primärquellen zu den Vorgängen von 1541 wurden bisher nicht bekannt. Vielleicht war Harpprecht davon beeinflußt, daß Münsinger sich seit 1568 in Wolfenbüttel zum Protestantismus bekannte.

8. Kanzler in Braunschweig–Wolfenbüttel: Hier ist Münsingers zunächst altgläubige und später protestantische Einstellung ein Problem, mit dem sich Schumann eingehend beschäftigt hat. Münsinger wurde 1556 Kanzler des Herzogs Heinrich d. J., der unter den norddeutschen Landesfürsten der letzte entschieden altgläubige war. Er hätte keinen Protestanten zu seinem Kanzler gemacht. Als dann sein protestantisch gesinnter Sohn und Nachfolger Herzog Julius 1568 die Reformation in Braunschweig–Wolfenbüttel einführte, bekannte sich auch Joachim Münsinger von Frundeck zum neuen Glauben, wirkte im Sinne der Einführung der Reformation und blieb in seiner Stellung. War es eine späte Bekehrung oder wollte er nicht eher nur nicht erneut emigrieren und das, was er aufgebaut hatte, wieder verlassen? Schumann nahm 1980/81 an,[18] daß Münsinger zum Protestantismus aus der Einsicht übergetreten sei, daß der Protestantismus die wahre und reine Lehre Gottes gegenüber der Korruption und dem Götzendienst der katholischen Kirche wiederhergestellt habe. So äußerte sich Münsinger in der Tat, als er 1576 die Neuauflage seiner juristischen *Responsa* Herzog Julius zueignete. Aber warum hatte er dann die Stelle bei Herzog Heinrich überhaupt angenommen? 1983 diskutierte Schumann "Mynsingers Haltung in der Konfessionsfrage" ausführlich[19] und kam zu der Auffassung: "Mynsinger scheint zu jenen Repräsentanten der politischen Führungsschichten seiner Zeit gehört zu haben, die die Religionsfrage als eine primär politische Angelegenheit betrachtet haben, ansonsten sich jedoch einem eher überkonfessionell orientierten christlich–humanistischen Ideal verpflichtet gefühlt haben".[20] In seinem in seinen letzten Lebensjahren verfaßten und nach seinem Tod gedruckten Gebetbuch *Enchiridion Religiosum* fehlt "ein direktes Bekenntnis zum Protestantismus". Es ist, wie Schumann schon 1980/81 schrieb, "eher Zeugnis einer überkonfessionellen Denkweise, die von den Idealen eines christlichen Humanismus geprägt war".[21]

---

[17] Schumann 1983, wie Anm. 2, S. 69, stellt fest, daß damals von protestantischen Sympathien Münsingers keine Rede ist.
[18] Schumann 1980/81, wie Anm. 2, S. 191f.
[19] Schumann 1983, wie Anm. 2, S. 146–161.
[20] Schumann 1983, wie Anm. 2, S. 147.
[21] Schumann 1980/81, wie Anm. 2, S. 191.

9. Der Stammbucheintrag: Auf diesem Lebenshintergrund gewinnt der Eintrag Münsingers in das Stammbuch auf einmal jenseits des Sentenziösen einen persönlichen Lebensbezug. Der Eintrag zitiert zunächst den Stoiker Epiktet mit einem griechischen Imperativsatz im Sinne von "Ertrage und verzichte!", womit er sich, wie Gellius schreibt, der den Satz überliefert, gegen *intolerantia* und *incontinentia* gewandt und gesagt hatte: *si quis haec duo verba cordi habeat eaque sibi imperando atque observando curet, is erit pleraque impeccabilis vitamque vivet tranquillissimam*. Die Imperative ἀνέχου καὶ ἀπέχου hatte auch schon Alciati zusammen mit der Übersetzung *Sustine et abstine* als Motto für sein *Emblema XXXIV*. benützt. In V. 3f. seines sechszeiligen Epigramms nennt er als Urheber ausdrücklich Epiktet: *Sustine (Epictetus dicebat) et abstine, oportet | multa pati illicitis absque tenere manus*. Münsinger waren gewiß sowohl die Gelliusstelle, die in den Kommentaren zu den *Emblemata* Alciatis zudem immer erwähnt wird, als auch das *Emblema* selbst bekannt.[22] Münsingers Eintrag gibt nach dem Zitat ein von ihm selbst verfaßtes vierzeiliges Epigramm mit Anklängen an Ovid, in dem er, ohne auf die *abstinentia* einzugehen, den Wert der *patientia* begründet, und er faßt den Gedanken darauf in einer lateinischen, an Publilius Syrus und den Stil eines medizinischen Rezepts erinnernden Sentenz zusammen. Die abschließende Namensnennung und Datierung (Helmstedt, 22.7. 1585) wird im folgenden nicht erneut wiedergegeben:[23]

ἀνέχου καὶ ἀπέχου.
*Perfer et obdura, nolique resistere fatis.*
 *Tempus erit, tibi cum proderit iste dolor.*
*Multis saepe dies atque aetas longa medetur,*
 *Quae nulla in melius ui retulisse queas.*
*Opt[imum] vitae humanae Antidotum PATIENTIA.*[24]

---

[22] Welche der 1585 schon zahlreichen Ausgaben und welchen Kommentar Münsinger benützte, läßt sich nicht feststellen. Der des Francesco Sanchez/Sanctius erschien zuerst Lyon 1573, der von Claude Mignault/Minos zuerst Antwerpen 1574. Vgl. Andreas Alciatus, Emblemata cum commentariis Claudii Minois I.C., Francisci Sanctii Brocensis, et Notis Laurentii Pignorii Patavini [...], Padua 1621, S. 190–193, hier S. 191: *Sed ut paucis, quemadmodum Patientia et Abstinentia duae virtutes sunt prae caeteris utiles, sic iis opposita duo vitia, intolerantia nempe et incontinentia, multo omnium gravissimae et exitiosae maxime dicebantur Epicteto (teste Gellio lib. 17. c. 19.).*
[23] Zitiert nach dem Faksimile f. 17r = Klose, S. 62, mit normalisierter Interpunktion. Klose verweist für das griechische Zitat auf Gellius N. A. 17, 19, 6 (handschriftlich überliefert sind dort καὶ und *et* zwischen ἀνέχου und ἀπέχου; die älteren Ausgaben bevorzugen καὶ, die modernen *et*), und für V. 1–2 auf Ovid Ars Amatoria [richtig: Amores] 3, 11, 7 *Perfer et obdura: dolor hic tibi proderit olim* | und Trist. 5, 11, 7 *Perfer et obdura: multo graviora tulisti*.
[24] Publilius Syrus 111 *Cuivis dolori remedium est patientia*. Zu *Optimum* [...] *antidotum* vgl. Celsus De med. 3, 4 *Optimum vero medicamentum est opportune cibus datus*, 5, 26 *Optimum*

Münsinger empfiehlt, die Schicksale des Lebens, das, was einem im Leben widerfährt, hinzunehmen und durchzuhalten. Er betont, daß man manchmal in späterer Zeit Gewinn aus einer Situation zieht, die einen zunächst schmerzte, daß die Zeit viele Wunden heilt und daß es oft nicht hilft, sich mit Gewalt gegen etwas anzustemmen, und sieht in diesem Sinne als bestes Mittel gegen die Übel des Lebens die Geduld.

Diese allgemeinen Feststellungen halten sich insgesamt im Rahmen der humanistisch–christlichen Ethik,[25] wie sie auch durch Exempelsammlungen vermittelt wurde,[26] und zeitgenössische Adelige setzten mehrfach die Tugend *Patientia* in ihre Devise,[27] einer von ihnen wählte für sein *Symbolum* sogar die Imperative Epiktets ἀνέχου καὶ ἀπέχου, und zwar in der deutschen Überset-

---

*etiam medicamentum quies est*, und Ambrosius Calepinus, Dictionarium, Hagenau 1522, Bl. XXXIIr, *Antidotum pe*[*nultima*] *corr*[*epta*] *ex contrario datum remedium sive medicamentum, quod contra venena datur*.

[25] Calepinus, wie Anm. 23, Bl. CCCIIIIr, zitiert zu *patientia* nur die Definition Ciceros (De inv. 2, 163): *Patientia est honestatis aut utilitatis causa rerum arduarum ac difficilium voluntaria ac diuturna perpessio* (zur stoischen Tugend der *patientia*, einer Untertugend der *fortitudo*, bei Seneca vgl. Carl Joachim Classen, Le virtù nelle Lettere di Seneca a Lucilio, in: Seneca e il suo tempo, Atti del Convegno internazionale di Roma–Cassino 11–14 novembre 1998, Rom 2000, S. 275–294, hier S. 293); bei Prudentius Psychom. 109f. ist *Patientia* die dritte der sieben christlichen Tugenden, deren Zweikämpfe dargestellt werden: *Ecce modesta gravi stabat Patientia vultu | per medias immota acies variosque tumultus*.

[26] Alle antiken, christlichen und humanistischen Exempelsammlungen enthalten ein oder mehrere Kapitel *De patientia*, so in der Sammelausgabe von Johannes Herold, Exempla virtutum et vitiorum atque etiam aliarum rerum maxime memorabilium futura lectori supra modum magnus thesaurus, Basel 1555, die *Virtutum et vitiorum exempla* des Nicolaus Hanapus (c. 80 = S. 106–110), die *Factorum et dictorum memorabilium libri X* des Valerius Maximus, dem zufolge *Patientia* der *Fortitudo* so ähnlich ist, *ut cum ea vel ex ea nata videri possit* (lb. 3, 3 = S. 221–223), die *Exemplorum libri X* des Marcus Antonius Coccius Sabellicus (lb. 6, 7–8 = S. 566–569), die *Dictorum factorumque memorabilium libri IX* des Baptista Campofulgosus, bei dem *Patientia* eine *filia Fortitudinis* ist (lb. 3, 3 = S. 773–779), und die *De vita religiose per exempla instituenda libri VI* des Marcus Marulus, der eingangs schreibt: *Nihil est enim, quod ita animi tranquillitatem conciliet et conservet, ut omnium adversitatum, quae accidere nobis possunt, toleratio stabilis ac firma* (lb. 5, 2–6 = S. 1368–1399).

[27] Nicolaus Reusner, Symbolorum Heroicorum liber singularis, Jena 1608, Bl. S 5r, verweist im Index unter *Patientia* auf die Devisen von Herzog Wilhelm III. von Bayern: *Dulce amarum patientia* (S. 65; er zitiert dazu wieder Ovid Amores 3, 11, 7 [s. Anm. 23]) von Herzog Karl von Münsterberg: "Gedult in Unschuld" (S. 159), von Graf Ludwig von Nassau: "Patience aude innocence" (S. 167), von Graf Friedrich Christoph von Mansfeld: *Patientia cum innocentia* (S. 182), von Graf Hubert von Eberstein: "Gedult mit Hoffnung" (S. 217), von Graf Georg von Montfort: *In spe patientia* (S. 220), von Freiherr Johann Ernst von Schönburg: *Durum patientia frango* (S. 239).

zung "Leid und Meid".²⁸ In Münsingers Text fällt die rein innerweltliche und ohne eine Erwähnung Gottes gegebene Begründung der *patientia* auf. Es ist hier der Blick auf die philosophische und nicht auf die christliche *patientia* gerichtet. Melanchthon unterscheidet diese beiden Formen in seinen *Definitiones Theologicae* folgendermaßen:²⁹

> *Patientia Philosophica est obedire rationi in perferendis adversis, quae ratio iubet ferre et non frangi dolore* [...]
> *Patientia Christiana est obedire Deo in perferendis adversis, quae Deus iubet ferre, nec frangi dolore* [...]

Münsingers Feststellungen passen zu dem Leben des Mannes, der seine Heimat mit 20 Jahren fluchtartig verlassen mußte, dessen Exil aber auch die Bedingung für seinen späteren Aufstieg wurde. Diese Wunden verheilten. Gleichzeitig konnte er auch daran denken, daß die *fata* ihm noch manche weitere überraschende und nicht immer leicht zu verkraftende Wendung beschert hatten. Er wußte, wovon er sprach, wenn er *Patientia* als *optimum antidotum humanae vitae* bezeichnete.

Vielleicht wird man diese Interpretation für allzu biographisch ausgerichtet halten. Gewiß ist nicht jeder Stammbucheintrag derart lebensbezogen. Oft werden Zitate und Sinnsprüche eingetragen worden sein, die ohne spezielle Anwendung auf den Schreiber oder den Adressaten allgemein gültig schienen. Aber einem Eintrag ging immer auch eine Auswahl und Entscheidung voraus, und wenn sich Bezüge zur Situation des Schreibers oder des Adressaten einstellen, sollte man sie nicht von vornherein beiseite schieben. Im Falle Münsingers ist es sicher auffallend und deshalb auch bedeutsam, daß er angesichts eines Stammbuchs, in das häufig christliche und auf Gott bezogene Gedanken eingetragen wurden, sich entschloß, eine rein diesseitig formulierte Lebensmaxime herauszustellen, die wie eine Schlußfolgerung aus seinem wechselvollen Leben wirkt. Sie so zu deuten, legt darüber hinaus der Umstand nahe, daß Münsinger sich nicht wie viele andere Freunde der Stammbucheigentümer auf ein literarisches Zitat beschränkte, sondern seinen Inhalt in einem eigens komponierten Epigramm entfaltete und vertiefte. Er faßte ihn schließlich wieder in einer Sentenz zusammen, in der die Tugend, um die es ihm ging, pointiert in Majuskeln ans Ende zu stehen kam. Münsinger wollte hier keinen

---

²⁸ S. Reusner, wie Anm. 27, S. 255, der diese deutsche Devise des Freiherrn Adam von Kitlitz anführt, dazu als Quelle die Gelliusstelle (s. Anm. 23) zitiert und den griechischen und deutschen Imperativsatz wie Alciati mit SUSTINE ET ABSTINE übersetzt.
²⁹ Philipp Melanchthon, Loci communes theologici, nunc postremo summa diligentia recogniti et aucti, cum appendice Disputationis de coniugio. His accesserunt Definitiones Theologicae, quarum in Ecclesia usus est, Basel 1558, S. 716.

beliebigen Topos formulieren. Er wollte einer ihm wichtigen persönlichen Lebenserfahrung Ausdruck geben.

Klose machte darauf aufmerksam, daß Münsinger einen "identischen" Eintrag noch einem anderen Album amicorum anvertraut habe,[30] nämlich dem Stammbuch seines jüngeren Freundes Heinrich Meibom (1555–1625). Dieser war Professor der Poesie an der Universität Helmstedt,[31] zu deren Vizekanzler Herzog Julius Münsinger selbst bestellt hatte.[32] Die Eintragung in dem Einträge von 1575–1584 enthaltenden Stammbuch von Heinrich Meibom stammt vom 9. Januar 1584,[33] geht dem Eintrag für David Ulrich zeitlich also etwa eineinhalb Jahre voraus. Sie enthält das griechische Motto und das vierzeilige Epigramm wie die spätere Eintragung, jedoch noch nicht die abschließende Sentenz *Opt. vitae humanae Antidotum* PATIENTIA, die Münsinger also erst dem Eintrag für David Ulrich hinzufügte, einerseits wohl um der Variation willen, andererseits sicherlich auch, um auf die nützliche Tugend der Geduld noch einen stärkeren Akzent zu setzen.

[Erstveröffentlichung: Nr. 268, revidiert.]

---

[30] Klose, wie Anm. 1, S. 63.
[31] Vgl. zu ihm und seinem Verhältnis zu Münsinger Ingrid Henze, Der Lehrstuhl für Poesie an der Universität Helmstedt bis zum Tode Heinrich Meiboms d. Ält. († 1625), Eine Untersuchung zur Rezeption antiker Dichtung im lutherischen Späthumanismus, Hildesheim u.a. 1990 (Beiträge zur Altertumswissenschaft 9).
[32] S. Schumann 1983, wie Anm. 2, S. 174–181.
[33] Das Stammbuch befindet sich in der Sächsischen Landesbibliothek, Staats– und Universitätsbibliothek Dresden (Sondersammlungen) unter der Signatur Mscr. Dresd. k 292. Der Eintrag Münsingers befindet sich nach einem mir freundlicherweise von der Bibliothek zugesandten Mikrofilm zufolge auf Bl. 75r [sic, Klose gibt 75v an]. Die Seite ist durchweg von der gleichen Hand geschrieben. Oben auf der Seitenmitte steht: *Anno Christi 1584*. Dem griechischen gleichfalls zentrierten Imperativsatz und dem vierzeiligen Epigramm folgt rechtsbündig geschrieben: *Joachimus Mynsingerus à | Frundeck Juriscons[ultus] C[omes] P[alatinus] | Sac[ri] Pal[atii] & Ducis Bruns– | vicens[is] haered[itarius] Camerarius etc.| haec sua manu scripsit | Helmstadij IX. Januarij. | A. C. MDLXXXIIII.*

## 14. Der Humanist und das Buch:
## Heinrich Rantzaus Liebeserklärung an seine Bücher

Die Humanisten liebten — und lieben — ihre Bibliotheken.[1] Vielleicht das schönste Bekenntnis zur Bibliophilie stammt aus der Feder des holsteinischen Humanisten und langjährigen Statthalters des dänischen Königs in den Herzogtümern Schleswig und Holstein Heinrich Rantzau (1526–1598).[2] Er hatte sich 1538–1548 zum Studium in Wittenberg aufgehalten und dann mehrere Jahre am Hof Kaiser Karls V., bevor er nach Holstein zurückkehrte. Dort errichtete er nach dem Tod seines Vaters (1565) auf seinem Schloß Breitenburg bei Itzehoe, das damals Bredenberg hieß, eine große Bibliothek, die 1568 von dem Präzeptor seines Sohnes Friedrich (1557–1587), dem Hannoveraner Georg Kruse bzw. Crusius erstmals beschrieben[3] und 1590 von seinem Hofdich-

---

[1] Vgl. allgemein A. Buck, Studien zu Humanismus und Renaissance, Wiesbaden 1991, S. 120ff. (zuerst: "Das gelehrte Buch im Humanismus", in: Gelehrte Bücher vom Humanismus bis zur Gegenwart, hrsg. von B. Fabian und P. Raabe, Wiesbaden 1983, S. 1ff.), dens., Humanismus, Freiburg/München 1987, S. 138ff., und F. Krafft und D. Wuttke, Hrsg., Das Verhältnis der Humanisten zum Buch, Boppard 1977.
[2] Sein deutscher Titel Statthalter (zeitgenössisch: Stathalter, Stadtholder) wird lateinisch mit *Vicarius regis* oder *Produx regis* wiedergegeben, weshalb er auch als dänischer Vizekönig bezeichnet wird. Vgl. zu ihm J. Moller, Cimbria Literata, T. III, Kopenhagen 1744, S. 567ff. (ausführlichste Materialsammlung), ADB 27, 1888, S. 278f., F. Bertheau, Heinrich Rantzau als Humanist, Zeitschrift der Gesellschaft für Schleswig–Holsteinisch–Lauenburgische Geschichte 18, 1888, S. 131ff., K. Jordan, Heinrich Rantzau als Wegbereiter des Humanismus in Schleswig–Holstein, in: J. Irmscher, Hrsg., Renaissance und Humanismus in Mittel– und Osteuropa, Bd. 1, Berlin 1962, S. 235ff. (eine allgemeine Orientierung), D. Lohmeier, Heinrich Rantzau und die Adelskultur der frühen Neuzeit, in: D. Lohmeier, Hrsg., Arte et Marte: Studien zur Adelskultur des Barockzeitalters in Schweden, Dänemark und Schleswig–Holstein, Neumünster 1978, S. 67ff. (dort auch weitere Literatur), und zuletzt W. Steinmetz, Heinrich Rantzau (1526–1598), ein Vertreter des Humanismus in Nordeuropa und seine Wirkungen als Förderer der Künste, Frankfurt/Bern/New York/Paris 1991, 2 Bde. Die Verfasserin geht auf die von Rantzau verfaßten poetischen Texte nicht näher ein und konzentriert ihre Darstellung nach seiner Biographie auf seine Beziehungen zu den bildenden Künsten und zur Architektur. Die Gedichte Rantzaus haben insgesamt bis jetzt keine Interpretation, sondern nur kurze Erwähnungen erhalten. Eine Ausnahme bildet nur R. Haupt, Zur Erinnerung an Heinrich Rantzau mit Übersetzungen aus seinen Gedichten, Schleswig-Holsteiner Jahrbücher, 1884, S. 372ff., und Heinrich Ranzau und die Künste, Zeitschrift der Gesellschaft für Schleswig–Holsteinische Geschichte 56, 1927, S. 1ff., der auf etwa zweihundert verstreut überlieferte lateinische Gedichte von Rantzau hinwies, ihre — bisher nicht erfolgte — philologische Behandlung wünschte und einige von ihnen — ohne literarische Interpretation — mit einer deutschen Versübersetzung veröffentlicht hat.
[3] S. G. Crusius, Descriptio Bredenbergae Holsaticae vel Cimbricae in Stormaria arcis, conditae primum a magnanimo Heroe D. Ioanne Rantzovio, nunc ab eius filio Henrico, regis Danorum consiliario et in ducatibus Holsaticae, Slesvicensi atque Ditmarsiae vicario, novis

ter Peter Lindenberg aus Rostock (1562–1596) erneut dargestellt wurde.[4] Die Bibliothek enthielt 1590 über 6.300 Bücher, die systematisch aufgestellt waren (1568 werden die Klassen Logik, *Mathesis, Physica,* Medizin, Jurisprudenz, Theologie und Historiographie genannt, 1590 außerdem die Philosophie und die Poesie).[5] Im Bibliotheksraum befanden sich astronomische Instrumente sowie Erd– und Himmelsgloben. An seine Wände waren Karten der vier Kontinente, auf die Glasfenster Figuren der sieben Künste gemalt. Außerdem hatte Rantzau an die Wände von ihm selbst verfaßte lateinische Gedichte und Zitate aus klassischen Autoren schreiben lassen. Eines dieser von ihm selbst vermutlich in den Jahren 1566–1568 verfaßten Gedichte lautete (die Interpunktion wurde hier modernisiert; in der anschließenden Übersetzung ist die Gliederung in fünf symmetrische Abschnitte durch || angegeben):

---

aedificiis plurimisque versibus et sententiis lectu cum frugiferis tum iucundis sic expolitae, ut Martem cum Minerva in hoc ornanda amice coniurasse lector deprendere possit [...], zuerst o.O. 1569, danach Wittenberg 1570, Straßburg 1573 und 1574 (letzte Auflage nachgewiesen in J. D. Michaelis, Catalogus praestantissimi Thesauri librorum typis vulgatorum et manuscriptorum Joannis Petri de Ludewig, Halle 1744, Nr. 9592). Der Widmungsbrief an Heinrich Rantzau ist datiert Bredenberga, 10. November 1568. Im folgenden wird zitiert die Ausgabe Wittenberg 1570 aus der Bibliothek des Gymnasiums in Altona in der Staatsbibliothek Hamburg (A 1952/2242). Vgl. dazu W. Steinmetz, wie Anm. 2, S. 319ff. Nach der Widmung seines Buches erhielt G. Crusius von Heinrich Rantzau 1569 ein Studium in Wittenberg finanziert (imm. 14. Februar 1569), das er mit dem Magistergrad abschloß, und darauf ein jährliches Stipendium von 70 Talern als *Vicarius* eines *Canonicus* in Schleswig; s. Schleswig–Holsteinische Regesten und Urkunden 9: Herrschaft Breitenburg 1256–1598, bearbeitet von K. Hector und W. Prange, Neumünster 1988, Nr. 593 vom 4. November 1569. Vgl. allgemein zu Schloß Breitenburg (heute im Besitz der Grafen Rantzau und nicht öffentlich zugänglich) O. Klose, Hrsg., Schleswig–Holstein und Hamburg, Handbuch der historischen Stätten Deutschlands 1, 2. Aufl., Stuttgart 1964, S. 23ff., R. Haupt, Die Bau– und Kunstdenkmäler der Provinz Schleswig–Holstein, 2. Bd., Kiel 1888, S. 445ff., und I. Habich, Hamburg, Schleswig–Holstein, in: G. Dehio, Handbuch der Deutschen Kunstdenkmäler, Darmstadt 1971, S. 130ff., zu der Bibliothek zuletzt W. Steinmetz, wie Anm. 1, S. 185.

[4] P. Lindebergius, Hypotyposis arcium, palatiorum, librorum, pyramidum, obeliscorum, cipporum, molarum, fontium, monumentorum et epitaphiorum ab Henrico Ranzovio conditorum, Rostock 1590, danach erweitert Hamburg 1590 und 1591, Frankfurt 1592. Im folgenden wird, wenn nicht anders angegeben, zitiert die Ausgabe Hamburg 1591 im Landesarchiv Schleswig (E I 1053). Vgl. dazu W. Steinmetz, wie Anm. 2, S. 322ff., und zu P. Lindeberg allgemein auch H. Wiegand, Hodoeporica, Baden–Baden 1584, S. 318f., 502f., und W. Steinmetz, S. 124ff.

[5] S. G. Crusius, wie Anm. 3, Bl. Mi ff., P. Lindebergius, wie Anm. 4, S. 10ff. Zum Inhalt der Begriffe vgl. Chr. Meinel, Die Bibliothek des Joachim Jungius, Göttingen 1992, S. 67f.

## 14. Der Humanist und das Buch

*Salvete, aureoli mei libelli,*
*meae deliciae. mei lepores!*
*Quam vos saepe oculis iuvat videre*
*et tritos manibus tenere nostris!*
5 *Tot vos eximii, tot eruditi,*
*prisci lumina saeculi et recentis,*
*confecere viri suasque vobis*
*ausi credere lucubrationes*
*et sperare decus perenne scriptis.*
10 *Nec haec irrita spes fefellit illos:*
*vestro praesidio per universum*
*aevo perpetuo leguntur orbem*
*doctorumque volant per ora clari.*
*Vos estis requies honesta mentis,*
15 *iucunda ingeniis bonis voluptas,*
*rebus perfugium minus secundis,*
*in laetis decus et nitor refulgens.*
*Vos aetate puer virente magno*
*sum complexus amore, nunc vir autem*
20 *multo prosequor impotentiore*
*et, quam fata diu sinent amare,*
*vobis immoriar, mei libelli.*
*Ac cum rege lubens fatebor illo*
*Alphonso egregio esse cariores*
25 *vestras divitias mihi, benigna*
*quam sors quas mihi contulit caducas.*
*Salvete, aureoli mei libelli,*
*salvete, ex quibus haec mihi voluptas*
*aevum percipitur per omne grata!*
30 *Quam vos intueor libenter et quam*
*lubens colloquor! Ecquid aestimandum est*
*curis esse beatius solutis?*

Seid mir gegrüßt, meine geliebten goldenen Bücher, mein Vergnügen, meine Lust! Wie sehr freut es mich, euch mit meinen Augen oft zu sehen und euch abgenutzt in meinen Händen zu halten! || Euch haben so viele herausragende, so viele gelehrte Männer, Leuchten der alten und modernen Zeit, verfaßt und es gewagt, euch ihre Gedankenarbeit anzuvertrauen und für ihre Schriften beständige Schönheit zu erhoffen. Und diese Hoffnung hat sie auch nicht getrogen. Unter eurem Schutz werden sie in der ganzen Welt immerdar gelesen, und sie 'fliegen' berühmt 'durch die

Münder' der Gelehrten. || Ihr seid eine ehrenvolle Erholung und eine süße Lust für einen guten Geist, eine Zuflucht, wenn die Dinge weniger günstig, und in frohen Zeiten Zierde und strahlend leuchtender Glanz. || Euch habe ich als Knabe in jungem Alter mit großer Liebe umfangen, und jetzt verfolge und begleite ich euch als Mann mit noch unbändigerer Leidenschaft und, solange das Schicksal mich lieben lassen wird, werde ich vor Liebe zu euch vergehen, meine Bücher. Und ich werde gerne mit jenem weisen König Alfonso bekennen, daß eure Reichtümer mir lieber sind als die vergänglichen, die ein wohlwollendes Geschick mir brachte. || Seid mir gegrüßt, meine geliebten goldenen Bücher, aus denen ich immerdar diese willkommene Lust gewinne! Wie gern betrachte ich euch und wie gern spreche ich mit euch! Gibt es, wenn wir so von Sorgen befreit sind, etwas Beglückenderes?

Dieses Gedicht wird zuerst von Crusius zitiert.[6] Allerdings hat er in einer merkwürdigen Verwirrung zwischen V. 26 und 27 ein anderes gleichfalls hendekasyllabisches Gedicht, das offenbar auf der gleichen Bibliothekswand stand, eingeschachtelt:

> *Haec est vera beatitudo vitae,*
> *in casto thalamo pia bonaque,*
> *quae sit nupta viro comes laborum,*
> *iunctum coniuge functione certa*
> 5 *inservire Deo brevisque vitae*
> *semper munia sedulum subire*
> *et caram sobolem sibi educantem*
> *lectis moribus aemulam parare*
> *multis commoda, nemini nocere,*
> 10 *tum si quando graves premunt dolores*
> *et curae subeunt laboriosae,*
> *iucunda recreatione mentis*
> *tristes pellere cogitationes,*
> *aut evolvere plurima refertos*
> 15 *priscorum sapientia libellos*
> *et sic tam bene colloqui disertis*
> *aeternoque viris honore claris,*
> *quamvis saecula multa iam sepultis,*
> *aut pernicis equi subire tergum*
> 20 *venarique feras et in dolosos*

---

[6] G. Crusius, wie Anm. 3, Bl. Miii f., unter der Überschrift *Ad libros Bibliothecae suae versiculi Heinrici Rantzovii ad imitationem Flaminii.*

*nunc parvum leporem fugare casses*
*et cervum cane persequi sagaci,*
*nunc ursum truculentum aprumve torvum*
*ferro sternere transeunte corpus.*
25 *Haec post difficiles gravesque curas*
*optata ingenii quies honesti,*
*hic vitae tenor est beatioris.*

Das ist die wahre Glückseligkeit des Lebens: In treuer ehelicher Liebe mit einer frommen und guten Gattin, die dem Manne als Begleiterin in seinen Mühen angetraut ist, verbunden sein und in sicherer Stellung Gott dienen und die Aufgaben des kurzen Lebens immer gewissenhaft ausführen und eine liebe Nachkommenschaft aufziehen, die in ihren guten Sitten einem nacheifert, und vielen Gutes tun und niemandem schaden und dann, wenn einmal schwere Schmerzen drücken und sich mühevolle Sorgen einstellen, mit einer angenehmen geistigen Erholung die traurigen Gedanken vertreiben, entweder die mit sehr viel Weisheit gefüllten Bücher der Alten aufschlagen und so gut mit den beredten und durch ewige Ehre berühmten Männern sprechen, auch wenn sie schon viele Jahrhunderte begraben sind, oder den Rücken eines schnellen Pferdes besteigen und Wild jagen und bald den kleinen Hasen in trickreiche Fangnetze scheuchen und den Hirsch mit dem Spürhund verfolgen, bald den trotzigen Bär oder den wilden Eber mit dem ihren Körper durchbohrenden Eisen erlegen. || Das ist nach schwierigen und schweren Sorgen die erwünschte Ruhe und Erholung eines ehrenhaften Geistes, dies ist der Lauf eines glückseligen Lebens.

Dies ist zweifellos ein ebenso selbständiges Gedicht wie das vorige. Rantzau hat in ihm in poetologischem Anschluß an ein damals viel beachtetes Epigramm Martials (10, 47: *Vitam quae faciant beatiorem* [...])[7] die ihm optimal scheinende Lebensform dargestellt.[8] Rantzau hat die Bücherlektüre dem adligen Jagdvergnügen gleichgestellt. In den Versen 10–18 erscheinen Gedanken, die in dem Gedicht *Salvete, aureoli mei libelli* eine breitere und auch durch

---

[7] Vgl. zu der Rezeption dieses Martial-Gedichtes W. Ludwig, Ficino in Württemberg — ein Gedicht von Nicolaus Reusner, Humanistica Lovaniensia 41, 1992, S. 332ff.

[8] Zu dem neulateinischen Gebrauch von *functione* (V. 4) im Sinn von "Amt" vgl. J. Ph. Krebs-J. H. Schmalz, Antibarbarus der lateinischen Sprache, 7. Aufl., Basel 1905, Bd. 1, S. 614; zum Infinitiv als epexegetische Apposition zu einem Substantiv mit Demonstrativpronomen s. R. Kühner-C. Stegmann, Ausführliche Grammatik der lateinischen Sprache: Satzlehre, T. 1, 3. Aufl., Hannover 1955, S. 665. Zusammen mit V. 1 bildet die appositionelle Infinitivreihe in V. 2–24 eine einzige Periode. Daß Rantzau als erstes Element der *beatitudo vitae* die Ehefrau nennt, ist keineswegs konventionell und bestätigt die Beurteilung seiner Beziehung zu seiner Frau durch W. Steinmetz, wie Anm. 2, S. 108.

ihre Isolierung verstärkte Ausführung erhalten haben. Insofern könnte die Abfassung dieses Gedichts jenem vorausgegangen sein.

Bei Lindenberg, der das Gedicht *Haec est vera beatitudo vitae* nicht überliefert, erscheint das Gedicht *Salvete, aureoli mei libelli* in seiner richtigen Gestalt.[9] In einem weiteren humanistischen Leserkreis hat Nathan Chytraeus dieses Gedicht in seinen 1594, 1599 und 1606 gedruckten *Variorum in Europa itinerum Deliciae* bekannt gemacht.[10] Er hatte es von Rantzau selbst in Lindenbergs Ausgabe erhalten, denn er schreibt in seiner *Praefatio*:[11] *Cimbrica, et quidem ut plurimum in arcibus, palatiis, structuris et monumentis viri illustris et magnifici D. Heinrici Ranzovii vicarii regii obvia et per Georgium Crusium Petrumque Lindebergium collecta, ipse herus ad me misit.* Aus dem Werk des Chytraeus übernahm dann Franciscus Sweertius das Gedicht in seine verbreiteten 1608 und 1625 gedruckten *Selectae Christiani orbis Deliciae*.[12]

Die bei Crusius, Lindenberg und Chytraeus wiederkehrende Angabe, Heinrich Rantzau habe hier seine Bücher *ad imitationem Flaminii* angeredet, ist mißverständlich. Marc–Antonio Flaminios Gedichte waren Rantzau sicher aus den 1548, 1549, 1552 und 1558 gedruckten *Carmina quinque illustrium poetarum* bekannt.[13] Er hatte sich an Flaminios Gedicht *Ad agellum suum*, beginnend *Venuste agelle, tuque pulchra villula*,[14] in seinem nur von Crusius zitierten

---

[9] P. Lindebergius, wie Anm. 4, S. 11f., nach den Worten: *Quin etiam ipse variis et immensis occupationibus plerumque districtus, in hanc* [sc. *bibliothecam*] *sese abdidit cumque tot virorum illustrium monumentis pedem confert et nunc a philosophorum familiis ad theologos, ab his ad medicos etc. una aut altera hora deficit, quod testantur sequentes ad libros huius Bibliothecae ab ipso ad Flaminii imitationem scripti versiculi.* Das Gedicht H*aec est vera beatitudo vitae* erscheint in der späteren Überlieferung nicht mehr.
[10] S. N. Chytraeus, Variorum in Europa itinerum Deliciae [...], Herborn 1594, 1599, 1606, hier zitiert nach der dritten Auflage, S. 470f., unter der Überschrift *Libros bibliothecae suae ampliss. ad imitationem Flaminii sic alloquitur D. Heinr. Ranzovius.* Zum Herausgeber vgl. Th. Elsmann, Hrsg., Nathan Chytraeus 1543–1598: Ein Humanist in Rostock und Bremen, Bremen 1991, und K. H. Glaser, Hrsg., David und Nathan Chytraeus: Humanismus im konfessionellen Zeitalter, Ubstadt–Weiher 1993.
[11] N. Chytraeus, wie Anm. 10, Bl. ):( iiii$^{r}$.
[12] S. F. Sweertius, Selectae Christiani orbis Deliciae, Köln 1608, 1625, hier zitiert nach der zweiten Auflage, S. 761f. Sweertius nennt S. 10 N. Chytraeus in der Liste seiner Quellen. Weitere Druckorte verzeichnet J. Moller, wie Anm. 2, S. 577.
[13] Die Druckorte der Gedichte von P. Bembus, A. Naugerius, B. Castilionius, I. Cotta und M.–A. Flaminius enthaltenden Sammlung waren Venedig (1548, 1558) und Florenz (1549, 1552). Zitiert wird hier nach der zweiten florentinischen Ausgabe. Verglichen wurde außerdem F. M. Mancurtus, Hrsg., M. Antonii Flaminii Forocorneliensis poetae celeberrimi Carminum libri VIII [...], Padua 1727.
[14] *Carmina*, wie Anm. 13, S. 138f. (Carm. lb. I 17).

Gedicht *Ad fundos suos* äußerst eng angeschlossen.[15] Viele Verse und Versteile Flaminios hatte er identisch und in ihrer originalen Reihenfolge wiederholt und zwischen sie entweder erweiternde Zusätze eingefügt oder statt Versen von Flaminio sachliche Alternativen eingesetzt. So sind V. 2–7 eine die Lokalität ausführende Erweiterung zwischen Flaminios V. 1 und 2, V. 11–12 eine zur Ehrung seines Vaters vorgenommene Erweiterung zwischen Flaminios V. 4 und 5, V. 15–18 ein sachlicher Ersatz für Flaminios V. 7–12, in dem dieser Verlust und Wiedergewinn seines Gutes beschrieb. V. 25–31 erweitern den Anruf Flaminios in V. 12, der in V. 29 übernommen ist, durch eine abermalige Schilderung der nun durch Tiere belebten Lokalität und jetzt auch der sich auf ihr abspielenden Handlungen, und V. 33–38 ersetzen die abschließende bukolische und heidnisch–mythologische Szenerie in Flaminios V. 21–26 durch einen familienbewußten und christlichen Schluß. Der Gedichttyp nähert sich also der *Parodia*, wie sie in der Poetik Julius Caesar Scaligers und dann vor allem in der 1575 gedruckten Schrift von Henricus Stephanus über die *Parodia* theoretisch und praktisch demonstriert und wie sie danach im sechzehnten Jahrhundert gerne auch als *Parodia seria* geübt wurde.[16] Er unterscheidet sich aber dadurch von ihr, daß die Verszahl des Originals nicht eingehalten wird, also neben Ersetzungen auch Erweiterungen stattfinden, und daß auch mehrere Verse ohne Bedenken und ohne den Versuch, sie etwas zu variieren, übernommen werden. In der folgenden Wiedergabe des aus iambischen Trimetern und Dimetern, also dem Metrum horazischer Epoden, bestehenden Gedichts sind die identisch übernommenen Worte bzw. Buchstaben steil gesetzt:[17]

---

[15] G. Crusius, wie Anm. 3, Bl. Kiᵛ–Li, unter der Überschrift *Ad Fundos suos Heinricus Rantzovius sumtis ex Flaminio plerisque versibus*. Das Gedicht ist zwischen dem Tod von Heinrich Rantzaus Vater Johann (12. Dezember 1565) bzw. März 1566 (vgl. Anm. 17) und dem 10. November 1568 (vgl. Anm. 3) entstanden.

[16] Vgl. hierzu E. Schäfer, Deutscher Horaz: Conrad Celtis, Georg Fabricius, Paul Melissus, Jacob Balde, Wiesbaden 1976, S. 29ff.

[17] In V. 19 ist bei Crusius *reliquam* Druckfehler. Mit *arx* (V. 5) ist das befestigte Schloß Breitenburg gemeint. Mit *Stora* (V. 6, 30) wird die nahe an Schloß Breitenburg vorbeifließende Stör, ein kleiner Nebenfluß der Elbe, bezeichnet. *Vellula* (V. 25, 30) ist die anscheinend sonst nicht bezeugte, von Rantzau geprägte lateinische Bezeichnung für einen heute abgegangenen Ortsnamen, der die "Welle" lautete und ein zum Kirchspiel Itzehoe gehörendes, westlich von Breitenburg gelegenes jagdbares Gebiet bezeichnete, das jetzt zum großen Teil von dem "Golf–Club Schloß Breitenburg" genützt wird (Näheres s. K. Hector–W. Prange, wie Anm. 3, S. 606, und W. Laur, Historisches Ortsnamenlexikon von Schleswig–Holstein, Schleswig 1967, S. 210). Der in V. 15 genannte *alter*, der die Herrschaft Breitenburg gerne im Tausch erworben hätte, dürfte Heinrich Rantzaus Bruder Paul gewesen sein, für den Johann Rantzau in seinem Testament das Gut Bothkamp bestimmt hatte und der am 20. März 1566 seinem Bruder Heinrich Vorschläge wegen der Teilung der

Venuste agelle tuque pulcra villula
*saltusque et amnes uberes,*
*salicta et umbra sibilantium arborum*
*et uda rivis pascua*
5 tuque arx, honos soli decusque Cimbrici,
*Storae propinqua flumini,*
*dignis satis quis efferet vos laudibus?*
Mei parentis optimi
olim voluptas et quies gratissima
10 fuistis; at *postquam* senex
*laboribus domesticis et bellicis*
*perfunctus et periculis*
terras reliquit et beatus coelitum
petivit oras incola,
15 vos alter *appetivit us*que *plurimum*
*fundum daturus alterum;*
*rogatus et quidem saepissime*
*mutare sic decreveram.*
*Nunc non* re*linqu*am. Iam iuvabit arbores
20 manu paterna consitas
videre, iam libebit in cubiculo
dulces inire somnulos,
ubi senex solebat artus languidos
molli fovere lectulo.
25 *In Vellula capreas iuvabit sternere*
*cervisque rete tendere*
*et glandibus sues agrestes pascere.*
*Quid esse dulcius potest?*
Gaudete *prata* rivulique lympidi,
30 *Stora atque culta Vellula,*
*laetique ruminantium boum greges!*
Heri vetusti filius
vos p*osside*t *Deo volente maximo*
*suisque tradet posteris.*
35 *Tibi ergo laus perennis et sit gloria,*
*inseparata Trinitas,*
*verbum paterque, spiritus sanctissime,*
*qui condidistis omnia.*

---

väterlichen Hinterlassenschaft machte (vgl. K. Hector–W. Prange, Nr. 442, 498, 504, 510).

Liebliches Gut und du schönes Haus, und Wälder und reichliche Flüsse, Weidengebüsch und Schatten zwitschernder Bäume und von Bächen feuchte Weiden und du Burg, Ehre und Zier des cimbrischen Bodens, nahe dem Fluß Stör, wer wird euch angemessen loben? || Einst ward ihr meines besten Vaters Lust und angenehmster Ruheplatz; doch nachdem der Alte nach all seinen Mühen zu Haus und seinen Gefahren im Krieg die Erde verlassen und die Gefilde der Himmlischen selig zu bewohnen erstrebt hatte, wollte euch ein anderer unbedingt bekommen — er war bereit, ein anderes Gut dafür zu geben; und sehr oft gebeten, war ich schon entschlossen, so zu tauschen. || Jetzt will ich euch nicht mehr verlassen. Es macht mir jetzt schon und auch künftig Freude, die von väterlicher Hand gepflanzten Bäume zu sehen und in dem Zimmer in süße Träume zu verfallen, wo der Alte seine müden Glieder im weichen Bette wärmte. Es wird mir Freude machen, auf der Welle die Rehe zu erlegen und für die Hirsche Netze zu spannen und die Wildschweine mit Eicheln zu mästen. Was kann hübscher sein? || Freut euch, ihr Wiesen und ihr klaren Bäche, Stör und schönes Wellenland und auch ihr satten Herden der wiederkäuenden Kühe! Des alten Herren Sohn besitzt euch mit des höchsten Gottes Willen und wird euch auch seinen Nachfahren überliefern. || Dir also sei ewig Lob und Ruhm, ungeteilte Dreiheit, Sohn und Vater, Heiliger Geist, da ihr dies alles erschaffen habt!

Eine solche Imitation, die Flaminios Anrede an sein zurückgewonnenes väterliches Gut in Serravalle am Fuß der Venezianer Alpen auf Rantzaus von seinem Vater ererbtes Schloßgut Breitenburg überträgt, erkennt das humanistische Gedicht aus Italien uneingeschränkt als klassisches Vorbild an. Die vielen von Rantzau frei komponierten lateinischen Gedichte zeigen, daß die Übernahme der Verse Flaminios hier nicht aus Versnot geschah, sondern seine freie Entscheidung war. Rantzau hat später einen anderen humanistischen Text aus Italien in analoger Weise bearbeitet und sich angeeignet. Das in Neapel befindliche Prosa–Epitaph Giovanni Pontanos für sich selbst (*Vivus domum hanc mihi paravi* [...]), das Rantzau vermutlich in einer der Kupferstiche von italienischen Grabmonumenten enthaltenden Ausgaben von Tobias Fendts Tafelwerk gesehen und gelesen hatte,[18] benützte er zur Komposition seines nur wenig variierten, aber in iambischen Trimetern und Dimetern gehaltenen eigenen Epitaphs (*Vivus lapideum hunc mihi paravi lectulum* [...]), das

---

[18] T. Fendt, Monumenta clarorum doctrina praecipue toto orbe terrarum virorum collecta [...], Breslau 1574, Frankfurt 1585, 1589, neue Auflage und Bearbeitung durch M. Z. Boxhorn, Amsterdam 1638, das Epitaph von Pontano dort im Stich S. 81. Lesen konnte Rantzau den Text des Epitaphs bereits in N. Chytraeus, Hodoeporicon [...], Rostock 1568, Bl. E2.

er auf seinem für die St. Laurentius–Kirche in Itzehoe bestimmten Steinsarkophag anbringen ließ.[19]

Ein ähnlich nahes Vorbild für Rantzaus Gedicht *Salvete, aureoli mei libelli* existiert unter Flaminios Gedichten nicht. Nur mit der Verwendung der Junktur *aureoli libelli*, dem Gedanken, daß die "goldenen Bücher" ständig "leben" und immer gelesen werden und generell mit dem catullisierenden Gedichtstil war Flaminio in mehreren Gedichten vorausgegangen. In einem hendekasyllabischen Gedicht *De libellis Andreae Naugerii* sagt er, daß die *libelli* Naugerios, und das heißt hier: seine Gedichte, so viele Jahre leben werden, wie es Sandkörner am Meer oder Sterne am Himmel oder Küsse bei Catull gibt; und er schließt nach zehn derartigen Vergleichen mit V. 13: *Vivent aureoli tui libelli*.[20] Rantzaus erster Vers kann in seiner Wortverteilung als *imitatio* dieses Verses bezeichnet werden. Den Sinn von *libelli* hat Rantzau verändert: es sind jetzt alle seine Bücher, die die Schriften der hervorragenden Geister der Vergangenheit und Gegenwart enthalten, gemeint, darunter auch die großen. Das Diminutiv drückt nur im catullischen Stil die Gefühlsbeziehung aus. Flaminio hat die Junktur im Schlußvers seines hendekasyllabischen Gedichts *Ad Alexandrum Farnesium Cardinalem* wieder benützt. Er widmet dort dem Kardinal ein eigenes Gedichtbuch und versichert ihm am Ende: *manebit | aeterno aureolus libellus aevo*.[21] Entsprechend sagt Rantzau, daß seine "goldenen" Bücher *aevo perpetuo leguntur* (V. 12). Die *aureoli libelli* sind hier in humanistischem Optimismus unvergänglich. Dabei ist die antike Vorstellung von der Unvergänglichkeit großer Dichtung aufgegriffen und erweitert. Ein drittes Mal benützte Flaminio die Junktur in dem hendekasyllabischen Gedicht *Ad Ioannem Casam*, und zwar abermals im Schlußvers: *saeculumque | nostrum orna aureolis tuis libellis*.[22] Die Junktur als solche wirkt catullisierend. Sie variiert gewissermaßen *lepidum [...] libellum* aus Catulls C. 1, 1 mit einem weiteren Diminutiv, das Catull auch verwendet hat.[23] Die Junktur selbst aber — und das

---

[19] S. N. Chytraeus, wie Anm. 10, S. 527, unter der Überschrift *Henricus Ranzovius Vicarius regius ad imitationem Pontani de suo sarcophago*. Der Text auch in P. Lindebergius, Iuvenilium partes tres, Frankfurt 1595, S. 169f. Weitere Druckorte bei J. Moller, wie Anm. 2, S. 581, der als Ort der Erstveröffentlichung nennt: H. Rantzau, De Somniis eorumque eventibus, Leipzig 1584. Der Sandsteinsarkophag, jetzt in der Schloßkapelle Breitenburg, ist erhalten; s. W. Steinmetz, wie Anm. 2, S. 702f., Nr. 156.

[20] *Carmina*, wie Anm. 13, S. 158f. (Carm. lb. I 38).

[21] *Carmina*, wie Anm. 13, S. 182f. (Carm. lb. II 1). Im gleichen Gedicht geht anläßlich einer Lobpreisung der modernen lateinischen Dichter Italiens die Anrufung *Salvete o decus, o perennis aevi | nostri gloria candidi poetae* voraus.

[22] *Carmina*, wie Anm. 13, S. 195 (Carm. lb. II 11).

[23] S. Cat. c. 2a, 2 und 61, 167. (H. P. Syndikus, Catull: Eine Interpretation, zweiter Teil, Darmstadt 1990, S. 39, faßt *aureolos* bei *pedes* gegen frühere Erklärer nicht metaphorisch, sondern als Farbbezeichnung für die Sandalen auf.)

wußten sowohl Flaminio als auch Rantzau — stammte aus Ciceros Acad. Quaest. 2, 44, 135, wo von einer Schrift des Akademikers Krantor "Über die Trauer" gesagt wird: *non magnus, verum aureolus et [...] ad verbum ediscendus libellus.*[24] Das Diminutiv wählte Cicero wohl in Hinsicht auf *libellus*. Das Adjektiv *aureolus* statt *aureus* wird gerne bei kleinen Gegenständen, die selbst mit einem Diminutiv bezeichnet werden, benützt (Plautus stellte es zu *anellus* und *ensiculus*). Für ein Buch hat Cicero die Bezeichnung "golden" nach unserer Überlieferung als erster verwendet. Vorausgegangen war, sie für Worte und Äußerungen zu benützen. Lukrez sprach von den *aurea dicta* Epikurs.[25]

In Anspielung auf Rantzaus Gedicht *Salvete, aureoli mei libelli* wird dann später Peter Lindenberg in einem Epigramm die von Rantzau selbst verfaßten — historischen, geographischen, kriegswissenschaftlichen, medizinischen und astrologischen — Werke als "goldene" Schriften und Bücher bezeichnen:[26]

*Pergito, Ranzoi, toti innotescere mundo*
 *aureolis scriptis aureolisque libris.*

Rantzau hat sein Gedicht im übrigen insgesamt in dem catullisierenden Stil verfaßt, wie er von der Mitte des fünfzehnten Jahrhunderts an von Pontano vor allem im erotischen Bereich aufgebracht worden war[27] und wie er sich im sechzehnten Jahrhundert dann — auch durch Flaminio — weit verbreitet hatte.[28] Es scheint, daß das Catullisieren Rantzaus durch die catullisierenden Gedichte Flaminios angeregt worden ist [vgl. dazu außerdem den Nachtrag am Ende dieses Beitrags].

Als catullischen Stilzug empfand man es, wenn man die Anfangsverse am Ende gleich oder leicht abgewandelt wiederholte.[29] Flaminio befolgte dieses Prinzip in seinem Gedicht *Ad agellum suum: Formosa silva vosque lucidi fontes*.[30]

---

[24] Erasmus zitiert diese Stelle in seinen *Adagia* mit der Erklärung: *quod eximium videri volumus aureum dicimus* (Opera, Leiden 1703, 2. Bd., Sp. 705, Adag. 2. 10. 90).
[25] De rer. Nat. 4, 12. Vgl. im übrigen TLL II, Sp. 1488, 53ff., und Sp. 1491, 61ff. Im Griechischen gibt es zwar bei Pindar eine "goldene" Muse als Abwandlung der "goldenen" Aphrodite Homers, aber die "goldenen" Worte von (Ps.–)Pythagoras werden erst in der römischen Kaiserzeit so bezeichnet.
[26] P. Lindebergius, wie Anm. 18, S. 182 (*In Enchiridion bellicum Henrici Ranzovii*, V. 13f.).
[27] Vgl. W. Ludwig, Litterae Neolatinae: Schriften zur Neulateinischen Literatur, hrsg. von L. Braun u.a., München 1989, S. 162ff., und dens., The Origin and Development of the Catullan Style in Neo–Latin Poetry, in: Latin Poetry and the Classical Tradition, ed. by P. Godman and O. Murray, Oxford 1990, S. 183ff.
[28] Vgl. W. Ludwig, Litterae Neolatinae, wie Anm. 27, S. 260ff., und dens., Joachim Münsinger und der Humanismus in Stuttgart, Zeitschrift für Württembergische Landesgeschichte 52, 1993, S. 91ff., hier S. 111f. und 122ff.
[29] Vgl. Catulls C. 16, 36, 52 und 57.
[30] *Carmina*, wie Anm. 13, S. 130 (Carm. lb. I 10).

Ein späteres Poetiklehrbuch schreibt zum *carmen phaleucium:*[31] *Non indecora est in fine repetitio unius vel plurium primorum versuum, quae Epanalepseos speciem quandam habet.* Rantzau folgte dieser Anschauung. Die Anrede und der Ausruf des Anfangs (V. 1–4) werden in den sechs Schlußversen 27–32 in zunächst identischer, dann erweiterter Form zusammen mit einer zusätzlichen Frage wieder aufgenommen. Der Ausdruck schließt sich dem Sirmio–Gedicht Catulls an, das auch Flaminio in dem eben erwähnten Gedicht zum Vorbild genommen hatte, wobei der Anschluß am Ende enger und deutlicher ausfällt. Vgl. aus C. 31 V. 12 *Salve, o venusta Sirmio* mit V. 1 und 27f., V. 4 *quam te libenter quamque laetus inviso* mit V. 3 und V. 30f., sowie V. 7 *o quid solutis est beatius curis* mit V. 32. Die Übernahme der Ausdrucksweise, mit der Catull seine Beziehung zu dem heimatlichen Sirmio am Gardasee charakterisiert hat, und ihre Verwendung für die Beziehung Rantzaus zu seinen Büchern läßt die Beziehung gefühlsmäßig der Catulls zu Sirmio entsprechen.

Rantzau hat zudem seine Gefühle für seine Bücher mit dem catullischen Liebesvokabular ausgedrückt, wodurch die Bücher auch an die Stelle einer Geliebten treten. V. 2 stammt wörtlich aus Cat. C. 32, 2 *meae deliciae, mei lepores*, ein Vers, der auch an den dortigen Kontext, die Einladung an Ipsitilla, denken läßt. Die geliebten *libelli* sind ein Kontrast zu ihr, aber auch eine Analogie. Rantzau freut sich, sie mit seinen Augen zu sehen (V. 3), freut sich, sie in seinen Händen zu halten (V. 4, zum Ausdruck vgl. auch Cat. C. 2, 2 *quem in sinu tenere*) und mit ihnen zu sprechen (V. 31).[32] Die Bücher sind bereits "berieben" (*tritos*) durch den häufigen Umgang mit ihnen.

Die Liebesbeziehung wird im Innenteil des Gedichts weiter ausgeführt. In V. 18–26 stellt Rantzau sein persönliches Verhältnis zu ihnen dar. Schon als Knabe "umarmte" er sie *magno amore* (V. 18 *aetate puer virente* im Ausdruck nach Apul. Met. 10, 29 *puelli puellaeque virente florentes aetatula*), und als erwachsener Mann "verfolgt und begleitet" er sie *impotentiore* [sc. *amore*] — der Ausdruck folgt Cat. C. 35, 12 *illum deperit impotente amore.* Solange das Schicksal ihn lieben läßt, das heißt: solange er lebt, wird er in Liebe für seine Bücher vergehen (*immori*, in der Konstruktion nach Horaz Ep. 1, 7, 85, ist hier dem Sinne nach wie *deperire* "vor Liebe sterben" verwendet — die Verbindung von *amor* und *mors* war gerade in der neulateinischen Liebesdichtung

---

[31] (Chr. Helwig und C. Bachmann), Poetica, praeceptis, commentariis, observationibus, exemplis ex veteribus et recentibus poetis studiose conscripta per Academiae Gissenae nonnullos Professores, Gießen 1608, 1692, 1617, 1657, hier zitiert nach der dritten Auflage, S. 247f.

[32] Zum Motiv des "Sprechens" der Bücher mit dem Leser vgl. Chr. Bec, De Pétrarque à Machiavel: à propos d'un Topós humaniste (Le dialogue lecteur/livre), Rinascimento 2 s. 16, 1976, S. 3ff., und die spätere Erörterung unten.

des sechzehnten Jahrhunderts, z.B. bei Janus Secundus, ein beliebtes Motiv). Rantzau endet diesen Abschnitt mit einem historischen Exempel: Wie König Alfonso dem Weisen von Neapel, dessen Bücherliebe das Geschichtswerk des Antonius Panormita bekannt gemacht hatte und von der auch Apophthegmensammlungen wie die des Erasmus und Facetien kündeten,[33] waren ihm seine Bücher lieber als alle seine anderen nicht geringen Reichtümer — und es ist zu bemerken, daß es auch ein beliebter Schlußtopos von Liebesdichtungen war, den Wert der Geliebten über alle Reichtümer zu setzen.

Der erste Abschnitt des Innenteils, V. 5–13, gibt die Begründung für diese große Liebe: In den Büchern sind die Gedanken der großen Autoren des Altertums und der Neuzeit aufbewahrt, so daß diese überall und immer gelesen werden können und — so endet Rantzau in V. 13 mit dem von ihm abgewandelten, von Cicero überlieferten Enniusvers (Tusc. 1, 15 *volito vivus per ora virum*) — *doctorum [...] volant per ora clari*. [Der vorausgehende, mit V. 9 *et sperare decus perenne scriptis* endende Satz hatte dagegen ein auffälliges Wort aus dem letzten Vers von Catulls Widmungsgedicht C. 1, 10 *plus uno maneat perenne saeclo* aufgegriffen.]

Zwischen diesen beiden je neun Verse umfassenden Abschnitten des Innenteils stehen vier Verse, in denen Rantzau die Wirkung seiner Bücher in einer fast hymnischen Anrede an sie definiert und in denen diese Bücher nun beinahe zu einer Gottheit werden. Sie sind *requies* und *voluptas*, womit in V. 14–15 auf die Bücher übertragen worden ist, was Lukrez von der Muse Calliope

---

[33] Die von Antonius Beccadelli genannt Panormita als Sekretär des Königs verfaßten *Libri quatuor de dictis et factis Alphonsi regis*, die Paulus Iovius in seinen *Elogia virorum litteris illustrium* ein *aureum libellum* nennt, wurden 1538 in Basel gedruckt. Die Aussprüche des Königs gingen in Anekdotensammlungen ein. Die zahlreichen Ausgaben der Facetien Heinrich Bebels enthielten seit 1542 auch die *Facetiae Alphonsi Arragonum regis*. Vgl. auch die *Apophthegmata* des Erasmus, wie Anm. 23, Bd. 4, Sp. 377ff. Über die Bücherliebe des Königs findet sich noch in: Centi–Folium Stultorum in Quarto. Oder Hundert Ausbündige Narren in Folio [...], 1709, Nachdruck Dortmund 1978, S. 54, im Kapitel über den "Bücher–Narr": "[...] von dem weisen König *Alphonso* in *Arragonien*, Sicilien und Neapolis meldet *Antonius Panormita*, daß er gesagt, wie er aus den Büchern die Waffen und Kriegs–Recht erlehrnet habe und daß man bei solchen als den besten Räthen die Wahrheit suchen könne und daß er lieber Edel-Gestein und seine köstlichen Perlen als einige Bücher verlieren wolle; wie er dann ein offenes Buch in seinem *Symbolo* und Merckzeichen gebraucht und ihm die Soldaten, wann sie in Eroberung der Städte Bücher bekommen, dieselben häufig zugetragen haben; *Julii Caesaris Commentarios* hat er allenthalben in seinen Kriegen mit sich herum geführt, und da er auf ein Zeit den *Livium* lase und die Musicanten in sein Zimmer kommen, hat er sie abgeschafft, weil er viel eine bessere Music in seinen Ohren aus diesen Schriften klingen hörte; den *Curtium* hat er sonderlich in Ehren gehabt, weilen er auf Ablesung dessen von einer Kranckheit zu Capua genesen ist; auch den *Ovidium* höher als das Land Abruzo, darauß dieser Poet gebürtig gewest, geachtet."

ausgesagt hatte (De rer. nat. 6, 94: *Calliope, requies hominum divumque voluptas*). Und sie sind darüber hinaus seine Zuflucht in der Not sowie Zier und Glanz im Glück. In V. 16–17 wird auf die Bücher übertragen, was Cicero Pro Archia 7 von den *studia litterarum* allgemein ausgesagt hatte: *secundas res ornant, adversis perfugium ac solacium praebent*. Auch Horaz dürfte eine kleine Formulierungshilfe geleistet haben (C. 2, 10, 21ff. *rebus angustis [...] vento nimium secundo*). V. 16 wirkt zudem wie eine humanistische Umformulierung des nun auf die Bücher bezogenen Bibelwortes Jer. 16, 19 *Domine, [...] refugium meum in die tribulationis*, das Luther mit "Herr, du bist meine Zuflucht in der Not" übersetzt hatte. *In laetis* (sc. *rebus*) strahlen die Bücher dann geradezu in göttlichem Glanz (*nitor refulgens*, V. 17).

Diese vergöttlichende Sprechweise war eine poetische Lizenz. Die Bücher erfreuten ihn wie die Heimat, in die man zurückkehrt. Er liebte sie wie eine Geliebte. Er verehrte sie wie eine wohltätige Gottheit, und er hat diesen letzten Aspekt seiner Bedeutung entsprechend in den mittleren Abschnitt des deutlich symmetrisch strukturierten Gedichts gesetzt.

Rantzau hatte sicherlich auch die verbreitete Basler Ausgabe der *Opera omnia* Petrarcas von 1554 in seiner Bibliothek, und Petrarcas berühmtes Lob der Bücher in seinem Brief an seinen Bruder Gerardus (Fam. Ep. III 18 *Scripta veterum indaganda esse*) dürfte ihm nicht unbekannt gewesen sein: *Aurum, argentum, gemmae, purpurea vestis, marmorea domus, cultus ager, pictae tabulae, phaleratus sonipes caeteraque id genus mutam habe[n]t et superficiariam voluptatem; libri medullitus delectant, colloquuntur, consulunt et viva quadam nobis atque arguta familiaritate iunguntur*. Diese Gedanken waren unterdessen beinahe ein humanistischer *locus communis* geworden.[34] Das hinderte nicht, daß ihre Formulierung durch Petrarca am bekanntesten blieb. Rantzaus Gedicht läßt sich als eine poetische Verarbeitung dieser Gedanken auffassen. Das Gold hat sich jetzt metaphorisch mit den Büchern verbunden. Auch Petrarca setzt alle anderen Reichtümer hintan. Petrarca und Rantzau vermitteln in ihren Büchern tiefste Freude, ja sogar *voluptas*. Sie sprechen mit ihnen, wofür immer das Verbum *colloqui* gebraucht wird, und sie werden zu vertrauten Freunden. Rantzau ist über diese Vorstellung emotional noch hinausgegangen, wenn er die Bücher die Rolle einer Geliebten spielen läßt und nicht so sehr ihre beratende Funktion betont, als sie vielmehr als Helfer und Retter in geradezu göttlichem Glanz sieht.

Mit der im Gedicht gesteigerten Emotionalität ist die ständige Anrede an die Bücher wie an lebende Wesen verbunden. Die Hinwendung zu ihnen wird durch die artistisch bewußte Plazierung von *vos* in allen fünf Abschnitten des

---

[34] Vgl. die Nachweise in dem in Anm. 32 zitierten Aufsatz von Chr. Bec.

Gedichts betont.³⁵ Rantzau hat den humanistischen Grundgedanken Petrarcas nicht nur in die catullisierende poetische Form umgesetzt, sondern mit und in ihr die Möglichkeit gefunden, diesen Gedanken zu einem intim wirkenden persönlichen Bekenntnis auszugestalten, das seinerseits das humanistische Verhältnis zum Buch formvollendet und modellhaft darzustellen geeignet ist. [Zu berücksichtigen ist hier jetzt auch der Nachtrag am Ende dieses Beitrags.]

Mit einer Mischung aus Ernst und Scherz hat Rantzau in einem weiteren an der Wand seiner Bibliothek angebrachten Text auch seinem Wunsch Ausdruck gegeben, daß seine Bücher auf immer unversehrt und ungeteilt im Besitz seiner Familie bleiben. Er hat dafür den von Catull denkbar weit entfernten Stil der altrömischen Gesetzessprache gewählt, wie ihn bereits Cicero in seinem Dialog *De legibus* (2, 8, 18ff.) beim Entwurf eines Sakralgesetzes imitiert hatte. Daß er diese Imitation imitierte, wird durch die Übernahme der in der antiken Literatur singulären Wortfolge *clepserit, rapserit* erwiesen. Der Text, der zwischen 1569 und 1584 verfaßt worden sein dürfte, lautet:³⁶

*Henrici Ranzovii perpetuum de bibliotheca sua decretum:*
*Quae infra scripta sunt, hunc in modum sancita sunto inviolateque observantor:*
*Ranzovii nec quisquam alius hanc possidento, haeredes eam non dividunto. Nemini libros, codices, volumina, picturas ex ea auferendi, extrahendi aliove asportandi nisi licentia possesoris facultas esto. Si quis secus fecerit, libros partemve aliquam abstulerit, extraxerit, clepserit, rapserit, concerpserit, corruperit dolo malo, illico maledictus, perpetuo execrabilis, semper detestabilis esto, maneto.*

Was unten geschrieben ist, soll in dieser Weise festgelegt sein und unverletzt beachtet werden: ǁ Die Rantzau und kein anderer sollen die Bibliothek besitzen, die Erben sollen sie nicht teilen. ǁ Niemandem soll es gestattet sein, ohne Erlaubnis des Besitzers Bücher, Handschriften, Rollen, Bilder aus ihr wegzutragen, herauszunehmen oder anderswohin wegzuschaffen. Wenn einer anders gehandelt haben wird, Bücher oder

---

³⁵ Zu beachten ist die Stellung von *vos* in V. 3, 5, 14, 18, 30 jeweils in der Mitte der äußeren bzw. am Anfang der inneren Abschnitte des Gedichts. Die Formen *vobis* (V. 7, 22) und *vestro* bzw. *vestras* (V. 11, 25) finden sich außerdem nur im zweiten und vierten Abschnitt in der gleichen Reihenfolge. Der symmetrische Aufbau des Gedichts wird dadurch verstärkt.
³⁶ G. Crusius, wie Anm. 3, kennt den Text noch nicht. Er ist zuerst (nach J. Moller, wie Anm. 2, S. 576) veröffentlicht in H. Rantzau, wie Anm. 19; danach s. P. Lindebergius, wie Anm. 4, Frankfurt 1592, S. 26, dens., wie Anm. 19, S. 168f. (mit der vorhergehenden Zeile: *Pateo Minervae, non Murciae*), N. Chytraeus, wie Anm. 10, S. 509, F. Sweertius, wie Anm. 12, S. 765; weitere Druckorte bei J. Moller a.O.

irgendeinen Teil weggetragen, herausgenommen, gestohlen, geraubt, entwendet, in böser Absicht beschädigt haben wird, so soll er alsbald verdammt, beständig verflucht und immer verwünscht sein und bleiben.

Der Titel *perpetuum decretum* parodiert das *edictum perpetuum* des römischen Stadtprätors. Freilich ist zu bemerken, daß alle Details der alten Gesetzessprache doch nicht dazu geführt haben, daß für Bücherdiebe über die Verfluchung hinaus eine Strafe festgelegt worden wäre.[37] Als Bibliotheksordnung ist das Dekret nur bedingt praktikabel. Es bringt auf seine Weise aber auch wieder Rantzaus Liebe zu seinen Büchern zum Ausdruck, deren Konsequenz verbunden mit seinem starken Familienbewußtsein sein Wunsch war, daß sie unversehrt und vereint im Besitz der Rantzau die Zeiten überdauern mögen.[38]

Die Texte, mit denen Rantzau seine Bibliothek schmückte, spiegelten ihre Spannweite, die von der leichten Poesie eines Catull bis zu der schweren Prosa des römischen Rechts alle *prisci lumina saeculi et recentis* vereinigen sollte und im Urteil der Zeit vereinigte.

Entgegen dem Wunsch ihres Besitzers überdauerte die Bibliothek ihn aber nur etwa dreißig Jahre: 1627 belagerte, eroberte und zerstörte der kaiserliche Generalissimus Wallenstein mit seinen Truppen das befestigte Schloß Breitenburg, das von den Truppen des dänischen Königs vierzehn Tage lang verteidigt worden war. Auch die berühmte Bibliothek wurde geplündert und zerstört.[39] Die Handschriften und Bücher wurden teilweise weit verschleppt. Einzelne wurden in öffentlichen Bibliotheken in Prag, wohin sie durch Wallenstein gekommen waren, aber auch in vielen deutschen Städten (Augsburg, Breslau, Darmstadt, Göttingen, Gotha, Jena, Marburg und Rostock), in Dä-

---

[37] Zu anderen Abwehrreaktionen gegen den Diebstahl von Büchern vgl. W. Ludwig, Bücherdiebstahl im 16. Jahrhundert — zwei Dokumente, Zeitschrift für Bibliothekswesen und Bibliographie 39, 1992, S. 348ff.
[38] Vgl. dazu auch die entsprechenden Bestimmungen über die Bibliothek in Heinrich Rantzaus deutschsprachigem Testament vom 18. Oktober 1594 bei K. Hector–W. Prange, wie Anm. 3, Nr. 1027, 95. Heinrich Rantzau legt dort fest, daß die Bibliothek im gleichen Raum ungeteilt bei den Rantzauschen Erben von Bredenberg bleiben soll; der Pastor und Kaplan von Bredenberg sollen von einem Kapital von 200 bzw. 150 Mark eine jährliche Rente (10 bzw. 7,50 Mark) für die Wartung der Bibliothek erhalten — sie sollen den Bücherkatalog führen, die Bücher "wischen und rein machen" und zweimal jährlich (zur Verhütung der Schimmelbildung) austrocknen, im Winter vor dem Kaminfeuer, im Sommer in der Sonne (der Bibliotheksraum selbst war nicht heizbar); die Rantzau, auch Schwäger und Schwiegersöhne, sind berechtigt, gegen eigenhändige Unterschrift im Leihbuch einzelne Bücher bis zu einem halben Jahr zu entleihen.
[39] Vgl. M. Posselt, Die Bibliothek Heinrich Rantzaus, Zeitschrift der Gesellschaft für Schleswig–Holsteinisch–Lauenburgische Geschichte 11, 1881, S. 69ff.; weitere Literatur über die Forschungen nach dem Verbleib der Bücher und Handschriften hat D. Lohmeier, wie Anm. 2, S. 68, Anm. 5, zusammengestellt.

nemark (Kopenhagen, Aarbus, Herlufsholm, Odense, Roshilde), ja sogar in Schweden (Stockholm, Uppsala, Skokloster) und Finnland (Helsingfors) nachgewiesen. Die letzteren stammten zu einem Teil aus der schwedischen Kriegsbeute im Dreißigjährigen Krieg. Andere Bücher waren einer zeitgenössischen Chronik zufolge über Wallensteins Soldaten in den Besitz von Bürgern aus Itzehoe und von da nach Hamburg gekommen. Ein paar Bände gelangten vielleicht dadurch auch in die Stadtbibliothek Hamburg und nach Kiel.

Es wurde kürzlich festgestellt, daß sich "unter den erhaltenen Resten der Rantzau–Bibliothek im Vergleich zu anderen Disziplinen (Astronomie, Medizin, Geschichte, Jura) auffällig wenig literarische und kunsthistorische Werke" befinden.[40] Dieser Befund läßt sich vielleicht so erklären, daß er keine Rückschlüsse auf den ursprünglichen Bibliotheksbestand erlaubt. Die Bücher der verglichenen Disziplinen sind relativ häufig große Foliobände, wahrend literarische Werke umgekehrt häufig im Oktav– und Duodezformat gedruckt wurden — solche kleineren Bände gehen leichter zugrunde und bleiben in den öffentlichen Bibliotheken auch eher unbemerkt.

Manche Bände der Rantzau–Bibliothek dürften noch unerkannt in öffentlichen und privaten Bibliotheken liegen. Ohne es zu ahnen, erwarb ich kürzlich einen Band aus dieser Bibliothek im Antiquariatshandel, wo ein Exemplar von P. Lindebergius, Juvenilium partes tres, Frankfurt 1595, im Oktavformat (16,5 x 10 cm), "mit starken Gebrauchsspuren" zum Kauf angeboten wurde. Lindenberg hatte dieses Buch veröffentlicht, als er 1595 von Paul Schede Melissus in Heidelberg zum *Poeta laureatus* gekrönt worden war, und dafür seine 1592 in Hamburg veröffentlichten *Hedysmaton partes tres* überarbeitet und durch Stücke, die auf die Dichterkrönung Bezug nahmen, erweitert.[41] Der Pergamenteinband des vorliegenden Exemplars war in der Tat stark lädiert: verschmutzt, verfärbt, wellig und etwas eingerissen. Die Schließbänder und das Vorsatzblatt fehlen. Die Seiten sind oft wasserfleckig. Aber auf dem durch vier ursprünglich offenbar schwarz geprägte rechteckige Linien am Rand und kleine Rosetten in den Ecken geschmückten Vorderdeckel befindet sich in der Mitte ein mit schwarzem Prägestempel gesetztes, wenn auch verblaßtes ovales Supralibros (55 x 45 mm), das ein Wappen mit längs geteiltem Schild in verschiedenen Farben und mit Büffelhörnern auf dem Helm und eine Umschrift zeigte, deren Zeichen sich bei näherer Betrachtung zu meiner Überraschung in folgender Weise entziffern ließen:

HINRIC *o* RANZAW *o* STADTHOLDER *o*

---

[40] S. D. Lohmeier, wie Anm. 2, S. 69, Anm. 6, und W. Steinmetz, wie Anm. 2, S. 132ff.
[41] S. die genauen Titelangaben bei H. Wiegand, wie Anm. 4, S. 503.

Auf dem hinteren Deckel ist außen das gleiche Prägemuster, in der Mitte eine schwarz eingeprägte stilisierte Lilie zu sehen. Das gleiche Supralibros ist durch die Forschungen von I. Collijn für ein aus dem Besitz von Heinrich Rantzau stammendes, 1588 oder bald danach gebundenes Buch in der National– und Universitätsbibliothek Prag belegt.[42] Das Exemplar scheint Lindenbergs Widmungsexemplar an Heinrich Rantzau gewesen zu sein, das dieser auf seine Weise binden ließ. Das fehlende Vorsatzblatt dürfte die handschriftliche Widmung getragen haben. Die vermeintlichen "starken Gebrauchsspuren" sind in erster Linie vermutlich als Spuren der Kriegsereignisse des Jahres 1627 aufzufassen.

Auf der Innenseite des Vorderdeckels ist auf den oberen Pergamenteinschlag mit alter Tinte geschrieben: "ex auctione Lackmanniana Hmb. 1755." Über diese Hamburger Auktion ließ sich nichts mehr in Erfahrung bringen, aber ihren Anlaß kann man erschließen. Es handelte sich offenbar um den Büchernachlaß des Kieler Professors Adam Heinrich Lackmann (1694–1753).[43] Geboren in Lauenburg, war er 1708 unter dem Rektorat von Johann Albert Fabricius im Hamburger Johanneum immatrikuliert worden, studierte 1718 in Gießen, dann in Kiel, hielt sich 1719–1721 wieder in Hamburg auf, war danach Rektor in Eutin, 1727–1729 im Dienst des Grafen Christian Rantzau auf Rasdorff und ab 1733 Professor der Geschichte an der Universität Kiel. Seine zahlreichen veröffentlichten Arbeiten betreffen unter anderem die Geschichte des norddeutschen Humanismus im sechzehnten Jahrhundert. Er hat das Exemplar von Lindenbergs *Iuvenilia* — wohl noch im Wissen um seine Herkunft — in Hamburg oder im holsteinischen Raum erwerben können, wo es sich seit 1627 befunden haben dürfte. *Habent sua fata libelli.*

[Erstveröffentlichung: Nr 179, revidiert. In: Théodore de Bèze und Heinrich Rantzau über ihre Bücherliebe, Philologus 141, 1997, S. 141–144 (= Nr. 211) konnte ich zusätzlich nachweisen, daß das *Ad Bibliothecam* betitelte, 32 Hendekasyllaben umfassende und 1548 in seinen *Poemata*, S. 61f., unter der Überschrift *Ad bibliothecam* veröffentlichte Gedicht von de Bèze *Salvete, incolumes mei libelli, | Meae deliciae,* [...] wesentliche Anregungen und Muster für Rantzaus gleich großes Gedicht *Salvete, aureoli mei libelli, | Meae deliciae,* [...] bot.]

---

[42] S. I. Collijn, Rester av Heinrich Rantzaus Bibliotek pa Breitenburg i National– och Universitetsbiblioteket i Prag, Nordisk Tidskrift för Bok– och Biblioteksväsen 26, 1939, S. 126ff., 27, 1940, S. 179ff., 28, 1941, S. 1ff., hier 27, S. 229 (Nr. 178), und 28, S. 3 mit Abb. 3.

[43] Vgl. zu ihm H. Schröder–F. A. Cropp–C. R. W. Klose, Lexikon der hamburgischen Schriftsteller bis zur Gegenwart, 4. Bd., Hamburg 1866, S. 268f.

## VII. Drama und Dialog

[Vgl. zu diesem Bereich auch Nr. 34, 40 (= Litterae Neolatinae, S. 65–69), 41 (= L. N., S. 70–97), 45, 46, 57 (= L. N., S. 60–64).]

### 1. Ein Epitaphium als Comoedia

Der verwunderliche Titel könnte Sie, lieber Herr Lefèvre, annehmen lassen, daß hier von komischen Epitaphien die Rede sein wird, etwa solchen, wie sie der Niederländer Franciscus Swe(e)rtius (1567–1629) in: *Epitaphia Ioco–Seria, Latina, Gallica, Italica, Hispanica, Belgica*, Köln 1623 und 1645 drucken ließ. Dies wird nicht der Fall sein, aber da ich Ihre Erwartung in diese Richtung gelenkt haben mag, möchte ich Sie nicht ganz enttäuschen und deshalb ein komisches Epitaphium, das sich nicht in der genannten Sammlung findet, zitieren. Es steht auf einem anonymen Einblattdruck des 16. Jahrhunderts und wird Josephus a Pinu Auerbachus zugeschrieben, da es manchmal mit einem seiner Werke[1] zusammengebunden erscheint. Seine Überschrift ist *Epitaphium aulici morionis*:[2]

> *Confluat huc omnis stultorum turba, nec ullus*
>     *Praetereat fatuus, quo requiesco, locum.*
> *At quicunque sibi sapiens magnique videtur*
>     *Consilii, tumulo debet abesse meo.*
> 5 *Est mihi, si nescis, pater Histrio, Mimula mater,*
>     *Scurra meo levior non fuit alter avo.*
> *Istorum similis, quorum sum sanguine cretus,*
>     *Ipse perinsignis morio, scurra fui.*
> *Quid rides subitoque paras discedere, lector?*
> 10     *Forte times, similis ne videare mei?*
> *Siste gradum nec te sapientibus insere stultum!*
>     *Si tamen ipse Solon esse videris, abi*
> *Et concede locum fatuis, qui nostra frequentent*
>     *Officioque colant haec monumenta suo!*
> 15 *Turba sed huc non sic fatuorum confluat omnis,*
>     *Me nimis ut duro pondere terra premat.*
> *Cum sit ubique frequens stultorum turba, quis omnes*
>     *Hic pariter iunctos sustinuisse queat?*
> *Nunc hi, nunc illi veniant, aliique recedant,*
> 20     *Turba sit ut tumulo non onerosa meo.*
> *Si coeant omnes uno simul agmine iuncti,*

---

[1] Carmen continens narrationem non quidem historicam, sed conficam admonendae adolescentiae causa, o.O. o.J., (Wittenberg um 1560?).
[2] Zitiert aus einem Exemplar, das mir Dr. Fred Schreiber, New York, 1980 schenkte. Ein anderes wurde angeboten von Thulins Antikvariat AB, S–57060 Österbymo, in: Catalogue 229, Nr. 828.

*Quos natura mihi finxit in orbe pares,*
*Lassa gravi, vereor, ne pondere terra sub ipsis*
*Concidat ac fatuis ima dehiscat humus.*[3]

Die Rede des toten Hofnarren, der sich in Parodie adliger Stammbäume stolz seiner komödiantischen Herkunft rühmt, führt von einem ἀπροσδόκητον zum anderen und eine komische Szene vor Augen, bis er unsere Vorstellung schließlich mit einem großen Plumps enden läßt. Zugleich hat er uns die Weisheit verpaßt, daß die Welt voller Narren ist, eine Ansicht, die er mit Sebastian Brant, dem Autor des "Narrenschiffs" von 1494, teilte und die noch in dem 1709 gedruckten und Abraham a Santa Clara zugeschriebenen *Centifolium Stultorum* im ersten Satz der Vorrede so ausgedrückt ist:[4] "Gewiß ist es, daß die Welt sehr mit Narren angefüllt und ist keine Stadt auch kein Fleck und kein Dorff, wo nicht Leuth dieses Gelichters gefunden werden".

Nein, von solchen Epitaphien soll hier nicht die Rede sein, vielmehr möchte ich hier eines vorstellen, von dem sein humanistischer Autor um 1510 zu unserem Erstaunen behauptet, es sei ein *epitaphium per typum et formam comoediae [...] compositum.* Weshalb er dieser Meinung sein konnte, wird uns noch beschäftigen.

Verfaßt hat den Text Wolfgang Reichart (Rychardus, 1486–1547), als er in den Jahren 1508–1513 ein Gehilfe des Ulmer Stadtarztes Dr. med. Johannes Stocker (Stockar, 1453/55–1513) war, und zwar wohl, nachdem er 1509 den Magistergrad in Tübingen erworben hatte und bevor er 1512 in Freiburg im Breisgau selbst zum Dr. med. promovierte.[5] Als Rychardus 1534 einen handschriftlichen Libellus mit Briefen und Gedichten von ihm und an ihn zusammenstellte, die seine Leistungen in Dichtung, Philosophie und Medizin demonstrieren sollten, nahm er die 'Komödie' zusammen mit einem undatierten Begleitbrief an Stocker darin auf, wodurch bewiesen ist, daß er auch ein Vierteljahrhundert später noch

---

[3] Nach Verg. Aen. 4, 24: *sed mihi vel tellus, optem, prius ima dehiscat.*
[4] Zitiert nach dem Facsimile–Abdruck der Erstausgabe in: Die bibliophilen Taschenbücher, Dortmund 1978.
[5] Vgl. zu Reichart Walther Ludwig, Eine Tübinger Magisterprüfung im Jahr 1509, in: Dirk Sacré–Gilbert Tournoy, Hrsg., *Ut granum sinapis*, Essays on Neo–Latin Literature in Honour of Jozef IJsewijn, Leuven 1997 (Supplementa Humanistica Lovaniensia 12), S. 193–214 (darin zu Stocker S. 208ff.), und ders., Philosophische und medizinische Aufklärung gegen evangelischen Biblizismus und Teufelsglauben — Der Arzt Wolfgang Reichart im Konflikt mit dem Theologen Ambrosius Blarer, Medizinhistorisches Journal, Internationale Vierteljahresschrift für Wissenschaftsgeschichte 32, 1997, S. 121–177 (darin S. 145ff. Ergänzungen und Berichtigungen zu Ulrike Bausewein, Stocker, Johannes, in: Die deutsche Literatur des Mittelalters, Verfasserlexikon 9, 1995, Sp. 341–344).

auf seine damalige Produktion stolz war.[6] Sie ist in der Hamburger Handschrift Supellex epistolica 4°, 49, Bl. 40v–45r, überliefert und hat folgenden Wortlaut:

*[1] Sapientissimo atque expertissimo philosopho medicoque,[7] domino doctori Ioanni Stockar Ulmensi, Wolfgangus Rychardus S. D. P. [2] Omnem philosophiae finem et apicem proculdubio haud ab re prisci sapientes in mortis contemplatione sita esse tradiderunt. Quid etenim religioni Christianae concinnius, quid animulae nostrae ad coelestem vitam conducibilius quam peccati fuga et pietatis erga deum observantia? Id quod nulla alia commodiore conditione nancisci possumus quam per mortis contemplationem.[8] Ait enim Aurelius Augustinus, ille patrum sanctissimus, "novissima tua memorare et in aeternum non peccabis".[9] Quo fit, domine doctor optime, ut tuum non solum nomen et doctrina, verum quoque opera ipsa et facta de te testimonium, qualis sis philosophus,[10] abunde perhibeant. Et ut de tuo in utraque medicinarum[11] experimento sileam, ne a quoquam assentator adulatorque esse insimuler, de illa autem, quae finis est philosophiae, mortis scilicet contemplatione, quam tu non modo sapienter, verum etiam sapientissime prae te fers, tibi laudem et philosophiae atque sapien-*

---

[6] Vgl. zu der Sammlung von 1534 Walther Ludwig, Aliquot epistolae ac epigrammata doctoris Vvolfgangi Rychardi medici et ad hunc aliorum — Die Edition der Korrespondenz des Ulmer Humanisten und Stadtarztes Wolfgang Reichart, in: Hans–Gert Roloff, Hrsg., Editionsdesiderate zur frühen Neuzeit. Beiträge zur Tagung der Kommission für die Edition von Texten der frühen Neuzeit, Amsterdam 1997 (Chloe, Beihefte zum Daphnis 24/25), S. 171–177, und ders., Die Sammlung der Epistolae ac Epigrammata des Ulmer Stadtarztes Wolfgang Reichart von 1534 als Dokument humanistischer Selbstdarstellung, in: Klaus Arnold–Sabine Schmolinsky–Urs Martin Zahnd, Hrsg., Das dargestellte Ich, Studien zu Selbstzeugnissen des späteren Mittelalters und der frühen Neuzeit, Bochum 1999 (Selbstzeugnisse des Mittelalters und der beginnenden Neuzeit 1), S. 117–137.
[7] *philosopho medicoque* bezieht sich darauf, daß Stocker in Ingolstadt Magister artium und in Italien Dr. med. geworden war.
[8] In dieser antike Philosophie und christlichen Glauben verbindenden Reflexion folgt Reichart Cicero (Tusc. 1, 74) und Erasmus, der in seinem damals kürzlich erschienenen *Enchiridion militis Christiani* (Basel 1509) in Cap. VIII, Can. V, geschrieben hatte (Opera T. 5, Leiden 1704, Sp. 28): *Ergo in hoc est iter ad vitam spiritalem ac perfectum [...] Id quod vidit et Socrates, vir non tam lingua quam vita philosophus. Ait enim* [vermutlich dachte Erasmus an Platon Phaedon 64a–68b, 80d–81a] *ita demum animam feliciter emigrare e corpore, si prius per philosophiam mortem fuerit diligenter meditata et multo ante per rerum corporalium contemtum et spiritualium amorem et contemplationem adsueverit tanquam a corpore abesse. Neque aliud est crux illa, ad quam nos vocavit Christus* [in Matth. 10, 38; 16, 24] *neque aliud mors, qua nos capiti commori vult Paulus* [2. Tim. 2, 11], *quemadmodum dicit et propheta*: [es folgen Zitate von Ps. 44 (43), 22 und — als Wort des *Apostolus* — Col. 3, 1–2].
[9] Auf dem Rand steht hier: *Eccli. 7*. Das Zitat ist aus Augustinus Speculum 23, wo Ecclesiasticus 7, 40 zitiert wird.
[10] Vgl. auch hierzu die in Anm. 8 zitierten Worte des Erasmus über Socrates: *vir non tam lingua quam vita philosophus*. Reichart preist Stocker in entsprechender Weise.
[11] Der Ausdruck *in utraque medicinarum* scheint *in utraque iure* zum Vorbild zu haben. Damit dürfte die den Menschen zugewandte *medicina* und die *medicina veterinaria* gemeint sein.

*tis nomen adscribere numquam erubesco. Et ne de re luce meridiana clariore frustra decertasse videar, si quisquis invidus hisce verbulis meis fidem habere dubitat, aspiciat ille, quid apud coenobitas praedicatores aedificari feceris, ubi futurum tuum monumentum et sacerdotium perpetuum in dei omnipotentis laudem a te et tuis amplissimis impensis ac sumptibus liberaliter fundatum inveniet.*[12] *Quare ego item tibi non iniucundum fore existimavi, si epitaphium in laudem tuam meopte ingenio fabricarem tuoque nomini dedicarem, ut et pro parte inclytum nomen tuum praeconiis extollam et meum in te animum atque observantiam indicem et exponam. Est autem id epitaphium per typum et formam comoediae a nobis compositum. Et ne mirum tibi videatur, qua ratione a me factum sit, ut te vivente et vivacissimum iam in his scriptis meis vita functum effinxerim, hoc ideo a me factum scias, quoniam, ut est apud Nasonem poetam:*[13]

> *Pascitur in vivis livor, post fata quiescit.*
> *Tunc suus ex merito quemque tuetur honos.*

*Hoc est: viventibus sine ambitione nemo dignos suos audet offerre honores. Itaque ego te iam tumulatum finxi, ut praeter ambitionem parumper tuas laudes te vivente oculis tuis offerre possim. Accipe igitur, doctorum colendissime, eo animo libellum istum, quo eum tibi author dedicat, hoc est: placido, sereno et hilari, et me dignitati tuae commendatum habe.*

*Comedia metrica de epitaphio domini doctoris Stockar a Wolfgango Rychardo composita. Sunt interlocutores: Rychardus nuntius, Medicina, Aristoteles, Phoebus avus Medicinae, Aesculapius Medicinae pater, Mors, Praxiteles et Protogenes artifices.*

*Rychardus nunciat Medicinae obitum domini doctoris Stockar et monstrat tumulum:*

> *Stockar Ioannes iacet hac tumulatus in urna,*
> *O Physice, plangas, o Medicina, fleas.*[14]

*Medicina respondet nuncio:*

> *Cur, Rycharde, mihi tam tristia nuncia narras?*

---

[12] Stocker hatte in der Dominikanerkirche in Ulm sein künftiges Grabmal errichten lassen und eine ewige Kaplaneipfründe gestiftet. Die Kirche wurde 1617–1621 als evangelische Dreifaltigkeitskirche auf den alten Grundmauern neu errichtet (sie wurde 1944 weitgehend zerstört). In ihrer Sakristei befand sich Anfangs des 18. Jahrhunderts die Grabplatte Stockers, deren Inschrift Johann Dietrich Leopold 1733 in seiner *Memoria physicorum Ulmanorum* widergibt (Stadtarchiv Ulm, H Leopold 1, S. 10); vgl. dazu Walther Ludwig, Vater und Sohn im 16. Jahrhundert. Der Briefwechsel des Wolfgang Reichart genannt Rychardus mit seinem Sohn Zeno (1520–1543), Hildesheim 1999, S. 24.

[13] Ovid Am. 1, 15, 39f.

[14] Zu *O Physice, plangas, o Medicina, fleas* vgl. oben Anm. 7. Der Unterricht zwischen dem Baccalaureus– und dem Magistergrad bezog sich vor allem auf die aristotelische Naturphilosophie.

## 1. Ein Epitaphium als Comoedia

    *Anne meus Stockar mortis adivit iter?*
5   *Forte tuis salibus me sic deludere tentas,*
    *Hunc quia me valde noscis amare virum.*

*Rychardus nuncius respondet:*
    *More poetarum nonnunquam cudere nugas*
    *Assuevi, sed iam, veh mihi, vera cano.*

*Medicina ab ancillis petit vestes lugubres, et habitum laetum atque flosculos, insignia, abiicit, imperatque ancillis, ut accersiant amicos:*
    *Purpura caede modo, tristesque venite lacernae,*
10   *Circum nunc mappae poniminique caput!*
    *Ex nostris manibus, quos flores gesto fragrantes,*
    *Demite! Sola vicem Cyprica myrtus habet.*[15]
    *Panniculos oculis tergendis reddite nostris,*
    *Et facitote meos advolitare viros!*

*Aristoteles ab ancilla ad Medicinam vocatus venit et sororem suam, id est Medicinam, de fletu et tristitia interrogat:*
15   *Cur, Medicina, piis corrumpis fletibus ora*
    *Atque habitu lugubri tristia fata gemis?*
    *Quis tuus, ah, vitam tantus finivit amicus,*
    *Ut tibi tam moestus vultus adesse queat?*

*Medicina fraterculum suum Aristotelem de moestitia sua certiorem facit:*
    *Frater Aristoteles, nostros miserare dolores*
20   *Germanae miserae subveniasque tuae!*
    *Mortuus ecce iacet Stockar, tua vera propago*
    *Quique tuae sophiae iure maritus erat.*

*Aristoteles aegre fert obitum doctoris Stockar; illum enim generum suum vocat, quum ipse doctor Stockar maritus Philosophiae exstitit et eam per insignia et anulum in Ingoltstadiensi gymnasio in uxorem duxit:*
    *Ah, mea, quos flendos narras, germana, dolores,*
    *Funera lachrymulis concelebranda piis?*
25   *Scis, ubi septemplex Boios translabitur Hister,*[16]
    *Est sita Chrysopolis,*[17] *candida nostra domus.*
    *Illic percelebri studio mea dogmata florent,*
    *Quo iuvenum docilis multa catherva meat.*

---

[15] Zur Beziehung der Myrte zu Tod und Grab s. RE Bd. XVI, 1, Sp. 1171–1183 (Steier s.v. Myrtos), hier Sp. 1182. Auf dem Grab des Polydorus wuchsen Myrten (Verg. Aen. 3, 23).
[16] Ov. Trist. 2, 189 *septemplicis Histri* |.
[17] Gräzisierte und schmückende Namensform für Ingolstadt, wo Stocker bis zu seiner Promotion zum Magister artium studierte.

>     *Hanc iuvenis quondam Stockar perrexit in urbem,*
> 30    *Ad patriam secum pulchra tropaea tulit.*
>     *Artes edidicit septem sophiaeque studebat:*
>       *Philosophus cretus atque magister erat.*

*Medicina refert doctorem Stockar post magisterium in Italiam profectum fuisse et illic per doctissimos medicos in medicinae doctorem cretum:*

>     *Et postquam sophiae princeps*[18] *artisque magister*
>       *Cretus erat, Latiam pergit adire plagam.*
> 35    *Atque illic*[19] *medicos magna virtute probatos*
>       *Audiit et didicit dogmata nostra frequens*
>     *Pervigil atque hausit nostrae documenta palaestrae*
>       *Indeque praeclarus doctor inivit iter.*

*Phoebus, avus Medicinae, per ancillas ad neptem suam vocatus eam interrogat de singultu et fletibus:*

>     *Cur tua singultu facies, charissima neptis,*
> 40    *Turget? Funebris quid quoque monstrat odor?*
>     *Hoc me ne celes, per nomen quaeso parentis*
>       *Aesclapii, quondam qui mihi gnatus erat.*

*Medicina respondet Phoebo, avo suo:*

>     *Phoebe, quid haec referam lachrymosae fata ruinae?*
>       *Stockarus ecce meus mortis adivit iter.*
> 45    *Illius, ah, quoties memini nomenque decusque.*
>       *Distillant lachrymis lumina prompta meis.*

*Phoebus audita morte consilium dat, ut filium Aesculapium accersiant:*

>     *Quid tibi consilii reddam, dulcissima neptis,*
>       *Ausculta paucis et mea verba tene!*
>     *Aesclapii adventum iam nos curare decebit.*
> 50    *Ille potest miro nosque iuvare modo.*

*Aesculapius, Phoebi filius, primus apud Graecos Medicinae parens, eam advocatus de tristitia interrogat:*

>     *Tristitias vestra iamiam de mente movete,*
>       *O pater et fili filiolaeque meae,*
>     *Atque mihi vestri causam recitate doloris!*
>       *Forte rei vestrae consuluisse queam.*

---

[18] Der Ausdruck *sophiae princeps* bezieht sich vermutlich darauf, daß er — wie Reichart 1509 in Tübingen — aufgrund der mündlichen Magisterprüfung der Erstplazierte war und dann als erster des Jahrgangs seine Magisterrede halten durfte, worauf er die Magisterinsignien erhielt.

[19] Nach Leopold, wie Anm. 12, studierte Stocker in Bologna und promovierte dort zum Dr. med.

## 1. Ein Epitaphium als Comoedia

*Medicina patrem Aesculapium obsecrat, ut scientia et arte sua uti velit, qua mortuos ab inferis evocare fabulatur; et doctorem Stockar iam mortuum in vitam revocare dignetur:*

55  O pater omnigeno princeps medicamine primus,
    Ingenii vires excute, quaeso, tui!
  Atque artes omneis, quas olim rector Olympi
    Iuppiter indiderat, iam meminisse velis.
  Nam Stygios iterum experto medicamine nosti
60      Manes in vitam restituisse suam.
  Tu reparare potes vitam iam morte peremptis.
    Hoc de te priscae fabula gentis ait.[20]
  Stockarus ecce tuus quondam perdulcis alumnus
    Atque nepos gelidae mortis imago iacet.

*Aesculapius reddit rationem se iam nullum posse ab inferis in vitam pristinam restituere, quum Mors didicerit illis venenis hominem necare, quae nullis medicorum artibus curari possint:*

65  Parcarum genitor, Mors atrocissima rerum,
  Me quondam cernens animas revocare ab Averno
  Perdoluit, cupiens causam internoscere veram
  Callidus advertit, quonam medicamine tantam
  Rem fecisse queam, pedibusque fit assecla nostris,
70  Atque medelarum virtutem discere tentat,
  Quid possint lapides, radices et simul herbae.
  Edidicit nostrum tandem medicamen ad unguem,[21]
  Mors quoque quid valeat studuit depellere vitam
  Atque animam spoliare potest de corpore vivam.
75  Nil medicina iuvat, si Mors sua munera tradat.
  Hanc igitur Mortem precibus placare benignis
  Convenit, ut laethale velit removere venenum.
  Tunc forsan poterit medicinae munus adesse.

*Medicina alloquitur Mortem, ut doctorem Stockar velit ad vitam aptum efficere:*

  Proh, tremebunda lues, Mors pallida[22] saevaque clades,
80  Tu mihi solertem semper frustrare laborem
  Atque repugnanti mea munera fronte retractas.
  Corpus ego sanum, tu languida membra facessis
  Et mihi continuo contraria vota minaris.

---

[20] Hygin Fab. 49.
[21] Erasmus Adag. 1. 5. 91: *Ad unguem.*
[22] Horaz C. 1, 4, 13: *pallida Mors aequo pulsat pede.*

> *Desine iam demum, livorem tolle molestum,*
85 *Mansuetudo tuos fac iam conscendat in artus!*
*Nonne satis vindicta tibi tribuisse videtur?*
*Quot reges validos, quot cives quotve tyrannos*
*In tua claustra trahis? Iam, Mors, satiabere tandem!*
*Et mihi doctorem, quem iam tua syncopa*[23] *scidit,*
90 *Restituas, et quicquid ego pro munere tali*
*Acceptum fecisse queam, Mors, omnia poscas.*
*Et factum reputa! Non hanc me ferre repulsam,*
*Mors, patiare, precor! Me voti sola potentem*
*Reddere tu poteris. Tibi nostrae summa facultas*
95 *Laetitiae et fletus. Sed fac meliora, precamur,*
*Ne dum forte tuo nimium gaudere tryumpho*
*Incipis, Omnipotens sceptrum tibi tollat in aevum.*

Mors denegat Medicinae petitiones et doctorem Stockar Aesculapio ad vitam revocandum idoneum reddere non vult:

> *Ultio sola placet. Nil donis placor ab ullis.*
> *Nil doctrina potest nostrum tardare laborem.*
100 *Divicias nauci facio*[24] *robustaque membra.*
*Omnibus aequa manet nostra implacabilis ira.*
*Littus aras,*[25] *si velle putas me posse moveri.*
*Nil promissa iuvant. Iuvat ipsa extinctio semper.*
*Nulla etiam vindicta mihi pergrata putatur,*
105 *Quam si quod facio reliquos perturbat ubique.*
*Quodsi fronte feras obitum doctoris iniqua,*
*Gaudeo. Nam semper nos displicuisse studemus.*
*Et nullum mortale genus me saepius anxit*
*Quam medici, quos inter erat tuus ille corona*
110 *Stockarus. Et toties laqueos frustratus*[26] *et artes,*
*Quae nos solerti mortalibus usque veneno*
*Struximus, egregio populos medicamine multos*
*Curavit, quoscunque mea iam falce tenebam.*
*Hos tuus ille puer semper sanavit ad unguem.*
115 *Quare digna suis a nobis ultio factis*
*Redditur, et nullis precibus placabor in aevum.*
*Nec terrore tuo mea coepta antiqua relinquo.*
*Nilque minas metuo, non reges nonque tyrannos.*

---

[23] *syncopa* hier in der Bedeutung "Sense"; synonym ist in V. 113 *falx*.
[24] Erasmus Adag. 1. 8. 5: *Nauci non facere.*
[25] Erasmus Adag. 1. 4. 51: *Arare littus.*
[26] Erasmus Adag. 4. 5. 32: *Omnes laqueos effugere.*

# 1. Ein Epitaphium als Comoedia    375

> *Philosophos omneis, legum iurisque peritos,*
> 120 *Astrologos, logicos, physicos simul atque poetas*
> *Syncopa nostra rapit. Nullo discrimine placor.*
>
> *Praxiteles et Protogenes artifices optimi conqueruntur de obitu doctoris Stockar, qui patronus et monarcha omnium fabrorum exitit. Praxiteles:*
> *Nullus in orbe fuit, qui plus dilexerit unquam*
> *Plaebem daedaleam praecipuosque fabros.*
> *Iam mihi quapropter plangendi occasio restat:*
> 125 *Stockarus hic doctor mortis imago iacet.*
>
> *[Praxiteles et] Protogenes:*
> *Artificum fautor simul et largissimus hospes*
> *Extitit, hoc ego iam Protogenesque gemo.*
> *Quicquid enim Medicina viro corraserat usquam,*
> *Nos tulimus celsas perficiendo domus.*
> 130 *Iccirco valeat, dulci quoque pace quiescat,*
> *Qui meruit tanta laude subire polos.*

Eine Szenenfolge mit durch Regiebemerkungen angekündigten Dialogen und eine vom Leser zu imaginierende Bühnenhandlung hat diese *comoedia*. Es sind insgesamt sieben Szenen, von denen die ersten sechs sich jeweils zu Szenenpaaren zusammenordnen lassen:

I. 1. Rychardus meldet als Bote der Medicina den Tod des Dr. Stockar (V. 1–8). 2. Medicina fordert ihre — als stumme Personen fungierenden — Mägde auf, ihr anstelle ihres purpurnen Gewandes ein schwarzes Trauerkleid, einen Trauerschleier und ein Tuch für ihre Tränen zu bringen und ihre Freunde herbeizuholen; von ihren Blumen hat sie nur die Myrte behalten (V. 9–14).

II. 3. Aristoteles, der als jüngerer Bruder der Medizin bezeichnet wird (die aristotelische Naturphilosophie geht dem Studium der Medizin voran), wird von einer Magd der Medizin herbeigeführt und von dieser über den Tod des Dr. Stockar unterrichtet. Er wird als Schwiegersohn des Aristoteles bezeichnet, da er in Ingolstadt bei der Magisterpromotion mit der Insignie des Rings die Philosophie, die Tochter des Aristoteles, zur Frau nahm. Aristoteles und Medicina blicken in ihrer Trauer auf den Lebenslauf Stockars zurück (V. 15–38). 4. Apollo, der als Großvater der Medicina bezeichnet wird (sie ist Tochter seines Sohnes Aeskulap), wird von zwei Mägden der Medizin herbeigeführt und von dieser über den Tod des Dr. Stockar unterrichtet. Er gibt den Rat, Aeskulap herbeizuholen (V. 39–50).

III. 5. Den von ihren Mägden herbeigeholten Aeskulap bittet seine Tochter Medicina, sein durch die antike Sage bezeugtes Wissen und Können anzuwenden und Dr. Stockar, der nun als sein Enkel (also als Sohn der Medicina) bezeichnet wird, wieder zum Leben zu erwecken. Aeskulap antwortet — das Versmaß wechselt vom elegischen Distichon zum als höher geltenden Hexameter — , daß er niemand mehr zum Leben zurückbringen könne, da der Tod Gifte gelernt habe, die durch keine ärztliche Kunst überwunden werden könnten (V. 51–78). 6. Medicina wendet sich nun an Mors, den Tod, der mit seiner Sense aufgetreten ist, und bittet ihn, Dr. Stockar wieder lebensfähig zu machen, damit Aeskulap ihn mit ärztlicher Kunst wieder dem Leben zurückgeben kann. Mors lehnt die Bitte ab. Der Tod ist unversöhnlich[27] und rafft mit seiner Sense alle Menschen gleichermaßen hinweg (V. 79–121).

IV. 7. Praxiteles und Protogenes trauern — nun wieder in elegischen Distichen — als Vertreter der Kunsthandwerker, der von Dr. Stockar geförderten Steinmetzen, Bildhauer und Maler, um ihn und stellen ihm in Aussicht, wegen seiner großen Verdienste in den Himmel zu kommen (V. 122–131).

Die *comoedia* behandelt die Epitaphienthemen Luctus, Laus und Consolatio. Rychardus hat in ihr zwei Erfindungskomplexe zusammengefügt, einerseits den humanistischen Verband der Götter Apollo und Aeskulap, der Personifikationen Medicina und Philosophia und der Personen Aristoteles und Stockar, die er in einen umfassenden mythisch–genealogischen und allegorisch zu deutenden Zusammenhang gebracht hat, andererseits den feindlich gegenüberstehenden Tod, der vergeblich um eine Verlängerung des Lebens gebeten wird. Letzterer ist als Figur bekannt aus den zeitgenössischen Totentanzdarstellungen[28] und Moralitäten.[29]

Jakob Locher Philomusus, mit dem Rychardus zumindest wenige Jahre später befreundet war,[30] hat 1510 ein *Poemation* verfaßt,[31] in dem die Konstellation des

---

[27] Dabei äußert er Genugtuung darüber, daß ihm gerade ein Arzt, der viele seiner Vorhaben früher vereitelte, zum Opfer gefallen ist, und berührt damit das Motiv des Kampfes des Arztes mit dem Tod, das auch in zeitgenössischen Epitaphien auf Ärzte erscheint wie z.b. bei Johannes Sapidus, Epigrammata, Schletstadt 1520, Bl. c iiiv–ivr, *Epitaphium Petri Dieleri medici. En recubat Petrus medicae doctissimus artis | hac, praematura morte peremptus, humo. | Quam toties stravit, sed aperto Marte petitam, | sternitur incautus illius insidiis. | Ponite spem, medici, salvandae ponite vitae, | si mors victorem vincere victa potest.*
[28] Vgl. Hartmut Freytag, Der Totentanz der Marienkirche in Lübeck und der Nikolaikirche in Reval (Talinn), Köln u.a. 1993, S. 15 "[sc. spätmittelalterliche] Totentänze finden sich oft im Lebens– und Wirkungsbereich von Bettelorden; im oberdeutschen Raum beggnen sie vornehmlich in Dominikanerklöstern" mit Hinweis insbesondere auf Hellmut Rosenfeld, Der mittelalterliche Totentanz, Entstehung, Entwicklung, Bedeutung, Köln–Wien 1954, 3. Aufl. 1974 (Beihefte zum Archiv für Kulturgeschichte 3), und S. 228ff. zur Szene Arzt — Tod (allerdings bittet bei Rychardus nicht der Arzt für sich selbst, sondern Medicina für ihn).
[29] Vgl. Johannes Bolte, Drei Schauspiele vom sterbenden Menschen, Leipzig 1927 (Bibliothek des Literarischen Vereins Stuttgart 269/270), S. 1ff.: "Büchel von dem aygen gericht des sterbenden Menschen mit exempel und figuren", München 1510, wo Tod, Engel und Teufel auftreten und das zu erwartende Gericht vorgestellt wird, wovon bei Rychardus keine Rede ist.
[30] Vgl. Walther Ludwig, Universitätslob — oder wie der Humanist Jakob Locher Philomusus für die Universität Ingolstadt warb, Philologus 140, 1996, S. 163–182.

vergeblich um Lebensverlängerung gebetenen Todes in einer besonderen Variation erscheint: Hier bittet der arme Lazarus den Totenfährmann Charon für einen reichen alten Klosterbruder Michael um Verlängerung seines Lebens, was dieser jedoch ablehnt. Dem an Lochers patrizischen Schüler Bernhard Baumgartner aus Nürnberg gerichteten Widmungsbrief folgt in Prosa *Argumentum sequentis dramatis*,[32] worauf das *drama* — wie bei Rychardus — mit elegischen Distichen beginnt (einem Dialog zwischen Lazarus und Michael), später jedoch zu Hexametern wechselt. Lazarus sagt über den Reichen zu Charon: *Te rogat expassis manibus, tibi supplicat ille | frater ad has nebulas et tetram lapsus ad oram, | Ut consumpta velis pene iam producere vitae | stamina, lanificas etiam exorare sorores, | vivat ut in longas estates vertice cano.* Der ablehnende Charon verneint — wie bei Rychardus (V. 98, 101, 116) — , daß er "versöhnt" werden könnte: *In me non pietas, non est placatio mentis.| Navita communis mortalibus omnibus adsum.* Er gewährt dann aber doch noch einen kleinen Aufschub, bis er die im Krieg Gefallenen eingeschifft hat, und das *drama* endet mit einer Paränese des Lazarus zu einem besseren Leben.

Es ist zu vermuten, daß Rychardus von diesem Text angeregt wurde und auch seine metrische Form danach wählte. In elegischen Distichen hatte Locher auch sein Rychardus wohl gleichfalls bekanntes mythologisch–allegorisches Schauspiel *Iudicium Paridis de pomo aureo* geschrieben, das 1502 in Ingolstadt aufgeführt und in Augsburg gedruckt wurde und in dem antike Gottheiten in moralischer Bedeutung auftraten.

Aber warum nannte Rychardus sein Stück nicht auch *drama*, sondern *comoedia*? Was kannte er an Komödien und welche Vorstellung hatte er von ihnen? Er hatte Terenz und etwas Plautus gelesen.[33] Er kannte die beiden Komödien Johann Reuchlins, die dieser in jambischen Senaren verfaßt hatte, die *Scenica progym-*

---

[31] Hoc in libello continentur Poemation Iacobi locher philomusi de Lazaro mendico, divite purpurato et inferno Charonte [...], o.O. o.J. (Augsburg 1510); der Widmungsbrief ist datiert Ingolstadt, den 5. Januar 1510. Auf Bl. A vir zeigt ein Holzschnitt den Reichen, Lazarus und Charon in einem Stocherkahn.
[32] Als Quelle für die Figuren des Lazarus und des Reichen wird Lucas 16, 19ff. angegeben.
[33] Sein Tübinger Poetiklehrer Heinrich Bebel empfiehlt in seiner Schrift *Qui auctores legendi sint ad eloquentiam comparandam* (nach Carl Joachim Classen, Zu Heinrich Bebels Leben und Schriften, Nachrichten der Akademie der Wissenschaften in Göttingen, I. Phil.–Hist. Kl., Jahrgang 1997, 1, S. 7, zuerst gedruckt Pforzheim 1504, hier zitiert nach der Ausgabe Straßburg 1513, Bl. A iiv) unter den *Comici* zur Lektüre vor allem Terenz, *qui ad communem sermonum usum est accomodatissimus et verborum proprietate cunctis comicis praepositus*, und mit Einschränkungen Plautus, *eo quod sermo eius [...] hodie non est multum in usu, quum nimis licenter et verbis ab usu remotis loquatur*. Bei letzterem soll der Lehrer auf übliche Worte hinweisen und von abgegangenen abraten.

*nasmata, hoc est ludicra praeexercitamenta*[34] und den *Sergius vel capitis caput*, letzteren wohl mit dem 1507 zuerst gedruckten Kommentar von Georg Simler, an dessen Anfang ein aus Diomedes, Donat und Priscian geschöpfter Traktat *De comoedia* steht. Von Locher dürfte ihm außer den beiden eben genannten Stücken auch bekannt gewesen sein dessen *Ludicrum drama Plautino more fictum de sene amatore, filio corrupto et dotata muliere* (1502), dessen Dialog in Prosa verfaßt ist und in dessen metrischer Paränese *Ad spectatorem* es nachher heißt: *Exemplar vitae res comica dicitur esse, | que mores hominum factaque prava notat*. Der angeredete Zuschauer wird am Ende um Beifall gebeten, *si tibi ridiculi perplacuere sales*. Rychardus hatte also genügend gelesen, um den von den Humanisten wiederentdeckten antiken Sinn von *comoedia* zu kennen.

Noch konnte dieser Begriff aber auch in einer sehr allgemeinen Weise fast synonym zu *dialogus* gebraucht werden. Bebel selbst hatte 1501 einen Text verfaßt, den er im Widmungsbrief *Dialogus de optima adolescentium institutione*, im Titel *Comoedia de optimo studio scholasticorum* oder *Comoedia vel potius dialogus [...]* nannte,[35] und dem er ein *Argumentum Coomediae* und die Ankündigung *Ad spectatores* vorausschickte, daß weder Liebe noch Wein, sondern nur eine Unterrichtung über das beste Studium zu erwarten seien. Es ist ein in fünf Akte gegliederter Prosa–Dialog, dessen *Interlocutores*[36] anfangs jeweils angegeben werden. Ein Bauer sendet dort seinen Sohn auf die Universität, wo er *sophismata* und

---

[34] In der Staats– und Universitätsbibliothek Hamburg, Sup. ep. 4°, 49, Bl. 63v–64r, befindet sich ein undatiertes Gedicht, das Rychardus in Schelklingen wohl um 1505 schrieb und in dem er einen Freund bittet, ihm ein Exemplar von Reuchlins *Scenica progymnasmata* zu leihen:

    *Comica quae scripsit Phorcensis carmina Reuchlin*
        *De re causidica foemineoque dolo,*
    *Sunt salibus condita adeoque referta lepore,*
        *ut superent Plauti fertilitate iocos.*
5   *Et dum forte meos inter recitare sodales*
        *Vellem, quae risu concelebranda forent,*
    *Incidit in mentem nostri comoedia Reuchlin,*
        *Quam tua, si memini, bibliotheca tenet.*
    *Et quia non alium modo possum scire locantem,*
10  *Tu mihi, qui morem gesseris, unus ades!*
    *Quare per Musas, per sacrae culmina Chyrrae,*
        *Te rogito, nostras si patiare preces,*
    *Ut facias, huius fiat mihi copia libri,*
        *Et nisi vix mensem longior hospes erit.*
15  *Hoc quoque scire potes bis rem te reddere gratam,*
        *Si cito, quod iam vis mittere, mittis opus.*

[35] Vgl. Classen, wie Anm. 33, S. 7. Hier zitiert nach der Ausgabe Straßburg 1513.

[36] Dieser Begriff, den auch Rychardus vor seiner *Comedia metrica* gebraucht, um die im folgenden auftretenden Personen bekannt zu machen, findet sich auch in der von Jakob Spiegel kommentierten Ausgabe der *Scaenica progymnasmata* Reuchlins (Tübingen 1512), Bl. VII, dagegen, soweit ich sehe, nicht in den gleichzeitigen Ausgaben der antiken lateinischen Dramatiker.

*eloquentia* lernt und dadurch denen überlegen wird, die nur eine einseitige scholastische oder humanistische Ausbildung erhalten haben. Am Ende werden die Vertreter der verschiedenen Schulrichtungen zu einem friedlichen Ausgleich gebracht und nach *Valete et plaudite* steht: *Bebelius recensui*. Bebel hat also einige formelle Eigentümlichkeiten der handschriftlichen und gedruckten Terenz– und Plautusausgaben bewahrt, und auch die Grundstruktur einer Komödie schimmert noch durch seinen Dialog hindurch. Rychardus hat die *Comoedia* sicher gehört, als sie 1501 erstmals vorgetragen wurde.

Noch weiter von der antiken Komödie entfernt ist eine andere *Comedia*, die in Leipzig 1507 gedruckt wurde: *Chiliani Equitis Mellerstatini Comedia gloriose parthenices et martiris Dorotheae agoniam passionemque depingens*. Kilian Reuter widmete sein Stück Kurfürst Friedrich von Sachsen und schrieb im Widmungsbrief, er wolle *Dorotheae historiam dyalogice edere atque depingere*. *Ad Lectorem* gerichtet schreibt er, daß, wer sich an die schrecklichen Folterqualen des Mädchens und die Drohungen ihres Richters erinnern wolle, in Wittenberg ins Theater kommen solle. Die heidnischen Dichter hätten *scenica ludicra* vorgetragen, Ernstes vermischt mit Späßen (*seria mixta iocis mestaque ridiculis*) — in seinem Theater solle jedoch von Liebe und Wein keine Rede sein: *Inclita Dorotheae meditemur et acta sororum | vincula, tortores, flagra, trophea, faces*. Nach einem *Argumentum* in jambischen Senaren folgt dann die in Akte eingeteilte Passionskomödie in Prosa, in der neben menschlichen Figuren auch Pluto und Alecto auftreten.

Nicht alle damals schon bekannten (und nicht alle der für uns unabdingbaren) Kriterien der antiken *comoedia* brauchten erfüllt zu sein, damit ein neuer Text so genannt werden konnte. Auf diesem Hintergrund ist zu verstehen, daß Rychardus seine Produktion vermutlich als eine *comoedia* bezeichnete, weil hier ein Dialog, und sogar ein metrischer, geboten wurde, weil eine erfundene szenische Handlung vorgestellt wurde, weil — wie im Amphitruo des Plautus — Menschen und Götter auftraten, weil es um das Geschick eines Bürgers und nicht um das eines Königs ging und weil das Ganze, wie in dem Begleitbrief gesagt wurde, von dem lebenden Dr. Stocker *animo placido, sereno et hilari* aufgenommen werden sollte. Es war eine Vorstellung und Betrachtung seines unvermeidlichen Todes — aber dies machte den Text nicht zur *tragoedia*, sondern war, wie der Begleitbrief anfangs erklärt hatte, ein Ziel des christlichen Glaubens ebenso wie der antiken Philosophie. Es war zugleich eine Vorstellung und Betrachtung seines über den Tod hinaus fortdauernden Ruhmes als großer Philosoph und Arzt und stellte ihm am Ende in Aussicht, daß er seiner Verdienste wegen in den Himmel aufgenommen werden würde — genug, damit das Ganze für Dr. Stocker als eine ihm huldigende *comoedia* gelten konnte.

So ist die *Comoedia metrica de epitaphio domini doctoris Stockar* des Wolfgang Reichart ein neues Beispiel für die Art, wie zu Beginn des 16. Jahrhunderts der

Begriff *comoedia* verstanden und verwendet werden konnte. Daß ein fiktives *epitaphium* in der Form einer *comoedia* geschrieben wurde, war wohl ein singulärer Vorgang. Er läßt sich nur erklären durch die Begeisterung für die neuentdeckten poetischen Formen, die der junge Humanist hegte und die ihn dazu brachten, zur beabsichtigten Überraschung seiner Leser zwei poetische Formen miteinander zu kreuzen, die an sich nichts miteinander zu tun hatten.[37]

[Erstveröffentlichung: Nr. 234, revidiert.]

---

[37] [Nachtrag 2002: Konrad Vollmann, Eichstätt, machte mich am 30.12. 2000 brieflich darauf aufmerksam, daß *comoedia* im Mittelalter mit *encomium* in Verbindung gebracht wurde (s. Mittellateinisches Wörterbuch bis zum 13. Jahrhundert, Bd. 2, München 1999, Sp. 1020f.). Wenn diese Interpretation im Tübinger Poetikunterricht zur Zeit Reicharts noch eine Rolle spielte, hätte sie sich auch auf seinen *comoedia*–Begriff auswirken können.]

## 2. Formen und Bezüge frühneuzeitlicher lateinischer Dialoge

I Der humanistische *dialogus* — Probleme seiner Formen und seiner Entwicklung

Wer sich über die antiken Dialoge informieren will, kann zu dem schon 1895 veröffentlichten zweibändigen Werk "Der Dialog. Ein literarhistorischer Versuch" von Rudolf Hirzel greifen, das nicht nur umfassend und im wesentlichen zutreffend orientiert, sondern auch immer noch durch seinen frischen Stil, seine zupackenden Beobachtungen und seine erhellenden Perspektiven eine spannende Lektüre bietet. Der damals etwa fünfzigjährige Ordinarius für Klassische Philologie an der Universität Jena hat hier die erste Gattungsgeschichte des Dialogs vorgelegt. Ihr grundlegender Charakter und ihre bleibende Bedeutung, die ihre Nennung an dieser Stelle rechtfertigen, wird auch dadurch dokumentiert, daß sie als "Standardwerk" fast in jeder Dialoguntersuchung an der Spitze der Bibliographie steht. Hirzel hat nach der ausführlich behandelten nicht–christlichen Dialogliteratur der Antike dem "Dialog in der altchristlichen Literatur" eine kurze Skizze gewidmet,[1] die 1970 durch die umfassende und systematische Darstellung dieses Gegenstandes in dem Werk "Der Dialog in der frühchristlichen Literatur" von Bernd Reiner Voß ersetzt wurde, so daß seit dieser Zeit die gesamte Dialogliteratur der Antike erschlossen ist.

Hirzel hatte noch ein Kapitel "Der Dialog im Mittelalter und den neueren Zeiten" angehängt,[2] in dem er lateinische und nationalsprachliche Dialoge vorstellte und zu dem er im Vorwort bemerkte, daß er daran dachte, es ganz wegzulassen, da er "auf diesem Gebiete nur Dilettant" sei: "wenn ich mich trotzdem entschlossen habe eine so dürftige Skizze zu veröffentlichen, so geschah es im Hinblick auf das einmal von mir gesammelte Material, das […] in dieser Zusammenstellung und Verwertung doch vielleicht auch Fachmännern einiges Neue bietet".[3] Unterdessen sind zahlreiche Untersuchungen und Darstellungen zu einzelnen neuzeitlichen Dialogen und auch zu mehreren lateinischen und nationalsprachlichen Dialoggruppen sowie zur neuzeitlichen Dialogtheorie erschienen. In den letzten Jahrzehnten sind insbesondere von

---

[1] Rudolf Hirzel, Der Dialog. Ein literarhistorischer Versuch, Leipzig 1895, Bd. 2, S. 366–380.
[2] Ebd., S. 381–437.
[3] Ebd., Bd. 1, S. V. Wenn man diese Erklärung berücksichtigt, wird eine Feststellung wie die von Hempfer, in: Klaus W. Hempfer, Hrsg., Möglichkeiten des Dialogs. Struktur und Funktion einer literarischen Gattung in Italien zwischen Mittelalter und Renaissance, Stuttgart 2002 (Text und Kontext 15), S. VIII: "In historischer Perspektive tendieren ältere Untersuchungen wie etwa das Standardwerk von Hirzel dazu, die Bedeutung des 'Dialogs' im Mittelalter zu minimieren", unberechtigt.

romanistischer Seite ausgezeichnete Monographien wie die von Virginia Cox[4] veröffentlicht worden, die auch methodisch für die Untersuchung der lateinsprachigen Dialoge viele Anregungen bieten. Eine umfassende Darstellung der neuzeitlichen Dialogliteratur fehlt jedoch noch überall. Insonderheit die Aufarbeitung der lateinischen Dialoge liegt weit zurück.[5] Dies bestätigt die gehaltvolle einführende Skizze des neulateinischen Dialogs, die Jozef IJsewijn und Dirk Sacré 1998 zusammen mit einer Forschungsbibliographie in ihrem "Companion to Neo–Latin Studies" gegeben haben.[6] Selbst die lateinischen Dialoge eines einzelnen Jahrhunderts sind bisher noch nicht einmal zusammengestellt worden. Zwar hat David Marsh 1980 aufschlußreiche Interpretationen von Dialogen Brunis, Poggios, Vallas, Albertis und Pontanos vorgelegt und dabei auch eine gewisse Entwicklungslinie aufzeigen können, zahlreiche Dialoge anderer italienischer Humanisten des 15. Jahrhunderts blieben dabei jedoch unberücksichtigt.[7]

---

[4] S. Virginia Cox, The Renaissance dialogue. Literary dialogue in its social and political contexts. From Castiglione to Galileo, Cambridge 1992. Ihr Hauptinteresse zielt auf eine sozialgeschichtliche Interpretation der italienischen Dialoge. Sehr aufschlußreich ist auch Jon R. Snyder, Writing the scene of speaking. Theories of dialogue in the late Italian Renaissance, Stanford 1989, dessen Hauptinteresse der italienischen Dialogtheorie gilt. Vgl. jedoch die kritischen Bemerkungen zu seiner Darstellung der Dialogtheorie Sigonios und Speronis unten und in dem Beitrag von Bodo Guthmüller, Zur Theorie des Dialogs im Cinquecento: Sperone Speronis 'Apologia dei Dialoghi', in: ders. und Wolfgang G. Müller, Hrsg., Dialog und Gesprächskultur in der Renaissance, Wiesbaden voraussichtlich 2004 (Wolfenbütteler Abhandlungen zur Renaissanceforschung).

[5] Die romanistischen Arbeiten, z.B. Giovanna Wyss Morigi, Contributo allo studio del dialogo all'epoca dell'umanesimo e del rinascimento, Diss. phil. Bern, Monza 1950, beachten in der Regel nur den lateinischen Dialog des Quattrocento und wenden sich nach Entstehen der italienischen Dialogliteratur fast ganz dieser zu. Ähnlich hat in der germanistischen Forschung der in Deutschland geschriebene lateinische Dialog nach Erasmus und Hutten wenig Aufmerksamkeit gefunden, vgl. Gottfried Niemann, Die Dialogliteratur der Reformationszeit nach ihrer Entstehung und Entwicklung. Eine literarhistorische Studie, Leipzig 1905 (Probefahrten. Erstlingsarbeiten aus dem Deutschen Seminar in Leipzig).

[6] Jozef IJsewijn mit Dirk Sacré, Companion to Neo–Latin studies, Part II, Leuven 1998 (Supplementa Humanistica Lovaniensia 14), S. 229–238.

[7] S. David Marsh, The Quattrocento dialogue. Classical tradition and humanist innovation, Cambridge/Mass.–London 1980. Ergänzende Bemerkungen gab August Buck, Fiktion und Wirklichkeit. Bemerkungen zu den humanistischen Dialogen der italienischen Renaissance, in: Klaus Ley–Ludwig Schrader–Winfried Wehle, Hrsg., Text und Tradition. Gedenkschrift Eberhard Leube, Frankfurt am Main u.a. 1996, S. 31–45. Vgl. jetzt auch Hempfer, wie Anm. 3. Der Band enthält neben einem prinzipiellen Beitrag des Herausgebers und zwei Aufsätzen zum Dialog des Due- und Trecento, das Quattrocento betreffend, Beiträge zu Brunis Dialogen *Ad Petrum Paulum Histrum* (Bernd Häsner), zu Vallas *De voluptate* bzw. *De vero falsoque bono* (Gernot Michael Müller), Landinos *Disputationes Ca-*

## 2. Formen und Bezüge lateinischer Dialoge 383

Es gibt keine wie auch immer geartete Liste der neuzeitlichen lateinischen Dialoge, aber wer sich in die unübersetzten Textmassen der neulateinischen Literatur einliest und nicht nur zu den wenigen schon bekanntgemachten Autoren greift, ist immer wieder überrascht, wie viele Dialogtexte auftauchen. Es sind weit mehr, als in der Forschung bis jetzt Beachtung fanden. Ihre Zahl ist vermutlich vierstellig. Ihre Suche wird dadurch erschwert, daß im Titel nicht notwendigerweise *dialogus* oder *colloquium* zu stehen brauchen (*De constantia libri duo* ist der Titel des berühmten Dialogs von Lipsius)[8] und auch in manchen Sammelwerken einzelne Dialoge enthalten sind.[9] So setzte Alexander ab Alexandro in seinen *Genialium dierum libri sex*, einem Werk nach Art der *Noctes Atticae* des Gellius, in das erste der etwa dreißig Kapitel jedes Buches einen kleinen Dialog, in dem ein berühmter Humanist im Mittelpunkt steht. Das Werk beginnt mit einer Zusammenkunft des *Iovianus Pontanus* mit einigen seiner Freunde an einem Dezembertag in Neapel und der sich dabei ent-

---

*maldulenses* (ders. und Bernhard Huss) und Bembos *De Aetna* (Gernot Michael Müller). Die Autoren lieben teilweise jenen aktuellen, sozusagen 'scholastischen' Nominalstil, dessen über terminologische Notwendigkeiten hinausgehende, geballte Häufung theoretisch anspruchsvoll wirkender, häufig zusammengesetzter adjektivischer und substantivischer Fremdwörter zu Lasten seiner internationalen und zeitüberdauernden Verständlichkeit geht; vgl. z.B. S. 156 (danach S. XII): "die 'Welt', die diese Dialoge darstellen, gewinnt ihre semantische Dichte und ihre präzisen Valenzen für die textinterne Kontextualisierung der Argumentkonstitution erst durch die Referenzidentität mit der textexternen Welt" und zum scholastischen Nominalstil des Spätmittelalters Jozef IJsewijn, Mittelalterliches Latein und Humanistenlatein, in: August Buck, Hrsg., Die Rezeption der Antike. Zum Problem der Kontinuität zwischen Mittelalter und Renaissance, Hamburg 1981 (Wolfenbütteler Abhandlungen zur Renaissanceforschung 1), S. 71–83.
[8] So ist z.B. ein Dialog auch das Werk von Joannes Pierius Valerianus, De litteratorum infelicitate libri duo, nunc primum e bibliotheca Lolliniana in lucem editi, Venedig 1620 (später zusammen mit den *Hieroglyphica* mehrfach gedruckt), und in: Jacobus Sadoletus, Opera quae exstant omnia, Mainz 1607, finden sich die im Inhaltsverzeichnis unter *Orationes* aufgeführten Dialoge *De liberis recte instituendis* (S. 499–577, vorher erschienen Venedig 1533, Straßburg 1535, Lyon 1535 und Basel 1538; *Jacobus Sadoletus* belehrt dort seinen Neffen *Paulus Sodaletus* in seinem Arbeitszimmer — textinterne Dialogpersonen werden hier und im folgenden kursiv gesetzt) und *Phaedrus sive de philosophiae libri duo* (S. 558–671, vorher unter dem Titel: *De laudibus philosophiae libri duo* erschienen Lyon 1538, Venedig 1539 und 1541; vgl. unten Teil VI). Alessandro Perosa–John Sparrow, Renaissance Latin verse. An anthology, Chapel Hill 1979, S. 184, subsumierten diese beiden Dialoge Sadoletos unter "his prose treatises", und auch in Literaturgeschichten werden solche Dialoge mehrfach als Traktate bezeichnet.
[9] Die neuzeitlichen lateinischen Dialogtexte lassen sich deshalb durch EDV–Dateien wie die CD-ROM "Lateinische Bibliographie 15. Jahrhundert–1999", K. G. Saur Verlag München, nur in begrenztem Maße aufspüren.

wickelnden Diskussion über eine Suetonstelle.¹⁰ Und Famianus Strada, S.J., mischte, ohne im Titel oder Inhaltsverzeichnis darauf aufmerksam zu machen, in seine *Prolusiones Academicae* überraschend den in einem der öffentlichen Vorträge gegebenen Bericht über einen ihm angeblich in seiner Jugend von seinem Lehrer Franciscus Bencius erzählten Dialog, in dem *Marcus Antonius Muretus*, *Sylvius Antonianus* und *Bencius* im Garten der Villa Tivoli des Kardinals Ippolyto d'Este über die *res* und *verba* der Historiographie disputieren.¹¹

Die Geschichte des neuzeitlichen lateinischen Dialogs liegt vor allem deswegen im Dunkeln, weil die moderne Forschung sich immer wieder bevorzugt einzelnen schon bekannten Dialogen zuwandte, an denen sie unter Umständen gleich die Gesetze der Gattung zu bestimmen suchte, und sich wenig bemühte, bisher unbeachtete und vor allem spätere Dialoge zur Kenntnis zu nehmen und literarisch zu interpretieren sowie einen Überblick über die neuzeitlichen lateinischen Dialogtexte insgesamt zu gewinnen. Dialoge, die wissenschaftliche Sachgebiete zur Darstellung bringen, wurden in der Regel, wenn es überhaupt geschah, nur wegen ihres Gegenstandes von den betreffenden Disziplinen, nicht aber literarisch beachtet.

Der neuzeitliche lateinische Dialog fand seine Verbreitung durch den Humanismus, der Weg zum nationalsprachlichen Dialog führte über den Humanismus. Der *dialogus* gehört wie die *epistola*, die *oratio* und das *poema* zu den spezifisch humanistischen Textformen. Gemeint ist hier entsprechend der damaligen Vorstellung von *dialogus* der in der Regel zur Lektüre bestimmte und vornehmlich prosaische Text,¹² in dem mit oder ohne einen erzählenden

---

¹⁰ Alexander ab Alexandro, Genialium dierum libri sex, zuerst Rom 1522, hier Leiden 1673, Bd. 1, S. 1–6.
¹¹ Famianus Strada, Prolusiones Academicae, zuerst Rom 1617, hier Oxford 1745, S. 137–187 (Lib. II, Prolus. II–III, *Muretus*). In der angeblichen mündlichen Tradition des Dialogs folgte Strada dem Vorbild von Ciceros *Laelius*. In den berühmten Prolus. V–VI (*Academia* I–II, ebd. S. 209–246) entwickelte Strada außerdem aus der Dialogform heraus die durch verschiedene Aktionen und Schaustellungen bereicherte Erzählung einer Zusammenkunft humanistischer, ihre Gedichte unter *Sadoletus'* Vorsitz rezitierender Dichter zur Zeit Leos X.; vgl. dazu Walther Ludwig, Der Ritt des Dichters auf dem Pegasus und der Kuß der Muse — zwei neuzeitliche Mythologeme, Nachrichten der Akademie der Wissenschaften in Göttingen, I. Philologisch–Historische Klasse, Jahrgang 1996, Nr. 3, Göttingen 1996, S. 87–94.
¹² Die prosaischen Texte können viele Verseinlagen haben. Der Begriff *dialogus* wurde auch für Dialoge in Gedichtform benützt. So gibt es hexametrische Schülerdialoge von Ioannes Ravisius Textor, Dialogi aliquot festivissimi, studiosae iuventuti cum primis utiles, o.O. 1593, in denen Personifkationen (z.B. *Terra, Aetas, Homo, Mors, Caro, Vitium, Voluptas, Virtus*) als Sprecher erscheinen. Außerdem wurde auch ein lyrisches Gedicht, in dem zwei Sprecher strophenweise wechseln, *dialogus* genannt, eine Form, für die Horaz C. 3, 9 das Vorbild war. Vgl. z.B. Caspar Cunradus, Parodiarum ad Horati Flacci Melpomenen vario-

## 2. Formen und Bezüge lateinischer Dialoge 385

Kontext ('diegetisch' oder 'mimetisch') zwei oder mehrere Personen, die aus der Realität bekannte oder fiktive Namen tragen können, miteinander sprechen.[13] Anfänglich auf literarische und moralphilosophische Themen beschränkt, wurden im Lauf der Zeit Gegenstände aus allen Wissenschaften, aus der realen Lebenswelt und aus Welten der Phantasie und Utopie in die Dialogform einbezogen. So verfaßte z.b. Wolfgangus Anemoecius 1534 in Augsburg einen reizvollen Dialog über seine Textkritik an Ciceros *Officia*,[14]

rum auctorum et argumenti varii Centuria integra. Cum appendice Parodiarum ad Od. IX. Lib. III. Carm. Horat. collecta et edita, Oels 1606, Bl. G4–8, wo das Horazgedicht und seine Parodien in Übereinstimmung mit dem Horazkommentar des Badius Ascensius als *dialogus* bezeichnet werden, Nicolaus Reusner, Operum pars secunda, Jena 1593, S. 172–173: *Dialogus D. Philippi Holsatiae Ducis et Argentinae urbis Imperialis*, und Jacobus Balde, Lyricorum lib. IV, Epodon lib. unus, München 1643, S. 220–222: *Dialogus Auctoris et Michaelis Anguillae de forma Virginis Matris et Pueri Iesu*. Außerdem konnte im 16. Jahrhundert *dialogus* auch für metrisch gebundene Dialoge in zur Aufführung bestimmten Dramen verwendet werden.

[13] Vgl. z.B. Ambrosius Calepinus, Dictionarium, Hagenau 1522, Bl. 125v: *Dialogus graece* [...] *latine disputatio* [...] *Et est dialogus oratio, ubi disputantes introducuntur, quotquot autori libuerit* [...], Julius Caesar Scaliger, Poetices libri septem, (Heidelberg) 1607, S. 12 (hrsg. von Luc Deitz, Bd. 1, Stuttgart–Bad Cannstatt 1994, S. 92): *Dialogi appellatae sunt solutae orationes, in quibus sermo plurium, non autem duorum tantum, ut perverse Grammatici, referuntur*. Zur Vorgeschichte dieser Definition vgl. Marc Föcking, "Dyalogum quendam". Petrarcas *Secretum* und die Arbeit am Dialog im Trecento, in: Hempfer, wie Anm. 3, S. 75–114, hier S. 76–87.

[14] S. Wolfgangus Anemoecius, M. Tullii Ciceronis Officiorum libri tres, opera et diligentia Wolfgangi Anemoecii ex vetustissimo codice plus quam in centum locis castigati atque restituti, adiectis etiam de Amicitia, de Senectute atque Paradoxis, una cum Dialogo Anemoecii, in quo reddit rationem, cur illos locos mutaverit. [...], zuerst 1535, hier Basel 1541, S. 239–257: *Dialogus, in quo Laelius reddit rationem, cur plerosque locos in Cicerone mutaverit*, und zum Verfasser Georg Nikolaus Knauer, Anemoecius, Wolfgang, Lycobates Anemoecius, Winthauser (abgeschlossen 1995), in: Die Deutsche Literatur, Biographisches und bibliographisches Lexikon, unter Mitarbeit zahlreicher Fachgelehrter hrsg. von Hans–Gert Roloff, Reihe II, Abt. A, Bd. 3, Lfg. 1–5, Stuttgart–Bad Cannstatt 2001, S. 134–146, und Walther Ludwig, Die Sammlung der Epistolae ac Epigrammata des Ulmer Stadtarztes Wolfgang Reichart von 1534 als Dokument humanistischer Selbstdarstellung, in: Klaus Arnold–Sabine Schmolinsky–Urs Martin Zahnd, Hrsg., Das dargestellte Ich. Studien zu Selbstzeugnissen des späteren Mittelalters und der frühen Neuzeit, Bochum 1999, S. 117–137, hier S. 126, 135. Anemoecius hat im Dialog entsprechend seiner zum Ausdruck gebrachten Liebe zu Cicero das Pseudonym *Laelius*, sein Freund und Gesprächspartner das Pseudonym *Brutus* bekommen: L. *Saepenumero, Brute, mirari soleo, qui acciderit, ut ii Ciceronis nostri quidem familiaris libri, quos de Officiis docte et eleganter scripsit, tot ac tantorum errorum pleni.* B. *Adeon me delirare obsecro censes, ut id quod dicis, verum esse credam? Nam, ut saepissime ex eo ipso accepi, nullum tam exquisita diligentia aedidit, quam est illud de Officiis opus. Laelius* belehrt in lebhaftem Gespräch *Brutus*, daß durch die Faulheit der Abschreiber und Drucker viele Stellen verdorben sind, und berichtet die Verderbnisse, von leichteren zu größeren Änderungen aufsteigend. Textkritische Grundsätze und Verfahren

Carolus Figulus 1540 in Köln einen sehr methodischen über Botanik,[15] Johannes Nicolaus Pechlinus 1684 in Kopenhagen einen über das Teetrinken[16] und Huttens *Phalarismus* führte 1517 zu *Charon* in die Unterwelt, während Reuchlin in *De verbo mirifico*[17] und das meist Bodin zugeschriebene *Colloquium heptaplomeres*[18] die Vertreter verschiedener Religionen miteinander disputieren ließen. Weibliche Verfasserinnen lateinischer Dialoge waren dabei immer eine Ausnahme.[19]

---

werden ohne Überheblichkeit vorgeführt (S. 254): *Nescio quomodo accidat, Brute, ut quanto in hac re progrediar, tanto minus propositum finem consequar.*

[15] S. Carolus Figulus, Dialogus qui inscribitur Botano–methodus sive herbarum methodus, Köln 1540. In dem dem Erzbischof Hermann von Köln gewidmeten, 23 Blätter umfassenden Dialog des auch durch zoologische Veröffentlichungen hervorgetretenen Figulus gehen der *pauper grammaticus Figulus* und der *medicus ditissimus Zyttardus* durch einen Garten (Z. *Ingrediamur hortum et contemplemus herbas*). Zyttardus läßt sich von dem Griechischkundigen *Figulus* in die Methodik der Botanik einweisen und über Pflanzen unterrichten, die von Gott für die Gesundheit der Menschen geschaffen wurden. Als es Abend wird, lädt er ihn zu einer *coena* ein. Figulus hat jedoch schon eine Verabredung zur *coena* mit *Magister Io. Schoensteinius* (Ioannes Schoensteinius wird auf der Titelseite als der Drucker bezeichnet). Der Dialog endet mit den Worten (Bl. F3): Z. *Valebis igitur et meis verbis reverenter salutabis nostrum Schoensteinium.* F. *Ita faciam. Valeas in Christo.* Hier werden reale Personen aus Köln genannt.

[16] S. Johannes Nicolaus Pechlinus, Theophilus Bibaculus sive de potu theae dialogus, Frankfurt am Main 1684. Pechlin war Leibarzt des dänischen Königs. Der 103 Seiten starke Dialog spielt während eines *convivium*. Die Erzählung beginnt S. 1: *Convenerant in Triclinium diversissimae vitae hospites* [...]. Es sprechen ein *senex Capito*, ein *iuvenis Moderatus* und ein *Vindicianus* über den von einem *servus Damas* bereiteten Tee (S. 3): *Potus hic est Indorum Chinensium Japonensiumque unicum delicium. Capito* trägt unter anderem eine längere *Inscriptio* auf den Tee vor (S. 79–90) und preist das Getränk, bis *Vindicianus* aufbricht (S. 103). Etwa gleichzeitig veröffentlichte der französische Arzt Petrus Petitus sein Lehrgedicht *Thia Sinensis* (Paris 1685 und öfter, vgl. dazu Walther Ludwig, De aliquot carminibus de caffeae vel theae laude conscriptis, Vox Latina 13, 1977, S. 201–209).

[17] S. Johannes Reuchlin, Sämtliche Werke, Bd. 1 De verbo mirifico (1494), hrsg. von Widu–Wolfgang Ehlers, Stuttgart–Bad Cannstatt 1996.

[18] S. Günter Gawlik und Friedrich Niewöhner, Hrsg., Jean Bodins Colloquium Heptaplomeres, Wiesbaden 1996 (Wolfenbütteler Forschungen 67), Karl Friedrich Faltenbacher, Das Colloqium Heptaplomeres und das neue Weltbild Galileis. Zur Datierung, Autorschaft und Thematik des Siebenergesprächs, Mainzer Akademie der Wissenschaften und Literatur, Geistes– und Sozialwissenschaftliche Klasse Jahrgang 1993, Nr. 2, Stuttgart 1993, und Ralph Häfner, Hrsg., Bodinus Polymeres. Neue Studien zu Jean Bodins Spätwerk, Wiesbaden 1999 (Wolfenbütteler Forschungen 87).

[19] Zu weiblichen Verfasserinnen lateinischer Dialoge des 15. Jahrhunderts vgl. den Beitrag von Sabrina Ebbersmeyer, 'Schön und schweigsam?' Dialoge von und über Frauen der italienischen Renaissance, in: Guthmüller–Müller, wie Anm. 4. Im 16. Jahrhundert fand ich bisher nur drei lateinische Dialoge aus der Feder von Autorinnen. IJsewijn–Sacré, wie Anm. 6, S. 233, 237, wiesen auf das *Colloquium de aulica et privata vivendi ratione* (1552) der

## 2. Formen und Bezüge lateinischer Dialoge

In den humanistischen Rhetoriken und Poetiken wurde der humanistische *dialogus* jedoch nicht gelehrt. Eine monographische Theorie des Dialogs schrieb erst 1561 Carolus Sigonius, indem er ihn auf die Schnittstelle von Poetik, Rhetorik und Philosophie setzte.[20] Es blieb die einzige lateinische Monographie über den Dialog.[21] Sigonius kam über eine Erfassung der dialogtheoretischen Äußerungen der Antike und eine nuancierte Interpretation der

---

Spanierin Luisa Sigea hin, in dem zwei junge Frauen miteinander über Vor- und Nachteile des Hoflebens und der privaten Zurückgezogenheit sprechen (französische Übersetzung von Odette Sauvage, Paris 1970; Susanne Thiemann, Potsdam, arbeitet an einer romanistischen Dissertation zu diesem Dialog. [Vgl. jetzt auch Susanne Thiemann, Weibliche Rede gegen männliche Ordnung? Zu Luisa Sigeas Duarum virginum colloquium de vita aulica et privata. In: Marc Föcking–Bernhard Huss, Hrsg., Varietas und Ordo. Zur Dialektik von Vielfalt und Einheit in Renaissance und Barock, Stuttgart 2003 (Text und Kontext 18), S. 59–73]). Zwei mimetische, anscheinend in Ferrara entstandene Dialoge finden sich in: Olympia Morata, Orationes, Dialogi, Epistolae, Carmina tam Latina quam Graeca, Basel 1562, S. 47–72 (zuerst mit anderem Titel Basel 1558). Im ersten spricht *Olympia Morata* mit ihrer auch aus den *Epistolae* bekannten Freundin *Lavinia Ruverensis Ursina* (della Rovere-Orsini) über das gelehrte Studium der Frau und die zu Gott führende *sapientia*, im zweiten treten zwei Ehefrauen mit den fiktiven Namen *Philotina* und *Theophila* auf: die erste beklagt sich über die häufige Abwesenheit ihres Mannes und die ihr fehlenden Luxusgüter anderer Frauen; sie wird von *Theophila* überzeugt, daß ein Gott gefälliges Leben am wichtigsten ist. In einem Exemplar in Privatbesitz (*Ex libris Ludovici Weineri Anno 1583*) offenbaren Anstreichungen und *NB*-Marginalien die lebhafte Zustimmung eines wohl männlichen Lesers.

[20] Der Traktat des Carolus Sigonius, De dialogo liber, zuerst Venedig 1561 (hier zitiert in der Ausgabe von Johannes Jessenius, Wittenberg 1596), hat im Rahmen des gegenwärtigen literaturtheoretischen Interesses viel Aufmerksamkeit gefunden, vgl. die Literatur bei IJsewijn–Sacré, wie Anm. 6, S. 237, die ausführlichste Darstellung gibt Snyder, wie Anm. 4, S. 39–86. Die Schrift scheint mir jedoch weniger in die "scholastic tradition"des Traktats zu gehören (Snyder, S. 42), als vielmehr für den *dialogus* eine humanistische *institutio* zu geben, vergleichbar der, die Quintilian für die *oratio* gab.

[21] Snyder, S. 41, schreibt zwar "*De dialogo liber* is a difficult and, at times, bewildering work for the modern reader", Sigonius hat jedoch einen klar strukturierten Traktat verfaßt, dessen Gliederung durch eine an den Anfang gestellte *summa quaestionum* verdeutlicht wird. Den Motiven für die Entstehung des philosophischen Dialogs, seinen antiken Vertretern und der Nennung der für ihn maßgeblichen *artes poetarum, oratorum, dialecticorum* (S. 1–28) folgen die Definition des Dialogs und seine Arten (Lukians Art wird verworfen), die Bestimmung seiner Teile (*praeparatio, contentio*) und die allgemeine Forderung nach Bewahrung des *decorum* und der Wahrscheinlichkeit (S. 28–64). Danach werden *praeparatio* (Art und Aufgabe der Personen, Zeit und Ort, Vorgespräche) und *contentio* (Ankündigung, Beweis, Formulierung und Argumentation) im einzelnen behandelt (S. 64–129), anschließend die verschiedenen Arten der Dialoge Platos, Xenophons und Ciceros, wobei ihre Dialoge in die durch Diogenes Laertius (3, 47–51) aufgestellten Kategorien eingeordnet werden (S. 129–169). Den Abschluß bildet die Frage, wann in den Dialogen *mores* (ἦθος), d.h. hier ein emotionales Verhalten, sowie Humor und Scherze eingesetzt werden sollen (S. 169–184).

antiken Dialoge, insbesondere der von Platon und Cicero, zu einer durch zahlreiche antike Beispiele illustrierten Zusammenstellung von Prinzipien und Regeln für das moderne Schreiben von Dialogen. Er zog allerdings keine neuzeitlichen Dialoge als Beispiele heran, was gelegentlich irrtümlich als Desinteresse an modernen Dialogen gedeutet wurde.[22] Zeitlich geht er den italienischen dialogtheoretischen Schriften von Tasso, Castelvetro und Speroni voraus.[23] Vor ihm kannte man fast nur die Dialogtheorie, die Diogenes Laertius in seiner Platonvita überliefert.[24]

Die literarische Form des humanistischen lateinischen Dialogs entstand, ohne daß gewisse über das Mittelalter führende Kontinuitäten geleugnet werden können,[25] auf dem Weg über die aufmerksame Rezeption seiner antiken Vorbilder. Die meisten Dialoge wurden im 16. Jahrhundert geschrieben. Im 17. Jahrhundert ging ihre Produktion zurück. Sie scheint gegen Anfang des 18. Jahrhunderts, von wenigen Ausnahmen abgesehen, aufzuhören, aber die spätere Entwicklung ist bis jetzt nicht untersucht worden.

Einer der letzten neuen lateinischen Dialoge in Deutschland scheint der 1721 angeblich in Irenopolis gedruckte *Dialogus irenicus inter Philemonem et Onesimum de pace religionis* des evangelischen Superintendenten Caspar Calvör in Grubenhagen gewesen zu sein. In ihm wird *Onesimus*, ein fanatischer Katholik, der im Westfälischen Frieden eine unbillige Knebelung der römisch–katholischen Kirche sieht und deshalb zu einem Krieg gegen die Häretiker aufruft, von *Philemon*, einem den Vertrag respektierenden friedfertigen Glau-

---

[22] Daß Sigonius durchaus an zeitgenössischen Dialogen interessiert war, zeigt seine begeisterte Äußerung zu Sadolets Dialog *De laudibus philosophiae* in seiner Ausgabe der Fragmente Ciceros von 1559 (s. Sadoletus, wie Anm. 8, S. 558): Sadolets ausgezeichnete Behandlung des *argumentum* des Ciceronischen *Hortensius* lasse "uns unsere Sehnsucht nach diesem Dialog gleichmütiger ertragen" (*dedit operam, ut quantum in se fuit, eo* [sc. *argumento Hortensii*] *tractando Hortensii Ciceroniani desiderium aequiore animo perferremus*).
[23] Vgl. hierzu insgesamt Snyder, S. 87–213, zu Speroni auch Hempfer, wie Anm. 3, S. 23–33, und Guthmüller, wie Anm. 4.
[24] Diog. Laert. 3, 47–51. Snyder, S. 22–38, geht, als er die relativ kurzen überlieferten dialogtheoretischen Äußerungen der antiken Literatur bespricht, merkwürdigerweise gerade auf diesen Abschnitt nicht ein und unterschätzt seine Bedeutung auch für Sigonius (vgl. S. 52f., 70). Auf dialogtheoretische Äußerungen von Rudolf Agricola und Johann Sturm geht Donald Gilman, From Dialectics to Poetics: Johann Sturm's Definition of Dialogue, in: Rhoda Schnur u.a., Hrsg., Acta Conventus Neo–Latini Hafniensis, Proceedings of the Eighth International Congress of Neo–Latin Studies Copenhagen 12 August to 17 August 1991, Binghamton 1994 (Medieval & Renaissance Texts & Studies 120), S. 419–427, ein.
[25] Vgl. dazu Peter von Moos, Gespräch, Dialogform und Dialog nach älterer Theorie, in: Barbara Frank u.a., Hrsg., Gattungen mittelalterlicher Schriftlichkeit, Tübingen 1997 (Script–Oralia 99), S. 235–259, und Roger Friedlein, Geleit auf dem Weg zur Wahrheit. Dialoge im Duecento, in: Hempfer, wie Anm. 3, S. 39–73.

bensgenossen, eines Besseren belehrt.[26] Der Dialog hat keinen szenischen Rahmen, ist wie ein systematischer Traktat in Sektionen, Kapitel und Paragraphen unterteilt, mit vielen längeren wörtlichen Zitaten versehen und offenbar als beliebte Textform nur deshalb gewählt, um Argumente und Gegenargumente durch die Personalisierung lebhafter zu präsentieren. Auch Nachdrucke älterer Dialoge im 18. Jahrhundert zeigen, daß solche Texte immer noch gern gelesen wurden.

Vermutlich trug zum Verschwinden des lateinischen Dialogs tatsächlich seine zunehmenden 'Traktatisierung', d.h. das Eindringen von Traktatelementen und die Marginalisierung des Gesprächs, bei. Cox beobachtete diese Erscheinung an italienischen Dialogen aus der zweiten Hälfte des 16. Jahrhunderts, nannte sie eine Entwicklung vom "open dialogue" zum "closed book" und führte darauf das baldige Verschwinden der italienischen Dialogproduktion zurück. Im lateinischen Dialog läßt sich eine gelegentliche 'Traktatisierung' schon in der ersten Hälfte des 16. Jahrhunderts bemerken.[27] Ein späteres extremes Beispiel ist der 1654 zuerst gedruckte *Dialogus de patriis illustrium doctrina et scriptis virorum omnium ordinum et facultatum, qui ab initio mundi per universum terrarum orbem usque ad annum [...] 1600 claruerunt*, des Wittenberger Theologieprofessors Johann Andreas Quenstedt,[28] in dem ein *Philopo-*

---

[26] (Caspar Calvör), Dialogus irenicus inter Philemonem et Onesimum de Pace religionis ac in specie Westphalica. Amice in eodem confertur de quaestione magni momenti, num consultum ac justum sit pacem religionis frangere? subiungitur discursus de pacis executione et repressaliis per Christianum Catholicum, Irenopoli (Goslar) 1721. Zum Verfasser (1650–1725, stud. Jena, Mag. Helmstedt 1674) vgl. Zedler, Bd. 5, Sp. 331f.

[27] Vereinzelt verkündete man sogar im Titel als Empfehlung, Gesprächsunterbrechungen im Dialog vermieden zu haben, so Petrus Godofredus, Dialogus de amoribus, tribus libris distinctus, in quibus de amore probo ac improbo quicquid convenit, sine morosa collocutionis interruptione luculenter complectitur. Opus varie iucundum ac utile omnibus futurum lectoribus, Antwerpen 1553. Das Buch beginnt mit den Worten des Godofredus: *At nos de amoribus tractabimus?* und enthält dann in drei Büchern drei in 15–9 Kapitel eingeteilte Lehrvorträge über erlaubte und unerlaubte Formen der Liebe, für die ein *Faber*, *Godofredus* und wieder *Faber* als Sprecher angegeben werden. Die drei Bücher enden jeweils mit einem kurzen Wortwechsel, in dem der Sprecher des nächsten Vortrags vereinbart und um Gottes Hilfe gebeten wird. Es ist schwer zu erkennen, warum das Buch nicht 'Tractatus de amoribus' betitelt wurde. Versprach der Titel 'Dialogus' einen zugänglicheren und dadurch verlockenderen Text?

[28] Zuerst Wittenberg 1654, Ed. 2: ebenda 1691. — Erich Reitzenstein (1897–1976, s. Klaus Sallmann, Erich Reitzenstein †, Gnomon 48, 1976, S. 633–635) erzählte mir 1964, daß Quenstedt eine Stiftung hinterlassen habe, durch die er einen gewissen Geldbetrag für eine jährliche lateinische Lobrede auf ihn selbst aussetzte. Es sei an der Universität Halle–Wittenberg in den dreißiger Jahren üblich gewesen, daß ein Student die Lobrede hielt, indem er in ein vorgelesenes Caesar–Kapitel verschiedene Casus von *Quenstedtius* einfügte —

*nus* einem *Beatus* ein nach Ländern und Städten geordnetes biographisches Lexikon vorträgt, das letzterer gelegentlich ergänzt und das nur durch diese Sprecherwechsel und durch die anfänglichen Begrüßungsworte zu einem Dialog gemacht wurde. Man könnte dies auch die Dialogisierung eines Lexikons nennen, die Quenstedt sicherlich als literarisches Schmuckmittel betrachtete und die so noch für das literarische Ansehen der Dialogform zeugt. Diese in gewissem Sinn antidialogische Tendenz bestimmt jedoch nicht alle späten Dialoge und war deshalb wohl nicht der einzige Grund für den Rückgang des lateinischen Dialogs, zu dem im 18. Jahrhundert natürlich auch der allgemeine Rückgang der literarischen Verwendung der lateinischen Sprache wesentlich beitrug. Eine eingehende Verfolgung der Argumentationsprozesse in den lateinischen Dialogen und ihrer eventuellen Entwicklungen und Verschiebungen im Laufe der Jahrhunderte steht noch aus.[29]

Eine genauere Vorstellung von der Geschichte des lateinischen Dialogs setzt eine bessere Kenntnis der lateinischen Dialoge, ihrer Formenvielfalt und ihrer Argumentationsweisen voraus. Wer diese Dialoge in größerer Zahl liest, bemerkt leicht ihre verschiedenen Formen und Typen, wiederkehrende Motive und Strukturen und einzelne Traditionslinien, ohne daß es jedoch möglich ist, die Dialoge danach in einsträngige Abhängigkeitsverhältnisse zu bringen, da sich ihre Formelemente oft überschneiden bzw. in verschiedenen Gruppierungen zusammenordnen lassen. Ein Versuch, die literarischen Formen und die Geschichte des neuzeitlichen lateinischen Dialogs darzustellen, könnte nur im Rahmen eines mehrbändigen Werkes gelingen.

Hier sollen einige Beobachtungen und Gedanken zusammengetragen werden, die Bekanntes vertiefen, neue Perspektiven bieten und einen gewissen Einblick in die Entwicklungslinien und die Formenvielfalt der Dialoge geben. Dabei werden für illustrierende Beispiele Dialoge bevorzugt, die in der modernen Forschung nicht oder kaum beachtet wurden. Um einen Eindruck von der quantitativen und qualitativen Vielfalt der neuzeitlichen lateinischen Dialoge zu geben, wurde auf eine eingehende Interpretation eines einzelnen Dialogs und eine systematisch erschöpfende Behandlung einzelner Probleme verzichtet.

Die Darstellung wird nach einer ersten Aufteilung der lateinischen Dialoge in 'Schüler–' und 'Erwachsenendialoge' zuerst die Arten der Schülerdialoge aufzeigen (II), sich sodann der Gliederung der 'Erwachsenendialoge' nach den hauptsächlichen antiken literarischen Mustern zuwenden und dabei zuerst

---

der als einziger Hörer anwesende Pedell habe die Lobrede im Stiftungsbuch bezeugt und das Geld ausbezahlt.
[29] Für mehrere Dialoge des italienischen Quattrocento vermitteln die einschlägigen Beiträge bei Hempfer, wie Anm. 3, wichtige Einsichten.

Beispiele für lukianische Dialogtypen geben (III). Anschließend wird auf spezielle Hinweise und Zeichen aufmerksam gemacht, die explizit oder implizit in der Szenerie neuzeitlicher platonischer und ciceronischer Dialoge beim Leser die Erinnerung an Dialoge Platons oder Ciceros wachrufen und die neuen Dialoge in die Nachfolge der alten stellen sollen (IV). Danach wird die Problematik der unterschiedlichen Funktion und Veranlassung realer und fiktiver Personennamen kurz angesprochen (V). Auf dieser Grundlage wird zum Schluß eine bisher unbeachtete Gruppe von vier inquisitorischen und expositorischen Dialogen des 16. Jahrhunderts aus Italien vorgestellt, deren Autoren (Sadoletus 1538, Vida 1556, L. G. Gyraldus 1545 und Minturnus 1559) Analogien zu zwei verlorenen und Varianten zu zwei überlieferten Dialogen Ciceros, zum *Hortensius* und zu *De re publica*, zum *Brutus* und zu *De oratore*, bieten wollten und dazu in vorstädtischen Villen und Gartenanlagen bei Rom (ca. 1515), Trient (1545), Carpi (1503) und Neapel (1528) Gesprächsszenen präsentierten, zu deren Protagonisten neben *Sadoletus*, *Vida* und *L. G. Gyraldus* Tommaso Inghirami genannt *Phaedrus*, *Marcus Antonius Flaminius* und Sannazaro genannt *Actius Syncerus* gehören (VI).

II Die Arten der Schülerdialoge

Am ehesten lassen sich diese Dialoge sinnvoll gliedern in die speziell für Lateinschüler und die für erwachsene Lateinleser geschriebenen bzw. in solche Dialoge, die in erster Linie dem Erlernen der lateinischen Sprache dienen, und solche, die andere Zwecke verfolgen, auch wenn die *Colloquia Familiaria* des Erasmus von der ersten in die zweite Kategorie hinübergewachsen sind.[30] Bei Schülerdialogen denkt man zunächst an die Dialoge, die die Schüler mit den Worten und Redeweisen vertraut machen sollen, die sie für eine lateinische Artikulation ihrer Lebenswelt benötigen. Solche Dialoge fanden seit Petrus Mosellanus immer neue Autoren, z.B. Hadrianus Barlandus, Christophorus Hegendorphinus, Ludovicus Vives, Jacobus Pontanus S.J., Maturinus Corderius.[31] Der letzte dieser Autoren war möglicherweise der Rector des evangelischen Gymnasiums zu Groß–Glogau Christian David Klopsch, der 1823 "Deutsche und lateinische Gespräche zur Declamation bei öffentlichen Redeübungen auf Gymnasien und höheren Bürgerschulen" veröffentlichte.[32] Ihre

---

[30] Vgl. Desiderius Erasmus, Colloquia Familiaria. Vertraute Gespräche. Übersetzt, eingeleitet und mit Anmerkungen versehen von Werner Welzig, Darmstadt 1967 (Erasmus von Rotterdam, Ausgewählte Schriften 6), S. VII–XXIII, und ders., Colloquia, ed. L.–E. Halkin, F. Bierlaire, R. Hoven, Amsterdam 1972 (Opera omnia Desiderii Erasmi Roterodami I, 3), S. 231–266.
[31] Zu hexametrischen Schülerdialogen vgl. Anm. 12.
[32] Groß–Glogau 1823. Klopsch will laut Vorwort, S. III, "durch den Vortrag von Gesprächen" öffentlichen Redeübungen eine "mannigfaltigere Form" geben. Das Buch enthält zwölf deutsche und danach vier von ihm komponierte lateinische Gespräche (13. *De severi-*

Werke wurden oft als Schulbücher immer wieder aufgelegt, am häufigsten geschah dies mit den auch in Auswahl erscheinenden *Colloquia Familiaria* des Erasmus. Es sind bis Ende des 18. Jahrhunderts etwa 300 Gesamt– und Einzelauflagen belegt, obwohl sie auf dem päpstlichen Index standen.[33] Es konnten auch mehrere Sammlungen zu einer neuen Auswahl vereint werden. So wurden die Dialoge von Mosellanus und Hegendorf oft zusammengebunden und mehrmals zusammengedruckt,[34] und für evangelische Schulen wurden im 17. Jahrhundert sogar ausgewählte Schülerdialoge von Vives, Erasmus und dem Jesuiten Pontanus zu einem Unterrichtsbuch vereint[35] — ein guter Beleg für die interkonfessionelle Rolle des Humanismus. Der Umstand, daß die Lateinschüler alle an solchen Dialogen Latein lernten,[36] machte die Schüler von

---

*tate praeceptoris* [der Anfang sei den *Colloquia* des Erasmus entnommen]. 14. *Te solvas sceleris carcere, liber eris.* 15. *De feriarum scholasticarum usu.* 16. *Auro cedunt omnia*).

[33] Desiderius Erasmus, Opera omnia, Leiden 1703–1706, Bd. 9,2, Sp. 1783 (Index Tridentinus): *Expungatur totum Opus Familiarium Colloquiorum*. Irmgard Bezzel, Erasmusdrucke des 16. Jahrhunderts in Bayerischen Bibliotheken. Ein bibliographisches Verzeichnis, Stuttgart 1979, registriert als Nr. 430–552 Drucke der *Colloquia*; die Bibliotheca Erasmiana, Répertoire des Œuvres d'Erasme, Paris 1893, S. 35–51, führt knapp 400 Drucke auf.

[34] Vgl. z.B. den bei E. K. Schreiber, New York, Catalogue Thirty–six, Nr. 77, angezeigten humanistischen Sammelband, der, von R. Stephanus in Paris gedruckt, 1. Philipp Melanchthon, Ad Paulinae doctrinae studium adhortatio, 1529, 2. Christoph Hegendorf, Dialogi pueriles, 1528, 3. Petrus Mosellanus, Paedologia, 1528 und 4. Otto Brunfels, De disciplina et institutione puerorum, 1527, enthält, und diese Verbundausgabe: Paedalogia Petri Mosellani Protogenesis in puerorum usum conscripta Dialogos XXXVII constans. Post primam Lipsiae MDXVII et secundam Smalcaldicae MDLXXXVI Editio tertia cui accesserunt Dialogi pueriles Christoph. Hegendorphini lepidissimi aeque ac docti, Helmstedt 1706.

[35] Die Colloquien in: Colloquia lectiora [...] ex colloquiis Ludovici Vivis, scriptis Erasmi Roterodami et tribus progymnasmatum voluminibus Jacobi Pontani, initio pro scholis Nassoico–Saraeponticis a M. Guilelmo Ursino, Gymnasii Saraepontano in unum volumen comportata, nunc demum pro Scholis Lipsiensi et Halberstadensi Senatoriis proque aliis, si quae his uti volent, ut commode poterunt, Leipzig 1621, sind nicht nach den drei genannten Autoren geordnet, aus denen sie stammen, sondern in drei Büchern zu 26–40 Colloquien didaktisch geordnet, ohne daß der Autorname dabei angegeben wird. An das Exemplar dieses Druckes in der HAB Wolfenbüttel Qu N 712 (1) sind in glattem Pergamenteinband angebunden die Dialoge des Corderius (1653) und Fabellae Aesopicae et in Scholis usitatae, Goslar 1614 (in einer Auswahl von Joachim Camerarius).

[36] Für den lateinischen Lektüreunterricht zusammengestellte Bände mit Schülerdialogen sind z.B. auch erstens der Sammelband HAB Wolfenbüttel P 842.8° Helmst., der für den Anfangsunterricht an einer norddeutschen Lateinschule (1) Elementa partium orationis et declinandi ac coniugandi olim conscripta ab Hermanno Bonno, iam iussu et mandato ampliss. Senatus Lubecensium ad majorem Philippi Melanchthonis Grammaticam concinnata [...] opera M. Nicolai Vorstii Brabanti in Schola Publica Lubecensi Prorectoris, Lübeck 1603 (der Grammatik sind hier mehrere Schülerdialoge angeschlossen), (2) Donatus sive progymnasmata Grammaticae Latinae pro Classe tertia, Lübeck 1604, (3) Formulae pueri-

Anfang an mit der Textform des Dialogs vertraut. Das trug wohl auch zu seiner Beliebtheit bei den Erwachsenen bei. Der leicht verständliche Kurzsatzstil mancher Schülerdialoge konnte auch direkt in Dialoge für Erwachsene übernommen werden, wie dies bei den satirischen Dialogen des Johann Valentin Andreae der Fall war.[37]

Eine zweite Gruppe von Schülerdialogen bildeten die 'mimetisch' dialogisierten biblischen Geschichten, die Sebastianus Castellio einführte, damit die Schüler *mores Christianos et orationem Latinam* zugleich lernten.[38] Jacobus Pontanus S.J. schrieb dazu die verbreitete katholische Variante.[39]

Eine dritte Gruppe des Schülerdialogs stellen die in der Form von Frage und Antwort gehaltenen Katechismen und Lehrbücher dar, die letztlich in der Tradition von Ciceros *Partitiones oratoriae* und von mittelalterlichen Lehrbü-

lium colloquiorum olim edita a Sebaldo Heiden, nunc vero pro pueris linguae Latinae Elementa discentibus recognita, Rostock (um 1610), sehr einfache lateinische Schülerdialoge mit einer niederdeutschen Übersetzung enthaltend, (4) Colloquium et rebus et verbis puerilibus libelli duo, prior ex Joannis Joviani Pontani Quinquennio et Martini Lutheri Epistola quadam puerili a Nathane Chytraeo, posterior ex Joachimi Camerarii quotidiani sermonis formulis a Valentino Schreckio concinnatus, in usum eorum, qui puerulos primum garrire incipientes iam tum Latinae linguae principiis imbuendos censent, Rostock 1588, enthält und zweitens der Sammelband HAB Wolfenbüttel P 2157.8° Helmst., der ausgewählte *Familiaria Colloquia* des Erasmus (Antwerpen 1526), *Dialogi* des Barlandus (1526), das *Dispar convivium* des Erasmus (Antwerpen 1527), einen Zusammendruck der *Paidologia* des Mosellanus mit den *Dialogi* des Hegendorphinus (o.O. und J.) und drei weitere Erasmus–Drucke von 1521–1524 umfaßt. Derartige wohl für die Hand des Lehrers bestimmte Sammelbände verdienen auch im Hinblick auf die damalige Lateindidaktik unsere Aufmerksamkeit.
[37] S. (Andreae, Johannes Valentin), Menippus sive Dialogorum satyricorum centuria, inanitatum nostratium speculum, Helicone iuxta Parnassum (Straßburg), 1617 und öfter.
[38] Sebastianus Castellio, Dialogorum sacrarum libri quatuor, Basel 1562, Bl. a2, schreibt im Brief an die Leser: *Hos dialogos, fratres charissimi, composuimus, ut pueri haberent, unde eadem opera et mores Christianos et orationem Latinam discerent. Itaque eorum ruditati in primo loco servivimus sermone facillimo eoque minus eleganti et tamen Latino utentes et pueris quasi praemansum cibum in os inserentes. In caeteris iam elegantius loqui coepimus.* Er ordnete die dialogisierten Geschichten des Alten und Neuen Testaments von Adam bis zur Offenbarung Johannis. Den kurzen Stücken gehen die Bibelstelle, ein Argumentum und die Sprechernamen voraus, Randglossen geben sachliche Erläuterungen. Die Dialoge hatten in evangelischen Lateinschulen Deutschlands großen Erfolg.
[39] S. Jacobus Pontanus, Colloquiorum sacrorum libri IV cum notis, Ingolstadt 1610. Auch diese Dialoge beginnen mit Adam und enden mit Johannis Offenbarung. Während der evangelische Basler Professor Castellio jedoch die Bücher 1–3 mit Dialogen aus dem Alten Testament und nur Buch 4 mit solchen aus dem Neuen füllte und damit der evangelischen Bevorzugung des Alten Testaments folgte, teilte der Jesuit Pontanus gleichmäßig Buch 1–2 dem Alten, Buch 3–4 dem Neuen Testament zu. Zugleich ist bei Pontanus in den Einzeltiteln eine stärkere dogmatische Ausdeutung der Geschichten zu beobachten.

chern mit Lehrer–Schüler–Dialogen stehen. Die enzyklopädische *Margarita Philosophica* des Gregor Reisch läßt in ihren *Tractatus* als *Interloquutores* einen *Magister* und seinen *Discipulus* zu Wort kommen,[40] und unter Verzicht auf diese Personenbezeichnungen konnten später noch Grammatiken und Rhetoriken als Folge von Fragen und Antworten konzipiert werden.[41]

III Beispiele für lukianische Dialogtypen

Eine naheliegende und von den Zeitgenossen beachtete Gliederung der 'Erwachsenendialoge' ist die nach ihren hauptsächlichen literarischen Mustern, in die platonisch–ciceronischen Dialoge, in denen Plato und Cicero sowohl für sich als auch gemeinsam das Vorbild boten, und die lukianischen Dialoge,[42] zu denen sich die *Apocolocyntosis*–Imitatio stellt[43] und die auch die Schülerdialoge beeinflußten (Petrarcas Anknüpfung an die Dialoge Augustins fand kaum Nachfolge).[44] Gelegentlich finden sich wechselseitige Einwirkungen der Dialogarten aufeinander und — besonders anfangs — Mischungen des Dialogs mit der dramatischen Gattung. Heinrich Bebel schrieb z.B. 1501 eine *Comoedia vel potius dialogus de optimo studio scholasticorum*,[45] die 1518 unter dem Titel *Dialogus de optimo studio scholasticorum* wieder gedruckt wurde.[46] Es ist

---

[40] S. Gregor Reisch, Margarita Philosophica, rationalis, moralis philosophiae principia duodecim libris dialogice complectens [...], zuerst 1502, Basel 1535. Hier fragt der *Discipulus*, und der *Magister* antwortet.

[41] Vgl. Nicodemus Frischlinus, Grammatica Latina, Frankfurt am Main 1592. Die Überschriften stehen hier — ein Rest des Lehrer/Schüler–Dialogs — immer in Frageform oder im Imperativ.

[42] Vgl. David Marsh, Lucian and the Latins. Humor and Humanism in the Early Renaissance, Ann Arbor 1998, [und jetzt: Manuel Baumbach, Lukian in Deutschland: eine forschungs– und rezeptionsgeschichtliche Analyse vom Humanismus bis zur Gegenwart, München 2002 (Beihefte zur Poetica 25)].

[43] Der Dialog *Julius exclusus* wird immer noch mehrheitlich für ein Werk des Erasmus gehalten, s. Jean–Claude Margolin, L'art du dialogue et la mise en scène dans le Julius exclusus (c. 1513), in: Marie–Thérèse Jones–Davies, Hrsg., Le dialogue au temps de la Renaissance, Paris 1984 (Centre de Recherches sur la Renaissance 9), S. 213–235, vgl. jedoch die wichtigen Einwendungen von Jozef IJsewijn, Humanisme i literatura neollatina. Escrits seleccionats, Valencia 1996, S. 96–98.

[44] Zum *Secretum* vgl. zuletzt Föcking, wie Anm. 13.

[45] In Henricus Bebelius, Opusculum Henrici Bebelii [...] Comoedia vel potius dialogus de optimo studio scholasticoorum [...], Straßburg 1513, Bl. B6 v, ist der Widmungsbrief an Ludovicus Nauclerus auf *Idibus Novembris M. D. I.* datiert. Vgl. zu diesem Text Walther Ludwig, Ein Epitaphium als Comoedia, in: Ekkehard Stärk und Gregor Vogt–Spira, Hrsg., Dramatische Wäldchen. Festschrift für Eckard Lefèvre zum 65. Geburtstag, Hildesheim u.a. 2000 (Spudasmata 80), S. 525–540, hier S. 538.

[46] Das Exemplar der Ausgabe von Henricus Bebelius, Dialogus de optimo studio scholasticorum, (Köln) 1518, in der HAB Wolfenbüttel QuN 254.2 (1) ist zusammengebunden

## 2. FORMEN UND BEZÜGE LATEINISCHER DIALOGE

eine zunächst zur Aufführung in Tübingen bestimmte *comoedia* in fünf aus je einer Szene bestehenden *actus*, an deren Ende es nach Art der mittelalterlichen Terenzhandschriften heißt: *Valete et plaudite. Bebelius recensui.* Der Nachdruck, der nur noch zum Lesen bestimmt war, beschränkte sich auf die Bezeichnung *Dialogus*.

Die produktive Rezeption der Dialoge Lukians beginnt erst in der zweiten Hälfte des 15. Jahrhunderts, also erheblich später als die der Dialoge Ciceros, die schon im 14. Jahrhundert einsetzte,[47] und etwa gleichzeitig wie die der Dialoge Platos. Nach dem Vorgang von Iovianus Pontanus machten in Deutschland Erasmus und Hutten den Anfang. Sie bieten mehrere wohlbekannte Beispiele. Diese Dialoge bleiben aber gegenüber den ciceronisch–platonischen Dialogen in der Minderheit. Auch gab es bald eine gegenüber Lukian kritische Tendenz sowohl von kirchlicher (lutherischer) als auch von literarischer Seite. Julius Caesar Scaliger und Sigonius warfen ihm vor, er habe den alten philosophischen Dialog verschlechtert und verunstaltet, indem er extrem–spöttische Kritik aufnahm und von lächerlichen Dingen, von Liebesaffären, Täuschungen und Dirnen handelte.[48] Wegen ihrer Nähe zur Komödie und zur Satire wurden die lukianischen Dialoge andererseits von anderen immer geschätzt. Dies sei hier nur an zwei besonderen Formen des lukianischen Dialogs demonstriert.

Wie man die schon von Pontanus in seinem *Charon* aufgegriffenen lukianischen Unterweltsdialoge zur politischen Invektive nützen konnte, hatte Ulrich von Hutten im *Phalarismus* gezeigt, mit dem er gegen Herzog Ulrich von Württemberg kämpfte.[49] 1542 erschien in dieser Tradition ohne Autoren– und Ortsangabe in Wittenberg: *Lycaon ad Tartarum damnatus. Dialogi tres.*[50]

---

mit zehn anderen für den Lateinunterricht bestimmten und teilweise mit Interlinearglossen versehenen, in Deventer und Köln um 1510–1518 gedruckten Texten.
[47] Daß die produktive Rezeption der Dialoge Ciceros bereits vor Brunis *Dialogi in Petrum Paulum Histrum* bei Petrarca beginnt, zeigt Föcking, wie Anm. 13, S. 96–109.
[48] Scaliger, wie Anm. 13, S. 13: *Distorsit* [sc. *dialogum*] *ad mimicam atque etiam momicam lasciviam Lucianus*, Sigonius, wie Anm. 20, S. 28–55, und dazu Cox, wie Anm. 4, S. 28.
[49] Vgl. Olga Gewerstock, Lucian und Hutten. Zur Geschichte des Dialogs im 16. Jahrhundert, Berlin 1924 (Germanische Studien 31), Nachdruck Nendeln/Liechtenstein 1967, und Walther Ludwig, Der Ritter und der Tyrann — die humanistischen Invektiven des Ulrich von Hutten gegen Herzog Ulrich von Württemberg, Neulateinisches Jahrbuch 3, 2001, S. 103–116, und den demnächst erscheinenden Beitrag von Manuel Baumbach, 'Wenn Tote Politik betreiben'. Gesellschaftliche Funktionalisierung des Totengesprächs im Humanismus, in: Guthmüller–Müller, wie Anm. 4.
[50] Ein Exemplar von: Lycaon ad Tartarum damnatus. Dialogi tres. Psal. 9. Impii praecipitabuntur ad Infernum et omnes qui obliviscuntur Dei, (Wittenberg) 1542, ist in der HAB Wolfenbüttel im Band Yv 558. Helmst. 8° als Nr. 17 enthalten. Der Band enthält 24 1525–1544 gedruckte Schriften aus dem lutherischen Lager und ist mit blindgeprägtem

Der antilutherische Herzog Heinrich II. von Braunschweig–Wolfenbüttel, der soeben sein Land verloren und Deutschland in Richtung Italien verlassen hatte (aber nicht gestorben war), hat hier den Decknamen *Lycaon Lycoperanus*.[51] Er kommt im Dialog in die Unterwelt und wird wegen seiner angeblichen Verbrechen in einem Gerichtsverfahren von den mythischen Unterweltsrichtern wie Claudius am Ende der *Apocolocyntosis* zu üblen Höllenstrafen verurteilt (er muß z.B. dem angeblich wegen Ehebruchs hingerichteten und in der Hölle mit ständiger Dysenterie bestraften Papst *Johannes XII.* fortwährend den Hintern küssen). Der gleiche Wittenberger Drucker, Georg Rau, hatte ein Jahr zuvor die dramatische Invektive des Thomas Naogeorgus gegen Herzog Heinrich gedruckt (*Incendia seu Pyrgopolinices Tragoedia recens*). Der Verfasser der dialogischen Invektive *Lycaon* hat sich mehrfach von ihren Inhaltsmotiven anregen lassen.[52]

Die *Dialogi meretricii* Lukians wiederum, die auch eine lesbische Szene enthalten und schon ein Vorbild für die italienischen Dialoge Pietro Aretinos boten, stehen letztlich im Hintergrund der umfangreichen pornographisch–ero-

---

Schweinsleder auf Holz mit zwei Metallschließen gebunden. Auf dem Vorderdeckel stehen schwarz geprägt die Initialen H G E und die Jahreszahl 1 5 4 5. Die Initialen lassen sich auflösen als Hans Georg Ellenbogner nach der in dem Band enthaltenen Druckschrift Nr. 3 (Caspar Bruschius, Narratio calamitatis quam perpessa est urbs Slaccenvaldensis apud Boemos Anno Christi M. D. XLII. Scripta in Gratiam Clarissimi Herois Ioannis Georgii Elbogneri, Wittenberg 1543), auf deren Titelseite unten folgende handschriftliche Widmung des Autors steht: *D. Ioanni Georgio | Elbognero d.d. G. | Bruschius*. Das längere gedruckte Widmungsgedicht ist überschrieben (Bl. A2): *Et genere et literis Clarissimo Heroi Domino Ioanni Georgio Ellenbognero Boemo, conterraneo ac Theseo suo longe chariss. S. D. Caspar Bruschius*. Das Exemplar ist als Widmungsexemplar des Autors an den gedruckten Widmungsadressaten ein neues Bruschianum. Vgl. zu Bruschius jetzt Walther Ludwig, Gaspar Bruschius als Historiograph deutscher Klöster und seine Rezeption, Göttingen 2002 (Nachrichten der Akademie der Wissenschaften in Göttingen, I. Phil.–Hist. Klasse, Jahrgang 2002, Heft Nr. 1); der Leser sei auf folgende Druckfehler in dieser Arbeit hingewiesen: S. 7, Z. 15 "Burkhard" statt "Bernhard", ebenso in Anm. 15 und auf S. 112; S. 63, Z. 18, "Hexameter" statt "Pentameter", ebenso Z. 25; S. 88, Z. 10 "incolumen" statt "incolumem".

[51] In dem Exemplar der HAB Wolfenbüttel von Lycaon ad Tartarum damnatus, Bl. Aiii r, steht handschriftlich am Rand neben *Lycaon Lycoperanus*: "von Wolfenbeutel". David Chytraeus, Chronicon Saxoniae et vicinarum aliquot gentium [...], Leipzig 1593, S. 455, nennt, als er die Verteibung des Herzogs Heinrich im Jahr 1542 erzählt, die Burg von Wolfenbüttel *arx Lycaonia*; vgl. dort S. 57: *Guelfforum* [sc. *arx*] *(vulgo VVolffenbuttel: Lycaoniam aliqui nominant)*.

[52] Niemann, wie Anm. 5, S. 4 und 78, bespricht rühmend, aber ohne Erwähnung des lateinischen Originals die deutsche Bearbeitung ("Drey Newe und lüstige Gespreche. Wie der Wolff so etwan doch nicht lang ein Mensch Heintz Wolffenbüttel genannt, inn abgrund der Hellen verdampt sey. Rheimweis Aus dem Latein inns Deudsch geben. Psal. IX [...]", [Wittenberg] 1542).

tischen Dialoge des Franzosen Nicolas Chorier, die dieser anonym, die Namen des niederländischen Philologen Johannes Meursius und der spanisch-portugiesischen Hofdame Luisa Sigea mißbrauchend, unter dem Titel *Ioannis Meursii Elegantiae latini sermonis seu Aloisia Sigaea Toletana de arcanis Amoris et Veneris* um 1680 erstmals erscheinen ließ und die im 18. Jahrhundert ein geheimer Bestseller waren.[53] Die Folge von sieben *Colloquia* (*Velitatio, Tribadicon, Fabrica, Duellum, Libidines, Veneres, Fescennini*) ist hier zu einem Dialogroman entwickelt worden.

IV Hinweise und Zeichen in platonischen und ciceronischen Dialogen

Die platonischen und ciceronischen Dialoge, die eine 'mimetische' oder eine 'diegetische' Form haben können (die lukianischen und die für Schüler bestimmten Dialoge sind in der Regel 'mimetisch'), enthalten oft deutliche Hinweise auf ihre antiken Muster. Sie können mit einer ausdrücklichen Nennung ihres Vorbilds beginnen. So leitet Jacobus Locher Philomusus seinen 1497 in Straßburg gedruckten *Dialogus de quibusdam heresiarchis et eorum sectis*[54] mit der Ankündigung ein, er werde einen Dialog *more platonico* schreiben,[55] und beginnt dann seinen dem Juristen Zasius gewidmeten Dialog mit diesem an Apuleius erinnernden, manieriert stilisierten Preis des Platonischen Dialogstils:[56] *Candidissimos Platonis libros, o Zasi, te vidisse certo existimo, qui omnibus philosophiae ramusculis circumdati, eloquentiae toga fulgentissima amicti, verborum emblemate synthesique iucundissima conglutinati, aurum rutilans eborisque candorem exuperant. [...] Nec struit verborum enygmata, non nisi Oedipo solvanda, sed intra pedestris orationis poeticeque sublimitatis limites gradiens sermonibus scholasticis ac philosophicis congruas edisserit commentationes.* Nach einem Hinweis auf ein kürzliches *symposium suavissimum* bei *Zasius* begeben sie sich dann in das *Museon* des *Philomusus*, das mit seiner von Kerzen und Lampen beleuchteten Bibliothek Salomons Tempel gleiche.[57] Dort stellt *Zasi-*

---

[53] S. Joannis Meursii elegantiae Latini sermonis seu Aloisia Sigaea Toletana de arcanis Amoris et Veneris, Adiunctis Fragmentis quibusdam eroticis, Lugd. Batavorum ex typis Elzevirianis (auf zweiter Titelseite: London) 1781; Alfred Rose, Register of Erotic books, Bd. 2, New York 1965, S. 314, kennt 18 Ausgaben, darunter nicht diese von 1781. Zu Meursius vgl. John Edwin Sandys, A History of Classical Scholarship, 3. Ed., Cambridge 1920, hier Nachdruck New York–London 1967, Bd. 2, S. 311, zu der Spanierin Sigea Anm. 19.

[54] Jacobus Locher, Libri Philomusi. Panegyrici ad Regem. Tragedia de Thurcis et Suldano. Dyalogus de heresiarchis, Straßburg 1497, Bl. Iiii v–Liii r.

[55] Locher, Bl. I4 r.

[56] Locher, Bl. K1 r.

[57] Locher, Bl. Kii v. Mit dem *symposium* und der auch für nächtliche Dialoge benützten Bibliothek nennt Locher zwei typisch humanistische Gesprächsorte. Erasmus ließ sein berühmtes *Colloquium abbatis et eruditae* in der Bibliothek der gelehrten Frau stattfinden (s. Erasmus [1967], wie Anm. 30, S. 252–265, Erasmus [1972], wie Anm. 30, S. 403–408), und in: Joachimus Perionius, Dialogorum de linguae Gallicae origine eiusque cum Graeca

*us* jeweils von *Philomusus* beantwortete Fragen nach der jüdischen und mohammedanischen Religion und nach den Lehren christlicher Häretiker. Als platonisch gilt dieser Dialog, weil Sokrates bei Platon gleichfalls als *sapientissimus eos interrogat, qui et scientia et rerum humanarum cognitione se sunt inferiores*.[58]

Ein etwas tieferes Platonverständnis offenbart der 1493 in Venedig gedruckte *Dialogus in defensionem poetices* von Augustin Käsenbrod alias Augustinus Moravus aus Olmütz, den dieser nach eigener Angabe 1492 in Padua verfaßt hatte.[59] Er schreibt an Bischof Johannes von Breslau, daß er die vorlesungsfreie Zeit während der Weinernte zu einer Schrift nach platonischer Art (*platonico illo instituto*) nützen wollte. Plato habe in seinen Dialogen, die nicht nur Gelehrsamkeit, sondern auch anmutige Scherze und Witze, Alltagssprache, Ausdruck des Gefühls, kluge Sentenzen und gelegentlich Stilblüten enthielten, die nützliche Gewohnheit vermittelt, über interessante strittige Fragen von verschiedenen Seiten her zu disputieren, so daß am Ende sogar schwierig zu erkennen sei, was er selbst meine.[60] In seinem eigenen Dialog begegnet

---

cognatione libri IV, Paris 1555, erzählt der Autor, ein Benediktiner im Kloster von Cormery, der nahezu 20 Jahre in Paris studiert hatte, wie er vor etwa zehn Jahren seinen Neffen *Petrus Perionius* vier Tage lang in Paris in seiner Bibliothek über dieses Thema belehrte.

[58] Locher, Bl. Kiii r.

[59] S. Augustinus (Käsenbrod) Moravus Olomucensis, Dialogus in defensionem poetices, Venedig 1493 (hrsg. von Karel Svoboda, Prag 1948). Vgl. zur Biographie des Verfassers Rado L. Lencek, Humanism in the Slavic cultural tradition with special reference to the Czech lands, in: Albert Rabil Jr., Hrsg., Renaissance — Humanism: foundations, forms and legacy, Bd. 2, Philadelphia 1988, S. 335–375, hier S. 360–361, dem jedoch die beiden folgenden Dokumente noch nicht bekannt waren: In: Acta Graduum Academicorum Gymnasiii Patavini ab anno 1471 ad annum 1500 a cura di Elda Martellozzo Forin, Rom–Padua 2001, Nr. 1745, erscheint am 14. Mai 1494 *Augustinus Moravus Olomucensis canonicus* als *canonum scholaris* und Zeuge bei einer Promotion zum Dr. iur. can.; in Nr. 1795 erscheint am 11. Oktober 1494 *Augustinus Moravus Olomurensis decr. et art. doct. Canonicus Olomurensis* wieder als Zeuge bei einer Promotion zum Dr. iur. can. Seine eigene Promotion zum Doktor des kirchlichen Rechts, für die keine Urkunde vorliegt, muß also in der Zwischenzeit geschehen sein. Nach Lencek wurde er 1493 zum Sekretär von König Ladislaus II. in Budapest ernannt. Er muß den vorigen Angaben entsprechend aber noch 1494 in Padua gewesen sein.

[60] Augustinus (1493), wie Anm. 59, Bl. A2: *Augustinus Moravus Olomucensis R. D. Ioanni Episcopo Vratislaviensi S. P. dicit. Non inutilem a maioribus nostris consuetudinem observatam invenio, Presul Reverendiss., et a Platone illo divinissimo in posteros etiam traductam, ut si res aliquas pro varietate diversa quorunque opinantium pertractandas forte susciperet, sermonibus eas sive dialogis quibusdam potissimum committeret. Ut dum in eis varie interlocutores reperirent sententie, eruerent mox aliquid quod sibi solers lectoris ingenium non aliter quam ex uberiore quodam literarum penu deprometur. Sic idem Plato cum Socratem illum omnium sapientissimum cum Phedro, Gorgia vel Thymeo variis de rebus disputantem in libris suis introduceret, ita validis utrobique rationibus dissertabat, atque ita rem ipsam omni ex parte muni-*

*Augustinus* in Padua seinem über die Beschäftigung mit Poesie spottenden Studienfreund *Laelius*. Sie beschließen, außerhalb der Stadt in einem Obstgarten hinter der Magdalenenkapelle an einem Seitenarm des Medoacus ihre Streitfrage im Schatten eines Baumes zu diskutieren, der sie an die Platane im Platonischen *Phaidros* erinnert.[61] *Laelius* setzt sich für die Medizin ein, *Augustinus* überzeugt ihn durch eine Verteidigung der Poesie.[62] Der Dialog schließt mit einem Wechselgesang des *Augustinus* und *Laelius* an die Musen.[63] Ein dritter Student mit dem bezeichnenden Bacchus–Namen *Bassareus*, der sich ihnen, aus einer Kneipe kommend, auf dem Weg angeschlossen hatte, hatte als Kontrastfigur und sozusagen defizienter Dialogteilnehmer nur Essen und Trinken im Sinn und schnarcht am Ende seinen Rausch aus.[64]

Die am Ilissos stehende schattenspendende Platane des *Phaidros*[65] und ihre 'Abkömmlinge' sind in zahlreichen platonisch–ciceronischen Dialogen sozusa-

---

*tam relinquebat, ut difficile intellectu foret, in quem finem sua ipse opinione evaderet.* [...] *nihil mihi utilius visum est, quam platonico illo instituto ad id genus scriptionis me conferre, quod non minus eruditionis contineret quam leporis, facetiarum et salis, utpote quod quotidiani sermonis formulam et affectuum qualitatem effingeret et adagiis dicteriis et iocis non secus ac floribus quibusdam amenioribus lasciviret.*
[61] Augustinus, Bl. A3 v *pomarium* [ed. 1493: *pomerium*], *quod pone dive Magdalene phanum paululum in meridiem flexum derivium Medoaci orientem versus recta transmittit.* [...] A4 r *Verum hanc arborem aspice. An admonere me videris Platani illius, quam in Phedro suo divinus ille Plato disputatione Socratis adprime illustratem reliquit. Nam et opacitas est eadem, aquula subterlabens non minus huic quam illi fecundioris fomenti suppeditat.* James Hankins, Plato in the Italian Renaissance, Leiden u.a. 1990 (Columbia Studies in the Classical Tradition 17), berührt diesen Dialog nicht.
[62] Erwähnt und teilweise lateinisch zitiert werden auf Bl. bii r die [ps.–]platonischen Epigramme über Aster, Alexis, Agathon und Dion.
[63] Der Gesang besteht aus sechs von Augustinus und Laelius abwechselnd gesungenen und aus je einem Hexameter und einer Hemiepes bestehenden Distichen. Bl. c3 r: [...] *ergo ab hac disputatione iam tandem desistimus? Atque castissimum hunc Musarum cetum carmine aliquo festivo salutamus: Salvete o nimium celebres Aganippidos unde* | *Tuque novena cohors* | [...].
[64] Lencek, wie Anm. 59, S. 360f., nach dem der Dialog "in the style of the dialogues of classical writers" geschrieben ist, hat ihn falsch verstanden, wenn er schreibt: "The discussion is conducted by three persons: Laelius pleading the case of medicine and physicians, the author defending poetry and Vallarius making fun of the debate." Erstens heißt der dritte Student im Text zuerst Bassareus, später Vallarius; jedoch wird in den Corrigenda, Bl. c5 r, ausdrücklich richtiggestellt, daß statt Vallarius immer Bassareus zu lesen ist. Zweitens spottet er nicht über die Debatte, sondern er stellt selbst eine komische Figur dar, den unwissenschaftlichen Studenten, der sich nur für Essen und Saufen interessiert und die Debatte verschläft.
[65] Platonis Philosophi quae extant Graece ad editionem Henrici Stephani accurate expressa cum Marsilii Ficini interpretatione [...], Zweibrücken 1781–1787, Bd. 10, S. 283–284 (St. p. 229a): So. *Huc circa Ilyssum fluvium divertamus. postea, ubi videbitur, sedentes requiesce-*

gen ein Schibboleth. Die örtliche Szenerie des Dialogs läßt den Leser mit oder ohne ausdrücklichen Hinweis an den nach antiker Überlieferung frühesten Dialog Platons denken und stellt den neuen Dialog so in dessen Nachfolge. Die hohe Platane wird dabei häufig gegen andere Bäume ausgewechselt, und ein anderes fließendes Gewässer erinnert dann an den Ilissos. Die freie Natur ersetzt oft der für Philosophen besonders angemessene umhegte Garten, in dem sich dann die entsprechenden schattigen Plätze finden (die *laudatio horti* in Lipsius' *De constantia* haftet jedem, der sie gelesen hat, im Gedächtnis).[66] Cicero war durch die Platane in *De oratore*, unter die *Crassus* fürsorglich Sitzkissen (*pulvini*) hatte legen lassen, und durch die alte Eiche des Marius am Liris in *De legibus* mit solchen Anspielungen vorangegangen, so daß sich auf diese Weise immer auch ein Bezug zu Cicero einstellte. Auch die *pulvini* wurden so zum Fingerzeig.

So finden z.B. Landinos *Disputationes Camaldulenses* in der Nähe des Klosters unter einer ausladenden, an die Platane des Sokrates erinnernden Buche an einem aus einer Quelle sprudelnden Bach statt.[67] *Bembus Filius* trifft zu Beginn des von Pietro Bembo geschriebenen Dialogs *De Aetna* seinen Vater Bernardo (*Bembus Pater*) in dessen *Nonianum* (einem Landgut bei Sta. Maria di Non nördlich von Padua) im Schatten von Pappeln an einem Fluß sitzend. Als er ihm von bei Taormina an einem Fluß wachsenden Platanen erzählt, die Sokrates und Platon in ihre Schatten einladen könnten, wünscht sein Vater, solche Platanen wüchsen auch auf seinem Landgut. *Bembus Filius* meint scherzhaft, er könne seine Pappeln notfalls ja Platanen nennen, worauf sein Vater aber nicht eingeht; er möchte lieber, daß man einst wie von der Marius–Eiche von einer Bembus–Pappel sprechen wird.[68] Erasmus läßt den Dialog

---

*mus.* [...] Ph. *Vides illam altissimam platanum?* So. *Video.* Ph. *Ibi et umbra et ventus modicus et mollis herba, ubicunque sedere vel etiam recumbere velimus.*

[66] Justus Lipsius, De constantia libri duo, qui alloquium praecipue continent in publicis malis, Antwerpen 1584, S. 75–85.

[67] Cristoforo Landino, Disputationes Camaldulenses a cura di Peter Lohe, Florenz 1980, S. 10: *placuit* [...] *per superiorem silvam ad montis iugum pertinentem deambulare, paulatimque eo deventum est, ubi in florido prato perspicuum fontem tensis ramis patula fagus* [nach Verg. Ecl. 1, 1] *integeret.* [...]. *arbor ipsa et rivus suavi murmure e fonte decurrens platani aquulaeque Socraticae imaginem refert.* Vgl. zu diesem Dialog Bernhard Huss und Gernot Michael Müller, Illud admiror, cur Ficinum silentio praeterieris. Renaissanceplatonismus und Dialogform in Cristoforo Landinos Disputationes Camaldulenses, in: Hempfer, wie Anm. 3, S. 225–278, zu dem "platonischen Referenzrahmen" hier S. 239–240.

[68] Petrus Bembus, De Aetna (zuerst Venedig 1496), in: P. Cornelii Severi Aetna, et quae supersunt Fragmenta, cum notis et interpretatione Jos. Scaligeri, Frid. Lindenbruchii & Theod. Goralli. Accessit Petri Bembi Aetna, Amsterdam 1703, S. 187–224, hier S. 189–198. Vgl. zu diesem Dialog jetzt Gernot Michael Müller, Zur Signatur frühneuzeitlicher Naturwahrnehmung und deren Inszenierung in Pietro Bembos Dialog De Aetna, in:

*Antibarbari* auf Sitzkissen unter einem blühenden Birnbaum in einem von Eichen umgebenen Garten stattfinden,[69] Doletus seinen gegen Erasmus gerichteten *Dialogus de imitatione Ciceroniana* unter einer schattenspendenden, sozusagen ciceronischen Eiche außerhalb von Padua,[70] Gyraldus seine *Historiae poetarum tam Graecorum quam Latinorum Dialogi decem* in einer vor Carpi gelegenen Gartenanlage des Fürsten von Carpi unter einer Hainbuche (lat. *carpinus*!),[71] Alexander ab Alexandro 1522 ein philologisches Gespräch mit *Johannes Venetus* in Rom unter einer ausladenden Esche mit Blick auf die Stadt,[72] Polydorus Virgilius 1526 seinen Dialog *De prodigiis* zuerst auf Kissen unter einer weit ausladenden Eiche, dann unter einer Schatten spendenden Weinrebe auf seinem Landgut zwischen London und Cambridge,[73] der neapolitanische Arzt Brancaleo 1535 seinen *Dialogus* über den gesundheitlichen Nutzen von Bädern unter duftenden Zitronenbäumen im Garten der Villa Chigi am Tiber, in der damals der erkrankte Dialogpartner *Martinus* von Portugal als portugiesischer Gesandter wohnte,[74] Lipsius 1586 den *De recta pro-*

---

Hempfer, wie Anm. 3, S. 279–312, zum *Nonianum* hier S. 280, zu Pappel und Platane hier S. 293–296.

[69] Erasmus, wie Anm. 33, Bd. 9,2, Sp. 1703. Vgl. dazu Richard J. Schoeck, Erasmus of Europe. The making of a humanist 1467–1500, Edinburgh 1990, S. 146 [und jetzt Peter Schenk, Ein Idyll im Garten. Beobachtungen zur Szenerie in Erasmus' 'Antibarbarorum Liber', Mittellateinisches Jahrbuch 38, 2003, S. 411–437].

[70] Stephanus Doletus, Dialogus. De imitatione Ciceroniana, adversus Desiderium Erasmum Roterodamum, pro Christophoro Longolio, Lyon 1535, S. 13: *quin aliquo proxime urbem exeamus et sub quercu ramis diffusa nos in herbam abiiciamus, voluptatem literis non indignam capturi ac iucunde invicem confabulaturi.*

[71] Lilius Gregorius Gyraldus, Historiae poetarum tam Graecorum quam Latinorum Dialogi decem, quibus scripta et vitae eorum sic exprimuntur, ut ea perdiscere cupientibus minimum laboris esse queat, Basel 1545, S. 2: *tum praecipue Platonis et Ciceronis exemplo, quorum ille sub platano patulis* [!] *diffusa ramis, aquae murmurantis rivulo irrigata Socratem cum Phaedro de Pulchro disputantem facit, hic ut ipsemet scribit, Marianam quercum et Tusculanum secessum loca adeo disputationibus apta existimavit, ut in hoc de penitioribus Philosophiae locis deque oratoris facultate, sub illa de legibus disseruit.* S. 408 *ubi nobis faciles et opacas umbras carpinus patula* [!] *exhibet.* S. 584: *locum hesternum mutemus atque hic prope labantem canalis rivum deambulemus.*

[72] Alexander, wie Anm. 10, S. 855–864 (lb. IV, cap. 1). S. 855: *In suburbanum suum, praediolo meo proximum in agro Vaticano Joannes Venetus* [...] *ad se advocabat.* [...] *sub fraxino patulis* [!] *ramis, unde prospectus ad urbem erat, in laetissimo gramine consedebamus inibique* [...] *festivissimis quaestiunculis* [...] *caloris incommoda et flagrantem aestum propulsabamus.*

[73] Polydorus Virgilius, De rerum inventoribus libri VIII. De prodigiis libri III, Amsterdam 1671. De prodigiis libri III, hier mit neuer Paginierung (zuerst Basel 1531), S. 2: *quia tam ventum est ad umbram huius patulae* [!] *quercus, posce pulvinos et sedeamus.* S. 34: *sub hac vite nostri hortuli obumbratice sermoni reliquo operam demus sedentes.*

[74] Ioannes Franciscus Brancaleo, Quam salubria balnea sint cum ad sanitatem tuendam tum ad morbos curandos, Dialogus adversus neotericos medicos, Rom 1535, Bl. Bii r: *non deest*

*nuntiatione linguae Latinae Dialogus* im römischen Garten des Kardinals Ippolyto d'Este am Fuß des Quirinals gar auf einer Sitzbank unter einer Marmorstatue des Merkur, der *Muretus* bei seinem Vortrag inspirieren sollte,[75] Strada 1617 seinen in eine *Prolusio* eingebetteten Dialog *Muretus* im Garten der Villa Tivoli desselben Kardinals auf einer durch eine Brunnenanlage geschmückten Gartenterrasse in der Nähe von hohen, von Efeu umrankten Platanen,[76] und Christoph Behr 1672 seinen *Lembus sive Dialogus geometricus* ("Das Boot oder ein geometrischer Dialog") zum Teil unter einer Eiche in einem Eichenhain an der Oder oberhalb Breslaus.[77] Die jeweiligen Variationen, von denen die

---

*hic mollis et frigida gestatio pictura admirabili conspicua et vice platani illius apud Platonem citriorum redolentium silva quae ab aestuantis solis iniuria adserere poterit (habitat enim Ghisianas aedes trans Tyberim ad fluminis ripam, quibus Romae admirabiliores res nullae). delectabunt et horti mira florum suavitate fragrantes, topiario opere spectabiles, aures suavissimo garritu mulcebunt aves.* Die Gartenanlagen der Villa Chigi wurden schon von Aegidius Gallus, De Viridario Augustini Chigii, Rom 1511, und Blosius Palladius, Suburbanum Augustini Chisii, Rom 1512, beschrieben.

[75] Justus Lipsius, De recta pronuntiatione linguae Latinae Dialogus, Leiden 1586, S. 9: *scamellum sub statua ipsa facundi dei (Mercurius ibi e marmore) insidemusne? Insidemus, ait Muretus, [...] ut mentem eius participemus et interpretem linguam. Sed heus tu, in parte etiam iuvabis? In partu, inquam ego. nam, ut Socrates ille tuus (quem ita amas, ut in annulo gestes) obstetricis munus fungi se ait [...], sic ego parturientem te aliquid fortasse iuvero movendo, monendo.*

[76] Strada, wie Anm. 11, S. 162: *ex areola, qua inambulabant, proceras admirati platanos a stirpe ad primos usque ramos hedera ita convestitas, ut summae quidem arbores suis frondibus, imae vero alienis virerent, concedunt in proximum xystum, quem gradata hinc buxus et concisa in plurimas species, inde Tarentina myrtus varie tonsa aliaeque pressae atque retentae manu arbusculae bellissime concludebant. In medio fons aestuabat intra marmoreum cratera, e cuius labro caducus, vel instar tenuissimi, expandebatur demittebaturque in subiectam piscinam, quam circum siphunculi plures expressi micabant e solo atque in cratera reciproci miscebant suavissimum murmur.* Daß die Gesprächsteilnehmer sich neben den wieder an Platons *Phaidros* erinnernden Platanen *in xysto* ("in einer Gartenterrasse") auf Kissen niederlassen (S. 141: *concedunt in proximos hortos, ubi in xysto [...] considentes,* S. 163: *Hic in loculamentis trifolio virentibus mollissimas nacti sedes ac pulvinos adversi conquiescunt*), soll an Ciceros Dialoge erinnern (vgl. Cicero, Acad. priora sive Lucullus 9: *in xysto [...] consedimus* und das oben zu den *pulvini* Gesagte). Die Beschreibung der kunstreichen Anlage würdigt die Gartenkultur der Gegenwart und besonders die des Kardinals Ippolyto d'Este in seinem Park in Tivoli. Vgl. dazu jetzt Elia Marinova, Germanus Audebertus, Roma. Edition und Kommentar, Münster u.a. 2000 (Hamburger Beiträge zur Neulateinischen Philologie 2), S. 271–286.

[77] Christoph Behr, Lembus sive Dialogus Geometricus, Breslau 1672, § 42: *Erat autem nemus illius querceti multo amoenissimum, sursum quasi contabulata frondibus viredo jubarque interlucens, viredinem velut auro radians et prorsus in quali Socrates, stans meditabundus sub platano sua, divinitatem videbat rebus terrenis immistam; subtus herbosi aequoris quasi tonsa planities et molle aulaeum. Aura vero ita suavis, ita temperata, ut illi, quae in campis Elysiis est, comparari posset, ubi aether largior, ubi lumen amabile et totum hominem serenans, tum cantus*

## 2. FORMEN UND BEZÜGE LATEINISCHER DIALOGE 403

des Lipsius die witzigste ist, verdienen nähere Interpretationen, die jedoch nicht nur auf Plato bzw. Cicero bezogen sein, sondern im Bewußtsein dieser Konvention vollzogen werden sollten.

Aber auch ohne einen speziellen Baum oder Baumersatz können Szenerie und Personal eines Dialogs deutlich an den Platonischen *Phaedrus* erinnern, so wenn in dem 1613 gedruckten Dialog *De Schola* des Niederländers Marcus Gualtherus, der damals bereits Lateinschulrektor war, der junge Lehrer *Marcus* (~ *Phaedrus*) auf einem Spaziergang außerhalb der Mauern der Stadt seinen alten Kollegen *Eusebius* (~ *Socrates*) trifft und die beiden sich zunächst ausgiebig am Anblick der schönen Natur erfreuen, bevor sich *Eusebius* auf Bitte von *Marcus* über die Aufgaben der Schule und die Probleme der Lehrer äußert.[78]

Da die ciceronischen Disputationen im Sitzen (*sedendo*) oder während eines Spaziergangs (*deambulando*) stattgefunden hatten, wird dieser alternative Begleitumstand auch in den späteren Dialogen häufig allusiv erwähnt.[79] Der eben genannte Danziger Gymnasialrektor Behr spielte in besonderer Weise mit dieser Tradition: Er und seine beiden Begleiter fahren von Breslau mit einem von einem Schiffer geruderten Boot auf der Oder zu der erwähnten Eiche, wobei einer der Teilnehmer vor der Fahrt beim Einsteigen ins Boot äußert, es gebe keine *amoenior Academia. Erimus enim sic Peripatetici sedentes.*[80]

Nur erinnert werden kann hier an die zahlreichen neuzeitlichen Dialoge, die während eines *symposium* oder *convivium* stattfinden und die durch diese Szenerie in die Tradition der sympotischen Dialogliteratur der Antike gestellt wurden.[81] Es war natürlich nicht nur eine auf die Literatur beschränkte Ge-

---

*avium, quasi Musarum coram Iove hymni.* § 45: *dum sic confabulamur inter eundum, ecce commodo loco, sub arbore patula* [!] *planeque hospitali mensulam quandam offendimus, quam ars quidem eo posuerat, sed natura scamnum fabricata erat vivoque sedilia saxo.* § 47: *in illa Academia umbrifera.*

[78] S. Marcus Gualtherus, Dialogi de schola libri duo, in quorum primo dilucide asseritur scholarum dignitas, ab antiquitate, progressu, conservatione et usu publico, altero ostenduntur partim emolumenta, partim incommoda eorum, qui in scholasticis functionibus versantur. Additu etiam in fine coniectanea quaedam philologa authore Marco Gualthero Pal. Scholae Campensis Rectore, Franeker 1613.

[79] Vgl. z.B. Brancaleo, wie Anm. 74, Bl. B i v: *exoriente sole aut more peripatetico deambulando aut academico sedendo meditati disserere pulcherrime poteritis.*

[80] Behr, wie Anm. 77, § 4.

[81] Vielleicht am berühmtesten sind Ficinos Kommentar zu Platons *Symposion* in Form eines convivialen Dialogs (vgl. jetzt Marsilius Ficinus, Commentaire sur Le Banquet de Platon, De L'Amour. Commentarium in convivium Platonis de amore. Texte établi, traduit, présenté et annoté par Pierre Laurens, Paris 2002; Laurens erörtert dort S. XI–XVI auch die dialogische Form und ihre Geschichte) und das literarisch äußerst kunstvoll strukturierte und religiös äußerst kühn formulierte *Convivium religiosum* des Erasmus (vgl. Erasmus [1967], wie Anm. 30, S. 20–123, Erasmus [1972], wie Anm. 30, S. 231–266), nahezu un-

sprächsform. Die Humanisten bemühten sich in der Realität ihres Lebens, die antike Form des *convivium* mit seinen philosophischen und literarischen Diskussionen, Reden und Gedichten zu erneuern.[82] Ein literarischer Spiegel dieser Zusammenkünfte wurden die Texte ihrer convivialen Dialoge. In entsprechender Weise sollten Diskussionen von Humanisten in Gärten in der Realität die antike Gesprächssituation der Philosophengespräche wieder aufleben lassen.[83] Die Dialogtexte beziehen sich deshalb jeweils sowohl auf eine fiktional gestaltete zeitgenössische Realität als auch auf antike literarische Vorbilder, die ihrerseits für Formen der zeitgenössischen Realität maßgebend gewesen waren.

Dem 1530 erstmals gedruckten *Bermannus sive de re metallica Dialogus* des Georgius Agricola[84] scheint zunächst eine szenische Anknüpfung an die antike Dialogliteratur zu fehlen, jedenfalls ist bis jetzt keine aufgefallen.[85] Es ist ein

---

bekannt z.b. sympotische Dialoge wie der von Antonius Bonfinius (1427–1502) über die Tugend der jungfräulichen und ehelichen Keuschheit (Symposion trimeron sive de pudicitia coniugali et virginitate dialogi tres. Nunc primum ex bibliotheca Ioannis Sambuci v. c. in lucem prolati, zuerst Basel 1572, Budapest 1943) oder der von Johannes Langius aus Lemberg über den verschiedenen Nutzen der Universitätsfakultäten für das Gemeinwesen (Medicum de republica symposium, o.O. 1554) oder der von Pechlinus, wie Anm. 16.

[82] Vgl. z.B. das *symposium* des Zasius in Freiburg 1497 (s. Anm. 57), die Beschreibung eines *convivium* des Coletus in Oxford (1498) durch Erasmus, wie Anm. 33, Bd. 3,1, Sp. 42–44, die Berichte von 1516 über ein *convivium* des Rychardus in Ulm (s. Walther Ludwig, Eine Humanistenfreundschaft. Der Briefwechsel zwischen dem Pforzheimer Nikolaus Schmierer und dem Ulmer Wolfgang Reichart [1516–1543], in: Hans–Peter Becht, Hrsg., Neue Beiträge zur Stadtgeschichte I, Sigmaringen 1999 [Pforzheimer Geschichtsblätter 9], S. 37–67, hier S. 38–50), und Walther Ludwig, Leges conviviales bei Nathan Chytraeus und Paulus Collinus und andere Trinksitten des 16. Jahrhunderts, in: Boris Körkel–Tino Licht–Jolanta Wiendlocha, Hrsg., Mentis amore ligati. Lateinische Freundschaftsdichtung und Dichterfreundschaft in Mittelalter und Neuzeit. Festgabe für Reinhard Düchting zum 65. Geburtstag, Heidelberg 2001, S. 275–291, und den demnächst erscheinenden Beitrag von Dieter Mertens, Politische Diskussionen bei oberdeutschen Humanisten, in: Guthmüller–Müller, wie Anm. 4.

[83] Vgl. dazu Walther Ludwig, Pontani amatores — Joachim Camerarius und Eobanus Hessus in Nürnberg, in: Thomas Baier, Hrsg., Pontano und Catull, Tübingen 2002 (NeoLatina 4), S. 11–45.

[84] Georgius Agricola, Bermannus, sive de re metallica Dialogus, Basel 1530, und ders., De ortu et causis subterraneorum lib. V [...] Bermannus, sive de re metallica Dialogus, Basel 1546, S. 417–468 (hiernach zitiert).

[85] Man hat für diesen Dialog bisher nur allgemein eine Aufnahme der antiken Dialogform festgestellt, so in: Georg Agricola, Bermannus (Le Mineur). Un dialogue sur les mines. Introduction, texte établi, traduit et commenté par Robert Halleux [...] et Albert Yans, Paris 1990, S. XVII: "dialogue dramatique ou scénique, hérité des Anciens et répandue en son temps", versuchte aber keine nähere Anknüpfung. Dies war auch in: Georg Agricola, Bermannus oder über den Bergbau. Ein Dialog, übersetzt und bearbeitet von Helmut Wilsdorf,

## 2. FORMEN UND BEZÜGE LATEINISCHER DIALOGE

'mimetischer' Dialog. Hier treffen sich der Bergwerksspezialist *Laurentius Bermannus* und die Ärzte *Nicolaus Ancon* und *Johannes Naevius* auf dem Marktplatz von St. Joachimsthal.[86] Ihr Gespräch über Silberminen läßt sie zu einem Berg oberhalb der Stadt hinaufsteigen, um dort die Schächte und Gruben zu besichtigen.[87] Der lange Sommertag erlaubt die Unternehmung, die *Ancon* wegen seines Körpergewichts nicht leicht fällt. Während der Wanderung gibt *Bermannus* Auskunft über alle Fragen des Bergbaus und auch über die im Berg angeblich hausenden Dämonen, und die beiden Ärzte tragen ihr ergänzendes Wissen aus der arabischen und griechischen Medizin bei. Ein Dialog während einer Bergbesteigung ist unter den neuzeitlichen Prosadialogen ganz ungewöhnlich. Der bisher vor allem historischen und montanwissenschaftlichen Kommentierung des Dialogs[88] entging es, daß Agricola hier an die gleichfalls einzigartige Szenerie von Platons *Nomoi* denken ließ:[89] Dort sprechen in einem gleichfalls 'mimetischen' Dialog ebenfalls drei Männer miteinander an einem heißen Sommertag während einer angesichts ihres Alters

---

in Verbindung mit Hans Prescher und Heinz Techel, Berlin 1955 (Georg Agricola, Ausgewählte Werke 2), nicht der Fall. Wenn dort, S. 37, allerdings behauptet wird: "In dem poetischen Sendschreiben an Valentin Hertel [...] weist Adam Siber mit Recht gleich in der 3. Zeile auf die Anknüpfung an den sokratisch–platonischen Dialog durch Agricola hin", hatte man den Text von Siber falsch verstanden. In *Adami Siberi Elegia ad Valentinum Hertelium* in: Agricola, wie Anm. 84, Bl. ai v, findet sich keinerlei "Anknüpfung" eines Werkes von Agricola "an den sokratisch–platonischen Dialog". Siber schreibt dort nur, daß von Ungelehrten und Gelehrten aus Ruhmbegier Bücher aller Art geschrieben werden und zählt dazu verschiedene Themen auf: *Scribimus indocti passim doctique libellos | quaerendique omnes nominis ardor agit, | Hic causas rerum docet, hic de fonte petitum | Socratico, quo sit vita regenda modo. | Ille Palaemonias leges, praecepta loquendi | artem Zenonis tradit at ille sui |* [...]. Eines dieser Themen ist also die aus den platonischen Dialogen geschöpfte Moralphilosophie. Nach weiteren Aufzählungen stellt Siber diesen verschiedenen Themen die naturhistorischen Bücher des Agricola direkt entgegen und beschreibt sie inhaltlich näher. Auf ihre Dialogform geht er nicht ein.
[86] Agricola, wie Anm. 84, S. 417: *cum in foro vallis nostrae starent.* Im Gegensatz zu den historischen Personen Bermannus (Wermann) und Naevius ließ sich ein Ancon historisch nicht feststellen, s. Wilsdorf, wie Anm. 85. Von der Sache her ist kein dritter Mann nötig. Der Bergmann könnte mit nur einem Arzt sprechen. Ein Motiv für die Erfindung des dritten Gesprächsteilnehmers gibt das unten aufgezeigte platonische Vorbild.
[87] Agricola, wie Anm. 84, S. 425: N. *Ubinam ea* [sc. *vena argenti*] *est?* B. *Non longe hinc in superiori montis huius planitie.* [...] B. *Ascendamus, ab omni enim mora temporis brevitate excludimur, inclinato iam in postmeridianum tempus die: certe nisi is hoc anni tempore esset apud vos longior, nihil efficere nos crederem posse.*
[88] Vgl. Agricola (1955), wie Anm. 85, wo sich auch ausführliche personalgeschichtliche Erläuterungen finden, und Agricola (1990), wie Anm. 85.
[89] Vgl. Plato, De leg. 1, p. 625a–b.

nicht unbeschwerlichen Wanderung, die sie von der kretischen Stadt Knossos zur Zeusgrotte auf dem Berg Ida führen soll.[90]

Sogar die Szenerie des relativ wenig beachteten pseudo–platonischen Dialogs *Eryxias* wird einmal evoziert. In dem 1559 gedruckten Dialog *De poeta libri sex* des Antonius Sebastianus Minturnus, der in der zwischen Neapel und Pozzuoli am Meer gelegenen Villa Mergillina des Actius Syncerus, d.h. des Jacopo Sannazaro spielt, wird zunächst die Schönheit der Gesamtsituation mit der Szene im *Phaidros* verglichen,[91] dann — die Gesprächspartner sitzen *in porticu* neben der Marienkapelle, die Sannazaro bei seiner Villa errichtet hatte — heißt es: *Ac si ille idem Socrates ad Iovis liberatoris porticum, cuius de capite Pallas, ut est in fabulis, orta traditur, de sapientia disputavit, iuxta hanc aedem Mariae, quae iure optimo Dea dici debet, cum Dei sit parens, qui Musas colimus, de his, quae ad Musas attinent, cur non merito disseremus? Virgo est enim illa, etiam cum sit mater, has quoque virgines eruditorum omnium consensione veteres dixerunt.*[92] 1557 war die hier vermutlich anregende Übersetzung der pseudo–platonischen Dialoge durch Sebastianus Corradus erschienen, in der der Anfang des *Eryxias* so lautet (der Sprecher ist Sokrates): *Cum forte ego et Eryxias Stirieus in porticu Iovis liberatoris deambularemus [...].*[93]

V Reale und fiktive Namen in den Dialogen

Der Umstand, daß in Ciceros Dialogen die Sprecher jeweils eine sozial homogene, mit Bedacht ausgewählte Freundesgruppe waren, kam den Humanisten, für die *amicitia* unter Gleichgesinnten zu den höchsten Lebenswerten gehör-

---

[90] Vgl. Platon, wie Anm. 65, Bd. 8, S. 5 (St. p. 625a–b): *Verum quia in huiusmodi moribus atque legibus ambo educati estis, tu scilicet atque hic, spero, nobis non iniucundum fore, si inter eundum de constituendis civitatibus ac legibus disseramus. est autem a Gnosso in antrum templumque Iovis via satis, ut audivimus longa: sessionesque per ipsam sub altis arboribus, ut in aestu convenit, umbrosae sunt. nostrae igitur aetati conveniens erit frequenter in his requiescere mutuoque orationis solamine sine molestia iter hoc omne transigere.* In: Agricola (1990), wie Anm. 85, S. XIXf., wird auf den Dialog zwischen dem Bergmann Daniel und seinem Lehrling Knappius in: Ulrich Rülein von Calw, "Ein nützlich Bergbüchlein", zuerst 1500, auch Erfurt 1527, als Anregung für Agricola hingewiesen. Eine solche Anregung ist möglich, aber die für den *Bermannus* spezifische Bergbesteigung durch die drei Männer wird dadurch nicht, sondern nur durch den Platonischen Dialog erklärt.

[91] In: Antonius Sebastianus Minturnus, De Poeta ad Hectorem Pignatellum Vibonensium Ducem libri sex, Venedig 1559 (Faksimile–Nachdruck in: Poetiken des Cinquecento 5, München 1970), S. 7f., wird eine ausführliche und detaillierte Comparatio zwischen allen Zügen der im Platonischen *Phaidros* geschilderten Landschaft und den Schönheiten der Villa Mergillina und ihrer Umgebung gegeben.

[92] Minturnus, S. 8.

[93] Platon, wie Anm. 65, Bd. 11, S. 242 (St. p. 392a). Zu Sebastiano Corrado vgl. Hankins, wie Anm. 61, S. 805.

te,⁹⁴ entgegen und machte den Dialog, in dem einzelnen oder mehreren Freunden ein literarisches Denkmal gesetzt werden konnte, zusätzlich beliebt. Schon Brunis *Dialogi ad Petrum Paulum Histrum* sollten so die Gespräche eines Freundeskreises dokumentieren.⁹⁵ Auf deutsche dialogisierte Freundesgruppen ist bisher weniger geachtet worden: Joachim Camerarius wollte z.B. in seinem zuerst 1532 gedruckten Dialog *Norica sive de ostentis libri duo* ein Bild von der damaligen humanistischen Sodalität in Nürnberg geben. Joachim Camerarius selbst, Eobanus Hessus und Michael Roting, drei Professoren des Nürnberger Gymnasium, sowie der Ratsschreiber Georg Hoeppel und der Ratskonsulent Johann Mylius gehörten zu ihr. Im Garten des letzteren fand vor den Mauern Nürnbergs die erzählte Zusammenkunft des *sodalicium* statt, in der zuerst über einen kürzlich beobachteten Kometen, dann allgemein — in Fortsetzung der Thematik von Ciceros Dialog *De divinatione* — über Vorzeichen am Himmel gesprochen worden sei.⁹⁶

Da der historische bzw. fiktional historische Dialog mit realen Personennamen den humanistischen Werten der *amicitia* und des dauerhaften literarischen *monumentum* so sehr entgegenkommt, ist merkwürdig und erklärungsbedürftig, warum sich trotzdem viele Dialoge mit rein fiktionalen Namen von Sprechern finden. Cox vertritt sogar die Auffassung, daß der Dialog mit realen Personennamen (sie nennt ihn "documentary dialogue") sich in erster Linie in Italien, dagegen kaum nördlich der Alpen finde, und führt dies auf die kulturelle Situation der italienischen Höfe zurück.⁹⁷ Das ist nicht ganz zu halten, da sich auch eine ganze Reihe von nördlich der Alpen verfaßten und nicht mit dem Hofleben verbundenen "documentary dialogues" aufführen lassen. Die fiktionalen Namen vieler Dialoge führt Cox mit gewissem Recht auf die lukianische Tradition fiktionaler Sprecher zurück. Wie konnte sie aber auch in Dialoge eindringen, die sonst keine lukianischen Elemente enthalten?

Zumindest bei Dialogen des späten 15. und frühen 16. Jahrhunderts scheint auch die Namengebung in Komödien Einfluß ausgeübt zu haben. Erasmus griff in seinen *Colloquia Familiaria* auf die lukianische und auf die Komödien–Tradition zurück. Für Schülerdialoge lag eine fiktive Namengebung ohnehin nahe, und wenn er im *Convivium religiosum* fiktive Namen benützte, so

---

⁹⁴ Vgl. z.B. Sadoletus, wie Anm. 8, S. 563: *nos, qui liberaliter sumus eruditi, de nobis ipsis ita sentiamus, ut vita sine convictu et consuetudinibus amicorum nullam ducamus esse.*
⁹⁵ Bernd Häsner, Leonardo Brunis Dialogus ad Petrum Paulum Histrum. Darstellung und Selbstkonstruktion einer humanistischen Kommunikationskultur, in: Hempfer, wie Anm. 3, S. 115–161, hier S. 153–155, führt einige andere italienische Dialoge mit 'dokumentarischen' Personengruppen auf. Zu vier weiteren italienischen Dialogen des 16. Jahrhunderts s. unten Teil VI.
⁹⁶ Näheres zu diesem Dialog bei Ludwig, wie Anm. 83.
⁹⁷ Cox, wie Anm. 4, S. 21f.

dürfte es sich hier um eine Schutzmaßnahme wegen seiner unorthodoxen religiösen Äußerungen gehandelt haben. Um nicht mit den Aussagen redender Personen identifiziert zu werden, griffen manche Autoren später zu sie schützenden fiktiven Personennamen. Erasmus hat es vorgezogen, seine Dialoge außer dem *Antibarbarorum liber* mit fiktiven und dabei oft redenden Sprechernamen zu versehen. Denkt man in diesem Zusammenhang an das Ansehen des Erasmus in den Gebieten, in denen der *Index librorum prohibitorum* nicht galt, und besonders an die vielen Auflagen der *Colloquia familiaria*, so drängt sich die Vermutung auf, daß die Beliebtheit fiktionaler Sprechernamen in nördlich der Alpen entstandenen Dialogen mehr als auf den Einfluß des nicht immer wohlgelittenen Lukian auf die vermittelnde Wirkung des Erasmus zurückzuführen ist. Manchmal scheinen auch die fiktiven Namen der Schülerdialoge direkt eine Wirkung ausgeübt haben[98] und die 'Traktatisierung' des Dialogs hat die Tendenz, fiktive Namen zu geben, vermutlich noch verstärkt.[99]

VI Vier ciceronische Dialoge des 16. Jahrhunderts aus Italien

In den platonischen und ciceronischen Dialogen unterschied man dialogtheoretisch die inquisitorischen, in denen ein Thema kontrovers diskutiert wird und zu denen man auch die Dialoge zählte, in denen zwei Hauptreden *in utramque partem* gehalten werden, und die expositorischen Dialoge, in denen

---

[98] So wenn in: Henricus Stephanus, Dialogus de bene instituendis Graecae linguae studiis. Eiusdem alius dialogus. De parum fidis Graecae linguae magistris. Et de cautione in illis legendis adhibenda, (Genf) 1587, die Dialogpartner in den beiden zahlreiche Grammatiker diskutierenden Dialogen über die richtigen und falschen Arten des Griechischlernens Cornelius und Philippus genannt werden.

[99] Vgl. z.B. oben Calvör, wie Anm. 26, und Quenstedt, wie Anm. 28. Simon Maiolus, Bischof von Este, gab in einem dicken Folioband: Dies caniculares [...] Colloquia physica nova, zuerst 1600, Ed. 3, Mainz 1614, eine enzyklopädische Erörterung der Natur, die er einem *Theologus*, *Philosophus* und *Eques* in den Mund legte, die von letzterem während der Hundstage auf sein Landgut eingeladen wurden und nun auf einem Hügel mit schöner Aussicht auf das Meer, bei Regen in seinem Haus und in einem von Bäumen beschatteten Tal ihre *Colloquia* abhalten. Thomas White, ein katholischer Kleriker aus England, schrieb eine gleichfalls sehr umfangreiche Untersuchung (De Mundo, Dialogi tres, quibus Materia, hoc est quantitas, numerus, figura, partes, partium qualitas et genera, Forma, hoc est magnorum corporum motus et motuum intentata hactenus philosophis origo, Caussae, hoc est movens, efficiens, gubernans caussa finalis, durationis quoque principium et terminus, et tandem Definitio rationibus pure e natura depromptis aperiuntur, concluduntur authore Thoma Anglo, e generosa Albiorum in Oriente Trinobantium prosapia oriundo, Paris 1642, Bl. aiii v: *Longa Dialogorum Galilaei de systemate conscriptorum meditatione conceptum erat hoc opus*). In ihr ist der Wortführer ein *Asphalus* ('der Sichere'), der in seinem Haus im Winter drei Tage lang mit einem *Ereunius* ('der Fragende') und einem als Besucher dazugekommenen *Andabata* ('der Kämpfer') über naturphilosophische Probleme teilweise *in utramque partem* Probleme diskutiert.

## 2. Formen und Bezüge lateinischer Dialoge 409

ein sachkundiger Sprecher nur wenig unterbrochen oder ergänzt von seinen Dialogpartnern einen Gegenstand darstellt.[100] Vier mit einander in Beziehung stehende ciceronische diegetische Dialoge des 16. Jahrhunderts, zwei aus der ersten, einer aus der zweiten genannten Kategorie, und ein Dialog, in dem beide Kategorien bewußt kombiniert wurden, sollen hier in tunlicher Kürze noch gemustert werden. Sie wurden bisher einzeln nur inhaltlich, nicht in ihrer literarischen Gestaltung beachtet und überhaupt nicht als Gruppe gesehen und verdienen in Zukunft als besonders interessante Beispiele einer produktiven Antikerezeption auch die Aufmerksamkeit der Klassischen Philologen.

Unter den inquisitorischen Dialogen scheint der Dialog im maieutischen Stil des platonischen *Socrates* relativ selten zu sein.[101] Zwei sehr bemerkenswerte Beispiele für den inquisitorischen Dialog mit zwei Hauptreden sind Sadolets erstmals 1538 gedruckte *De laudibus philosophiae libri duo*[102] und Vidas *Dialogi de rei–publicae dignitate* in zwei Büchern von 1556.[103]

Jacobus Sadoletus wollte hier — nicht durch eine Rekonstruktion, sondern durch eine Analogie — soweit möglich einen Ersatz für den verlorenen *Hortensius* Ciceros bieten.[104] Er wußte aus *De finibus*, daß die Philosophie im *Hortensius* von Cicero selbst "verteidigt und gelobt" wurde, nachdem Hortensius

---

[100] Die von Diog. Laert. 3, 49 ausgeführte Einteilung wurde in der Dialogpraxis der Renaissance beachtet (vgl. unten zu Minturnus) und in ihre Dialogtheorie übernommen (vgl. Sigonius, wie Anm. 20, S. 129–160).
[101] Bemerkenswerte Beispiele für diesen Typ bieten Lapo da Castiglionchio, De curiae commodis II, 19: *Socratico more, ut videris, mecum agere vis et me meis responsionibus irretitum convincere* (vgl. dazu Christopher S. Celenza, Renaissance Humanism and the Papal Curia. Lapo da Castiglionchio the Younger's De curiae commodis, Ann Arbor 1999, S. 33) und Ulrich von Hutten, Dialogi Huttenici novi, perquam festivi. Bulla, vel Bullicida. Monitor primus. Monitor secundus. Praedones, o.O. (1521), Bl. 20–21 (Niemann, wie Anm. 5, S. 18, machte bereits auf das spezifisch sokratische Fragen in den *Praedones* aufmerksam).
[102] S. Sadoletus, wie Anm. 8. Die Zeit ihrer Niederschrift wird von Nicola Badaloni, Vita religiosa e letteraria tra Riforma e Controriforma, in: Carlo Muscetta, Hrsg., La letteratura Italiana. Storia e testi, Bd. 4,2, Rom 1973, S. 457–484, hier S. 464–466, in die Jahre 1521–1523 gesetzt. Sie und Francesco Tateo, Classicismo romano e veneto, in: Enrico Malato, Hrsg., Storia della letteratura Italiana, Bd. 4, Rom 1996, S. 457–506, hier S. 471, gehen nur kurz auf den Inhalt, nicht auf die literarische Form des Dialogs ein.
[103] S. Marcus Hieronymus Vida, Poemata quae extant omnia. Quibus nunc primum adiiciuntur eiusdem Dialogi de Rei–publicae dignitate. Ex collatione optimorum exemplarium emendata [...], London 1732, Pars IV, S. 1–206, darauf der Sachindex S. 207–212. Die *Dialogi de rei–publicae dignitate* wurden zuvor nur Cremona 1556 gedruckt.
[104] Daß er dieses Ziel erreichte, betonen Sigonius, vgl. Anm. 22, und das hier vielleicht von Sigonius beeinflußte *Elogium Iacobi Sadoleti* eines unbekannten Verfassers am Anfang der Mainzer Sadolet-Ausgabe (Sadoletus, wie Anm. 8, Bl. ):( 7v): *In Philologia vero ut erat inter doctissimos idem eloquentissimus* [sc. *scripsit*] *Epistolarum libros XVI, De liberis instituendis et De laudibus philosophiae, ut Hortensii M. Tullii iacturam constantius feramus.*

sie "angeklagt und getadelt" hatte, und aus der fragmentarischen Überlieferung, die Sigonius später in einer Edition zusammenstellte,[105] daß der Dialog in einer Villa des Lucullus und in Gegenwart des Catulus stattgefunden hatte. Sadoletus wählte das gleiche Thema und exponierte auch als Dialogpartner im zweiten Buch des Dialogs *vim utilitatemque Philosophiae et eius viri, qui rite ac legitime philosophetur, speciem atque formam*,[106] nachdem *T. Phaedrus*, d.h. Tommaso Inghirami genannt Phaedra bzw. Phaedrus (1470–1516), sie im ersten Buch mit vollendeter Eloquenz "angeklagt" hatte. Der Sprecher dieser Rede gegen die Philosophie war damit ebenso wie Hortensius zur Zeit der Niederschrift des Dialogs *Hortensius* bereits tot. Sigonius urteilte 1559, daß man nicht leicht beurteilen könnte, ob die Philosophie von *Phaedrus* schärfer getadelt oder von *Sadoletus* schöner gelobt worden sei.[107] Der Dialog, an dem außerdem *I. Gallus* und *F. Citrarius* teilnehmen, die am Ende auch als Richter in der Kontroverse aufgerufen werden,[108] findet "einige Jahre" vor der Niederschrift (*aliquot ab hinc annis* schreibt Sadolet im Widmungsbrief), genauer eine gewisse Zeit vor dem 6. September 1516, dem Todestag Inghiramis, statt. Er war seit 1513 Professor der Eloquenz an der römischen Universität gewesen, und Sadolet war damals päpstlicher Sekretär. Der Dialog wird jahreszeitlich auf die Zeit der *Floralia*, also auf Ende April, datiert. Die Dialogpartner trafen sich auf Einladung des *Iacobus Gallus* auf seinem *suburbanum* in der Nähe der römischen Engelsburg (*secundum Adriani molem*), in dem sonst, wie der Leser erfährt, auch die Humanisten Camillus Porcius und Blosius Palladius häufig verkehrten. Im ersten Buch unterhält man sich in den Gartenanlagen des Gallus. Im zweiten Buch ging man *ad porticum sub villa* und setzte sich in ciceronischer Art *in Xysto, loco sane amoeno id temporis et salubri*.[109] Am Ende des zweiten Buches erheben sich die Gesprächsteilnehmer und begeben sich nach einem Spaziergang in den Gartenanlagen ins Haus: *reliquum convivio variisque sermonibus Phaedro imprimis multa facete urbaniterque dicente hilarem et laetum consumpsimus diem.*[110]

---

[105] Carolus Sigonius, Fragmenta Ciceronis variis in locis dispersa diligentia collecta, scholiis illustrata, Vendig 1559.
[106] Sadoletus, wie Anm. 8, S. 669.
[107] S. Sadoletus, S. 558, und Anm. 22.
[108] *Iacobus Gallus, civis Romanus in primis honestus*, hielt nach Sadolets Tod eine Leichenrede auf ihn in der Kirche San Lorenzo in Rom, wo Sadoleto seit 1503 Canonicus gewesen war, s. Antonius Florebellus, De Vita Iacobi Sadoleti, in: Sadoletus, wie Anm. 8, Bl. a1–b1, hier b1 v.
[109] Sadoletus, S. 562, 610, 670. Die Formulierung *in Xysto* [...] *consedimus* (S. 610) erfolgte nach Cicero, vgl. Anm. 76.
[110] Sadoletus, S. 671.

Was veranlaßte Sadolet den aus einem in Volterra ansässigen Adelsgeschlecht stammenden Tommaso Inghirami, einen Schüler des Pomponius Laetus, der 1486 in einer Aufführung von Senecas *Hippolytus* die Rolle der *Phaedra* mit solchem Erfolg gespielt hatte, daß er danach benannt wurde, der unter Julius II. Bibliothekar der Vaticana war und der sich 1513 in Rom durch eine Inszenierung des Plautinischen *Poenulus* vor Leo X. hervorgetan hatte,[111] zum Sprecher der Anklagerede zu machen und am Ende noch durch die zitierte Hervorhebung seines urbanen Witzes zu ehren? Sadolet hat in dem an Marius Maffeus Volaterranus gerichteten Widmungsbrief zum zweiten Buch darüber eine Auskunft gegeben, die nicht nur ein Porträt Inghiramis bietet, sondern für das Verständnis der Beziehungen der Dialogfiguren zu den ihren Namen tragenden realen Personen von prinzipieller Bedeutung ist; er schreibt dort:[112] "Das, was zur Aufgabe der Philosophie gehört, und den Nutzen und die besondere Bedeutung dieser göttlichen und hervorragenden Wissenschaft glaube ich in dem folgenden zweiten Buch, in dem die Philosophie von mir verteidigt worden ist, zur Genüge erörtert zu haben, nachdem sie von T. Phaedrus angegriffen und getadelt worden war. Diesen Menschen, Marius, habe ich immer sehr geliebt und ich hielt ihn für am besten geeignet, ihm diese Person aufzuerlegen und ihm in unserem Dialog die Rolle zuzuteilen, ein Ankläger der edelsten Wissenschaft zu sein. Denn er tendierte in seinen Äußerungen, wie du am besten von allen weißt, da du ihm durch eure gemeinsame Heimatstadt, eure Verwandtschaft und euer zeitweises Leben unter einem Dach eng verbunden zu sein pflegtest, zu Kritik und Herabsetzungen, und zwar nicht aus Bosheit, wie mir schien, sondern wegen einer gewissen Leidenschaftlichkeit seines Gemüts und der Schnelligkeit seines Geistes. Dadurch kam es dazu,

---

[111] Vgl. M. E. Cosenza, Biographical and Bibliographical Dictionary of the Humanists [...], Boston 1962–1967, Bd. 2, Sp. 1787–1788, und Heinz Kindermann, Theatergeschichte Europas, Bd. 2, Salzburg 1959, S. 36–38.

[112] Sadoletus, S. 609–610: *de his quidem, quae ad philosophiae officium pertineant, deque eius artis divinae ac praecellentis utilitate atque praestantia satis a me explicatum esse arbitror in hoc secundo libro, in quo illa a me defensa est, quum esset oppugnata et reprehensa a T. Phaedro. Quem quidem ego hominem, Mari, valde dilexi semper idoneumque existimavi, cui hanc potissimum personam imponerem atque eas tribuerem in sermonibus nostris partes, ut esset ille disciplinae nobilissimae accusator. Erat enim (ut tute nosti ac optime omnium quidem, quippe qui illi et municipio et propinquitate, nonnumquam etiam contubernio solebas esse coniunctus) ad obtrectandum dictis et lacerandum aliquantum inclinatior; nec tamen malevolentia ille quidem, mihi ut videbatur, quam ardore quodam animi et celeritate ingenii; quibus rebus fiebat, ut nullum paulo facetius idemque asperius et mordacius dictum facile posset continere; caeteris quidem partibus officii, suavitatis, diligentiae cum optimo quoque erat comparandus. Quapropter nos, quando ipse agnosci ex suis scriptis haud ita iam potest, quae etsi multa egregiaque confecit orationibus maxime pangendis, quas antea pronuntiasset, illa tamen nescio quo pacto effusa post mortem eius distractaque evanuerunt, iucundum etiam nunc nobis amici nomen ab oblivione hominum vindicare sumus conati.*

daß er kein etwas witzigeres Wort, auch wenn es ziemlich schroff und bissig war, leicht bei sich behalten konnte. In allen anderen Dingen, in seinem Pflichtbewußtsein, seiner Liebenswürdigkeit und seiner gewissenhaften Sorgfalt, nahm er es mit den besten auf. Deshalb haben wir versucht, den uns auch jetzt noch lieben Namen dieses Freundes dem Vergessen der Menschen zu entreißen,[113] zumal er aus seinen Schriften nicht mehr erkannt werden kann (denn obgleich er viele ausgezeichneten Schriften verfaßte, und besonders Reden niederschrieb, die er vorher gehalten hatte,[114] sind diese nach seinem Tod doch irgendwie versprengt und zerstreut verschwunden)."

Marcus Hieronymus Vida, der als Bischof von Alba ebenso wie der Kardinal Sadoleto 1545 an der Eröffnung des Konzils von Trient teilnahm, schloß sich mit seinem Dialog in vielem der Methode Sadolets bei der Imitatio Ciceros an und entwickelte sie weiter. Auch er wollte durch eine Analogie einen Ersatz für einen verlorenen Dialog Ciceros liefern, und zwar für die, abgesehen vom *Somnium Scipionis*, erst 1819 in einem Palimpsest wiederentdeckten, damals *barbarorum iniuria*[115] verloren geglaubten "goldenen" *De re publica libri sex*,[116] da ihn, wie er in seiner Vorrede an Kardinal Reginald Pole ausführte, das Fehlen der Staatsphilosophie innerhalb der lateinischen Moralphilosophie schmerzte. Vida wußte aus Ciceros Briefen, welche Personen er für den Dialog ausgewählt hatte, und aus Augustin, daß *Scipio* dort eine Definition von *res publica* gegeben und *Philus* eine die Ungerechtigkeit im staatlichen Handeln verteidigende Rede gehalten hatte, die jedoch nicht seiner eigenen Überzeugung entsprach und zu der er sich nur herbeigelassen hatte, damit sie im Sinne eines akademischen Disputierens *in utramque partem* anschließend widerlegt werden konnte.[117]

Vida wählte für seinen Dialog wie Cicero Persönlichkeiten aus der höchsten Gesellschaftsschicht (er spricht von *summates viri*). Anstelle der in Ciceros Brief an seinen Bruder Quintus genannten vier *viri consulares*, die dieser in *De re publica* auftreten ließ,[118] ließ er drei Kardinäle, *Johannes Marius Montius*

---

[113] Vgl. oben mit Anm. 94.
[114] Vgl. Lucia Gualdo Rosa, Ciceroniano o cristiano? A proposito dell'oratione De Morte Christi de T. Phedra Inghirami, Humanistica Lovaniensia 34A, 1985, S. 52–64, und L. D'Ascia, Una Laudatio Ciceronis inedita di Tommaso 'Phedro' Inghirami, Rivista letteratura italiana 5, 1987, S. 479–501 (beides zitiert von IJsewijn–Sacré, wie Anm. 6, S. 179).
[115] Vida, wie Anm. 103, P. IV, S. 5.
[116] Vida, P. IV, S. 19: *deperditis sex aureis illis libris, quos M. Tullius Cicero, omnis eloquentiae parens, se scripsisse testatur in aliis libris.*
[117] Vida, P. IV, S. 155: *nullam rem publicam posse administrari sine maxima iniuria, quam sententiam audio confutatum fuisse olim, prostratam ac protritam pluribus et illustribus literis a P. Scipione apud M. Tullium Ciceronem contra Philonem inductam personam.*
[118] Cic. Ad Qu. fr. 3, 5, 1.

(Ciocchi del Monte), *Marcellus Cervinus* und *Reginaldus Polus*, von denen die beiden ersten als Julius III. und Marcellus II. Päpste werden sollten (zur Zeit der Niederschrift des Dialogs waren sie schon verstorben), sowie sich selbst an dem Dialog teilnehmen. Außerdem ließ er *Polus* von zwei Gefolgsleuten, dem venezianischen Adligen *Aloisius* (Alvise) *Priullus* und dem Dichter *Marcus Antonius Flaminius*, begleitet sein; *Laelius* hatte entsprechend seine Schwiegersöhne *Scaevola* und *Fannius* mitgebracht.[119] Perosa und Sparrow verkannten die Bedeutung dieser sehr bewußten Personenwahl, wenn sie die Kardinäle de Monte und Cervini nur als "one or two other friends" abtun.[120]

Zeit des Dialogs ist ein Nachmittag im Sommer 1545, als die genannten Personen sich für das erwartete Konzil in Trient aufhielten (die Kardinäle waren vom Papst als Vorsitzende eingesetzt worden), aber — dies entsprechend den *Feriae Latinae* bei Cicero — noch nichts dienstlich zu tun hatten, da man auf die Ankunft der ausbleibenden, von der Kirche "oder noch eher von sich selbst" abgefallenen Deutschen wartete.[121] Nur in der Zeit ihres *otium* konnten sich die hohen Herren bei Vida wie bei Cicero angemessenerweise mit wissenschaftlichen Disputationen abgeben. Ort des Dialogs ist die fürstbischöfliche Gartenanlage *Ad crucem auream* vor den Toren von Trient, wo Vida während des Sommers 1545 Quartier bezogen hatte.[122] Dort hatte er *Priullus* und *Flaminius*, als er in einer schattigen Allee (*in topiario opacissimo*) wandelte, empfangen, dort ließ er in einer Säulenhalle Sessel und Kissen (*in porticu sellas et pulvinos*) bereitstellen, als ihm der Besuch des Kardinals *Polus* angekündigt wurde, und dort stellten sich auch kurz danach überraschend die Kardinäle und Konzilsvorsitzenden *Montius* und *Cervinus* ein.[123]

Das Thema des Dialogs ist *utilitas et dignitas rei publicae et civilis societatis*.[124] Es wird wie bei Sadoleto in zwei Büchern in Rede und Gegenrede behandelt,

---

[119] Wie sehr Vida in dem Dialog auf die hierarchische Etikette achtete, beleuchtet die referierte Sitzweise in Vida, P. IV, S. 15: *Cum tres illi summates nostri consedissent suo quoque loco certoque ordine, ego quoque verecunde secundum illis, coegerunt etiam Priullum et Flaminium iuxta assidere humanissimi, summisque honoribus semper modestissime utentes, caeteris exclusis eorum sectatoribus stipatoribusque et per hortos interim deambulantibus, [...]*.
[120] Perosa–Sparrow, wie Anm. 8, S. 245.
[121] Vida, P. IV, S. 12: *qui ex Germanis tam foede ab ecclesia vel verius a se ipsis desciverant*.
[122] Vida, P. IV, S. 13: *In diuturna cessatione, cum omnes plane difflueremus otio, diem ex die ducentes, venerunt ad me Aloisius Priullus et Marcus Antonius Flaminius in hortos suburbanos ad crucem auream, ubi, tamquam in gratissimo diversorio, mihi per aestatem domicilium collocaveram*. Dort einquartiert hatte ihn, wie er ausführt, der Fürstbischof von Trient Kardinal Cristoforo Madruzzi (S. 13: *amplissimi inter Cardinales patres viri Christophori Madrucii episcopi et principis Tridentini*).
[123] Vida, P. IV, S. 14.
[124] Vida, P. IV, S. 11.

wobei Vida — wie zuvor Sadoleto — sich selbst als Dialogfigur die zweite Rede gibt. Diese Gesamtstruktur entspricht damit auch wieder Ciceros *De divinatione*. Auf die größere Bücherzahl von Ciceros *De republica* verzichtete Vida.

Das Thema wird wie in *De oratore* und *De legibus* durch ein gefälliges, von höflichen Scherzen durchzogenes Vorgespräch eingeführt. In ihm wird der widerstrebende *Vida* gedrängt, von seinen staatsphilosophischen Studien, die den Gästen zu Ohren kamen, zu berichten. Er gibt zunächst als *fundamentum quaestionis* einen kurzen Abriß der Staatslehre nach Chrysipp, Plato und Aristoteles,[125] um, wie er sagt, seine Gäste zum Reden zu bewegen. *Montius* meint danach, *Flaminius* trete vielleicht für den vorstaatlichen Zustand ein, da die Dichter ja ständig die *aurea aetas* priesen. *Flaminius* will sich jedoch nicht die ihm widerstrebende Rolle aufzwingen lassen und übernimmt erst auf Drängen aller gemäß der Sitte der alten *Academia*, wie er sagt, — und entsprechend der an anderer Stelle erwähnten *inducta persona* des *Philus* bei Cicero — die Funktion eines Kritikers der staatlichen Ordnung. *Sic enim in omni quaestione sententiarum inter se contrariarum concursu rationumque contentione veritas excuditur.*[126] Seine Rede über die *mala rei publicae*[127] ist dann jedoch so ernsthaft formuliert, daß der Verfasser des Flaminio–Artikels im "Dizionario Biografico Italiano", ihre Funktion mißverstehend, schrieb: "nel corso del quale [sc. dialogo] il Flaminio avrebbe espresso convinzioni eterodosse in campo filosofico e teologico".[128] Nach Beendigung seiner etwa 40seitigen Rede bewundern alle seine *eloquentia*, was angesichts der Tatsache, daß Flaminius an sich ein *poeta* ist, zu einem exkursartigen Gespräch über die bereits von Cicero betonte nahe Beziehung zwischen *poeta* und *orator*[129] und die für einen Christen angemessenen dichterischen Themen führt (die Nennung heidnischer Götter wird hier ebenso abgelehnt wie amouröse *nugae*),[130] bis *Montius*, der ranghöchste der Kardinäle, zur Fortsetzung der *instituta disputatio* auffordert.

Im zweiten Buch faßt *Vida* seinerseits die Rede des *Flaminius* als ernsthaft vorgebrachte Gegenposition auf. Er arbeitet ihre Trugschlüsse (*fallaciae*) heraus und verteidigt insgesamt, ausgehend von einer Definition des Staates, *rem publicam civitatemque*.[131] Seine etwa 120seitige Rede wird mehrfach von Einwendungen und Ergänzungen der Gäste unterbrochen. Am Ende lächelt er

---

[125] Vida, P. IV, S. 21–26.
[126] Vida, P. IV, S. 28.
[127] Vida, P. IV, S. 29–73.
[128] DBI 48, S. 285.
[129] Cicero De orat. 1, 70: *est enim finitimus oratori poeta*.
[130] Vida, P. IV, S. 74–81. Die poetologische Position entspricht also der von Baptista Mantuanus und Giovanni Francesco Pico della Mirandola.
[131] Vida, P. IV, S. 82–205.

Flaminius zu: *ut omnes intelligerent, ambos in disiunctione sententiae esse inter nos benevolentia coniunctissimos.*[132] Nach Hermogenes ist eine derartige Einbringung von Ethos (*mores*) gerade nach einer scharfen Auseinandersetzung zu empfehlen, und Sadolet und Cicero waren nach den kontroversen Debatten in *De laudibus philosophiae* und in *De oratore* und *De legibus* ähnlich verfahren.[133] Da es Abend wird, mahnt *Montius* schließlich aufzubrechen. *Vida* begleitet seine Gäste noch bis zum Stadttor. Gesprächsgegenstand auf dem Heimweg ist: *utrius oratio fuerit ad veritatis speciem propensior.*[134] Obwohl die Antwort für den Leser klar ist, gehört es doch zu dem hier von Vida befolgten und auch von Cicero z.B. am Ende von *De divinatione* betonten Prinzip der akademischen Disputation *in utramque partem*, am Ende keine Beurteilung festzulegen, sondern sie völlig in das freie Ermessen der Hörer zu stellen. Ein Zweifel bei Vida ist daraus also nicht abzuleiten. *Sadoletus* äußerte am Ende seiner Rede für die Philosophie entsprechend, aber etwas weniger zurückhaltend: *mea expositio universe facta satisne respondere Phaedri calumniae videatur, vestrum iam est iudicium.*[135]

Die Interpretationen zeigen, daß solche Dialoge nur verstanden werden, wenn auch der implizite antike Hintergrund einbezogen wird, und daß es nicht genügt, wie es oft geschieht, einfach nur von einem ciceronischen Dialog zu sprechen.

Ein relativ frühes und äußerst umfangreiches Beispiel für den rein expositorischen Dialog sind die 1545 zuerst gedruckten *Historiae poetarum tam Graecorum quam Latinorum dialogi decem*[136] des Ferraresen Lilius Gregorius Gyraldus. Hier sprechen, während die Pest in Ferrara wütet,[137] zehn Tage lang in einer Gabarda genannten, Alberto Pio, dem Fürsten von Carpi, gehörenden Gartenanlage vor Carpi, *Gyraldus*, der von Gyraldus unterrichtete *puer Picus* (d.h. Giovanni Tommaso Pico della Mirandola, ein Neffe des Alberto Pio) und der wegen der Pest aus Ferrara geflüchtete *vir literatus B. Piso* "über die Poetik und die Geschichte der Dichter" (*de poetica et poetarum historia*), bis am Ende des zehnten Tages "Besseres aus Ferrara gemeldet wurde" (*meliora de patria nunciata* — so die letzten Worte des Werkes).

---

[132] Vida, P. IV, S. 206.
[133] Letzeres führt auch Sigonius, wie Anm. 20, S. 169–181, aus.
[134] Dies sind die letzten Worte des Dialogs, Vida, P. IV, S. 206. Zum Wortlaut vgl. Cicero De div. 1, 9: *cuius disputatio tibi ipsi [...] ad veritatem est visa propensior.*
[135] Sadoletus, wie Anm. 8, S. 669.
[136] S. Gyraldus, wie Anm. 71. Gyraldus behauptet im Widmungsbrief an die Herzogin Renata von Ferrara, er habe die Dialoge schon in seiner Jugend (*pene puer*) verfaßt, s. Bl. †2r.
[137] Auf die Pest in Ferrara wird am Anfang des 1. Buches, am Ende des 2., am Anfang des 6. und am Ende des 10. Bezug genommen.

Diese Gesamtkonzeption soll an Boccaccios "Decamerone" erinnern,[138] auch wenn Gyraldus die Einteilung eines Dialogs in verschiedene durch ein Tagesende geschlossene Bücher schon aus Cicero kannte,[139] der die fünf Bücher seiner *Tusculanae Disputationes* mit einer fünftägigen Diskussion füllte, und er seine eigene Buchzahl ausdrücklich so begründete: "Es schien passend, unsere Gespräche mit der Zahl zehn zu vollenden, da die Zahlen überhaupt durch eben diese Zahl begrenzt werden und sie als ganze für Tugend und Vollendung steht, wie dies von den Platonikern und anderen Philosophen, aber auch von unseren Christen deutlich überliefert wird."[140] Die fiktive Zeit des Dialogs wird dadurch angezeigt, daß zu Beginn des dritten Buches die soeben eingetroffene Nachricht vom Tod des Iovianus Pontanus erwähnt wird[141] (der Dialog spielt also im Jahr 1503, als Gyraldus selbst 25 Jahre alt war).[142] Entsprechend hatte Cicero die fiktive Zeit seines Dialogs *De oratore* zu Beginn des dritten Buches dadurch angegeben, daß er dort erwähnte, Crassus sei zehn Tage nach dem Gespräch gestorben. Wenn Gyraldus seinen Büchern einzelne auf die Jahre 1541–1545 datierte Widmungsvorreden vorausschickte, so konnte er sich in der Nachfolge von Cicero und Aristoteles sehen. Ersterer hatte in Bezug auf seinen Dialog *De re publica* an Atticus geschrieben: "bei den einzelnen Büchern verwende ich Vorreden wie Aristoteles in den Schriften, die er die exoterischen nennt".[143]

Daß ein literaturgeschichtlicher Stoff in die Form eines Dialogs gebracht wurde, rechtfertigte Gyraldus durch einen Hinweis auf Heraclides Ponticus, der einen verlorenen Dialog *De poetis* verfaßt habe, und auf Ciceros Dialog *De*

---

[138] Angelus Politianus, Opera, quae quidem extitere hactenus, omnia [...], Basel 1553, S. 546, verweist in den von Gyraldus, wie Anm. 71, S.1f., erwähnten *Nutricia* so auf Boccaccios "Decamerone": *Et qui bis quinis centum argumenta diebus | pingit.*
[139] Cicero weist in den Tusculanen auf die Übereinstimmung der Reihe der — nachmittäglichen — Diskussionen mit den Buchzahlen mehrfach hin.
[140] Gyraldus, wie Anm. 71, S. 1058: *hoc enim numero congruum visum est sermones nostros perficere, cum et eo ipso numeri terminentur et eius summa sit virtus et perfectio, id quod plane a Platonicis aliisque philosophis, sed et Christianis quoque traditur.*
[141] Gyraldus, S. 261.
[142] Nach DBI 56, S. 452–455, hielt sich Giraldo von etwa 1500–1502 bei Gianfrancesco Pico della Mirandola in Mirandola auf, mußte dann aber wegen dessen Zerwürfnisses mit seinem Bruder Ludovico Mirandola verlassen. Er ging mit ihm nach Carpi zu dessen Vetter Alberto Pio, wo sich Giraldi nun bis 1507 aufhielt und Gianfrancescos Sohn Giovan Tommaso unterrichtete.
[143] Cic. Ad Att. 4, 16, 2: *in singulis libris utor prooemiis ut Aristoteles in iis, quos* ἐξοτερικοὺς *vocat.* Dazu Hirzel, wie Anm. 1, Bd. 1, S. 298.

*claris oratoribus*.[144] Der nicht erhaltene Dialog des Heraclides wird nur von Diogenes Laertius mit dem Titel Περὶ ποιητικῆς καὶ τῶν ποιητῶν, ά, erwähnt.[145] Er bot Gyraldus das thematische Vorbild. Der erhaltene *Brutus sive de claris oratoribus* Ciceros zeigte, wie eine literarhistorische Darstellung formal dialogisiert werden konnte. So wie die dortigen rhetorikgeschichtlichen Darlegungen Ciceros durch Zwischenbemerkungen und Fragen von *Atticus* und *Brutus* unterbrochen werden, streut Gyraldus in seinen eigenen poesiegeschichtlichen Lehrvortrag Bemerkungen von *Piso* und *Picus* ein. *Gyraldus* gibt vor, sich an zehn Tafelbilder zu erinnern, die er in der Bibliothek der Familie Pico in Mirandola gesehen habe und auf denen die Dame *Poetica* und andere Personifikationen wie *Tragoedia* und *Comoedia* sowie viele Dichter gemalt gewesen seien. In der Vorrede an Herzogin Renata erklärt Gyraldus selbst dies als Allegorie seiner dortigen Bibliotheksstudien und beruft sich für die Fiktion der Tafelbilder auf die zahlreichen Beschreibungen und Erklärungen von *imagines* in der antiken Literatur.[146]

Im ersten Buch wird die Poetik allgemein behandelt, im zweiten bespricht Gyraldus die ältesten Dichter und Dichterinnen von Mose und Maria, seiner Schwester, der die erste hexametrische Dichtung zugeschrieben wird, bis zu Homer, Hesiod und den Sibyllen. Das dritte Buch behandelt die weiteren hexametrischen und elegischen griechischen Dichter, das vierte die entsprechenden lateinischen bis zu Petrarca und Boccaccio. Im fünften, mit Dante schließenden Buch werden die dichtenden Kaiser und die *poetae Christiani* bis zum Konstanzer Konzil besprochen. In der zweiten Fünfergruppe behandeln die Bücher VI–VIII, beginnend mit einer allgemeinen Erörterung der dramatischen Formen, die griechischen und lateinischen *poetae scenici*, wobei im Anschluß an den kaiserzeitlichen Mimographen Marcus Marullus auch der 1500 verstorbene Michael Marullus als *egregius epigrammatum et hymnorum gentilium scriptor* erwähnt wird. Die Bücher IX–X besprechen dann noch die *poetae lyrici* und *epigrammatographi*; sie setzen mit der angeblichen Erfinderin der Hymnen Sidon und König David ein und enden mit den Epigrammatikern der *Anthologia Graeca*.

Es war die umfassendste und ausführlichste Erörterung der Biographien und Werke der antiken griechischen und lateinischen Dichterinnen und Dichter,[147] die bis dahin in einem literarischen Werk gegeben worden war. Gyral-

---

[144] Gyraldus, Bl. †4r: *Quod in huiusmodi historia dialogo usus sum, ante me Heraclidus Ponticus de poetis et de claris oratoribus M. Tullius idem factitarunt, quos mihi autores suspiciendos potius quam imitandos proposui.*
[145] Diog. Laert. 5, 88.
[146] Gyraldus, wie Anm. 71, Bl. †3v–4r.
[147] Sie umfaßt 1108 Seiten ausschließlich des ausführlichen *Index nominum et rerum*.

dus wollte den Gegenstand der *Nutricia* Polizians eingehender darstellen. Aus dieser hexametrischen Dichtung *de poetica et poetis* stammt die am Anfang stehende Personifikation der *Poetica*. Es war das einzige humanistische Werk, das zuvor die antiken griechischen und lateinischen Dichter, und zwar ebenfalls unter Einschluß von David einerseits und von Dante, Petrarca und Bocaccio andererseits, vorgestellt hatte. Gyraldus knüpft ausdrücklich an diese Dichtung Polizians an: sie wird innerhalb des Dialogs am Anfang des ersten Buches vorgelesen[148] und gibt ihrerseits den Anstoß zu dem folgenden zehntägigen Dialog in Gabarda.[149]

Die Dialoge, in denen Vida und Gyraldus jeweils sich selbst in einem historischen Dialog präsentierten, hatten sicher ihre historischen Kerne. Giraldi unterrichtete damals den jungen Pico in Carpi, und Vida traf in Trient Pole, Flaminio und Priuli zu Gesprächen. Aber schon, ob auch die Kardinäle de Monte und Cervini an solchen Gesprächen teilnahmen, ist ungewiß, die Unterrichtung des jungen Pico war gewiß nicht so umfassend, und Sadolet sagt selbst, daß er dem verstorbenen Inghirami die Rede gegen die Philosophie in den Mund gelegt habe, weil er seine Neigung zu kritischen Äußerungen in Rom kennengelernt habe. Den Dialogen mit historischen Personen liegen gewisse reale Situationen zugrunde. Die Autoren fühlten sich aber frei, sie fiktional in mehr oder weniger großem Ausmaß umzugestalten. Demgegenüber erheben die Dialoge mit fiktionalen Namen keinen Anspruch auf einen historischen Kern, obwohl auch sie einen solchen enthalten können, wenn die fiktiven Namen zur Verdeckung von realen Personen benützt wurden. Die Dialoge stehen dadurch immer auf der Grenze zwischen Historizität und Fiktionalität.

Die inquisitorische und die expositorische Dialogform konnte nach antikem Vorbild auch in einem einzigen Dialog vereint werden. Dies geschah in dem

---

[148] Gyraldus, S. 1f.
[149] In dem thematisch anschließenden, in Florenz 1551 zuerst gedruckten Dialog *De poetis nostrorum temporum* desselben Verfassers (hrsg. von Karl Wotke, Berlin 1894 [Lateinische Literaturdenkmäler des XV. und XVI. Jahrhunderts 10]; vgl. dort S. IX–XVIII und DBI 56, S. 452–455), der am Bett des gichtkranken Gyraldus 1548 in Ferrara spielt, wird nach dem Vorgespräch ein früherer Dialog von Gyraldus zum gleichen Thema durch einen Diener vorgelesen; der Text wird wörtlich in den Dialog aufgenommen. Formal ist dies einzigartig; die Besonderheit hat jedoch einen gewissen Vorläufer in den Hinweisen auf die Dialoge *De re puplica* und *De natura deorum* in den Anfangspartien der Ciceronischen Dialoge *De legibus* 1, 5 und *De divinatione* 1, 5. Einen entsprechenden Hinweis fügte Gyraldus schon zu Anfang seines neuen Dialogs durch folgende Äußerung ein (Gyraldus [1551], S. 6, [1894], S. 4): *cum adulescentes plerique studiosi meos de poetis antiquis dialogos legissent, rogabant, ut recentes et nostrae aetatis huiusque proximae superioris poetas colligerem* [1894: *conligerem*], [...].

Dialog *De poeta libri sex* des damaligen Neapolitaners Minturnus von 1559, der zum Schluß betrachtet werden soll,[150] da dieser Dialog frappierende Bezüge zu den eben gemusterten nur wenige Jahre zuvor veröffentlichten Dialogen von Vida und Gyraldus aufweist. Wenn Vida gewissermaßen einen Ersatz für Ciceros *De re publica* vorlegen wollte, so hat Minturnus eine gelungene, vielschichtige Imitation von und Variante zu Ciceros *De oratore libri tres* geschaffen,[151] und zwar mit einem Thema, das dem des besprochenen Dialogs von Gyraldus nahe stand. Das Vorbild von Ciceros *De oratore* bestimmte in *De poeta* die Szenerie, das Personal, die Überlieferung, die Zeit, die Datierung, den Buchaufbau und die innere Struktur des Dialogs.

Dem berühmten Redner *Crassus* entspricht als Protagonist im Dialog des Minturnus der berühmte Dichter *Actius Syncerus*, d.h. Jacopo Sannazaro,[152] den bereits Iovianus Pontanus in seinem *Actius* in den Mittelpunkt eines Dialogs gestellt hatte.[153] Und wie auf dem Tusculum des Crassus bei Rom der alte

---

[150] S. Minturnus, wie Anm. 91. Walter Moretti und Renato Barilli, La letteratura e la lingua. Le poetiche e la critica d'arte, in: Muscetta, wie Anm. 102, S. 485–551, hier S. 530, gehen kurz auf den Inhalt des Dialogs, aber nicht auf seine literarische Form ein. Antonio Sebastiani († 1574) nannte sich nach seinem Geburtsort Minturnus. Seit 1564 Bischof von Ugento, nahm auch er am Konzil von Trient teil. Er war nicht nur poetologisch tätig, sondern veröffentlichte 1564 eigene *Poemata, Epigrammata et Elegiae*.

[151] Zur Rezeption von Ciceros damals nur fragmentarisch bekanntem Dialog *De Oratore* in den 1401/1406 von Leonardus Aretinus (Bruni) verfaßten *Dialogi ad Petrum Paulum Histrum* vgl. Marsh, wie Anm. 7, S. 24–37, und Häsner, wie Anm. 95, S. 137–146.

[152] Minturnus, wie Anm. 91, nennt Sannazaro in dem seinem Werk vorausgehenden Brief an Hieronymus Ruscellius vom 1. September 1558 den besten Dichter der damaligen Zeit und den Vergil am nächsten kommenden überhaupt (Bl. *3v: *ab Actio Syncero, ut poetarum, qui tum in Italia florebant, facile principe, sic Virgilii omnium, quicunque fuerunt, simillimo*).

[153] Actius hält dort einen Vortrag *de poeticis numeris*. Pontanus wollte hier jedoch keine umfassende Poetologie vorlegen, sondern läßt anschließend Altilius über Historiographie (*de lege historiae*) als poetisch–rhetorische Schriftgattung sprechen, um die Diskussion gegen Ende auf die enge Beziehung zwischen *poeta* und *orator* zu bringen. S. Ioannes Iovianus Pontanus, Opera omnia soluta oratione composita, Venedig 1518, P. 2, Bl. 101–154, oder: Giovanni Pontano, I dialoghi, hrsg. von Carmelo Previtera, Florenz 1943, und die Interpretation von Wyss Morigi, wie Anm. 5, S. 84–87, sowie die Inhaltsübersicht bei Giovanni Pontano, Dialoge, übersetzt von Hermann Kiefer [...], München 1984 (Humanistische Bibliothek 2, 15), S. 281–287. Sannazaro steht auch im Mittelpunkt eines kleinen Dialogs bei Alexander ab Alexandro, wie Anm. 10, S. 236–241. Am Anfang seines zweiten Buches berichtet Alexander von einem Besuch bei Accius [sic] Syncerus anläßlich der *Saturnalia*. Bei der *coena* der *viri docti* singt ein freigelassener afrikanischer Sklave (*ex Aethiopia bonae frugis libertus, scitissimus adolescens, quem libertate et gentili cognomento donaverat liberalibusque disciplinis instruxerat*) unter Flötenbegleitung Elegien des von Accius Syncerus verbesserten Properz bis zu El. 1, 11, 4, wo dieser den Gesang unterbricht, um den Sinn der Stelle zu diskutieren.

Dialog gespielt hatte, so spielt auf Sannazaros Mergillina bei Neapel der neue Dialog.[154]

Ebenso wie in *De oratore* sieben Römer aus der älteren und jüngeren Generation *Crassus* besuchen, so besuchen in *De poeta* neun Neapolitaner verschiedenen Alters den *Actius Syncerus*. Etwa im gleichen hohen Alter wie er selbst stehen *Petrus Summontius*, der auch schon im *Actius* des Pontanus einer der Gesprächspartner war, *Hieronymus Carbo* und *Petrus Gravina*; im mittleren Alter stehen *Pomponius Gauricus* und *Eucius Vopiscus*; jüngere Leute sind *Traianus Tarvisius, Franciscus Thetus* und die neapolitanischen Adligen *Lucius Camillus Scortianus* und *P. Andreas Cossa*.[155]

Die fiktive Zeit von *De oratore* sind zwei Septembertage kurz vor dem Tod des Crassus (91 v. Chr.), die Zeit von *De poeta* drei Frühlingstage in dem Jahr, bevor die Pest Neapel heimsuchte.[156] Sannazaro war 70 Jahre alt (1528).[157] Innerhalb der nächsten zwei Jahre starben, wie Minturnus in der Vorrede zu Buch VI ausführt,[158] an der Pest, durch den danach ausgebrochenen Krieg (die Franzosen belagerten Neapel) und aus Altersgründen alle genannten Herren der älteren und mittleren Generation außer Vopiscus. Es war, so sieht es Minturnus, die letzte derartige Disputation in der in Neapel einst durch Panormita und Pontanus begründeten Tradition, womit zugleich an dessen Dialog *Antonius* erinnert wird. Innerhalb des Dialogs *De Poeta* wird in Buch I ein Bericht des *Carbo* über eine Disputation von Pontanus mit berühmten griechischen und italienischen Humanisten eingeblendet, an der *Carbo* als noch junger Mann teilgenommen zu haben erklärt.[159] Dadurch öffnet sich im Dialog eine Perspektive in die noch frühere Zeit, und der referierte Dialog wird in eine neapolitanische Dialogtradition eingeordnet.

Cicero war die in *De oratore* wiedergegebene Disputation angeblich von Cotta, einem der jüngeren Dialogteilnehmer, berichtet worden, Minturnus wurde

---

[154] Die Villa *Mergillina* wird in Minturnus, wie Anm. 91, S. 7, beschrieben.
[155] Minturnus, S. 6–7, nennt die anwesenden Personen.
[156] Minturnus, S. 6: *anno antequam pestilentia illa funesta et exitiosa, quae diu per omnem Italiam summa cum pernicie debacchata est, Neapolim invasisset, cum iam ver plenum esset.*
[157] Minturnus, S. 81, sagt Syncerus: *iam mihi vel ultra septuaginta annos aetate provecto.* Sannazaro starb 1530 72jährig.
[158] Minturnus, S. 434f.
[159] Minturnus, S. 17, sagt Carbo: *in mentem venit me adolescentem interfuisse, cum apud Pontanum, illum literarum omnium decus, doctissimi homines de poetarum facultate disceptarent. Aderant enim tum forte Graecorum omnium, qui illa aetate in doctrinae studiis florebant, eruditissimi Theodorus Gaza et Trapezuntius, qui convenerant Pontanum, cuius nomen eloquentiae doctrinaeque iam dudum increbescebat, ut eius sermone fruerentur. Aderant et Latini nominis viri elegantissimi complures, quorum Lysis et Altilius poeticam miris laudibus tollebant.*

entsprechend angeblich über die Disputation von *De poeta* durch Scortianus und andere jüngere Dialogteilnehmer unterrichtet.[160]

Der Dialog des ersten Tages füllt in *De oratore* und in *De poeta* Buch I, der des zweiten Tages jeweils die Bücher II und III, der des dritten, in *De poeta* zusätzlichen Tages die Bücher IV–VI (Minturnus brachte es dadurch auf die von Vida verfehlten sechs Bücher von Ciceros *De re publica*). In Buch I wird jeweils kontrovers und inquisitorisch von zwei Sprechern über das Wesen der *rhetorica ars* bzw. das Wesen der *poetica* debattiert. In den Büchern II–III bzw. II–VI wird dann jeweils expositorisch und mit einer gewissen, aber nicht streng durchgeführten Systematik von verschiedenen Sprechern die Rhetorik bzw. die Poetik dargestellt.[161]

Nachdem *Vopiscus* und *Gauricus* in Buch I *more Academico*[162] über die Poesie allgemein, besonders den platonischen *furor divinus* des Dichters und die aristotelische *imitatio*, debattierten[163] (*Cossus* dankt mit den Worten: *Mergillina tua, Syncere, ante Lyceum et Academiam putanda erit*),[164] spricht in Buch II *Actius Syncerus* über die enzyklopädischen Kenntnisse des Dichters,[165] seine *officia* und seine *materia*, insbesondere die des Epikers, und streift die Bukolik.[166] Dann äußern sich, von *Syncerus* mit ihren Aufgaben betraut, zu einzelnen poe-

---

[160] Minturnus, S. 6: *Lucius Camillus Scortianus, Neapolitanae nobilitatis aeternum decus [...] Cum ille iampridem mihi sit magna familiaritate coniunctus, ex eo plane cognovi, quae de Poetica sum dicturus a viris clarissimis disputata. Haec autem a non paucis cum mihi essent repetita (plures enim dum illa disputarentur interfuerunt) tum non semel audivi a Traiano Tarvisino, homine sane docto.*

[161] Minturnus selbst betont diesen Unterschied in dem Brief an Ruscellius für seine Schrift, ohne die analoge Struktur von *De oratore* zu erwähnen (Bl. *3v): *Quorum [sc. sermonum] pars aliqua in disceptatione atque contentione cum esset, maior autem in praeceptione, visum est mihi in omni opere disponendo eam rationem eumque ordinem servare, [...]*. Minturnus folgte mit diesen dialogtheoretischen Begriffen Diogenes Laertius, vgl. Anm. 98.

[162] Minturnus, S. 86.

[163] Minturnus gibt in dem genannten Brief eine prospektive Inhaltsangabe für die einzelnen Bücher (Bl. *3v): *ut primo quidem libro, quam vetus, quam praestans, quam nobilis sit, quam in omni genere doctrinae emineat poesis, unde ortum habuerit, unde incrementa, ex quo fonte manet, quibus ex rebus constet, ad utranque partem disputetur. Qui Platonicis eam decretis e civitate eiiciat, qui Aristotelicis ab exilio reducat atque in pristinam eius dignitatem restituat, inducatur.*

[164] Minturnus, S. 66.

[165] Vgl. Minturnus, S. 19: *Poetica est Oceanus omnium disciplinarum*.

[166] Minturnus, Bl. *3v: *Altero eruditio insignis poetarum explanetur ac praecepta cum de universo poemate, tum maxime de Epico tradantur* [Ed. 1559: *tradatur*]. *Omnis enim poesis cum in tres dividatur partes, quarum una Scenica, altera Lyrica vocatur; tertia, quae Epica dicitur, omnium maxima est plurimaque genera complectitur. Sed eo libro de his duntaxat agitur, quae Virgilius ad scribendum adhibuit.*

tischen Gattungen in Buch III *Vopiscus* über die Tragödie, in Buch IV *Gauricus* über die Komödie[167] und in Buch V *Carbo* über die Lyrik und *Gravina* über Iambus, Elegie, Epigramm und Satire.[168] Danach stellt wieder *Syncerus* in Buch VI den poetischen Stil allgemein dar.[169] *Syncerus*, der nicht wie *Crassus* schon im ersten, sondern gemäß einer vom Autor beabsichtigten Spannungssteigerung und, um ihn nicht in den kontroversen Teil einzubringen, erst im zweiten Buch erstmals einen längeren Vortrag hält, spricht so im letzten Buch über die poetische *elocutio* (entsprechend hatte *Crassus* gleichfalls im letzten Buch über die rhetorische *elocutio* vorgetragen).

Wie bei Cicero wechseln mit den längeren Vorträgen Gespräche, die sowohl Einlagen in und Beiträge zu den Vorträgen sein als auch innerhalb der Anfangsszenen der Bücher andere Themen aufgreifen können.[170] Die Landschaft, Strand und Meer, wird an den Buchanfängen und -schlüssen mehrfach einbezogen. Nach der Schilderung der Schönheit der Landschaft am Anfang von Buch I beginnen Buch II und III mit erholenden Spaziergängen am Strand. Am Anfang von Buch III wird über die Sitzordnung bei einem *convivium* diskutiert. Buch V beginnt mit einem *prandium* und Gesprächen über Weine und endet mit der Mittagsruhe für die älteren Herren. Die letzten Worte in Buch VI lauten: *Sed iam operae parcamus, quam ita intente hac in re dedimus, curaque vacemus et ex prospectu maris, qui longe lateque hinc patet, animi relaxationem petamus.* Minturnus achtete noch mehr als Cicero darauf, den szenischen Rahmen dem Leser gegenwärtig zu halten.

Er hat zu *De oratore* ein analog strukturiertes, wenngleich weit umfangreicheres Pendant *De poeta* schaffen wollen.[171] Die Nähe von *poeta* und *orator* ist, wie erwähnt, in Vidas *Dialogi de rei–publicae dignitate* in einem Exkurs am Ende des ersten Buches thematisiert worden, Pontanus behandelte sie gegen Ende seines Dialogs *Actius* unter ausdrücklicher Berufung auf Cicero,[172] und auch *Syncerus* bei Minturnus äußert sich innerhalb von Buch II dazu.[173] Die enge Beziehung zwischen Rhetorik und Poesie legte Minturnus nahe, nun in den Formen von *De oratore* einen Dialog *De poeta* zu verfassen. Er wollte jetzt

---

[167] Bl. *3v: *Tertio pariter et quarto, in Scenica poesi quae via, quae ratio sit, tertio, quae in Tragica, quarto, quae in Comica, utroque autem, quae in Satyrica, latissime explicetur.*
[168] Bl. 3*v: *Quinto de Lyrica documenta statuantur ac caetera, quae Epico, quae Scenico genere continentur, poemata quemadmodum componantur, declaretur.*
[169] Bl. *3v: *Sexto, qui ultimum locum tenet, vis tota poetice eloquendi comprehendatur locique omnes, ex quibus ornamenta dicendi petuntur, ostendantur.*
[170] Vgl. die Darstellung von *De oratore* bei Hirzel, wie Anm. 1, Bd. 1, S. 479–493.
[171] Der Dialog umfaßt 567 Quartseiten.
[172] Pontanus, wie Anm. 153, Bl. 151 r: *quod Cicero aiat finitimum esse Oratori Poetam, duo, ut mihi videtur, cur in eam sententiam venerit, omnino illum movere* [...].
[173] Minturnus, S. 103–107.

nicht wie Sadoletus und Vida einen berühmten verlorenen Dialog Ciceros ersetzen, sondern einen nicht weniger berühmten überlieferten Dialog mit einem verwandten Thema variiert reduplizieren. Man spricht manchmal von einem 'Traktat' Minturnos.[174] In der Tat haben einige der längeren Lehrvorträge Traktatcharakter. Aber Minturnus wollte die Poetologie eben nicht in Traktatform niederschreiben, sondern mit der Erinnerung an eine Lebenswelt verbinden, in der diese Fragen freundschaftliche Gesprächsthemen waren. Er wollte dieser zu seiner Zeit schon vergangenen und, wie er betont, verlorenen neapolitanischen Lebenswelt Sannazaros gewissermaßen in Fortsetzung der poetologischen und rhetorischen Erörterungen im *Actius* des Pontanus ein Denkmal setzen und ihre humanistische Atmosphäre auf dem Hintergrund der antiken Kultur verewigen. Seine Schrift war zugleich eine *aemulatio* mit Gyraldus. Inhaltlich ergaben sich besonders in der Behandlung der poetischen Gattungen viele Übereinstimmungen, aber gegenüber dem vor allem bio-bibliographischen Programm Giraldis hatte seine Poetologie eine andere Ausrichtung (sie zielte auf den Dichter, wie er sein sollte) und gegenüber der kleinen Dreiergruppe in der fürstlichen Gartenanlage Gabarda hatte sein Bild der Mergillina mit ihrem ehrwürdigen Besitzer und seinen zahlreichen Gästen einen erheblich anspruchsvolleren Zuschnitt.

Unterschiede zwischen den soeben kurz betrachteten Dialogen und den bekannten des Quattrocento wie der stärkere Klassizismus in Gestalt der engeren Anbindung an bestimmte überlieferte oder verlorene Ciceronische Dialoge springen in die Augen, was hier aber nicht mehr näher ausgeführt werden kann. Es wäre jedoch voreilig, daraus sogleich prinzipielle Unterschiede zwischen den Dialogen des Quattrocento und denen des Cinquecento zu konstruieren, solange noch so viele Dialoge aus beiden Jahrhunderten nicht untersucht worden sind. Festgehalten werden soll hier nur, daß auch aus solchen Dialogen des Cinquecento wieder hervorgeht, wie abwegig es ist, die Zeit des Humanismus oder des sogenannten 'klassischen' Humanismus, wie es teilweise in der historischen Forschung immer noch geschieht, auf die Zeit vor der reformatorischen Glaubensspaltung zu beschränken.

Unser Umblick über die literarische Landschaft des frühneuzeitlichen lateinischen Dialogs und die Präsentation oft wenig bekannter Beispiele sollten orientieren, illustrieren, anstehende Probleme aufzeigen und insgesamt einen Eindruck von der Vielzahl der lateinischen Dialoge vermitteln und einen Einblick in ihre Vielseitigkeit geben. Der *dialogus* ist eine äußerst umfangreiche literarische Gattung, die in der frühen Neuzeit erheblich zum kulturellen Klima Europas beitrug. Er lehrte, die Lebenswelt lateinisch zu artikulieren, be-

---

[174] Sandys, wie Anm. 53, Bd. 2, S. 135: "Meanwhile a series of treatises on the Art of Poetry had been produced in Italy by [...] Minturno (1559) [...]."

lehrte über vieles, zeigte Formen geistiger Kommunikation, setzte literarische Denkmale, attackierte politische Gegner und bot Unterhaltung. Bis zu einer Geschichte des neuzeitlichen lateinischen Dialogs, die natürlich immer auch sein Verhältnis zur nationalsprachlichen Dialogentwicklung zu beachten haben wird, ist noch ein weiter Weg. Wer die alten Ausgaben liest, wird ständig neue Dialoge finden, bei deren Lektüre sich ständig neue Fragen und neue Erkenntnisse einstellen werden.[175]

[Erstveröffentlichung: Nr. 287, revidiert. Der hier besprochene Dialog Vidas erhielt soeben eine Monographie: Peter Hibst, Marcus Hieronymus Vida, De dignitate reipublicae. Über den Wert des Staates. Einleitung, Text, Übersetzung, Kommentar, Trier 2004 (Bochumer Altertumswissenschaftliches Colloquium 57).]

---

[175] Ich danke Widu–Wolfgang Ehlers, Berlin, für die kritische Lektüre einer früheren Fassung dieses Aufsatzes.

## VIII. Reise–, Stadt– und Landbeschreibung

[Vgl. dazu auch Nr. 59 (= Litterae Neolatinae S. 145–159), 75 (= L. N. S. 128–130), 85, 86 (= L. N. S. 131–144), 165, 244, 261, 298, 299.]

### 1. Die Darstellung südwestdeutscher Städte in der lateinischen Literatur des 15. bis 17. Jahrhunderts

Da der Humanismus sich in Städten entwickelte und vor allem in Städten seine Heimstätte fand, wird man auch eine besondere Beachtung der Städte in der vom Humanismus geprägten neuzeitlichen lateinischen Literatur erwarten dürfen. Die relativ bekannteste humanistische Form der Stadtdarstellung sind sicher die Stadtlobreden und Stadtlobgedichte.[1] Aber dies sind nicht die einzigen literarischen Formen, in denen Städte eine Darstellung finden.[2] Dazu ge-

---

[1] Vgl. die Forschungsübersicht von H. Goldbrunner, Laudatio Urbis. Zu neueren Untersuchungen über das humanistische Städtelob, Quellen und Forschungen aus italienischen Archiven und Bibliotheken 63, 1983, S. 313ff.; zusätzlich H. Kugler, Stadt und Land im humanistischen Denken, in: H. Lutz, Hrsg., Humanismus und Ökonomie, Weinheim 1983, S. 159ff., ders., Die Vorstellung der Stadt in der Literatur des deutschen Mittelalters, München 1986 (dazu J.–D. Müller, Zeitschrift für Deutsches Altertum und Deutsche Literatur 100, 1989, S. 126ff.); K. Arnold, Konrad Celtis und sein Buch über Nürnberg, in: Acta Conventus Neo–Latini Guelpherbytani, Proceedings of the Sixth International Congress of Neo–Latin Studies, ed. by P. Revard, F. Rädle, M. A. Di Cesare, Binghamton 1988, S. 1ff.; W. Ludwig, J. P. Ludwigs Lobrede auf die Reichsstadt Schwäbisch Hall und die Schulrhetorik des siebzehnten Jahrhunderts, Jahrbuch des Historischen Vereins für Württembergisch Franken 74, 1990, S. 247ff.; F. P. T. Slits, Het Latijnse Stededicht. Oorsprong en Ontwikkeling tot in de zeventiende Eeuw, Amsterdam 1990 (Gesamtübersicht seit der Antike mit Berücksichtigung der Entwicklung in Italien, Frankreich, Deutschland und den Niederlanden); C. J. Classen, Lodovico Guicciardini's Descrittione and the tradition of the Laudes and Descriptiones Urbium, in: P. Jodogne, Hrsg., Lodovico Guicciardini (1521–1589), Actes du Colloque International des 28–30 mars 1990, Brüssel 1991, S. 99ff.; H. J. Frings und K. A. Neuhausen, Neue lateinische Gedichte zum Lob der Stadt Bonn, Bonner Geschichtsblätter 39/40, 1990/91, S. 1ff., sowie (demnächst erscheinend) K. A. Neuhausen, Urbs Bonna quamoda Latinis litteris inde a decimo sexta ineunte fere saecula descripta sit et laudata, in: Rhoda Schnur, Hrsg., Acta Conventus Hafniensis, Proceedings of the Eighth International Congress of Neo–Latin Studies, Copenhagen 12 to 17 August 1991, Binghamton 1994, S. 165–178.

[2] K. Voigt, Italienische Berichte aus dem spätmittelalterlichen Deutschland. Von Francesco Petrarca zu Andrea de' Franceschi (1333–1492), Stuttgart 1973, S. 16ff., charakterisiert instruktiv die für seinen Untersuchungsgegenstand wesentlichen literarischen Formen der Berichterstattung und gibt dabei eine wenngleich noch unvollständige Übersicht über die Textformen, in denen Städte dargestellt werden. Auf Reiseberichte, Autobiographien, Tagebücher, Chroniken und Briefe stützt sich E. W. Zeeden, Das Erscheinungsbild der frühneuzeitlichen Stadt, in: H. E. Specker, Hrsg., Stadt und Kultur, Sigmaringen 1983, S. 70ff. Zeeden fragt nach der Stadt in der Berichterstattung der frühen Neuzeit und zeigt, worauf

hören zunächst auch solche, in denen Städte zwar nicht der primäre Gegenstand sind, aber doch notwendigerweise mit zum Gegenstandsbereich gehören. Das gilt für die chorographischen Gedichte, in denen ein Land beziehungsweise ein Territorium mit seinen Städten dargestellt wird,[3] und die *Hodoeporica*, die Reisegedichte, in denen Reisen von einer Stadt zur anderen beschrieben werden.[4] Dazu kommen geographische und historiographische Prosaschriften, in denen Städte teils nur namentlich erwähnt, teilweise aber auch ausführlich vorgestellt werden.[5] Eine dritte Gruppe bilden dann die lite-

---

die Zeitgenossen achteten, beschäftigt sich aber nicht mit der literarischen Form der Stadtdarstellungen.

[3] Vgl. unten S. 433f.

[4] Vgl. unten S. 434f.

[5] Flavius Blondus (1392–1463) hatte mit seiner Schrift Italia illustrata (zuerst gedruckt Verona 1482, in Basel zuerst 1531) ein Beispiel für eine historisch–geographische Landesbeschreibung gesetzt (vgl. jetzt O. Clavuot, Biondos Italia Illustrata — Summa oder Neuschöpfung, Tübingen 1990), dem deutsche Humanisten mehrfach mit einer *Germania illustrata* zu folgen suchten, ohne daß eine solche Schrift je dem Vorbild entsprechend gelang. Bereits Johann Cochlaeus bedauert dies 1512 hinsichtlich des Projekts von Celtis im Nachwort zu seiner *Brevis Germaniae descriptio* (neu hrsg. von K. Langosch, Darmstadt 1976, dort S. 162). Seine eigene Arbeit bietet keinen Ersatz, sondern folgt mehr dem Typ des kurzen geographischen Leitfadens, für den Pomponius Mela ein antikes Modell gab. Städte werden hier in der Regel nur genannt und kaum charakterisiert. Dem Ziel am nächsten, wenn auch der Abstand von Blondus groß blieb, kam Franciscus Irenicus. Als er 23 Jahre alt war, veröffentlichte er als Rektor der Katharinen–Burse in Heidelberg: Germaniae exegeseos volumina duodecim a Francisco Irenico Ettelingiacensi exarata. [...] Urbis Noribergae descriptio, Conrado Celte enarratore, Hagenau 1518 (die Exegesis auf 229, die Norimberga auf 13 Folioblättern). Die Bücher 11–12 enthalten nach einem Hinweis auf die die Städte regional ordnenden Darstellungen von Aeneas Sylvius (1515), siehe unten Anm. 12, und Cocleus in alphabetischer Ordnung eine Darstellung der *civitates* und *nobiliora coenobia* auf Bl. 198–229, wobei Irenicus meist einige historische Erläuterungen gibt. Besonders ausführlich ist er bei seiner Heimatstadt Ettlingen. Typischer ist die Behandlung von Esslingen, die als Beispiel und als Kontrast zu dem nachher interpretierten Gedicht von J. Molitorius zitiert sei (Bl. 210): *Eslingiacum olim villa, anno MCCLXXXV a Foederico II muro circumdata imperio cessit, ut nostri annales dicunt. Respondent illis Hermannus et Urspergensis. Comes Wirtenbergensis ipsam cinxit agmine anno MCCCLXXVII. Verum per imperiales civitates Sueviae occubuit. Hanc urbem praterfluit Neccharus.* (Vgl. zu Irenicus: G. Cordes, Die Quellen der Exegesis Germaniae des Franciscus Irenicus und sein Germanenbegriff, Diss. Tübingen 1966, sowie ders., Franziscus Irenicus von Ettlingen — Aus dem Leben eines Humanisten und Reformators, Oberrheinische Studien 3, 1975, S. 353ff.) Eine Untersuchung der Stadtdarstellungen in den historiographisch–geographischen Werken des 15. und 16. Jahrhunderts etwa bis zu A. Romanus, Parvum theatrum urbium praecipuarum totius orbis brevis et methodica descriptio, Frankfurt/Main 1595, und M. Crusius, Paraleipomenos rerum Suevicarum liber, in quo exponuntur Sueviae regiones, principatus, comitatus, nobilitas, Wirtembergicae et aliae Sueviae urbes, monasteria, arces et pagi [...], Frankfurt/Main 1596, steht aus.

# 1. Die Darstellung südwestdeutscher Städte 427

rarischen Formen, die nicht notwendigerweise, aber doch gelegentlich mehr oder weniger eingehende Städtedarstellungen enthalten. Dazu gehören Briefe, Dialoge[6] und Dramen[7] ebenso wie lyrische, elegische oder epische Gedichte verschiedener Art, zum Beispiel Lehrgedichte,[8] panegyrische Epyllien, Epicedien, Epithalamien und Liebeselegien.[9] Sogar in Ton gesetzte Gedichte auf eine Stadt waren möglich.[10] Auch in gewissen Urkunden werden Städte charakterisiert, wie man für die Universitätsgründungsurkunden festgestellt hat,[11] und nicht zuletzt können Städte in Sammlungen der überwiegend lateinisch verfaßten Epitaph–Inschriften ihrer herausragenden Bürger repräsentativ dargestellt werden.[12] Schließlich ist an eine sozusagen negative, aber sehr beein-

---

[6] Ulrich von Hutten leitet seinen Dialog Trias Romana mit einem Lob der Stadt Mainz ein (siehe Hulderichi Hutteni Eq. Germ. Dialogi, Mainz 1520, Bl. G3).

[7] Nikodemus Frischlin gibt in seiner Comoedia Iulius Redivivus (seit 1585 mehrfach gedruckt) in Akt 1, Szene 1, eine Darstellung von Straßburg.

[8] Eine Beschreibung von Hafenstädten an Nord– und Ostsee findet sich z.B. in dem hexametrischen Lehrgedicht des Dänen Erasmus Michaelius Laetus: De re nautica libri III, Basel 1573; vgl. dazu W. Ludwig, Multa importari, multa exportarier inde — ein humanistisches Loblied auf Hamburg aus dem Jahre 1573, Humanistica Lovaniensia 32, 1983, S. 289ff. (= ders., Litterae Neolatinae, Schriften zur neulateinischen Literatur, hrsg. von L. Braun u.a., München 1989, S. 131ff.).

[9] Vgl. unten S. 436 und W. Ludwig, Joachim Münsinger und der Humanismus in Stuttgart, Zeitschrift für Württembergische Landesgeschichte 52, 1993, S. 91ff. Daß die Humanisten auch die in andere Dichtungen eingefügten Stadtdarstellungen als solche würdigten, beweist der Umstand, daß in der von Julius Micyllus herausgegebenen Sammlung der Gedichte seines Vaters Jacobus Micyllus, Sylvarum libri quinque [...], Frankfurt/Main 1564, der interessierte Leser im Index unter dem Lemma Descriptio auf die Darstellungen aufmerksam gemacht wird, die Micyllus von der Elbinsel vor Wittenberg, der Mosel, von Heidelberg, der Burg Königstein im Taunus, von Straßburg, Erfurt, Seligenstadt, Bretten, der Burg Frundeck am Neckar, von Speyer und von Kernberg bei Wittenberg gegeben hat und die sich innerhalb von elegischen Episteln, Epithalamien, Epicedien und einem Hodoeporicon finden.

[10] Eine um 1487/88 von dem Berner Kantor Bartholomäus Frank komponierte Motette auf Ravensburg behandelt im Zusammenhang mit anderen Motetten dieser Art M. Staehelin, Plaude ravensburga laudabilis, eine Wappenmotette des Bartholomäus Frank aus dem späten 15. Jahrhundert, Schriften des Vereins für Geschichte des Bodensees und seiner Umgebung 108, 1990, S. 69ff. (freundlicher Hinweis von Dr. P. Eitel, Stadtarchiv Ravensburg). Der Text besteht aus 36 lateinischen, in der Regel reimenden iambischen Dimetern.

[11] Vgl. Goldbrunner, wie Anm. 1, S. 326f. Auch in der Gründungsurkunde der Universität Tübingen findet sich ein derartiger die Stadt lobender Passus.

[12] Die neuzeitlichen Inschriftensammlungen einzelner Städte verdienten eine Zusammenstellung. Sie sind gedruckt (wie für Augsburg und Basel) oder handschriftlich überliefert (letzteres für Stuttgart, Landesbibliothek Stuttgart Cod. hist. 0 18 Inscriptiones monumentorum, quae sunt Stutgardiae [...] collectae et conscriptae per M. Johannem Schmid [...] 1640). Dazu kommen die Sammlungen mit Inschriften verschiedener Städte wie z.B. N. Chytraeus, Variorum in Europa itinerum deliciae, Herborn 1594, 1599, 1606.

druckende Form der Stadtdarstellung zu erinnern, an die poetische Wiedergabe der Zerstörung einer Stadt durch Brand oder Krieg.[13]

Für kein deutsches Land sind bisher die in den verschiedenen lateinischen Textgattungen sich findenden Städtedarstellungen auch nur zusammengestellt worden,[14] geschweige daß sie als literarische, historische und mentalitätsgeschichtliche Zeugnisse interpretiert worden wären. Eine solche territoriale Zusammenstellung würde jedoch sehr dazu beitragen, das kulturelle Profil des betreffenden Landes in der frühen Neuzeit zu erhellen. Dieses würde besonders auch durch einen Vergleich mit den Städtedarstellungen in anderen Territorien an Deutlichkeit gewinnen. Die bisherige mangelhafte Kenntnis auf diesem Gebiet hängt natürlich mit der noch ungenügenden Erforschung der neuzeitlichen lateinischen Literatur überhaupt zusammen.[15]

---

[13] Hierzu gehört die Beschreibung der Zerstörung von Calw durch die kaiserlichen Truppen nach der Schlacht bei Nördlingen in 2084 elegischen Distichen durch Mag. Christoph Lutz, die J. V. Andreae veröffentlichte: Virgae divinae urbi Calvae Wirtemb. IV et III. Eid. Septembr. MDCXXXIV inflictae, Stuttgart 1643 (vgl. R. Stahlecker, Allgemeine Geschichte des Lateinschulwesens und Geschichte der Lateinschulen ob der Steig, in: Geschichte des humanistischen Schulwesens in Württemberg, Bd. 3,1, Stuttgart 1927, S. 1ff., hier S. 267ff.). Auf ein in diese Kategorie fallendes Gedicht machte mich freundlicherweise Dr. L. Schnurrer, Stadtarchiv Rothenburg o.d.T., aufmerksam: De incendio candidissimi praetorii inclyti oppidi Rotenburgii cuius vallem Tubarus inundat Ioannis Beusselii Rotemburgensis Elegidion, Leipzig 1501, mit 81 elegischen Distichen (s. A. Schnizlein, Der Rathausbrand von 1501. Ein lateinisches Gedicht des Rothenburgers Joh. Beuschel, mit deutscher Übersetzung, Alt–Rothenburg 1917–1919, S. 31ff.).

[14] Für Bayern bietet eine wichtige Vorarbeit H. Weisshaar–Kiem, Lobschriften und Beschreibungen ehemaliger Reichs– und Residenzstädte in Bayern bis 1800. Geschichte der Texte und ihre Bibliographie, Mittenwald 1982. Die Sammlung von A. Hartmann, Basilea Latina. Lateinische Texte zur Zeit– und Kulturgeschichte der Stadt Basel im 15. und 16. Jahrhundert, Basel 1931, stellt nur eine Anthologie dar, bestimmt zur Ergänzung des Lateinunterrichts und für Liebhaber der Geschichte Basels. Sie enthält einerseits auch Texte, die Basel nicht unmittelbar betreffen, sondern nur von Baslern verfaßt sind; andererseits fehlt die Beschreibung der Stadt Basel, die Beatus Rhenanus, Rerum Germanicarum libri III, Basel 1531, S. 138–142, bringt (es ist die einzige ausführliche Stadtbeschreibung in diesem Werk außer der von Schlettstadt auf S. 151–160).

[15] Trotz der erheblichen Fortschritte der neulateinischen Philologie in den letzten Jahrzehnten gilt bei Nicht–Latinisten noch weithin, was der Germanist R. Alewyn in der Deutschen Literatur Zeitung 1931, Sp. 396, pointiert so ausdrückte: "Die neulateinische Literatur erfreute sich stets eines besonders abschreckenden Rufes. Das sprachliche Hindernis, das nicht nur den Zugang zu ihr erschwerte, sondern auch jede Aussicht auf eine dichterische Wiedererweckung für einen größeren Kreis von Menschen von vornherein abschnitt, machte das Thema nicht einladender." Das sprachliche Hindernis ist leider inzwischen noch größer geworden. Ich habe mich dazu in meinem Aufsatz "Über die Folgen der Lateinarmut in den Geisteswissenschaften", Gymnasium 98, 1991, S. 139ff., geäußert; vgl. in diesem Zusammenhang auch meine Besprechung von "Die Renaissancefamilie Borgia —

## 1. Die Darstellung südwestdeutscher Städte

Die bisherigen Feststellungen gelten auch für das südwestdeutsche Gebiet, wobei ich diesen geographischen Begriff innerhalb der folgenden Untersuchung nicht im Sinne der historischen Verhältnisse des 15. bis 17. Jahrhunderts, sondern strikt im Sinne des heutigen Landes Baden-Württemberg benütze. Trotz der relativ guten und oft mit Recht gerühmten regionalgeschichtlichen Durcharbeitung dieses Landes sind seine lateinsprachigen Städtedarstellungen in der Regel wenig oder nicht beachtet worden, und es ist weder bekannt, wo überall es welche gibt, noch im allgemeinen bewußt, wie ergiebig sie als historische Quellen im weitesten Sinn sein können. Auch nur ihre Katalogisierung macht ziemliche Schwierigkeiten, da sie oft weder in literaturwissenschaftlicher noch in historischer Literatur erwähnt werden. Die Experten für die Geschichte bestimmter Städte kennen manchmal Texte, die für die betreffende Stadt relevant sind, aber in dieser Vereinzelung ist ihre zureichende Interpretation und Auswertung gar nicht möglich. Deshalb sei an dieser Stelle gerade an solche Experten appelliert, durch geeignete Hinweise eine künftige Erschließung solcher Texte im Zusammenhang mit anderen zu ermöglichen.

Nach Lage der Dinge kann ich im folgenden keinen auch nur annähernd vollständigen Überblick über die für die südwestdeutschen Städte in dieser Beziehung relevanten lateinischen Texte geben. Vielmehr werden in einem ersten Teil einige Beispiele für die Darstellung südwestdeutscher Städte aus den verschiedenen vorher angeführten Textgattungen vorgestellt werden, wonach in einem zweiten Teil die frühesten umfänglicheren Stadtlobgedichte aus unserem Raum näher interpretiert werden sollen. Auf diese Weise können sowohl die Vielfalt dieser Texte als auch die aus ihnen gewinnbaren Erkenntnisse im einzelnen etwas deutlicher werden.

Zuvor jedoch noch eine Bemerkung: Im 15. bis 17. Jahrhundert war der Raum des heutigen Baden-Württemberg von einer Reihe größerer und sowohl wirtschaftlich als auch kulturell bedeutenderer Städte wie Augsburg, Basel und Straßburg umgeben, denen sich innerhalb dieses Raumes keine Stadt von gleichem Gewicht an die Seite stellen ließ.[16] Das kulturelle Profil dieses

---

Geschichte und Legende", hrsg. von Elisabeth Schraut, Sigmaringen 1992, in: Zeitschrift für Württembergische Landesgeschichte 52, 1993, S. 458ff., wo geradezu auf einen Lateinnotstand hinzuweisen war.

[16] Dies wirkt sich auch auf die Qualität, Quantität und Chronologie der lateinischen Stadtdarstellungen aus, die diesen Städten zuteil wurden. So hat keine Stadt Südwestdeutschlands von humanistischer Seite eine so gewichtige historische Darstellung erfahren, wie sie M. Welser, Rerum Augustanarum Vindelicarum libri VIII, (Venedig) 1594, für Augsburg bietet, keine wurde so früh beschrieben wie Basel, das Aeneas Silvius Piccolomini 1434 und 1438 unter Benützung von Leonardo Brunis Laudatio von Florenz beschrieb (vgl. B. Widmer, Enea Silvios Lob der Stadt Basel und seine Vorlagen, Basler Zeitschrift für Geschichte

Gebiets wird also erst dann in seiner richtigen Relation zu seiner Umgebung gesehen, wenn auch die lateinischen Städtedarstellungen aus den umgebenden Gebieten verglichen werden, was hier nicht oder nur in sehr beschränktem Umfang geschehen kann.

Die älteste für unseren Raum bekannte Stadtlobrede ist die von Petrus Antonius de Clapis, genannt Finariensis, auf Heidelberg, die 1499 gedruckt wurde: *Oratio in genere demonstrativo in laudem Civitatis Universitatisque Heydelbergensis inclytissimique et serenissimi principis comitis Rheni Palatini et Bavarie ducis.* Gerhard Ritter hat 1936 zuerst wieder auf sie hingewiesen. Guido Kisch zeigte 1969, daß der Verfasser seine eigene Lobrede auf Basel aus dem Jahr 1464 als Modell benützte, das er adaptierte und teilweise wörtlich übernahm. Jan–Dirk Müller hat 1989 diese Beziehung im einzelnen noch näher untersucht.[17]

Die jüngste bisher bekannte lateinische Stadtlobrede ist die von Johann Peter Ludwig auf Schwäbisch Hall, die er 1687 als Primaner bei einem Schulakt hielt und die 1688 als *Hallarum Nobilis ac Liberae S. Romani Imperii Civitatis Encomium* gedruckt wurde. Ich habe sie 1990 ediert, übersetzt und analysiert.[18] Außer ihrer Einordnung in ihren biographischen, schulgeschichtlichen und gesellschaftlichen Kontext gelang der Nachweis, daß Ludwig als Modell eine Stadtlobrede auf Gießen benützt hatte, die in dem im Haller Gymnasium für den Rhetorikunterricht verwendeten Buch von Konrad Dieterich (Institutiones oratoriae, 1613 und öfter) als Musterrede enthalten war, und daß Ludwig auch die dort zitierten Stadtlobreden auf Marburg und Rostock von Reinhard Lorichius und David Chytraeus verwertet hatte. Auf der Grundlage

---

und Altertumskunde 58/9, 1959, S. 111ff.), und keine hat in N. Reusners Sammlung von Stadtlobgedichten so viele Texte verschiedener Verfasser erhalten wie Straßburg, s. unten Anm. 21, S. 34ff. Umgekehrt nennt Aeneas Silvius in seiner 1457/58 verfaßten und 1515 gedruckten *Germania* (s. A. Schmidt, Aeneas Silvius' Germania und Jakob Wimpfelings *Responsa et Replicae ad Eneam Silvium*, Köln–Graz 1962) unter 73 Städten im deutschsprachigen Raum aus Südwestdeutschland nur Konstanz wegen seines Konzils und Ulm: *habent Suevi trans Danubium multas urbes, regina tamen omnium Hulma est, et ipsa potens et non immunda civitas.* Die übrigen waren ihm keine Nennung wert, wohl aber darum herum Basel, Straßburg, Worms, Speyer, Mainz, Frankfurt, Würzburg, Nürnberg, Rothenburg, Augsburg, Memmingen und Kempten.

[17] S. G. Ritter, Petrus Antonius Finariensis, der Nachfolger Peter Luders in Heidelberg. Ein Beitrag zur Geschichte des Frühhumanismus am Oberrhein, Archiv für Kulturgeschichte 26, 1936, S. 89ff.; ders., Die Heidelberger Universität, Bd. 1, Heidelberg 1936, S. 461ff.; G. Kisch, Gestalten und Probleme aus Humanismus und Jurisprudenz, Berlin 1969, S. 241ff.; Voigt, wie Anm. 2, S. 154ff., J.–D. Müller, Der siegreiche Fürst im Entwurf der Gelehrten. Zu den Anfängen eines höfischen Humanismus in Heidelberg, in: A. Buck, Hrsg., Höfischer Humanismus, Weinheim 1989, S. 17ff.

[18] Vgl. Ludwig, wie Anm. 1.

# 1. Die Darstellung südwestdeutscher Städte 431

einer derartigen rhetorischen Analyse ergab sich dann auch ein besserer Zugang zu ihren auf Schwäbisch Hall bezogenen Aussagen. Die Rede wurde nachweislich in benachbarten Reichsstädten gelesen. Unbekannt ist bisher, ob andere derartige Reden in unserem Raum im 17. Jahrhundert gehalten wurden.

Die ältesten Stadtlobgedichte in ihm scheinen die handschriftlich überlieferte Motette des Bartholomäus Frank auf Ravensburg von 1487/88[19] und das *Elegiacum in laudes civitatis Heydelbergensis et* [...] *Principis Philippi* des Robert Gaguin von 1492[20] sowie ein hexametrisches Lobgedicht auf Ulm zu sein, das Hartmann Schedel in sein 1493 in Nürnberg gedrucktes *Liber Chronicarum* an Stelle einer prosaischen Beschreibung der Stadt einfügte.[21] 1509 veröffent-

---

[19] Vgl. oben Anm. 13.
[20] S. K. Gaquoin, Denkschrift zum 400. Todestage des Robertus Gaguinus nebst seinen Elegien zum Lobe Heidelbergs und des deutschen Geistes, Heidelberg 1901, S. 10ff.; Roberti Gaguini, Gallorum Regis oratoris, Elegiacum in laudes civitatis Heydelbergensis et pientissimi principis Philippi r. c. (gedruckt vermutlich Heidelberg 1492), umfaßt 22 elegische Distichen und preist, wie V. 2 ankündigt, Heidelberg *flumine* (V. 3–6: Neckar, Fische, Handelsschiffahrt), *colle* (V. 7–12: Obstbäume, Weingärten), *duce* (V. 14–44: Pfalzgraf Philipp) und ist also mehr ein Lob des Fürsten als der Stadt, von der selbst nur die unter der *arx* gelegenen *moenia* (V. 17) und der friedliche Sinn ihrer Bürger (V. 13) genannt sowie der *sacer templi cultor* (V. 37) und die *schola* (V. 39) zum Lob des Fürsten aufgefordert werden. In der Ausgabe des Gedichts durch K. Gaquoin sind in V. 12 *ferucat* in *ferveat* und in V. 19 *circu* in *circum* zu verbessern.
[21] In der lateinischen Ausgabe der Weltchronik, Nürnberg 1493, Bl. CXC, wird das Gedicht so eingeführt: *Ideo* (d.h. aufgrund der prosaischen mit *Ulma insignis urbs Sueviae* [...] beginnenden Beschreibung Ulms) *in eius laudem ac descriptionem urbis metra heroici deducta carmine edita sunt*. Es folgen auf Bl. CXCf. 42 Hexameter beginnend mit *Ulma decus Sueviae* [...]. Sie sind unterschrieben mit den in griechischen Buchstaben gedruckten Worten *Telos, monokolou, apogrammatos* (wohl mit Druckfehler für *epigrammatos*; "Ende des aus einer Versart bestehenden Kurzgedichts"). Eine frühere Publikation des Gedichts ist bis jetzt nicht bekannt. In der deutschen Fassung der Weltchronik vom gleichen Jahr (Bl. CXCf.) ist der Inhalt des Gedichts in deutsche Prosa umgesetzt. Das lateinische, 42 Hexameter umfassende Gedicht fand im 16. und 17. Jahrhundert mehrfach Beachtung: Irenicus, wie Anm. 5, Bl. CCXXVIII, und S. Münster, Cosmographie, Basel 1628, ND Lindau 1984, S. 1024, zitieren die ersten Verse; Crusius, wie Anm. 5, S. 64, das ganze Gedicht, ebenso — mit geringen Abweichungen — N. Reusner, Germania, sive Maiestas, Gloria et potentia S. Imperii Romani Urbium Imperialium Liberarum variis authorum Elogiis et praeconiis decantata et illustrata, Oberursel 1605, S. 140f. (2. Aufl. Frankfurt/Main 1651 unter dem Titel Urbes Imperiales). Mehrere Teile nahm M. Merian, Topographia Sueviae [...], Frankfurt/Main 1643, S. 199f., in seine Beschreibung Ulms auf. Das Gedicht wird von Irenicus bis Merian ohne Verfassernamen zitiert. In der stadt- und literaturgeschichtlichen Forschung des 20. Jahrhunderts galt Johann Böhms Gedicht von 1515 als das älteste Lobgedicht auf Ulm (H. Greiner, Hans Böhm und sein Loblied auf die Reichsstadt Ulm, Ulmische Blätter 1, Nr. 1, 1924, S. 2f., Nr. 2, 1924, S. 10ff., hier S. 10: "Es ist das älteste

lichte Heinrich Bebel ein Epigramm in acht Hexametern auf Konstanz,[22] 1515 folgten Philipp Engelbrechts elegische Beschreibung von Freiburg[23] und Johann Böhms sapphisches Loblied auf Ulm,[24] 1522 Johann Molitorius' *Encomion* auf Esslingen.[25] Dies waren, soweit bis jetzt bekannt, die frühesten Stadtlobgedichte in unserem Raum. Dabei macht es keinen Unterschied, daß Engelbrecht von einer *descriptio Friburgi*, Molitor von einem *encomion Esselingae* sprach. Beide Gedichte gehören zu dem gleichen Genus der dichterischen *laudes urbium*. Die Begriffe werden vorher und später mit Bezug auf den gleichen Gegenstand verwendet.[26] Das Gedicht von Molitorius wird nachher

---

Loblied, das wir von Ulm kennen"; W. Hammer, Latin and German Encomia of Cities, Diss. Chicago 1937, und Slits, wie Anm. 1, erwähnen Schedels Gedicht nicht). In Schedels *Liber Chronicarum* finden sich nur sehr wenige andere Verseinlagen: 7 leoninische Hexameter auf die ersten Regensburger Bischöfe, 6 Hexameter auf Nürnberg, 12 teilweise leoninische Hexameter auf Salzburger Reliquien, 27 teilweise leoninische Hexameter Gottfrieds von Viterbo auf Bamberg, 39 Hexameter auf den Tod und 17 sapphische Strophen auf Gott und Kaiser Maximilian. Ulm wird durch das relativ umfangreiche Lobgedicht also deutlich ausgezeichnet. Teilweise kommt Schedel selbst als Autor dieser Gedichteinlagen in Frage, so auch im Falle des Ulmgedichts.

[22] S. In laudem urbis Constantiae, Epigramma Henrici Bebelii, in: Opera Bebeliana [...], Pforzheim 1509, Bl. Iiv.

[23] S. Philippi Engelbrechti Engentini Epistola florentissimae Urbis Friburgi apud Brisgoicos descriptionem complectens [...], Straßburg 6. März 1515, 2. verbesserte Auflage Basel 1. August 1515 (mit Einleitung und Anmerkungen ediert von J. Neff, Helius Eobanus Hessus Noriberga illustrata und andere Städtegedichte, Berlin 1896, S. XXVIff., XXXIIff., XXXIXf., XLIII, 55ff.).

[24] S. Ulmae Sueviae metropolis laus et descriptio Ioannis Boemi Aubensis Theutonici Franci, in: (I. Boemus), In hoc libelllo continentur liber heroicus de Musicae laudibus, Carmen sapphicum de laude et situ Ulmae civitatis imperialis Sueviae [...], Augsburg 14. Dezember 1515, Bl. c ii–c iv (Bayer. Staatsbibliothek München, Sign. 4 P.o.lat. 111m.). Das Ulmgedicht wurde ediert und übersetzt von Greiner, wie Anm. 21, S. 10–12 (folgende Abweichungen gegenüber der Erstausgabe sind in Greiners Text zu verbessern: V. 15 *Noribergam*: richtig *Nornbergam*, V. 46 *vesono*: richtig *resono*, V. 97 *invenes*: richtig *iuvenes*, V. 119 *tua*: richtig *tum*). Den Hinweis auf die der Stadtlobliteratur unbekannte Veröffentlichung H. Greiners (1862–1927, Nachruf in: Ulmer Historische Blätter 3, 1927) verdanke ich Dr. Weig, Stadtarchiv Ulm.

[25] S. Esselingae Encomion Jo. Molitorii, Stuttgart (1522, Widmungsbrief datiert 13. Juni 1522); Württ. Landesbibliothek Stuttgart Sign. 35C/985; O. Mayer, Geistiges Leben in der Reichsstadt Eßlingen vor der Reformation der Stadt. Angeschlossen ist des Johannes Molitorius' *Esselingae Encomion* vom Jahr 1522 mit Übersetzung und Erläuterungen, Erweiterter Sonderdruck aus den Württ. Vierteljahresheften für Landesgeschichte N.F. IX, Stuttgart 1900, S. 89ff. (die Edition findet sich nur in dem Sonderdruck). Das Gedicht ist über Esslingen hinaus in der Forschung bisher nicht rezipiert worden und findet sich auch nicht bei Hammer, wie Anm. 21, oder Slits, wie Anm. 1.

[26] Vgl. C. J. Classen, Die Stadt im Spiegel der Descriptiones und Laudes urbium, Hildesheim 1980.

noch eingehender in seinen literarischen Zusammenhängen interpretiert. Es wird sich dabei unter anderem ergeben, daß der Esslinger, der in Freiburg bei Engelbrecht studiert hatte, sein Gedicht auf Esslingen primär nach dem strukturellen und stilistischen Modell von Engelbrechts Gedicht, aber auch unter Verwendung von Motiven und Wendungen in Böhms Gedicht verfaßte, wodurch die spezifischen Abweichungen von beiden um so bedeutsamer werden.

Die Gedichte von Engelbrecht, Böhm und Molitor haben 430, 124 und 204 Verse und gehören damit zu dem Formtyp des längeren einzelnen Stadtgedichtes. Es gab außerdem den des kürzeren Stadtgedichts, den das Epigramm Bebels auf Konstanz repräsentiert. Solche kurzen Stadtgedichte wurden gerne, wie es schon bei ihrem klassischen Vorbild, den Stadtgedichten des Ausonius, geschehen war, mit mehreren anderen ihrer Art zusammengestellt, so daß sich Sammlungen von Gedichten auf verschiedene Städte ergaben. Anregend wirkte dabei nach Ausonius insbesondere Julius Caesar Scaliger, dessen Sammlung *Urbes* hundert Städte aus der ganzen Welt bedichtet (nur eine davon, Heidelberg, liegt in unserem Raum) und die innerhalb seiner *Poemata* zwischen 1574 und 1621 viermal in Heidelberg gedruckt wurden.[27] Nicolaus Reusner faßte mit unter dem Eindruck dieser Gedichte Scaligers den Entschluß, einen Band zusammenzustellen, indem er zu allen deutschen Reichsstädten eine prosaische Darstellung und anschließend ein kurzes, Epigramm genanntes Gedicht von ihm selbst gab, dem er dann noch jeweils andere Gedichte anderer Verfasser auf dieselbe Stadt anschloß, sofern sie ihm bekannt waren. Das war bei den zwanzig Reichsstädten in unserem Raum mit Ausnahme von Heilbronn und Ulm allerdings nicht der Fall (für Heilbronn zitiert er ein bisher unbeachtetes Lobgedicht des 1593 gestorbenen Heilbronner Lateinschulrektors und *Poeta laureatus* Johann Lauterbach).[28] Der Band erschien 1605.[29]

Das klassische Vorbild der chorographischen Gedichte waren die Erdbeschreibungen des Dionysios Periegetes beziehungsweise seine lateinischen Versüber-

---

[27] Vgl. I. C. Scaliger, Poemata omnia, Heidelberg 1621, T. 1, S. 543ff. Von Scaligers durchweg in elegischen Distichen verfaßten Städtegedichten betreffen 8 den deutschsprachigen Raum (Leipzig, Heidelberg, Wien, Köln, Magdeburg, Frankfurt am Main, Lübeck und Nürnberg). Peter Lindeberg aus Rostock (1562–1596, *Poeta laureatus* 1595) folgte Scaliger mit einer *Urbes* betitelten Gedichtsammlung (zuerst Hamburg 1592). Sie ist gleichfalls in elegischen Distichen verfaßt und enthält Gedichte auf 31 Städte, darunter 18 im deutschsprachigen Raum. Unter anderem werden Nürnberg, Augsburg, Basel, Straßburg und Frankfurt am Main bedichtet, aber keine Stadt dazwischen: S. P. Lindebergius, *Iuvenilium partes tres*, Frankfurt am Main 1595, S. 21ff.

[28] Vgl. zu J. Lauterbach U. Siegele, Die Musiksammlung der Stadt Heilbronn, Heilbronn 1967, S. 7ff. (freundlicher Hinweis von Frau Geisler, Stadtarchiv Heilbronn).

[29] Vgl. Reusner, wie Anm. 21. Lauterbachs Gedicht in 42 elegischen Distichen befindet sich auf S. 172ff.

setzungen. Ich habe 1979 darauf aufmerksam gemacht, daß in ihrem Gefolge der italienisch–niederländische Humanist Hugo Favolinus in einem lateinischen Lehrgedicht zu dem Kartenwerk des Ortelius 1585 in Antwerpen auch ein Gedicht über Württemberg veröffentlichte, in dem er innerhalb der Landesbeschreibung auf die Städte Stuttgart, Wildbad und Tübingen einging, und daß Nicolaus Reusner mit unter dem Einfluß des Favolinus 1586/88 dem Direktor der württembergischen Hofkanzlei Melchior Jäger von Gärtringen ein Gedicht, betitelt *In urbes provinciae Wirtebergicae*, schickte, das 35 württembergische Städte mit kurzen Charakterisierungen auflistet. Reusner, der sich damit für eine Stelle im herzoglich württembergischen Dienst empfehlen wollte, veröffentlichte dieses Gedicht 1593 in einer Ausgabe seiner gesammelten Gedichte, wo mir das in der Landesgeschichtsforschung bis dahin unbekannte Gedicht aufgefallen war.[30]

Für die Reisegedichte hat Hermann Wiegand 1984 eine ausführliche Untersuchung vorgelegt. Ihr lassen sich die *Hodoeporica* entnehmen, die unseren Raum betreffen.[31] Nur drei der so dargestellten Reisen enden hier. Es ist erstens eine Reise des Joachim Camerarius, die 1538 von Würzburg über Schwäbisch Hall und Wildbad nach Tübingen führt, zweitens eine Reise des Deutsch–Ungarn David Sigemundus, der 1579 von Speyer über Heidelberg nach Tübingen und Stuttgart gelangt, und drittens eine Exkursion des Dänen Franciscus Ripensis, der 1559 mit Lotichius von Heidelberg über Neckarsteinach, Hirschhorn, Eberbach, Buchen und Lauda nach Würzburg und wieder zurück reiste. In der Mehrheit querten die humanistischen Verfasser von Rei-

---

[30] Vgl. W. Ludwig, Die poetischen Beschreibungen des Herzogtums Wirtemberg durch Hugo Favolinus und Nicolaus Reusner, Zeitschrift für Württ. Landesgeschichte 36, 1977, 1979, S. 96ff. (= Litterae Neolatinae, wie Anm. 8, S. 145ff.). Eine Sonderart der chorographischen Gedichte sind die Flußgedichte, für die Ausonius mit seiner Mosella ein unerreichtes Muster gab. Der Preuße Felix Fidler (stud. Wittenberg 1545, *Poeta laureatus*, † 1553 bei der Belagerung von Metz) schrieb eine *Fluminum Germaniae descriptio* mit 30 Gedichten in elegischen Distichen, die P. Schede Melissus 1574 in Frankfurt am Main als Anhang zu seinen *Schediasmata* erstmals veröffentlichte (Städte werden an den Flüssen in unterschiedlichem Maße genannt, am Neckar nur Tübingen und Esslingen). Eine ausführliche poetische Darstellung des Rheins und seiner Städte gab Bernardus Mollerus, Rhenus et eius descriptio elegans a primis fontibus usque ad Oceanum Germanicum: ubi urbes, castra et pagi adiacentes, item flumina et rivuli in hunc influentes, et si quid praeterea memorabile occurrat plenissime carmine elegiaco depingitur, Köln 1570, 1571 und 1596, 320 S.

[31] H. Wiegand, Hodoeporica. Studien zur neulateinischen Reisedichtung, Baden–Baden 1984. Einen Hinweis verdient die Zusammenstellung mittelalterlicher und neuzeitlicher prosaischer und poetischer Reisebeschreibungen durch J. A. Fabricius, Bibliotheca latina mediae et infimae aetatis, 1. Bd., Hamburg 1734, S. 316ff. — P. J. Brenner, Der Reisebericht in der deutschen Literatur. Ein Forschungsüberblick als Vorstudie zu einer Gattungsgeschichte, Tübingen 1990, führt im neulateinischen Bereich nicht über Wiegand hinaus.

segedichten unseren Raum, etwa von Augsburg über Ulm, Tübingen und den Schwarzwald nach Straßburg oder von Basel über Freiburg und Heidelberg nach Frankfurt. Heidelberg, Tübingen und Freiburg sind die am häufigsten auf der Durchreise besuchten Städte. Die Reisegedichte können sowohl Aufschluß über die Routen humanistischen Reisens als auch über die von humanistischen Reisenden beachteten Städte geben. Als Nicolaus Reusner 1580 in Basel eine Anthologie von Reisegedichten verschiedener Autoren unter dem Titel *Hodoeporicorum sive Itinerum totius fere Orbis Libri VII* veröffentlichte, schickte er außerdem Zusammenstellungen der Gesichtspunkte voraus, die der humanistische Reisende beim Besuch einer Stadt beachten sollte.[32]

Ulm, die in den fraglichen Jahrhunderten in unserem Raum wohl immer größte Stadt, hatte schon um 1488 in einem historiographischen Werk eine ausführliche Beschreibung gefunden. Der Dominikaner Felix Fabri[33] hatte an den Anfang des zweiten Buches seiner *Historia Suevorum* ein Kapitel *De forma vel facie civitatis Ulmensis* gesetzt und anschließend die Geschichte der Stadt erzählt. Melchior Goldast von Haiminsfeld brachte dieses Geschichtswerk 1605 in seinen *Rerum Suevicarum Scriptores aliquot veteres* zuerst zum Druck. Fabri gab wesentlich mehr an topographischem und historischem Detail, als es den humanistischen Autoren von Stadtbeschreibungen angemessen schien. Aber gerade dies schien Goldast, der sonst Fabri als Historiker wegen seiner Ehrlichkeit sehr schätzte, vom literarischen Standpunkt aus mehr als überflüssig. *Quas gerras nectit in civitatis Ulmensis taediosa enarratione?* "In welchen Lappalien ergeht er sich in seinem langweiligen Bericht über die Stadt Ulm?" schreibt Goldast im Vorwort. Als Goldasts Sammelwerk 1727 in Ulm in einer verbesserten zweiten Auflage gedruckt wurde, setzte sich der Drucker und

---

[32] S. ebd. Bl. ß2ff. *Hieronymi Turleri praecepta omnibus iter facientibus necessaria et maxime observanda* (vgl. zu H. Turler E. Trunz, Der deutsche Späthumanismus um 1600 als Standeskultur, in: R. Alewyn, Hrsg., Deutsche Barockforschung, Köln–Berlin 1965, S. 147ff., hier S. 164). Turler betont, daß man immer *loci nomen, figuram, capacitatem, iurisdictionem, et situm* beachten solle, bei Städten seien wichtig *opera publica vel sacra (basilicae, monasteria) vel profana (palatia, fora, campi, theatra, curia, scholae, xenodochia, nosocomia, arces, armamentaria, propugnacula, turres, tota ratio munitionis)* und *opera privata (civium aedes, picturae, horti, fontes, pharmacopolia, bibliothecae), nomen urbis ac fundatoris, ratio gubernationis, hominum mores, victus, vestitus et vivendi ratio.* Es folgen auf Bl. ß7 Auszüge aus D. Chytraeus und V. Strigelius, in denen etwa die gleichen Gesichtspunkte anders gewichtet werden, sowie auf Bl. ß8 der tabellarisch gegliederte *Methodus apodemica* von Theodorus Zvingerus. Derartige Übersichten über das, was man auf Reisen beobachten soll, stehen auch am Beginn frühneuzeitlicher Inschriftensammlungen wie der von Chytraeus, siehe Anm. 12.
[33] Zu ihm vgl. H. Wiegand, Felix Fabri, Dominikaner, Reiseschriftsteller, Geschichtsschreiber 1441/42–1502, Lebensbilder aus Schwaben und Franken 15, 1983, S. 1ff., und G. Veesen–Meyer, Fratris Felicis Fabri Tractatus de Civitate Ulmensi [...], Tübingen 1889.

Verleger Daniel Bartholomaei in seiner Vorrede für den Leser eben mit dieser Kritik Goldasts kritisch auseinander und wünscht, daß nicht alle so wie Goldast denken.[34] Die Bedeutung Ulms unter den Reichsstädten mache die Mitteilungen Fabris willkommen. Das lokale historische Interesse stellt sich mit Erfolg dem humanistischen literarischen Geschmack entgegen. Vielleicht blieben zahlreiche Stadtchroniken aber auch mit Rücksicht auf ihre als unzureichend empfundene literarische Gestaltung ungedruckt.

Die erste poetische Darstellung Stuttgarts findet sich nicht in einem Stadtlobgedicht, sondern gelegentlich eines mythologisch–panegyrischen Epyllions. Joachim Münsinger, der sich später den Zunamen "von Frundeck" beilegte, schrieb 1532 als Student in Padua das hexametrische Kleinepos *Neccharides*, das er 1533 in Tübingen zusammen mit einem Brief an den österreichischen Statthalter in Württemberg, Philipp Pfalzgraf bei Rhein, drucken ließ. *Neccharides* sind die Neckarnymphen, die Münsinger — angeregt durch die antiken Nymphen und im literarischen Anschluß an die Jordannymphen Sannazaros — erfand und in einer Höhle des Neckar versammelte, um dort eine der Nymphen ihren Genossinnen erzählen zu lassen, daß Philipp zum neuen Regenten Württembergs ernannt wurde. Sein Einzug in Stuttgart am 11. Juni 1532 wird so vor Augen geführt:

*Scilicet ingreditur tandem fortissimus heros*
*moenia ter quater et Baccho Stutgardiae amata*
*cinctaque praecipue Lenaei gurgitis unda.*

Es zieht endlich ein der tapferste Held in die drei– und viermal von Bacchus geliebten Mauern Stuttgarts, die vor allem von der Woge des lenaeischen Strudels umgürtet sind.

Nachdem die Stadt so inmitten ihrer Reben vorgestellt ist, wird Philipps Empfang in der Stadt durch die begeisterten Bürger und Ratsherren geschildert. Münsinger hebt hervor, daß Stuttgart von allen Seiten von Weingärten umgeben ist; hierdurch unterschied es sich vorteilhaft sogar von Freiburg und Esslingen, deren Stadtlobgedichte von 1515 und 1522 die Weingärten auf drei Seiten beziehungsweise auf einer Seite dieser Städte gerühmt hatten. Dieses erste, einem humanistischen Publikum vorgestellte Bild Stuttgarts wurde aus verständlichen Gründen — Münsinger rühmte die österreichische Herrschaft — in Württemberg bald vergessen.[35]

Wie Heidelberg in lyrischen und elegischen Gedichten vorgestellt werden konnte, ist der von Wilhelm Kühlmann und Hermann Wiegand 1988 her-

---

[34] S. Rerum Suevicarum scriptores aliquot veteres [...], ex Bibliotheca et recensione Melchioris Haiminsfeldii Goldasti Editio secunda, emendatior, Ulm 1727, unnum. Bl. 4vf.
[35] Vgl. meine in Anm. 9 zitierte Untersuchung.

# 1. Die Darstellung südwestdeutscher Städte

ausgegebenen Anthologie *Parnassus Palatinus* zu entnehmen.[36] Diese Beispiele für die Darstellungen südwestdeutscher Städte in verschiedenen lateinischen Textformen müssen hier genügen. Einige weitere Texte sind aus der Literatur bekannt, gewiß nicht alle, so daß ich an dieser Stelle die anfängliche Bitte um Hinweise wiederholen möchte.

Es soll nun einer der angeführten Texte, das *Encomion* auf Esslingen von Johannes Molitorius, zusammen mit seinen wichtigsten literarischen Vorläufern, dem Freiburggedicht Engelbrechts und dem Ulmgedicht Böhms, etwas näher interpretiert werden. Das Gedicht auf Esslingen ist 1900 von Otto Mayer nach der bis dahin einzigen Erstausgabe erneut ediert und auch übersetzt und erläutert worden.[37] Seit dieser für ihre Zeit guten Arbeit wurde das Gedicht zwar gelegentlich zitiert,[38] aber kein Erkenntnisfortschritt erzielt mit der Ausnahme, daß Tilmann Matthias Schröder 1987 richtig bemerkte, das Gedicht enthalte entgegen Mayers Annahme keinen "direkten Angriff auf den Esslinger Klerus" (allerdings auch keine ironische Distanzierung, wie Schröder glaubt);[39] Mayer sind außerdem ein paar textliche Mißverständnisse unterlau-

---

[36] W. Kühlmann–H. Wiegand, Parnassus Palatinus. Humanistische Dichtung in Heidelberg und der alten Kurpfalz, Heidelberg 1989. Die Zusammenstellung hat den Charakter einer Anthologie und strebt nicht nach Vollständigkeit, auch sind keine Texte aus dem 15. und frühen 16. Jahrhundert aufgenommen, da die Herausgeber das Zeitalter des Späthumanismus illustrieren wollen, so auch nicht die Elemente eines Stadtlobs enthaltende Ode des Celtis *Ad Ioannem Vigilium sodalitatis litterariae Rhenanae hospitem in situm Heidelbergae et quare decennio peregrinatus fuerit* (Odarum liber 3, 5, zuerst gedruckt Straßburg 1513; bei F. Pindter, Conradus Celtis Protucius, libri Odarum quatuor, liber Epodon, Carmen Saeculare, Leipzig 1937, S. 68ff.). Celtis hat in mehreren seiner Gedichte Stadtlobelemente verwendet, aber kein eigentliches Stadtlobgedicht verfaßt. So ist z.B. ein Lob auf Freiburg eingeschlossen in einen Panegyrikus auf Zasius in Od. 3, 25: *Ad Udalricum Zasium Friburgensen cancellarium*.

[37] S. Anm. 25. Otto Mayer (1846–1932), der viele Jahre Rektor des Esslinger Gymnasiums war, sind mehrere wichtige Arbeiten zur Esslinger Bildungsgeschichte zu verdanken; vgl. auch Anm. 43 und 132.

[38] Vgl. O. Schuster, Kirchengeschichte von Stadt und Bezirk Esslingen, Stuttgart 1946, S. 90, 132f., 135f.; O. Borst, Buch und Presse in Esslingen am Neckar, Esslingen 1975, S. 164; ders., Geschichte der Stadt Esslingen am Neckar, 3. Aufl., Esslingen 1978, S. 222.

[39] S. T. M. Schröder, Das Kirchenregiment der Reichsstadt Esslingen, Esslingen 1987, S. 43, Anm. 122. Mayers Auffassung stützte sich erstens wohl auf den prosaischen Widmungsbrief des Gedichts, wo Molitor schreibt, einige *sacrificuli*, d.h. wohl Kaplane, würden die besten Männer, darunter Johannes Lonicerus, aus Neid verleumden. Das richtet sich aber nicht gegen den Esslinger Klerus insgesamt. Zweitens meinte Mayer, Molitors Ton gegenüber den Mönchen und Nonnen, dem Meßgottesdienst und dem Pfarrer der Stadtkirche Dr. Balthasar Sattler sei "reserviert". Seine Äußerungen sind da aber nur knapp, nicht negativ und sicher nicht ironisch. Völlig unzutreffend ist das pauschale Urteil von Borst, Buch und Presse, wie Anm. 38, S. 42: "Das Esslinger Encomion des Johannes Molitorius von 1522 spricht von der Masse der Priester nur als einem recht elenden Gesindel."

fen, insbesondere aber mußten ihm die Gestaltung, die Besonderheit, die Funktion und die Bedeutung des Gedichts entgehen, da er es noch nicht in seinen literarischen Kontext einordnen konnte und er insbesondere das 1896 von Joseph Neff wieder edierte Gedicht Engelbrechts zur Zeit seiner Edition ebensowenig kannte wie das erst 1924 von Hans Greiner wieder publizierte Gedicht Böhms.

*Joannes Molitoris* beziehungsweise *Molitorius*[40] war um 1502 in Esslingen geboren und gehörte zu einer der mehreren damals dort ansässigen Familien mit Namen Müller beziehungsweise Miller, deren Haushaltsvorstände ein Handwerk ausübten (Bader, Faßbinder und Schuhmacher werden in Urkunden genannt). Sehr wahrscheinlich war sein Vater oder Onkel der Schuhmacher–Zunftmeister Hans Miller, der 1520–1522 und 1524–1526 im Esslinger Rat saß und auch Spitalpfleger war.[41] Apollonia Müller, die 1532 eine Nonne im Esslinger St. Klara–Kloster war, könnte eine nahe Verwandte gewesen sein.[42] Der junge Hans besuchte zunächst die Esslinger Lateinschule, die damals unter der Leitung des Mag. Caspar Heininger stand, den Jakob Wimpfeling zu den *theologi excellentes* Schwabens gezählt hatte.[43] Wie groß seine lateinischen Autorenkenntnisse waren, als er Esslingen 1520 zum Studium verließ, ist unbekannt. Sie müssen aber beträchtlich gewesen sein, denn als er nach etwa einem Freiburger Jahr das *Esselingae Encomion* verfaßte, bewies er Lektürekenntnisse in Horaz, Ovid, Vergil und Livius, benützte Stellen aus Plinius, Quintilian und den Adagia des Erasmus, kannte andere zeitgenössische Literatur und zeigte eine so weitgehende Fähigkeit, elegische Distichen zu kompo-

---

[40] Die genitivische Namenform *Molitoris* zeigt der Freiburger Immatrikulationseintrag, s. Anm. 44, die Form *Molitorius* der Stuttgarter Druck, s. Anm. 25. Die Latinisierung des Familiennamens dürfte beim Eintritt in die Universität vorgenommen worden sein.

[41] Dies nach 1992 im Stadtarchiv Esslingen durchgeführten archivalischen Ermittlungen. Näheres in: Walther Ludwig, Apollo in Esslingen — Das Esselingae Encomion des Johannes Miller von 1522, Esslinger Studien Zeitschrift 32, 1993, S. 1–63.

[42] S. F. Fezer, Die Konvente von Sankt Klara und Sirnau, Esslinger Studien Zeitschrift 23, 1984, S. 45ff., hier S. 57.

[43] Vgl. Mayer, wie Anm. 25, S. 49ff.; O. Herding–D. Mertens, Jakob Wimpfeling, Briefwechsel, München 1990, S. 533. Heininger hatte wohl auch Zugang zu der damals mit humanistischen Texten vorzüglich ausgestatteten Esslinger Pfarrbibliothek; vgl. dazu O. Mayer, Die ältesten Druckschriften der einstigen Eßlinger Stadt–, Kirchen– und Schulbibliothek, Württ. Vierteljahrshefte für Landesgeschichte 32, 1925/26, S. 188ff., 33, 1927, S. 167ff. Dazu zwei Berichtigungen: Die Bibliothek enthielt nicht Werke von Giovanni Pico della Mirandola (S. 177), sondern seines Neffen Giovanni Francesco (Borst, wie Anm. 38, 1975, S. 199, übernahm Mayers Fehler) und keine Gedichte des kroatischen Marcus Marullus (S. 180), sondern die Epigrammata et Hymni, Straßburg 1509, des Michael Tarchaniota Marullus: StA Esslingen, Bestand Reichsstadt, zu F.224E, B146 und C105,4.

nieren, daß er mit erheblichen Vorkenntnissen nach Freiburg gekommen sein muß.

Am 22. März 1520 immatrikulierte er sich dort zusammen mit dem aus einem Esslinger Ratsherrengeschlecht stammenden Hieronymus Ammann, der 1522 sein Studium in Ingolstadt fortsetzte.[44] Spätestens in Freiburg gewann Molitorius eine prohumanistische und antischolastische Einstellung, die aus seinen 1522 gedruckten Epigrammen hervorgeht. Der zur gleichen Zeit geschriebene Widmungsbrief zeigt ihn proerasmisch und antilutherisch. Er besuchte in Freiburg den Unterricht des *Poetices lector ordinarius* Mag. Philipp Engelbrecht, der, weil er aus Engen stammte, sich den humanistischen Beinamen *Engentinus* beigelegt hatte.[45] Er war im Oktober 1514 als bereits bekannter Humanist[46] aus Wittenberg nach Freiburg gekommen und hatte während der Fastnacht 1515 eine elegische *Epistola florentissimae urbis Friburgi apud Brisgoicos descriptionem complectens* an seinen Freund und früheren Wittenberger Kommilitonen *Hieronymus Husaerus* geschrieben[47] und die Epistel mit einem vorausgestellten prosaischen Widmungsbrief an Rektor und Senat der Universität Freiburg drucken lassen, zuerst am 6. März, dann noch einmal in verbesserter Form am 1. August 1515 zusammen mit einem empfehlenden Epigramm von Johann Zwick aus Konstanz. Er selbst hatte in seinem ersten Widmungsbrief die Hoffnung ausgesprochen, daß die Beschreibung Freiburgs

---

[44] S. H. Mayer, Die Matrikel der Universität Freiburg im Breisgau von 1460–1656, Bd. 1, Freiburg 1907, S. 241f. Zur Familie Ammann in Esslingen vgl. Fezer, wie Anm. 42, S. 69, 73.
[45] Zu seiner Biographie vgl. H. Schreiber, Geschichte der Universität Freiburg, Freiburg 1857, S. 84ff.; ADB 6, 1877, S. 134ff. (Horawitz), NDB 4, 1959, S. 529f. (H. Grimm). P. G. Bietenholz–Th. B. Deutscher, Contemporaries of Erasmus, Bd. 1, Toronto 1985, S. 432.
[46] Daß Engelbrecht bereits in Wittenberg als engagierter Humanist bekannt war, geht aus seiner Erwähnung in den *Epistulae obscurorum virorum* (Alt. vol., zuerst 1517, Frankfurt 1557. Bl. L 9v) hervor, wo er in dem von Ulrich von Hutten verfaßten *Carmen Rithmicale* des fiktiven Philippus Schlauraff in Wittenberg nach Georg Sibutus und Balthasar Fabricius aus Vacha (Professor an der Artistenfakultät, siehe M. Grossmann, Humanism in Wittenberg 1485–1517, Nieuwkoop 1975, S. 65) so erwähnt wird: *Tunc Philippus Engentinus, qui non est vexator minus | incepit unam guerram, tunc quaesivi aliam terram.* Engelbrecht hatte in Wittenberg 1511 zu dem Druck der *Ars versificandi* Ulrich von Huttens ein Epigramm beigesteuert (vgl. D. F. Strauss, Ulrich von Hutten, 2. Aufl., Leipzig 1871, S. 56) und 1513 ein *Epithalamion* auf die Hochzeit von Herzog Johann von Sachsen mit Prinzessin Margarete von Anhalt drucken lassen.
[47] *Hieronymus Hauster de Bludencz Dioc. Curien.* immatrikulierte sich im Sommersemester 1513 in Wittenberg. Als Engelbrecht die poetische Epistel an ihn verfaßte, stand er anscheinend in Wittenberg in sächsischem Militärdienst (Engelbrecht F. 19ff). *Te retinent olim praeduri Saxones armis, | Albis ubi effusus cornua bina facit* — zu der Umschreibung von Wittenberg siehe unten Anm. 65).

der ganzen Stadt, besonders aber der Universität nicht geringen Ruhm erwerben werde.[48] Und sie wurde auch sehr positiv aufgenommen. Der Freiburger Jurist Zasius schrieb: "Engelbrechts Gedichte, da sie bis aufs Letzte durchgefeilt sind, empfiehlt und schätzt die Universität sehr".[49] Diese Gedichte trugen gewiß viel dazu bei, daß Engelbrecht 1516 mit der *lectio poetica* betraut wurde, nachdem er seinen Vorgänger Caspar Baldung 1515 bereits vertreten hatte, als dieser Dekan der Juristenfakultät geworden war.

Welche Vorgänger hatte Engelbrechts Freiburggedicht im 15. und 16. Jahrhundert im deutschsprachigen Raum? Freiburg selbst hatte noch kein eigentliches Stadtlobgedicht erhalten, auch wenn Celtis in seiner 1513 gedruckten Ode an und auf Ulrich Zasius die Stadt wegen ihrer Lage im rebenreichen Breisgau und am Schwarzwald und wegen ihres Herrschers, Kaiser Maximilian, gerühmt hatte.[50] Heidelberg hatte der französische Humanist Robert Gaguin, der als Gesandter des französischen Königs am Heidelberger Hof weilte, in einem kurzen elegischen Gedicht gepriesen.[51] Sonst war für die wenigen Lobgedichte auf deutsche Städte meist im Anschluß an die klassischen Stadtlobgedichte des Ausonius der Hexameter gewählt worden, so 1488 von Wimpina in seinem Gedicht auf Leipzig, 1493 in dem Gedicht in Schedels Weltchronik auf Ulm[52] und 1504 beziehungsweise 1508 von Hermann van dem Busche in seinen Gedichten auf Leipzig und Köln.[53]

Engelbrecht kannte zumindest Busches Gedicht auf Leipzig aus seiner Studienzeit in Sachsen. Dies beweisen einige phraseologische und motivische Übereinstimmungen, so daß auch die wichtigen Übereinstimmungen und die Unterschiede in der thematischen Struktur bewußt gewesen sein müssen. Phraseologische und motivische Übereinstimmungen bietet insbesondere der

---

[48] Nach Neff, wie Anm. 23, S. XXXIV: *diutius in hac descriptione versatus ea generatim plenis velis sum complexus, quae toti civitati nedum vobis apud exteros non minimam, ut spero, gloriam sunt paritura.*

[49] S. A. Hartmann, Die Amerbachkorrespondenz, 2. Bd., Basel 1943, S. 45; U. Zasius an B. Amerbach, Freiburg 22.8. 1515: *Carmina sua* (sc. *praeexcellentis poetae Phylippi Egentini), ut sunt ad unguem elegantia, commendat et magni facit Universitas.*

[50] Si. oben Anm. 36. Irenicus, wie Anm. 5, Bl. CCXII, bemerkt zu Freiburg: *cuius laudes Celtes odarum li.iii., Eckius, et nuper Philip. Engedinus explicaverunt.* Auf welche Äußerungen von (Johann) Eck er sich bezieht, ist noch unbekannt.

[51] S. oben Anm. 20.

[52] S. oben Anm. 21.

[53] Vgl. H. J. Liessem, Hermann van dem Busche. Sein Leben und seine Schriften, Köln 1884, ND Nieuwkoop 1965; seine *Lipsica* (435 V.) ist abgedruckt in Neff, wie Anm. 23, S. 73ff., sein *Flora* betiteltes Gedicht auf Köln (312 V.) in Reusner, wie Anm. 21, unnum. Bl. 3ff.

erste, die Natur der Umgebung (*rura*) betreffende Abschnitt.[54] Der zweite Abschnitt (*tecta*) erwähnt zwar jeweils die Stadtbefestigung; Busche spricht aber, ohne eine Kirche hervorzuheben, von den Straßen, Plätzen und dem Rathaus, während Engelbrecht das Freiburger Münster ausführlich würdigt. Im dritten Abschnitt behandelt Busche die *mores* der Bürger und des Rats, Engelbrecht entsprechend die Art der Regierung und Bevölkerung. Im vierten Abschnitt geht Busche auf ein Leipziger Spezifikum ein, die Messe und allgemein den Handel (*commercia*), während Engelbrecht hier mit der Unterdrückung des Bundschuhaufstands von 1513 ein ganz anderes Freiburger Spezifikum wählte. Übereinstimmend preisen Busche und Engelbrecht dann zum Schluß die Universität ihrer Städte, wobei der erstere sich jedoch auf die Artistenfakultät konzentriert,[55] während Engelbrecht alle vier Fakultäten behandelt. Die *Lipsica* zählt also zu den Vorbildern des Freiburggedichts.[56]

Ein anderes anregendes Muster war für Engelbrecht ein Gedicht seines Wittenberger Lehrers Sibutus.[57] Engelbrecht, der sich 1508–1514 in Wittenberg aufgehalten hatte, ab 1510 als Baccalaureus und ab 1512 als Magister Artium, hatte Poesie und Rhetorik bei Georgius Sibutus Daripinus studiert, der dort seit dem Wintersemester 1505/06 als *Ordinarius lector humaniorum litterarum* tätig war. Sibutus seinerseits war stolz, ein Schüler des Konrad Celtis gewesen zu sein. 1505 war er auf dem Kölner Reichstag von Kaiser Maximilian zum

---

[54] Vgl. L. 27 *Horrea nam tantis hic aestas implet aristis* mit F. 95 *Horrea frumento replentur farta quotannis*; L. 29–32 *Tantaque fertilitas glebas fecundat opimas [...] non etiam Siculi facilis proventus aratri* mit F. 97f. *ut praestare etiam Siculos videamur aristis | pinguibus immensa fertilitate loci*; L. 36 *Hic fecunda Ceres [...]* mit F. 94 *Unde Ceres [...] alma*; L. 98f. *Sub quibus et Dryades niveae Satyrique protervi | capripedes palam Fauni* mit F. 56 *Et Dryadum silvae cornigerique gregis*; L. 53 und 117 mit F. 67f. und 53 (Periphrase des Westens und Ostens); L. 180f. *tales divitias, tales vix possidet umbras | Gargaphie vitreis Dianae cognita lymphis* mit F. 61–65 *Diana [...] lymphae*.

[55] Vgl. hier L. 380f. *semper amant occulta latentis | naturae et varias caeli disquirere causas* mit F. 313f. *scrutantur plures physeos secreta latentis | et rerum causas pulchrius inde docent* sowie die Erwähnung von Archimedes in L. 389 und F. 386 als weitere Belege für Engelbrechts Verwertung der *Lipsica*.

[56] Dagegen lassen sich keine spezifischen Übereinstimmungen zwischen der Flora und dem Freiburggedicht feststellen. Busche hat bei Köln auf die Schilderung der natürlichen Umgebung verzichtet und dem Preis der Universität den des Stadtrats folgen lassen.

[57] Vgl. zu ihm W. Friedensburg, Geschichte der Universität Wittenberg, Halle 1917, S. 52 und 70ff.; ADB 34, 1892, S.140f. (K. Hartfelder); Grossmann, wie Anm. 46, S. 65. Diese Darstellungen leiden darunter, daß den Verfassern die Dichtungen des Sibutus (siehe NUC 545, S. 148) nicht aus eigener Lektüre bekannt waren. Friedensburg, Hartfelder und Grossmann konnten deshalb nicht sichern, daß Sibutus ein Schüler des Celtis war (siehe dazu jedoch die eigene Aussage des Sibutus in der folgenden Anmerkung).

*Poeta laureatus* gekrönt worden.[58] Bald nach seiner noch im gleichen Jahr erfolgten Anstellung in Wittenberg führte er vor Kurfürst Friedrich und seinem Bruder Herzog Johann von Sachsen mit einigen Studenten auf einem *teatrum* ein Festspiel (*ludus*) auf, in dem er selbst als *Poeta* ein knapp 600 Hexameter umfassendes Lobgedicht auf die Stadt Wittenberg aus dem Gedächtnis vortrug, während zehn seiner Studenten in theatralischer Verkleidung je 12 Hexameter aufsagten. So traten vor Sibutus ein Merkur, ein *Parasitus* und die Muse Calliope auf, nach ihm ein Apollo, Silvanus, Bacchus, eine Diana, ein Neptunus, eine Chloris und abschließend *Caliopius*. Der *Parasitus* und *Caliopius* stammten aus der Lektüre des Terenz und seiner Kommentatoren.[59] Sibutus ließ den Text seines *ludus* 1506 in Leipzig unter Hinzufügung einiger empfehlender Gedichte anderer Autoren und einigen eigenen an wichtige Persönlichkeiten der Universität, des Hofes und der Stadt unter dem Titel *Silvula in Albiorim illustratam* drucken und benützte den Text in den nächsten Jahren als Unterrichtsgegenstand.[60] *Albioris* ist der lateinische Name für Wittenberg. Das Adjektiv *illustrata* erinnert an den nicht zur Durchführung gekommenen Vorsatz seines Lehrers Celtis, nach Flavio Biondos Vorbild eine *Germania illustrata* zu verfassen. Sibutus führte sich selbst im zweiten Titel mit Worten ein, die mit Celtis' Überschrift für seine *Norimberga* rivalisierten,[61] und sein Ent-

---

[58] Die Angabe in den Epist. obsc. vir. (Alt. vol., wie Anm. 46, Bl. S 7r) *Viennae tunc audivi lectiones in Poetria et fuit ibi quidam iuvenis poeta, qui fuit discipulus Conradi Celtis et vocatur Georgius Sibutus [...] ille poeta nunc est Wittenberck* wird bestätigt durch die autobiographische Aussage des Sibutus in der *Silvula in Albiorim illustratam*, wie Anm. 60, Bl. d iv r, innerhalb seiner Danksagung an Kurfürst Friedrich von Sachsen: *Sub te sum natus modica de stirpe creatus | Infans in pago vidi cunabula prima | Conradus sacro lavit me flumine Celtis | Induit et primam Phebeo murice vestem | Post ubi me divus cognovit Maxmilianus | Imposuit sacram regali pollice laurum | Carmina et in totum iussit me spargere mundum*. Zu der — auch von Ulrich von Hutten (Querelarum lb. 2, 10, 61f.) erwähnten — Dichterkrönung von Sibutus auf dem Kölner Reichstag von 1505 vgl. neben der Dichtung des Sibutus De divi Maximiliani Caesaris adventu in Coloniam deque gestis suis [...], Köln 1505: H. Rupprich, Der Briefwechsel des Konrad Celtis, München 1934, S. 79, Anm. 1.
[59] Vgl. Ps.–Servius zu Andria 1: *Calliopius erat quidam cantor, qui comoedias Terentii recitavit* (in: Terentius cum quinque commentis, Vendig 1504, Bl. II).
[60] Mir stand das Exemplar der Universitätsbibliothek Jena, Sign. H–C 147/17, in Kopie zur Verfügung: Georgii Sibuti Daripini poetae et oratoris laureati: Silvula in Albiorim illustratam (Holzschnitt mit Darstellung des Wittenberger Stadtwappens auf Titelseite), Kolophon: *Impressum Lipez per Baccalaureum Martinum Lantzberg Herbipolitanum*. Sibutus behandelte das Gedicht zumindest 1507 im Unterricht (s. Grossmann, wie Anm. 46, S. 65; zu dem Namen *Albioris* für Wittenberg s. ebd., S. 36f.).
[61] Vgl. den Titel der Celtis-Ausgabe von 1502 (A. Werminghoff, Conrad Celtis und sein Buch über Nürnberg, Freiburg i.Br. 1921, S. 99): *Conradi Celtis Protucii Germani imperatoriis manibus poetae laureati de origine, situ, moribus et institutis Norimbergae libellus* mit dem zweiten Titel des Sibutus auf Bl. ai v: *Georgii Sibuti Daripini, poetae et oratoris impera-*

# 1. Die Darstellung südwestdeutscher Städte 443

schluß, sich in Wittenberg mit einem Preis der Stadt einzuführen, war wohl auch durch das Lob seines Lehrers auf Nürnberg mitbestimmt. Er hat freilich für seinen Wittenberg-Text nicht wie Celtis die Prosaform gewählt, sondern den Hexameter, worin er absichtlich der *Lipsica* Busches folgte, der seinerseits 1502 auch in Wittenberg als *Artis oratorie atque poetice lector* unterrichtet hatte und mit Sibutus mindestens seit 1505 befreundet war.[62] Busches Hexametergedicht wollte Sibutus mit dem Einbau eines solchen in einen dramatischen Festakt übertrumpfen. Er konzentrierte die detaillierte Beschreibung der *Norimberga* und auch das immer noch motivisch reichhaltigere Lobgedicht auf Leipzig konsequent auf einige wenige, breit ausgestaltete panegyrische Hauptthemen. Dem Apoll und Calliope anrufenden Prooemium folgt ein kurzer Preis der nie durch Krieg zerstörten, alten Stadt, die Namensetymologie von Wittenberg und die Nennung der neu errichteten Elbbrücke. Dann wird ausgeführt, daß zwei Elbarme einerseits die Stadtmauern, andererseits eine Insel mit Weideland und Bäumen umfließen, worauf ausführlich zuerst die Insel mit ihrer Flora und Fauna, sodann der Elbfluß und danach nach den nur summarisch erwähnten Gebäuden der Stadt die soeben neu errichtete Schloß- und Universitätskirche Allerheiligen gepriesen werden, letztere unter Beschreibung der gesamten Inneneinrichtung, ihrer Altäre, Gemälde, Wandteppiche, ihres Chorgestühls und ihrer Orgel.[63] Bei der Beschreibung der Elbinsel hat Sibutus öfters im Ausdruck und bei den Vergleichsbildern auf die *Lipsica* zurückgegriffen.[64] Die Konzentrierung auf die Natur der Elbinsel und die Kunst

---

*toriis manibus laureati, ordinarii lectoris humaniorum litterarum in famosissima academia Albiorena, Silvula in Albiorim illustratam.*

[62] Der in Anm. 58 genannte Druck mit dem Gedicht des Sibutus auf Kaiser Maximilian enthält auch ein empfehlendes Gedicht von Busche; siehe Grossmann, wie Anm. 46, S. 65. — Die positive Beziehung von Sibutus zu Busche wird auch daraus sichtbar, daß Sibutus 1507 die *Punica* des Silius Italicus im Unterricht behandelt — sicher nach der von Busche Leipzig 1504 herausgegebenen Ausgabe des Silius, die erstmals Busches poetische Argumenta zu den einzelnen Büchern des Silius enthielt. Sibutus erwähnt *italici divina poemata Sili* auch in seiner Silvula V. 250 unter den von ihm auf der Elbinsel vor Wittenberg gelesenen klassischen Autoren neben Vergil, Cicero und Livius.

[63] Vgl. zum Topographischen F. Bellmann–M. L. Harksen–R. Werner, Die Denkmale der Lutherstadt Wittenberg, Weimar 1979, wo jedoch die ausführliche Beschreibung der Schloßkirche durch Sibutus nicht verwertet worden ist.

[64] Vgl. insbesondere folgende Parallelen (in der *Silvula* wurde die Verszählung neu eingeführt): S. 25ff. *Pascua, rura, lacus, silvas, et florea tempe, [...] | antra feras, hortos, [...]* und L. 1f. *Silvas, antra, lacus, florentia pascua, fontes | frugiferosque agros et Daedala rura situmque,* 183 *haec loca vel dici possunt mollissima tempe;* S. 30 *Lilia verna, rosas* [...]; S. 188ff. *Hic rosa [...] hic lilia;* S. 64 *violas et meliloton olent* und L. 189ff. *violae* [...] *melilotos;* S. 66 *tenues volucrumque susurros |* und L. 179 *volucrum cantu tenues miscente susurros |;* S. 196 *Ad Driades* und L. 98 *et Dryades;* S. 302 *demorsas [...] genistas |* und L. 134 *demorsae [...] genistae;* S. 311 *verno proles in Cloridos horto |* und L. 227 *vernos in Chloridos horto |;* S. 313

der Allerheiligenkirche geschah deshalb in bewußtem Anschluß und in bewußter Absetzung vom Gedicht Busches.

Sibutus' Schüler Engelbrecht folgte ihm in der Anrufung von Calliope und Apoll im Prooemium seines Stadtgedichts, in dem Umstand, daß die Schilderung der städtischen Gebäude vor allem aus der Darstellung einer Kirche, in Freiburg des Münsters, besteht, außerdem in einer kleineren Anzahl von phraseologischen Reminiszenzen.[65] Als er nach Freiburg kam, entschloß er sich wie Buschius und Sibutus, die Stadt, die ihn aufgenommen hatte, poetisch zu rühmen, in seinem Fall in der Hoffnung auf einen Lorbeerkranz[66] und auf eine universitäre Anstellung. Anders als seine Vorgänger wählte er jedoch das elegische Distichon als Versmaß. Es ist unwahrscheinlich, daß er bei dieser Wahl durch das *Elegiacum in laudes civitatis Heydelbergensis* Robert Gaguins angeregt wurde, und zweifelhaft, ob er diesen sicher seltenen Druck von 1492 überhaupt kannte. Die Wahl des elegischen Distichon ist vermutlich als Variation zu den hexametrischen Dichtungen seiner Vorgänger gemeint und durch die von Ovid ausgehende Formtradition der elegischen Epistel veranlaßt.

---

*Narcisso certant nigro vacinia flore* und L. 193ff. *hic, Narcisse, nites [...] flore et vaccinia nigro*; S. 314 *saliunca virens* und L. 192 *saliunca viret*; S. 315ff. *humiles violae [...] amaracus, iris |* und L. 189ff. *humiles violae [...] amaracus, iris |*; S. 325 *Alcinoi vincit pomaria regis* und L. 167f. *Alcinoi pomiferas*; S. 329 *veteris [...] Adonis |* und L. 169 *prisci [...] Adonis |*; S. 334 *Vix nemus Hippoliti* und L. 293 *Non nemus Hippolyti*; S. 335f. *Nec Dodona Iovis Silari nec plurimus umbra | lucus et Alburni [...] montis |* und L. 92 f. *non Dodona Iovis [...] Silari nec plurimus umbra | lucus et Alburni [...] montis |* (vgl. Verg. Georg. 3, 146f. *lucos Silari [...] Alburnum*); S. 337 *Appula [...] iugera* und L. 34 *iugera [...] Apula*; S. 402f. *Tegeea [...] iugera [...] Menala* und L. 156 *Maenala cum silvis Tegeaeque rura Lycaeis*; S. 404 *Memphitica tellus |* und L. 31 *Memphitica tellus |*; S. 435 *Satyrique bicornes* und L. 98 *Satyrique protervi*; S. 471 *vertice frontem |* und L. 217 *vertice frontem |*. Es handelt sich hier vor allem entweder um gleichartige antike Vergleichsbilder oder um Pflanzen, deren Vorhandensein Busche um Leipzig behauptet hatte und die Sibutus jetzt auch auf der Wittenberger Elbinsel wachsen ließ.

[65] Zu nennen sind die Verwendung von *depingere* neben und im Sinne von *describere* (vgl. S. 57, 134, 159 und F. 41, 401), die Periphrase von Wittenberg als der Stadt bei der in zwei Arme verzweigten Elbe (vgl. S. 31, 172, 231, 238, 466 und F. 20), ferner die Ausdrucksweise in S. 75 *Te duce Pierides venient ad nostra vireta* und F. 49 *Phocidis huc Nymphae veniant*, S. 399f. *| ipsa Ceres [...] aristis |* und F. 94ff. *| Unde Ceres [...] aristis |* sowie S. 325 *Hoc nemus Alcinoi vincit pomaria regis* (vgl. Anm. 53) und F. 100 *Illac Alcinoi regia saepta ducis.* — Ob auch die detaillierte Schilderung von Andreas Meinharde, *Dialogus illustrate ac augustissime urbis Albiorenae vulgo Vittenberg dicte*, Leipzig 1508 — zum Inhalt siehe Grossmann, wie Anm. 46, S. 56ff. — auf Engelbrechts Freiburg-Gedicht eingewirkt hat, konnte noch nicht festgestellt werden.

[66] Vgl. F. 49f. *tu, Phoebe, corymbis | accelera et lauro cinge virente caput!* Nach Schreiber, wie Anm. 45, S. 89 beantragte er als *Poeticae Professor* in Freiburg am 25. März 1521 einen Monat Urlaub, um in Worms von Kaiser Karl V. zum Dichter gekrönt zu werden.

# 1. Die Darstellung südwestdeutscher Städte     445

Die von Engelbrecht gewählte metrische Form griff Erasmus, mit dem Engelbrecht befreundet war und dem er 1515 sein Freiburggedicht geschenkt hatte,[67] in einem Lobgedicht auf Schlettstadt[68] wieder auf, das er 1516[69] als Dankesbrief für genossene Gastfreundschaft auf Bitte von Jakob Wimpfeling[70] verfaßte und in dem er originell auf üblicherweise bei einer Stadt Gelobtes (Befestigung, Bevölkerung, Reichtum, Umgebung, Fruchtbarkeit und Klima) nur im Vorübergehen und ohne besondere Hervorhebung zu sprechen kam und — gewissermaßen an Stelle der sonst am Ende gerühmten Universität — vor allem auf die neun in Schlettstadt lebenden beziehungsweise aus ihm hervorgegangenen Humanisten einging. Der Schlettstadter Lateinschulmeister Johann Sapidus dankte Erasmus sogleich überschwenglich für das seiner Stadt und ihm selbst zuteil gewordene Lob, und Beatus Rhenanus pries dieses *Encomium Selestadii* noch 1531 in seinen *Germanicarum rerum libri III* als ein *elegantissimum carmen*.[71] Engelbrechts Freiburggedicht hatte Erasmus gewissermaßen als Hintergrundsfolie benützt. Engelbrecht hatte die konventionellen Gegenstände des Stadtlobes breit und superlativisch ausgeführt und damit sicher den gängigen humanistischen Geschmack getroffen. Er war gleichzeitig auf mehrere Freiburger Spezifika eingegangen und hatte sich in seiner dramatischen Schilderung der Unterdrückung der Bundschuhverschwörung durch

---

[67] Dies kann aus dem Umstand erschlossen werden, daß Engelbrecht in seinem Widmungsbrief der Zweitausgabe an Rektor und Senat der Universität Freiburg, datiert Basel 1. August 1515, schreibt, er sei nach Basel gezogen, um Erasmus und Beatus Rhenanus zu sehen, und habe dort einen neuen Druck seiner *Friburgica* besorgt: *Basileam igitur profectus, ut Erasmum Roterodamum, totius Germaniae decus immortale, et Beatum Rhenanum eruditissimum, quorum consuetudine fruor iucundissime, ceterosque litterariae rei principes coram quoque viderem, occasione oblata haec mea Friburgica denuo imprimenda curavi.*
[68] D. Erasmus, *Opera*, Leiden 1703, Bd. 1, Sp. 1223 (38 Verse).
[69] Die Datierung ergibt sich aus dem Umstand, daß Sapidus am 11.4. 1516 in einem Brief aus Schlettstadt an Erasmus das Gedicht noch nicht erwähnt. Vgl. D. Erasmus, wie Anm. 68, Bd. 3, Sp. 1555, dagegen am 12.9. 1516 in einem weiteren Brief aus Schlettstadt an Erasmus sich für das Gedicht lebhaft bedankt (Sp. 1569f.).
[70] Erasmus hatte in einem Brief an Jakob Wimpfeling vom 21.9. 1514, der schon im Dezember 1514 im Druck erschien, aus Anlaß eines Besuches in Straßburg diese Stadt als Idealbild einer Stadt gepriesen und sich auch für den anschließenden Empfang in Schlettstadt bedankt: Herding–Mertens, wie Anm. 34, S. 773ff. Wimpfeling scheint Erasmus nach einer Aussage von Beatus Rhenanus später um ein Lobgedicht auf Schlettstadt gebeten zu haben (siehe das Zitat in der folgenden Anmerkung).
[71] Sapidus schreibt am 12.9. 1516 an Erasmus (s. Anm. 69): *quantum tibi patria mea debeat, quam tam eximia laude extulisti, quantum inprimis Sapidus, quem Athenis dignum praedicas, ut alios sileam, non video, quibus consequi verbis possem.* Beatus schreibt innerhalb seiner Stadtbeschreibung von Schlettstadt, wie Anm. 14, S. 157: *Encomium Selestadii scripsit Erasmus Roderodamus elegantissimo carmine rogatu Iacobi Wimpfelingii.*

den Freiburger Stadtrat im Jahr 1513 vehement auf die Seite der konservativen Ordnung gestellt.

Noch im Jahr 1515 (am 14. Dezember) war bereits ein eindrucksvolles anderes südwestdeutsches Stadtlobgedicht veröffentlicht worden, zu dem vielleicht auch das Erscheinen von Engelbrechts Gedicht auf Freiburg einen Anstoß gegeben hatte, das *Carmen sapphicum de laude et situ Ulmae civitatis imperialis Sueviae*, das der Deutschordensherr und Priesterbruder im Ulmer Deutschordenshaus *Joannes Boemus* damals in Augsburg zusammen mit einigen anderen Gedichten hatte drucken lassen.[72] Hans Böhm, um 1490 im damals in ritterschaftlichem Besitz befindlichen Aub an der Gollach geboren, hatte um 1503 eine Lateinschule in Halle an der Saale besucht, da sein Onkel Georg Böhm dort Prior im Dominikanerkloster zum Heiligen Kreuz war.[73] Um 1505/07 hatte er an der Universität Leipzig studiert, die damals eine Zeitlang nach Meißen verlegt war.[74] Vermutlich hat er auch Wittenberg, Frankfurt an der Oder und Tübingen besucht, bevor er in das Deutschordenshaus in Ulm kam.[75] In seinem 1515 veröffentlichten, 468 Hexameter umfassenden *Liber de*

---

[72] S. Anm. 24. Erich L. Schmidt (1881–1963; vgl. Nachruf im Deutschen Jahrbuch für Volkskunde 10, 1964, S. 313f.) hat sich seit seiner Dissertation (Deutsche Volkskunde im Zeitalter des Humanismus und der Reformation, Historische Studien 47, Berlin 1904, ND Vaduz 1965) mit Johann Böhm und seinem Werk beschäftigt und dazu mehrere sich teilweise wiederholende Aufsätze verfaßt; vgl. u.a.: Johannes Böhm aus Aub. Die Entstehung der deutschen Volkskunde aus dem Humanismus, Zeitschr. für bayerische Landesgeschichte 12, 1939/40, S. 94ff.; Wann starb Johannes Böhm?, Ulm und Oberschwaben 35, 1958, S. 169ff.; Vom Lebensausgang des Johannes Böhm, Deutsches Jahrbuch für Volkskunde 6, 1960, S. 285ff. Seine geplante Monographie ist nicht zustandegekommen. Seinen wissenschaftlichen Nachlaß, der sich im Stadtarchiv Ulm befindet, habe ich nach dem Hinweis von Prof. Dr. Specker eingesehen, dem ich auch für Literaturhinweise danke. Vgl. zuletzt Huber, Boemus, J., in: NDB 2, S. 403.
[73] Der Schulbesuch im entfernten Halle ist gesichert durch eine briefliche Selbstaussage Böhms (J. A. Ballenstedt, Andreae Althameri Vita, Wolfenbüttel 1740, S. 68) in Verbindung mit G. F. Hertzberg, Geschichte der Stadt Halle an der Salle, 1889–1893, Bd. 2, S. 20 (E. L. Schmidt, Nachlaß).
[74] Böhm findet sich in keinem Immatrikulationsregister einer deutschen Universität. Im Deutsch–Ordens–Zentralarchiv, Wien, findet sich nach einem Brief des Archivars Dr. P. Kletler vom 4. September 1954 keine auf Böhm Bezug nehmende Archivalie (E. L. Schmidt, Nachlaß). Sein Studienaufenthalt in Leipzig bzw. Meißen ist zu erschließen aus dem *Liber heroicus*, wie Anm. 24, S. 118, 185ff., 245ff.
[75] Da Böhm von Nikolaus Marschalk länger handelt als von irgendeinem anderen Humanisten, dürfte er ihm in Erfurt oder Wittenberg begegnet sein; ein Aufenthalt in Frankfurt an der Oder ist aus Lib. her. 401ff. zu erschließen, ein Aufenthalt in Tübingen aus seiner Beziehung zu Bebel, seinen Ausführungen zu ihm in Lib. her. 213ff. und dem Umstand, daß er dort 255ff. nach den Kapellen der sächsischen Herzöge und Kaiser Maximilians nur noch auf die Kapelle Herzog Ulrichs von Württemberg und seine Jagden zu sprechen kommt. Ob er auch Locher in Ingolstadt vor 1515 aufgesucht hatte, ist ungewiß. Seine

*iucundissimae Musicae laudibus* nennt er in einem Abschnitt *de nostris poetis* (V. 202ff.) lobend als *vatibus haud priscis Grais Italisque minores* (V. 224) Nikolaus Marschalk, Heinrich Bebel, Jakob Locher, Hermann van der Busche, Johannes Stabius, Joachim Vadianus, Konrad Celtis und Laurentius Corvinus und gibt den ersten drei sechs, fünf und drei Verse, um dann die letzten fünf in zwei Versen zusammenzufassen.[76] Alle waren seine Vorbilder, zu den ersten hatte er offenbar eine persönliche Beziehung. Wie die seinem Gedichtband von 1515 beigegebenen Empfehlungsgedichte ausweisen, war er damals mit dem Tübinger Professor der Poesie Heinrich Bebel, dem Ulmer Humanisten Dr. med. Wolfgang Reichart, der selbst ein Bebelschüler war,[77] dem Augsburger Kleriker Johann Pinicianus, der zum Freundeskreis von Celtis gehört hatte,[78] dem humanistisch gesinnten Mönch und späteren Prior des Benediktinerstifts in Elchingen bei Ulm Andreas Dyrlin[79] und mit Jakob Locher

---

Anwesenheit in Ulm ist vor 1515 nicht bezeugt, sein Zuzug dürfte nicht lange zuvor erfolgt sein.

[76] Die Identifizierung des in V. 217 *Tyrius* (Thüringer) genannten Nikolaus Marschalk und des in V. 222 *Corvinus* genannten Laurentius Corvinus nach E. L. Schmidt, Nachlaß.

[77] Vgl. W. Reichle, Der Ulmer Stadtarzt und Humanist Wolfgang Rychard, Ulm und Oberschwaben 45/46, 1990, S. 162ff., und G. Geiger, Die Reichsstadt Ulm vor der Reformation, Ulm 1971, S. 64ff. Die wichtigste Quelle für Reichart und seine humanistischen Freunde ist sein Korrespondenzband in der Staats- und Universitätsbibliothek Hamburg, Sup. epist. 49. 4° (vgl. N. Krüger, Supellex Epistolica Uffenbachii et Wolfiorum, Katalog der Uffenbach-Wolfschen Briefsammlung, Hamburg 1978, 1. Bd., S. XLIII), der schon verschiedentlich in der Forschung benutzt, aber nur zu einem kleinen Teil ediert und ausgewertet wurde. Elegien und Briefe Reicharts an Bohemus finden sich in Sup. epist., Bl. 62f., 120f., 216f., 247f., Elegien und Briefe Böhms an Rychardus Bl. 218ff., 236, 277 (*amico charissimo*); zwei elegische Gedichte Reicharts an Bebel dort Bl. 93f., Elegien und Briefe Reicharts an Locher Bl. 75f., 185f., Lochers an Reichart 73ff., 95, 122, 235f. [Der Humanist Reichart, lateinisch Rychardus, erscheint in früherer Literatur als Richard oder Rychard. Vgl. zu ihm jetzt: W. Ludwig, Vater und Sohn im 16. Jahrhundert. Der Briefwechsel des Wolfgang Reichart genannt Rychardus mit seinem Sohn Zeno (1520–1543), herausgegeben und erläutert, Hildesheim 1999.]

[78] Zu seinen Gedichten, erschienen Augsburg 1511 und 1512, gehört auch eins auf das Augsburger Wahrzeichen, den Pyr genannten Pinienzapfen aus römischer Zeit (abgedruckt bei Reusner, wie Anm. 21, S. 120ff.). Zu dem Triumphus Veneris Henrici Bebelii poetae laureati cum commentario Joannis Altenstaig [...], Straßburg 1515, steuerte er einen Panegyrikus auf Bebels *culta Latinitas* in asklepiadeischen Versen bei, beginnend *O nostri decus et gloria saeculi* (abgedruckt bei G. W. Zapf, Heinrich Bebel nach seinem Leben und Schriften, Augsburg 1802, ND Leipzig 1973, S. 262ff.).

[79] Zu seinem Epithalamium für W. Reichart s. Anm. 94; Böhm bestellt in einem Brief an Reichart Grüße für *fratres nostros Elchingenses Dierlinum atque Phileremum*, Sup. epist., wie Anm. 77, Bl. 219, nach einem anderen Brief Böhms, Bl. 219f., haben beide eine Einladung des *frater Andreas Dyrlinus, magnus Elchingensis coenobii promus et communis amicus noster* erhalten.

Philomusus, damals Professor der Poesie in Ingolstadt, freundschaftlich verbunden.

Die damals nur handschriftlich überlieferte Beschreibung Ulms durch Fabri von 1488[80] und das 1493 gedruckte Ulmgedicht in Schedels Chronik[81] waren ihm bekannt, und er verwertete Formulierungen und Motive aus beiden Texten in seinem neuen Ulmgedicht, dessen erste Strophe die Stadt so begrüßt:

> *Ulma, Romani speciosa regni*
> *civitas, pulchrum caput atque splendor*
> *Sueviae, flavi genitrix popelli*
>     *inclita, salve!*

Ulm, des Römischen Reiches schöne Stadt, schönes Haupt und Glanz von Schwaben, berühmte Mutter des blonden Volkes, sei gegrüßt!

Der Begriff *caput Sueviae* geht auf Fabri zurück: (*Ulma*), *ad quam tamquam ad caput tota Suevia respectum habet,*[82] während der Anruf und die synonymen Begriffe *speciosa* [...] *pulchrum* [...] und *splendor* den Anfang von Schedels Ulmgedicht *Ulma, decus Sueviae,* variierend aufnehmen; vgl. auch den dortigen Ausdruck für die Reichsstadt (V. 9f.): *Urbs* [...] *Romani subdita divo | imperio regis,* den Böhm durch *Romani* [...] *regni civitas* ersetzte.[83] Das "blonde Volk" (das Deminutiv *popellus* wird hier nicht pejorativ, sondern nur als poetisches Synonym zu *populus* gebraucht) sind die Schwaben, was sich jedoch nicht auf den damaligen schwäbischen Phänotyp bezieht, sondern auf eine Charakterisierung der — im hohen Norden wohnenden — *Suevi* bei Lucan Phars. 2, 51: *fundat ab extremo flavos aquilone Suebos,* die — vielleicht über das Zitat dieses Verses bei Isidor (Orig. 9, 2, 98) — bereits Fabri aufgegriffen hatte, als er Schwaben so beschrieb: *Estque terra ipsa populosa, fortis, audax, gens bellicosissima, procera corpore, flavo crine, venusta facie et decora specie,*[84] eine Stelle, die schon Bebel 1501 in seiner *Epitome laudum Suevorum* nahezu wörtlich aufgenommen hatte[85] und die Böhm auch in seinem 1520 erschiene-

---

[80] S. oben S. 435f. mit Anm. 34.
[81] S. oben S. 431 mit Anm. 21.
[82] S. F. Fabri, in: Goldast, wie Anm. 34, S. 89.
[83] S. Schedel, wie Anm. 21.
[84] S. Fabri, in: Goldast, wie Anm. 34, S. 24.
[85] S. Bebel, in: Goldast, wie Anm. 34, S. 7: *Suevia est terra populosa, cui gens procero corpore, flavo crine et pulcherrimo, venusta facie, decora specie* […]

nen Werk *Omnium gentium mores, leges et ritus* unter zusätzlichem Zitat des Lucanverses wiederholte.[86]

Die Herkunft des bei Böhm die zweite bis fünfte Strophe füllenden Vergleichs von Ulm mit griechischen, italienischen und deutschen Städten hat keine Parallele bei Fabri oder Schedel und wird uns nachher noch beschäftigen. Dieser — die ersten fünf Strophen fassenden — Einleitung folgt in den Strophen 6–30 die lobende Beschreibung, die durch Strophe 31 abgeschlossen wird. Die Beschreibung gliedert sich in die der Lage, der Befestigung und der Flüsse sowie die der Gebäude (mit Fabris Begriffen: *ab extra* Strophe 6–12, *ab intra* Strophe 13–18), die der Einwohner (Priester, Regierung und übrige Bevölkerung, Strophe 19–26) und die der Umgebung (Strophe 27–30).[87]

An ausgewählten Stellen der Beschreibung kann Böhms Verhältnis zu Fabri und Schedels Gedicht bestimmt werden: Fabri hatte die Befestigung detailliert dargestellt, das Gedicht bei Schedel sie so skizziert (V. 12ff., 17f.):

*Ut belli vastata, iterum constructa carebat*
*temporibus certis muris: firmissima iam nunc*
  *ipsis* [...]
*Praeterea cincta est fossatis ipsa profundis,*
*turribus excelsis, domibusque impleta decoris*

Vom Krieg zerstört, hatte sie, wieder aufgebaut, eine Zeitlang keine Mauern, doch jetzt ist sie durch sie überaus stark. [...] Außerdem ist sie gegürtet mit tiefen Gräben, hohen Türmen und gefüllt mit schönen Häusern.

Böhm hat die Befestigung unter deutlicher Anknüpfung an und in Erweiterung von den Begriffen bei Schedel so vorgestellt (V. 25ff.):

*Cingeris* (!) *muris* (!) *niveis duobus*
*affabre ductis validoque vallo*
*concava fossa* (!) *pariter, profundo* (!)
  *amne referta.*
*Turribus* (!) *parvo spatio remotis*
*cuncta transcendis tua tecta* (!) *celsis* (!),
*nobilem quondam veluti superba*
  *Pergama Troiam.*

---

[86] S. J. Boemus, in: Goldast, wie Anm. 34, S. 4: *Lucanus* [...] *inquiens: fundit ab extremo flavos Aquilone Suevos* [...] *Gens populosa, fortis, audax, bellicosa, procero corpore, flavo crine, venusta facie et decora* [...].
[87] Für sachliche und topographische Erläuterungen vgl. Greiner, wie Anm. 4.

Du wirst gegürtet von zwei weißen kunstvoll gebauten Mauern und einem starken Wall, ebenso von einem ausgehöhlten Graben, der von einem tiefen Fluß gefüllt ist. Mit deinen hohen Türmen, die nur kurze Abstände voneinander entfernt sind, überragst du alle deine Häuser, wie einst die stolze Pergama–Burg das edle Troja überragte.

Die zum Vergleich herangezogene Unterscheidung der Burg und der Stadt von Troja ist formuliert nach Vergil Aen. 2, 555f.[88]

Unter den Gebäuden der Stadt steht natürlich die Pfarrkirche *B. Virginis* bei Fabri, Schedel und Böhm im Vordergrund.[89] Böhm hat von Fabri ihren Vergleich mit Salomos Tempel in Jerusalem übernommen,[90] aber noch einen Vergleich mit dem antiken Weltwunder des Dianatempels in Ephesus hinzugefügt, den er vermutlich aus Martials Lib. Spect. 1, 3 und den Erklärungen von Domitius Calderinus zu dieser Stelle holte.[91] Vielleicht wirkte hier anregend, daß Engelbrecht die Frauenkirche in Freiburg mit dem antiken Weltwunder der ägyptischen Pyramiden verglich, die im gleichen Gedicht Martials an erster Stelle genannt werden (Lib. Spect. 1, 1).

Das Prinzip der Anknüpfung an das Gedicht bei Schedel und zugleich seiner faktischen und stilistischen Erweiterung und Erhöhung ist auch bei der Darstellung der Regierung zu beobachten. Vgl. bei Schedel V. 30f.:

*Ulma senatores prudentes obtinet; illi*
*publica sagaci disponunt commoda sceptro.*

Ulm hat kluge Ratsherren, sie regeln das öffentliche Wohl mit weisem Szepter.

---

[88] *Troiam incensam et prolapsa videntem | Pergama.*
[89] Schedel nennt unter den Gebäuden nur sie. Böhm wie Fabri sprechen von fünf Toren (B. 33 *quinque tum portis decoraris amplis*; Fabri, wie Anm. 4, S. 89: *ibi factae sunt quinque portae* mit namentlicher Nennung), von den Klöstern (B. 53ff., Fabri S. 86) und den Röhrenbrunnen (B. 69f., Fabri S. 82).
[90] Vgl. Fabri, in: Goldast, wie Anm. 4, S. 90: *ipsis infatigabiliter inceptis operibus moeniorum et turrium ac ecclesiae B. Virginis persistentibus sicut quondam filii Israel [...] muros et turres Jerusalem et templum aedificaverunt*, B. 61 ff. *Quod deo quondam Salomon superno | in Sion sancto sapiens dicavit, | haud ego credo leviter fuisse | clarius illo.*
[91] Zu Mart. Lib. Spect. 1, 3 *Nec Triviae templo molles laudentur honores* (im Vergleich von sechs griechischen Weltwundern mit dem römischen Colosseum) schrieb Domitius Calderinus in seinem oft gedruckten Kommentar (hier Ausgabe: Martialis cum duobus Commentis, Venedig 1501, Bl. II): *Triviae templo: id est Dianae, de templo Dianae Ephesiae intellegit, quod erat [...] ad Ephesum in Asia. Graecae fuit admirationis et magnificentiae [...] quo incenso ab Herostrato [...]*; vgl. B. 65ff. *Nec quod extinxit Triviae Dyanae | improbus flammis Epheso cremato, | inter immensi celebrata mundi | mira putatum.*

# 1. Die Darstellung südwestdeutscher Städte

und bei Böhm V. 77ff.:

*Inde conscriptos celebresque patres*
*cerno, prudentem (!) populi senatum (!)*
*te gubernantem ratione summa*
   *iustitiaque.*
*Ultimo totum video vetustis*
*curiis sectum populum lubenter*
*consules binos veterum Quiritum*
   *more sequentem.*

Dann sehe ich die berühmten eingeschriebenen Stadtväter, den klugen Rat des Volks, der dich mit höchster Vernunft und Gerechtigkeit regiert. Schließlich sehe ich das ganze in alte Zünfte eingeteilte Volk, das zwei Konsuln [den beiden 'Älteren Herren' des Rats; W. L.] nach der Art der alten Römer gerne folgt.

Die Etymologie des Stadtnamens (Ulm von Ulmen),[92] die bei Schedel schon in 3–8 gegeben worden war, stellte Böhm ans Ende des Gedichts innerhalb der Beschreibung der Umgebung, bei der er auch auf die ästhetischen Momente der Landschaft und ihre Erholungsfunktion nach geistiger Anstrengung hinweist. Daß Böhm für sein Stadtlob ungewöhnlicherweise die sapphische Strophe wählte, dürfte durch den Wunsch begründet gewesen sein, die gebräuchlicheren Formen des Hexameters und des elegischen Distichons zu variieren. Die sapphische Odenform war durch Celtis und seine Schüler in Deutschland eingebürgert worden.[93] Sie war auch in dem humanistischen Kreis um Wolfgang Reichart eine besonders angesehene poetische Form. Andreas Dyrlin erklärte in einem *Epithalamium* für Reichart 1513, daß dieser auch Horaz genau studiert habe.[94]

*Quod Flaccus plectris lyricis omnesque periti*
*vates commemorant, hunc meminisse scias.*

Und von Reichart und Dyrlin sind tatsächlich sapphische Oden überliefert.[95] So lag für Böhm nahe, im Gegensatz zu dem älteren hexametrischen Gedicht

---

[92] Vgl. dazu auch R. Ernst, Der Name Ulm, Ulm und Oberschwaben 34, 1955, S. 162ff.
[93] Vgl. E. Schäfer, Deutscher Horaz, Conrad Celtis [...]. Die Nachwirkung des Horaz in der neulateinischen Dichtung Deutschlands, Wiesbaden 1976.
[94] S. Sup. epist., wie Anm. 7, Bl. 55f. *Fratris Andreae Dierllin Elchingensis coenobii monachi faustissimas doctoris solertissimi ac eruditissimi Wolfgangi Rychardi nuptias ephithalamium.* Die Elegie umfaßt 41 Distichen und ist datiert: *Ex coenobio nostro Elchingensi Kal. Augusti Anno MDXIII.*
[95] S. Sup. epist., wie Anm. 7, Bl. 72f., 254, 299f. und A. Dirlinus in: Boemus, wie Anm. 24, Bl. cii.

aus dem *Liber Chronicarum* die artistisch anspruchsvollere lyrische Form zu wählen. Möglicherweise war Böhm auch bekannt, daß die sapphische Odenform bereits von Busche für ein Lobgedicht auf Roermond verwendet worden war (*Hermanni Buschii carmen sapphicum in urbem Ruremundensem* hatte Johannes Murmellius 1505 in Köln als Anhang zu seinem *Enchiridion scholasticorum* drucken lassen)[96] und daß der berühmteste humanistische Dichter Italiens, Giovanni Pontano, *laudes urbis Neapolis* in Form einer sapphischen Ode verfaßt hatte (gedruckt zuerst in Neapel 1505, dann in Florenz 1514).[97] Einige Ausdrucksparallelen zwischen den Gedichten Pontanos und Böhms sind vorhanden, aber sie sind nicht so spezifisch, daß sie eine Abhängigkeit sichern.

Deutlich ist dagegen Böhms Versuch, von Horaz zu lernen und sein Gedicht horazisch zu stilisieren.[98] Dies beginnt bei den hymnischen Formelementen, dem von einer Apposition gefolgten Anruf, dem Gruß und der mehrfachen Du–Anrede, und ist unverkennbar in den mehrfach analog formulierten Schlußversen der Strophen.[99] Die motivisch wichtigste Übernahme ist der als Prooemium dienende Vergleich mit anderen Städten, den Böhm in der zweiten bis fünften Strophe durchführt. Sein Gedankengang ist: "Die Griechen preisen Theben, Korinth, Rhodos, Ephesus und Mytilene, die Italiener loben Rom, Capua, Venedig und Padua, als Deutscher könnte man Augsburg, Wien, Nürnberg oder die Städte am Rhein (also Basel, Straßburg, Mainz und Köln) rühmen, aber du, Ulm, fesselst mich mehr als alle anderen." Diese sogenannte Priamelform des die eigene Wahl erhöhenden Vergleichs ist eine spezifisch lyrische Einleitung, bei der Böhm von Horaz abhängt, dessen Carmen 1, 7 so beginnt:

---

[96] S. Opusculum Joannis Murmellii de discipulorum officiis, quod Enchiridion scholasticorum inscribit [...], Köln 1505, Bl. 20f.; vgl. dazu Liessem, wie Anm. 3, S. 12. Böhms Gedicht enthält keine Parallelen im Ausdruck.

[97] In der Ausgabe G. Pontano, Hoc in volumine opera haec continentur: Parthenopei libri duo […], Neapel 1505, steht das Gedicht in der Abteilung *Sapphici*, in der Ausgabe Florenz 1514 in der Abteilung *Lyra* (vgl. B. Soldati, Ioannis Ioviani Pontani Carmina, Florenz 1902, Bd. 1, S. LXIXff.). Vgl. die Ausdrucks– und Motivparallelen (i) P. 5f. *superbae | muniunt turres*, B. 29ff. *turribus [...] veluti superba Pergama*; (ii) P. 6 *rigat unda*, B. 38f. *alluit te [...] unda*; (iii) P. 10 *sacri colles Cereri ac Lyaeo*, B. 42f. *altum Bromii feracem [...] collem*, (iv) P. 11 *et nemora*, B. 118 *atque vicinum nemus*, (v) P. 22 *et bonae hanc artes studiis*, B. 98f. *et artes lusibus claris, studiis*, (vi) P. 24 *Iustitiaeque*, B. 80 *Iustitiaque* jeweils im Adoneus (vii) P. 27f. *patribus virisque*, B. 77 *patres*, 89 *viri fortes*.

[98] Vgl. dazu demnächst W. Ludwig, Horaz in der Renaissance oder die Renaissance des Horaz, in: Fondation Hardt, 39. Entretiens, Genf 1993, S. 305ff.

[99] Vgl. die folgenden Adoneen (i) C. 1, 12, 20 *Pallas honores*, B. 96 *Pallade docta*, (ii) C. 2, 4, 12 *Pergama Grais*, B. 32 *Pergama Troiam*, (iii) C. 2, 4, 24 *claudere lustrum*, B. 124 *claudere carmen*, (iv) C. S. 8 *dicere carmen*, B. 124 *claudere carmen*.

# 1. Die Darstellung südwestdeutscher Städte 453

*Laudabunt alii claram Rhodon aut Mytilenen*
  *aut Epheson bimarisve Corinthi*
*moenia vel Baccho Thebas vel Apolline Delphos*
  *insignis aut Thessala Tempe.*
*Sunt quibus unum opus est intactae Palladis urbem*
  *carmine perpetuo celebrare et*
[...]

Andere werden das herrliche Rhodos loben oder Mytilene oder Ephesos oder die Mauern von Korinth an den beiden Meeren oder Theben, das durch Bacchus, oder Delphi, das durch Apollo ausgezeichnet ist, oder das thessalische Tempe. Manche können nur die Stadt der Jungfrau Athene in unaufhörlichem Liede feiern [...].

Den acht genannten Städten folgen noch vier weitere griechische, bis Horaz das bei Rom gelegene kleine Tibur als seinen eigenen Lieblingsort nennt und landschaftlich beschreibt. Böhm knüpft in seiner zweiten Strophe daran wörtlich an (V. 5ff.):

*Fervide docti celebrant Achivi*
*Martias Thebas bimarem et Corinthum*
*et Rhodon claramque Ephesum decoram*
  *ac Mithylenen.*

Leidenschaftlich feiern die gelehrten Griechen das kriegerische Theben und Korinth an den beiden Meeren und Rhodos und das herrliche Ephesos und das schöne Mytilene.

Er nennt auch insgesamt zwölf Städte ausdrücklich, wechselt nach fünf griechischen aber zu vier italienischen, denen er drei deutsche sowie ungenannte am Rhein hinzufügt. Böhm stellt Ulm — im humanistischen Verständnis der lateinischen Literatur für immer — in eine Reihe mit den von Horaz genannten griechischen und mit großen italienischen und den bedeutendsten — und auch teilweise von Humanisten schon gefeierten — deutschen Städten. Dabei hat sich gegenüber Horaz die Gewichtung verschoben. Horaz stellte das von ihm geschätzte kleine Tibur in Gegensatz zu den zuvor genannten großen berühmten Städten. Böhm will durch die Vergleichskette Ulm auch objektiv in den Rang der zuvor genannten Städte versetzen.[100] Die genannten Horazimi-

---

[100] Zu der Verwendung der gleichen Horazstelle durch Molitorius siehe unten. Sie wird auch von Hessus in seinem Gedicht auf Nürnberg verwendet, vgl. dort V. 137ff. und V. 183ff.

tationen waren Böhm sicher deutlicher bewußt als die nicht wenigen unhorazischen Stilelemente seines Gedichts, die heute mehr auffallen.[101]

Böhms Gedichte fanden den Beifall seiner humanistischen Freunde. Seine Gedichtsammlung wird eröffnet von einem seine Dichtkunst rühmenden *Tetrastichon Henrici Bebelii Iustingensis Poetae laureati*, und sie wird geschlossen mit einer *Responsio Iacobi Philomusi Poetae laureati*, in der Locher Böhm seiner Freundschaft versichert und seine Gedichte preist.[102] Die beiden befreundeten *Poetae laureati*, die Poesie–Professoren von Tübingen und Ingolstadt, gaben damit dem Werk ihr Gütesiegel.

Unter dem Eindruck von Engelbrechts und Böhms Gedichten auf Freiburg und Ulm und angesichts ihres Erfolgs bei den Humanisten beschloß Molitorius 1521, ein Gedicht auf Esslingen zu verfassen, das dem Gedicht auf Freiburg in vielen Zügen analog sein, aber auch Anregungen aus Böhms Gedicht aufgreifen sollte. Des Verfassers engere Beziehung zu seinem akademischen Lehrer Engelbrecht und der Umstand, daß elegische Distichen dem poetischen Anfänger näher lagen als die anspruchsvollere sapphische Ode, werden den Ausschlag dafür gegeben haben. Molitorius entschied sich für den Lic. theol. und Mag. Jakob Merstetter[103] als Widmungsadressaten, indem er in dem 1522 in Stuttgart erfolgten Druck einen an diesen gerichteten Prosabrief vorausschickte, nachdem er in das Gedicht selbst ein kräftiges Lob dieses Geistlichen eingelegt hatte. Merstetter muß ihm aus seiner langjährigen Tätigkeit als Pfarrer an der Esslinger Dionysiuskirche freundlich gesinnt gewesen sein. Als solcher war er, zuvor Professor der Theologie in Mainz, 1513 vom Speyerer Domkapitel bestellt worden. 1516 war er außerdem zum Domvikar in Speyer ernannt, jedoch gleichzeitig von diesem Amt beurlaubt worden, da-

---

[101] Dazu gehören die glatte, sozusagen normale und wenig Sperrungen und Enjambements aufweisende Wortstellung, der regelmäßig gleichzeitige Satz– und Strophenschluß, die Vorliebe für Adjektivhäufungen und Zahlenangaben, die Wiederholungen der gleichen Verben (z.B. viermal *miror*) sowie unklassische Worte wie *situatio* und *condignor*.

[102] S. Boemus, wie Anm. 24, Bl. ai und evf. (*Te Philomusus amat, studiosi scripta laboris | adprobat ingenii cultaque dona tui*). Geiger, wie Anm. 77, S. 71ff. betont die relative Isoliertheit von Reicharts humanistischem Kreis in Ulm und die Nichtbeteiligung der Patrizier an ihm. Es ist möglich, daß die Wirkung von Böhms Ulmgedicht auf auswärtige Humanisten stärker war als in Ulm selbst, wo es selbstverständlich nur die humanistisch Gebildeten erreichte. (G. Geiger und andere benützten übrigens fälschlich *Liber heroicus* als Gesamttitel. Das Gedichtbuch hat keinen Gesamttitel, vgl. Anm. 24; *liber heroicus* bedeutet "hexametrisches Buch" und bezieht sich ausschließlich auf das erste Gedicht der Sammelausgabe Böhms).

[103] Vgl. zu ihm, der sich als Schüler Jakob Wimpfelings bezeichnete, H. F. Singer, Der Humanist Jakob Merstetter 1460–1512, Professor der Theologie an der Mainzer Universität und Pfarrer zu St. Emmeran, Mainz 1904; Herding–Mertens, wie Anm. 43, S. 79 und Krebs, wie Anm. 104.

mit er seine Pfarrstelle in Esslingen versehen konnte. Seit Frühjahr 1521 war er in Speyer als Domvikar tätig, nachdem Dr. theol. Balthasar Sattler, vorher Professor der Theologie in Tübingen, zum neuen Pfarrer in Esslingen ernannt worden war.[104] Molitorius, der humanistischen Ruhm und offenbar ein geistliches Amt oder ein Lehramt anstrebte, konnte Protektion von Merstetter erhoffen. Dieser hatte bei Wimpfeling in Heidelberg studiert, war für humanistische Gedichte aufgeschlossen und komponierte selbst solche,[105] der Humanist Johannes Rhagius Aesticampianus, wie Sibutus und Locher ein Schüler des Celtis,[106] hatte ihm bereits 1506 eine 1507 in seinen *Epigrammata* in Leipzig gedruckte sapphische Ode in 28 Strophen gewidmet, in der er seinen Freund Merstetter als humanistischen Dichter, Kenner der klassischen Dichtung und der Rhetorik, Bibelexeget, Prediger und Priester pries.[107]

Außerdem dürfte Molitorius ein Exemplar seines Gedichts über Esslingen Bürgermeister und Rat der Reichsstadt dediziert haben, was selbst bei den Ratsmitgliedern, die des Lateinischen nicht mächtig waren, einen positiven

---

[104] Vgl. M. Krebs, Die Protokolle des Speyerer Domkapitels, Bd. 2, Stuttgart 1969, Register, bes. Nr. 3828, 4461, 4463, 5528, 5537, 5631, 6209, 7499, zu B. Sattler ebd., Nr. 5546, 5652, 5578.
[105] Vgl. die poetischen Texte bei Singer, wie Anm. 103, S. 10, 22f., 24ff. und — zusätzlich — bei Mayer, wie Anm. 25, S. 68. Johannes Rhagius Aesticampianus erklärt 1507, daß Merstetters Gedichte einerseits Gott loben und ihm danken, andererseits seine Liebe zu seinen Freunden darstellen. Die ersten beiden Strophen des in Anm. 107 zitierten Gedichts lauten: *Culte Musarum celebris Jacobe | cura, Phebeis Heliconis undis | lote, iucundos catus et venustos | condere versus, || qui vel aeternum pietate laudant | numen et grates referunt benignas | vel bonos fido resonant amore | semper amicos ||*. Im Gegensatz zu seinen theologischen Gedichten scheinen sich die an seine Freunde nicht erhalten zu haben.
[106] Vgl. zu Rhagius G. Bauch, Johannes Rhagius Aesticampianus in Krakau, seine erste Reise nach Italien und sein Aufenthalt in Mainz, Archiv für Litteraturgeschichte 12, 1884, S. 321ff.; F. Falk, Zu Bauch, Rhagius Aesticampianus, ebd. 14, 1886, S. 441f.; Herding–Mertens, wie Anm. 43, S. 669 und — zu dem Mainzer Freundeskreis von Rhagius — W. Ludwig, Von Neuhausen nach Fürfeld — der kurpfälzische Kanzler Dr. Jakob Kuhorn, Zeitschrift für die Geschichte des Oberrheins 137, 1989, S. 260ff., hier S. 277.
[107] Singer, wie Anm. 105, S. 39ff. gibt den Text des Gedichts nach Epigrammata Johannis Aesticampiani, Leipzig 1507. Die Ode muß 1506 entstanden sein, da Rhagius, der 1502–1506 Professor der Rhetorik und Moralphilosophie in Mainz war, in ihr Merstetter seinen Plan mitteilt, Mainz zu verlassen und nach Frankfurt an der Oder überzusiedeln, wo 1506 eine neue Universität gegründet wurde. Wahrscheinlich wurde diese Ode später auch Molitorius bekannt, obgleich die Übereinstimmungen zwischen ihr und seinem Gedicht im Ausdruck (R. V. 32 *docte Jacobe*, ebenso E. 58, 66) und in Motiven (Preis der rhetorischen Fähigkeit und der theologischen Gelehrsamkeit Merstetters) auch unabhängig voneinander zustande gekommen sein können. Ich beabsichtige, die Ode in dem in Anm. 41 genannten Aufsatz näher zu besprechen. Die Ausgabe von Singer enthält ein paar sinnentstellende Druckfehler gegenüber der Originalausgabe (V. 3 *cantus* statt *catus*, V. 59 *inelegante* statt *nec inelegante*). Außerdem vermute ich V. 22 für *Plinii Livii* und V. 83 für *tue ius*.

Eindruck hervorgerufen haben wird. Da Molitorius' weiteres Leben bisher unbekannt war, ließ sich nicht erkennen, wie weit seine Wünsche in Erfüllung gingen. Dies ist jetzt aufgrund von neuen Ermittlungen im Esslinger Stadtarchiv jedoch möglich. Molitorius kann mit höchster Wahrscheinlichkeit mit einem aus Esslingen gebürtigen Johannes Miller gleichgesetzt werden, der 1525 Priester und vom Bischof von Worms eingesetzter Helfer des Pfarrers an der Pfarrkirche von Ladenburg am Neckar war (hier könnte eine Befürwortung durch Merstetter wirksam gewesen sein) und der im gleichen Jahr auf seine Bewerbung hin vom Bürgermeister und Rat der Stadt Esslingen dem Bischof von Konstanz für eine mit dem Mesneramt verbundene, gut dotierte Kaplaneipfründe am Hauptaltar der Esslinger Pfarrkirche präsentiert wurde. Diese Pfründe war mehrfach mit graduierten *Magistri Artium* besetzt worden. Zuletzt hatte sie ein jung verstorbener Sohn eines angesehenen Ratsherrn und Richters, Johann Kreidweiß, innegehabt. Johannes Miller, den der Konstanzer Bischof 1525 einsetzte, starb auch früh — bereits 1528 im Alter von etwa 26 Jahren.[108]

Es ist anzunehmen, daß Böhms Gedicht auf Ulm bald nach seinem Erscheinen auch in Esslingen bekannt wurde. Noch Anfang des 19. Jahrhunderts befand sich ein Exemplar des Augsburger Drucks von 1515 in der Esslinger Kirchen- und Stadtbibliothek.[109] Daß Molitorius Böhm gelesen hat, beweisen mehrere Übernahmen, von denen die wichtigste die Priamelform ist, die Böhm Horaz C. 1, 7, 1ff. entnommen hatte.[110] Molitorius erkannte ihren Schmuckwert für die Einleitung seines Gedichts und wollte Esslingen gegen-

---

[108] Näheres in dem in Anm. 41 genannten Aufsatz. Der 1536 in Frankfurt an der Oder immatrikulierte Johannes Molitor Esselingensis Franco, für den Mayer, wie Anm. 25, S. 89, Anm. 1, eine Identität erwog, stammte offensichtlich aus Esslingen im Kreis Weißenburg.

[109] In dem Verkaufskatalog aus der ersten Hälfte des 19. Jahrhunderts, StA Esslingen, Bestand Reichsstadt. Zu F. 224 E, C 101 findet sich ein Quartband, in dem folgende Schriften zusammengebunden waren: (i) Suetonii Tranquilli illustres viri [...], Straßburg 1510, (ii) Herodiani Historici libri 8, Angelo Politiano interprete, Straßburg 1513, (iii) Joannis Eckii Orationes tres, Augsburg 1515, (iv) Liber heroicus de musicae laudibus, Carmen sapphicum de laude et situ Ulmae [...], Augsburg 1515, (v) Jacobi Locher Philomusi Suevii poematia [...], Augsburg 1513, (vi) Opera Pomponii Laeti, Straßburg 1515. Diese Schriften sind alle humanistisch, sie wurden vermutlich 1515 zusammengebunden und dürften damals auch nach Esslingen gekommen sein.

[110] Zwei weitere eindeutige Übernahmen: (i) B. 82ff. *populum libenter consules binos veterum Quiritum more sequentem*, E. 89 *Imperium consul veteri de more Quirini continet* (dagegen F. 167 *prudens ex ordine consul*; zu beachten ist, daß die *consules* bei Böhm die als Verfassungsorgane ranghöchsten zwei "Älteren Herren" des Rats sind, *consul* bei Engelbrecht und Molitorius aber der Bürgermeister), (ii) B. 78ff. *Senatum te gubernantem ratione summa iustitiaque*, E. 83f. *senatum virtute illustrem iustitiaque gravem* (dagegen F. 175 *aequa placent magni consulta senatus*).

über Ulm nicht nachstehen lassen; aus der Gegenüberstellung machte er sogar eine hyperbolische Überbietung (V. 13ff.):

*Clara Rhodos cedat nostrae, iam porrigat herbam,*
  *victaque sit geminis quassa Corinthus aquis*
*et vos, Graiorum deperdita Pergama flammis*
  *si starent vobis tecta superba prius,*
*promeritae nunquam palmae vel cura maneret,*
  *cum tulerit maius iam prope nostra caput.*

Das herrliche Rhodos weiche vor unserer Stadt und kapituliere,[111] und das von zwei Meeren erschütterte Korinth sei besiegt, und du Troja, das durch den Brand der Griechen zerstört worden ist, würdest, wenn deine früher stolzen Häuser noch ständen, dich nicht einmal mehr bemühen, den ersten Platz unter den Städten zu erhalten, da beinahe schon unsere Stadt ihr Haupt höher trägt.

Molitorius übernahm Böhms Anschluß an Horaz, verkürzte den Städtekatalog auf zwei griechische Orte und holte sich von Böhm auch noch den Einfall einer Bezugnahme auf Troja, wobei er Böhm noch übertrumpfen wollte. Jener hatte das Verhältnis der überragenden Türme zu den Häusern Ulms mit dem Verhältnis der stolzen Burg Pergama über Troja verglichen. Molitorius geht in seinem Stolz auf die neuzeitlichen Städte und auf Esslingen so weit, zu behaupten, daß Rhodos und Korinth vor seiner Heimatstadt zurückstehen müßten und diese beinahe schon das unzerstörte Troja übertreffe. Engelbrecht dagegen hatte in seiner Einleitung keinen Städtevergleich verwendet, sondern Freiburg nur mit den Worten eingeführt (V. 39f.):

*Hic caput erexit cum multa laude Friburgum*
*et longe est vero fama superba minor.*

Hier erhebt mit großem Lob Freiburg sein Haupt, und sein stolzer Ruhm ist noch weit geringer als die Wahrheit.

Der Beweis dafür, daß Engelbrechts Gedicht jedoch das primäre Vorbild des *Esselingae Encomion* war, sind die analoge thematische Gliederung beider Gedichte, der Böhms Ulmgedicht nur teilweise entspricht, die häufigen Imitationen im sprachlichen Ausdruck, die einmal sogar bis zur identischen Übernahme eines einen Pentameter füllenden Satzes gehen,[112] und die zahlreichen

---

[111] Die Redeweise *herbam porrigere* für kapitulieren ist Plinius Nat. hist. 22, 8 entnommen.
[112] Engelbrechts F. 154 *Optares talem, Delphice Phoebe, locum* ist identisch mit Molitorius' E. 22. Die zahlreichen Stellen, an denen eine verbale Abhängigkeit des Molitorius von Engelbrecht beobachtet werden kann, werden in dem in Anm. 41 genannten Aufsatz in den Esslinger Studien aufgeführt werden, da sie an Zahl und Umfang weit über die Textbezie-

entlehnten Bilder, Gedankenfiguren und Motive. Molitorius ist dem Gedicht Engelbrechts auch in seinem Metrum, dem elegischen Distichon, gefolgt. Die relativ starke Anlehnung zeigt einerseits den poetischen Anfänger; sie wurde andererseits in keiner Weise negativ bewertet, da die Übernahme mehr oder weniger umfangreicher Wendungen und selbst von Satzteilen gängige humanistische Imitationspraxis war (nur ganze Sätze zu wiederholen, vermied man in der Regel), wie überhaupt nichts dagegen sprach, gleiche oder ähnliche Sachverhalte auch entsprechend beziehungsweise mit nur geringer stilistischer Variation auszudrücken. Eine genaue stilistische Analyse ist hier nicht durchführbar; sie soll im Zusammenhang mit einer neuen Ausgabe, Übersetzung und Kommentierung des Gedichts in den Esslinger Studien gegeben werden, wo auch die humanistisch–theologische Position und die Biographie von Johannes Molitorius beziehungsweise Miller näher erläutert werden sollen. Vorgestellt kann hier dagegen vor allem die thematische Gliederung des Gedichts werden und — soweit möglich — seine motivische Ausfüllung, zumal sich hier eben nicht nur Übereinstimmungen mit Engelbrechts Freiburggedicht, sondern auch sehr spezifische Eigenheiten finden, die auf dem Hintergrund der Analogien um so mehr hervortreten und für die Gesamtbewertung entsprechend wichtig sind.

V. 1–18, die Einleitung, entsprechen funktional Engelbrechts V. 1–50. Übereinstimmend ist der Bescheidenheitstopos: "Da jeder dichten darf, warum nicht auch eine schwache Begabung wie ich?" Thematisches Programm ist die Beschreibung der Stadt Esslingen, die durch ihre Lage am Neckar und die Etymologie ihres von einer Schmiede (Esseklingen!) abgeleiteten Namens identifiziert[113] und mit bekannten Städten der Antike verglichen wird. Wie bei Engelbrecht wird Kalliope als inspirierende Kraft bemüht.

Der Einleitung folgt die Beschreibung in V. 19–202 (analog der von Freiburg in V. 51–400). Der Leser findet an konkreten Sachverhalten nur so viel, wie an identifizierbaren Anlässen für eine Lobeshymne auf die Stadt nötig ist. Nicht auf die sozusagen langweilige Vielzahl konkreter Details, sondern auf

---

hungen hinausgehen, die vorher zwischen *Lipsica, Silvula* und *Friburgica* nachgewiesen wurden.

[113] E. 9f. *Mulciberis cui ustrina dedit cognomina sueta, | cuius erant capti Marsque Venusque dolis |* umschreibt die Schmiede mit dem Ausdruck "Brandstätte des Vulkan" (die Formulierung und die mythologische Anspielung nahm Molitorius aus Ovid Ars amandi 2, 560f.: *fabula narratur toto notissima coelo, | Mulciberis capti Marsque Venusque dolis. |* Die auf *Esseklingen* bzw. *Eiseklingen* zielende Etymologisierung scheint hier erstmals belegt zu sein. Sie wird auch von Crusius, wie Anm. 5, S. 60 und von Reusner, wie Anm. 21, S. 146 verwendet.

# 1. Die Darstellung südwestdeutscher Städte    459

das erfreuende Rühmen durch ehrende Vergleichsbilder kommt es an,[114] was freilich nicht bedeutet, daß die Gedichte keine spezifischen, die Städte kennzeichnenden und unterscheidenden Aussagen enthielten.

Der erste Abschnitt, V. 19–40 (analog Engelbrecht V. 51–100), betrifft die Umgebung der Stadt. Molitorius beginnt mit der nicht durch Föhn gestörten gesunden Luft — Engelbrecht hatte den Topos der *salubritas aeris* (absichtlich?) weggelassen.[115] Dann folgen die Berge und Wälder mit ihren klaren Quellen im Osten, mit denen Engelbrecht begann. Molitorius überträgt ein mythologisches Bild Engelbrechts vom Schwarzwald auf den Schurwald hinter Esslingen und bezeichnet die dortigen Wälder als geeignete Aufenthaltsorte für die mit ihren Nymphen jagende und rastende Diana, die sich hier vor keinem Aktaeon in Acht zu nehmen habe — das die Esslinger Umgebung verfremdende Bild ist für den Humanisten hübscher und wichtiger als eine Topographie des Waldes, den die Einheimischen ohnehin kennen und den genauer kennenzulernen für die Auswärtigen, die nur von ihm lesen können, uninteressant ist. Danach berichtet Molitorius von den Weingärten im Westen (bei Engelbrecht liegen sie im Norden, Westen und Süden von Freiburg) und schließlich von den reichen Getreideernten. Engelbrecht hatte die Tiere des Waldes und den Preis des Weingottes näher ausgeführt, beide Autoren bevölkern den Wald mit mythischen Figuren, sprechen von Bacchus und Ceres[116] und vergleichen die Fruchtbarkeit des Bodens mit Sizilien. Molitorius verkürzte, nahm eine gewisse Anpassung an die realen Gegebenheiten vor und strebte nach prinzipieller Übereinstimmung.

Der zweite Abschnitt, V. 41–82 (entsprechend Engelbrecht V. 101–156), betrifft die Gebäude der Stadt, zuerst die wehrhafte Stadtmauer mit Türmen und Graben, denen Molitorius noch den Wall und den ruhmreichen römischen Adler an den Toren hinzufügt,[117] während Engelbrecht die Beziehung

---

[114] Ähnlich stellt Kugler, wie Anm. 1, S. 171 fest: "Genauigkeit im wahrnehmbaren Detail ist nicht das, worauf es ihm (sc. Albrecht Eyb in seiner Rede auf Bamberg 1452) ankommt. Vielmehr scheint er mit literarischen Paßformen heranzutreten und sie der Landschaft anzuprobieren."
[115] Celtis behandelte in Cap. VI seiner Norimberga die *qualitas aeris*, wie Anm. 61, S. 146ff. Molitorius konnte die Schrift aus der Ausgabe von 1518, s. Anm. 5, kennen.
[116] Zu diesem Topos in den humanistischen Stadtlobtexten vgl. Kugler, wie Anm. 1, S. 171: "Ceres und Bacchus passen durchaus ins Bamberger Land, aber sie passen nicht nur dorthin. In anderen Laudationes anderer Städte findet man die Getreidegöttin und den Weingott ebenfalls daheim. Humanistische Lobredner haben, so scheint es, die beiden mediterranen" — besser: antiken! — "Landgottheiten gern dort im Norden angesiedelt, wo es galt, das Umland einer Stadt als fruchtbar darzustellen."
[117] Die deutliche Betonung der Stadtbefestigung bei Engelbrecht, Böhm und Molitorius relativiert zumindest die Behauptung von Kugler, wie Anm. 1, S. 157: "Das Interesse am Wehrcharakter, an den Schutz- und Abgrenzungsfunktionen der Stadtmauer ist im huma-

zum Kaiser auf den Epilog aufgespart und dort ausführlicher behandelt hat, dann die kirchlichen Gebäude, und zwar insbesondere das Münster Unserer Lieben Frau in Freiburg und die Dionysius– und die Frauenkirche in Esslingen.[118] Jeweils wird im Blick auf die Türme der beiden Marienkirchen ein Vergleich mit den ägyptischen Pyramiden, dem ersten der antiken Weltwunder, gezogen. Engelbrecht hatte den Vergleich aus Martials Lib. Spect. 1, 1 geholt (vgl. Böhms Vergleich mit dem ephesischen Dianatempel an analoger Stelle).[119] Die Esslinger Frauenkirche könnte außerdem Molitorius zufolge ein Werk des Daedalus sein (Engelbrecht hatte gesagt, daß die Freiburger Sapienz sogar von Daedalus bewundert worden wäre).[120] Der Vergleich mit Daedalus ist bei Molitorius eine Ehrung für den 1482 verstorbenen "maister unser lieben frowen Kirchen" Hans Böblinger, dessen so beschriftetes Grabmal sich in

---

nistischen Städtelob allgemein nicht stark ausgebildet." Auch Caspar Cropacius äußert sich in seinem *Encomium Viennae Austriae* von 1563 (in: Cropacii Poemata, Nürnberg 1581, S. 59ff.; in den Forschungen zum Stadtlob bisher nicht berücksichtigt) ausführlich zur Stärke der Stadtbefestigung.

[118] Der Umstand, daß Molitorius in Esslingen zwei Kirchen ausführlich behandelt, während Engelbrecht — nach Sibutus — nur eine Kirche schilderte, dürfte nicht nur durch die lokalen Gegebenheiten Esslingens verursacht sein, sondern auch durch den Wunsch, hierin das von Engelbrecht beschriebene Freiburg zu übertreffen; zudem hatte auch Celtis in der *Norimberga* zwei Hauptkirchen herausgestellt (Cap. VIII: *De duobus augustioribus templis* [...], wie Anm. 61, S. 160ff.).

[119] Vgl. F. 119ff. und 359f. mit E. 73ff. Bei Martial werden die Weltwunder und zuerst die Pyramiden aufgeführt und von dem neu errichteten Kolosseum in Rom übenroffen. Engelbrecht las im Kommentar des Domitius Calderinus, wie Anm. 91, dazu: *Pyramides: lapides erant erecti mirae magnitudinis in acutum tendentes, dicti ab ipsa figura quae flammam imitatur igneam; nam* πῦρ *dicit ignis, unde pyramis*. Diese Definition läßt vermuten, daß Calderinus die Pyramiden mit den ihm aus Rom bekannten Obelisken verwechselte; in der illustrierten Ausgabe Marci Valerii Martialis Epigrammata Libri xiiii. Una cum Commentariis Domitij Chalderini et Georgij Merule et cum figuris suis locis appositis, Venedig: Georgius de Rusconibus 1514, Bl. IV, erscheinen in einem Holzschnitt denn auch zwei neben das Kolosseum gestellte Pyramiden in Gestalt von obeliskenartigen spitzdreieckigen Steinen. Dieses Mißverständnis ist für das Verständnis gerade des Vergleichs von Kirchentürmen mit Pyramiden wichtig. Ein solcher Vergleich findet sich in bezug auf den Turm des Doms von Münster in Westfalen bereits bei P. Langius, Carmina, 1486 (Nachdruck: Des Münsterschen Kanonikus Rudolph von Langen Gedichte, Münster 1991), Bl. 26v: *Cedite, Pyramides penetrantes aera Memphi* [...]. Celtis verglich den hochragenden Schönen Brunnen auf dem Nürnberger Hauptmarkt mit einer Pyramide (Norimberga Cap. V, wie Anm. 61, S. 140: *materia eius instar pyramidis erigitur*), und später haben Michael Beuther und Bernhard Moller den Turm des Straßburger Münsters über die ägyptischen Pyramiden und andere antike Weltwunder gestellt (zitiert bei Reusner, wie Anm. 21, S. 44). Die direkte Anknüpfung an Martial Lib. Spect. 1 ist dort im Ausdruck deutlich.

[120] Daedalus als Tempelbaumeister war besonders durch Verg. Aen. 6, 14ff. bekannt. Molitorius hat mit der Vereinigung des Pyramiden– und des Daedalus–Vergleichs die Esslinger Frauenkirche superlativisch gerühmt.

dieser Kirche befand.[121] Die Humanisten Engelbrecht, Böhm und Molitorius bezeugen so ihre höchste Wertschätzung für die spätgotischen Kirchenbauten ihrer Städte. Von Engelbrecht und Molitorius werden der amtierende Freiburger Münsterpfarrer Dr. theol. Heinrich Kohler[122] beziehungsweise der gerade abgelöste Pfarrer an der Esslinger Dionysiuskirche Lic. theol. Jakob Merstetter als Prediger im Anschluß an das Lob ihrer Kirchen gepriesen; Merstetter wird sogar mit Orpheus verglichen. Sein derzeitiger Nachfolger, Dr. theol. Balthasar Sattler, der erst kurz im Amt ist, wird ohne Namensnennung kurz positiv erwähnt. Die Mönche und Nonnen der Klöster werden in beiden Orten knapp, aber respektvoll behandelt (bei Böhm waren die Klöster noch kürzer erwähnt worden). Am Ende des Abschnitts loben beide Autoren die oft stattlichen Privathäuser.

Der dritte Abschnitt bei Molitorius, V. 83–102a (bei Engelbrecht V. 157–182), betrifft die Bevölkerung und Regierung. Hier sind bei Molitorius wichtige Akzentverschiebungen gegenüber Engelbrecht zu beobachten. Beide Bürgerschaften sind wehrhaft und kriegserfahren, aber Molitorius fügt hinzu, daß die Esslinger den Frieden vorziehen. Engelbrecht unterscheidet die soziale Schicht des ehrfürchtig behandelten Adels und die *plebs*, deren Zunftgliederungen näher zu beschreiben er sich erklärtermaßen für zu gut dünkt. Bei Molitorius finden sich keine solche Parteinahme und keine derartige soziale Schichtung. Beide Autoren verwenden römische Magistratsnamen für städtische Ämter wie *consul* für Bürgermeister. Engelbrecht nennt den Schultheiß *praetor*, Molitorius wohl die Richter *aediles* und den als Gerichtsvorsitzenden fungierenden Stadtammann *censor*. Beide halten den *senatus* (Rat) für den Wohnort der wieder vom Himmel herabgekommenen *Astraea* (= Justitia) und anderer Tugenden. Aber Molitorius führt im Unterschied zu Engelbrecht noch "die die Rechte der *plebs* schützenden *tribuni*", das heißt die Zunftmeister, an, zu denen sein Vater vielleicht damals gehörte (der Esslinger Bernhard Schöfferlin hatte bereits um 1500 in Livius *tribunus plebis* mit Zunftmeister übersetzt).[123] Molitorius zeigt insgesamt eine weniger aristokratische und mehr

---

[121] Vgl. A. Koepf, Die Esslinger Frauenkirche und ihre Meister, Esslinger Studien 19, 1980, S. 1ff. (dort in Abb. 72 der Grabstein von Hans Böblinger). Obwohl an der Frauenkirche mehrere Baumeister tätig waren, dürfte Molitorius in erster Linie an Hans Böblinger gedacht haben, der 1440–1482 die Bauleitung hatte.
[122] Zu ihm vgl. A. Weisbrod, Die Freiburger Sapienz und ihr Stifter Johannes Kerer von Wertheim, Freiburg 1966, S. 52, 119.
[123] Zu *tribunus plebis* = Zunftmeister vgl. W. Ludwig, Römische Historie im deutschen Humanismus, Berichte aus den Sitzungen der Joachim Jungius–Gesellschaft der Wissenschaften, Hamburg, Jg. 5, 1987, Heft 1, S. 58. — Die Bestimmung der Esslinger Magistratspersonen verdanke ich Dr. W. Bernhardt, Stadtarchiv Esslingen, der mich darauf aufmerksam machte, daß Molitorius die fünf wichtigsten Verfassungsorgane der Stadt er-

zunftfreundliche Einstellung und zeichnet die Esslinger Verhältnisse entsprechend weniger polarisiert und zugleich friedliebender. Dies kann biographisch begründet sein, da er selbst der Handwerkerschicht Esslingens entstammte, spiegelt aber außerdem sowohl die innenpolitische Atmosphäre als auch die außenpolitische Situation Esslingens, in dem der politische Einfluß der Zünfte während des 15. Jahrhunderts gestiegen war und das während des 16. Jahrhunderts auf den großen württembergischen Nachbarn steigend Rücksicht zu nehmen hatte.

Die Differenz zwischen beiden Autoren setzt sich im vierten Abschnitt, V. 102b–170 beziehungsweise 183–256, der bei Böhm keine Entsprechung hat, verstärkt fort. Engelbrecht schildert in ihm als Beleg für die Handlungsfähigkeit des Freiburger Stadtrats die rasche und erfolgreiche Unterdrückung der Bundschuhverschwörung vom Jahr 1513, deren Anführer, den Brotbeck Hieronymus und Jost Fritz,[124] er mit Catilina und Cethegus vergleicht. Es dient der Dramatik der Darstellung und bewertet zugleich die Verschwörer, daß eine Höllenfurie, die Erinnye Tisiphone, sie — in Analogie zu Allectos Einwirkung auf Turnus in der Aeneis — mit einer Rede zu ihrem schändlichen Tun anstachelt. Eine dramatische Handlung innerhalb der Stadtgeschichte, die von Gefährdung zur Rettung führt, erzählt auch Molitorius im vierten Abschnitt, und er läßt eben die Erinnye Allecto Böses anrichten. Gegenstand ist jedoch kein Konflikt zwischen der Stadt und den Bauern des Umlandes. Im Anschluß an den friedliebenden Charakter der Esslinger Bürger und ihre Gastfreundlichkeit, für die er an die durch Tacitus bekannte Bedeutung der Gastfreundschaft bei den Germanen erinnerte,[125] berichtet er vom Esslinger Katharinenspital,[126] beschreibt es mit einem von Engelbrecht für die Schilderung der Freiburger Sapienz benützten Ausdruck Ovids als *domus [...] sublimibus alta*

---

wähnt: Bürgermeister (*consul*), Rat (*senatus*), Stadtammann (*censor*), Richter (*aediles*) und Zunftmeister (*tribuni plebis*).
[124] Vgl. T. Scott, Freiburg and the Breisgau. Town–country relations in the age of Reformation and Peasants' War, Oxford 1986, S. 173ff.
[125] Vgl. E. 161f. *hospicii memores sancti, Germania primum quo valet* und Tac. Germ. 21 *hospitiis non alia gens effusius indulget*. Zur Rezeption dieses Gesichtspunktes der taciteischen Germanenschilderung bei J. Wimpfeling siehe L. Krapf, Germanenmythos und Reichsideologie. Frühhumanistische Rezeptionsweisen der taciteischen Germania, Tübingen 1979, S. 104; vgl. auch die Bezugnahmen bei Irenicus, wie Anm. 5, Bl. XXXIV und Hutten, wie Anm. 6, Bl. D1. Die Germania des Tacitus war Wien 1515 in der Ausgabe des Celtis wieder gedruckt worden.
[126] Engelbrecht nennt wie Buschius und Sibutus kein Spital, Böhm V. 55f. bewundert *dives [...] hospitale | censibus amplis*. Celtis besprach in der *Norimberga* auch die vier *hospitalia*, die er auch Ξενοδοχεια nannte, wie Anm. 61, S. 160, 162; *diversoria aegrorum educandis fovendisque pauperibus*. Molitorius bezeichnet das Katharinenspital als *Ptochodochion*.

*columnis*[127] und erzählt dann in mythischer Einkleidung von dem Spitalbrand von 1484,[128] den Allecto durch ihren Gang zu Vulkan auslöste (man denkt an Junos Weg zu Aeolus in seinem ersten Aeneisbuch) und Juppiter schließlich mit Hilfe von Neptuns Fluten löschte, wonach er die athenische Pallas mit dem Neubau der Spitalkirche beauftragte, den in der Realität Hans Böblingers Sohn Matthaeus († 1505) leitete, dessen Werk durch dieses mythische Bild glorifiziert wird (sein Grab befand sich wie das seines Vaters in der Frauenkirche). Das Ende des Abschnitts zeigt das Spital wieder in Funktion: Würdige Spitalpfleger, zu denen sein Vater vielleicht damals gehörte, und Spitalmeister stehen ihm vor; sie hüten das heilige Gastrecht für die aus dem fernsten Westen und Osten kommenden Fremden und nehmen arme Kranke auf. Molitorius hat das gelehrte mythische Element verstärkt, indem er eine ganze Anzahl vergilischer und ovidischer Szenen — zum Beispiel auch die Phaethon- und die Lycaonsage — evozierte, und hat zugleich in bewußtem Gegensatz zu Engelbrecht Esslingen mit einem Bild der friedlichen Wohltätigkeit verbunden. Der Komplex der Spitalbauten wird damit neben der Dionysius- und der Frauenkirche als bedeutendstes bauliches Werk in der Stadt hervorgehoben und dementsprechend dem humanistischen Publikum vorgestellt. Die Auswahl dieser drei Bauten, neben denen die anderen kirchlichen und profanen Bauten nur kollektiv erwähnt werden, gibt dem Stadtbild seine beabsichtigten Akzente.

Es folgen dann bei Engelbrecht und Molitorius jeweils in einem kurzen fünften Abschnitt, V. 171–176 beziehungsweise 257–262, einem strukturellen Gelenk, eine Bitte um Ergänzungen durch andere Dichter, eine Überleitung zum Rest der Beschreibung und eine neue an Apollo beziehungsweise eine Muse gerichtete Bitte um Inspiration.

Im sechsten und letzten Abschnitt der Beschreibung von Freiburg und Esslingen, V. 177–202 beziehungsweise V. 263–400, konnte Engelbrecht die Universität mit ihren verschiedenen Fakultäten, die Stipendienanstalt der Sapienz und ihren Stifter Dr. iur. utr. Johann Kerer rühmen,[129] während für Molitorius als kleineres Analogon die Esslinger Lateinschule blieb, die 1521 nach Mag. Caspar Heininger einen neuen Schulmeister, Mag. Johannes Schmidlin, erhalten hatte. Er hatte bereits in anderen Städten eine sehr gute Reputation als

---

[127] Vgl. Ov. Met. 2, 1 *Regia Solis erat sublimibus alta columnis*, F. 359 *stat domus intra urbem sublimibus alta columnis*, E. 103f. *Est domus in media sublimibus alta columnis | urbe patens.*
[128] Siehe W. Haug, Das St.-Katharinen-Hospital der Reichsstadt Esslingen, Esslingen 1965, S. 29f.
[129] Vgl. dazu Weisbrod, wie Anm. 122. In dieser sonst sehr sorgfältigen Arbeit wird das Lob, das die Sapienz durch Engelbrechts Gedicht erhält, nicht erwähnt.

Lateinschulmeister erworben und konnte sogar Griechisch und Hebräisch unterrichten.[130] Molitorius illustriert seine Berufung als Esslinger Schulmeister wieder durch eine mythische Szene. Bei Engelbrecht hatte Juppiter der Minerva die Sapienz anvertraut, und seine Szene mündete in die Aufforderung an die Stipendiaten, für den toten Stifter zu beten und sein Grab zu ehren. Molitorius läßt Minerva dem Juppiter den Johannes "Fabricius" als neuen Schulmeister vorschlagen und rühmt ihn als humanistischen Dichter. Nach Juppiters Zustimmung übermittelt Merkur dem Esslinger Stadtrat, der für die Ernennung des Schulmeisters zuständig war, den göttlichen Willen, und die Szene mündet in die Aufforderung an die Schüler, die Parzen um langes Leben für den neuen Rektor zu bitten, wobei Molitorius sich hier der Worte bediente, die Engelbrecht in Hinsicht auf den Freiburger Münsterpfarrektor Kohler benützt hatte. Es war für Schmidlin/Fabricius und für die Schule ein Kompliment, seine Ernennung auf diese Weise göttlich sanktioniert zu sehen. Die heidnischen Götter können auch als Allegorien für den christlichen Gottvater, Gottsohn und den heiligen Geist oder einen Engel aufgefaßt werden. Die Mythologie erlaubte Bilder mit tieferer Bedeutung. Und Molitorius konnte hoffen, so auch Schmidlin als Fürsprecher gewonnen zu haben. Engelbrecht und Molitorius haben so je zwei Individuen, Kohler und Kerer, Merstetter und Schmidlin, an strukturell gleicher Stelle gerühmt.[131]

In seinem letzten Distichon V. 203–204, "So habe ich meine Heimatstadt und die Männer der Stadt von wahrem Adel beschrieben", zieht Molitorius nur noch einen Schlußstrich (humanistisch ist die Betonung des wahren Adels gegenüber dem bloßen Geburtsadel!).[132] Engelbrecht fügte einem analogen Distichon in einem Epilog, aus dem Molitorius bereits zwei Motive früher

---

[130] Vgl. zu ihm O. Mayer, M. Johannes Schmidlin, der Lehrer von Johannes Brenz in Vaihingen, Blätter für württ. Kirchengeschichte N.F. 3, 1899, S. 176ff.; J. Wagner, Die Zeit des Humanismus und der Reformation, Geschichte des humanistischen Schulwesens in Württemberg, Bd. 1, Stuttgart 1912, S. 257ff., hier S. 448; O. Mayer, Geschichte des humanistischen Schulwesens der freien Reichsstadt Esslingen 1267–1803, ebd., Bd. 2,1, Stuttgart 1920, S. 204ff., hier S. 222f.; und ders., wie Anm. 25, S. 207; [dazu weiterführend jetzt W. Ludwig, Herkunft und Studienort des Esslinger Lateinschulmeisters Mag. Johannes Schmidlin, Esslinger Studien Zeitschrift 34, 1995, S. 21–22].
[131] Die Eigennamen erscheinen teilweise nur in den Randbemerkungen: F. zu V. 120: *Laus rectoris ecclesiae H. Colheri, viri integerrimi*, zu V. 359 *Episcopus Adrumetanus condidit*, E. 58 und 66 *docte Jacobe* und zu V. 57 *Iacobus Merstetterus parrochus* sowie V. 187f. *Musarum decus immortale, Ioannes, lauriger os inter gloria prima viros*, V. 202 *Fabro* und zu V. 188 *Ioannes Fabricius Noricus, Ludi litterarii Praeses*.
[132] Zu *vera nobilitas* im Denken der Humanisten vgl. M. Lentzen, Cristoforo Landino, De vera nobilitate, Genf 1970, S. 3ff., und Ludwig, wie Anm. 123, S. 65f. für diese Vorstellung bei dem Esslinger Bernhard Schöfferlin.

verwertet hatte, noch Historisches über Freiburgs Beziehungen zum Kaiserhaus hinzu (V. 401–430).

Damit sind Grundzüge der Gestaltung des *Esselingae Encomion*, das Topische, das Mögliche, aber Weggelassene, und das Besondere, deutlich geworden. Das Gedicht sollte, wie Engelbrecht es für sein Gedicht erwartet hatte, *toti civitati [...] apud exteros non minimam [...] gloriam* bringen. Seine spezielle Funktion, die Esslinger Stadtregierung, insbesondere aber Merstetter und Schmidlin für Molitorius günstig zu stimmen, läßt sich auch nicht übersehen. Seine literarische und gesellschaftliche Bedeutung wird, besonders wenn man berücksichtigt, welche anderen Stadtlobtexte zu dieser Zeit existierten, erkennbar. Die Gedichte auf Freiburg und Ulm dienten Molitorius in verschiedener Weise als Vorbilder. Aus Stuttgart, Tübingen oder anderen Städten in der näheren Umgebung Esslingens ist zu jener Zeit nichts Vergleichbares bekannt. Der kulturelle Rang einer Stadt setzt sich gewiß aus vielen Faktoren zusammen. Die Teilnahme an der aktuellen humanistischen Literatur war in jener Zeit einer von ihnen; Molitorius leistete für Esslingen dazu einen achtbaren Beitrag.

Er hat sich sozusagen als Urenkelschüler von Celtis entpuppt. Die Interpretation seines Gedichts und die Untersuchung seiner Vorläufer und Modelle sollten zeigen, daß erst eine eingehende philologische Interpretation nicht nur die literarische Bedeutung, sondern auch den historischen Quellenwert solcher Gedichte erschließen kann. Die bisherigen Forschungen zur Stadtlobliteratur des 16. Jahrhunderts sind über die — unvollständige — Registrierung der Stadtlobgedichte und den Aufweis ihrer konventionellen Themen nur an wenigen Stellen hinausgekommen. Unsere Beobachtungen haben unter anderem zu einigen allgemeineren Erkenntnissen geführt, denen weiter nachzugehen sich lohnt. Dazu gehört erstens, daß die Stadtlobgedichte im 16. Jahrhundert nicht nur aus einem allgemeinen topischen Themenreservoir schöpfen und generell in der in die Antike zurückreichenden Tradition der Stadtlobgedichte und ihrer Anleitungen stehen, sondern unmittelbar in Aufbau, Thematik, Vergleichsbildern und Ausdrucksweisen zueinander in Beziehung stehen und jeweils bestimmte frühere Gedichte intertextuell rezipieren, wobei in der Regel auch persönliche Beziehungen — Schüler– und Freundschaftsverhältnisse — zwischen ihren Verfassern nachgewiesen werden können. Die Feststellung eines derartigen spezifischen Abhängigkeitsverhältnisses ist nicht nur literarisch, biographisch und bildungsgeschichtlich von Interesse. Sie läßt auch im Blick auf die Gemeinsamkeiten und Abweichungen des späteren Gedichts von seinem Muster besser erkennen, worauf es dem Autor bei der Schilderung seiner Stadt nun ankam und wo er seine Stadt gleich oder anders darstellen wollte. Denn zweitens ist trotz aller gemeinsamen Züge in den verschiedenen Stadtgedichten festzuhalten, daß nur eine oberflächliche Kenntnisnahme die Auswechselbarkeit dieser Stadtlobtexte auf beliebige Städte behaupten kann, wie dies öfters geschehen ist. Bei aller auf eine ideale Stadt zielende Topik werden jeweils unverwechselbare Spezifika der einzelnen Städte hervorgehoben, durch die jede Stadtdarstellung ein ganz bestimmtes Gepräge erhält. Dies gilt natürlich vor allem für die Städte selbst, aber auch ihre Umgebungen werden durch gewisse Angaben spezifiziert. Drittens achten die Autoren bei der Schilderung der natürlichen Umgebung stets nicht nur auf ökonomische, sondern auch auf ästhetische Gesichtspunkte, neben der *fertilitas* auf die *amoenitas loci*. Die Umgebung wird als ein — durch spezifische Züge charakterisierter — *locus amoenus* entdeckt. Die Beschreibungen können das durch die klassische Literatur angeleitete Naturerleben der Humanisten erhellen. Viertens wollen die Stadtgedichte des frühen 16. Jahrhunderts immer mehr loben als beschreiben. Die realen Gegebenheiten werden zu ihrem Lob mit antiken Personen, Bauten und Mythen verglichen, wobei die realen Gegebenheiten selbst nur insoweit genannt werden müssen, daß der Leser die lobenden Vergleichsbilder richtig auf sie bezieht. Nur wenige besondere ausgezeichnete Bauwerke wie die großen Stadtkirchen werden namentlich genannt, sonst wird meist allgemein von Toren, Klöstern, Häusern und dergleichen gesprochen. Auf diese Weise ergibt sich ein lobend überhöhtes, antikisiertes und idealisiertes, aber doch stets auch wiedererkennbares und charakteristisches Bild der jeweiligen Stadt in der Sichtweise und mit den Akzentuierungen seines humanistischen Autors.

Eine weiter ausgreifende Untersuchung könnte zeigen, daß im Laufe des 16. Jahrhunderts in Deutschland auch eine detailreichere und noch konkretere Form der poetischen Selbstdarstellung entstand, bei der es dem Verfasser darauf ankam, dem Leser die betreffende Stadt durch eine Vielzahl benannter und beschriebener Bauwerke und Örtlichkeiten vor Augen zu stellen. Es scheint, daß das 1532 zuerst gedruckte, 1.387 Hexameter umfassende Nürnberggedicht von Eobanus Hessus, das hierin seinerseits die prosaische Nürnbergdarstellung von Celtis zum Vorbild nahm, voranging und bald zum Modell wurde.[133] Das 1564 zuerst gedruckte Gedicht von Lucas Lossius auf Lüneburg ist für diese Stadtlobart ein extremes Beispiel. In etwa 1.500 Versen (teils Hexametern, teils elegischen Distichen, dazwischen sogar Hendekasyllaben und kurze Prosatexte) wird die Stadt mit allen Kirchen und öffentlichen Gebäuden bis auf ihre Epitaphien und die derzeit lebenden Ratsherren genau vorgestellt.[134] Im Laufe des 16. Jahrhunderts dehnt sich im übrigen der an-

---

[133] Vgl. dazu Ludwig, wie Anm. 8.
[134] S. L. Lossius, Narratio de origine, incremento, conservatione et defensione inclytae Lunaeburgae, ecclesiae instauratione deque illis quae in hac urbe eiusque vicinia sunt et spectantur praecipua, in: ders., De Pacificatione et concordia inter illustrissimos principes et dominos Lunaeburgenses, Henricum et Guilielmum, et inclytam urbem Luneburgam [...], (Frankfurt/Main, nicht Lüneburg) 1564, S. 20ff.; die zweite Auflage erschien in erweiterter

fangs sehr exklusive Kreis der durch Stadtlobgedichte gefeierten Städte immer mehr aus. Im Jahr 1592 erhält zum Beispiel die Stadt Wünschelburg in der schlesischen Grafschaft Glatz durch Georg Partackius ein Lobgedicht nach allen Regeln der Kunst in 390 Hexametern.[135]

Stadtlobgedichte sind vom späten 15. Jahrhundert an in Deutschland ein wichtiger Aspekt städtischer Repräsentation. Natürlich bringen sie die Städte in erster Linie sozusagen auf die humanistische Landkarte. Aber die humanistisch Gebildeten waren keine isolierte Kaste, sondern durch die Verbreitung der Lateinschulen und Universitäten ein im 16. Jahrhundert wachsender Teil der Bevölkerung, zu dem zunehmend auch die Ratsherren in den Städten gehörten, die neben geistlichen Herren zumeist die Widmungsempfänger der Gedichte waren.[136]

---

Form Frankfurt 1566, danach Edition und Übersetzung bei H. Dumrese, Lunaeburga Saxoniae, Lüneburg im Sachsenland, Lüneburg 1956. Vgl. F. Onkelbach, Lucas Lossius und seine Musiklehre, Regensburg 1960 (Literaturhinweise von Prof. Alpers, Hamburg).

[135] S. G. Partackius, Descriptio antiquae, celebris. Caesareae et in confinio Bohemiae sitae civitatis Wunschelburgae carmine heroiro exposita [...], Wittenberg 1592, ediert von Dr. Volkmer, Ein lateinisches Lobgedicht auf die Stadt Wünschelburg vom Jahr 1592, Vierteljahresschrift für Geschichte und Heimatkunde der Grafschaft Glatz 5, 1885/86, S. 273ff. (Hinweis auf das bisher in den Forschungen zum Stadtlob nicht bekannte Gedicht von Prof. Herzig, Hamburg).

[136] In: W. Ludwig, wie Anm. 41, bitte ich folgende Versehen zu berichtigen: S. 1, Anm. 1 ist statt "Lichtenstein" "Lichtenstern" zu lesen, S. 8, V. 59 statt "Dulcissimum" "Dulcisonum", S. 12, V. 160 statt "magno" "magna", S. 29, Z. 7 statt "at" "ac", S. 63 statt "Spitalmeister" "Spitalpfleger". Außerdem können folgende Stellen verbessert werden: S. 4, V. 4 ist statt des überliferlen "dicat" ein intendiertes "dicar" zu vermuten ("damit ich nicht etwa allein ein untätiger Musenfeind genannt werde"), S. 12, V. 166 ebenso statt überliefertem "quo" "qua"; S. 11, Z. 2 ist statt "leicht bewaffnet" der Sinn eher "mit glänzenden Waffen", da Miller mehrfach Fehler in den lateinischen Quantitäten unterliefen (so in V. 31, 32, 66, 143, 155, 185, 193). Entsprechende Hinweise danke ich den Professoren Bühler, Chomarat, IJsewijn und Stroh.

468     VIII. REISE–, STADT– UND LANDBESCHREIBUNG

Tafel 1: J. Molitorius und sein Gedicht auf Esslingen — personelle und textliche Beziehungen

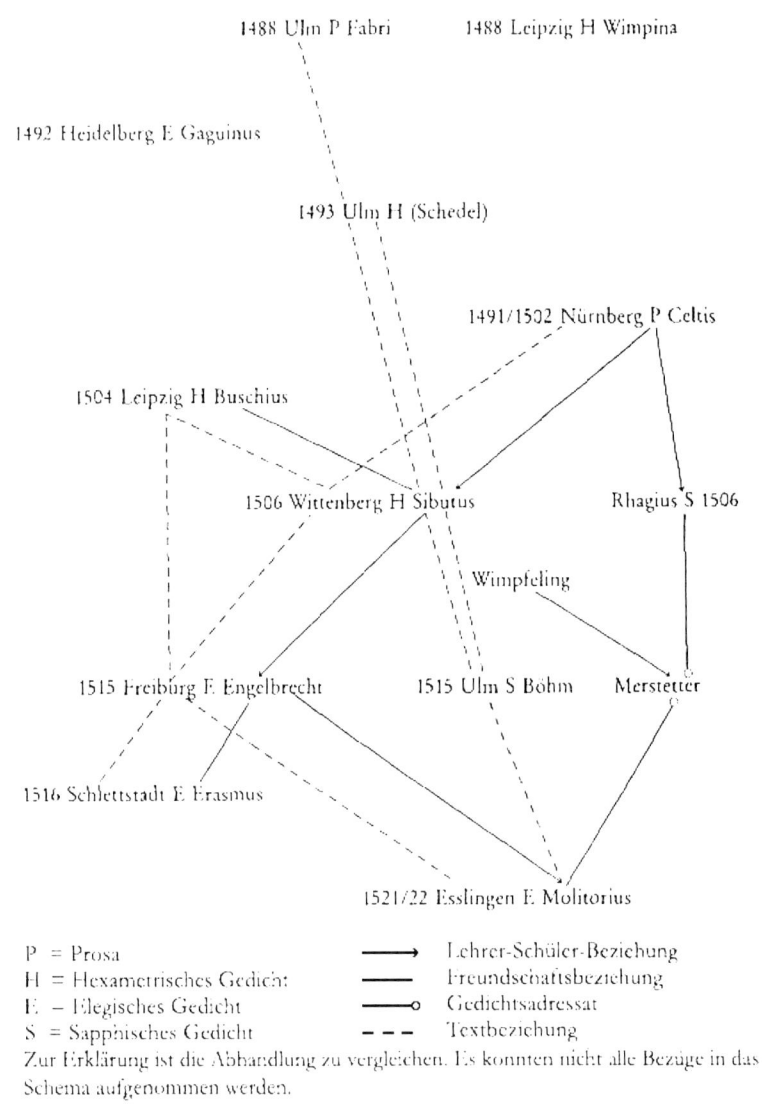

1488 Ulm P Fabri       1488 Leipzig H Wimpina

1492 Heidelberg E Gaguinus

1493 Ulm H (Schedel)

1491/1502 Nürnberg P Celtis

1504 Leipzig H Buschius

1506 Wittenberg H Sibutus      Rhagius S 1506

Wimpfeling

1515 Freiburg F Engelbrecht    1515 Ulm S Böhm    Merstetter

1516 Schlettstadt E Erasmus

1521/22 Esslingen E Molitorius

P = Prosa                    ⟶  Lehrer-Schüler-Beziehung
H = Hexametrisches Gedicht   ——  Freundschaftsbeziehung
E = Elegisches Gedicht       ——o Gedichtsadressat
S = Sapphisches Gedicht      - - - Textbeziehung

Zur Erklärung ist die Abhandlung zu vergleichen. Es konnten nicht alle Bezüge in das Schema aufgenommen werden.

# 1. Die Darstellung südwestdeutscher Städte

Tafel 2: Vergleich des Aufbaus der Stadtgeschichte von Ph. Engelbrecht und J. Molitorius

| Ph. Engelbrecht<br>Gedicht auf Freiburg 1515 | J. Molitorius<br>Gedicht auf Esslingen, 1521/22 |
|---|---|
| 1–50: Einleitung mit Themenangabe und Inspirationsbitte | 1–18: Einleitung mit Themenangabe und Inspirationsbitte |
| 51–400: Beschreibung | 19–202: Beschreibung |
| 1. 51–100: Umgebung | 1. 19–40: Umgebung |
| 2. 101–156: Befestigung und Gebäude, besonders eine Kirche; Lob von Kohler | 2. 41–82: Befestigung und Gebäude, besonders zwei Kirchen; Lob von Merstetter |
| 3. 157–182: Bevölkerung und Regierung | 3. 83–102a: Regierung und Bevölkerung |
| 4. 183–256: Verschwörung des Bundschuh 1513 und Unterdrückung, anschließend Freudenfest der Mädchen | 4. 102b–170: Brand des Spitals 1484 und Wiederaufbau |
| 5. 257–262: Überleitung, Aufforderung zu Ergänzungen und Inspirationsbitte | 5. 171–176: Überleitung, Aufforderung zu Ergänzungen und Inspirationsbitte |
| 6. 263–400: Universität, Karthäuserkloster und Sapienz; Lob von Kerer | 6. 177–202: Lateinschule; Lob von Schmidlin |
| 401–430: Abschluß und Epilog | 203–204: Abschluß |

[Erstveröffentlichung: Nr. 184, revidiert.]

## 2. Eine unbekannte Beschreibung Stuttgarts von Christoph Bidembach (1585). Ein Zufallsfund aus Dr. David Holders Bibliothek

Ist es möglich, daß der intensiven Stuttgarter Stadtgeschichtsforschung eine humanistische Beschreibung Stuttgarts aus dem 16. Jahrhundert entgangen ist? Es scheint so. Der Grund ist nicht, daß die Stadtgeschichtsforschung primär an der Geschichte der Städte interessiert zu sein pflegt und nicht so sehr an den literarischen Darstellungen, die ihnen zuteil wurden,[1] sondern der Umstand, daß die hier vorgestellte Beschreibung, obwohl sie 1586 in Tübingen gedruckt und den Bürgermeistern und den Rats- und Gerichtsangehörigen der Stadt Stuttgart gewidmet wurde, sich weder in der Württembergischen Landesbibliothek in Stuttgart noch in der Universitätsbibliothek in Tübingen befindet[2] und auch im elektronischen Katalog des Südwestdeutschen Bibliotheksverbundes nicht nachgewiesen wird.[3] Durch einen Zufall entdeckte ich sie in der Herzog August Bibliothek in Wolfenbüttel, obwohl sie — vermutlich versehentlich — auch nicht im Verzeichnis der in dem deutschen Sprachbereich erschienenen Drucke des 16. Jahrhunderts (VD 16) erscheint.

Als ich am 1. April 1997 in der Herzog August Bibliothek unter der Signatur 238.1 Quod. (3) das griechische und lateinische Gedicht des Martin Crusius zur Hochzeit von Graf Friedrich von Württemberg und Mömpelgard im Jahr 1581 bestellte,[4] erhielt ich einen Band, der meine Aufmerksamkeit rasch in

---

[1] Für die literarische Würdigung Stuttgarts im 16. Jahrhundert s. Paul Sauer, Geschichte der Stadt Stuttgart, Bd. 2, Stuttgart 1993, S. 69, der sich hier auf Karl Pfaff, Geschichte der Stadt Stuttgart, Bd. 1, Stuttgart 1845, S. 18ff., stützt. Ergänzend vgl. zu gelegentlichen Erwähnungen Stuttgarts in lateinischer Dichtung Walther Ludwig, Die poetischen Beschreibungen des Herzogtums Wirtemberg durch Hugo Favolinus und Nicolaus Reusner, Zeitschrift für Württembergische Landesgeschichte 36, 1977, 1979, S. 96–113 (Nachdruck in: ders., Litterae Neolatinae, hrsg. von Ludwig Braun u.a., München 1989, S. 145–159); ders., Joachim Münsinger und der Humanismus in Stuttgart, Zeitschrift für Württembergische Landesgeschichte 52, 1993, S. 91–135; ders., Graf Eberhard im Bart, Reuchlin, Bebel und Johannes Casselius, Zeitschrift für Württembergische Landesgeschichte 54, 1995, S. 33–60, hier S. 50f.
[2] Ich danke Bibliotheksdirektor Dr. Friedrich Seck, Tübingen, für eine spezielle Überprüfung der Tübinger Bestände.
[3] Netscape-[SWB-OPAC Release 1.7]. Der Umstand, daß Pfaff, wie Anm. 1, die Schrift von Christoph Bidembach nicht erwähnt, läßt vermuten, daß sie schon Anfang des 19. Jahrhunderts in öffentlichen Bibliotheken Stuttgarts fehlte. Sie fehlt auch in den Nationalbibliotheken in London (BL), Paris (PBN), Wien (ÖNB) und den wissenschaftlichen Bibliotheken der USA (NUC).
[4] Ad illustrissimum Principem ac Dominum, Dominum Fridericum, Comitem Wirtembergicum et Mompeligardensem, Dominum supremum Hericuriae etc. [...] Martini Crusii

## 2. Eine unbekannte Beschreibung Stuttgarts 471

andere Richtungen lenkte. Es ist ein im frühen 17. Jahrhunden gebundener glatter Pergamentband in Quartformat mit blindgeprägten doppelten Randlinien, grünen Schließbändern und rot–grün wechselndem Schnitt, der 28 Druckschriften aus dem letzten Fünftel des 16. Jahrhunderts (1581–1592) enthält.[5] Die mit verblaßter Tinte geschriebenen Titel der Schriften bedecken den ganzen Rücken des Bandes.

Der Stuttgarter Kirchenratsadvokat Dr. iur. utr. David Holder (1575–1635)[6] ließ diesen Band binden, denn er zeigt auf dem Spiegel aufgedruckt den Namen *DAVID HOLDER* und darunter einen Wappenholzschnitt: In dem horizontal halbierten Schild zeigt die obere Hälfte einen wachsenden halben Löwen mit erhobenen Vorderpranken, offenem Maul, herausgestreckter Zunge und erhobenem Schwanz, die untere einen Sparren, der auf seiner Spitze und auf seinen zwei Balken mit dem astrologischen Zeichen für Merkur belegt ist. Auf dem Wulst des von Helmdecken umgebenen Stechhelms ist der gleiche wachsende Löwe zwischen zwei Büffelhörnern, die senkrecht mit je drei gleichartigen Merkursymbolen belegt sind.[7] Das astrologische Zeichen für Merkur zeugt für einen Glauben an die Astrologie als Wissenschaft, dem seit Melanchthon viele Angehörige der evangelischen Konfession anhingen, und ist offenbar gewählt worden, um an Merkur als Gott der Beredsamkeit und der Artes liberales zu erinnern, unter dessen Einfluß und Patronat sich Holder

---

Gratulatio Nuptialis, Tübingen: Georg Gruppenbach 1581, 4 Bl., wieder gedruckt in: Martin Crusius, Germanograeciae libri sex, Basel 1585, S. 257ff.

[5] Die Drucke (Nr. 1–24 in lateinischer, Nr. 25–28 in deutscher Sprache) sind nicht chronologisch geordnet. Es sind drei von 1581, einer von 1582, einer von 1585, sechs von 1586, einer von 1587, einer von 1588, sieben von 1589, drei von 1590, zwei von 1591 und drei von 1592.

[6] Vgl. zu ihm Walter Bernhardt, Die Zentralbehörden des Herzogtums Württemberg und ihre Beamten 1520–1629, Stuttgart 1972, Bd. 1, S. 389. Geboren am 24. November 1575 in Stuttgart als Sohn des Stiftspredigers Mag. Wilhelm Holder und der Maria, Tochter des Tübinger Professors und Kanzlers Dr. theol. Jakob Beurlin, immatrikulierte er sich 1591 in Tübingen, 1596 in Jena, wurde nach einem Studium in Frankreich 1603 Dr. iur. utr. in Tübingen, heiratete am 15. November 1603 Brigitte, eine Tochter des verstorbenen herzoglich württ. Rats Asverus Allinga [vgl. zu ihm Walther Ludwig, Vorfahren von Paul Ludwig, Neustadt an der Aisch 1994, S. 127], und war herzoglich württ. Rat von Haus aus 1608–1611 und Kirchenratsadvokat 1611–1634. Er starb am 10. März 1635.

[7] Ob das Wappen anderen Orts belegt ist, ist noch nicht geklärt. Es findet sich nicht bei Otto von Alberti, Württembergisches Adels– und Wappenbuch, Stuttgart 1889ff., oder bei Siebmacher. Ingeborg Krekler, Die Autographensammlung des Stuttgarter Konsistorialdirektors Friedrich Wilhelm Frommann (1707–1787), Wiesbaden 1992 (Die Handschriften der Württ. Landesbibliothek Sonderreihe 2), verzeichnet S. 262, 653f. und 756f. aus Cod. hist. 2° 889 Stammbucheinträge bzw. eine Widmung von Wilhelm Holder für Jakob Hesch und Johann Wacker sowie von David Holder für Franz Gabelkover, ohne dabei Wappen zu erwähnen.

anscheinend sah. Für seinen Glauben an die Astrologie spricht auch, daß die erste Schrift des Bandes eine Abhandlung von Peter Lindeberg ist, in der dieser zu zeigen sucht, daß 1586–1591 in Europa eingetretene Ereignisse astrologischen Voraussagen von Heinrich Rantzau, Regiomontanus, Stöffler und anderen entsprechen.[8]

Die Schrift Nr. 9 des Bandes, eine *Disputatio de sacrificiis Veteris Testamenti*, die Mag. Tobias Lotter am 3. September 1591 in der Universität Tübingen unter dem Vorsitz des Professors der Theologie Dr. theol. Jakob Heerbrand verteidigte,[9] trägt unten auf der Titelseite die handschriftliche Widmung: *Praecellentis ingenii et optimae spei* || *Adulescenti Davidi Holdero ingenuarum* || *Artium studioso, suo discipulo percharo,* || *dat Respondens* "Dem Jüngling von hervorragendem Geist und bester Hoffnung, David Holder, dem Studenten der freien Künste, seinem sehr lieben Schüler, gibt [diese Dissertation,] der sie verteidigt hat". David Holder hatte sich am 26. April 1591 in Tübingen immatrikuliert, Tobias Lotter (1568–1631)[10] aus Augsburg hatte 1589 in Tübingen den Magistergrad erworben, war 1591 Diaconus in Tübingen und heiratete am 23. November 1591 David Holders Schwester Judith. Die in VD 16 nicht belegte Schrift Nr. 7 des Bandes enthält Glückwunschgedichte für Tobias Lotter aus Augsburg und 28 andere Kandidaten zur Verleihung der Magisterwürde am 5. Februar 1589 in Tübingen: *Carmina gratulatoria in honorem pietate, virtute et eruditione praestantissimi iuvenis Tobiae Lottarii Augustani, cum ipsi in inclyta Academia Tubingensi una cum aliis* 28. *tum admissis Candidatis [...] a Decano Collegii Philosophici, Clarissimo Viro, D. M. Michaele Maestlino, Mathematum Professore celeberrimo, conferretur* 5. *Feb. anno* 1589, *ab Amicis memoriae et benevolentiae ergo conscripta.*[11]

Mehrere andere Schriften des Bandes sind von ihren Verfassern handschriftlich David Holders Vater, dem Stuttgarter Stiftsprediger und Konsistorialrat Mag. Wilhelm Holder (1542–1609),[12] gewidmet. Dazu gehört erstens die nachher noch näher zu betrachtende Druckschrift Nr. 2 mit dem Titel:

---

[8] Der Druck entspricht im ganzen dem in VD 16, L 1866 aufgeführten Druck von 1591, hat jedoch einen etwas anderen Titel (*Historica rerum in Europa [...] gestarum Narratio [...]*) und nennt außer dem Drucker (Hamburg: Jakob Wolff 1591) auch den Geldgeber Paul Brachfeld. Dieser Druck aus dem gleichen Jahr ist in VD 16 nicht belegt.
[9] Tübingen: Georg Gruppenbach 1591, 26 S.; VD 16, H 1022.
[10] Vgl. Bernhardt, wie Anm. 6, Bd. 1, S. 476f.
[11] Tübingen: Georg Gruppenbach 1589, Bl. 12.
[12] Vgl. Bernhardt, wie Anm. 6, Bd. 1, S. 390. Mag. Wilhelm Holder war 1571–1594 Stiftsprediger und Konsistorialrat in Stuttgart, 1595–1608 Abt in Maulbronn.

REGIAE|| STVTGAR–||DIANAE BREVIS|| ET SVCCINCTA DE–||SCRIPTIO|| [ornamentale Vignette]|| *Psal. 126*|| Nisi Dominus custodierit Civitatem, frustra|| vigilat, qui custodit eam.|| *Tubingae, 1586.*[13]

Ein Drucker ist nicht angegeben, jedoch kann Georg Gruppenbach aus der Vignette erschlossen werden, da diese identisch auf der Titelseite der soeben genannten Glückwunschgedichte für Lotter erscheint. Er wurde gewählt, weil Stuttgart selbst damals keinen Drucker hatte. Am Fuß der Titelseite ist eine mit Tinte geschriebene Widmung zu lesen: *Reverendo et honestissimo Viro, M. Wilhelmo|| Holdero civitatis huius celeberrimo Pastori || Illustr. Princip. Wirtemb. Consiliario Domino|| suo omni reverentia colendissimo mittit presentem|| istam descriptionem Christoph. Bydembach||* "Dem verehrungswürdigen und höchst ehrbaren Herrn Mag. Wilhelm Holder, dem hochberühmten Pfarrer dieser Stadt, dem Rat des erlauchten württembergischen Fürsten, seinem in aller Ehrfurcht sehr zu verehrenden Herrn, schickt diese gegenwärtige Beschreibung Christoph Bidembach".

Die weiteren Wilhelm Holder handschriftlich dedizierten Schriften seien kürzer aufgeführt. Nr. 5: *Disputatio de Iustificatione hominis peccatore coram deo*,[14] verteidigt am 3. September 1589 in Tübingen unter dem Vorsitz von Jakob Heerbrand von Mag. Johann Dietrich Schnepf aus Tübingen (1564–1617, Mag. 1584, Diaconus Urach 1590);[15] Nr. 8: *Disputatio de dicto D. Pauli Coloss. 2.* [...], verteidigt am 2. Juni 1586 in Tübingen unter dem Vorsitz von Jakob Andreae von Mag. Jakob Hesch aus Sulz (1563–1607, Mag. 1583, Diaconus Urach 1586);[16] Nr. 11: *Epithalamium* auf die Hochzeit des Wolffgang Jakob Nothafft von Hochberg mit Sabina, der Tochter des Erasmus von Laimingen am 1. Februar 1590 in Stuttgart, verfaßt von Johann Konrad Ger-

---

[13] 4°, Lagen: A1–4, B1–4; Seitenzählung ab Bl. 2: 1–14. Das im Titel gebrauchte Substantiv *regia* bezeichnet im engeren Sinn die herrschaftliche Burg, im weiteren den Ort der herrschaftlichen Residenz. Da es sich bei der Schrift nicht um eine Burg–, sondern um eine Stadtbeschreibung handelt, ist der Titel etwa so zu übersetzen: "Kurze und knappe Beschreibung der Stuttgartischen Fürstlichen Residenzstadt". Eine denkbare Alternative ist, daß *regiae* adjektivisch zu verstehen ist und *urbis* zu ergänzen ist, was einen ähnlichen Sinn ergibt: "der Fürstlichen Stuttgartischen (sc. Stadt)". Als Motto wurde ein Psalmwort dazugestellt (in der Lutherübersetzung Psalm 127, 1: "Wo der Herr nicht die Stadt behütet, so wachet der Wächter umsonst").

[14] VD 16, H 1002.

[15] Eine weitere Disputation des Mag. Johann Dietrich Schnepf, *De sacrosancto Triade*, die dieser unter dem Vorsitz seines Vaters Dietrich Schnepf 1586 verteidigte (VD 16, S 3291), ist in der Sammlung als Nr. 19 ohne eine Widmung enthalten. Für die Biographien der Dedikanten wird generell auf Bernhardt, wie Anm. 6, und Christian Sigel, *Das evangelische Württemberg*, Maschscr. Württ. Landesbibliothek Stuttgart, bzw. das Württembergische Pfarrerbuch, Maschscr. Landeskirchliches Archiv Stuttgart, verwiesen.

[16] VD 16, A 2577.

hard, Zögling des Tübinger Stifts (Mag. Tübingen 1590, Dr. med. 1597);[17] Nr. 12: *Carmina gratulatoria* für Johann Sebastian Hornmold aus Bietigheim (1570–1637, Dr. iur. utr. 1597/1604) zur Verleihung der Magisterwürde in Tübingen am 6. August 1589 durch den Dekan Michael Maestlin;[18] Nr. 18: *Theses de deo uno et trino*, verteidigt am 12. September 1589 in Tübingen unter dem Vorsitz von Stephan Gerlach von dem Tübinger Diaconus Mag. Christoph Staehelin aus Stuttgart (um 1554–1613, Mag. 1574, 2. Diaconus Tübingen 1579–1591, Dr. theol. 1591), der Wilhelm Holder in seiner Widmung auch als seinen *affinis* bezeichnet;[19] Nr. 21: *Disputatio de fidei certitudine in peccatorum remissione* [...], verteidigt am 7. April 1587 in Tübingen unter dem Vorsitz von Jakob Heerbrand von Mag. Otho Gryphius aus St. Goar (Mag. 1583);[20] Nr. 22: *De Antichristo Disputatio altera*, verteidigt am 15. Dezember 1581 in Tübingen unter dem Vorsitz von Jakob Heerbrand von Mag. Philipp Wolfgang Berre aus Urach (um 1557–1613, Mag. 1577, Diaconus Brackenheim 1582), der Wilhelm Holder gleichfalls als seinen *affinis* bezeichnet.[21]

Die übrigen Schriften enthalten keine handschriftlichen Widmungen. Da sie 1581–1592 gedruckt wurden und David Holder erst 1591 in Tübingen zu studieren begann, dürfte Wilhelm Holder die meisten käuflich erworben haben. In ihrer überwiegenden Mehrzahl sind die Schriften insgesamt lateinisch (Nr. 1–24); 22 sind in Tübingen gedruckt, 2 in Basel, je 1 in Hamburg, Heidelberg, Marburg und Rostock. Die theologischen Disputationen (13)[22] überwiegen, dazu kommen zwei deutsche Predigten bzw. Traktate,[23] drei Leichenreden (3),[24] eine württembergische Eheordnung,[25] ein Beitrag zur Rheto-

---

[17] VD 16, G 1488.
[18] Tübingen: Alexander Hock 1589, 11 Bl.; nicht in VD 16.
[19] Tübingen: Georg Gruppenbach 1589, 12 Bl.; nicht in VD 16.
[20] VD 16, H 994.
[21] Tübingen: Georg Gruppenbach 1581, 46 S.; nicht in VD 16.
[22] Außer den oben verzeichneten sind nicht in VD 16: Nr. 4 Robertus Hovaeus/Howe aus Aberdeen, Theoremata I. De iis quorum causa mortuus est Christus [...] (–IV.), verteidigt am 4. Juni 1590 in Basel, Basel: Johann Oporinus Erben 1590, 6 Bl.; Nr. 16 Adam Francisci, Theses in coena Domini in examine verno in schola illustri Fontium Salutis [Heilsbronn] ad disputandum proponendae, Tübingen: Alexander Hock 1589, 8 Bl.; Nr. 24 Johann Rudolf Faesi, Theorema de fidelibus, quorum caussa Iesus Christus mortuus est et resurrexit [...], verteidigt am 6. März 1589 in Basel, (Basel) 1589, 6 Bl.
[23] Nr. 26: VD 16, O 1252 (Lukas Osiander), Nr. 28: VD 16 M 200 (Johann Magirus).
[24] Nr. 14: Andreas Planer auf Jakob Andreas (1590, VD 16, P 3161), Nr. 15: Erhard Cellius auf Philipp Apian (1591, VD 16, C 1880) und Nr. 25: Lukas Osiander auf die Pfalzgräfin Elisabeth, geborene Herzogin zu Württemberg (Tübingen: Georg Gruppenbach 1592, 14 S.; nicht in VD 16).

rik,[26] die zitierte Stuttgarter Stadtbeschreibung, eine historische[27] und eine historisch–astrologische Schrift.[28] Poetisch sind drei Epithalamien[29] und die zwei Sammlungen von *Carmina gratulatoria* zu Magisterpromotionen. Das macht den Eindruck, daß hier kleine Schriften mit verschiedener Thematik, die in den Jahren 1581–1592 in den Besitz der Holder, Vater oder Sohn, gekommen waren, zusammengebunden worden sind.

Der Bestand Quodlibetica, in dem sich dieser Band befindet, gehört in Wolfenbüttel zum alten Bestand der Bibliothek. Es ist anzunehmen, daß dieser Band nicht allein, sondern mit David Holders ganzer Bibliothek nach Wolfenbüttel gekommen ist. Seine Erben dürften sie nach seinem 1635 erfolgten Tod an den dort seit 1635 regierenden und seine Bibliothek ständig erweiternden Herzog August von Braunschweig–Wolfenbüttel verkauft haben. Anscheinend hatte man in Stuttgart und Tübingen kein Interesse. Damit kamen augenscheinlich viele heute sehr seltene und teilweise sogar unbekannte württembergische Drucke nach Wolfenbüttel. Da David Holder seine Bücher zumindest teilweise mit dem beschriebenen Wappen–Exlibris kennzeichnete, können vermutlich noch weitere Bücher dieser Bibliothek in der Herzog August Bibliothek identifiziert werden.[30] Dies würde nicht nur erlauben, die Bibliotheken eines Stuttgarter Stiftspredigers und eines Stuttgarter Kirchenratsadvokaten um 1600 bildungsgeschichtlich zu untersuchen, sondern könnte auch weitere zur Zeit noch nicht beachtete Württembergica ans Licht bringen.

Hier soll nur die in diesem Band enthaltene Stuttgarter Stadtbeschreibung etwas näher betrachtet werden. Der Name des Verfassers fehlt auf der gedruckten Titelseite. Dieser gibt sich jedoch auf dem folgenden Blatt als *Chri-*

---

[25] Nr. 27: Kurtzer Inhalt der Eheordnung wie solche zu gebürender zeit auff der Cantzel soll verlesen werden [württembergisches Wappen] 1582, 8 Bl. (Tübingen: Georg Gruppenbach; nicht in VD 16).
[26] Nr. 6: Hieronymus Treutler, De eloquentiae laudibus [...], Marburg 1592 (VD 16, T 1885).
[27] Nr. 10: David Chytraeus, Hrsg. (?), De Anglorum in Belgico et America rebus recens gestis, item de Gallica, Geldrica, Iuliacensia et alia cognitu non indigna, (Rostock?) 1586, 4 Bl. (nicht in VD 16).
[28] S. Anm. 8.
[29] Außer den bereits zitierten Nr. 3 und 11 Nr. 13 (VD 16, S 9790).
[30] Ein Vorbesitzverzeichnis existiert dort zur Zeit noch nicht. [Nachtrag 2003: Helmar Härtel, Duke August and his Book Agents, in: A Treasure House of Books. The Library of Duke August of Brunswick–Wolfenbüttel, Wolfenbüttel 1998, S. 105–118, hier S. 114, zufolge war Dr. theol. Johann Valentin Andreae in Stuttgart (1638-1650 Hofprediger) einer von Herzog Augusts Buchagenten. Durch ihn dürfte dann der Band 238.1 Quod. nach Wolfenbüttel gekommen sein. Vgl. dort jedoch auch S. 111: "The Duke never bought libraries en masse, but always separatim, which is to say he requested only those items that were missing from his library."]

*stophorus Bydenbachius Stutgardianus*[31] in seinem auf den 1. Januar 1586 datierten und an die Bürgermeister und die Gerichts- und Ratsangehörigen von Stuttgart gerichteten Widmungsbrief (S. 1–2) zu erkennen.[32]

Es ist ein Sohn des bekannten Stuttgarter Propstes Dr. theol. Balthasar Bidembach (1533–1578).[33] Sein Geburtsjahr ist bisher nicht bestimmt. Christoph kam 1580 aus dem Stuttgarter Paedagogium ins Tübinger Stift, wurde am 8. April 1581 in Tübingen immatrikuliert und am 26. September 1582, wie er in seinem Widmungsbrief erwähnt, Baccalaureus artium. Vor 1580 hatte er das damals sechsklassige Stuttgarter Paedagogium durchlaufen. Wenn man einen Schuleintritt mit etwa 10 Jahren annimmt, müßte Christoph spätestens um 1564 geboren sein. Das mit dem 4. Juni 1560 einsetzende Stuttgarter Taufregister schließt jedoch seine Geburt zwischen dem 4. Juni 1560 und 1570 aus, denn in dieser Zeit werden als Kinder des Balthasar Bidembach getauft Balthasar (8. Januar 1562), Christina (21. April 1564), Rosina (10. Dezember 1566) und Anna Maria (22. August 1570).[34] Er muß also, da sein Vater seit 1557 als Hofprediger in Stuttgart tätig war, vor dem 4. Juni 1560 in Stuttgart geboren sein, vermutlich — wegen seines Eintritts ins Tübinger Stift im Jahr 1580 — in den ersten Monaten des Jahres 1560. Vielleicht erhielt er seinen Namen nach Herzog Christoph, der ein Taufpate gewesen sein könnte.[35] Ein Geburtsjahr 1560 läßt sich mit der Zeit seines Eintritts ins Tübinger Stift vereinbaren, da es um diese Zeit oft vorkam, daß die Schüler von erweiterten Lateinschulen, wie das Stuttgarter Paedagogium eine war, erst mit etwa 19 oder 20 Jahren zur Universität gingen. Die Schüler besuchten die obersten Klassen der sechsklassigen Schule mehrere Jahre, was nicht als schulisches Ver-

---

[31] Obwohl er im Druck die Namensform *Bydenbachius* gewählt hat, unterschrieb er seine handschriftliche Widmung mit *Bydembach*.

[32] Der Widmungsbrief ist überschrieben: *Prudentissimis et integerrimis viris, pietate, sapientia et virtute praestantibus, Consulibus et Senatoribus celeberrimae civitatis Stutgardianae, Christianae Religionis et civilis Iustitiae patronis studiosissimis, Dominis et fautoribus suis observandissimis.*

[33] Vgl. zu ihm ADB 2, 1875, S. 616f. (Palmer), NDB 2, 1955, S. 218 (Karl Hermann) und ergänzend Sigel bzw. das Württembergische Pfarrerbuch, wie Anm. 15. In den beiden Artikeln werden auch die Brüder Balthasars Dr. theol. Eberhard, Dr. theol. Wilhelm und sein Neffe Dr. theol. Felix Bidembach behandelt. Balthasars Sohn Christoph wird jedoch nicht erwähnt. Zu ihm vgl. Bernhardt, wie Anm. 6, Bd. 1, S. 167. Als Sohn Balthasars ist er bezeugt durch das Familienregister Stuttgart, Kopie von Hans Wolfgang Rath 1931, Bd. 2, S. 69, Stadtarchiv Stuttgart.

[34] Familienregister Stuttgart, Bd. 1, S. 58.

[35] Die nahe Beziehung Balthasar Bidembachs zu Herzog Christoph bezeugt: Kurzer und wahrhaftiger Bericht von dem Hochlöblichen und christlichen Leben, auch seligem Absterben Herzog Christophen zu Würtemberg durch Balthasar Bidembach [...], Tübingen 1570.

sagen galt. Christoph Bidembach berichtet in seinem Widmungsbrief, daß er aus Gründen, auf die er nicht näher eingeht, am 6. Juli 1584 auf seinen Antrag hin aus dem Tübinger Stift (*stipendium Tubingense*) ausschied, um bei dem Stuttgarter Stadtschreiber Joachim Brotbeck eine Schreiberlehre zu beginnen.[36] Sein Vater lebte zu dieser Zeit nicht mehr, aber auch so muß der Bruch mit der theologischen Tradition seiner Familie für ihn nicht leicht gewesen sein, denn auch seine Brüder und Schwäger, Onkel und Vettern waren oder wurden fast ausnahmslos evangelische Geistliche und gelangten häufig in hohe Stellungen im Herzogtum Württemberg. Er schrieb 1585 die Beschreibung Stuttgarts, damit es nicht, wie er in seinem Widmungsbrief erklärt, so aussieht, als habe er sich von den Musen ganz verabschiedet,[37] das heißt: um sich humanistisch zu beschäftigen. Die Widmung an die Bürgermeister und die Rats- und Gerichtsangehörigen beweist, daß er sich zugleich durch die Behandlung dieses Themas für seine jetzt gewählte Laufbahn empfehlen wollte. Am Ende seiner Lehrzeit als Schreiber heiratete er 1587 eine Tochter des Stuttgarter Rentkammerregistrators Julius Sigmund Reihing, wurde 1588 Kirchenratsschreiber, 1597 Kirchenratsregistrator und 1603 Hofregistrator. Sein Todesjahr ist kontrovers. Einerseits wird er 1603–1608 und nach Entlassung und Wiedereinstellung 1608–1611 als Hofregistrator und 1612 bis zu seinem Tod am 18. März 1622 als Oberratsregistrator verzeichnet, andererseits bezeichnet ihn die Abschrift des Stuttgarter Eheregisters durch Rath schon am 7. September 1607 bei der Eheschließung seiner Tochter Rosina mit dem Hofkanzlisten Hans Heinrich Beyel, einem Sohn des damals verstorbenen Visitationsrats Erhard Beyel, als verstorben. Da es nicht gelungen ist, die bezeugte Registratorentätigkeit und das Todesdatum vom 18. März 1622 einem anderen Christoph Bidembach überzeugend zuzuweisen,[38] ist meines Erachtens zu

---

[36] S. 1f.: *Stutgardiam me ad discendam apud Archigrammateum Ioachimum Artopoeum Scribarum praxin me contuli.* Zu Joachim Brotbeck vgl. Walter Pfeilsticker, Neues Württembergisches Dienerbuch, Stuttgart 1957ff., § 2836.

[37] S. 2: *Ne autem omnino Musis valedixisse onusque studiorum abiecisse videar, brevibus Stutgardiam civitatem egregiam, patriam meam charissimam, describere et laudare, [...] in animum induxi.*

[38] Pfeilsticker, wie Anm. 36, B III § 1171 nimmt, um den Tod Christoph Bidembachs vor dem 7. September 1607 entsprechend der Eheregisterkopie zu retten, an, daß Christoph Bidembachs Sohn Johann Christoph (1593–1635), der 1614 als Skribent zu Cannstatt und ab 1630 als Stadt- und Amtsschreiber in Botwar belegt ist, 1608–1611 der Hofregistrator und 1612–1622 der Oberratsregistrator gewesen wäre und daß dessen am 5. Januar 1614 in Cannstatt getaufter unehelicher Sohn Johann Christoph am 18. März 1622 gestorben wäre. Diese Konstruktion läßt sich jedoch nicht halten. Für Christoph, Balthasars Sohn, ist die ununterbrochene Anstellung als Hofregistrator über den 7. September 1607 hinaus bezeugt, und es ist nicht möglich, daß sein Sohn Johann Christoph 1614 Skribent in Cannstatt und zugleich 1612–1622 Oberratsregistrator in Stuttgart gewesen wäre, um dann 1530 eine Anstellung in Bottwar anzunehmen.

erwägen, ob Christoph Bidembach in der Abschrift des Eheregisters versehentlich mit einem Kreuz versehen wurde. Fest steht jedenfalls, daß Christoph Bidembach Registrator, also Archivar, in Stuttgart wurde und in einem solchen Amt starb, wahrscheinlich als Oberratsregistrator 1622.

Seine *De Stutgardia Christophori Bydenbachii patria* überschriebene Stadtbeschreibung (S. 3–14)[39] ist im Druck durch Stichworte am Rand übersichtlich gemacht worden; außerdem sind einige Begriffe und Eigennamen im Text durch Majuskeln hervorgehoben. Der Text beginnt mit einer großen verzierten Initiale. Er wird in dem folgenden Referat gemäß den später zum Vergleich herangezogenen rhetorischen Regeln für die lobende Stadtbeschreibung in numerierte Abschnitte gegliedert.

In seiner Einleitung (S. 3f.) drückt Bidembach zunächst mit einem Bescheidenheitstopos sein Unvermögen aus, Stuttgart nach Gebühr zu würdigen, aber er wolle aus Liebe zu seiner Vaterstadt (*patria*), die er durch eine Äußerung Ciceros illustriert,[40] eben versuchen, das Lob seiner Vaterstadt irgendwie zu beschreiben und zu besingen.[41] Wenn er sich schon entschlossen habe, zur Übung seines Geistes eine Stadt zu loben und zu beschreiben, dann solle es seine Vaterstadt sein. Er verweist damit ausdrücklich auf die traditionelle humanistische Textgattung, zu der seine Schrift gehört und in der Stadtlob und Stadtbeschreibung eine unauflösliche Einheit bilden. Gegen Ende seiner Einleitung gibt er ein erstes summarisches Bild seiner Vaterstadt als der zwischen Rebenhügeln gelegenen Hauptstadt des Herzogtums Württemberg:

> *In nobili autem Wirtembergensi Ducatu primum locum obtinet Stutgardia. Est enim caput et metropolis, ampla et nobilissima, quae splendore alias civitates huius Ducatus facile omnes excellere eique nulla aequalis nedum praestantior inveniri in hoc Ducatu possit. Montibus illa perpulchra civitas uviferis, collibus vitiferis, tamquam montibus praecincta et quasi vestita est. Agris etiam, paucis illis quidem, sed pinguibus, insuper et pratis multis floridis circundata conspicitur.*

In dem edlen Herzogtum Württemberg aber hat sie den ersten Rang inne. Denn sie ist sein Haupt und seine Metropole, groß und edel, und kann durch ihren Glanz alle anderen Städte dieses Herzogtums leicht

---

[39] Im Umfang entspricht die Stadtbeschreibung ohne den Widmungsbrief etwa 10 Schreibmaschinenseiten mit 1500 Anschlägen.
[40] S. 3: *Nihil enim mihi charius, nihil dulcius patriae esse potest, et Cicerone teste nulla mihi propior cognatio quam patriae esse debet.* Bidembach bezieht sich damit auf Cicero Oratio Philippica 5, 6: *An potest cognatio propior ulla esse quam patriae, in qua parentes etiam continentur.*
[41] S. 3: *[...] propriae patriae laudes aliquo modo describere et decantare coner.*

## 2. Eine unbekannte Beschreibung Stuttgarts

übertreffen, und keine gleichartige, geschweige denn eine hervorragendere kann in diesem Herzogtum gefunden werden. Die Stadt ist überaus schön durch traubentragende Berge und rebentragende Hügel und durch die Berge gewissermaßen umgürtet und bekleidet. Auch von Feldern, wenigen zwar, doch fetten, und darüberhinaus von vielen blühenden Wiesen umgeben wird sie erblickt.

Wenige Jahre später, 1592, wird Jonathan Sauter dieses Bild Stuttgarts in seiner Radierung wiedergeben.[42]

Der erste Abschnitt des Hauptteils der Descriptio (S. 4f.) behandelt den Ursprung Stuttgarts und gibt die Erklärung seines Namens (Randnotizen: *Stutgardiae initium, civitatis nomen*). Bidembach beruft sich auf Sebastian Münster und berichtet, daß Stuttgart vor über 300 Jahren von den Markgrafen von Baden gegründet und von Kaiser Rudolph von Habsburg 1286 mit einer Mauer umgeben worden sei.[43] Der Name komme von einem Garten von Stuten "der Stuten Gart" genannt.

Der zweite Abschnitt bespricht die Teile (*partes*) und die Lage (*situs*) der Stadt (S. 5f.). Sie habe drei Teile. Der erste sei der älteste, die eigentliche Stadt (*civitas ipsa*). Sie enthalte die 1460 erbaute Hauptkirche (*templum primarium*), den von Graf Ulrich dem Stifter (*Comite Udalrico Wirtembergensi*) erbauten fürstlichen Hof (*curia principis*), das sogenannte Bürgerhaus (*civium, ut vocatur, domus*), das erst kürzlich auf verschiedene Weise und durch eine neue Kunstart wunderbar dekoriert worden sei,[44] und den Hof, in dem der städtische Rat seine Gerichtssitzungen und Beratungen habe (*curia, in qua Senatus oppidanus iudicia et deliberationes civiles exercet*) und das 1468 erbaut worden sei.[45] Der zweite Teil der Stadt sei 1452 gegründet und nach der 1475 errichteten Leonhardskirche benannt. Der dritte Teil der Stadt, der "Thurnieracker", sei nach von Graf Ulrich dem Vielgeliebten (*Comite, sic enim dicebatur, Bene Amato*) 1436 abgehaltenen Ritterturnieren benannt. Er berge besonders schöne Häuser von reicheren und angeseheneren Bürgern und werde noch ständig ausge-

---

[42] Sauer, wie Anm. 1, S. 45, 69ff.
[43] S. 4: [...] *a Marchionibus Badensibus prima condita et fundata est. Postmodum vera, ut Munsterus refert, Anno Millesimo ducentesimo octuagesimo sexto a Caesare Rudolpho Habspurgensi muro cincta est*. Bidembach zitiert hier aus Sebastian Münster, Cosmographiae universalis libri VI, Basel 1550, lb. 5, cap. 269, die Stelle über Stuttgart (in der deutschen Ausgabe, Basel 1628, Nachdruck Lindau 1984, S. 1017: "anfenglich von den Margrafen von Baden gebawen worden, darnach hat Keyser Rudolph von Habsburg Anno Christi 1286 ein Mawr darumb lassen machen"). Die Belagerung durch König Rudolf wurde hier als Ummauerung mißverstanden.
[44] Es ist das Rat- oder Bürgerhaus, dessen Fassade 1582/83 dekorativ verblendet wurde, s. Sauer, wie Anm. 1, S. 61, 72f.
[45] Gemeint ist das Herrenhaus, vgl. Sauer, S. 61, 73f.

baut. Dort sei ein jetzt Hospital (*xenodochium*) genanntes Kloster mit einer sehr schönen 1473 erbauten und der Heiligen Katharina geweihten Kirche. Auf eine Angabe der Länge und Breite der Stadt wolle er verzichten. Ihre Lage sei allseits als sehr schön bekannt. Auf die häufig falschen Zeitansätze, die sich teilweise auf Umbauten beziehen, braucht hier nicht eingegangen zu werden. Auffallend ist, daß alle angegebenen Baudaten in das 15. Jahrhundert fallen, die Bauten also als relativ jung gelten.

Ein kurzer dritter Abschnitt betrifft die Gebäude der Stadt (S. 6) und hat die Randnotizen *Aedificia* und *Arx Stutgardiana*. Er enthält wenig Neues. Auf die drei Kirchen und die schönen Gebäude, zu denen ständig neue dazukämen, wird zurückverwiesen. Die mit hohen Türmen versehene Burg[46] sei die ständige Residenz der Grafen und Herzöge von Württemberg.

Bidembach richtet den Blick nun in die Umgebung. Ein gleichfalls kurzer vierter Abschnitt (S. 6) weist auf die — namentlich nicht benannten — vielen Dörfer (*pagi*) um Stuttgart mit ihren ansehnlichen Gebäuden, ihren Feldern, Wiesen und Weinbergen. Vermutlich denkt Bidembach an die Dörfer des Amtes Stuttgart.[47]

Fünftens behandelt er die Wässer der Stadt (6f.). Einen Fluß habe sie nicht, aber nicht weit von ihr fließe der Neckar mit reichlichem klarem Wasser. Einige kleine Bäche jedoch habe Stuttgart, deren Nutzen es sei, daß sie den anfallenden Schmutz und Dreck entfernten.[48] An sehr gesunden Quellen und Brunnen sei Überfluß. Ein Zusammenfluß stark sprudelnder Quellen nahe der Stadt, aus dem reichlich Wasser herausfließe, sei für die Bürger und Einwohner sehr vorteilhaft.[49] Viele hätten auch eigene Brunnen in ihren Häusern. So befände sich ein sehr gesunder und tiefer Brunnen im Haus des Propstes (*praepositi*). Er selbst habe ihn genossen, solange sein Vater das Amt des Prop-

---

[46] *Arcem [...] longe praeclarissimam, turribus altis et sublimioribus undique cinctam [...]*. Die runden Ecktürme im Westen und Osten wurden 1572 und 1578, also während der Kindheit des Autors, errichtet bzw. ausgebaut. Das 1553 neben der Burg erbaute Lusthaus erwähnt er nicht.

[47] Vgl. Georg Gadner–Hans Steiner, Landtafel des Stuttgarter Amtes, Stuttgart 1589, abgebildet in: Badisches Landesmuseum Karlsruhe, Hrsg., Die Renaissance im Deutschen Südwesten, Karlsruhe 1986, Bd. 1, S. 82.

[48] *Rivulos vero habet quosdam, qui sordes et inquinamenta expurgantes sua utilitate et commoditatibus non carent*. Bidembach gebraucht den Plural, da der Nesenbach in mehrere Läufe zerteilt war.

[49] *Prope enim civitatem concursus scaturiginum, unde aqua largissime promanat, civibus et incolis multa commoda praestat*. Hierbei handelt es sich um den Wasserzufluß aus dem Pfaffensee, der zwischen 1565 und 1577 angelegt worden war, s. dazu Sauer, wie Anm. 1, S. 86f.

stes innegehabt habe. Die Angabe richtet die Aufmerksamkeit des Lesers nebenbei auf die Herkunft des Autors.

Sechstens kommt Bidembach auf die Güte und Fruchtbarkeit (*bonitas et fertilitas*) des Bodens zu sprechen (S. 7f.). Getreide wachse in der unmittelbaren Umgebung der Stadt wenig. Die Bauern brächten es jedoch in großer Menge aus den benachbarten Dörfern. Den Stuttgarter Wein dagegen kann Bidembach uneingeschränkt rühmen. Der Passus sei als Beispiel für den Stil seiner Beschreibung zitiert:

> *Vini vero in hac civitate proventus est maximus. Vinum enim profert celeberrima nostra Stutgardia tanta abundantia et ubertate, quanta vix ulla alia Germaniae regio. Est enim tam lene, tam suave, tam bene odoratum, omniumque palato ita arridens, ut magno pretio exteris vendatur. Refert Gellius lib. 12. de Aristotele,[50] quod, cum aegrotans gustasset vinum Rhodium, firmum hercule vinum et iucundum esse affirmaverit. Degustato inde Lesbio, utrumque dicebat oppido bonum, sed suavius Lesbium. Quod si vero nunc Aristoteles in vivis et vinum Stutgardianum degustaret, utique suavissimum esse diceret, illumque hoc maxime reficeret. Est et hoc vinum saluberrimum modice tamen sumptum, ita ut non pro dignitate laudari a me possit. Cum autem omnis vini usus sit saluberrimus, salubriter et pascat corpus, et fessas animi vires suaviter reficiat ac recreet, prae ceteris tamen Stutgardianum Nectar illud Dei benignitate praestari potest. Merito ergo haec Dei beneficia agnoscamus, quibus hanc civitatem prae ceteris huius Ducatus civitatibus cumularit iisque cum gratiarum actione utamur.*

Der Ertrag an Wein ist in dieser Stadt jedoch sehr groß. Denn Wein bringt unser gefeiertes Stuttgart in so großem Überfluß und Reichtum hervor wie kaum eine andere Region Deutschlands. Er ist nämlich so mild, so süß, so wohl duftend und jedem Gaumen so angenehm, daß er an Auswärtige zu hohem Preis verkauft wird. Gellius berichtet in seinem 12. Buch von Aristoteles, daß dieser, als er krank den rhodischen Wein gekostet hatte, bestätigt habe, daß es in der Tat ein kräftiger und angenehmer Wein sei. Als er danach den lesbischen Wein gekostet hatte, sagte er, daß beide Weine rundum gut seien, aber der lesbische sei süßer. Wenn Aristoteles aber jetzt unter den Lebenden wäre und den Stuttgarter Wein kosten würde, würde er sagen, daß dieser durchaus am süßesten sei, und dieser Wein würde ihn am besten wiederherstellen. Es ist dieser Wein, wenn er maßvoll genommen wird, auch so sehr gesund, daß er gar nicht nach Gebühr von mir gelobt werden kann. Obwohl aber der Gebrauch von jedem Wein sehr gesund ist, weil er den Körper gesund

---

[50] Die Stelle findet sich in Gellius Noct. Att. 13, 5.

macht und die ermüdeten Kräfte des Geistes auf angenehme Weise wiederherstellt und erneuert, so kann der Stuttgarter Nektar dies jedoch durch Gottes Güte besser als die anderen. Mit Recht erkennen wir also diese Wohltaten Gottes an, mit denen er diese Stadt vor den anderen Städten dieses Herzogtums überhäuft hat und genießen sie in Dankbarkeit.

Nachdem die Abschnitte 1–6 vor allem materielle Gegenstände der Stadt und ihrer Umgebung, Bauten (1–4) und Produkte der Natur (4–6), behandelten, besprechen die Abschnitte 7–10 Verhaltensweisen und Tätigkeiten ihrer Bürger und Kinder.

Das Thema des siebten Abschnitts (S. 8f.) bezeichnet die Randnotiz: *De moribus civium*. Bidembach beschreibt die Verhaltensweise der Bürger zuerst als fromm und rechtgläubig, was das Fundament für alle Tugenden sei, geht dann aber vor allem auf eine spezielle Eigenschaft ein, ihre Freundlichkeit gegen alle, gegen Hohe und Niedrige, besonders auch gegen Auswärtige und Unbekannte. Er rühmt ihre angenehmen Unterhaltungen und Zusammenkünfte und betont: *Quid ad bene beateque vivendum accomodatius esse potest, quam cum bonis viris iucunda colloquia et convivia instituere?* "Was kann für ein gutes und glückliches Leben angemessener sein als mit guten Männern sich angenehm zu unterhalten, zu essen und zu trinken?"

Der achte Abschnitt handelt von der Regierungsform, dem *status politie* (S. 9f.). Stuttgart werde von frommen und tugendhaften Männern regiert. Jährlich würden die für die Ämter geeigneten Personen ausgewählt. Kein lasterhafter Mensch könne in den *ordo Senatorum*, also in Rat und Gericht, gelangen. Unbestechlich seien sie, und sie leisteten einen Eid, stets die Gesetze zu befolgen. Auch wenn er hundert Zungen und hundert Münder hätte (er verwendet hier das oft imitierte Bild aus Vergils Georgica 2, 43), könne er die *virtutes* dieser Männer nicht hinreichend ausdrücken. Namentlich genannt wird zuerst der Stadt– und Amtsvogt (*praefectus*) Johann Schindelin (um 1542–1615), der dieses Amt 1584–1615 hatte.[51] Bidembach beschreibt ihn so, daß sich stereotype und individuelle Züge mischen:

*Nihil dicam iam de civitatis huius praefecto Ioanne Schindelino, viro forti, strenuo et peritissimo, qui non solum ab ineunte aetate ad res pias et honestas animum adplicavit, sed et postea semper se fortem in bellis praestitit, ita ut in pugna immobilis, manu potens, oculis minax, verborum gravitate vocisque asperitate terribilis esset atque ita gravitate sua animique constantia non minorem quam ense hostibus terrorem incuteret. In officio autem animo miti ac*

---

[51] Vgl. Pfeilsticker, wie Anm. 36, § 2814.

*perbenigno etiam in improbos aliquando affectus est. Vir est equidem summae sapientiae, mitis in puniendo, minimeque pertinax.*

Ich will nichts über den Vogt dieser Stadt, Johann Schindelin, sagen, einen tapferen, tüchtigen und sehr erfahrenen Mann, der sich nicht nur von frühem Kindesalter an auf fromme und ehrenhafte Werke richtete, sondern sich auch später immer so tapfer in Kriegen zeigte, daß er im Kampf unbeweglich, stark mit der Hand, drohend mit den Augen, durch den Ernst seiner Worte und die Rauhheit seiner Stimme schreckenerregend war und so durch den Ernst und die Standhaftigkeit seines Geistes den Feinden keinen geringeren Schrecken als durch sein Schwert einjagte. Im Amt zeigte er aber einen milden und gnädigen Sinn, manchmal sogar gegen die Schurken. Er ist ein Mann von höchster Weisheit, milde beim Strafen und nicht im geringsten nachtragend.

Dem Vogt folgen im Text die Bürgermeister (*consules*). Als erster wird Johann Amstetter erwähnt, der viele Jahre der Stadt gedient habe (er war seit 1556 oft, zuletzt 1585/86 Bürgermeister),[52] an zweiter Stelle Mag. Johann Kercher (er saß seit 1579 im Gericht und ist 1587/88 als Bürgermeister belegt),[53] an dritter Andreas Bausch, der 1583/84 und 1586–1588 als Bürgermeister belegt ist.[54] Da jeweils nur zwei Bürgermeister amtierten, muß es sich bei Amstetter und Kercher um die seit November 1585 amtierenden Bürgermeister, bei Bausch um den Altbürgermeister handeln. Den Bürgermeistern wird Bidembachs unmittelbarer Vorgesetzter, der Stadtschreiber Joachim Brotbeck, der wieder mit seinem latinisierten Namen genannt wird, mit lobenden Worten angeschlossen.

Der neunte Abschnitt (*De ecclesia*, S. 10–12) geht auf die kirchlichen Zustände ein und preist den reinen und rechten Glauben in Stuttgart. Immer habe es Theologen gehabt, die in Schriften und Predigten die rechte Lehre vertraten (namentlich nennt Bidembach hier jedoch keinen). Die Schüler (*pueri Scholastici*) seien gewöhnt, an Sonn– und Feiertagen den Katechismus öffentlich vorzutragen.[55]

Zuletzt bespricht Bidembach die Schule (*De schola*, S. 12–14), womit die Paedagogium genannte erweiterte Lateinschule gemeint ist.[56] Mit dem Satz *Scholam habet* [sc. *Stutgardia*] *celeberrimam* beginnt dieser Abschnitt. In ihm bezeichnet sich Bidembach ausdrücklich als ehemaligen Schüler des Paedago-

---

[52] Vgl. Pfaff, wie Anm. 1, S. 434, zur Stadtverfassung auch Paul Sauer, wie Anm. 1, S. 91ff.
[53] Vgl. Pfaff, S. 435.
[54] Vgl. Pfaff, S. 435.
[55] Vgl. dazu Sauer, wie Anm. 1, S. 32.
[56] Vgl. die Abbildung bei Sauer, S. 177.

gium. Er nennt zuerst den verdienten früheren Rektor Johann Wacker († 1587),[57] während dessen bis 1574 dauernder Amtszeit er in die Schule eingetreten sein muß, sowie dessen bereits verstorbenen Konrektor (*collega*) Mag. Jacob Kauffmann.[58] Aus Wackers Schule seien wie aus einem trojanischen Pferd viele berühmte Theologen, Juristen und Mediziner hervorgegangen. Damit überträgt Bidembach ein Bild, das Cicero in De oratore 2, 94 für die Schule des Isokrates geprägt hatte, auf das Stuttgarter Paedagogium und erinnert durch die Übernahme der ciceronischen Worte *tamquam ex equo Troiano* den humanistischen Leser an diese klassische Stelle. Wacker sei 32 Jahre Rektor dieser Schule gewesen. Bidembach rechnet hier irrtümlich nicht ab 1554, als Wacker Rektor in Stuttgart wurde, sondern ab 1542, als Wacker, der 1540 zum Baccalaureus graduierte, sein erstes Schulmeisteramt in Brackenheim erhielt. 1574 wurde Wacker durch Mag. Leonhard Engelhardt abgelöst, der jetzt, so Bidembach, zusammen mit seinem *collega* Mag. Conrad Fabri lehre.[59] Beide werden von Bidembach als seine eigenen Lehrer bezeichnet. *Graeca et Latina foeliciter docuerunt.* Engelhart habe ihm die Feinheiten der lateinischen Sprache und die römische Beredsamkeit (*Latini sermonis mysteria patefecit [...] elegantiam Romanae eloquentiae explicavit*) sowie die Rhetorik gelehrt. Bei Fabri habe er Dialektik und Griechisch gelernt (*Graecae linguae initia mihi monstravit*). Diese Angaben lassen sich zur Deckung bringen mit dem, was Engelhart 1574 über das Stuttgarter Curriculum an seinen Tübinger Freund Martin Crusius schrieb.[60] Die Sexta, das heißt die oberste Klasse, unterrichteten danach damals er selbst und Wacker als Vertreter des gerade erkrankten Fabri. Als Lehrgegenstände werden die lateinische und griechische Grammatik, Dialektik, Rhetorik, Ciceros Reden, Vergils Aeneis, Xenophons Cyropaedie, der große Katechismus von Brenz, die griechischen Evangelien, Stilübungen in lateinischer Prosa und Poesie sowie das Singen von Kirchenliedern aufgeführt. Engelhart und Fabri hatten sich zu Bidembachs Schulzeit den Unterricht in der obersten Klasse also so aufgeteilt, daß der Rektor Rhetorik und den lateinischen Teil, der Konrektor Dialektik und den griechischen Teil übernahm. Bidembach erklärt, daß er seinen Stuttgarter Lehrern für das bei ihnen Gelernte immer dankbar sein werde, und schließt den Abschnitt mit einem Segenswunsch für die Schule.

---

[57] Vgl. Ludwig Ziemssen, Die württembergischen Partikularschulen 1534–1559, Geschichte des humanistischen Schulwesens in Württemberg, Bd. 1, Stuttgart 1912, S. 581f., und Gustav Lang, Geschichte der Stuttgarter Gelehrtenschule von ihren ersten Anfängen bis zum Jahr 1806, ebd., Bd. 3,2,1, Stuttgart 1928, S. 38ff.
[58] S. Lang, S. 539.
[59] S. Lang, S. 42ff., und speziell zu Engelhardt Otto Haug, Pfarrerbuch Württembergisch Franken Teil 2, Stuttgart 1981, S. 89f.
[60] Der Brief wird zitiert von Lang, S.46.

## 2. Eine unbekannte Beschreibung Stuttgarts

Der Satz *Haec ita breviter et succincte de civitatis Stutgardiae laudibus dicta sufficiant* "Dieses kurz und knapp zum Lob der Stadt Stuttgart Gesagte soll genügen" zieht dann einen Schlußstrich unter die Descriptio (S. 14), wonach der letzte Absatz als Epilog noch ein Gebet an Christus enthält, die Stadt und alle ihre Einwohner unversehrt zu bewahren und die Kirche gnädig zu lenken und zu beschützen.

Vielleicht hat Bidembach die Regeln für die Abfassung einer lobenden Stadtbeschreibung sogar zuerst bei Engelhardt gehört. Denn diese humanistische Textform wurde in der Rhetorik gelehrt. Sie gehörte zum *genus demonstrativum* der Reden, zu dessen Unterarten das *genus laudativum* und hierin wieder das Lob von Sachen (*res*) und speziell von Städten (*urbes*) zählte. Seit vom Ende des 15. Jahrhunderts an immer mehr deutsche Städte ihre poetischen oder prosaischen lobenden Stadtbeschreibungen erhalten hatten, waren Regeln für ihre Gestaltung im Anschluß an antike Vorbilder zu einem festen Bestandteil der schulischen Rhetorik–Lehrbücher geworden, während die Rhetorik Melanchthons noch keine spezifischen Lehren für sie enthielt.[61]

1573 hatte Matthaeus Dresser, ein Korrespondenzpartner von Martin Crusius, der bis 1572 Professor in Erfurt war und nach dem Tod des Georg Fabricius Rektor der sächsischen Fürstenschule zu Meißen wurde,[62] in Basel eine *Rhetorica inventionis et dispositionis illustrata et locupletata quam plurimis exemplis sacris et philosophicis* drucken lassen. Die Schrift enthält eine Musterrede auf Erfurt, deren Hauptteil nach folgenden Gesichtspunkten (*argumenta*) disponiert ist:[63] 1. Lage, 2. Ursprung und Alter, 3. Gebäude, 4. Flüsse, 5. Fruchtbarkeit des Bodens, 6. Güte des Klimas, 7. Sitten der Bürger, 8. politische Verfassung, 9. Kirche, 10. Schule, 11. geschichtliche Ereignisse und berühmte Männer. Ein Vergleich mit Bidembachs Beschreibung zeigt, daß seine

---

[61] Vgl. Carl Joachim Classen, Die Stadt im Spiegel der Descriptiones und Laudes urbium in der antiken und mittelalterlichen Literatur bis zum Ende des zwölften Jahrhunderts, Hildesheim–New York 1980 (Beiträge zur Altertumswissenschaft 2), und für Stadtlobtexte zu deutschen Städten der frühen Neuzeit Walther Ludwig, Multa importari, multa exportarier inde: Ein humanistisches Loblied aus Hamburg aus dem Jahr 1573, Humanistica Lovaniensia 32, 1983, S. 289–308 (Nachdruck in: Litterae Neolatinae, hrsg. v. Ludwig Braun u.a., München 1989, S. 131–144); ders., J. P. Ludwigs Lobrede auf die Reichsstadt Schwäbisch Hall und die Schulrhetorik des siebzehnten Jahrhunderts, Württembergisch Franken 74, 1990, S. 247–294; ders., Apollo in Esslingen — Das Esselingae Encomion des Johannes Miller von 1522, Esslinger Studien Zeitschrift 32, 1993, S. 1–63; ders., Die Darstellung südwestdeutscher Städte in der lateinischen Literatur des 15. bis 17. Jahrhunderts, in: Bernhard Kirchgässner – Hans–Peter Becht, Hrsg., Stadt und Repräsentation, Sigmaringen 1995, S. 39–76.

[62] Vgl. Crusius, wie Anm. 4, S. 317, Conrad Bursian, Geschichte der classischen Philologie in Deutschland von den Anfängen bis zur Gegenwart, München–Leipzig 1883, S. 247.

[63] S. 317–335.

Punkte als solche und auch ihre Reihenfolge weitestgehend dieser Beschreibung entsprechen. Nicht lange zuvor, 1567, hatte der Rostocker Professor David Chytraeus, mit dem Crusius gleichfalls korrespondierte, in Wittenberg ein anderes rhetorisches Lehrbuch drucken lassen: *Praecepta rhetoricae inventionis illustrata multis et utilibus exemplis ex sacra scriptura et Cicerone sumptis.* Er hatte dort eine *Dispositio orationis de Laudibus inclytae urbis Rostockii* gegeben und folgende beachtenswerte Gesichtspunkte genannt:[64] 1. Ursprung und Alter, 2. Lage, 3. Gebäude, 4. politische Verfassung, 5. geschichtliche Ereignisse und berühmte Männer, 7. Schule, 8. Kirche. Punkt 1 und 2 entsprechen hier in ihrer Reihenfolge Bidembachs Beschreibung, im übrigen steht diese Anweisung jedoch Bidembach trotz der Wiederkehr einiger Punkte nicht so nahe wie Dressers Rede auf Erfurt. Wahrscheinlich kannte Bidembach jedoch sowohl das Lehrbuch Dressers als auch das von Chytraeus aus seiner Stuttgarter Schul- oder seiner Tübinger Studentenzeit, während der er abermals in Rhetorik unterrichtet wurde, und zwar von Martin Crusius, Georg Hitzler oder Georg Burkhardt. Daß in Stuttgart und Tübingen die Rhetorikbücher von Dresser und Chytraeus Beachtung fanden, liegt nahe, da ihre Autoren auch dem protestantischen Raum angehörten.

Bidembach folgte also mit seinen Gesichtspunkten (1. Urprung und Namen, 2. Teile und Lage, 3. Gebäude, 4. Dörfer, 5. Wässer, 6. Bodenerzeugnisse, 7. Sitten der Bürger, 8. politische Verfassung, 9. Kirche, 10. Schule), wie zu erwarten, im ganzen der konventionellen Strukturierung der humanistischen lobenden Stadtbeschreibung. Die Rhetorikbücher und der Rhetorikunterricht lieferten ihm im allgemeinen die zu behandelnden Gesichtspunkte, unter die er, wegen der besonderen Gegebenheit, daß Stadt und Amt Stuttgart eine herrschaftliche Verwaltungseinheit bildeten, auch die sonst nicht eigens besprochenen Dörfer setzte. Auf einen eigenen geschichtlichen Abschnitt verzichtete er, wie es auch sonst oft geschah, da er einzelne Ereignisse und Personen bereits innerhalb seiner Kategorien erwähnt hatte. Er wollte in diesem Rahmen ein mit allgemeinen Aussagen und konkreten Details gezeichnetes und auf das Jahr 1585/86 fokussiertes schönes Bild Stuttgarts geben. Seine Perspektive ist die eines ehemaligen Schülers des Stuttgarter Paedagogium, der seine erworbene humanistische Bildung zeigen und seine neuen Vorgesetzten, insbesondere den Stuttgarter Stadtschreiber, beeindrucken möchte, was auch die Nennung seiner ehemaligen Lehrer und der für die Stadtregierung und –verwaltung damals maßgeblichen Personen begründet. Beides dürfte ihm gelungen sein. Seine Stadtbeschreibung Stuttgarts konnte sich neben den Be-

---

[64] Bl. I6–K1. [S. David Chytraeus, Praecepta rhetoricae inventionis […]. Vorschriften der Rhetorik […]. Einleitung, Text und Übersetzung hrsg. von Nikolaus Thurn u.a., Rostock 2000, S. 156.]

schreibungen anderer Städte sehen lassen. Sie war im Vergleich zu diesen auch nicht besonders kurz. Vielmehr war es das Gattungsgesetz dieser Textform, auf beschränktem Raum an Hand der traditionellen und für den spezifischen Fall eventuell etwas modifizierten Gesichtspunkte in sprachlich guter und mit humanistischen Anspielungen geschmückter Gestaltung ein einladendes und erfreuliches Stadtbild zu entwerfen. Eine andere selbständige humanistische Stadtbeschreibung Stuttgarts scheint bisher nicht bekannt zu sein.

Es ist anzunehmen, daß Bidembach seine Schrift ebenso wie an Wilhelm Holder an alle in ihr erwähnten lebenden Personen und dazu an einige weitere humanistisch Gebildete in Stuttgart und Tübingen geschickt hat. Merkwürdigerweise ist anscheinend von allen diesen Exemplaren außer dem Holder gewidmeten bis jetzt keines aufgetaucht. Für Drucke von wenigen Blättern ist das Risiko, im Laufe der Zeit völlig verloren zu gehen, besonders groß, zumal da sie häufig auch nur eine kleine Auflage hatten.

[Erstveröffentlichung: Nr. 217, revidiert.]

# IX. Epistolographie, Historiographie und Rhetorik

[Vgl. dazu Nr. 156, 205, 220, 227, 258, 261.]

## 1. Erasmus und Schöfferlin — vom Nutzen der Historie bei den Humanisten

In der Renaissance hielt man die Kenntnis der Vergangenheit nicht für sehr wichtig, weder um die Struktur der gesellschaftlichen Welt zu erklären noch um menschliche Handlungen zu verstehen und zu beurteilen. Geschichte war nicht sehr geschätzt. Ein gutes Beispiel dafür findet sich in dem Kommentar, den Erasmus zu dem Sprichwort *Spartam nactus es, hanc orna* schrieb, dessen Bedeutung man umgangssprachlich etwa mit 'Schuster, bleib bei deinen Leisten' wiedergeben könnte. In diesem Text suchte Erasmus die Sinnlosigkeit von Kriegen und Eroberungen zu zeigen. Als Beispiel dafür führte er den Tod des jungen Prinzen Alexander von Schottland, des Erzbischofs von St. Andrews, auf dem Schlachtfeld an. Er war einer seiner am meisten versprechenden Schüler gewesen. Erasmus verwendete den Sprichwortkommentar zu einem Nachruf auf den jungen Prinzen und beschrieb die Studien, mit denen dieser sich beschäftigte, während Erasmus ihn betreute. Von Erasmus lernte Alexander Rhetorik und Griechisch. Ferner studierte er Jurisprudenz. Nachmittags musizierte und sang er. Sogar bei den Mahlzeiten habe er sich gewöhnlich "ein bedeutendes Buch vorlesen lassen, die Decretalien z.B. oder den heiligen Hieronymus oder den Ambrosius. [...] Nach dem Essen konnten Geschichten erzählt werden, jedoch nur kurze und literarisch anspruchsvolle. Auf diese Weise gab es keinen Teil seines Lebens, den er nicht seinen Studien widmete, ausgenommen die Zeiten des Gottesdienstes und des Schlafens. Denn falls er noch irgend eine freie Zeit hatte — und er hatte tatsächlich kaum genügend Zeit, um sein vielseitiges Studienprogramm zu erfüllen — falls er, wie gesagt, doch noch irgend eine freie Zeit hatte, so verwandte er sie darauf, Geschichte zu lesen". Die in dem Studienprogramm des jungen Prinzen für Geschichte bestimmte Zeit läßt vermuten, daß Erasmus Geschichte kaum für einen wesentlichen Teil der Erziehung eines jungen Mannes hielt. Erasmus drückte damit eine Ansicht aus, die von vielen seiner Zeitgenossen geteilt wurde.

Alles bisher Gesagte ist ganz und gar nicht meine Meinung. Es war — bis auf die Übersetzung aus dem Englischen — ein so gut wie wörtliches Zitat aus einem Aufsatz, den der Historiker Felix Gilbert 1967 unter dem Titel "The Renaissance Interest in History" in einem von Charles S. Singleton herausgegebenen Sammelband, betitelt "Art, Science, and History in the Renaissance" veröffentlichte.[1] Der Aufsatz wurde seither wiederholt zustimmend oder ohne Widerspruch zitiert.[2] Trotzdem ist so gut wie alles hier in bezug auf das Geschichtsinteresse Behauptete falsch. Die Humanisten der Renaissance, um die es hier geht, hielten die Kenntnis der Geschichte im Gegenteil meist für sehr wichtig. Sie hatten die Lektüre der antiken Historiker zu einem unverzichtbaren Teil ihres Bildungsprogramms gemacht. Geschichte war für sie kein Spezialfach, sondern eine grundlegende Disziplin der allgemeinen Bildung, und sie waren überzeugt, daß die Kenntnis der Geschichte zu einer besseren Kenntnis und Beurteilung des menschlichen Handelns führen und darüber hinaus die Menschen anleiten könne, in der politischen Welt die richtigen Entscheidungen zu treffen.[3]

Die aus Erasmus zitierte Stelle steht nicht im Widerspruch dazu. Nicht nur Statistiken können täuschen, sondern auch angeblich authentische Zitate. Gilbert hat die Äußerung des Erasmus um wichtige Teile verkürzt wiedergegeben, er hat sie nicht sachgerecht interpretiert, und er hat sie isoliert und nicht im Kontext der übrigen Äußerungen des Erasmus zu Geschichte und Geschichtsschreibung betrachtet, und schließlich hat er die falsch verstandene Stelle ohne Rücksicht auf die Äußerungen anderer Humanisten verallgemeinert.

Durch die Art, wie der Tagesablauf des Prinzen Alexander referiert wurde, gewann man den Eindruck, daß dieser alles Mögliche, nur nicht Geschichte, mit

---

[1] Baltimore 1967, S. 373ff., hier S. 373. Kurz zuvor war die Monographie von P. G. Bietenholz, History and Biography in the Work of Erasmus of Rotterdam, Genf 1966, erschienen, die Gilbert nicht mehr berücksichtigen konnte. Im Gegensatz zu diesem sieht Bietenholz zu Recht erhebliche Unterschiede zwischen der Stellung des Erasmus und der seiner humanistischen Zeitgenossen zu Geschichte und Geschichtsschreibung. Was Erasmus selbst betrifft, so hätte Gilbert seine Auffassung durch Bietenholz im wesentlichen bestätigt sehen können, da dieser hauptsächlich die Stellen hervorhob, in denen Erasmus die profane Geschichtsschreibung kritisierte. Vgl. dazu unten mit Anm. 6, 10, 12, 13, 15 und 16.
[2] E. Keßler, Theoretiker humanistischer Geschichtsschreibung, München 1971, S. 7, 11, 16, kritisiert jedoch die Auffassung Gilberts, "daß die Renaissance nur sehr schwach historisch interessiert gewesen sei", ohne auf seine Ausführungen zu Erasmus einzugehen.
[3] Vgl. G. Müller, Bildung und Erziehung im Humanismus der Renaissance, Wiesbaden 1969, S. 378ff., R. Landfester, Historia magistra vitae, Untersuchungen zur humanistischen Geschichtstheorie des 14. bis 16. Jahrhunderts, Genf 1972, J. Knape, 'Historie' in Mittelalter und früher Neuzeit, Begriffs– und gattungsgeschichtliche Untersuchungen im interdisziplinären Kontext, Baden–Baden 1984, S. 370ff., A. Buck, Humanismus, Seine europäische Entwicklung in Dokumenten und Darstellungen, Freiburg/München 1987, S. 168ff., W. Ludwig, Römische Historie im deutschen Humanismus, Über einen verkannten Mainzer Druck von 1505 und den angeblich ersten deutschen Geschichtsprofessor, Berichte aus den Sitzungen der Joachim Jungius–Gesellschaft der Wissenschaften, 5 (1), Hamburg 1987, S. 3ff.

großem Eifer studiert hätte. Die Lektüre von Geschichtswerken scheint nur der Zeit vorbehalten gewesen zu sein, die über seine Arbeitszeit hinaus noch frei war, und das kann angesichts des Arbeitsprogramms wirklich nicht mehr viel Zeit gewesen sein. Auch gewann man den Eindruck, daß Erasmus seine Schüler in verschiedenen Disziplinen unterrichtete, sich aber nicht um die Geschichte kümmerte, sondern sie dem jungen Prinzen sozusagen als Hobby überließ.

Nicht berücksichtigt war dabei der folgende Satz des Erasmus, daß nämlich Alexander alle freie Zeit auf die *lectio historicorum* verwendete, weil er für die dort zu gewinnenden Erkenntnisse ein besonders großes Interesse hatte (*nam hac cognitione praecipue capiebatur*).[4] Das klingt nicht so, als ob in seinen sonstigen Studien Geschichte überhaupt nicht vorgekommen wäre. Nicht beachtet war denn auch, daß die vorher angeführten Studien des Prinzen keineswegs sozusagen geschichtsfrei gewesen waren. Erasmus schrieb, daß er Alexander in Rhetorik und im Griechischen unterrichtete, wobei er seine rhetorischen Übungen noch etwas näher erläuterte: Alexander hatte sich zu bestimmten gegebenen Themen schriftlich und mündlich zu äußern. Wir wissen aus des Erasmus Traktat *De ratione studii* (1511), daß diese Themen häufig Personen der griechischen und römischen Geschichte zum Gegenstand hatten und die Frage stellten, wie das Handeln dieser Personen zu beurteilen sei.[5] Eine gewisse Kenntnis der antiken Historiker wird für eine Behandlung solcher Themen vorausgesetzt.

In der Tat lag vor dem Unterricht in der Rhetorik der Unterricht in der lateinischen *Grammatica*. Der Begriff *Grammatica* aber umfaßt bei Erasmus nicht nur das, was wir unter Grammatik oder Spracherlernung verstehen. Er schließt auch die Lektüre antiker Autoren ein und unter diesen die Historiker (Herodot und Sallust zählen zum Kanon der ersten drei griechischen und lateinischen Prosaautoren). In *De ratione studii* sagt Erasmus ausdrücklich: *Imprimis autem omnis tenenda est historia, cuius usus latissime patet.*[6] Und in seiner Schrift *De ratione concionandi* steht, daß die *Grammatica* auch die *Historia*

---

[4] S. D. Erasmus, Opera omnia, Leiden 1703–1706, T. II, Sp. 554 (Adag. 2. 5. 1).
[5] S. D. Erasmus, Leiden, T. I, Sp. 524, Opera omnia, Amsterdam O. I 2 (1971), S. 126f.
[6] S. D. Erasmus, Leiden, T. I, Sp. 521, 523, Amsterdam O. I 2, S. 115f., 124. P. G. Bietenholz, wie Anm. 1, S. 18, wertet diese Erklärung zu stark ab: "*De ratione studii* [...] contains a passage emphasizing among other things the importance of historia in education. But of all historiographi only Valerius Maximus is mentioned by name". Natürlich dachte Erasmus bei der hier empfohlenen *omnis historia* nicht nur an Valerius Maximus, auch nicht nur an Herodot und Sallust, die er einige Abschnitte zuvor erwähnt hatte; auch wird Valerius nicht unmittelbar im Anschluß an den zitierten Satz erwähnt, sondern später als naheliegender historiographischer Autor für die Behandlung rhetorischer Themata genannt (vgl. zu ihm auch unten mit Anm. 20).

und *Poetice* umfasse, die *Historia* aber ohne Geographie und Chronologie blind sei. Er nennt dort Livius, Tacitus und Plutarch unter den neun profanen Autoren, die ein künftiger Prediger vor allem lesen solle, wobei für ihn die Gestaltung der Reden und die Darstellung des moralischen Verhaltens im Vordergrund der Aufmerksamkeit stehen wird.[7]

Eine Lektüre der römischen Historiker ging also im Erziehungsprogramm des Erasmus der Beschäftigung mit dem mündlichen und schriftlichen Ausdruck in der Rhetorik voraus, außerdem schloß auch der Griechischunterricht die Lektüre griechischer Historiker ein. Es kann somit keine Rede davon sein, daß der Prinz Alexander erst nach Feierabend auch noch Historiker gelesen hätte, vielmehr las er selbst noch am Feierabend Historiker, weil er sich so sehr für sie interessierte, daß ihm die Beschäftigung mit ihnen in der Unterrichtszeit nicht genügte. Die Stelle beweist also gerade nicht, daß Prinz Alexander nur in seiner Freizeit Historiker gelesen und Erasmus die Historikerlektüre als quantité negligable betrachtet hätte. Mit Gilberts Interpretationsmethode könnte man dem Tageslauf Alexanders auch entnehmen, daß die nicht erwähnte Moralphilosophie im Erziehungsprogramm des Erasmus keine Rolle gespielt hätte.

Im Augenblick geht es wohlgemerkt nur um die Frage, ob Erasmus das, was er unter *Historia* verstand, für einen wesentlichen Teil der Erziehung eines jungen Mannes wie des Prinzen Alexander hielt. Diese Frage muß bejaht werden. Selbstverständlich war für Erasmus die *Historia* in einem anderen Sinne wichtig als für uns die Geschichte. Einige Aufgaben der Historikerlektüre wurden im Vorstehenden bereits berührt. Im übrigen empfiehlt Erasmus sie gerade für solche Menschen, die im staatlichen Leben politische Funktionen erfüllen bzw. erfüllen werden und setzt sie bei solchen Personen auch voraus. In der Glückwunschadresse, die er 1504 in Brüssel an Herzog Philipp, den Sohn Kaiser Maximilians, richtete, benützt er zahlreiche historische Beispiele und erwartete deren Verständnis durch den Angeredeten.[8] 1527 schrieb er in einem Brief an Valentin Furster, den Sohn des damaligen kurtrierischen Kanzlers Dr. Ludwig Furster,[9] er solle seine jungen Jahre besonders zum Studium

---

[7] S. D. Erasmus, Leiden, T. V, Sp. 853, 856.
[8] S. D. Erasmus, Leiden, T. IV, Sp. 521ff., Amsterdam O. IV 1 (1974), S. 48ff. und die Erläuterungen von O. Herding.
[9] S. D. Erasmus, Leiden, T. III, Sp. 971, Ep. 853, dat. Basel 24.3. 1527, Opus epistolarum, edd. P. S. et H. M. Allen, Oxford 1906–1958, T. VI, S. 481f., Ep. 1798. Valentin Furster (hessischer Burgmann zu Kassel 1529 als Nachfolger seines Vaters, hessischer Kanzleischreiber 1534, hessischer Rentmeister in Nidda 1539–1552, gestorben Nidda 1555) war der einzige Sohn des Dr. Ludwig Furster (1486/87–1528; Sohn einer natürlichen Tochter des Landgrafen Ludwig II. von Hessen, Dr. iur. utr. Bologna 1510, Rat und Kanzler der Herzöge von Braunschweig und ab 1522/24 des Erzbischofs von Trier).Vgl. W. A. Eck-

## 1. ERASMUS UND SCHÖFFERLIN

der *historiographi* und *ethici* benützen, und nennt für die ersten Livius, die Viten des Plutarch und Tacitus, für die zweiten philosophische Dialoge Ciceros und die *Moralia* des Plutarch. Aus diesen Autoren gewinne man am ehesten die *prudentia*, die einem Mann, der im staatlichen Leben tätig sei, anstehe (*quae decet virum in re publica versantem*).[10]

In seiner Schrift *Institutio principis Christiani* (1516) hatte er seine Einstellung zur Historikerlektüre eines späteren Fürsten verdeutlicht.[11] Er gesteht dort der allgemein humanistischen Ansicht, daß *ex historicorum lectione* eine hervorragende *prudentia* gewonnen werden könne, ihre Berechtigung zu, schärft aber ausdrücklich ein, daß der Historikerlektüre eine religiöse und moralische Festigung des jungen Mannes vorhergehen solle, und zwar durch die Lektüre gewisser biblischer Schriften einerseits und von moralphilosophischen und politologischen Schriften des Plutarch, Seneca, Aristoteles, Cicero und Plato andererseits. Nur so vorbereitet werde man die vielfach ausgezeichneten, aber oft auch für falsche Vorbilder begeisternden Darstellungen eines Herodot und Xenophon, eines Sallust und Livius, sowie die Bücher des Curtius Rufus und Julius Caesar, des Nepos, des Sueton und der *Historia Augusta* richtig aufnehmen (die Bücher der letzteren werden nicht namentlich genannt, aber durch in ihnen dargestellte historische Figuren gekennzeichnet). Viele be-

---

hardt, Beiträge zur Genealogie Furster, Genealogie 8, 1967, S. 625ff., hier S. 626ff., 641ff. (nicht berücksichtigt von P. G. Bietenholz–Th. B. Deutscher, Contemporaries of Erasmus, Bd. 2, Toronto/Buffalo/London 1986, S. 68, wo Valentin nur als sehr wahrscheinlicher Sohn Ludwigs bezeichnet wird). Das bisher für Valentin Furster angenommene Geburtsjahr (um 1505; erschlossen aus dem Heiratsjahr einer Enkelin 1573) muß nach dem der genealogischen Forschung unbekannt gebliebenen Brief des Erasmus etwas verschoben werden. Erasmus schreibt, daß Valentin in dem *discendis optimis moribus ac disciplinis* am meisten geeigneten Alter sei. Er kann deshalb 1527 nicht älter als 18jährig gewesen sein. Erasmius Froben, mit dem zusammen er damals von Ludovicus Carinus in der kurtrierischen Residenzstadt Koblenz unterrichtet wurde, war 1514/15 geboren. Danach ist Valentins Geburt auf etwa 1509/11 zu setzen. Der akademische Grad und die Stellung seines Vaters mußten 1527 eine erfolgreichere Laufbahn in fürstlichen Diensten erwarten lassen, als sie Valentin Furster schließlich erreichte.

[10] Diese der allgemeinen humanistischen Auffassung entsprechende Briefstelle wird von P. G. Bietenholz, wie Anm. 1, in diesem Zusammenhang nicht berücksichtigt. — Vgl. auch aus früherer Zeit (1497) die Aufforderung in dem Brief an Thomas Grey als *vir bonus et studiosus* vor allem *Vergilium, Lucanum, Ciceronem, Lactantium, Hieronymum, Sallustium, Titum Livium* zu lesen, da sie *doctrina* nützen, *obscoenitate* nicht schaden (D. Erasmus, Leiden, T. III, 1, Sp. 22, Opus epistolarum, T. I, S. 189, Ep. 63) und aus späterer Brief an Charles Blount Baron Mountjoy, der die Vorrede zu der Basler Liviusausgabe von 1531 bildet (*cum scirem magnatibus viris nullam esse lectionem magis accomodam quam Historicorum, inter quos facile primas tenet T. Livius, de Latinis loquor*, s. D. Erasmus, Leiden, T. III, 2, Sp. 1359, Opus epistolarum, T. IX, S. 143ff., Ep. 2435).

[11] S. D. Erasmus, Leiden, T. IV, Sp. 587ff., Amsterdam O. IV 1, S. 180ff.

rühmte und gefeierte Herrscher seien ja nur große Räuber gewesen. Immer müsse der Leser unabhängig vom Urteil der heidnischen Historiker die Wahl dessen, was gut und was schlecht ist, treffen. *His rationibus fiet, ut quidquid obvium fuerit in Historiographis, vertatur in exemplum recte agendi.* Nur in dieser Form führt die Lektüre der Historiker nach der hier ausgesprochenen Auffassung des Erasmus zur *prudentia*.[12] Es war besonders seine pazifistische Einstellung, die die Distanzierung von den Wertmaßstäben der antiken Historiker verursachte. Trat er so einerseits einer unbedachten und uneingeschränkten Übernahme ihrer Urteile entgegen, so blieb er doch andererseits mit seiner Betonung der Wichtigkeit und des Nutzens der historiographischen Darstellung für die Gewinung bzw. Vertiefung moralischer und politischer Erfahrungen grundsätzlich innerhalb der allgemein humanistischen Auffassung. Für den Fürsten, der sein Land genau kennenlernen soll, sieht Erasmus außerdem aus rein pragmatischen Gründen die Notwendigkeit, geschichtliche und geographische Werke der neueren Zeit zu studieren, um die Lage der Regionen und Städte, deren Ursprung, Eigenart, Einrichtungen, Gewohnheiten, Gesetze und Privilegien kennenzulernen.

Im Jahr darauf machte sich Erasmus selbst an eine Historikeredition. 1518 wurde in Basel seine Ausgabe der Biographien des Sueton und der *Historia Augusta* gedruckt, die er in hohem Maße für glaubwürdig hielt. Seine Äußerungen zum Nutzen der Historiographie in dem auf den 5. Juni 1517 datierten Widmungsbrief an den Kurfürsten Friedrich (den Weisen) von Sachsen und dessen Vetter Herzog Georg halten sich in dem durch seine *Institutio principis Christiani* gegebenen Rahmen: *nullis ex libris mea sentenzia plus utilitatis capi possit quam ex eorum monumentis, qui res publice privatique gestas bona fide prodiderunt, praesertim si quis* (*quis* add. ed. 1533) *regalis philosophiae decretis imbutus huc accesserit*. Der Wechsel von 'Historikerlektüre ist sehr nützlich, aber nur wenn der Leser moralphilosophisch vorbereitet ist' zu '[...], besonderes wenn der Leser moralphilosophisch vorbereitet ist', ist nicht durch

---

[12] P. G. Bietenholz, wie Anm. 1, S. 17, faßt diese Stelle zu negativ auf, wenn er schreibt: "[...] in the *Institutio principis Christiani* of 1516 he had warned of the dangerous influence of Herodotus and Xenophon, Sallust and Livy upon the youthful reader, since they exhibited examples of despotic, selfish, and arbitrary greatness" und die dort auch ausgesprochene Anerkennung der Historiker sowie die empfohlene richtige Historikerlektüre unbeachtet läßt. Im gleichen Sinn ist eine öfters mißverstandene Stelle in den Adagia (D. Erasmus, Leiden, T. II, Sp. 111, Adag. 1. 3. 1) zu verstehen: *Ex his* (sc. *historiis*) *animus nulla praemunitus antidoto imbibit admirationem et zelum* [...] *alicuius pestilentissimi ducis, puta Julii Caesaris aut Xerxis aut Alexandri Magni.* [...] *ab his exemplum pessimum sumit* (vgl. T. IV, Sp. 588: [...] *ex iisdem summum perniciem hauries nisi et praemunitus et cum delectu legeris*). Die vorherige Festigung soll durch biblische und moralphilosophische Schriften erreicht werden.

## 1. ERASMUS UND SCHÖFFERLIN

eine veränderte Auffassung, sondern durch eine verbindlichere Ausdrucksweise bedingt. Wichtig ist wieder die moralphilosophische Vorbereitung der Lektüre. Die Historiker bieten dann abschreckende und zur Nachahmung auffordernde Beispiele der Staatsführung. Erasmus betont wieder, wie viele miserable Herrscher es gab, die nichts als eine Pest für das Menschengeschlecht waren. Nach seiner Auffassung zeigen die heidnischen Historiker aber auch Herrscher, die ihren Staat in geradezu christlichem Geiste lenkten wie Trajan, Antonius Pius, Marc Aurel und Alexander Severus (die Neuauflage von 1533 fügt noch Augustus, Vespasian und Titus dazu; Erasmus folgte mit seiner Liste Ael. Lampr. Ant. Heliog. 1, 2 und Alex. Sev. 1, 2). Solche positiven *exempla* machen die Historiker in seinen Augen in erster Linie lesenswert.[13]

---

[13] Der Widmungsbrief der Sueton– und Historia Augusta–Ausgabe von 1518 (bei P. S. Allen, wie Anm. 9, T. II, S. 578ff., Ep. 586) wurde in der Sammelausgabe Historiae Romanae scriptores Latini veteres, qui extant omnes, Genf/Orleans 1623, T. I–II, als Einleitung in den mit Sueton beginnenden zweiten Teil nachgedruckt, von den Herausgebern also als eine Einweisung in den richtigen Gebrauch der Historiker empfunden. P. G. Bietenholz, wie Anm. 1, S. 17, hat gewisse Schwierigkeiten, den Inhalt dieses Widmungsbriefes in sein Bild der Erasmischen Bewertung der *Historia* einzuordnen: "It is not entirely inconsistent with this warning (sc. in der *Institutio*, s. oben Anm. 12) that Erasmus a year later published his own edition of Suetonius. In the preface [...] he emphasized the immense value of history to princes, only to proceed afterwards to a shaffering lesson on human evils and princely vice uncovered by a thoughtful study of Roman history". In Wirklichkeit sind die Stellungnahmen in der *Institutio* und dem Widmungsbrief sachlich durchaus konsistent. Beide legen Wert auf die moralphilosophische Vorbereitung des Lesers, beide weisen auf die zahlreichen negativ zu bewertenden Herrscher, beide erkennen an, daß der Leser mit der richtigen moralischen Einstellung einen großen Gewinn von der Historikerlektüre haben wird. Die Positiva sind in dem Widmungsbrief nur deutlicher ausgeführt. Im übrigen kannte Erasmus bei seiner Abfassung die *Praefatio in Suetonii expositionem* des Polizian (zuerst gedruckt in: Opera, Venedig 1498, Bl. aa Vvff., Opera, Basel 1553, S. 499ff.), der dort den Wert der *Historia* über den der Moralphilosophie gestellt hatte (vgl. Anm. 17). Davon weicht Erasmus bewußt ab. Bietenholz überschätzt jedoch die Distanz, wenn er schreibt, der Brief des Erasmus "does not once recall Polizian's ideas" (S. 15). Das Gegenteil ist richtig. Beide stimmen in der hohen Wertschätzung der biographischen Historiographie überein. Beide rühmen die *fides* und *libertas* Suetons. Vgl. mit Polizians Äußerung: *haec singula ita Suetonius hic noster persecutus in sua historia est, ut* [...] *etiam diligentiam nobis fidemque et libertatem suam plane probaverit* [...] die gleichgerichtete, aber stärkere Feststellung des Erasmus: *Illud opinor apud eruditos omnes* (!) *in confesso esse, quod ad narrationis fidem attinet, primas deberi Suetonio, qui* [...] *prorsus ea libertate scripsit Caesarum vitas, qua vixerunt ipsi.* Ferner betonen beide, wie wenige gute Kaiser es gab. Die Formulierung des Erasmus ist wieder kräftiger und sicher radikaler als die Polizians, von dem jedoch einige Ausdrücke und Wendungen übernommen sind. Vgl. Polizian: *Fuere autem ex Romanis omnibus imperatoribus nimis quam pauci probabiles* (!), *ut non ridicule a scurra quodam mimico dictum sit, in uno anulo bonos omnes principes perscribi posse atque*

Ein weitergehendes Interesse an der antiken oder modernen Historiographie hatte Erasmus freilich nicht. Er hat keine eingehendere Erörterung der Geschichtstheorie hinterlassen, kein Geschichtswerk geschrieben und keinen der griechischen Historiker übersetzt, sondern war bekanntlich viel mehr an Fragen der Rhetorik, der Ethik und vor allem der Theologie interessiert. Von letzterer aus ergab sich für ihn eine deutliche Relativierung der Bedeutung der profanen antiken Historiker, worauf er in seinem Kommentar zum 33. Psalm (1531) zu sprechen kommt.[14] *Titus Livius, Thucydides, Herodotus, Plutarchus caeterique huius generis* waren selbstverständlich gelehrt, beredt und sorgfältig (*docti, facundi diligentesque*), aber sie waren natürlich Menschen und als solche dem Irrtum unterworfen. Sie berichteten nicht selten Widersprüchliches und selbst, wo sie übereinstimmten, nicht immer die Wahrheit. Das war bei den Geschichtsbüchern in der Heiligen Schrift völlig anders, da sie unter der Inspiration des Heiligen Geistes verfaßt waren. Widersprüche waren hier nicht die Folge eines Irrtums oder einer Nachlässigkeit, sondern Hinweis auf einen verborgenen Sinn (*varietas non est erroris, sed mysterii*). Die *historia sacra* hat im Gegensatz zur *historia profana* einen allegorischen *sensus mysticus* und ist vollkommen wahr. Sie ist also mit unvergleichlich größerer Aufmerksamkeit zu studieren, weshalb Erasmus diejenigen eines schweren Irrtums zeiht, *qui non multo religiosius legunt sacras historias quam Herodotum aut Titum Livium*.[15] Diesen relativ niedereren Rang teilt die profane Geschichtsschreibung natürlich mit der gesamten nichtchristlichen antiken Literatur, sobald diese mit den Werken der Heiligen Schrift verglichen wird. In seinem *Ciceronianus sive de optimo dicendi genere dialogus* (1528) stellt Erasmus in diesem Sinn Herodot und Diodor weit unter die Bücher Moses, Livius unter die Bücher der Richter und Könige, Plato und Sokrates unter den Christus der Evangelien,

---

*depingi* mit Erasmus: *Quin et illud subit admirari, in tanto principum numero paucos extitisse tolerabiles* (!), *paucissimos probos, plerosque non inprobos modo verum etiam ostenta mera merasque pestes humani generis*. Die Ausdrucksweise des letzten Satzes ist auch von der *Historia Augusta* selbst beeinflußt, wo Erasmus die Metapher *pestis* für einen üblen Kaiser vorfand: vgl. Ael. Lampr. Ant. Heliog. 10, 1 *pestem illam imperatoris*, Alex. Sev. 1, 2 *pestis illa* [...] *remedium generis humani* und zu *ostenta* Ant. Heliog. 1, 2 *prodigiosos tyrannos* — es sind die Stellen, denen Erasmus auch seine Liste der guten Herrscher entnommen hat.

[14] S. D. Erasmus, Leiden, T. V, Sp. 370ff., Amsterdam O. V 3, 1986, S. 96ff.

[15] Für P. G. Bietenholz, wie Anm. 1, S. 13ff. ist die Erörterung des Unterschieds zwischen *sacra* und *profana historia* in diesem Psalmenkommentar die Kernstelle für die Stellung des Erasmus zur Geschichte und der Ausgangspunkt seiner Darlegungen, woraus er S. 47 mit Recht das Resümee zieht "in view of the perfect truth of sacred history inspired by the Holy Spirit, all human records are necessarily unreliable". Dieser absolute Maßstab läßt jedoch den relativen Wert der profanen Historiker unberührt. Erasmus erkennt an, daß sie nach ihren Möglichkeiten Großes geleistet haben. Ihre Lektüre verlangt ihre richtige Einschätzung, ist aber in diesem Rahmen von Nutzen.

Pindar unter die Psalmen und Theokrit unter das Hohe Lied.[16] Diese Einstufung beseitigte für Erasmus nicht den relativen Wert der antiken Historiker. Aber er räumt ihnen in der Gesamtheit seiner Interessen und auf seiner Werteskala einen geringeren Platz ein als andere Humanisten, die eine weniger stark ausgeprägte theologische Blickrichtung hatten. Auf der innerhalb des gemeinsamen humanistischen Feldes extrem entgegengesetzten Position hatte Lorenzo Valla gestanden, der selbst Geschichtsstudien betrieben und um 1445 das Geschichtswerk *De rebus a Ferdinando Hispanorum rege et maioribus eius gestis* vefaßt hatte. In der Vorrede zu diesem Werk äußerte er sich zur Bedeutung der profanen Geschichtsschreibung und verglich sie nicht mit den Geschichtsbüchern der Heiligen Schrift, sondern mit den humanistischen Disziplinen der Philosophie und Dichtung. Seines Erachtens sind die *historici* nützlicher als die *philosophi* und die *poetae*, denen sie üblicherweise nachgestellt würden. Historie sei nützlicher als Poesie wegen ihres — hier nicht angezweifelten — Wahrheitsgehalts, da sie tatsächliche und nicht erfundene Vorgänge darstelle, und auch nützlicher als die Philosophie, bei der hier speziell an die Ethik gedacht wird, da sie durch konkrete Beispiele und nicht durch abstrakte Begriffe belehre.[17] Die historische Darstellung kann danach richtige und falsche Verhaltensweisen besser und erschöpfender sichtbar machen als eine moralphilosophische Abhandlung, während Erasmus umgekehrt wieder der Moralphilosophie einen höheren Rang als der Geschichte zuwies.

In dieser Art konnten verschiedene Humanisten die Historie verschieden stark gewichten und auch verschiedenartige Lehren aus ihr ziehen; einig waren sie sich darin, daß sie selbstverständlich ein unverzichtbarer Bestandteil der *studia humanitatis*, das heißt der literarischen Studien sei, die sie als grundlegend und unerläßlich für jede höhere Bildung betrachteten. Dabei meint *Historia* primär die Lektüre einer Anzahl von antiken Geschichtswerken. Ihr Ziel war zunächst nicht, einen Überblick über die Geschichte zu geben, auch wenn diese Lektüre insgesamt auch einen Überblick über weite Strecken des Altertums — freilich

---

[16] S. D. Erasmus, Leiden, T. I, Sp. 998, Amsterdam O. I 2, S. 645. Für P. G. Bietenholz, wie Anm. 1, S. 23 bedeutet dieser Vergleich eine völlige Abwertung der heidnischen Autoren.

[17] S. L. Valla, Opera omnia, con una premessa di E. Garin, Turin 1962, Bd. 2, Nachdruck der Ausgabe *De rebus a Ferdinando [...] gestis*, Paris 1528, Bl. 3; zum Prooemium Vallas vgl. E. Keßler, Die Ausbildung der Theorie der Geschichtsbeschreibung im Humanismus und in der Renaissance unter dem Einfluß der wiederentdeckten Antike, in: Die Antike–Rezeption in den Wissenschaften während der Renaissance, hrsg. von A. Buck und K. Heitmann, Weinheim 1983, S. 29ff., hier S. 38f. — Für den Vorrang der Historia vor den anderen humanistischen Disziplinen, insbesondere der Dichtung und Philosophie, spricht sich auch Polizian in seiner *Praefatio in Suetonii expositionem* aus (wie Anm. 13; vgl. Opera, S. 503: *vere hoc mihi videor esse dicturus nullius aut facultatis aut disciplinae tantam utilitatem quanta historiae existere*).

nur des Altertums — geben konnte. *Historia* als Teil der *studia humanitatis* meint ferner nicht, daß hier die Erforschung der Vergangenheit oder die Abfassung von Geschichtswerken gelehrt worden wäre. Wohl konnten einzelne, die sich dazu berufen fühlten, später unter anderem mit Hilfe der durch die antiken Geschichtswerke gegebenen Anleitung darangehen, selbst die Geschichte ihrer Stadt, ihres Staates, ihres Fürsten oder ihrer Zeit zu beschreiben.[18] Diese Geschichtswerke wurden dann auch wieder von Menschen gelesen, die durch die Schulung der *studia humanitatis* gegangen waren. Aber solche Geschichtswerke waren zunächst nicht Unterrichtsgegenstand in der *lectio historicorum*, die sich den antiken Historikern zuwandte, und solche Geschichtswerke behandelten auch nur selten eine Epoche oder eine Figur der Vergangenheit, die von den antiken Historikern bereits vorbildlich dargestellt worden war.

Die moderne Geschichtswissenschaft ist zwar letztlich aus der zum Universitätsfach gewordenen *Historia* der *studia humanitatis* hervorgegangen — ihre eigentliche Fortsetzung in einer kontinuierlichen Tradition hat diese *Historia* aber in der Historikerlektüre im gymnasialen Lateinunterricht gefunden. Wenn dort heute noch etwas Sallust, Livius oder Tacitus gelesen wird, haben wir die umfangmäßig stark reduzierte und mehr auf Spracherlernung ausgerichtete Fortsetzung der humanistischen *lectio historicorum* vor uns.

Nach einem Lektionsplan der *historica lectio* der Universität Mainz aus den Anfängen des sechzehnten Jahrhunderts sollte der Dozent für die Studenten der Artistenfakultät täglich einstündig folgende Historiker lesen und übersetzen: Livius, Valerius Maximus, Sallust, Justinus, Sueton und Florus.[19] Die

---

[18] Vgl. P. Joachimsen, Geschichtsauffassung und Geschichtsschreibung in Deutschland unter dem Einfluß des Humanismus, Leipzig 1910, Nachdruck Aalen 1968, der den neuen Geschichtswerken der Humanisten, nicht aber ihrer Lektüre der antiken Historiker seine Aufmerksamkeit zuwendet, und E. Cochrane, Historians and Historiography in the Italian Renaissance, London 1981. Die Übersicht über die humanistische Historiographie im weitesten Sinn, die J. G. Vossius, De historicis Latinis libri III, ed. altera Leiden 1651, S. 525ff., gibt, ist als Ganzes unersetzt und als Fundgrube immer noch wertvoll.

[19] S. F. Hermann, Die Mainzer Bursen 'Zum Algesheimer' und 'Zum Schenkenberg' und ihre Statuten, in: Beiträge zur Geschichte der Universitäten Mainz und Gießen, herausgeben von J. R. Dietrich und K. Bader, Darmstadt 1907, S. 94ff., hier S. 102f. Der Historicus der Universität Marburg sollte nach der Ordnung von 1529 Livius, Caesar, Valerius Maximus, Sallust, Justinus, Florus, Orosius, Curtius, Sueton, Tacitus "und andere bewerte glaubwirdige Historiographos leren und lesen", s. G. Wirth, Die Entwicklung der Alten Geschichte an der Philipps–Universität Marburg, Marburg 1977, S. 6. In der 1494 fertiggestellten *Carlias* des Ugolino Verino erscheinen übrigens Thucydides, Herodot, Sallust und Livius im Elysium (Florenz, Cd. Riccardianus 838, f. 85; eine Erstausgabe dieses Epos bereitet zur Zeit mein Schüler Nikolaus Thurn vor) [Nachtrag 2002: S. jetzt N. Thurn, Ugolino Verino. Carlias. Ein Epos des 15. Jahrhunderts erstmals hrsg., München 1995

Sammlung der historischen Exempel des Valerius Maximus wird in dieser Zeit immer unter die historiographischen Werke gerechnet (hier wurde Historie zwar ohne chronologische und geographische Zusammenhänge vermittelt, aber jeweils mit Reflexionen zu den ausgezogenen historischen Vorgängen, so daß damit nicht nur historisches Material, sondern auch eine Anleitung zu einer moralphilosophischen Auswertung historiographischer Darstellungen gegeben wurde).[20] Auffälligerweise fehlt Tacitus, den Erasmus auch in der kleinsten Historikerliste nannte. Es fehlen auch die griechischen Historiker, von denen die wichtigeren in lateinischen Übersetzungen greifbar waren. Die humanistischen Leselisten differieren etwas, aber mit geringen Abweichungen können wir etwa diese Historiker überall da erwarten, wo sich im fünfzehnten und der ersten Hälfte des sechzehnten Jahrhunderts Lehrer und Schüler mit Historie beschäftigten.

Die vielfach erklärten Ziele dieser Lektüre waren, in dem von den antiken Geschichtswerken dargestellten politischen Leben einerseits *honesta* und *turpia*, andererseits aber auch *utilia* und *inutilia* zu beobachten, d.h. Beispiele guten und schlechten sowie erfolgreichen und schädlichen Handelns kennenzulernen und dabei auch die Ursachen und sozusagen Gesetzmäßigkeiten politischer Vorgänge zu erkennen, um solche Kenntnisse wo möglich später im eigenen politischen Handeln, sei es als Regierender oder als dessen Berater, zu verwerten. Die antiken Geschichtswerke galten für derlei Lehren als geeignet, da sie nicht nur chronikalisch die Ereignisse selbst, sondern auch ihre Ursachen, insbesondere die Wünsche, Pläne und Entscheidungen der an ihnen beteiligten Menschen darstellten. Zudem konnten die in ihnen enthaltenen Reden lehren, wie bestimmte Argumente in bestimmten Situationen wirkungsvoll zur Geltung gebracht wurden. Daß ein Redner sich manchmal auch

---

(Humanistische Bibliothek II 31), S. 271, ders., Kommentar zur Carlias des Ugolino Verino, München 2002 (Humanistische Bibliothek II 33), S. 411].

[20] Valerius Maximus war der erste Historiker im Sinne der Renaissance, der in einer deutschen Übersetzung gedruckt wurde (1489, s. F. J. Worstbrock, Deutsche Antikerezeption 1450–1550, Teil I Verzeichnis der deutschen Übersetzungen antiker Autoren mit einer Bibliographie der Übersetzer, Boppard 1976, S. 153); er war auch der erste 'Historiker', der gedruckte humanistische Kommentare erhielt (der Kommentar von Oliverius Arzignanensis wurde 1487, der des Theophilus 1508 und der des Jodocus Badius Ascensius 1510 zuerst gedruckt; es folgten mehrere Ausgaben mit diesen drei Kommentaren). Zur wenig erforschten Wirkungsgeschichte des Valerius Maximus vgl. R. Guerrini, Studi su Valerio Massimo, Pisa 1981. Zu ihr gehört auch, daß nach seinem Vorbild andere historische Exemplasammlungen entstanden. J. B. Heroldt (1514–1567) gab 1535 eine Reihe von ihnen in Basel in einer Sammelausgabe heraus, deren Titel ausdrücklich auf den Nutzen der Geschichtsschreibung Bezug nimmt: Exempla virtutum et vitiorum atque etiam aliarum rerum maxime memorabilium, futura Lectori supra modum magnus Thesaurus, historicɷ conscripta [...] Continent enim omnem, quae maxima ex historijs percipitur utilitatem [...].

mit einer gut formulierten Rede gegen entgegensetzte Wünsche und Emotionen nicht durchsetzen konnte, zeigte auch die Grenzen der rhetorischen Kunst. Die *Historia* der *studia humanitatis* konnte so insgesamt zum Erwerb von *prudentia* und *eloquentia* Wichtiges beitragen.[21]

Zu den in diesem Bereich von der Forschung noch nicht geklärten Fragen gehört die, wie die Humanisten den Nutzen der *Historia* ihren Schülern konkret zu vermitteln suchten, d.h., wie der Unterricht in der sogenannten *lectio historicorum* beschaffen war, ob und wie man dabei die Studenten über die unmittelbare Lektüre und Übersetzung hinaus anleitete, auf die nützlichen Einsichten zu achten, die bei einer solchen Lektüre zu gewinnen waren, sowie welcher Art diese Einsichten im einzelnen waren. Solche Einblicke in die Unterrichtspraxis zu gewinnen, ist schwierig, da die frühen lateinischen Historikerausgaben den Texten keine didaktischen Erläuterungen beigeben[22] und die geschichtstheoretischen Erklärungen in den Vorreden und entsprechenden Traktaten oder Briefen sich auf grundsätzliche Äußerungen zu beschränken pflegen. Die relativ detailliertesten Angaben über das, worauf bei einem Historiker zu achten ist, gibt im fünfzehnten Jahrhundert Pontano in seinem zuerst 1519 gedruckten Dialog *Actius*. Die Frage, wieweit der damalige Unterricht den dort gegebenen Gesichtspunkten entsprach, ist jedoch noch nicht geklärt worden. Die humanistische Geschichtstheorie ist wesentlich besser bekannt als die noch weitgehend unerforschte Praxis der humanistischen *lectio historicorum* im einzelnen.[23]

---

[21] Natürlich war, worauf oft hingewiesen wird, die Vergangenheit hier weniger um ihrer selbst denn als Lehrmeisterin für die Gegenwart interessant. Aber man sollte deshalb der Renaissance nicht historisches Interesse überhaupt oder 'im eigentlichen Sinn' absprechen, sondern verschiedene Formen desselben sehen. Das Interesse, die wahre Vergangenheit kennenzulernen, fehlte im übrigen auch in der Renaissance keineswegs. Hierauf kann hier nicht näher eingegangen werden, auch nicht auf andere Motive des historischen Interesses, wie die Suche nach und Bestätigung der eigenen historischen Identität; zu letzterem vgl. jetzt N. Hammerstein, Geschichte als Arsenal, Geschichtsschreibung im Umfeld deutscher Humanisten, in: Geschichtsbewußtsein und Geschichtsschreibung in der Renaissance, hrsg. von A. Buck, T. Klaniczar und S. K. Nemeth, Budapest 1989, S. 19ff. (erschienen nach Abschluß dieser Abhandlung).
[22] Zur frühen Kommentierung des Livius vgl. A. H. McDonald, Livius, Titus, in: Catalogus Translationum et Commentariorum, ed. by P. O. Kristeller und F. E. Cranz, Bd. 2, Washington D. C. 1971, S. 331ff.
[23] Vgl. zur humanistischen Geschichtstheorie vor allem R. Landfester, s. Anm. 3, und die Arbeiten von E. Keßler, s. Anm. 2 und 17. A. Grafton & L. Jardine, From Humanism to the Humanities, Education in the Liberal Arts in the Fifteenth and Sixteenth–Century Europe, London 1986, die die humanistische Unterrichtspraxis darzustellen suchen, behandeln nicht die *lectio historicarum*, obwohl sie sowohl zu 'humanism' als auch zu den 'humanities' gehört. *Historia* erscheint bei ihnen nur als historisch–antiquarische Erklärung

## 1. Erasmus und Schöfferlin

In diesem Zusammenhang erhält ein kürzlich wiederentdecktes Werk, die erste römische Geschichte in deutscher Sprache, die Bernhard Schöfferlin im letzten Jahrzehnt des fünfzehnten Jahrhunderts unter Verwertung verschiedener antiker Historiker verfaßte, eine besondere Bedeutung, da es die eben formulierten Ziele vertritt und im einzelnen Aufschluß geben kann, wie ein humanistisch gebildeter Mensch die Lehren der *Historia* auffaßte und vermittelte. Dieses Werk hatte innerhalb des deutschsprachigen Raums im sechzehnten und siebzehnten Jahrhundert eine sehr große Verbreitung. Da Schöfferlin bis zu seinem Tod im Jahr 1501 aber nur die römische Geschichte bis zum Ende des zweiten Punischen Krieges hatte behandeln können, war schon dem Mainzer Erstdruck von 1505 vom Herausgeber Ivo Wittich wenigstens noch eine Übersetzung der vierten Dekade des Livius angehängt worden. Das reich mit Holzschnitten bebilderte Gesamtwerk[24] führte nun den Titel "Romische Historie uß Tito livio gezogen". Durch die in ihm enthaltene Vorrede Schöfferlins war dessen Arbeit zwar noch identifizierbar, der Herausgeber präsentierte das Gesamtwerk jedoch irreführenderweise als Liviusübersetzung, weshalb Schöfferlins Arbeit bis kürzlich bibliographisch nur als erste deutsche Liviusübersetzung verzeichnet wurde. Das kombinierte Werk wurde in der gleichen und teilweise in erweiterter und etwas veränderter Fassung bis ins siebzehnte Jahrhundert mindestens 32mal aufgelegt, wobei Schöfferlins Name jedoch ganz unterschlagen wurde.[25]

---

zu antiken Texten wie den Briefen Ciceros (Sallust, Livius, Tacitus, Herodot und Xenophon finden sich nicht im Index, auch werden weder Guarinos Brief *de historiae conscribendae forma* an Tobia dei Borgo noch Pontanos *Actius* auf ihre Aussagekraft für die Unterrichtsgestaltung geprüft; vgl. dazu auch unten Anm. 58). Wichtige Hinweise zum historischen Universitätsunterricht im sechzehnten Jahrhundert bietet dagegen G. Wirth, wie Anm. 19.

[24] Vorbild für die Illustrierung war vermutlich die lateinische Liviusausgabe, die 1495 in Venedig gedruckt wurde (vgl. zu ihr unten Anm. 36), deren schlicht stilisierte Holzschnitte jedoch sowohl an Zahl als auch an Größe und Ausarbeitung weit übertroffen werden. Da die Illustrierung der Mainzer Ausgabe von 1505 sicher im Auftrag Ivo Wittichs geschah, ist anzunehmen, daß diesem die illustrierte Ausgabe von 1495 vorlag.

[25] Schöfferlins Werk wurde zusammen mit der angeschlossenen Liviusübersetzung 1505–1562 mindestens dreizehnmal aufgelegt. Bibliographisch wird die Liviusübertzung von Zacharias Müntzer, die 1562–1637 in 19 Auflagen erschien, als zweite deutsche Übersetzung geführt (F. L. A. Schweiger, Bibliographisches Lexicon der gesamten Literatur der Römer, Leipzig 1834, Nachdruck Amsterdam 1962, Bd. 1, S. 545ff.). Müntzer hat jedoch Livius — entgegen der Angabe der Titelblätter — auf weite Strecken nicht neu übersetzt, sondern, was den Schöfferlinschen Text angeht, diesen oft nur sprachlich modernisiert und unter Beseitigung der Schöfferlinschen Kapitelüberschriften in die Bücher des Livius eingeordnet. So stehen z.B. die im folgenden besprochenen zwei Kapitel Schöfferlins über die syrakusanischen Wirren in der Müntzerschen Fassung am Anfang des 24. Liviusbuches. Als Beispiel für die sprachliche Modernisierung unter Beibehaltung der Schöfferlinschen Text-

In einem 1986 in den "Esslinger Studien" erschienenen Aufsatz und ausführlicher 1987 in einem Sitzungsbericht der Hamburger Jungius–Gesellschaft habe ich erstmals auf den wahren Charakter von Schöfferlins Arbeit aufmerksam gemacht und auch die Biographie des Verfassers in wesentlichen Punkten von irrtümlichen Vorstellungen, die teilweise auf bewußte Verfälschungen des neunzehnten Jahrhunderts zurückgingen, befreit.[26] Noch 1985 bzw. 1987 hat A. Momigliano auf Grund dieser falschen Tradition Bernhard Schöfferlin als den frühesten bekannten Geschichtsprofessor in Europa bezeichnet, weil ihm 1504 die *lectura historica* an der Universität Mainz übertragen worden sei.[27] In Wirklichkeit war er nie Professor an dieser oder einer anderen Universität.

Da die Kenntnis seiner Biographie zum Verständnis der Entstehungsweise und Eigenart seines Werkes wichtig ist, seien die ermittelten Stationen seines Lebens im folgenden stichwortartig rekapituliert.[28] Er wurde 1436/38 in der

---

substanz, auch wo diese keineswegs genau auf Livius zurückgeht, sei hier der erste Satz zitiert, der mit der auf S. 84 Z. 4ff. edierten Schöfferlinschen Fassung zu vergleichen ist: "Da sich obgemeldte Händel in Italia verlauffen hatten, verkehrt sich der Römer Glück durch den Tod und Abgang Hieronis des Königs von Syracusa, dann sein älter Sohn Gelo gieng bei seines Vatters Leben damit umb, daß er gern auff deren von Carthago Seiten gefallen were [...]" (nach: Titus Livius und Lucius Florus, Von der Ankunfft unnd Ursprung des Römischen Reichs [...] Jetzund auff daß Newe auß dem Latein verteutscht [...], Straßburg 1613, S. 274).
[26] S. W. Ludwig, Burgermeister und Schöfferlin, Esslinger Studien 25, 1986, S. 69ff., hier S. 73ff., wo die Biographie und das Werk Schöfferlins im Zusammenhang mit einer genealogisch–sozialhistorischen Untersuchung seiner Familie behandelt wurde (Schöfferlin gehörte zu einem Geschlecht, das seinen Namen Schultheiß seit 1402 mit dem Namen Schöfferlin vertauscht hatte, wohl um sich von einem älteren Esslinger Geschlecht dieses Namens zu unterscheiden), und Römische Historie im deutschen Humanismus, wie Anm. 3. Danach erschienen W. Ludwig, Der Sohn des Grafen Eberhard im Bart von Württemberg heiratete eine Schöfferlin, Esslinger Studien 26, 1987, S. 37ff. (mit einigen biographischen Ergänzungen), W. Röll, Bernhard Schöfferlins Vorrede zum ersten Teil der 'Römischen Historie' (1505), Zeitschrift für das deutsche Altertum und deutsche Literatur 117 , 1988, S. 210ff., der weitere Arbeiten zu Schöfferlins Werk im Rahmen eines von der DFG unterstützten Projekts ankündigt [vgl. dazu den Nachtrag am Ende], und W. Ludwig, Südwestdeutsche Studenten in Pavia 1451–1500, Zeitschrift für Württembergische Landesgeschichte 48, 1989, S. 97ff., hier besonders S. 108f.
[27] S. A. Momigliano, The introduction of history as an academic subject and its implications, in: The Golden and the Brazen World, Papers in Literature and History 1650–1800, ed. J. M. Wallace, UP California 1985, S. 187ff., nachgedruckt in: Ottavo contributo alla storia degli studi classici e del mondo antico, Rom 1987, S. 161ff., hier S. 173. Er nennt Schöfferlin auch wieder den ersten deutschen Liviusübersetzer. Der gleichen Auffassung waren unter anderem P. Joachimsen, wie Anm. 18, S. 75, der das Geschichtswerk Schöfferlins deshalb in seinem Buch nicht besprach, und J. Knape, wie Anm. 3, S. 388.
[28] Die folgenden Angaben sind, wo nichts anderes angegeben ist, in meinen in Anm. 26 aufgeführten Veröffentlichungen belegt.

Reichsstadt Esslingen am Neckar als Sohn eines reichen stadtadeligen Bürgers, der später Vorsitzender des Stadtgerichts (1458) und Pfleger der neuen Pfarrbibliothek (1461) wurde, geboren. Bernhard war Schüler des Niklas von Wyle in Esslingen, Student (1454) und *Baccalaureus* (1456) in Heidelberg und wurde als *Magister* vom Esslinger Stadtrat zum Zwecke des weiteren Studiums für eine kirchliche Pfründe empfohlen (1461). Er hatte jedoch nur die niederen Weihen empfangen und trat später wieder in den weltlichen Stand zurück.[29] Er war *Doctor artium* und Jurastudent in Pavia (1464), Kanzler des Koadjutors des Erzbischofs von Mainz (1466), Sollizitator des Grafen Ulrich von Württemberg (1467), *Doctor iuris civilis* in Ferrara (1468), Koadjutor des Grafen Heinrich von Württemberg bei dessen Studienreise in Frankreich und Italien (1469), Empfänger eines kaiserlichen Adelsbriefes (1470), Schwiegersohn eines württembergischen Kanzlers (1471), Rat des Grafen Eberhard im Bart (1472), Unterhändler bei den Vorbereitungen zu dessen Heirat mit Barbara Gonzaga in Mantua (1474),[30] Richter am württembergischen Hofgericht (1475), Bruder eines Professors der neuen Tübinger Universität (1477), Procurator und Anwalt (1477), Kanzler (1478) und Testamentszeuge (1481)[31] der Erzherzogin Mechthild von Österreich in Rottenburg am Neckar, dann wieder Rat (1482) bzw. Rat auf Lebenszeit (1488) des Grafen, ab 1495 Herzogs Eberhard im Bart von Württemberg, der ihn veranlaßte, aus Livius und anderen antiken Historikern eine römische Geschichte in deutscher Sprache

---

[29] Wenn Niklas von Wyle ihn 1461 als Esslinger Stadtschreiber dem Dekan und Kapitel von Speyer für eine Pfründe empfahl (s. das Schreiben bei R. Schwenk, Vorarbeiten zu einer Biographie des Niklas von Wyle [...], Göppingen 1978, S. 387ff., und dazu W. Ludwig, Der Sohn des Grafen Eberhard [...], wie Anm. 26, S. 43), tat er dies im Auftrag des Stadtrats. Da dem Speyerer Domkapitel das Kirchenpatronat der Esslinger Stadtkirche zustand, ist das Schreiben in erster Linie als Bitte um Zuweisung einer Altarpfründe an dieser Kirche aufzufassen, die Schöfferlin unter Bezahlung eines Vertreters zu seinem weiteren Studium benützen sollte. Er hatte danach die niederen Weihen, die ihn zur Entgegennahme einer solchen Pfründe befähigten, erhielt aber nie die höheren Weihen als Priester, sondern trat offenbar vor 1471 (dem Jahr seiner Heirat) in den weltlichen Stand zurück.
[30] S. Württemberg im Spätmittelalter, Ausstellung des Hauptstaatsarchivs Stuttgart und der Württ. Landesbibliothek, Katalog, bearbeitet von J. Fischer, P. Amelung und W. Irtenkauf, Stuttgart 1985, S. 17, wonach Graf Eberhards Rat Dr. B. Schöfferlin am 13. April 1474 in Mantua eine Quittung über den Erhalt von 15.000 Gulden als Anzahlung auf die Mitgift Barbaras ausstellte. Ebenda, S. 19, wird ferner erwähnt, daß ein Doktor Eberhards ("un suo doctore" nach einem zeitgenössischen Bericht) am 19. April 1474 in Mailand im Namen Eberhards vor dem Herzog von Mailand eine kurze Rede hielt, "die dem Herzog sehr gefiel. Darin wurde vor allem auf die uralte Verwandtschaft der Grafen von Württemberg mit den Herzögen von Mailand hingewiesen und auf die verwandtschaftlichen Beziehungen zur Frau des Herzogs, Bona von Savoyen". Nach Lage der Dinge kann Schöfferlin sehr wohl der Orator gewesen sein.
[31] Zum Testament vgl. Württemberg im Spätmittelalter, wie Anm. 30, S. 13.

zu verfassen.³² Bernhard Schöfferlin war Schwiegervater eines legitimierten natürlichen Sohnes des Herzogs Eberhard, Beisitzer am Reichskammergericht, während es in Frankfurt (1495–97) und Worms (1498–99) tagte, Freund des Humanisten Dr. Johann Reuchlin und des Mainzer Kirchenrechtlers Dr. Ivo Wittich, Rat von Haus aus des Herzogs Ulrich von Württemberg (1499), Richter des Schwäbischen Bundes im Auftrag der Reichsstädte (1500) und so Kollege des Dr. Johann Vergenhans genannt Nauclerus, der zu dieser Zeit seine lateinische Weltchronik verfaßte, und schließlich Stifter eines Seelamts bei den Esslinger Franziskanern für sich, seine Frau und beider Eltern (1501). Er starb 1501, vermutlich in Esslingen, am 22. September.³³

Kennzeichnend für ihn sind somit seine rechsstädtisch–patrizische Herkunft, sein humanistisches und juristisches Studium in Deutschland und Italien, seine mehrfachen Aufenthalte in Italien, seine administrative, anwaltliche und diplomatische Tätigkeit im Dienst von Fürsten, seine richterliche an Hof-, Bundes- und Reichsgerichten und sein Leben an literarisch und humanistisch interessierten Fürstenhöfen, an denen insbesondere auch die Übersetzung antiker Autoren ins Deutsche gefördert wurde.³⁴ Hiermit sind eine Reihe von Erfahrungshorizonten abgesteckt, die auch in seinem historischen Werk zur Geltung kamen.

Mit dem ersten Satz seiner Vorrede schließt er sich direkt oder indirekt der von Lorenzo Valla vertretenen Auffassung hinsichtlich des alle anderen huma-

---

[32] Der Auftrag Eberhards wurde aus einer bis dahin falsch übersetzten Stelle in der Leichenpredigt Konrad Summenharts auf Herzog Eberhard erschlossen (s. W. Ludwig, wie Anm. 3, S. 42ff.). Zum historischen Interesse Eberhards vgl. auch seine eigenen Eintragungen in seinem Exemplar der deutschsprachigen Ausgabe des *Fasciculus temporum* von Werner Rolevinck (Basel 1481), s. Württemberg im Spätmittelalter, S. 141ff.

[33] Das üblicherweise angegebene Todesjahr 1504 geht auf eine falsche Angabe F. W. E. Roths vom Ende des neunzehnten Jahrhunderts zurück (vgl. W. Ludwig, wie Anm. 3, S. 22ff.). K. K. Finke, Die Tübinger Juristenfakultät 1477–1534, Tübingen 1972, S. 250, Anm. 8, der aus einer späten Exzerptensammlung im Hauptstaatsarchiv Stuttgart entnahm, daß Schöfferlin nicht lange vor dem 22.11. 1501 gestorben sein muß, aber selbst keine Folgerungen für seine vermeintliche Geschichtsprofessur zog, wurde bis 1987 nicht beachtet. Die von mir ermittelte Urkunde des Stadtarchivs Esslingen vom 16.12. 1501 enthält die Bestätigung der Seelamtsstiftung durch die Witwe, in der bestimmt wird, daß für B. Schöfferlin am 22.9. oder am Tag davor oder danach Seelmessen gelesen werden sollen. Daraus ergibt sich die Vermutung für diesen Todestag. Zuletzt lebend genannt wird er am 1.3. 1500.

[34] Vgl. B. Theil, Literatur und Literaten am Hof der Erzherzogin Mechthild in Rottenburg, Zeitschrift für Württ. Landesgeschichte 42, 1983, S. 125ff., D. Stievermann, Herzog Eberhard im Bart (1459–1496), und H. Fröschle, Das Haus Württemberg in der Literatur, in: 900 Jahre Haus Württemberg, herausgegeben von R. Uhland, Stuttgart/Berlin/Köln/Mainz 1984, S. 82ff., 537ff., 738, sowie Württemberg im Spätmittelalter, wie Anm. 30, S. 129ff.

nistischen Disziplinen übertreffenden Nutzens der Geschichtsschreibung an, wobei jedoch die ausdrückliche Betonung, daß es für einen 'weltlichen Mann' nichts Nützlicheres als das Lesen von Geschichtswerken gebe, deutlich impliziert, daß ein 'geistlicher Mann' andere Präferenzen haben mag.[35] Um die Art seiner Geschichtsdarstellung und den in ihr aufgewiesenen Nutzen der Historie beispielhaft zu demonstrieren, seien hier zwei Kapitel, die zusammen einen geschlossenen Handlungsablauf zum Gegenstand haben, näher betrachtet. Sie umfassen einschließlich der beiden halbseitigen Holzschnittillustrationen fünf der insgesamt 382 Folioseiten seines Werkes. Es handelt sich um die auf den Bl. CXXIIIv–CXXVv dargestellten politischen Turbulenzen in Syrakus während des zweiten Punischen Krieges, für die Schöfferlin als Quelle Livius' Buch XXII 37, Buch XXIII 30, Buch XXIV 4–7 und 21–26 sowie Justinus' Buch XXIII 4 verwertete.[36] Er hat die bei Livius getrennt berichteten Vorgänge der Jahre 216 bis 214 v. Chr. zu einer erzählerischen Einheit zusammengefügt.

---

[35] "So ich offt unnd vil by mir selbs betracht hab, was einem weltlichen man allermeist zu vernunfft dienen, zu manheit und einem tugenrichen leben bringen müg, find ich nach mynem beduncken nit nützers noch fructbarlichers dan flyssig historien unnd alt geschichten zu lesen, wa die allein ordenlich, als sich des die alten Römer geflyssen haben, beschriben werden, wan von inen eine yde geschicht warlich, wie sich die an ir selbs begeben hat, mit allen umbstenden, worten und tatten, daran icht gelegen gewesen ist, beschriben wird." Vgl. zu diesem Eingangssatz von Schöfferlins Vorrede W. Ludwig, wie Anm. 3, S. 49ff. und W. Röll, wie Anm. 26, der S. 220 den Satzanfang direkt auf Cic. De orat. 1, 1 *Cogitanti mihi saepe numero* [...] zurückführt. Erheblich näher liegt Cic. De inv. 1, 1 *Saepe et multum hoc mecum cogitavi, bonine an mali plus attulerit hominibus et civitatibus copia dicendi ac summum eloquentiae studium*, sowohl wegen der Formulierung der ersten Worte als auch wegen des anschließenden Gedankens, der nach dem Nutzen einer geistigen Beschäftigung (hier der Rhetorik) für die Menschen fragt. Vermutlich hat sich Schöfferlin direkt an diese Stelle angeschlossen, die auch sonst von Humanisten gerne verwendet wurde (vgl. dazu H. Hommel, Saepe et multum mecum cogitavi, in: Beiträge zur altitalischen Geistesgeschichte, Festschrift G. Radke, herausgegeben von R. Altheim–Stiehl und M. Rosenbach, Münster 1986, S. 139ff.).

[36] Zur besseren Übersicht ist der Text dieser beiden Kapitel in einem Appendix zu dieser Abhandlung ediert (s. S. 516ff.). Welche der Liviusausgaben des fünfzehnten Jahrhunderts Schöfferlin benützte, ist unbekannt. Textlich folgen alle der Editio princeps von 1469, deren Vorlage nach den Forschungen von G. Billanovich ein Abkömmling des von Petrarca korrigierten Codex Mus. Brit. Harleianus 2493 (A) war. Verglichen wurden die Ausgaben Titi Livi Decades, Treviso 1482 (Herzog August Bibliothek Wolfenbüttel L h 4° 91.2), wo sich der Text von Buch 24, 4–7 auf Bl. eeiii v–eeiiii r und von 21–26 auf Bl. eevii r–eevii r findet, und die illustrierte Ausgabe Venedig 1495 (L h 4° 91.1; 24, 4ff. = Bl. CXXIIff.). Die folgenden Textzitate aus Livius geben einerseits den Text der Ausgabe von C. F. Walters und R. S. Conway (Oxford 1929ff., hier 1985) wieder und berücksichtigen andererseits abweichende Textformen der Ausgaben des fünfzehnten Jahrhunderts.

Nach dem überleitenden Zusatz "do sich das in Ytalia verloffen hett" (nach dem von Livius öfters gebrauchten *Dum haec in Italia geruntur*)[37] setzt Schöfferlin entsprechend Livius' XXIV 4, 1, *In Sicilia Romanis omnia mutaverat mors Hieronis* ein (verkert sich der Römer glück durch den tod und abgang Jhero des Küngs von Siracusa), um dann jedoch im Rückgriff die XXIII 30, 10–12 erzählte Episode von Gelon Allianzwechsel einzufügen.[38] Er veränderte jedoch die relativ kurze livianische Nachricht in mehrfacher Weise. Am auffälligsten ist die zusätzliche Rede Hierons, in der er seinen Sohn vor dem beabsichtigten Allianzwechsel von den Römern zu den Karthagern warnt. Schöfferlin hat sie aus dem livianischen Ausdruck *contempta simul senectute patris simul post Cannensem cladem Romana societate* (30, 11) entwickelt. Der gute Rat des alten Königs stellt die Gründe dar, die gegen den Allianzwechsel sprechen, der schließlich zum Untergang von Syrakus als freier Stadt führte; er ist gleichzeitig das Muster einer rationalen Ermahnung in einer Situation, in der es um die Frage geht, ob man alte Freunde zugunsten von neuen verlassen soll.[39] Hieron beginnt mit der sprichwörtlichen Sentenz "Alt fründ weren nit lichtlich zu begeben"[40] und führt als erstes Argument seine fünfzigjährige Freundschaft mit den Römern[41] und deren Dankbarkeit an, die ihm und seinen Nachkommen seine Hilfssendungen verschafft hätten.[42] Ein Allianzwechsel würde dieses Guthaben bei den alten Freunden verspielen. Sein zweites Argument ist, daß die Verläßlichkeit der intendierten neuen Freunde durchaus zweifelhaft bleibt. Das dritte geht von den jüngsten Niederlagen der Römer aus, setzt ihnen zunächst wieder eine sprichwörtliche Sentenz entgegen

---

[37] Vgl. Livius 21, 60, I, 23, 26, I und D. W. Packard, Cambridge/Mass. 1968, Bd. 2, S. 744f.

[38] Der Satzanschluß mit "wan" ist ungeschickt, da Gelons Abfall der Römer Glück noch nicht wendet. Schöfferlin dachte wohl daran, daß Gelons Absichten den Anfang der für die Römer abträglichen Entwicklung bedeuteten.

[39] Z. Müntzer, wie Anm. 25, S. 274, ersetzt Schöfferlins "verkiesen" (Z. 8 der Edition) durch "vertauschen".

[40] Es handelt sich um einen Gemeinplatz, vgl. Plaut. Truc. 174, Cic. De amicitia 19, 67, Bonifatius Ep. 41 (Migne 89, 740) *memorem te esse [...] desidero sapientis cuiusdam sententiae qui dixit: servi antiquum amicum* (zitiert bei R. Häussler, Nachträge zu A. Ottos Sprichwörter und sprichwörtliche Redensarten der Römer, Darmstadt 1968, S. 132). Die Briefe des Bonifatius wurden von Johann Vergenhans für seine Weltchronik benützt (s. P. Joachimsen, wie Anm. 18, S. 99), konnten also auch Schöfferlin bekannt sein.

[41] Der Hinweis ist den Worten des sterbenden Hieron in Liv. 24, 4, 5 entnommen (*ut fidem erga populum Romanum quinquaginta annos ab se cultum inviolatum servarent*), die später nicht referiert werden.

[42] Verwertet ist hier Liv. 22, 37, wo berichtet wird, daß Hieron den Römern nach der Schlacht am Trasumenischen See *aurum* und *frumentum* schickte (vgl. Z. 10 "früchten unnd gelt"), wofür sie ihn ihrer Dankbarkeit versicherten (*Id perinde ac deberet gratum populo Romano esse*). Schöfferlin hatte das Ereignis an seinem Ort übergangen.

(Glück were unstet)[43] und argumentiert dann aus der römischen Geschichte. Diese von Schöfferlin aus der Situation entwickelten Ausführungen Hierons sind ein beherzigenswerter "trüw ratt", den Gelon verwerflicherweise in den Wind schlägt. Im Gegensatz zu Livius beschränkt Schöfferlin den Abfall des Gelon jedoch auf die Absicht (zu Lebzeiten des Vaters konnte er sich seine Ausführung nicht vorstellen). Auch verzichtet er darauf, die Bemerkung des Livius wiederzugeben, der überraschend erfolgte Tod Gelons sei seinem Vater so gelegen gekommen, daß Hieron selbst in den Verdacht geriet, ihn veranlaßt zu haben.[44] Angesichts der Weisheit und Güte Hierons war ein solcher Verdacht für Schöfferlin nur unsinnig.

Er greift darauf den Faden von XXIV 4, 1 wieder auf. Wohl aus Flüchtigkeit bezeichnet er Hierons Enkel (und Nachfolger) Hieronymus als dessen "iungen son". Hieron setzt sterbend eine Vormundschaftsregierung (Pfleger) für ihn ein. Der Fünfzehnjährige will seinen Vormündern jedoch nicht mehr gehorchen, sondern selbst regieren. Seine jugendliche Torheit[45] läßt ihn schlechte Ratgeber annehmen. In Folge davon verfällt er in viele Laster, wird ein hochmütiger und grausamer Fürst (ein grymmer herr) und bei seinen Untertanen deswegen verhaßt. Mit diesen wenigen Strichen, die die moralische Fehlentwicklung eines jungen Herrschers und ihre Folgen umreißen, hat Schöfferlin die wesentlich ausführlicheren Kapitel 4 und 5 bei Livius wiedergegeben. Seine Charakterisierung des Hieronymus entspricht der des Livius, welcher *superbia*, *libidines* und *crudelitas* an ihm hervorhebt. Den Kürzungen zum Opfer gefallen sind jedoch eine ganze Reihe von Fakten, viele Nebenfiguren und verschiedene detailreiche szenische Schilderungen. Direkt verändert hat Schöfferlin den Umstand, daß bei Livius Adranodorus den fünfzehnjährigen Hieronymus für mündig und regierungsfähig erklärt, um die Befugnisse der Vormünder auszuschalten und sich selbst in die einflußreichste Stellung zu

---

[43] Vgl. zu diesem Gemeinplatz Ov. Trist. 5, 8, 15f. *Fortuna volubilis* und andere von A. Otto, Die Sprichwörter [...] der Römer, Leipzig 1890, S. 142 zitierte Stellen.
[44] Von den modernen Historikern scheint niemand außer I. S. Korabljov, Gannibal, Moskau 1976, die Mitschuld Hierons am Tod Gelons ernsthaft in Betracht zu ziehen, worauf J. Deininger, Gelon und die Karthager 216 v. Chr., in: Livius, Werk und Rezeption, Festschrift für E. Burck, hrsg. von E. Lefèvre und E. Olshausen, München 1983, S. 125ff., hier S. 126, in einer quellenkritischen Behandlung dieser Liviusstelle hinweist.
[45] In Z. 29 der Edition ist "ein iung torheit volck" im Originaldruck sicher falsch gesetzt. Es könnte in "ein iung toricht volck" verbessert werden. Z. Müntzer, wie Anm. 25, S. 275, faßt es so auf ("zog junge thörechte Leuth an sich"). Ich ziehe die Änderung in "sein iung torheit" vor, da Schöfferlin in seiner Reflexion am Ende den Untergang des Geschlechts ausdrücklich auf "ir laster (und) torheit" zurückführt (Z. 215). An der letzten Stelle scheint es mir angebracht, den Ausfall von "und" im Originaldruck anzunehmen (ebenso Z. Müntzer, S. 278 "umb ihrer laster und thorheyt willen"; derselbe Ausdruck erscheint auch in der zeitgenössischen Chronik des Valerius Anshelm genannt Rüd, s. dazu unten Anm. 56).

bringen, während Schöfferlin die Initiative zu der Regierungsübernahme von Hieronymus selbst ausgehen läßt. Es kam ihm vor allem darauf an, ohne ablenkende Einzelheiten den Blick auf eine typische Entwicklung zu konzentrieren: die Gefahren einer Herrschaftsübernahme in allzu jugendlichem Alter.

Kapitel 6, in dem Livius die außenpolitische Wendung des jungen Herrschers berichtet, ist abermals in Hinsicht auf die faktische Information erheblich verkürzt worden. Die Gesandtschaften des Hieronymus an Hannibal, des Appius Claudius an Hieronymus, des Hieronymus an Karthago und seine abermalige Gesandtschaft dorthin sind unter Beseitigung der von Livius zuerst genannten Gesandten auf eine erste "bottschafft zu Hanibal und den von Cartago" und die zweite Botschaft nach Karthago konzentriert worden. In der ersten schloß Hieronymus das Bündnis, vor dem Hieron Gelon gewarnt hatte, und vereinbarte eine künftige Teilung Siziliens in eine karthagische und eine syrakusische Hälfte. In der zweiten ließ er sich von den Karthagern ganz Sizilien zugestehen. Die "wanckelmütigkeit" des Königs (vgl. 6, 9 ed. 1482: *levitatem animi ac iactationem*) wird gerügt. Sie "mißfiel" auch den Karthagern, die sich nur angesichts ihrer weiteren Absichten zunächst darauf einließen. Hieronymus brauchte nur kurze Zeit, um im Innern verhaßt, den Römern "widerwertig" zu sein und den Karthagern zu mißfallen.

Seinen Krieg gegen die Römer erwähnt Schöfferlin nur, ohne die von Livius in Kapitel 7, 1–2 berichteten Operationen wiederzugeben, um dann abermals, deutlicher als Livius, auf die unhaltbare Lage im Innern zurückzukommen. Das tyrannische Verhalten des Hieronymus gegen seine Syrakusaner produziert eine Verschwörung gegen ihn, an der sich auch der Hauptmann seiner Garde beteiligt.[46] Die in Kapitel 7, 3–5 erzählte Durchführung des Attentats gibt Schöfferlin in ihren wesentlichen Zügen wieder. Es wird eine Taktik demonstriert, der auch ein gut bewachter Fürst zum Opfer fallen kann. Anachronistisch ist eine Einzelheit: Die angeblich zu eng verknoteten Fußriemen des Hauptmanns sind zeitgemäß durch einen drückenden Stiefel ersetzt. Die Reaktion der Begleiter des Königs ist wieder typisch: Sie fliehen nach kurzem Tumult. Schöfferlin hat in diesen Zeilen Kapitel 7, 6–7 mit Kapitel 21, 2–4 verschmolzen und so den unmerklichen Übergang vom einen zum anderen livianischen Erzählteil bewerkstelligt.

Seine folgende Erzählung vereinfacht wieder die faktischen Vorgänge, die in 21, 5–22, 12 berichtet werden. Er führt jetzt Adranodorus, den er den Liviusausgaben des fünfzehnten Jahrhunderts entsprechend Andronodorus nennt, als Schwager und Statthalter des Königs in Syrakus ein, der auf die Nachricht

---

[46] Er heißt bei Schöfferlin den Liviusausgaben des fünfzehnten Jahrhunderts entsprechend Indigemenes, in modernen Ausgaben Dinomenes.

von dessen Ermordung die Burg von Syrakus besetzt. Die Gefahr eines Bürgerkriegs taucht auf. Schöfferlin betont die schädlichen Konsequenzen einer "zwytrechtigkeit" und stellt das Thema der erwünschten "eynigkeit der gantzen statt" in den Vordergrund. In der Gemeindeversammlung hält "Pollineus",[47] einer der bewaffneten Verschwörer, eine Rede, in der Schöfferlin Motive aus verschiedenen Erklärungen in den Kapiteln 21 und 22 mit eigenen Ausdeutungen vereint hat. Pollineus stellt das "lasterlich leben" des Königs dar (vgl. 21, 3 *tyranni foeda scelera foedioresque libidines*) und rechtfertigt damit seine Ermordung. Er erklärt, daß die Verschwörer sich jetzt um des "gemeinen nutz" willen dem "senat" unterstellen wollen und empfiehlt im Namen der Verschwörer, daß die Stadt Syrakus in Zukunft wie die Römer einen "fryen stand" ohne einen monarchischen Herrscher haben sollte. Der Senat und die Gemeinde machen sich diese Auffassung zu eigen. Der Senat schickt ein Gesandtschaft zu Andronodorus ins Schloß, die ihn auffordert, um des "gemeinen nutz" willen sich nicht gegen die Stadt zu stellen, sondern den angenommenen "fryen stand" zu unterstützen. Andronodorus ist aus Furcht, daß die Schloßbesatzung sich auf die Seite des "fryen Standes" stellen könnte, bereit, sich dem Senat zu unterwerfen. Schöfferlins Erzählung hat in einer einsträngigen Entwicklungslinie die Situation einer einträchtigen freien Stadtrepublik erreicht, in der sich die Bewaffneten und der Schwager des früheren Königs ebenso wie die Gemeinde im ganzen um des gemeinen Nutzens willen dem Stadtrat unterordnen. Der bei Livius nicht gebrauchte Begriff des gemeinen Nutzens ist als Zielvorstellung herausgestellt. Es ist die Schöfferlin vor allem aus Cicero, auch wohl aus Valerius Maximus und den Digesten bekannte *utilitas communis*.[48] Bei Livius hatte Polyaenus vor dem Altar der *Concordia* (22, 1) gesprochen und die Nachteile der *discordia civilis* (22, 2) erwähnt. Der *civium consensus* (22, 7) machte auf Adranodorus Eindruck. Aber die Begriffe Zwietracht und Einigkeit sind bei Schöfferlin durch seine vereinfachte Darstellung stärker beleuchtet. Die *libertas* ist bei Livius mehrfach das erklärte Ziel der Syrakusaner (21, 3, 7, 10; 22, 5), aber sie wird nicht so deutlich als Staatsform aufgefaßt und nicht mit der römischen *libera res publica* verglichen. Und

---

[47] Ed. 1482: *Polyneus*, seit Gronovius *Polyaenus*.
[48] Cicero gebraucht die auch bei Quintilian sich findende Junktur *utilitas communis* häufig, s. H. Merguet, Lexikon zu den Reden des Cicero, Jena 1877, 1. Bd., S. 588 (9 Stellen) und dens., Lexikon zu den philosophischen Schriften Ciceros, Jena 1887, Bd. 1, S. 459 (12 Stellen, darunter 10 aus *De officiis*); vgl. außerdem Val. Max. 4, 1, 11 und Vocabularium Iurisprudentiae Romanae, T. I, Berlin 1903, Sp. 829, wo der Begriff in den Digesten 5mal nachgewiesen wird. Schöfferlin konnte den Begriff auch aus der mittelalterlichen Rechtssprache kennen; vgl. z.B. in einer Urkunde des Bischofs von Speyer von 1230: *pro communi utilitate rei publicae* (A. Hilgard, Urkunden zur Geschichte der Stadt Speyer, Straßburg 1885, S. 39). Eine Untersuchung zur Geschichte dieses Begriffs ist mir unbekannt.

schließlich tritt bei Livius der *senatus*, den Hieronymus nie einberufen hatte, nach dessen Ermordung wieder zusammen (22, 6), aber die Unterordnung aller Gruppen unter seine Gewalt wird nicht wie bei Schöfferlin ausdrücklich erklärt, wie auch Adranodorus sich am Ende nicht "in gehorsam des senats", sondern *in senatus ac populi potestate(m)* begibt. Damit hat Schöfferlin seine Darstellung zu einem Lehrstück für die Erreichung einer von einem Stadtrat kontrollierten Stadtrepublik gemacht.

Um der Erreichung dieses Zieles willen hat er die Intervention von Andronodorus' Frau Demarata[49] zurückgestellt und nicht wie Livius in 22, 8–11 bereits vor seiner Entscheidung berichtet. Mit dieser Intervention, die das bisherige gute Ende in sein Gegenteil verkehren wird, beginnt das nächste Kapitel Schöfferlins, der somit die Gliederung seiner Erzähleinheiten unabhängig von seiner Quelle gewählt hat. Demarata "überhub sich des küngklichen geschlechts" (bei Livius war ihre Initiative zusätzlich auf den typischen Charakter einer Frau zurückgeführt worden: *innata adhuc regiis animis ac muliebri spiritu*) und löste durch dieses Laster der "hoffart" die Störung der hergestellten Ordnung aus. Zunächst kann sie ihren Mann aber noch nicht bereden, die Herrschaft in Syrakus an sich zu reißen. Er übergibt das Schloß mit dem königlichen Schatz dem Senat und wird dafür selbst in den Rat gewählt (bei Livius 23, 2 zu einem der Praetoren). Schöfferlin hat die Kapitel 22, 8–11, 13–17 und 23, 1–4 wieder um faktische Einzelheiten verkürzt wiedergegeben, jedoch hinsichtlich der Stellung des Andronodorus am Ende die Bemerkung hinzugefügt, daß er als Ratherr "nit vil mynder in der statt, dann wer er ir herr gewesen", gestellt war. Auch im folgenden wird die Erzählung auf die Entwicklungen um Demarata und Andronodorus konzentriert (die Nebenhandlung in 23, 5–11 fällt ganz weg), hier aber teilweise zusätzlich moralisch durchleuchtet. Demarata erreicht, unablässig "kysend, flehend und bittend", schließlich, ihren Mann (*fessus tandem uxoris vocibus* 24, 2) umzustimmen. Er verbündet sich mit "Temistio",[50] dessen Frau Harmonia, eine Schwester Demaratas, von der gleichen "hoffart" wie jene besessen ist, wie Schöfferlin eigens hervorhebt. Alle Senatoren sollen getötet, ihr Vermögen soll unter einem Vorwand konfisziert werden.[51] Die beiden "mechtigen burger" wollen sich für ihren gewaltsamen Staatsstreich der Söldner bedienen, die, wie Schöfferlin erklärend ausführt, nach dem Tod des Hieronymus keinen Sold mehr empfangen hatten und deshalb nun zu allem bereit waren, wenn man sie nur wieder anstellte. Aber eine Wendung tritt ein, als Temistio den Plan "seinem gutten Fründ" Aristo erzählt (Schöfferlin interessiert nicht, daß er nach Livius

---

[49] Ed. 1482: *Demarata*, in modernen Editionen *Damarata*.
[50] Ed. 1482: *Themistius*, in modernen Ausgaben *Themistus*.
[51] Schöfferlin entnahm denVorwand Liv. 24, 23, 10f.

ein Schauspieler war), der jedoch Mitleid mit den guten Ratsherren hat und den Plan den Ältesten des Senats anzeigt, da er sich dem "gemeynen nutz" mehr verpflichtet fühlt als "seinem fründ und gesellen" (Livius 24, 3 kürzer: *fidem potiorem ratus quam patriae debebat, indicium ad praetores defert*).

In der folgenden Darstellung — der Senat kommt dem Staatsstreich durch die Tötung des Andronodorus und Temistio zuvor und läßt diese Maßnahme durch den Ratsherren Sopater der Gemeinde gegenüber rechtfertigen (24, 4–25, 6) — hat Schöfferlin bezeichnende Einzelheiten gegenüber Livius hinzugefügt, ungeachtet seiner, wie gewohnt, im allgemeinen geradlinigeren Erzählweise. Der Senat sollte von dem möglichen Vorwurf, daß er auf Grund unzureichender Informationen unverhältnismäßig hart reagiert habe, freigehalten werden. Bei Livius setzten die Praetoren, als sie *certis indiciis* in Erfahrung gebracht hatten, daß die Anzeige des Aristo zutreffend war, die älteren Senatoren ins Bild und *auctoritate eorum praesidio ad fores posito ingressos curiam Themistum* (ed. 1482: *Themistium*) *atque Adranodorum* (ed. 1482: *Andronodorum*) *interfecerunt* (24, 4). Bei Schöfferlin "schickten und richteten (sc. die Ältesten des Senats) sich wyßlich darin, daß sie alle ding, damit Andronodorus und Temistio, ouch ir beyder hußfrowen, umgiengen, durch den genanten Aristone erfüren. Und da sie des ein genügsam anzöigen hatten, offneten sie es dem gantzen senat". Später zeigt der Senat der Gemeinde noch umfänglichere Beweismittel: mehrere Briefe der Harmonia und mehrere Zeugen, die von Harmonia und Demarata in den Mordplan eingeweiht worden waren, stellen das Vorhaben des Andronodorus und Temistio außer jeden Zweifel. Schöfferlin scheint von den Verboten des römischen Rechts gegen die Zulässigkeit eines einzigen Zeugen[52] beeinflußt gewesen zu sein und deshalb den knappen livianischen Ausdruck *certis indiciis compererunt* auf diese Weise für seine Leser ausgelegt zu haben. Sodann legt er auch den äußerst knappen Ausdruck *auctoritate eorum* [...] *Themistium atque Andronodorum interfecerunt* näher aus. Bei ihm wird gezeigt, daß die Senatoren einen Weg suchten, um die Ermordung des Senats zu verhindern, und — erst — angesichts des Umstandes, daß es sich um zwei mächtige Bürger handelte, die in der Stadt einen großen Anhang hatten, die präventive Tötung der beiden vereinbarten. Der Senat handelte, wie nachher eigens betont wird, ohne Neid und Feindschaft und allein im Interesse des "gemeynen nutz", um den "fryen stand" der Stadt zu erhalten.

Die Rede des Sopater und die Informationen, die der Senat der Gemeinde über die Schuld des Andronodorus und Temistio und ihrer Frauen gibt, füh-

---

[52] Vgl. Th. Mommsen, Römisches Strafrecht, 1899, Nachdruck Darmstadt 1955, S. 440 mit Hinweis auf C. Iust. 4, 20, 9, Dig. 48, 18, 20, Plut. Cat. min. 19, außerdem Val. Max. 4, 1, 11.

ren nun jedoch zu der überraschenden Wendung, daß die Gemeinde nicht nur die Tötung der beiden als rechtmäßig anerkennt, sondern darüber hinaus alle Mitglieder des königlichen Geschlechts, auch die weiblichen, mit dem Tod bestraft sehen will. Bei Livius erhebt sich diese Forderung *ex omnibus partibus contionis* (ed. 1482: *concionis*), als Antrag wird sie dann von den Praetoren eingebracht, und die Gemeindeversammlung stimmt dem Antrag, beinahe noch bevor er gestellt wurde, zu (25, 7, 10). Schöfferlin erwähnt hier nichts von irgendeiner senatorischen Mitwirkung und gibt die Reflexion des Livius (25, 8: *Ea natura multitudinis est: aut servit humiliter aut superbe dominatur; libertatem, quae media est, nec struere* (ci. Conway, ed. 1482: *spernere*) *modice nec habere sciunt*)[53] mit Nachdruck wieder: "Das ist die natur des povels; das sie in irem gewalt nit maß bruchen, sonder zu wem sie den gunst haben, den lichtlich erhöhen und uffwerfen; zu wem sie dann den unwillen gewinnen, den trucken sie uff das aller nidrost und lassen sich nit begnügen in einer messigen straff und belonung." Der Nachricht über die Tötung der Demarata und Harmonia (vgl. 25, 11) läßt Schöfferlin noch die zusätzliche Beurteilung folgen: "Die hetten wol in eren und gut mit iren mannen mügen leben, wa sie sich irs geschlechts nit zuvil überhept und der hoffart nit sovil gehenckt hetten."

Es war nun jedoch in Syracus noch Heraclea, eine Tochter des Königs Hieron, mit zwei jungen Töchtern am Leben, die mit den Umsturzplänen nichts zu tun gehabt und mit ihren Verwandten überhaupt in keiner Verbindung gestanden hatte. Als die Schergen auch zu ihr kommen, um sie mit ihren Kindern zu töten, bittet sie in ergreifender Weise um Erbarmen und betont ihre und ihrer Töchter Unschuld. Schöfferlin hat ihre pathetische Rede sogar noch etwas über ihren livianischen Umfang hinaus ausgeweitet (vgl. 26, 3–11) und außerdem die Szene am Ende noch dramatischer und zugleich hinsichtlich menschlicher Verhaltensmöglichkeiten lehrreicher gestaltet. Während bei Livius die Abgesandten der Stadt ungerührt Heraclea und ihre Töchter töten, hat Heraclea bei Schöfferlin "die knecht, die darzu verordnet waren, vil bewegt, das sie hinweg gon wolten on geendter ding. Da tratt einer herfür (in möchten wol die wölff und nit frowen brüst gesögt hon), der ermant die andren, sie solten irem befelch gnug tun, und roufft damit sein swert und erschlug ellendigklich Heracleam des küngs tochter". Ja, er verfolgte sogar noch die beiden Töchter, die die anderen Schergen absichtlich hatten entkommen lassen. "Die schlug darnach derselb wüterich ouch zu tod."

Schöfferlin erwähnt nach diesem schlimmen Ende nicht mehr, daß die syrakusanische Gemeindeversammlung den Tötungsbefehl, als es zu spät war, wider-

---

[53] In der Ausgabe von 1482 der Herzog August Bibliothek (s. Anm. 36) ist diese Sentenz mit alter Tinte unterstrichen.

## 1. Erasmus und Schöfferlin

rief (26, 14), sondern fügte eine eigene, bei Livius nicht vorliegende Reflexion über die gesamten Vorgänge an: "Sollichen unratt kan hoffart schaffen und unmessig begird der hohen eren, und wa die nachkommen nit in ir eltern fußstapfen tretten, sich irs adels zuvil überheben und mit gewalt on alle recht und vernunfft regieren wollen. Dann Jhero der küng ward von seiner frumkeit und wyßheit wegen von einem burger zu künglicher würde erhöht. So wurden sein nachkommen umb ir laster und torheit von hoher würde genidert, unnd all ir stammen und geschlecht vertilget, wiewol die unschuldig Heraclia mit iren töchtern darunder wol zu rüwen ist."[54] Die nützlichen Lehren der Historie werden so nicht nur immanent durch die Erzählweise, sondern auch explizit deutlich gemacht. Derartige der Erzählung angehängte Reflexionen kannte Schöfferlin natürlich von Livius und anderen antiken Historikern. Aber auch die *Memorabilia* des Valerius Maximus mit ihren den erzählten geschichtlichen Vorgängen angehängten Reflexionen dürften hier gewirkt haben. Die vorliegende abschließende Reflexion Schöfferlins gibt einen Beitrag zu zwei Kategorien des Valerius (III, 4 und 5): *Qui humili loco clari evaserunt* und *Qui a parentibus claris degeneraverunt*. Seine Kenntnis über Herkunft und Aufstieg des Königs Hieron hatte Schöfferlin dem Geschichtswerk des Justinus (XXIII 4) entnommen. Herkunft und Verhaltensmaßstäbe des Adels waren bekanntlich ein wichtiges Thema humanistischer Reflexionen.[55]

Eine besondere Aktualität hatten die syrakusanischen Vorgänge dadurch, daß 1498, das heißt kurz vor oder kurz nach ihrer Erzählung durch Schöfferlin, in Württemberg Herzog Eberhard II. genannt der Jüngere wegen seiner tyrannischen Regierungsart vom württembergischen Regimentsrat und Landtag unter Zustimmung des Kaisers auf unblutige Weise abgesetzt wurde. Dabei wurde die Initiative des Regimentsrats auch als Präventivmaßnahme aufgefaßt, da dem Herzog Absichten gegen das Leben seiner Räte unterstellt wurden. Eberhard mußte außer Landes gehen, zwei seiner Günstlinge wurden gefangengenommen.[56] Schöfferlin, der lange Jahre ein vertrauter Rat des Vorgängers dieses Herzogs gewesen war, befand sich damals beim Reichskammergericht in Worms, stand aber in Beziehung zu seinen Freunden in Württemberg und auf

---

[54] Z. Müntzer, wie Anm. 25, S. 278 ersetzt Schöfferlins "rüwen" durch "bedauern".
[55] Zu Schöfferlins Interesse an solchen Reflexionen und seiner Kenntnis von Poggios Dialog *De nobilitate* s. W. Ludwig, wie Anm. 3, S. 65f.
[56] Vgl. Chr. F. v. Stälin, Wirtembergische Geschichte, 4. Bd., Stuttgart 1873, Nachdruck Aalen 1975, S. 2ff. zur Geschichte der Absetzung. Dort wird auf S. 8 auch eine Sentenz zitiert, die der zeitgenössische Berner Geschichtsschreiber Valerius Anshelm, genannt Rüd, aus Rottweil seinem Bericht über Herzog Eberhard II. angehängt haben soll: "Was Tugend und Weisheit bauen, zerstört Laster und Thorheit". Ihr Wortlaut erinnert so sehr an Schöfferlins Schlußreflexion, daß, wenn keine Abhängigkeit vorliegt, eine übereinstimmende Urteilsart angenommen werden muß.

Seiten derer, die die Absetzung des Herzogs betrieben.[57] Seine abschließende Reflexion über die Vorgänge in Syrakus ist so hinsichtlich der Absetzung Herzog Eberhards II. von Bedeutung, gleichviel ob sie vorher geschrieben wurde und die Entwicklung in Syrakus als ein warnendes Beispiel gelten konnte oder nachher und Schöfferlin eben wegen der Vorgänge um Eberhard II. den Geschichten in Syrakus ein besonderes Interesse zuwandte, das ihn vielleicht auch zu seiner abschließenden Bemerkung veranlaßte.

Die Analyse der beiden Kapitel seines Geschichtswerks hat verdeutlicht, in welchem Sinn er die Lektüre der römischen Geschichte jedem im Staatsleben tätigen 'weltlichen Mann' empfahl. Seine humanistische Arbeit an den antiken Texten, verbunden mit seinen herkunftsmäßig bedingten städtisch–republikanischen und patrizischen Kenntnissen und Sympathien und seinen Erfahrungen als Jurist und im Dienst von Fürsten, haben eine Geschichtsdarstellung gezeitigt, in der nahezu jeder erzählte Vorgang Anlaß zu moralischen und politischen Reflexionen gab, deren mögliche Anwendung auf die eigene Gegenwart offenkundig war. Zur Verdeutlichung seien die in den beiden interpretierten Kapiteln enthaltenen 'Lehren' themenmäßig rekapituliert: Warnung vor einem Allianzwechsel und dem Verlassen alter und erprobter Bundesgenossen, die Gefahren der Regierungsübernahme in allzu jugendlichem Alter, Warnung vor außenpolitischer Unberechenbarkeit, die Ursachen einer Verschwörung gegen einen Herrscher, eine Methode für ein erfolgreiches Attentat, bürgerliche Eintracht und Gemeinnutz als richtige Ziele politischen Handelns, Gefahren einer Monarchie und Vorteile einer freien, von einem Rat regierten Stadtrepublik, Gefahren überheblichen Adelsstolzes, die beliebige Verwendbarkeit von geldbedürftigen und deshalb moralisch skrupellosen Söldnern, Vorrang des Gemeinnutzes vor persönlichen Freundschaften, die eventuelle Notwendigkeit präventiver Gewaltakte, die Fragwürdigkeit eines einzelnen Zeugen und das Erfordernis ausreichender Beweismittel, der emotionale Extremismus der Volksmassen, die inhumane Brutalität einzelner, das Leiden Unschuldiger, Gründe für Aufstieg und Niedergang eines fürstlichen Geschlechts. Schöfferlins "Römische Geschichte" kann so in hervorragendem Maße im einzelnen den Nutzen demonstrieren, den ein Humanist in der Historie finden konnte. Neben den Erfahrungen seines Lebens, die in diese "Römische Geschichte" eines Sechzigjährigen eingeflossen sind, dürfte die Art seiner Betrachtung auch den Unterricht widerspiegeln, den er einst selbst von humanistischer Seite genossen hatte und der ihn nicht nur zu übersetzen, sondern auch gelehrt hatte, in der Geschichte derartige Beobachtungen zu machen. In der Historikerlektüre, wie er sie in seinem Studium in den fünfziger

---

[57] Vgl. seinen Brief an J. Reuchlin vom Februar 1496 (L. Geiger, Johann Reuchlins Briefwechsel, Stuttgart 1875, S. 51, dazu W. Ludwig, wie Anm. 3, S. 40 mit Anm. 92).

## 1. ERASMUS UND SCHÖFFERLIN 515

und sechziger Jahren kennengelernt hatte, achtete man offenbar auf historische Vorgänge, an denen sich die verschiedensten typischen Verhaltensweisen in gegebenen Situationen und ihre persönlichen und politischen Folgen demonstrieren ließen.[58] Die antiken Historiker boten Anschauungsmaterial für detaillierte moralphilosophische und politologische Überlegungen.[59]

In Umkehrung des zu Anfang zitierten Satzes läßt sich deshalb feststellen: Im Humanismus der Renaissance hielt man die Kenntnis der Vergangenheit für

---

[58] Dieser Schluß ist notwendig, wenn man nicht annehmen will, daß erst Schöfferlin die 'Lehren' des Livius im einzelnen gesehen und in seiner Darstellung herausgearbeitet hätte, während die Humanisten des fünfzehnten Jahrhunderts sonst nur allgemein auf den Nutzen der Geschichte hingewiesen hätten — eine kaum überzeugende Vorstellung. Wenn dem aber so ist, so ist dieses Ergebnis auch von erheblicher Bedeutung für die Beurteilung des Problems, das A. Grafton und L. Jardine herausgestellt haben (s. Anm. 23), die Frage, wie sich die auf sprachliches Detail gerichtete Unterrichtsmethode der Humanisten des fünfzehnten Jahrhunderts im Gefolge Guarinos mit den allgemeinen humanistischen Bildungsansprüchen vertrug. Zumindest einige einflußreiche humanistische Lehrer müssen bei der Lektüre der Historiker ihre Schüler auch auf grundsätzliche moralische und politische Folgerungen aufmerksam gemacht und können sich nicht auf die sprachliche Analyse und allenfalls antiquarische Erklärungen beschränkt haben. Die Äußerungen in Pontanos *Actius* über die *verba* und die *res* der *historici* weisen in die gleiche Richtung. A. Grafton und L. Jardine beziehen sich bei ihrer Darstellung der humanistischen Unterrichtspraxis etwas einseitig auf die Quellen, die die sprachliche Detailarbeit illustrieren, und berücksichtigen zu wenig die poetischen und prosaischen neulateinischen Texte, aus denen sich eine Beschäftigung des humanistischen Unterrichts mit allgemeineren Fragen im Anschluß an die antiken Texte erschließen läßt. Die immer vorhandene Distanz zwischen der Unterrichtspraxis und den die Ziele verkündenden Bildungsprogrammen erscheint dadurch generell größer, als sie gewesen sein dürfte.

[59] Von hier her gesehen ist auch die Auffassung, die F. Gilbert, B. Rucellai and the Orti Oricellari, A Study on the Origin of modern political Thought, Journal of the Warburg and Courtauld Institutes 12, 1949, S. 101ff., vertritt, zu modifizieren. Nach ihm ist eine politologische Diskussion im Anschluß an die antiken Historiker (125: "the use of history as a practical guide to politics and the emphasis on the psychology of the participating statesmen") erst im Kreis des B. Rucellai in Florenz ab 1502 aufgekommen, während die politischen Gedanken der Humanisten des fünfzehnten Jahrhunderts bloße 'Rhetorik' gewesen seien, zumal da sie nicht zu den die aktuelle Politik gestaltenden politischen Gruppen gehört hätten. Bereits die Humanisten des fünfzehnten Jahrhunderts haben jedoch offenbar aus den antiken Historikern politologische Lehren gezogen und sich für die Psychologie der Staatsmänner interessiert. Diese Überlegungen waren nicht minder ernsthaft als die des Kreises um B. Rucellai. Und wenn sie nicht selbst zur Gruppe der Herrschenden gehörten, sondern diesen als Lehrer, Sekretäre und Kanzler dienten, so haben sie doch den Herrschenden ihre Auffassungen nahezubringen versucht, wie dies dann auch Schöfferlin tat. Die Gespräche im Kreis des B. Rucellai stellen daher keinen derartigen Neuanfang dar, daß speziell in ihnen der "origin of modern political thought" gesehen werden sollte. Vgl. dazu auch D. Cantimori, Rhetoric and Politics in Italian Humanism, Journal of the Warburg Institute 1, 1937/8, S. 83ff.

sehr wichtig, sowohl um die Struktur der gesellschaftlichen Welt zu erklären, als auch um menschliche Handlungen zu verstehen und zu beurteilen.[60]

Appendix

Edition der zwei Kapitel B. Schöfferlins, die die Vorgänge in Syrakus in den Jahren 216–214 v. Chr. behandeln, gedruckt auf Bl. CXXIIIv–CXXVv der von I. Wittich herausgegebenen "Romische(n) Historie uß Tito livio gezogen", Mainz 1505.

Der Text ist um der leichteren Lesbarkeit willen mit modernisierter Interpunktion versehen und in sinngemäße Abschnitte gegliedert worden.[61] Die Orthographie wurde im allgemeinen beibehalten. Jedoch wurde Großschreibung nur bei Eigennahmen und Satzanfängen verwendet. Abkürzungen sind ohne Hinweis aufgelöst. Statt ů wurde immer u geschrieben. Alle anderen Abweichungen vom Erstdruck sind im Apparat am Ende angegeben. Zwischen den Kapitelüberschriften und den Textanfängen befinden sich im Originaldruck illustrierende Holzschnitte, die die Ermordung des Königs Hieronymus und die Rede des Polyneus vor der Gemeinde von Syrakus (Bl. CXXIII) und die Ermordung der Frauen aus dem Geschlecht König Hierons von Syrakus (Bl. CXXIV) darstellen.

Wie Jhero der küng in Sicilia todßalb abgieng und nach seinem tode Jheronimus sein sone das reiche an sich name. Aber do er eyn unordenlich leben und tyrannisch anfienge, ward er von den seinen erschlagen.

Do sich das in Ytalia verloffen hett, verkert sich der Römer glück durch
5   den tod und abgang Jhero des küngs von Siracusa, wan sein elter son Gelo gieng by seines vatters leben damit umb, das er gern uff der von Cartago sydten geschlagen wer. Aber Jhero der küng was darvor unnd riet ouch seinem son, das er der Römer früntschafft nit verkiesen solt: Alt fründ weren nit lichtlich zu begeben. Er hett es nun by den funfftzig
10  iaren mit den Römern gehalten und inen oft mit früchten unnd gelt zu statten kommen; zwyfelte im nit, sie wurden des gegen im und allen seinen nachkommen danckpar sein. Solte nun er sich merken lassen,

---

[60] Diese verbreitete Bewertung der Historie teilte auch der Humanist Christoph Scheuerl, wenn er 1540 in der Widmung von J. Cuspinians Werk *De Caesaribus atque Imperatoribus* schrieb (Bl. iii): *Historia [...] sola est, quae efficere potest, ut non semper quasi pueri simus in vita utque pulcerrimorum non solum exemplorum ad imitandum, sed considerationum etiam ad iudicandum copia facultateque instruamur [...] Illustrat igitur non modo illa tempora historia, quorum seriem exequitur, sed etiam ac magis quidem ea, quibus legitur atque cognoscitur.*
[61] Ein Beispiel für die Druckform der Ausgabe von 1505 findet sich bei W. Ludwig, wie Anm. 3, S. 76ff., wo die Vorrede des Werkes in der originalen Schreib– und Interpunktionsweise ediert ist.

das im der will zu den von Cartago stund, so wer alles das verloren, das
er den Römern je guts geton hett. Er wißte ouch nit, mit was trowen in
die von Cartago meinen wurden. Hett er icht mißfallens ab den Römern, das möchte er zwyfach an den von Cartago fynden. Er solte sich
ouch nit bewegen lassen, dz die Römer ettlich stryt verloren hetten.
Glück were unstet und möcht sich lychtlich wider zu in wenden. Es
were ein ritterlich werlich volck, und möchten die nit all wol überwinden. Die Galli hetten inen vor zyten ir statt Rom abgewunnen. Doch
hetten sie sich wider erholet unnd gestercket, das ir macht darnach grösser dann zuvor worden were. Sollichs möcht ouch mit den zu Affrica
geschehen. Dieser trüw ratt des küngs Jhero verfieng nit vast gegen son
Gelo, wan im stund sein hertz zu Hannibal unnd Cartago. Also ward
Gelo doch mit dem tod davon benommen.

Darnach in kurtzer zyt starb Jhero der alt küng ouch und verließ einen
iungen son Jheronimus genant. Dem satzt er in seinem todbet pfleger.
Aber so bald er funffzehn iar alt ward, wolt er den pflegern nit mehr
gehorsam sein, understund selber zu regieren unnd nam sein iung torheit volck an sich, die in nit zu dem besten zwungen oder wisen. Davon
viel er in vil laster und ward ein grymmer herr und von den seinen verhaßt.

Er schickt ein bottschafft zu Hanibal und den von Cartago und vereint
sich mit in, ir parthy zu sein, also und mit dem geding, wan er die Römer uß Sicilia vertrib, darzu si ir hilff ouch tun und ein hör in Sicilia
schicken solten, das dann Himera dz wasser, das gar nach enmitten
durch die insel flüßt, ein undermarck zwyschen den von Cartago und
im sein solten und er das land hie dißhalb und sie gen sit dem wasser
haben und besitzen. Er bestund aber nit darby und thet darnach ein
ander bottschafft zu den von Cartago: sie solten im Sicilia ganz lassen
und sie berügig sein, dz sie gantz Ytalien under sich brachten; darzu
inen er sein hilff thun wolt. Wiewol inen die wanckelmütigkeit des
küngs mißfiel, vereinten sie sich doch mit im, wie sie mochten, damit er
den Römern widerwertig ward.

Das bestund ein kleyne zyt, in der er den krieg wider die Römer furt.
Da hielt er sein eygen volck so übel, das sie sein sitten nit lyden oder
dulden mochten. Und theten ir ettlich mit wyssen des houptmanns,
Indigemenes genant, ein anschlag, dz sie in einen engen weg den küng
zu tod schlahen wolten, da nit mer dann einer nach dem anderen ryten
mocht. Also da der küng in die Enge kam, rit Indigemenes am nechsten
nach. Der hielt still und nam sich an, wie in ein stifle drucket; ließ einen knecht abfallen, im den uffzulösen. Diewil ritt der küng für, das im

nyemant nachkam. Da wanten sich, die den anschlag gethon hetten, und schlugen Jheronimum zu tod. Davon ward ein wild rumor unnder synem volck. Aber da sie in sahen tod ligen, ritt und floch yedermann, da er vermeint zu beliben. Allein die mechtigen, die den anschlag gemacht hetten, ritten ylends gen der Statt Siracusa, die ynzunemen.

Da aber das gerücht geschrey, das gar schnell von einer statt zu der andren fert, was zuvor dahinkommen, deßhalb hett Andronodorus, der des küngs statthalter was, ouch sein swester zu der ee het, das schloß yngenommen und befestiget. Da das die andren sahen, vielen sie in forcht und gedachten wol, das die zwytrechtigkeit under inen zu grossem schaden menschlichem dienen mocht. Darumb versamloten sie ein gemeind, und stund einer under den reysigen uff, Pollineus genant, und erzalt der gemeind dz lasterlich leben und wesen, dz der küng gefürt, darumb er sein verdient end genomen hat. Nun stund ir gemüt, nit wider die statt nach gemeinem nutz zu sein, und wolten sich in allen dingen dem senat underwürfig machen und gehorsam sein. Aber ir ratt wer, das die edle und mechtig statt Siracusa keinen herren mer anneme, sonder sich selber by eynem fryen stand und wesen, als die Römer, sich hanthaben und uffenthalten solten. Dise red was dem senat und der gantzen gemeyn vast süß und genem, und stund yederman der will dazu. Davon ward ein grosse eynigkeit der gantzen statt. Dann das Andronodorus noch das schloß inhett, zu dem schickt der senat ein bottschafft und ließ in bitten, das er sich nit wider ein gantze statt und den gemeinen nutz lege, sonder den fryhen stand, den sie angenommen hetten, wölt helffen handthaben. Andronodorus ward dadurch bewegt, wan er forcht, das die seinen, die er by im in dem schloß hett, ouch zu dem fryen stand geneigt sein wurden. Darumb ward er zu ratt und gab der bottschafft die antwurt, er ston in gehorsam des senats und sich gutwillig darein begeben, was sie mit im schuffen.

Wie nach abgangk des küngs von Siracusa in Sicilia Andronodorus und Themistius durch reytzung und ratt irer husfrowen, die von künglichem geschlecht waren, sich understunden, die herschafft anzunemen und den ratt daselbs zu erschlagen. Und do ire anschlag geoffenbart, wurden beyd genant houptlüte mit iren weibern Demarata und Armonia, deßglichen Heraclea, die küngs Jheronis tochter ware, mit iren unschuldigen tochtren iemerlich erschlagen.

Da das Demarata, sein hußfrow, des küngs swester, vernam, eylt sie bald zu irem man, überhub sich des küngklichen geschlechtz und het in gern von der meynung gewendet und darzu bracht, daß er understanden hett, herr in der statt Syracusa zu werden, als vor im Dionysius und ettlich ander geweßt waren. Das mocht er mit des küngs schetz, die er in seiner macht hett, wol zu wegen bringen. Er solt sich doch ein zyt bedencken. Er fund den weg zu allen zyten, denn er vor im hett. Wer ein bottschafft und groß gut übergeben wolt, der bekem sie allwegen. Man were fro, das man es von im annem. Aber Andronodorus wolt seiner hußfrowen nit folgen und begert, im uff den andren tag ein ratt zu versameln. Da das geschah, gieng er mit den seinen uß dem schloß und ließ die schetz und kleinet des küngs mittragen. Das legt er alles zu den füssen des senats und gab inen zu erkennen, das sein gemüt nit anders stund, dann in gehorsam zu sein. Des ward er gelopt und in den ratt erwölt. Und hett ein gantzen rat und gemeynd ein willen und uffsehen uff in, das er nit vil mynder in der statt, dann wer er ir herr gewesen, gewaltig was.

Doch dannoch lag sein hußfrow Demarata teglich uff im kysend, flehend und bittend, dz er sich underston solte, her in der statt Syracusa zu werden und dz regiment allein zu im zu pringen, biß sie in beredt, dz er seinen willen darzu gab. Und vereinigt sich des mit einem anderen mechtigen burger in der statt, Temistio genant. Deß hußfrow Harmonia war Gelonis, küng Jhero sons, tochter, die ir hoffart ouch dazu reytzet, das sie und irs vatters swester Demarata ir beyd man des bereteten. Und machten ein sollichen anschlag, das sie durch die soldner, die nach des küngs tod abgiengen on sold und hetten nicht geacht, was man angefangen hett, damit sie wider bestelt wurden, ein gantzen ratt wolten zu tod schlahen lassen und ir aller gut zu iren handen nemen und sagen, es wer darumb bescheen, dz sie understanden hetten, den Römern die statt zu übergeben. Sollichen anschlag vertruwet und offnet Temistio einem seinem gutten fründ Aristoni. Den durethen die frommen rattherren, und gedacht, wie er dem gemeynen nutz mer schuldig wer dann seinem fründ und gesellen. Darumb bracht er die ding für die eltosten von dem senat.

Die schickten und richteten sich wyßlich darin, das sie alle ding, damit Andronodorus und Temistio, ouch ir beyder hußfrowen, umgiengen, durch den genanten Aristone erfüren. Und da sie des ein genügsam anzöigen hatten, offneten sie es dem gantzen senat. Die suchten weg dem grossen mort entgegen zu gon und zu wenden, wann sie waren mechtig und hetten vil volcks an in hangen. Da vereinten sy sich uff ein tag, so Andronodorus und Temistio in den ratt kemen, sie tod zu schlahen. Als das geschah, verhielten sie iren totten lyb und liessen ein gantze gemeynd berüffen.

Vor den stünd uff ein alter rattsher, der gemeynd angenem, Sopator genant. Der fieng an und erzalt der gemeynd den anschlag, damit die genanten zwen umbgangen, und wie sie ein ursach weren alles unwe-
135 sens, das Jheronimus der küng getrieben hett. Er hen sich iuget halb nit bessers verstanden, aber dise zwen weren sein inner rat und die gewaltigsten by im gewesen. Die möchten ihn wol anders erzogen haben. Es war aber nit ir meynung gewest. Sie hetten gern sein unordenlich leben und regiment gesehen, damit er verstossen oder erschlagen wurde, das
140 sie als die nechsten fründ des küngs von iren weibern her ursach nemen, das regiment in iren gewalt zu pringen und herren der statt zu werden. Und zöigten damit ettlich brief von Harmonia geschrieben, die diser ding ein anzöigen gaben, und stalten ouch ettlich zügen dar, denen die genant Harmonia und Demarata zu gemut hetten, das sie sich zu solli-
145 chem mortlichen anschlag bestellen ließen, das sie sich gewidert, dann die hetten die frommen unschuldigen rattsherren erbarmet. Sollichs mortlichs übels solten sie zu hertzen nemen und nit darfür haben oder achten, das der senat sonnder nyd oder fyndschafft under disen dingen gepruchet hette, sonder allein den gemeynen nutz hierunder angesehen,
150 damit sie sich selber by dem fryen stand enthalten und handthaben möchten. Von sollichen reden ward die gemeind bewegt, das sie nit allein zugaben, das die obengenanten zwen billich zu tod geschlagen weren, sonder ouch begerten und haben wolten, das alle, die von dem küngklichen geschlecht und stammen noch in leben weren, frowen und
155 man all, getötet wurden. Das ist die natur des povels, das sie in irem gewalt nit maß bruchen, sonder zu wem sie den gunst haben, den lichtlich erhöhen und uffwerfen; zu wem sie dann den unwillen gewinnen, den trucken sie uff das aller nidrost und lassen sich nit begnügen in einer messigen straff und belonung.
160 Demnach wurden ettlich verordnet, die schlugen die gemelten zwo künglichen frowen Demarata und Harmonia zu tod. Die hetten wol in eren und gut mit iren mannen mügen leben, wa sie sich irs geschlechts nit zuvil überhept und der hoffart nit sovil gehenckt hetten.

Noch was Jhero des küngs tochter eine in der statt Siracusa, Heraclea
165 genant. Die ward von irem vatter Jhero Sosippo, einem frommen und mechtigen herren in der statt, vermehelt. Den hett Jeronimus, des küngs Jhero son, in bottschafft gen Alexandria zu dem küng Ptolemeo geschickt. Und so er sein bottschafft nit nach des küngs willen ußrichten mocht und in für ein grimmigen herren erkant, schrib der dem
170 küng die antwurt und wolt selber nit wider heym faren, sonnder lieber in dem ellend belyben dann zu erwarten, das der küng nach seinem wil-

len mit im lebte. Darumb im der küng das mererteil seins guts nam und nit ansach, das er sein swager was. Dadurch die genant Heraclea zu armut kam und doch in grosser erberkeit lebt mit zweyen iren töchtren.

175 Da die hort und sach, das die gemelten schörgen zu ir kamen und sie tod schlagen wolten, fürt sie ein jemerliche clag mit iren töchtren. Sie fiel in zu füß und ermant sie irs vatters Jhero und batt sie, doch ir zu erkennen zu geben, umb welcher mißtat willen sie den tod verschult hetten. Ob sie allein entgelten müßten, das sie des frommen küngs Jhe-
180 ro tochter wer? Hetten ir swester und bruder töchtern mißhandelt, warum sie des entgelten solt? Ir man wer durch grymmigkeit irs bruders, des küngs Jeronimus, in das ellend komen. Deßhalb sie sidher in armut gelept und von iren swestern und fründen veracht worden wer. Daby man wol glouben mocht, das sie umb ir fürnemen und handel nit
185 gewißt. Auch von irs vatters rich nit anders dann iamer, armut unnd ellend geerbt hett. Irenhalb möcht die statt on sorgen ston, oder sie nyemant darfür haben, das sie nach grossen eren stünd. So wer ir man ouch nye darzu geneigt gewesen. On zwyfel, wa er wißte, dz der küng Jeronimus tod und ein fryer stand in der statt angenommen wer, er
190 wurd sich wider in die statt thun und den fryen stand trolich helffen handthaben. Darumb batt sie umb irs vatters willen, dz sie ir ellend ansehen und sich erbarmen ließen, dz sie on alle schuld den tod lyden solten, dz si doch mit ir gehen wölten; und, wa es nit anders sein möcht, von irenwegen ein ratt bitten oder sie selber für einen ratt oder gemeind
195 kommen ließen, dz man si ouch in das ellend zu irem man schickte und daran ein begnügen hett; wa das ouch nit sein möcht, das sie dann mit ir lebten, wie sie wölten, und ir kinde, diser iungen tochtren, die noch alters halb umb kein args wißten oder kein schuld tragen möchten, schonen und sie leben lassen wölten. Und rufft hiermit an die göt und
200 alles, das in himel und uff erden wer, den ir unschuldiger tod erbarmen wölt, mit iamerigen geberden.

Damit sie die knecht, die darzu verordnet waren, vil bewegt, das sie hinweg gon wolten on geendter ding. Da tratt einer herfür, in möchten wol die wölff und nit frowen brust gesögt hon, der ermant die andren, sie
205 solten irem befelch gnug tun, und roufft damit sein swert und erschlug ellendigklich Heracleam des küngs tochter. Indem fluhen ire tochtren zu dem gemach hinuß, dann den anndren was nit not, sie zu begriffen. Die schlug darnach derselb wüterich ouch zu tod, damit das gantz huß Heraclee mit unschuldigem blut berunnen und bemasiget ward.

210 Sollichen unratt kan hoffart schaffen und unmessig begird der hohen eren, und wa die nachkommen nit in ir eltern fußstapfen tretten, sich irs adels zuvil überheben und mit gewalt on alle recht und vernunfft regieren wollen. Dann Jhero der küng ward von seiner frumkeit und wyßheit wegen von einem burger zu künglicher würde erhöht. So
215 wurden sein nachkommen umb ir laster und torheit von hoher würde genidert, unnd all ir stammen und geschlecht vertilget, wiewol die unschuldig Heraclia mit iren töchtern darunder wol zu rüwen ist.

7 § vor unnd; am Rand: Oratio. 12 nachkommen: nackommen. 20 Doch: Noch. 22 zuvor: vor. 29 understund: unnderstund. 29 sein: ein. 37 undermarck: undermarckt. 57 ritten: rittend. 62 zwytrechtigkeit: zwytrechtikeit. 65 § vor und erzalt; am Rand: Oratio. 68 sein: seind. 88 iemerlich: iemerlichen. 89 eylt: yelt. 93 schetz: schatz. 95 vor: von. 106 Doch dannoch: Noch dannoch. 106/107 kysend, flehend und bittend: kysen, flehen und bittende. 109 vereinigt: vereinit. 126 offneten: offnoten. 133 § vor Der; am Rand: Oratio. 160 § vor Demnach. 161 Harmonia: Harnomia. 176 § vor fürt; am Rand: Oratio. 193 gehen: gehe. 195 ellend: ellen. 210 Sollichen: Sollicher. 215 und torheit: torheit.

[Erstveröffentlichung: Nr. 142; vgl. dazu Nr. 106 und jetzt auch Carla Winter, Humanistische Historiographie in der Volkssprache: Bernhard Schöfferlins 'Römische Historie', Stuttgart–Bad Cannstatt 1999 (Arbeiten und Editionen zur Mittleren Deutschen Literatur N.F. 6).]

## 2. Literatur und Geschichte. Ortwin Gratius, die 'Dunkelmännerbriefe' und 'Das Testament des Philipp Melanchthon' von Walter Jens[*]

Auch in unserer Zeit der geplanten, organisierten, beantragten und bewilligten Forschungsprojekte gibt es die durch einen Zufallsfund initiierte und von da zu überraschenden Entdeckungen und Ergebnissen gelangende individuelle Forschung. Von einem solchen Fall soll hier berichtet werden.

Der Kauf eines seltenen Buches führte mich zur Entdeckung von handschriftlichen Bemerkungen, die wahrscheinlich von Ortwin Gratius, dem berüchtigten Empfänger der 'Dunkelmännerbriefe', anderenfalls aus seinem Umkreis stammen. Sie beleuchteten in überraschender Weise seinen humanistischen Unterricht. Die Folge war eine neue Beurteilung des Charakters der 'Dunkelmännerbriefe', eine klarere Sicht auf ihre Differenz zur historischen Realität und eine Entdeckung bisher unbeachteter literarischer Vorbilder der *Epistulae Obscurorum Virorum* in Antike und Humanismus. Von hier aus kam die häufige Veränderung gegenwärtiger oder vergangener Verhältnisse in literarischen Darstellungen als allgemeine Erscheinung in den Blick. Eine Musterung der Beispiele endete bei dem von Walter Jens 1997 unter dem Titel 'Das Testament des Philipp Melanchthon' veröffentlichten Dialog und zeigte, daß die suggestive Kraft der literarischen Darstellung die nicht speziell historisch informierten Leser oft nicht bemerken oder vergessen läßt, daß ihnen eine literarisch gestaltete und tendenziell veränderte und nicht die historische Realität vorgestellt wird.

Diese Aussagen und Behauptungen möchte ich im folgenden erläutern und begründen in der Hoffnung, damit sowohl eine neue Sicht auf die berühmteste Satire des deutschen Humanismus zu geben als auch ein altes Problem der literarischen Lektüre zu vergegenwärtigen, das wir umso leichter aus den Augen verlieren, je einnehmender das von uns gelesene literarische Werk ist.

### 1. Ortwin Gratius und die *Epistolae Obscurorum Virorum*

Es gelang mir vor einigen Monaten, ein Exemplar der 1508 in Köln gedruckten und in Münster in Westfalen verfaßten *Elegiarum moralium libri quattuor* des Johannes Murmellius zu erwerben.[1] Sie sind das poetische Hauptwerk des

---

[*] Erweiterte Fassung eines Vortrags, der am 10. Dezember 1998 in der Freien Universität Berlin gehalten wurde.

[1] Ioannis mur||mellii Ruremu[n]de[n]sis ele||giar[um] moraliu[m] libri quattuor|| [mit Hendecasyllaben von Iacobus Montanus Spirensis auf der Titelseite und Distichen des Hermannus Buschius Pasiphilus vor dem Kolophon, das ohne Ortsangabe als Druckjahr 1508 nennt; erschlossen: Köln, Heinrich Quentel(l)s Erben], [44] Bl.: A6–B6, C4, D6–G6, H4 (letztes Blatt weiß). S. Dietrich Reichling, Johannes Murmellius. Sein Leben und

1480 in dem heute niederländischen, damals zum Herzogtum Geldern gehörenden Roermond an der Maas geborenen Humanisten, der nach einem Besuch der berühmten Schule in Deventer in Köln studiert hatte und dann Lateinlehrer und –schulmeister in Münster in Westfalen und danach in Alkmaar und Deventer wurde, wo er schon 1517 starb.[2] Die insgesamt 68 Elegien mit 3.252 Versen handeln, wie Murmellius in dem an den humanistischen Münsteraner Domherrn Rudolf von Langen gerichteten Vorwort schreibt,[3] nicht *de amoribus*, sondern *de moribus*. Sie sind in christlich–humanistischem Sinn geschrieben und haben nach Angabe des Murmellius die *miseriae* des menschlichen Lebens, die *dignitas et excellentia* des Menschen, die zwölf Waffen seines geistigen Kampfes, seine *virtutes* und das Ziel seines Lebens zum Thema.[4]

In dem erworbenen Exemplar fand ich viele Verse durch einen leichten alten Tintenstrich durch– oder unterstrichen, insgesamt 296 Verse in 35 Elegien. Es werden, wie sich zeigte, dadurch sentenziöse Aussagen, sogenannte *loci communes*, hervorgehoben. Sie wenden sich gegen erotische und sympotische Dichtung und sprechen sich für eine moralische, die *virtutes* lobende Dichtung aus,[5] beziehen sich auf Gott als Schöpfer der nach Zahlen für den Menschen geschaffenen Natur und als Urheber des menschlichen Schicksals,[6] auf Christus[7] und auf Maria als Mahnerin zur Religion,[8] auf die natürliche Schwäche und Hinfälligkeit des Menschen und seine *ratio*, seinen nach oben strebenden Geist, seine Unsterblichkeit,[9] auf die Macht der Fortuna[10] und der

---

seine Werke. Nebst einem ausführlichen bibliographischen Verzeichniß sämmtlicher Schriften und einer Auswahl von Gedichten, Freiburg i. Br. 1880/Nieuwkoop 1963, S. 143, Nr. XIII (mit Bibliotheksnachweisen). Reichling wies den Druck wegen seiner Titelinitiale und seiner Typen mit Recht der Quentelschen Druckerei in Köln zu, kannte jedoch nur Exemplare mit 43 Blättern (bis H3, ohne das letzte weiße Blatt). Ein Abdruck der *Elegiarum moralium libri quattuor* findet sich in: Aloys Bömer, Ausgewählte Werke des Johannes Murmellius, 1–5, Münster 1892–1895, hier Heft 3. Vgl. auch: ders., Johannes Murmellius, in: Westfälische Lebensbilder, II, Münster 1931, 396–410.
[2] Vgl. für seine Biographie Reichling, Anm. 1.
[3] Murmellius, Anm. 1, Bl. Aii r.
[4] Bl. Aii v, Ciii r, Eiii v, F6 v.
[5] Bl. Aii v (El. I 1, 17–20, 25–26).
[6] Bl. A5 v (El. I 6, 5–8, 39–41), Ciii v (II 1, 9–10, 37–40), Diii r–v (II 8, 13–14, 39–40), D5 v (II 12, 23–24), Fii v (III 11, 5–12).
[7] Bl. Fiii r (El. III 12, 11–14).
[8] Bl. D6 v (El. II 14, 129–132).
[9] Bl. Aiii r (El. I 2, 3–4), Aiii v (I 2, 23–24, 29–34, 52–53, 58–59), Aiv r (I 3, 5–6, 9– 12), Ci r (I 18, 15–16), Ciii v (El. II 1, 13–16, 25–28), Fi v (III 9, 3–6, 11–14).
[10] Bl. A6 r (El. I 7, 11–14, 37–40), Biii v (I 13, 25–26).

## 2. LITERATUR UND GESCHICHTE

Freundschaft.[11] Sie fordern dazu auf, die jungen Jahre zu nützen,[12] *virtutes* zu erwerben und nicht auf das Vergängliche, sondern auf das Göttliche zu sehen.[13] Sie erinnern an die Belohnung im Himmel und die Bestrafung in der Hölle,[14] besprechen Tapferkeit[15] und Gerechtigkeit,[16] Habsucht und die Sorgen des Reichen.[17] Sie stellen den gegen einen stolzen Juristen sich behauptenden armen Lateinschulmeister vor,[18] mahnen zum Studium der Heiligen Schriften,[19] loben den Buchdruck, der das Studium der Heiligen Schriften und der *artes* erleichtere,[20] warnen vor zu vielem Trinken[21] und zu langem Schlafen,[22] vor Spielleidenschaft[23] und Liebesaffären,[24] wenden sich gegen sinnliche Verführungen und die daraus resultierende Abwendung von Gott,[25] gegen dumme Herrscher und geldgierige Priester,[26] und sie rühmen Albertus Magnus neben und vor Thomas von Aquin.

Diese Verse stehen in einem Gedicht des Murmellius an Arnold von Tongern, den Regenten der albertistischen Bursa Laurentiana in Köln,[27] in der Murmel-

---

[11] Bl. A6 r (El. I 7, 47–50).
[12] Bl. D5 v (El. II 13, 11–12).
[13] Bl. Bii v (El. I 10, 50–57), Di v (II 5, 11–14), D5 v (II 13, 17–18), Fi v (III 8, 5–8, 37–38).
[14] Bl. Fi v (El. III 8, 13–14, 19–20, 25–26).
[15] Bl. Civ v (El. II 3, 31–36).
[16] Bl. Diii v (El. II 9, 5).
[17] Bl. Bii r (El. I 10, 26–31), Bii v (I 10, 50–57), Biii v (I 13, 5–6), Cii r (I 19, 25–28), Civ r (II 1, 47–48), Civ v (II 3, 13–16).
[18] Bl. Biv r (El. I 14, 5–6, 13–14), Biv v (I 14, 33–34, 39–40, 55–56).
[19] Bl. Diii v (El. II 9, 9–10), Div r (II 9, 21–24, 27–28, 41–44).
[20] Bl. Div v (El. II 10, 11–14: *Nunc pretio parvo divina volumina constant, | omnibus et late Pallados arma patent. | Obruta que densis quondam latuere tenebris, | in lucem redeunt accipiuntque decus*). In dieser an den Münsteraner Canonicus Henricus Morlagius gerichteten und seine Bibliothek rühmenden Elegie wurden die offenbaren Druckfehler in V. 2 (*eximio carmina* [statt *carmine*] *digna cani*), in V. 24 (*nomen mobile* [statt *nobile*] *martyr habet*) und in V. 37 (*doctam* [statt *docta*] *cum iusseris arte loquuntur*) jedoch nicht korrigiert.
[21] Bl. Bii v (El. I 11, 3–8, 19–22), Biii r (I 11, 41–44), Civ r (II 2, 23–28).
[22] Bl. Ci r (El. I 18, 3–4), Ci v (I 18, 29–30, 33–34, 37–40).
[23] Bl. Cii v (El. I 21, 13–18).
[24] Bl. Biii r (El. I 12, 5–8, 11–14), Biii v (I 12, 29–36), B5 r (I 15, 19–20), B5 v (I 15, 41–46), B6 r (I 15, 83–84), Civ r (II 2, 23–28), Fii v (III 10, 3–4).
[25] Bl. Aiv v (El. I 4, 19–22), B6 r (I 16, 21–22), B6 v (I 16, 45–48), Ci r (I 17, 43–44, 47–48), Ci v (I 18, 37–40), D5 v (II 13, 17–18).
[26] Bl. Cii r (El. I 20, 13–16), Cii v (I 20, 31–34).
[27] Bl. D v v – E i r (El. II 14): *In Albertum Magnum, Elegia. xiiij. Ad amplissimum et philosophum et theologum Arnoldum Tungrum Laurentiane apud Coloniam Agrippinensem academie rectorem bene meritum.* Murmellius erklärt hier, daß des Callimachus und Ovids Kunst für das Lob von Albertus Magnus nötig sei. Pythagoras, Plato und Aristoteles werden überall gefeiert; *virtutes Alberti*, seine unvergleichliche Gelehrsamkeit und seinen musterhaften

lius selbst studiert hatte. Ortwin Gratius,[28] von dem, wie im Folgenden erschlossen werden kann, die Unterstreichungen vermutlich stammen, lehrte seit 1507 in der gleichfalls albertistischen Bursa Kuckana[29] Poesie und Rhetorik und war mit Arnold Luyde von Tongern, einem der späteren Protagonisten im Reuchlinstreit, befreundet. Obgleich Humanisten Albertus Magnus, Thomas von Aquin und ihre Gefolgsleute sonst gerne unter den von ihnen mißachteten Scholastikern aufzählten,[30] wurde Murmellius, wenn er die unvergleichliche Gelehrsamkeit seines Bursenpatrons in einem humanistischen Gedicht rühmte, dadurch nicht zum antihumanistischen Scholastiker (seine humanistische Position wurde auch nie angezweifelt)[31] — ebensowenig wie derjenige, der einige Verse dieses Gedichts anerkennend unterstrich.

---

Lebenswandel, ausreichend zu loben, sei aber eine noch schwierigere Aufgabe: *Vilescit subito stulti sapientia mundi | Atque novum laudis cogor obire genus* (hier unterstrichen). Albertus habe alle Weisheit der früheren Philosophen in sich aufgenommen, deshalb sammelte sich die *studiosa iuventus* um ihn, darunter auch der berühmte Thomas von Aquin, dessen Bücher in der Kirche in höchsten Ehren stehen: *Foelix discipulus tali erudiente magistro. | Discipulo tali doctor alacris erat. | Aeternum tanquam stelle prefulget uterque, | victor et in coelo laurea serta gerit* (hier unterstrichen). Albertus habe nicht nur alle Wissensgebiete gelehrt, sondern sei auch durch moralische Integrität ausgezeichnet: *Nam iuvenem Christi mater; dignissima virgo, | admonuit pandens relligionis iter; | qua multos egit miles fortissimus annos, | exemplar vite iusticieque decus* (hier unterstrichen). Das Gedicht endet mit einem Lob des den Spuren des Albertus folgenden Arnold von Tongern und der Bursa Laurentiana.

[28] Vgl. zur Biographie von Gratius (Mag. art. Köln 1506): Dietrich Reichling, Ortwin Gratius. Sein Leben und sein Wirken. Eine Ehrenrettung, Heiligenstadt 1884/Nieuwkoop 1963, und Dieter Riesenberger, Ortwinus Gratius of Holtwick, in: Peter G. Bietenholz–Thomas B. Deutscher, Contemporaries of Erasmus, A Biographical Register of the Renaissance and Reformation, II, Toronto u.a. 1986, S. 154–155.

[29] Vgl. zur Kölner Artistenfakultät und den Gegensätzen zwischen den thomistischen und albertistischen Bursen Erich Meuthen, Die Artesfakultät der alten Kölner Universität, in: Albert Zimmermann, Hrsg., Die Kölner Universität im Mittelalter, Berlin–New York 1989 (Miscellanea Medievalia 20), S. 366–393, und Götz–Rüdiger Tewes, Die Bursen der Kölner Artistenfakultät bis zur Mitte des 16. Jahrhunderts, Köln u.a. 1993 (Studien zur Geschichte der Universität Köln 13); zur Situation der Universität Köln im Humanismus s. allgemein Erich Meuthen, Die Alte Universität, Köln–Wien 1988 (Kölner Universitätsgeschichte 1), S. 203ff.

[30] Vgl. zu humanistischen Äußerungen gegen die beiden Erika Rummel, The Humanist: Scholastic Debate in the Renaissance and Reformation, Cambridge, Mass./London 1995, S. 12, 25, 48, 149, 155.

[31] Der Begriff Humanist ist für die Renaissance so zu fassen, daß er alle umfaßt, die die *studia humanitatis* befürworten und sich lernend, lehrend oder ausübend mit ihnen beschäftigen. Zusätzliche Eigentümlichkeiten müssen nicht für alle Humanisten gelten. Z.B. zitierte auch der Humanist Philippus Beroaldus, Varia opuscula, Basel 1509, Bl. 41r, Albertus Magnus zustimmend (*assentiamurque Aristoteli et Aristotelico Alberto Magno*), und der Humanist Baptista Mantuanus konnte die mittelalterlichen Ovidallegorien eines Berchorius anerkennen, die andere Humanisten verlachten. Vgl. dazu Walther Ludwig, Die huma-

Abgesehen von der zuletzt angeführten speziellen personellen Stellungnahme sind es Sentenzen einer moralisch–christlichen Protreptik, die hier herausgehoben wurden. Im 15. und 16. Jahrhundert wurden poetische Texte gerne auf beherzigenswerte und zitierfähige Sentenzen hin gelesen und exzerpiert. So hat die *Margarita poetica* des Albrecht von Eyb ein Kapitel *De versibus, qui* [...] *loco parenthesis vel aliunde epistolis inseri possunt* (Über die Verse, die als Parenthese oder anderswo in Briefe eingefügt werden können), und es folgen dort dann auf vielen Seiten sentenziöse Verszitate aus den Werken des Vergil, den Satiren Iuvenals, den verschiedensten Dichtungen von Ovid, Horaz, Statius, Martial, Tibull, Catull, Properz, Lucan, Claudian, Prudentius, Prosper, Maximian und Avian sowie aus den Fabeln des Aesop und den Sprüchen des Salomon.[32] Ähnlich schrieb Jakob Wimpfeling in seiner *Adolescentia* einmal (ich übersetze):[33] "Es folgen exzerpierte Blüten aus den Werken Ovids. Seine Werke sind den Knaben zwar nicht vollständig in die Hand zu geben, aber es ist nützlich, die ehrbaren Sentenzen nicht zu übergehen, besonders wenn sie sich auf die Sitten beziehen und auch weil sie selbst bei den Kirchenlehrern und den Rechtsglossatoren gelegentlich zu finden sind." Wimpfeling zitiert dann einzelne Distichen Ovids, denen er thematische Überschriften gegeben hat, und läßt sentenziöse Äußerungen aus anderen klassischen Autoren und aus biblischen und modernen Texten folgen.

Murmellius selbst hatte sich diesem Brauch angeschlossen, indem er aus den Elegien des Tibull, Properz und Ovid sentenziöse Verse auswählte und für das Memorieren durch Lateinschüler zusammenstellte. Das zuerst um 1504 gedruckte Werk hatte unter verschiedenen Titeln großen buchhändlerischen Erfolg und wurde bis 1789 mindestens 78 mal aufgelegt.[34]

Das Suchen nach Sentenzen in poetischen Texten wurde später sogar von den Druckern erleichtert. In der zweiten Hälfte des 16. Jahrhunderts kam man zu

---

nistische Bildung der Jungfrau Maria in der Parthenice Mariana des Baptista Mantuanus, in: Ovid — Werk und Wirkung, Festgabe für Michael von Albrecht, hrsg. von Werner Schubert, Frankfurt am Main 1998, S. 777–794.

[32] Albrecht von Eyb, Margarita poetica, Pars I, Tract. III, Cap. XIII (in der Ausgabe Basel 1503, Bl. i6–n6).

[33] Jakob Wimpfelings Adolescentia, Eingeleitet, kommentiert und herausgegeben v. Otto Herding–Franz Josef Worstbrock (Jacobi Wimpfelingi opera selecta 1) München 1965, S. 296: *Sequuntur flores excerpti de operibus Ovidii, cuius opera cum pueris adolescentibus non sint integre tradanda, utile tamen est honestiores sentenzias non preterire, precipue quod apud sacros doctores et ipsas legum glosas passim inveniuntur.* Vgl. dort S. 166f. zu dem Ovid–Florilegium.

[34] Reichling, Anm. 1, S. 135–138 führt 77 Auflagen an, nicht: Johannes Murmellius, Loci communes sententiosorum versuum ex elegiis Tibulli, Propertii et Ovidii, Leipzig, J. Bärwalds Erben 1571, 32 Bl. (nach: Hamburger Antiquariat, Katalog 271, 412; nicht in VD 16).

der satztechnischen Neuerung, auf den Rand vor Verszeilen, die Sentenzen enthielten, bereits im Druck ein Zeichen zu setzen, das unserem doppelten Anführungszeichen entspricht,[35] und das gleiche Zeichen wurde damals auch handschriftlich anstelle einer Unterstreichung der betreffenden Zeile angewendet.[36]

Die Durcharbeitung eines poetischen Textes nach Sentenzen, die Sammlung von solchen *loci communes*,[37] war also insbesondere für einen Poesie- und Rhetoriklehrer eine gängige Arbeitsmethode.

In dem besprochenen Exemplar der Elegien des Murmellius sind außerdem fünf Elegien ausgiebig mit Interlinearglossen und Randbemerkungen versehen, die alle von der gleichen Hand in einer kleinen, im Falle der Interlinearglossen winzigen, oft schwer lesbaren, aber gewandten Kursive mit spitzer Feder geschrieben sind (vgl. Abb. 1). Es sind nicht die fünf ersten Elegien, sondern es handelt sich offensichtlich um bewußt und vermutlich für eine unterrichtliche Behandlung ausgewählte Gedichte, nämlich um die Elegien I 2 *De miserabili hominis ortu*, I 11 *In ebriosum*, I 18 *In somnolentum*, III 2 *De xii armis spiritualis pugne* und III 7 *De suspitione impenitentie*.[38]

Am Anfang dieser Elegien steht jeweils auf dem Rand eine kurze Inhaltsangabe, so z.B. zur ersten: *In presenti carmine elegiaco autor Murmelius miserabilem hominis ortum ad Gaurum descrihit,* oder zur letzten: *Hoc carmine autor quenque hortatur; ne peccat rursum turpiter predicta confessione. Et quisquam secum freqenter volutet nihil esse dirius contemptu superum et superos dereliquisse.*[39]

---

[35] Diese Marginalzeichen für Sentenzen werden z.B. verwendet in: Adamus Siberus, Poemata Sacra, Basel 1565; Nikodemus Frischlin, Studium Tubingense, Tübingen 1569; Michael Hospitalius, Epistolarum seu Sermonum libri sex, Paris 1585; Peter Lindeberg, Iuvenilium partes tres, Frankfurt am Main 1595.
[36] So von Crusius in: Martin Crusius, Germanograeciae libri sex, Basel 1585; vgl. Walther Ludwig, Das Geschenkexemplar der Germanograecia des Martin Crusius für Herzog Ludwig von Württemberg, Zeitschrift für Württembergische Landesgeschichte 56, 1997, S. 43–64.
[37] Vgl. hierzu allgemein Ann Moss, Printed Commonplace-Books and the Structuring of Renaissance Thought, Oxford 1996.
[38] Bl. Aiii r–v, Bii v –iii r, Ci r–v, E5 r, Fi r.
[39] Diese Einführungen lauten zur zweiten Elegie: *Ex ebrietate multa mala deveniunt, cedes sc. convitium, titubatio oris, insanitas corporis, infirmitas pedum, membrorum et capitis. idcirco presens carmen ebriosum describens. ut suum posthabeat officium. et modico utitur potu, ne aliquid mali in eum eveniat,* zur dritten: *Hac Elegia autor somnum esse pellendum multis exemplis approbat,* zur vierten: *presenti elegiaco carmine author murmelius: 12 arma spiritualis pugne nobis proponit, quibus devotus libidinem peccandi coercere potest.*

## 2. LITERATUR UND GESCHICHTE 529

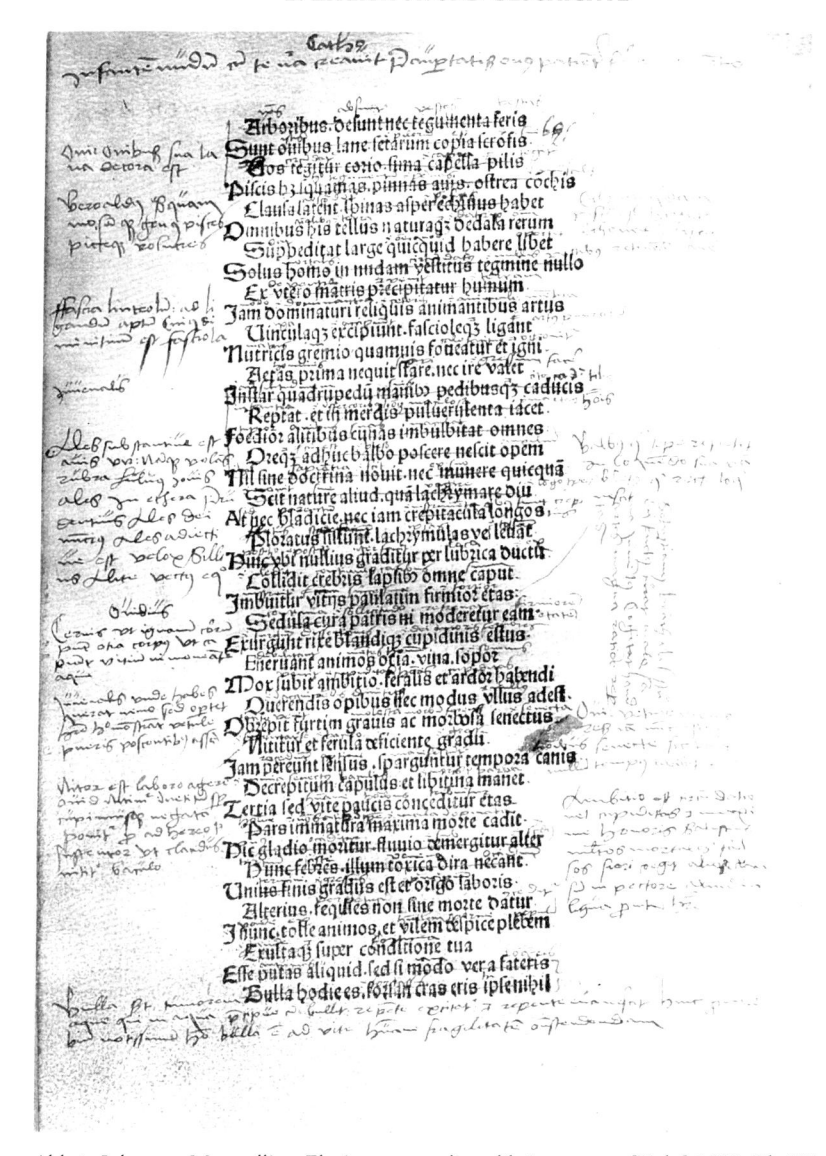

Abb.1: Johannes Murmellius, Elegiarum moralium libri quattuor, [Köln] 1508, Bl. Aiiiv, Originalgröße 19,5 x 14 cm (Exemplar in Privatbesitz)

Die die Zwischenräume zwischen den Verszeilen dicht durchziehenden Interlinearglossen geben einfache Synonyme, erklärende Umschreibungen oder Gattungsbegriffe für Species, z.b. zu *alitibus*: *avibus*, zu *conceditur*: *tribuitur*, zu *ambitio*: *cupiditas honoris*, zu *echino*: *piscis* oder verdeutlichende syntaktische Ergänzungen wie Genitivattribute (z.b. zu *blandicie*: *parentum*), Adjektivattribute (z.b. zu *corpus*: *humanum*, zu *requies*: *perpetua*) oder Possessivpronomina (z.b. zu *mentem*: *tuam*) oder Demonstrativpronomina (z.b. zu *ovibus*: *istis*). Ferner können sie das Subjekt ergänzen (z.b. zu *complemus*: *nos homines*) oder auch das Prädikat (z.b. zu *copia*: *est*) oder das Prädikat aus einem anderen Satzteil wiederholen oder Pronomina durch ihre Beziehungswörter erklären (z.b. zu *his*: *animalibus*) oder Indefinite erläutern (z.b. zu *omnes*: *homines*). Ferner finden sich Präpositionen zu Substantiven, die im Text ohne Präposition stehen (z.b. zu *gremio*: *in*) oder überhaupt erklärende Zusätze (z.B. zu *titubas*: *in loquela*). Das sind alles einfache Erklärungen, um einem Schüler das Verständnis zu erleichtern.

Auf den Rändern finden sich in der Regel gelehrtere Bemerkungen. Es werden Wortbedeutungen definiert (*naufragium est navis fractio. hinc naufragus, qui naufragium patitur*)[40] oder durch Synonyme von einander abgegrenzt (*balbus qui sepe repetit in loquendo sua verba, blesus qui recte loqui nescit*).[41] Auch werden manchmal mehrere Wortbedeutungen unterschieden (*surripio est furor; clam aufero, et interdum saltem tollo*).[42] Es finden sich auch poetologische Angaben wie *comparatio est*[43] oder naturwissenschaftliche und geographische Erklärungen wie *Echinus quidam piscis est hirsutus. Echeneis piscis retinens navem*[44] und *Chius est insula maris egei*.[45] Mehrfach werden mythologische Begriffe erläutert oder allegorisiert wie zu *Iacho*: *bacho*, zu *Libitina*: *mors*, zu *demon*: *diabolus*,[46] zu *Phlegetontis*: *Phlegeton est infernalis fluvius semper ardens*, zu *Cerbereamque famem*: *perpetuam inediam* und zu *furias*: *furie pene infernales dicuntur, et sunt Allecto, Thesiphone et Megera*.[47]

Der Schreiber schrieb hier *Thesiphone* anstelle des klassisch korrekten *Tisiphone*. Ortwin Gratius hat dieses Unterweltspersonal und diese Schreibweise spä-

---

[40] Bl. Aiii r (zu El. I 2, 12 *Naufragio facto*); vgl. Anm. 72.
[41] Bl. Aiii v (zu El. I 2, 32 *Oreque adhuc balbo poscere nescit opem*); vgl. Anm. 72.
[42] Bl. Ci r (zu El. I 18, 13 *Surripitur vite tempus*).
[43] Bl. Aiii r (zu El. I 2, 11 *Non secus ac nautas tumida equoris unda profundit*).
[44] Bl. Aiii v (zu El. I 2, 20 *spinas asper echinus habet*); vgl. Anm. 72.
[45] Bl. Bii v (zu El. I 11, *Quid Chii latices Bacchi*).
[46] Bl. Bii v (zu El. I 11, 23 *natus censeris Iaccho*), Aiii v (zu El. I 2, 49 *Decrepitum capulus et libitina manet*), Ci v (zu El. I 18, 38 *Callidus ut capiat pectora demon adest*).
[47] Bl. Fi r (zu El. III 7, 11f. *Ast inflexibili phlegetontis destinat ignes | Immitis furias cerbereamque famem*).

## 2. LITERATUR UND GESCHICHTE

ter in dem Gedicht benützt, das er 1512 der Schrift des Arnold von Tongern gegen Reuchlins 'Augenspiegel' beigab und in dem er Reuchlin maßlos verunglimpfte.[48] Er gibt dort ein Bild der Unterwelt, die auf die Kunde von Reuchlins 'Augenspiegel' jubiliert. Neben dem *pater infernus* und der *Plutonia coniunx* (vgl. Prud. C. Symm. 1, 367!) treten wieder als Teufel zu allegorisierende *demones* sowie die drei Furien auf, die — vom Bellen des Cerberus begleitet — ein schrill kreischendes Höllenkonzert aufführen (V. 9–12):

*Impia Thesiphone et soror altera nigra colubris*
*stridula nunc vigili plectra latrante movent.*
*Vulgaris consulta libri iam laudibus effert,*
*dum capit obstreperam dira Megera chelyn.*

Die gottlose Tisiphone und die zweite von Schlangen schwarze Schwester[49] bewegen jetzt, während der Wächter bellt, die klirrenden Plektren. Die Ratschläge des volkssprachlichen Buches rühmt und preist schon die schreckliche Megaera, während sie ihre schrille[50] Leier ergreift.

Die Unterwelt einer Invektive dienstbar zu machen, hatte Gratius wohl von Claudians *In Rufinum* gelernt. Der angegriffene Reuchlin kritisierte die fehlerhafte Orthographie der Furie Tisiphone in der 1513 gedruckten *Defensio*

---

[48] Arnold von Tongern, Articuli sive propositiones de iudaico favore nimis suspecte ex libello, theutonico domini Joannis Reuchlin legum doctoris, cui speculi ocularis titulus inscriptus est, extracte cum annotationibus et improbationibus venerabilis ac zelosi viri magistri nostri Arnoldi de Tungeri, artium et sacre theologie professoris profundissimi et collegii, quod vulgo bursam laurentii vocant, regentis primarii semperque honorandi, o.O. u. J. [Köln 1512], Bl. Ai v: *Ortwini Gratii bonarum artium professoris oratoream poeticamque Colonie publice docentis carmen in librum quendam theutonicum, qui speculum oculare inscribitur, cuius auctor inferis leticiam, superis autem et Christi fidelibus summos dolores nunciasse dicitur.* Es folgen 13 elegische Distichen. Die wegen der *fama* von Reuchlins 'Augenspiegel' jubilierende Hölle schildert Gratius in V. 1–12, den deswegen trauernden Himmel und die weinenden Christen in V. 13–22; dann wünschen V. 23–26 Reuchlin und seinem Buch Untergang und Verderben. Das Exemplar der HAB Wolfenbüttel, A34.11 Jur. (5), ist in einen Sammelband mit theologischen Drucken eingebunden, der laut Aufschrift auf einem Vorsatzblatt als *Liber domus presbiterorum et clericorum octiluminum [?] bone Marie virginis prope et extra muros Hyldens[ium]* bezeichnet ist, also in Hildesheim lag. In seinem handschriftlichen Index wird diese Ausgabe als *Opusculum dicta Reuchlin carpens. editum per Arnoldum de tungeri* bezeichnet.
[49] Im Druck fehlt das hier ergänzte *et* in V. 1. Als "zweite Schwester" ist Allecto gemeint; der Ausdruck *nigra colubris* | soll an das auch auf Allecto bezogene *atra colubris* | in Verg. Aen. 7, 329 erinnern.
[50] Das Adjektiv *obstreperus* ist antik nur in Apul. Flor. 13 *occinunt carmine cicadae obstrepero* belegt.

*contra calumniatores suos Colonienses* auf das heftigste:[51] *vix litteras balbutire novit analphabetus, usque adeo furiis plenus, ut furiarum nomina recte nequeat effutire. Posuit enim: impia thesiphone etc., per th et e, cum per te exile et i scribendum sit* "der Analphabet weiß kaum die Buchstaben zu stammeln; er ist so voll von Furien, daß er die Namen der Furien nicht korrekt herausbringen kann. Er schrieb nämlich: *impia thesiphone* usw. mit *th* und *e*, wo das Wort doch mit bloßem *t* und *i* zu schreiben ist". Die 'Dunkelmännerbriefe' schreiben, um diese durch Reuchlin berühmt gemachte Fehlschreibung des Gratius zu parodieren, *methaphysicae* und *epithaphia* mit *th*.[52] *Tesiphone* (ohne *h*) stand in vielen mittelalterlichen Claudianhandschriften, nur in einigen jüngeren Handschriften war sie in *Tisiphone* verbessert.[53] Jemand, der *Thesiphone* mit *th* schrieb, verriet zwar einem Griechischkenner, daß seine Griechischkenntnisse verbesserungsbedürftig waren. Die Buchstabenfolgen *ph, th, ch* und *rh* wurden im Mittelalter aber mit Recht als typisch griechisch angesehen und deshalb oft hyperkorrekt auch da gebraucht, wo sie fehl am Platze waren[54]. Auch der Florentiner Humanist Ugolino Verino schrieb gegen Ende des 15. Jahrhunderts in seinem handschriftlich überlieferten Epos *Carlias* noch verschiedentlich *th* statt eines korrekten *t*, so gerade auch mehrfach *Thesiphone* statt *Tisiphone*. Man findet derartige Schreibweisen, z.B. auch *Protheus* und *Spartha*, selbst noch in humanistischen Drucken und weit ins 16. Jahrhundert hinein.[55] Gratius hatte also mit seiner Schwäche für *th* viel Gesellschaft.

Die marginalen Worterklärungen in unserem Murmellius–Exemplar werden oft durch Zitate aus antiken oder humanistischen Autoren belegt und illustriert, und solche Zitate finden sich auch als Parallelen oder Ergänzungen zu den in den Elegien ausgesprochenen Gedanken. Es seien hier nur die Autoren

---

[51] Johannes Reuchlin, Defensio contra calumniatores suos Colonienses, Tübingen 1513 (HAB Wolfenbüttel: 247 Quodlib. 4° [4]), Bl. Eiii r.
[52] S. Bengt Löfstedt, Zur Sprache der Epistolae obscurorum virorum, Mittellateinisches Jahrbuch 18, 1983, S. 271–289, hier S. 273.
[53] S. J. B. Hall, Claudian, De raptu Proserpinae, Cambridge 1969, S. 125. [Nachtrag 2002: Christian Gnilka wies brieflich am 21.3. 2000 darauf hin, daß in Prud. Apoth. 475 mehrere Handschriften *Thesifone* bzw. *Thisifone* überliefern und Johann Weitz, Prudentii Opera, Hanau 1613, S. 178 *Thesiphone* drucken ließ.]
[54] S. Löfstedt (Anm. 52).
[55] Zu *Protheus, Spartha* und *Thesiphone* bei Verino vgl. Nikolaus Thurn, Ugolino Verino, Carlias, Ein Epos des 15. Jahrhunderts, München 1995 (Humanistische Bibliothek II 31), S. 434, 437f. *Protheus* steht statt *Proteus* in: Giovanni Boccaccio, ΠΕΡΙ ΓΕΝΕΑΛΟΓΙΑΣ Deorum Libri Quindecim cum annotationibus Iacobi Micylli, Basel 1532, S. 171–77; *Protheus* und *Proteus* hintereinander in: C. Iulius Hyginus, Fabularum liber [...], Paris 1578, Bl. 27r. Noch Nikodemus Frischlin, Stipendium Tubingense, Tübingen 1569, Bl. M3 r, schrieb: *Quique suam multis spartham* [statt: *spartam*] *virtutibus ornat.*

## 2. LITERATUR UND GESCHICHTE

und Texte registriert, aus denen die Zitate stammen: Plautus *Bacchides*;[56] Terenz *Andria, Phormio*;[57] Ps.–Cato *Disticha*;[58] Cicero *Somnium Scipionis, De natura deorum, Epistulae ad Familiares*;[59] Sallust *Catilinae Coniuratio*;[60] Vergil *Georgica, Aeneis*;[61] Ovid *Ars amandi, Metamorphosen, Fasti, Epistulae ex Ponto*;[62] Persius *Satiren*;[63] Silius *Punica*;[64] Juvenal *Satiren*;[65] Prudentius *Cathe-*

---

[56] Bl. E5 r (zu El. III 2, 14 *Quam vitiis summum est dedecorare nefas) dedecoro [...] i.e. afficio dedecore*. Plautus [Bacch. 497f.] *castigat hominem probe qui dedecorat te meque amicosque alios flagitiis suis*.

[57] Bl. Ci v (zu El. I 18, 30 *Iussit in obsequium iam venientis heri) Obsequium amicos veritas odium parit Te*[*rentius* An. 68], Aiii r (zu El. I 2, 4 *genium*, vgl. Anm. 65 zu Juvenal) *contrarium habemus in Therentio* [Ph. 44] *suum defraudans genium*.

[58] Bl. Aiii v (als gedankliche Parallele) *Cathus* [Ps.–Cato Dist. 1, 21] *Infantem nudum quum te natura creavit, Paupertatis onus patiendo ferre memento*, Ci r (zu El. I 18 Einführung) *dictum Cathonis moralissimi* [Dist. 1, 2] *cum predictis concordat: Plus vigila semper nec somno deditus esto. Nam diuturna quies vitiis alimenta ministrat*.

[59] Bl. Ci v (zu El. I 18, 27 *Talis ab hoc omni mundo sine laude migrabis) migrare est domicilium mutare unde qui moriuntur migrare dicuntur* [vgl. Cic. De rep. 6, 9 *antequam ex hac vita migro*], Ci v (zu El. I 18, 38 *Callidus ut capiat pectora demon adest) Callidus est astutus, cuius animus usu ut manus opera* [*opere*] *concal*[*l*]*uit ut scribit Cicero in 6° de natura deorum* [De nat. deor. 3, 25!]. *versutus vero cuius mens celeriter vertitur*; E5 r (zu El. III 2, *suspicionem*) *Suspicio est opinio, et est bona et mala, frequentius tamen mala. dicit Cicero ad Lentulum* [Ad Fam. 1, 1, 4] *gratiam autem meam* [*nostram*] *extinxit hominum suspicio*.

[60] Bl. Aiii v (zu El. I 2, 43 *Mox subit ambitio) Ambitio est circumdatio vel cupiditas et maxime honoris*. Sallustius [Cat. 10, 5] *multos mortalis falsos fieri coegit* [*subegit*, Serv. ad Georg. 1, 463: *coegit*], *aliud clausum in pectore aliud in lingua promptum habere*.

[61] Bl. Ci v (zu El. I 18, 26 *Horrida cum longo frigore sylva riget) Rigeo est durus sum ut* [Verg. Georg. 3, 365] *vestis riget gelu. Inde rigor est duricia et rigidus i.e. durus*, Fi r (zu El. III 7, 1 *Sit tibi suspicio) Suspicio est sursum video Virg*[*ilius* Aen. 1, 438] *Eneas ait et fastidia* [*fastigia*] *suspicit urbis. Etiam est malum de aliquo opinari, unde suspitio i.e. opinio mali de aliquo*, Bii v (zu El. I 11, 11 *Iam vix accipitur grave olentis curta loquela) accipere nonunquam est pro audire Virgi*[*lius* Aen. 2, 65] *accipe nunc Danaum insidias*, Bii v (zu El. I 11, 37 *Centauros Lapithe media inter pocula cedunt*) Virgilius [Aen. 2, 266] *ceduntur vigiles*, Cir (zu El. I 18, 10 *Languida de tepido surrige membra toro) surrigo est sursum levo, ut equus surrigit aures* [Verg. Aen. 4, 183], Aiii r (zu El. I 2, 15f. *Noxia defendit nativus frigora cortex | Arboribus) cortex est quasi corium cuiusque rei sc. arboris, pomi et similium*. Virgilius [Aen. 7, 742] *tegmina quis capitum raptus de subere cortex*, Aiii v (zu El. I 2, 31 *foedior alitibus cunas imbulbitat omnes) Ales substantive est avis Vir*[*gilius* Aen. 12, 247] *namque volans rubra fulvus iovis ales in ethera* [*aethra*; Fortsetzung s. Anm. 66 zu Prudentius].

[62] Bl. Aiii v (zu El. I 2, 45 *Obrepit furtim gravis et morbosa senectus) Ovi*[*dius* Ars 3, 59f.] *venture memores iam nunc estote senecte, sic vobis nullum tempus abibit iners*, Aiii v (zu El. I 2, 17 *Sunt ovibus lane*) *Ovi*[*dius* Met. 13, 849] *ovibus sua lana decora* [*decori*] *est*, Bii v (zu El. I 11, 21 *Quanto plus potas, tanto sitis acrior instat*) O[*vidius* Fast. 1, 216] *quo plus sunt pote plus sitientur aque*, Aiii v (zu El I 2, 42 *Enervant animos ocia*) Ovidius [Pont. 1, 5, 5f.] *cernis ut ignavum corrumpant otia corpus, ut capiant vitium ni moveantur aquae*.

*merinon*[66] sowie Philippus Beroaldus,[67] Sebastian Brant,[68] Erasmus[69] und Baptista Mantuanus.[70] Insgesamt finden sich zu den fünf Elegien etwa 25 solcher Zitate. Wenn man den zuerst 1501 gedruckten Kommentar des Johannes Britannicus zu den Satiren Juvenals,[71] die oft aufgelegten *Cornucopiae* des Nicolaus Perottus[72] und das Lexikon des Nonius[73] vergleicht, entdeckt man, daß

---

[63] Bl. Aiii r (s. Anm. 65 zu Juvenal) *quotiens voluptati operam damus, indulgere genio* [Pers. 5, 151] *dicimus.*

[64] Bl. Aiii v (vgl. Anm. 66 zu Prudentius) *ales adiective est velox Sillius* [Pun. 12, 67] *alite vectus equo.*

[65] Bl. Aiii r (zu El. I 2, 3 *In mentem revoca genium*) *Genius nature deus et per ipsam naturam accipitur: Inde genialis dies* [Juv. 4, 66f.] *i.e. voluptuosa* (Fortsetzung s. Anm. 63 zu Persius), Aiii v *Iuvenalis* [am Rand neben El. I 2, 29 *Instar quadrupedum manibus pedibusque caducis,* vielleicht bezogen auf den Versschluß *caducis* in Juv. 9, 89], Aiii v (zu El. I 2, 44 *Querendis opibus nec modus ullus adest*) *Juvenalis* [14, 207f.] *Unde habes querit nemo, sed oportet habere, hoc monstrant vetulae pueris poscentibus assae.*

[66] Bl. Aiii v (zu *ales,* s. Anm. 61 zu Vergil) *Prudentius* [Cath. 1, 1] *ales dei* [*diei*] *nuntius* (Fortsetzung s. Anm. 64 zu Silius).

[67] Bl. Aiii v (zu El. 12, 19 *Piscis habet squamas* [sic]) *Beroaldus* [:] *squammosumque genus* [!] *pisces picteque volucres.* Philippus Beroaldus, Anm. 31, Bl. 63r, schrieb in seinem seit 1481 mehrfach gedruckten *Carmen de die dominicae passionis,* V. 6f.: *Moereat omne genus* [!] *pecudum, genus omne ferarum,* | *squammosumque pecus* [!] *pisces pictaeque volucres.* Der Schreiber zitierte vermutlich aus der Erinnerung.

[68] Bl. Aiii v (zu El. I 2, 39 *Imbuitur vitiis paulatim firmior etas*) *Sebastianus Branth* [:] *Nil studii sanctus* [?] *iurat male sana iuventus* [|] *Confitat* [?] *haud artes magna ratione repertas.* Lesung unsicher, Zitat noch nicht identifiziert.

[69] Bl. Aiii v (zu El. I 2, 59 *Bulla hodie es, forsan cras eris ipse nihil*) *bulla ut tumorem aque, qui in aqua proripuit et bullit. repente excitatur et repente vanescit. hinc proverbium notissimum: homo bulla est ad vite humane fragilitatem ostendendam.* Wohl nach Erasmus Adag. 2. 3. 48: *Homo bulla. Proverbium hoc admonet humana vita nihil esse fragilius* [...] *Est enim bulla tumor ille inanis, qui visitur in aquis momento temporis enascens simul et evanescens,* und Philippus Beroaldus, der in seiner *Oratio proverbialis* (zuerst gedruckt 1499) das Sprichwort *homo bulla est* ausführlich behandelt hat (Beroaldus, Anm. 31, Bl. 38–41).

[70] Bl. Ci r (Einführung zu El. I 18) [...] *Mantuanus, cum inquit, vigilantia melior somno.* Das Zitat wurde noch nicht identifiziert.

[71] Die Bemerkungen zu *genialis* mit den Zitaten aus Juvenal, Persius und Terenz Ph. 44 (Aiii r) sind den Kommentaren des Britannicus zu Juvenal 4, 66f. *Ille dies agatur genialis* und zu Persius 5, 151 *Indulge genio* entnommen.

[72] Nicolaus Perottus, Cornucopiae seu Latinae linguae commentarii [...] (hier zitiert nach den Spalten der Ausgabe Basel 1526) ist Quelle für die zitierten Bemerkungen zu *balbus* und *blesus* (1 *qui dure atque aspere loquuntur; quemadmodum blesos etiam, balbosque dicimus, qui lingua impediti sunt,* vgl. Anm. 41) zu *callidus* (677 *callidus est astutus;* vgl. oben Anm. 59 — es fehlt bei Perottus jedoch das Cicero-Zitat), zu *cortex* (192 *Est enim cortex veluti corium cuiusque rei ut in arboribus liber et in ceteris rebus veluti crusta quaedam ad tegendum data;* vgl. oben Anm. 61 — es fehlt bei Perottus das Vergilzitat!), zu *dedecorare* (655 *dedecus* [...] *dedecoro, quod est foedo, et contumelia atque ignominia afficio;* vgl. oben Anm. 56 — es fehlt bei Perottus das Plautus–Zitat), zu *echinus* und *echeneis* (164 *Echinus vero piscis est* [...]

## 2. LITERATUR UND GESCHICHTE

der Schreiber viele seiner Worterklärungen und Zitate diesen humanistischen bzw. spätantiken Werken entnommen hat. Auf die bei Humanisten verfemte Grammatik des Alexander Gallus (de Ville–Dieu) wird nie zurückgegriffen.

Der Schreiber der Annotationen, der uns ebenso wie der vermutlich identische Unterstreicher an Ortwin Gratius erinnerte, hat, auch wenn man die klassisch fehlerhafte Schreibung *Thesiphone* in Rechnung stellt, aufs ganze gesehen eine unverächtliche humanistische Arbeit geleistet. Griechischkenntnisse galten damals nicht als condicio sine qua non, sondern als besondere Leistung eines Humanisten.[74] Die Annotationen haben die fünf ausgewählten Elegien einge-

---

*Graeci* [...] *hirtum vocant* nach Plin. N. h. 9, 31 und 163 *Echeneis, quod navem retineat* [...] nach Plin. 9, 25; vgl. Anm. 44), zu *naufragium* (s. Anm. 40 und 771 *naufragus, qui navi fracta bona amisit* und 772 *a quo naufragium, navis fractio*), zu *rigere* mit Zitat aus Verg. Georg. 3, 365 (105 *quoniam quae frigent, horrent et durescunt, rigere et rigescere pro indurari usurpamus*, Virg. *Vestesque rigescunt* [...] *hinc rigor non modo pro frigore, sed etiam pro duricie capitur et rigidus modo frigideum significat* [...] *modo durum*), zu *subire* (E5 r, zu El. III, 2, 1 *subit mentem: Subeo est ingredior: interdum suscipio, ut subeo onus, modo occurro, in memoriam venit*, vgl. 863 *subeo modo ingredior* [...], *unde subire onus* [...] *dicimus. modo occurro. in memoriam venio*), zu *suspicio* mit dem Zitat aus Verg. Aen. 1, 438 (189 *suspicio sursum aspicio. Virg. Et fastigia suspicit urbis* [Perottus geht auf Nonius zurück]; vgl. Anm. 61), zu *temulentus* (Biii r, zu El. I 11, 31: *temulentus est ebrius quasi temeto plenus i. e. vino bono*, vgl. 644, 45 *veteres temetum vinum vocabant* [...] *unde temulenti ebrii dicuntur et temulentia ebrietas*) und Festus 18 *temulentum ebrium* [...] *alii dicunt temetum vinum, unde temulentus et temulentia* — Perottus geht auf Festus zurück).

[73] Nonius ist Quelle für die zitierten Bemerkungen zu *accipere* mit dem Zitat von Verg. Aen. 2165 (entsprechend auch Georg Simler, Observationes de arte grammatica, Tübingen 1512, Bl. C v: *accipere* [...] *eleganter pro audire legitur, Virgi. li. ii eneidos. Accipe nunc danaum insidias*) und zu *surrigere* mit dem Zitat von Verg. Aen. 4, 183 s. Lucianus Mueller, Noni Marcelli compendiosa doctrina, Leipzig 1888, S. 365 (M. 240) und S. 68 (M. 50).

[74] Zu der relativ geringen Verbreitung der Griechischkenntnisse zu Anfang des 16. Jahrhunderts vgl. Walther Ludwig, Hellas in Deutschland — Darstellungen der Gräzistik im deutschsprachigen Raum aus dem 16. und 17. Jahrhundert, Berichte aus den Sitzungen der Joachim Jungius–Gesellschaft Hamburg, Jg. 16, H. l, Göttingen 1998, S. 14–27. Ob Gratius in Deventer griechischen Anfangsunterrricht erhielt, ist ungewiß (zum Griechischen in der Schule des Alexander Hegius vgl. Reichling, Anm. 1, S. 9–14, und Richard J. Schoeck, Erasmus of Europe, The Making of a Humanist 1467–1500, Edinburgh 1990, S. 49–52). In Köln hat er jedenfalls von Johannes Caesarius Griechisch gelernt. Denn er schrieb 1516 in einem der zweiten Auflage von Murmellius' *Boethii de consolatione philosophiae libri V cum commentariis* hinzugefügten Brief, daß Johannes Caesarius, der 1510–1519 in Köln griechischen Unterricht gab, *primus ad nos grecas ex Italia advexit litteras* (Zitat nach James V. Mehl, Humanism in the Home Town of the "Obscure Men", in: ders., Hrsg., Humanismus in Köln, Humanism in Cologne, Köln u.a. 1991 [Studien zur Geschichte der Universität zu Köln 10], S. 1–38, hier S. 17). In dem erst in den Ausgaben der *Epistolae obscurorum virorum* seit 1556 erscheinenden *Dialogus novus et mire festivus* (s. Anm. 111) wird Gratius und sein Kreis in vergröberter Form ungerechtfertigterweise der Verachtung von Griechischkenntnissen beschuldigt — vielleicht in Reaktion auf die verbreitete nachre-

hend didaktisch bearbeitet und dabei den damaligen humanistischen Maßstäben entsprechend die Elegien nach Sinn und Sprache erläutert und dazu eine größere Anzahl klassischer und humanistischer Autoren herangezogen.

Die Art der Behandlung entspricht grundsätzlich der Didaktik, die Murmellius in seinem *Enchiridium scholasticorum* (Köln 1505) und in seinen *Didascalici libri duo* (Köln 1510) dem Lateinlehrer gab. Dieser solle sich nicht mit überflüssigen Regeln und weitschweifigen Worterklärungen nach Art des Alexander Gallus aufhalten, sondern aus Plautus, Terenz, Cicero, Sallust, Vergil, Ovid und anderen mustergültigen Autoren die Bedeutung der Worte und die syntaktischen Konstruktionen lernen lassen, sich unter anderem auch an die *Cornucopiae* von Perottus halten und solche Dichter mit den Schülern lesen, die ihr Anstandsgefühl nicht verletzen, sondern ihre Moral und ihre Latinität bilden.[75] Die Kommentierung folgt methodisch auch den Kommentaren, die Jodocus Badius Ascensius als erster zeitgenössischen humanistischen Gedichten hatte zukommen lassen (sein Kommentar zu den *Bucolica* des Baptista Mantuanus wurde seit 1498, in Straßburg seit 1503, der zu den *Epigrammata ac ludicra carmina* des Philippus Beroaldus seit 1508, in Basel seit 1509 oft gedruckt). Die Kommentierungen des Badius — sie werden mit den Verben *exponere* und *elucidare* bezeichnet — beginnen jeweils auch mit einer kurzen Inhaltsangabe des jeweiligen Gedichts. Ihr folgt wie hier Vers für Vers die Wort- und Sacherklärung durch Synonyme, Periphrasen, mythologische und geographische Angaben sowie durch belegende Zitate aus klassischen Autoren. Die handschriftlichen Bemerkungen zu den Elegien des Murmellius erklären diese somit nach damals modernen Grundsätzen.

Den vier Elegienbüchern des Murmellius folgen auf der letzten bedruckten Seite (vgl. Abb. 2) ein sie empfehlendes Gedicht des Hermann von der Busche und der gedruckte Kolophon mit dem Wortlaut *Impressum est hoc opus Anno. M. d. octavo,* unter dem nun in der Zeilenmitte die von derselben Hand wie die Annotationen geschriebenen Worte *Ortwini gratii daventriensis* deutlich zu lesen sind. Besitzerangaben finden sich in Büchern häufiger am Anfang, gelegentlich aber auch am Ende eines Buches. Dabei wurden im 16. Jahrhundert verschiedene Ausdrucksweisen angewandt. Neben *Ex libris Michaelis Mülleri*

---

formatorische Ablehnung des Griechischstudiums im katholischen Raum (Ausgabe Frankfurt am Main 1557, Bl. I 7 v): *Mag. Lupoldus: Non bene indigemus de suo graeco. Mag. Gingolphus: Videtur eis, quia ipsi sciunt dicere to, tou, logos, monssotiros, legoim, taff, hagiotatos, quod ipsi sciunt plus quam Deus. Mag. Ortvinus: Magister noster Lupolde, creditis, quod Deus curat multum de isto graeco? Mag. Lupoldus: Certe non, Magister noster Ortvine; ego credo, quod Deus non curat multum.*
[75] Vgl. Reichling, Anm. 1, S. 59ff.

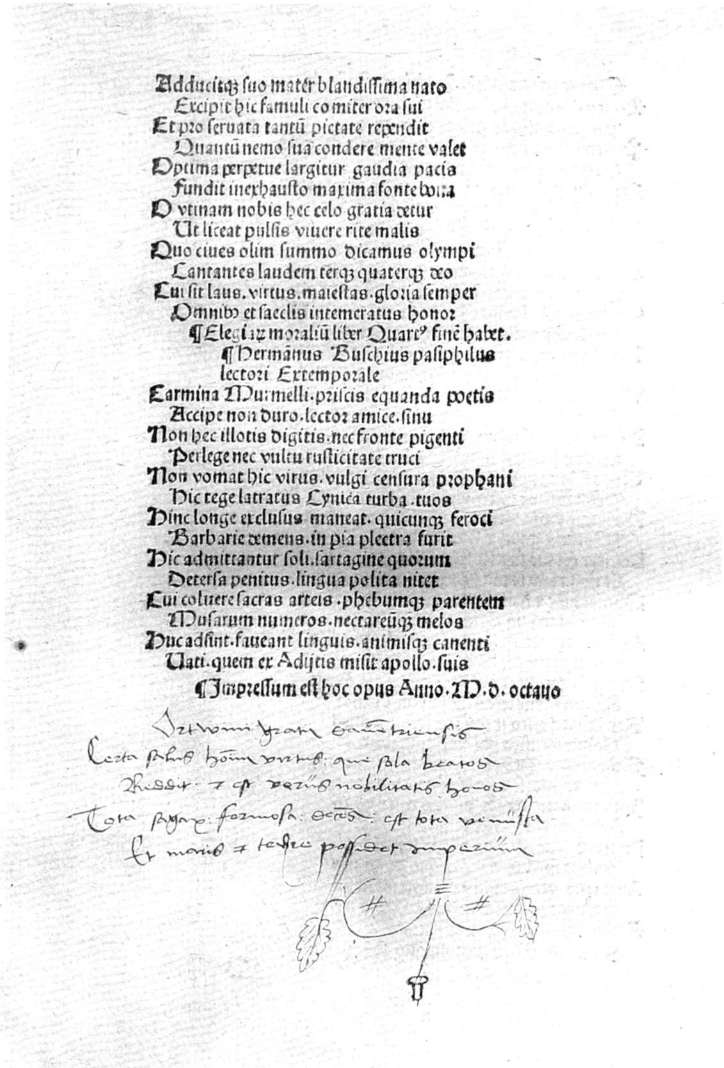

## 2. LITERATUR UND GESCHICHTE

Adducitq; suo mater blandissima nato
Excipit hic famuli comiter ora sui
Et pro seruata tantū pietate rependit
Quantū nemo sua condere mente valet
Optima perpetue largitur gaudia pacis
Fundit inexhausto maxima fonte bona
O vtinam nobis hec celo gratia detur
Vt liceat pulsis viuere rite malis
Quo ciues olim summo dicamus olympi
Cantantes laudem terq; quaterq; deo
Cui sit laus. virtus. maiestas. gloria semper
Omnibz et seclis intemeratus honor

¶ Elegiaru moraliū liber Quart9 finē habet.
¶ Hermānus Buschius pasiphilus
    lectori Extemporale
Carmina Murmelli. priscis equanda poetis
Accipe non duro. lector amice. sinu
Non hec illotis digitis. nec fronte pigenti
Perlege nec vultu rusticitate truci
Non vomat hic virus. vulgi censura prophani
Dic rege latratus Cynica turba. tuos
Hinc longe exclusus maneat. quicunq; feroci
Barbarie demens. in pia plectra furit
Dic admittantur soli. sartagine quorum
Deterfa penitus. lingua polita nitet
Cui coluere sacras arteis. phebumq; parentem
Musarum numeros. nectareūq; melos
Duc adsint. faueant linguis. animisq; canenti
Uati. quem er Adijtis misit apollo. suis

¶ Impressum est hoc opus Anno. M. D. octauo

Abb. 2: Johannes Murmellius, Elegiarum moralium libri quattuor, [Köln] 1508, Bl. Hiiiv, Originalgröße 19,5 x 14 cm (Exemplar in Privatbesitz)

konnte nach meinen Erfahrungen *Liber Michaelis Mülleri, Sum ex libris Michaelis Mülleri, Sum Michaelis Mülleri* und einfach *Michaelis Mülleri* oder *Michael Müller* geschrieben werden.[76] *Ortwini gratii daventriensis* kann also als Besitzervermerk aufgefaßt werden.

Unter diesen drei Worten steht noch ein von derselben Hand geschriebenes, bisher meines Wissens unbekanntes Epigramm mit diesem Wortlaut (Interpunktion nach der Handschrift):

*Certa salus hominum virtus: que sola beatos*
*Reddit: et est verus nobilitatis honos*
*Tota sagax: formosa: decens: est tota venusta*
*Et maris et terre possidet imperium.*

Das sichere Heil der Menschen ist die Virtus, die allein selig macht, und sie ist die wahre Ehre des Adels. Sie ist ganz klug und schön und schicklich und ganz lieblich, und über Meer und Land besitzt sie die Herrschaft.

Das Epigramm, das *virtus* als den sicheren und einzigen Weg zur Seligkeit und als die Bedingung für wahren Adel bezeichnet, greift das Leitmotiv der Elegien des Murmellius auf, der schon in seiner ersten Elegie betont hatte: *carminis omne genus virtutes laudibus ornat* (die Worte sind in unserem Exemplar unterstrichen)[77] und der durch alle seine Elegien hindurch immer wieder den Wert der im Diesseits *nobilitas* und *honor* und im Diesseits und Jenseits *salus* bringenden *virtus* vor Augen stellte und dabei auch Ausdrücke wie *honor nobilitatis* und *salus populo certissima* verwendete.[78]

---

[76] Form und Geschichte der handschriftlichen Besitzervermerke scheinen nicht näher untersucht zu sein. E. Zunker, Besitzervermerke, in: Severin Corsten u.a., Lexikon des gesamten Buchwesens, Stuttgart, 2. Aufl. 1987ff., Bd. I, 331, nennt keine Literatur. Die kurzen Bemerkungen in der Ex Libris–Literatur gehen auf die einzelnen Formen nicht ein.

[77] Bl. Aii v (El. I 1, 25).

[78] Von den zahlreichen Belegen für *virtus* in allen Büchern der Elegien des Murmellius (vgl. in Buch I die Elegien: 6, 7, 9, 10, 16, 17, 19, in Buch II: 2, 3, 4, 5, 8, 9, 11, 14, 15, 16, 17, in Buch III: 3, 4, 8, 10, 11, 12, 13, 14, in Buch IV: 1, 3, 4, 7, 8, 9, 10, 11, 12, 13, 14) seien hier nur des Gedankens oder Ausdrucks wegen hervorgehoben: Bl. C iv v, El. II 4, 3f. *Amphirtyoniaden clari cecinere poete | inclyta quem virtus hinc super astra tulit* [...], D v, II 4, 58 [sc. *inventor sophie*] *quo virtus duceret, admonuit.* D v, II 5, 32 [sc. *sapientia*] *virtutem ingeneras et scelus omne fugas | [...],* Dii r, 35 *Fortune domitrix, certe via prima salutis.* Eii r, II 16, 13f. *spernis cum solida nitens virtute caducas | divitias* [...], 21 *felici sorte beatus.* Eii v, II 17, 6 *Ardua virtutis per iuga fecit iter.* Fii r, III 10, 15–17, *Sic qui virtuti sacraria pura dicavit | nullis fortune casibus opprimitur, | gaudet et est felix* [...], G i v, IV 3, 33–34 *Nobilitat virtus hominem, sapientia clarum | efficit; hinc longe nominis exit honor.* Giii v, IV 8, 1 *Te merito virtus sacro decoravit honore.* G4 v, IV 9, 35 *Emicat adversis virtus tua casibus aucta |*

Ortwin Gratius, und er ist auf jeden Fall der Verfasser dieses Epigramms, hat sich bei seiner Formulierung wohl auch an Gedanken und Wendungen angeschlossen, die er zu *virtus* vermutlich bei Lactantius, Macrobius und Albrecht von Eyb gelesen hatte. Eyb zitierte Lactanz: *virtutem Stoici esse aiunt, quae sola efficiat vitam beatam. nihil potest verius dici*, der auch gesagt hatte *nihil virtute pulchrius* [...] *virtus appetenda ob decorem*, und Macrobius: *solae autem virtutes sunt, quae immortalem beatumque faciunt*, und in seiner von Eyb selbst verfaßten *Oratio ad clericos, ut* [...] *virtutes amplectantur* wird die *virtus* als *omnium rerum dominatrix* bezeichnet. Die Vorstellung der "Herrschaft" speziell "über Meer und Land" ist vielleicht von Ciceros Bericht über die Waage des Kritolaos angeregt, in der die seelischen Güter "Land und Meere hinunterdrükken".[79]

Da es sich hier um damals verbreitete Vorstellungen und Ausdrucksweisen handelt — im Hintergrund steht auch die lebhafte Diskussion der italienischen Humanisten des Quattrocento über die *virtus* als *vera nobilitas*, zu der Gratius keinen direkten Zugang gehabt zu haben braucht[80] —, lassen sich ihre unmittelbaren Vorbilder nicht mit Sicherheit angeben. Gratius könnte auch das Lehrgedicht *De moralibus et intellectualibus virtutibus* des Publius Faustus Andrelinus gelesen haben, das um 1500 mehrmals in Paris gedruckt worden war und in dem auch Erklärungen wie *beatum | virtus quemque facit* und *constans domat omnia virtus* stehen.[81] Das Epigramm des Gratius hebt das Leitmotiv der Elegien des Murmellius hervor und formuliert, wenn auch mit einer gewissen Redundanz und ohne besondere Pointe, gängige Vorstellungen zur Bedeutung von *virtus*. Übereinstimmend mit den Elegien kommt die vorreformatorische Werkgerechtigkeit in reiner Form zum Ausdruck.

---

[...], G5 r, 84 *Et populos virtus nobilitare solet*. Hii r, IV 14, 48 *Despiciens mundi cetera cuncta* [...], Hiii r, 137 *Unde* [sc. *de solio dei*] *salus populo certissima provenit omni*.
[79] S. von Eyb, Anm. 32, Pars II, Tract. I, Cap. II (mit Zitat von Lactantius Div. Inst. 3, 12, 12, vgl. auch ebd. 3, 11, 10) Cap. III (mit Zitat von Macrobius In Somnium 1, 8) Pars II, Tract. II, Oratio VII (s. in Ausgabe Basel 1503, Materiarum Annotatio s.v. *virtus*) und Cicero Tusc. 5, 17, 51: *tantum propenderet illam bonorum animi lancem putat, ut terram et maria deprimat.* Auch Beroaldus, Anm. 31, Bl. 128v zitiert *libram illam Critolai*.
[80] Vgl. dazu Tilman Jorde, Cristoforo Landinos De vera nobilitate, Ein Beitrag zur Nobilitas–Debatte im Quattrocento, Stuttgart 1995 (Beiträge zur Altertumskunde 66), und zuletzt die Übersicht bei Ursula Rombach–Clemens Zintzen, Cristoforo Landino, in: Ute Ecker, Dorothee Gall, Peter Riemer, Clemens Zintzen, Cristoforo Landino, Index, Hildesheim u.a. 1998 (Indices zur Lateinischen Literatur der Renaissance 2), S. IX–XXIV, hier S. XVIIff.; zur Rezeption der *nobilitas*–Diskussion in Deutschland vgl. auch Walther Ludwig, Römische Historie im deutschen Humanismus, Berichte aus den Sitzungen der Joachim Jungius–Gesellschaft der Wissenschaften 5,1, Hamburg 1987, S. 65–66.
[81] Publius Faustus Andrelinus, De moralibus et intellectualibus virtutibus, Paris o. J. (1499) Bl. aii v.

Gratius nennt sich in Drucken übrigens nur 1508–1509 *Ortwinus Gratius Daventriensis*, vorher *Ortwinus de Daventria* und *Ortwinus Gratius Daventrenus*; 1510–1514 läßt er diese Herkunftsbezeichnung zugunsten seiner Bezeichnung als Kölner Professor jedoch weg. Erst ab 1515 fügt er wegen der verleumderischen Angriffe auf seine Herkunft in den 'Dunkelmännerbriefen' seinem Namen die Worte *ob primam a parvulo educationem Daventriensis cognominatus* hinzu.[82] Er dürfte das Buch gleich nach seinem Erscheinen bekommen haben (ab 1509 war er Korrektor in der Quentellschen Druckerei, in der die Elegien 1508 erschienen waren). Er arbeitete es wohl bald danach für seinen Unterricht durch und fügte seiner Besitzerangabe noch ein zum Thema des Buches passendes Epigramm und ein kleines Schlußornament hinzu (an den Unterstrich des *p* von *imperium* in der letzten Zeile des Epigramms ist ein von derselben Hand dekorativ gezeichneter Eichenzweig mit zwei Blättern an den seitlichen Ästen und einer Eichel in der Mitte angehängt — vielleicht als Symbol für Stärke und Beständigkeit).

Der Quartband mit 44 Blättern ist leider nicht mehr im Originaleinband erhalten. Er war Teil eines Sammelbandes, in dem er an fünfter Stelle stand (darauf deutet ein unterstrichenes e oben auf der Titelseite). Sonst ließen sich wohl noch mehr Spuren von Ortwin Gratius finden. Die Broschur des Drucks mit einem älteren Druckbogen in niederländischer Sprache zeigt nur an, daß sich der Band vor seiner Zerteilung im niederländisch–belgischen Raum befunden haben muß.

Gegen die Zuschreibung der Niederschrift an Gratius läßt sich einwenden, daß die Worte *Ortwini Gratii Daventriensis* nur eine Verfasserangabe zu dem folgenden Epigramm sein könnten. Auch wenn hierfür ein Zusatz wie *epigramma* wahrscheinlicher wäre,[83] ließe sich dieser Einwand mit Sicherheit nur ausschließen, wenn ein vergleichbares Autograph von Gratius bekannt wäre. Meine Suche nach einem solchen war leider erfolglos. Auf zahlreiche Anfragen bei möglichen Archiven und Bibliotheken und ebenso bei kundigen Philolo-

---

[82] Dies ergeben die bibliographischen Angaben in: Reichling, Anm. 28, S. 88–104. In der in Anm. 85 angeführten handschriftlich überlieferten Epistel von 1524 nennt Gratius sich dann wieder einfach *Ortwinus Gratius Daventriensis, Christi sacerdos*.
[83] Jedenfalls erscheint in Drucken regelmäßig ein solches übergeordnetes Nomen, vgl. z.B. *Ortwini Gratii Colonie bonas literas docentis ad beatissimam dei genitricem Carmen* [...] (auf der Titelseite von Johannes Murmellius, Florea dive virginis dei matris serta, Köln um 1508), *Ortwini Gratii Colonie poeticam rhetoricenque publice profitentis Hexastichon* [...] (auf der Titelseite von Johannes Murmellius, Didascalici libri duo, Köln 1510), *Ortwini Gratii Colonie bonas litteras docentis ad studiosorum adulescentulum Epigramma* [...] (auf der Titelseite von Johannes Murmellius, Papa puerorum, Köln 1513), *Ortwini Gratii Agrippinensis philosophi Epigramma* [...] (auf der Titelseite von Johannes Murmellius, Nucleus, Köln 1516).

## 2. LITERATUR UND GESCHICHTE

gen und Historikern erhielt ich bisher nur negative Antworten.[84] Es ist anscheinend kein Autograph des Ortwin Gratius bekannt.[85]

Doch selbst wenn die betrachtete Niederschrift nicht durch die Hand des Gratius erfolgt wäre, müßte ein ihm nahestehender Schüler oder Freund sie geschrieben haben, so daß sie dann immer noch ein Zeugnis für den christlich–humanistischen Unterricht des Gratius in Köln wäre. Denn das nicht gedruckte Epigramm des Gratius konnte nur der kennen und niederschreiben, der ihm sehr nahestand, und auch die Hervorhebung der Lobesverse auf Albertus Magnus und die Schreibweise *Thesiphone* sind so sehr nach Art des Ortwin Gratius, daß man in erster Linie wieder an jemand aus seiner Schule denken müßte. Aber gerade wenn man diese Signale und dazu noch die offensichtlich durch vieles Schreiben gewandte kursive Schrift berücksichtigt, dürfte es doch am wahrscheinlichsten sein, daß Gratius selbst das Buch besaß und die Niederschrift von ihm stammt.

Was lehrt sie? Sie illustriert einerseits, daß Ortwin Gratius in der loyalen Anerkennung und Bewunderung seines Bursenpatrons Albertus Magnus mit Murmellius übereinstimmte, und zeigt andererseits besser und detaillierter als je zuvor seine Unterrichtspraxis. Nicht anders als es von einem Schüler des Alexander Hegius in Deventer zu erwarten ist,[86] war sein Unterricht christlich

---

[84] Ich danke für ihre Auskünfte dem Historischen Archiv der Stadt Köln, der Universitäts– und Stadtbibliothek Köln, der Handschriftenabteilung der Staatsbibliothek zu Berlin, Preußischer Kulturbesitz (Zentralkartei der Autographen), der Bayerischen Staatsbibliothek München, den Herren Professoren E. Meuthen, F. Rädle, P. G. Schmidt sowie Herrn Priv.– Doz. G.–R. Tewes.
[85] Eine Hoffnung eröffnete ein Satz von Mehl, Anm. 74, S. 31: "Gratius' history of the church and the cloister [sc. zu den Hl. Makkabäern in Köln] remained in manuscript form". Mehl verweist auf Th. Ilgen, Kritische Beiträge zur rheinisch–westfälischen Quellenkunde des Mittelalters, Westdeutsche Zeitschrift für Geschichte und Kunst 30, 1911, S. 143–296, hier S. 232–233, der mitteilt, daß von einer 1524 von Gratius verfaßten und an die Nonnen des Klosters gerichteten Epistel "eine Niederschrift auf Papier, die vielleicht als die erste Reinschrift anzusehen ist" und die "1736 im Besitz des Jesuitenkollegs in Köln" war, "sich heute in der Nationalbibliothek zu Paris im Fonds latin Nr. 10 161" befinde. Sie ist ein Teil der Handschrift Nr. 10 161, die Léopold Delisle, Inventaire des manuscrits latins conservés à la Bibliothèque Nationale sous les nos. 8823–11503 du Fonds Latin, Paris 1863/Hildesheim 1974, 63 als "Recueil historique sur les Machabées, par *Helias Marcaeus, rector monasterii sanctimonialium apud Machabaeos in Colonia s. XVI*" bezeichnet und die zunächst die von Helias Mertz/Marcaeus zusammengestellten Nachrichten über die Makkabäer und dann die Epistel des Gratius *De insigni ornatu, nobilitate et loci antiquitate ad divos Macabaeos martyres in Colonia* [...] enthält. Diese Reinschrift ist entweder die Vorlage oder eine Kopie der verschollenen Pergamenthandschrift von 1524/1527, die in dem Benediktinerinnenkloster aufbewahrt wurde, jedoch kein Autograph des Gratius.
[86] Zur Schule St. Lebwin in Deventer vgl. Schoeck, Anm. 74, S. 47–54, zu Alexander Hegius C. G. van Leijenhorst in: Bietenholz, Anm. 28, Bd. II, S. 173.

und humanistisch. In seinem Poesieunterricht behandelte er neben klassischen auch zeitgenössische humanistische Dichter wie Baptista Mantuanus. Die Elegien des Murmellius, der gleichfalls die Schule in Deventer besucht hatte, atmeten den gleichen Geist eines christlichen Humanismus und empfahlen sich zudem durch spezifische Kölner Bezüge. Das alles bestätigt die Ansicht derer, die aufgrund seiner *Orationes quodlibeticae* von 1508, seiner Ausgaben von Schriften des Baptista Mantuanus, des Prudentius, Ovid, Sallust und Cicero sowie des Aldus Manutius und im Hinblick auf seine anderen überlieferten Prosaschriften und Epigramme betonten, daß er "kein reaktionärer Dummkopf, sondern ein respektabel gebildeter, moderater Humanist" war.[87] Man hat aus dieser Erkenntnis jedoch meines Erachtens noch nicht entschieden genug die nötigen Folgerungen für das literarische Verständnis der 'Dunkelmännerbriefe' gezogen. Sie werden in der Regel als eine Satire betrachtet, die die Schwächen des Gratius und seiner Freunde karikierend vergröberte oder ironisch persiflierte, und als primäres Ziel dieser Satire gilt meist die Verspottung der spätscholastischen Unterrichtsmethode und ihrer Vertreter. Sie sind in einem gewissen noch zu definierenden Sinne auch eine Satire, aber primär sind sie eine Invektive gegen Gratius, dessen Name schon in dem vollen Titel der *Epistolae obscurorum virorum ad venerabilem virum Magistrum Ortuinum Gratium* erscheint. Der Anlaß für die Invektive gegen ihn war der Umstand, daß Gratius sich in der Sache der jüdischen Bücher gegen Reuchlin gestellt und der Schrift des Arnold von Tongern gegen Reuchlins 'Augenspiegel' jenes invektivische Gedicht beigegeben hatte,[88] was man ihm als Professor der humanistischen Fächer Poesie und Rhetorik besonders übelnahm, und daß

---

[87] Dies vertrat zuerst Reichling, Anm. 28. Riesenberger, Anm. 28, S. 124 résümiert: "In general, his considerable merits as a teacher, author, and editor in the fields of humanism and theology tend to be overlooked as a result of his involvement in the Reuchlin controversy." Im obigen Text wird Fidel Rädle, Die Epistolae obscurorum virorum, in: Hartmut Boockmann, Hrsg., Kirche und Gesellschaft im Heiligen Römischen Reich des 15. und 16. Jahrhunderts, Göttingen 1994, S. 103–115, hier S. 105, zitiert. Vgl. allgemein zu Gratius und dem Kölner Humanismus Mehl, Anm. 74, S. 1–38, 209–221 (hier S. 217 auch eine Bibliographie seiner übrigen Veröffentlichungen zu Gratius).

[88] Vgl. oben mit Anm. 48 und zu den Vorgängen besonders Erich Meuthen, Die *Epistolae obscurorum virorum*, in: Walter Brandmüller u.a., Hrsg., Ecclesia Militans, Studien zur Konzilien- und Reformationsgeschichte, Remigius Bäumer zum 70. Geburtstag gewidmet, Bd. II, Paderborn u.a. 1988, S. 53–80, Winfried Trusen, Johannes Reuchlin und die Fakultäten. Voraussetzungen und Hintergründe des Prozesses gegen den 'Augenspiegel', in: Gundolf Keil u.a., Hrsg., Der Humanismus und die oberen Fakultäten, Weinheim 1987 (Mitteilung 14 der Kommission für Humanismusforschung der Deutschen Forschungsgemeinschaft), S. 115–157, und zuletzt Winfried Trusen, Die Prozesse gegen Reuchlins 'Augenspiegel'. Zum Streit um die Judenbücher, in: Stefan Rhein, Hrsg., Reuchlin und die politischen Kräfte seiner Zeit, Sigmaringen 1998 (Pforzheimer Reuchlinschriften 5), S. 87–131.

## 2. LITERATUR UND GESCHICHTE

Reuchlin selbst in seiner 1513 veröffentlichten *Defensio contra calumniatores Colonienses* Pfefferkorn, Gratius und Arnold von Tongern als Kölner Dreierbande auf das heftigste angegriffen und seinerseits übel beschimpft hatte.[89] Nun wollte man zur Verteidigung Reuchlins und in Bundesgenossenschaft mit ihm insbesondere die moralische und intellektuelle Reputation des Gratius vernichten. Deshalb wird Gratius in den 'Dunkelmännerbriefen' als Sohn einer Hure und eines Pfarrers sowie als Neffe eines Henkers, als Trunkenbold und als Heuchler bezeichnet, der ein sexuelles Verhältnis zur Frau des getauften Juden Pfefferkorn unterhält und die Magd des Druckers Quentell geschwängert hat, deshalb wird er auch als borniertes Dummkopf angeprangert, der zwar vorgibt und bei seinen Schülern im Rufe steht, von Poesie etwas zu verstehen, in Wirklichkeit aber aus durchsichtigen Gründen von den klassischen Autoren nur Ovids *Ars amandi* schätzt und wie der schlimmste Antihumanist nur die Grammatik eines Alexander de Villa Dei und gereimte Hexameter kennt, deren metrische Mängel ihm nicht auffallen. Das alles sind schlimmste Verleumdungen.[90] Seine Herkunft war ehrbar,[91] die

---

[89] Die drei Gegner werden von Reuchlin so zusammengestellt: *in dextro cornu carminator* [sc. Gratius], *in sinistro criminator* [sc. Pfefferkorn], *in medio signifer Arnoldus* [von Tongern] *calumniator*. Pfefferkorn wird von ihm übrigens mit Ausdrücken gekennzeichnet, die Ciceros Bild von Catilina (Cat. 2, 1, 1) entnommen sind. Er nennt ihn: *Hebionem* [ein antiker Häretiker] *corpore, Thersitem animo, audacia furentem, scelus anhelantem, pestem mihi nefarie molientem* (beide Zitate nach Trusen 1987, Anm. 88, S. 149 und 144f.). Für Reuchlins Abrechnung speziell mit Gratius s. Reuchlin, Anm. 51, Bl. Eiii–Fiii, abgedruckt in: Hermann von der Hardt, Historia Literaria Reformationis, II, Frankfurt am Main 1717, S. 53–93, hier S. 71–75, und zur *Defensio* allgemein Trusen, S. 144–150, der seine Analyse zusammenfassend erklärt: "In dieser *Defensio* liegen bereits fast alle die Kölner in völlig unberechtigter Weise treffenden Vorwürfe und Schmähungen, die wir dann, satirisch ausgeformt, in den *Epistolae obscurorum virorum* wiederfinden. Sicher hat Reuchlin sie nicht mitverfaßt, was damals behauptet wurde, aber er ist der Sämann gewesen, auf den die Saat zurückging. Seine Verehrer haben die von ihm angeschnittenen Themen aufgenommen und weitergeführt."
[90] Die bisherige Forschung ging meist davon aus, daß sich die Vorwürfe gegen Gratius auf wirklich vorhandene Schwächen desselben bezögen, die nur einem Kreis intimer Kenner bekannt gewesen seien, welche deshalb die Darstellung besonders genossen haben sollen (so z.B. Barbara Könneker, Die deutsche Literatur der Reformationszeit, Kommentar zu einer Epoche, München 1975, S. 19, und dies., Satire im 16. Jahrhundert, Epoche — Werke — Wirkung, München 1991, S. 108). Einerseits wird damit die Freiheit der verleumderischen Erfindung in der damaligen Invektive unterschätzt, andererseits die gängige Redensart bestätigt, daß immer etwas hängen bleibt.
[91] Gegen die zur Gänze erfundenen Behauptungen über Gratius' familiäre Herkunft wendet sich Gratius ausdrücklich in seiner den *Lamentationes obscurorum virorum* (1518) angeschlossenen *Epistola apologetica* (Eduard Böcking, Ulrichi Hutteni Equitis Operum Supplementum. [...] T. 1, Leipzig 1864, S. 396–409, hier S. 402–403; vgl. auch Reichling,

alkoholischen Exzesse und die sexuellen Affären waren aus der Luft gegriffen,[92] sein Antihumanismus war wider besseres Wissen erfunden. Gratius war weder, wie man in der Forschung manchmal zur Rechtfertigung der Angriffe gegen ihn sagte, in ein antihumanistisches Lager übergewechselt (er war und blieb Humanist, auch wenn er den scholastischen Kölner Theologen Arnold von Tongern in seinem Streit mit Reuchlin unterstützte),[93] noch begründete oder

---

Anm. 28, S. 59f.). Die Erfindung knüpfte an den Umstand an, daß Gratius von einem Priester in Deventer, seinem Onkel, erzogen wurde, und hielt sich an das Vorbild der unten angeführten Invektive Poggios gegen Filelfo, in der Filelfo eine entsprechende Abstammung nachgesagt wird. Verleumderische Unterstellungen bezüglich der Herkunft gehören auch zum antiken römischen Schimpfarsenal, vgl. Ilona Opelt, Die lateinischen Schimpfwörter und verwandte sprachliche Erscheinungen, Eine Typologie, Heidelberg 1965, S. 149–51.

[92] Der Umstand, daß Gratius sich nicht wie im Falle seiner Herkunft explizit gegen diese Verleumdungen wendet, sondern nur generell die *epistolas* als *plenas omnis inpudentiae et iniquitatis* (Böcking, S. 396, vgl. auch S. 398) verurteilt, darf nicht, wie es manchmal doch geschehen ist, zu der Vermutung verleiten, es sei sozusagen etwas dran, vielmehr beweist die Erfindung seiner Herkunft, wie unbekümmert die tatsächlichen Verhältnisse verfälscht wurden. Trunksucht war für Invektiven ein immer naheliegender Vorwurf, gerade weil er schwer zu widerlegen war (und ist). Immerhin ist jetzt bekannt, daß Gratius die Elegie *In ebriosum* des Murmellius zu unterrichtlicher Behandlung im Sinne einer Warnung seiner Studenten vor übermäßigem Trinken ausgewählt hat, was nicht gleich mit Heuchelei abgetan werden sollte. Die angeprangerten sexuellen Verhältnisse zeigen ein einheitliches Muster: Zu den Arbeiten für Pfefferkorn und Quentell wurden sexuelle Beziehungen zu Frauen hinzuerfunden. Die Erfindungen sind von der gleichen Art wie die für seine Herkunft. Zu Trunksucht und sexuellen Ausschweifungen als Topoi antiker Beschimpfungen s. Opelt, Anm. 91, S. 154–58, 174f.

[93] Vgl. z.B. Hans Rupprich, Die deutsche Literatur vom späten Mittelalter bis zum Barock, 1. T., München 1970 (Geschichte der deutschen Literatur 4,1), S. 718: "Bis um 1508 blieb Ortwin begeisterter Anhänger der neuen Studien [...] Eine scharfe Auseinandersetzung mit Busch über die Frage der Benutzung des Donat im Universitätsunterricht 1509 drängte ihn allmählich in ein anderes Lager; und vollends der Reuchlinsche Streit und die *Epistolae obscurorum virorum* zeichnen ihn als Chorführer entarteter Scholastik und beschränkten Menschen, der gegen die neue Bildung Front macht" [hier wird nicht beachtet, daß die Kontroverse mit Busch innerhumanistisch war, Gratius bis 1518 klassische und humanistische Autoren edierte und die *Epistolae obscurorum virorum* kein verläßlicher Zeuge sind], und Günther Mensching, Die Kölner Spätscholastik in der Satire der Epistolae Obscurorum Virorum, in: Zimmermann, Anm. 29, S. 508–523, hier S. 519f. "er bis zum Auftreten Pfefferkorns sich durchweg als — freilich wenig origineller — Anhänger des Humanismus und der weltlichen Poesie zu erkennen gegeben hat. Erst die Parteinahme der Theologischen Fakultät für Pfefferkorn, dessen Schriften Gratius ins Lateinische übersetzte und zuweilen mit Gedichten versah, drängte ihn in die Position der traditionellen Autorität." An seiner humanistischen Einstellung und Tätigkeit, die mit seiner Stellungnahme für die Kölner Position im Reuchlinstreit durchaus vereinbar war, änderte sich jedoch nichts; vgl. hierzu auch in seiner *Epistola apologetica* von 1518 die Worte (Böcking, Anm. 91, S. 409): *Modo autem si quis scire voluerit, quam potissimum ob causam Capnioni non adhaeream, quum tamen politiores literas in alma universitate Coloniensi compluribus annis professus sim,*

## 2. LITERATUR UND GESCHICHTE

rechtfertigte der Umstand, daß er kein überragender Humanist war, solche Angriffe.[94] Gratius und die Studenten, die bei ihm etwas gelernt hatten, verwendeten auch gewiß nicht das bei seinen Lesern Heiterkeit erregende und Überlegenheitsgefühle weckende karikierte "Mönchslatein".[95] Man brauchte die Verleumdungen und griff zu ihnen, weil man auf der damals von vielen Christen geteilten Einstellung des Gratius gegenüber der jüdischen Literatur keine Invektive gegen ihn hätte aufbauen können, abgesehen davon, daß man selbst von antijüdischen Vorstellungen keineswegs frei war.[96]

Wie man in einer Invektive den Gegner anschwärzen konnte, hatte Poggio Bracciolini gezeigt, dessen Werke gerade 1511, 1512 und 1513 gesammelt in Straßburg und Paris gedruckt worden waren. Seinen Invektiven gegen Francesco Filelfo lag eine analoge Situation zugrunde. So wie die Verfasser der 'Dunkelmännerbriefe' sich für ihren Reuchlin einsetzten (sie lassen einen Anhänger desselben sagen: *O innocentissime Reuchlin, debes tu sic tractari a pessimis et nequitiosissimis tribulatoribus?* — "O unschuldigster Reuchlin, verdienst du so behandelt zu werden von den übelsten und schurkischsten Quälgeistern?"),[97] so setzte sich Poggio für seinen Freund Niccolò Niccoli ein und er-

---

*respondeo me non Capnioni, sed praeceptoribus meis fidei ac synceritatis iuramentum praestitisse.*
[94] Jacques Chomarat, Les hommes obscurs et la poesie, in: L'Humanisme Allemand (1480–1540), XVIIe Colloque International de Tours, München–Paris 1979 (Humanistische Bibliothek I 38), S. 262–283, weist humanistische Schwächen in den *Orationes Quodlibeticae* des Gratius nach und gelangt auf der Basis seiner Vorstellung (271) "en matière d'humanisme l'intention n'est rien" zu dem Urteil (271) "Non, Ortuinus Gratius n'est pas un humaniste". Die Urteilsbasis führt zu einem zu engen Begriff für das, was einen Humanisten ausmacht, und anerkennt zu wenig, daß es Humanisten sehr verschiedener Qualität gab. Humanisten von der Qualität eines Gratius waren neben und mit den humanistischen Größen dafür verantwortlich, daß der Humanismus (im Sinne der *studia humanitatis*) sich in Deutschland ausbreitete. Weil Gratius kein "origineller" Humanist war, verdiente er keine Verunglimpfung als Antihumanist, und er wäre ohne die Kontroverse über die Judenbücher selbstverständlich auch davon verschont geblieben.
[95] Zum Begriff s. Fritz Wagner, Mönchslatein, in: Enzyklopädie des Märchens, IX, 1998, S. 793–795, zur Sprache selbst besonders Löfstedt, Anm. 52.
[96] Vgl. dazu Heiko Augustinus Oberman, Wurzeln des Antisemitismus, Christenangst und Judenplage im Zeitalter des Humanismus und der Reformation, Berlin 1981, Hans–Martin Kirn, Das Bild vom Juden in Deutschland des frühen 16. Jahrhunderts, dargestellt an den Schriften Johannes Pfefferkorns, Tübingen 1988 (Texts and Studies in Medieval and Early modern Judaism 3); Willehad Paul Eckert, Die Universität Köln und die Juden im späten Mittelalter, in: Zimmermann, Anm. 29, S. 488–507, sowie allgemein die Beiträge in: Arno Herzig–Julius H. Schoeps, Hrsg., Reuchlin und die Juden, Sigmaringen 1993 (Pforzheimer Reuchlinschriften 3).
[97] Epistolae obscurorum virorum, II 14, Ausgabe Frankfurt am Main 1557, Bl. N4, Bökking, Anm. 91, S. 213. Umgekehrt hatte zuvor Gratius Reuchlin mit dem Attribut *nequis-*

öffnete seine Invektive mit den Worten: *Impurissimam atque obscoenissimam foeculenti oris tui non satyram, sed vomicam in virum purissimum et continentissimum Nicolaum nostrum* [..] "Deines dreckigen Mundes unreinste und schmutzigste — ich sage nicht Satire, sondern Kotze gegen unseren reinsten und selbstlosesten Niccolò [...]".[98] Im folgenden verunglimpfte Poggio dann auch Filelfo wegen seiner angeblichen Herkunft von einem Pfarrer und dessen Konkubine, schmähte ihn wegen seiner angeblichen Unzucht und verspottete seine dummen Verse in schlechtem Latein.[99]

Die Verfasser der 'Dunkelmännerbriefe' haben von Poggio gelernt. Mit den gleichen oder ähnlichen Erfindungen wurde Gratius angegriffen, allerdings nicht in Form einer Rede, sondern durch eine Sammlung fiktiver Briefe, die bestimmte Situationen mimisch fingieren, den Gegner lächerlich machen und Prosa und Verse mischen. Klassische Vorlagen boten Anregungen.

Den Verfassern der angeblich in Venedig bei einem Aldus Minutius gedruckten *Epistolae obscurorum virorum* von 1515 können die 1499 wirklich in Venedig bei Aldus Manutius gedruckten *Epistolae diversorum Philosophorum, Oratorum, Rhetorum* nicht unbekannt geblieben sein. Dort fanden sie in den Briefen Alkiphrons den Typ des fiktiven mimischen Briefes, in dem Bauern, Fischer, Hirten, Hetären und Parasiten untereinander in ihrer Sprache über ihre Probleme korrespondierten.[100] Auch lernten sie vermutlich in dieser

---

*simus* geschmäht (V. 23f. des in Anm. 48 genannten Gedichts): *A pereat tante cladis nequissimus auctor | scriptaque gens narrat que recutita suis!*

[98] Gianfrancesco Poggio Bracciolini, Opera, Basel 1538, S. 164. Anlaß für diese erste Invektive Poggios gegen Filelfo war Filfelfos *Satyra in hominem impurissimum Nicolaum Nichilum*, die Martin C. Davies, An Emperor without Clothes? Niccolò Niccoli under Attack, Italia Medioevale e Umanistica 30, 1987, S. 95–148, hier S. 144ff., erstmals ediert hat.

[99] Poggios Kunst der invektivischen Rede hatte als klassische Vorbilder die Invektive *In Pisonem* Ciceros und Ps.–Sallusts *In Ciceronem* (vgl. zu ihnen Severin Koster, Die Invektive in der griechischen und römischen Literatur, Meisenheim am Glan 1980 [Beiträge zur Klassischen Philologie 99]). Diese Seite der humanistischen Eloquenz hat überraschenderweise noch kaum philologische Beachtung gefunden. Selbst Jozef IJsewijn–Dirk Sacré, Companion to Neo–Latin Studies, II, Leuven 1998 (Supplementa Humanistica Lovaniensia 14), berücksichtigen in ihrem Gattungsüberblick, der S. 165–179 "Eloquence: Declamationes, Orationes" behandelt, die Invektive nicht als speziellen Redetyp. Vgl. hierzu auch die Hinweise bei Davies, S. 97.

[100] Reinhard Paul Becker, A War of Fools, The Letters of Obscure Men, A Study of the Satire and the Satirized, Bern u.a. 1981 (New York University Ottendorfer Series N.F. 12), S. 70f., der über die griechische Epistolographie nach Sykutris, RE Suppl. V, 1931, Sp. 185–220, referiert, meint, daß die Verfasser der 'Dunkelmännerbriefe' "the Greek tradition" wahrscheinlich nicht gekannt hätten, berücksichtigt aber nicht den frühen Druck der griechischen Epistolographen (GW 9367). Vgl. jetzt zu dieser Briefsammlung Martin Sicherl, Die Aldina der griechischen Epistolographen (1499), in: David S. Zeidberg, Hrsg., Aldus Manlitius and Renaissance Culture, Essays in Memory of Franklin D. Murphy, Flo-

## 2. LITERATUR UND GESCHICHTE

Sammlung den historischen Personen unterschobenen Brief kennen. Bereits Polizian glaubte, daß die Briefe des Phalaris von Lukian stammten, und Erasmus nannte wenig später die unter den Namen des Brutus und Phalaris überlieferten Briefe anonyme *declamatiunculae*.[101]

Ferner erregte die zuerst 1513 in Rom und 1515 zweimal in Basel unter dem Titel *Ludus de Morte Claudii Caesaris* gedruckte *Apocolocyntosis* Senecas damals Aufsehen.[102] Für eine antiklerikale und antipäpstliche Invektive verwertete sie nach dem Tod von Papst Julius II. der anonyme Verfasser des Dialogs *Julius exclusus*, der zugleich die Wirksamkeit der fiktiven Selbstaussage einer inkriminierten Person demonstriert.[103] Die *Apocolocyntosis* zeigte den Humanisten, daß und wie eine mit ihrem Namen benannte zeitgenössische Person durch eine erfundene Handlung in einem Prosa und Verse mischenden Text invektivisch lächerlich gemacht werden konnte. Die humanistische Gattungsdefinition der hexametrischen Satire schrieb dagegen damals vor, daß sie die *vitia* der Menschen kritisieren, aber die Personen nicht offen benennen sollte.[104]

Diese klassischen und humanistischen Texte lieferten den humanistischen Verfassern der 'Dunkelmännerbriefe' bisher nicht beachtete Vorbilder und Anregungen. Man hat immer nur das Gegenbild der *Clarorum virorum epistolae latinae, graecae et hebraicae* mit der Reuchlin–Korrespondenz von 1514 gesehen, die in der Tat eine Anregung zu dem gegensätzlichen Titel der *Epi-*

---

renz 1998 (Villa I Tatti, The Harvard University Center for Italian Renaissance 15), S. 81–93.

[101] S. Angelus Politianus, Opera, Basel 1553, S. 1 (Epist. I, 1) und P. S. Allen, Hrsg., Opus Epistolarum Des. Erasmi Roterodami, Oxford 1906ff., IV, S. 501 (Nr. 1206, Brief an Beatus Rhenanus vom 27. Mai 1520).

[102] Über die frühen Ausgaben der *Apocolocyntosis* orientiert am besten Carlo Ferdinando Russo, L. Annaei Senecae Divi Claudii ΑΠΟΚΟΛΟΚΥΝΤΩΣΙΣ, Florenz 1965, S. 34. Erasmus, der die Ausgabe des Beatus Rhenanus 1515 in seine Seneca–Ausgabe aufnahm, schrieb in der Vorrede zu seinen *Senecae Lucubrationes* (Allen, II, S. 53 [Nr. 325]): *Addidimus festivissimum pariter et eruditissimum libellum de morte Claudii nuper in nostra repertum Germania et eruditissimis Beati Rhenani scholiis explanatum.*

[103] Obwohl Erasmus die von Zeitgenossen vermutete Verfasserschaft des anonymen Dialogs sogleich dementierte und der Dialog inhaltlich und stilistisch nicht zu ihm paßt, wurde er in der modernen Forschung oft für den Verfasser gehalten; dagegen wendet sich mit Recht Jozef IJsewijn, Humanisme i literatura neollatina, Escrits seleccionats, hrsg. von Josep Lluís Barona, Valencia 1996, S. 96–98.

[104] S. z.B. Ioannes Britannicus, Commentarii In Iuvenalem, Brescia 1501, Bl. A6 v: *Satyra carmen est [...] apud Romanos maledicum ad hominum vitia carpenda [...] in hexametros assurgit, libertate simplex, neque enim personas aperte nominat.* Filelfo hatte allerdings gegen diese Regel verstoßen, s. Anm. 98. Vgl. im übrigen Könneker 1991, Anm. 90, S. 22–33.

*stolae obscurorum virorum* gaben,[105] und an literarischen Vorbildern nur deutsche Fastnachtsspiele, Narren– und Fazetienliteratur sowie scherzhafte lateinische Universitätsreden und –schriften beachtet[106] und das übrige dem satirischen Talent der Verfasser überlassen, ohne daran zu denken, daß Humanisten gewohnheitsmäßig danach Ausschau hielten, was sie an klassischen Texten für ihre Zwecke instrumentalisieren konnten.

Die 'Dunkelmännerbriefe' haben viele Aspekte, und viele von ihnen sind in der Forschung des 19. und 20. Jahrhunderts auch gut beleuchtet worden.[107] Hier soll vor allem ein, wie mir scheint, noch nicht genügend beachteter Aspekt ins Licht gerückt werden: die literarische Bedeutung der Differenz zwischen Darstellung und historischer Wirklichkeit. Ortwin Gratius war ein ordentlicher Humanist und kein reaktionärer und korrupter Dummkopf, aber nur wenn er so dargestellt wurde, gewann die Invektive gegen ihn durchschlagende Kraft. Man projizierte deshalb auf ihn und seine Schüler das Bild einer engstirnigen, frömmelnden, scheinheiligen und unmoralischen Bande, karikierte Erscheinungen der angefeindeten Scholastik, die, wie man wußte, in Köln einen starken Stand hatte, porträtierte satirisch Humanistengegner, korrupte Priester oder einfach dumme Strohköpfe und behauptete: seht, das ist Gratius und sein Kreis! Die Identifizierung von Gratius mit dem übelsten Antihumanismus sollte seine intellektuelle Reputation zerstören und auch Humanisten, die sich noch nicht auf die Seite Reuchlins geschlagen hatten, zu Reuchlinisten machen. Mehrfach wurde in der modernen Forschung die Meinung vertreten, daß Insider, die die moralischen und intellektuellen Schwächen des Ortwin Gratius gekannt hätten, sich an ihrer extremen Karikierung besonders ergötzt hätten. Das Gegenteil ist der Fall. Je weniger die humanistischen Leser den wirklichen Ortwin Gratius persönlich kannten, desto mehr konnte sein abstoßendes Bild wirken und Vergnügen bereiten.

In unserer Zeit sah man es verständlicherweise gerne, daß antijüdische Einstellungen sich hier mit moralischer Korruption und intellektuellem Rückschritt verbanden. Aber so schön schwarz–weiß gesondert lagen die Dinge nicht. Der

---

[105] Daneben können die von Jodocus Badius Ascensius herausgegebenen und 1499 und 1507/10 gedruckten *Epistolae illustrium virorum* (GW 9368), die 247 Briefe führender Humanisten enthalten, bei der Titelgebung der *Epistolae obscurorum virorum* beachtet worden sein.
[106] S. Aloys Bömer, Epistolae Obscurorum Virorum, I, Heidelberg 1924 (Stachelschriften Ält. Reihe I 1), S. 65ff., Ute Mennecke–Haustein in: Walter Killy, Hrsg., Literaturlexikon, Autoren und Werke deutscher Sprache, III, 1989, S. 270–272, Könneker 1991, Anm. 90, S. 110f.
[107] Vgl. neben der in anderen Anmerkungen genannten Literatur zu den *Epistolae obscurorum virorum* auch James H. Overfield, A New Look at the Reuchlin Affair, Studies in Medieval and Renaissance History 3, 1971, S. 167–207.

## 2. LITERATUR UND GESCHICHTE

Leser ließ und läßt sich rasch von der suggestiven Kraft der Darstellung verführen, die dargestellte Wirklichkeit abzüglich einiger Übertreibungen insgesamt für historische Wirklichkeit zu nehmen. Andererseits rückt die Darstellung tatsächlich auch satirisch verfremdete reale Erscheinungen des klerikalen, scholastischen und universitären Lebens vor Augen. Und wenn der satirische Pfeil einmal eine bekannte Schwäche des Gratius wie seine dürftigen Griechischkenntnisse trifft, so ist dies geeignet, das Vertrauen zu den damit verbundenen, erfundenen Beschuldigungen zu verstärken.

Um den Humanisten Gratius zu diskreditieren, hängten ihm Humanisten einen vermeintlich scholastischen Mantel um. Die satirische Darstellung der antihumanistischen Scholastik aus humanistischer Sicht im ersten Band der 'Dunkelmännerbriefe' war zunächst eines der Mittel, mit denen Crotus Rubeanus verleumderisch die Reputation des Gratius zu vernichten suchte, hatte dann aber auch eine eigene Bedeutung im Kampf der Humanisten gegen den von ihnen als rückständig angesehenen scholastischen Universitätsbetrieb und bot darüber hinaus noch den nicht betroffenen Humanisten viel zum Lachen. Der zweite Band der 'Dunkelmännerbriefe' wurde von Ulrich von Hutten zusätzlich mit den Themen der Kritik an Rom, dem Ablaßhandel und anderen kirchlichen gravamina befrachtet. So sind die 'Dunkelmännerbriefe' eine verleumderische Invektive gegen Gratius, die diesen verächtlich machen sollte, und zugleich eine antischolastische Satire, die den humanistischen Lesern das Bild ihrer scholastischen Gegner in einer lächerlichen Karikatur vor Augen führen sollte.[108] Aufgabe einer künftigen Interpretation ist eine differenzierende Analyse.

Erasmus wurde durch das verleumderische Element der 'Dunkelmännerbriefe' und die namentliche Invektive von ihnen abgestoßen, durch das satirische Element, das er mit seinem eigenen *Moriae Encomium* verglich, angezogen.[109]

---

[108] Zum humanistisch–scholastischen Gegensatz und seinen karikierenden Ausdrucksformen vgl. Rummel, Anm. 30, S. 1ff.
[109] Erasmus äußerte sich, als er wider Erwarten und wider Willen im zweiten Band der 'Dunkelmännerbriefe' selbst als Sympathisant der Reuchlinisten genannt worden war, in zwei Briefen in gleichem Sinn über seine allgemeine Reaktion auf die Briefe. Er schrieb am 16. August 1517 aus Antwerpen an Caesarius (Allen, Anm. 101, III, S. 44f. [Nr. 622]): *Magnopere mihi displicebant Epistole obscurorum virorum iam tum ab initio. Delectare potuisset facetia, nisi nimium offendisset exemplum. Mihi placent lusus, sed citra cuiusquam contumeliam [...] Lusi quidem in Moria, sed incruente; nullius famam perstrinxi; in mores hominum lusimus, non in famam hominum,* und am 25. August 1517 an Hermann Graf von Neuenahr aus Löwen (ebd., S. 58, Nr. 636): *Scit tota sodalitas Basiliensis mihi semper displicuisse Epistolas, quas inscripserunt obscurorum virorum, non quod abhorream a festivis iocis, sed quod non placeat exemplum ledendi famam alienam, quod ea res cuivis sit in promptu. Lusimus et nos olim in Moria, sed nullius nomen a nobis perstrictum est.* Erasmus war nicht der einzige,

Seit der zweiten Hälfte des 16. Jahrhunderts wurden die *Epistolae obscurorum virorum* dann im evangelischen Raum nicht mehr als Verleumdung, sondern nur noch als Iocus und als berechtigte Satire mönchischer Amoralität und Ignoranz rezipiert[110] und deshalb auch zusammen mit anderen einschlägigen lustigen Texten neu herausgegeben.[111] Im 20. Jahrhundert war die Rezeption einhellig positiv, da man das verleumderische Element aus Unkenntnis oder Verdrängung der historischen Wirklichkeit meist aus den Augen verloren hatte. So wurden die 'Dunkelmännerbriefe' zu der besten Satire des deutschen Humanismus, die angeblich die Schwächen des Gratius und seiner Freunde aufs Korn nahm.

---

der so empfand. Die Vorstellung von Becker, Anm. 100, S. 55 "To see his [sc. Gratius'] qualities and merits denied and his well–known weaknesses exaggerated beyond proportion, appealed to a sense for the cynical and the grotesque in almost all of his readers", geht — abgesehen von seinem irrigen Glauben an Gratius' "well–known weaknesses" — von einer zu positiven Aufnahme der *Epistole obscurorum virorum* zur Zeit ihrer Veröffentlichung aus.
[110] Vgl. dazu Daniel Georg Morhof, De ratione conscribendarum epistolarum libellus, hrsg. von Ioannes Burchardus Maius, Lübeck 1716, S. 86–7: *Estque simul de Erasmo observandum, effuse ipsum risisse, quando hae epistolae eidem a Iacobo Ammiano Tigurino essent allatae, quippe cum ad ignorantiam, tum ad mores Monachorum reprehendos comparatae. Quanquam et Medicinam Erasmo tunc ex tumore, quae ei in facie natus erat, laboranti attulerunt. Cum enim risum tenere non posset, ruptus tumor est, atque sine ope medicorum Erasmus convaluit.*
[111] Nachdem zwischen 1518 und 1556 keine Ausgabe der *Epistolae obscurorum virorum* mehr erschienen war, wurden sie von 1556–1599 sechsmal mit verschiedenen lustigen und teilweise antikatholischen Zugaben gedruckt. Hinzugefügt wurden (Zitate nach der Ausgabe Frankfurt am Main 1557, 12°) am Ende von Volumen I ein obszöner, auf den 8. Mai 1537 datierter Brief eines Augustiners (Bl. H12v–14r), ein *Dialogus novus et mire festivus, ex quorundam virorum salibus cribratus* (Bl. 14v–K3r, vgl. Anm. 74), ein Schreiben des Mag. Schluntz Erdfurdiensis über angebliche Etymologien (Bl. K3r–K4v) und ein neuer Kolophon (Bl. K4v: *Impressum in Utopia, in impressoria Claudi sutoris cum stella tenebrosa. Anno quo supra*), auf der Titelseite von Volumen II ein zum Lachen auffordernes Epigramm, am Ende das Kolophon *Romae stampato con privilegio del Papa.* (Bl. X11 v), hinter Volumen II die älteren Traktate *De generibus ebriosorum, De fide meretricum, De fide concubinarum in sacerdotes* und die Dialoge *Conciliabulum theologistarum, Huttenus captivus* und *Huttenus illustris* (Bl. A1–H12, A1–B12). Nicht nur der Druckort liegt im protestantischen Gebiet, das Buch fand auch dort seine Leser. So zeigt das mir vorliegende Exemplar (in Privatbesitz) auf dem blindgeprägten Schweinsledereinband Rollenstempel mit den bekannten Kopfmedaillons von Hus, Erasmus, Melanchthon und Luther. Es ist 1560 von Georgius Manhoupt Vinariensis seinem Vetter Franciscus Matstedt geschenkt worden, 1561 in Wittenberg von Iohannes Langenhain Gothanus dem Mag. Henricus Rugius Lubecensis und 1612 in Wismar von Joachim Ruhen Wismariensis dem Justus Brontisius, das heißt: es wanderte im protestantischen Gebiet von Weimar über Gotha, Wittenberg und Lübeck nach Wismar.

## 2. Zwischenbemerkung

Die Differenz zwischen Darstellung und Wirklichkeit in den 'Dunkelmännerbriefen' und die Neigung des Lesers, die Darstellung, weil sie sozusagen wie nach dem Leben zu sein scheint, für die Wirklichkeit zu nehmen, erinnert uns an ein altes und immer wieder gegenwärtiges Problem der Literaturbetrachtung. Es ist eine Art Gewohnheitsrecht der Literatur, die Wirklichkeit zu verfälschen bzw. nach gewissen Absichten und Tendenzen darzustellen und den Hörer oder Leser glauben zu machen, er sehe die Wirklichkeit. Das Problem entsteht nicht nur bei der Darstellung von Personen der Gegenwart, sondern auch bei der literarischen Darstellung von historischen Personen. Man könnte mit Platons Dialogen beginnen. Schillers historische Dramen bieten berühmte Beispiele. Der Hörer und Leser ist gewöhnlich damit zufrieden, das zu sehen, was der Autor ihm zeigen will. Nur der historisch interessierte Leser fragt, ob es denn auch wirklich so war, wie es ihm da suggeriert wird. Gegen diese Fragestellung läßt sich einwenden, daß der Leser einer literarischen Darstellung einer zeitgenössischen oder historischen Figur sich immer bewußt sein sollte, daß es sich um eine literarische Fiktion und nicht um den Versuch handelt, die historische Wirklichkeit zutreffend darzustellen. Aber abgesehen von den Fällen, in denen der Leser offensichtlich fiktive Handlungen vorgesetzt bekommt, widerspricht dies dem üblichen Leseverhalten, und der Autor hat nicht von ungefähr — teilweise aufgrund erheblicher historischer Recherchen — dem Leser eine mit Namen benannte historische Figur vor Augen gestellt und ihn durch seine Darstellungsweise so gelenkt, daß er die literarische Figur durchaus mit der historischen Figur gleichsetzt, auch wenn er mit gewissen Freiheiten der Darstellung, mit satirischen oder karikierenden Übertreibungen oder vage damit rechnet, daß die literarische Darstellung eine tiefere Wirklichkeit enthülle, als die historische Forschung faßbar machen könnte.

Die Frage nach der Differenz zwischen einer literarischen Darstellung realer Vorkommnisse und ihrem durch historische Forschung faßbaren bzw. den möglichen Quellen des Autors entnehmbaren Ablauf ist deshalb immer legitim. Ihre Beantwortung kann nicht nur über die Abweichungen der Darstellung von der historisch erkennbaren Realität aufklären, sondern auch über die Gründe für diese Abweichungen und damit über Intentionen des Autors.

## 3. 'Das Testament des Philipp Melanchthon' von Walter Jens

Deshalb möchte ich diese Frage nun noch an einen erst 1997 verfaßten Text stellen. Die Relevanz unserer Frage kann sich damit an einem literarischen Text der Gegenwart erweisen, und zwar an einem Text, der eine historische Wirklichkeit des 16. Jahrhunderts mit aktueller Tendenz zur literarischen Darstellung bringt. Gemeint ist der Beitrag von Walter Jens zum Melanchthonjahr. Er schrieb unter dem Titel 'Das Testament des Philipp Melanchthon' einen fiktiven Dialog, in dem er Melanchthon am Tag vor seinem Tod auf dem Krankenbett liegend sprechen läßt. Jens hat ihn in seinem 1997 erschienenen Sammelband 'Macht der Erinnerung, Betrachtungen eines deutschen Europäers' veröffentlicht.[112]

Das Besondere dieses Dialogs ist, daß in ihm Melanchthon, sich im Bett aufrichtend, plötzlich erklärt, er sei gar nicht so ausgleichend und friedliebend, wie man immer glaube, sondern: "An meinen Händen klebt Blut."[113] Mit diesem den Leser anspringenden Satz bezieht sich der von Jens in eine Lady Macbeth verwandelte Melanchthon[114] darauf, daß der historische Melanchthon die Hinrichtung des Michael Servet[115] in Genf gutgeheißen hatte. Servet wurde 1553 vom Genfer Stadtgericht zum Feuertod verurteilt und am 27. Oktober 1553 verbrannt.[116] Jens läßt Melanchthon gestehen, daß er eigentlich

---

[112] Walter Jens, Macht der Erinnerung, Betrachtungen eines deutschen Europäers, Düsseldorf/Zürich 1997, S. 271–286.
[113] Jens, Anm. 112, S. 276.
[114] Das Bild erinnert an den berühmten Waschzwang der wahnsinnigen Lady Macbeth (Shakespeare, Macbeth V 1; vgl. auch in II 2 "Deine Hände sind so blutig wie die meinen" und V 3 "jetzt fühlt er geheimen Mord an seinen Händen klebend" [Schlegel–Tiecksche Übersetzung]). Von den "durch Servets Blut noch immer blutigen Händen Calvins" spricht bereits Sebastien Castellio, Contra libellum Calvini, in quo ostendere conatur haereticos iure gladii coercendos esse, Amsterdam 1612, Bl. C5 v: *scribit Calvinus manibus adhuc Serveti sanguine cruentis* (zum Ausdruck *manibus cruentis* in klassischen Autoren s. ThLL IV, Sp. 1238, 49–53).
[115] Vgl. zu Servet allgemein B. Riggenbach–Eugen Lachenmann, Servet, Michael, in: Realencyklopädie für protestantische Theologie und Kirche, XVIII, Leipzig 3. Aufl. 1906, S. 228–236; Joseph Lecler S. J., Geschichte der Religionsfreiheit im Zeitalter der Reformation, 2 Bde., Stuttgart 1965, S. 447ff.; Roland H. Bainton, Michael Servet 1511–1553, Schriften des Vereins für Reformationsgeschichte 178, Jg. 66 und 67/1, 1960; Uwe Plath, Calvin und Basel in den Jahren 1552–1556, Zürich 1974 (Basler Studien zur historischen und systematischen Theologie 22). Der Fall Servet und seine Folgen kann hier natürlich nur soweit dargestellt werden, wie es zur Beurteilung des Jensschen Dialogs angebracht erscheint.
[116] Calvin hatte sich für die Todesstrafe eingesetzt, aber für eine Hinrichtung mit dem Schwert und gegen eine Verbrennung (Bainton, S. 134). Die Stelle, an der Théodore de Bèze, De haereticis a civili magistratu puniendis libellus adversus Manini Bellii farraginem et novorum Academicorum sectam, Genf 1554, darauf Bezug nimmt, hat Plath, S. 224, vielleicht von einem Vorurteil beeinflußt, grob sinnentstellend übersetzt: "Und er hebt Calvins Versuche hervor, Servet von seinen gottlosen Irrtümern abzuführen; Calvins Milde, die sich in dem Bemühen gezeigt habe, daß Servet 'wenigstens verbrannt wurde'". Plath will hier die von ihm nach dem Nachdruck in Théodore de Bèze, Volumen Tractationum theologicarum, Genf 1570, S. 85–169, hier S. 112, zitierte Erklärung wiedergeben: [...] *quantum potuit, laborasse primum quidem, ut Servetum ab impiis illis erroribus abduceret, deinde vero, quum ille iam esset insanabilis, omnibus modis contendisse, ut saltem incendio eximeretur.*

## 2. LITERATUR UND GESCHICHTE   553

wie Servet ursprünglich an der Trinität auch gezweifelt habe, daß er sie dann aber aus Opportunismus bekannte, Servet verurteilte und nun vor seinem Ende diese Sünde zutiefst bereue und auf eine Zeit hoffe, in der kein Mensch mehr aus Glaubensgründen hingerichtet werde. Der Dialog schließt mit einem darauf gerichteten Gebet des Sterbenden.

In diesem Dialog ist rhetorisch wirkungsvoll historisch Richtiges und Unzutreffendes miteinander vermischt. Das hauptsächliche Ziel des Dialogs war wohl ein Appell für Glaubensfreiheit, weshalb Jens sich wohl auch zubilligte, vom historischen Melanchthon insgeheim hie und da abweichen zu dürfen. Allerdings stellt sich die Frage, ob der Text in erster Linie als ein Appell für die Glaubensfreiheit verstanden wird, ob er etwa auf die Iraner, die Salman Rushdie zum Tod verurteilten, oder auf die, die die Angelegenheit ohne Widerruf des Urteils für beendigt erklärten, oder auf die, die das Kopfgeld trotzdem erhöhten, je eine Wirkung ausgeübt hat[117] oder ob der Text eben doch nur für deutsche Leser geschrieben ist und diese aus ihm entnehmen oder auch entnehmen sollen, daß der gelehrte Lutherfreund ein ganz anderer war, als sie zumeist geglaubt haben,[118] nämlich ein opportunistischer, blutbefleckter Schreibtischtäter.

Das war er aber nicht, auch wenn er in der Tat die Hinrichtung Servets durch die Stadt Genf gutgeheißen hat, allerdings nicht vor der Hinrichtung und nicht in einem öffentlichen Schreiben an den Genfer Magistrat, wie der Jenssche Text anzunehmen nahelegt, sondern ein volles Jahr danach in einem persönlichen Brief. Er schrieb am 14. Oktober 1554 an Calvin unter anderem, daß er seine Schrift[119] mit ihren ausgezeichneten Widerlegungen der schreckli-

---

*Sed tanta erat eius hominis rabies, tam execranda tamque horrenda impietas, ut Senatus alioqui clementissimus solis flammis expiari posse existimarit.* Hier steht, daß Calvin sich darum bemühte, daß Servet "wenigstens der Feuertod erspart wurde" (*incendio* ist nicht Ablativus instrumentalis, sondern separativus).

[117] Es kann angenommen werden, daß die Iraner ebensowenig den Text von Jens über Melanchthon zu Gesicht bekommen wie den von Diodorus Siculus Bibl. 13, 6 über Diagoras von Melos, der ein antikes Analogon zu dem Kopfgeld auf Salman Rushdie bietet (hier in lateinischer Übersetzung zitiert nach: Diodorus Siculus, Bibliothecae historicae libri XV, Basel 1578, S. 317 [zu 415 v. Chr.]): *Diagoras, cognomento Atheus, calumnia notatus ob impietatem et deum contemptum, timens iram populi, ex Attica profugit. Cuius odio promitur ab Atheniensibus edictum: Si quis Diagoram interemisset, argenteum ei talentum praemio daturos.*
[118] Vgl. dazu jedoch auch die in Anm. 158 zitierten modifizierenden Äußerungen.
[119] *Defensio orthodoxae fidei de sacra trinitate contra prodigiosos errores Michaelis Serveti Hispani, ubi ostenditur haereticos iure gladii coercendos esse et nominatim de homine hoc tam impio iuste et merito sumptum Genevae fuisse supplicium per Iohannem Calvinum*, Oliva [Genf] 1554 (= Jean Calvin, Opera, quae supersunt omnia, VIII [Corpus Reformatorum 37] Halle 1841, S. 453–644). Die Schrift war Ende Dezember 1553 fertiggestellt worden und im Februar 1554 erschienen.

554   IX. Epistolographie, Historiographie und Rhetorik

chen Gotteslästerungen Servets gelesen habe und daß die Kirche ihm jetzt und später für seinen Einsatz in dieser Sache Dank schulde. Er teile seine Auffassung und sei auch überzeugt, daß der Magistrat der Stadt Genf gerecht gehandelt habe, als er den Gotteslästerer nach einem ordentlichen Gerichtsverfahren hinrichten ließ.[120] Grundsätzlich im gleichen Sinn hatten sich bereits vor der Verurteilung Servets auf Anfrage Genfs die Geistlichen und die Räte der kirchlich reformierten Städte Zürich, Bern, Schaffhausen und Basel geäußert.[121]

Was war der Grund für dieses Urteil? Servet hatte nicht nur gegen den Glauben an die Trinität argumentiert und dem irdischen Jesus Christus einen ätherischen Engelsleib zugesprochen, sondern die Heilige Dreieinigkeit sogar eine dreiköpfige Bestie, einen dreiköpfigen Cerberus genannt und als teuflische Illusion bezeichnet. Diejenigen, die an sie glaubten, seien verblendet, betrunken und von Satan indoktriniert.[122] Der Glaube an die Trinität galt im allgemeinen als das Reformierte, Lutheraner und Altgläubige verbindende

---

[120] Calvin, XV, Braunschweig 1876 (C. R. 43) Nr. 2031 (Melanchthons Briefwechsel, hrsg. von Heinz Scheible, Regesten, VII, Stuttgart 1993, Nr. 7306), Melanchthon an Calvin, Wittenberg 14. Oktober 1554: *Reverende vir et carissime frater, legi scriptum tuum, in quo refutasti luculenter horrendas Serveti blasphemias; ac filio dei gratias ago, qui fuit βραβευτής huius agonis. Tibi quoque ecclesia et nunc et ad posteros gratitudinem debet et debebit. Tuo iudicio prorsus assentior. Affirmo etiam vestros magistratus iuste fecisse, quod hominem blasphemum re ordine iudicata interfecerunt* (es folgen andere Themen).

[121] S. Calvin, XIV, Braunschweig 1875 (C. R. 42) Nr. 1812ff., und das genaue Referat der verschiedenen Stellungnahmen bei Plath, Anm. 115, S. 57ff.

[122] S. Michael Servet, De trinitatis erroribus libri septem, (Hagenau) 1531, ders., Dialogorum de trinitate libri duo, (Hagenau) 1532 (beides in einem Band: Frankfurt am Main 1965) und (Michael Servet), Christianismi Restitutio, (Vienne) 1553, (Frankfurt am Main 1966), darin besonders S. 577ff. (*Epistolae triginta ad Iohannem Calvinum*), hier S. 578: [sc. *trinitas*] *impostura diaboli est et impossibile monstrum in Deo*; S. 581: *Draconis fuit haec triceps illusio, quae in sophistas facile irrepsit instante regno Antichristi. [...] Tres sunt vere daemoniorum spiritus, a quibus occupati tenentur, qui bestiae trinitatem agnoscunt*; S. 582: *saepius te monui, ne illud trium rerum monstrum tantum et tam impossibile in Deo tu admittas, nullis bene intellectis scripturis probatum*; S. 602: *annon vides, communicationem illam rerum invisibilium sumptam esse de Antichristi doctrina, in qua vigent illusores, tres daemoniorum spiritus?* und S. 671ff. (*De Mysterio trinitatis et veterum disciplina ad Philippum Melanchthonem et eius collegas*), hier S. 674f.: *est animis vestris tam evidens illusio et tam multiplex in tam impossibili monstro. delusi estis et penitus ebrii, qui filium invisibilem realiter distinctum vobis Deum pingitis [...] tibi quale est Cerberi apparitio, quale monstrum tu invocas?* S. 676: *malus daemon vos docuit [...] omnia trinitariorum vestrorum vocabula sine scripturis sunt, illusiones daemonum*; S. 682: *tricipitem Cerberum invisibilem credis*; S. 700: *ergo non potest trinitas illa cogitari, ergo daemonum illusiones et idola mala in animo sunt, que de tribus illis rebus vos in uno cogitatis, cum sit monstrum impossibile. quid in hac forma vos unquam vidistis nisi tergeminos Geryones, tricipitem Cerberum aut Bellerophontis chimaeram?* S. 702: *in re clara et evidenti hallucinati sunt omnes Antichristi admiratores, bestiam adorando facti bestiae.*

## 2. LITERATUR UND GESCHICHTE

Fundament der christlichen Religion. Die Verurteilung Servets war wegen beharrlich fortgesetzter häretischer Gotteslästerung und wegen beharrlich fortgesetzter Verführung zum Abfall von der christlichen Kirche erfolgt. Dies galt als schlimmste Sünde und als ein mit dem Tod zu ahndendes Verbrechen.

Nach dem mosaischen Gesetz hatte Gott gefordert, daß ein Gotteslästerer und ein Verführer zum Götzendienst von seiner Gemeinde gesteinigt werde.[123] Kaiser Justinian hatte in der 77. Novelle des *Corpus Iuris* angeordnet, daß ein Gotteslästerer mit dem Tod zu bestrafen sei.[124] Diese Bestimmung war 1512 und in der Strafrechtsordnung Kaiser Karls V. ausdrücklich zum Reichsrecht erklärt worden. Göttliches und kaiserliches Recht forderten also die Hinrichtung des Gotteslästerers.[125] Sein Verbrechen galt für schlimmer als Mord und andere damals mit dem Tod bestrafte Verbrechen, da angenommen wurde, daß die ungeahndete Gotteslästerung den Zorn Gottes gegen einen ganzen Staat hervorrufen könnte. Hungersnot, Erdbeben und Seuchen konnten die Folgen sein.[126] Und ein zum Abfall von der Kirche verführender Häretiker brachte viele Menschen in ewige Verdammnis.

---

[123] Exod. 32, 27, Lev. 24, 16, Deut. 13 und 17.
[124] S. in Novella Nr. 77 (*Constitutio de afficiendis supplicio iis, qui per Deum iurant quique blasphemiant*) besonders: [...] *ut non per huiusmodi impios actus ab ira Dei iusta inveniantur et civitates cum habitatoribus earum pereant. Docemur enim a divinis scripturis, quia ex huiusmodi impiis actibus et civitates cum hominibus pariter perierunt* [...] *Si enim contra homines factae blasphemiae inpunitae non reliquuntur, multo magis, qui ipsum Deum blasphemiant, digni sunt supplicia sustinere.* [...] *Propter talia enim delicta et fames et terrae motus et pestilentiae fiunt.* Der Glaube an die Trinität war im Codex Iustinianus I 1 (*De summa trinitate et de fide Catholica et ut nemo de ea publice contendere audiat*) unter besonderen Schutz gestellt worden.
[125] Vgl. Möhler, Blasphemie, in: Wetzer und Welte's Kirchenlexikon oder Encyklopädie der katholischen Theologie und ihrer Hilfswissenschaften, II, Freiburg im Breisgau 2. Aufl. 1883, S. 916–918, und zur Be– und Verurteilung von Häresie und Blasphemie in protestantischen Gebieten Winfried Trusen, Rechtliche Grundlagen des Häresiebegriffs und des Ketzerproblems, in: Silvana Seidel Menchi u.a., Hrsg., Ketzerverfolgung im 16. und frühen 17. Jahrhundert, Wiesbaden 1992 (Wolfenbütteler Forschungen 51), S. 1–20, hier S. 11ff.
[126] Daß die Vorstellung von dem durch eine Gotteslästerung hervorgerufenen, ein ganzes Land heimsuchenden Zorn Gottes auch im Paris der sechziger Jahre des 16. Jahrhunderts geglaubt wurde, betont Hans–Christoph Rublack, Gewalt und Toleranz im Zeitalter der Konfessionalisierung, in: Michael Erbe u.a., Hrsg., Querdenken, Dissens und Toleranz im Wandel der Geschichte, in: Festschrift zum 65. Geburtstag von Hans R. Guggisberg, Mannheim 1996, S. 319–333, hier S. 324. Ein gutes Beispiel für die Blasphemie als Extrem aller Verbrechen bietet die folgende Klimax in dem anonymen Dialog 'Julius exclusus' (vgl. Anm. 103; zitiert nach [Celio Secondo Curione, Hrsg.], Pasquillorum tomi duo, Eleutheropolis [Basel] 1544, S. 123–178, hier S. 143f.): *IVL. Ceterum submoveri sacerdotio* [sc. *Pontifex maximus*] *non potest ob quodvis crimen. PET. Non ob homicidium? IVL. Nec ob parricidium. PET. Non ob fornicationem? IVL. Bona verba. immo ne ob incestum quidem. PET.*

Die reformierten Theologen billigten deshalb in der Regel die Verurteilung Servets. Ihre Überzeugung hatte der Berner Theologieprofessor Wolfgang Musculus schon im Dezember 1553 in einem Gedicht in iambischen Dimetern, dem Versmaß des ambrosianischen Hymnus, so zusammengefaßt:[127]

> *Servetus ex Hispania,*
> *Qui tamdiu non debuit,*
> *Christi Redemptoris fidem*
> *Lingua scelesta polluens,*
> 5 *Inter fideles vivere,*
> *Hic triplicem nos bestiam*
> *Et Satanae phantasmata,*
> *Illusiones Daemonum*
> *Deumque imaginarium*
> 10 *Habere dixit pro Deo,*
> *Et propter hanc blasphemiam,*
> *Non propter errores graves,*
> *Quibus scatebat plurimis,*
> *Flammis Genevae absumptus est.*
> 15 *Octobris is vicesimus*
> *Erat dies et septimus,*
> *Annus, novus quo concidit*
> *Elector et Dux Saxonum,*
> *Quum Marchionis copias*
> 20 *Acri interemisset manu.*

Servet aus Spanien, der, den Glauben an den Erlöser Christus mit verbrecherischer Zunge in den Dreck ziehend, nicht so lange unter den Gläubigen hätte leben sollen, er sagte, daß wir eine dreifaltige Bestie und des Satans Phantasiegebilde, teufliche Illusionen und einen eingebildeten Gott anstelle Gottes hätten, und wegen dieser Blasphemie und seiner abscheulichen Rede, nicht wegen seiner vielen schweren Irrtümer, wurde er in Genf von den Flammen verzehrt. Es war der siebenundzwanzigste Tag des Oktober, das Jahr, in dem der neue Kurfürst und Herzog von Sachsen fiel [Moritz, Kurfürst 1547, † 11. Juli 1553], nachdem er [in der Schlacht von Sievershausen] die Truppen des Markgrafen [Albrecht Alcibiades von Brandenburg–Kulmbach] mit harter Hand vernichtet hatte.

---

*Non ob Simoniacam impietatem? IVL. Non vel ob sexcentas. PET. Non ob veneficium? IVL. Ne ob sacrilegium quidem. PET. Non ob blasphemiam? IVL. Non, inquam.*
[127] Calvin, Anm. 119, XIV, S. 708f., Nr. 1875; Wolfgang Musculus zitiert in einem Brief vom 22. Dezember 1553 an Ambrosius Bla(u)rer in Biel dieses Gedicht mit den Worten: *Mea de illo* [sc. *Serveto*] *sententia haec est.*

## 2. LITERATUR UND GESCHICHTE

Dagegen hatte das Verfahren in Genf schon während des Prozesses und besonders durch die Verurteilung Servets eine kleine Anzahl protestantischer Theologen und Humanisten, und zwar vor allem in Basel, empört.[128] Sie hielten es nicht für statthaft, daß ein christliches Gericht christliche Häretiker strafrechtlich verfolgte, zumal nach dem Mißbrauch, den päpstliche Inquisitionsgerichte mit solchen Verfahren getrieben hätten und weil das Neue Testament jene Bestimmungen des Alten aufgehoben habe. Gegenüber solchen Kritikern rechtfertigte Calvin sein und des Genfer Magistrats Vorgehen gegen Servet auch im Namen der übrigen Genfer Geistlichen in der in Melanchthons Brief genannten, im Februar 1554 gedruckten *Defensio*[129] in einer ausführlichen, zahlreiche Stellen des Alten und Neuen Testaments diskutierenden Argumentation,[130] in der er zu dem Ergebnis gelangte:[131]

*Sed ubi a suis fundamentis convellitur religio, detestandae in Deum blasphemiae proferuntur, impiis et pestiferis dogmatibus in exitium rapiuntur animae, denique ubi palam defectio ab unico Deo puraque eius doctrina tentatur, ad extremum illud remedium descendere necesse est, ne mortale venenum longius serpat. [...] Ergo ut in aliis omnibus peccatis laudabilis sit clementia, severe impietatem, quae Dei cultum evertit, sanctis iudicibus ulcisci necesse est, ne hominum offensas stulte mitigando Dei ipsius iram in se provocent.*

Wo jedoch die Religion aus ihren Grundlagen gerissen wird, abscheuliche Lästerungen gegen Gott vorgetragen werden, die Seelen durch gottlose und verderbenbringende Glaubenssätze in den Abgrund gerissen werden und schließlich offen der Abfall von dem einen Gott und seiner reinen Lehre versucht wird, da ist es notwendig, zu jenem äußersten Heilmittel hinabzugehen, damit das sterbliche Gift nicht weiter um sich greife. [...] Also ist, ebenso wie gegenüber allen anderen Sünden Milde lobenswert ist, es notwendig, daß die heiligen Richter Gottlosigkeit, die

---

[128] Vgl. Plath, Anm. 115, S. 68ff. Auf die umfangreichen Forschungen zur Toleranz sei an dieser Stelle nur verwiesen. Vgl. insbesondere Lecler, Anm.114, Heinrich Lutz, Hrsg., Zur Geschichte der Toleranz und Religionsfreiheit, Darmstadt 1977 (Wege der Forschung 246), Menchi, Anm. 125, und Erbe, Anm. 126.
[129] S. Calvin, Anm. 119, und zum Inhalt der Schrift Lecler, S. 456ff., Plath, S. 121ff., und Hans R. Guggisberg, Sebastian Castellio 1515–1563, Humanist und Verteidiger der religiösen Toleranz im konfessionellen Zeitalter, Göttingen 1997, S. 85ff.
[130] Calvin stützt sich in dem Kapitel *An Christianis iudicibus Haereticos punire liceat* (Calvin, VIII, 461ff.) auf folgende Bibelstellen: Matth. 21, 12, Act. 5, 1ff., Act. 13, 11, Daniel 3, 29, Deut. 13, 6ff., Exod. 32, 27, Rom. 13, 4, Ps. 2, 12, Jesaia 49, 23, 1. Tim. 2, 1 und 1, 20, und setzt sich kritisch mit Stellen, die gegen seine Auffassung angeführt wurden (Matth. 13, 29, Act. 5, 34 und Matth. 26, 52), auseinander.
[131] Calvin, VIII, 477.

den Kult Gottes zerstört, streng bestrafen, damit sie nicht dadurch, daß sie diese Vergehen der Menschen in törichter Weise milde behandeln, den Zorn von Gott selbst gegen sich hervorrufen.

Sebastien Castellio, der Basler Professor für Griechisch,[132] veröffentlichte dagegen im März 1554 unter drei Pseudonymen eine zumindest teilweise schon vor dem Erscheinen der *Defensio* Calvins verfaßte ausführliche Schrift *De Haereticis an sint persequendi*, die dann wie eine Antwort auf Calvins *Defensio* wirkte und in der er die Auffassung vertrat, daß man einen Christen aus Glaubensgründen nie töten dürfe, und dies auch mit Zitaten von vielen antiken und modernen christlichen Autoritäten, unter denen sich auch — der frühe — Luther befindet, belegte.[133] Castellio spricht den weltlichen Gerichten jede Befugnis ab, in christlichen Glaubensfragen zu richten, betont die Schwierigkeit, in Glaubensfragen festzustellen, wer eigentlich der Häretiker sei, und hält in bestimmten Fällen eine kirchliche Exkommunikation für angemessen. Die Moral eines Christen ist für ihn jedoch immer wichtiger als sein Dogma.

Vermutlich wurde diese Schrift ohne Nennung des Verfassers auch Melanchthon zugespielt. Das in Wolfenbüttel liegende Exemplar[134] trägt auf der Titelseite unten eine hochinteressante handschriftliche Eintragung in brauner Tinte: *Oporinus mittit d[ono] || Illyrico et petit de eo || libello eius iudicium* "Oporinus schickt [dieses Büchlein] zum Geschenk dem Illyricus und erbittet über dieses Büchlein sein Urteil". Johannes Oporinus[135] hatte das 173 Seiten umfassende Buch heimlich in Basel gedruckt und im Kolophon *Magdeburgi, Per Georgium Rausch, Anno Domini 1554 Mense Martio* angegeben.[136] Er sandte es mit diesen Worten an den lutherischen Theologen Matthias Flacius Illyricus, den Oporinus seit langem kannte und der damals als "Aufseher in

---

[132] Vgl. zu seiner Biographie jetzt Guggisberg, Anm. 129.
[133] [Sebastien Castellio] Martinus Bellius, Georg Kleinberg, Basilius Montfort, De Haereticis an sint persequendi, et omnino, quomodo sit cum eis agendum, Luteri et Brentii aliorumque multorum tum veterum cum recentium sententiae. Liber hoc tam turbulento tempore pernecessarius, et cum omnibus tum potissimum principibus et magistratibus utilissimus ad discendum, quodnam sit eorum in re tam controversa tamque periculosa officium, Magdeburg [Basel] 1554/Genf 1954 (Faksimile–Nachdruck); zum Inhalt vgl. Lecler, Anm. 115, S. 461ff., Plath, Anm. 115, S. 128ff., Guggisberg, S. 89ff.
[134] HAB: S 321. 8° Helmst. (4).
[135] Vgl. Josef Benzing, Die Buchdrucker des 16. und 17. Jahrhunderts im deutschen Sprachgebiet, Wiesbaden 2. Auf. 1982 (Beiträge zum Buch– und Bibliothekswesen 12), S. 38f., und zu Oporins Beziehungen zu Castellio Martin Steinmann, Johannes Oporinus, Basel/Stuttgart 1967 (Basler Beiträge zur Geschichtswissenschaft 105), S. 75ff.
[136] In Magdeburg und im gesamten deutschen Sprachgebiet existierte kein Drucker mit diesem oder einem ähnlichen Namen, vgl. Benzing, S. 308ff., 557.

## 2. LITERATUR UND GESCHICHTE

Magdeburger Druckereien" seinen Lebensunterhalt verdiente.[137] Oporinus sorgte so für die Verbreitung des Buches und distanzierte sich zugleich vorsichtig von ihm. Es ist danach anzunehmen, daß er das Buch auch an andere prominente protestantische Theologen schickte, zu denen er Beziehungen hatte, und zu diesen gehörte auch Melanchthon.[138]

Die Schrift Castellios beantwortete Théodore de Bèze auch für Calvin mit seiner im September 1554 im Druck erschienenen gleichfalls umfangreichen Gegenschrift *De Haereticis a civili Magistratu puniendis*,[139] in der nun zum Teil die gleichen christlichen Autoritäten, darunter wieder — jetzt der spätere — Luther, als Zeugen für die gegenteilige Auffassung angeführt werden. De Bèze greift das undogmatische, philosophische und moralische Christentum der pseudonymen Verfasser, hinter denen er ebenso wie Calvin Castellio und seine Freunde vermutete, und die Skepsis dieser *secta novorum Academicorum*[140] aufs schärfste an. Die christliche Religion bestehe nicht nur in guter Lebensführung, sondern in der Verehrung Gottes, und die Trinität, die sie zu den Adiaphora zählten, sei ein Fundament des christlichen Glaubens. Häretiker müsse man bestrafen, damit sie nicht Tausende von Menschen ins Verderben stürzen, und ihre Bestrafung, notfalls — wie im Falle des Servet — durch den Tod, sei eine Aufgabe der die Kirche zu Recht schützenden weltlichen Obrigkeit.

Calvin und de Bèze einerseits und Castellio und seine Basler Freunde, zu denen insbesondere sein Fakultätskollege Celio Secondo Curione gehörte, andererseits hatten diametral verschiedene, jeweils in sich fest begründete Überzeugungen über Rang und Bedeutung der christlichen Dogmatik. Es wäre jedoch falsch, wollte man in Castellio schon einen Vertreter der Glaubensfreiheit im modernen Sinn sehen.

In seiner 1554/1555 verfaßten und damals vermutlich aus Vorsicht nicht veröffentlichten Schrift *Contra libellum Calvini*[141] wird der weltlichen Obrigkeit zugestanden, Atheisten, Gotteslästerer, offene Lästerer der christlichen Lehren

---
[137] Günter Moldaenke in: NDB V, 1961, S. 220. Zu Oporins Korrespondenz mit Flacius vgl. Steinmann, Anm. 135, S. 69ff., 128.
[138] Zu seiner Korrespondenz mit Melanchthon s. Steinmann, S. 133f. Handschriftliche Eintragungen des Oporinus in Exemplaren des Druckes *De Haereticis an sint persequendi* waren Steinmann noch nicht bekannt.
[139] De Bèze, Anm.116; zum Inhalt vgl. Lecler, Anm. 115, S. 475ff., Plath, Anm. 115, S. 221ff., Guggisberg, Anm. 129, S. 122ff.
[140] De Bèze kannte die skeptischen *Academici* der Antike aus ihren Erwähnungen bei Cicero und aus Augustins Kampf gegen sie in seinen Dialogen *Contra Academicos*. Er nannte die pseudonymen Verfasser der Schrift "neue Akademiker", da sie erklärten, über die Richtigkeit der christlichen Dogmen gäbe es keine Gewißheit.
[141] S. Castellio, Anm. 114, und Guggisberg, Anm. 129, S. 116ff.

und des frommen christlichen Lebenswandels in Fesseln gefangen zu halten — in der Hoffnung, daß sie sich vielleicht besserten:[142]

> *Impios illos et sacrarum litterarum contemptores ac blasphemos haereticorum nomine non comprehendo, sed ut impios tractandos iudico. Si Deum negant, si blasphemant, si palam de sancta Christianorum Doctrina maledicunt, sanctam piorum vitam detestantur, eos ego relinquo Magistratibus puniendos, non propter religionem, quam nullam habent, sed propter irreligionem. Quodsi quis Magistratus eos in vinculis teneret, si forte se corrigerent, quoniam immensa est Dei misericordia, is mihi Magistratus non alienus esse videretur a Christiana clementia.*

Jene Gottlosen und die Verächter der Heiligen Schrift und die Gotteslästerer fasse ich nicht unter dem Begriff der Häretiker. Wenn sie behaupten, daß es keinen Gott gibt, wenn sie Gott lästern, wenn sie öffentlich die heilige christliche Lehre beschimpfen, wenn sie das heilige Leben der Frommen verächtlich machen, so überlasse ich sie den Magistraten zur Bestrafung, nicht wegen ihrer Religion, die sie ja gar nicht haben, sondern wegen ihrer Irreligiosität. Wenn sie aber ein Magistrat gefangen hält, ob sie sich vielleicht besserten, da Gottes Erbarmen unermeßlich ist, so scheint mir dieser Magistrat entsprechend der christlichen Milde zu verfahren.

Im gleichen Sinne, aber noch schärfer äußerte sich Castellio in seiner kurz danach im März 1555 fertiggestellten, damals aber gleichfalls wohl aus Vorsicht nicht gedruckten Erwiderung auf die Schrift Bezas unter dem Titel *De haereticis a civili magistratu non puniendis*:[143]

> *Quod ad religionem attinet, cum magistratus de religione iudicare posse negamus, de Christiana religione loquimur: Nam quod ad eam religionem attinet, quae natura impressa est in omnium animis et de qua loquitur Paulus ad Romanos, si quis vel Deum esse vel potentem et bonum et colendum esse negat et aperte eum blasphemat, ab huius supplicio magistratum, absit, ut summoveamus. Peccat enim in legem naturae, quae gentes omnes ex rebus visibilibus docet de Dei sempiterna potentia atque divinitate. Itaque puniendi sunt tales non propter religionem, quam nullam habent, sed propter irreli-*

---

[142] Castellio, Bl. Kii r.
[143] [Sebastien Castellio] Basilius Montfort, De haereticis a civili magistratu non puniendis pro Martini Bellii farragine adversus libellum Theodori Bezae libellus (Gemeentebibliothek Rotterdam Ms. 508), in: Bruno Becke–Marius F. Valkhoff, Hrsg., Sebastien Castellion, De l'impunité des hérétiques — De haereticis non puniendis, Genf 1971 (Travaux d'Humanisme et Renaissance 118), S. 166; vgl. zum Inhalt der Schrift Plath, Anm. 115, S. 231ff., und Guggisberg, Anm. 129, S. 127ff.

*gionem. Sed de coena Domini, de trinitate, de baptismo, de praedestinatione caeterisque Christianorum quaestionibus non docet natura homines. Itaque, qui naturae iudicio iudicant, de his rebus iudicare nequeunt.*

Was die Religion betrifft, so sprechen wir, wenn wir behaupten, daß die Magistrate nicht über die Religion richten können, von der christlichen Religion. Denn was diejenige Religion betrifft, die von Natur in der Seele eines jeden eingeprägt ist und über die Paulus im Römerbrief[144] spricht, da sei es ferne, daß wir einen Magistrat von einer unter Umständen bis zur Hinrichtung gehenden Bestrafung[145] desjenigen abhalten, der etwa behauptet, daß es keinen Gott gäbe oder keinen mächtigen und guten und daß man ihn nicht verehren solle, und der Gott offen lästert. Solche sind deshalb nicht wegen ihrer Religion zu bestrafen, die sie ja gar nicht haben, sondern wegen ihrer Irreligiosität. Aber über das Abendmahl, die Trinität, die Taufe, die Prädestination und die übrigen christlichen Probleme belehrt die Natur die Menschen nicht. Deshalb können die weltlichen Richter, die nach dem Urteil der Natur richten, darüber nicht richten.

Die dem weltlichen Magistrat gegen Atheisten und Gotteslästerer zugestandene Strafgewalt wird in der etwas späteren Schrift vom Begriff der *vincula* zu dem die Hinrichtung einschließenden *supplicium* verschärft. Dies läßt sich, ohne eine veränderte Einstellung anzunehmen, gemäß dem damals üblichen, wenn auch von Castellio angegriffenen Rechtsverfahren gegen christliche Häretiker harmonisieren: Kerker und Ketten scheinen bei Castellio für Atheisten und Gotteslästerer, bei denen es noch Hoffnung auf Besserung gab, vorgesehen zu sein, die Todesstrafe für die, die hartnäckig bei ihrem Verbrechen gegen die Natur verharren oder rückfällig werden.

Castellio geht hier von der Vorstellung einer allen Menschen eingeprägten natürlichen Religion aus. Der Glaube an einen ewigen Gott als Quelle des Guten und an die Unsterblichkeit der Seele war für die Florentiner Neuplato-

---

[144] Rom. 2, 14f. : *Cum enim gentes, quae legem non habent, naturaliter ea, quae legis sunt, faciunt, eiusmodi legem non habentes sibi ipsi sunt lex; qui ostendunt opus legis scriptum in cordibus suis testimonium reddente illis conscientia ipsorum et inter se invicem cogitationibus accusantibus aut etiam defendentibus.*

[145] Das Wort *supplicium* wird von klassischen und humanistischen Autoren für eine schwere Bestrafung bis zur Hinrichtung verwendet. Häufig hat das Wort — auch ohne das Attribut *ultimum* — speziell die Bedeutung der Hinrichtung. Ein Beispiel aus der Reformationszeit genüge: Caspar Cruciger d.J. ließ Christus sagen: *Non ego pro vestra tolerare salute recuso | supplicium, quod me vult tolerare Pater* (in: Philipp Melanchthon, In Evangelia, quae usitato more diebus dominicis et festis proponuntur, Annotationes, Leipzig 1552, Bl. B3 r). Castellio wußte also, daß ein Leser *supplicium* meistens auch im Sinn der Hinrichtung verstehen wird. Er muß deshalb mit diesem Wort die Todesstrafe mitgemeint haben.

niker gegen Ende des 15. Jahrhunderts der religiöse Kernbestand der natürlichen Religion, in dem die *prisca philosophia* und die christliche Theologie übereinstimmten.[146] Bei Castellio ist die natürliche Religion verbunden mit der Vorstellung eines der Natur entsprechenden Gesetzes, das vor Moses gültig war, durch Moses im Dekalog verkündet wurde und immer gültig sein wird, und der Annahme, daß den Menschen von Natur immer eine Kenntnis Gottes gegeben ist.[147] Er stimmte darin mit Melanchthon überein.[148]

---

[146] Vgl. zur "natürlichen Religion" bei Marsilio Ficino und Giovanni Pico della Mirandola Paul Oskar Kristeller, Die Philosophie des Marsilio Ficino, Frankfurt am Main 1972, S. 322; ders., Acht Philosophen der italienischen Renaissance, Weinheim 1986, S. 43 und S. 52, und Walther Ludwig, Antike Götter und christlicher Glaube — die Hymni naturales von Marullo, Berichte aus den Sitzungen der Joachim Jungius–Gesellschaft der Wissenschaften, Hamburg 10, 1992, Heft 2, S. 14–17 (mit einer Übersetzung des Referats über eine Rede Picos in: Petrus Crinitus, De honesta disciplina libri XXV, Basel 1532, S. 44–46 [lb. 3, cap. 2]). Der Gedanke, daß der Glaube an Gott und die Unsterblichkeit der Seele ein Gemeingut der Menschen ist, wird in Übereinstimmung mit Cicero De Leg. 2, 4–7, 8–16, von Flavio Biondo 1458/63 vertreten, vgl. Flavius Blondus, De Roma triumphante libri X, Basel 1531, S. 3: [...] *multifaciendum apparebit, nullas fuisse barbaras etiam gentes, nullos vel moribus et vita efferatissimos populos, qui de deo non bene senserint et, quod fuit consequens, immortalitatem non crediderint animarum. Cui sententiae Cicero in legibus concordat,* [...]. Zur Bedeutung Ciceros in der Entwicklung dieses Arguments vgl. Klaus Oehler, Der consensus omnium als Kriterium der Wahrheit in der antiken Philosophie und der Patristik, in: ders., Antike Philosophie und byzantinisches Mittelalter, München 1969, S. 234–271, hier S. 244ff.

[147] Wieder in Analogie zu Cicero De Leg. II 4–7 und unter Berufung auf Paulus Rom. 2, 14 gab Sebastien Castellio, Moses Latinus ex hebraeo factus, et in eundem praefatio, qua multiplex eius doctrina ostenditur, et annotationes, in quibus translationis ratio, sicubi opus est, redditur et loci difficiliores explicantur, Basel 1546, S. 485, schon in seinen Annotationes ad Exodum 20 diesem Gedanken Ausdruck (zitiert bei Guggisberg, Anm. 129, S. 58): *Quamobrem intelligendum est eam optimam habendam esse legem et ab omnibus populis servandam, quae suapte natura bona sit. Nam quod rectum est, in omnibus nationibus rectum est.* [...] *Haec igitur a Mose lata lex, quia recta est et naturae conveniens, ante Mosem semper fuit et post Mosem futura est, quamdiu coeli terris imminebunt.* [...] *Quamobrem haec lex a Christo abrogari neque potuit neque debuit; est potius ab eo confirmata, conservata atque explicata.* Castellio ist auch als Martinus Bellius, Anm. 133, 25, überzeugt, daß alle Völker darin übereinstimmen, daß es einen Gott gibt: *omnes nationes fatentur unum esse Deum.*

[148] Vgl. Philipp Melanchthon, Loci communes theologici, nunc postremo summa diligentia recogniti et aucti, Basel 1558 (Vorrede datiert Wittenberg 1553), S. 165–173. Melanchthon erklärt in seinen *Definitones Theologicae* in dem Artikel *Deus* (S. 704): *Ethnici tenent definitionem Dei sine agnitione personarum. Est enim naturae hominum insita noticia Legis, quae est evidens et immotum testimonium ostendens, quod sit Deus et qualis sit et quod iudicet.* [...] *Apud Platonem extat definitio haec: Deus est mens aeterna, caussa boni in natura.* Zum Verhältnis von Dekalog und Naturrecht vgl. Heinz Scheible, Melanchthon, Philipp, in: Theologische Realenzyklopädie 22, 1992, S. 371–410, hier S. 391. Die Annahme der natürlichen durch Platon exemplifizierten Religion scheint bei Melanchthon auf seine Be-

## 2. LITERATUR UND GESCHICHTE

Es zeigt sich, daß es auch für Castellio Grenzen der Toleranz gab. Der weltlichen Obrigkeit sprach er die Strafgewalt über die sogenannten christlichen Häretiker ab; dagegen gestand er ihr die Strafgewalt über Atheisten und Gotteslästerer zu. Sie konnten notfalls sogar mit dem Tod bestraft werden. Castellio reagierte gegen einen Lästerer des "natürlichen" Gottes also prinzipiell nicht anders als Calvin und Beza gegen einen Lästerer der Heiligen Trinität. Das relativiert den Gegensatz zwischen den beiden Einstellungen etwas. Die Toleranzforschung hat die rigorose Beurteilung und Bestrafung der Atheisten bei Castellio noch zu wenig reflektiert.[149] Eine wirkliche Glaubensfreiheit war in der Mitte des 16. Jahrhunderts für Christen nicht denkbar.

Vermutlich spielten bei Castellios Vorstellungen über die Bestrafung derer, die gegen die natürliche Religion verstießen, auch die Gesetze Platons gegen Religionsfrevel (ἀσέβεια, Ficino übersetzt: *impietas*), die er in den *Nomoi* von dem Athener vortragen läßt, eine Rolle.[150] Platon sieht dort für Atheisten, die ihren Unglauben bekennen, gleichfalls eine vom Magistrat verhängte Gefangenschaft vor und im Falle, daß sie innerhalb von fünf Jahren von den Mitgliedern des Magistrats, die allein Zugang zu ihnen haben, nicht zur besseren Einsicht gebracht werden können oder rückfällig werden, die Todesstrafe.[151]

Castellio hatte im 16. Jahrhundert einen berühmten Vorgänger (als solcher jedoch anscheinend nicht beachtet), der den Gedanken der Glaubensfreiheit in vielem übereinstimmend, aber noch etwas radikaler gedacht hatte, ohne

---

schäftigung mit Ficino zurückzugehen, auch wenn Heinz Scheible, Reuchlins Einfluß auf Melanchthon, in: Arno Herzig–Julius H. Schoeps, Hrsg., Reuchlin und die Juden, Sigmaringen 1993 (Pforzheimer Reuchlinschriften 3), S. 123–149, hier S. 140–43, gegen Wilhelm Maurer, Der junge Melanchthon zwischen Humanismus und Reformation, Göttingen 1967, I, S. 85–98, den Einfluß Ficinos auf Melanchthons Platonrezeption zugunsten seines zweifellos auch unmittelbaren Studiums der platonischen Schriften bestreitet, ohne hierbei allerdings auf Melanchthons Vorstellung der natürlichen Religion einzugehen.

[149] Lecler, Anm. 115, S. 483, beachtete und zitierte zwar die Stelle in *Contra libellum Calvini*, die von *vincula* spricht, kannte aber noch nicht die 1971 edierte Stelle, die den Begriff *supplicium* erwähnt. Hans R. Guggisberg, 'Ich hasse die Ketzer', Der Ketzerbegriff Sebastian Castellios und seine Situation im Basler Exil, in: Menchi, Anm. 125, S. 249–265, hier S. 260, zitiert den oben zitierten Abschnitt nur ab *Peccat enim* und sieht damit über den unerwarteten Begriff des *supplicium* hinweg. Eine Erörterung der Problematik findet nicht statt, vielleicht weil sie ihm nicht ins Bild des Verteidigers der religiösen Toleranz paßte.

[150] Plato Leg. 10, 907d–909c; dazu Ulrich von Wilamowitz–Moellendorf, Platon, Berlin 1920, I, S. 691: "der Athener redet durchaus so, daß man bei ihm [sc. Platon] denselben Glauben voraussetzen muß".

[151] Vgl. neben den sachlichen Analogien auch die Übereinstimmung des Ausdrucks für die Gefangenschaft: δεσμοί bei Plato, *vincula* bei Castellio. Dieser kannte, da er die Bücher 18–20 des Diodorus Siculus selbst erstmals ins Lateinische übersetzte, mit Sicherheit übrigens auch die oben in Anm. 117 zitierte Stelle aus Diodorus Siculus.

sich jedoch mit diesem Gedanken offen zu identifizieren. Es ist Thomas Morus, der die religiösen Verhältnisse auf der Insel Utopia durch Hythlodaeus dergestalt beschreiben läßt,[152] daß Utopus als Begründer des utopischen Staates das Gesetz einführte, daß jeder der Religion, die er für richtig hält, folgen dürfe (*quam cuique religionem libeat, sequi liceat*) und auch andere für sie gewinnen dürfe, solange er dies ohne Gewalt und Beschimpfungen tue. Nur im letzteren Fall solle er mit Verbannung oder Versklavung bestraft werden. Utopus verbot hingegen nachdrücklich, daß jemand die Würde der menschlichen Natur so sehr verrate, daß er glaubt, die menschlichen Seelen stürben mit dem Körper oder die Welt werde nicht von einer göttlichen Vorsehung regiert (*sancte et severe vetuit, ne quis usque adeo ab humanae naturae dignitate degeneret, ut animas quoque interire cum corpore aut mundum temere ferri sublata providentia putet*).[153] So jemand könne nicht einmal unter die Menschen gezählt werden (*contra sentientem ne in hominum quidem ducunt numero*)[154] und dürfe deshalb zu keinen bürgerlichen Ämtern und Ehren zugelassen werden. Eine weitere Bestrafung war an sich nicht vorgesehen. Es war so jemandem nur verboten, seine Vorstellungen im Volk missionarisch zu propagieren. Hythlodaeus informiert nicht über die bei Zuwiderhandlung fällige Strafe. Sie kann aus dem Kontext aber gleichfalls als Verbannung oder Versklavung erschlossen werden, und es war bereits früher allgemein gesagt worden, daß an die Stelle der bei den schwersten Verbrechen verhängten Versklavung die Hinrichtung des Menschen treten soll, wenn der Betreffende rebelliert und Widerstand gegen seinen Besserungsversuch leistet und damit gleichsam zu einer ungezähmten und unzähmbaren Bestie geworden ist.[155]

Wahrscheinlich ist die Darstellung des Hythlodaeus hier prinzipiell im Sinne von Morus selbst.[156] Ihre spezifische Übereinstimmung mit Castellios Ansich-

---

[152] S. Thomas Morus, Lucubrationes ab innumeris mendis repurgatae, Basel 1563, S. 135ff., besonders S. 137–140, Edward Surtz–J. H. Hexter, The Complete Works of St. Thomas More, IV, New Haven (1965) 1979, S. 216ff., besonders S. 218–220.

[153] Morus 138f. Der für einen Menschen konstitutive und unverzichtbare Glaube an die Unsterblichkeit der Seele und die göttliche Vorsehung entspricht wieder der natürlichen Religion Ficinos. Morus kannte seine Schriften, vgl. Surtz–Hexter, S. 601, Kristeller 1986, Anm. 146, S. 45.

[154] Dieser Satz (Morus 139) hat deutlich eine rhetorische Frage Ciceros in analogem Zusammenhang zum Vorbild. Vgl. Cicero De Leg. II 7: *Quid enim est verius, quam neminem esse oportere tam stulte arrogantem, ut in se rationem et mentem putet inesse, in coelo mundoque non putet?* [...] *hunc hominem omnino numerare qui decet?*

[155] Morus 115: *gravissima quaeque scelera servitutis incommodo puniuntur.* [...] *quodsi sic habiti rebellent atque recalcitrent, tum demum velut indomitae beluae, quos coercere carcer et catena non potest, trucidantur.*

[156] Seine Distanzierung von den *res divinae* und der *religio* der Utopier (Morus 158) dürfte sich auf andere Aspekte der religiösen Verhältnisse in Utopia beziehen. Zur Frage, wie weit

## 2. LITERATUR UND GESCHICHTE

ten liegt in der Scheidung der Atheisten von den religiös Andersgläubigen und in der strengeren Beurteilung und Bestrafung der ersteren.[157] Vermutlich hatte sich Castellio, der die seit 1518 in Basel mehrmals gedruckte *Utopia* natürlich kannte, aus dieser Richtung bei seiner Gedankenbildung anregen lassen. Während Morus sich jedoch nur vorstellte, daß Atheisten für ihre Auffassung in Utopia nicht missionieren dürfen, verschärfte Castellio, der es nicht mit einer Utopia zu tun hatte, die Strafandrohung gegen sie und richtete sie bereits gegen das bloße Bekenntnis. Diese Begrenzung der Toleranz ist in beiden Fällen das Korrelat zu ihrer uneingeschränkten Gewährung gegenüber religiösen Bekenntnissen, die auf dem Boden der natürlichen Religion stehen, bzw. gegenüber religiösen Bekenntnissen, die sich als christlich verstehen.

Um jedoch zu Melanchthon zurückzukehren: Ob dieser Bezas Schrift *De Haereticis a civili Magistratu puniendis* bereits kannte, als er Calvin am 14. Oktober 1554 schrieb, ist unbekannt. Ihre Vorstellungen hat er ebenso wie die, die Calvin in seiner *Defensio* vortrug, geteilt. Er stimmte Calvin im Bewußtsein der Alternative und aus Überzeugung, nicht aus einem feigem Opportunismus zu.[158]

Da im Anschluß an die Hinrichtung Servets die Frage, ob die weltliche Obrigkeit berechtigt sei, Häretiker zu verbannen oder hinzurichten, offenbar auch bei den Studenten der Universität Wittenberg und andern Orts im lutherischen Raum Diskussionen auslöste, machte Melanchthon diese Frage am

---

in dem Dialog ernst gemeinte Lehren des Verfassers enthalten sind, vgl. allgemein Paul Oskar Kristeller–Hans Maier, Thomas Morus als Humanist, Zwei Essays, Bamberg 1982 (Gratia 11), S. 15–17.
[157] Man hat darin bereits bei Morus einen Einfluß der Religionsgesetze in den platonischen *Nomoi* gesehen, s. Surtz–Hexter, Anm. 152, S. 523, Kristeller, Anm. 146, S. 20.
[158] Wie Heinz Scheible, Melanchthon, Eine Biographie, München 1997, S. 83–85 und S. 236 ausführt, war Melanchthon aus entsprechenden Gründen auch immer überzeugt, daß beharrliche Wiedertäufer in Übereinstimmung mit dem kaiserlichen Recht mit dem Tod zu bestrafen seien. Auf den Kontrast zwischen Melanchthons sonstiger Kompromißbereitschaft und seiner entschiedenen Befürwortung der Todesstrafe für Gotteslästerer und Wiedertäufer wies im übrigen schon Lecler, Anm. 115, S. 247 hin (und vielleicht war dies einer der Ansatzpunkte für die Jenssche Komposition): "Bei Melanchthon ist das seltsam. Dieser große Humanist, dessen Versöhnungsbereitschaft allgemein bekannt ist, war einer der entschiedensten Kämpfer für die Todesstrafe gegen die Wiedertäufer." Was hier mit Versöhnungsbereitschaft bezeichnet wird, ist Melanchthons ständiges Bemühen, die Einheit der Kirche zu retten, sofern nur gewisse ihm unverzichtbar erscheinende Glaubenslehren in ihr anerkannt werden. Diese Versöhnungsbereitschaft vertrug sich durchaus mit der Befürwortung der Leibesstrafe gegen Menschen, die nach seiner Auffassung als unverbesserliche blasphemische Häretiker die christlichen Grundüberzeugungen aufgegeben hatten. Auch erweckt die moderne Vieldeutigkeit des Begriffes Humanist, der in dem obigen Zitat an allgemeine Menschenfreundlichkeit denken läßt, den man bei Melanchthon aber auf sein Verhältnis zu den studia humanitatis beziehen sollte, leicht irrige Erwartungen.

1. August 1555 zum Gegenstand einer universitären Disputation[159] und schrieb für den Vortrag des Magisters Andreas Titander einen Text, in dem diese Frage bejaht wurde für den Fall, daß in einem rechtmäßigen Verfahren der rechtgläubigen Kirche (*legitima cognitione verae Ecclesiae*) festgestellt worden ist, daß es sich bei dem Angeklagten um einen Gotteslästerer, Meineidigen oder Magier handelt, wobei unter dem Begriff des Gotteslästerers ausdrücklich auch die Häretiker gefaßt werden, die beharrlich Lehren propagieren, die im Gegensatz zu den fundamentalen christlichen Glaubensartikeln stehen (*inter blasphemos sunt Haeretici, qui dogmata contumaciter propugnant cum symbolis pugnantia*). Das Urteil des Genfer Magistrats gegen Servet und die evangelischen Urteile gegen Wiedertäufer werden dadurch ausdrücklich gerechtfertigt. Der respondierende Wittenberger Professor Dr. Georg Major führte dazu übereinstimmend aus, daß die weltliche Obrigkeit verpflichtet sei, für die Einhaltung des ersten und zweiten Gebots zu sorgen und deshalb Gotteslästerer, zu denen auch die Götzendiener und diejenigen gehörten, die offen und hartnäckig den Glaubensartikeln widerstreitende Häresien verteidigen, sowie Meineidige und Magier zu beseitigen seien, und daß weder der katholische Mißbrauch dieser Verpflichtung die frommen Fürsten von dieser Aufgabe befreie noch durch Christus das weise und gerechte Gesetz Gottes aufgehoben worden sei, was durch des Paulus Worte *Lex bona est legitime utenti* und *Lex posita est impiis et prophanis* bestätigt werde.[160] Melanchthon und Major stellen damit öffentlich klar, daß sie die Position von Calvin und de Bèze im Fall Servets teilen.[161]

Von dieser Position scheint Melanchthon bis zu seinem Tod nicht abgewichen zu sein. Er schrieb zwar am 1. November 1557 in Beantwortung eines — verlorenen — Schreibens von Castellio diesem einen freundschaftlichen Brief,[162] der als solcher zwar den Unwillen Calvins hervorrief, als er davon erfuhr,[163] aber Melanchthon solidarisiert sich in diesem Brief nicht mit dem Kritiker

---

[159] Philipp Melanchthon, Opera quae supersunt omnia, Halle/Braunschweig 1834ff., X (C. R. 10), S. 851–853: *Quaestio: An politica potestas debeat tollere haereticos?*
[160] 1. Tim. 1, 8–9. Melanchthon, Anm. 148, S. 173 zitiert die gleiche Paulusstelle in ähnlichem Zusammenhang.
[161] In Übereinstimmung mit Bezas Schrift *De Haereticis a civili Magistratu puniendis* (vgl. Anm. 140) wird der Begriff 'Akademiker' für diejenigen verwendet, die ohne feste Glaubensgrundsätze alles nach 'akademischer Art' diskutieren wollen (S. 852): *sese volunt impune omnia Academico modo disputare posse, ut perfecte Ciceroniani videantur*. Entsprechend benützt ihn auch Melanchthon, Anm. 148, S. 140: *Epicureorum et Academicorum, qui negant aut dubitant, an sit Deus, an curat humana, an hoc verbum, quod habet Ecclesia, sit traditum a Deo.*
[162] Melanchthon, Anm. 159, IX (C. R. 9), S. 359–360 und Scheible, Anm. 120, VIII, Nr. 8414; s. dazu Guggisberg, Anm. 129, S. 159f.
[163] Calvin, Anm.119, XVII (C. R. 45), S. 218–219.

## 2. LITERATUR UND GESCHICHTE 567

Calvins und seiner Anhänger, sondern lobt den Basler Professor des Griechischen als Humanisten. Wenn Melanchthon als ihre gefährlichsten gemeinsamen Gegner die *ex Monachorum semine* hervorgegangenen *novi Sophistae,* d.h. die geistig von den vorreformatorischen Theologen abstammenden "neuen Scholastiker" bezeichnet, die in den Hörsälen und im Volke die Macht an sich zu reißen suchen und sich dabei durch das Licht der Wissenschaft behindert fühlen, so sind mit ihnen nicht Castellios Gegner im calvinistischen Lager gemeint, sondern die Melanchthons Theologie damals bekämpfenden evangelischen Theologen und Prediger, die, wie er es sieht, die humanistische Wissenschaft nicht als Voraussetzung für die reformatorische Theologie betrachten und entsprechend hochschätzen.[164]

Daß die weltliche Obrigkeit verpflichtet sei, über die Einhaltung des mit dem Naturgesetz übereinstimmenden Dekalogs zu wachen und aufgrund des gültigen mosaischen Gesetzes hartnäckige Gotteslästerer mit dem Tod zu bestrafen, versichert Melanchthon wieder unverändert und mehrfach in der in Basel 1558, und zwar *per Ioannem Oporinum* (!), gedruckten Ausgabe seiner *Loci communes theologici*.[165] Melanchthon hat nach allem, was wir wissen, seine Beurteilung der Hinrichtung Servets auch nicht in den Stunden vor seinem Tod, über die wir einen sehr eingehenden Bericht haben,[166] geändert.

---

[164] Guggisberg, Anm. 129, S. 160, erklärte zwar mit Blick auf den Brief: "In der Folge [d.h. nach dem 1. August 1555] scheint hier [sc. in Melanchthons Beurteilung der Hinrichtung Servets] ein Meinungswandel eingetreten zu sein, der sich im einzelnen nicht genau verfolgen läßt", aber Melanchthons Brief an Castellio gibt — auch in Guggisbergs eigener Interpretation — keinen Hinweis auf einen Meinungswandel Melanchthons in dieser Sache.
[165] Vgl. Melanchthon, Anm. 148, S. 125–147, S. 173–185 und 324: *Et quia politia Mosaica optima idea et forma est politiae in hoc naturae depravatae statu, prudentibus gubernatoribus utile est hanc formam considerare. Leges ethnicae in duabus rebus fuerunt negligentiores: in puniendis blasphemiis et prohibendis vagis libidinibus. At lex divina gravissimas poenas constituit in cultores idolorum, blasphemos, impios doctores, item in pollutos vagis libidinibus. Voluntas igitur Dei de his delictis in lege divina a sapientibus gubernatoribus consideranda est,* sowie S. 610f.: *Cum autem dico magistratum disciplinae custodem esse, intellige utramque tabulam Decalogi ei custodiendam esse, id est, non tantum est pacis custos, velut armentarius, nec tantum ventri, sed primum gloriae Dei serviat, quod ad externos mores attinet. Ut omnes politiae sanxerunt poenas adversus periuros, multae etiam apud ethnicos sanxerunt poenas adversus Epicureos seu atheos, qui palam dixerunt nihil esse Deum aut nullam esse providentiam Dei, sed nos legem Dei sequamur; quae ait: Fugite idola* [1. Cor. 10, 14 nach Lev. 19, 4]. *Item Levit. 24* [,16] *Qui blasphemaverit nomen Domini, morte moriatur.*
[166] Orationes, Epitaphia et Scripta, quae edita sunt de morte Philippi Melanthonis omnia, cum narratione exponente, quo fine vitam in terris suam clauserit, una cum praecedentium proxime dierum et totius morbi, quo confectus est, brevi descriptione, edita a Professoribus Academiae Vvitebergensis, qui omnibus, quae exponuntur, interfuerunt, Wittenberg 1561, darin Bl. A2–F3: *Narratio de morte et obitu reverendi et clarissimi viri, D. Philippi Melanthonis.* Jens hat aus dieser Erzählung direkt oder indirekt einige Details übernommen. Vgl.

Nicht zutreffend ist ferner die Jenssche Unterstellung, Melanchthon habe früher selbst nicht an die Trinität geglaubt. Als Begründung für diese Auffassung gibt er an, Melanchthon habe die Trinitätslehre in der ersten Auflage seiner *Loci communes theologici* nicht behandelt. Das ist an sich richtig, heißt jedoch nicht, daß er der Trinität den Glauben versagt hätte. In den ersten Fassungen der *Loci communes theologici* wollte er nicht *de deo, de unitate, de Trinitate dei, de mysterio creationis, de modo incarnationis* handeln, weil die scholastischen Theologen (*scholastici theologistae*) darüber viel und fruchtlos diskutiert hätten. Deshalb erklärte er dort: *Mysteria divinitatis rectius adoraverimus quam vestigaverimus* und wandte sich sogleich den Fragen der Sünde, des Gesetzes und der Gnade zu, deren Beantwortung er für notwendig hielt, da sie die *beneficia* Gottes zur Kenntnis brächten.[167] Zu den anzubetenden — und somit von ihm geglaubten — *mysteria divinitatis* zählte auch die Trinität.[168] Als Melanchthon die *Loci communes theologici* zu einem systematischen Glaubenslehrbuch ausarbeitete, ging er dann ausführlich auf sie ein, in den letzten Bearbeitungen unter Erwähnung der Servetschen Häresie.[169]

Vom 20. Jahrhundert aus läßt sich natürlich unschwer kritisieren, daß Melanchthon Vorstellungen vertrat, die in unserer Zeit kein Europäer billigt, und daß er nicht die Auffassung des Castellio und seiner Anhänger teilte. Aus einer von Castellios Toleranzschriften stammt der Satz,[170] den Jens Melanchthon als

---

auch Nikolaus Müller, Philipp Melanchthons letzte Lebenstage, Heimgang und Bestattung: nach den gleichzeitigen Berichten der Wittenberger Professoren, Leipzig 1910, und Heinz Scheible, Melanchthons Abschiedsbrief an seinen Schüler Jakob Runge, Bibliothek und Wissenschaft 23, 1989, S. 268–290.

[167] S. Philipp Melanchthon, Loci communes rerum theologicarum seu hypotyposes theologicae, Wittenberg 1521, Bl. Aiii–Aiiii.

[168] Inhaltlich entspricht eine am 14. Januar 1522 niedergeschriebene und im März 1522 in Basel veröffentlichte Äußerung des Erasmus in seiner Vorrede zur *Paraphrasis in Evangelium Matthaei* (Desiderius Erasmus, Opera omnia, VII, Leiden 1706, Bl 3r): *Quodmodo Filius sit alius a Patre, quum sit una natura, noli scrutari: tibi satis est credere Patrem, Filium et Spiritum sanctum tres Personas, sed unum Deum*. [Nachtrag 2002: Hermann Tränkle verwies brieflich am 22.11. 1999 auf eine weitere sehr ähnliche Formulierung des Erasmus, IX, Sp. 273B: *Praestat venerari quaedam quam scrutari*].

[169] Melanchthon, Anm. 148, S. 22, 30, 33 und in: Definitiones Theologicae, S. 703–705. Eine eingehende Erörterung der Trinität als Handreichung für die Predigt findet sich auch in Melanchthon, Anm.145, S. 491–507.

[170] Castellio, Anm. 114, Bl. Ei v *Hominem occidere, non est doctrinam tueri, sed est hominem occidere*. Es ist der berühmteste Satz Castellios, der selten in einer Schrift über ihn zu zitieren versäumt wird. S. z.B. Riggenbach und Lachenmann, Anm. 115, S. 236: "Den lautesten Protest gegen die Anwendung von Gewalt in Glaubenssachen hat Castellio [...] in seinen gegen Calvin gerichteten Schriften *Traicte des Heretiques* und *Contra libellum Calvini* eingelegt, wenn er u.a. schreibt: *Tuer un homme ce n'est pas défendre une doctrine, c'est tuer un homme.*", Plath, Anm. 115, S. 200 "gleichsam als Leitsatz über dem Ganzen", Gug-

letzte Worte in den Mund legt:[171] "Wer einen Menschen tötet, verteidigt keine Doktrin, er tötet einen Menschen."

Machte Jens seinen Melanchthon durch die ihm zugeschriebene späte Einsicht und Reue besser, als er historisch war? Der vorherrschende Eindruck, den der Leser von diesem Melanchthon bekommt, ist negativ, denn er wird so dargestellt, als ob er seine bessere Einsicht ja schon längst hatte, aber aus Opportunismus verbarg und nicht zu vertreten wagte. Jens entstellt das Bild Melanchthons zu dessen Ungunsten dadurch, daß er die Motive und Begleitumstände für Melanchthons Urteil unterschlägt, die Chronologie vernebelt und ihn in suggestiver Selbstaussage zum opportunistischen und erst angesichts des Todes reuigen Sünder macht. Melanchthon hat anderes bereut, am meisten vielleicht seinen vertraulichen Rat an den Landgrafen von Hessen, daß Bigamie durch das Alte Testament legitimiert und besser als ein Konkubinat neben der Ehe sei. Hier ließ die Reue auch nicht bis zur Todesstunde auf sich warten, sondern überfiel ihn rasch und heftig.

Wem es nur auf den Appell zur Glaubensfreiheit ankommt, der wird die Entstellung des historischen Melanchthon in Kauf nehmen, wem aber daran gelegen ist, daß auch verstorbenen Menschen Gerechtigkeit widerfährt, der wird wünschen, daß für einen literarischen Appell zur Glaubensfreiheit, die wir, aber sicher nicht alle Menschen heute genießen, andere literarische Mittel eingesetzt werden.

4. Nachwort
War dies nun eine Ehrenrettung von Gratius und Melanchthon, zwei sehr ungleichen Humanisten des 16. Jahrhunderts? In gewissem Umfang ja. Vor allem aber war es ein Appell an die Leser von literarischen Texten, deren Autoren historische Personen zum Gegenstand genommen haben, sich immer des Umstands bewußt zu bleiben daß zwischen der literarischen Darstellung und der historischen Wirklichkeit eine oft beträchtliche Differenz besteht. So selbstverständlich diese Tatsache an sich ist, so oft wird sie vergessen, wenn die Darstellung zu sehr für sich einnimmt und wenn die relationale Wirklichkeit zu wenig bekannt ist.[172]

---

gisberg, Anm. 129, S. 121 "den zentralen [...] allgemeingültigen Satz" und S. 307 (letzter Satz des Buches). Nach dem oben über Castellios Beurteilung der beharrlichen Atheisten Ausgeführten ist dem Sinne nach zu *doctrinam* das Attribut *Christianam* zu ergänzen.
[171] Jens, Anm. 112, S. 286.
[172] Das ist bei Zuhörern noch leichter der Fall als bei Lesern, z.B. als Jens' 'Testament des Philipp Melanchthon' in einem evangelischen Gemeindehaus in Hamburg 1997 rezitativ und unkommentiert aufgeführt wurde.

Nachdem die Analyse der handschriftlichen Bemerkungen in einem Exemplar der Elegien des Murmellius Anlaß zu diesen Überlegungen gab, erlaube ich mir, zum Schluß noch einmal auf sie zurückzukommen: Die Beachtung der Provenienz und der Benützerspuren der in öffentlichen Bibliotheken und in privaten Händen befindlichen alten Bücher wird noch viele interessante und wichtige Entdeckungen zum Leserverhalten, zur Rezeption von Texten und zum geistigen Habitus historischer Personen liefern. Mit einem letzten Beispiel dafür möchte ich schließen. In der Herzog August Bibliothek in Wolfenbüttel befinden sich zwei gleichartig in Holzdeckel und halb in blindgeprägtes Schweinsleder gebundene Quartbände mit Metallschließen aus dem Besitz des humanistisch gebildeten Speyerer Domvikars Maternus Hattenius (Hatten, Hattenauer genannt Reuß), der unter anderem ein Freund von Erasmus, Adam Werner von Themar und Sebastian Brandt war, dem er eine tolerante Haltung in der kirchlich unentschiedenen Frage der unbefleckten Empfängnis Marias nahegelegt hatte.[173] Es sind Sammelbände mit je etwa einem Dutzend Druckschriften aus den ersten beiden Jahrzehnten des 16. Jahrhunderts, die eindeutig die humanistische Interessenrichtung ihres Besitzers dokumentieren. In dem einem Band sind prosaische und poetische Schriften von Hermann von der Busche (8), Johannes Murmellius (3) und Giovanantonio Campano (1) enthalten.[174] Auf den Schnitt des anderen Bandes hat Hattenius vom Buchbinder in roten und schwarzen Kapitalbuchstaben schreiben lassen: LIBRI . FASTORV[M] . BAP[TISTAE] . MANTVA[NI] . ET . ALIA . OPVSCVLA . SCITV . DIGNISS[IMA]. Die Schriften dieses Bandes kosteten Hattenius, wie er auf der Innenseite des Vorderdeckels vermerkte, einschließlich des Einbandes ungefähr 3/4 Gulden. Es handelt sich um poetische und prosaische Schriften von Baptista Mantuanus (1), Faustus Andrelinus (2),

---

[173] Vgl. Walther Ludwig, Matern Hatten, Adam Werner, Sebastian Brant und das Problem der religiösen Toleranz, Zeitschrift für die Geschichte des Oberrheins 144, 1996, S. 271–299. Dort wird eine von Hattenius 1502 Brant geschenkte Schrift des Adam Werner von Themar behandelt, die die handschriftliche Widmung trägt *D. D. Sebastiano brant dono mittit Maternus | Hattenauwer dictus Reuß vicarius eccl*[*es*]*ie spiren*[*sis*].
[174] Der Band hat die Signatur 63. Quod. 4° (1–12) und eine Schließe in der Mitte. Auf der Innenseite des Vorderdeckels steht oben mit alter Tinte: *Pro Materno Hattenio Spirensi*, darunter für den späteren Besitzer: *Pro Vito a Lor*. Der Band enthält folgende zwischen 1514 und 1518 gedruckte Schriften: 1. Hermannus Buschius, In artem Donati de octo partibus orationis Commentarius, Köln 1517; 2. Joannes Murmellius, Nucleus, Köln 1516; 3. ders., Tabulae, Köln 1518; 4. ders., Opuscula duo, Köln 1514; 5. Buschius, In Io. Murmellii obitum, Köln 1517; 6. ders., Epicedion (auf Graf Wilhelm von Neuenahr), o.O. 1518; 7. ders., Dictata, Köln 1518; 8. ders., Spicilegium, Deventer o.J.; 9. ders., Decimationum Plautinarum [...], Köln 1518; 10. ders., Carmen scholasticum, Deventer 1515; 11. Joannes Antonius Campanus, Epistolae familiares, Köln 1516; 12. Buschius, Vallum humanitatis, Köln 1518.

## 2. LITERATUR UND GESCHICHTE 571

Christoph Scheuerl (1), Philipp Melanchthon (1), Enea Silvio Piccolomini (1), Ulrich von Hutten (1), Marsilio Ficino (1), außerdem um eine anonyme Predigt und um *duo tractatuli*, wie Hattenius in dem handschriftlichen Bandindex schreibt.[175] Er bezeichnete so die Erstausgabe der *Lamentationes obscurorum virorum* mit der *Epistola apologetica* des Ortwin Gratius von 1518 und die Erstausgabe des zweiten Bandes der *Epistolae obscurorum virorum* von 1517. Hattenius hat die 'Dunkelmännerbriefe', und zwar anscheinend nur ihren zweiten Band, zugleich mit ihrem Korrektiv, der Antwort des Gratius, erworben und letztere durch den Binder sogar voranstellen lassen. Er wollte offenbar die *Epistolae obscurorum virorum* nicht einseitig sehen, sondern auch die andere Seite hören.

[Erstveröffentlichung: Nr. 225, revidiert.]

---

[175] Der Band hat die Signatur 144. Quod. 4° (1–11) und zwei Schließen. Auf der Innenseite des Vorderdeckels steht in der Mitte mit alter Tinte: *Est Viti a Lor Anno d[o]m[ini]* 1561. Auf dem oberen Teil des Innendeckels hat der Erstbesitzer des Bandes in einer kleineren Schrift seinen Inhalt und die entstandenen Kosten registriert. Er kann mit Hattenius, dem Erstbesitzer von 63. Quod. 4° (1–12), identifiziert werden wegen des gleichartigen Einbandes und des gleichen Nachbesitzers und wegen des Schriftbilds, das zwar kleinere, aber im Ductus der Schrift Hattens von 1502 entsprechende Buchstaben zeigt. Die Preisangaben des Index erfolgen in Basler Plappert (plap.), in Basler Pfennigen (d) und in Schillingen (ß). Der Index lautet (Zusätze des Editors in eckigen Klammern): *1. Liber Fastorum [Baptistae] Mantuani* [Basel 1518] *iiij plap.* || 2. *Elegie Fausti Andre[lini,* Paris um 1505, ohne Preis] || 3. *Eiusdem de virtutibus moralibus carmen* [Basel, o.J.] *x d Basilii* || 4. *Sermo ad ordines sa[cros] suscipe volentes* [Straßburg 1514] *iiij d. Basilii* || 5. *Christophori Scheurli de praestantia sacerdotis* [Hagenau 1514] *1 plap.* || 6. *Sermo Philippi Melanchtonis* [sic, Basel 1519: De corrigendis adulescentiae studiis] *iiij d. Basilienses* || 7. *Eneas Sylvi: de aulicis* [Mainz 1517] *v d. Basilie* || 8. 9. *Item 1 ß.* duo tractatuli || 10. 11. *Item 1 ß. Huttenus de aulica dialogi* [Augsburg 1518: De aula] *Tractatus de peste Marsilii Ficini* [Augsburg 1518: De epidemiae morbo] || *Item iiij plap. pro lig[atura]* || *Summa xvii plap.|| minus 1 d. ||.*

## 3. Der Humanist Ortwin Gratius, Heinrich Bebel und der Stil der Dunkelmännerbriefe

I Der christliche Humanismus des Ortwin Gratius

An Hand eines Exemplars der *Elegiarum moralium libri quattuor* des Johannes Murmellius (1479–1517) von 1508, das eine Vorlesungsannotierung vermutlich durch Ortwin Gratius (ca. 1480–1542), zumindest durch einen seiner Schüler, enthält, habe ich 1999 einen detaillierten Einblick in die humanistische Unterrichtstätigkeit von Gratius geben können.[1] Es bestätigte und konkretisierte sich die in der neueren Forschung bereits vertretene Auffassung, daß Gratius durchaus ein Humanist war. Es zeigte sich, daß sein Unterricht dem humanistischen Standard zu Anfang des 16. Jahrhunderts entsprach.

Gratius hatte schon 1508 — ebenso wie andere Humanisten, unter denen sich Alexander Hegius (1433–1498), sein Lehrer in Deventer, befand — die als barbarisch gebrandmarkten lateinischen Grammatiken und Vokabularien des Mittelalters verurteilt und klassische und humanistische italienische Autoren zur Lektüre und als Quelle für den Gebrauch der lateinischen Sprache empfohlen.[2] Der humanistische Stil seiner *Epistola apologetica* von 1518 zeigt keinerlei Ähnlichkeit mit seinem ihm unterstellten Beitrag zu den Dunkelmännerbriefen (EOV I 34). Und daß er Zeit seines Lebens den *studia humanitatis* zugewandt blieb, beweist auch der von ihm 1535 zum Druck gebrachte und in der modernen Forschung wenig beachtete *Fasciculus rerum expetendarum ac fugiendarum*,[3] in dem er 66 Texte mit eigenen Vorreden und Nachworten zu-

---

[1] Walther Ludwig, Literatur und Geschichte — Ortwin Gratius, die Dunkelmännerbriefe und "Das Testament des Philipp Melanchthon" von Walter Jens, Mittellateinisches Jahrbuch 34, 1999, S. 125–167.

[2] S. Ortwin Gratius, Orationes quodlibeticae, Köln 1508, und dazu Dietrich Reichling, Ortwin Gratius, Sein Leben und Wirken, Eine Ehrenrettung, Heiligenstadt 1884, Neudruck Nieuwkoop 1963, S. 66–68. Gratius' Eintreten für die neue Bildung wird durch den Nachweis seiner damaligen humanistischen Schwächen durch Jacques Chomarat, Les hommes obscurs et la poésie, in: L'Humanisme Allemand (1480–1540), XVIIe Colloque International de Tours, München–Paris 1979 (Humanistische Bibliothek I 38), S. 262–283, nicht in Frage gestellt; vgl. hierzu auch Ludwig, wie Anm. 1, S. 144.

[3] Der volle Titel des Werkes (= VD 16 G 2924) lautet: Fasciculus rerum expetendarum ac fugiendarum. In quo primum continetur Concilium Basiliense: non illud, quod in magno Conciliorum volumine circumfertur, sed quod Aeneas Sylvius (qui postea Pius II. est appellatus & eidem Concilio praesens interfuit) fideliter & eleganter conscripsit. Insunt praeterea huic operi nobilissimo, summorum aliquot virorum epistolae, libelli, tractatus, et opuscula, numero ni fallor LXVI in quibus et admiranda quaedam et obstupenda invenies. Quae, si futurum Concilium celebrari contigerit, summopere, tanquam cognita necessaria, ab optimis quibusque expostulabuntur. Lege Indicem subsequentem. Esaiae quinto [Zitat von Vulg. Jes. 5, 20–21, 23] etc. Anno, M. D. XXXV. Der Titel ist von einer bildreichen Holzschnittbordüre umgeben, die oben zwischen zwei Engeln den Heiligen Geist und darunter

## 3. DER HUMANIST ORTWIN GRATIUS 573

sammenstellte,[4] die für ein künftiges und von ihm ersehntes allgemeines Konzil von Nutzen sein sollten.

Der Band wird eröffnet durch einen Dedikationsbrief an den Kölner Rechtslizentiat Johann Helman.[5] Er beginnt mit diesem Encomium auf ihn und seine Familie:[6]

---

von Menschen rechts und links umgeben zwischen Christus und Maria Gottvater zeigt. Ihr oberer Rand ist abgeschlossen durch ein Zitat nach Vulg. Zacharias 1, 15. Auf dem rechten und linken Rand neben dem Titel stehen in je vier Figurenbildern oben die vier Evangelisten und darunter die vier Kirchenlehrer Gregor, Hieronymus, Ambrosius und Augustin. Auf dem unteren Bildrand stehen rechts und links das Reichswappen um CAROLUS V und FERDI. PRI. und darunter die Wappen der sieben Kurfürsten mit der Jahreszahl 1531. Der Folioband hat [4] unnumerierte Blätter für den Widmungsbrief und CCXLII Bl. Eingesehen wurde das Exemplar der Herzog August Bibliothek Wolfenbüttel, Alvensleben 25 (blindgeprägter Schweinsledereinband mit einem Plattenstempel, der unter einem Wappen die Inschrift "Joachim von Alvensleben" zeigt).

[4] Die 66 Texte werden von 29, meist durch *O. G.* bezeichneten Texten des Gratius kommentiert. Vgl. Bl. CCXXXIXv: *In primis igitur ut nihil te lateat, lector amice, ego Orthvinus à Graes, ex antiqua Gratiorum familia dioecesis Monasteriensis (id propter obscuros nebulones et foedas eorum epistolas, a sede apostolica iam pridem condemnatas non sine causa dixerim) in Holtwick, prope Cosseldiam, patre seculari, Friderico a Graes prognatus, et Daventriae, in dioecesi Traiectensi, sub ferula Alexandri Hegii, viri mediusfidius in utraque lingua et doctissimi et optimi, illic tunc Gymnasiarchae, bonis a puero literis altus ac probe enutritus, et ob id ipsum Daventriensis cognominatus, ingenue ac libere fateor, omnium praefatiuncularum seu perorationum quae hoc libro lectori benevolo dedicata continentur (sive hae duae literae O.G. praeiectae illis sunt, sive non) me authorem esse. Sunt enim numero (ni fallor) novem et viginti.* Der letzte Text (Bl. CCXXXIXr–CCXLII), ein Brief an den Leser, ist überschrieben: *Orthvinus Gratius Daventriensis Presbyter ac bonarum artium professor, lectori amico et bonis omnibus S. P. D. Epistola per modum Perorationis [...] Coloniae, ex aedibus nostris Anno a natali Christiano M. D. XXXV. quarto Idus Martias.*
[5] Johannes Helman aus Köln wurde mit dieser Namensform 1512 an der Universität Köln immatrikuliert, er studierte an der albertistischen Laurentiana–Burse, schloß sein Studium dort 1514 mit der Promotion zum Baccalaureus ab und wurde dort 1516 Magister Artium. 1517 studierte er in Bologna das kaiserliche Recht und wurde wohl dort zum Lic. iur. civ. promoviert (der Titel Lic. iur. bzw. Lic. legum imperialium ist 1535–1545 für ihn belegt). 1538–1545 ist Helman als *secretarius civitatis Coloniensis*, also als Kölner Stadtsekretär, verzeichnet, 1539 wird er in der Universitätsmatrikel *summus amicus et fautor universitatis nostre* genannt, 1545 machte er sein — im Historischen Archiv der Stadt Köln erhaltenes — Testament. Er sammelte "archäologische Bodenfunde antiker Provinzialkunst" und verfaßte Inschriften über die anderthalbtausendjährige Geschichte Kölns für die Rathaus–Vorhalle. Vgl. Die Matrikel der Universität Köln, bearb. von Hermann Keussen, Bonn 1919–1931, Bd. 2, S. 704, und Hans Kauffmann, Ausstrahlungen der Universität auf die Kölner Kunst, in: Hubert Graven, Hrsg., Festschrift zur Erinnerung an die Gründung der alten Universität Köln im Jahre 1388, Köln 1938, S. 460–472, hier S. 463 und 470. Ich verdanke die meisten der hier und im folgenden gegebenen biographischen Angaben zu Johann Helman und seiner Familie den freundlichen Auskünften von Götz–Rüdiger Tewes, Köln.

*Orthvinus Gratius Daventriensis Iohanni Helmanno Legum Imperialium Licentiato et bonarum artium professori dignissimo inclytae civitatis Coloniensis patritio ac civi integerrimo S. D. P.*

*Cupienti mihi aliquid ad te scribere et tuae dignitatis memoriam posteris celebriorem magisque memorabilem reddere, tum propter nativam maiorum tuorum tibi ab ephebia innatam probitatem, tum propter singularem tuum erga me et bonos omnes amorem, tu primus omnium occurristi, cui hunc rerum expetendarum ac fugiendarum fasciculum dedicarem, nec immerito. Agitur enim hic de gestis et actis Concilii Basiliensis. Cui avus tuus, Iohannes Helman, vir praestantissimus et quem novi optimus, praesens interfuit, ab inclytae civitatis nostrae Coloniensis consulibus ac senatoribus e numero pene civium omnium ad tam insignem provinciam munusque praeclarum ac nobile obeundum delectus. Doctus profecto et mira pietate conspicuus, a monetis, secretis, et scriniis (ut sic dicam) censor et scriba, cum laudatissimus tum integerrimus. Taceo largam in pauperes dignitatem, taceo praeclara eiusdem erga rem publicam patrocinia. Quae si omnia, vel enarrare hic vel describere contendero, me fit dies defecturus. Hoc solum addam, ita iustum tamque in omnibus sibi commissis integrum fuisse, ut in principum atque aliorum sacri Romani imperii statuum consessu, sese ac cives suos et tueri potuerit et conservare. Ex cuius etiam filia, honestissima apud nos matrona, natus est Petrus Quentell, vir egregius et nostrae civitatis senator praeclarus. Postremo autem, quum idem ille tuus avus, sex et nonaginta annos feliciter ac perbeate complevisset, superos, quos ad tempus reliquerat, dicto citius revisit.*

*Ad patrem nunc venio tuum Iohannem etiam Helman vocitatum, qui quanta fuerit virtute preditus, quanta rerum experientia decoratus, cogitare mediusfidius poterunt pauci, dicere nemo. Maiorum enim suorum vestigiis inhaerens non paucos praeclari nominis viros albis praecessit equis tibique ac posteris tuis (unico potissimum Iohanni filio tuo, nobilissimae indolis adolescenti) omnigeno virtutum ac charismatum genere, velut ardens Astraeae lampas, divinitus praeluxit. Cuius animum (modo verum fateri liceat) e coelo credas ignem fuisse desumptum.*

*Ceterum, quid de matre tua dicam, muliere itidem pudicissima? Quae ex antiqua et insigni Cusinorum Romanae olim stirpis origine ac nobili stemmate prognata (quod duo leones aurei satis abunde testantur) castissimam expressit Penelopen et singulari suae modestiae, nemini non perspectae*

---

[6] Gratius, wie Anm. 3, Bl. [2]. Das Enkomion wird an dieser Stelle auch deshalb ediert, weil es in den Forschungen zur Kölner Stadtgeschichte anscheinend bis jetzt nicht beachtet wurde.

*hic et cognitae, praeclarum et illustre, diversarum, hem, quid dixi diversarum, immo potius omnium virtutum specimen adiecit.*

*Utinam deus optimus maximus hoc mihi loco Platonis copiam, Isocratis iucunditatem et Demosthenis vim contulisset, ut maiorum tuorum virtutes aliqua ex parte et id quidem hoc tenui meo orationis filo explicare potuissem. Quod licet mihi, tamquam apud deum immerito, minime contigerit (sufficit enim mihi Gratio dei gratia), propensam tamen hac in re meam, quam nosti, voluntatem facies maximi, tuique etiam Orthvini suo, ut dici solet, et loco et tempore amicos inter (quos supra quam cuiquam credibile est, habes innumeros) sedulo recordabere. Sic enim fiet, ut honesta posthac scribendi occasione data, in parentum tuorum ac totius prosapiae laudibus enumerandis et locupletior sim magisque (quod velim) disertus.*

Ortwin Gratius von Deventer grüßt vielmals Johann Helman, den Licentiaten des kaiserlichen Rechts und Professor der guten Wissenschaften,[7] den würdigsten Patrizier und den tadellosesten Bürger der berühmten Stadt Köln.

Als mich verlangte, etwas an dich zu schreiben und das Andenken deiner Würdigkeit der Nachwelt bekannter und erinnerlicher zu machen, und zwar sowohl wegen der deinen Vorfahren und dir von Jugend an angeborenen Trefflichkeit als auch wegen deiner einzigartigen Liebe zu mir und zu allen Gutgesinnten, kamst du mir als erster in den Sinn, dem ich diesen Faszikel über die zu erstrebenden und zu meidenden Dinge widmen könnte, und nicht zu Unrecht. Denn es handelt sich hier um die Geschichte und die Geschehnisse des Basler Konzils. Bei ihm war dein Großvater Johannes Helman, ein hervorragender und, wie ich weiß, sehr guter Mann, zugegen, delegiert von den Bürgermeistern und Ratsherren unserer berühmten Stadt Köln aus der Zahl beinahe aller Bürger, um sich dieser so ausgezeichneten Aufgabe und diesem so ehrenvollen und noblen Geschäft zu unterziehen.[8] Er war fürwahr gelehrt und angesehen durch seine wunderbare Frömmigkeit, Zensor und Schreiber der Finanzsachen, der geheimen Angelegenheiten und der Schreinbücher, wenn ich

---

[7] *Professor bonarum artium* ist hier eine humanistische Umschreibung für *Magister artium*.
[8] Wenn Johann Helmans gleichnamiger Großvater Kölner Delegierter beim Baseler Konzil (1431–1449) war, kann er schon aus Altersgründen nicht mit dem *Johann Helman de Moirsa* [= Mörs], der 1449 an der Universität Köln immatrikuliert wurde und der 1466 als Kleriker Notar und 1469 Schreiber des Gerichts auf dem Eigelstein war (Matrikel, wie Anm. 5, Bd. 1, 2. Aufl. Bonn 1928, S. 521), identisch sein.

so sagen darf,[9] sowohl mit höchstem Lob bedacht als auch selbst ohne jeden Tadel. Ich schweige über seine würdige Großzügigkeit gegenüber Armen, ich schweige über seinen verdienstvollen Einsatz für die Stadt. Wenn ich das alles vollständig zu erzählen oder zu beschreiben suchte, würde mir der Tag ausgehen. Ich will nur hinzufügen, daß er immer so gerecht und bei allen seinen ihm anvertrauten Besorgungen immer so tadellos gewesen ist, daß er auf Sitzungen von Fürsten und anderen Ständen des heiligen Römischen Reichs sich und seine Mitbürger sowohl schützen als bewahren konnte. Von seiner Tochter, einer bei uns hochgeehrten Frau, wurde Peter Quentell geboren, ein herausragender Mann und berühmter Ratsherr unserer Stadt.[10] Zuletzt aber, als dieser dein Großvater 96 Jahre glücklich und selig vollendet hatte, suchte er die Oberen, die er zeitweise verlassen hatte, rascher, als ein Wort gesagt wird, wieder auf.

Ich komme jetzt zu deinem Vater, der auch Johannes Helman genannt worden ist. Mit welcher Tugend er ausgestattet, mit welchen Erfahrungen er geschmückt war, können, bei Gott, sich nur wenige vorstellen, und keiner kann es aussprechen.[11] Denn fest auf den Spuren seiner Vorfahren kam er nicht wenigen Männern berühmten Namens mit weißen Pferden [d.h. — nach Erasmus Adagium 1. 4. 21 *equis albis praecedere* — mit ruhmvollem Abstand] zuvor und leuchtete dir und deinen Nachkommen, besonders deinem einzigen Sohn Johannes,[12] einem Jüngling von edelster Anlage, in jeder Art von Tugend und Grazie wie eine brennende Fackel der Astraea göttlich voran. Man könnte, wenn es erlaubt

---

[9] Die Begriffe umschreiben die Ämter eines Rentmeisters, eines Sekretärs und eines Schreinschreibers der Stadt Köln, in denen Johann Helman mit Finanzen, politischen Vorgängen und Grundbüchern der Stadt zu tun gehabt hätte.
[10] Johann Helman ist seit 1479 zugleich als Kaufmann und Geschäftspartner seines Schwiegersohns, des Kölner Buchdruckers und Verlegers Heinrich Quentell (1501), bekannt (vgl. Peter Fuchs, Hrsg., Chronik zur Geschichte der Stadt Köln, Bd. 2, Köln 1991, S. 33, 37; Gunther Hirschfelder, Die Kölner Handelsbeziehungen im Spätmittelalter, Köln 1994, S. 195, 444). Dieser hatte seine Tochter Elisabeth geheiratet (vgl. J. J. Merlo, Quentell, Heinrich, ADB, Bd. 27, 1888, S. 37–39). Heinrich Quentells und Elisabeth Helmans Sohn, der Ratsherr Peter Quentell († 1546), leitete später Heinrichs Geschäft.
[11] Dieser Johann Helman aus Köln wurde minderjährig 1473 an der Kölner Universität immatrikuliert, wurde 1482 *Baccalaureus* und 1485 *Magister artium*, arbeitete 1488 in der Schreinschreiberei und wird 1498, 1503 und öfter als Schreinschreiber, 1499 — als Johann Johanns Sohn — als Notar bezeugt (Keussen, wie Anm. 5, Bd. 1, S. 857, ders., Regesten aus dem Stadtarchiv von Köln, Bd. 15, Köln 1918, Nr. 2148).
[12] Bei diesem Johann Helman handelt es sich um den von L. Ennen, Helman, Johann, ADB, Bd. 11, 1880, S. 700f., dargestellten Namensträger, der um 1520 geboren wurde und der am 14.5. 1579 starb.

## 3. Der Humanist Ortwin Gratius 577

ist, die Wahrheit zu sagen, glauben, daß sein Geist vom Himmel herabgenommenes Feuer gewesen ist.

Was soll ich im übrigen von deiner Mutter sagen, die ebenso eine Frau von höchstem Anstand ist ? Sie entstammt der alten und ausgezeichneten, einst römischen Sippe der Cusiner und ist aus diesem Stamm geboren, dessen Adel die zwei goldenen Löwen überdeutlich bezeugen.[13] Sie gab der überaus keuschen Penelope neuen Ausdruck und fügte ihrer einzigartigen Bescheidenheit, die hier jeder gesehen hat und kennt, ein berühmtes und erlauchtes Musterbild von verschiedenen, ach, was sagte ich verschiedenen, nein, eher von allen Tugenden hinzu.

Oh daß doch der beste, größte Gott mir an dieser Stelle die Fülle Platos, die Süße des Isokrates und die Kraft des Demosthenes zusammengebracht hätte, damit ich die Tugenden deiner Vorfahren zu irgendeinem Teil, und zwar mit diesem meinem dünnen Redefaden hätte erklären können! Obwohl dies mir, der dies bei Gott ja nicht verdient hat, nicht zuteil wurde — es genügt mir Gratius die Gnade Gottes [Wortspiel mit *Gratius* und *gratia*] — , wirst du dennoch meinen in dieser Sache bereiten, dir bekannten Willen schätzen und dich an deinen Ortwin am richtigen Ort und zur richtigen Zeit, wie man zu sagen pflegt, unter deinen Freunden, von denen du zahllose hast (mehr als einem glaublich ist), aufmerksam erinnern. Denn so wird es geschehen, daß ich, wenn sich später eine ehrenhafte Gelegenheit zu schreiben bietet, beim Aufzählen des an deinen Eltern und deiner ganzen Sippe Lobenswerten noch ausführlicher und, wie ich wünsche, noch beredter bin.

Der Stil ist panegyrisch–hyperbolisch, reich an Synonymengeminationen und anderen rhetorischen Figuren, manchmal etwas artifiziell gespreizt und nicht frei von gewissen stereotypen Phrasen. Es gab eine gefälligere, geschmeidigere und nuanciertere humanistische Ausdrucksweise. Insgesamt ist Gratius' hier

---

[13] Die patrizische Gewandschneiderfamilie Cusin, Kusin, de Cusino bzw. Cuesijn ist seit dem 13. (1294) und besonders im 14. und 15. Jahrhundert in Köln bezeugt. Das Wappen des Patriziergeschlechts war an einem Haus am Filzengraben zu sehen, das die Familie bis 1419 besaß. Vgl. Peter Fuchs, Hrsg., Chronik zur Geschichte der Stadt Köln, Bd. 1–2, Köln 1990–1991, S. 158; Franz Irsigler, Wirtschaftliche Stellung der Stadt Köln im 14. und 15. Jahrhundert, Wiesbaden 1979, S. 46, 227; Wolfgang Herborn, Die politische Führungsschicht der Stadt Köln im Spätmittelalter, Bonn 1977, S. 453f., 484, 617f., 642f.; Richard Knipping, Die Kölner Stadtrechnungen des Mittelalters mit einer Darstellung der Finanzverwaltung, Bd. 2, Bonn 1898, S. 455. Der 1462 an der Universität Köln immatrikulierte *Matheus de Kusino de Colonia* dürfte ein naher Verwandter der Mutter des Rechtslicentiaten Johann Helman gewesen sein. Nach ihm wird kein Cusino in den Kölner Matrikeln mehr genannt. Daß Gratius sie hier auf römischen Ursprung zurückführt, zeigt, in welchem Ansehen die Familie stand.

praktizierter Sprachstil aber dem vieler anderer Humanisten nicht unterlegen. Diese Einschätzung läßt sich durch das folgende Beispiel, in dem der Leser von der Notwendigkeit eines kirchenreformatorischen Konzils überzeugt werden soll, bestätigen:[14]

> *Quisquis omnia nostris hisce temporibus rite atque exacte satis pensitaverit,[15] quae et a patribus nostris et a nobis etiam ipsis per annos aliquot in hunc usque diem et acta sint et agantur, pro reformandis moribus et delendis ecclesiae abusibus generali opus esse Concilio, nunquam diffitebitur.[16] Quis enim tam caecus, qui hoc non videat? Quis tam amens aut tam mentis inops, qui id ipsum non decernat? Quis tam perversus Christianae rei publicae hostis et perfrictae frontis homo,[17] qui illud hoc tempore non desideret, non expetat, non tandem ex animo velit? Nemo, hercle, nemo. Sunt tamen, qui nescioqua ducti ratione contrarium sentiant dicentes omnia bene a patribus nostris ordinata ac constituta, modo ab omnibus legitime ac fideliter servarentur. Fatemur equidem idipsum esse verissimum. Attamen quum eorum ferme omnium servetur nihil, quod in Conciliis generalibus per sanctos Ecclesiae proceres est sancitum, quumque et infiniti abusus, schismata quoque et haereses per totum nunc Christianum orbem invalescant, ecclesiam dei legitima indigere reformatione nemini non apertum erit.*

Jeder, der in diesen unseren Zeiten alles ordentlich und genügend genau erwogen hat, was von unseren Vätern und von uns selbst durch einige Jahre bis zu dem heutigen Tag getan worden ist und getan wird, der wird nie in Abrede stellen, daß ein allgemeines Konzil für die Reformation der Sitten und die Beseitigung kirchlicher Mißstände vonnöten ist. Denn wer ist so blind, daß er dies nicht sieht? Wer ist so geistlos und geistesschwach, daß er eben dies nicht erkennt? Wer ist ein so abartiger Feind der christlichen Gemeinde und ein so schamloser Mensch, daß er dies jetzt nicht ersehnt, nicht begehrt, nicht auch aus ganzem Herzen will? Niemand, fürwahr, niemand. Es gibt jedoch auch Menschen, die aus irgendeinem Grund gegenteiliger Auffassung sind und die sagen, daß alles von unseren Vätern gut geordnet und eingerichtet worden sei, wenn es nur von allen rechtmäßig und treulich bewahrt werde. Wir gestehen, daß das völlig richtig ist. Aber da von all dem, was in allgemeinen Konzilien durch die heiligen Führer der Kirche festgelegt worden ist, beinahe nichts bewahrt wird und unendliche Mißbräuche, Schismen und Häresien jetzt

---

[14] Gratius, wie Anm. 3, Bl. CCVIII.
[15] Vgl. Plin. Ep. 4, 15, 8: *pensitares, quem [...] eligeres.*
[16] Vgl. Cic. Fam. 10, 8, 4: *nunquam diffitebor multa me [...] simulasse.*
[17] Vgl. Mart. Ep. 11, 27, 7: *perfricuit frontem posuitque pudorem*; Sen. Nat. quaest. 4a, praef. 9, Quint. Inst 9, 2, 25.

durch den ganzen christlichen Erdkreis zunehmen, wird es jedem ganz offensichtlich sein, daß die Kirche Gottes einer rechtmäßigen Reformation bedarf.

Gratius zeigt hier einen an Cicero erinnernden Periodenbau, rhetorisch wirkungsvoll wiederholte anaphorische Fragen und expressive Wortwiederholungen. Er wechselt lebhaft zwischen kurzen Aussagen und länger ausgeführten Argumenten. Er schließt sich in Wortschatz und Syntax an die klassische Latinität, die er gelegentlich auch in spezifischen Wendungen nachahmt, an und gebraucht, wo es erforderlich ist, Worte der christlichen Latinität, ohne aber irgendwo in ein abstraktes scholastisches Latein oder gar in Germanismen zu verfallen.

Ferner nennt und zitiert er in diesem Werk zahlreiche griechische und lateinische Autoren der Antike und des Humanismus: Euripides, Plato, Isokrates, Demosthenes, Menander, Diogenes Laertius, Sozomenos, Cicero, Horaz, Tibull, Properz, Ovid, Seneca, Juvenal, Sueton, über den er vor großem Publikum eine Vorlesung gehalten habe, Aurelius Victor, Leonardo Bruni, Poggio, Enea Silvio Piccolomini, Lorenzo Valla, ihn als einen "Mann von wunderbarer Gelehrsamkeit und Eloquenz" (*virum mirae eruditionis et eloquentiae*), dessen *Declamatio* gegen die konstantinische Schenkung er für absolut überzeugend hält, Pomponius Laetus, Egnatius, Raphael Regius, Giovanni Francesco Pico della Mirandola, Erasmus, "den besten Stilisten und gelehrtesten Theologen" (*summum oratorem doctissimumque theologum*), Nauclerus, Hutten und überraschenderweise auch Reuchlin, den er als "ausgezeichneten Gelehrten" (*virum doctissimum*) zu lesen empfiehlt.

Wie er die Gewichte zwischen der humanistischen *eloquentia* und der christlichen *sapientia* verteilt, spricht er in seiner Bemerkung zu dem von ihm in voller Länge zitierten Brief Poggios über den Prozeß und die Verbrennung des Hieronymus von Prag aus:[18]

> *Qui licet referat Hieronymum constanter in flammis obisse, ex hoc tamen non inferes aut sinistre credes eum minus fuisse haereticum, quum hoc proprie proprium fit omnium in fide errantium. Eloquentia quoque Hieronymum non excusat. Nam illa absque sapientia nihil est aliud quam gladius in manu furentis. Qualis etiam Pogius ipse fuerit, tum scurriles ipsius infacetiae, tum impiissimae eiusdem in sanctissimum Felicem Papam doctissimumque Philelphum invectivae satis superque demonstrant.*

Wenn Poggio auch berichtet, daß Hieronymus mit mutiger Festigkeit in den Flammen gestorben sei, so wirst du daraus jedoch nicht schließen

---

[18] Gratius, wie Anm. 3, Bl. CLII.

oder fälschlich glauben, er sei deswegen kein Ketzer gewesen, da dies eine spezifische Eigentümlichkeit aller im Glauben Irrenden ist. Auch seine Beredsamkeit entschuldigt Hieronymus nicht. Denn sie ist ohne Weisheit nichts anderes als ein Schwert in der Hand eines Wahnsinnigen. Auch wie Poggio selbst war, zeigen seine possenhaften Witzlosigkeiten [die er *Facetiae* nannte] ebenso wie seine äußerst respektlosen Invektiven gegen den verehrungswürdigsten Papst Felix und den gelehrtesten Filelfo genug und übergenug.

Diese kritische Einstellung gegenüber Poggio verhinderte jedoch nicht, daß er dessen Brief über den Tod des Hieronymus auf dem Konstanzer Konzil in sein Werk aufnahm. Daß Schriften nicht zu verwerfen sind, nur weil sie auch Irrtümer enthalten und Schlechtes darstellen, betont Gratius ausdrücklich anläßlich der von ihm abgedruckten *Vita Hildebrandi*, der Biographie des späteren Papstes Gregor VII.:[19]

*Si propter malam ipsius vitam et opera, quae gessit mala [...], totus tibi hic liber abiiciendus sit, proijce, obsecro, abs te actutum cantica canticorum ac reliquos bibliorum libros, in quibus stupra et incestus ac nephandissima [...] continentur. Proiice, inquam, abs te Suetonium Tranquillum, nobilissimum historicum, quem de Iulio Caesare Augusto quoque et aliis quibusdam Imperatoribus (quum Coloniae illum in frequenti auditorio publice profiterer) obstupenda plane ac indigna relata conscripsisse deprehendi. Proiice iterum et omnes ferme rerum scriptores, tum etiam Horatium, Iuvenalem, Ovidium, Tibullum, Propertium et sexcentos alios, qui malis aeque ac bonis abundant. Hoc autem quia nemo bonus unquam fecit, minus certe nobis indignabere, si Hildebrandi historiam [...] tradiderimus.*

Wenn du wegen seines üblen Lebenswandels und seiner schlechten Taten meinst, daß dieses ganze Buch wegzuwerfen ist, so wirf bitte sofort das Hohelied und die übrigen biblischen Bücher weg, in denen Unzucht und Inzest und die schlimmsten Untaten enthalten sind. Wirf, sage ich, den Sueton weg, den edelsten Historiker! Als ich in Köln über ihn vor einem zahlreichen Publikum eine Vorlesung hielt, stellte ich fest, daß er auch über Kaiser Augustus und andere Kaiser Berichte zusammengeschrieben hat, die geradezu sprachlos machen und unwürdig sind. Wirf sodann auch fast alle Geschichtsschreiber und dann den Horaz, Juvenal, Ovid, Tibull, Properz und unzählige andere weg, die von schlechten Dingen ebenso voll sind wie von guten. Da aber kein guter Mensch dies jemals tat, wirst du sicher weniger gegen uns entrüstet sein, wenn wir die Geschichte Hildebrands überliefert haben werden.

---

[19] Gratius, Bl. CCXL.

## 3. Der Humanist Ortwin Gratius   581

Gratius war ein gläubiger Sohn der christlichen, und zwar der päpstlichen Kirche, aber er hielt deshalb nicht alles für gut, was in dieser Kirche geschah. Gerade seine tiefe Verbundenheit mit der alten Kirche ließ ihn auf innerkirchliche Reformen drängen. Und er war ein kenntnisreicher Humanist. Daß er die humanistische *eloquentia* der christlichen *sapientia* unterordnete, tat dem keinen Abbruch und schloß ihn aus dem Kreis der Humanisten nicht aus.

Um so mehr mußten ihn die Entstellungen seines Bildes in den Dunkelmännerbriefen kränken. Die Erinnerung an die durch sie erlittenen Schmähungen hat Gratius in den zwanzig Jahren seit ihrem Erscheinen nicht verdrängen können. Im Hinblick auf die dortige Verleumdung, daß er der uneheliche Sohn eines Priesters und einer Hure sei, spricht er wie in seiner damaligen *Epistola apologetica* von seiner wahren Herkunft und erklärt dabei:[20] *id propter obscuros nebulones et foedas eorum epistolas a sede apostolica iam pridem condemnatas non sine causa dixerim* "dies sage ich nicht ohne Grund wegen der im Dunkeln bleibenden Verleumder und ihren schändlichen, vom apostolischen Stuhl schon längst verurteilten Briefen".[21] Auch betont er ausdrücklich, daß er — gewissermaßen im Gegensatz zu den Verfassern der Dunkelmännerbriefen — bei jedem der Texte des vorliegenden Werkes den Verfasser angegeben und nichts unter erfundenen Namen und Titeln zusammengestellt habe:[22]

> *Omnia sunt nuda et aperta, ut per diem honeste ambulare et a nullo vel critico aut Momo etiam carpi iure possemus. Haec enim Christi doctrina est, ut lux nostra sic coram hominibus luceat, ut videant opera nostra bona et glorificant patrem nostrum qui in coelo est. Vae ergo illis, qui in tenebris agunt quicquam, ferali rectius noctuae quam aquilae similes.*

Alles liegt offen da und erkennbar, so daß wir am Tage ehrbar wandeln und von keinem Kritiker oder Momos mit Recht angegriffen werden können. Denn dies ist die Lehre Christi, daß unser Licht so vor den Menschen leuchte, daß sie unsere guten Werke sehen und unseren Vater, der im Himmel ist, rühmen. Weh also über jene, die in der Finsternis werken — sie sind der Toteneule ähnlicher als dem Adler.

Die Dunkelmännerbriefe geben nach allem also sicher ein falsches Bild von dem angeblichen Antihumanisten Gratius, und der Stil der Dunkelmännerbriefe entspricht auch nicht karikierend dem Sprachstil des Gratius und damit auch nicht dem seiner Schüler. Dieser Stil ist nicht, wie häufig und besonders

---

[20] Gratius, Bl. CCXXXIX. Vgl. zum Kontext Anm. 4.
[21] Gratius hat den Begriff *obscurus* bereits in seinen *Lamentationes obscurorum virorum* retourniert. Seine Herkunft und Bedeutung wird am Ende dieser Abhandlung neu erörtert.
[22] Gratius, Bl. CCXXXIX.

im breiteren Kreis der literarisch Gebildeten angenommen wird, eine Persiflage, jedenfalls dann nicht, wenn man unter Persiflage die Verspottung eines existenten Sprachstils bestimmter Autoren durch karikierende Übertreibung seiner stilistischer Eigenheiten versteht. Der hier zusätzlich gemusterte *Fasciculus rerum expetendarum ac fugiendarum* darf für dieses Urteil mitherangezogen werden, da Gratius' Sprachstil und humanistische Einstellung sich im Lauf der Jahrzehnte grundsätzlich nicht änderten.

II Stileigentümlichkeiten der *Epistolae obscurorum virorum*

Es stellt sich damit aber noch dringlicher als bisher die Frage, wie die Erfurter Humanisten den Stil der Dunkelmännerbriefe schufen, welche Elemente sie in ihm verbanden und wie sie diese Stilelemente für ihr Ziel funktionalisierten. Ihr offensichtliches Ziel war, Gratius wegen seiner Stellungnahme im Streit über die jüdische Literatur vor den anderen Humanisten dadurch zu desavouieren, daß man Gratius und seine Schüler nicht nur invektivisch schmähte, sondern ihnen zusammen mit un– und antihumanistischen Gedanken auch eine entsprechende Sprache zuschrieb. Zu diesem Zweck schuf man einen neuen Sprachstil, den es, und dies wurde bisher oft nicht beachtet, in dieser Form nur in den Dunkelmännerbriefen gab, und nutzte für ihn eine Anzahl verschiedener Quellen, die man zusammenleitete und durch besondere Ingredienzien noch veränderte.

Im 19. und 20. Jahrhundert haben mehrere Untersuchungen, vor allem von Böcking, Bömer, Löfstedt und Rädle,[23] die Eigentümlichkeiten dieses Sprachstils festgehalten. Im folgenden werden im Anschluß an diese Untersuchungen einige Linien herausgestellt. Dazu aber werden auch einige zusätzliche Beobachtungen gemacht, aus denen einige für ein neues Verständnis der Dunkelmännerbriefe entscheidende Folgerungen gezogen werden können.

Die Humanisten wandten sich bekanntlich vor allem gegen den terminologisch befrachteten Jargon der Scholastik mit seiner abstrakten Begrifflichkeit und seinem unklassischen Überwiegen nominaler Konstruktionen. Die Verfasser der Dunkelmännerbriefe parodierten ihn gelegentlich durch Anleihen bei seinen bevorzugten Begriffen und besonders, indem sie seine Lieblingssuffixe und –endungen (–[c]alis, –[c]aliter, –bilis, –ivus/e, –[i]osus, –orium,

---

[23] Eduard Böcking, Hrsg., Ulrichi Hutteni equitis operum supplementum. Epistolae obscurorum virorum cum inlustrantibus adversariisque scriptis, Leipzig 1864, Aloys Bömer, Hrsg., Epistolae obscurorum virorum, 2 Bände in einem Band: Einführung/Text, Neudruck der Ausgabe Heidelberg 1924, Aalen 1978, Bengt Löfstedt, Zur Sprache der *Epistolae obscurorum virorum*, Mittellateinisches Jahrbuch 18, 1983, S. 271–289, und Fidel Rädle, Die *Epistolae obscurorum virorum*, in: Hartmut Boockmann, Hrsg., Kirche und Gesellschaft im Heiligen Römischen Reich des 15. und 16. Jahrhunderts, Göttingen 1994, S. 103–115.

*–ficare, –isare, –izare*) häuften.[24] Aber sie gestalteten die Briefe nicht durchgehend im scholastischen Stil, sei es, daß sie ihren Gegnern nicht die mit diesem Stil in seiner vollen Ausprägung auch verbundene Intellektualität beilegen wollten, sei es, daß sie in ihm nicht genügend lächerlich machende Komik fanden. Statt mit der artifiziellen Sprache der Scholastik versah man die Gegner lieber vor allem mit dem mangelhaften Deutsch–Latein des Lateinanfängers.

Bömer schrieb 1924 zutreffend:[25] "Das Hauptelement der Sprache der Obscuri ist [...], daß sie für gewöhnlich einfach ihr gutes Deutsch — denn Deutsch ist das Meiste zunächst gedacht — ins Lateinische übertragen." Die Germanismen sind sicher der auffälligste Sprachzug dieser Briefe.[26] Er sollte bei den Humanisten Lachen aus dem Gefühl der Überlegenheit erregen. Schlechtes Latein war schon vor den Dunkelmännerbriefen — z.B. von dem Leipziger Magister Niavis und dem Heidelberger Magister Hartlieb[27] — auf diese Weise und zusätzlich noch durch elementare Formfehler dargestellt worden, und gewisse Entsprechungen konnte man wohl in den Entgleisungen mancher Schulanfänger sowie bei ungebildeten Klerikern und sogar bei gewissen Schulmeistern finden. Die Verfasser der Dunkelmännerbriefe verzichteten in der Regel auf die primitiven und das Verständnis manchmal auch erschwerenden Formfehler[28] und konzentrierten sich auf die komisch wirkenden lexikalischen und syntaktischen Germanismen.

Dies gelang ihnen so gut, daß spätere Rezipienten das Charakteristische am Latein der Dunkelmännerbriefe vor allem in den Germanismen sahen. Einen bisher unbeachteten Beleg dafür bietet die *Epistola fratris ad fratrem*, die der 22jährige Christian Adolf Klotz (1738–1771), dem wenige Jahre später Lessing so übel mitspielte,[29] 1760 in seiner anonym veröffentlichten Schrift *Mores*

---

[24] Vgl. Löfstedt, S. 281–283.
[25] Bömer, Bd. 1, S. 69.
[26] Vgl. Löfstedt, S. 284–288.
[27] S. Bömer, Bd. 1, S. 67–69.
[28] Übrigens konnten gewisse Formfehler wie die Verwechslung der Deklinationsendungen *–is* und *–ibus* zu Anfang des 16. Jahrhunderts anscheinend auch noch Schülern des Humanismus unterlaufen. Jedenfalls steht in der um 1550 geschriebenen Kopialhandschrift Hamburg, Sup. ep. 4°, 49, Bl. 133r, im Brief des Wolfgang Rychardus *dyscolis et heluonibus et furis* (s. Walther Ludwig, Vater und Sohn im 16. Jahrhundert, der Briefwechsel des Wolfgang Reichart genannt Rychardus mit seinem Sohn Zeno (1520–1543), Hildesheim 1999, S. 98), was an *muribus* anstelle von *muris* in der um 1460 verfaßten Beschreibung der Stadt Minden durch den Domherrn Heinrich Tribbe erinnert (s. Paul Gerhard Schmidt, Colores rhetorici nelle cronache cittadine, in: Paolo Chiesa, Hrsg., Le cronache medievali di Milano, Mailand 2001, S. 3–10, hier S. 7).
[29] Lessing veröffentlichte 1768 und 1769 seine 57 "Briefe antiquarischen Inhalts" gegen Klotz, welcher ihm zuerst am 9. Mai 1766 wegen des in jenem Jahr gedruckten "Laokoon"

*eruditorum* veröffentlichte. Dort schreibt ein engstirniger und ungebildeter lutherischer Dorfpfarrer an seinen ähnlich gearteten Amtsbruder, dessen Sohn zu beider Unverständnis Griechisch studieren will, einen lateinischen Brief, der durchgehend vom Deutschen her gedacht ist und der die häufigen Germanismen der Dunkelmännerbriefe karikierend auf die Spitze treibt, um eine komische Wirkung zu erzielen. Klotz hat hier bewußt diese Briefe in ihrem auffälligsten Stilmerkmal imitiert und nun statt der katholischen Mönche und Kleriker das, was er als ihr protestantisches Äquivalent anprangern wollte, scherzhaft auf die Schippe genommen.[30] Wie die *viri obscuri* halten auch die bornierten Lutheraner nichts vom Studium des Griechischen. Die ersten Sätze des Briefes lauten so:[31]

> *Quod vestro filio illapsum sit, possum ego non inspicere. Fui totus extra me, cum suam epistolam legi, et capilli mihi steterunt ad montem. Non sumite mihi pro malo, Vester filius est nasutulus, et non vult Vobis paternum Respectum dare. Hoc non est bonum, et non erat alias sic. Quando meus filius mihi sic facere vellet, daturus essem illi non parvas Reprimandas. Sed iuventus se non vult sinere corrigere. Quod ille vult, ob coeli voluntatem! cum graeca lingua facere? ille potest immo non unum canem cum omni sua scientia ex fornace elicere. Est haec lingua diabolice gravis, et non ego potui comprehendere, quamvis, ut vos scitis, bonum caput habui. Potest non Lutheri versionem in manus sumere et nasum in illam porrigere?*

Was Eurem Sohn eingefallen ist, kann ich nicht einsehen. Ich bin ganz außer mir gewesen, als ich seinen Brief gelesen habe, und die Haare sind mir zu Berge gestanden. Nehmt es mir nicht übel, Euer Sohn ist naseweis und will Euch nicht den väterlichen Respekt geben. Das ist nicht gut, und er war sonst nicht so. Wenn mein Sohn mir so etwas antun wollte,

---

geschrieben hatte. Vgl. zu dem Streit zuletzt Wilfried Barner, Goethe und Lessing, Nachrichten der Akademie der Wissenschaften in Göttingen, I. Phil.–Hist. Klasse, Jahrgang 2000, Nr. 4, Göttingen 2000, S. 9.

[30] Lessing schloß diese Schrift in seinem 56. Brief in seine Kritik ein, als er dort schrieb: "Herr Klotz war, bis in das Jahr 66, ein Mann, der ein lateinisches Büchelchen über das andere hatte drucken lassen. Die ersten und meisten dieser Büchelchen sollten Satiren sein, und waren ihm zu Pasquillen geraten. Das Verdienst der besten war zusammengestoppelte Gelehrsamkeit, Alltagswitz und Schulblümchen." Die anonymen *Mores eruditorum* von 1760 waren die erste derartige Veröffentlichung von Klotz. Daß auch der im Grunde harmlose Scherz der *Epistola fratris ad fratrem*, den Lessing bestenfalls zu den "besten" Produkten der Klotzschen Feder rechnete, damit von ihm unverhältnismäßig hart attakiert wurde, braucht hier nicht erörtert zu werden. Von Bedeutung ist an dieser Stelle allein der Umstand, daß Klotz in diesem Brief stilistische Eigenheiten der Dunkelmännerbriefe erfolgreich imitierte.

[31] Christian Adolf Klotz (anonym): Mores eruditorum, (Altenburg:) Richter 1760, S. 11–16, hier S. 13f.

würde ich ihm keine geringen Vorwürfe machen [*Reprimandas* übernimmt das in der deutschen Sprache des 18. Jahrhunderts gängige Fremdwort "Reprimandes"]. Aber die Jugend will sich nicht verbessern lassen. Was will er, um Himmels willen, mit der griechischen Sprache tun? Er kann doch keinen Hund mit all seiner Wissenschaft hinter dem Ofen hervorlocken. Die Sprache ist teuflisch schwer, und ich habe sie nicht verstehen können, obwohl ich, wie Ihr wißt, einen guten Kopf gehabt habe. Kann er nicht Luthers Übersetzung in die Hände nehmen und seine Nase hineinstecken?

Klotz hat diesen völlig deutsch–lateinisch gedachten Stil im ganzen Brief durchgehalten.[32]

Der Frankfurter Germanist Winfried Frey schrieb 1988 in einem Aufsatz über die Dunkelmännerbriefe,[33] daß "des Lateinischen heute nur noch wenige so mächtig seien, daß sie über Sätze wie [...] *multum teneo de tali libro* [...], II 28, spontan lachen können" und er wollte eine "Vorstellung von der sprachlichen Verwendung der Barbarolexis der Satiriker vermitteln", indem er sie mit dem sogenannten Lübke–Englisch verglich. An dieses Englisch und die darüber gemachten Witze erinnern sich aber auch nur noch die Älteren unter uns, und der Vergleich illustriert mehr den komischen Eindruck, kaum aber, wie sehr die so gezeichneten Deutsch–Lateiner als Barbaren der humanistischen Verachtung verfielen und daß hier an die heiligsten humanistischen Prinzipien appelliert wurde.

Um was es hier ging, glossierte Vives (1492–1540) in seinem Werk *De causis corruptarum artium* so:[34]

*Sed cum iam lingua Latina prope tota interisset viderentque plausibile et venerandum magnique ad opinionem ingentis eruditionis momenti horrenda*

---

[32] Klotz hat noch in einer anderen gleichzeitigen anonymen Schrift einen solchen deutsch–lateinischen Brief veröffentlicht. In: Christian Adolf Klotz (anonym), Genius Saeculi, Altenburg: Richter 1760, S. 159–168, findet sich eine *Epistola equitis pagani ad equitem itidem paganum*. Inc.: *Alte-bene-nate Domine, multum amate Domine frater, Quando vos vos bene invenitis, sic est mihi carum* [...] , Expl.: *Carolus Wilhelmus Sigismundus Adolphus, Liber Dominus de Nullo-ingenio, vocatus Stultus*. Klotz schreibt in einer Vorbemerkung zu diesem Brief: *Haec epistola minime a nobis efficta aut ad risum captandum composita, sed vere ab illo Equite scripta fuit. Nos vero illam e Theotisco in Latinum sermonem transtulimus. Alioquin multum venustatis periisset*. Jedoch ist diese Versicherung der Existenz eines zugrundeliegenden deutschsprachigen Briefes natürlich nur als scherzhafte Erfindung zu verstehen.
[33] Winfried Frey, Multum teneo de tali libro — Die Epistolae obscurorum virorum, in: Ulrich von Hutten, Ritter, Humanist, Publizist 1488–1523, Katalog zur Ausstellung des Landes Hessen anläßlich seines 500. Geburtstages bearbeitet von Peter Laub, Melsungen 1988, S. 197–209, hier S. 203f.
[34] Ioannes Ludovicus Vives, De disciplinis libri XII, zuerst 1531, hier Leiden 1636, S. 137f.

*barbarie et soloecismis orationem conspurcare, unusquisque ad exprimendum quod volebat verbum de sermone vernaculo mutuabatur.* [...] *Nata est hinc barbaries non una, sicut una erat Latina lingua, verum sua cuique nationi et genti. Aliam ex suo vernaculo invexit Hispanus, aliam Italus, aliam Gallus, aliam Germanus, aliam Britannus, nec hi mutuo intelligebant.*

Aber als die lateinische Sprache schon beinahe ganz zugrunde gegangen war und man es für gefällig und ehrenwert und von großer Bedeutung für eine vermeintlich große Gelehrsamkeit ansah, seine Rede mit schrecklichen Barbarismen und Soloecismen zu verdrecken, da lieh sich ein jeder, um das auszudrücken, was er wollte, ein Wort aus der Volkssprache aus [...] Entstanden ist hieraus nicht eine einzige Barbarei, so wie es vorher eine einzige lateinische Sprache gab, sondern eine besondere für jedes Volk und jeden Stamm. Eine führte aus seiner Volkssprache der Spanier ein, eine andere der Italiener, wieder eine andere der Franzose und noch je eine andere der Deutsche und der Engländer, und sie alle konnten einander nicht mehr verstehen.

Noch der Augsburger Humanist Hieronymus Wolf mußte seinen Schülern einschärfen, Germanismen in ihrer lateinischen Sprache zu meiden:[35] *Dent operam et adolescentes, ut se in Cicerone versatos esse stylo atque dicendi genere probent:* [...] *non autem omnia plena sint vernaculis idiotismis, id est soloecismis* "Die jungen Leute sollen sich bemühen, daß sie durch ihren Stil und ihre Ausdrucksart beweisen, in Cicero bewandert zu sein. [...]und daß nicht alles voll ist von volkssprachlichen Sprachgewohnheiten, d.h. von Soloecismen".

Der junge Klotz imitierte aber noch eine andere Stileigentümlichkeit der Dunkelmännerbriefe, indem er seinen fiktiven Brief mit der Grußformel *Domino suo fratri plurifariam dilecto cordialem salutem* versah und mit *Valete cum uxorilla Vestra* und nach einem Postscriptum mit der Wiederholung *Valete adhuc semel* enden ließ. Klassisch hätte als *salutatio* die Formel *S. D.* oder *S. D. P.* mit einem vorangestellten Nominativ und einem schlichteren Dativobjekt ausgereicht. Als *valedictio* wäre unbedingt ein singularisches *Vale* gefordert gewesen. In den Dunkelmännerbriefen aber konnte man sowohl *Magister Ioannes Cantrifusoris magistro Ortvino Gratio salutem cordialem* als auch *Valete cum matre vestra* und ein wiederholtes *Iterum valete* finden.[36]

Die vom klassischen Gebrauch abweichenden Gruß- und Schlußformen waren in der Tat ein auffälliges, in der modernen Forschung allerdings weniger beachtetes Charakteristikum der Dunkelmännerbriefe. Es fiel jedoch jedem

---

[35] Hieronymus Wolf, M. T. Ciceronis libri tres de Officiis, una cum Hieronymi Wolfii commentariis, Basel 1563, S. 29.
[36] EOV I 4 und II 2; I 34; I 38, s. Bömer, wie Anm. 23, Bd. 2, S. 12 und 93, 61, 68.

frühneuzeitlichen Leser auf, da alle epistolographischen Lehrbücher den richtigen Formen der *salutatio* und *valedictio* eigene Kapitel widmeten.[37] In den Dunkelmännerbriefen konnte man z.b. folgende Grußformen lesen:[38] *salutem amicabilem et servitutem incredibilem* "einen freundlichen Gruß und unglaubliche Ergebenheit". *salutem maximam et multas bonas noctes, sicut sunt stellae in caelo et pisces in mari* "den größten Gruß und viele gute Nächte, wie es Sterne am Himmel und Fische im Meer gibt". *salutem plurimam cum magna reverentia erga vestram dignitatem* "sehr viele Grüße mit großer Verehrung gegenüber Eurer Würde". *salutem innumerabilem* "unzählige Grüße". *salutem, quam mille talenta non possunt aequivalere in sua gravitate* "einen Gruß, den tausend Zentner in seinem Gewicht nicht aufwiegen können". *salutes tot, quot habet caelum stellas et mare arenas* "so viele Grüße, wie der Himmel Sterne und das Meer Sand hat". *salutem cum humilitate erga vestram maioritatem* "einen Gruß in Demut gegenüber Eurer Überlegenheit". *salutes, quas nemo potest numerare* "Grüße, die niemand zählen kann". *salutem ex cordiali affectu amicabiliter optat* "einen Gruß aus herzlicher Zuneigung sendet freundlich". *salutes exuberantissimas dicit cum sui humillima commendatione* "überschwenglichste Grüße sendet mit demütigster Empfehlung seiner Person". *Quot in mari sunt guttae, et quot in Colonia sancta Beguttae, quos pilos habent asinorum cutes, tot et plures tibi mitto salutes* "wieviele Tropfen im Meer und wie viele Beginen in Köln sind und wie viele Haare das Fell der Esel hat, so viele Grüße und noch mehr sende ich dir". *salutem dicit cordialissimam* "den herzlichsten Gruß sendet". *salutem dicit numerosissimam* "zahlreichste Grüße sendet". *tot salutes mittit, quot in uno anno nascuntur culices et pulices* "er sendet so viele Grüße, wie in einem Jahr Mücken und Flöhe entstehen". *salutem dicit, quam nemo dinumerare poterit* "er sendet Grüße, die niemand zählen können wird".

Einem heutigen Leser mögen solche phantasiereichen Begrüßungsformen vielleicht etwas übertrieben, aber eher belustigend als anstößig erscheinen. Ein zeitgenössischer Leser aber sollte nach Absicht der wirklichen Verfasser dieser

---

[37] Die Abwegigkeit der üppigen vorhumanistischen *salutationes* und *valedictiones* prangerte der — Klotz natürlich bekannte — Jakob Burckhard, De linguae Latinae in Germania per XVII saecula amplius fatis, ab ipso tempore, quo Romanorum arma et commercia nonnullum eius usum intulerunt, ad nostram usque aetatem commentarii, Hannover 1713, S. 316, so an: *salutem non minus ridicula ratione iis, ad quos litteras dabant, adscribere solebant:* "Quot habet caelum stellas, quot habet mare guttas, tot tibi mitto salutes" [...] *Longe absurdissimas etiam adiiciebant subscriptiones.*
[38] EOV I 2; I 5; I 6; I 7; I 11; I 19; I 20; I 26; I 30; I 31; I 33; I 36; I 39; I 40, s. Bömer, (1924), Bd. 2, S. 9, 13, 15, 16, 22, 36, 37, 47, 52, 54, 57, 63, 68, 69. Solche Grußformen setzen sich in EOV II fort.

Briefe mit Entrüstung gegenüber derartigen Abweichungen von der geforderten klassischen Schlichtheit reagieren.

III Heinrich Bebels Kampf gegen "schlechtes" Latein und die *Epistolae obscurorum virorum*

Heinrich Bebel (1472–1518) in Tübingen, der es als seine Aufgabe ansah, die Deutschen das richtige Latein zu lehren und sie dadurch aus ihrer sprachlichen *barbaries* herauszuführen, war die richtige Form der *salutatio* so wichtig, daß er in seinem vielbeachteten Lehrbuch des guten Stils, in seinen zwischen 1503 und 1516 elfmal mit Erweiterungen gedruckten *Commentaria epistolarum conficiendarum*[39] gleich anfangs seinen Lesern durch eine Kapitelüberschrift einschärfte: *Ad omnes homines scribens dic S. D.* "Wenn du einen Brief schreibst, so schreibe als Gruß immer nur *S*[alutem] *D*[icit]".[40] Bald darauf führte er dies noch näher aus, indem er ihm verfehlt erscheinende Formen der *salutatio* aufführte und kritisierte.

Nicht lange danach folgt nämlich ein Kapitel mit dem Titel *Contra epistolas Caroli.*[41] Dort setzt er sich kritisch mit dem epistolographischen Lehrbuch "eines gewissen Karl" (*cuiusdam Caroli*) auseinander. Es sind die *Formulae epistolarum domini karoli*, die 1476–1500 45mal und auch noch 1502 in Köln gerade unter dem Titel *Epistolae Karoli* gedruckt worden waren. Der Verfasser

---

[39] Georg Wilhelm Zapf, Heinrich Bebel nach seinem Leben und Schriften, Ein Beitrag zur älteren Litteratur und zur Gelehrtengeschichte Schwabens, Augsburg 1802, S. 98–130, beschreibt die Ausgaben. Im folgenden wird zitiert nach: Heinrich Bebel, Commentaria epistolarum conficiendarum [...] haec omnia sunt novissime per auctorem recognita, emendata et in multis locis multisque verbis aucta, Straßburg 1513; dort auf Titelseite datiert Mai 1513, im Kolophon August 1513, bei Zapf Nr. XI. Vgl. zu einem Exemplar dieser Ausgabe (mit einer Abbildung der Titelseite) Walther Ludwig, Die humanistische Bibliothek des "Ernvesten" Wolfgang Schertlin in Esslingen, Esslinger Studien Zeitschrift 34, 1995, S. 23–30, und zu dem Werk allgemein Klaus Graf, Heinrich Bebel (1472–1518) — Wider barbarisches Latein, in: Paul Gerhard Schmidt, Hrsg., Humanismus im deutschen Südwesten, Biographische Profile, Sigmaringen 1993, S. 179–194, hier S. 184f., und besonders Carl Joachim Classen, Zu Bebels Leben und Schriften, Nachrichten der Akademie der Wissenschaften in Göttingen, I. Philologisch–Historische Klasse, Jahrgang 1997, Nr. 1, Göttingen 1997, S. 32–63.

[40] Bebel, wie Anm. 39, Bl. IIII schreibt unter dieser Kapitelüberschrift: *In omnibus igitur epistolis tuis ad quoscunque scribas sit hoc initium Salutem dicit, vel S. D. P. [...] et non appendas stultitiam tuam una cum sui recommendatione vel cum fidelitate serviendi, quod nullus unquam Latinorum fecit.*

[41] Bebel, Bl. XIX–XXVI.

war Karl Menneken/Meyniken, der um die Mitte des 15. Jahrhunderts in Leuven unterrichtete.[42] Sein Text beginnt mit den Worten:[43]

*Epistolarum formulae omni genere scribendi iuxta maiorum nostrorum doctrinam et veram epistolandi artem per dominum Karolum meynigken studii Lovaniensis magistrum multarum scientiarum peritissimum ex epistolis familiaribus Marci Tulli Ciceronis, quem merito eloquentie patrem appellant, et Enee Silvii poete laureati extracte, unicuique exemplorum gratia pernecessarie et quam maxime utiles, incipiunt feliciter.*

Die Briefformen in jeder Schreibart gemäß der Lehre unserer Alten und der wahren Briefschreibekunst, durch Herrn Karl Menneken, den in vielen Wissenschaften äußerst erfahrenen Magister der Universität Leuven, aus den *Epistolae familiares* des Marcus Tullius Cicero, den man mit Recht den Vater der Redekunst nennt, und des gekrönten Dichters Aeneas Silvius ausgezogen, für einen jeden als Beispiele höchst notwendig und überaus nützlich, beginnen hier glücklich.

Menneken beanspruchte also, klassischen und humanistischen Vorbildern zu folgen. Sein Buch enthält jedoch nicht, wie man nun erwarten könnte, exzerpierte Briefe von Cicero und Aeneas Silvius Piccolomini, sondern etwa 315 von ihm selbst geschriebene Musterbriefe, die sich meist recht unterhaltsam mit dem Alltag von Studenten befassen und für deren Formulierung er sich der beiden genannten vorbildlichen Autoren bedient haben will. Gelegentlich zitiert er auch unter Namensnennung Stellen aus Cicero, Seneca und Quintilian, Ovid und Claudian.[44] Menneken galt in seiner Zeit als Humanist, schon in seinem zweiten Brief erscheint der Begriff *studia humanitatis*. Nach 1500 entsprach sein Werk jedoch nicht mehr den unterdessen fortgeschrittenen humanistischen Ansprüchen, und 1522 schrieb Erasmus in *De conscribendis epistolis* über ihn:[45] *Iam apud Italos coeperant reviviscere bonae literae, quum Lovanii magno cum applausu legerentur Epistolae Caroli cuiusdam, qui multis annis moderatus est paedagogium Liliense, quas nunc nemo dignetur sumere in manus.* "Die gute Literatur begann bei den Italienern schon wieder aufzuleben, als in Leuven noch mit großem Beifall die Briefe eines gewissen Karl gele-

---

[42] Vgl. Franz Josef Worstbrock, Viruli (Virulus, Meneken, Mann–, Menn–, Meyn–, –icken), Carolus, Die deutsche Literatur des Mittelalters, Verfasserlexikon, Bd. 10, Berlin 1999, Sp. 389–391, und Classen, wie Anm. 39, S. 41, Anm. 132.
[43] Zitiert nach: (Karl Menneken), Epistole Karoli, Köln: Henricus Quentel 1502 (HAB Wolfenbüttel: 128 Quod. [2]), Bl. Aiir.
[44] S. Menneken, Bl. Aiiv, Fiiiv, Fiiiiv, Fvr und v, Fviv.
[45] Desiderius Erasmus, Opera omnia, hrsg. von Johannes Clericus, Leiden 1703–1706, Bd. 1, Sp. 352.

sen wurden, der viele Jahre hindurch die Lilien–Schule leitete. Heutzutage mag sie niemand mehr in die Hand nehmen."

Wie schon Bebel feststellte, entsprachen die Briefe Mennekens keineswegs den klassischen Normen, und er unterzog sie deshalb einer vernichtenden Kritik. Unter anderem sammelte er aus den einzelnen Briefen die *salutationes* und *valedictiones* und stellte sie auf etwa drei Seiten zusammen.[46] Sie entsprechen in ihrer Art ganz den vorher aus den Dunkelmännerbriefen zitierten, wie ein paar Beispiele aus seiner langen Liste zeigen können:

*immensas perenni favore salutes* "unermeßliche Grüße mit dauerndem Wohlwollen". *salutes ad astra usque ferentes* "bis zu den Sternen bringende Grüße". *salutes aequantes maris arenas* "Grüße, die dem Sand des Meeres gleichkommen". *centenas salutes millesies resumptas* "hunderte von Grüßen tausendfach wiederholt". *subiectionem humillimam loco salutis* "demütigste Unterwerfung an Stelle eines Grußes". *salutes innumeras rosis et violis amoeniores* "zahllose Grüße, die angenehmer sind als Rosen und Veilchen". *salutes plures quam messis aristas* "mehr Grüße als die Ähren der Ernte". *salutes stellis numerosiores* "Grüße zahlreicher als die Sterne".

Bebel stellt zuerst fest, daß er klassisch keine pluralischen *salutes* kenne und greift diese phantasievoll ausgeschmückten Grußformen dann schärfstens an:[47]

*Quam sint rusticae, inelegantes, stultae et barbarae salutationes istae Caroli, quis est tam caecus, qui non videat? Quid aliud facis, o bone Carole, nisi bellum gerere cum lingua Latina? Ubi legisti illas et reliquas paene omnes salutationes, tam insulsas, tam ridiculas, tam barbaras? A te prodeunt, tuae inventiones sunt aeque ab omnibus studiosis cavendae atque venenum publicum.*

Wie bäurisch, unelegant, dumm und barbarisch diese *salutationes* des Carolus sind, wer ist so blind, daß er das nicht sieht? Was machst du anderes, guter Carolus, als mit der lateinischen Sprache Krieg zu führen? Wo hast du sie und fast alle übrigen *salutationes* gelesen, so geschmacklose, so lächerliche und so barbarische? Sie kommen von dir, sie sind deine Erfindungen, von denen sich alle Studierenden ebenso in Acht nehmen müssen wie vor öffentlichem Gift.

Bebel kannte keinen Spaß, wenn man von seinen klassischen Normen abwich. Ebenso wie *salutationes* verurteilte er die *valedictiones* des Carolus:[48]

---

[46] Bebel, wie Anm. 39, Bl. XX–XXIII.
[47] Bebel, Bl. XXv–XXIr.
[48] Bebel, Bl. XXIIIr.

### 3. Der Humanist Ortwin Gratius 591

*Videte, pii lectores, barbari Caroli novam latinitatem. Aeque enim hic atque in salutationibus delirat ineptissime. Vel enim omnibus scriptoribus doctrina praestat et omnium doctissimus est vel omnium ineptissimus. Quosquos enim scriptores, dico probatos, unquam legi, cavent ab istis ineptiis solusque Carolus scribit ea, quae nullus unquam legit vel scripsit. [...] Tu autem in epistolis conficiundis sequere maiores et doctissimos scribasque "vale" tantum vel, si velis, "vale et me commendatum habeas", "vale et me ames".*

Seht, fromme Leser, die neue Latinität des Barbaren Carolus! Denn ebenso wie bei den *salutationes* zeigt er sich auch hier auf törichteste Weise verrückt. Denn entweder übertrifft er alle Autoren an Gelehrsamkeit und ist der gelehrteste von allen, oder er ist der dümmste von allen. Denn alle Autoren, d.h. die anerkannten, die ich jemals las, hüten sich vor solchen Dummheiten, und allein Carolus schreibt das, was keiner jemals las oder schrieb. [...] Du aber folge beim Briefschreiben den Alten und den Gelehrtesten und schreib nur "Leb wohl!" oder wenn du willst "Leb wohl und halte mich empfohlen!", "Leb wohl und liebe mich wie immer!"

Bebels Verdikt unterliegen auch die gelegentlichen Verseinlagen in den Briefen, die er dem *barbasculus Carolus* vorhält[49] und die sich gleichfalls unter anderem in den *salutationes* der Dunkelmännerbriefe finden. Die *salutationes* und *valedictiones* in diesen Briefen sollen als Produkt der völlig törichten und barbarischen Brieflehre des Karl Menneken gelesen werden. Die Autoren der Dunkelmännerbriefe wollen, daß der Leser bei ihnen an Bebels Verdammungsurteil denkt und sie als unhumanistisch erkennt.

Auf die humanistisch verwerflichen *Epistolae Caroli* als Vorbilder der *viri obscuri* wird der Leser gleich im Brief des Petrus Hafenmusius gestoßen.[50] Er schreibt, daß der *magister noster de Geltersheym in bursa montis*, also Valentin von Geltersheim, der 1503 Rektor der Kölner Universität war, ihm einst gesagt habe: *tu debes bene advertere in partibus Alexandri et epistolis Caroli, quae practicantur in aula Grammaticorum* "du mußt gut aufpassen bei den Teilen des Alexander und den Briefen des Karl, die im Grammatikunterricht behandelt werden". Menneken steht an der Seite des vielgeschmähten, aber immer noch als Lehrbuchautor benützten Alexander de Villa Dei. Daß in Köln noch nach 1502 nach den *Epistolae Caroli* unterrichtet wurde, ist nach der Kölner Ausgabe des Buches in diesem Jahr zu vermuten. Es ist also möglich, daß Kölner Studenten von seiner Schreibweise beeinflußt waren. Die in den Dunkelmännerbriefen gebrauchten *salutationes* könnten tatsächlich Wendungen ka-

---
[49] Bebel, Bl. XXIIIr.
[50] EOV I 7, s. Bömer, wie Anm. 23, Bd. 2, S. 16f.

rikieren, die bei Kölner Studenten vorkamen, auch wenn Gratius in den Briefen nicht direkt mit den *Epistolae Caroli* in Verbindung gebracht wird. Gratius selbst hatte im übrigen bereits 1508 erkennen lassen, daß er Bebel schätzte. Er zitierte damals Bebels Lob des Albertus Magnus aus einem in den *Commentaria epistolarum conficiendarum* enthaltenen Gedicht.[51]

Die Autoren der Dunkelmännerbriefe gebrauchten die *salutationes* im Stil des Carolus vor allem, weil sie von Bebel als unhumanistisch verurteilt worden waren. Sie nahmen dabei in Kauf, daß sie damit eigentlich widersprüchliche Stilelemente in den Briefen verbanden, deren fiktive Schreiber einerseits im Lateinischen noch so ungebildet waren, daß sie in primitiver Anfängermanier das Deutsche direkt ins Lateinische umsetzten, ohne die klassische Sprachstruktur zu beachten, und die andererseits in ihrem Lateinstudium doch so weit vorgedrungen waren, daß sie das epistolographische Lehrbuch des Carolus durchgearbeitet hatten und anwendeten, ein Lehrbuch, das jetzt zwar der humanistischen Verdammung anheimgefallen war, aber als beliebtes frühhumanistisches Unterrichtswerk bereits Anschluß an die klassische Latinität gesucht und deutsch–lateinischen Transformationen wie *multum teneo de tali libro* weit hinter sich gelassen hatte. Ebenso standen ja die Elemente der scholastischen Sprache mit diesem Anfängerlatein im Widerspruch.

Eine Bestätigung für die Annahme, daß die Autoren der Dunkelmännerbriefe speziell die Kritik Bebels an den *Epistolae Caroli* vor Augen hatten, gibt eine Stelle im zweiten Buch der Briefe.[52] Dort beklagt sich Albertus Strunck über die Hitze in Rom. Es sei da eine große Mühe, Briefe zu schreiben (*magnus labor facere dictaminas*), zumal man nicht nur auf die *bona congruitas*, "die richtige Kongruenz der Deklinations– und Konjugationsformen", sondern auch auf den *ornatus*, "den stilistischen Schmuck", achten müsse "gemäß den zwanzig Regeln für den guten Stil und den Brieflehren des Pontius und des Paulus Niavis, der Lehrer in Leipzig war" (*secundum viginti praecepta Elegantiarum et modum Epistolandi Pontij vel Pauli Niavis, qui fuit magister Lipsiensis*). Ulrich von Hutten, der Autor dieses Briefes, variierte hier die Passage in dem von Crotus Rubeanus verfaßten Brief des Petrus Hafenmusius, in dem gleichfalls Vertreter der *antiqua Grammatica*, darunter auch das *Epistolare magistri Pauli Niavis* aufgeführt worden waren. Seine Nennung behielt Hutten bei, die dortigen *epistolae Caroli* aber ersetzte er variierend durch den *modus epistolandi Pontij*.

---

[51] Bebel, Bl. XXXv, Ortwin Gratius, Orationes quodlibeticae, Köln 1508, Bl. E1 (zitiert von Jacques Chomarat, Les hommes obscurs et la poésie, in: L'Humanisme Allemand (1480–1540), XVIIe Colloque International de Tours, München 1979, S. 262–283, hier S. 267 mit Anm. 89).

[52] EOV II 31, s. Bömer, Bd. 2, S. 145 f.

## 3. DER HUMANIST ORTWIN GRATIUS

Die Form dieser Nennung beweist, daß Hutten hier nicht die nur einmal — 1486 — ohne Ortsangabe (vermutlich in Straßburg) gedruckte *Rethorica Poncij* [sic] vor Augen hatte,[53] sondern die Aburteilung dieses epistolographischen Lehrbuchs durch Bebel. Der einige Detektivarbeit erfordernde Nachweis ist wichtig, da dadurch die Benützung der *Commentaria epistolarum conficiendarum* Bebels durch die Verfasser der Dunkelmännerbriefe unzweifelhaft wird.

Das 22 Quartblätter umfassende Werk hatte mit seiner einmaligen Auflage nur eine geringe Verbreitung und wurde vielen Humanisten wohl erst durch Bebels Kritik an ihm bekannt. Es erscheint in keiner der humanistischen Listen verfemter unhumanistischer Autoren[54] außer eben bei Bebel und in den Dunkelmännerbriefen.

Die kleine Schrift gehört zu den spätmittelalterlichen *artes dictaminis*. Der Verfasser wird in ihm nur als Magister Poncius bezeichnet.[55] Sein Lebensraum und seine Lebenszeit lassen sich mit Hilfe der in die musterhaften Briefpassa-

---

[53] Rethorica Poncii. Copia latinitatis. Epistole Bruti et Cratis. De arte notariatus (o.O.) 1486. Für Nachweise s. Hain–Copinger *13255, PBN 140, 556, BLC 262, 276 (mit der fehlerhaften hypothetischen Zuschreibung der Ausgabe an den Druckort Venedig), Goff P 914 (Provenienz des Exemplars: Petrus Berckenmayer OSB Augsburg 1496, Benediktinerabtei SS. Ulrich & Afra, Augsburg), Bayerische Staatsbibliothek, Inkunabelkatalog Bd. 4, Wiesbaden 1998, S. 442, Ilona Hubay, Incunabula der Staats– und Stadtbibliothek Augsburg, Wiesbaden 1974, S. 391, Vera Sack, Die Inkunabeln der Universitätsbibliothek und anderer öffentlicher Sammlungen in Freiburg im Breisgau und Umgebung, T. 2, Wiesbaden 1985, S. 1004 (Provenienz des Exemplars der UB Freiburg Ink D 4083, i: Collegium Sapientiae in Freiburg [Exlibris von 1756]; dieses Exemplar wurde von mir in einer Kopie benützt), Catalogues Régionaux des Incunables des Bibliothèques Publiques de France 13,2, Region Alsace, Paris 1998, S. 654.

[54] Vgl. z.B. M. A. Nauwelaerts, Grammatici, Summularii et autres auteurs réprouves: Érasme et ses contemporains à la remorque de Valla, in: Paedagogica Historica 13,1, 1973, S. 471–485, und Classen, wie Anm. 39. Selbst Bebel, wie Anm. 39, Bl. XXVIIIv, nennt Poncius/Pontius und ebenso Carolus nicht in der Liste der *Auctores taxati*, die er vor seine *Commentaria de abusione linguae Latinae apud Germanos* stellt (s. dazu Classen S. 44), sondern nur in den vor diese gestellten Schriften *Contra epistolandi modos Pontij et aliorum* und *Contra epistolas Caroli*.

[55] Fidel Rädle, Poncius (Sponcius) Provincialis, Lexikon des Mittelalters Bd. 7, München 1995, S. 91, identifizierte diesen Poncius irrtümlich mit einem um die Mitte des 13. Jahrhunderts lebenden gleichnamigen "Repräsentanten der ars dictaminis der Schule von Orléans", zog diese Identifizierung aber am 21.3. 2001 brieflich gegenüber dem Verfasser zurück. Classen, wie Anm. 39, S. 40, Anm. 128, hatte widersprochen und in Anm. 122 eine Entstehungszeit der Rhetorik zur Zeit Bebels angenommen. Poncius wird nicht erwähnt in den einschlägigen Personalexika (Jöcher, ADB, Die deutsche Literatur des Mittelalters — Verfasserlexikon, Index Biographique Français, München 1998, Édouard Sitzmann, Dictionaire de Biographies des hommes célèbres de l'Alsace, Nachdruck Paris 1973).

gen eingestreuten Orts- und Personennennungen erschließen. Als erster Ort erscheint in ihnen Schlettstadt (insgesamt 2x), sodann Straßburg (2x, dazu einmal das Bistum Straßburg) und weiter Sultz (es gab mehrere Orte dieses Namens, eines liegt im Elsaß, ein anderes am Neckar), Ulm, Heidelberg (als Residenz der Pfalzgrafen bei Rhein), Basel (als Studienort, 6x), Paris (als Studienort), Köln (als juristischer Studienort 2x) und Böhmen (gemeint ist hier Prag als Studienort).[56] An Personen werden die Kaiser Friedrich III. (erste Personennennung, insgesamt 2x) und Albrecht II. (1x), die Päpste Nikolaus V. (2x) und Pius II. (3x) sowie die Straßburger Bischöfe Rupprecht (1440–1478, 4x) und Albrecht von Bayern (1478–1506, 1x) genannt,[57] außerdem werden mehrere geistliche und weltliche, vor allem süd- und westdeutsche Fürsten aus dem 15. Jahrhundert erwähnt.[58]

Das Werk wurde in der vorliegenden Form also zwischen 1478 (dem Amtsantritt des Straßburger Bischofs Albrecht von Bayern) und 1486 (dem Druckjahr) verfaßt, und zwar von einem nicht mehr jungen Mann (dafür sprechen die zahlreichen Nennungen von Fürsten aus der ersten Hälfte des 15. Jahrhunderts), der wohl in Schlettstadt, sicher innerhalb des Bistums Straßburg beheimatet oder ansässig war und vermutlich dort unterrichtete (dafür spricht, daß Schlettstadt und Straßburg innerhalb der Briefe die zuerst erscheinenden Ortsnamen sind und er selbst im Kolophon als Magister Poncius bezeichnet wird). Er läßt sich bisher in Schlettstadt leider nicht archivalisch nachweisen. Vermutlich gehörte er aber der dort im 15. und 16. Jahrhundert belegten Familie Brucker an.[59] Er scheint einen gewissen Kontakt zur Universität Basel

---

[56] Poncius, wie Anm. 53, Bl. 4v, 5r, 5v, 6r, 7v, 14v, 15v, 16v, 17v, 18r, 19v.
[57] Poncius, Bl. 5v, 6r, 6v, 7r, 7v, 11v, 16v.
[58] Identifizierbar sind in Poncius, Bl. 8r: König Sigismund von Ungarn (1387–1437), Bl. 6v: Herzog Wilhelm von Österreich († 1406), Bl. 7r und 11v: Herzog Albrecht VI. von Österreich († 1463), Bl. 7r: Herzog Friedrich II. von Sachsen (1428–1464), Bl. 6r: Herzog Wilhelm III. von Bayern (1397–1435), Bl. 11r und 16v: Herzog Ludwig IX. von Bayern (1450–1479), Bl. 6v: Pfalzgraf Friedrich I. bei Rhein (1451–1476), Bl. 6v und 11r: Landgraf Ludwig II. oder III. von Hessen (1458–1471 bzw. 1474–1478), Bl. 6v: Erzbischof Dietrich von Mainz (Dietrich von Erbach 1434–1459 oder eher Dietrich von Isenburg–Büdingen 1459–63, 1475–78), Bl. 6v: Erzbischof Friedrich von Köln (1370–1414).
[59] In: Joseph Gény, Elsässische Stadtrechte, I Schlettstadter Stadtrechte, Heidelberg 1902 (Oberrheinische Stadtrechte, 3. Abt.), S. 518, wird aus Schlettstadter Stadtrechnungen 1436–1437 genannt Thenie Brucker "seldener worden", S. 614 für 1406 "Bruckers des schuchsters wip", S. 636 für 1418 "Hans Brucker von Louffenberg". S. 639 ist für 1437 "Brucker der junge" jeweils in Schlettstadt erwähnt, S. 685 ist 1577 "Batt Brucker" als Mitglied des Gemeinen Rats in Schlettstadt genannt. In: Joseph Gény, Die Reichsstadt Schlettstadt und ihr Antheil an den socialpolitischen und religiösen Bewegungen der Jahre 1490–1536, Freiburg im Breisgau 1900 (Erläuterungen und Ergänzungen zu Janssens Geschichte des deutschen Volkes 1, 5–6), S. 588 und 591, erscheint ein Schlettstädter Bürger Lorenz Brucker während des Bauernkrieges. Ich danke diese Angaben Hubert Meyer, Con-

## 3. DER HUMANIST ORTWIN GRATIUS 595

gehabt zu haben. Basel war angesichts der häufigen Nennungen offenbar der nächstgelegene Studienort. Es kommt jedoch keine der dortigen seit 1460 verzeichneten Immatrikulationen für Poncius selbst in Frage.[60] Bei Gründung der Universität war er für eine Immatrikulation in Basel vermutlich schon zu alt. Vielleicht hat er in Paris studiert.

Bebel hat diese Schrift am Anfang seiner *Commentaria epistolarum conficiendarum* einer beißenden Kritik unterzogen, indem er fortlaufend anstößige Stellen zitierte und kommentierte. Die *Commentaria epistolarum conficiendarum* erwähnen sie auf der den Inhalt anzeigenden Titelseite, und zwar in dieser Form:

*Contra epistolandi modos Pontij, & aliorum.*
*Contra epistolas Caroli.*
*Commentaria de abusione linguae latinae apud Germanos,*
*& de proprietate eiusdem.*[61]

Die entsprechende Kapitelüberschrift lautet dann später: *Commentaria contra modum epistolandi Pontij*, und Bebel beginnt dieses Kapitel mit den Worten: *Rethorica* [ed. 1513: *Retorica*] *Pontij vel alterius grammatistae, qui se hoc nomine inscripsit — Rhetorica scribendum est per rh & t sine aspiratione — circa modum dictandi* "Die Rhetorik des Pontius oder eines anderen Grammatiklehrers, der sich so bezeichnete — Rhetorik ist mit 'Rh' und nicht mit 'th' zu schreiben — über das Schreiben von Briefen".[62] Hiermit zitiert und korrigiert er den auf der Titelseite (*Rethorica Poncij*) und im Kolophon (*Explicit modus dictandi Magistri Poncii etc. Anno dni. M.cccc.lxxxvi.*) stehenden Titel des Werkes. Die Bebelsche von dem Werktitel abweichende Formulierung *contra modum epistolandi Pontij* ist verursacht durch das anschließend an Pontius besprochene, auf der Titelseite nicht namentlich aufgeführte Werk von Paulus Lescher, das in einer Nürnberger Ausgabe um 1487 tatsächlich den Titel *Modus epistolandi* trägt.[63] Bebel überschrieb sein Kapitel darüber dann: *Contra Paulum Lescheri-*

---

servateur der Bibliothèque Humaniste, der Bibliothèque Municipale und des Archivs der Stadt Selestat (Brief vom 24.4. 2001), der keine Angaben zu dem Magister Poncius in Schlettstadt machen konnte. Auch befindet sich die Schrift des Poncius nicht in der Bibliothek des Beatus Rhenanus.
[60] Der 1482 immatrikulierte Georg Brucker aus Hagenau, Baccalaureus 1486, scheidet zeitlich aus.
[61] Bebel, wie Anm. 39, Bl. Air. Nach Zapf, wie Anm. 39, war dies der gesamte Untertitel der Erstausgabe von 1503, der seit der Ausgabe von 1506 Erweiterungen erfuhr.
[62] Bebel, Bl. VIIr. Die ungewöhnliche Schreibweise des Titels bei Poncius führte in der *Commentaria*–Ausgabe von 1513 zu dem Druckfehler *Retorica*. Daß Bebel die originale Titelform *Rethorica* zitierte, beweist seine anschließende orthographische Belehrung.
[63] S. Classen, wie Anm. 39, S. 39, Anm. 125.

*um qui composuit modum epistolandi.*[64] Am Anfang seines Werkes hatte er die von ihm kritisierten Unterrichtswerke so zusammengefaßt und beurteilt:[65]

> *Cum homo ad hominis utilitatem natus sit, ut Stoicis placet, [...] misertus sum quorundam scholasticorum, qui per avia et indoctorum nemora aberrantes recti itineris ducem non invenerunt; illis ego venio auxilium pro virili parte mea laturus. Legimus enim nuper quosdam modos, ut ipsi dicunt, epistolandi Pauli Lescherij, Ioannis Boridae, Pontij cuiusdam et Mennellij, a quorum doctrina adeo abhorreo, ut nihil magis existimem adolescentibus nocere quam horum praeceptiones, cum maxime inhaerere soleant et pene indelibilia esse, quae in tenera aetate discuntur.*

> Da der Mensch zum Nutzen des Menschen geboren ist, wie die Stoiker behaupten, [...] erbarmte ich mich gewisser Schüler, die durch unwegsames Gelände und die Wälder der Ungelehrten auf Abwege gerieten und einen Führer für den richtigen Weg nicht fanden. Ihnen komme ich nach meinen Kräften zu Hilfe. Ich las nämlich neulich gewisse *Modi epistolandi*, wie die Autoren selbst sie nennen, des Paul Lescher, Johannes Borida, eines gewissen Pontius und eines Menneken, vor deren Lehre mir so schaudert, daß ich glaube, daß nichts den jungen Leuten mehr schadet als deren Lehren, da am meisten festzusitzen und beinahe unzerstörbar zu sein pflegt, was im jugendlichen Alter gelernt wird.

Auf diesem Weg gelangte somit speziell Bebel dazu, die *Rethorica* bzw. den *modus dictandi Poncij* als *modus epistolandi Pontij* zu bezeichnen. Die Form der Nennung des Pontius bei Hutten (*modum Epistolandi Pontij*) beweist also unzweifelhaft, daß Hutten das Werk nicht im Original, sondern nur durch Bebels Kritik kannte. Die Analogie stützt die Annahme, daß die Form der *salutationes* und *valedictiones* in den Dunkelmännerbriefen an Bebels Kritik an den *Epistolae Caroli* denken lassen sollte.

Diese Bedeutung Bebels für die Dunkelmännerbriefe war bisher unbekannt.[66] Bebel wird im zweiten Buch der Briefe — von Hutten — zwar zweimal genannt, tritt aber nicht besonders hervor. Im Reisebericht des Magister Philippus Schlauraff wird er unter den Tübinger Bundesgenossen Reuchlins kurz erwähnt,[67] und Iodocus Sartoris gibt an, er habe nach der sehr genauen Vers-

---

[64] Bebel, Bl. XVIr.
[65] Bebel, Bl. Ir.
[66] Judith Rice Henderson, Erasmus on the art of letter–writing, in: James Jerome Murphy, Hrsg., Renaissance Eloquence, Studies in the Theory and Practice of Renaissance Rhetorique, Los Angeles–London 1983, S. 331–355, sah die Übereinstimmung gewisser von den *viri obscuri* geschätzter und von Bebel kritisierter Autoren, erkannte aber nicht die direkte Abhängigkeit der Autoren der Dunkelmännerbriefe von Bebel.
[67] EOV II 9, s. Bömer, wie Anm. 23, Bd. 2, S. 107.

lehre Bebels (*ex Arte metrificandi Bebelii, quae est multum subtilis*), ein "Versgedicht" (*carmen metricum*) verfaßt, das eine "Elegie" (*elegiacum*) sei wie das erste Gedicht in der *Consolatio Philosophiae* des Boethius.[68] Aber sein mißglücktes achtzeiliges Produkt zeigt, daß er weder die von ihm auch noch falsch zitierte *Ars versificandi et carminum condendorum* Bebels, die damals das führende metrische Lehrbuch in Deutschland war,[69] noch das elegische Gedicht des Boethius richtig verstanden hat.

Die Bedeutung Bebels für die Dunkelmännerbriefe beschränkt sich jedoch nicht auf diese Stellen und die soeben nachgewiesenen, Carolus und Pontius betreffenden Bezüge. Liest man die *Commentaria epistolarum conficiendarum*, so fällt auf, daß Bebel sich hier sehr emotional gegen die von ihm kritisierten Autoren wendet. Sein Sprachrohr ist eine von ihm *Philologus* genannte Figur, die sich in Dialogform gegen die ihren Texten entnommenen Äußerungen des *Pontius, Paulus Lescherius, Ioannes Borida* und *Carolus* wendet. In immer neuen Wendungen und mit vielen Wiederholungen beschimpft er sie als *barbari* und *barbasculi*, als *indocti, pueri* und *hostes linguae Latinae*. Ihr "Küchenlatein und ihre gotische und durchaus barbarische Redeweise" (*dictiones popinariae et gotthicae planeque barbarae*) werden von ihm gegeißelt. Ihre "barbarischen, ungepflegten und armseligen Reden" (*barbasculae, squalentes et ieiunae orationes*) werden von ihm angeprangert. Alle ihre Texte (*orationes*) sind "verlottert, bäurisch, ungepflegt, wie ein Fleckenteppich, äußerst vulgär und nur für Küchen, Kneipen und Gassengeschwätz geschrieben" (*detritae, rusticae, squalentes, laciniosae, vulgatissimae et nonnisi popinis meritoriisque tabernis et nugalibus triviis scriptae*). Er wirft seinen Feinden "Wahnsinn" und "Dummheit" (*deliramenta* und *ineptias*), ja eine "Verschwörung zum Untergang der lateinischen Sprache" vor (*conspirasti in Latinae linguae interitum*).[70] Eben diesem Feindbild entsprechen die barbarischen *viri obscuri* der Briefe. Sozusagen als Schüler von Leuten wie Carolus und Pontius verfallen sie dem gleichen Verdikt. Ihr Sprachstil ist eine Demonstration dessen, was Bebel in der Maske des Philologus so erbittert attackiert. Indem die Verfasser der Dunkelmännerbriefe einen solchen Sprachstil komponierten und ihn dem Gratius–Kreis zuschrieben,

---

[68] EOV II 11, s. Bömer, Bd. 2, S. 111f.
[69] Die *Ars* Bebels erschien seit 1506 mehrfach in Verbindung mit der lateinischen Grammatik seines Schülers Jakob Heinrichmann. Vgl. Grammatice institutiones Iacobi Henrichmanni Sindelfingensis castigatae denuo atque diligenter elaboratae. Ars condendorum carminum Henrici Bebelii Iustigensis poetae laureati. Syllabarum quantitates. Racemationes et exquisitiores observationes eiusdem. Invenies hic studiose lector Henrici Bebelii carminum artem emendatam et auctam quibusdam in locis, ex qua priorem a nobis editam castiges velim, Straßburg: Johannes Prüß 1509, Bl. CIIf., *De carminis elegiaci nominibus* und *De eius compositione et decoro*.
[70] Vgl. Bebel, wie Anm. 39, Bl. I–XXVI.

machten sie aus diesem die verächtliche und lächerliche Gruppe, von der sich alle Humanisten nur schaudernd abwenden konnten. Die humanistische Ideologie Bebels zeigte ein Feindbild, das von den Erfurter Humanisten mit Leben erfüllt und mit dem Gratius–Kreis identifiziert wurde.

Bebel sah sich mit seinen Bemühungen um die Restitution der klassischen Sprache in der Tradition Lorenzo Vallas und wollte für die Deutschen das leisten, was Valla für die Italiener geleistet hatte.[71] Nach der Kritik an den *modi epistolandi* gibt er in seinen *Commentaria* vor allem lexikalische Beobachtungen, indem er im zeitgenössischen Latein der Deutschen verwendete Worte als überhaupt oder in der gebrauchten Bedeutung als klassisch unbelegt bezeichnet und dann vielleicht sogar als barbarisch und gotisch brandmarkt oder aber möglicherweise zu beanstandende Worte durch ein seltenes klassisches oder auch noch spätantikes Vorkommen doch noch legitimiert (eine Beschränkung auf Cicero war ihm fremd).[72] In den Dunkelmännerbriefen finden sich nicht wenige der von Bebel kritisierten Worte. Seine lexikalischen Bemerkungen

---

[71] In Bebel, Bl. CXXXVIv, macht er sein Verhältnis zu Valla, auf den er sich mehrfach beruft, besonders deutlich: [...] *ille classicus scriptor plus veteribus quam recentioribus comparandus, nos proletarii vel vix inter studiosorum ordines referendi. Attamen sicut ipse apud Italos primos exoticum forensemque et vulgarem sermonem commercio quodam Gotthorum, Vandalorum, Langobardorum Hunorumque et aliorum corruptum et inquinatum defecavit atque in pristinum statum restituit, sic nos apud Germanos Latinum interdum cum vernacula commixtum et peregrinarum vocum mixtura magna ex parte adulteratum ea, qua potuimus, diligentia repurgare et in antiquam faciem instaurare sumus aggressi* "er ist ein klassischer Autor und mehr den Alten als den Modernen zu vergleichen, wir sind Proletarier und kaum in die Klassen der Gelehrten einzureihen [Bebel bedient sich des Vokabulars und der Metaphorik der berühmten Stelle bei Gellius N. A. 19, 8, 15]. Aber wie er selbst bei den Italienern zuerst die ausländische und auf dem Markt gebräuchliche und vulgäre Sprache, die durch einen gewissen Verkehr mit Goten, Vandalen, Langobarden, Hunnen und anderen verdorben und beschmutzt worden war, wieder säuberte und in ihren alten Zustand zurücksetzte, so haben wir es bei den Deutschen unternommen, das Latein, das bisweilen mit unserer Volkssprache vermischt und durch die Einmischung fremder Worte zu einem großen Teil verfälscht worden war, mit der uns zu Gebote stehenden Sorgfalt wieder zu reinigen und in sein altes Aussehen zu versetzen". Vgl. zu Valla jetzt Wolfram Ax, Lorenzo Valla (1407–1457), Elegantiarum linguae Latinae libri sex (1449), in: ders., Hrsg., Von Eleganz und Barbarei, Lateinische Grammatik und Stilistik in Renaissance und Barock, Hannover 2001 (Wolfenbütteler Forschungen 95), S. 29–58.

[72] Das *Registrum* bzw. der *Index commentariorum*, der seit 1510 den Ausgaben der *Commentaria* beigegeben wurde, umfaßt über 3.700 Lemmata. Bebel, Bl. XXVIIv–XXVIIIv, führt vor seinen *Commentaria de abusione linguae Latinae apud Germanos* die für ihn vorbildhaften über 100 antiken und 27 humanistischen Autoren auf; s. Classen, wie Anm. 39, S. 43. An erster Stelle der Humanisten steht Laurentius Valla. Zu dem gleichfalls genannten Nicolaus Perottus vgl. jetzt Franz Josef Worstbrock, Niccolò Perottis Rudimenta grammatices. Über Konzeption und Methode einer humanistischen Grammatik, in: Ax, wie Anm. 71, S. 59–78.

## 3. DER HUMANIST ORTWIN GRATIUS

können in diesen Fällen sozusagen als humanistischer Kommentar zu ihnen dienen. Die Verfasser der Dunkelmännerbriefe werden die Worte in aller Regel aber nicht aus Bebel, sondern aus der ihnen bekannten zeitgenössischen Praxis genommen haben.

Gelegentlich bezogen sie sich aber vielleicht direkt auf eine Aussage Bebels, so als Magister Philippus Sculptoris schreibt:[73] *Ego nuper realiter expedivi unum, qui dixit, quod scholaris non significat personam, qui vadit ad scholas discendi causa, et dixi "Asine, tu vis corrigere Doctorem sanctum, qui ponit istam dictionem?" Postea [...] dixit, quod non sum grammaticus bonus, quia non recte exposui ista vocabula, quando practicavi in prima parte Alexandri et in libro de modis significandi* "Neulich habe ich es wirklich einem besorgt, der sagte, daß *scholaris* keine Person bezeichnet, die zur Schule geht, um zu lernen, und habe zu ihm gesagt: 'Du Esel, willst du denn den heiligen Doctor [Thomas von Aquin] korrigieren, der diese Bezeichnung festgelegt hat?' Später [...] sagte er, daß ich kein guter Grammatiker bin, weil ich die Worte nicht richtig erklärt habe, als ich den ersten Teil des Alexander und das Buch *De modis significandi* behandelte".[74] Bebel beanstandete bereits in seiner Kritik des Pontius dessen unklassischen Gebrauch von *scholaris* mit den genau entsprechenden Worten:[75] *Scholaris [...] dicitur res pertinens ad scholas, sicut libri, calamarium et similia, homo autem qui disciplinae discendae gratia intrat scholas, scholasticus dicitur, ut alio loco dicemus. Et non dicitur scholasticus, ut apud indoctos, rector scholae* "*scholaris* wird eine Sache genannt, die zur Schule gehört, wie Bücher, Schreibutensilien und dergleichen, ein Mensch aber, der um zu lernen in die Schule geht, wird *scholasticus* genannt, wie wir an anderem Ort ausführen werden. Und *scholasticus* heißt nicht wie bei den Ungebildeten der Leiter einer Schule". In seiner späteren Behandlung innerhalb von *De abusione linguae La-*

---

[73] EOV I 25, Bömer, wie Anm. 23, Bd. 2, S. 45.
[74] Der *liber de modis significandi* wurde von Bömer, Bd. 1, S. 147 mit einem unter anderem 1491 gedruckten gleichnamigen Werk von Duns Scotus identifiziert. Vielleicht ist hier jedoch kein bestimmtes Werk dieses Titels gemeint, sondern der Typus einer Schriftgattung, gegen den sich der humanistische Zorn richtete oder der Michael Modista, der als Prototyp dieser Gattung angegriffen wurde und bei Erasmus, wie Anm. 45, Bd. 1, Sp. 892, im Gefolge der *Barbaries* und ebd., Bd. 9, Sp. 1700f., zusammen mit Autoren wie Alexander de Villa Dei erscheint (= Opera omnia I 1, Amsterdam 1969, S. 58, 61). Zuvor hatte sich Alexander Hegius in seiner 1503 postum in Deventer gedruckten *Invectiva in modos significandi* gegen die *Modi significandi singularium partium orationis seu Summa modorum significandi* des Michael de Morbosio/Morbasio vom Ende des 13. Jahrhunderts gewandt. S. Jozef IJsewijn, Alexander Hegius († 1498): Invectiva in modos significandi, Text, Introduction and Notes, Forum for Modern Language Studies 7, 1971, S. 299–318.
[75] Bebel, wie Anm. 39, Bl. IXv.

*tinae* wird dieser Gebrauch von *scholaris* dann noch einmal ausführlich unter Heranziehung antiker Stellen erörtert.[76]

Auch wird man bei dem ständigen Gebrauch der Anrede *Venerabilis domine magister* durch die *viri obscuri* leicht daran erinnert, daß Bebel seinen Pontius kritisierte, wenn er das Epitheton *venerabilis* bei Anreden an Erzbischöfe, Patriarchen, Bischöfe und Äbte empfahl. Bebel wies ihn mit einer umfangreichen Erörterung des klassischen Gebrauchs von *venerabilis* zurecht. Dieses Epitheton komme zunächst nur Kaisern und Päpsten zu, dann auch Menschen von großer Heiligkeit und hohem Alter oder Frauen von hohem Rang. *At nunquam legi in titulis inscripticiis illarum personarum. Cedat hic plebeia germanorum literatorum cohors, quae praedictas dictiones lege quadam tantummodo artium magistris attribuit, quod, si fieri potest, apud doctiores tamen nunquam legi; habent enim alios titulos magis proprios, quibus commendantur a scientia, in qua excellunt, vel a moribus* "Doch niemals las ich *venerabilis* in überschriftlichen Titeln dieser Personen. Abziehen soll die plebeische Truppe der schlechten deutschen Grammatiker, die die vorgenannten Bezeichnungen gesetzmäßig nur den Meistern der freien Künste zuteilten, was ich, auch wenn es geschehen kann, bei gelehrteren Autoren jedoch nie gelesen habe; denn sie haben viele andere ihnen eigentümlichere Titel, durch die sie von der Wissenschaft, in der sie herausragen, oder von ihren Sitten her empfohlen werden".[77]

Im übrigen finden sich in den Dunkelmännerbriefen immer wieder Worte, bei denen die wirklichen Verfasser offenbar wußten, daß die fiktiven Schreiber damit gegen den klassischen Gebrauch verstießen. Es ist zu vermuten, daß Bebel hier häufig ihr Bewußtsein geschärft hatte. So verwenden sie mehrfach *compilare* im Sinn von *componere*,[78] was Bebel beanstandet hatte,[79] während es der zeitgenössische Lexikograph Ambrosius Calepinus zuließ.[80] Ferner schreiben sie *glossare* mit nur einem *s*,[81] was Bebel als falsche Orthographie kritisiert hatte,[82] und verwenden unklassische Substantive wie *guerra, ribaldus* und *tru-*

---

[76] Bebel, Bl. LXXXXIVv–LXXXXVr.
[77] Bebel, Bl. VIIIr–v. Für das richtige Verständnis von *grammaticus, grammatista, literatus* und *literator* bei Bebel ist seine Erklärung auf Bl. LXXIr–v entscheidend: *Grammaticus et grammatista differunt sicut literatus et literator. Grammaticus enim Graece, Latine literatus dicitur, qui est absolute et perfecte doctus, sed grammatista Graece et literator Latine dicitur, mediocriter et imperfecte doctus.*
[78] EOV I 11, 24, II 33.
[79] Bebel, wie Anm. 39, Bl. LXr: *nostri autem compilare pro componere accipiunt.*
[80] Ambrosius Calepinus, Dictionarium, zuerst Mailand 1502, hier Hagenau 1522, Bl. XCIIIIr: *Interdum compilare est cogere et in unum condere.*
[81] EOV I 33: *glosavi.*
[82] Bebel, wie Anm. 39, Bl. LXXIr: *Glossa duplici ss scribitur non simplici, ut apud nostros.*

*fator* und unklassische Verben wie *latinisare* und *zechare*[83] im Gegensatz zu den ausdrücklichen Hinweisen Bebels,[84] der auch die unklassische Verwendung von *metra* im Sinne von "Gedichten" beanstandet hatte[85] und gegen die unklassische Kombination einer Präposition mit einem temporalen Adverb ebenso eingeschritten war[86] wie gegen das unklassische Adverb *totaliter*.[87] Vermutlich hatten die *Commentaria epistolarum conficiendarum*, die sich als ein wichtiges Element in der ideologischen Konstitution der *Epistolae obscurorum virorum* und als ein präsenter Hintergrund bei ihrer Gestaltung erwiesen haben, sogar einen Anteil an der Erfindung dieses schnell berühmt gewordenen Buchtitels, der natürlich mit Recht als eine Kontraposition zu den *Epistolae clarorum virorum* an Reuchlin betrachtet wird. Man hat *obscurus* bisher als den gegebenen Gegensatz zu *clarus* angesehen, aber keine spezifische antike Parallele für eine Gruppe von *viri obscuri* namhaft gemacht. Und Calepinus erklärt *obscurus* als *latens, absconditus et sine lumine* und fügt unter Zitierung von Cicero De Off. 1, 32, 116 *obscuris orti [maioribus]* hinzu: *capitur quandoque obscurum pro ignobili*,[88] was allgemein zutreffend ist, aber dem Gebrauch im Buchtitel nicht sehr nahesteht. Anders verhält es sich mit einer Stelle bei Bebel.

Dieser beschreibt und begründet am Anfang seiner *Commentaria* in einem an Herzog Ulrich von Württemberg gerichteten Widmungsbrief sein Vorgehen folgendermaßen:[89]

> *Scripsi igitur contra vulgares quosdam modos, ut ipsi loquuntur, epistolandi cuiusdam, qui se Pontium inscripsit, et aliorum, quorum hallucinationes adeo vulgatae sunt et tanto in precio habitae apud quosdam Germaniae literatores, ut non dubitent quidam ad illarum exemplar nova quaedam deliramenta cudere, ut omnino necessarium existimem illorum errores in*

---

[83] EOV I 11: *multas rixas et guerras*, I 10: *quidam ribaldus [...] contra istum trufatorem*, I 31: *scit bene latinisare*, I 33 *quaerere et zechare*.

[84] Bebel, Bl. LIIIr: *bellum latine dicitur, sed guerra vel briga barbare*, Bl. XCIIIr: *Ribaldus et leccator, item truffator non sunt latina vocabula, sed barbara et gotthica*, Bl. XLVr: *De quibusdam verbis barbaris, quae sunt in usu nostrorum. Haec verba zechare, [...] latinisare, [...] verba sunt penitus barbara et gotthica nec digna, quae in Latini sermonis campo admittantur*.

[85] EOV I 14: *scripsit etiam metra*. Vgl. Bebel, wie Anm. 39, Bl. LXXXv: *Metrum igitur nihil aliud est quam mensura [...] doctiores igitur libentius pro metris dicunt versus, carmina, numeros*.

[86] EOV I 28: *ego pronunc contuli me*. Vgl. Bebel, Bl. XLVv: *Praepositio non potest adiungi adverbio. [...] extunc, apost, pronunc, protunc*.

[87] EOV I 24: *totaliter caecus*. Vgl. Bebel, Bl. XCVIIIr: *Totaliter ego nunquam legi apud probatos auctores*.

[88] Calepinus, wie Anm. 80, Bl. CCLXXXIIv.

[89] Bebel, Bl. VIv.

*medium afferre, ne per eos labi plures contingat. Induxi itaque per modum dialogi Philologum, qui amatorem studiorum designat, quum eius maxime interest errores declinare et errantes in viam rectam ducere. Quodsi quis a me querat, cur in tantam descenderim tenuitatem, ut has ineptias et ineptiarum auctores refellendo velim mihi laudem et gloriam vendicare [sic], cum sint peritis illorum nomina vel ignotissima, respondebo et ingenue fatebor nunquam induci potuisse, ut hos taxarem, nisi in dies videre liceret multos, qui hos vel imitentur vel pueris proponere non erubescant. Sunt igitur auctores illi obscuri, fateor, materia autem, quae contra eos scribitur, meo iudicio lectu dignissima est, quum innumerabiles haereses, ut ita loquar, et errores linguae Latinae et barbarismos refutat et cavendos esse persuadet.*

Ich schrieb also gegen gewisse verbreitete *Modi epistolandi*, wie sie sie selbst nennen, eines gewissen Autors, der sich auf dem Titel Pontius nannte, und anderer, deren Verrücktheiten so verbreitet sind und von gewissen schlechten Grammatikern in Deutschland so geschätzt werden, daß einige nicht zögern, sich nach ihrem Beispiel gewisse neue Verrücktheiten auszudenken, so daß ich es für absolut notwendig halte, die Irrtümer dieser Leute ans Licht zu ziehen, damit nicht noch mehr durch sie zu Fall kommen. Ich habe deshalb in der Art eines Dialogs einen Philologus eingeführt. Er stellt einen Liebhaber der Studien dar, da ihm vor allem daran liegt, die Irrenden von ihren Irrtümern abzubringen und auf den rechten Weg zurückzuführen. Wenn aber einer von mir wissen will, warum ich mich auf eine so armselige Sache einlasse, daß ich dadurch, daß ich diese Dummheiten und die Autoren dieser Dummheiten widerlege, mir Lob und Ruhm verschaffen möchte, obwohl doch ihre Namen den kompetenten Humanisten völlig unbekannt sind, so werde ich antworten und ehrlich bekennen, daß ich nie dazu gebracht hätte werden können, sie zu kritisieren, wenn man nicht von Tag zu Tag viele sehen könnte, die entweder sie nachahmen oder sich nicht schämen, sie den Knaben im Unterricht vorzusetzen. Diese Autoren sind also unbekannt, das räume ich ein, aber der Text, der gegen sie geschrieben wird, ist nach meinem Dafürhalten außerordentlich wert, gelesen zu werden, da er sozusagen zahllose Häresien und Irrtümer und Barbarismen in der lateinischen Sprache widerlegt und dazu bringt, sich vor ihnen in Acht zu nehmen.

Hier werden Pontius und seinesgleichen als *auctores obscuri* bezeichnet, weil ihre *nomina* den *periti*, den wirklich Lateinkundigen, den kompetenten Humanisten, wegen ihrer latinistischen Bedeutungslosigkeit völlig unbekannt (*ignotissima*) sind.⁹⁰ Das Adjektiv *obscuri* ist hier also ein Synonym zu *ignotissimi*. Unbekannt sind sie nicht allgemein, sondern eben bei denen, auf die es ankommt. Von hier aus ist der Weg zu den *obscuri viri* nicht weit. Diese Anhänger der *auctores obscuri* sind gleichfalls Leute, die man nicht kennt, deren Briefe jetzt aber in die Öffentlichkeit gebracht werden, damit die Öffentlichkeit sich ein Bild von ihrer Schädlichkeit machen und sich vorsehen kann. Ähnlich hat sich Bebel, wie er an dieser Stelle ausführt, nicht gescheut, die Barbarismen eines Pontius und Carolus ins Licht der humanistischen Öffentlichkeit zu bringen, um vor ihnen zu warnen. Es ist deshalb gut möglich, daß die *auctores obscuri* Bebels den Erfurter Humanisten eine Anregung gaben, die Leute um Gratius *obscuri viri* zu nennen. Die *Epistolae obscurorum virorum*

---

⁹⁰ Bebel verwendet den Begriff *obscurus* bzw. *obscuritas* im gleichen Sinne später noch in dem Dialog der *Apologia Henrici Bebelii pro suis commentariis de abusione linguae latinae*, datiert Tubinga iii. Kalendas Maias M. CCCCV in: Bebel, Bl. CXXXIV–CXLIII, hier Bl. CXXXV: Monitor: *Acerbe inveheris interdum in Carolum et Pontium. Bebelius:* [...] *si nimis* [...] *acerbe et vehementius sim interdum locutus, mereatur veniam cum ardor quidam insitus et impetus iuventutis vix freno cohibendus (in tenera enim aetate scripsimus) tum illorum obscuritas. Quis enim est, qui, quis aut Pontius aut Carolus fuerit, scivit unquam aut scire curavit, quorum nec cognomen nec patria scitur?* "M.: Du greifst bisweilen Carolus und Pontius scharf an. B.: Wenn ich bisweilen scharf und etwas heftig gesprochen habe, so dürfte Verzeihung verdienen sowohl eine gewisse angeborene Leidenschaftlichkeit und die kaum zu zügelnde Impulsivität der Jugend (ich habe dies nämlich schon sehr früh geschrieben) als auch besonders ihre Unbekanntheit. Denn wen gibt es, der, wer Pontius und Carolus war, wußte oder zu wissen begehrte? Man kennt von ihnen ja weder den Zunamen noch ihr Vaterland" sowie ebd., Bl. CXLVI: *Fuit nuper grandis disputatio in quodam monasterio anno M.DIIII me praesente inter illos sacerdotes iam grandiores natu, qui suos canonas grammaticos in Alexandro Gallo didicerunt, utrumne propria nomina carerent plurali, multis affirmantibus et ferociter quasi contendentibus ita esse ex eorum regulis, quas pueri didicissent, quod sint propriae qualitatis, cuius natura sit ex traditione Remigii cuiusdam obscuri grammatici, ut uni soli rei conveniat. Ego interrogatus affirmavi habere pluralem; praerancidas autem et fetutinas grammatistarum regulas nihili faciens dixi id ita observatum apud poetas, historicos et oratores, quorum auctoritas mihi sit regula* "Neulich fand im Jahr 1504 in einem Kloster eine große Diskussion, bei der ich anwesend war, statt zwischen schon älteren Priestern, die ihre grammatischen Normen bei dem Franzosen Alexander gelernt hatten, und zwar über die Frage, ob Eigennamen keinen Plural hätten. Viele erklärten dies und behaupteten geradezu wild, daß dies nach den Regeln, die sie als Knaben gelernt hätten, so sei, weil Eigennamen eine eigene Qualität hätten, zu deren Wesen es nach der Überlieferung eines gewissen unbekannten Grammatikers Remigius gehöre, daß sie nur einer einzigen Sache zukomme. Als ich gefragt wurde, erklärte ich, daß Eigennamen einen Plural haben. Ohne mich um die schimmeligen und stinkenden Regeln der schlechten Grammatiker zu kümmern, sagte ich, daß dies bei Dichtern, Historikern und Rednern so beobachtet worden sei und deren Autorität sei für mich Regel". Zu *grammatista* vgl. Anm. 77, zu Remigius Classen, wie Anm. 39, S. 34, Anm. 118; EOV I 7 und II 35 nennen ihn unter den alten Grammatikern, s. Bömer, wie Anm. 23, Bd. 1, S. 159.

sind Briefe von Leuten, die man als echter Humanist nicht kennt und nicht zu kennen braucht. Der traditionelle deutsche Titel "Dunkelmännerbriefe" soll dadurch nicht verdrängt werden, die eigentliche Bedeutung des lateinischen Titels können die *auctores obscuri* Bebels jedoch erhellen.

Am Ende der Ausgaben der *Commentaria epistolarum conficiendarum* seit 1511 steht ein 50 elegische Distichen enthaltendes *Carmen Ioannis Hyphantici Weisenhorensis in laudem Bebelii poetae*.[91] Der Verfasser mit dem gräzisierten Zunamen ist Johannes Weber aus Weißenhorn an der Iller, der sonst Textoris heißt und der in Tübingen 1506 den Baccalaureus– und 1511 den Magister–Grad erworben hatte (1516 wurde er Dekan der Artistenfakultät, 1518 Med. D.).[92] Er hat das Gedicht 1511 geschrieben und beginnt es mit einem hyperbolischen Vergleich: Griechenland lobe Homer, Hesiod und Kallimachos, Italien Baptista Mantuanus und Vergil, das Schwabenland und der ganze *teutonicus orbis* aber lobe Bebel. Denn hier habe sich einst die Barbarei ausgebreitet, der Gote und der Vandale habe in den Städten seine Siegeszeichen errichtet und sein sprachliches Unkraut verbreitet (*et lolium linguae spargentes barbaralexim*),[93] jetzt aber habe Bebel hier die Schönheit der klassischen lateinischen Sprache wiederhergestellt, mit Hilfe seiner Freunde die Barbarei vertrieben und die Musen und Apollo so erfreut, daß die Italiener den Deutschen in der Dichtung kaum mehr überlegen seien. Nur kleine Überbleibsel der alten Barbarei seien noch vorhanden:[94]

*Parva tamen superant veteris vestigia linguae,*
 *Quae Gotthus rudibus liquerat ante scholis.*
*Turba sacerdotum, quae Galli numen adorat,*
 *Et nihil a Gallo novit et esse putat.*[95]
*Atque rudes monachi, qui barbara castra tuentes*

---

[91] Bebel, Bl. CLXXV [richtig: CLXXIV]–CLXXV. Nach Angabe von Zapf, wie Anm. 39, S. 118 und 125 ist das Gedicht in allen Ausgaben der *Commentaria* enthalten, seit es zuerst in die in Tübingen im Juli 1511 von Thomas Anshelm gedruckte Ausgabe (Zapf Nr. VIII) aufgenommen worden war.
[92] Zu ihm und seiner Familie vgl. Ludwig, wie Anm. 28, S. 130. Johannes Weber steuerte auch ein Begleitgedicht am Ende von Heinrich Bebel, Triumphus Veneris cum commentario Ioannis Altenstaig Mindelheimensis, Straßburg 1515, Bl. Y7r, bei (unter der Überschrift: *Ioannis Vueber vueysenhorensis carmen in triumphum uenereum Bebelij & commentariolos magistri Ioannis Altenstaig amici, & praeceptoris sui*).
[93] Bebel selbst gebrauchte den Begriff *barbaralexis* 1503 in der Erstausgabe der *Commentaria epistolarum conficiendarum* in einem zweistrophigen sapphischen Gedicht *Ad Lectorem* auf der Rückseite des Titelblatts (V. 7f.): *Arguam quosdam vetulos docentes | Barbaralexim*. S. Zapf, wie Anm. 39, S. 99.
[94] Bebel, wie Anm. 39, Bl. CLXXVr.
[95] Nach Ov. Ars am. 3, 717 *esse putat |*.

## 3. Der Humanist Ortwin Gratius

*Semper avent veteri concrepitare lyra.*
*Et vetuli patres puerorum ludi magistri*
  *Barbariem primo lacte bibere suam*
*Iamque suos simili tentant errore sequaces*
  *Fallere commentis dogmatibusque suis.*
*Hi sunt qui doctis maledicere vatibus audent*
  *Et cunctis aliis, quos sua vena beat.*[96]
*Livida vipereo spumant sua corda veneno,*
  *Si cuiquam clarum nomen ab arte venit,*
*Cumque malis primum sint praeceptoribus usi,*
  *Quos*[97] *similis cunctos fascinat error amant.*
*Quantum quisque sua praestat sublimius arte,*
  *Livor edax tanto plus comitatur eum.*

Es sind jedoch noch geringe Spuren der alten [verdorbenen] Sprache übrig, die der Gote zuvor in den primitiven Schulen zurückgelassen hatte: Eine Gruppe von Priestern, die das göttliche Wesen des Franzosen [Alexander de Villa Dei] anbetet, weiß von dem Franzosen nichts und glaubt, daß er ein göttliches Wesen sei. Und die primitiven Mönche, die, das Lager der Barbarei schützend, immer mit der alten Leier zu klappern begehren. Und die alten Väter, Schulmeister der Knaben, tranken die Barbarei mit ihrer ersten Milch und versuchen schon wieder ihre Gefolgschaft durch ähnliche Irrtümer zu täuschen mit ihren Erklärungen und Lehren. Sie sind es, die die gelehrten Dichter zu beschimpfen wagen und alle die anderen, die eine glückliche Begabung besitzen. Ihre neidischen Herzen schäumen von Schlangengift, wenn irgendeiner durch seine Wissenschaft einen berühmten Namen gewinnt. Und da sie zuerst schlechte Lehrer hatten, lieben sie alle, die ein ähnlicher Irrtum verhext. Je höher ein jeder in der Wissenschaft herausragt, um so mehr begleitet ihn der gefräßige Neid.[98]

Der Verfasser verweilt noch länger bei dem *Livor*, der sich schon immer gegen alles Hohe richtete (so auch gegen Vergil, Ovid, Cicero und Seneca — Bebel brauche sich also nicht zu wundern, wenn er angefeindet werde), und schließt mit der Aufforderung an die Jugend, sich dankbar um ihren Lehrer zu scharen (*Vos tamen o mecum, iuvenes, certate parati,* | *cum velit Osor iners hunc lacerare virum*), und verheißt ihm ewigen Ruhm.

---

[96] Nach Hor. Carm. 2, 18, 9f. *ingeni benigna vena* und 4, 8, 28 *Musa beat* |.
[97] *Quos* W. L.: *Quod* ed. 1513.
[98] Vgl. Ov. Am. 1, 15, 1 *Livor edax*; Rem. 389 u.ö.

Viele Vorstellungen dieses Gedichts wurden sicher von Bebel selbst seinen Schülern vermittelt.[99] In der im Wortlaut zitierten Szene mit den Priestern, Mönchen und alten Schulmeistern, die auf Alexander de Villa Dei, das korrupte Latein und die unklassische Form der Poesie eingeschworen sind, und, vereint durch die Kumpanei der Barbarei und des Irrtums, sich gegen alle verschworen haben, die als Vertreter der neuen Bildung berühmt wurden, ist in nuce bereits die Situation der *viri obscuri* angelegt. Wenn man in dem Gedicht die Figur Bebels gegen die Reuchlins auswechselt, hat man das Szenarium der *Epistolae obscurorum virorum*, die den *clarus vir* Reuchlin hassen und mit ihrem Gift verfolgen, während die jungen Leute, allen voran die Erfurter Humanisten, ihn verteidigen. So weit ihr großes Werk an sprachlicher Eleganz, Ingeniosität und Witz auch von dem bescheidenen Gedicht des Johannes Weber entfernt ist, die prinzipielle Figurenkonstellation der *Epistolae obscurorum virorum* hat das Gedicht vorweggenommen.

Wie weit die Erfurter Humanisten speziell durch dieses ihnen gewiß bekannte Gedicht in ihrer Konzeption angeregt oder bestätigt wurden, läßt sich schwer entscheiden. Wie Fidel Rädle in seinem Beitrag über Mutians Briefe ausführt, war die bei Humanisten verbreitete Vorstellung einer von den *barbari* angegriffenen *centuria latinorum* auch dem Mutianus–Kreis eigen.[100] Und auch Erasmus zeichnet zum Beispiel in seinem 1515 geschriebenen Brief an Martin Dorpius in Leuven, als er die Invektive seiner *Moria* gegen die Theologen erklärt, ein Bild einer angeblich ganz kleinen Zahl von Theologen, die nichts anderes als einige Regeln des Alexander Gallus gelernt und einige Sätze des Aristoteles, Scotus und Occam mißverstanden hätten, die ihre Weisheit aus dem *Catholicon* und dem *Mammetrectus* bezögen und die griechische, hebräische und lateinische Literatur verhöhnten, die, obwohl sie "dümmer als jede Sau" (*quovis sue stupidiores*) seien, glaubten, sie besäßen die ganzen Weisheit für sich allein: *Hi magno studio conspirant in bonas litteras [...]. Horum sunt illi clamores, horum illi tumultus, horum coniuratio in viros melioribus addictos litteris* "Sie intrigieren mit großem Eifer gegen die gute Literatur. Von ihnen stammt das Geschrei, von ihnen der Aufstand, von ihnen die Verschwörung gegen die Männer, die sich der besseren Literatur verpflichtet haben".[101]

---

[99] Vgl. z.B. zu dem Vers: *Turba sacerdotum, quae Galli numen adorat* Bebels in Anm. 90 zitierten Bericht über eine Disputation mit älteren Priestern, *qui suos canonas grammaticos in Alexandro Gallo didicerunt.*
[100] Vgl. Karl Gillert, Hrsg., Der Briefwechsel des Conradus Mutianus, Halle 1890 (Geschichtsquellen der Provinz Sachsen und angrenzender Gebiete 18), Bd. 1, S. 130, 132, und dazu Fidel Rädle, Erfurter Humanistenleben in Mutians Briefen, in: Gerlinde Huber–Rebenich–Walther Ludwig, Hrsg., Humanismus in Erfurt, Rudolstadt 2002, S. 111–130.
[101] Erasmus, wie Anm. 45, Bd. 9, Sp. 6f.

Die Erfurter Humanisten teilten jedenfalls solche Vorstellungen und Stimmungen, wie sie auch in dem Schlußgedicht von Bebels *Commentaria* ausgesprochen werden. Und als sich Gratius in der Frage der jüdischen Literatur gegen Reuchlin gestellt hatte, ordneten sie ihn in dieses Szenarium der dem Humanismus und seinen Vertretern feindlichen, rückständigen und mißgünstigen Priester und Mönche ein und gaben seinen Freunden und Schülern eine Sprache, die alle Charakteristika der verachteten *barbaries* in sich aufgenommen hatte.

Die Bedeutung von Bebels *Commentaria conficiendarum epistolarum* für die Verfasser der *Epistolae obscurorum virorum* läßt sich demnach so zusammenfassen: Bebels Werk spielte bei der Konzeption der Briefe eine erhebliche Rolle. Es war ein wichtiges Element in ihrer ideologischen Konstitution, es war den Verfassern bei ihrer Gestaltung präsent, so daß sie immer wieder auch Einzelnes aus ihm übernahmen, es hatte Anteil an der Erfindung des Buchtitels, indem es zu dem Ausdruck *viri obscuri* führte, und es bot ein Szenarium für die Verteidigung des Humanismus gegen seine engstirnigen und gehässigen Gegner, in das nur noch die Figuren Reuchlin und Gratius eingesetzt zu werden brauchten.

Daß diese Bedeutung der *Commentaria* für die Briefe bisher nicht gesehen wurde, hat zwei Gründe. Erstens suchte man in Verkennung der wahren Position von Gratius die Anläße für die stilistische Form der Briefe aus dem Umfeld des Gratius abzuleiten, zweitens lagen für die bisherige Forschung an den Briefen die *Commentaria* Bebels so sehr außerhalb ihres Gesichtskreises, daß die an sich unübersehbaren Linien, die von ihnen zu den *Epistolae obscurorum virorum* führen, nicht auffallen konnten. In Zukunft wird man die von dem Tübinger Humanisten Bebel verfaßten *Commentaria epistolarum conficiendarum* zum Bildungshintergrund und zu den wichtigsten literarischen Anregungen der von Erfurter Humanisten verfaßten *Epistolae obscurorum virorum* rechnen müssen.

Im Festsaal des Erfurter Rathauses befindet sich ein Ölgemälde von P. Jansen von 1878/82,[102] das links und rechts unter einer die Universität symbolisierenden sitzenden Frau, die ein aufgeschlagenes Buch auf ihren Knien hat, als Vertreter der theologischen, philosophischen, juristischen und medizinischen Fakultät Martin Luther und Eobanus Hessus einerseits sowie Hennig Göde und Amplonius Rating de Bercka andererseits zeigt. Hessus ist in Anlehnung an das Dürersche Porträt gemalt. Über diesen stehenden Figuren halten zwei beflügelte Engel je ein Spruchband, auf dem links EPISTOLAE OBSCURO-

---

[102] Eine Kopie des Stadtarchivs hing im Jahr 2001 im Treppenhaus des Angermuseums in Erfurt, Im Anger 18.

RUM und rechts VIRORUM geschrieben steht. Diese Engel sollen wohl Musen darstellen, die die *Epistolae obscurorum virorum* Erfurter Universitätsangehörigen gewissermaßen eingaben. Der Maler wollte bzw. sollte auf diese Weise einen besonderen Ruhmestitel Erfurts an einer offiziellen Stelle in Erinnerung rufen. Wenn man in der Metaphorik des Bildes bleiben will, kann man sagen, daß die Musen auf ihrem Flug nach Erfurt eine Zwischenlandung in Tübingen eingelegt hatten und von dort Bebels *Commentaria conficiendarum epistolarum* in ihrem Gepäck mitbrachten.

[Nachtrag 2002: Franz Josef Worstbrock wies mich am 29.11. 2002 brieflich auf seinen zur Zeit im Druck befindlichen Artikel 'Magister Poncius' für den Nachtragsband von: Die deutsche Literatur des Mittelalters. Verfasserlexikon, hier Bd. 11, hin. Danach entstand die *Ars dictandi* des sonst nicht bekannten Magister Poncius schon "um 1450 in Deutschland", war erhaltenen Handschriften zufolge Unterrichtsbuch in Wien, Leipzig und Erfurt und wurde für den einzigen Straßburger Druck von 1486 nur bearbeitet und dabei mit oberrheinischen Orts– und Personennamen versehen. Die Vermutung, Poncius selbst habe Beziehungen zu Schlettstadt gehabt, entfällt damit. Davon unberührt bleibt die hier vorgetragene Annahme, daß Bebel den Straßburger Druck bei seiner Kritik vor Augen hatte und daß sich Hutten bei seiner Nennung des *modus epistolandi Pontij* in den EOV auf diese Kritik Bebels bezog.]

[Erstveröffentlichung: Nr. 265, revidiert.]

## 4. Der Ritter und der Tyrann. Die humanistischen Invektiven des Ulrich von Hutten gegen Herzog Ulrich von Württemberg

Man ist überrascht, wenn man in IJsewijns "Companion" keine Bemerkungen zu einem Formtyp der neulateinischen Literatur findet. Dies ist der Fall bei den Invektiven, die er in seinem Überblick über "Declamationes, Orationes" nicht streifte.[1] Doch die *Invectiva* begleitete den Humanismus seit seinen Anfängen. Petrarcas Werkausgaben enthalten *Galli cuiusdam Anonymi in Franciscum Petrarcham Invectiva* und von Petrarca selbst *In medicum quendam Invectivarum libri IIII*.[2]

Der Begriff *invectiva* war spätantik.[3] Für einen verbalen Angriff hatten Plautus und Cicero das Verbum *invehi in aliquem* in metaphorischer Bedeutung im Sinne von "einreiten auf jemand" verwendet.[4] Innerhalb der spätantiken Rhetorik wurde das Perfektpartizip *invectus* nach den zahlreichen Termini auf *–ivus* zu *invectivus* erweitert und *invectiva* als charakterisierendes Attribut zu *oratio* gebraucht.[5] Bald konnte man auch unter Weglassung des zu ergänzenden Beziehungswortes von *invectivae* sprechen. Grammatiker wie Diomedes und Priscian bezeichneten so Ciceros Catilinarische Reden.[6]

Die Humanisten griffen diesen Terminus sowohl für die Catilinarischen Reden als auch für eigene Kompositionen auf.[7] Poggio schuf mit seinen rheto-

---

[1] S. Jozef IJsewijn–Dirk Sacré, Companion to Neo–Latin Studies, Part II, Leuven 1998, S. 165–179. Die bisher mangelnde Erforschung der humanistischen Invektiven erwähnt Martin C. Davies, An Emperor without Clothes? Niccolò Niccoli under Attack, Italia Medioevale e Umanistica 30, 1987, S. 95–148, hier S. 97.
[2] S. Francesco Petrarca, Opera quae extant omnia, Basel 1554, Tom. 2, S. 1169–1177 mit der *Apologia contra Galli calumnias* S. 1178–1198, und S. 1199–1233.
[3] Vgl. zur antiken Invektive allgemein: Severin Koster, Die Invektive in der griechischen und römischen Literatur, Meisenheim am Glan 1980, und Wolf–Lüder Liebermann, Invektive, in: Der neue Pauly, Enzyklopädie der Antike, Bd. 5, Stuttgart 1998, Sp. 1049–1051.
[4] S. OLD s.v. inveho 6.
[5] Manu Leumann, Lateinische Laut– und Formenlehre, München 1963, S. 214, verweist auf die zahlreichen auf *–tivus* endenden Fachausdrücke der Rhetorik. Analog scheint *invectivus, –a, –um* gebildet worden zu sein. Nach ThLL VII,2, Sp. 125 finden sich die ersten Belege für das Adjektiv in den Rhetoriken des C. Chirius Fortunatianus und Sulpitius Victor, in nicht–rhetorischer Literatur bei Ammianus Marcellinus.
[6] S. Diom. Gramm. 1, 330, 1 und Prisc. Gramm. 2, 425, 26. Die Ausdehnung des Begriffes auf nicht–oratorische literarische Gattungen ist modern.
[7] So wurden Ciceros Catilinarische Reden seit 1471 mehrmals unter dem Titel *Ciceronis in Catilinam invectivarum libri IV* gedruckt, und Niccolò Perotti, Cornucopiae, zuerst 1489, hier Basel 1526, Sp. 718 (zu Mart. Epigr. lib. 16, 3 *vexerat*), erklärte die Wortbedeutungen folgendermaßen: *inveho, veho, cuius passivum est invehor, quod modo vehor significat. Idem* [sc. *Virgilius*] *Centauro invehitur magna* [Aen. 5, 122]. *modo aggredior maledictis et veluti*

risch wirkungsvollen, leidenschaftlichen und zugleich sehr drastischen Invektiven gegen Filelfo, Valla und den Gegenpapst Felix V. literarische Muster, für die er sich seinerseits auf klassische Modelle wie Ciceros *In Pisonem*, die Catilinarischen und Philippischen Reden und auf die polemischen Schriften des Hl. Hieronymus gegen Johannes von Jerusalem und Rufinus von Aquileia berief.[8] In den Ausgaben von Poggios *Opera* erschienen seine Invektiven seit 1511 gesammelt unter dem Titel *Invectivarum liber*,[9] und auch Vallas *Invectivae omnes* wurden 1504 gedruckt.[10] In der rhetorischen Theorie und Praxis spielten *laudationes* eine größere Rolle.[11] Aber schon Albrecht von Eyb gab im letzten Teil

---

*quodam impetu sermonis in aliquem feror. Cicero: Itaque in eam Pansa vehementer invectus* [Quelle ist hier Nonius Marcellus: *Invehi dicitur vehi. Virgilius libro quinto: Centauro invehitur magna. invehi, aggredi, increpare. M. Tullius ad Caesarem Iuniorem libro tertio: Itaque in eum palam vehementer est invectus*]. *hinc invectivae orationes dicuntur* [nach Diomedes und Priscian, wie Anm. 6], *quae sunt adversus aliquem scriptae, quod in illius mores vel ingenium aut vitam invehamur*.

[8] Gianfrancesco Poggio Bracciolini, Opera, Basel 1538, S. 217 (in: Invectiva II in L. Vallam): *Sed quid mirum [...] si in aliquos sum invectus ad meam defensionem? Nonne est hoc usitatum, nonne iure homini concessum? Scripsit Caesar nulla contumelia accepta, sed laudibus Ciceronis permotus contra Marcum Catonem [...] Scripsit Cicero in Pisonem, in Marcum Crassum, in Marcum Antonium, in Catilinam, in consulatus conpetitores* [teilweise nach Quint. Inst. 3, 4, 2: *editi in competitores, in L. Pisonem, in Clodium et Curionem libri vituperationem continent*]. *Scripsit beatus Hieronymus in suos detractores, multique alii id egerunt egregii doctrina viri.* Ciceros Reden gegen Catilina und Piso blieben die klassischen Muster für eine *vituperatio*; vgl. z.B. Jacobus Omphalius, De elocutionis imitatione ac apparatu liber unus, Basel 1537, S. 80: *Sumitur autem omnis vituperatio ab animi ac corporis vitiis rebusque turpiter gestis, cuius pulcherrimum est Ciceronis exemplum in Catilinam et L. Pisonem*.

[9] Poggios *Opera* erschienen Straßburg 1511, Paris 1512, Straßburg 1513, Basel 1538.

[10] Invectivae omnes seu Antidota Laurentii Vallensis. Invectiva Laurentii Vallensis contra Pogium libri sex. Invectiva [...] contra Antonium Raudensem. Invectiva [...] contra Titum Livium. Invectivae due [...] contra Benedictum Morandum, Venedig 1504. S. Laurentius Valla, Opera omnia, con una premessa di Eugenio Garin, Turin 1962, S. VI. Ari Wesseling, Lorenzo Valla, Antidotum primum, La prima Apologia contro Poggio Bracciolini, Edizione critica con introduzione e note, Assen/Amsterdam 1978, und Ders., Per l'edizione del secondo 'Antidotum' contro P. B., in: Ottavio Besomi–Mariangela Regoliosi, Hrsg., Lorenzo Valla e l'umanesimo Italiano, Atti del Convegno internazionale di Studi Umanistici (Parma, 18–19 Ottobre 1984), Padua 1986, S. 133–139.

[11] Oft wurden die *Invectivae*, die sich alle *genera dicendi* dienstbar machen konnten, nicht erwähnt. Innerhalb des *genus demonstrativum* behandelte man zwar regelmäßig die *vituperatio*, aber meist nur kurz als Umkehrung der breit ausgeführten *laudatio* und oft mit ausdrücklichen Warnungen vor ihrer hemmungslosen Anwendung. Aggressive Invektiven galten als moralisch verwerfliche Verstöße gegen die erforderliche *modestia*. Vgl. Omphalius, wie Anm. 8, S. 79: *Obruitur [...] animus variis permotionibus et dum se totum ad alterius turpitudinem oratione explicandam convertit, aegre admodum intra pudoris ac modestiae fines continetur*, und Gerardus Johannes Vossius, Commentariorum rhetoricorum sive oratoriarum institutionum libri sex, 4. ed., Leiden 1643, S. 420: *Mitto recentiores illas* [sc. *invecti-*

## 4. Der Ritter und der Tyrann

seiner 1459 verfaßten und seit 1472 oft gedruckten *Margarita poetica*, einem Handbuch zur Abfassung von Briefen und Reden, am Ende innerhalb von 30 Musterreden, zu denen 15 *laudationes* bzw. *commendationes* gehörten, als Lehrbeispiel auch: *Poggii Florentini famatissimi oratoris in Laurentium Vallam Invectiva*. Er hatte dazu die vier überlieferten Invektiven Poggios gegen Valla verkürzt, redigiert und zu einer einzigen Rede zusammengezogen.[12]

Ulrich von Huttens *Invectivarum cum aliis quibusdam in tyrannum VVirtenpergensem opus*[13] steht in dieser humanistischen Tradition, aber mit dem bedeutsamen Unterschied, daß diese Invektiven sich nicht gegen andere humanistische Gelehrte oder einen bereits verurteilten Gegenpapst richteten, sondern gegen einen regierenden deutschen Fürsten, für dessen Bestrafung wegen Mordes der humanistische Ritter Hutten mit dem Mittel der lateinischen Rede kämpfte. Es war bis dahin das erste und, soweit ich sehe, das einzige Mal, daß ein deutscher Humanist seine Eloquenz einsetzte, um die Absetzung und Einkerkerung eines von ihm zum Tyrannen erklärten Herrschers, eines Angehörigen des hochadeligen deutschen Reichsfürstenstandes, zu erreichen.

Der komplexe historische, in der Forschung — zuletzt durch die Darstellung von Franz Brendle — bekannte Hergang[14] sei hier in der gebotenen Kürze referiert. Der achtundzwanzigjährige Herzog Ulrich von Württemberg hatte am 7. Mai 1515 seinen Oberstallmeister Hans von Hutten bei einem Ausritt in einem Wald bei Stuttgart heimtückisch ermordet, da er seinem geheimen Verhältnis zu dessen Frau im Wege stand, und anschließend den Leichnam noch symbolisch aufgehängt. Wie schwierig es war, einen regierenden Fürsten für eine solche Tat zur Rechenschaft zu ziehen, zeigte die Folgezeit. Der Herzog bat zwei ihm befreundete Fürsten, durch Bezahlung eines Geldbetrags ei-

---

*vas] Vallae et Poggii, Politiani et Scalae et similes, tum superioris saeculi, tum nostri, in quibus utinam nonnulli ex doctissimis illis viris magis modestiae litassent! Nunc conviciis ac maledictis se suaque magis depreciant quam adversarios ipsos. Haec caninae illius facundiae est merces, nec sane aliam merentur.*

[12] Albrecht von Eyb, Margarita poetica, Basel 1503, Pars II, Tract. II, Or. XV.

[13] Hoc in volumine continentur Ulrichi Hutteni Equ. super infectione propinqui sui Ioannis Hutteni Equ. Deploratio. Ad Ludovichum Huttenum siper interemptione filii Consolatoria. In Ulrichum Wirtenpergensem orationes V. In eundem Dialogus, cui titulus Phalarismus. Apologia pro Phalarismo, et aliquot ad amicos epistolae. Ad Franciscum Gallum regem epistola, ne causam Wirtenpergen. tueatur exhortatoria [...] (Kolophon: Hoc Ulrichi de Hutten equit. Ger. Invectivarum cum aliis quibusdam in tyrannum Wirtenpergensem opus excusum in arce Stekelberk [richtig: Mainz: Johann Schöffer] An. M.D.XIX. Mense VIIbri.), [106] Bl.

[14] Franz Brendle, Dynastie, Reich und Reformation, Die württembergischen Herzöge Ulrich und Christoph, die Habsburger und Frankreich, Stuttgart 1998, S. 33–71.

nen Vergleich mit der Familie Hutten zu vermitteln. Kaiser Maximilian wollte den Fall zunächst gütlich regeln und lud Herzog Ulrich zu einem Hoffest nach Wien ein. Hans von Huttens Vater Ludwig forderte im Juni 1515 die württembergische Ständevertretung, die sogenannte Landschaft, auf, die Ermordung seines Sohnes zu ahnden und gegen den Herzog vorzugehen. Die Situation verschärfte sich für Herzog Ulrich, als seine Gemahlin Sabina, eine Schwester der Herzöge von Bayern, am 25. November 1515, weil sie sich mißhandelt und bedroht fühlte, zu ihren Brüdern floh. Die Herzöge von Bayern forderten nun gemeinsam mit der Familie Hutten, die ein ausschließlich finanzielles Vergleichsangebot ablehnte, die Absetzung des Herzogs. Dieser rüstete sich für militärische Auseinandersetzungen und ließ am 6. September 1516 eine Schrift veröffentlichen, die seinen Mord als Hinrichtung eines Übeltäters fadenscheinig rechtfertigte. Hans von Hutten habe ihm gegenüber seine Treuepflicht gebrochen und fälschlich von ihm behauptet, er habe eine ehrbare Frau genötigt, ihm zu Willen zu sein. Er habe ihn deshalb als Freischöffe des heimlichen westfälischen Gerichts selbst gerichtet.[15] Kaiser Maximilian lud ihn zum 20. September 1516 vor ein kaiserliches Gericht in Augsburg, zu dem er jedoch nicht erschien. Am 11. Oktober sprach der Kaiser die Acht gegen ihn aus, hob diese aber wieder auf, als am 22. Oktober 1516 in Blaubeuren ein Vertrag zustandekam, nach dem der Herzog für sechs Jahre die Regierung an ein ständisches Regiment in Württemberg abtreten und die Familie Hutten mit 27.000 Gulden abfinden sollte. Herzog Ulrich hielt sich nicht an den Vertrag, verwüstete die Güter des Adligen, der seiner Gemahlin zur Flucht verholfen hatte, und ging gegen seine eigenen Beamten, die er für den Vertrag verantwortlich machte, mit äußerster Brutalität vor. Drei von ihnen ließ er wegen angeblichen Hochverrats in Stuttgart widerrechtlich foltern und hinrichten. Wegen seines Vertragsbruchs verfiel Herzog Ulrich zwar wieder der Reichsacht, ihre Exekution gelang Kaiser Maximilian bis zu seinem Tod am 11. Januar 1519 jedoch nicht mehr, da der Schwäbische Bund eine kriegerische Operation gegen den Herzog ablehnte und die Reichsfürsten sich für ihren Standesgenossen verwandten. Erst als Herzog Ulrich die Reichsstadt Reutlingen am 21. Januar überfiel und nach achttägiger Belagerung annektierte und zur württembergischen Amtsstadt machte, beschloß der Schwäbische Bund im Februar 1519 zusammen mit Ludwig von Hutten und anderen Adligen und mit Unterstützung Bayerns einen Feldzug gegen ihn zur Exekution der Reichsacht. Herzog Wilhelm von Bayern wurde Feldhauptmann, und bis Anfang Mai war das gesamte Herzogtum Württemberg unterworfen und Ul-

---

[15] Herzog Ulrich nahm das Femerecht widerrechtlich in Anspruch, vgl. Volker Trugenberger, Württemberg und die Feme, in: Wolfgang Schmierer u.a., Hrsg., Aus südwestdeutscher Geschichte, Festschrift Hans–Martin Maurer, Dem Archivar und Historiker zum 65. Geburtstag, Stuttgart 1994, S. 238–263, hier S. 262f.

## 4. Der Ritter und der Tyrann 613

rich nahezu kampflos vertrieben. Aber noch während die Verbündeten über die politischen Konsequenzen verhandelten, versuchte Ulrich im August 1519 eine Rückeroberung des Herzogtums und konnte sogar Stuttgart wieder einnehmen, wurde aber von den Truppen des Schwäbischen Bundes im Oktober zum zweiten Mal und, wie es aussah, endgültig aus dem Herzogtum vertrieben. Erst 1534 gelang dem evangelisch gewordenen Ulrich mit militärischer Unterstützung des lutherischen Landgrafen Philipp von Hessen die überraschende Rückeroberung des Herzogtums,[16] das danach seiner Dynastie bis 1918 erhalten blieb.

Ulrich von Hutten[17] verfaßte, als er von der Ermordung seines Vetters erfahren hatte, im Juni 1515 ein Trauergedicht und ein Trostschreiben an Ludwig von Hutten und im Juli 1515, als Ludwig von Hutten eine deutsche Klageschrift an die württembergische Landschaft geschickt hatte, eine wirkungsvolle Anklagerede gegen Herzog Ulrich, die von der Fiktion eines Prozesses ausgeht und sich an Kaiser Maximilian als Gerichtsvorsitzenden, die deutschen Fürsten und die Deutschen allgemein richtet. Er schickte sie handschriftlich an den Kaiser, der solche lateinischen Texte lesen konnte,[18] sowie an Fürsten und

---

[16] Wie diese Geschehnisse auf einen altgläubig gebliebenen Zeitgenossen wirkten, geht aus einer hierfür noch nicht beachteten Stelle der *Annales minores* des Rebdorfer Augustinerchorherren Kilian Leib (1471–1553) hervor, der zum Brand eines Tübinger Universitätsgebäudes im Winter 1533/34 schrieb (Kilian Leib, Annales minores, Lateinisch–deutsche Ausgabe, Übersetzung von Benedikt Konrad Vollmann, Ellinger Hefte 9, 2. Aufl., Stadtarchiv Ellingen 1999, S. 27): *eius forsitan mali praesagium, quod aestate proxima secutum est. Dux quippe Ulrichus ob insane facta dudum exulans, nunc in provinciam restitutus priori insania religionem catholicam eiusque tenaces et fautores persequi coepit, effugavit, eiecit, expulit.*
[17] Das Folgende nach den Angaben in: Hutten, wie Anm. 13, und David Friedrich Strauß, Ulrich von Hutten, zuerst Leipzig 1857, hier 2. Aufl., Leipzig 1871, S. 84–279.
[18] Vgl. Johannes Spießheimer/Cuspinianus, De Caesaribus atque Imperatoribus Romanis Opus insigne, Straßburg 1540, S. 724: *Qui supra patriam linguam Latine, Gallice et Italice eleganter loquebatur, quod non modo oratores universae Christianitatis regum ac principum ingenue saepe confessi sunt, sed insuper in publicis conventibus et diaetis imperialibus ac provincialibus electores ac principes imperii nec non universa haereditariarum nobilitas testata est*; und Caspar Seiler/Hedio in: Paraleipomena rerum memorabilium a Friderico II usque ad Carolum quintum Augustum (Anhang an: Chronicum Abbatis Urspergensis, im Auftrag Philipp Melanchthons hrsg. von Caspar Hedio, Straßburg zuerst 1537, hier 1540), S. 144: *Bilibaldus Pirckhaimer Norinbergensis Philippo Melanchthoni aliquando dixit Maximilianum ipsum suas res gestas aliquot annorum descripsisse, nam se navigio vectum cum Maximiliano a Lindavia* [ed.: *Lindavu*] *ad Constantiam, et cum in navi ocium haberet imperator, vocasse ad se scribam et dictasse illi res gestas unius anni idque variis consiliis et circumstantiis, et cum Pirckhaimerus putaret agi secreta quaedam, secedere voluit, ibi imperator manere iussit et auscultare. Ad vesperam curavit, ut dictata legerentur Pirckhaimero, rogans, ut ei placeret equestre Latinum, vulgo das reitter latein? Dicebat vero optimus princeps se percupere paucis complecti res gestas, ut eruditi, qui vellent describere et historiam parare ex autographis certa haberent.*

an Freunde. Im Herbst 1515 reiste Ulrich von Hutten zum zweiten Mal zum Studium nach Italien und kam im Frühjahr nach Rom, wo er bis zum Sommer blieb, um dann nach Bologna zu wechseln, von wo er im Juni 1517 wieder nach Deutschland reiste. In Bologna verfaßte Hutten den im März 1517 gedruckten, nach dem Vorbild der Totengespräche Lukians gearbeiteten Dialog *Phalarismus*, der Herzog Ulrich als einen seinen Lehrer übertreffenden Schüler des Tyrannen Phalaris zeigt.[19] In Bologna faßte er auch den Vorsatz, seiner Anklagerede weitere Reden hinzuzufügen, und schrieb deshalb eine zweite Rede gegen Herzog Ulrich, die von der Fiktion ausgeht, bald nach der Flucht der Herzogin Sabina geschrieben zu sein,[20] und eine dritte, deren fiktives Datum durch die militärischen Rüstungen Herzog Ulrichs im Spätsommer 1516 bestimmt ist. Beide Reden richten sich an die gleichen Adressaten wie die Anklagerede und fordern dazu auf, nach diesen Ereignissen mit der Verurteilung und Verfolgung des Herzogs nicht länger zu zögern. Nach Deutschland zurückgekehrt schrieb Hutten im August 1517 in Bamberg eine vierte Rede, die die Rechtfertigung Herzog Ulrichs vom 6. September 1516 widerlegt und deren fiktives Datum vor der Reichsacht Ulrichs vom 11. Oktober 1516 liegt. Hutten nahm im Frühjahr 1519 an dem Feldzug gegen Herzog Ulrich teil und verfaßte im Mai eine die Serie abschließende fünfte Rede an das siegreiche Heer. Alle fünf Reden waren nur handschriftlich verbreitet, bis Hutten im September 1519, also während des Rückeroberungsversuchs Herzog Ulrichs, ein Buch veröffentlichte, als dessen fiktiven Druckort er die Huttensche Burg Steckelberg angab (die Burg war sozusagen der Verlagsort, Mainz der wirkliche Druckort).[21]

---

*Testatus autem est Pirckhaimer de perspicuitate huius scripti.* Mit diesen *commentaria de rebus suis gestis* sah Maximilian sich in der Nachfolge von C. Julius Caesar. Vgl. zu ihnen Alwin Schultz, Hrsg., Der Weisskunig, Nach den Dictaten und eigenhändigen Aufzeichnungen Kaiser Maximilians I. zusammengestellt von Marx Treitzsauerwein von Ehrentreitz, Jahrbuch der kunsthistorischen Sammlungen des allerhöchsten Kaiserhauses 6, 1888, S. IX–X, Franziska Schmid, Eine neue Fassung der maximilianischen Selbstbiographie, Diss. Wien maschschr. 1950, und Otto Benesch–Erwin M. Auer, Die Historia Friderici et Maximiliani, Berlin 1957, S. 21–29 (ich danke diese Literaturhinweise Dr. Elisabeth Klecker, Wien).
[19] Vgl. Olga Gewerstock, Lucian und Hutten, Zur Geschichte des Dialogs im 16. Jahrhundert, Berlin 1924.
[20] Brendle, wie Anm. 14, S. 47 hält die zweite Rede Huttens unter Benützung eines Terminus für deutsche Rechtstexte irrtümlich für ein "Ausschreiben", das kurz nach Herzogin Sabinas Flucht verfaßt wurde. Hutten befand sich damals aber auf der Reise von Deutschland nach Italien. Zur Datierung der Rede s. Strauß, wie Anm. 17, S. 98.
[21] S. Hutten, wie Anm. 13.

## 4. DER RITTER UND DER TYRANN

Hutten machte das Buch bei Adligen und Humanisten durch viele Geschenkexemplare bekannt.[22] Es ist auf kräftigem, auch heute weißem Papier mit breitem Rand im Quartformat gedruckt und mit Bedacht symmetrisch strukturiert. In seinem Zentrum stehen die fünf im Kolophon als *Invectivae* bezeichneten Reden, die von zwei ganzseitigen Holzschnitten, einem Herzog Ulrich und Hans von Hutten zeigenden Bild der Mordszene und einem Porträt des Autors, eingeschlossen sind. Den Reden voraus gehen vier Briefe und das Trauergedicht *Deploratio* aus dem Jahr 1515, es folgen den Reden der erneut gedruckte Dialog *Phalarismus* und sechs Briefe aus dem Jahr 1519. Die vom 7. Mai 1515 bis zum 21. Mai 1519 datierten Texte sind gerahmt von zwei Epigrammen an den Leser, die hinter der Titel- bzw. vor der Kolophonseite stehen. Kunsthistorische Aufmerksamkeit haben die beiden oft abgebildeten Holzschnitte gefunden, literarische Aufmerksamkeit wurde dem Werk kaum zuteil.[23] David Friedrich Strauß stellte in seiner grundlegenden Huttenbiographie von 1871 fest, "daß er die Catilinarien und Verrinen und Philippiken gründlich studirt, in Saft und Blut verwandelt hatte" und referierte den Inhalt der Invektiven, die sich nach seiner Aussage "den Vorbildern [...] ebenbürtig zur Seite stellen".[24] Leopold Wellner lieferte 1910 in einem Jahresbericht des Gymnasiums in Mährisch–Neustadt zahlreiche Stellen aus Ciceronischen Reden, die Hutten imitiert hatte.[25] Die spätere Hutten–Literatur hat darüber hinaus nichts zur literarischen Erklärung dieser Invektiven beigetragen.[26] Die folgenden Bemerkungen wollen wenigstens die Rich-

---

[22] Exemplare vor allem aus Adels– und Klosterbibliotheken finden sich in öffentlichen Bibliotheken relativ häufig und kommen vereinzelt in den Handel (nachgewiesen ca. 35). Das Exemplar der Bayerischen Staatsbibliothek München enthält eine Widmung Huttens an den Abt des Zisterzienserklosters Bildhausen bei Kissingen. Das früher dem Exlibris zufolge in der Schloßbibliothek Nordkirchen in Westfalen befindliche Exemplar (jetzt in Privatbesitz, Hamburg) hat einen auf Adelsbesitz im 16. Jahrhundert weisenden rotbraunen Wildledereinband mit je fünf Rundkopfnägeln aus Messing auf dem Vorder– und Hinterdeckel.
[23] Übersetzt, neu herausgegeben und mit einigen Zitatnachweisen versehen wurden die Reden im 19. Jahrhundert: Ulrich von Hutten, Fünf Reden gegen Herzog Ulrich von Württemberg, übersetzt von Gottlob Adolph Wagner, Chemnitz 1801; Eduard Böcking, Hrsg., Ulrich von Huttens Schriften, Bd. 5, Leipzig 1861.
[24] S. Strauß, wie Anm. 17, S. 90f.
[25] Leopold Wellner, Über die Beeinflussung einiger Reden Ulrichs von Hutten durch Cicero, 23. Jahresbericht des k. k. Staats–Gymnasiums in Mähr.–Neustadt, Mähr.–Neustadt 1910, S. 3–23. Eine Kopie des Exemplars der Universitätsbibliothek Wien erhielt ich durch die Freundlichkeit von Dr. Elisabeth Klecker.
[26] Hajo Holborn, Ulrich von Hutten, Göttingen 1968, S. 185, verwies wegen der "Abhängigkeit der Huttenschen Ulrichreden von Cicero" auf Wellner, wie Anm. 25. In den Aufsätzen in: Peter Laub, Bearb., Ulrich von Hutten, Ritter, Humanist, Publizist 1488–1523, Katalog zur Ausstellung des Landes Hessen anläßlich des 500. Geburtstags, o.O. 1988, werden die Invektiven Huttens gegen Herzog Ulrich nicht näher behandelt. Carl Joachim

tungen andeuten, in denen künftige Untersuchungen zu wünschen und erfolgversprechend sind.

Zunächst ist eine strukturierende rhetorische Analyse und Einordnung notwendig, für die hier auch nur eine erste Übersicht gegeben werden kann. Die erste Rede, von Hutten selbst *accusatio* genannnt,[27] folgt den Regeln für das *genus iudiciale*. Nach einem *exordium*,[28] einer *propositio*[29] und einer *narratio*,[30] die von den *ante acta* des Mordes bis zu den *postea acta* reicht, folgt eine verkürzte *confutatio*, da das Verbrechen durch Zeugen erwiesen sei und der Angeklagte die Tat sofort eingestanden habe, also keine *argumenta* erforderlich seien.[31] Einen größeren Raum nimmt die *confutatio* ein,[32] die nicht der Widerlegung von Einwendungen des Angeklagten dient, die es nicht gebe, sondern begründet, warum hier keine *clementia Caesaris*, keine *venia* von seiten Kaiser Maximilians angemessen sei. Sie mündet in den präzisen Strafantrag der lebenslänglichen unterirdischen Kerkerhaft.[33] Danach erregt die *peroratio*[34] noch einmal *indignatio* gegen den Angeklagten, *commiseratio* für den Ermordeten (durch eine fiktive Rede seiner *umbra* aus dem Jenseits)[35] und gibt eine *recapitulatio* des Vorgebrachten.

Die zweite und dritte Rede gehören zum *genus deliberativum*. Sie stellen *suasoriae* dar, die das Ziel haben, daß ein gerichtliches Urteil besonders angesichts der neuen Untaten des Herzogs nicht länger hinausgeschoben und er auch mit Waffengewalt verfolgt wird.

---

Classen, Cicero orator inter Germanos redivivus, Humanistica Lovaniensia 37, 1988, S. 79–114, und ders., Cicero orator inter Germanos redivivus II, Humanistica Lovaniensia 39, 1988, S. 157–176, erörtert grundlegend das Studium der Reden Ciceros im deutschen Humanismus des 15. und 16. Jahrhunderts, bespricht aber nicht die produktive Cicero-Rezeption Huttens.

[27] Hutten, wie Anm. 13, Bl. D5r: *in occisorem (quandoquidem iudicium paratur) accusatio*, O4v: *nostram accusationem iniuriam vocat*.

[28] Hutten, Bl. E1r–2v ([...] *eius immanitas intelligi possit, dici non possit*).

[29] Hutten, Bl. E2v–3r ([...] *dicam pro rei magnitudine breviter*).

[30] Hutten, Bl. E3r–F3r ([...] *senilem moestitiam arcet*).

[31] Hutten, Bl. F3r–F4r ([...] *nostraque accusatio spectanda sit*).

[32] Hutten, Bl. F4r–G4r ([...] *ad huius damnationem aditurum puto*).

[33] Hutten, Bl. G3v: *Hinc abducendus es in caecam aliquam et subterraneum domum, ubi te non contingat illius solis lumen, qui se tuis sceleratissimis sceleribus pollui putat, ubi situ ac paedore confectus illam vitam finias, quae diis immortalibus odiosa, humano genere perniciosa est.* Man ist überrascht, daß Hutten hier nicht für eine sofort zu vollziehende Todesstrafe plädiert. Vielleicht war die Forderung nach Hinrichtung eines Reichsfürsten allzu unrealistisch.

[34] Hutten, Bl. G4r–H3r.

[35] Hutten, Bl. H1v, *qui, si quis umbris sensus est, sic in illa aeternitatis mansione loquitur* [...]. Vgl. Cic. Verr. 1, 94, Pro Cael. 14 und Quint. Inst. 6, 1, 25.

## 4. Der Ritter und der Tyrann 617

Die vierte Rede gehört wieder zum *genus iudiciale*: sie gibt eine zweite *confutatio*. Herzog Ulrich hat nicht, wie zunächst erwartet, um *venia* gebeten, sondern seine Tat nach dem *status qualitatis* zu rechtfertigen gewagt. Er gestand die Tat selbst zu, erklärte aber das Opfer, das die Tat durch sein Verhalten provoziert habe, zum Schuldigen. Da eine solche *translatio criminis* nach dem *status coniecturae* bewiesen werden muß und Herzog Ulrich dafür eine neue *narratio* des Vorgangs gegeben hat, zitiert Hutten nun diese *narratio* stückweise in sieben Abschnitten und widerlegt sie argumentativ.[36]

Die fünfte Rede, die sich auf die Situation nach der militärischen Vertreibung Herzog Ulrichs bezieht, enthält abschließend eine *gratiarum actio* für Gottes Hilfe und eine *gratulatio* an das siegreiche Heer und seine Führer, womit schließlich auch das *genus demonstrativum* unter den Reden Huttens vertreten ist.

*Invectivae* sind alle fünf Reden, da sie alle gegen Herzog Ulrich gerichtet sind und diesen mit allen verbalen Mitteln, auch mit dem reichen Arsenal der lateinischen Schimpfwörter,[37] bekämpfen. Hutten nennt ihn mit den entsprechenden Attributen und in immer erneuten Angriffen *belua, bestia, carnifex, fax, fera, furia, gladiator, homicida, insidiator, invidia, labes, latro, macula, monstrum, parricida, pecus, pestis, portentum, propudium, tyrannus* und *vipera*. Nicht nur für solche Schimpfwörter griff Hutten auf die Reden Ciceros zurück.[38] Schon die ersten Worte der ersten Rede *Si quis unquam, Caesar Maximiliane vosque principes ac viri Germani*, erinnern an den beliebten Ciceronischen Redeanfang *Si quis* + Vokativ.[39] Hutten beobachtete den Text der Ciceronischen Reden genau und verdeutlichte z.B. die Synonymendifferenzierung in der gegen Catilina gerichteten Wendung *intellego hanc rei publicae pestem paulisper reprimi, non in perpetuum comprimi posse* in dem Satz *consilium non erit hanc intemperiem reprimere aut coercere, sed semel vult hoc malum comprimi et extingui*.[40] Die Verrinischen Reden boten ihm weitaus die meisten einzelnen Imitationsmuster, gefolgt von den Catilinarischen und den

---

[36] Zum *status translationis* oder *relationis* vgl. Cic. Inv. 2, 26, 78f., Rhet. ad Herr. 1, 22, Quint. Inst. 7, 4, 8.
[37] Vgl. Ilona Opelt, Die lateinischen Schimpfwörter und verwandte sprachliche Erscheinungen, Eine Typologie, Heidelberg 1965.
[38] Für die antiken Vorbilder dieser Ausdrücke vgl. Opelt, wie Anm. 37, und Koster, wie Anm. 3, S. 358–364.
[39] Cicero Verr. Div. 1, 1 *Si quis vestrum, iudices aut eorum qui adsunt*, De prov. cons. 1, Pro Sest. 1, 1, Pro Cael. 1, 1 und sechs weitere Redenanfänge mit *Si*.
[40] Cic. Cat. 1, 66; Hutten, wie Anm. 13, Bl. G1v.

618   IX. Epistolographie, Historiographie und Rhetorik

Philippischen, während die übrigen Reden stark zurücktreten, aber immerhin werden 16 von ihnen vereinzelt benützt.[41]

Hutten hat offensichtlich die Ciceronischen Reden sehr intensiv studiert. Er benützte dazu in Italien gedruckte Ausgaben (etwa den zweiten Band der 1498 in Mailand erschienenen Gesamtausgabe Ciceros oder den 1499 von Filippo Beroaldo herausgegebenen Band der Reden) und vielleicht auch die Pariser Ausgabe der Reden von 1511. In Deutschland waren damals nur wenige einzelne Reden schon gedruckt worden.[42] Er selbst dürfte zahlreiche Ciceronische Redewendungen exzerpiert haben.[43] Im Druck waren für ihn ausreichende Phrasensammlungen damals noch nicht erschienen.[44]

Die Bedeutung der Catilinarischen Reden nimmt gegen Ende seiner Invektiven hin stark zu. Hutten nennt in der dritten Rede erstmals — metonymisch — seinen Namen: *Vultis hunc in medio vestrum bis Catilinam pati?*[45] und gestaltete die fünfte Rede ganz im Anschluß an die Thematik — und damit auch oft an Ausdrücke — der zweiten und dritten Catilinarie. Wie dort wird ein Dankopfer an die Götter bzw. an Gott und auf den Altären aller Heiligen beschlossen, wie dort feiert die Rede jubilierend und triumphierend den Sieg, wie dort wird der Hergang der mit Gottes Hilfe erfolgten Vertreibung des Verbrechers erzählt, der wie der Catilinarier Cethegus plötzlich von seinem Gewissen berührt nicht mehr die Kraft zur Gegenwehr aufbrachte, und wie

---

[41] S. Wellner, Anm. 25, der Parallelen aus den Verrinen (über 90), den Philippischen (27) und den Catilinarischen Reden (17) sowie aus Pro Cluentio (5), Pro Sestio (4), De haruspicum responso (2), De domo sua (2), Pro Caecina (1), De imperio Gn. Pompeii (2), Pro Milone (4), Pro Plancio (1), In Pisonem (2), In Vatinium (2), Pro Roscio Amerino (3), Pro Ligario (1), Pro Deiotaro (1), Pro Rabirio (1), Pro Caelio (1) und Pro Scauro (1) anführt.

[42] Vgl. Classen, wie Anm. 26, ders., Cicerostudien in der Romania im 15. und 16. Jahrhundert, in: Gerhard Radke, Hrsg., Cicero, Ein Mensch seiner Zeit, Berlin 1968, S. 198–245, und F. L. A. Schweiger, Bibliographisches Lexicon der gesamten Literatur der Römer, Teil 1, Amsterdam 1962 (Nachdruck der Ausgabe Leipzig 1834).

[43] Seine Anmerkungen zu Sallust wurden postum veröffentlicht in: Crispi Salusti Historici clarissimi in Catilinam atque Iugurtham opuscula per Hulderichum Huttenum equitem atque Philippum Melanchthonem scholiis ut brevissimis, ita doctissimis illustrata, Hagenau 1529.

[44] Bereits Albrecht von Eyb, wie Anm. 12, Pars II, Tract. I, Cap. I, stellte einige Seiten von *auctoritates* aus Ciceros Reden zusammen, für die Bedürfnisse Huttens aber bei weitem nicht genug. Das Exzerpieren von Phrasen war ein fester Teil des rhetorischen Studiums, den später auch Melanchthon in dem Kapitel *De locis communibus* seiner *Rhetorices libri duo* empfiehlt und den Omphalius, wie Anm. 8, S. 89, nachdem er eine Liste von *formulae vituperationis* gegeben hatte, so beschreibt: *Licebit ad hunc modum similes vel laudandi vel vituperandi elocutiones et quendam optimarum figurarum apparatum ex diligenti M. T. Ciceronis lectione colligere.* Die ausgiebigste Phrasensammlung stellte erst Melchior Junius in Straßburg 1594 zusammen (vgl. dazu Classen, wie Anm. 26, S. 110).

[45] Hutten, wie Anm. 13, Bl. M1v.

## 4. Der Ritter und der Tyrann 619

dort wird — in Übereinstimmung mit Wendungen aus den ersten Abschnitten der zweiten und dritten Catilinarie — der aus seiner Stadt bzw. aus seinem Herzogtum hinausgeworfene und seine Niederlage betrauernde Verbrecher, der gerade noch viele mit dem Tod bedroht und ihnen schon sein Schwert an die Kehle gesetzt hatte, abschreckend beschrieben.[46] In der Situation von 1519 erkannte Hutten die sich ihm bietende Gelegenheit, ein Gegenstück zu den an das römische Volk gerichteten Catilinarien zu schreiben und so Herzog Ulrich vollends als neuen *Catilina* erscheinen zu lassen.

Mit seiner Cicero–Imitation eng verbunden ist Huttens erfolgreiches Studium rhetorischer Lehrbücher, unter denen sich wohl auch Quintilians *Institutio* befand. Hutten versteht es, verschiedenste rhetorische Techniken und Strategeme einzusetzen, so wenn er den Exordialtopos anwendet, daß seine Worte die Größe des Verbrechens nicht hinreichend beschreiben können, wenn er sich durch seine Tränen zu sprechen gehindert sieht,[47] in affektischer Parenthese Senecas Phaedra zitiert,[48] mythische, historische und zeitgenössische Beispiele anführt,[49] den verstörten Mörder nach der Tat oder den gehetzten, Nachstellungen von allen Seiten fürchtenden Tyrannen mit Anschauung vermittelnder *evidentia* porträtiert,[50] wenn er den Angeklagten apostrophisch an-

---

[46] Vgl. die Stellenangaben bei Wellner, wie Anm. 25, S. 16–18.
[47] Hutten, wie Anm. 13, Bl. F1r, *interturbor lacrimis, Germani, quominus* [...] *apposite dicam*, Cic. Pro Mil. 105 *neque enim prae lacrimis iam loqui possum*.
[48] Hutten, Bl. F2r, '*O magne regnator deum, | Tam lentus audis scelera, tam lentus vides? | Et quando saeva fulmen emittes manu?*' [Phaedr. 671–673] *Libet enim a tragoedia mutuari hoc nunquam rectius usurpatum*. Andere direkte Verszitate sind Sen. Thyest 1047–1050, Suet. Div. Iul. 84 (Pacuvius trag. 40) und Hist. Aug. Vita Maximin. 9 entnommen.
[49] Hutten, Bl. F3r (Achill und Priamos, zugleich Beispiel für *amplificatio ex relatione*): *Curru aliquis perempti corpus resupinum traxit, petenti tamen patri et ei quidem hosti reddidit. Hic inexorabilis homicida omni saxo durior, omni adamante impenetrabilior ad nullas preces, nullum pretium condescendens eum patrem, quo in omni vita amico, in summis suis periculis liberatore ac conservatore usus, cui maximis acceptis beneficiis obnoxius esset, ad funus ac sepulturam eius filii, in cuius ipse laceratione animum prius satiasset et oculos pavisset, non admittit et ab ultimo exanimi corporis complexu senilem moestitiam arcet*. Bl. F1r (Augustus nach Plut. mor. 207), G1v (Alexander der Große), G3r (Bartolomeo Liviano).
[50] Hutten, Bl. F2r: *Describam te enim, qualis redieris, qua specie, quo habitu: Truci aspectu* [Cic. Div. 2, 133] *ardebant oculi* [Verr. 5, 161], *pallebat facies* [Phil. 2, 84], *corrugata frons* [Quint. Inst. 11, 3, 80], *stricta supercilia* [Quint. 1, 11, 10], *obliquatum caput* [Apul. Met. 3, 2; 6, 28], *contracti humeri, exporrecta labra* [Pers. 3, 82, Quint. 11, 3, 80]. *Collidebat cum sonitu dentes* [Sen. Ep. 11, 2], *frendebat, ex imo pulmone singultiebat, manabat ab ore spuma* [Verr. 4, 148]. *Non moderabatur ipse equi sui cursum, sed remissis habenis errabat, incertus quo ferretur, trepidabat, gestiebat. Nihil non sanguine commaculatum erat. Quod loqueretur, non habebat, et loquebatur tamen. Mirabantur omnes, nemo satis agnoscebat. Totus erat enim alius, quam fuerat. Omnia stupide dicebat ac faciebat. Et ne plura, omnibus insessus furiis omnem mentem, omnem rationem amiserat*. I2v: *Agit enim, quamquam callide dissimulet, vitam*

redet und angreift,⁵¹ die Widersprüchlichkeit von dessen *defensio*, von der er Abschnitte vorlesen läßt, argumentativ zerpflückt, den speziellen Fall (*hypothesis*) durch eine allgemeine Erörterung über Gesetz und Naturrecht (*thesis*) vertieft und dadurch den Mörder noch abscheulicher macht⁵² oder wenn er die von Quintilian geschilderten Formen der *amplificatio* wirkungsvoll anwendet.⁵³

Er spricht häufig im pathetischen *genus grande*. Seine Kola sind meist kurz. Seine oft langen, auf Herzog Ulrich einschlagenden Perioden bleiben dadurch leicht faßlich, wie das folgende Beispiel illustrieren kann:⁵⁴

*Tu, Suevici nominis macula, aeternum gentis tuae dedecus, audacia, scelere, furore, atrocitate, perfidia, ingratitudine, malitia, immanitate memorandum omnibus saeculis portentum, supra fines humani moris grassatus es,certasti in omne facinus,pensi nihil habuisti praeter unum hoc, ut scelerum compendio omnes, qui unquam fuerunt, malos vinceres.*

Hutten liebt eine manchmal geradezu exzessive Häufung von synonymen Ausdrücken und von antithetischen oder anaphorischen Reihen oder von Homoeoteleuta und geht darin zuweilen noch über die in stilistischer Hinsicht vielfach vergleichbaren Invektiven Poggios hinaus. Er schloß seine fünfte Rede mit einer Reihe von 29 *qui*–Sätzen, die den mit Gottes Hilfe verjagten *sceleratus homicida, perfidiosus tyrannus, immanis carnifex* resümierend charakterisieren.⁵⁵ Es ist eine Periode, die in ihrem Umfang an die mehrere Druckseiten füllende 14fache Götteranrufung am Schluß der fünften Verrine erinnert (und erinnern soll).

---

*omnium afflictissimam* [...] , R1r. Zu *evidentia* und *descriptio* in einer *narratio* s. Quint. Inst. 4, 2, 123 und 8, 3, 61.
⁵¹ Hutten, Bl. H1r *Quam multa hic dici poterant et de tua, carnifex, immanitate*, dazu Quint. Inst. 9, 2, 38.
⁵² Hutten, Bl. G4v–H1, dazu Cic. inv. 2, 15, 48.
⁵³ Vgl. z.B. die *amplificatio uno impetu* (Quint. Inst. 8, 4, 8) Bl. F2v: *Nam et tu maximo periculo — cui enim periculum non erat tale aliquid facere, postquam ille semel furere coepisset — maximo, inquam, tuo periculo in regno saevissimi tyranni bonis omnibus infesti intra horrendos insidiarum limites, in ipso huius carnificinae loco, tam prius pertimescendis facinoribus monitus, tam diro exemplo cautior factus, ne temere pius sis, nihil territus, aperte et ex confesso audes*; die *amplificatio ex ratiocinatione* (Quint. 8, 4, 18) F2r: *Magna sunt, quae dixi, sed vincunt ea, quae sequuntur. Habeat enim propitios sibi deos, impune ferat hoc scelus, frustra accusetur, absolutum hoc iudicium exeat, si interemisse satis habuit.In demortui corpus saeviendum adhuc immitissimus parricida duxit*; und die *amplificatio ex relatione* (Quint. 8, 4, 21) in Anm. 49.
⁵⁴ Hutten, Bl. H1r.
⁵⁵ Hutten, Bl. V4r–X2v.

## 4. Der Ritter und der Tyrann 621

Vorgetragen hat Hutten seine fünf Reden nicht. Sie waren zur Lektüre bestimmte fingierte Reden, wie die Reden der *Actio secunda* gegen Verres, aber Hutten braucht letzteres nicht gewußt zu haben. Seine *Accusatio* sollte die Forderungen der Familie Hutten unterstützen und seine sozusagen rückdatierte zweite, dritte und vierte Rede sollte Kaiser Maximilian und die Reichsfürsten zur Verfolgung ihres Standesgenossen antreiben. Ihre nur handschriftliche Verbreitung setzte jedoch ihrem Bekanntwerden enge Grenzen. Erst als im September 1519 die Gefahr bestand, daß Herzog Ulrich eine Rückeroberung Württembergs gelang, ließ er die Reden als Beitrag zum Kampf gegen ihn und zur öffentlichen Meinungsbildung zusammen mit der optimistischen, nun eine Hoffnung ausdrückenden Siegesrede drucken.

Seine Reden wurden auch als literarische Kunstwerke wahrgenommen. Unter anderem im Blick auf diese Reden schrieb Henricus Petreus 1578 in einer poetischen Würdigung Huttens: *Ille erat oratorque tonans idemque poeta,*[56] und in dem ausführlichen Hutten–Artikel in Zedlers Universal–Lexikon findet sich folgende ästhetische Bewertung:[57] "schrieb er eine Anklagerede in Lateinischer Sprache an den Kayser und Stände des Reiches, welche wie auch die nachfolgenden vier *Orationes* an Heftigkeit des *Ciceronis* seine *in Catilinam* übertreffen, an Reinigkeit der Sprache aber denselben gleichkommen." Hutten war der erste deutsche Humanist, der Cicero mit einer Serie von — notwendigerweise fingierten — Reden imitierte, und der einzige, der mit solchen Reden einen politischen Kampf wagte.

Was hat Hutten mit diesen Reden bewirkt? Die faktischen Geschehnisse wären ohne sie wohl nicht anders verlaufen, da ja erst die rechtswidrige Annexion der Reichsstadt Reutlingen das Heer des Schwäbischen Bundes in Bewegung setzen konnte. Es dürfte Hutten aber gelungen sein, das lateinlesende deutsche Publikum, wozu auch Teile des Adels zählten, nachhaltig gegen den Tyrannen einzunehmen. Hutten kämpfte damals sozusagen auf zwei Fronten. Etwa zur gleichen Zeit beteiligte er sich an dem Verfassen der *Epistolae obscurorum viro-*

---

[56] Henricus Petreus Herdesianus, Aulica Vita [...], Frankfurt am Main 1578, Bl. 44 (in einem Gedicht an Georg Ludwig von Hutten vor dem Abdruck des Dialogs *Aula* Ulrich von Huttens): *At decus Huttenus doctarum grande sororum | arte fuit nullis eloquiove minor. | Nobilis ut fuerit generisque propagine clarus, | nobilior studiis ingenioque fuit. | Civibus ille suis patriae florentis amore | auxilium calamis saepe manuque tulit. | Ille erat oratorque tonans idemque poeta, | cui daret Aoniam Calliopea chelyn. |* [...].
[57] Johann Heinrich Zedler, Großes vollständiges Universal–Lexikon [...], Halle–Leipzig 1732–1754, 13. T., Sp. 1316.

*rum*, die sich gegen Ortwin Gratius und die anderen Kölner Gegner Reuchlins richteten.[58]

Hutten starb früh genug, um die Rückkehr Herzog Ulrichs nach Württemberg nicht mehr zu erleben. Seine Reden aber blieben auf Jahrhunderte ein Stein des Anstoßes für die mit dem herzoglichen Hof verbundenen württembergischen Historiographen,[59] die im 16. Jahrhundert die Ermordung Hans von Huttens gar nicht erwähnten oder sie mit der Argumentation des herzoglichen Rechtfertigungsschreibens verteidigten, im 17. Jahrhundert sogar einen Ehebruch Hans von Huttens mit Ulrichs Gemahlin Sabina erfanden und, als im 18. Jahrhundert ein in Basel erschienenes Lexikon Herzog Ulrichs Tat als Mord bezeichnete, in Gegenartikeln gegen die angeblichen Lügen des "ohnsinnig tobenden Ulrichen von Hutten" zu Felde zogen. Christian Friedrich Sattler, der die württembergische Geschichte in 17 Bänden darstellte, kam 1769 schließlich zu dem Kompromiß, daß Herzog Ulrich als Beleidigter das Recht gehabt hätte, das Vergehen Hans von Huttens mit einer gebührenden Strafe zu ahnden, mit seiner Leichenschändung aber das rechte Maß überschritten habe.

Der jugendliche Stuttgarter Dichter Wilhelm Hauff (1802–1827) rechtfertigte in seinem noch im 20. Jahrhundert viel gelesenen und von dem verbannten Herzog handelnden Roman "Lichtenstein, romantische Sage aus der württembergischen Geschichte" Herzog Ulrich dann aber noch 1826 wieder völlig. Als eines seiner Motive, den Roman zu schreiben, kann sein Bemühen gelten, der offenbar starken damaligen Wirkung der Reden Huttens gegen den tyrannischen Herzog Ulrich in einem anderen nicht weniger wirksamen literarischen Medium Paroli zu bieten und den Herzog gegen die Anklage Huttens zu verteidigen. Schreibt er doch in der Einleitung zu seinem Roman:[60]

> Und doch möchte es die Frage sein, ob man nicht in Beurtheilung dieses Fürsten nur seinem erbittertsten Feinde, Ulrich von Hutten, nachbetet, der, um wenig zu sagen, hier allzusehr Partei ist, um als leidenschaftsloser Zeuge gelten zu können. Die Stimmen aber, die der Herzog und seine Freunde erhoben, hat der rauschende Strom der Zeit übertäubt, sie haben die zugleich anklagende und richtende Beredsamkeit seines Feindes, jene donnernde *Philippica in ducem Ulericum* [sic], nicht überdauert.

---

[58] Vgl. zu ihrer Beurteilung jetzt Walther Ludwig, Literatur und Geschichte — Ortwin Gratius, die Dunkelmännerbriefe und "Das Testament des Philipp Melanchthon" von Walter Jens, Mittellateinisches Jahrbuch 34, 2, 1999, S. 125–167.
[59] Vgl. zum Folgenden Brendle, wie Anm. 14, S. 2–16.
[60] Wilhelm Hauff, Sämtliche Werke mit des Dichters Leben von Gustav Schwab, 5. Gesamtausgabe, Stuttgart 1853, 5. Bd., S. 9.

## 4. Der Ritter und der Tyrann 623

Im Roman läßt Hauff dem Volk 1519 bekannt sein, daß "der [Hans] Hutten [...] doch an all dem unseligen Krieg Schuld mit seiner Liebelei [hat]."[61] Der im 17. Jahrhundert erfundene und von dem württembergischen Hofgerichtsassessor Johann Jakob Baur erstmals 1697 ohne Angabe einer Quelle behauptete und durch keine zeitgenössische Quelle wahrscheinlich gemachte Ehebruch des Hans von Hutten mit der Gemahlin Herzog Ulrichs[62] wird hier als Tatsache vorausgesetzt. "An des Herzogs Stelle hätt ich's gerade auch so gemacht, ein jeder Mann muß sein Hausrecht wahren" läßt Hauff einen Bürger sagen und einen anderen fortfahren "[der Herzog] hätte den Hutten auf der Stelle hängen können, ohne daß er erst mit ihm focht; er ist ja Freischöff vom westphälischen Stuhl, vom heimlichen Gericht, und darf einen solchen Ehrenschänder ohne Weiteres abtun".[63] Damit geht er von einer, wie schon bemerkt, falschen Auffassung über die Rechte eines Femerichters aus. Auch in dem folgenden, "Hans Huttens Ende" betitelten Gedicht, das Hauff anscheinend zur Zeit der Abfassung seines "Lichtenstein" verfaßte und von dem er innerhalb seines Romans einige Strophen im Zusammenhang mit dem eben zitierten Gespräch singen ließ (angeblich aus einem bekannten "schönen Liedlein"), vermittelte er dem Leser das Bild eines nur seine Ehre wahrenden Herzogs:[64]

Laut rufet Herr Ulrich, der Herzog, und sagt:
"Hans Hutten reite mit auf die Jagd,
In Schönbuch weiß ich ein Mutterschwein,
Wir schießen es für die Liebste mein."

Und im Forst sich der Herzog zum Junker wandt',
"Hans Hutten, was flimmert in deiner Hand?"
"Herr Herzog, es ist halt ein Ringelein,
Ich hab es von meiner Herzliebsten fein."

"Herr Hans, du bist ja ein stattlicher Mann,
Hast gar auch ein güldenes Kettlein an."
"Das hat mir mein herziger Schatz geschenkt
Zum Zeichen, daß sie noch meiner gedenkt."

Und der Herzog blicket ihn schrecklich an:
"So? das hat alles dein Schatz gethan?
Der Trauring ist es von meinem Weib,
Das Kettlein hing ich ihr selbst um den Leib."

---

[61] Hauff, wie Anm. 60, S. 180.
[62] S. Brendle, wie Anm. 14, S. 5.
[63] Hauff, wie Anm. 60, S. 180f.
[64] Hauff, wie Anm. 60, 1. Bd., S. 62f.

O Hutten, gib deinem Rappen den Sporn,
Schon rollet des Herzogs Auge im Zorn!
Flieh', Hutten! es ist die höchste Zeit,
Schon reißt er das blinkende Schwert aus der Scheid!

"Dein Schwert 'raus, Buhler, mich dürstet sehr,
Zu sühnen mit Blut meines Bettes Ehr!"
Flugs, Junker, ein Stoßgebetlein sprich,
Wenn Ulrich haut, haut er fürchterlich.

Es krachen die Rippen, es bricht das Herz;
Ruhig wischet Ulrich das blutige Erz,
Ruhig nimmt er des ledigen Pferdes Zaum,
Und hänget die Leich' an den nächsten Baum.

Es steht eine Eiche im Schönbuchwald,
Gar breit in den Aesten und hochgestalt;
Zum Zeichen wird sie Jahrhunderte stahn,
Hier hing der Herzog den Junker dran.

Und wenn man den Herzog vom Lande jagt,
Sein Nam' bleibt ihm, sein Schwert; er sagt:
"Mein Nam' er verdorret nimmermehr,
Und gerächt hab' ich des Hauses Ehr."

Erst der württembergische Pfarrer Ludwig Friedrich Heyd bezeichnete 1841 in seiner dreibändigen Biographie Herzog Ulrichs die Ermordung Hans von Huttens als eine durch nichts zu rechtfertigende Folge eines Wutanfalls, was jedoch wiederum eine Gegenschrift auslöste. Die Überzeugung, daß Herzog Ulrich einen Mord beging, setzte sich dann jedoch allmählich durch, auch wenn die Geschichtsforschung bis ins 20. Jahrhundert die Bedeutung dieser Tat im Gesamtbild des Herzogs unterschiedlich gewichtete.

Für die neulateinische Forschung ist das *Invectivarum opus* Ulrich von Huttens ein literarisches Kunstwerk mit einer einzigartigen Funktion: ein humanistischer deutscher Ritter kämpfte hier mit dem für seine Umwelt neuen Instrument der rhetorischen Cicero–Imitation gegen einen verbrecherischen deutschen Fürsten.[65]

[Erstveröffentlichung: Nr. 252, revidiert.]

---

[65] Der Beitrag ist die erweiterte Fassung eines Vortrags, der auf dem Elften Internationalen Kongreß für Neulateinische Studien in Cambridge (31. Juli–4. August 2000) gehalten wurde. [Für den Nachdruck wurde der Wilhelm Hauff betreffende Abschnitt hinzugefügt.]